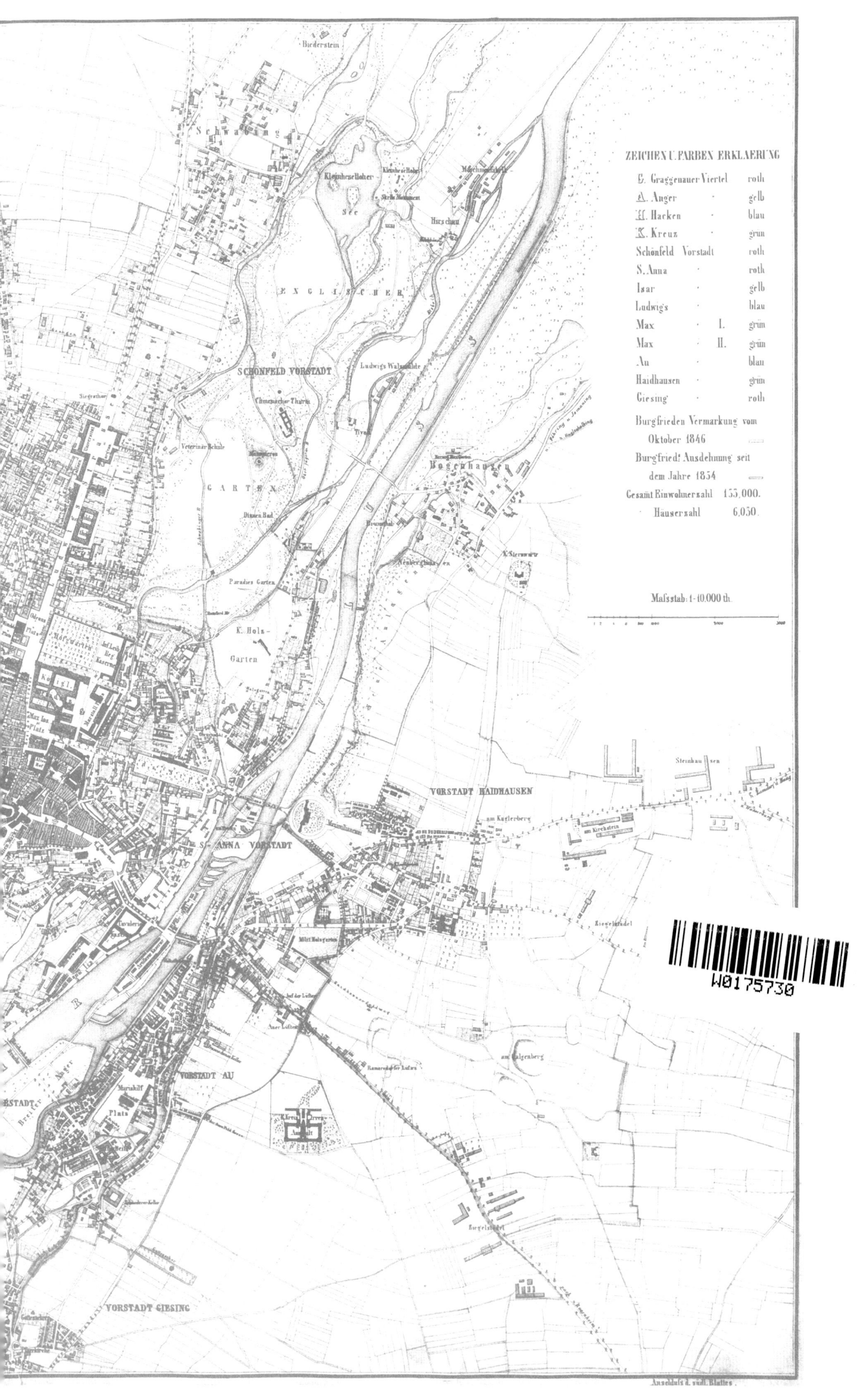

ZEICHEN U. FARBEN ERKLAERUNG

G. Graggenauer-Viertel	·	roth
A. Anger	·	gelb
H. Hacken	·	blau
K. Kreuz	·	grün
Schönfeld Vorstadt	·	roth
S. Anna	·	roth
Isar	·	gelb
Ludwigs	·	blau
Max	I.	grün
Max	II.	grün
Au	·	blau
Haidhausen	·	grün
Giesing	·	roth

Burgfrieden Vermarkung vom
Oktober 1846

Burgfried: Ausdehnung seit
dem Jahre 1854

Gesamt Einwohnerzahl 155,000.
Hauserzahl 6,050.

Maßsstab: 1-10.000 th.

Biederstein

Schwabing

Kleinhesseloher See

Kleinhesseloher

Steele Monument

Hirschau

ENGLISCHER

SCHÖNFELD VORSTADT

Ludwigs Walzmühle

Chinesischer Thurm

Tivoli

GARTEN

Veterinär Schule

Bogenhausen

Dianen Bad

K. Sternwarte

Paradies Garten

Neubergthausen

K. Holz-

Garten

Steinhausen

VORSTADT HAIDHAUSEN

am Kuglerberg

am Kirchstein

S. ANNA VORSTADT

Ziegelstadel

Cavalerie

Milit Holzgarten

auf der Leiten

am Galgenberg

Ramersdorfer Landweg

VORSTADT AU

Mariahilf

Platz

Kirche u. Irren Anstalt

Ziegelstadel

VORSTADT GIESING

W0175730

Anschluß d. südl. Blattes

Denkmäler in Bayern
Landeshauptstadt München
Mitte

Drittelband 2

Isabellastraße 13. An der südwestlichen Ecke Georgen-/ Isabellastraße ließ sich der Elektrotechniker Karl Menzinger 1910 von Josef Huber zwei Mietshäuser, Georgenstraße 71 (vgl. dort) und Isabellastraße 13 in einem Zug erbauen, die zusammen einen monumentalen, städtebaulich beherrschenden Komplex bilden (beinahe 34 Meter an der Isabellastraße und 37 Meter an der Georgenstraße). Bei Isabellastraße 13 erschließt gemäß Eingabeplan das Treppenhaus im Hofwinkel zwei großzügige Wohnungen je Etage. Die Baugruppe vermittelt den Eindruck einer konsequenten Umsetzung der Dekorationsformen des internationalen Jugendstils. Im Unterschied zu etlichen anderen Bauten im Umgriff von Isabella-, Georgen- und etwa der Neureutherstraße wurde die Asymmetrie als Stilprinzip des Jugendstils erkannt und umgesetzt, dies bleibt trotz der anzunehmenden zonenweisen Schlichtungen

Isabellastraße 13

nachvollziehbar. Ausmittig ist der Hauseingang in den Grundriss gesteckt, ausmittig legte der Architekt den dreigeschossigen Polygonalerker vor die Fassade, an den er südlich Balkone anschloss (schon gemäß Eingabeplan ist nur der des 1. Obergeschosses korbbogig überfangen). Wie bei der Fassade an der Georgenstraße bildet auch an der Isabellastraße ein hoher Zwerchgiebel den Hauptakzent der Straßenfront. Die charakteristische Durchbildung der Fensterachsen, die verschleifende Ausformung des Ortgangs belegt architektonische Begabung und bauherrliches Repräsentationsbedürfnis. Die Vermittlung der beiden Fassaden an der Ecke stellt ein polygonaler Eckerker her, der hier über dem 1. Obergeschoss anhebt. In der Binnendekoration freilich bestätigt sich die für München typische Verschmelzung zopfiger Elemente mit dem Jugendstil. (1974/75 kam es zur Fensterauswechslung.)

Isarkais

Kaimauern im inneren Stadtbereich. Künstlerische Gestaltung der Zeit um 1900 weisen auf: die Uferschutzmauern an der Widenmayerstraße und gegenüber beiderseits der Prinzregentenbrücke (nördlich ca. 100 m, südlich bis in die Nähe des Elektrizitätswerks, Max-Planck-Straße 2), ferner die Schutzmauern an der Erhardtstraße in ganzer Länge und an der Westseite der Museumsinsel zwischen Cornelius- und Ludwigsbrücke sowie am Ostufer von der Reichenbachbrücke im Süden bis zur Uferterrasse neben dem Volksbad (letztere eingeschlossen; vgl. den Beitrag von Johannes Hallinger).

Jägerstraße

Zwischen vorstädtischen Gartenanwesen schon auf M. de Groths Stadtplan von 1748 (ohne Namen). Schmale Verbindung von der Fürsten-, heute Kardinal-Döpfner-Straße im Osten zum nach umfassender Zerstörung des Viertels im Luftkrieg durchgebrochenen Oskar-von-Miller-Ring (s. dort) im Westen, dort ehemals noch um nach Norden umgeknicktes Teilstück fortgesetzt. Völlig moderne Bürohausbebauung.

Josephspitalstraße

(Vgl. Ensemble Altstadt.) In westlicher Fortsetzung der Brunnstraße (s. dort) Teil des den Westbereich des Hackenviertels bis zur zweiten Stadtmauer ausfüllenden Straßenrasters; südliche Parallele der Herzogspitalstraße, östlich „am Kreuz" endend (vgl. Kreuzstraße). Früher Brunngasse genannt, der heutige Name vom nordseitig an der Stelle von mehreren Bürgerhäusern im 17. Jh. erbauten Josephspital samt Kirche, an dessen Stelle nach der Zerstörung im Luftkrieg das Stadtsteueramt entstand (s. Herzog-Wilhelm-Straße 11). – An der erst nach Abtragung der Wallbefestigung hergestellten westlichen Verlängerung zwischen der breiten Herzog-Wilhelm-Straße und der Sonnenstraße (erstmals auf Katasterplan von 1814, Durchbruch nach P. Grobe 1815 ausgeführt) stand südseitig in der Mitte bis zum Luftkrieg das neuklassizistische, 1903 von Carl Tittrich erbaute Volkstheater (ehem. Nr. 10a); Zuschauerhaus im Hof, zwischen den Nachbareckhäusern niedriger Eingangstrakt nach Vorbild des Tempels von Aegina mit polychromer Fassung; heute nimmt hier das Gesamtareal zwischen Herzog-Wilhelm- und Sonnenstraße der Geschäftshauskomplex „Sonnenhof" ein (1956–58 von Helmut von Werz und Johann Christoph Ottow), mit zwölfgeschossigem Eckbau (Nr. 15) im Osten, dem einzigen bisher genehmigten „Hochhaus" im Altstadtbereich nach dem älteren an der Blumenstraße 28b (s. dort).

ARCHÄOLOGISCHE BEFUNDE: Größere Bodeneingriffe und Umbauten sind aus jüngerer Zeit nicht bekannt. Deshalb ist mit untertägig erhaltenen Resten von Bauwerken, unter der Straße mit verrohrten Bächen und Pflastern und unter den Gebäuden mit Resten von Vorgängerbauten, möglicherweise mit Brunnen und Latrinen, zu rechnen. Ferner befinden sich noch Teile der Stadtbefestigung im Boden. Unter Josephspitalstraße 1, 2, 3, 4, 7, 8, 9 und 12 wurden Teile mittelalterlicher und neuzeitlicher Bebauung ergraben.

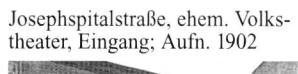

Josephspitalstraße, ehem. Volkstheater, Eingang; Aufn. 1902

Isarkai Widenmayerstraße, Ecke Liebigstraße; Aufn. 1983

Beim Grundstück Herzog-Wilhelm-Straße 15 wurde beim Wiederaufbau nach dem Zweiten Weltkrieg die Mauerfront zurückversetzt, sodass heute die Fundamente der ehemaligen Straßenfront unter dem Gehwegpflaster der Josephspitalstraße zu liegen kommen.

Josephspitalstraße 2

Josephspitalstraße 2. Bürgerhaus, vor 1780. (Vgl. auch Ensemble Altstadt/Straßenbild Damenstiftstraße). Auf dem Eckgrundstück zur Damenstiftstraße zeigt Sandtners Stadtmodell (1570) eine erdgeschossige Bebauung, bestehend aus einem Eckhaus mit Satteldachfirst in Nord-Süd-Richtung und einem Annex mit quergerichtetem First links von der Einfahrt im Süden (dies entspricht dem um 1480 genannten „Haus, Ausfahrt und Stallung"; Häuserbuch III). Stimmelmayr (gegen 1800) erwähnt „das Eckhaus eines Webers, so hernach neu und hoch aufgeführt worden", und skizziert (ungenau?) einen fünfgeschossigen Bau mit zehn Fensterachsen an der südlichen Längsseite und mit acht Achsen an der (zutreffend viergeschossig dargestellten) Ostseite, wobei das heutige Nachbarhaus Damenstiftstraße 18 inbegriffen ist, das jedoch immer andere Besitzer hatte. Das Eckhaus gehörte (gemäß Häuserbuch III) vom 16. Jh. bis 1842 mit Unterbrechungen (Lein-)Webmeistern; 1780 erwarb es Joseph Röhrl, Hausmeister bei Baron Mändl, zu einem im Vergleich zu 1764 vervielfachten Kaufpreis. Die enorme Wertsteigerung lässt auf einen unter seinem Vorbesitzer, dem Leinweber Anton Salcher, stark erweiterten (erhöhten) Neubau schließen, der sicher mit dem noch bestehenden viergeschossigen Haus mit neun Fensterachsen im Süden und vier im Osten identisch ist.

Die Fassade des das Grundstück voll überbauenden Bürgerhauses weist – außer den flachen Putzrahmungen der Fenster (original?) – keinerlei Gliederung auf und gemahnt in ihrer Schlichtheit bereits an Bürgerhäuser des frühen Klassizismus. Das Erdgeschoss war schon im Zustand von 1939, der im Häuserbuch dargestellt ist, durch Ladeneinbauten verändert. Die Holzfigur des hl. Sebastian an der Hausecke ist schwer zu beurteilen, jedenfalls barock (17. oder 1. Drittel 18. Jh.; die Abb. in Hackenviertel 1986 zeigt einen älteren, schadhaften Zustand).

Josephspitalstraße 4. Katastermäßig schon Ende des 15. Jh. fassbar, auf dem Sandtnerschen Stadtmodell von 1570 als Teil eines erdgeschossigen Traufseitbaus mit Ohrwaschel und zu-

sätzlich mittiger Aufzugsgaube gezeigt, befand sich das Haus seit seiner Frühzeit, bis es 1809 Eigentum der Familie Schrödl wurde, beinahe lückenlos in Besitz von Leinwebern und Webern. Der Buchdruckereibesitzer Heinrich Schrödl ließ schließlich 1898–99 das bestehende Wohn- und Geschäftshaus errichten, Planung und Ausführung lagen in der Hand Josef Schretzmayrs. Die schmale Parzelle (dem vormaligen Zuschnitt nach ein sog. „Münchner Leichentuch") nahm ein viergeschossiges Geschäftshaus mit Wohnungen auf. Im Erdgeschoss und 1. Obergeschoss arbeiteten gemäß Bauantrag bis zu zwölf Personen, die Geschosse darüber nahmen Wohnungen ein, schon im Erstzustand war der Dachraum zu Wohnzwecken erschlossen (das für die Produktion unabdingbare Papier lagerte man im Keller). Die Fassade des Hauses instrumentierte man gängig in den Formen der deutschen Neurenaissance: Putzelemente setzen sich von Blankziegel-Rücklagen ab. Der westlichen Fensterachse legte man vor das 2. und 3. Obergeschoss einen Polygonalerker, darüber erhebt sich ein Dachhaus, östlich daneben ein leicht zurückgesetzter, formverwandter zweiter Dachaufbau, dessen Austritt oberhalb der Traufe von einem schmiedeeisernen Balkonkorb (spätere Zutat) bewehrt wird.

[**Josephspitalstraße 11.** Geschäftshausfassade in deutscher Renaissance, bez. 1898, von Josef Wölker, mit skulptiertem Natursteinerker (modern hinterbaut). Auf ursprünglich zwei Parzellen – auf Sandtners Stadtmodell (1570) zwei Traufhäuser, das linke zwei-, das rechte (mit Garten) eingeschossig, bei Stimmelmayr (gegen 1800) ein viergeschossiger Bau – entstand 1898 (Plan 1897) ein viergeschossiges Wohn- und Geschäftshaus im Auftrag der Metallwarenfabrikantenwitwe Magdalena Kromm. Das Erdgeschoss mit Stichbogen-Schaufenstern und -einfahrt sowie der (datierte) Erker in der Mittelachse mit reichem Reliefdekor sind aus Muschelkalk, die restliche Fassade verputzt, mit gotisierendem Maßwerk in den Brüstungsfeldern zwischen 1. und 2. Stock; im 3. Stock über dem Erker ein prächtiges Balkongitter (fehlt auf Ansichten von 1972). Nicht mehr vorhanden sind das Mittelzwerchhaus mit Schweifgiebel und die vier originalen Standgauben. Erhalten ist lediglich die 1972 im Zusammenhang mit dem westlich angrenzenden Bürohausneubau Herzog-Wilhelm-Straße 15 (damals Lebensversicherung von 1871, heute städt. Baureferat) modern hinterbaute, wiederhergestellte Fassade von 1898.]

Josephspitalstraße 11 (kein BDm)

Josephspitalstraße 4

Josephsplatz; Flurkarte, M. 1:5000

Josephsplatz

Der etwa trapezförmige Platz wurde um 1900 als neuer Mittelpunkt des (ehem.) VII. Stadtbezirks abseits von belebten Verkehrsachsen angelegt und 1901 mit einer Grünanlage ausgestattet; 1898 erhielt er seinen Namen nach der Pfarrkirche (s. Nr. 1) an seiner östlichen Schmalseite. Theodor Fischers Konzeption im Sinne des „malerischen" Städtebaus wird im „Handbuch der Architektur" (Stübben 1907) als positives Beispiel dem strengen Rechteckschema der älteren Maxvorstadt südlich davon gegenübergestellt. Im Zweiten Weltkrieg wurde die originale Bebauung mit viergeschossigen, meist neubarocken Mietshäusern größtenteils zerstört, der Brunnen (s. u.) verstümmelt. Im Ostteil der Anlage stand seit 1946/48 eine hölzerne Notkirche, die 1953 nach Fasanerie-Nord transferiert wurde. 1980 Eröffnung des U-Bahnhofs Josephsplatz.

Josephsplatz mit St.-Josephskirche, Blick nach Osten; Aufn. 1906

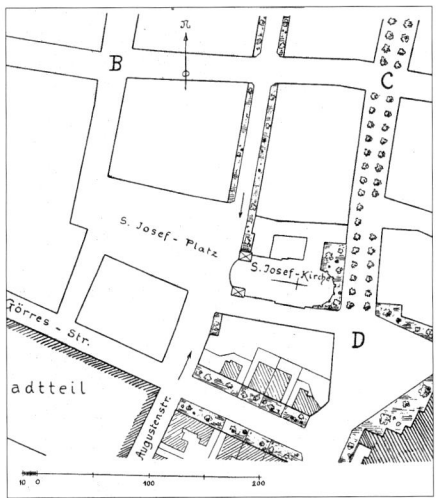

Josephsplatz; Entwurf von Theodor Fischer, um 1900

Josephsplatz. Ehem. *Jonasbrunnen*. Vom originalen Brunnen (Muschelkalk) stammen die neubarocke, vierpassförmige, gebauchte Beckeneinfassung und der dekorative Sockel der Brunnenfigur; an die Stelle von Hubert Netzers kriegszerstörter Gruppe des Propheten Jonas mit dem Walfisch aus dem Jahr 1911 trat 1961 eine Muschelkalkfigur des sitzenden hl. Franziskus von Josef Erber.

Josephsplatz 1. *Kath. Pfarrkirche St. Joseph*. Ein Kirchenbauverein für den erst seit etwa dieser Zeit überaus dicht bebauten (ehem.) VII. Stadtbezirk im Übergangsbereich von der Maxvorstadt zum westlichen Schwabing existierte seit 1894; er schloss 1897 einen Vertrag mit dem Kapuzinerorden, der die zunächst zur Pfarrei St. Ludwig gehörige Filialkirche (seit 1913 selbständig)

übernahm. Grundsteinlegung am 3. Juli 1898 durch Erzbischof Franz Joseph von Stein, Richtfest am 25. Oktober 1899, Weihe durch den Erzbischof am 15. Juni 1902; Architekt Hans Schurr. Die Josephskirche, mit Fassade und links davon stehendem Turm am Josephsplatz, freistehender südlicher Längsseite an der kurzen Josephstraße und Altarraum zur Tengstraße, ist in ihrer Monumentalität durch die Größe der Pfarrei (mit 23.000 Katholiken um 1930) bedingt, darüber hinaus auch Ausdruck gewachsenen kirchlichen Selbstbewusstseins und politischen wie gesellschaftlichen Anspruchs in der Epoche nach dem Kulturkampf. In den Dimensionen – Gesamtlänge rund 80 m, lichte Länge 71 m, Gewölbehöhe 24 m – wie in der Raumform des mächtigen tonnengewölbten Wandpfeilersaales mit quertonnengewölbten Seitenkapellen wird das kirchengeschichtlich wie typologisch bedeutsame Vorbild der Münchener Michaelskirche deutlich, wenn auch um Querschiff und Emporen reduziert. An das sechs Joche lange Schiff mit Orgelempore über der offenen Vorhalle schließt

Josephsplatz 1, Kath. Pfarrkirche St. Joseph von Osten

Josephsplatz, ehem. Jonasbrunnen

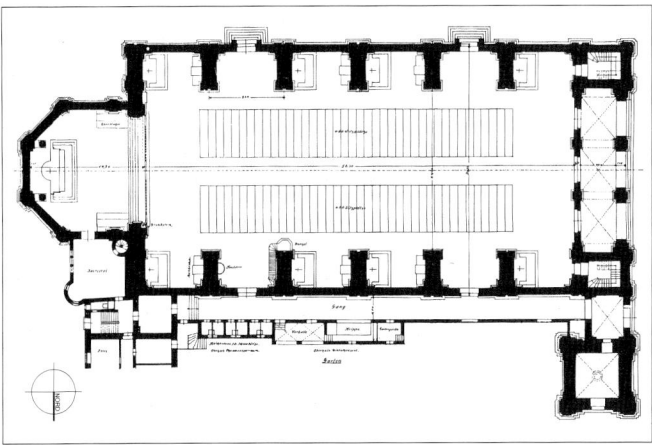

St. Joseph; bauzeitlicher Grundriss

sich östlich der über einer Treppe (vgl. St. Michael) erhöhte, eingezogene Altarraum mit dreiseitigem Schluss an; nördlich von
ihm die Sakristei und das 1898 erbaute, nach Kriegszerstörung
verändert wiederhergestellte Priesterhaus (Kloster und Pfarramt,
Tengstraße 7).

Der seit Ende des 19. Jh. nach langer Minderachtung in seiner
künstlerischen Eigenart wieder gewürdigte und als Ausdruck einer heimischen religiösen Blütezeit geschätzte Barockstil, zuerst
in kleinen Beispielen von Haus- und Anstaltskapellen gleichsam
neu erprobt, erfuhr in sakralen Großbauten wie St. Joseph, St.
Margaret in Sendling (s. Chevalley/Weski 2004) oder der Basilika in Altötting eine typisch süddeutsche, bayerische Katholizität
geradezu triumphal repräsentierende Wiedergeburt. Doch unternahm Hans Schurr (1864–1934), zu seiner Zeit der neben Johann
Schott meistbeschäftigte Münchner Kirchenarchitekt, auch eine
Studienreise nach Italien. Seine Bauten – auch solche in mittelalterlichem Stil wie St. Anton (s. Chevalley/Weski 2004) oder
Ismaning – kennzeichnet die Dominanz des weiträumigen
Hauptschiffs über die Annexe mit dem Ziel einer optimalen
Sicht auf den Hochaltar. – Die Bauleitung übernahm der Supe-
rior P. Linus Mörner selbst und der Zimmermeister Georg Leib.
Der durch ein kräftiges Gebälk zweigeteilte Außenbau ist in
beiden Geschossen durch – an den Längswänden verdoppelte, an
Chor und Fassade gestaffelte – Pilaster gegliedert (toskanisch,
im Obergeschoss früher korinthisch); an der südlichen Längsfront im höheren Untergeschoss zwei Ädikulaportale in Naturstein, im Obergeschoss gestelzte Halbkreisfenster. Die Hauptfront, mit der einbezogenen, in drei Arkaden geöffneten Vorhalle, schloss ursprünglich mit einem geschweiften, reich dekorierten Giebel und verlor 1944 überdies ihre figürliche Ausstattung
(seit 1997 neue Nischenfiguren hl. Josef und Jesuskind von
Claus Nageler, gegossen von Heinz Mocnik); heute endet der reduzierte Oberteil mit einem Dreiecksgiebel. Der links davon
freistehende, nur durch einen Zwischenbau mit dem Schiff verbundene, 65 m hohe Turm mit achteckigem Oberteil, Kuppeldach und Laterne dominiert im Stadtbild, insbesondere als
Blickpunkt der langen Augustenstraße, zusammen mit dem Chor
auch als Abschluss der Adalbertstraße. Das barockisierende
Kriegerdenkmal des Pionier- und Verkehrstruppenvereins München an seiner Westseite (Muschelkalk, 1925 von Architekt
Alois Leibinger und Bildhauer Hermann Neppel) ist wegen
seiner lateinischen Inschrift heute umstritten („Invictis victi
victuri"). – Nicht erhalten ist der den Chor früher überragende
östliche Volutengiebel des Hauptschiffes.

Im Innenraum dominiert das 20 m breite Tonnengewölbe; nach
Münchens erstem weit gespannten Eisenbeton-Kirchengewölbe
in St. Anton wurde hier eine andere neuartige Konstruktion erprobt (Statik: Ing. Karlipp) – die am Ansatz 0,75 m, im Scheitel
0,51 m dicke gemauerte Schale durch eingezogene mächtige
Eisenschienen verstärkt, welche die Belastung der Seitenkapellen verringern.

Luftangriffe am 13. Juni und
16. Juli 1944 machten aus
St. Joseph eine der grauen-
erregend-mächtigsten Ruinen
Münchens. Beim Wiederauf-
bau durch Architekt Oswald
Eduard Bieber von 1949 bis
zur Neuweihe am 6. Juli 1952
wurden die Fehlstellen – u. a.
die Westfassade, der Westteil
und z. T. auch das Ostjoch der
Tonnenwölbung sowie fast der
ganze Altarraum – wieder ersetzt, jedoch im Detail vereinfacht und um jeden Dekor re-

Kath. Pfarrkirche St. Joseph von Südwesten

duziert. Vor allem der Innenraum hatte hinfort den Charakter
eines rau verputzten Rohbaues. Die originale reiche Neubarock-
ausstattung mit Stuck und Ädikulaaltären als Hauptbestandteilen
ging verloren, darunter auch der seinerzeit berühmte, in Repro-
duktionen weit verbreitete großformatige Wandgemäldezyklus
der 14 Kreuzwegstationen an den Hochwänden der Seitenkapellen (1904–08 geschaffen), der als Hauptwerk von Gebhard
Fugel und in seinem idealisierenden Realismus als repräsentatives Beispiel einer nachnazarenischen, zeitgemäß erneuerten
religiösen Malerei galt. Erhalten blieb Fugels Entwurf zum
ehem. Hochaltarbild (1905, jetzt an der Chorsüdwand) im Stil
einer Sacra Conversazione etwa von Giovanni Bellini oder
Tizian: der thronende hl. Josef mit dem Jesuskind, darunter links
die Heiligen Ludwig und Franziskus, rechts König David und
Benno.

Die Nachkriegsausstattung ist im Wesentlichen auf an die Wände applizierte Einzelfiguren ohne Altaraufbauten konzentriert.
Das 1957 vollendete, tafelartig aufragende, bemalte Hochaltar-
retabel von Franz Xaver Braunmiller zeigt den hl. Josef zwischen den seine Verehrung fördernden Heiligen Teresa von
Avila und Bernhardin von Siena, darunter die Weihe Bayerns an
den hl. Josef 1664 durch das Kurfürstenpaar Ferdinand Maria
und Henriette Adelaide, Bischof Albert Sigismund von Freising
und einen Kapuziner (letzterer ein Porträt des Stadtpfarrers zur
Wiederaufbauzeit, P. Almar Gschwendtner). Die zerstörten
Kreuzweg-Wandbilder Fugels wurden durch einen Zyklus aus

St. Joseph, Kriegerdenkmal

St. Joseph nach Kriegszerstörung; Aufn. um 1945

St. Joseph, Inneres, ▷
ursprünglicher Zustand

St. Joseph, Blick zum Chor

St. Joseph, Entwurf zum ehem.
Hochaltarbild von G. Fugel

St. Joseph, hl. Elisabeth

Architekt Franz Leitl erhielt der Raum einen neuen Putz sowie eine die allzu rudimentäre Rohform mildernde Interpretation, u. a. durch Wiederöffnung der Schlitze zwischen den einstigen korinthischen Doppelpilastern der Pfeilerstirnen und eine maßvolle, nicht rekonstruierende Stuckrahmengliederung an den Gewölben. 2002 Renovierung von Westfassade, Vorhalle und Turm, 2004–06 der übrigen Außenseiten.

Josephsplatz 2. Zusammen mit der Anlage der Kirche St. Joseph war dem Magistrat daran gelegen, den westlichen Vorplatz von Bebauung freizuhalten, diesen vielmehr platzraumartig abzuschließen. Der schließlich arrondierte Josephsplatz geriet auswinklig rechteckig, bei der Anlage der Straßen nördlich der Görresstraße verfolgten die Stadtplaner nicht mehr die Fortsetzung eines quasi hippodamischen Systems der südlichen Maxvorstadt, sondern entschieden sich zur Verschwenkung der Straßenachsen, wohl im Sinne des malerischen Städtebaus. 1902, im Jahr der Weihe der Josephskirche, begann man, die südliche Platzseite durch Bauten zu schließen. Die Häuser Josephsplatz 2 und 3, aneinander angrenzend, entstanden gleichzeitig. Das prächtige Mietshaus Nr. 2 wird von einer Überlieferungsgeschichte gekennzeichnet, die geradezu typisch für die bauliche Erweiterung, man kann sagen, ganz Münchens bis in die Jahre des Ersten Weltkriegs ist. Für den Schreinermeister Johann Grillmeier ging Andreas Reinhart mit seinem Baugeschäft aus der Baugenehmigungsphase in die ersten Rohbauarbeiten. Ende des Jahres 1902 wurde der Bauunternehmer auch Eigentümer des Rohbaus. Das Schlussprotokoll erwähnt im Herbst 1903 schließlich den Dekorationsmaler J. Gottschalk, für den Reinhart die Bewohnbarkeit des Anwesens umsetzte. Es entstand ein tiefes Gebäude ohne Rückflügel mit mittig rückwärtigem Treppenhaus, das eigens über die hintere Grundlinie ausgebaut worden ist. In jeder Etage sind gemäß Eingabeplan zwei Wohnungen untergebracht, auch der nordseits gelegene Abschnitt des Dachraums war erschlossen. Der Ausbau des südlichen Speicherraums zu einer zweiten Dachwohnung geschah 1919, die Ausführung hatte Architekt Berthold Neubauer inne. Die Fassade hat ihren reichen bauzeitlichen Dekor in den Formen des Neubarock in beachtlicher Dichte behalten. Der bewegungsreichen Dekoration begegnet symmetrisierende Strenge in der Großform. Mittig setzte Reinhart einen dreigeschossigen Flacherker mit Seitendurchfensterung, der zwei eng gesetzte Fensterachsen vereinigt, vor die Fassade, mittig platzierte er ein hohes Dachhaus (breit ausschwingende Wangen und ein hoher gebrochener Schweifbogen-Giebel als Auszug), dessen Giebelfeld ein Stuckrelief mit einer Darstellung Marias mit dem Kind eingeschrieben ist. Auch in der horizontalen Gliederung verfuhr Reinhart beinahe klassisch neubarock, indem er 2. und 3. Obergeschoss mittels kolossaler Wandvorlagen und einer Verklammerung der Sturz- und Brüstungsfelder zu Hauptgeschossen zusammenschloss. Die Fassadenfläche von Erdgeschoss und 1. Obergeschoss wurde je unterschiedlich rustiziert, gestupfte Putzbahnen im Erdgeschoss und gefaste Rauputzbahnen im 1. Obergeschoss. Mehrfach aufgebrochene Muschelformen bilden das beherrschende Motiv der gesamten Fassadendekoration. Hervorzuheben ist auch der Überlieferungsgrad der beiden Dachgauben, die das mittlere Dachhaus flankieren, hier wurden die niedrigen Sturzflächen unter geschweiften

Josephsplatz 2, Erker-Oberteil und
Zwerchgiebel

dem Leben des hl. Josef, ebenfalls von Braunmiller, ersetzt. An der ungefassten Holzkanzel von Otto Straub, von dem auch mehrere Altarfiguren stammen, ein Relief der Seepredigt Jesu samt dem reichen Fischfang. Von der Erstausstattung erhalten blieben die Figuren der hl. Elisabeth (Stiftung Kaiser Franz Josephs) und des hl. Antonius, beide von Christian Winkler, ferner die Gruppe der Schutzmantelmadonna von Edmund Beckmann (1902) und das große gotisierende Missionskruzifix (1903 von Eduard Huber). Die Kreuzwegreliefs schuf der Oberammergauer Max Scheuer 1960–70. Die barocke Holzfigur eines stehenden Geißelchristus (in einer Kapelle links) wurde 1986 restauriert. Das Äußere wurde 1977 instand gesetzt (u. a. gelber Anstrich). Bei der Innenrestaurierung ab 1983 (Altarraum erst 1990) durch

Josephsplatz 2 und 3 (von links)

Dächern ebenfalls neubarock anverwandelt. (Die Modernisierung der beiden Dachgeschosswohnungen erfolgte 2004–05, einer Wohnung im Erdgeschoss ebenfalls 2004.)

Josephsplatz 3. Im Jahr der Kirchenweihe von St. Joseph, 1902, begannen die Bauarbeiten an den Häusern Nr. 2 und Nr. 3 am Josephsplatz. Dem Bestreben des Magistrats, dem an einer zügigen Bebauung des der neuen Kirche westlich vorgelagerten Platzes gelegen war, folgte eine boomende Nachfrage nach gehobenen Wohnraum, zahlreiche Baumeister wurden zu Spekulanten. Haus Nr. 3 am Josephsplatz ließ sich der zwischenzeitlich privatisierende Architekt und Baumeister Josef Schretzmayr durch den Architekten und Baumeister Alois Schmid errichten. Letzterer wurde wenige Jahre darauf selbst Eigentümer des Mietshauses. Die in der westlichen Achse liegende Durchfahrt führt zum rückwärtig nebenliegenden Stiegenhaus. Gemäß Eingabeplan ist in jeder Etage eine Wohnung untergebracht. Im Unterschied zum benachbarten Haus Nr. 2 wurde das schmälere Haus Nr. 3 weniger reich dekoriert, findet sich jedoch vom Erdgeschoss bis zur Traufe schlüssig überliefert. Nach neubarocker Manier wurden auch hier 2. und 3. Obergeschoss als Hauptgeschosse behandelt und mittels kolossaler Wandvorlagen zusammengespannt, die – raffinierter durchgebildet als bei Nr. 2 – die Verlängerung eines in den Geschossen darunter vorbereiteten flachen Risalits darstellen. Vor 1. und 2. Obergeschoss legte man Streifenrustiken unterschiedlicher Behandlung. Hierin dem Nachbargebäude vergleichbar dominiert den Mittelzug der Fassade ein dreigeschossiger Flacherker mit Seitendurchfensterung, in dem Schmid zwei Fensterachsen mit zweiteiligen Querstockfenstern eng setzte. Die äußeren Fensterachsen weisen breite dreiteilige Querstockfenster auf. Vor der Dachzone ist mittig ein zweiachsiges Dachhaus (nachträglich leicht geschlichtet) mit geschweiftem Blendgiebel platziert, dessen Giebelfläche man einen kleinen Okulus einschrieb. Charakteristisch für eine neubarock anverwandelte Fassade ist der erhaben angetragene Dekor. Die ursprüngliche äußere Kubatur des Hauses wurde durch den Ausbau des Spitzbodens zu einem 2. Dachgeschoss empfindlich verändert.

Jungfernturmstraße

(Vgl. Ensemble Altstadt). An der Südseite der letzte oberirdisch anschauliche Rest der ehem. inneren Stadtmauer; Rohziegelbau, um 1300/15. Jh., mit stadtseitiger Wand des ehem. Jungfernturmes aus dem späten 15. Jh. und an diesen erinnernder Gedenktafel der 2. Hälfte des 19. Jh.

Im Zuge der Entfestigung der Stadt ab 1791 – eines jahrzehntelangen unsystematischen Vorgangs – wurde der sog. Jungfernturm bereits 1804, also relativ früh, bis auf Restteile abgetragen, doch sind die beiderseits anschließenden Stadtmauerabschnitte die einzigen, die – wenn auch bruchstückhaft – oberirdisch erhalten

geblieben sind, möglicherweise wegen ihrer Situation am Nordrand des Hofstallgebäudes Herzog Wilhelms (s. Salvatorplatz 3), die hier zu keinen weiteren Neubauplanungen Anlass bot, bis Ludwig I. den Befehl zur Schonung des Restbestandes gab.

Das mehrfach umgebaute und restaurierte, z. T. geböschte unverputzte Backsteinmauerwerk von unterschiedlicher, im Mittelteil fast ursprünglicher Höhe ist hinsichtlich eines eventuellen Vorgängers, seiner Verbindung mit dem Turmrest sowie nachträglicher Eingriffe und Veränderungen noch nicht genügend untersucht. Das Mauerwerk entspricht dem Verlauf des zweiten erweiterten Befestigungsringes, der im späten 13. und frühen 14. Jh. angelegt wurde, doch ist nicht geklärt, ob die bestehende Substanz im Zusammenhang mit der umfassenden baulichen Erneuerung und Verstärkung der Verteidigungswerke steht, die – veranlasst durch die Hussitenkriege, die Armagnac-Wirren und die Türkengefahr – ab 1429 bis in die 1490er Jahre erfolgte. Damals wurde der fortan inneren Mauer eine zweite, niedrigere vorgelegt. Beide verband hier der den Zwingergraben dazwischen mit einem Bogen überbrückende, halbrund vor die äußere Mauer in den Stadtgraben hinausgeschobene Geschützturm, zeitgenössisch als Bastion bezeichnet; der Name Jungfernturm ist erst seit 1666 nachweisbar und gab früher zu vagen Gerüchten und Sagen von Folterverhören mit der sog. Eisernen Jungfrau Anlass. Sandtners Stadtmodell (um 1570) zeigt den Turm – als einziges Bollwerk dieser Art – mit zwei Gurtgesimsen, zahlreichen stichbogigen Geschützscharten in mehreren Geschossen und Steildach gleich den späteren Ansichten, z. B. von C. A. Lebschée (nach Georg Dillis, 1800) und F. Bollinger (1805). Erhalten ist etwa die untere Hälfte der stadtseitigen geraden, knapp vor die Stadtmauerflucht tretenden Abschlusswand, heute mit zinnenartigem Abschluss (= Reste der Öffnungen im ehem. 2. Obergeschoss), mehreren vermauerten Öffnungen verschiedener Form und Größe und dem schrägen Ansatz eines Innentreppenlaufes mit Antrittspodest; die darüber angebrachte Gedenktafel gibt als Baujahr 1493 an. Helmut Stahleder (1992, 1995) hat anhand der Stadtkammerrechnungen 1485–88 als Bauzeit nachgewiesen – 1488 wurde der Dachstuhl gezimmert und mit Schindeln gedeckt; den Namen leitet er überzeugend von der geläufigen Lagebezeichnung des Turmes beim Friedhof der Frauenpfarrei (der Jungfrau Maria) ab. Der an der Stelle eines baufälligen Vorgängers erbaute Geschützturm, „der dazu diente, den toten Winkel, der sich durch den weiten Bogen der Stadtmauer zwischen Schwabinger Tor und dem Neuhauser Tor ergab, auszugleichen" (H. Stahleder), ist vielleicht auch im Zusammenhang mit dem nahen herzogl. Zeughaus (s. Salvatorplatz 2) als besondere Schutzmaßnahme zu verstehen. Nach Verwendung als Kostüm- und Dekorationsmagazin (1724–1802) für das benachbarte Theater am Salvatorplatz wurde der funktionslos gewordene Turm, der mitsamt den anschließenden Stadtmau-

Jungfernturmstraße, Stadtmauerrest von Osten

erpartien um diese Zeit mit dem Nordflügel der Herzog-Wilhelm-Stallung hinterbaut wurde, abgetragen. Heute überragt die Befestigungsfragmente das ihnen mit seiner Klinkerverkleidung angepasste Parkhaus Salvatorplatz 3 (s. dort.) – ARCHÄOLOGISCHE BEFUNDE s. Salvatorstraße 14. (Siehe Flurkarte, S. 958)

Jungfernturmstraße 2. Vgl. Ensemble Maxvorstadt I.

Ehem. Jungfernturm; Kupferstich, 1848

Stadtmauerrest von Westen

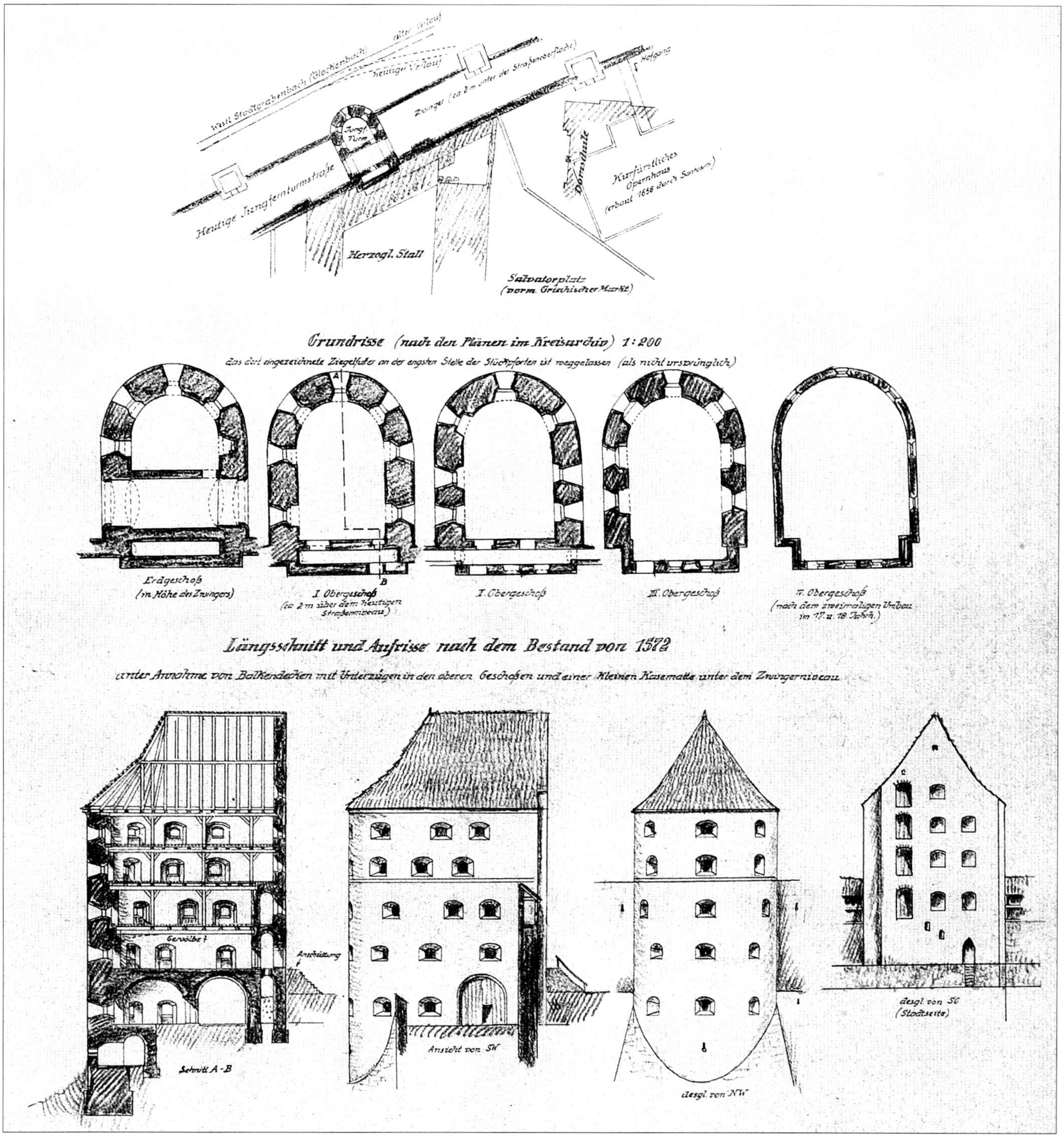

Ehem. Jungfernturm; Grundrisse Erdgeschoss bis 4. Obergeschoss, Schnitt und Ansichten sowie Lageplan, Rekonstruktion von 1952

Kabelsteg

bahn, eine Stahlbetonkonstruktion mit Muschelkalkverkleidung, ist in ihrer Formgebung und mit ihren Jugendstildetails von bemerkenswerter Eleganz. Reiche Profilierung säumt die Flachbögen und die geschweifte Entlastungsöffnung über dem mittleren Widerlager mit Scheitelstein in Form eines Löwenkopfes. Jugendstilig geformt ist auch das von steinernen Laternensockeln unterbrochene Eisengeländer. Nach Entwurf des Stadtbauamtes (Adolf Schwiening, Aquilin Altmann) führte den Bau die Firma Wayss & Freytag aus.

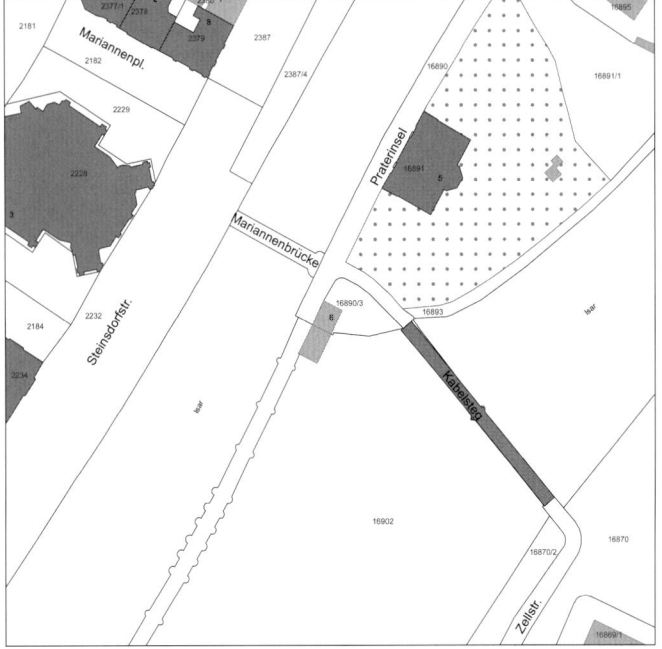

Kabelsteg

Kabelsteg

Im Zusammenhang mit dem 1898 umgebauten Kraftwerk (Muffatwerk) am Isar-Ostufer (Zellstraße 4) entstand ein Verbindungssteg zur Südspitze der Praterinsel (als östliche Fortsetzung der Mariannenbrücke von 1888/erneuert 1928/29). Die auch als Kabelüberführung dienende, 4 m breite Fußgängerbrücke aus zwei Korbbögen (Spannweite je 37 m) mit aufgeständerter Geh-

Kabelsteg; Flurkarte, M. 1:2500

Kanalstraße

Straße der südlichen St.-Anna-Vorstadt, die nordöstlich am Isartorplatz anschließt, am westlichen Ende der Mannhardtstraße einen Knick nach Nordwesten vollzieht und von hier aus bis zur Knöbelstraße läuft. Doch beschreibt die heutige Kanalstraße nur mehr einen knappen Abschnitt des ursprünglich sehr viel weiter nach Norden reichenden Verlaufs. Der gesamte ehem. nördliche Verlauf der Kanalstraße ist bis 1972 in der Anlage des Thomas-Wimmer-Rings aufgegangen (s. dort). Die Kanalstraße folgte dem Wallgraben (dem Befestigungsabschnitt des mittleren 17. Jh.). Unter der Kanalstraße floss verrohrt das ehem. Kanalbächl, das weiter nördlich im Englischen Garten in den Stadtbach mündete. So beschreibt ihr heutiger Verlauf genau die westliche Auszackung der im Zuge der Entfestigung abgetragenen Bastion „Die Katz". Die Kanalstraße hat mit zwei Häusern ihre Erstbebauung bewahrt, so belegen die Häuser Nr. 4 und Nr. 6 die Gestalt von Vorstadthäusern mit Kleinwohnungen und Dunkelzonen, gegen die noch nicht mit entsprechenden Bauordnungen vorgegangen worden war.

Kanalstraße 2. An die östliche Grundstücksgrenze gesetzt befand sich anstelle des heutigen Anwesens ein bescheidenes dreigeschossiges Vorstadthaus zu vier Achsen, das 1820 Baumeister Joseph Höchl und Zimmermeister Peter Erlacher für den Salzstößler Benno Ilg erbaut hatten. Das südwestlich dieser Bebauung liegende Restgrundstück, dessen asymmetrischer Umriss sich aus dem Straßenknick ergab, wurde freigelassen. Der Gastwirt Franz Schwärzl ließ bis 1896 unter Ausnützung der gesamten unregelmäßigen Parzelle das bestehende Haus von Max Ostenrieder als Miets- und Wirtschaftsgebäude aufführen. Die lange Kommunwand zum südwestlich gelegenen Nachbarhaus freilich ergab eine nicht aufhebbare Dunkelzone in den südlichen der jeweils zwei Wohnungen, die in jeder Etage untergebracht waren. Das Gebäude steht mit nur einer Fensterachse übereck. Der flache Eckerker, der hier über dem 1. Obergeschoss anhebt, gipfelte bis zur Kriegszerstörung in einem oktogonalen Erkerturm mit kupferner Zwiebelhaube auf. Doch haben die Auswirkungen des Zweiten Weltkriegs, die das Dach – mit Ausnahme der reich geschmückten Blendwand des Dachhauses über der lang gestreckten Fassade – zerstörten, den neubarocken Fassadenschmuck nicht betroffen.

Kanalstraße 2

[**Kanalstraße 4.** Für den „bürgerlichen Bierwirth" Kugler wurde das Mietshaus 1828 von Matthias Küßwetter und Michael Reifenstuel bereits zu vier Geschossen erbaut. In jeder Etage waren zwei Wohnungen untergebracht, deren nördliche einen Alkoven und deren südliche eine tiefe Dunkelzone aufwies. 1868 ließ der Viehhändler und Metzgermeister J. Meier in der südlichen Achse des Erdgeschosses einen Ladenzugang und dahinter einen Laden einrichten, heute wieder rückgebaut. Mit dem Einbau von zwei Dachwohnungen wurde der kriegszerstörte Dachstuhl 1951 wiederhergestellt. Der erweiternde Ausbau des Dachgeschosses erfolgte schließlich 1980. Die heutige Gestalt der Fassade mit klassizisierender Dekoration (die Fensterverdachungen entsprechen nicht dem historischen Zustand) rührt von einer 1993 erfolgten gründlich-rekonstruktiven Fassadenrenovierung her, in deren Zuge auch die Fenster ausgewechselt wurden.]

Kanalstraße 6   Kanalstraße 4 (kein BDm)

Kanalstraße 6. Am dreigeschossigen vorstädtischen Mietshaus Kanalstraße 6 sind für das Jahr 1830 Bauarbeiten für den Bauunternehmer Johann Löpfle belegt, die von Maurermeister Joseph Deiglmayr und Zimmermeister Michael Reifenstuel ausgeführt worden sind. 1856 ist als Besitzer Joseph Steiner nachgewiesen. Als 1868 für den Lackierermeister Edmund Kögerl von Maurermeister H. Fischer Veränderungen der Wohnungseinteilungen vorgenommen wurden, ist das Anwesen immer noch als dreigeschossiges belegt. Für den Metalldreher Sebastian Schweyer schließlich wurde das Haus 1873 um ein Geschoss aufgestockt. Der Privatier Josef Mack ließ 1906 das Dachgeschoss ausbauen. Die zu vermutende ursprüngliche klassizistische Fassadenzier ist weggeglättet, das ehemals ritzgequaderte putzrustizierte Erdgeschoss heute rau beworfen. Ein Zeuge für die geringe Mitleidenschaft im Luftkrieg ist das noch existente profilierte Traufgesims. Die Fensterläden im Erdgeschoss sind Zutaten des 20. Jh.

Kanalstraße 8. Das heutige Anwesen wurde 1906 durch Paul Puschner für den Baumeister Johann Baptist Schönauer anstelle einer 1828 gründenden klassizistischen Vorbebauung errichtet. Der Maurer Matthias Küßwetter hatte nach Plänen von Bautechniker Veltin für die Witwe des herrschaftlichen Verwalters Mayer ein vorstädtisches Mietshaus erbaut. Dieses wurde abge-

Kanalstraße; Flurkarte, M. 1:2 500

tragen. Über einem stumpfen Winkel und mit einem nordöstlich angebauten Rückflügel steht das Mietshaus an der Ecke Kanal-/Mannhardtstraße. Zwei Wohnungen waren in jeder Etage untergebracht und wurden vom Treppenhaus im nördlichen Hofwinkel erschlossen. Zwei Flacherker rhythmisieren die barockisierende Fassade an der Kanalstraße, sie setzen über dem Erdgeschoss (das mit einer geputzten Streifenrustika versehen ist) an, übergreifen zwei Geschosse und bedienen die Wohnzimmer des 3. Obergeschosses mit Balkonen. Die Fensterachsen der Fassaden sind durch Putzeintiefungen zu Bändern zusammengefasst, dabei wurden den Brüstungs-/Sturzfeldern Stuckkartuschen appliziert. Einer urbanistischen Marke gleich akzentuiert der drei Fensterachsen übergreifende, neubarock gewellte Giebel des Dachhauses die Straßenkreuzung, innerhalb der Fassade vom südlichen Flacherker vorbereitet. Ein querovaler Okulus ist dem Giebelfeld eingeschrieben. Ursprünglich setzten die Wangen des Dachhauses mit den um 1905 hochmodernen eckigen Voluten am Dach an, doch wurden diese, nachdem das Dach 1944 ausgebrannt war, nicht wiederhergestellt (Beseitigung der Kriegsschäden zur heutigen Gestalt bis 1949). Auch die Stuckgehänge der intrafenestralen Putzlisenen sind verschwunden. Die Fenster entstammen einer modernen Auswechslung.

Kanalstraße 11. Für sich selbst hat der Baumeister Gottfried Hohenleitner 1887–88 das Mietsanwesen errichtet. Das rückwärtige quer liegende Treppenhaus erschließt zwei unterschiedlich große Wohnungen je Etage. Der Bestand von Dachwohnungen entspricht dem Eingabeplan von 1887. Als Mittel- und Eingangsrisalit ist die mittlere Achse der Fassade ausgebildet und stellt eine vertikale Hervorhebung dar. Zugleich kommen hier die charakteristischen Elemente der Fassadendekoration im Sinne einer

Kanalstraße 8

Neurenaissance-Auffassung zum Einsatz. Zwei Fenster werden in jeder Etage eng gesetzt und gemeinsam verdacht. Horizontal bestimmen Kranzgesimse die Fassade, die die beiden Hauptgeschosse zusammenklammern und zwischen Erdgeschoss und 1. Obergeschoss eine Brüstungszone herstellen. Auch haben sich die Konsolen des Traufgesimses erhalten. Entgegen den einheitlich gerade verdachten Fenstern des 1. Obergeschosses erfuhren die Fenster des 2. Obergeschosses eine reiche Dekorierung. Gorgoneien fungieren als Agraffen zwischen Kastenrahmen und den Giebeln der Verdachungen: im Mittelrisalit ein Segmentbogengiebel, dem eine girlandengeschmückte Stuckkartusche eingeschrieben ist, und in den seitlichen Fassadenfeldern jeweils zwei Dreiecksgiebel.

Kanalstraße 14. Das Mietshaus ist 1860–61 für den Dekorationsmaler Sebastian Mangold von den Architekten Hirschberg und Ehrengut erbaut worden. Drei Wohnungen, die gemäß Eingabeplan tiefe Dunkelzonen hatten, nehmen jedes Stockwerk ein, erschlossen durch ein Treppenhaus, das im Hofwinkel konvex ausbaucht. Eine Dachwohnung war bereits im Erstzustand berücksichtigt. Die Fassade mit reichem spätklassizistischem Stuckdekor ist mit wenigen Griffen rhythmisiert worden: Seitenrisalite heben die beiden Straßenfassaden des Eckhauses von den jeweils anstoßenden Nachbarbauten ab, an der Straßenecke formulieren die jeweils letzten Fensterachsen einen Eckrisalit; die von den Risaliten eingespannten Fassadenfelder fassen keine Parataxe von Fensterachsen, sondern die je mittleren beiden Fensterachsen wurden eng gesetzt und gemeinsam verdacht. Akanthusrankenwerk aus Stuck ist in die Sturz-/Brüstungsfelder zwischen den Fenstern der beiden Hauptgeschosse gesetzt; diese werden von zwei Gurtgesimsen zusammengefasst, dem über dem Erdgeschoss (ursprünglich mit einer ritzgequaderten Putzrustika versehen) und jenem unter den Fenstern des 3. Obergeschosses, das diese gleichzeitig als Sohlbank bedient. Auch das Traufgesims mit seinem Zahnfries ist original erhalten. Doch hat die moderne Fensterauswechslung zu solchen ohne Sprossen den historischen Charakter des Mietshauses reduziert. 1996 wurden Teile des Treppenhauses erneuert.

Kanalstraße 15. Baumeister Joseph Höchl hatte 1814 für den Zimmergesellen Joseph Rodt ein zweigeschossiges, klassizistisches Doppelhaus mit Schopfwalmdach erbaut, das mit eigener Beschlachtmauer scharf am Kanalbach stand und nur über zwei Holzbrücken von der Kanalstraße her zugänglich war. Dieses schlichte vorstädtische Anwesen mit zwei kleinen Wohnungen je Etage ließ 1898–99 der Zimmermeister Wilhelm Meier von Wilhelm Schmid durch das heutige Mietshaus ersetzen. Nordwestlich und südöstlich sind dem breit gelagerten, dreigeschossigen Mietshaus kurze Rückflügel angebaut. Das mittig rückwärtige, quer gelagerte Treppenhaus führt zu zwei Wohnungen je Etage. Der Einbau von Dachwohnungen, jedoch ohne die Fenster ihrer Gauben, entspricht dem Ersteingabeplan. Das Anwesen ist weitgehend original erhalten. Auch die Fassade hat ihre historische Dekoration behalten. Rauputzbänder bilden die Rustizierung des Erdgeschosses. Verlorene Scheitelsteine mit Gorgoneion-Motiv sind über die Ladenöffnungen gesetzt. Die Geschosse sind durch Kranzgesimse voneinander getrennt, wobei das Gurtgesims über dem 1. Obergeschoss in Verkröpfungen die Fenster des 2. Obergeschosses mit Sohlbänken bedient. Die Fenster des 1. Obergeschosses finden sich segment- und rundbogig verdacht (dabei sind den Bogenfeldern stilisierte Stuckmuscheln eingesetzt), während im 2. Obergeschoss einheitlich Dreiecksgiebel zu sehen sind. Die Rhythmisierung der Fassade besteht (und dies ist ein Charakteristikum der Neurenaissance-Auffassung) einzig in der Engsetzung der je äußeren Fensterpaare, die somit einen reduzierten Anhebungs- und Schlussakzent der Straßenfront bilden.

Kanalstraße 11   Kanalstraße 15

Kanalstraße 14

Kapellenstraße

(Vgl. Ensemble Altstadt.) Die nördliche Seitengasse der Neuhauser Straße erhielt ihren Namen vor 1818 nach der Kapelle im Südflügel der einstigen Herzog-Max-Burg, vor dem sie endete. Auf Consonis Stadtplan von 1806 trägt ihr sehr schmaler, kurzer Südteil zwischen dem ehem. Jesuitenkollegium im Osten und dem Eckhaus Neuhauser Straße 12 (heutige Nr.) den Namen „Eisenbrecher Gäßchen" (zu anderen älteren Bezeichnungen vgl. Stahleder 1992); der durch ein Tor abgesonderte, breitere Nordteil hatte damals noch eher Binnenhofcharakter im Bereich des Maxburg-Komplexes und wurde westlich von zu diesem gehörigen Nebengebäuden, östlich von weiteren Trakten des Jesuitenkollegs begrenzt. Die beiden Abschnitte der Gasse trennte nach J. P. Stimmelmayr (Ende 18. Jh.), der den Südteil „Schlosser Gäßl" nennt, „der Bogen oder Eingang zum Herzog Max

Kapellenstraße 4

Territorium nebst einem Häuschen des Torwarts links hinein" (westseitig, samt dessen anschließender Wohnung). Das Tor ist auf den Stadtplänen von T. Volckmer (1613) und W. Hollar zu erkennen. Den Nordteil der Straße begrenzten später, nach Verkauf der dortigen Maxburg-Nebengebäude (1882), die späthistoristischen Mietshäuser Nr. 3 und 5 sowie die östliche Schmalseite der 1884–87 erbauten, 1938 abgetragenen Hauptsynagoge (vgl. Herzog-Max-Straße; hier 2005/06 Kaufhaus-Erweiterungsbau, vgl. Neuhauser Straße 18). Östlich gegenüber entstand an der Stelle kriegszerstörter Kollegiumstrakte 1953/54 ein Bankgebäude (s. Kapellenstraße 2/4).

[**Kapellenstraße 2/4.** *Bayerische Landesbodenkreditanstalt* (mit Maxburgstraße 3/5.). Der weitläufige, um einen großen Rechteckhof gruppierte Bankkomplex mit über das Geviert hinaus entlang der Kapellen- und besonders der Maxburgstraße verlängerten Trakten, 1953–54 nach Plänen Franz Jauds errichtet, nimmt den Nordwestbereich des im Luftkrieg zerstörten Jesuitenkollegiums, der nachmaligen Alten Akademie ein (vgl. Neuhauser Straße 8/10 und Maxburgstraße 1). Die traditionalistische Gestaltung der straßenseitigen Putzfassaden mit variierten Geschosshöhen bzw. Fensterformaten erfolgte in dieser frühen Wiederaufbauzeit noch unter dem Gesichtspunkt eines die historische Vorbebauung im Altstadtgefüge adäquat vertretenden Ersatzes (im Unterschied zur späteren Neuen Maxburg nördlich gegenüber). Unter Beschränkung auf den zeitlosen Grundtypus wird auf historisierende Gliederungen weitgehend verzichtet; die hohen Fenster des Hauptgeschosses sind durch gerade Verdachungen, der Haupteingang an der Kapellenstraße durch einen Säulenbalkon, die Fenstertür darüber durch einen gesprengten Giebel betont.]

Kardinal-Döpfner-Straße

Ehemaliger Südteil der Fürstenstraße (s. dort) zwischen Wittelsbacherplatz und Oskar-von-Miller-Ring, 1977 nach Julius Kardinal Döpfner, Erzbischof von München und Freising 1961–76, benannt. Die Fürstenstraße erhielt ihren Namen (amtlich erst seit 1820) – analog dem einstigen Fürstenweg nach Westen in Richtung Nymphenburg (vgl. Brienner Straße) – als von der Residenz ausgehende Ausfallstraße vor dem ehem. Schwabinger Tor (am heutigen Odeonsplatz) bzw. vor dem westwärts gerichteten Tor in der vorgelegten Wallbefestigung aus der 1. Hälfte des 17. Jh., das im Bereich zwischen dem Odeons- und dem um 1820 ausgeformten Wittelsbacherplatz lag. Die von letzterem entlang der Außenseite der Befestigung nach Norden führende, 1782 mit einer Pappelallee bepflanzte Fürstenstraße bog vor der Ecke der Bastion h (nordwestlich des Hofgartens) auf einer Brücke über dem Beginn des 1702/04 angelegten Schwabinger Kanals – des sog. Türkengrabens – in leichtem Bogen nach Osten zur Schwabinger Landstraße ab, der Vorgängerin der Ludwigstraße. Im Zusammenhang mit deren sukzessivem Ausbau – hier in ihrem mittleren Bereich um 1830 (Herzog-Max-Palais 1828 ff.) – wurde der Nordast der Fürstenstraße westwärts auf die Trasse des ehem. Schwabinger Kanals verlegt, und zwar auf dessen Anfangsteil bis zur Theresienstraße. Noch Pachmayrs Stadtplan von 1802/03 und der Kataster-

plan von 1808 zeigen die Böschungen des offiziell 1811 aufgelassenen, jedoch schon zuvor nicht mehr wasserführenden Kanals. – Im Bereich des jetzt nach Kardinal Döpfner benannten Südteils, der in seinem Verlauf der Außenseite der einstigen Bastion h der Wallbefestigung entspricht, sind – abgesehen von den flankierenden Palastbauten Klenzes am Südanfang (s. Wittelsbacherplatz 4 und Odeonsplatz 3, 4) – keine Häuser aus der Zeit vor dem Luftkrieg erhalten geblieben.

Kardinal-Döpfner-Straße 1. Ehem. Ludwig-Ferdinand-Palais, s. Wittelsbacherplatz 4.

Kardinal-Faulhaber-Straße

(Vgl. Ensemble Altstadt, Straßenbild Kardinal-Faulhaber-Straße). Nord-Süd-Verbindung zwischen Salvatorstraße bzw. -platz und Promenadeplatz im vornehmen Kreuzviertel, das in der Barockzeit und (Nr. 14a) im Klassizismus sein Gepräge durch Adelspalais, im späten 19. und frühen 20. Jh. durch aufwendige Bankgebäude erhielt. Namhafte Beispiele beider Gebäudetypen bestimmen bis heute das Bild der Kardinal-Faulhaber-Straße, das zu den wenigen mit noch weitgehend geschlossener historischer Bebauung (wenn auch seit dem Luftkrieg vielfach nur allein erhaltenen Fassaden) im Stadtkern gehört. Das eindrucksvolle Gesamtbild bereichern im Norden Chor und Turm der Salvatorkirche, im Süden werden entfernter die Oberteile der Frauentürme sichtbar.

Ihren heutigen Namen erhielt die Straße 1952 nach Michael Kardinal von Faulhaber, 1917–52 Erzbischof von München und Freising (vgl. Nr. 7, Erzbischöfliches Palais). Zuvor hieß sie – im Anschluss an den Promenadeplatz (s. dort) – Promenadestraße, so schon auf dem Katasterplan von 1814. Auf dem Stadtplan von Consoni (1806) trägt sie den Namen „Kappler Bräu Gasse" nach ehemaliger Brauerei und Gastwirtschaft auf Nr. 13 (abgebrochen 1891, heute Bestandteil von Nr. 14). Auf M. Paurs Stadtplan von 1729 „Pranger gasse", da bis ins 18. Jh. mit der westlich im rechten Winkel abzweigenden Prannerstraße (s. dort) namentlich zusammengefasst, und zwar speziell als Vordere oder Äußere Pranner-, Pranger(s)gasse u. ä. (zu den unterschiedlichen älteren Benennungen vgl. Stahleder 1992); von J. P. Stimmelmayr (gegen 1800) als „Mittlere oder Portia Prangers Gasse" bezeichnet in Anspielung an Nr. 12, das ehem. Palais Portia (s. dort). – Die beiden Ansichten in J. Stridbecks „Theatrum …" (um 1700) zeigen die „Pranger Gassen" gegen Norden bzw. Süden im Zustand der Frühbarockzeit bereits überwiegend von Adelshäusern gesäumt.

Kardinal-Faulhaber-Straße, Blick nach Norden (rechts Nr. 10)

Kardinal-Faulhaber-Straße, Blick nach Süden

Kardinal-Faulhaber-Straße 1, 5–7, 10–15. Vgl. Ensemble Altstadt, Straßenbild Kardinal-Faulhaber-Straße.

Kardinal-Faulhaber-Straße 1. Ehem. *königliche Filialbank* bzw. *Bayerische Staatsbank*, dann Bayerische Vereinsbank bzw. HypoVereinsbank (zugehörig Salvatorstraße 10; s. auch Prannerstraße 2). Auf dem an drei Seiten von Straßen begrenzten Grundstück südlich der Salvatorkirche zeigt das Stadtmodell von Sandtner um 1570 eine Bebauung mit zweigeschossigen Bürgerhäusern, die später z. T. zusammengelegt wurden (zuletzt sechs Anwesen). Die Südhälfte des Areals war im späten 17. Jh. im Besitz der Grafen von Rheinstein-Tattenbach, welche die auf einem Stich von Johann Stridbeck (um 1700) dargestellten Palastbauten im Stil von Enrico Zuccalli oder seines Poliers Philipp Zwerger aufführen ließen. Das südöstliche Eckhaus, 1695–1791 im Besitz der Grafen von Törring-Jettenbach, bildete eine gestalterische Einheit mit dem nördlich anschließenden Haus, das 1699–1717 dem Kloster Wessobrunn gehörte und – seit 1787 staatlich – zuletzt (noch in seiner barocken Gestalt erhalten) die Lotto-Administration beherbergte. An der Prannerstraße schließt sich bei Stridbeck das Palais der Grafen Thürheim (Besitzer 1698–1774) an, gleich dem Eckhaus im 19. Jh. umgebaut und aufgestockt. Die drei ehem. Palaisgrundstücke wurden 1892 durch die Kgl. Bayerische Bank erworben und abgebrochen. – Den Nordteil des Blockes kaufte die Bank erst 1903/04, darunter an der Nordostecke das auf Stimmelmayrs Skizze (gegen 1800) noch zweigeschossige, vorspringende Kapler-Eckhaus (1771–99 im Besitz des Hofkammerrates Franz Sales von Käppler), das z. T. den einstigen herzoglichen Eselstall ersetzt hatte; dahinter an der Salvatorstraße stand das Mesnerhaus der Salvatorkirche.

Die ehem. Bayerische Staatsbank – 1971 mit der Bayerischen Vereinsbank vereinigt – ging auf die 1780 vom Markgrafen Alexander von Ansbach gegründete Hofbank zurück, die unter preußischer Herrschaft 1795 nach Fürth und nach der Übernahme durch Bayern 1807 nach Nürnberg verlegt wurde. Der imponierende Münchner Bau der kgl. Filialbank (so der Name bis 1918) samt kgl. Zentralstaatskasse entstand in zwei Abschnitten – der Südteil 1893/94, der nördliche 1907/08 – nach einheitlichem Entwurf des Architekten und zugleich ausführenden Baugeschäftsinhabers Albert Schmidt in für Münchner Verhältnisse betont tektonisch aufgefasstem, stark an der französischen Klassik des 17./18. Jh. orientiertem Neubarock, der jedoch auch

Kardinal-Faulhaber-Straße 1; Stich von J. Stridbeck, um 1700

Kardinal-Faulhaber-Straße 1; Aufn. 2005

Kardinal-Faulhaber-Straße 1, Eingangsrisalit; Aufn. 1995

Kardinal-Faulhaber-Straße; Flurkarte, M. 1:2500

Kardinal-Faulhaber-Straße 1, Vestibül, Stuckdecke
mit Malereien

Motive der römischen und Wiener Palastarchitektur verarbeitet.
Typologisch wie stilistisch war das Vorbild der Frankfurter Bank
in Frankfurt (1887–91 von Hermann Ritter) bedeutsam. Den
repräsentativen Eindruck unterstreicht die in München nur ausnahmsweise übliche Verkleidung in Naturstein (Kronacher
Sandstein).

Der ca. 62 m lange Block mit einem Souterrain als Sockel und
drei hohen Geschossen wird durch einen Eingangsrisalit in der
Mitte der Hauptfassade und gerundete Eckpavillons gegliedert,
die von schmalen, einachsigen Risaliten mit Wappenkartuschen
als Aufsatz eingefasst werden. Das rustizierte Erdgeschoss ist in
große Fensterflächen zwischen den Pfeilern aufgelöst, mit Rundbogenfenstern nur in den Risalitachsen; die Obergeschosse werden von einer Kolossalordnung zusammengefasst – korinthische
Lisenen, am dreiachsigen Mittelrisalit und den gerundeten
Ecken Halbsäulen, an den schmalen Risalitachsen rustizierte
Lisenen. Die Fenster im 1. Stock sind alternierend mit Dreiecks-

Kardinal-Faulhaber-Straße 1, Vestibül, Treppenhaus

und Segmentgiebeln bekrönt.
Den Abschluss bilden ein dreiteiliges Gebälk und eine
durchbrochene Balustrade, die
z. T. mit Vasen, an den Rund-
ecken mit allegorischen Figuren besetzt ist. An der Nordseite entlang der weniger prominenten Salvatorstraße (Nr. 10)
ist der Komplex nach Westen
durch den Trakt der ehem.
Zentralstaatskasse (ebenfalls
1907/08) erweitert, einen bewusst einfacher behandelten
Putzbau mit niedrigerer Traufe, den zwei verschieden breite
Eingangsrisalite mit Zwerch-

Kardinal-Faulhaber-Straße 1, Büste
des Prinzregenten Luitpold

giebeln begrenzen; das westliche Portal mit Reliefdekor (u. a.
Staatswappen) wurde 1979 z. T. verändert. – Westlich schließt
sich ein mit historisierenden Anklängen angepasster Erweiterungsbau (Salvatorstraße 11) von 1950 (Arch. Martin Mendler)
an, der u. a. die Kantine aufnahm.

Die reiche Bauplastik beider Bauabschnitte ist eine der erhaltenen Hauptleistungen des aus dem Elsass stammenden Bildhauers Heinrich Waderé (1865–1950), der zu den namhaften
Münchner Bildhauern der Zeit vor dem Ersten Weltkrieg zählte.
Die Reliefgruppe im Dreiecksgiebel stellt Bavaria auf dem Löwenthron dar, die den Verkörperungen von Gewerbe und Handel
Lorbeerkränze reicht. Die vier großen Figuren über den abgerundeten Ecken sind Allegorien von Handel und Industrie (südlich) sowie Landwirtschaft und Gewerbe (? Frau mit Spindel).
Die seitlichen Risalitachsen werden jeweils von einem Wappenrelief bekrönt; unterhalb zwischen den beiden Hauptgeschossen
umschließen Rechteckfelder die Reliefbüsten der bayerischen
Herrscher des 19. Jh. In gleicher Höhe schmücken den Mittelrisalit drei wappenhaltende Paare allegorischer Figuren.

Der Altbau wurde ursprünglich diagonal von der abgerundeten
Südostecke her erschlossen, 1907/08 der Haupteingang in den
die Bauteile verbindenden neuen Mittelrisalit verlegt. Die
beiden durch ein Zwischenglied verbundenen glasgedeckten
Schalterhallen, die von toskanischen Säulen umgeben waren,
wurden nach den schweren Luftkriegsschäden im Zuge des
Wiederaufbaus durch Sep Ruf 1952 völlig neu gestaltet, wobei
die Grundform des Peristyls bewahrt blieb (alte Säulenkapitelle
z. T. über dem neuen Glasdach erhalten). Nicht erhalten ist der
große Brunnen von H. Waderé im Zentrum der großen nördlichen Schalterhalle. Die originale Ausstattung besitzt allein
noch das prächtige Vestibül beim Haupteingang, in dem eine
zweiarmige Granittreppe mit Marmorgeländer zur Ebene der
Schalterhalle hinaufführt; an der Spiegeldecke umschließt
reicher Stuckdekor von Karl Fischer Deckenfresken von Bayerl,
u. a. im Mittelfeld eine Allegorie der acht Kreise Bayerns. An
der Nordwand eine Büste des Prinzregenten Luitpold von
H. Waderé; südlich, durch eine Säulenstellung vom Typ der Serliana (Palladiomotiv) verbunden, schließt sich das Haupttreppenhaus an, eine Podesttreppe mit dekorativem Eisengeländer.
– 2000–05 erfolgte im Auftrag der HypoVereinsbank die fast
völlige Entkernung und bauliche Erneuerung des Komplexes
(Arch. Guido Canali, Gilberto Botti), der in heute üblicher
Weise „im Sinne eines Dialogs von alter und zeitgenössischer
Architektur radikal umgebaut wurde" (AZ 27.05.2002). Erhalten blieben die sanierten (zeitweise einsturzgefährdeten) Fassaden, das Mittelvestibül samt Haupttreppe sowie eine Nebentreppe in der Nordwestecke. In das zentrale, glasüberdeckte
Atrium in der Nordhälfte wurden die dorisierenden Säulen der
ehem. Schalterhalle einbezogen.

Kardinal-Faulhaber-Straße 5;
Aufn. 1996 (kein BDm)

[*Kardinal-Faulhaber-Straße 5. Sandtners Stadtmodell von 1570 zeigt eine zweigeschossige Bebauung – ein Eckhaus mit Westgiebel und südlich daneben ein Traufhaus samt Rückgebäude, Stimmelmayrs Skizze das viergeschossige Eckhaus eines Bierwirts (= Peter Anton Rieder, ab 1791) mit Giebel zum Kuhgäßl (Salvatorstraße).

Vom viergeschossigen Neurenaissance-Neubau, den der Kunstgießereibesitzer Mayer 1889 (nach Häuserbuch II: 1893) von Oscar Strelin aufführen ließ, ist nach den Luftkriegsschäden nur noch die Erdgeschoss und 1. Stock zusammenfassende Pilasterordnung anschaulich. Die Deutsche Bau- und Bodenbank ließ das Haus 1948/49 nur dreigeschossig wiederaufbauen (Arch. Curt Wöller), die 1955 geplante Aufstockung (Reg.-Baumeister Ernst Hanauer) erst 1961 ausführen. Von alter Substanz blieben nur das Kellergeschoss und Teile der beiden Untergeschosse erhalten, die Zwischenwände wurden weitgehend erneuert. Trotzdem ist ein erheblicher Stellenwert im historisch geprägten Straßenbild und Ensemble festzustellen.]

[*Kardinal-Faulhaber-Straße 6. Ehem. *Palais Spreti*. Sandtners Stadtmodell (um 1570) zeigt zwei Traufhäuser, das linke (nördliche) zweigeschossig mit Flacherker über der Tür sowie Ohrwaschel rechts, das rechte ein eingeschossiger Stadel, der laut Häuserbuch II (1960) um 1630 zu einem Wohnhaus ausgebaut und 1718 mit dem nördlichen Nachbarhaus im Besitz vereinigt wurde. – Der bestehende spätbarocke Bau des 18. Jh. ist wegen mehrfacher äußerer und innerer Umbauten und Veränderungen schwer zu datieren. Die Haustafel gibt „um 1720" als Bauzeit an, Häuserbuch II erwähnt den Umbau der beiden vereinigten Häuser zu einem Wohnhaus „nach 1789". J. P. Stimmelmayrs Skizze (gegen oder um 1800) zeigt das Haus neun Fensterachsen breit wie bestehend, mit zwei Eingängen in der jeweils zweiten Achse von außen sowie mit drei Geschossen – das oberste ist somit eine spätere Aufstockung. Die hofseitig unterschiedliche Gebäudetiefe – der nördliche Gebäudeteil springt weiter vor – könnte noch auf die beiden Vorgängerhäuser zurückzuführen sein; andererseits deutet die symmetrische Fassadengestaltung mit den fünf eng zusammengerückten mittleren Fensterachsen auf eine einheitliche Konzeption hin.

Das Anwesen gehörte seit 1718 dem Reichsgrafen Maximilian Joseph von Törring-Jettenbach und 1724–86 den Grafen Spreti, in der Folge noch bis 1869 wechselnden adeligen Eigentümern, dann Geschäftsleuten und seit 1916 der Pfälzischen Hypothekenbank in Ludwigshafen, die das Erdgeschoss in sachlichen Formen umgestalten ließ. – Nach dem Luftkrieg fehlte der 3. Stock völlig, die Fenster im 2. Stock wurden nur mit einfachen Putzrahmen wiederhergestellt (heute wieder geohrt, profiliert und mitblattvolutenförmigen Scheitelsteinen). Der 3. Stock wurde erst im Zusammenhang mit weiteren Umbaumaßnahmen 1970/71 wieder aufgesetzt (Arch. Ernst Hanauer); sei-

Kardinal-Faulhaber-Straße 6,
ehem. Palais Spreti (kein BDm)

Kardinal-Faulhaber-Straße 7, ehem. Palais Holnstein, heute Erzbischöfliches Palais

Kardinal-Faulhaber-Straße 7; Fassadenaufriss von 1890, Detail

ne Fenster waren vor der Zerstörung allerdings höher, geohrt gerahmt und standen auf dem Gurtgesims. Erdgeschoss heute modern verändert, früher mit Durchfahrt links und Vestibül samt anschließender zweiläufiger Treppe rechts. Der außen reich stuckgegliederte 1. Stock wurde innen durch Einbau der Schalterhalle verändert (inzwischen weiter erneuert).]

Kardinal-Faulhaber-Straße 7. Ehem. *Palais Holnstein*, seit 1818 *Erzbischöfliches Palais*. Sandtners Stadtmodell von 1570 zeigt hier eine Dreiergruppe zweigeschossiger Traufhäuser mit mächtigem Steildach, z. T. mit Flacherkern und Ohrwascheln; das mittlere Haus gehörte (nach Häuserbuch II 1960) als Rückgebäude zu Theatinerstraße 15 (alte Nr.). Seit 1701 war die Gruppe insgesamt Eigentum des Hofratspräsidenten Franz Ferdinand Reichsgraf von Haimhausen, nachdem zwei Häuser bereits seit dem 17. Jh. im Besitz von dessen Familie waren. Von seinen Erben kaufte Kurfürst Karl Albrecht das Gesamtanwesen am 13. Januar 1735 (Häuserbuch II; nach Trautmann 1895 bereits am 1. Juli 1733) und ließ auf dem Areal ein Palais für seinen natürlichen Sohn Franz Ludwig Graf von Holnstein aus Bayern (1723–80; ab 1746 Statthalter der Oberpfalz in Amberg, Stammvater des Grafengeschlechtes) erbauen, das im Mai 1737 bezugsfertig war, jedoch offenbar kaum von dem jungen Grafen, der u. a. in Ettal und dann im Militärdienst erzogen wurde, noch von dessen Mutter Sophie Caroline (Carlotta) von Ingenheim, einem Hoffräulein der Kurfürstin, seit 1723 mit Franz Johann Hieronymus Graf Spreti (vgl. Nachbarhaus Nr. 6) verheiratet, bewohnt wurde. Kurfürst Max III. Joseph verkaufte das Palais 1746 an Johann Georg Graf von Königsfeld auf Alteglofsheim; nach dem Aussterben von dessen Familie (1815) erwarb es 1818 ein Bankier Straßburger und von diesem der bayerische Staat, der es als Wohn- und Amtssitz für die Erzbischöfe der gemäß dem Konkordat von 1817 neu errichteten Erzdiözese München und Freising adaptieren ließ; als erster Oberhirte bezog Lothar Anselm Freiherr von Gebsattel (verzögert durch kirchenrechtliche Probleme) erst 1821 das Gebäude. Instandsetzungs- und Umbaumaßnahmen im Inneren erfolgten vor allem 1890, nach (vergleichsweise leichten) Kriegsschäden 1945 ff. und zuletzt 1970/71 mit weitgehenden Veränderungen im rückwärtigen Gebäudeteil; die Fassade wurde 1961 und zuletzt 1972 restauriert. 2008 Innenrenovierung.
Die Zuschreibung des Palais an François de Cuvilliés d. Ä. (Gurlitt 1889 und Trautmann 1895) als eines seiner Hauptwerke wurde nie angezweifelt, wird vielmehr durch eine Aussage seines Sohnes bestätigt. Die hohe künstlerische Qualität wird durch die reiche, Johann Baptist Zimmermann zuzuschreibende, sicher weitgehend von Cuvilliés entworfene Stuckdekoration außen wie innen mitbestimmt. Das gestalterisch erlesenste unter den noch verbliebenen Münchner Adelspalais des Barock und Rokoko ist auch das einzige, dessen innere Raumeinteilung und Ausstattung weitgehend – wenn auch öffentlich unzugänglich – erhalten ist. Inmitten vorgegebener beengter Bebauungsstrukturen in der Altstadt konnte der an sich vorbildhafte Typus des französischen privaten „hôtel" zwischen Vorhof und Garten in München nicht verwirklicht werden; stattdessen entwickelte vor allem Cuvilliés an seinen Palais Piosasque de Non (ehemals Theatinerstraße 16) und Holnstein den gleichsam klassischen Kanon des Münchner Adelswohnsitzes mit um einen Innenhof gruppierten Flügeln, wobei die Repräsentationsräume straßenseitig im Vordertrakt lagen.

Die Fassade entspricht mit ihren neun Fensterachsen, dreieinhalb Geschossen und dem mittleren Dreiecksgiebel als klassischem Zitat gleichfalls dem verbreiteten Normalschema des Münchner Adelshauses, dessen Breitenentwicklung Grenzen gesetzt waren; die heimische Komponente kam vor allem in dem reichen Anteil des Stuckdekors und in der (ursprünglich) zartfarbig abgestuften Fassung der Putzarchitektur zum Ausdruck. Das Erdgeschoss mit Rechteckfenstern in dekorativ vergitterten Rundbogennischen und das Mezzanin mit Rundfenstern sind als durch Horizontalfugen rustizierte Sockelzone behandelt, die beiden Obergeschosse durch glatte korinthische Kolossalpilaster zusammengefasst, die Rechteckfenster im 1. Stock durch aufwendige Verdachungen mit Segmentgiebeln betont, während die Fenster des 2. Stocks mit ihrem segmentbogigen Sturz in den ohnehin schmalen Architrav einschneiden; den (gemäß Fassadenriss von 1818 damals noch mit Trophäen dekorierten) Gebälkfries unterteilen die paarigen Konsolen über den Pilastern. Die drei Mittelachsen sind – dem dreiteiligen Grundrissgefüge entsprechend – als Flachrisalit vorgezogen, der nur im Erdgeschoss begrenzende Lisenen aufweist; allein die von übereck gestellten Pfeiler gefasste, korbbogig-sphärisch schließende Portalnische mitsamt dem von drei Volutenkonsolen getragenen konvexen Balkon mit schmiedeeisernem Ziergittergeländer tritt als plastisch modellierte Partie aus dem sonst moderaten Gliederungsgefüge heraus (vgl. Amalienburg), dessen zweite, zurückhaltendere Akzentuierung durch den Dreiecksgiebel erfolgt. Dem tektonischen System entspricht Zimmermanns gleichmä-

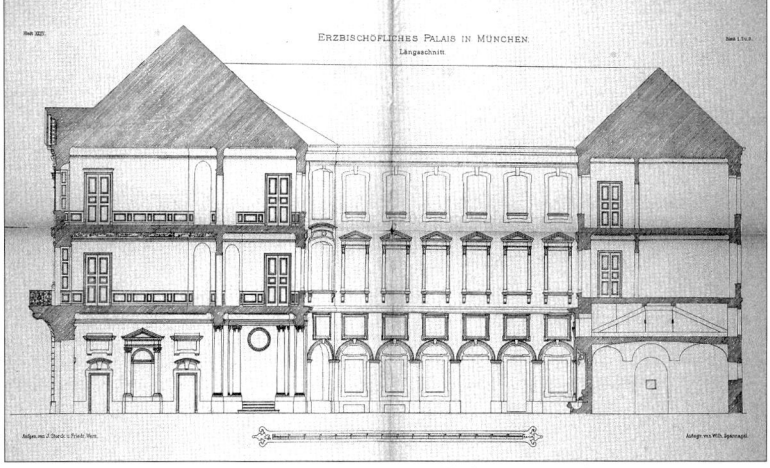

Kardinal-Faulhaber-Straße 7; Längsschnitt von Wilhelm Spannagel, um 1900

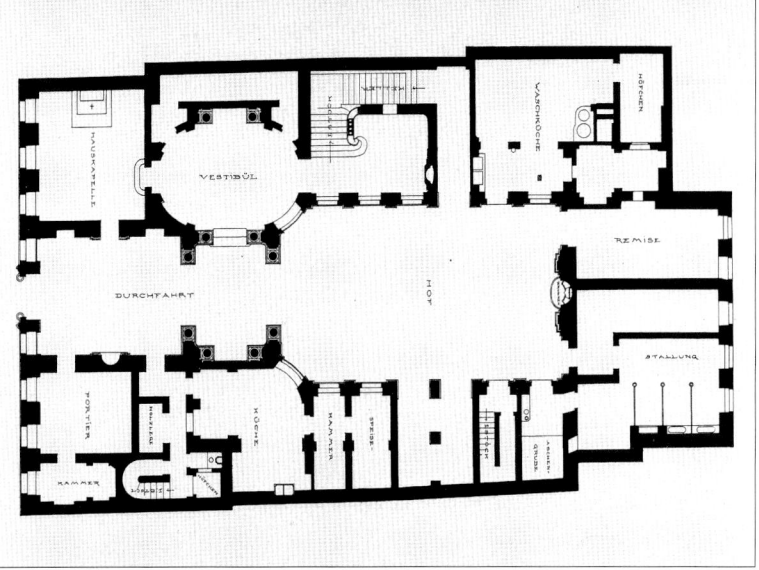

Kardinal-Faulhaber-Straße 7; Grundriss Erdgeschoss, um 1900

ßig verteilter, es festlich interpretierender Stuckdekor, in horizontaler Reihung konzentriert auf die Ornamentik der Rundfensterscheitel und die dazwischen eingefügten Blattkonsolen unter den Pilastern, im 1. Stock auf die Brüstungsfelder und Verdachungen, mit kleinen Büsten über den Fensterscheiteln, im 2. Stock auf den Bereich der Fenstersohlen und -konsolen. Besondere schwerpunktmäßige Verdichtungen erfolgen in der Nische über dem reich geschnitzten, Joachim Dietrich zugeschriebenen Doppelflügeltor – Engel halten eine asymmetrische Kartusche mit der Reliefbüste der Immaculata – und im Giebel, dessen Sohle eine prächtige Wappenkartusche (gemalt; seit 1972 wieder Holnstein aus Bayern, mit Bastardbalken) unterbricht. (Der niedrige Gebäudesockel mit Kellerfenstern ist mit Kalktuff verkleidet.) – Die Farbgebung 1972 schloss sich frei dem damaligen Befund an, wobei die als süßlich empfundenen Tönungen etwas zurückhaltend interpretiert wurden.

Den längsrechteckigen *Hof* mit sechs Fensterachsen an den Längsseiten und je einer konvexen Achse in den Westecken zu Seiten der Durchfahrt umschließen viergeschossige Fassaden mit Blendarkaden im Erdgeschoss, leicht querrechteckigen Mezzaninfenstern, von Ädikulen mit Dreiecksgiebeln gerahmten Fenstern im Hauptgeschoss und Stichbogenfenstern im 2. Stock. Den optischen Abschluss in der Mitte der östlichen Schmalfront bildet, zwischen den Toren zur einstigen Stallung und Remise, eine von gestaffelten ionischen Pilastern flankierte, rundbogig geschlossene Nische mit einem *Wandbrunnen* samt vorgelegtem gerundetem Bodenbecken; nicht erhalten (wohl weil thematisch nicht zu einem Bischofshof passend) ist die einst die Nische füllende Figurengruppe, eine „sieben Schuh hohe Venus samt dreyen Genien" von Johann Baptist Straub, der in Anerkennung dieser künstlerischen Leistung vom Kurfürsten am 7. Juni 1737 zum Hofbildhauer ernannt wurde. Hoffassaden 1986 restauriert, Farbgebung (ockergelb) nach Befund.

Kardinal-Faulhaber-Straße 7, Treppenhaus, Erdgeschoss, Deckenbild; Aufn. 1970

Hoffront im ersten Stock durchgeführten Gang abgesondert wird; an der Galerieuntersicht Deckenbild wohl von Zimmermann mit drei geflügelten Putten, Papagei und Blumen; die Galerie stützen bewegte Hermenkaryatiden aus Stuck von Zimmermann; in einer Nische der Ostwand Stuckfigur der Minerva als Bellona (Kopie; Original s. Kardinal-Faulhaber-Straße 12). Die einarmige Podesttreppe mit Holzgeländer aus kräftigen Balustern führt in drei kurzen Läufen entlang der West-, Nord- und Südwand in den 1. Stock; hier umschließen Wandnischen virtuose Stuckfiguren Zimmermanns, die vom Relief teilweise in Vollplastik übergehen; die Allegorien aus dem Bereich Kunst und Wissenschaft werden verschieden gedeutet, von Biller/Rasp (1997) als Architectura (westlich) und Ingenium (östlich). An der Decke wurde 1970/71 Zimmermanns Secco-Gemälde, eine Allegorie der guten Regierung mit der Zentralgruppe von Ge-

Kardinal-Faulhaber-Straße 7, westliche Hoffassade

Kardinal-Faulhaber-Straße 7, Toreinfahrt nach Osten

Die repräsentative *Durchfahrt*, tektonisch markant gegliedert unter Verzicht auf dekoratives Beiwerk, ist in zwei Abschnitte mit von Stuckprofilen gesäumten Deckenkehlen geteilt; den längeren Westteil flankieren von Ädikulen mit Dreiecksgiebeln gerahmte Nischen zwischen den Durchgängen zu den angrenzenden Räumen (links Kapelle, 1865 von Ludwig Foltz neugotisch ausgestattet, nach Kriegsschäden von 1945 modernisiert; rechts Pförtner); das leicht querrechteckige Kompartiment mit ausgerundeten Ecken begrenzen an den vier Seiten ionische Säulenstellungen (die östliche nachträglich durch eine Glastür zum Hof geschlossen); nördlich (links) öffnet sich über Stufen der Durchgang zum ovalen *Vestibül* mit dekorloser Spiegeldecke und einer der südlichen entsprechenden Säulenstellung gegenüber im Norden; östlich schließt sich das an der linken Hofseite gelegene *Haupttreppenhaus* an, mit einem Vorplatz, der durch den galerieartig entlang der

Kardinal-Faulhaber-Straße 7, Treppenhaus

Kardinal-Faulhaber-Straße 7, Stuckdecke im 1. Obergeschoss

rechtigkeit und Frieden, freigelegt, erläutert durch die Inschrift im darunter aufgeschlagenen Buch: Iustitia et pax osculatae sunt, Dav(id) ps. 84.

Die *Empfangs- und Wohnräume* in allen Geschossen sind mit Spiegeldecken über profilgesäumten Vouten, mit vertäfelten Sockeln und meist nach dem System der Enfilade angeordneten zweiflügeligen Füllungstüren ausgestattet, die Haupträume zu-

Kardinal-Faulhaber-Straße 7, 1. Obergeschoss, Stuckdecke, Detail

dem mit prächtigem Rocaille-Deckenstuck von Zimmermann, der vor allem in den Randzonen konzentriert ist (im 1. Stock heute weiß auf hellgrau, im 2. Stock noch ursprünglich golden auf weiß). Im 1. Stock liegt südlich der Treppe über dem Vestibül ein gleich diesem ovaler Vorraum; entlang der Straßenfront folgen vier verschieden große Repräsentationsräume; von Norden: 1. (über der Kapelle) der fast quadratische heutige Sitzungssaal mit drei Fenstern; Stuck mit geflügelten, wohl die Winde verkörpernden Putten, weiblichen Köpfen und – in Deckenmitte – blumenstreuender Flora. – 2. Wohn- oder Empfangszimmer (früher wohl Schlafzimmer) mit drei Fenstern (das mittlere als Balkontür); gegenüber davon abgeschrägte Ecken mit Ofennischen; Deckenstuck mit Diana (östlich), Phosphoros mit Morgenstern und Tauschale (westlich) und Apollo auf dem Sonnenwagen in der Mitte. – 3. Arbeitszimmer/Salon mit zwei Fenstern; Stuckdecke mit Planetendarstellungen, Putten und Muschelspringbrunnen. – 4. Kabinett mit Alkoven (ein Fenster); Stuckdecke mit weiblichen Büsten, Maskenköpfen und Blumenschalen. – Östlich von Raum 3 Vorzimmer mit drei Fenstern zur Hof-Schmalseite; südlich daneben ovales Speisezimmer.

Im 2. Stock wurde in der über dem Treppenhaus hier 1921 eingerichteten Bibliothek (ehemals Musiksaal; mit vier Fenstern zum Hof) 1971 Zimmermanns (schlecht erhaltenes) Deckenfresko des Parnass mit Apollo und den Musen, umgeben von weiteren Gottheiten, u. a. Diana und Minerva, und einem Notenblatt am unteren Rande freigelegt, im östlich angrenzenden Arbeits-, ehemals Musikzimmer mit zwei Fenstern ein (übertünchtes) Deckenbild nachgewiesen. – Im Vordergebäude südwestlich Schlaf- bzw. Gastzimmer mit Stuckdecke (von Putten bekränzte Hermen; Reliefs mit Seestücken und Landschaften) sowie bemerkenswertes Kabinett mit vollständig erhaltener

Kardinal-Faulhaber-Straße 7, 2. OG, Stuckdecke, Detail

Kardinal-Faulhaber-Straße 7, Treppenhaus

Kardinal-Faulhaber-Straße 7, 2. Obergeschoss, Kabinett

reicher Ausstattung (in München unikat): Sockelvertäfelung, Wandbespannungen (dunkler Samt) in schmalen Feldern, Deckenstuck; über dem Rotmarmorkamin Spiegel und Gemälde mit Putten. Nicht erhalten ist die klassizistische, 1821 von Jean-Baptiste Métivier entworfene Ausstattung der (ersten) erzbischöflichen Hauskapelle im 2. Stock (Raum in der Nordwestecke, einst mit Altar vor dem mittleren der drei Fenster). – Zur mobilen Ausstattung des Erzbischofshofes gehören viele Objekte aus dem 18. und 19. Jh., z. T. noch aus der Bauzeit wie eine von Cuvilliés entworfene Kommode und mehrere Öfen.

Da aus der Bauzeit weder Entwürfe noch Bauakten oder Rechnungen vorliegen, sind die anläßlich der Adaptierungsmaßnahmen gefertigten Bestandsaufnahmen von 1818 und 1890 für die Kenntnis der originalen Strukturen bedeutsam, zumal 1970/71 das Rückgebäude, der südliche Seitenflügel und der Ostteil des Nordflügels weitgehend entkernt und verändert ausgebaut wurden. Der Erdgeschoss-Grundriss von 1890 zeigt noch die Waschküche (bis 1819 zweite Küche) im Nordosten (östlich vom Treppenhaus), Remise und Stallung im Rückgebäude, im Südflügel u. a. die Aschengrube (am Ostende) sowie zwei Speisekammern, die der (noch vorhandenen) Küche südwestlich vom Hof zugeordnet waren. – Der Abgang zum Kellergeschoss liegt unter der Haupttreppe.

Ephemerer Vorschlag blieb 1893, im Zusammenhang mit der Diskussion um einen Durchbruch der verlängerten Prannerstraße nach Osten, ein Plan des Landbauamtes, nach welchem der freizulegenden Südseite des Palais eine lang gestreckte Fassade mit analog der Westfront entwickelter Gliederung vorgeblendet werden sollte (vgl. Dischinger 1988, Abb. S. 102 f.).

Kardinal-Faulhaber-Straße 10. Ehem. *Bayerische Hypotheken- und Wechsel-Bank* (jetzt private Immobilie). Der Hypobank-Westbau ersetzte vier 1886–94 sukzessive erworbene Vorgängerhäuser. Sandtners Stadtmodell von 1570 zeigt die äußeren von ihnen zweigeschossig, dazwischen eine eingeschossige Bebauung, Stimmelmayrs Ansichtsskizze (gegen 1800) vier Traufhäuser mit ungleicher Traufhöhe, von Norden das dreigeschossige „Herr von Ert Haus" (alt Nr. 8, 1750–80 Hofrat Joseph Georg Ignaz von Er(d)t gehörig, 1873 neu erbaut), daneben das dreigeschossige „Hof-Seelnonnen Haus mit Kapelle und Thürmlein" (alt Nr. 9, 1804 aufgestockt); südlich folgt „der unausgebaute Fugger-Bau von hinten" (Rückgebäude von Theatinerstraße 11, s. dort), ab 1762 kurfürstl. Maut- und Packhaus, 1828 unter Freiherr von Cotta umgebaut (alt Nr. 10); daneben (alt Nr. 11) das schmale dreigeschossige „Kistler Häuschen" (ab 1792 im Besitz eines solchen, zuletzt viergeschossig).

Die von Emil Schmidt, dem für die Gesamtplanung zuständigen Berliner Architekten, entworfene Westfassade des Neubaus von 1895/96 zeigt – im Gegensatz zu der von zwei Münchner Archi-

Kardinal-Faulhaber-Straße 10

Kardinal-Faulhaber-Straße 10, Haupttreppenhaus

Kardinal-Faulhaber-Straße 10, Innenhof

Kardinal-Faulhaber-Straße 10, Mittelrisalit mit Portal

tekten redigierten (kriegszerstörten) Ostseite an der Theatinerstraße (vgl. Theatinerstraße 11) – trotz reichlichen Zitaten des
Wiener Barock insgesamt einen im Berliner späthistoristischen
Geschäftshausneubau verbreiteten, zu dissonanter Unruhe gesteigerten plastisch-dynamischen Charakter – in München das
anschaulichste Beispiel „wilhelminischer" Architektur im Unterschied zu dem auch bei höchstem Aufwand meist in sich
harmonischen Stil der „Prinzregentenzeit" (vgl. Kardinal-
Faulhaber-Straße 1, Staatsbank). Die 50 m breite Fassade aus
feinkörnigem Burgpreppacher Rhätsandstein ist zwischen die
verputzten Barockpalais Nr. 7 und 12 eingespannt, die sie mit
ihrer Traufhöhe leicht übertrifft und mit den ausladenden wie in
der Dachzone aufragenden plastischen Details von Hugo Kaufmann übertrumpft. Sockel- und Erdgeschoss sind rustiziert, die
beiden Obergeschosse durch Kolossalpilaster zusammengefasst. Eigentümlich die schmalen, nur einachsigen Seitenrisalite mit Durchfahrt (zu Tiefgaragen-Einfahrt verändert) links
bzw. Nebeneingang (jetzt „Pranner-Passage" zu den „Fünf
Höfen") rechts. Am Mittelrisalit großes, gekehltes Rundbogenportal mit flankierenden Hermenatlanten (weiblich und männ-
lich), die den konvexen Balkon stützen; darüber dreiteilige
Fenstergruppen und ein gesprengter Giebel, auf dem zu Seiten
eines Zwerchhauses allegorische Figuren von Gewerbe und
Handel lagern; im Giebelfeld Relief mit über dem Münchner
Stadtbild aufgehender Sonne. In den Hauptgeschoss-Fenster-
giebeln der Seitenrisalite Relieffiguren Pfau und Eule. An den
drei Eingängen prächtige Türgitter (das linke wegen neuer Einfahrt entfernt).
Im Vestibül mit Neurokokostuck an der Spiegeldecke zweiarmige Prunktreppe aus Marmor (vom Typus des Wiener Belvedere), die zum 1. Stock führte; anschließend um viereckigen
Schacht freitragende Haupttreppe zu den Obergeschossen mit

Eisengeländer. Im 1. Stock Sitzungssaal mit Vertäfelungen und
Felderdecke.
Die Durchfahrt im Norden (bis zum Umbau 1999 mit drei
Kreuzgratgewölben und Rohbacksteingurten) führt in den lang
gestreckten Hof; die ihn an drei Seiten (außer im Norden) einschließenden Fassaden in Rauputz mit z. T. dekorativ bereicherten Rohbacksteingliederungen repräsentieren – im Gegensatz
zum pathetischen Neubarock der Straßenfront – eine andere, zu-
kunftweisende Stilvariante eher zweckhaften Charakters, die auf
historisierende Zitate weitgehend verzichtet. Im schlichten Mittelrisalit der langen Südfront des Hofes die steigenden Doppelfenstergruppen des noch original mitsamt seinem prächtigen
Eisengeländer erhaltenen nördlichen Treppenhauses. – Siehe
Theatinerstraße 11 („Fünf Höfe").

Kardinal-Faulhaber-Straße 12 und 14 (von links), Stich von J. Stridbeck,
um 1700

Kardinal-Faulhaber-Straße 12. Ehem. *Palais (Fugger-)Portia*
(vgl. Kardinal-Faulhaber-Straße 14). Das Palais steht an der
Stelle von drei (später zwei) niedrigen, zweigeschossigen Trauf-
häusern – zu sehen auf dem Stadtmodell Sandtners von 1570 –,
die seit 1622 in nunmehr adeligem Besitz vereinigt waren und
um 1625 umgebaut wurden. 1693 erwarb Maria Anna Katharina
Gräfin Fugger, geb. Marquise von Saint-Germain (San Ger-
mano, Piemont; † 1729) für sich und ihren Gemahl, den Oberst-
hofmeister Paul Fugger Reichsgraf von Kirchberg und Weißen-
horn († 1701), das Anwesen von Anna Sabina, verwitweter
Gräfin Ahaim. Gräfin Fugger veranlasste aus ihren Mitteln den
sofortigen Neubau des Palastes auf dem 24 m tiefen Grundstück
nach Plänen des Hofbaumeisters Enrico Zuccalli, dessen Polier,
der Hofmaurermeister Philipp Zwerger, den Bau 1693–94 ausführte.

Kardinal-Faulhaber-Straße 10, Vestibül, Stuckdecke

Kardinal-Faulhaber-Straße 10, Vestibül

Kardinal-Faulhaber-
Straße 12; Hofansicht von
Süden, 1946   ▷

Kardinal-Faulhaber-Straße 12, ehem. Lesesaal (zerstört); Aufn. 1901

Kardinal-Faulhaber-Straße 12, Deckenstuck von J. B. Zimmermann
(zerstört); Aufn. 1901

Kardinal-Faulhaber-Straße 12, ehem. Palais Portia

Zuccallis erhaltene Pläne von 1693 zeigen einen dreigeschossigen Vierflügelkomplex aus Vorder- und Rückgebäude sowie verbindenden Trakten mit Arkaden im Erdgeschoss. Das Vordergebäude mit sehr breiter Durchfahrt (Vestibül) und rechts davon dreiläufiger Podesttreppe enthielt in der Mitte des 2. Stocks einen ursprünglich zweigeschossig konzipierten Saal, dessen nicht ausgeführter Oberteil als dreiachsiges mächtiges Zwerchhaus mit Dreiecksgiebel die Fassade überragen sollte. Die an sich völlig italienisch proportionierte und gegliederte Front wäre dadurch im Sinne eines nordischen Vertikalismus verfremdet worden. Die allein erhaltene Fassade – damals die bürgerlichen Nachbarhäuser überragend, heute zwischen späthistoristischen Banken mit etwas höherer Traufe leicht beengt – verarbeitet Motive von Berninis römischem Palazzo Chigi-Odescalchi, die Zuccalli zuvor in seinen Bauplänen für die Grafen Kaunitz in Wien und Austerlitz variiert hatte (Heym 1984). Mit diesem einflussreichen Frühbeispiel eines südländisch-barock geprägten Adelspalastes erweist sich die Bauherrin – Hofdame und Obersthofmeisterin – gleich ihrer Kurfürstin Henriette Adelaide (von Savoyen) als Wegbereiterin der italienischen Barockkultur in München.

Die sieben Achsen breite Putzfassade – deren ursprüngliche Gestalt die Ansicht von Stridbeck (um 1700) zeigt – weist im Erdgeschoss Streifenrustika und an den beiden Obergeschossen eine rhythmische Gliederung durch korinthische Kolossalpilaster auf, welche die drei Mittelachsen risalitartig aussondern. Die Fenster im Erd- und ursprünglich auch im 2. Obergeschoss, auf Konsolen stehend und mit geraden Verdachungen, sind wesentlich einfacher als die plastisch betonten Fensterädikulen im Hauptgeschoss mit korinthischen Säulen, muschelgefüllten Segmentgiebeln und Blendbalustern an den Sohlbänken. Die schräg gestellten toskanischen Portalsäulen aus Rotmarmor – ursprünglich mit Balusterbrüstung am Balkon darüber – sind keine Caprice (wie früher z. T. vermutet), sondern auf die orthogonale Grundrissstruktur hinter der schräg verlaufenden Baulinie bezogen. Über dem Mittelfenster im 1. Stock eine Nischenfigur der Muttergottes (Original jetzt innen); als Abschluss ein kräftiges Konsolgesims.

Vom Sohn der Gräfin Fugger aus erster Ehe, dem Grafen Philipp Joseph von Törring-Seefeld, kaufte Kurfürst Karl Albrecht 1731 das Palais, das er seiner langjährigen Geliebten Maria Josepha Hyacintha Freiin bzw. Gräfin Topor von Morawitzky (1709–89; seit 1737 mit Johann Anton Fürst Portia – 1702–50 – vermählt) schenkte und 1731–37 durch François de Cuvilliés d. Ä. opulent umgestalten ließ. Der monumentale Charakter der Fassade wurde nach zeitgemäßem Geschmack durch dekorative Bereicherungen reduziert, vor allem die Fenster im 2. Stock durch rahmende Stuckornamentik (von Mitarbeitern Johann Baptist Zimmermanns) umgedeutet, die Stürze der Hauptgeschossfenster durch zusätzlichen Dekor verändert und die schwere Balkonbrüstung durch ein leichtes, verspieltes Schmiedeeisengitter mit den Initialen der neuen Besitzerin (JTM) im Mittelteil ersetzt; ebenso wurden neue Türflügel eingebaut. Die Arbeiten leitete wohl der 1737 erwähnte Philipp Jakob Kögelsperger. – Innen stattete Cuvilliés eine Raumfolge im 1. Stock des Rückgebäudes und eine Galerie im rechten hofseitigen Flügel in prächtigem Rokoko mit Wandvertäfelungen, Türen und Stuckdecken im Stil der Reichen

Kardinal-Faulhaber-Straße 12,
Portal

Zimmer des Residenz durch die dort tätigen Künstler aus, von denen der Stuckator Johann Baptist Zimmermann und der Maler Nikolaus Gottfried Stuber erwähnt werden, und wohl auch durch den Bildhauer Joachim Dietrich und die Schnitzer Johann Adam Pichler und Wenzel Miroffsky.

Von den Grafen Rechberg – kurzzeitigen Besitzern ab 1806 – erwarb 1819 die Literarische Gesellschaft Museum den Komplex, den sie für eine (etwa englischen Club-Häusern vergleichbare) gesellschaftliche – gesellige wie kulturelle – Funktion adaptierte. Im Rückgebäude (2. Stock) wurde 1819 ein nach Angaben Leo von Klenzes und des Hofdekorateurs Jean Baptist Métivier gestalteter zweigeschossiger Konzert- und Ballsaal eingebaut (Oberteil aufgestockt), der als „Museumssaal" im Münchner Musikleben des 19. und frühen 20. Jh. von Bedeutung war. Er wurde im Zusammenhang mit der umfassenden Restaurierung des Gebäudes 1900–02 durch Heilmann und Littmann z. T. neu ausgestattet.

Die Museumsgesellschaft verkaufte 1934 das Objekt an die benachbarte Bayerische Vereinsbank. Durch Luftangriff vom 24./25. April 1944 wurden die inneren Strukturen weitgehend zerstört, während die Hauptfassade stehen blieb, gesichert und 1950–52 völlig neu hinterbaut wurde (Arch. Carl Sattler). Im Inneren vermitteln zwischen der Fassade und dem vielgeschossigen Neubau im Rückbereich (mit der Schalterhalle der Hypothekenabteilung im Zentrum) eine historisierend gestaltete Raumzone hinter der alten Fassade: ein fast quadratisches Vestibül, rechts davon ein Treppenhaus mit Balustergeländer in grünblauer Majolika und im 2. Stock der Sitzungssaal, sämtliche mit barockisierendem Stuckdekor nach Fassadenmotiven. Im Vestibül stehen jetzt die originale Hausmadonna (schwarzer Basalt) von der Fassade und eine Stuckfigur der Minerva (um 1735) aus dem Erzbischöflichen Palais, die Kardinal Bettinger als unpassend hatte entfernen lassen. Eine Gedenktafel erinnert an die Hausgeschichte.

Kardinal-Faulhaber-Straße 14. Ehem. *Bayerische Vereinsbank,* jetzt HypoVereinsbank (vgl. auch Ensemble Altstadt, Platzbild Promenadeplatz). In der den (späteren) Promenadeplatz östlich abschließenden Ecksituation stand das bis 1600 der Frauenkirchenstiftung gehörige Kreuzbad, auf Sandtners Stadtmodell (um 1570) ein freistehender gotischer Satteldachbau mit Zinnengiebeln. Das privatisierte Anwesen ging 1692 an die Grafen von Rechberg über; deren dreigeschossiges frühbarockes „Palatium" mit reicher Putzgliederung stellt J. Stridbeck (Theatrum, um 1700) in seiner Ansicht der Prangergasse dar. Das nach den Grafen Preysing (ab 1757) von 1787–1834 den Freiherren von Castell gehörige Gebäude erwarb 1846 Joseph Anton Ritter von Maffei, von dessen Erben es 1872 die Bayerische Vereinsbank kaufte. Die schlicht spätklassizistisch umgestaltete Fassade des ehem. Castellhauses war lediglich durch Gurtgesimse, geritzte Putzquaderung und profilierte Fensterrahmungen gegliedert.

Der Gründung der *Bayerischen Vereinsbank* erteilte Ludwig II. die Konzession am 11. April 1869. Da das Castellhaus den Ansprüchen bald nicht genügte, wurde es 1884 abgebrochen und 1885/86 durch einen stattlichen Neubau nach Plänen und unter Bauleitung des Berliner Architekten Wilhelm Martens (Mitarbeiter Emil Schmidt) ersetzt, der sich in der Reichshauptstadt bereits durch den Bau zweier Banken qualifiziert hatte; Ausführung durch Münchner Firmen unter Baumeister Albert Schmidt. „In München galt der im Hochrenaissancestil errichtete ‚Bankpalast' als das erste Beispiel eines nach streng technisch-künstlerischen Gesichtspunkten ausgeführten privaten Zweckbaus. Aus Gründen der Feuersicherheit wurden sämtliche Decken in Eisenbeton ausgeführt. Das Gebäude erhielt eine elektrische Beleuchtungs- und Frischluftanlage" (Steffan 1969). Der „Große

Kardinal-Faulhaber-Straße 14; Aufn. um 1900

Kardinal-Faulhaber-Straße 14

Brockhaus" bildete es 1894 als mustergültig für die Gattung (Bankgebäude, Tafel II) ab. Mit drei neuartig hohen Geschossen nebst rustiziertem Souterrain, den großen, die Flächen zwischen den gliedernden Rustika-Pilastern füllenden Fenstern, den kraftvoll plastischen Details zumal am risalitartig behandelten Bereich um die abgeschrägte Ecke mit dem Haupteingang, die durch einen dekorativen Giebel (bez. 1886) und kuppelartigen Aufsatz betont wurde, und mit seiner aufwendigen hellen Sandsteinverkleidung setzte der Neubau in der damals noch barock und biedermeierlich geprägten Altstadtumgebung wie typologisch im Münchner Geschäftshausbau neue Maßstäbe. Der Eckrisalit enthielt das querovale, gewölbte (vereinfacht erhaltene) Vestibül mit Differenztreppe, darüber Sitzungssaal und Direktorswohnung; in der Gebäudemitte lag die zweigeschossige Schalterhalle mit Oberlichtkuppel.

Die Vereinsbank erwarb 1887 die östlich an der Maffeistraße (alte Nr. 18) angrenzende, 1829 von der Stadt nach Plänen von Johann Ulrich Himbsel erbaute Schule der Dompfarrei, welche die Stelle eines einstigen Seelhauses einnahm und 1887/88 von Albert Schmidt zum Wohn- und Geschäftshaus umgebaut wurde. – Im Norden folgte 1890 der Kauf des Anwesens Promenadestraße 13, zuletzt 1886 viergeschossig als Hotel Kappler um- oder neu gebaut. An seiner Stelle zeigt das Sandtner-Modell von 1570 zwei zweigeschossige Traufhäuser, die nach ihrer Vereinigung 1609 umgebaut wurden – auf Stridbecks Stich (um 1700) ein langes dreigeschossiges Traufhaus mit frühbarocker Gliederung („das Herlings Praeu-Haus", 1603–83 im Besitz der Familie Hering oder Häring). Das Hotel wich 1891–93 einer Erweiterung der Bank in Formen des Altbaus, wie dieser nach Plan von W. Martens durch A. Schmidt ausgeführt. – Nachdem 1895 ein weiteres Haus an der Maffeistraße (alte Nr. 16, im Mittelalter der Frauenkirche gehörig und zeitweise Wohnung des Baumeisters Jörg von Halsbach; 1873–95 Besitz des Ehepaars Randlkofer, vgl. Dienerstraße 14) hinzu erworben und adaptiert worden war, ließ die Vereinsbank 1908/09 anstelle der abgebrochenen Häuser Nr. 16/18 einen zweiten Erweiterungsbau in den Formen des Eckgebäudes errichten (Entwurf wiederum von W. Martens), den ein mit Säulenstellungen instrumentierter Flacherker in den beiden Obergeschossen akzentuiert. Die (nicht erhaltene) Ausstattung der Innenräume wurde Richard Riemerschmid übertragen, der u. a. die vornehme Neugestaltung des säulenumstandenen, glasgedeckten Kassenhofes der Depotabteilung entwarf. – Eine weitere Abrundung erfolgte 1910 mit dem rückwärtigen Bereich der ehem. Kommandantur (s. Theatinerstraße 8; Projekt einer Passage weltstädtischen Charakters).

Schließlich erfolgte 1921 die Ausdehnung südwärts über die Maffeistraße hinweg durch Übernahme der 1901–05 von Emil Schmidt erbauten ehem. Bayerischen Handelsbank (s. Maffeistraße/Vorspann); deren bis dahin sehr markanten Jugendstil-Eckturm, der – Zeichen des Geschmackswandels – bei dieser Gelegenheit begradigend und beruhigt umgestaltet wurde, verband mit dem Erweiterungsbau von 1909 der von Friedrich Thiersch in seinem letzten Lebensjahr 1921 entworfene bogengetragene Übergang, der erst 1923 etwas abweichend von Karl Stöhr ausgeführt wurde. Der Gestaltung des in der Öffentlichkeit umstrittenen „Maffeibogens" wurde besondere Sorgfalt gewidmet; Wilhelm Nida-Rümelin zierte ihn 1925 mit polychromen volkskunstartigen Motiven (östlich Bienenkorb und Relief-Halbfiguren Industrie und Landwirtschaft) und einem ornamentalen Sgraffitofries unter der Traufe.

Der Bankkomplex, zu dem seit 1934 auch das ehem. Palais Portia gehört (s. Kardinal-Faulhaber-Straße 12), brannte nach dem Luftangriff vom 24./25. April 1944 völlig aus (mit Ausnahme der Tresorräume) und wurde am 17. Dezember durch Sprengbomben weiter zerstört. Ein Notdach schützte seit 1945 vor weiterem Verfall. 1948–52 erfolgte der vereinfachte und verändernde, um die reichen Dachaufbauten und Gauben reduzierte Wiederaufbau durch Carl Sattler. Paradoxerweise wurden die „übergroßen" Fensterflächen durch klinkerverkleidetes Mauerwerk (gemäß vermeintlich Altmünchner Bauart) verkleinert, das Innere neu gestaltet (u. a. neue, größere Schalterhalle; Sitzungssaal mit Rundgemälde von Josef Oberberger) und in den Hofbereichen erweitert (u. a. zehnstöckiger Registraturtrakt; Erweiterungen beiderseits der Maffeistraße, s. dort). Bei der vorletzten großen Restaurierung 1976–77 auf der Grundlage von Plänen Sep Rufs wurden u. a. die Klinkerflächen verputzt und die Holzfenster durch moderne Konstruktionen ersetzt, im Inneren die Schalterhalle von 1948 erweitert und neu gestaltet. 1999–2000 abermals weitgehender Umbau.

Kardinal-Faulhaber-Straße 14a. Teil des Palais Montgelas, s. Promenadeplatz 2.

Kardinal-Faulhaber-Straße 15. An der Stelle des heutigen Eckhauses zeigt Sandtners Stadtmodell um 1570 eine vielgestaltige Bebauung mit offensichtlich gotischen Merkmalen, bestehend aus einem zweigeschossigen lang gestreckten Eckhaus (ehemals Prannerstraße 1) mit zwei Flacherkern, das mit einem dreigeschossigen Flachdachtrakt an der Prannerstraße verbunden ist, und südlich davon einem schmalen zweigeschossigen Traufhaus (ehemals Promenadestraße 15). Das anspruchsvolle Erscheinungsbild lässt Angaben im Häuserbuch II (1960) über erst in späterer Zeit zu Wohnhäusern umgebaute Stadel fragwürdig erscheinen. Die Gedenktafel des 19. Jh. im Flur beginnt mit dem Hinweis, hier hätte 1573 das herzogliche Pfründhaus gestanden (ab 1594 private Besitzer). Stimmelmayrs Skizzen (gegen oder um 1800) lassen die ursprüngliche Zweiteiligkeit der Bebauung an jeder Straßenfront erkennen; das Eckhaus bezeichnet er als Eigentum des Grafen Perouse/Perusa, dessen Familie in der Tat das Anwesen 1685–1805 innehatte (dann kurzfristig bis 1810 Staatsminister Montgelas). In der Hauskapelle wurden 1855 Jakob Heitzinger zugeschriebene Fresken (Leben und Passion Christi, um 1490) aufgefunden und in das BNM übertragen (Kunstchronik 1923, Nr. 25).

Der Großhändler Ludwig Ignaz Lebling, der das Eckhaus 1841 und das südliche Nachbaranwesen 1854 erwarb (die noch auf dem Stadtmodell von Seitz, 1841 ff. dargestellt sind), ließ beide durch einen fünfgeschossigen Neubau ersetzen, der typologisch zu den damals modernsten Bauten in der Altstadt zählte und eine Fassadengestaltung aufweist, die als Frühbeispiel des die um die gleiche Zeit einsetzende Bebauung an der Maximilianstraße kennzeichnenden Stils bemerkenswert ist. Erste Pläne 1853/54 von Maurermeister Jordan Maurer, 1855 vor allem hinsichtlich einer qualitätvolleren Fassadengestaltung überarbeitet durch Reinhold Hirschberg („Geschäftsführer der Maurermeister-Witwe Maurer"; mit Zimmermeister Franz Erlacher; genehmigt 31.05., Baubeginn 14.06.1855, Schlussbesichtigung 27.02.1857). Die beiden ungleich langen Fronten des Zweiflügelbaues mit abgeschrägter Ecke werden durch Lisenen in Abschnitte zu je drei Fensterachsen unterteilt. Das Erdgeschoss des Wohn- und Geschäftshauses mit den Schaufensterarkaden der zahlreichen Läden wird mit dem schmucklosen Geschoss darüber, das großflächige Lagerräume enthielt, zusammengefasst und durch einen breiten Ornamentfries von den drei Geschossen darüber (mit ursprünglich je zwei Wohnungen) getrennt, deren letztes, niedrigeres nochmals durch einen die Blendfelder darunter abschließenden Zierfries und ein Gurtgesims abgesetzt ist. Das 2. Obergeschoss ist durch waagrechte Fensterverdachungen als Beletage gekennzeichnet. Die Durchfahrt liegt in der Mitte der längeren Westseite und mündet in der Hofecke, benachbart der U-förmigen, jeweils dreiläufigen Treppe mit Halbrundpodesten, die im Nordflügel liegt. Die Erschließung erfolgt durch mittlere Längsgänge; auffälligstes Element in der Raumfolge ist in jedem Geschoss der durch die Eckabschrägung bedingte fünfeckige Raum. Gewölbtes Kellergeschoss.

Nach sehr schweren Luftkriegsschäden – das Haus war vollständig ausgebrannt – wurde es 1948–50 für Dr. Clemens Lebling bzw. (ab 1951) die Berlinische Lebensversicherung AG in äußerlich unveränderter Form wiederaufgebaut (Arch. Wilhelm Demmer). – In der Durchfahrt links hausgeschichtliche Gedenktafel (Text bei Alckens 1935).

Kardinal-Faulhaber-Straße 14, sog. Maffeibogen; Aufn. 1997

Kardinal-Faulhaber-Straße 15 (rechts Prannerstraße)

Karl-Scharnagl-Ring

(Vgl. Ensemble Altstadt; Teil von dessen Ostbegrenzung.) 1964 benannt nach Karl Scharnagl (1881–1963, Oberbürgermeister von 1925–33, 2. Bürgermeister 1948/49). Mittelteil des um 1967/70 angelegten Altstadtrings Nordost als nach Südosten abgebogene Fortsetzung des Franz-Josef-Strauß-Rings (s. dort) bis zum Westteil des Forums der Maximilianstraße (s. dort), in einem stark vom Luftkrieg betroffenen Bereich durchgebrochen, wobei die Herzog-Rudolf-Straße (s. dort) durchschnitten wurde (ihr Nordteil heute Seitzstraße, s. dort). Der einstige Westteil der Bürkleinstraße und im rechten Winkel dazu die kurze frühere Seitzstraße (an der westlichen Schmalseite der Regierung von Oberbayern) gingen im neuen Altstadtring auf, dessen Kreuzung mit der Maximilianstraße (s. dort und Thomas-Wimmer-Ring) schwerwiegende städtebauliche Probleme aufwarf. Die architektonische Fassung des neuen Ringabschnitts wurde erst spät verwirklicht und wird außenseitig (bisherige Grünfläche zwischen Bürklein- und Seitzstraße) gegenwärtig (2008) abgeschlossen. Den Anfang der Neubebauung machte im Süden der rekonstruierte, nach Westen verschobene Kopfbau Maximilianstraße 35 (s. dort) mitsamt dem nördlich angeschlossenen modernen Bürohauskomplex (1994–97 von Schultz-Brauns und Reinhart), während der größte Teil des Karl-Scharnagl-Rings erst in jüngster Zeit mit lang gestreckten Bürogebäuden flankiert wurde (altstadtseitig Ostbau des „Hofgartenpalais"-Komplexes, 2001–03 von Hilmer & Sattler und Albrecht, gegenüber Münchner Hypothekenbank, 2000–2002 von LAI/Lanz Architekten und Ingenieure). Mit seinem Nordende überlagert der Karl-Scharnagl-Ring die ehem. Bastion 1 der Wallbefestigung der 1. Hälfte des 17. Jh.; auf dieser – auch „die Höll" genannten – Köglmühlbastion entstand im späteren 18. Jh. das 1873 abgebrochene und durch Neubauten ersetzte polygonale Hofheumagazin samt -waage.

ARCHÄOLOGISCHE BEFUNDE: Im Bereich Karl-Scharnagl-Ring/Seitzstraße untertägige Teile der neuzeitlichen Bebauung (Fundst.-Nr.: 7835/0203). Im Vorfeld des Bauvorhabens „Altstadt-Palais" fanden archäologische Sondierungen statt. Freigelegt wurden die Fundamente der Orangerie mit einem Gartennutzungshorizont, der vermutlich im Zusammenhang mit den königlichen Kräutergärten steht, die dort um die Mitte des 19. Jh. nachgewiesen sind, bevor das Gelände ab 1888 bebaut wurde.
Im Bereich Karl-Scharnagl-Ring/Christophstraße Stadtbefestigung der frühen Neuzeit (Fundst.-Nr.: 7835/0185, 7835/0333, 7835/0334). Im Zuge der Veräußerung an die Münchner Hypothekenbank fanden mit Hinblick auf die geplante Bebauung 1998–2000 Sondagen und Ausgrabungen im Bereich einer ehemaligen Sternschanze statt. Die Spuren der ersten Geländenutzung stehen wohl im Zusammenhang mit um 1600 überliefertem Mühlenbetrieb. Ferner wurden Reste der barocken Köglmühlbastion aufgedeckt. In der Hinterfüllung der Bastionsaufschüttung kamen zahlreiche qualitätvolle Funde zutage, die teilweise aus der Hofhaltung der Residenz stammen. In der Bastionsaufschüttung selbst befanden sich Ofenkacheln und Gebrauchsgeschirr mit relativ hohem Anteil an qualitativ hochwertigen Stücken wie Importsteinzeug aus dem Rheinland und aus Sachsen, blau-weiße Fayence einheimischer Herstellung. Andere Objekte weisen auf Handwerk hin, z. B. Paternosterherstellung (Perlen), Töpferei- (Schühbrände, Brennhilfen) und Buntmetallverarbeitung (Schlacken, Schmelzhäfen aus Oberzeller Graphitton). Die Funde spiegeln die materielle Kultur Münchens zur Zeit des Dreißigjährigen Krieges wider. Ferner stieß man auf die Fundamente eines hufeisenförmigen Gebäudes, das zwischen 1747 und 1785 als kurfürstlicher Wagenschuppen errichtet wurde und später als Lager der kurfürstlichen Heuwaage bzw. ab 1873 Verpflegungsmagazin der königlich-bayerischen Armee diente. In weiteren archäologischen Profilschnitten konnten die Fundamentzüge der Bastionsbebauung des 18. und 19. Jh. erfasst werden. Drei Kernbohrungen entlang des mutmaßlichen barocken Grabenverlaufs lassen den allmählichen Abfall der ursprünglichen Geländeoberfläche von Nordwesten nach Südosten erkennen. Schwemmschichten deuten darauf hin, dass dieser Bereich der Stadt lange Zeit im Überschwemmungsgebiet der Isar lag.

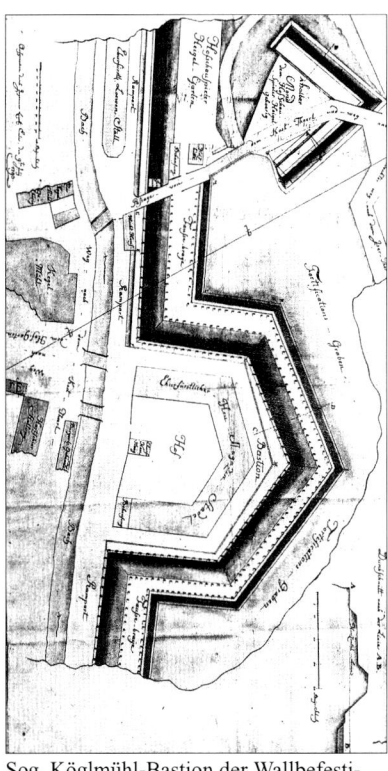

Sog. Köglmühl-Bastion der Wallbefestigung; Plan von Joseph v. Euler, 1793

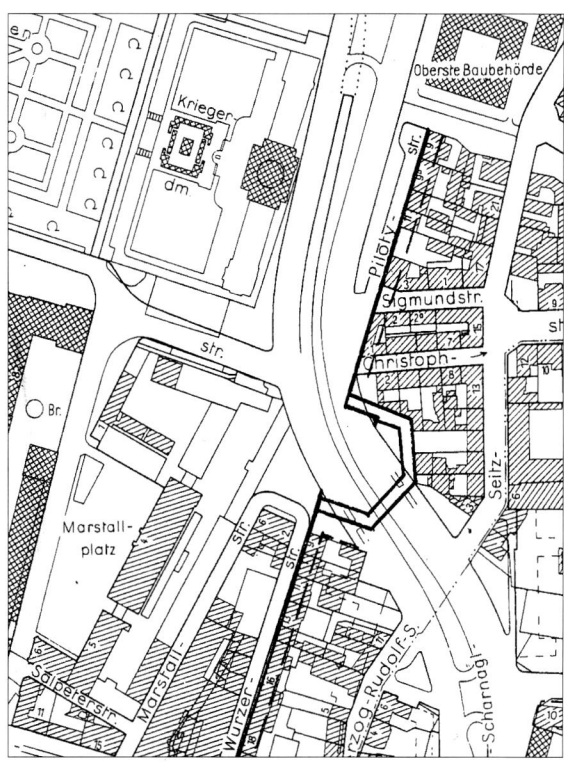

Marstallgelände und Karl-Scharnagl-Ring mit Situation der ehem. Köglmühl-Bastion von 1619 ff.; Plan von 1969

Karlsplatz (Stachus)

Münchens bis 1968 verkehrsreichster Platz entstand in der späten Regierungszeit des Kurfürsten Karl Theodor († 1799), nach dem er 1797 benannt wurde. Gemäß dem kurfürstl. Reskript vom 18. März 1791, das die Niederlegung der Bastion vor dem Neuhauser Tor anordnete, begann hier die in der Folge sehr zögerlich durchgeführte Entfestigung der Stadt durch sukzessive Beseitigung der Wallbefestigung aus der 1. Hälfte des 17. Jh. Mit der dem konvexen Altstadtrand vorgelegten Bebauung an der Ostseite des Platzes – dem das Tor im Scheitel einbeziehenden Halbrondell nebst geraden Flügelbauten (s. Karlsplatz 7–12) gemäß einem Rahmenkonzept des Staatsministers Graf Rumford – begann die Anlage und architektonische Gestaltung der etwa halbkreisförmigen Ringstraßenzone vor der Westhälfte der Altstadt, eines echten Boulevards an der Stelle von Bollwerken (s. Maximiliansplatz, Sonnenstraße, Sendlinger-Tor-Platz).

Die unregelmäßig begrenzte Westseite des Karlsplatzes war zunächst von älterer vorstädtischer Besiedelung geprägt – von Norden gesehen dem Herzoggarten mit dem Herzog-Clemens-Schlösschen (s. Prielmayerstraße 7, Justizpalast), dem Garten der Gastwirtschaft Schützengarten und dem Einkehrgasthof zum Stachusgarten, von dem der volkstümliche Name „Stachus" für den Karlsplatz abzuleiten ist (s. Karlsplatz 21, Kaufhof). Die Absicht der klassizistischen Stadtplaner des frühen 19. Jh., die dem Karlstor-Rondell gegenüber auch im Westen eine geometrische Halbkreisform vorsahen, wenn auch nur als Grundstücksgrenze und Einfriedung, war nicht zu realisieren; ausgeführt wurde nur das den Scheitel des intendierten Westrondells besetzende klassizistisch-kubische Mietshaus Nr. 25 (s. dort; heute Hotel Königshof). Innerhalb der Ringstraßenzone abgegrenzt wurde der Platz im Norden durch das blockhafte Himbselhaus (s. Lenbachplatz 2, später Deutsche Bank/Börse), im Süden durch die ihn von der breiten Sonnenstraße trennende, freistehende evang. *Matthäuskirche* (1827–33 von Johann Nepomuk Pertsch, ein quer gerichteter, beiderseits halbrund schließender Bau mit flachgiebeligem Eingangsvorbau platzseitig im Norden und hohem Turm im Süden); der in der NS-Zeit 1938 angeordnete überstürzte Abbruch beseitigte die städtebaulich geforderte Zäsur zwischen Platz und Sonnenstraße (Neubau 1953/55 am Sendlinger-Tor-Platz, s. Chevalley/Weski 2004, mit weiteren Angaben zum Altbau).

Im Zeitalter des späten Historismus wurde die gesamte den Platz umschließende Bebauung sukzessive in großstädtisch-aufwendigen Formen ausgewechselt; davon bis heute erhalten sind nur

Blick auf den Karlsplatz nach Westen; Lithographie, um 1805

Einzug Napoleons 1805; Stich nach Nic. Antoine Taunay

das Karlstor-Rondell (Nr. 7–11) und der Justizpalast (Elisenstraße 1). Als dominanter Akzent im Platzbild konzipiert wurde das Geschäftshaus Schützenstraße 1 (1881 von Joseph von Schmaedel; Warenhaus Tietz/Café Imperial, heute Anna-Hotel; s. Chevalley/Weski 2004), das zurückgesetzt in der breiten Lücke zwischen (heutigem) Kaufhof und Königshof als turmartiger, kuppelbekrönter Bau vom „Bügeleisen" genannten Typus aufragt (nach Kriegsschaden modern umgestaltet).

Straßenbahnlinien (1876 erste Pferdebahn Münchens; in der Folge Entwicklung zum zentralen Knotenpunkt) passieren den Karlsplatz bis heute.

Verkehrsbedingt wechselte im Lauf der Zeit mehrfach die Oberflächengestaltung, Begrünung und Baumbepflanzung sowie die Ausstattung mit Kleinarchitekturen, Brunnen und Werbesäulen. Markantester Kleinbau war, südlich der Ost-West-Fahrbahn gelegen, der neubarocke überkuppelte Kiosk mit Toiletten und Läden (1899 von Adolf Schwiening und Hartwig Eggers; nach 1945 in reduzierter Form noch vorhanden). Nördlich davon in Platzmitte war ein kleinerer Kuppelpavillon gleicher Bauart situiert. Bei der umfassenden Neugestaltung des Platzes im Zusammenhang mit dem Bau der 1972 eröffneten S-Bahn-Strecke und des unterirdischen Einkaufzentrums wurden das Brunnenbuberl (s. Neuhauser Straße 20) und der Nornenbrunnen (s. Maximiliansplatz) versetzt. Der der Fußgängerzone Neuhauser-/Kaufingerstraße zugeschlagene Rondellbereich erhielt eine

Karlsplatz; Aufn. um 1930

Karlsplatz, ehem. Mauerstück der Kanalisation nach 1820

Panoramablick auf den Karlplatz von Süden; Aufn. um 1910

aufwendige Fontänenanlage nach Entwurf von Bernhard Wink-ler (1972). Im ersten Untergeschoss aufgestellt wurde ein kurzes „Mauerstück der Kanalisation aus der Zeit nach 1820, wahr-scheinlich von 1864. Wiederentdeckt bei den Ausgrabungen zum Stachus-Untergeschoss im Sommer 1968" (Inschrifttafel; nach Biller/Rasp Teil eines Fluchtstollens). Umgestaltung des Tiefgeschosses geplant.

ARCHÄOLOGISCHE BEFUNDE: Mittelalterliche und neuzeitliche Funde (Fundst.-Nr.: 7835/0391). Aus einem ehemaligen Graben unmittelbar westlich der Karlstorfundamente, ca. 6 m unter der Straßenoberfläche, konnten 1968 zahlreiche mittelalterliche und neuzeitliche Glasgefäßscherben, Bruchstücke von Butzenschei-ben, Ofenkacheln und sehr viel Keramik unterschiedlichster Machart geborgen werden.

Karlsplatz; Luftaufnahme von 1921

Karlsplatz 7, 8, 10, 11. *Karlsplatz-Rondell.* Die Münchens wichtigsten Altstadtzugang wahrzeichenhaft prägende Baugruppe des Halbrondells vor dem Karlstor geht auf die früheste Stadtentfestigungs- und -erweiterungsmaßnahme im Zeitalter des Klassizismus zurück (vgl. Karlsplatz/Vorspann). Im Zusammenhang mit der Abtragung der Wallbefestigung samt Bastion vor dem Neuhauser-, nunmehr Karlstor entstand eine großzügige, zeitgemäß geometrisch-symmetrisch geformte Baugruppe als neuer Stadteingang nach Entwürfen von Franz Thurn, dem architektonischen Mitarbeiter des 1791 von Kurfürst Karl Theodor (†1799) mit der Neugestaltung des Bereichs rings um das Tor beauftragten Staatsministers Grafen Rumford (der München 1798 verließ). Wegen mancherlei Obstruktion von Seiten der Bürgerschaft wurde das Rumford-Thurnsche Konzept nur mehrfach verzögert ausgeführt. 1792/93 errichtete das Militärbauamt mit Johann Baptist Lechner als Bauleiter die beiden gebogenen „Zirkelbauten" samt Räumen für Wache und Zoll in den neuen, diese abschließenden Eckpavillons unmittelbar vor dem Karlstor (s. dort). Die zusammen einen gedrückten Halbkreis beschreibenden, der Längsseite eines halben Ovals angenäherten Rondellbauten enthielten hinter offenen Arkadengängen vermietete Läden und im Obergeschoss Wohnungen. Dieser Erstzustand mit noch niedrigem Rondell ist dargestellt in einem aquarellierten Schaubild Franz Thurns (MStM, MS II, 153), das auch die einst dem Rondell flankierend angeschlossenen, dreigeschossigen Flügelbauten mit je sieben gerade aufgereihten, an private Bauherrn zu verkaufenden Einzelhäusern zeigt, deren innere wie äußere Eckbauten durch je ein niedrigeres 4. Geschoss und ihr hohes Zeltdach die Gruppe gliedernd herausgehoben waren. Ansonsten entsprach die schlichte Fassadengestaltung dem kargen Zeitstil der Phase vor Fischer und Klenze. Der Verkauf dieser beiderseitigen Bauplätze setzte sehr zögerlich ein, schließlich entstand erst 1796–1803 im Auftrag des sukzessiven Erwerbers, des Kammmachers Duisberger, der gesamte Südflügel; im Bereich des Nordflügels war der Hutmacher Gig(g)lberger der aktivste Bauherr. Diese beiden Handwerker und Bauunternehmer erwarben 1800/01 auch noch die jeweils angrenzende Hälfte der Rondellbauten und stockten sie bei gleichzeitiger Schließung der Arkadengänge auf drei Geschosse auf (die Wache mietete hinfort ihr Lokal). Diesen dann rund ein ganzes Jahrhundert bewahrten Endzustand zeigen u. a. N. A.

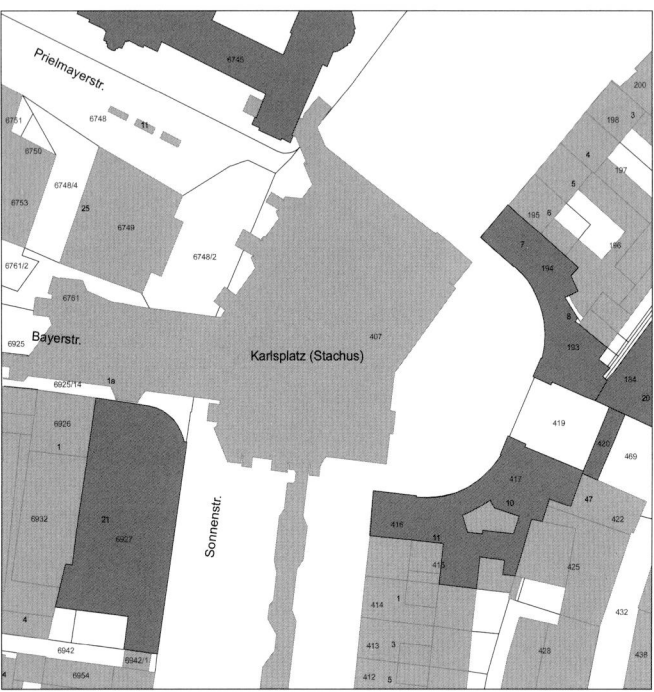

Karlsplatz; Flurkarte, M. 1:2500

Taunays Gemälde des Empfangs Kaiser Napoleons in München 1805 (Versailles, Musée National) und in Details besonders genau die Ansichten von Gustav Kraus, 1824/25 (Pressler 1977, Kat.Nr. 17, 31, 42). Sie lassen das breite Gurtgesims samt Brüstungsfeldern über dem Erdgeschoss sowie den sparsamen punktuellen Dekor an den Eckpavillons erkennen; Fensterläden und ziegelgedeckte Steildächer kennzeichneten die Rondellbauten als für München um 1800 typische Synthese aus internationalem Klassizismus und heimischer Bautradition.

Die insgesamt rund 300 m lange, den konvexen westlichen Altstadtrand säumende Baugruppe, hinter der anfänglich noch mittelalterlicher Stadtgraben und Stadtmauerring vorhanden waren, fand nach der großstädtisch-aufwendigen Neubebauung des späten 19. Jh. im Umfeld, vor allem an der Westseite des Karls- und Lenbachplatzes, in ihrer formalen Schlichtheit wie im Hinblick auf das Nutzungsvolumen keine Akzeptanz mehr. Dem Veränderungsdruck nebst drohender individueller Neubebauung kam Gabriel von Seidl mit einer Folge homogener Gesamtentwürfe (seit 1890) zuvor, die in ihrer Zielsetzung vom Innenministerium wie von der Stadt unterstützt wurden (vgl. im Einzelnen Ausst. Kat Prinzregentenzeit 1988, S. 227 f.). Seidls Ausführungsplan, der schließlich die amtliche Billigung wie die Zustimmung der nur mühsam zu koordinierenden einzelnen Bauherren fand, ist vom Juni 1898 datiert; er brachte den Eigentümern einerseits Nutzungsgewinn mittels Aufstockung, andererseits Belastungen durch den gestalterischen Aufwand. Völlig neu errichtet wurden die vier Wohn- und Geschäftshäuser des Mittelrondells – von Norden Karlsplatz 7/8 und 10/11 –, bedingt durch die hier zugunsten neuzeitlicher Nutzungsansprüche wie Repräsentation gesteigerten Geschosshöhen und durch die Baulinienänderung zwecks Aufweitung der Zufahrt zum Karlstor, auf dessen vorgelagerte Eckpavillons (ehem. Nr. 9; einst mit Zoll und Wache) verzichtet wurde. Gemäß Seidls verbindlich vorgeschriebenem Fassaden-Gesamtprojekt, dem das Staatsministerium am 28. Juli 1899 zustimmte, wurden die vier (heute allein noch erhaltenen) Rondellhäuser Nr. 7–11 in den beiden Folgejahren nach Plänen des Architekten Oscar Strelin (mit Statik von Fa. F. S. Kustermann, vor allem für Betondecken im Keller- und Erdgeschoss) ausgeführt.

Gabriel Seidls neubarocke Rondellarchitektur übernahm vom klassizistischen Vorgängerbau dessen Grundkonzeption der flankierenden erhöhten Rechteckbaukörper, deren innere allerdings hinter die äußere Flucht der Karlstor-Türme auseinandergerückt wurden und die Form fünfgeschossiger turmartiger Risalite erhielten, auf deren ziergitterumsäumter Plattform bis zum Zweiten Weltkrieg sich noch abgerundete Kuppelaufsätze erhoben. Diese beiden Ecktürme und das Karlstor sind durch die kurze Straßenzufahrt einfassende dreigeschossige Flügelbauten mit Mansarddächern verbunden. Die konkaven „Zirkelbauten" sind viergeschossig mit korbbogigen Öffnungen im allein mit Kelheimer Kalkstein verkleideten Erdgeschoss, mit 1. und 2. Stock zusammenfassenden korinthischen (unkannelierten) Halbsäulen und über einem verkröpften Gebälk abgesondertem 3. Obergeschoss, dessen stuckverzierte kräftige Lisenen über dem gleichfalls verkröpften, doch nur mit geringer Plastizität ausgebildeten Traufgesims abwechselnd neubarocke Steinguss-Figuren von mäßiger Größe bzw. Vasen tragen, deren pathetische Wirkung durch das dahinterliegende Mansarddach bewusst reduziert wird. Den Fenstern im 1. Stock sind knappe Schmiedeeisenbalkone, denen im 3. Stock Balustraden vorgelegt. Die fünf zu fünf Achsen breiten, fünfgeschossigen äußeren Eckpavillons weisen ein insgesamt flächigeres Fassadenrelief mit dekorativen Stuckrahmen an der Stelle von Lisenen auf; das oberste Geschoss ist über einer kräftigen Gesimszone abgesetzt, die Mittelachse jeder Seite durch einen Flacherker mit Balkonloggien betont, hinter einem bekrönenden Segmentgiebel noch

Karlsplatz 7, 8, 10, 11, Karlsplatz-Rondell

ein zurückgenommenes niedriges Dachgeschoss mit Walmdach aufgesetzt. Die trotz weit ausgreifender geometrischer Grundform, Instrumentierung mit Kolossalsäulen und bekrönender Plastiken eher in süddeutscher Tradition kleinteilig-dekorativ wirkende, seit jeher gelb gestrichene Putzfassade wurde von den Zeitgenossen als „malerisch" und folglich charakteristisch münchnerisch empfunden im Unterschied etwa zur klassisch-monumentalen Tektonik von Gaetano Kochs Piazza dell' Esedra in Rom. Obgleich schon die Rücksichtnahme auf das bestehende Karlstor Zurückhaltung gebot, ist Gabriel Seidl doch eine Schöpfung von zugleich wahrhaft großstädtischem wie festlichem Charakter gelungen, die früher auch noch die anschließenden langen Flügelbauten umfasste. Der die Oberfläche zart und dicht überziehende Stuckdekor schließt sich stilistisch am ehesten, doch keineswegs ausschließlich dem der Zeit Effners und Joh. Bapt. Zimmermanns an (vgl. Palais Preysing, Residenzstraße 27). In den Kartuschen im Bogenscheitel der obersten Innenturmgeschosse die Bauherren-Initialen S (nördlich) bzw. P (südlich); die Kartuschen über den Mittelfenstern im letzten Geschoss der äußeren Eckrisalite umschließen Flachreliefbüsten (Porträts?).

Karlsplatz 7, die linke, äußere Hälfte des Nordrondells, entstand im Auftrag des Privatiers Anton Soyter nach O. Strelins Plänen vom Juli 1899, die am 12. März 1900 genehmigt und im Folgejahr ausgeführt wurden (Rohbaubesichtigung 10. Juni, Schlussbesichtigung 18. September 1901). Auf kompliziertem Grundriss mit umfangeicher Rückbebauung nahm das Erdgeschoss Läden auf, die Obergeschosse enthielten jeweils eine weitläufige Wohnung im Eckpavillon und im Rondell nebst Rückbereich.

Karlsplatz 8, die rechte, innere Hälfte des Nordrondells, ließ der Kaufmann (kgl. Hofwaffenfabrikant) Fritz Strobelberger 1900/01 errichten. O. Strelins Pläne stammen vom Februar 1900; Roh-

baubesichtigung 12. Februar, Schlussbesichtigung 1. Oktober 1901. Im Erdgeschoss Läden, in den Obergeschossen ursprünglich je zwei weitläufige Wohnungen, eine im Rondell und eine (mit Salon an der Ecke) im Pavillon. Die vierläufige Podesttreppe wurde in die Mitte des weitgehend überbauten Grundstücks gelegt. Die Obergeschosse dienten bald als Dependance des Hotels Roter Hahn (s. Nr. 11). (Die beiden östlichen Fassadenachsen neben dem Karlstor gehören zu Neuhauser Straße 20, s. dort).

Karlsplatz 10, die linke, innere Hälfte des Südrondells, entstand 1900–02 im Auftrag des Kommerzienrates Hans Pensberger; die von O. Strelin und seinem Mitarbeiter Friedrich Bader signierten Pläne sind vom März 1900, die Rohbauanzeige vom 25. Oktober 1900, die Schlussbesichtigung vom 18. September 1901 und die Wohnungsbewilligung vom 23. April 1902 datiert. Über den Erdgeschoss-Läden enthielt das Haus sehr großzügige herrschaftliche Wohnungen, deren Nebenräume (Küche, Personal, Bad u. a.) wie auch das noch erhaltene Treppenhaus jenseits des mittleren Korridors im rückwärtigen Bereich situiert waren. 1983 Fassadeninstandsetzung und Umbaumaßnahmen im Inneren, wobei die z. T. veränderte Treppe (mit Schmiedeeisengeländer) in originaler Form ergänzt und einige Stuckdecken transferiert wurden. Im Hof der Buchhandlung sind einige originale, als schadhaft ausgewechselte Stücke der Bauplastik (Figuren, Vasen) aufgestellt.

Karlsplatz 11 (stets verbunden mit Nr. 12, dem ersten, heute in seiner Substanz völlig neuen Haus südlich des Eckpavillons), die rechte, äußere Hälfte des Südrondells wurde 1899–1900 von O. Strelin als Hotel Roter Hahn im Auftrag von dessen Besitzern J. Roedel und Wilhelm Kirschbaumer errichtet (genehmigt am 27. August 1900, Tekturplan am 3. November 1899, Rohbauanzeige vom 28. März 1900, Wohnbewilligung am 26. Oktober

1900 erbeten). Die Hotelnutzung bedingte mehrfache Umbauten, u. a. durch Architekt Heinz Wolf, Augsburg (Dachausbau). Das nach Luftkriegsschäden instand gesetzte Gebäude, das noch wesentliche Teile der originalen inneren Strukturen und Ausstattung bewahrt hatte, wurde um 1991 zugunsten eines vielgeschossigen Verkaufsflächen-Ausbaus völlig entkernt. Die allein zur Erhaltung vorgesehene, beim Abbruch eingestürzte Treppe wurde wiederhergestellt.

Die Luftkriegsschäden waren, gemäß der Schadenskarte der Innenstadt, an den Rondellgebäuden Nr. 8 und 11 wesentlich schwerer als bei Nr. 7 und 10, doch war außer den Fassaden noch erhebliche Bausubstanz im Inneren erhalten, die bei späteren Erneuerungen mehrfach reduziert wurde. In die Trakte beiderseits des Karlstores wurden Fußgängerarkaden eingebaut, auf die Wiederherstellung der Kuppeln über den Eckpavillons verzichtet. Schon seit

Karlsplatz mit Hotel Königshof, Karlsplatz 25; Aufn. um 1904

1900, verstärkt nach dem Zweiten Weltkrieg ergaben sich Konflikte zwischen der keine Leerflächen aufweisenden Fassadengestaltung und den in diesem zentralen Bereich gewünschten Werbeaufschriften, die in der letzten Zeit auf Drängen der Stadt wieder stark reduziert worden sind.

[Die ehem. *Flügelbauten* beiderseits des Rondells – nördlich Karlsplatz Nr. 1–5 (alt Nr. 1 und 2, heute Lenbachplatz 9) sowie südlich Karlsplatz 12–17 (heute Nr. 12 und Sonnenstraße 1, 3, 5, 7, 9) wurden nach ihrer fast völligen Zerstörung im Luftkrieg durch Neubauten zwar mit an die Eckbauten des Rondells sich anschließender einheitlicher Traufhöhe, aber mit individuellen Fassaden ersetzt, sodass die großräumige Homogenität der Baugruppe verloren ging. Die klassizistischen dreigeschossigen Flügelbauten waren um 1900 gemäß dem Gesamtkonzept Gabriel Seidls umgebaut und aufgestockt worden, daher Geschoss- und Traufhöhe hier etwas niedriger als bei den völlig neu errichteten Rondellgebäuden; die äußeren Eckbauten im Norden und Süden waren ursprünglich gleich denen des Rondells erhöht und der neubarocken Redaktion Seidls entsprechend gestaltet und betont, der auch das jeweils mittlere Haus der Langflügel durch eine Dachlösung in der Art der Eckpavillons hervorhob. Das nördlichste Doppelhaus (ehem. 1/2) nebst Seitenflügel zum (später so benannten) Lenbachplatz, seit 1852 Hotel Leinfelder, wurde 1896/97 von G. Seidl (Fassade) und Karl Stöhr aufgestockt und völlig umgebaut; an seiner Stelle (Lenbachplatz 9) entstand 1954/55 das (ehem.) Verwaltungsgebäude der Victoria-Versicherung mit (ehem.) Passage (Arch. Georg Werner und Anton Spitzer), 1999 völlig umgebaut. Das südlich benachbarte Haus Nr. 3 war 1899–1901 durch Ludwig Deiglmayr für den

Hofpianofortefabrikanten Ferdinand Schmid um- und neu gebaut worden (mit weitläufigen Rückgebäuden); etwa gleichzeitig erfolgte die neubarocke Umformung der Häuser Nr. 4 (für Hofhandschuhmacher H. Röckl), 5 (für K. Koch) und 6 (für Fam. Floßmann). Nr. 5 entstand als Geschäftshaus „Kunstring" 1955/56 (Arch. Heinz Böhm) neu mitsamt dem an der Rückseite des Hofes gelegenen, durch Passagen zugänglichen Kino „Gloria Palast" (besondere Attraktion: Wasserspiele), dessen im Zeitstil gestalteter Foyerbereich noch erhalten ist.]

Karlsplatz 21. Warenhaus *„Kaufhof"*. Auf dem exponierten Eckgrundstück außerhalb des Neuhauser-/Karlstores stand im 18. und 19. Jh. die Gastwirtschaft zum Stachusgarten (auch Schießstätte der Stachelschützen), benannt nach ihrem Besitzer Eustachius Föderl (um 1730); sein Kurzname Stachus wurde zur volkstümlichen Bezeichnung des Platzes bis heute. Alte Ansichten zeigen einen zurückgesetzten, die eingezäunte Eckfläche als Wagenstellplatz aussparenden Komplex von zwei- und dreigeschossigen Trakten des 18./19. Jh. Vor ihrer Ostseite wurde die Ecksituation 1872–74 mit dem stattlichen Neubau des Hotels Stachus von Albert Schmidt (Bauherr J. Paul Stephan) besetzt, ein fünfgeschossiges Neurenaissancegebäude mit abgeschrägter Nordostecke, durch steile Dachaufbauten französischen Typs betonten Seitenrisaliten und einem Mittelrisalit an der langen Ostfassade. Das Textilgeschäft Johann Horn, seit 1895 im Haus ansässig, ließ es 1924 als Kaufhaus umbauen, aufstocken und die um dekorative Details reduzierten Fassaden neu gestalten. Das monumentale Geschäftshaus wurde 1945 durch Bomben völlig zerstört.

In der bis dahin konservativen Architekturszene Münchens kam der monumentale *Warenhaus-Neubau* – 1950–51 von Theo Pabst – in städtebaulich dominanter Ecksituation entlang der Sonnenstraße als erster Münchner Kaufhausneubau der Nachkriegszeit in mehrfacher Hinsicht einer Demonstration „moderner" Konstruktions- und Gestaltungsmittel gleich: Stahlskelettbau, aufgeglaste Rasterfassade – in den Obergeschossen mit Natursteinverkleidung –, gestelztes Flachdach, vorgekragter, als Fensterband ausgebildeter 1. Stock mit Eckabrundung. Konventioneller gestaltet ist der niedrigere, kubische, im Norden rechtwinklig angesetzte Flügelbau, der mit dem achtgeschossigen Hauptbaukörper durch den in großzügigem Schwung über dem Haupteingang vorgezogenen, von einer Terrasse bedeckten 1. Stock kompositorisch zusammengebunden wird und mit Putzfassade und Walmdach sowie angeglichener Traufhöhe den Übergang zur anschließenden Bebauung an der Bayerstraße herstellt. Eine Renovierung wurde 1992–93 vorgenommen (heute Galeria Kaufhof).

Karlsplatz 21

[**Karlsplatz 25.** *Hotel Königshof.* Im Scheitel des ursprünglich intendierten Halbkreises gegenüber dem Karlstor-Rondell errichtete Kreisbauinspektor Gustav Vorherr – selbst als Bauherr – 1814 in städtebaulich markanter Situation ein freistehendes viergeschossiges, kubisches Mietshaus mit Konsolgesims und Walmdach. Das zeitüblich schlicht klassizistische, sich den Neubauten im Umfeld anschließende Gebäude zeigt eine lithographierte Ansicht der Platzwestseite von Ferdinand Bollinger (um 1818). Baron Th. Sternbach, Eigentümer Mitte des 19. Jh., versammelte um sich eine Literatenrunde. 1862 Umbau als Hotel Bellevue, 1870 umgebaut und beiderseits durch zweigeschossige Annexe erweitert. 1879–80 abermals Umbau nach Entwürfen von Lorenz Gedon, Aufstockung der Seitenflügel, zwei Ostgiebel in deutscher Renaissance, Fassadenfresken von Claudius Schraudolph nach Entwurf von Gedon (thematisch auf das 700-jährige Herrschaftsjubiläum der Wittelsbacher bezogen). 1912–1913 weitgehender Um- und Neubau durch Architekt Müller-Erkelenz, Köln (Ausführung Heilmann und Littmann), äußerlich in alter Form, Ersatz der Fresken durch Tonstiftmosaik. Im Ersten Weltkrieg Umbenennung in Hotel Königshof. Nach Zerstörung im Luftkrieg (April 1944) 1950–51 und 1953–54 wiederauf- und umgebaut durch Ernst Hürlimann und Rudolf Thönessen, unter Verzicht auf die beiden Giebel und das Steildach aufgestockt; platzseitig Vorbau eines verglasten Aussichts-Restaurants. 1972 Umbau durch E. Hürlimann, u. a. gestalterische Veränderung der Fenster.]

Karlstor (bis 1791 Neuhauser Tor; ehemals Neuhauser Straße 38). Die Errichtung des 1302 erstmals urkundlich erwähnten Neuhauser (oder Oberen) Tores am Westende der nach dem Nachbarort Neuhausen führenden Straße (erstmals 1293 nach ihm genannt) steht im Zusammenhang mit dem neuen, zweiten Befestigungsring um die großzügige Stadterweiterung, der Ende des 13. bis Anfang des 14. Jh. angelegt wurde. Für das Neuhauser Tor, das als Zollerhebungsstätte an der Ost-West-Handelsstraße von besonderer Bedeutung war, werden 1331–33 größere Bauausgaben erwähnt. Umgestaltungen erfolgten sicher im Rahmen der Ausbauarbeiten am (u. a. verdoppelten und erhöhten) Mauerring im 15. Jh.; 1424 wurde der Torturm mit heraldischen Rauten bemalt (gleich der übrigen Befestigung), 1489 Jan Polack für die sicher nicht nur ornamentale Bemalung des Tores bezahlt. Sandtners Stadtmodell von 1570 zeigt den von Zinnen abgeschlossenen hohen Torturm, die den Zwinger zwischen den beiden Stadtmauerringen begrenzenden Quermauern, das äußere Tor zwischen den in den Graben vorgeschobenen rechteckigen Zinnentürmen, die dreibogige Brücke und die halbrunde vorgelegte Bastei, deren Bau 1493 erwähnt ist. Sie erscheint noch auf dem Stadtplan von Tobias Volckmer 1613, wurde aber bald darauf bei Anlage der 1619 begonnenen Wallbefestigung durch eine mächtige, zeitgemäß vierseitig-polygonale Bastion ersetzt (bzw. zunächst wohl nur umschlossen, vgl. den Stadtplan von M. Merian 1644); die Ausfahrt wurde seitdem seitwärts zwischen Graben und Wall und durch

Karlstor, Innenseite; Radierung von F. Bollinger, 1805

ein nördlich benachbartes dreieckiges Ravelin geführt (vgl. Stadtplan von M. Paur 1705).

Diese komplizierten Verkehrsverhältnisse an Münchens belebtester Stadteinfahrt wurden infolge Reskripts des Kurfürsten Karl Theodor vom 18. März 1791 begradigt, das zugleich den Beginn der sukzessiven Entfestigung bedeutete. Unter der Leitung des Grafen Rumford entstand nach Einebnung der Bastion die dem Tor vorgelegte neue Platzanlage samt dem flankierenden Halbrondell (s. Karlsplatz 7–11) nach Plänen von Franz Thurn, der u. a. die Schildmauer mit dem erweiterten äußeren Tor in schlicht klassizistischen Formen umgestaltete; auf der Attika war der neue Name „Carls Thor" zu lesen. Die vorerst noch bestehende Brückenüberfahrt flankierten hohe Mauern mit Blendarkaden. Pläne Karl von Fischers zu einem zeitgemäß repräsentativen Neubau der Toranlage von 1810 scheiterten ebenso wie bereits diejenigen von François Cuvilliés d. J. von ca. 1775.

Ferdinand Bollingers Radierung von 1805 zeigt das Karlstor von der Innenseite, flankiert von niedrigen Gebäuden, links dem bescheidenen Wohnhaus des Zöllners und rechts der kurfürstl. Salzregie (s. Neuhauser Straße 20). In diesem in der Folge privaten Hause ereignete sich am 15. September 1857 eine verheerende Pulverexplosion; sie gab den Anlass zum Abbruch des schwer beschädigten Hauptturmes (Oktober 1857) und zum Umbau der

Karlstor von Westen; Aufn. 1995

Karlsplatz, Karlstor von Osten (Stadtseite); Aufn. 1995

verbliebenen Restanlage mit den beiden vorderen Türmen durch den städt. Ingenieur (ab 1867 Stadtbaurat) Arnold Zenetti 1861/62; die verbreiterte Zufahrt von der Stadtseite her wurde symmetrisch durch zwei viergeschossige gotisierende Eckhäuser flankiert (Entwürfe für einen völligen Neubau einer Toranlage von Georg Friedrich Ziebland und von Zenetti wurden wegen zu hoher Kosten nicht realisiert.)

Das von Zenetti im romantisch-gotisierenden Sinn zurückhaltend als Putzbau mit sparsamen Details neu redigierte Karlstor erscheint mit seinen im Format gestaffelten drei Durchfahrten, dem Zinnenabschluss und den erhöhten Türmen als neo-mittelalterliche Variante des Triumphbogenschemas, gerechtfertigt durch die auf den Kurfürsten bezogene Namensgebung, welche zwei Inschrifttafeln an der Westseite der Türme anführen; ihnen entsprechen an der Ostseite zwei moderne Mosaiken (Kopf des ‚Münchner Kindls‘, Löwenkopf). Die zwischen den Türmen 1861 neu eingefügte große Mittelarkade flankieren in den mit Blendmaßwerk ausgefüllten Zwickeln der Westseite die Wappen von Bayern und München. Die Mitteldurchfahrt überspannt ein Kreuzgratgewölbe auf Konsolen mit den Figuren von Münchner Originalen (Hofnarr Prangerl, † 1820; Finessen-Sepperl, bez. 1861; Franz Xaver Krenkl; Kapellmeister Sulzbeck); reicher ist die Gewölbefiguration über den seitlichen Durchfahrten.

Nach Dachschäden im Zweiten Weltkrieg erhielt der Bau 1972 einen neuen Anstrich. Bei der grundlegenden Restaurierung 1993/94 wurden einige vermauerte Schießscharten an der Westseite wieder geöffnet. An der Nordwand der Mitteldurchfahrt sind drei Bronzefiguren musizierender Knaben vom ehemaligen Fischbrunnen Konrad Knolls von 1866 (s. Marienplatz) angebracht, darunter eine Erinnerungstafel an den Stadtplaner Prof. Herbert Jensen (1901–68).

Karlstraße

Die südlichste der langen, geraden Ost-West-Achsen der neu angelegten klassizistischen Maxvorstadt wurde 1808 in einem Teilabschnitt, zwischen Luisen- und Dachauerstraße, nach Prinz Carl (1795–1875), jüngerem Bruder des späteren Königs Ludwig I., benannt; die östliche Fortsetzung bis zur damaligen Amalien-, späteren Arcis- (bzw. Meiser-)straße hieß zunächst Kronstraße, der Abschnitt westlich der Dachauer Straße bis zum Marsfeld, zur späteren Pappenheimstraße, trug die Bezeichnung Bergstraße (vgl. Stadtplan von 1812). Die Verlängerung nach Osten über die Arcisstraße hinaus wurde wegen vorhandener privater Gartenhaus-Anwesen erst 1824 bis zur Barer-, 1827 bis zur Ottostraße möglich. Der gesamte, schon 1812 einheitlich benannte Straßenzug bietet kein geschlossenes, überschaubares Architekturbild, bedingt durch seine Länge (ca.1,25 km), die sukzessive, typologisch und stilistisch uneinheitliche Bebauung

– im Westteil vorherrschend mit späthistorischen Mietshäusern und zwei Brauereien (nördlich Löwen- südlich Spatenbräu) – sowie starke Zerstörung im Luftkrieg mit nachfolgender Neubebauung. So ist auch die an sich stattliche Bonifatiusbasilika (s. Karlstraße 34) mit südlicher Eingangsfront an der Karlstraße nur ein im näheren Umfeld wirksamer Akzent; die aktuelle Neubebauung der gegenüberliegenden Südseite (Lenbachhöfe, vgl. Karlstraße 23–29) hat mit einer ausgesparten Platzsituation vor der Kirche eine städtebauliche Verbesserung gebracht. Im Abschnitt östlich davon ist die klassizistische Erstbebauung wenigstens in Resten anschaulich (Häusergruppe Nr. 18/20/22, das stark veränderte Eckhaus Nr. 21, Villa Nr. 32). Die Straßenbahn verkehrte im Abschnitt zwischen Barer- und Dachauer Straße von 1906–76 (früher, ab 1882, Pferdebahn nur im kurzen Ostabschnitt als Verbindung von der Barer Straße zum Maximiliansplatz). – Das kriegszerstörte kubische Walmdachhaus Nr. 44 (1819 von Rudolf Röschenauer) gehörte mit seinem reichen Dekor zu den schönsten klassizistischen Privathäusern der Zeit. Im einstigen Haus Äußere Karlstraße 32d (4. Stock) nächst dem Marsfeld wohnte in seinen letzten Lebensjahren 1866–77 der um Münchens Topographie verdiente Maler und Graphiker Carl August Lebschée.

Karlstraße 6. Ehem. *Staatsbauschule*, jetzt Hochschule München–Campus Karlstraße (Cluster Bauen). Auf dem heutigen Hochschulgelände entstand in der 1. Hälfte des 19. Jh. – meist erst nach Durchführung des Ostteils der Karlstraße 1827 – eine geschlossene Randbebauung von 13 klassizistischen Wohnhäusern samt Rückgebäuden (vgl. das Seitzsche Stadtmodell und die Stadtpläne von G. Wenng, Mitte 19. Jh.). Die drei Häuser im Eckbereich Barer/Karlstraße gehörten dem berühmten Bota-

Karlstraße, ehem. Haus Nr. 44 (kriegszerstört)

niker und Forschungsreisenden Karl Friedrich von Martius (†1868). Zwei Häuser weiter östlich an der stumpfen Ecke Karl-/Ottostraße (erbaut 1827 von Anton Baumgartner für Bauunternehmer Joseph Singer) gehörten später den Freiherren von Mettingh; an ihrer Stelle entstand 1898/99 der stattliche Neubarockbau des Hotels Russischer Hof nach Entwurf von Georg Meister, der mit seiner mächtigen Eckkuppel einen dominanten Akzent im Bereich um Maximilians- und Lenbachplatz bildete; beim Umbau zur Darmstädter und Nationalbank 1923/24 wurde die Kuppel beseitigt (ab 1932 Finanzamt München-West). Zur Häuserzeile an der Barer Straße (ehem. Nr. 16) gehörte der Gasthof „Zum goldenen Lamm", in dessen Rückgebäude Gabriel von Seidl 1887 den mit einer mächtigen Holztonne gewölbten, stimmungsvollen Saal der Künstlergesellschaft Allotria einrichtete. Die gesamte Bebauung fiel dem Zweiten Weltkrieg zum Opfer.

Die 1822 gegründete Staatsbauschule, vor dem Zweiten Weltkrieg an der Gabelsbergerstraße (s. Luisenstraße 37a) untergebracht, danach provisorisch in der Gisela-Oberrealschule am Elisabethplatz, erhielt 1954–56 nach Plänen der Architektenarbeitsgemeinschaft Adolf Peter Seifert, Rolf ter Haerst und Franz Ruf wieder ein eigenes Gebäude an der Ecke Barer/Karlstraße, das als kompromisslos moderner Flachdachbau zu den bemerkenswerten Beispielen zeitgenössischen Bauens in München gezählt wurde.

Die mehrflügelige Gesamtanlage unterschiedlich hoher Gebäudetrakte in offener Anordnung, als Stahlskelettbauten ausgeführt und z. T. mit Naturstein verkleidet, liegt mit zwei Kopfbauten an der Karlstraße. Der im ersten Bauabschnitt (1954–56) entstandene fünfgeschossige Kopfbau an der Barer/Karlstraße ist annähernd quadratisch, mit großem Lichthof und umlaufenden Galeriefluren. Etwas von der Barer Straße zurückgesetzt wurde ein dreigeschossiger Trakt, an die Barer Straße vorgerückt das Aulagebäude, das straßenseitig ausgefacht und zum Hof hin verglast ist. Der wesentlich später (1968–70) östlich gleichsam additiv hinzugefügte, architektonisch gleichartige zweite Baublock ist in städtebaulicher Hinsicht wegen des gestalterisch unbewältigten Anschlusses an den Brandmauergiebel des höheren Nachbarhauses Ottostraße 5 problematisch.

[**Karlstraße 10.** Ehem. Bürogebäude Deutsche Lloyd-Lebensversicherungs-AG, später Generali, an der Stelle mehrerer kriegszerstörter Mietshäuser erbaut 1956 von Fritz Zieseniß. Der 80 m lange, flach gedeckte Hauptbaukörper mit Läden im Erdgeschoss und Travertinverkleidung an den fünf Obergeschossen auf um 3 m zurückgenommener Baulinie war als monumentaler Auftakt der nordseitigen Bebauung an der Karlstraße wirksam; entlang der Barer Straße versetzter niedriger Ostflügel. Eingangssituation im Eckbereich beim Erdgeschoss-Umbau 1986 verändert, dabei das Steinrelief „Herkules im Kampf mit der Hydra" entfernt. – 2006 abgebrochen zugunsten des 2008 fertig-

Karlstraße 6, Ansicht von Südosten

Karlsplatz 6, Aula

gestellten anspruchsvollen Geschäftshauskomplexes „Karolinen Karree"; der niedrigere Seitentrakt an der Barer Straße nur umgebaut.]

Karlstraße 18, 20–25, 27, 32, 34. Vgl. Ensemble Maxvorstadt II.

Karlstraße 6–54; Flurkarte, M. 1:5000

Karlstraße 18, 20, 22 (von rechts)

Karlstraße 18, 20, 22. Die viergeschossige symmetrische Dreiergruppe – bis zum Zweiten Weltkrieg Teil einer klassizistischen Häuserreihe zwischen Barer und Meiserstraße – entstand 1828 als Spekulationsobjekt im Auftrag des bürgerl. Schlossermeisters Johann Schmitz durch Rudolf Röschenauer. „Die Gliederung des 21achsigen (6–9–6) Gesamtkomplexes (mit einer Fassadenlänge von ca. 60 m eine der umfangreichsten Privatbauunternehmungen der Zeit) musste wohl zwei einander entgegengesetzte Aspekte – die Selbstdarstellung des Bauherrn und ersten Besitzers und die Möglichkeit des Verkaufes der einzelnen Häuser an verschiedene Interessenten – berücksichtigen" (Zimmermann 1987). G. Wenngs Atlas gibt für 1849 drei verschiedene Eigentümer an. Der mittels nur einer Durchfahrt – im Mittelgebäude rechts – erschlossene Komplex, einst mit Remisen, Stallungen und Werkstatt im Hofbereich, enthielt in zweibündiger Anordnung große, höheren Ansprüchen genügende Wohnungen mit den Wohnzimmern zur Straße und Nebenräumen zum Hof. Die Treppen sind bei den äußeren Häusern am Ende des Eingangsflures, im Mittelbau im Bereich links von der Durchfahrt angeordnet. Die Fassadengestaltung im Stil der Klenze-Nachfolge: rustiziertes Erdgeschoss, Gurtgesimse außer zwischen den beiden letzten Geschossen, in den beiden Hauptgeschossen faszierte Fensterrahmungen mit gerader Verdachung. Am breiteren Mittelbau sind das Erdgeschoss – mit Rundbogenfenstern – und der 1. Stock durch Pilasterpaare reich gegliedert und die Gurtgesimse differenzierter ausgebildet.

Im Zuge des ausgedehnten Immobilienerwerbs durch die NSDAP im Umfeld (1933/34) wurden die klassizistischen Häuser an der Nordseite der Karlstraße (Nr. 10–26) zu Verwaltungszwecken der „Reichsleitung" umgebaut. Heute ist Nr. 18/20 Dienstgebäude der Evangelischen Landeskirche, Nr. 22 staatlich (Finanzbehörden).

Karlstraße 21. Ehem. Groß-Mietshaus, jetzt Finanzamt für Körperschaften, mit Meiserstraße 4. Das zweiflügelige Eckgebäude, im Geiste der Klenze-Nachfolge geplant und ausgeführt 1829 von Stadtbau- bzw. Maurermeister Joseph Höchl und dessen größtes Projekt als Bauunternehmer, war zu seiner Zeit nicht das erste großstädtische, jedenfalls aber das stattlichste Mietshaus Münchens, frühen Beispielen der Gattung „Zinspalast" aus klassizistischer Zeit etwa in Wien (Schottenhof) oder Prag (Platteis) vergleichbar. Der zweibündig angelegte Komplex mit Wohnräumen straßen- und Nebenfunktionen hofseitig wurde durch Treppenhäuser in jedem der beiden Flügel erschlossen. Außer Wohnungen enthielt das Gebäude im Trakt an der Meiserstraße die am 14. November 1831 eingeweihten Räumlichkeiten der im Münchner bürgerlichen Leben des Biedermeier bedeutsamen Gesellschaft „Frohsinn", deren Protektor König Ludwig I. war. An den durch die beiden oberen Geschosse gehenden, von einer vorkragenden Galerie umgebenen Frohsinns-Saal (1846 zu Wohnungen umgewandelt) schlossen sich der Kleine Saal, drei Konversationszimmer, Lese-, Billard- und zwei Rauchzimmer an, ferner wurde ein Theater unterhalten. „Mit außerordentlichem Geschmack, ja zum Theil mit Pracht ist das ganze Lokal decorirt, und wetteifert mit dem königl. Odeon" (Baumann 1832). Der Garten (im Hof), „vom königl. Hofgärtner Seitz sehr geschmackvoll angelegt, mit Arkaden umgeben, und mit einer Kegelbahn versehen", ist in dieser Form auf dem Stadtplan (wie auch im Atlas) von G. Wenng 1849 dargestellt.

Die 54 m lange Nordfassade an der Karlstraße mit 17 Fensterachsen wird von zwei dreiachsigen Seitenrisaliten begrenzt; an der 51 m langen Westseite an der Meiserstraße sind die sieben mittleren von insgesamt 13 Achsen als breiter Risalit vorgezogen. Erdgeschoss mit Rundbogenfenstern und Zwischengeschoss mit Stichbogenfenstern sind als in Putz rustizierter Sockelbereich zusammengefasst, von den Rundbogenfenstern der beiden oberen Geschosse die der Beletage durch Rechteckrahmungen mit ornamentierten Zwickeln und (ehemals) geraden Verdachungen ausgezeichnet (sog. Bramante-Typus, vgl. Klenzes Alte Pinakothek und Ludwigstraße 11). Das dreiteilige Abschlussgebälk war ehemals reicher profiliert bzw. (auf dem Originalplan) dekoriert.

Nach Joseph Höchls Tod (1838) gehörte das Gebäude seinem Sohn Anton (1820–97, Architekturmaler); 1938 wurde es für die Reichsärztekammer umgebaut (Ausführung Baugeschäft Otto Schiedermaier). Das Innere wurde im Luftkrieg völlig zerstört, die allein erhaltene Fassade beim Wiederaufbau in den 1950er Jahren für die Oberfinanzdirektion in mehreren Details willkür-

Ehem. Gewächshäuser und Botanischer Garten; Aufn. um 1890

lich verändert: u. a. Verzicht auf die Rustizierung der Ecken, die von Konsolen getragenen Fenstersohlbänke im Erd- und Zwischengeschoss sowie die Verdachungen der Fenster des 3. Geschosses, unter denen stattdessen Brüstungsfelder eingefügt wurden; das Gurtgesims unter den Fenstern des letzten Geschosses wurde durch Sohlbänke auf Konsolen ersetzt. Letzte Fassadenrenovierung 1989. – Das neuklassizistische eingeschossige Walmdachhaus an der Ostseite des Hofes wurde 1938 (mitsamt südseitigen Garagen) unter Beteiligung von Fritz Gablonsky an der Planung errichtet (Hausmeisterwohnung).

Karlstraße 22. Siehe Karlstraße 18, 20, 22.

[**Karlstraße 23–25, 27, 29** mit Meiserstraße 1, 3 und Sophienstraße 10. Das bis zum Abbruch 2005 von einem Komplex naturwissenschaftlicher Universitätsinstitute eingenommene Areal zwischen Luisenstraße im Westen, Karlstraße im Norden, Meiser-/ehem. Arcisstraße im Osten und der viertelkreisförmig gebogenen Westhälfte der Sophienstraße im Süden hatte im 19. und frühen 20. Jh. eine lockere, weitgehend in Grün gebettete Bebauung teils öffentlichen, teils privaten Charakters. An der Südostecke (ehem. Arcisstraße 1) stand das Chemische Laboratorium des Staates, 1815 von Franz Thurn, umgebaut und erweitert 1852–55 von August Voit (im Zusammenhang mit der Berufung Justus von Liebigs),

Karlstraße 21 (links) mit Meiserstraße 4 (rechts)

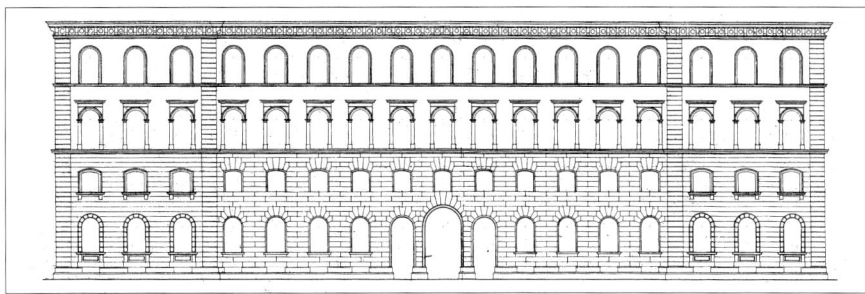

Karlstraße 21, Nordseite; Fassadenaufriss von 1829

1875 von Albert Geul sowie 1916–18 von Fritz Gablonsky. Im Nordosten entlang der Karlstraße entstand eine Wohnbebauung, zunächst nur zwei villenartige klassizistische Häuser, darunter (ehem. Karlstraße 11/Ecke Arcisstraße) das des Altphilologen und Philhellenen Friedrich von Thiersch († 1860; erbaut 1824 von Joseph Höchl, abgebrochen 1878), später eine geschlossene Zeilenbebauung. – Die größere, südlich zugespitzt auslaufende Westhälfte des Areals wurde nachträglich dem um 1812 angelegten (Alten) Botanischen Garten (s. dort) jenseits der Sophienstraße als Erweiterung zugeschlagen. Am Nordrand entlang der Karlstraße (Nr. 29) erbaute, statt eines provisorischen Gärtnerhauses von 1849, August Voit 1860–65 das Botanische Sammlungsgebäude (zweigeschossiger Massivbau mit erhöhtem Mittelrisalit, spätklassizistisch) und an dessen Rückseite parallel das große Gewächshaus mit dem hohen, überkuppelten Palmenhaus in der Mitte, eine höchst bemerkenswerte Eisen-Glas-Konstruktion (Ersatz für das Gewächshaus, das 1853 dem Glaspalast hatte weichen müssen). Nach Eröffnung des neuen Botanischen Gartens in Nymphenburg (1914) wurde das Voitsche Glashaus

abgebrochen, das Sammlungsgebäude 1918 für das Pharmazeutische Institut durch Fritz Gablonsky südlich erweitert. Auf dem Areal entstanden in der Folge weitere Institutsbauten der Universität, so 1931/32 das Physikalisch-Chemische an der Sophienstraße 11 und westlich anschließend entlang der Luisenstraße (Nr. 14/16; s. dort) das bis 2005 noch erhaltene Zoologische Physikalische Institut samt Hörsaalgebäude (1931–33 von Theodor Kollmann). Alle älteren Bauten (vor 1930) des Areals wurden im Luftkrieg zerstört.

Die auf einem Wettbewerbsentwurf von Albin Steininger und seiner Mitarbeiter Hanna Löv und Hannes Feldner basierende Neubebauung durch das Universitätsbauamt von 1953–60, die sich dem Institutsbau von 1931–33 an der Luisenstraße 14 östlich und nördlich anschloss, gehörte zu den städtebaulich wie gestalterisch bemerkenswerten Realisationen der Münchner Nachkriegsmoderne. An die Nordostecke wurde der große Hörsaaltrakt gesetzt. Die Gebäudehöhen waren im Hinblick auf eine günstige Gruppierung des Komplexes in sich wie auf die empfindliche Umgebung (Alter Botanischer Garten, Bonifatiuskirche) gestaffelt und abgestimmt. An den Fassaden waren u. a. Quarzitschiefer, Kelheimer Auerkalk, Marchinger Kalkstein, Kalktuff und Tonschiefer verwendet. Die rechtwinklig gefügte Baugruppe umschloss mehrere Höfe. Im Inneren war bis 2005 die Gestaltung der Flure, Treppenhäuser und Hörsäle im Wesentlichen erhalten. Die Cafeteria öffnete sich mit einer Längsseite zu einem begrünten Hof. – In den nach Abbruch der Institutsbauten (2005) neu errichteten Komplex „Lenbachgärten" wurde der allein erhalten gebliebene Trakt entlang der Meiserstraße (Nr. 1, 3) integriert. Die 2007 vollendete Wohnhausneubebauung entlang der Karlstraße ist südlich gegenüber der Bonifatiusbasilika (s. Nr. 34) um eine rechteckige Vorplatzbildung gruppiert.]

Karlstraße 23 (rechts)/Ecke Meiserstraße, ehem. Institutsbauten; Aufn. 1995 (kein BDm)

Karlstraße 32

Karlstraße 32. Auf zuvor unbebautem Grund wurde das ausgewiesene Flurstück in den Garten des zur damaligen Friedrich-/ der heutigen Meiserstraße hin ausgerichteten Eckgebäudes eingemessen. Für Josef Breitenbach errichtete Rudolf Röschenauer 1818 das zweigeschossige Vorstadthaus mit Walmdach, das im Kern den Bestand des heutigen Anwesens ausmacht. Für die Jahre 1859–60 sind Ausbauarbeiten durch Stockmiller und Hirschberger für den Pfarrer Dr. von Biarowsky belegt. Veränderungen im Inneren, ein heute wieder beseitigter Anbau im Osten (mit Dachterrasse) sowie, entscheidend, der Aufbau des bestehenden Dachhauses oberhalb der Südfassade erfolgten 1903, ausführender Architekt war Ludwig Deiglmayr, Bauwerber Freiherr von Barth. Der neuklassizistische Giebel ersetzte eine schlichte rundbogige Gaube, die dem kurzen Walm über einem flachen Risalit einsaß. Dem Dachhaus blendete man ein Ädikulum vor, ausschwingende Wangen flankieren die Dachfenster, die man einem Palladio-Motiv einschrieb. Die Wangen endigen in kleinen Sockeln, die klassizisierende Prunkvasen tragen. Weitere neuklassizistische Zutat ist das schmiedeeiserne Schneefanggitter, das man an den Prunkvasensockeln ansetzte und zu den Hausecken der Straßenfront hinzog. Bis 1903 markierte den Bau die klassizistische Klarheit seiner Entstehungszeit, stilistisch Bauten in der Art Karl von Fischers nahestehend. Die mittleren drei Fensterachsen der Straßenfront waren eng gesetzt, in einem flachen Risalit zusammengezogen. Die drei mittleren straßenseitigen Fenster des Erdgeschosses schlossen rundbogige Stürze ab. Das geschlossene Walmdach mit leicht aufgeschobenen Dachfuß wurde/wird von einem kräftig durchgebildeten Traufgesims mit umlaufendem Konsolkranz betont. (Die Komplettierung der Bauzier erfolgte 1994–95, die heute sichtbaren Eckrustizierungen entstammen dieser Kampagne.) Durch den 1903 erfolgten ostseitigen Anbau – zu zwei Geschossen, hohe Schildmauer als östlicher Abschluss, rückwärts ebenfalls hohe Abschlussmauer, die in die Ansichtslinien einschnitt – veränderte man die äußere Dimensionalität und somit die historische Erscheinungsweise der klassizistischen Villa erheblich; erklärtes Ziel, dem man die architekturgeschichtliche Überlieferung unterwarf, war räumlicher Zugewinn. Um eine Dachsicke zu vermeiden, vermittelte man die Ostfläche des Walmdachs pultdachartig an eine Anschlussmauer. Zur Schaffung großer Raumzusammenhänge entschied sich 1992 die Katholische Hochschulgemeinde München dazu, anstelle des schließlich rückgebauten östlichen Anbaus in formal abgesetzter Glas-/Eisenarchitektur den Zugangsbau zum rückwärtig geschaffenen „Haus der Begegnung" einzuklinken. (Erste Überlegungen zur Erbauung eines Hauses der Jugend datieren protokollarisch in das Jahr 1971. Bei seinen ersten Planungen ging Ernst Maria Lang 1976 von einem vollständigen Abbruch des Anwesens Nr. 32 an der Karlstraße aus. Ab 1990 plante P. Eggendorfer den schließlich ausgeführ-

ten, bezeichnend ins Gelände eingetieften Bau, der 1994–95 fertig wurde.) Über 90 Jahre nach der erfolgten Erweiterung und also Uminterpretation des klassizistischen Kernbaus entschieden sich die Gremien, das ursprüngliche Haus aus einem gewachsenen, zwischenzeitlich historisch gewordenen Komplex herauszupräparieren und einem modernen Baukonglomerat einzugliedern; dies unter Preisgabe der historischen Funktion und bei Verlust des gewachsenen Umgriffs. Unter Beachtung der baugeschichtlichen Überlieferung stellt der heutige Bau ein Ergebnis gestalterischer Erhaltungsabsicht dar.

An der Ostseite Bronze-Gedenktafel samt Doppelporträt-Relief für den Maler Arnold Böcklin, der vom Frühjahr 1872 bis Herbst 1874 mit seiner Familie hier lebte (Atelier Arcisstraße 4), sign. H. Widrig; 2002 von der Vontobel-Bank Zürich gestiftet.

Karlstraße 34. *Benediktinerabtei- und Pfarrkirche St. Bonifatius*, mit nördlich anschließendem Benediktinerkloster und westseitigem Garten. Ehemals ein frühes Hauptbeispiel des romantisch-historistischen Kirchenbaus, nach Kriegsschäden ein stark verändertes Fragment. Die Münchner „Basilika", wie sie meist kurz genannt wird, gehört zu den monumentalsten Beispielen einer architektonischen Strömung, die eine Reform des Sakralbaus – alternativ zum überwundenen Barock, zum den antiken Tempel zitierenden Klassizismus wie auch zur romantischen Neugotik – im Rückgriff auf die frühchristliche Raumform versuchte; unter den Varianten des Revival vielleicht die nächstliegende, im Zeitalter des Klassizismus im Übrigen auch als Bezugnahme auf die christlich gewordene Antike begriffen, so in Klenzes „Anweisung zur Architectur des christlichen Cultus" von 1822/24. Maßgebend für diesen Paläochristianismus war, ausgehend von Chalgrins St-Philippe-du-Roule (1774–84), eine Gruppe von Pariser Kirchen der Restaurationszeit mit Notre-Dame-de-Lorette und dem fünfschiffigen Bau von St-Vincent-de-Paul (1823–44 von Lepère und Hittorf) als Hauptbeispielen. Für die französischen Bauten ist die Übernahme des griechischen Säulen-Architrav-Systems, das im 18. Jh. bereits von Laugier propagiert wurde, charakteristisch. Im protestantischen Preußen favorisierte Friedrich Wilhelm IV. diesen Stil (Pläne zum Berliner Dom; Friedenskirche und Heilandskirche in Potsdam). Maßgebliches „Erlebnis" dieser Richtung waren Brand (1823) und Wiederaufbau (bis 1854) der fünfschiffigen römischen Basilika San Paolo fuori le mura. Dieser Basilika des Völkerapostels Paulus stellte Ludwig I. diejenige des als „Apostel der Deutschen" geltenden hl. Bonifatius an die Seite, gleichfalls einen fünfschiffigen Säulenarkaden-Typus mit einem Freskenzyklus aus dem Leben des Kirchenpatrons an der Mittelschiffs-Hochwand. Das ludovizianische neue München wurde so als deutsches Rom deklariert, im Sinne der Kulturpolitik des Königs durchaus konsequent wie auch in der kirchengeschichtlichen Tradition begründet (vgl. St. Michaelskirche). Leider ist von dieser signifikanten Schöpfung Ludwigs I. nur noch ein architektonischer, zudem völlig bildloser Torso übrig. Die Versuche einer Neuinterpretation des Fragmentes im Sinne eines puristischen Minimalismus sowohl durch den viel gepriesenen reduzierten Wiederaufbau nach dem Konzept von Hans Döllgast wie durch die spätere, liturgisch motivierte Umgestaltung können den immensen Verlust keinesfalls adäquat ersetzen, haben jedoch als jeweils zeittypisch zu gelten.

Bereits 1818 hatte Kronprinz Ludwig die Südseite des Königsplatzes als Standort einer Apostelkirche in Form einer klassizistisch geprägten Basilika – im Sinn etwa von St-Philippe-du-Roule oder Christian Hansens Frauenkirche in Kopenhagen – vorgesehen, für die Klenze Entwürfe fertigte und Thorvaldsen die Skulpturen ausarbeiten sollte. Von den römischen Basiliken und deren Publikation durch Gutensohn und Knapp (1822–27) beeindruckt und den „Nazarenern" beeinflusst, schwenkte Ludwig I.

in der Folge von der französisch stilisierten zur unmittelbar frühchristlichen Richtung um und entzog Klenze den Auftrag. Stattdessen schickte er 1827 den Fischer-Schüler Georg Friedrich Ziebland (geb. 1800) zu einem mehrjährigen Studium der frühchristlichen Basiliken nach Italien (Rom, später Ravenna), der im September 1828 den ersten Entwurf – für einen Standort an der Westseite der Ludwigstraße – sandte. Ein zweiter Entwurf von 1829 für die Südseite des Königsplatzes sah unter Bezugnahme auf die Glyptothek gegenüber einen korinthischen Portikus mit Freitreppe und fensterlosen Querflügeln vor – wie der erste auch noch das Säulen-Architrav-System statt der nachmaligen Säulenarkaden. Erst der vierte und fünfte (endgültige) Entwurf von 1834/35, von den inzwischen besichtigten ravennatischen Vorbildern mitgeprägt, brachte die Standortverschiebung nach Süden mit Eingang von der Karlstraße her sowie die Verbindung der Pfarrkirche für den Westteil der Maxvorstadt mit einem neu zu gründenden Benediktinerkloster im Sinne von Ludwigs kulturpolitischem Konzept einer begrenzten Wiedereinführung von Orden nach totaler Säkularisation, wobei die (1840 berufenen) Benediktiner wegen ihrer Pflege der Wissenschaft den Vorzug (neben den in der Volksseelsorge tätigen Franziskanern und Kapuzinern) erhielten. Das Bauvorhaben im Umfeld des Königsplatzes, wobei das Kloster mit dem Ausstellungsgebäude (s. Königsplatz 1) einen Block bildet, bringt Ludwigs programmatischen Gedanken einer Synthese von Glaube und Wissen, von Antike und Christentum zum Ausdruck. Überdies bestimmte der König St. Bonifaz zu seiner künftigen Grablege.

Karlstraße 34, Benediktinerabtei- und Pfarrkirche St. Bonifatius; hist. Aufn.

St. Bonifatius, Südfassade

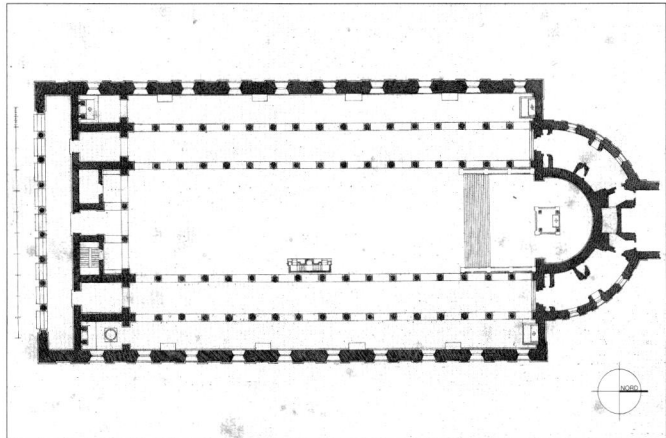

St. Bonifatius; bauzeitlicher Grundriss

Unter Leitung des entwerfenden Architekten G. F. Ziebland führte – gemäß der oft zitierten Inschrift des Grundsteins – Maurermeister Jordan Maier aus Eichstätt die Bauarbeiten aus (? der Münchner Maurermeister Jordan Maurer; 1801–54); als Bauinspektor fungierte J. Burger; die Säulenschäfte lieferte Steinmetzmeister Franz Höllriegel. Als Zimmermeister ist (Peter) Erlacher überliefert; ein Teilmodell des offenen Dachstuhls nach Entwürfen von Ziebland ist in den Museen der Stadt Bamberg erhalten (um 1843?).

Nach Erd- und Vorarbeiten wurde am 22. August 1835 der erste Stein, am 12. Oktober – dem Tag der Silberhochzeit des Königs – feierlich der Grundstein gelegt, 1836 bereits das Dach über Chor und Sakristei fertiggestellt; 1837 wurden die Umfassungsmauern aufgeführt und die Säulen aufgerichtet, 1838 das Hochschiff aufgemauert und gedeckt. 1839/40 entstanden die Vorhalle und die innere Ausstattung. Den umfangreichen Wandgemäldezyklus führte Heinrich Maria von Heß samt Mitarbeitern (u. a. Johann von Schraudolph und Johann Carl Koch) gemäß Kontrakt vom 6. Juni 1834 aus (zerstört; Kartons im Kupferstichkabinett Basel). Die Weihe der 1847 bereits vollendeten Kirche verzögerten die Ereignisse des folgenden Revolutionsjahres und die personale Zusammenstellung des Konvents; sie wurde gemäß Inschrift am einstigen Hochaltar am 24. November 1850 durch Erzbischof Carl August Graf von Reisach vorgenommen. Die Baukosten seiner Kirchen- und Klosterstiftung bestritt Ludwig I. aus Mitteln seiner eigenen Kabinettskasse.

Die nach Norden gerichtete, ursprünglich 82 (innen 76) m lange Basilika mit fünf durch ehemals 66 monolithische Graumarmorsäulen getrennten Schiffen, über Stufen erhöhtem Presbyterium und offenen Dachstühlen schloss mit eingezogener, gewölbter Apsis, die von Sakristeiräumen umzogen war. Unter Altarraum und Apsis liegt die (erneuerte) Gruft der Äbte und Mönche. Zwischen der mit neun Säulenarkaden geöffneten Eingangsvorhalle (Narthex) im Süden und den Schiffen ist eine Zwischenzone mit der Orgelempore samt deren Aufgang sowie mit Kapellen am Ende der Schiffe eingeschoben, darunter als östlichste die Grabkapelle Ludwigs I. Die Kapitelle aus weißem Schlandersmarmor – nur in der Vorhalle (hier aus Kalkstein) unverstümmelt erhalten, sonst beschädigt bzw. z. T. erneuert – variieren einen frühchristlich-korinthisierenden Typus. Das (gegossene) Mauerwerk aus Backstein ist an der Außenseite unverputzt und durch Lisenen sowie abschließende Rundbogenfriese gegliedert, nur die Eingangsfront samt Vorhalle weist zusätzlich Gliederungen aus Kelheimer Kalkstein (nach Grimm 1990: Neubrunner Sandstein) auf, u. a. die ornamental reich skulptierte Rahmung des rundbogigen Mitteltores mit den Figuren der Apostel Petrus und Paulus von Fidelis Schönlaub, dessen Porträt-Halbfigur samt Werkmeisterzeichen den Schlussstein bildet; darüber erinnert eine Inschrifttafel an die in diesem Bereich erfolgte Schlusssteinset-

St. Bonifatius, Inneres; Stich von K. Gunkel nach G. Seeberger, Mitte 19. Jh.

zung am 18. März 1848. Die drei Bronzerelieftüren in der Vorhalle sind modern (die mittlere „aus der Schule Georg Brenningers", die seitlichen von Inge Seyffart).

Völlig verloren ist die Ludwigs I. Kirchenbauten kennzeichnende, nach der Nüchternheit der Aufklärungszeit erneuerte, umfassende Polychromie in Verbindung mit einem komplexen Bildprogramm. Mit dem Marmorglanz der Säulenreihen, des Bodenbelags im Stil der Cosmaten und der inkrustierten Seitenwände vereinigten sich der gemalte Sternenhimmel im offenen, hölzernen Dachstuhl, die Dekorationsmalerei von Josef Schwarzmann und die Wandgemälde von Heinrich Heß und Mitarbeitern zu einem vielgestaltigen Gesamtbild von intensiver Farbwirkung. Das ikonographische Programm beruhte auf einem Konzept des Theologen Ignaz Döllinger. In der Apsis waren auf Goldgrund unterhalb des thronenden Christus nebst Maria und Johannes dem Täufer in einer hieratisch feierlichen Reihung unter Palmen der Ordensvater Benedikt und die frühen Verkünder des Evangeliums in Bayern dargestellt, am Triumphbogen die vier Evangelisten, zum Gotteslamm aufblickend. Die Hochwand des (23 m hohen) Mittelschiffs trug einen Freskenzyklus aus dem Leben des hl. Bonifatius, und zwar zwölf große Hauptbilder und dazwischen in Grisaille zehn kleine sog. Episodenbilder; darüber zwischen den Fenstern hatte ein zweiter Zyklus von 36 Bildern auf Goldgrund die Ausbreitung des Christentums vom 3.–8. Jh. zum Thema, für Bayern bedeutsam mit dem Martyrium des hl. Maximilian von Laureacum (284) am Beginn und der Kaiserkrönung Karls des Großen als Abschluss. Den Bezug von der deutschen Nationalkirche zur römischen Universalkirche stellten die – analog dem Papstzyklus in S. Paolo fuori le mura – über den Arkadenzwickeln angeordneten Porträtmedaillons der 34 Päpste vom 16. bis zum 19. Jh. her. – Die Einrichtung der Basilika wurde nicht

ganz vollendet – das geplante Ziborium über dem Hochaltar und der Ambo kamen nach Ludwigs Thronverzicht nicht mehr zur Ausführung. Sein zu Lebzeiten gefertigtes Grabdenkmal (von Adalbert Sickinger und Leo von Klenze), in dem er 1868 beigesetzt wurde, hat – in der Art der Herrschergräber in Palermo und Monreale – die Form eines schmucklosen Marmorsarkophages auf skulptierten Kalksteinfüßen mit Rankenwerk, Engelsköpfen und Löwentatzen an den Ecken; darunter befindet sich die Gruftkammer seiner protestantischen Gemahlin Therese († 1854). An der Südwand darüber ist eine 1985 von Albrecht Herzog von Bayern gestiftete Inschriftplatte eingelassen, in die Ostwand die originale Inschrifttafel, die an die Grundsteinlegung 1835 erinnert.

Nach weitgehender Zerstörung durch Luftangriffe am 25. April und 13. Juli 1944 sowie am 7. Januar 1945 erfolgte 1945–50 ein reduzierter Wiederaufbau lediglich der 32 m langen, zu annähernd quadratischem Umriss verkürzten Südhälfte durch Hans Döllgast (Mitarbeiter Ludwig Schneider), mit neu eingezogener östlicher Abschlusswand aus beiderseitig geschlämmtem Ziegelmauerwerk, neuen Dächern und einfacher Ausstattung (Altarweihe am 17. Dezember 1950). – Am 24. November 1975 wurde ein neuer Altar als Mittelpunkt einer zentralisierenden Neuordnung des Raumes geweiht; Orgel 1976/77 von E. Mühleisen, Straßburg. Bei einer abermaligen Innenrenovierung 1993/94, fortgesetzt 1996, durch Bildhauer Friedrich Koller und Kunstmaler Peter Burkart wurde der Raum künstlerisch neu gestaltet (u. a. zeltartige Leuchtkörper über dem Altar, 24 Leuchtkugeln, Bildtafeln an den Hochwänden; 1996 geschnitztes Innenportal von Koller). Beiderseits des Altars stehen (jetzt ungefasste) Holzfiguren der hll. Benedikt und Bonifatius aus der Bauzeit.

St. Bonifatius nach Kriegszerstörung; Aufn. um 1945

St. Bonifatius, Inneres

An der Stelle der zerstörten Nordhälfte der Basilika entstand 1970/71 (Planung ab 1968) nach Entwurf von Carl Theodor Horn unter Mitarbeit von Peter Eggendorfer in moderner Formgesinnung der Neubau des Gemeindezentrums samt Werktagskirche, das sich nördlich bis zur z. T. erhaltenen, damals noch erhöhten Mauerschale der alten Apsis erstreckt; der bis dahin in ihrem Scheitel noch aufragende originale Glockenstuhl wurde abgebrochen, gleichzeitig auch die Gruftkirche weitgehend neu gestaltet.

St. Bonifatius, Grabdenkmal Ludwig I.

Klostergebäude. In Verbindung mit der Basilika sah Ludwig I. von Beginn an die Gründung einer Benediktinerabtei vor. Georg Friedrich Ziebland errichtete den Bau unter mehrfachen Änderungen des Planungskonzeptes gleichzeitig mit der Kirche. Die Bauarbeiten begannen im Mai 1835; 1847 war der Innenausbau im Gange. 1840 erfolgte die Berufung der Benediktiner aus Metten, welche die Leitung des Kgl. Erziehungsinstitutes für Studierende (s. Karmeliterstraße 1) und bald auch die des neuen Ludwigsgymnasiums übernahmen. Die Stiftungsurkunde Ludwigs I. über die Errichtung der Abtei und der Pfarrei St. Bonifaz ist vom 4. November 1850 datiert; dem Kloster angeschlossen wurde das 1846 vom König angekaufte und somit nach der Säkularisation wieder belebte Kloster Andechs, das bis heute als Priorat mit St. Bonifaz verbunden ist. Die Kirchenweihe am 25. November 1850 galt auch dem Kloster, in dessen Refektorium Ludwig I. ein Festmahl gab. – Nach Schäden im Zweiten Weltkrieg wurde das Gebäude im Inneren in weitgehend erneuerter Form wiederhergestellt.

St. Bonifatius mit Pfarrzentrum (links) und Klostergarten; Aufn. 1986

Der um zwei Höfe gruppierte zweigeschossige Rechteckbau bildet mit dem nördlich angrenzenden ehem. Ausstellungsgebäude Zieblands von 1838–45 (s. Königsplatz 1) einen Block; um dem klassizistischen Bau an der Südseite des Königsplatzes die einem Pendant der Glyptothek angemessene Tiefenerstreckung zu geben, sind die östliche und westliche Seitenfront des Gesamtkomplexes gleichartig gestaltet – fensterlose Putzflächen mit Kalksteinsockel, -pilastern und -gebälk. Das Kloster entwickelt eine eigene dreigeschossige Schauseite nur nach Süden; sie ist mit roten Kleinziegeln verblendet und nur durch Gurtgesimse gegliedert; die Stichbogenfenster werden durch steinerne Pfosten in Form romanisierender Säulen geteilt. Die verputzten Fassaden um die beiden Höfe sind schmucklos.

Kloster St. Bonifatius

Die Fassadenmitte verbindet mit der als Schale erhaltenen Apsis der Basilika ein etwas niedrigerer, zweigeschossiger Zwischenbau, der unten die Vorhalle der Pforte (ehem. Durchfahrt) mit flachen Kreuzgratgewölben und Gurten auf zwei steinernen Bündelpfeilern und darüber die (modernisierte) Chorkapelle mit Tripelarkadenfenstern an den Längswänden enthält. Die Haupträume schließen sich nördlich im Mitteltrakt zwischen den Höfen an – im Erdgeschoss am Nordende die Küche, eine flach gewölbte Halle mit Achteckpfeilern; darüber das jetzt durch eine Zwischendecke geteilte Refektorium, einst mit reicher Dekorationsmalerei an den Wänden und einem großen (nach leichten Kriegsschäden überputzten) Wandfresko des Abendmahles, das Heinrich Maria Heß 1846 vollendete (Karton in der Berliner Nationalgalerie) – der Künstler wagte hier eine zeitgemäße Auseinandersetzung mit dem Leonardo-Sujet, ähnlich wie um dieselbe Zeit Cornelius in St. Ludwig mit Michelangelos „Jüngstem Gericht" wetteiferte. – Das zweiläufige Treppenhaus östlich der Pforte hat sein durchbrochenes Holzgeländer und das Tafelparkett der Podeste bewahrt. Im Vorplatz des 1. Stockes eine (jetzt ungefasste) Holzfigurengruppe der Bauzeit – der Gekreuzigte zwischen den Heiligen Benedikt und Ludwig. Die drei Räume der Bibliothek im 2. Stock des Mitteltraktes wurden nach Kriegsschäden weitgehend erneuert – Holzregale, umlaufende Galerie mit Eisengeländer (Kreuzstäbe). In den Klosterräumen sind erhaltene Kunstwerke vor allem der Bauzeit verteilt.

Kloster St. Bonifatius, ehem. Wandfresko im Refektorium; Aufn. um 1945

Kloster, Haupttreppe

Kloster St. Bonifatius, Eingangshalle

Im Zugangsbereich zur Abtei sind westlich der Basilika von deren Ruine stammende Spolien – Kalksteinbasen und Kapitelle – aufgestellt. Vor der Pforte Sichtbeton-Brunnen von 1971 mit Bronzebüste des hl. Benedikt (Arch. Carl Theodor Horn, Bildhauer Friedrich Koller; Büste nach Modell von Josef Henselmann gegossen).

Der rechteckige Klostergarten westlich der Basilika, bislang durch Wege in Kreuzform geteilt, ist aus der Bebauung der Maxvorstadt ausgespart und gegen die Karlstraße im Süden und die Luisenstraße im Westen durch eine (jetzt rau verputzte) Mauer mit Blendengliederung abgeschlossen, die heute im südwestlichen Eckbereich vom Zugang und Aufzug zur U-Bahn unterbrochen ist (Ostmauer neu). Die mehrfach veränderten Gärtnereigebäude waren im Nordteil konzentriert. Hier im Nordbereich entstand ab 2000 nach Plänen von Alexander von Branca ein dreiteiliger Neubaukomplex für Jugendbetreuung, Obdachlosenfürsorge und Liga-Bank (Luisenstraße 18); der verbleibende Garten-Südteil erfuhr eine Neugestaltung durch Adelheid von Schönborn. (In den Garten fiel 1916 eine der ersten Fliegerbomben.)

Karlstraße 36. Der Bildhauer Johann Nepomuk Petz erwarb 1860 die Bauplätze für die Erbauung eines großen Doppelmietshauses von Georg Ertl, dem Inhaber des „Opt.-mechan. Instituts München", das dieser mit einem Hauptgebäude an der nordwestlichen Ecke von Karl- und Louisenstraße (heute Luisenstraße), also in unmittelbarer Nachbarschaft zu den neu aufzuführenden Bauten betrieb. Gleichzeitig mit dem tiefen Baublock an der Karlstraße errichtete Baumeister Joseph Weyrather bis 1862 auch die Hintergebäude (teilweise als Atelier benutzt, u. a. von Wilhelm Busch bewohnt). Haus Nr. 36 stellt die östliche Hälfte des Doppelhauses dar, Haus Nr. 38 ist zwischenzeitlich einem Neubau gewichen. Der Hauszugang, stichbogig geschlossen, in der westlichen Achse führt zum nebenliegenden Treppenhaus, das zwei Wohnungen je Etage, dies gemäß Eingabeplan, erschließt. Schon im Erstzustand waren die straßenseitigen Dachräume zu Dachwohnungen ausgebaut, für die Zimmermannsarbeiten zeichnet Georg Bleibinhaus verantwortlich. Der Bautiefe entsprechend machen die Wohnungen Dunkelzonen aus. Die mit einfachen Mitteln strukturierte und dekorierte Fassade mit Lisenengliederung entspricht in ihrer Schlichtheit den stilistischen Charakteristika ihrer Entstehungszeit. Über einem schlichten Gurtgesims, das zugleich Sohlbank

Karlstraße 36

des 1. Obergeschosses ist und das Erdgeschoss abschließt, fassen Putzlisenen die drei Obergeschosse zu Fenstergruppen zusammen. Dabei rhythmisierte Weyrather die Fensterachsen durch Eng- und Weitsetzung; die eng gesetzten verklammerte er mit gemeinsamen Sohlbankgesimsen. Die weiters unstrukturierte Ostfassade, die Hofdurchfahrt flankierend, durchfensterte man vierachsig. (Einen bestimmenden Beitrag zur Strukturierung der Fassade leisteten bis zu ihrer Auswechslung zu Einscheibenverglasungen die Fensterteilungen.)

Karlstraße 47a. *Delphinbrunnen* siehe Dachauer Straße.

Karlstraße 49. Die südwestliche Ecke der Dachauer- mit der Karlstraße stellt ein Grundstück mit Grundlinien frei, die im stumpfen Winkel zueinander liegen. Die Lage der Parzelle und also der Bebauung markiert die Kreuzung zweier stark frequentierter Verkehrsstraßen. Eine erste Bebauung ist 1837 belegt, sie bestand in einem Bauriegel an der Dachauer Straße, der Grund an der Karlstraße war noch frei resp. nur von untergeordneten Nebengebäuden besetzt. Vor 1849 kam es zur Verlängerung dieses Riegels und zum ergänzenden Überbau, seit Mitte des 19. Jh. befindet sich bis heute ein tiefes, zweiflügeliges Wohn- und Geschäftshaus in der beschriebenen markanten Eckposition. Für 1880 sind erste Baumaßnahmen belegt, die der seinerzeitige Eigentümer, Bäckermeister Michael Hochgesang an rückwärtigen Bauten vornehmen ließ. Für die Jahre 1896–97 sind „Um-, An- u. Aufbauarbeiten", mit denen die Privatiere Ursula Hochgesang Ferdinand Schratz beauftragte, protokollarisch belegt. Es ist davon auszugehen, dass der heutige Bau von diesen Maßnahmen herrührt. Es war ein fünfgeschossiger, markanter Eckbau entstanden. Das Treppenhaus im Hofwinkel, über diesen von der Einfahrt an der Karlstraße her zugänglich, erschloss gemäß Eingabeplan zwei großzügige Wohnungen je Etage, das Dachgeschoss blieb unausgebaut. Mehrere Läden nehmen seit jeher das Erdgeschoss ein, dessen Struktur zwangsläufig nur mehr rudimentär überliefert ist. Infolge von Schlichtungen findet sich die Fassadenzier in den Zonen der oberen Geschosse sowie vor dem Erdgeschoss reduziert. Das formal dem Sockel zugeschlagene 1. Obergeschoss hat seine Putzstreifenrustika behalten. Die Hauptakzente der in den Formen der deutschen Renaissance behandelten Fassade bilden hohe Zwerchhäuser, die den beiden Fassaden mittig aufgesetzt sind und denen der Architekt dreigeschossige Flacherker vorlegte. Die Erkerfüße heben oberhalb der je mittleren Fenster des 1. Obergeschosses an, die Fensteröffnungen sind hier stichbogig geschlossen und dreiteilig. Der ursprüngliche gestalterische Reichtum der Fassadeninstrumentierung ist an den mit Stuck dekorierten Erkern spürbar geblieben. Laut Gedenktafel starb hier (ehem. Nr. 18a) am 23. Mai 1841 der Philosoph Franz Xaver Baader; 1850 gehörte das Anwesen dem Maurermeister Carl Deiglmayr (Wenngs Atlas; damals Dachauer Straße 9).

Karlstraße 52. Der Bäckermeister Michael Langwieder erwarb 1843 das 1831 von Carl Deiglmayr zusammen mit Karlstraße 54 errichtete Anwesen und ließ Umbauten im Erdgeschoss vornehmen. 1860 schließlich wurde das Mietshaus für ihn durch J. Roth (Fa. Deiglmayr Witwe) zur Viergeschossigkeit aufgestockt. Bezeichnend sind hierbei die kleineren Fensterformate im 2. Obergeschoss, dem vormaligen obersten und also niedrigsten Geschoss. Die ursprüngliche, schließlich 1880 aufgehobene (Herstellung einer Neurenaissancefassade von Karl Albert), vorstädtische Schlichtheit des Mietshauses ist noch am westlich angrenzenden Nachbarhaus Karlstraße 54 nachzuvollziehen. Die entscheidenden Veränderungen des historischen Erscheinungsbildes des Anwesens brachten die Wiederherstellungsarbeiten nach massiver Kriegsbeschädigung.

Karlstraße 49; Aufn. 1995

Karlstraße 54   Karlstraße 52

Karlstraße 54. Siehe Karlstraße 52.

Karlstraße 118. Das Mietshaus mit einer Wohnung je Etage und Ladengeschoss wurde 1880–81 von Karl Albert für den Bäckermeister Alois Gruber erbaut. Mit den Wiederherstellungsarbeiten der Zerstörungen, die der Luftkrieg am Gebäude verursacht hatte, wurden der Dachstuhl gänzlich erneuert, eine Dachwohnung eingerichtet und die ursprünglichen Kniestockfenster vermauert, wodurch sich die bestehende hohe Stirn über dem 3. Obergeschoss ergab. Doch ist die Fassade in den Formen der Neurenaissance weitgehend original überkommen (das Erdgeschoss freilich war vormals rustiziert). Kranzgesimse fassen die Hauptgeschosse zusammen. Die Fenster des 1. Obergeschosses sind einheitlich mit Dreiecksgiebeln verdacht, die des

Karlstraße 120   Karlstraße 118

2. Obergeschosses mit höheren Sturzfeldern einheitlich gerade. Alle Fenster der Obergeschosse zeigen gleichermaßen profilierte Kastenrahmen und geohrte Faschen. Geringfügige Breitenunterschiede der intrafenestralen Flächen geben der Fassade einen dezenten Rhythmus.

Karlstraße 120. Der Bäckermeister Johann Mack ließ sich von Hans Hartl das Mietshaus mit einer Wohnung je Etage und schon im Eingabeplan von 1893 vorgesehener Dachwohnung errichten. Das ursprünglich mit groben Bossen rustizierte Erdgeschoss wurde 1947 im Zuge der Wiederherstellungsarbeiten von Kriegsschäden zur heutigen Gestalt glattgeputzt. Doch hat die Fassade in den Formen der Neurenaissance (mit Backsteinverblendungen und Putzgliederung) darüber hinaus ihre historische Gestalt bewahren können.

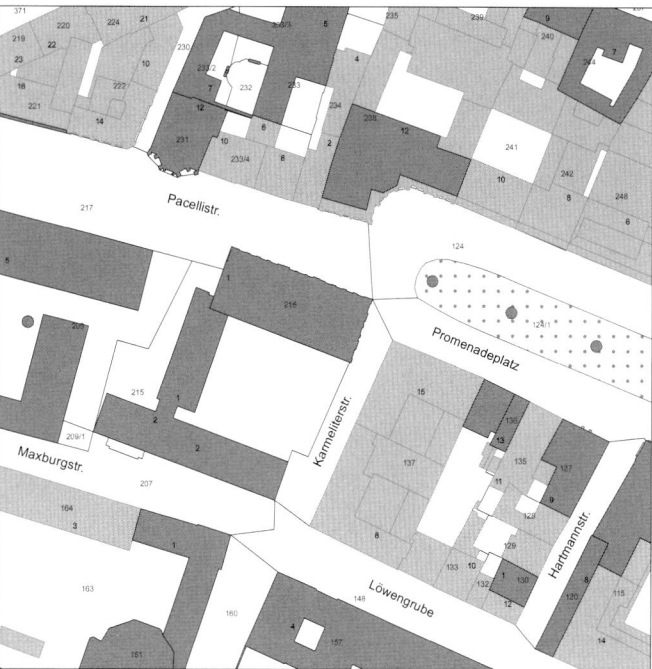

Karmeliterstraße; Flurkarte, M. 1:2 500

Karmeliterstraße

(Vgl. Ensemble Altstadt.) In nördlicher Fortsetzung der Ettstraße kurze Verbindung zwischen dem Straßenzug Löwengrube/Maxburgstraße und dem westlichen Ende des Promenadeplatzes, benannt – unter dem heutigen Namen erstmals 1662 – nach der (profanierten) Karmelitenkirche (s. Nr. 1) mit Eingangsfront am Nordende der westlichen Straßenseite. Das ehemals südlich anschließende Kloster, nach der Säkularisation (1802) klassizistisch zum Erziehungsinstitut (Albertinum) umgebaut, wurde im Zweiten Weltkrieg zerstört (heute Ostteile der einheitlich konzipierten Neubebauung des Maxburg-Geländes (vgl. Nr. 1 und Pacellistraße 5); nach Zerstörung neu bebaut wurde auch die Ostseite (heute Deutsche Bank zwischen Promenadeplatz und Löwengrube, erbaut 1960/61). Die Straße entstand durchgehend und in voller Breite erst nach 1570 – auf dem in diesem Jahr gefertigten Stadtmodell von J. Sandtner ist nur eine schmale südseitige Sackgasse mit nördlich anschließendem Durchgang in einem Anwesen dargestellt, auf dem Stadtplan von T. Volckmer von 1613 an der Westseite bereits die von Wilhelm V. erbaute (baugeschichtlich noch nicht näher untersuchte) St. Nikolauskirche, die später dem Karmelitenkloster weichen musste. Zeitweilig war der Name Neues Gässel (u. ä.) im Gebrauch; J. P. Stimmelmayr (gegen 1800) gebraucht die Bezeichnung Kaltenecker Gäßl nach dem von ihm dargestellten stattlichen „Kaltenecker Bräuhaus und Stock (…) der Karmelitenkirche gegenüber", das – nach klassizistischem Um- oder Neubau um 1818 – noch Häuserbuch II (1960) im Zustand vor dem Luftkrieg darstellt (ehemals Promenadeplatz 21/Karmeliterstraße 2a).

Karmeliterstraße 1. Ehem. *Karmelitenkirche St. Nikolaus,* profaniert. (Vgl. auch Ensemble Altstadt, Platzbild Promenadeplatz.) Der Frühbarockbau präsentiert sich heute mit klassizistischer Fassade und in nach Kriegsschäden reduzierter Form. Ein dreizehn Ölgemälde umfassender Zyklus von Melchior Steidl 1725 (BStGS; derzeit in St. Theresia, München) stellt die Vorgeschichte der Klostergründung dar (Inschriften bei Stubenvoll 1875, S. 109 ff.), die auf ein Gelübde Maximilians I. zurückgeht; ihn hatte der Ordensgeneral P. Dominicus a Jesu Maria 1620 auf dem erfolgreichen böhmischen Feldzug begleitet. Die um 1630 aus Prag berufenen Unbeschuhten Karmeliten – ein im 16. Jh. von Spanien (hl. Theresa von Avila) ausgehender Reformorden –

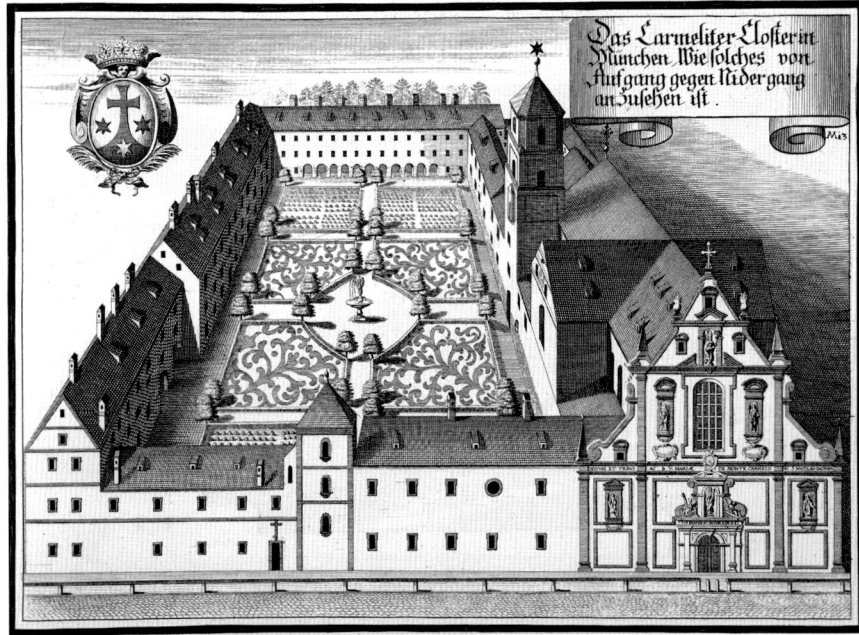

Ehem. Karmeliterkloster; Kupferstich von Michael Wening, um 1700

erhielten ihren Wohnsitz zunächst in einem Teil der Herzog-Max-Burg und benützten die benachbarte Nikolauskirche, die Wilhelm V. als Ersatz für eine beim Bau von St. Michael 1582 abgebrochene mittelalterliche Nikolauskapelle errichtet hatte; der Vogelschau-Stadtplan Tobias Volckmers von 1613 zeigt sie als dreischiffig-basilikale Anlage mit Spitzturm nördlich des polygonal geschlossenen, gewesteten Chores (eine nähere Erforschung des zweifellos interessanten Baues steht noch aus).

Kriegs- und Notzeiten verzögerten den zunächst (um 1630/32) vor dem südöstlichen Stadtgraben zwischen Einlaß und Angertor geplanten Klosterneubau, der erst nach dem Tode des Kurfürsten († 1651) von 1654–57 durch Hofbaumeister Hans Konrad Asper auf innerstädtischem, von Max I. und seinem Bruder Albrecht VI. geschenktem Grund verwirklicht werden konnte – ein Vierflügelkomplex, dem auch die Nikolauskirche weichen musste. Nördlich parallel von ihr entstand – als Osthälfte des Nordflügels – die ebenfalls gewestete neue Klosterkirche, deren Grundstein am 27. Juli 1657 Kurfürst Ferdinand Maria persönlich legte; die Weihe erhielt der vollendete Bau am 5./6. September 1660 durch den Freisinger Weihbischof Johann Fiernhammer. Ob der frühbarocken Ausführung durch den Hofbaumeister (und Kunstschreiner) Marx Schinnagl noch eine Planung seines 1654 aus dem Amt geschiedenen Vorgängers Asper zugrunde lag, wie Norbert Lieb (1941) vermutete, ist nicht geklärt. Lieb sah das Raumsystem im Zusammenhang mit Aspers südwestdeutscher Herkunft und in entwicklungsgeschichtlicher Stellung zwischen den Jesuitenkirchen in Innsbruck und Landshut und dem Vorarlberger Bauschema. Zugrunde gelegt wurden auf jeden Fall (z. T. erhaltene) Planungen von Ordenbaumeistern (vgl. Dischinger 1988). Der ordensgemäß formal schlichte, fast dekorlose Reflex eines italienischen Raumtypus ist als erste wirklich frühbarocke Kirche Münchens hochbedeutsam, ebenso durch die Zugehörigkeit in die transalpine Kirchengruppe der Unbeschuhten Karmeliten aus dem 17. Jh., die mit ihrem nur unwesentlich variierten Raumschema italienische (weiß gefasste) Nachfolgebauten der römischen Ordenskirchen Santa Maria della Scala und Santa Maria della Vittoria abwandelten (vgl. Lietzmann 1972 und Dischinger 1977). So bestehen enge Gemeinsamkeiten mit den Ordenskirchen in Wien (um 1623–38) und Köln (Frauenkloster), dem etwa gleichzeitigen Bau in Augsburg (nicht erhalten) und den späteren in Regensburg und Würzburg. Innerhalb der Gruppe bildet die Münchner Kirche mit Kreuzgratgewölbe über der Vierung (statt Flachkuppel) einen Sonderfall (in Regensburg eine Sternvariante); ansonsten entspricht sie mit ihrem Rechteckgrundriss (52 x 21,6 m), dem zweijochigen, von Seitenkapellen begleiteten Langhaus, dem nicht vortretenden Querhaus, dem rechteckigen Altarraum und der dahinter gelegten Sakristei samt Betchor darüber dem Ordensschema. Die Mittelschiffsjoche sind kreuzgrat-, die Querarme und Abseiten tonnengewölbt. Wie in Wien ist dem Langhaus ein Eingangsjoch vorgeschaltet. Für die Gruppe kennzeichnend ist die Wandgliederung durch (in München wie in Wien ionische) Doppelpilaster, umlaufendes verkröpftes Gebälk und entsprechend z. T. verdoppelte Gewölbegurte; eine Besonderheit ist der sockelartige Stuckdekor mit Volutenmotiv an den Gurtansätzen.

Ehem. Karmelitenkirche St. Nikolaus, Blick zum Chor; Lithographie, um 1820

Ehem. Karmelitenkirche St. Nikolaus, Blick zum Chor; Aufn. vor Zerstörung

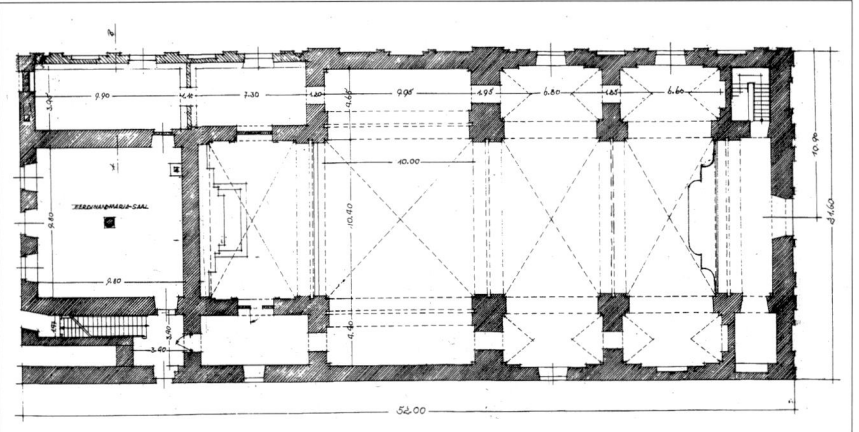

Karmeliterstraße 1, ehem. Karmelitenkirche St. Nikolaus; Grundriss

◁ Karmeliterstraße 1, ehem.
Karmelitenkirche
St. Nikolaus, Ostfassade

Ehem. Karmeliten-
kirche St. Nikolaus von
Nordosten ▷

Die originale Gestalt der Eingangsfassade im Osten überliefern u. a. die Klosteransichten von Michael Wening (um 1700) und Melchior Steidl (1725) sowie eine Zeichnung von Giovanni Maria Quaglio (um 1800; MStM, Inv. Nr. M I/1741); das nordische Steildach bedingte (wie ähnlich in Wien) einen gesteigerten Vertikalismus; gewisse noch eher manieristische oder auch schreinermäßige Details vor allem an Giebel und Portal dürften auf Asper bzw. Schinnagl zurückgehen. Altarraum und Sakristei flankieren Nebenräume, aus denen – südlich der letzteren – der quadratische Turm mit im letzten Geschoss abgeschrägten Ecken und Zeltdach aufsteigt.

Das gesamte Kirchenareal (samt Sakristei) ist mit einer meist kreuzgrat-, z. T. tonnengewölbten, im Hauptteil dreischiffigen, unter den Abseiten durch Zungenmauern abgeteilten Unterkirche unterkellert (heute mehrfach geteilt und verbaut), die als Gruft für Ordensangehörige und dem Kloster nahestehende Persönlichkeiten diente und 1808 ausgeräumt wurde.

Über die ursprüngliche Ausstattung – die verschiedentlich verändert und bereichert wurde – sind wir (z. T. widersprüchlich) durch die Klosterchronik (Brevis relatio...) und die Literatur (u. a. Westenrieder 1782; Stubenvoll 1875; Mayer 1880) unterrichtet. Vom Hochaltar – 1662/63 von Marx Schinnagl – blieb das Gemälde des Hofmalers Karl Pfleger erhalten (heute BStGS, Depot), das unterhalb der Dreifaltigkeit, Maria und Ordensheiligen die Kurfürsten Maximilian I. und Ferdinand Maria sowie

P. Dominicus a Jesu Maria darstellt (Guggenberger 1920 hingegen erwähnt ein Hochaltarblatt von Wilhelm Morian, Brüssel 1667, Westenrieder 1782 eines von Johann Michael Rottmayr). Aus der Karmelitenkirche stammen in der Pfarrkirche zu Lindkirchen bei Mainburg die beiden dortigen Seitenaltarbilder (Christus erscheint der hl. Theresa von Avila, 1. Hälfte 17. Jh.; Hl. Familie, Votivbild des Reitergenerals Johann von Werth, um 1630 von Johann Ulrich Loth) sowie ein hervorragender lebensgroßer Kruzifixus von ca. 1525 samt Figur der Mater dolorosa darunter aus der 2. Hälfte des 17. Jh. – In die Münchner Allerheiligenkirche am Kreuz (s. dort) gelangte ein Tabernakel von ca. 1780, in die Bürgersaalkirche (s. dort) Ignaz Günthers berühmte Schutzengelgruppe von 1762 und der (nicht erhaltene) Josephsaltar. Unbekannt ist das Schicksal einer 1746 von Johann Baptist Straub für den Skapulieraltar gefertigten Figur der Muttergottes vom Berge Karmel (Brevis relatio, S. 359).

Von alter Raumausstattung blieb bis heute in der Kirche nur die 1720 mit konvex vorragender Brüstung erweiterte Musikempore mit reichem, qualitätvollem Stuckdekor – u. a. vier Tragengeln –, für die der Aiblinger Wirkl. Hofkammerrat und kurfürstl. Braudirektor Johann Georg von Messerer, seit 1721 Besitzer der Hofmark Urfahrn und nachmals Gründer des Karmelitenklosters Reisach, 275 fl. stiftete (Brevis relatio, S. 256 f.; nicht erhalten ist die 1720 ebenfalls von ihm gestiftete Orgel von Johann Michael Dietrich, Tölz). Das die Vorhalle vom Raum scheidende Schmiedeeisengitter unter der Empore zählt zu den prächtigsten erhaltenen Arbeiten dieser Gattung in München.

Nach der Säkularisation 1802 wurde die nunmehrige Studienkirche des im ehem. Kloster untergebrachten Erziehungsinstitutes durch Baudirektor Nikolaus Schedel von Greifenstein 1805 (H. Dollinger; nach N. Lieb 1802–05 bzw. bis 1811) äußerlich klassizistisch umgestaltet, wobei die Grundmerkmale des barocken Baukörpers natürlich erhalten blieben. Auch die Mitwirkung des Baurats Gustav Vorherr wird erwähnt (B. Stubenvoll), der allerdings erst 1809 nach München berufen wurde. Die weitgehende Umgestaltung, mit einem für die Säkularisationszeit bemerkenswerten Auf-

Ehem. Karmelitenkirche St. Nikolaus, Blick zur Empore

wand, ist eine der Hauptleistungen des Münchner Klassizismus dieser Phase. Die neu interpretierte Eingangsfront, nun erst im Sinne des italienischen Schemas proportioniert sowie zeitgemäß um sekundäre Gliederungen und Ornamentik reduziert, wird im Wesentlichen nur durch – zu Seiten der Mittelachse verdoppelte – Pilaster und ein breites Zwischengebälk mit (nicht erhaltenem) Triglyphenfries gegliedert und mit einem Segmentgiebel vor dem seit damals abgewalmten Dach abgeschlossen. Das nördliche Querschiff erhielt einen (kriegszerstörten) Dreiecksgiebel mit Attika als Abschluss und das noch vorhandene Stuckrelief mit den Gebotetafeln über dem Seitenportal.

Geistes- und liturgiegeschichtlich höchst bedeutsam war die Neuausstattung des Inneren, die der Gymnasial- und Lyceumsrektor Cajetan von Weiller, ein Hauptvertreter der kirchlichen Aufklärung, vornehmen ließ. Nach sukzessiver Entfernung der Barockeinrichtung ab 1802 (April 1805 wurden die letzten vier Seitenaltäre samt Heiligen Leibern verkauft; Stahleder 2005, Bd. 3) ließ er die Kirche „in einen ‚Tempel' für das von ihm gepredigte ‚geläuterte Christenthum' umwandeln" (Forster 1895), 1819 einen neuen Hauptaltar als bloße Mensa mit Tabernakel aufstellen und darüber an der Stirnwand das große rechteckige Ölgemälde „Jesus als Kinderfreund" des Akademiedirektors Peter von Langer (Fragmente heute im Diözesanmuseum Freising; Skizze BStGS, Nr. 7617) ohne architektonischen Aufbau anbringen; auf eine Kanzel wurde verzichtet, stattdessen von einem auf dem Boden stehenden Katheder gepredigt. Die wiederum traditioneller eingestellte Folgegeneration ließ 1842, nachdem Benediktiner die Leitung der Studienanstalt übernommen hatten, drei neue spätklassizistische Altäre (von Schreiner Glink) mit Aufbauten in Ädikulaform aufstellen, auch erhielt die Kirche wieder eine Kanzel herkömmlicher Art mit Schalldeckel. Am 18. März und 24. April 1944 erlitt die Kirche schwere Schä-

St. Nikolaus nach Kriegszerstörung; Aufn. um 1945

den durch Brand- und Sprengbomben vor allem im Vierungs- und Querschiffsbereich – hier völliger Verlust des Dachstuhls, Einsturz des Vierungsgewölbes, großenteils der Tonne des Nordarmes, der außen seine markante Attika einbüßte, und partiell auch der Tonne im Südarm. In den ersten Nachkriegsjahren wurden die Gewölbe wieder eingezogen, Ansichten von 1949 zeigen die Kirche mit wiederhergestelltem Dach; im renovierten Inneren, in dem der stattliche Säulenhochaltar von 1840 noch stand, fanden gelegentlich Gottesdienste statt.

Aus heutiger Sicht kritisch zu beurteilen ist die Umnutzung und die mehrfache vertikale wie horizontale Unterteilung des Raumes, die 1955–57 durch Sep Ruf – im größeren Zusammenhang mit der von ihm entworfenen Neubebauung des Maxburg-Geländes – realisiert wurde; städtebaulich problematisch war überdies die Freistellung des Baukörpers nach Abbruch der Klosterruinen 1955. Das Langhaus – mit Zwischendecke in Gebälkhöhe und in die Kapellen eingezogenen Emporen – dient seitdem als Mehrzweckraum (u. a. für Ausstellungen), die Gewölbezone darüber als Lagerraum. Das Querschiff, zunächst als Kapelle eingerichtet, umschließt ein nachträglich unter der Vierung eingebautes Magazin. Der Bereich von Altarraum und Sakristei samt Nebenräumen wurde für das Archiv der Erzdiözese München und Freising und die Bibliothek des Metropolitankapitels adaptiert, mit der ehem. Sakristei als Lesesaal. Der einstige Altarraum ist in Magazingeschosse geteilt, das oberste unter dem Kreuzgratgewölbe. Das ausgedehnte Gruftgeschoss ist entsprechend der Nutzung der darüberliegenden Bereiche aufgeteilt.

Ehem. Sakristei, jetzt Lesesaal. Dem Ordensbauschema entsprechend wurde die Sakristei hinter dem Altarraum angeordnet, über ihr der Betchor der Mönche und im 2. Stock die Bibliothek. Laut Klosterchronik (Brevis relatio, S. 219) wurden diese drei Räume (des 17. Jh.) 1708 durch den Ordensarchitekten Frater Dominicus (a S. Euphrosina = Georg Schorn) umgebaut bzw. neu gestaltet (er hatte 1706 bereits das „Praxatorium", die Brauerei des Klosters erbaut); auch zwei in der Chronik zitierte Chronostichen ergeben 1708. Der wohlerhaltene heutige Lesesaal ist ein quadratischer Raum von 9,80 m Seitenlänge mit drei Fenstern im Westen und toskanischer Rotmarmorsäule in der Mitte, auf dem das aus Kreuzgrat- und Stichkappenelementen zusammengesetzte Gewölbe mit reichem, mehrfarbig gefasstem Stuckdekor (Akanthusranken, an Graten und Bildrahmen Kränze mit Rosenblüten) ruht. Die Fresken von Johann Anton Gumpp und der Stuck werden von A. Bauer-Wild (Bauer/Rupprecht 1987) um 1715/19 datiert. Die nach 1802 übertünchten, schadhaften Fresken wurden 1980/81 freigelegt; der Zyklus stellt in vier Rundfeldern die wunderbare Hilfe dar, welche von den vier Elementen bedrohten Trägern des Skapuliers durch die Muttergottes vom Berge Karmel gewährt wird. Vier kleine Kartuschen in der Raummitte mit marianischen Symbolen ergänzen das Programm (s. im Einzelnen Bauer/Rupprecht). – Die beiden über der Sakristei gelegenen Räume, der heute sog. Karmelitensaal mit sternähnlichem Gratgewölbe über Stichkappen und der jetzige Chorprobensaal (ehem. Bibliothek) mit neuer Flachdecke, weisen keinerlei Dekor mehr auf.

Vom ehem. *Kloster,* dem Vierflügelkomplex von 1654–57, ist nichts mehr erhalten; sein Äußeres überliefern u. a. der Kupferstich von M. Wening (um 1700) und das erwähnte Gemälde von

Ehem. Karmelitenkirche St. Nikolaus, ehem. Sakristei, jetzt Lesesaal

M. Steidl (1725), das den 1707 veränderten Ostflügel an der Karmeliterstraße zeigt – das Klosterbräuhaus, das auch J. P. Stimmelmayr (um 1800) skizziert. Nach der Säkularisation entstand hier im Osten – verbunden mit leichter Verbreiterung der Straße – durch Nikolaus Schedel von Greifenstein 1805/06 das kgl. Erziehungsinstitut für Studierende (nach Benedikt Holland, seinem Leiter ab 1810, auch „Hollandeum" genannt, seit 1905 „Albertinum" nach der Studienstiftung Albrechts V. von 1574; Abb. s. S. 589). Ansonsten nahm der 1802 ff. durch N. Schedel adaptierte Komplex das (im 16. Jh. gegründete Alte oder Wilhelms-)Gymnasium auf (bis 1826) sowie das (1826 nach Landshut verlegte) Lyzeum, ab 1824 das Neue (spätere Ludwigs-)Gymnasium und 1849–70 das Maximiliansgymnasium (s. Ludwigstraße 23); 1826–40 war hier das Herzogliche Georgianum untergebracht (s. Professor-Huber-Platz 1) und in der Folge im Nordteil von 1845 bis zur Kriegszerstörung das Erzbischöfliche Ordinariat. Im Nordtrakt an der heutigen Pacellistraße befand sich von 1742 (Einbau durch Johann Baptist Gunetzrhainer; nach Dischinger 1988, Nr. 44) bis 1818/20 noch die (privatisierte) Karmelitenapotheke, die dann an den Promenadeplatz (alte Nr. 17, zerstört) verlegt wurde. Erweiterungsbauten entstanden 1816 im Garten (Speisesaal) und 1821 an der Maxburgstraße.

Auf dem einstigen Klostergelände stehen heute im rechten Winkel zueinander zwei Flachdachbauten, die Sep Ruf 1954–56 zugleich mit dem Umbau der ehem. Karmelitenkirche für die Erzdiözese errichtete: westlich, im Anschluss an die Südwestecke der Kirche, das viergeschossige Domherrenhaus, ein verputzter Mauerbau mit Schottenmauerwerk, und südlich an der Maxburgstraße der lang gestreckte Ordinariatsbau, ein sechsgeschossiger Stahlbetonskelettbau mit Natursteinverkleidung. Der Komplex bildet eine städtebauliche Einheit mit Sep Rufs Bebauung des westlich anschließenden Maxburg-Areals (s. Pacellistraße 5).

Karolinenplatz

Der aus der Tradition des neuzeitlich-klassischen, in engerem Bezug des französischen und französisch inspirierten Städtebaus abzuleitende, geometrisch figurierte Kreisplatz (vgl. Paris, Place des Victoires Ludwigs XIV.; Rondellplätze in der Berliner Friedrichstadt und in Karlsruhe) entstand in dem vornehmlich von Friedrich Ludwig Sckell konzipierten Rasterplan der neuen Maxvorstadt am Kreuzungspunkt der König- (ab 1826 Brienner-) Straße und der Barer Straße; zugleich bildete er den Endpunkt der 1807 (nach Sckells und Karl von Fischers Auffassung vorschnell) realisierten, vom neuen Maxtor her diagonal zugeführten Max-Joseph-Straße (s. dort). Vor allem auf den 1808 von einer Italienreise zurückgekehrten Fischer geht die dem Straßenraster eingefügte Folge geometrischer Plätze zurück. Der als Verkehrsachsenkreuz wie architektonisch besonders gewichtige, 1808 nach der zweiten Gemahlin König Max Josephs benannte Karolinenplatz ist erstmals im Katasterplan von 1810 (noch nicht in dem von 1807) verzeichnet. Im Frühjahr 1809 begann Baron Asbeck noch vor dem Abschluss des Genehmigungsverfahrens zu bauen; sein villenartiges, freistehendes Palais (s. Nr. 3) wurde mit seiner vorderen Baulinie, der Vorgartenbegrenzung und den beiden isolierten, flankierenden Nebengebäuden zum Modellfall für das offizielle Bebauungskonzept um den Platz, wie es ein Plan aus Fischers Atelier (MStM, Inv. Nr. 36/2333) mitsamt Detailgrundrissen aller Gebäude darstellt. Noch unbebaut erscheint hier lediglich das eine der beiden (ungleich) schmalen Grundstücke zu Seiten der diagonal einmündenden Max-Joseph-Straße (heutige Nr. 2). Die fast vollendete Erstbebauung – insgesamt nach Fischers Planung – zeigt (noch ohne Nr. 2) der Stadtplan von 1812. In Fischers für seine Zeit höchst bemerkenswertem Konzept „einer durchgrünten Gartenvorstadt mit Pavillonbebauung" ist seine dieses offene System konstituierende Architektur

Blick auf den Karolinenplatz von Westen

jedoch „nicht in ein Kontinuum der Gartenlandschaft eingebettet, sondern sie wird als organisierender Faktor für die Ordnung des Raumes nutzbar gemacht" (Ausst. Kat. Carl von Fischer 1982, S. 106). Durch den 1833 aufgestellten Obelisken wurde die Platzmitte monumental akzentuiert, durch Anlage des ihn umgebenden begrünten Rondells mit Schmuckbepflanzung nach 1870 seitens der Stadt (unter Stadtgärtner Max Kolb) die Platzfläche gliedernd interpretiert. Straßenbahngleise umgürten das Mittelrondell seit 1882 (im Zuge der Barer Straße). Trotz laufender Veränderungen und Ersatzbauten vor allem in der Zeit des Historismus wie nach dem sämtliche Gebäude unterschiedlich schwer schädigenden Zweiten Weltkrieg hat das bauliche Ensemble um den Platz, das kaum noch originale Substanz aus der Zeit Karl von Fischers beinhaltet, den Charakter der ursprünglichen städtebaulichen Konzeption in den Grundzügen bewahrt.

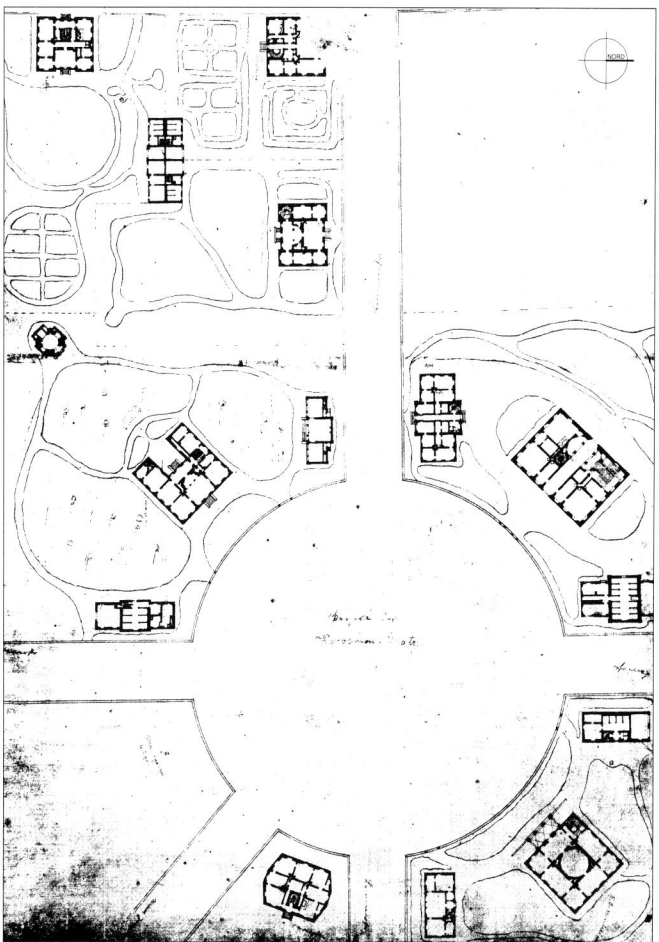

Karolinenplatz; Plan von Karl von Fischer, um 1810/12

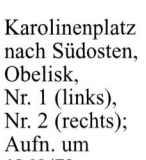

◁ Karolinenplatz,
Obelisk von
Osten; Aufn.
1980

Karolinenplatz
nach Südosten,
Obelisk,
Nr. 1 (links),
Nr. 2 (rechts);
Aufn. um
1860/70   ▷

Karolinenplatz. *Obelisk* in Platzmitte. In der abendländischen Stadtbaukunst war die Aufstellung von transferierten ägyptischen Obelisken im alten Rom wie in den neuzeitlichen Machtzentren Rom, Paris und London von hoher symbolischer Bedeutung; daneben treten, zunächst noch relativ vereinzelt, Beispiele für die Neuschöpfung von Denkmalobelisken auf (weit häufiger kleine Park- und Grabobelisken). So wurde 1818 die Enthüllung des an die Befreiungskriege erinnernden, als Friedensdenkmal deklarierten, aus heimischen Marmorquadern gemauerten Obelisken auf dem Franzensberg in Brünn viel beachtet und dargestellt. Ein Gusseisenobelisk wurde 1817 auf dem Schlachtfeld an der Katzbach errichtet. Um diese Zeit konkretisierten sich in München die Planungen zu einem Kriegerdenkmal für die 30.000 im Russlandfeldzug Napoleons 1812 gefallenen Bayern (vgl. im Einzelnen Lankes 1993). Ein Aquarell Leo von Klenzes (SGSM, 27 166) zeigt einen Obelisken schon in der später ausgeführten Form inmitten der symmetrisch rahmenden Bebauung auf dem Odeonsplatz (an der Stelle des späteren Reiterstandbildes Ludwigs I.); in seinem Begleitbrief vom 20. August 1818 erläutert der Architekt dem Kronprinzen Ludwig die städtebauliche Wirkung und rühmt zugleich die elementare, riesenhafte „Obeliskenform, … rein und kräftig wie ein Kristall dem Boden entsproßt". Das in der Literatur mehrfach als alternativer Standort erwähnte Projekt eines Obelisken auf Gärtners Universitätsforum datiert erst von ca. 1835. Vielmehr wurde Ende 1832 die Mitte des kreisrunden Karolinenplatzes als Standort gewählt und das hier städtebaulich überaus raumwirksam im Schnittpunkt der Brienner und der Barer Straße sowie als Point de vue der Max-Joseph-Straße aufgerichtete Monument am 18. Oktober 1833, dem von Ludwig I. für Gedenkakte immer wieder bevorzugten Jahrestag der Völkerschlacht bei Leipzig, feierlich enthüllt. Sein (wie auch anderwärts) in der Inschrift zum Ausdruck kommender ideologischer Bewältigungsversuch von Bayerns politischer Wende 1813, der die an Napoleons Seite Gefallenen auch „für des Vaterlandes Befreyung" in Anspruch nahm, verstimmte den am Platz (s. Haus Nr. 5) wohnenden französischen Gesandten.

Die Idee eines monolithischen Obelisken aus Neubeurer Kalksandstein ließ sich aus Transportgründen (nötige Brückenausbauten) nicht verwirklichen. Das 29 m hohe Monument wurde, über einem Unterbau aus drei Kalksteinstufen, aus einen ziegelgemauerten Kern ummantelnden, verschraubten Erzplatten zusammengefügt, die den Anschein aufeinander geschichteter Kuben erwecken. Die vier Seiten der Postamentzone tragen Eichenlaub- und Lorbeergirlanden, die an den die Ecken besetzenden Widderköpfen zu hängen scheinen, sowie die Widmungsinschrift: „Den dreyssig tausend Bayern die im russischen Kriege den Tod fanden. / Errichtet von Ludwig I. Koenig von Bayern. / Vollendet am XVIII. October MDCCCXXXIII. / Auch sie starben für des Vaterlandes Befreyung."

Zum Guss, nach Klenzes Entwurf ausgeführt in der kgl. Erzgießerei unter der Leitung von Johann Baptist Stiglmaier (1832) – als deren erstes großes Werk fast gleichzeitig mit dem Max-Joseph-Denkmal –, wurden 618 Zentner (= 34,6 Tonnen) Bruchmetall von meist eroberten Geschützen aus Zeughausbeständen verwendet (dass es sich um aus dem Meer geborgene Kanonen von

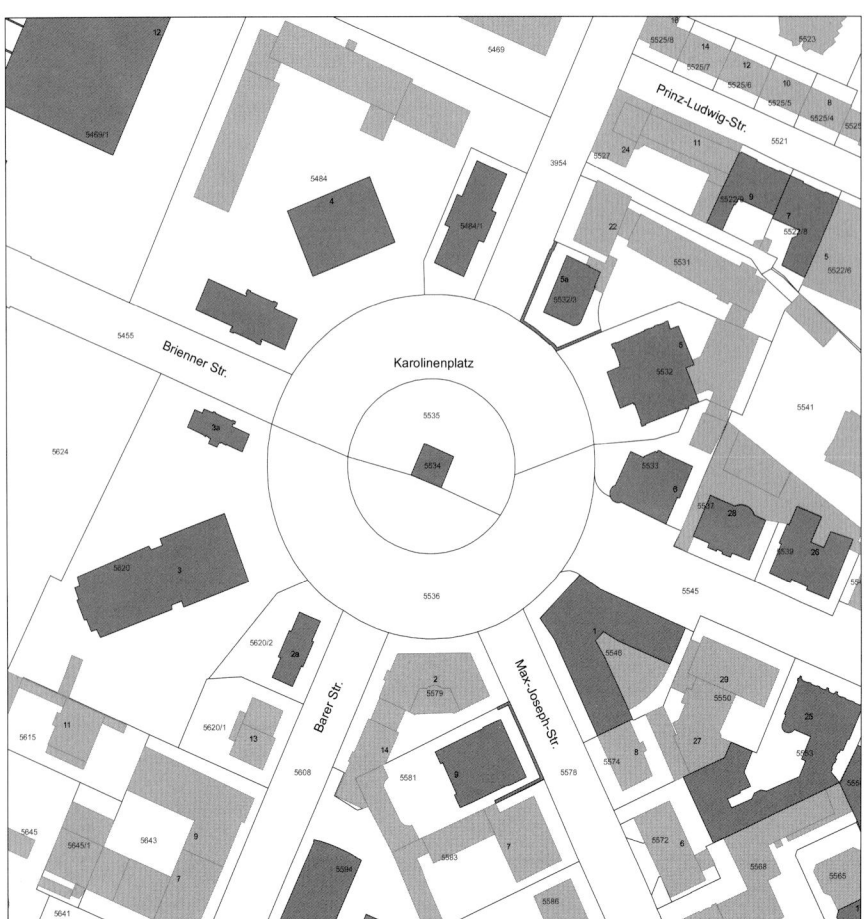

Karolinenplatz; Flurkarte, M. 1:2 500

in der Seeschlacht bei Navarino 1827 gesunkenen türkischen Schiffen gehandelt habe, wird von der Forschung bezweifelt). Der heute stark gedunkelte, teilweise grün patinierte Ton entspricht nicht dem ursprünglichen Zustand. Ludwig I. legte ausdrücklich Wert auf den leuchtenden, glänzenden Goldbronzeton, der auch durch Nachpolitur bewahrt werden sollte. In diesem Materialcharakter zeigen den Obelisken mehrere Ansichten des 19. Jh., so besonders eindrucksvoll Klenzes Ölgemälde der Propyläen von 1848 (MStM, P 13682).

Das den Obelisken umgebende Grünrondell wurde erst nach 1870 angelegt; 1876 ging das Monument (endgültig) in das Eigentum der Stadt München über. 1991, 1996 und 2001 wurden Konservierungsarbeiten durchgeführt.

Karolinenplatz 1, 2. Vgl. Ensemble Maxvorstadt I.

Karolinenplatz 1–6. Vgl. Ensemble Maxvorstadt II.

Karolinenplatz 1. *Bayerische Landesbausparkasse* (Neubau nach Kriegszerstörung). Der südöstliche Viertelkreissektor des Platzes wird durch die 1807 in ihn eingeführte Max-Joseph-Straße geteilt. Auf dem nördlichen der beiden spitzwinkligen Grundstücke ließ sich der renommierte Hofbildhauer der Max-Joseph-Zeit, Joseph Kirchmayer (1775–1845), 1811/12 durch Karl von Fischer ein Wohnhaus und Atelier errichten – bemerkenswert als Beispiel eines Künstlerwohnsitzes in prominentester Lage und einem vorwiegend durch Adelspalais geprägten Umfeld. Dem freistehenden zweigeschossigen Walmdachbau mit rustiziertem Erdgeschoss und Konsolgesims gab Fischer einen originellen Grundriss mit dreiseitig polygonalen Schmalseiten zu beiden Straßen hin. Bezüglich des dahinter gelegenen Ateliers, zu dem nachträglich auch ein Plan von Joseph Deiglmayr eingereicht wurde, gab es Unstimmigkeiten. – Als Mieter wohnte im 1. Stock 1825–37 der große russische Lyriker und Schriftsteller Fjodor Iwanowitsch Tjutschew (1803–1873), der seit Juni 1822 als Diplomat (Attaché, Gesandtschaftssekretär) in München wirkte, wo er sich bis 1844 vorwiegend aufhielt und u. a. mit Schelling und Heine engen Kontakt pflegte sowie zweimal Ehen mit Frauen aus dem bayerischen Adel schloss; seine Naturlyrik ist von Oberbayerns Landschaft inspiriert (vgl. Herzogspitalstraße 12, Gedenktafel; sein Denkmal s. Finanzgarten, hinter Franz-Josef-Strauß-Ring 5). – Auf den Bildhauer folgte als Besitzer der Reichsrat Max Graf von Montgelas († 1870, der Sohn des großen Staatsmannes), dem auch das Nachbarhaus Nr. 2 gehörte; er ließ sich 1853 den Neubau eines viergeschossigen Mietshauses im Maximilianstil (doch ohne Strecklisenen) genehmigen; Pläne von Maurermeister Matthias Küßwetter und Zimmermeister Georg Bleibinhaus. Doch erst der kgl. Kämmerer Graf Anton Poninsky (aus polnischer Familie), der das Anwesen 1859 erwarb, ließ sofort – in Analogie zu Nr. 2 – einen den Raum bis an die Baulinien geschlossen ausfüllenden viergeschossigen Mietshausneubau in spätklassizistischen Formen aufführen, der an der Platzfront durch einen flachen Mittelrisalit mit Dreiecksgiebel akzentuiert wurde (Dachstuhl am 24. Januar 1860 aufgesetzt; Pläne von Maurermeister Reinhold Hirschberg und Zimmermeister F. Sterngut; im Hof nachbarrechtlich umstrittenes Hintergebäude mit Speisesaal, 1860/61). Die Ruine wurde nach dem Zweiten Weltkrieg zugunsten des Neubaus der Landesbausparkasse abgebrochen.

Der von Josef Wiedemann entworfene Neubau von 1955/56 zählt, da weder rekonstruierend oder direkt historisierend noch auch unreflektiert oder forciert modernen Zeitstil demonstrierend, in seiner Interpretation der besonderen städtebaulichen Lage und der einfühlenden Einfügung in den Charakter der Umgebung zu den bemerkenswerten Leistungen der Wiederaufbauzeit. Trotz historisierender Anklänge ist der fünfgeschossige Putzbau mit symmetrischer Platzfassade und flachem Walmdach

Karolinenplatz 1

eindeutig als Bau der 1950er Jahre erkennbar. Die konvergierenden Seitenfluchten geben leicht auswärtsgebogen der dem Platz zugewendeten Eingangsfront die Wirkung eines kubischen Palais; die Travertinrahmungen der Fenster, im 1. Stock an Ädikulen orientiert, zitieren Vornehmheit in einem zeitlos-allgemeinen Sinn; Rundfenster entlasten das 4. Obergeschoss. Sämtliche Details sind sorgfältig gestaltet und abgestimmt, es sei nur auf die Fenstergitter im Erdgeschoss hingewiesen. – Die innere Erschließung des Verwaltungsgebäudes erfolgt durch einen kreisrunden, von Galerien umgebenen Lichthof im vorderen Bereich.

[**Karolinenplatz 2.** Das spitzwinklige Grundstück zwischen Max-Joseph- und Barer Straße wurde als einziges am Platz nicht von Karl von Fischer überplant, vielmehr entstand hier, seiner Konzeption einer offenen, in Grün eingebetteten Bebauung widersprechend, in einer späteren Phase der städtebaulichen Entwicklung, 1822/23 ein dreigeschossiges, den Bauraum voll ausfüllendes, kompakt wirkendes, offenbar spekulativ begonnenes Stadtpalais nach Entwurf des Hofbaudirektors Jean-Baptiste Métivier, das noch während der Bauarbeiten vom einstigen Staatsminister Graf Maximilian von Montgelas (der 1817 sein Palais Promenadeplatz 2 verkauft hatte) erworben wurde. Der große Staatsmann ist hier am 14. Juni 1838 verstorben. (Fassadenplan von Métivier im AMTUM; Plan von Rudolf Röschenauer vom 6. April 1823 zum schlichten, zweigeschossigen Ökonomiegebäude an der Barer Straße im StadtAM/LBK; 1847/48 durch verlängernden Zwischenbau an das Hauptgebäude angeschlossen, Bauherr Reichsrat Graf Montgelas.) Die Fassade des Hauptgebäudes wurde 1872/73 durch den Eigentümer, Baurat Heinrich Hügel, nach eigenem Plan vom 16. April 1872 (genehmigt am 23. Mai, Dachstuhl aufgesetzt 16. August, Rohbauanzeige 1. September 1872) im Stil italienischer Renaissancepaläste aufwendig neu gestaltet, der Eingangsbereich durch einen dreiachsigen Säulenbalkon mit zweigeschossigem schmälerem Aufbau darüber betont, an der Stelle des Ökonomiegebäudes ein dreigeschossiger Flügel angebaut. In Métiviers Stallgebäude rückwärts im Hof, mit Pferdekopfmedaillons zwischen den beiden Geschossen, 1887 Auswechslungsarbeiten (für Kommerzienrat Georg Strauß; Baumeister J. G. Mayer). 1914/18 kleinere bauliche Änderungen und 1927 Garagenanbau für Hoflieferant Lehmann Bernheimer (Arch. Johann B. Heppner; Baugeschäft Hans Tax). 1937/38 Umbaumaßnahmen samt Anbau durch die NSDAP für die NS-Frauenschaft (Bauleitung Josef Heldmann; Baugeschäft Hans Asam), u. a. Beseitigung des Balkonvorbaues. Am 1. März 1949 Einsturz der Luftkriegsruine. Der fünfgeschossige Neubau von Hermann R. Dürr aus dem Jahr 1957 für die Firma SKF (Kugellagerfabriken GmbH, Schweinfurt) ist sichtlich am Vorbild von Nr. 1 orientiert, doch schwerer in Wirkung und Details (jetzt Bayer. Landesbank; 1971 an der Barer Straße erweitert).]

Karolinenplatz 2a

Karolinenplatz 2a. Heute *Anthropologische Staatssammlung.* Von Karl von Fischers Bebauung am Karolinenplatz sind – außer z. T. dem linken Nebenhaus von Nr. 4 (s. dort) – nur noch die beiden Nebengebäude des ehem. Asbeck-Palais (s. Karolinenplatz 3) in originaler Substanz erhalten geblieben, das linke davon (Nr. 2a), der ehem. Stall- und Remisenbau (1809–10), freilich mehrfach verändert. An den erhöhten Mittelteil mit Satteldach und Dreiecksgiebeln schließen sich niedrige Flügelbauten mit Quergiebeln an; an den Ecken Rustikalisenen. Der Mittelbau – heute im Erdgeschoss dreischiffig-zweijochig und gewölbt – diente laut Fischers Plan als Remise und Durchfahrt, der Südflügel als Stall, der innen zweigeschossige Nordteil als Holzlege, Waschküche und Kutscherstube. Der Gesamtplan von Fischers Bauten um den Karolinenplatz zeigt – glaubhaft – die Stallung im Mittelteil.
Änderungen erfolgten schon nach dem Ersten Weltkrieg für eine Banknutzung; später Besitz der NSDAP; 1944 ausgebrannt; 1947/48 durch die Architekten Roemmich und von der Lippe als „Restaurant Obelisk" mit starken Veränderungen – innen zweigeschossig – wiederaufgebaut; später Nachtlokal „Eve" (das die Legende vom einstigen Wohnsitz der Lola Montez verbreitete). 1976 durch das Landbauamt München als Sitz der Anthropologischen Staatssammlung adaptiert, die 1902 von Professor Johannes Ranke gegründet worden war. Der archaisch-strenge Stil Fischers, den nur noch das große mittlere Halbkreisfenster bezeugt, ging durch die kleinteiligere moderne Befensterung weitgehend verloren.

Karolinenplatz 3. *Amerikahaus.* Der anstelle des kriegszerstörten Asbeck-(später Lotzbeck-)Palais 1955–57 durch das Landbauamt München als Sitz des amerikanischen Kulturinstitutes errichtete Bau von Karl Fischer und Franz Simm (Bauherr Freistaat Bayern) fügt sich gut in das von Karl von Fischer um 1808

projektierte Schema der offenen Bebauung um den Kreisplatz ein, auf das die beiden noch erhaltenen Nebengebäude (s. Nr. 2a, 3a) zurückgehen. Der freistehende kubische Block mit vier Geschossen über quadratischem Grundriss mit glasüberdecktem kreisförmigem Lichthof und trommelförmig kupferverschalter, von außen sichtbarer Flachkuppel ist z. T. mit Kelheimer Kalkstein und Muschelkalk verkleidet, das 1. Obergeschoss durch hohe, stilisierte Fensterädikulen als Beletage hervorgehoben. Die flächige, in den Obergeschossen verputzte Fassade ist rasterartig durchfenstert. Rückseitig zum Garten hin schließt sich ein niedriger Annex mit Vortragssaal an.
Das von Karl von Fischer 1809/10 für Franz Wilhelm Frhr. von Asbeck (1760–1826), den Präsidenten der Militär-, Steuer- und Domänensektion, errichtete Palais war ein zweigeschossiger klassizistischer Walmdachbau mit siebenachsiger Eingangsfront, der schon 1815 von Fischers Schüler Anton Weiß umgebaut und rückseitig erweitert wurde. Außer den erwähnten beiden Seitengebäuden gab es im englisch angelegten Garten noch ein originelles kleines Badegebäude.
Als Asbeck 1817 Regierungspräsident in Würzburg wurde, verkaufte er das Palais an den englischen General Ferdinand Frhr. von Hompesch (wenig später auch Besitzer von Nr. 5, s. dort), der es der russischen Gesandtschaft vermietete – nacheinander war es Sitz von Graf Iwan Woronzow-Daschkow (ab 1825), Graf Iwan Potjomkin (1827–32), Graf Grigorij Gagarin (1832–37) und Dimitrij Sewerin (bis 1842). 1846 erwarb es der französische Gesandte Frhr. L. von Bourgoing, von dem es 1851 an den Bruder seiner Gemahlin Ida, den Freiherrn Ludwig von Lotzbeck überging. 1896/97 wurde das Palais im Auftrag des kgl. Kämmerers und Reichsrates Eugen Frhr. von Lotzbeck nach Plänen von Eugen Behles in neubarocken Formen aufwendig umgebaut, aufgestockt und mit einer Unterfahrt samt viersäuligem Portikus darüber an der Eingangsfront versehen. 1920/21 kleinere Baumaßnahmen im Rückbereich und Stallgebäudeneubau durch Fa. Gebrüder Rank (noch für Eugen von Lotzbeck). In der NS-Ära den Parteibauten um das „Braune Haus" zugeschlagen („Reichsrevisionsamt" und „Rechnungsamt der NSDAP"). Die Ruine des im Luftkrieg ausgebrannten Palais, dessen Umfassungsmauern noch erhalten waren, wurde 1954 leider abgebrochen.

Karolinenplatz 3a. Das rechte, westliche der beiden Nebengebäude des Asbeck-(Lotzbeck-)Palais (s. Karolinenplatz 3) – 1809–10 von Karl von Fischer errichtet – war ursprünglich als Gartenhaus konzipiert. Der Baukörper gleicht äußerlich dem von Nr. 2a – an den erhöhten Mittelbau mit Satteldach und Dreiecksgiebeln schließen sich zwei niedrige Flügel mit Quergiebeln an. Die Ecken sind mit Pilastern besetzt, am Mittelbau mit frühkorinthischen Blattkapitellen; den Abschluss bildet ein dreiteiliges Gebälk. Die Fassadenflächen sind in Putz gequadert; die Südfassade war ursprünglich als dorisierende Kolonnade (mit

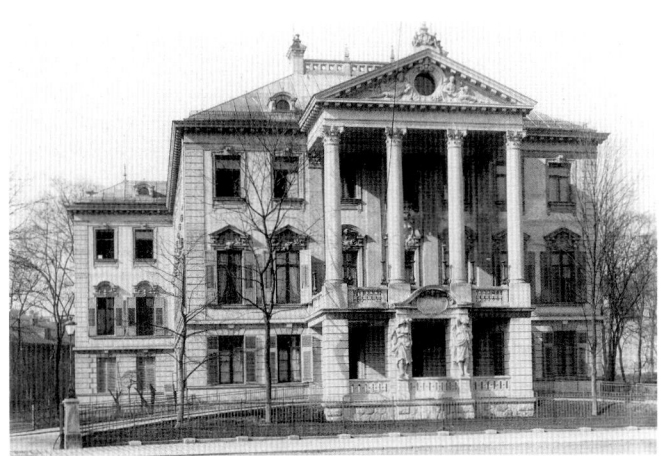

Karolinenplatz 3, ehem. Palais Asbeck bzw. Lotzbeck; Aufn. vor 1945

Karolinenplatz 3, Amerikahaus

Karolinenplatz 3a

Karolinenplatz 4, nach Kriegsschäden; Aufn. 1945

Verglasung) zum Garten hin geöffnet, der Mittelteil in Form eines sog. Palladiomotivs mit breiterer Mittelarkade. Das Innere diente als Gartensalon mit flankierenden Blumenhäusern. Unter Graf Hompesch wurde der Pavillon um 1825 zu Wohnzwecken umgestaltet; Frhr. Eugen von Lotzbeck ließ das bisherige „Gewächshaus" 1889/90 durch die Architekten Laur & (Fritz) Jummerspach als drei Räume umfassende, durch Oberlicht erhellte Galerie mit Gemälden und Skulpturen einrichten, die bis in die 1930er Jahre öffentlich zugänglich war und als Lotzbeck-Galerie zu Münchens Sehenswürdigkeiten gerechnet wurde. Im Zuge dieser Umgestaltungen wurde die Südwand geschlossen und den anderen Seiten angeglichen, dem Mittelteil ein kleiner Eingangsvorbau mit Dreiecksgiebel und Freitreppe (Dachdeckung in Blech) vorgelegt.

Der kleine Bau, der als einziger am Karolinenplatz im Luftkrieg nicht zerstört wurde und somit noch im Wesentlichen die originale Gestaltung Fischers zeigt, diente bis 1964 dem Bildhauer Emil Krieger als Atelier und wurde anschließend außen restauriert. Letzte Fassaden- und Dachsanierung 2004.

Karolinenplatz 4. *Staatliche Lottoverwaltung.* Neubau anstelle des zerstörten Kronprinzenpalais, von dem nur das linke Nebengebäude erhalten ist. – Von den drei jeweils von Nebengebäuden flankierten Palaisbauten Karl von Fischers am Karolinenplatz war das im nordwestlichen Sektor das stattlichste und vor allem innen aufwendigste, da es 1812 auf zunächst durch den Freiherrn von Asbeck (s. Nr. 3 und 5) erworbenem Grund für den Kronprinzen Ludwig von Bayern aufgeführt wurde, der es jedoch nur bis 1816 behielt; über den Bankier Simon Spiro und Fürst Wrede († 1838) kam es an die Grafen Törring-Gutenzell und wurde 1933 Eigentum der NSDAP (im Anschluss an das benachbarte „Braune Haus"; Sitz des „Obersten Parteigerichts"). – In der Zeit Ludwigs I. hatte im Hause der Vertreter des Kirchenstaates, Graf d'Argenteau, Erzbischof von Tyrus, seinen Sitz.

Das Kronprinzenpalais, städtebaulich als Point de vue der Max-Joseph-Straße von besonderem Gewicht, war ein kubischer Walmdachbau mit rustiziertem Erd- und Zwischengeschoss, zwei Hauptgeschossen – die höheren Beletage-Fenster durch gerade Verdachungen ausgezeichnet – und Konsolgesims. Dem Rundbogentor wurde später ein viersäuliger Balkon vorgelegt. (Pläne s. Ausst. Kat. Carl von Fischer 1982, Nr. 13.1–13.10.) Die Innenräume waren dem Bauherrn gemäß aufwendig gestaltet, besonders das querovale viersäulige Vestibül, das Treppenhaus links davon, die beiden Ovalräume über dem Vestibül und der gartenseitige quadratische Saal in der Mitte des Hauptgeschosses.

Im Luftkrieg wurde, wie Aufnahmen vom März 1945 zeigen, die rechte Fensterachse der Hauptfront samt der rechten Schmalseite des Gebäudes vollständig zerstört. Die somit durchaus wiederaufbau- und ergänzungsfähige Ruine – 1945 dem Freistaat Bayern zugefallen – wurde trotz Protesten im März 1951 abgebrochen.

Das nach einem Wettbewerb von Carl Kergl 1953/54 errichtete neue Hauptgebäude der Staatlichen Lotterieverwaltung ist äußerlich eine Wiederholung des kubischen Vorgängerbaus mit gleicher Achsenzahl samt Konsolgesims und Walmdach. Verändert und vereinfacht sind die Details sowie die Geschossabfolge – das niedrige Mezzanin, früher mit dem Erdgeschoss optisch vereint, bildet jetzt den oberen Abschluss; dem rau verputzten (nicht mehr rustizierten) Erdgeschoss ist ein berankter Stahlstützenbalkon statt des früheren Säulenvorbaus vorgelegt; die Beletage-Fenster zeichnet wieder eine gerade Verdachung aus. Das völlig neu konzipierte Innere ist eine für die Bauzeit typische, großzügige Anlage mit weitem, querrechteckigem, von einer verglasten Decke überspanntem Lichthof, den geschossweise Galerien mit den Bürozimmertüren umziehen und an den in der Hauptachse das offene, halbrunde Treppenhaus angebunden ist.

Karolinenplatz 4, Kronprinzenpalais;
Aufn. 1931

Karolinenplatz 4

Karolinenplatz 4, linkes Nebengebäude

Karolinenplatz 4, rechtes Nebengebäude

Den zentralen Akzent bildet ein 1955 aufgestellter Dreischalen-brunnen in Bronze von Bernhard Bleeker (Guss von Hans Mayr) mit Figur der Fortuna. Eine ovale Nebentreppe links von der Halle war als Aufgang zur geplanten Direktorenwohnung im 1. Stock gedacht, in dem die Sitzungssäle liegen.

Die beiden *Nebengebäude* des Kronprinzenpalais waren die stattlichsten am Karolinenplatz; ihrem Grundschema nach mit eingeschossigen Flügelbauten und erhöhtem Mittelteil entspra-chen sie dem städtebaulichen Gesamtschema Fischers. Beide wurden in späterer Zeit asymmetrisch um je eine Achse an der platzfernen Schmalseite verlängert, wie der als Kantine der Lot-terieverwaltung klassizistisch wiederhergestellte linke Neben-bau an der Brienner Straße – ursprünglich mit Wohnräumen wohl des Personals – noch zeigt, dessen Außenmauern den Luft-krieg überstanden. Das Äußere, heute mit Rauputz, entspricht, wie auch ein Vergleich mit dem Plan von 1812 (Ausst. Kat. Carl von Fischer 1982, Nr. 13.10) zeigt, im Wesentlichen dem Origi-nalzustand, mit Eckquaderung – am zweigeschossigen Mittelri-salit als rustizierte Eckpilaster –, profilierten Gesimsen sowie Ei-senbalkon im Obergeschoss des Mittelteils, dessen Fenstertür mit einem Rundbogenschluss in den Dreiecksgiebel hinaufreicht. – Das rechte Nebengebäude an der Barer Straße, ursprünglich mit Stall im Mittelbau und Remise nördlich davon, ist – wie auch der heutige, wieder symmetrische Grundriss im Vergleich mit den Vorkriegsstadtplänen zeigt – ein völliger Neubau für die Süd-deutsche Klassenlotterie mit deren Ziehungssaal im Inneren, äu-ßerlich eine um die Gliederungsdetails reduzierte Wiederholung des ursprünglichen Baukörpers. – Im einstigen Bereich des eng-lisch gestalteten Gartens entstanden moderne Bürotrakte für das Fußballtoto. – 1981 wurden die Fassaden von Haupt- und Neben-gebäuden restauriert.

Karolinenplatz 5. Bayern-Versicherung/Sitz des Sparkassen-verbandes Bayern. Den *Vorgängerbau* errichtete Karl von Fischer 1812/13 gemäß seinem städtebaulichen Konzept für den Karolinenplatz als gartenumgebenen Kubus mit niedrigen, flan-kierenden Nebengebäuden, die (links) Stall und Remise bzw. (das rechte) Dienerschaftswohnungen enthielten (s. Nr. 5a und 6). Bauherr war, wie zuvor bereits bei Nr. 3 gegenüber, Franz Wilhelm Freiherr von Asbeck, Präsident der Militär-, Steuer-und Domänensektion. Fischers Bau zählte zu den typologisch bemerkenswerten Neubauten im damaligen München; das Vor-bild von Palladios Villa Rotonda bei Vicenza war in ihm in klas-sizistischer Form abgewandelt und den Bedürfnissen einer Adelsvilla in der Gartenvorstadt einer Residenz angepasst. Der dem Platz zugewendeten Lage entsprechend erhielt der Bau, im Gegensatz zu den vier Portiken des Vorbildes, nur eine einzige Vorhalle mit Auffahrtsrampe. Der allseitig symmetrische Grund-riss war in klassizistisch strenger, dem Rasterprinzip folgender

Weise systematisiert; der kreisrunde Mittelraum mit Oberlicht nahm eine Raumform vorweg, die später – vor allem in der Nachfolge von Gottfried Sempers Villa Rosa in Dresden – zu ei-nem Prototyp der Villenarchitektur des 19. Jh. werden sollte.

Seit 1821 war das Palais – wie Nr. 3 – Eigentum des kgl. engli-schen General-Lieutenants Ferdinand Frhr. bzw. Graf von Hom-pesch, der einen 1825 geplanten Umbau auf Klenzes Rat, der den Fischer-Bau vernichtend kritisierte, unterließ. In dem im 19. Jh. häufig an Diplomaten vermieteten Gebäude wohnte u. a. in den 1830er Jahren der französische Gesandte, Minister Graf Vau-dreuil. Um die Jahrhundertmitte gehörte es dem Reichsrat Graf Hugo von Waldbott-Bassenheim, der 1855 über dem Balkonvor-bau einen Wintergarten einrichtete. Als im Zuge von Vermö-gensumschichtungen der adelige Grundbesitz im Viertel sich verringerte, gelangte das Palais erstmals 1863 in bürgerliche Hand, und zwar an den Realitätenbesitzer Joseph Schweyer aus Friedberg, in der Folge 1866 an den Bankier Emil von Hirsch (1877 An- und Umbaumaßnahmen) und 1884 an den Baumeister Ludwig Deiglmayr sen.; im Hause wohnte 1881–95 der russi-sche Gesandte Nikolaus Graf von Osten-Sacken.

Fischers nobler, zurückhaltender Bau, an dem nur der dreibo-gige Portalvorbau aufwendig gestaltet war, wurde im Zeitalter des späten Historismus durch einen palastartigen, dem damali-gen Begriff eines herrschaftlichen Wohngebäudes entsprechen-den *Neubau* ersetzt, und zwar 1895/96 nach eigenem Entwurf des Besitzers Ludwig Deiglmayr. Dabei scheint vom Vorgänger-bau nichts übernommen worden zu sein als das Motiv des drei-bogigen Vorbaus über der Auffahrtsrampe, allerdings mit verän-derten Details – u. a. rustizierte toskanische Halbsäulen statt der originalen ionischen Ordnung. Der Neubau wurde beiderseits um je eine Fensterachse erweitert sowie um zwei Geschosse er-höht. Die Fassade, mit repräsentativer Kalksteingliederung, die sich von den Putzflächen abhebt, erhielt einen vortretenden Mittelrisalit mit figurenbesetzter Attika; in ihrer Formensprache, einer Art Neurenaissance mit klassizistischen Zügen, passte sie sich dem Charakter des um diese Zeit in ähnlicher Weise großen-teils baulich erneuerten Viertels an. So wurden damals auch die beiden Nebengebäude durch aufwendigere Neubauten ersetzt (s. Nr. 5a und 6). Unter den Mietern dieser Zeit ist der spätere russische Außenminister Alexander Iswolskij erwähnenswert, der 1897–1900 Gesandter des Zarenreiches in Bayern war. Seit 1904 wohnte im 1. Stock in von Henry van de Velde ausgestat-teten Räumen das Kunstsammler-Ehepaar Alfred (Bankier) und Hanna Wolff. In der Zwischenkriegszeit lebten im Haus der Verleger Hugo Bruckmann († 1941) und seine Frau Elsa geb. Fürstin Cantacuzène († 1946, zum Umkreis Hitlers gehörend). Die bürgerliche Ära des ehem. Asbeck-Palais wurde 1912 unter-brochen, als Prinz Georg von Bayern (1880–1943), ein Sohn des Prinzen Leopold, das (nun gelegentlich als „Prinz-Georg-Palais" bezeichnete) Haus erwarb. Doch bereits nach sieben Jahren veräußerte er es an den Berliner Ingenieur Willy Unruh. Dieses Jahr 1919 markiert zugleich das dunkelste Kapitel der Geschichte des Hauses: Keller und Hof waren am 6. Mai bei der Niederwerfung der Räterepublik Schauplatz der Hinrichtung von 21 Mitgliedern eines katholischen Gesellenvereins, die sich in ihrem Vereinslokal versammelt hatten. Sie wurden von einer Militärstreife irrtümlich für Spartakisten gehalten und kurzerhand erschossen. – Der Berliner Ingenieur verkaufte daraufhin das Palais an die Gebrüder Röchling oHG. Seit 1930 schließlich ist die Bayern-Versicherung Eigentümerin des Hauses, das sie bis zum Frühjahr 1978 für ihre Zwecke nutzte. 1934/35 und 1958 ließ sie Anbauten errichten und nach den schweren Bombenschäden vom 18. Dezember 1944 das Palais bis 1950 mit einzelnen Änderungen – äußerlich vor allem Ersatz der Attika durch einen Dachausbau – wiederherstellen.

Karolinenplatz 5a, 5 und 6 (von links)

Karolinenplatz 5; Aufn. 1995

Da dem wachsenden Raumbedarf der Bayern-Versicherung auf dem Grundstück nicht mehr entsprochen werden konnte, bezog sie ein neues Verwaltungsgebäude an der Deisenhofener Straße, während der Bau am Karolinenplatz an den Bayer. Sparkassen- und Giroverband vermietet und aus diesem Anlass grundlegend instand gesetzt wurde (1978; Arch. Alfred Bauer). Dabei wurden im Inneren die noch vorhandenen vornehmen Gestaltungsdetails insbesondere im quergestreckt-achteckigen Vestibül und halbrunden Treppenhaus übernommen und das Äußere gründlich saniert. Im 1. Stock des Treppenhauses Wandbild, sign. K. H. Dallinger 1958/Mitarbeit Jos. Hagn. 1996 abermalige Außenrestaurierung und Veränderungen im Inneren.

Karolinenplatz 5a. Ehem. *Palais Freyberg*, jetzt *Müllerhaus*. Das linke Nebengebäude des Asbeck- bzw. Hompesch-Palais (s. Karolinenplatz 5) war, wie die anderen Karl von Fischers

Palaisbauten am Karolinenplatz (s. Nr. 3 und 4) flankierenden Kleinstrukturen, ursprünglich ein eingeschossiger Rechteckbau mit höherem Mittelteil, der bei den Nebengebäuden von Nr. 5 jedoch nicht als Risalit vorgezogen war (vgl. den Gesamt-Lageplan Ausst. Kat. Carl von Fischer 1982, Nr. 11.1 sowie Grundriss und Aufriss der Nebengebäude von Nr. 5 ebenda Nr. 14.5 von 1813). Der linke Nebenbau an der Barer Straße enthielt Stallung (im Mittelteil) und Remise (im Nordflügel).

Bereits das Seitzsche Stadtmodell des mittleren 19. Jh. zeigt einen aufgestockten Walmdachbau, der das sonst noch erhaltene städtebauliche Schema Fischers um den Platz durchbricht, der Wenng-Stadtplan dieser Zeit einen zugefügten Anbau an der Ostseite.

Dieses Haus bauten Henry Helbig und Ernst Haiger (in der Hauptsache wohl letzterer), die mit ihren meist klassizisierenden Jugendstilschöpfungen zu den interessantesten Architekten dieser Phase in München zählen, 1901/02 für den Gutsbesitzer Alfred Frhr. von Freyberg-Schütz um. Der im Hinblick auf den Eigentümer meist Palais genannte Bau verkörpert eher den Typus einer zurückhaltend-vornehmen, durch erlesene Oberflächengestaltung gekennzeichneten Villa. Dem intimen (heute z. T. vereinfachten) dreigeschossigen Walmdachhaus (mit niedrigerem Mittelgeschoss) gibt vor allem die partielle Spalierverkleidung eine landhausartige Prägung; schwerpunktmäßig akzentuieren es eine Rundnische mit Büste an der südlichen Schmalseite und vor allem die allein aufwendig gestaltete, abgerundete dorische Säulenvorhalle in der Südostecke, mit antikisierendem Relieffries als oberem Abschluss der beiden Innenwände und vasenbekrönter Brüstung an der Terrasse im Obergeschoss. Die Obergeschossfenster sind durch zierliche Ädikulen mit Stuckgirlanden darunter ausgezeichnet. Viele weitere dekorative Elemente sind verloren gegangen, so vor allem ein kleiner, gedrungener Säulenvorbau mit Freyberg-Wappen im Giebel vor dem hofseitigen Mittelrisalit und ein prächtiger, hoher Stuckfries unter der Traufe mit antikisierenden Palmetten und auf die Fensterverdachungen

◁ Karolinenplatz 5a, ehem. Palais Freyberg; Aufn. 1995

Karolinenplatz 5a; Aufn. 1995 ▷

gestützten Figuren, ebenso das durch einen Bogen samt Gang darüber rechtwinklig im Osten angeschlossene Nebengebäude mit Stall, Remise, Waschküche, Hausmeister- und Dienstboten-wohnräumen. Der Vorgarten ist durch einen Pfeilerzaun um-grenzt.

Das im Luftkrieg zur Ruine gewordene Anwesen erwarb der Bayerische Müllerbund 1948 und baute es 1949 in gestalterisch reduzierter Form (ohne das Nebengebäude) wieder auf (Büros, im Erdgeschoss Antiquariat). Die Fassade wurde zuletzt 1979 restauriert.

Karolinenplatz 6. *Bayer. Landesbank Girozentrale.* Das rechte der beiden Nebengebäude des Asbeck- bzw. Lotzbeck-Palais (s. Nr. 5) war gleich dem linken (s. Nr. 5a; vgl. Ausst. Kat. Carl von Fischer 1982, Plan Nr. 14.5, dat. 1813) ein eingeschossiger Rechteckbau mit erhöhtem Mittelteil und rustiziertem Äußeren, der große Mittelraum nach Süden mit einem dreiteiligen Grup-penfenster geöffnet. Diesen kleinen Bau zeigt noch das Stadtmo-dell von Seitz des mittleren 19. Jh.

Der Eigentümer Ludwig Deiglmayr sen. ließ ihn – etwa gleich-zeitig mit der Erneuerung des Hauptgebäudes Nr. 5 – durch einen weitaus stattlicheren neubarocken Neubau für den Kom-merzienrat Viktor Hutschenreuther ersetzen, ein vornehmes dreigeschossiges Wohngebäude in dem palaisartigen, in der Um-gebung vorherrschenden Typus angenäherten Dimensionen, mit in Kalkstein kräftig rustiziertem Sockel- und Erdgeschoss und die beiden Obergeschosse zusammenfassenden dorischen Ko-lossalpilastern samt Triglyphengebälk. Den Übergang von der Brienner Straße zum Platz vermittelt ein großer, gerundeter Standerker an der Südwestecke mit Attika. Der Eingang liegt im Süden in einer breiteren Doppelfensterachse; die abgeschrägte Nordwestseite neben der Hofeinfahrt ist mit Gitterbalkonen be-setzt.

Karolinenplatz 5a, ehem. Mittelrisalit der Hofseite; Aufn. um 1900

Karolinenplatz 6

Nach schweren Luftkriegsschäden äußerlich kaum verändert wiederaufgebaut; Fassadenrenovierungen 1974, 1983 (Dachaus-bau mit Oberlicht) und 1991. – Das kleine Rückgebäude weist an der Südseite z. T. noch eine klassizistische Gliederung auf, sonst Details des frühen 20. Jh.

Karolinenstraße 4. Für die Bebauung entlang der Widenmayer-straße vom Einstich der Karolinenstraße im Süden bis zur Max-Joseph-Brücke im Norden erarbeitete Wilhelm Spannagel 1898–1899 für die Investoren Wilhelm Wacker und Leonhard Moll ei-nen ersten Entwurf. Hiervon wurde nur der nördliche Kopfbau an der Ecke zur Tivolistraße (Widenmayerstraße 52) verwirklicht. Otto Prollius legte bis 1911 für den Baumeister Anton Weber eine eigene Neuplanung für das riesige Areal vor, die nicht nur die Bautenfolge entlang der Widenmayerstraße (vgl. Widenmay-erstraße 46–50), sondern auch südlich die Anschlussbauten ent-lang der Nordseite der Karolinenstraße mit einbezog. Der Verlauf der Karolinenstraße war vom Magistrat zwischenzeitlich mit ei-nem nach Nordwesten abknickenden westlichen Verlauf festge-legt worden. Hierdurch kam dem Mietshaus Karolinenstraße 4, freilich bei schräger Stellung, eine Point-de-vue-Funktion als nördlicher Abschluss des Verlaufs der Lerchenfeldstraße zu. Dem tiefen Block an der Karo-linenstraße ist auswinklig nach Norden ein kurzer Rückflügel angesetzt. Das pavillonartig in den Hofwinkel gelegte Trep-penhaus erschließt laut Ein-gabeplan zwei Wohnungen je Etage, gemäß Erstzustand eine im Dachgeschoss. Hofseitig erhielten die Wohnungen je-weils einen breiten Balkon über kräftigen Konsolen. Die fünfachsige Fassade vor den drei Obergeschossen über ei-nem erhabenen Hochparterre wurde streng und symmetrisch organisiert. Den Mittelzug nimmt ein dreigeschossiger

Karolinenstraße 4

Erker ein, der vor dem 1. und 2. Obergeschoss je seitlich die Fens-ter laubenartig überspannt und entsprechend die Fenster im 3. Obergeschoss mit Austritten bedient. Die so artikulierten sechs Balkone erhielten leicht konvexe Brüstungen. Die Erkerdecke findet sich von einer Brüstung bewehrt, diese fängt den Austritt aus dem mittleren Fenster des monumentalen Dachhauses darü-ber ein, welches von einem hohen Dreiecksgiebel, dem ein quer-ovaler Okulus eingeschrieben ist, überhöht wird. Wie die nördlich anschließenden gleichzeitigen Bauten verkörpert das in der Zeit des reifen Jugendstils gestaltete Haus die ruhige und symmetri-sche Geschlossenheit neuklassischer Tendenzen in der Architek-tur, beinahe monumentalen Zuschnitts.

Katharina-von-Bora-Straße siehe Meiserstraße.

Kaufingerstraße

(Vgl. Ensemble Altstadt.) Haupt-Ost-West-Achse der ältesten, hochmittelalterlichen Stadt im Zuge der diese durchquerenden Salzstraße, Verbindung vom Markt (Marienplatz, mit Unterem oder Talburgtor am Ostende) zum Westtor der ersten Stadtmauer, dem Oberen oder Kaufinger Tor (später Schöner Turm, s. unten). Der Name von Straße wie ehem. Tor wird mit dem offensichtlich prominenten Bürger Chunradus Choufringer (erwähnt 1239) in Verbindung gebracht, der einer wohl aus Kaufering (am Lechübergang) stammenden Familie angehörte. Die Bedeutungskontinuität der heutigen Hauptgeschäftsstraße war Grund für häufige bauliche Veränderungen und – nebst den Luftkriegsschäden – für die nur spärlich erhaltene historische Bausubstanz.

Die verhältnismäßig schmale Straße (15–16 m) verengte sich im Westen zum Torturm hin, südseitig von dem ehem. Haus Nr. 15 (heute Ostteil von Nr. 13) ab, nördlich in mehrfachen kleinen Vorsprüngen; eine Straßenverbreiterung und Begradigung erfolgte erst in Verbindung mit Neubauten 1898 (südlich) bzw. 1898/1912 nördlich (vgl. Nr. 26, 28). Nach den weitgehenden Zerstörungen im Zweiten Weltkrieg wurde die Baulinie an der Südseite stark zurückgesetzt, ausgenommen das erhaltene Haus Nr. 11a (s. dort); der am Ostanfang der Neubauzeile aus der Wiederaufbauzeit später (1969–72) errichtete „Kaufhof" (Nr. 1, s. unten und Marienplatz, Vorspann) hat hingegen, ermöglicht durch die Verkehrsberuhigung, die alte Baulinie des leider abgebrochenen Kaufhauses Roman Mayr von 1912 in etwa eingehalten; der somit entstandene zweifache Vorsprung innerhalb der südseitigen Bebauung wirkt freilich improvisiert und inkonsequent und im Verein mit den malerisch-punktuellen Baumbepflanzungen von 1972, die hier historisch unangebracht sind, städtebaulich wenig glücklich. Die 1888–1968 verkehrende Stra-

Blick in die Kaufingerstraße nach Osten, Südseite; Aufn. um 1900

ßenbahn wurde durch die im Mai 1972 eröffnete unterirdische S-Bahn ersetzt, die Fußgängerzone Neuhauser- und Kaufingerstraße am 30. Juni 1972 eingeweiht.

Sandtners Stadtmodell von 1570 stellt die drei- bis viergeschossigen Bürgerhäuser noch im spätmittelalterlichen Zustand mit – bei dominierender Traufseitstellung – vielgestaltig-abwechslungsreicher Dachlandschaft dar, das Seitz-Modell des mittleren 19. Jh. die – nach meist barocker Umgestaltung – in klassizistisch-biedermeierlicher Zeit erfolgte Vereinfachung und Beruhigung (u. a. nach Beseitigung der Dachaufbauten), die Abwicklung in Häuserbuch II und III den Zustand vor dem Zweiten Weltkrieg mit großenteils in der wirtschaftlich expandierenden Phase des Historismus ausgewechselter oder zumindest in der Zone der Verkaufslokale stark veränderter Bebauung.

Besonders gründlich erneuert und verändert sind Baulinie, Parzellierung und Bebauung an der Südseite, beginnend im Osten mit dem Neubau des Kaufhofes am Marienplatz (Kaufingerstraße 1), 1969–72 von Josef Wiedemann und Rudolf Ehrmann, in Zusammenarbeit mit Klüser, Köln. Stahlbetonbau mit heller Granitverkleidung, Baulinie an der Ostseite (Rosenstraße) gebogen zurückgestaffelt; die weitgehend geschlossenen Fassaden durch einzelne Öffnungen und sägezahnartige Strukturen zu beleben versucht.

Bereits sein Vorgängerbau, das Kaufhaus Roman Mayr (1911/12 von Heilmann und Littmann) hatte mehrere Parzellen zusammengefasst, darunter das ehem. Claudi-Cler-Haus (alt Nr. 4; vom mittleren 17. bis Anfang des 19. Jh. der Familie Cler gehörig) mit Gemäldefries von Christoph Schwarz (um 1580) über dem 1. Stock und ansonsten reicher Fassadenmalerei von Cosmas Damian Asam um 1715 (überstrichen 1817). – Das ehem. Haus Nr. 5, im Mittelalter der Familie Ligsalz gehörig, stellt J. Sandtner 1570 mit Grabendach und bezinnter Vorschussmauer dar. – Die Anwesen mit den alten Nrn. 6–14 hatten Rückgebäude an der Fürstenfelder Straße. Alt Nr. 6 mit reich gegliederter Barock-

Kaufingerstraße; Flurkarte, M. 1:2500

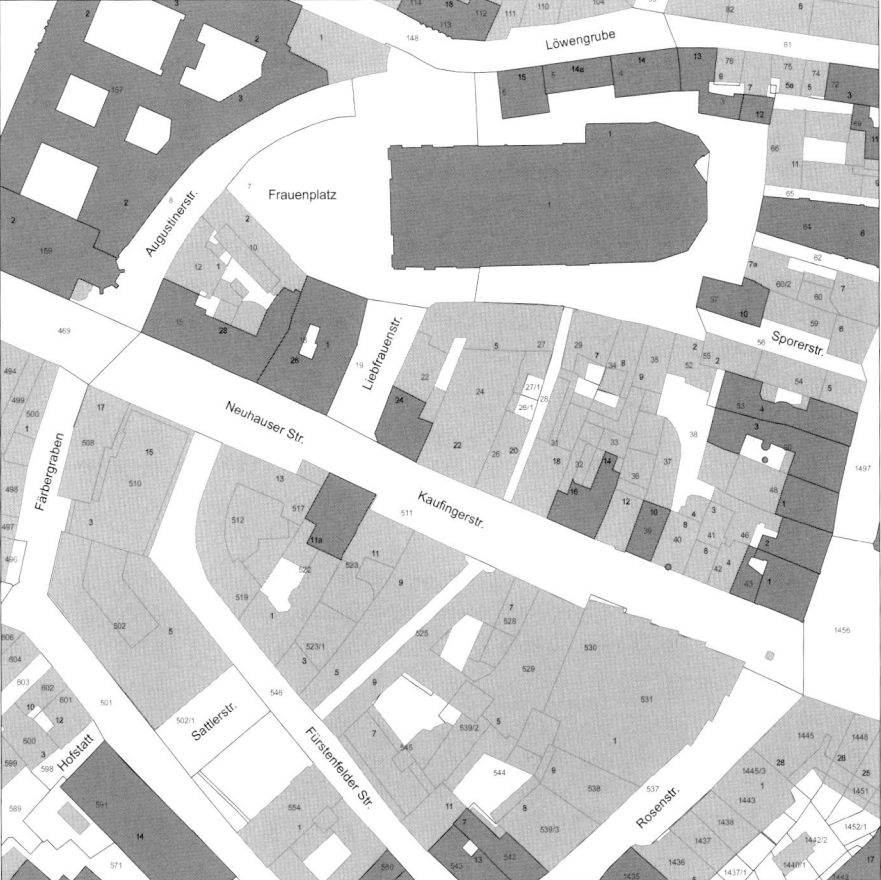

fassade war ab 1897 die Gaststätte Bürgerbräu (umgebaut 1925). – Alt Nr. 7 war durch besonders prächtige barocke Fassadenmalerei von etwa 1700 ausgezeichnet (noch in Kunstdenkmale 1902 als im Kern gotisch beschrieben; um diese Zeit abgebrochen). – Alt Nr. 9: Gemäß Sandtner mit eineinhalb blendengegliederten Giebeln (15./16. Jh. Familie Part/Barth); später Gasthof, 1822/23 Umbau durch Friedrich Gärtner für die kgl. Porzellanmanufaktur mit Verkaufsräumen im Erdgeschoss, Frühbeispiel einer völlig verglasten Schaufensterfront; 1857 Erwerb und Umbau durch Kaufmann Elias Michael Schüssel als „erstes größeres Kaufhaus Münchens" (Geist 1978) mit glasüberdachter „Schüsselpassage" (Glasdach später angehoben; mehrfache Umbauten). Der Neubau von 1950/51 (Arch. Michael Bosch), mit Kaufhaus Kepa im Erdgeschoss, ersetzt durch Geschäftshaus Nr. 9 mit Passage „Kaufinger Tor", 1992–94 von Heinz Hilmer und Christoph Sattler. – Alt Nr. 10, im 18. Jh.

Kaufingerstraße, ehem. „Kaufmanns-Casino e. V."; hist. Aufn.

Adelsbesitz (Grafen Lamberg, Grafen Rheinstein-Tattenbach), hatte vor dem Luftkrieg noch eine dreigeschossige Barockfassade (Erdgeschoss verändert) und ein barockes Treppenhaus. – Mit Nr. 10 (alt Nr. 11) begann 1948 der Wiederaufbau noch in traditionalistischem Sinn; an der barockisierenden Putzfassade Büste des hl. Eligius. – Alt Nr. 14: Bei Sandtner (1570) Doppelhausgruppe mit lisenengegliederten Zinnengiebeln, auf vorspringender Baulinie; das östliche Haus im 18. Jh. in wechselndem Adelsbesitz mit sehr reich gegliederter und stuckierter Fassade aus dem 2. Viertel des 18. Jh. (vielleicht von einem der Brüder Gunetzrhainer), Marmorportal und Schnitztür heute im BNM; im 19. Jh. Weingaststätte Hoffmann (hier 1832 Gründung des „Kaufmanns-Casino e. V."), später Schimon; nach Abbruch (mitsamt dem westlichen Nachbar-Eckhaus) Geschäftshaus-Neubau (mit Liebfrauenpassage) 1898–1900 in Neubarockformen von Hönig und Söldner, die gleichzeitig in entsprechendem Stil auch das gegenüberliegende Eckhaus Fürstenfelder Straße, alt Nr. 15, mitsamt dem westlich anschließenden Eckhaus Färbergraben 1 erbauten, letzteres in der Zwischenkriegszeit modernisiert (mit Gesimsen in Höhe der Fenstersohlen und -scheitel; zuletzt Firma Salamander). Das Doppelhaus zwischen Fürstenfelder Straße und Färbergraben nahm den Platz der ehemals südseitig an den Schönen Turm anschließenden Häusergruppe ein; dieser war durch einen kleinen Zwischenbau, das Stadtuhrmacherhaus von 1480, mit dem hochgiebeligen Ettaler Klosterhaus verbunden. – Westlich außerhalb des 1807 abgetragenen Schönen Turmes endete die südliche Häuserzeile mit dem das Straßenbild der breiteren Neuhauser Straße markant abschließenden Eckhaus Färbergraben 1, bei J. Sandtner 1570 mit einem Ecktürmchen und zinnenbesetztem Halbgiebel (gegen Westen) dargestellt (Stadtschmiede; Neubau auf zurückgesetzter Baulinie 1824 und abermals 1898 ff.).
Die Nordseite, im Osten mit dem Thomass-Eck (s. Marienplatz 1) und der noch spätbarocke Gliederungselemente aufweisenden Fassade des zugehörigen Hauses Kaufingerstraße 2 (s. dort) beginnend, wirkt vor allem dank weitgehend erhaltener Parzellenteilung geschlossener und homogener als die Häuserreihe gegenüber; dies gilt auch für den in der Zeit des späten Historismus baulich völlig erneuerten Westabschnitt, wo die Verbreiterung der Liebfrauenstraße (sog. Domfreiheit) einen

Schöner Turm von W.; Stich von J. Stridbeck, um 1700 (Ausschnitt)

Schöner Turm von Osten; Ansicht von 1805

eindrucksvollen Schrägblick auf die Frauentürme eröffnete und die Neubebauung von hier bis zur Augustinerstraße (s. Kaufingerstraße 24, 26 und 28) auf zurückgesetzter Baulinie architektonische Qualitäten aufzuweisen vermochte. Von der kriegszerstörten Bausubstanz besonders zu erwähnen ist das östlich an Nr. 24 anschließende einstige Kaufhaus Landauer, 1906–08 von Karl Stöhr, mit aufwendiger barockisierender Fassadengestaltung (später Kaufhaus Woolworth; früher Nr. 26, heute Neubau Nr. 22).
Der *Schöne Turm*, ehemals markanter Westabschluss der Kaufingerstraße für den Blick vom Markt her, ist in die repräsentativen Marktansichten gegen Westen von M. Merian (1644), M. Wening (um 1700) und J. Stephan (um 1760) bedeutungsvoll mit einbezogen. Das seit der Stadterweiterung bis zum Neuhauser-, heute Karlstor funktionslos und baufällig gewordene Obere oder Kaufinger Tor wurde 1479–84 durch den (völligen oder weitgehenden?) Neubau eines stattlichen Torturmes ersetzt (auf Ansicht bei Schedel 1493 rechts vom Heiliggeistturm?), der 1508–10 eine reiche ostseitige Fassadenbemalung sowie einen hohen, mit buntfarbigen glasierten Ziegeln gedeckten Spitzhelm samt vier kleinen Ecktürmen sowie zwei kleinen Mitteltürmchen im Osten und Westen erhielt. Als Baumeister/Steinmetz werden Lukas Rottaler (gest. 1508) und sein Sohn Wolfgang erwähnt, als Maler Jakob Heitzinger. Den sechsgeschossigen Viereckturm flankierten schräg gestellte Eckstreben als Träger der polygonalen Türmchen. Auf J. Stridbecks Ansicht der Augustinerkirche (um 1700) ist der Turm mit seiner offenbar unbemalten Westseite dargestellt. Die prächtige Spitzhelmgruppe vom (bereicherten) Typ des Fünfknopfturmes wurde 1777 durch eine niedrigere Notdachlösung ersetzt (Ansicht bei Baumgartner 1805). J. P. Stimmelmayr skizziert den Turm noch mit der alten Dachform und beschreibt ihn mitsamt Malereien, Uhrwerk und den Glocken, die im ostseitigen Mitteltürmchen hingen. – Mit dem spätgotischen Repräsentationsbau vom Charakter eines dominanten Stadtturmes schuf sich die bürgerliche Kommune in ihrer Blütezeit axial dem Saalbau und Turm des (Alten) Rathauses gegenüber ein zweites Monument ihres Selbstbewusstseins mit einem ihre Bedeutung als bayerische Residenzstadt im Rahmen des Reiches darstellenden politisch-heraldischen Bildprogramm (u. a. an der Ostseite im 2. Obergeschoss thronender Kaiser inmitten der Kurfürsten); umso gravierender ist der Verlust durch den 1807 aus Verkehrsgründen erfolgten Abbruch in einer an Geschichtsbewusstsein armen Umbruchszeit. Der Grundriss des Turmes in originaler Lage ist in der Straßenpflasterung von 1972 etwa mittig vor dem Kaufhaus Hirmer (Nr. 28) angedeutet; an der Südwestecke dieses Gebäudes von 1914 erinnert ein Steinmodell an das einstige Wahrzeichen (s. dort).

ARCHÄOLOGISCHE BEFUNDE: Bodeneingriffe und Umbauten sind aus jüngerer Zeit nicht bekannt, deshalb ist mit untertägig erhaltenen Resten von Vorgängerbauten, möglicherweise auch mit Brunnen und Latrinen, zu rechnen. Unter Kaufingerstraße 6, 15, 16, 24 und 28 befinden sich Teile mittelalterlicher und neuzeitlicher Bebauung. Unter Kaufingerstraße 28 sind zudem noch Reste des Stadtgrabens zu erwarten.

Kaufingerstraße 2. (Heute mit Marienplatz 1 verbunden, s. dort.) Das westliche Nachbarhaus des Eckhauses Marienplatz 1 ist auf Sandtners Stadtmodell von 1570 als turmartig hochragender sechsgeschossiger Bau mit waagrechter Vorschussmauer dargestellt; den drei Wohngeschossen ist in fast voller Fassadenbreite ein Flacherker mit vier Fensterachsen vorgelegt, darüber folgen noch zwei Speichergeschosse. Als Eigentümer sind für das späte 15. Jh. Messerschmiede überliefert. – Die Marktansichten von M. Merian (1644), M. Wening (um 1700), J. Stephan (um 1760) wie auch noch Stimmelmayrs Skizze (2. Hälfte 18. Jh.) zeigen ein viergeschossiges Traufhaus mit beiderseitigen Ohrwascheln und mit fünf Fensterachsen wie noch heute. Ein weitgehender Umbau mit Aufstockung um das 5., niedrigere Geschoss dürfte in Zusammenhang mit einem der kurz aufeinander folgenden Besitzerwechsel in der 2. Hälfte des 18. Jh. (1763, 1765, 1767, 1776; vgl. Häuserbuch II 1960) er-

Kaufingerstraße 2

folgt sein; die Fassadengestaltung im späten Rokoko mit ersten frühklassizistischen Anklängen weist in diese Zeit. In der noch bestehenden Form ist die Fassade in ihren Grundzügen – wenn auch in den Details summarisch-frei – auf Gustav Kraus' Ansicht der Kaufingerstraße von 1825 (das Haus am äußersten rechten Rand) wiedergegeben. In der Zeit des Historismus bzw. Neubarock könnte der Stuckdekor restauriert oder überarbeitet worden sein, vielleicht im Zusammenhang mit dem Erwerb des Bürgerhauses durch den Juwelier Karl Thomass (1886), Besitzer von Marienplatz 1 (s. dort). Das Erdgeschoss, auf der Ansicht von 1825 mit zwei großen, gerundet schließenden Ladenfenstern zu Seiten des Mitteleingangs, wurde später mehrfach verändert, zuletzt nach dem Zweiten Weltkrieg durch die Fortsetzung der Fußgängerarkade des Eckhauses Marienplatz 1.

Kaufingerstraße 5. ARCHÄOLOGISCHE BEFUNDE: Brunnen des Mittelalters und Brunnen der Neuzeit (Fundst.-Nr.: 7835/0251). Die geplante Neubebauung erforderte 1976 eine archäologische Untersuchung. In einer Baugrube westlich des Kaufhofgebäudes stieß man auf Reste von zwei Wasserversorgungsanlagen. Bei der einen handelt es sich um eine vollständig erhaltene, aus Ziegelsteinen gemauerte Zisterne, die den älteren, vermutlich spätmittelalterlichen Brunnen störte. Zu den Funden zählen Scherben, ein Holzfragment und eine halbe Bernsteinperle. Im jüngeren Brunnen lag neuzeitliches Fundmaterial.

Kaufingerstraße 8. Einzig anschaulicher historischer Bestandteil an dem mehrfach erneuerten Geschäftshaus ist der Portalbereich. An der Stelle der heutigen Häuser Nr. 8 und – links davon – Nr. 10 (s. dort) zeigt Sandtners Stadtmodell um 1570 ein breites, dreigeschossiges Traufhaus mit drei Zwerchhäusern; in dieser Form erscheint es noch im späteren 18. Jh. auf der Skizze J. P. Stimmelmayrs, der an dem damaligen „Melber Haus" den

in der Mitte gelegenen Durchgangsbogen zur Thiereckgasse erwähnt. Auf Gustav Kraus' Ansicht der Kaufingerstraße von 1825 ist ein sieben Fensterachsen breites (Doppel-)Haus dargestellt mit Läden im Erdgeschoss, über Gesims abgesetztem niedrigerem 4. Obergeschoss und einer schmucklosen Fassade klassizistischer Art. Als Eigentümer beider Anwesen wird 1790 der Melber Augustin Blaumiller genannt (Häuserbuch I, 1966), vielleicht der Erbauer des neuen Hauses. Ab 1828 waren Nr. 8 und 10 in getrenntem Besitz. Während Nr. 10 1904 neu erstand, blieb der vorne vier Achsen breite Ostteil (Nr. 8) offenbar erhalten, wurde jedoch mehrfach umgebaut und verändert. Ältere Umbauanträge zeigen eine regelmäßige, um das zentral gelegene Treppenhaus und den links anliegenden kleinen Lichthof gruppierte, wohl klassizistische Grundrissbildung und in der linken Achse als Konstante die Durchfahrt zur Thiereckgasse.

Die noch bestehende dekorative Rahmung der beiden Durchfahrtstore mit Ädikulafenster samt Marienbüste in einer Muschelnische über dem vorderen ist keinesfalls barock, wie z. T. vermutet wurde; die Teilansicht auf einem Umbauplan von 1873 zeigt noch ein schmuckloses Stichbogentor. Möglicherweise steht die barockisierende Gestaltung der Portalzone im Zusammenhang mit einem 1889 ausgeführten weitgehenden Umbau des unteren Bereiches im Auftrag des Hofbäckereimeisters Anton Seidl (Erwerber 1887), doch geben die von dessen Sohn Gabriel signierten, unvollständig erhaltenen Pläne (Mitwirkung Arch. Heinrich Kronenberger) über dieses Detail keine Auskunft (das kleine Fragment einer Fassadenansicht zeigt nur deren rechten Rand mit einer Gliederung in eher spätklassizistischen Formen, vielleicht den Vorzustand). Fotos von ca. 1910, 1925 und 1939 zeigen eine ungewöhnlich schlichte Fassadengestaltung mit dem Portalbereich als einzig aufwendigem Detail. Fassadenrenovierungen fanden 1928 (Anstrich), 1931 (Ausbesserung von Putzschäden) und 1951/52 statt. Nach einer Gasexplosion 1968 wurde das Geschäftshaus baulich weitgehend erneuert, die Marienbüste restauriert (Fa. Schnitzer). Das lange neuklassizistische Balkongitter im 1. Stock ist auf einer Ansicht von ca. 1910 nicht vorhanden.

Kaufingerstraße 8, Fassadendetail

Kaufingerstraße 10. Sandtners Stadtmodell (um 1570) wie Stimmelmayr (gegen 1800) zeigen an dieser Stelle eine dreigeschossige Traufhausbebauung, die mit der auf der östlichen Nachbarparzelle (heute Nr. 8) eine baulich-gestalterische Einheit bildet.

Das bestehende Geschäftshaus auf schmaler, tiefer Altparzelle ließ der Kaufmann Max Hinzelmann aufführen, der das Grundstück 1903 erworben hatte. Trotz aller Erneuerungen im Inneren und völlig modern ausgewechseltem Erdgeschoss ist die nur drei Achsen breite Sandsteinfassade eine der bemerkenswertesten Leistungen des reinen – nicht wie meist mit anderen Stilanklängen vermischten – Jugendstils in München. Die Architekten Georg Lersch und Paul Hirsch – die gleichzeitig das nicht erhaltene Kaufhaus Uhlfelder im Rosental erbauten – sind in der Bauinschrift (bez. 1904) rechts über dem 1. Stock genannt; diesen nimmt in voller Breite eine korbbogige Öffnung ein, durch die die Zuordnung des Geschosses zum Geschäftsbereich darunter ablesbar ist. Die Fenster der beiden folgenden Geschosse sind in flachbogig schließenden Nischen mit gekehlten Kanten zusammengefasst. Den Rechteckfenstergruppen im 4. Stock sind

Kaufingerstraße 10; Aufn. 1995

drei Jugendstil-Balkongitter in Bronze vorgelegt, das mittlere konvex vorkragend vor konkav eingezogener Loggia. Die Natursteinverkleidung wird durch sparsam und gezielt verteilte Ornamentik und Bauplastik auf feinfühlige Art interpretiert. – 2008 Umbaumaßnahmen

O. M. Reis (1935) erwähnt die preziöse, Marmor verwendende Gestaltung des einstigen kreuzförmigen Geschäftseinlasses mit acht schlanken Säulchen und niedrigem Wandsockel.

Kaufingerstraße 11a. *Singer-Haus.* Der Neubau von 1907–08 von Heilmann und Littmann entstand auf zwei schmalen Bürgerhausparzellen, die sich in die Tiefe bis an die Fürstenfelder Straße erstreckten. Sandtners Stadtmodell zeigt dreigeschossige Vordergebäude mit Flacherkern, das östliche mit Pultdach bzw. Halbgiebel, das westliche mit zwei Ohrwascheln; Stimmelmayr im späten 18. Jh. skizziert sie als vier- bzw. fünfgeschossige Traufhäuser – östlich „Beym Goldenen Schiff" mit gemaltem Hauszeichen, westlich „Post und nachmaliges Materialisten (Angelo) Sabadini Haus". Beide Fassaden – die linke frühklassizistisch, die rechte barock – erscheinen detailliert in Baumgartners Polizeiübersicht 1805 (T. XLIV das westliche Haus, damals Nr. 78, mit Barockfassade; T. XLIII das östliche Haus Nr. 77 mit frühklassizistischer Fassade). Nr. 78 war das Sterbehaus des Geschichtsschreibers Lorenz Westenrieder, der im 3. Stock von 1805 bis zu seinem Tod am 15. März 1829 wohnte.

Der 1908 im Auftrag der Bergbrauerei München GmbH aufgeführte Neubau reichte rückseitig, mit einem Verbindungsflügel links vom Hof, bis an die Fürstenfelder Straße. Das Restaurant zum Paulanerbräu im Erdgeschoss existierte bis 1924 (Umbaupläne zu Bankgeschäft L. O. Hampp von Arch. Ludwig Limburg; ausgeführt?). Für die Fa. Singer Nähmaschinen AG, die das Anwesen 1924 erwarb, wurden 1925 durch Heilmann und Littmann bauliche Änderungen vorgenommen, ebenso im Rückgebäude 1934.

Die fünfgeschossige, mit Muschelkalk verkleidete Fassade ist asymmetrisch zweiteilig mit breiterem Ostteil, dessen 4. Stock hinter eine Terrasse zurückgesetzt ist, und einem vertikal gegliederten übergiebelten Risalit, der im südlichen Blickpunkt der Liebfrauenstraße aufragt. Die Gestaltung nähert sich mit dem Verzicht auf historisierende Gliederungen und mit den großen Fensterflächen, die zeitgemäß rhythmisch geteilt und fein versprosst sind, bereits der Sachlichkeit, zeigt mit dem Reliefdekor über den Fenstern des 2. Stocks und oben im Giebelrisalit Jugendstilzüge, mit den Risalitlisenen und der Terrassenbalustrade neuklassizistische Anklänge, während das Kupferdach über dem 1. Stock am Risalit den Heimatstil zitiert. Der Giebel hatte bis zum Zweiten Weltkrieg einen reich geschweiften Umriss. Als einziges aus der Vorkriegszeit erhaltenes Haus an der Südseite der Kaufingerstraße steht es heute isoliert vor der zurückgesetzten neuen Baulinie. 1950/52 Dachstuhlerneuerung und -ausbau; 1954 weitgehender Erdgeschossumbau für Schuhgeschäft; 1955 Arkadeneinbau (Arch. Alois Grill); 1964 Innenumbaumaßnahmen für die Firma C & A Brenninkmeyer, die westlich anschließend ein großes Kaufhaus errichtete. In ihrem Auftrag erfolgte 1978–81 ein weitgehender Umbau mit Abbruch der Altbausubstanz östlich des Hofes und an der Fürstenfelder Straße, ferner an der Westseite des Vordergebäudes ein hinsichtlich der Fassadengestaltung spiegelbildlich den Ostflügel links vom Giebel-

Kaufingerstraße 11a

risalit wiederholender Erweiterungsbau im Winkel vor dem zurückspringenden Kaufhaus, sodass der bisherige Seitenrisalit zur Gebäudemitte wurde und das allein vortretende Gebäude nun städtebaulich günstiger wirkt (Arch. E. A. Gärtner und R. Stiens, Essen/Hamburg; der Anbau enthält u. a. ein neues Kundentreppenhaus). 1999 Umbau und Neugestaltung des Erdgeschosses.

Kaufingerstraße 12. ARCHÄOLOGISCHE BEFUNDE: Brunnen bzw. Latrine unbekannter Zeitstellung (Fundst.-Nr.: 7835/0395). Bei Umbauarbeiten wurde im nördlichen Teil des Gebäudes 1993 ein Brunnen freigelegt. Der trocken gemauerte Brunnenschacht aus Ziegelsteinen saß auf einem Holzkranz, der in den anstehenden Kies eingetieft war. An den Einfüllschichten ist eine sekundäre Nutzung des Brunnens als Latrine ablesbar.

Kaufingerstraße 14/16. Auf der Doppelparzelle zeigt Sandtners Stadtmodell (1570) zwei ähnliche dreigeschossige Traufhäuser mit Flacherkern – der des breiteren östlichen Hauses (rechts) um einen Aufzugsgiebel erhöht – und seitlichen Halbgiebelgauben; nach Stimmelmayrs Skizze (vor 1783) hat bis dahin noch keine Aufstockung stattgefunden.

Zu dem fünfgeschossigen Wohn- und Geschäftshaus-Neubau von 1913 – Entwurf und Ausführung Karl Stöhr – vereinigten sich die beiden Hausbesitzer, nämlich für den linken, schmaleren Anteil (alt Nr. 29; drei Achsen) Kommerzienrat Karl Schöpping, Inhaber der traditionsreichen Lindauerschen Buchhandlung, und für den fünf Achsen breiten rechten Teil (alt Nr. 30) die Eheleute Martin und Gabriele Rosenthal (Betten- und Wäschegeschäft Albert Rosenthal).

Die weitgehend in Fenster aufgelöste, mit Tuffstein verkleidete Fassade verzichtet – von den Gurtgesimsen abgesehen – auf übergreifende Gliederungen; die Fenster im 1. und 2. Obergeschoss werden durch Pfeiler getrennt, die Fenster der oberen Wohngeschosse sind individuell gerahmt. Die drei Mittelpfeiler im 1. Stock (über dem ehem. Eingang) sind durch vertiefte Felder, der mittlere zusätzlich durch eine darüber sitzende Muschel hervorgehoben; den dekorativen Schwerpunkt bilden die von Voluten umspielten Schlusssteine im 2. Stock. Durch völlige Veränderung des Erdgeschosses, Verlust vieler Fensterteilungen und Feinsprossen, von Balkongittern im 2. Stock (nur eines erhalten) und des im Luftkrieg zerstörten Steildaches mit einheitlichen Standgauben hatte das Erscheinungsbild der an sich vornehmen barockisierenden Fassade gelitten. In Verbindung mit den weitgehenden Baumaßnahmen im Inneren wurde die Dop-

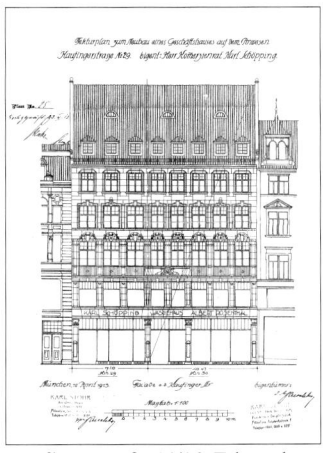

Kaufingerstraße 14/16

Kaufingerstraße 14/16; Tekturplan von 1913

pelhausfassade um 2000 restauriert und im Sinne der originalen Gestaltung aufgewertet (Schaufensterzone neu, mit den vier wiederhergestellten Pfeilern samt Kapitellen). Bis 1992 erhalten war in Nr. 14 das bemerkenswerte Nachkriegs-Design des Stoffgeschäfts F. Ludwig Kübler, 1954/55 von Jac Lehner, mit konkav eingezogenem Vorplatz samt konvexem Vordach, innerer Schweiftreppe zum 1. Stock und rückseitigem schaufenstergesäumtem Passagenhof zum Frauenplatz.

Kaufingerstraße 15. ARCHÄOLOGISCHE BEFUNDE: Mauer und Kanal der Neuzeit (Fundst.-Nr.: 7835/0199). Wegen Neubaumaßnahmen mit durchgehender Unterkellerung auf dem Grundstück wurden 2005 vorgreifende Untersuchungen nötig. In zwei Schnitten wurden verschiedene neuzeitliche Schichten mit umfangreichem Fundstoff dokumentiert. An Befunden ist auf eine Backsteinmauer, die noch ca. 3 m hoch erhalten war, und einen gemauerten Kanal hinzuweisen, die in das 19. und beginnende 20. Jh. datieren. Aus den Auffüllschichten stammen Keramik und Porzellan.

Kaufingerstraße 24. (Früher Gruppe mit Bauteil II = ehem. Liebfrauenstraße 2). An der Ostseite der ehemals sehr schmalen Frauengasse stehen zwischen Frauenplatz und Kaufingerstraße auf Sandtners Stadtmodell von 1570 mehrere dreigeschossige Bürgerhäuser mit Steildächern – ehemals Kaufingerstraße 24 (mit Kuppelerker an der Ecke; zugehörig als Rückgebäude Frauenplatz 3) und Nr. 25 (mit zu Attika verbundenen Renaissancegauben; zugehörig Frauenplatz 4). Auch auf Stimmelmayrs

Kaufingerstraße 24

Skizzen (Ende 18. Jh.) ist die Bebauung noch dreigeschossig mit dem genannten Erker.

Für das gesamte Areal stellte dessen Erwerberin, die Privatiere Frl. Magdalena Wimmer (ab 1890 Gattin des Fabrikanten Johann Meyer) 1887 einen Neubauantrag. Der nach dem Abbruch frei gewordene Blick auf die Domtürme war der Anlass, die Frauengasse zur 17 m breiten Liebfrauenstraße (s. dort) zu erweitern und das Bauprojekt der geänderten, stark zurückgesetzten Baulinie anzupassen.

Das *heutige Baudenkmal* ist nur der z. T. (reduziert) erhaltene Südteil eines dreiflügeligen Gesamtkomplexes, der (mit Bauteil II) nördlich bis zum Frauenplatz reichte. Die Pläne von Architekt Lorenz Wimmer vom August 1888 wurden am 1. Dezember genehmigt, der Rohbau Ende 1889 vollendet, die Schlussbesichtigung am 11. Juli 1890 vorgenommen (Bauleiter Maurermeister Eugen Heiß; Mitarbeiter Franz Fischer). Wegen der Lage neben dem Dom benötigte das Projekt die Allerhöchste Genehmigung sowie die der Metropolitan-Fonds-Administration. Bei einem Mauereinsturz am 26. Februar 1889 wurden zwei Arbeiter verschüttet. Als prominente Erstmieter zogen 1890 u. a. der Kaufmann Hermann Tietz, der Bankier Louis Levi und der Architekt Hans Grässel ein.

Die gesamt fünfgeschossige, ursprünglich lang gestreckte Baugruppe in Neurenaissanceformen mit abgeschrägten Ecken im Norden und Süden sowie Mittelrisalit an der Liebfrauenstraße erhielt eine aufwendig gegliederte, mit Kalkstein und z. T. anderen Steinsorten verkleidete Fassade. Das Erdgeschoss war ursprünglich in durch Säulen und Rundbogeneingänge unterteilte Schaufensterflächen aufgelöst, der zur Ladenzone gehörige 1. Stock im Gegensatz dazu sockelartig rustiziert mit eingeschnittenen Rundbogenfenstern (im Süden heute große Rechtecköffnungen); das 2. und 3. Obergeschoss (ehemals Wohnungen) fassen ionische Lisenen, an der abgeschrägten Ecke Halbsäulen zusammen, auf denen ein dreiteiliges Gebälk ruht; die Fenster im 2. Stock sind durch Brüstungsbalustraden und alternierend dreieckige und segmentbogige Giebel betont, die Eckschräge ist mit einem Erker besetzt, das oberste Geschoss mit Lisenengliederung zurückhaltender gestaltet und von einem ursprünglich knapperen Gesims unter dem Mansarddach abgeschlossen. Die gesamte lang gestreckte Gruppe gehörte zu den repräsentativsten Privatbauten des Späthistorismus in der Altstadt, vergleichbar etwa mit dem einstigen Börsenbazar (s. Maffeistraße) von Albert Schmidt. Rückseitig zwei sehr schmale Höfe zu Seiten der feuersicher ausgeführten Haupttreppe (eine weitere ehemals am Gebäuderand am Frauenplatz). Die Ladenzone im Erdgeschoss wurde ursprünglich durch eine mittlere Reihe von Eisensäulen unterteilt; die drei oberen Geschosse enthielten jeweils drei geräumige Wohneinheiten mit rückseitig angeordneten Nebenräumen. Mit seiner reichen Fassadengestaltung erhalten ist lediglich der Südteil rechts vom einstigen Mittelrisalit, mit sechs Fensterachsen an der Liebfrauen- und fünf an der Kaufingerstraße. Erdgeschoss, Traufgesims und ausgebautes Dach völlig verändert.

Infolge fluktuierender geschäftlicher Nutzung und Modernisierung seit Anfang des 20. Jh. häufige Umbaumaßnahmen, u. a. 1914 im Erdgeschoss (Südteil) durch Architekt Georg Meister für Schuhgeschäft Dorndorf (Bauherr: Kaufmann Max Reininger sowie Sigmund und Philipp Neuhöfer), 1931 für Café am Dom (Südteil 1. Stock, Eingang Kaufingerstraße/rechte Achse; später in den „Domhof" westlich gegenüber umgezogen), 1939 für Damen-Bekleidungsgeschäft Mühlhäuser (Südteil; im Haus bis 2000 ansässig). Weitere Veränderungen – besonders der Dachzone – nach Luftkriegsschäden. 2000 Umbau mit im Vergleich zum Vorzustand verbesserter Neugestaltung der Schaufensterzone. – Der Nordteil des Komplexes, heute Kaufingerstraße 24/Eingang II, nach schweren Kriegsschäden vereinfacht mit schlichter Putzfassade wiederaufgebaut.

[**Kaufingerstraße 26/Liebfrauenstraße 1.** Sog. Domhof (s. Liebfrauenstraße/Vorspann).]

Kaufingerstraße 28. Geschäftshaus *Zum Schönen Turm* (heute *Hirmer-Haus*). Der Kaufhauskomplex erstreckt sich über vier Altparzellen teils inner-, teils außerhalb des westlichen Torturms der ältesten Stadtmauer, der bis zum Abbruch 1807 die Kaufinger- von der vor dem Tor entstandenen Neuhauser Straße trennte (Standort des Turms heute im Straßenpflaster angegeben). Sandtners Stadtmodell von 1570 zeigt die vielgestaltige Bürgerhausgruppe – vor dem Tor ein Satteldachhaus mit Treppengiebel gegen Westen und Eckerker, innerhalb des Tores ein mächtiges Giebelhaus und östlich anschließend ein Renaissance-Eckhaus mit Loggienvorbau und rundem Eckerker. Dies scheint im Wesentlichen noch mit der bei Stimmelmayr (Ende 18. Jh.) unbeholfen skizzierten Bebauung übereinzustimmen, die im Übrigen den Straßenzug im Bereich des einstigen Turmes beiderseitig verengte – eine Situation, die erst um 1914 aufgeweitet wurde (gleichzeitig mit der Verbreiterung der Augustinerstraße und nach schon 1898 erfolgter Zurücknahme der Baulinie auch an der Südseite der Kaufingerstraße; zum „Schönen Turm" vgl. Kaufinger Straße/Vorspann).

Der Kaufmann Ludwig Bosch, der die kleinteilige Häusergruppe 1898 (die beiden östlichen Anwesen) bzw. 1914 erwarb, ließ sie zugunsten des Neubaus (Bekleidungshaus Bamberger und Hertz, heute Hirmer; bez. 1914) abbrechen. Das ursprünglich „Zum Schönen Turm" genannte Geschäftshaus gehört zu den typologisch wie stilgeschichtlich bemerkenswerten Neubauten der Jahre vor dem Ersten Weltkrieg in der Altstadt und in die Reihe der die jeweilige städtebauliche Situation gestalterisch interpretierenden Geschäftshausbauten des Architekturbüros Eugen Hönig und Karl Söldner und des ihm verbundenen Bildhauers Julius Seidler. Der fünfgeschossige Eckbau – eine Stahlbetonkonstruktion mit Putzfassade und Muschelkalkdetails – ist eines der letzten und gelungensten Beispiele der intendierten – durch den Weltkrieg abrupt beendeten – Altstadterneuerung, die als Verbesserung und Aufwertung verstanden wurde.

Durch weitgehende Reduzierung von Gliederung und Dekor nähert sich die Fassadengestaltung mit den großen dreiteiligen Fenstern moderner Sachlichkeit. Historisierend im Sinne des zeitgenössischen Heimatstils ist lediglich der Baukörper in seiner Grundform mit der als Pfeilerarkaden ausgebildeten Schaufensterzone, den geschossweisen Gurtgesimsen, dem das oberste Geschoss absondernden Konsolgesims, dem Steildach und der Gaubenreihe davor. Den Eindruck bestimmt die kontrapostisch

Kaufingerstraße 28, Modell des Schönen Turms

wohlberechnete Situierung der beiden Treppengiebel – des zum Straßenzug quer gestellten an der schmaleren Westseite und des weit nach Osten verschobenen Südgiebels an der Längsfront. (Beide Giebel zitieren im Übrigen diejenigen der auf dem Sandtner-Modell dargestellten Bebauung.) Die Rezeption historischer Elemente im Anschluss an bürgerliche Bauten der Spätgotik und deutschen Renaissance verdichtet sich an den beiden – im leicht zurückgesetzten 4. Stock real vortretenden – Giebelrisaliten in deren mittig applizierten Naturstein-Flacherkern mit der reichen plastischen Ausstattung Julius Seidlers, die an der Westseite die acht Kreise Bayerns, im Süden die vier Lebensstufen des Menschen thematisiert. Die Ecke wird diagonal mit einem steinernen Modell des zur Bauzeit längst nicht mehr existierenden Schönen Turmes besetzt; der Neubau erhielt damit selbst Denkmalcharakter und deklarierte altstädtischen Traditionsbezug. Der Turm ruht auf den Schultern eines Goldschmieds (Anspielung auf eine Sage).

Als stilistisch und gestalterisch vergleichbare Lösung ist der Geschäftshauskomplex Peterhof/Leuenhof an der Zürcher Bahnhofstraße 30/32 (1913–16 von Gebr. Pfeiffer) zu nennen, der dort als „hanseatisch" beeinflusst gilt – womit auch ein für den Münchner Bau mit maßgebendes Leitbild benannt ist.

Nach schweren Luftkriegsschäden 1945 wurde die Westfront in zunächst reduzierter Form mit schmucklosem Erker wiederaufgebaut; erst 1984 wurde er in seiner repräsentativen Gestaltung mit plastischem Dekor durch Peter F. Miller wiederhergestellt, allerdings als kopierende Nachbildung des erhalten gebliebenen Süderkers (Bauinschrift). 1996 wurden die Arkaden durch Zurücksetzen der Schaufenster begehbar gemacht.

ARCHÄOLOGISCHE BEFUNDE: Untertägige Reste der mittelalterlichen Bebauung und Stadtbefestigung (Fundst.-Nr.: 7835/0370). 1914 traf man bei Abbrucharbeiten auf den Stadtgraben, die Stadtmauer und einige ältere Bauteile. Die Lage des Stadttores wurde beim S-Bahnbau als Grundriss im Pflaster sichtbar gemacht.

Kaufingerstraße 28

Kaufingerstraße 28, Südgiebel

Kaulbachstraße (Südteil bis Schackstraße)

Nach der Aufhebung der nördlichen Festungsabschnitte 1795 wurde das westlich des Englischen Gartens gelegene Gelände zwischen der Freisinger-/Ingolstädter Landstraße und dem westlichen Rand des Englischen Gartens planmäßig erschlossen (vgl. Königin- und Schönfeldstraße/Vorspann). Die ausgewiesenen Parzellen des sog. Schönfelds wurden in Nord-Süd-Richtung von der Oberen und Unteren Gartenstraße durchschnitten; der Katasterplan von 1808 zeigt die gleichmäßig schmalen Grundstücke noch weitgehend ohne Bebauung. Erst 1886 wurde die Gartenstraße nach dem hier ansässigen Maler Wilhelm von Kaulbach benannt.

Die lange, schmale und – da ohne Anbindung an Hauptachsen – verkehrsarme „Gartenstraße" im Wortsinn mit noch weitgehend offener, bis heute noch im Wesentlichen vergleichsweise kleinmaßstäblicher Bebauung steht mit ihrem noch anschaulichen Vorstadtcharakter trotz laufend erfolgter Auswechslungen und – zumal nach den schweren Luftkriegsschäden – realisierten Neubauten (z. T. weit hinter der Baulinie) in krassem Gegensatz zur westlich parallelen, monumentalen Ludwigstraße. Die ostseitigen Parzellen gehörten ursprünglich meist zu Vordergebäuden an der Königinstraße. Dank ihrer Lage zwischen Englischem Garten im Osten, Staatsbibliothek, Universität und Kunstakademie im Westen sowie Schwabing im Norden, in das hinein sie sich jenseits von Veterinär- und Schackstraße fortsetzt, war die Kaulbachstraße allzeit ein attraktiver Wohnsitz für Prominenz,

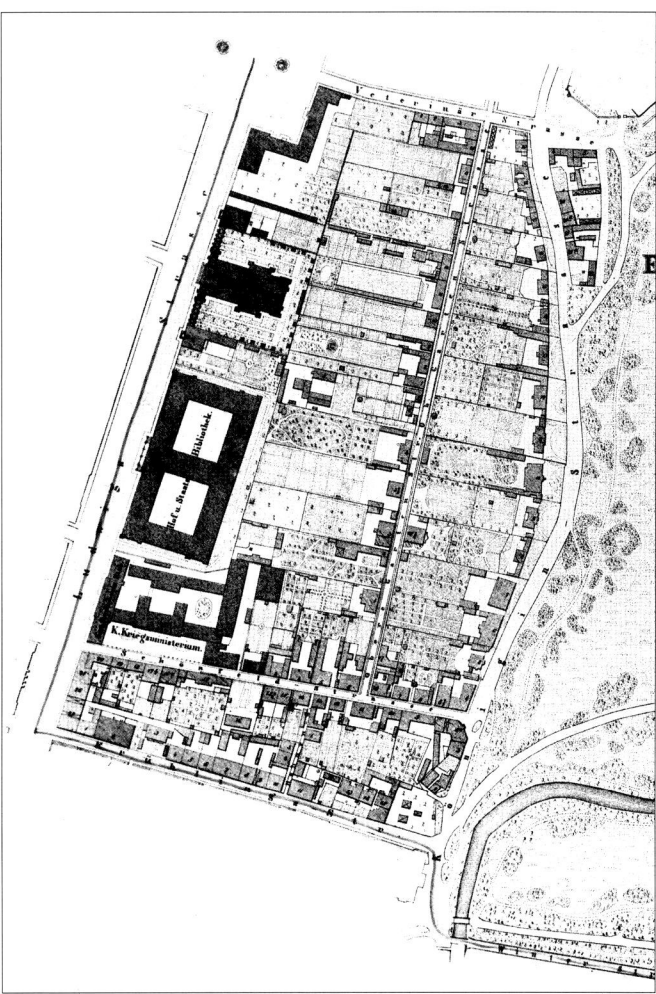

Schönfeldvorstadt mit Kaulbach- (ehem. Obere Garten)straße in der Mitte; Plan von Gustav Wenng, 1858

Künstler, Schriftsteller und Gelehrte, aber auch Studenten (vgl. Bäthe 1965, Bäumler 1982). Hier können – über die bei den einzelnen Baudenkmälern genannten Persönlichkeiten hinaus – nur einige von ihnen sowie weitere geschichtlich und ehemals architektonisch bemerkenswerte Anwesen erwähnt werden.

Haus Nr. 4, eine 1902/03 von Emanuel Seidl für den Holzhändler Hermann Kloepfer erbaute Villa im Heimatstil, wurde um 1965 abgebrochen (Neubau). – Nr. 6 ist ein z. T. vereinfachtes dreigeschossiges Neurenaissance-Wohnhaus mit Seitenrisaliten und Mansarddach. – Im ehem. Haus Nr. 8 wohnte der Schriftsteller Hans von Gumppenberg († 1928), u. a. Texter der „Elf Scharfrichter". – Für den heutigen Straßennamen maßgebend war das einstige Wohnhaus Wilhelm von Kaulbachs (ehem. Nr.

Kaulbachstraße; Flurkarte, M. 1:5000

Kaulbach-Villa und -Museum; Lithographie, um 1874

16a, jetzt 10), das der Künstler 1844 nach dem Tod des Erbauers, des Historienmalers Dietrich Monten (1799–1843) erwarb. Der zweigeschossige Walmdachbau mit polychromer Ziegelfassade, Sandsteindetails und weitem Dachüberstand, 1841/42 nach Plänen von Franz Jakob Kreuter entstanden, gehörte zu den stilistisch innovativsten Bauten dieser Phase in München. Nach Kaulbachs Tod (1874) ließ seine Witwe Josephine nördlich daneben (Nr. 12) 1875 durch Georg Hauberrisser das Kaulbach-Museum in klassischen Neurenaissanceformen errichten, das jedoch mitsamt dem Wohnhaus schon 1889 zugunsten eines neuen Doppelhauses abgebrochen wurde (1944 zerstört; Nachkriegsneubau Nr. 10/12 in traditioneller Gesinnung). Im einstigen Gartenhaus von Nr. 12 wohnte 1927–35 der Kunsthistoriker Wilhelm Pinder. – Nr. 16 beherbergt das 1990 gegründete Orff-Zentrum (Staatsinstitut für Forschung und Dokumentation); der Komponist Carl Orff (1895–1982) war 1924 Mitbegründer der „Günther-Schule". – Die villenartigen Häuser der Studentenverbindung Franco-Bavaria (Nr. 18) und Alemannia (Nr. 20) bilden einen (stark erneuerten) Block. – Das zweigeschossige spätklassizistische Wohnhaus Nr. 32 ist gleichfalls stark erneuert. – Typisch für die spekulative Grundstücksausnützung in der Zeit des späten Historismus waren die nach rückwärts gestaffelten, meist mehrgeschossigen sog. Gartenhäuser, so ein von prominenten Künstlern (u. a. Leo Samberger, Wilhelm Trübner, Albert von Keller und Hermann Kaulbach benutztes) Atelierhaus hinter Nr. 33 oder die beiden dreigeschossigen, noch erhaltenen, doch vereinfachten Gartenhäuser hinter dem Neubau Nr. 35 (im 2. Gartenhaus lebte lange Zeit die Dichterin Ricarda Huch).

An der Kaulbachstraße wurden auch namhafte geistliche Institutionen ansässig, so 1921 das Jesuitenkolleg in dem 1897/98 von Karl Stöhr errichteten Institut Dr. Römer (Nr. 31), heute Neubau der Hochschule für Philosophie (1970/71 von Wilhelm Messmer mit Armin Mayer-Voigt); westlich dahinter (Nr. 31a) Berchmanns-Kolleg, vereinfachter Neubarockbau mit turmartig überhöhter Portalachse, Marienrelief und westlich davon angeordnetem Zwerchhaus. Südlich gegenüber (Nr. 27/29) das 1950/51 von Wilhelm Gaertner erbaute Newmanhaus (Studentenheim). Auf Nr. 23/25 stand bis 1945 das vielfach umgebaute Evang. Waisenhaus. – Im Anwesen Nr. 49 (ab 1865 Atelier des Bildhauers Zumbusch, bis 1882 Wohnsitz des Malers Franz Simm) entstand 1883 die Altkatholische Kirche, später das Redemptoristenkolleg; nach Kriegszerstörung 1949/50 Kolleg-Neubau von Friedrich Haindl, stark von der Straße zurückgesetzt, mit kleiner Kirche im Erdgeschoss, flachgedeckter Saalraum mit zwischen Pfeilern in Glas aufgelöster Apsis und Abseite rechts. – Nördlich benachbart Nr. 49, das baulich mehrfach erneuerte Marie-Antonie-Haus (Studentinnenheim), 1928 von James Loeb gestiftet, nach seiner Gattin benannt (Umbau und Erweiterung von Carl Sattler).

Stattliche Neubauten der Nachkriegszeit, lang gestreckte prismatische Blöcke, sind westseitig, von der Baulinie zurückgesetzt, der Bayer. Oberste Rechnungshof (Nr. 9) und das heutige Landesamt für Umwelt (Nr. 37; Hauptsitz Augsburg).

ARCHÄOLOGISCHE BEFUNDE: Lanzenspitze des frühen Mittelalters (Fundst.-Nr.: 7835/0183). In den 1960er Jahren wurde beim Gasleitungsbau etwa in Höhe der Einmündung der Veterinärstraße in ca. 1 m Tiefe eine Lanzenspitze gefunden. Diese Tiefenangabe spricht für einen Grabfund. Die Spitze weist eine ungewöhnliche schlanke Tülle auf und datiert wahrscheinlich ins 7. Jh.

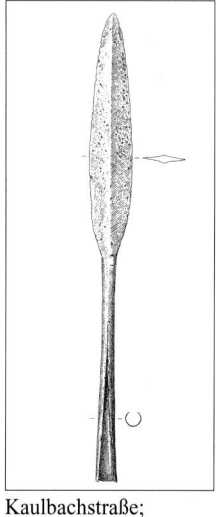
Kaulbachstraße;
Lanzenspitze

Kaulbachstraße 1

Kaulbachstraße 1. Mit der Verpflichtung „zur sofortigen Bebauung" lobte Kurfürst Karl Theodor ab 1795, nachdem Münchens Festungseigenschaft endgültig preisgegeben war, Baugründe auf dem sog. Schönfeld aus. Zwischen der Ingolstädter Landstraße, später Ludwigstraße, im Westen und der Königinstraße im Osten legte man eine schnurgerade Süd-Nord-Achse, die Obere Gartenstraße zwischen der Schönfeldstraße und der Veterinärstraße, fest; die Bebauung und Erschließung dieses Gebiets in unmittelbarer Nähe zum 1793 eröffneten südlichen Teil des Englischen Gartens wurde vom Kurfürsten gefördert und verfolgt. So kommt in städtebaulicher Hinsicht den beiden südlichen Anhebungsbauten der späteren Kaulbachstraße an ihrem Beginn von der Schönfeldstraße an große Bedeutung zu, fixierten sie als Straßenportal doch Bauart und Baulinie. Alle Einmessungen des 19. Jh. geben in der Lage der heutigen Häuser Kaulbachstraße 1 und Schönfeldstraße 15 Eckbauten wieder (vgl. die Stadtpläne 1808, 1812, 1826, 1850 usf.). Es ist also davon auszugehen, dass die Errichtung insbesondere des Hauses Kaulbachstraße 1 in die letzten Jahre des 18. Jh. zurückreicht, also in die Zeit vor Einführung der auf Baupläne gestützten Genehmigungspflicht beim Münchner Magistrat. Der Bestand des Hauses als klassizistisch schlichter, zweigeschossiger Eckbau mit fünf Fensterachsen an der Schönfeld- und dreien an der Kaulbachstraße sowie mit einem üblichen Walmdach ist für die Zeit vor 1821 belegt. In diesem Jahr wurde das Haus von Baumeister Röschenauer nach Westen um zwei Achsen erweitert und erhielt eine Aufstockung um ein 2. Obergeschoss; es wurde also zu früher Zeit die noch heute prägende und nachvollziehbare Kubatur hergestellt (Eigentümer war der bürgerliche Melber Georg Kogg). Auch die eine Generation später stattgehabte Baumaßnahme ist nachvollziehbar geblieben: Der ebenerdige Ladenanbau im Westen wurde 1845/46 von Maurermeister Küßwetter für den bürgerlichen Metzgermeister Josef Gerner hergestellt. Der Einbau einer zweiten Ladentüre in der Fassade an der Schönfeldstraße (zweite Achse von Osten) wurde 1877 für die Privatiere Minutti vorgenommen. (Ein Dachgeschossausbau ist für 1964 belegt. Der Blick auf die bestehende Fassadengestaltung zeigt ein weiteres Mal, dass, gerade wenn bauzeitliche Auszierungen wie Rustiken und Türblätter zwischenzeitlich abgegangen sind, die historisch verpflichtete Fenstergestaltung eine Herausforderung darstellt, der mit Einscheibenverglasungen nicht begegnet werden kann.)

Kaulbachstraße 11. Auf dem ehedem unbebauten Grundstück weit westlich hinter der Baulinie (östlich der Staatsbibliothek) ließ sich der Rentier Alois Zeller 1895–96 von Alois Bischoff ein Wohngebäude errichten, das zweigeschossig über einem vielgestaltigen Grundriss steht und hierin an die hohe Gründerzeit gemahnt. Als (entwerfender) Architekt ist in MBB 1898 Heinrich Kronenberger genannt. Doch kann die äußere Erscheinung des

Kaulbachstraße 11

Kaulbachstraße 11; Aufn. um 1900

barockisierenden Mansarddachbaus bezüglich ihrer Formenwahl als zu ihrer Zeit konservativ bezeichnet werden. Schlanke hohe Sprossenfenster mit einfachen Kastenrahmen und Sohlbänke mit kleinen Konsolen sowie stilisierten Scheitelsteinen, die in ihrer Reduziertheit nurmehr Akzente sind, machen den weitestgehend zurückgenommenen Fassadenschmuck aus. Das Gebäude entstand anstelle eines geplanten, aber nicht zustande gekommenen ehrgeizigen Betriebsgebäudes für die Aktien-Verlagsanstalt für Kunst und Wissenschaft Friedrich Bruckmann. Flache Putzstreifenrustika fasst die Fassaden der Baukörper an ihren Ecken ein. Die Haupt- und Eingangsfassade im Osten wird von einem mittigen Bodenerker betont, der zweigeschossig zu drei Sechsteln vortritt und von einem Zeltdach abgeschlossen ist; leicht zurückversetzt ist der Fassade nördlich ein ebenfalls zweigeschossiger Treppenpavillon angebaut. Ein weiterer Bodenerker befindet sich an der Südfassade, er bedient Zimmer des Obergeschosses als Balkon. Das Dachgeschoss ist infolge des Luftkriegs ausgebrannt und wurde 1946 für den Pharmazeutischen Betrieb Ella Schöner wiederhergestellt. (Zwischen 1900 und 1945 lebten hier Adolf von Achenbach, Theodor Graf von Montgelas, Luitpold Frhr. von Tann-Rathsamhausen, Frhr. von Egloffstein, Frhr. von Pfetten-Arnbach sowie der Historiker Winfried Frhr. von Pöllnitz.) Die heutige Situation des ehem. villenartigen Privathauses kann seine ursprüngliche Lage in großzügig parkähnlichem Ambiente nicht mehr nachvollziehen lassen.

Kaulbachstraße 13. Heute *Institut Français*. Auf zuvor unbebauter, tiefer Parzelle zwischen der Ostfassade der 1842 fertiggestellten Bayerischen Staatsbibliothek und der Oberen Gartenstraße ließ sich 1856–57 Carl Reschreiter ein Wohnhaus erbauen, das im Süden und Norden frei gestellt, mit zweieinhalb Geschossen zu vier Achsen ein vergleichsweise schlichter Vertreter eines vorstädtischen Villen-Wohnbaus war (Bestand des Hauses mit seinen gleichzeitigen Neben-/Hintergebäuden und einer hofseitigen Estrade über gusseisernen Säulen ist protokollarisch und fotografisch belegt).

Nachdem das Anwesen in das Eigentum des kgl. bayer. Kämmerers Edwin Graf von Seyssel d'Aix übergegangen war, ließ dieser 1874 von Reinhold Hirschberg den Bau nach Süden erweitern: in Form eines pavillonartigen Zubaus zu drei Geschossen mit Pyramidendach und einem polygonalem Eckerker. Es entstand eine vielgestaltige, malerisch-unregelmäßige Baugruppe, die schließlich bis 1914 existierte. Graf von Seyssel d'Aix entschied sich, in diesem Jahr die Baufirma Gebrüder Rank mit einer Erweiterungsplanung zu beauftragen. Die Vergrößerung der äußeren und inneren Kubatur sowie die baulichen Ergänzungen im Umfeld, die schließlich im ersten Jahr des Ersten Weltkriegs stattfanden, ließen ein Adelspalais herrschaftlichen Zuschnitts entstehen – dies freilich zu einem sehr späten Zeitpunkt und also in Hinblick auf die Wohnstrukturen retrospektiv. Es entstand eine Villa im Stil eines französischen Rokoko-Palais, die umfas-

Kaulbachstraße 13   ▷

Kaulbachstraße 13, Medaillon mit Ansicht des Vorgängerbaus

Kaulbachstraße 13, Gartenseite

Kaulbachstraße 13, Gartensaal

send erhalten ist. Im niedrigeren Erdgeschoss sind die ehemaligen Funktionsräume wie Portière, Garderobe, Küche sowie Wirtschafterinnen- und Dienerzimmer untergebracht. Die vom straßenseitigen Eingang her erschlossene Halle mit gartenseitigem Austritt ist als Galerie durchgebildet. Im höheren 1. Obergeschoss, das wie ein Piano nobile behandelt wurde, befanden sich die Zimmer für den Herrn und die Dame, das Wohn- und Speisezimmer, die Bibliothek und ostwärts oberhalb des Eingangs ein bemerkenswerter Salon, der sich in seiner baulich-stilistischen Auffassung (Fenstertüren, eingerundete Ecken und Hohlkehlen) an entsprechenden Räumen in Pariser Adelshotels orientiert. Das 2. Obergeschoss beherbergte nachgeordnete Schlafräume. Im Vergleich zum Inneren erscheint das Äußere würdig zurückhaltend. Hervorgehoben freilich wurde die Straßenfront strukturiert. Ein flacher Risalit betont den Eingang und den mit Gitter bewehrten Austritt vor den beiden Fensterachsen

Kaulbachstraße 13, 1. Obergeschoss, Blauer Salon

Kaulbachstraße 13, Eingangstür innen

Kaulbachstraße 13, Haupttreppe

des Salons darüber. Abgerundete Ecken leiten von der Straßenfassade zu den gartenseitigen Fronten im Süden und Norden über, die hinsichtlich ihrer Rhythmisierung je eigen und eher mit dem Bau gewachsen als durchgeplant zu sein scheinen. Die gartenseitig zugeordneten Nebengebäude nahmen im Südpavillon ursprünglich Autogarage, Waschküche und Bügelzimmer, darüber eine Chauffeurswohnung sowie im Nordpavillon Stallungen, Geschirrkammer, Remise und im Dachraum darüber Sattelkammer mit Kutscherwohnung auf. Das an den südlichen Pavillon westlich angesetzte Glashaus (entlang der nördlichen Gartenmauer) entstand ebenfalls 1913 nach den Plänen der Gebrüder Rank. Dem Hauptgebäude symmetrisch zugeordnet, mit konkav eingeschwungenen Hoffassaden bedeuten die beiden Pavillons eine Reprise von Commun-Bauten einer Schlossanlage wie das Gesamt der Bauten des Palais Seyssel d'Aix den „baulichen Nachhall" eines höfischen Organismus veranschaulicht.

Bemerkenswert sind die an den Erdgeschossecken angebrachten Reliefansichten der Vorgängerbebauung samt Daten, rechts 1853–73, links 1873–1918.

Kaulbachstraße 15. Historisches Kolleg im Stifterverband für die Deutsche Wissenschaft, ehem. Villa des Porträt- und Genremalers Friedrich August von Kaulbach. Gemäß Wenngs Topographischem Atlas ist 1849 Frhr. von Kreitmeier Besitzer des Anwesens Obere Gartenstraße 4, eines großzügigen Baus entlang der Straße, der nach 1887 dem Neubau der Kaulbach-Villa weichen musste. – Lang gestreckte Stall- oder Remisenbauten schlossen sich dem Gebäude entlang den nördlichen und südlichen Grundstückgrenzen an und bildeten eine Hofsituation, auf die nach Westen ein gestalteter Park folgte. 1862 kam das Anwesen in den Besitz von Karl Graf von Moy, der es seinerseits 1887 an Friedrich August von Kaulbach (1850–1920) weiterveräußerte. (Von Moy gelang es, die Liegenschaft mit erheblichem Gewinn loszuschlagen; 1887 konnte er mehr als das Vierfache des von ihm 1862 selber bezahlten Preises erzielen.) Der 1886 zum Direktor der Münchener Akademie avancierte Friedrich August von Kaulbach beauftragte Gabriel von Seidl mit dem Neubau eines Wohnhauses mit Atelier. Nach Abbruch der Vorbebauung entstand unter Bauleiter Architekt Heinrich Kronenberger bis 1889 eine Villa nach den renaissanten Vorbildern der italienischen Ville suburbane. Es galt dabei, die Anforderungen des Wohnens mit denen eines Atelierhauses zu verbinden. Entsprechend kam es schon während des Bauverlaufs zu etlichen Änderungen. Und die in den Garten symmetrisch ausgreifenden Rückflügel, zunächst nur zweigeschossig, wurden schließlich 1900 um ein weiteres Geschoss erhöht, um dem bestehenden Raumbedarf zu begegnen. Die Erscheinungsweise der gartenseitigen Fassade wurde damit verändert, die Italianità der Gartenschauseite regelrecht „eingezwängt" zwischen den beiden nunmehr pylonartigen Seitenbauten. Die Architekten hatten das Haus ursprünglich ganz auf die genannte Zwitterfunktion abzustellen: Das Atelier sollte hauptsächlich von Norden her belichtet sein, es machte, da es galerieartig einkalkuliert wurde, beinahe die Hälfte der Fläche von 1. und 2. Obergeschoss aus. Das Hochparterre war mit einem Eingang zwischen Garderobe und Portière so strukturiert, dass privater von Kundenverkehr getrennt möglich war. Die Witwe des 1920 verstorbenen Friedrich August von Kaulbach erhielt die Bewirtschaftung des Hauses bis 1931 aufrecht. In diesem Jahr verkaufte sie die Liegenschaft an den Corpshausverein „Bavaria" e.V. (Studentenverbindung), der verschiedene Umgestaltungen vornehmen ließ, entscheidend die Neuorganisation des Ateliers zum Festsaal, wodurch wohl die bauzeitliche Raumschale des zentralen Raums in Mitleidenschaft gezogen wurde. Schließlich wurde 1937 der Staat auf die Immobilie aufmerksam, auf der Suche nach Ersatzobjekten für die wegfallenden repräsentativen Wohn- und Dienstsitze bei der Verbreiterung des Von-der-Tann-Straßendurchstiches (auf höchsten Befehl) im gleichen Jahr. Augenmerk verdient bei den folgenden Rückbau- und Veränderungsarbeiten wiederum das ehemalige Atelier. Für den Gauleiter und Staatsminister Adolf Wagner schufen nach den Entwürfen Josef Wackerles die Bildhauer Gradl und Hiller sowie die Schreinerwerkstätten Dübell den Übergang vom ehemaligen Atelier zur Büchergalerie und den südlich und westlich anschließenden Zimmern im 2. Obergeschoss. An der Südwand des Ateliers baute man einen Kamin mit sog. italienischer Einfassung ein, der von den Planungen im Erdgeschoss freigesetzt worden war. Von einer „Säuberung von falschem Schmuck" spricht Fritz Gablonsky 1940, wenn „allzu reich wirkende Dekorationen" beseitigt wurden. So wurden unter den Bauleuten der NSDAP zwei südlich an das Atelier angrenzende Räume zu einem Musikzimmer zusammengeschaltet und der zur Herstellung des großen Raumes notwendige Unterzug mit zwei Veroneser Marmorsäulen abgestützt, die vorher Teil der Gartenmöblierung waren.

Kaulbachstraße 15

Nach dem Zweiten Weltkrieg zog der amerikanische Soldatensender AFN (American Forces Network) in die ehemalige Kaulbachvilla ein, sendete von hier, bis schließlich nach Preisgabe des Senders der Freistaat eine Folgenutzung zu erwägen hatte. 1986 erfolgten die notwendigen Arbeiten für den Einzug des Historischen Kollegs, die Planungen wurden von Otto Meitinger sowie den Architekten Braun/Hesselberger durchgeführt. Die gepflegten Ausstattungsteile in Erdgeschoss und 1. Obergeschoss, die der AFN und fol-

Kaulbachstraße 15, Mittelrisalit

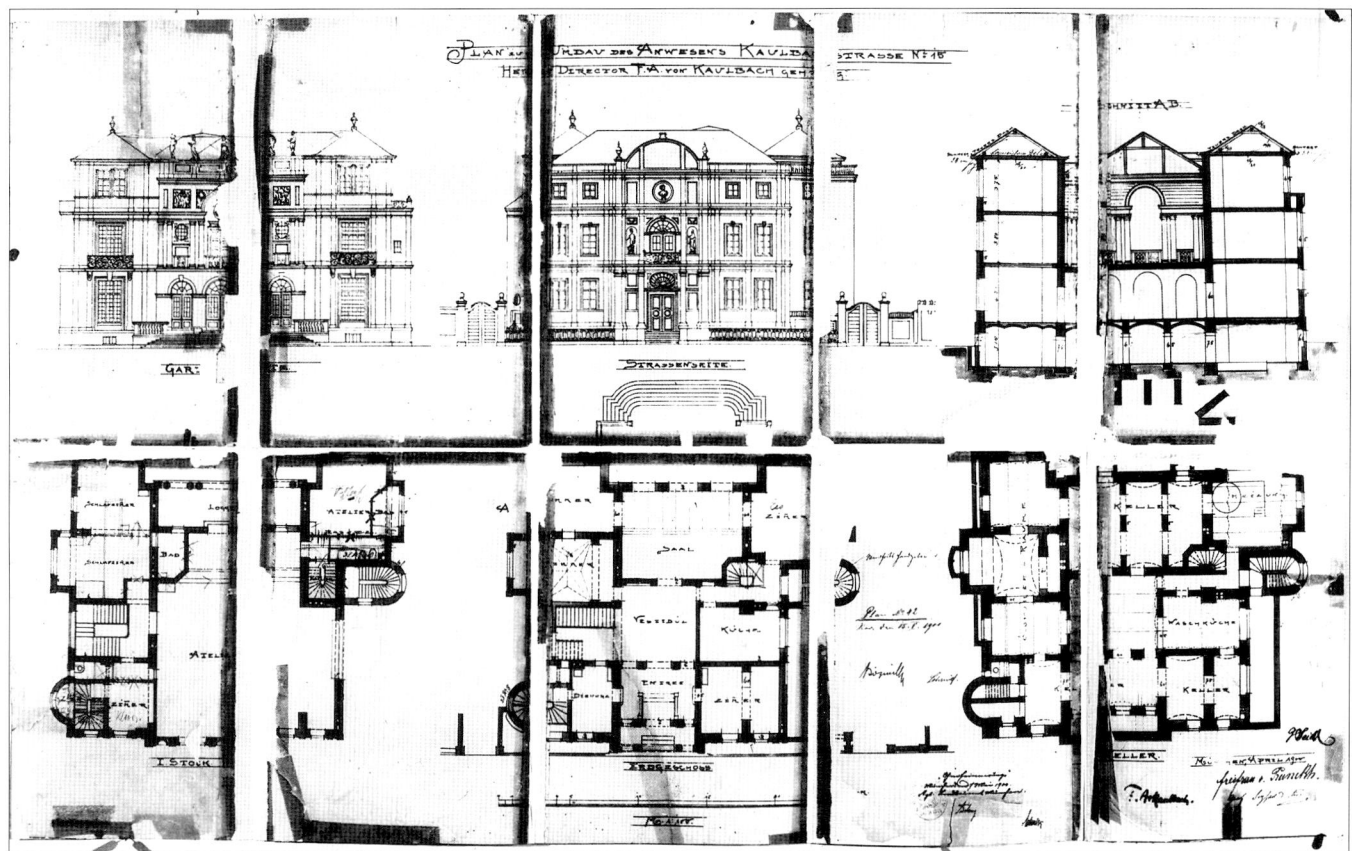

Kaulbachstraße 15; Umbauplan von Gabriel Seidl, 1900

Kaulbachstraße 15, Gartenseite; Aufn. 1995

Kaulbachstraße 15, 1. Obergeschoss, Loggia, mittleres Gewölbejoch

Kaulbachstraße 15, 1. Obergeschoss, Tür

Kaulbachstraße 15, 1. Obergeschoss, Loggia

Kaulbachstraße 15, Erdgeschoss, Gartensaal

gend das Historische Kolleg vorfanden, waren/sind die Ergebnisse der Beteiligung von Paul Ludwig Troost († 1934) und seiner Witwe Gerdy.

Das von zwischenzeitlich vier Anforderungs- und also Ausstattungsphasen „heimgesuchte" Innere der Villa wird von einem Äußeren geprägt, das in Stilwahl und baukünstlerischem Anspruch des Erbauers Friedrich August von Kaulbach in weiten Zügen nachvollziehbar geblieben ist (das Innere freilich prägen die Ambitionen der Machthaber des NS-Regimes).

Kaulbachstraße 15, Gartenfront; Aufn. um 1900

Die zweieinhalbgeschossige Straßenfront wurde als siebenachsige, von Lisenen gegliederte Fassade ausgeführt, deren mittige Portalzone leicht aus der Gebäudeflucht vorspringt. Der Rhythmus der Travée vor dem Portal wird vom 1. Obergeschoss und dem niedrigeren 2. Obergeschoss wiederholt, bei jeweils zunehmender architektonischer Vereinfachung. Die straßenseitige Fassade wird nach oben hin von einer Attika abgeschlossen, der Eingangsrisalit von einem Giebel in Segmentbogenform überhöht. Als bewusster Rückgriff auf italienische Vorbilder kann die Gartenfassade der Kaulbach-Villa angesehen werden. Das Atelier, als das Herzstück der Villa, ist in der althergebrachten baulichen Situation eines Piano nobile untergebracht. Die das Piano nobile im 1. Obergeschoss akzentuierende Serliana wird von zwei Seitenbauten flankiert, die erst im Jahre 1900 auf die heutige Gesamthöhe von drei Geschossen aufgestockt worden waren. Dabei kennzeichnet die unter Berücksichtigung der klimatischen Verhältnisse weitestgehend offene Bauausführung des Piano nobile die für die italienische Villeggiatura traditionelle Korrespondenz von Innen und Außen, Wohnraum und Garten. Ansichten der ersten Fassadenformulierung belegen, dass mit der Aufstockung der Seitenrisalite eine grundlegende Neuinterpretation der Gartenseite vorgenommen wurde. Die Gartenzugänge des Erdgeschosses und das traditionelle Gebälk-Bogenmotiv vor der Veranda des Obergeschosses sind entsprechend rhythmisiert: Den Intrafenestralen der drei Fenstertüren entsprechen die Doppelsäulen resp. Pfeiler-Säulenkombinationen der Serliana im Geschoss darüber. Die Gartenfassade wird gleichsam dominiert von dieser Serliana, je seitlich von niedrigeren einachsigen und zweigeschossigen Risaliten flankiert. Die dann doch erfolgte Erhöhung der Seitenrisalite 1900 sollte die Proportionalität der Fassade gänzlich verändern. Hinzu kam die Verschiebung der äußeren Kubaturen durch die optische Einbeziehung der Dachflächen in die Fassade.

Kaulbachstraße 22/22a/24. Vom ursprünglich fünf Gebäude umfassenden Auftrag, den Martin Dülfer für den Baumeister Friedrich Wagner durchplante, sind infolge von Kriegszerstörung und veränderndem Wiederaufbau nur mehr drei Bauten, der Block 22/22a und 24 nachvollziehbar geblieben. Und es ist gerade dieser um 1900 ausgeführte Dreierblock, der eine bezeichnende malerische Asymmetrie belegt, wie sie dem Jugendstil eigen ist. Freilich ist das mittlere der drei Anwesen (bez. 1900) zentral gruppiert, doch deckt sich das Gestaltungsprinzip der großen Anlage nicht mit der Binnenstruktur des einzelnen Anwesens: Der polygonale Flacherker des Hauses wurde ausmittig in die Fassade gesetzt, die beiden nördlichen Fensterachsen sind jeweils zweigeteilt, die nur eine südliche Achse ist dreigeteilt; dabei wurde der Hauseingang ausachsig an die nördliche Kommunwand herangerückt und nicht etwa symmetrisch einer

◁ Kaulbachstraße 22/22a/24 (von rechts)

Kaulbachstraße 22a   ▷

Kaulbachstraße 24   ▷▷

Fensterachse untergeordnet. Das nördliche der beiden Seitenhäuser (Nr. 24) korrespondiert formal mit dem südlichen (Nr. 22), beide werden von einem sehr flachen Polygonalerker bestimmt. Doch ist Nr. 24, was seine Grundflächen anbetrifft, kleinerformatig (vier Wohneinheiten), während Nr. 22 deutlich größer zugeschnitten wurde (acht Wohneinheiten). Und während Dülfer der Fassadenfläche von Nr. 24 nur eine – dreigeteilte – Fensterachse zusätzlich zur Belichtung durch die Lanzetten des Polygonalerkers einschrieb, sind es bei Haus Nr. 22 drei asymmetrisch gruppierte – zweigeteilte – Fensterachsen. Die Beobachtungen zur spielerisch symmetrischen Asymmetrie lassen sich bei diesem Baublock weiter fortsetzen: Während die Hofdurchfahrt bei Nr. 24 rundbogig geschlossen worden ist, überzieht ein Korbbogen den Hofzugang von Nr. 22. Und während bei Nr. 24 ein megalomaner Schlussstein den Bogen bekrönt, ist es bei Nr. 22 eine geflachte Schabracke mit stilisierten Guttae.

Kaulbachstraße 22a, Zwerchhausgiebel

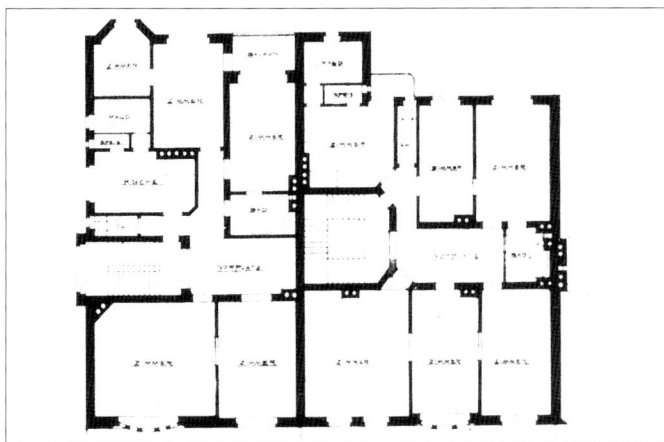

Kaulbachstraße 22/22a; Grundriss 2. Obergeschoss

Die abgeschrägte Hausecke auf der Seite von Nr. 24, hier auf Höhe des 2. Obergeschosses, wird durch eine steigende Schulter vermittelt, bei Nr. 22 findet diese Vermittlung gleichsam negativ, durch eine fallende Schulter statt. Den entscheidenden Ausgleich der Asymmetrie hinsichtlich der Fensterachsen-Verteilung über die Fassadenabwicklung wie der Baukörper-Verteilung grosso modo schafft die Ornamentik, gewissermaßen die gestalterische Verschleifung einer Ungleichförmigkeit durch Gleichförmigkeit (das Wesen extremer Stilformen in epochalen Schlussphasen generell). Und entsprechend dem Einsatz der Bauformen gestaltet sich die Veränderungsgeschichte der drei (ursprünglich fünf) in einem Zug aufgeführten Häuser ungleichmäßig, von einem „gleichmäßigen" Einschnitt, dem Zweiten Weltkrieg, abgesehen. Schon bald nach Fertigstellung der Rohbauten waren die Häuser in je unterschiedliche Hände gekommen mit je unterschiedlichen Gewichtungen der Verwertbarkeit, was sich dem äußeren Augenschein nach hauptsächlich in verschiedenfarbigen Fassadenfassungen niederschlägt. (Die Herstellung der Bewohnbarkeit des Dachraums bei Nr. 22 veranlasste eine äußerlich verfremdende Erschließung des Spitzbodens.)

Kaulbachstraße 26a/b. Künstlerwohnhaus Hans von Defregger. Der Bildhauer Hans von Defregger (1886–1956) ließ sich 1924–1925 auf einem bis dahin nicht bebauten Grundstück an der Kaulbachstraße das bestehende Wohnhaus Nr. 26b errichten. In die von Oskar Pixis durchgeplante Baumaßnahme wurde noch das tiefer im Grundstück liegende, 1885–86 erbaute Atelier/Gartenhaus des Malers Franz von Defregger (1835–1921), Vaters des Bauherrn, integriert (bis zur Neufestsetzung des Flurstücks Königinstraße 31/heute Teil von Kaulbachstraße 26a). Und mit Errichtung eines zusätzlichen, neuen Ateliers (heute westlicher Gebäudeabschnitt von Haus Nr. 26a) stellte Pixis eine baulich geschlossene Verbindung und den Übergang zwischen dem Neubau an der Kaulbachstraße und dem bereits bestehenden älteren Atelierteil her. Der sich dem Haupthaus südlich anschließende, zunächst offene Übergang oberhalb der Hofdurchfahrt wurde wiederum von Oskar Pixis 1929 überbaut und zu Räumen geschlossen. Das seinem Äußeren nach trutzige dreigeschossige Wohnhaus an der Kaulbachstraße 26b schloss vergleichsweise spät eine Baulücke zwischen dem nördlichen Nachbargebäude aus den 80er Jahren des

Kaulbachstraße 26a, Rückgebäude (Atelier Fr. v. Defreggers)

19. Jh. (Eigentümerin zur Zeit der Erbauung von Haus Nr. 26b Frfr. von Satzenhofen), das neurenaissant durchgebildet war, und dem 1900 entstandenen mächtigen Jugendstilbau Haus Nr. 26, der bis zu seiner Kriegszerstörung den nördlichen Abschlussbau einer Fünfergruppe darstellte. (Anstelle der heutigen Nr. 26b hatte ab 1898 Martin Dülfer eine Verlängerung seiner Bautengruppe geplant, die jedoch nicht zustande kam.) Ein bezeichnender Stilwechsel fand beim Wiederaufbau des total zerstörten Anwesens Nr. 26 im Jahre 1951 statt, Bauherrin war Elly Rode. Die Gestaltung des Ersatzbaus folgte nicht dem Jugendstil des Vorgängerbaus selbst oder des südlichen Nachbargebäudes, sondern der sachlich-heimatstiligen Ausprägung des nördlichen Nachbarn. Die malerische Vielgestaltigkeit der Bautengruppe Kaulbachstraße 26a und 26b ist, wohl als Absicht der Erbauers und Planers, gut nachvollziehbar geblieben; sie kann mit fortwährendem Wechsel der Prospekte regelrecht ergangen werden: Ein mächtiger polygo-

Kaulbachstraße 26b

naler Bodenerker akzentuiert die Gartenseite des Haupthauses und bedient die Dachwohnung als Austritt, der modern adaptierte Atelierbau hat Stichbogenfenster und enge steinerne Treppenläufe behalten, wenngleich seine historische Nutzung und Funktion obsolet geworden sind. Der Abwicklung der rückwärtigen Fassaden folgend schließt ein polygonaler Eckerker mit oktogonalem Türmchen an. Dieses beherbergt hinter Butzenscheiben und gedrechselten Setzhölzern eine aus Südtirol, der Heimat des Bauherrn, stammende, klar ältere Stube mit Decken- und Wandtäfer. Deren Zumessungen hatte Architekt Georg von Hauberrisser offensichtlich bautechnisch zu berücksichtigen – ein Kuriosum, aber wohl Zeichen der Zeit des späten Historismus. (Zahlreiche Portraits und auch Genre-Szenen Franz von Defreggers geben vergleichbare stimmungsvolle Interieurs wieder.) Durch Verbau in mehreren Schritten und Zwischendecken in den ehemaligen Ateliers wurde auch dieser älteste Bauabschnitt der Wohnnutzung zugeführt. – Vgl. Königinstraße 27 und 31.

Kaulbachstraße 29b. Im weit von der Straße abgelegenen Rückbereich, dem Chor der Ludwigskirche östlich vorgelagert, liegt der zum Atelier umgestaltete Remisen- und Stallbau an der südlichen Grundstücksgrenze des vormaligen Anwesens von Dr. Erwein Graf von Schönborn-Wiesentheid. Für den eingeschossigen, nach Norden ausgerichteten Bauriegel bot sich als Folgenutzung nach Freiwerden der notwendigen Verhaltung von Pferden ein Atelier geradezu an. In neoklassizistischen Formen ließ Hans Gedon 1922 den Mittelbau mit seiner dreiachsigen Portikusfassade gestalten. 1938 schließlich wurde den beiden Seitenflügeln durch Konrad Holzer ein 1. Obergeschoss aufgesetzt. So war in zwei Überformungsschritten aus einem Stallgebäude ein großzügiges Gartenhaus geworden, das schließlich als Atelier adaptiert worden ist. Hier arbeitete auch Bernhard Bleeker, der u. a. die Portallöwen des Münchner Polizeipräsidiums

Kaulbachstraße 29b

(1911) schuf und am Kriegerdenkmal an der Westseite des ehem. Armeemuseums am Hofgarten (bis 1926) mitarbeitete. (Infolge der modernen Bebauung der Parzellen Kaulbachstraße 27/29/ 29a ist der historische Nachvollzug des Hauses 29b, seine Funktion und ursprüngliche Zuordnung nicht mehr möglich.)

Kaulbachstraße 31a mit Nr. 33/Rgb. Die rückwärtigen Bauabschnitte des Berchmannskollegs entstanden in zwei Schritten. Nr. 31a wurde als dreigeschossiger mehrgliedriger Baukörper 1897 nach den Plänen des Architekturbüros Karl Stöhr erbaut; an der nördlichen Grundstücksgrenze bildet der Bau eine Art Lichthof. Den Walmdachbau dominieren neubarocke Formen. 1907 entschloss sich Institutsdirektor N. Römer zu einer erneuten baulichen Erweiterung. Nach Plänen von Liebergesell & Lehmann kam es zum abgewalmten dreigeschossigen Anbau nach Norden (Nr. 33, aber in baulichem Aufschluss von Nr. 31a her). Der jün-

Kaulbachstraße 31 und 33/Rückgebäude; Aufn. 2008

geren Zeitstellung entsprechend, wählte man für den erneuten Anbau jugendstilig anverwandelte Formen. Nach dem Ersten Weltkrieg gelangte Kaulbachstraße 31a in das Eigentum der Oberdeutschen Jesuiten-Provinz. (Das Vordergebäude, ursprünglich ein stattlicher Neurenaissancebau, brach man 1990 zugunsten des bestehenden Neubaus ab.)

Kaulbachstraße 34. In Personalunion von Auftraggeber und -nehmer, also Bauwerber und Ausführendem zugleich, errichtete Max Steinmetz 1878–79 das Mietshaus Kaulbachstraße 34 zusammen mit dem südlich benachbarten, formverwandten Mietshaus Nr. 32 (dieses war erheblich kriegszerstört und erhielt im Zuge des Wiederaufbaus eine vereinfachte Fassadengestaltung). Steinmetz erwarb etliche Bauplätze an der Ostseite der Kaulbachstraße, die er mit seiner eigenen Firma bebaute und nicht selten noch vor der Fertigstellung an Kaufinteressenten veräußerte. Hauszugang und Durchfahrt erfolgten im Norden (bauzeitliches zweiflügeliges Treppenhaus erhalten), das südliche nebenliegende Treppenhaus über querovaler Grundform erschließt die gemäß Eingabeplan fünf Zimmer und Nebenräume in jeder Etage des als Einfamilienhauses konzipierten Anwesens. 1899 vergrößerte die Firma Steinmetz & Sohn das Speisezimmer im Hochparterre nach Osten hin, es wurde ein eigens fundamentierter An-

Kaulbachstraße 38/38a   Kaulbachstraße 36   Kaulbachstraße 34

bau geschaffen. Bauherr war der Kunstmaler Prof. Hermann Kaulbach. Außerdem wurde im gleichen Jahr die nordseitige Veranda oberhalb des Hauszugangs (Hofdurchfahrt) massiv ausgemauert, also auch im 1. Obergeschoss eine Vergrößerung des Wohnraumes geschaffen. Die Durchbildung der Fassade besticht durch ihren stilreinen Neurenaissancedekor: Beiden Geschossen ist eine Rustika vorgelegt, dem Erdgeschoss eine solche aus facettierten Quaderanschnitten, dem Obergeschoss eine in Putzstreifen, die Brüstungszonen der Fenster beider Geschosse werden von Gurtgesimsen horizontal abgesetzt.

Die Fenster des Obergeschosses finden sich von kannelierten Pilastern mit ionischen Kapitellen flankiert, ihre Verdachungen bestehen alternierend aus Dreiecks- und Segmentbogengiebeln. Im Traufgebälk hat sich ein schlichter, aber stilprägender Zahnfries erhalten.

Kaulbachstraße 36. Die südlichen Parzellen der Fläche zwischen der Veterinärstraße im Süden, der Unteren Gartenstraße im Westen und der Königinstraße im Osten waren ab den 20er Jahren des 19. Jh. vollständig überbaut. Die hiesige Bebauung bestand zumeist aus zweigeschossigen Wohnbauten, vorwiegend mit abgewalmten Dächern und eingeschossigen Nebengebäuden (vgl. das weiter südlich an der westlichen Seite der Kaulbachstraße gelegene Haus Nr. 41/43, das diese bis ins späte 18. Jh. zurückreichende, tendenziell ländliche Bauweise noch erkennbar überliefert). Die baurechtlichen Möglichkeiten erlaubten jedoch schon bald nach 1863 eine höhere Bebauung, die Planungen des Stadtmagistrats sahen eine solche gerade zwischen der Schwabinger Landstraße und dem Englischen Garten vor: Eine zwar von ländlichen Gewerken wie Gärtnereien und Gärten geprägte Umgebung veränderte so binnen weniger Jahre ihr Gesicht hin zu einem von modernen städtischen Bauten geprägten Quartier (anschaulich verdeutlicht etwa vom Gegenüber der Anwesen Kaulbachstraße 34 und 41/43). Bauherr des Hauses Nr. 36 an der Kaulbachstraße war der in Fragen der Inszenierung und des Dekors beschlagene Ludwig Gampenrieder, von Hause aus Konditor, aber berufsmäßiger Impresario (Mitbegründer der Schwadron der Pappenheimer und 37 Jahre lang deren Zeremoniar, dies bis zu seinem Tod 1896). Gampenrieder erwarb die zweite Parzelle an der östlichen Straßenseite (die erste, d. i. südlichere nummeriert nach der Veterinärstraße), ließ den Vorgängerbau demolieren und 1882 von Baumeister Max Steinmetz (aus der Familie des Hoftapezierers Max Steinmetz) ein in seiner Umgebung gehobenes Mietshaus errichten. Die Hofdurchfahrt erfolgt in der nördlichen Achse, der Hauseingang liegt in der südlichen. Diesem ist ein längsovales Treppenhaus angeschlossen, das die Wohnungen darüber erschließt (mit Bädern und Holzlegen in den Dunkelzonen, gemäß Eingabeplan). Beachtung verdient die Straßenfront und deren dekorative Durchbildung: Drei der fünf Fensterachsen sind eng

gesetzt und durch gestalterische Kunstgriffe als Mittelzug betont. Rustizierte Lisenen rhythmisieren die Fassadenfläche in ihrer Abwicklung. Rundbogenfenster machen die Öffnungen des 1. Obergeschosses aus, die beiden äußeren von gesprengten Dreiecksgiebeln, die mittleren drei von einem gemeinsamen Gesimszug verdacht. Die Sturzfelder oberhalb der Fenster des 2. Obergeschosses wurden als Traufgebälk artikuliert: Der Fenstersturz ist Architrav, darüber hat sich ein mit Feston verzierter Fries erhalten, ein verschliffenes Gesims schließt sich zum Dach hin an. (Die bestehende Gesamterscheinung und der gegebene Ausbau des Dachgeschosses ist das Ergebnis einer Gesamtsanierung im Jahr 1980.)

Kaulbachstraße 38/38a. Der Doppelmietshausblock entstand 1883. Der Architekt und Baumeister Felix Svoboda war zugleich Besitzer des Eckhauses Nr. 38, während er das Traufhaus Nr. 38a für den Privatier Michael Pfeiffer entwarf. Das dreigeschossige Doppelhaus ist symmetrisch konzipiert, durch nebeneinander liegende Eingänge erschlossen und die jeweils als flacher Risalit vorgezogene Mittelachse strukturiert. Insgesamt bilden die drei Achsen breiten, maßstäblich der Vorstadtsituation angepassten Mietshäuser einen entfernt an italienischen Renaissancepalästen orientierten Block mit rustiziertem Erdgeschoss, die Obergeschosse zusammenfassenden Lisenen und das Hauptgeschoss betonendem Wechsel von Segment- und Dreiecksgiebeln über den verschieden breiten Fenstern.

Kaulbachstraße 41 und 43. Der als Haus Nr. 41/43 an der Kaulbachstraße adressierte zweiflügelige Bau bildet von seiner Bauform her und wohl auch hinsichtlich der Entstehungszeit eine Einheit mit dem nördlich angeschlossenen Haus Veterinärstraße 10; die Bauten stellen eine Dreiflügelanlage, die Schritt für Schritt in der 1. Hälfte des 19. Jh. entstanden ist, dar. Der Plan von 1812 weist in etwa in der Lage des heutigen Hauses Nr. 41 an der Kaulbachstraße, ebenfalls tief nach Westen in die Parzelle reichend, ein unbewohntes Neben-/Hintergebäude aus, das

Kaulbachstraße 41 und 43 mit Veterinärstraße 10 (von links); Aufn. 1995

zum nördlichen an der „Veterinaire Straßse" gelegenen Hauptgebäude gehörte. Diese Verhältnisse belegt auch der Plan von 1826. Ein in der LBK erhaltenes Baugenehmigungsverfahren belegt, dass nach 1826 und vor 1839 eine Realteilung der Parzelle an der Veterinärstraße stattgefunden hatte und der lange Bauriegel, der eine Generation vorher noch als Nebengebäude ausgewiesen war, zwischenzeitlich zum Wohnhaus ausgewechselt oder als solches neu erbaut worden war. 1839 ließ der „Kunstvereins Diener" Berthold von Baumeister Paris und Zimmermeister Hofstetter seinem Haus einen östlichen Haken anbauen, der dem schmalen vierachsigen Flügel von Nr. 41 noch heute entspricht. (Für den Bauwerber Krämer Heinzelmann schloss 1843 Baumeister Georg Fischer die an der Kaulbachstraße verbliebene Lücke zwischen der Nordseite des Bertholdschen Neubaus und der Rückseite des Anwesens an der Veterinärstraße.) Unter Beachtung von schriftlicher und baulicher Überlieferung zur histori-

Kaulbachstraße 46   Kaulbachstraße 44

Kaulbachstraße 41 von Südosten; Aufn. 1995

schen Funktion der Bauten kann davon ausgegangen werden, dass diese in den 20er bis 40er Jahren des 19. Jh. einer Nutzung als „Weingeist-, Spiritus- und Essigfabrikation" unterworfen waren, die eher ungewöhnlichen Kellergewölbe erklärten dies. Mit Blick auf das äußere Erscheinungsbild der Anlage scheint es bemerkenswert, dass stilistisch um 1800 verbreitete Gestaltungselemente der Fassaden (reduziert geohrte Faschen und Anputzungen) vom frühesten Bau auf die folgenden Aus- und Anbaustufen übernommen worden sind. Selbiges gilt auch für verbaute Ausstattungselemente wie Treppenläufe, Türen und Fenster. Unter Berücksichtigung von Ort – ländlich geprägtes Schwabing – und Zeitstellung scheint durch die noch heute nachvollziehbare Schlichtheit und den strengen biedermeierzeitlichen Zuschnitt eine repräsentative Ambition des maßgeblichen Bauherrn spürbar. Dass die Wohnnutzung im Erdgeschoss teilweise ab 1886 und vollständig ab 1908 aufgegeben wurde, dies zugunsten einer erweiternden geschäftlichen Nutzung, erscheint gewöhnlich: Die durch Philipp Sturm für den kgl. bayer. Hofschuhfabrikanten Rudolf Schultes 1909 vollzogene Ladenauswechslung stellte den noch heute erkennbaren Laden- und Schaufensterzuschnitt her. Der Anlage Kaulbachstraße 41/43/Veterinärstraße 10 kommt stadtgeschichtlich und denkmalpflegerisch eine hohe Bedeutung zu. Baualter, Baugeschichte und die bestehende Dichte gestalteter Überlieferung konstituieren ein Baudenkmal, das in seiner Art wohl einzigartig geworden ist. – Der Dichter Otto Julius Bierbaum bewohnte hier „ein armselig Studentenstübchen" (1887).

Kaulbachstraße 44. Auf bis dahin unbebautem Grund an der Ostseite der Kaulbachstraße ließ sich der „Sprachen- und Realienlehrer" Prof. Joseph Benz 1891–92 von Joseph (?) Thomas das bestehende Mietshaus erbauen. Das Haus bildete eine Einheit mit dem südlich anschließenden Anwesen Kaulbach-

straße 42. Das durch den Hauszugang in der mittleren Achse zugängliche, rückwärtig eingezogene Treppenhaus erschließt gemäß Eingabeplan zwei Wohnungen je Etage, wobei bei Berücksichtigung der Erbauungszeit deren Zuschnitte traditionell anmuten: durch die Gebäudetiefe bedingte Dunkelzonen und den Zwang, hierin abschnittsweise auch Wohnräume unterzubringen. Die Fassadengestaltung wird in ähnlich traditioneller Weise von bewährten Formen geprägt: Eine konsequente Umsetzung von Neurenaissanceformen signalisieren die schätzende Beibehaltung von Bewährtem seitens der Bauausführung oder des Bauwerbers. Dabei wurden strukturierende Vorsprünge, wie sie in den gemeinsam behandelten Hauptgeschossen durchgebildet sind, in den Absätzen der Putzstreifenrustika des Erdgeschosses nicht von allen Auswechslungsphasen beachtet. Die Hauptgeschosse präsentieren eine stilreine Beachtung der Gestaltungsmerkmale der Neurenaissance: Rhythmisierung durch Eng- und Weitsetzung der Fensterachsen, Verklammerung der eng gesetzten Achsen in Risaliten und deren gemeinsame Verdachung. Die Mitte der Fassade von Kaulbachstraße 44 macht eine profilierte Blendarkade mit gerader Verdachung aus, deren wohl gemalter Inhalt nicht überliefert ist. (Die Gestaltung des Dachgeschosses, große Gauben mit stehenden Einscheibenverglasungen und in den je äußeren Achsen asymmetrischen Teilungen, sind das Ergebnis einer Modernisierung.)

Kaulbachstraße 45

Kaulbachstraße 45. Auf einer Parzelle, für die schon zu Beginn des 19. Jh. Bebauung nachgewiesen ist, ließ Heinrich Gareis, Bankdirektor der Süddeutschen Bodenkreditbank, den bestehenden Bau 1890–92 von Martin und Sebastian Vornehm neu errichten. (Der beteiligte Baumeister Martin Vornehm empfahl sich nach erfolgreicher Ausführung der 1887–89 erbauten sog. Kaulbach-Villa, heute Kaulbachstraße 15, s. dort).

Kaulbachstraße 45, Portal an der Nordseite

Hinsichtlich seines inneren Zuschnitts fällt das Mietshaus aus der Ordnung vergleichbarer Geschossbauten heraus, da hier gemäß Eingabeplan die Wohnebenen im Erdgeschoss und 1. Obergeschoss über ein rückwärtiges zweites Treppenhaus auch vertikal zusammengeschaltet worden sind. Gerade im Blick auf die Behandlung der Neurenaissancefassaden des im Süden und Norden frei gestellten Hauses zeigt sich ein anschaulich überliefertes Beispiel für die Stilwahl: Rhythmisierung der Fassade durch Eng- und Weitsetzung von Fensterachsen, Herausbildung eines dreiachsigen Fassadenmittelzugs, gemeinsame Verdachung der jeweils äußeren beiden Fensterachsen; dabei erfolgt die Modellierung der Fassadenfläche nicht mittels Risaliten, sondern durch rustizierte Wandvorlagen im Erdgeschoss sowie kolossale, unstrukturierte vor den Hauptgeschossen. Beachtung verdient auch die Dachzone. Hier hat sich der bauzeitliche Aufriss des Daches sowie dessen gestalterische Vermittlung in die Fassaden hinein erhalten: Ein Traufgebälk mit Kranzgesims ist voll durchgebildet. (Die Instandsetzung der Fassaden erfolgte 1995.)

Kaulbachstraße 46. Auf den Parzellen der heutigen Häuser Nr. 46 und 48 an der Kaulbachstraße befanden sich Mitte des 19. Jh. noch Werkstatt- und Wirtschaftsgebäude, diese als nachgeordnete rückwärtige Bauten des Hauptgebäudes an der östlich gelegenen Wiesen- nachmals Königinstraße. Nach 1865 kam es im Zuge des rasch fortschreitenden Ausbaus der Unteren Gartenstraße zur Bodenpreiserhöhung und folgend – meist im Vorfeld einer Verweitung – zu Flurstücksteilungen. So wurden in den 70er Jahren des 19. Jh. auch die Anwesen Nr. 46 und 48 als Baugruppe aufgeführt. Das schlichte vorstädtische Mietshaus im Stil der Neurenaissance ist ein tiefer Bau, gemäß Erstzustand mit unbelichteten Räumen in Dunkelzonen. Die Wohnungen im Erdgeschoss wurden Schritt für Schritt zugunsten einer Ladennutzung aufgegeben: 1882 für Anna Beil im südlichen Abschnitt, 1886 für Bäckermeister Michael Zwicknagel im nördlichen Abschnitt.

Kleinhesselohe (im Englischen Garten)

Den älteren Südteil des Englischen Gartens oder Theodorparks (vor der Erweiterung um die Hirschau 1799) schloss im Norden ein hölzernes Torgitter ab, flankiert von eingeschossigen hölzernen Satteldachhäusern im „holländischen" Stil – Wachthaus und Stallung, erbaut 1790/91 von Stadtzimmermeister Franz Paul Maier, als verpachtete Meierei und Gaststätte weiter gewachsen. Aus einem zunächst improvisierten Bierausschank für die hier tätigen Arbeiter entwickelte sich bald ein Vergnügungslokal mit hölzernem, 1793 bereits vorhandenem Tanzplatz von Hofzimmermeister Martin Heilmayer. Der 1802 angelegte, 1812 erweitere Kleinhesseloher See zog die Besucher an; in der Folge entstanden die Gastwirtschaft Kleinhesselohe (s. Nr. 1), weiter Wirtschaftsgebäude und 1882/83 das (erste) Seehaus (s. Nr. 3). – Der Name des Ausflugs- und Vergnügungsortes entstand in

Blick auf Kleinhesseloher See mit Seehaus; Aufn. um 1935

Assoziation zu dem älteren, viel besuchten (in der Folge Groß-) Hesselohe über dem Isartal südlich von München; schon auf Plan des Englischen Gartens von 1806 angeführt.
Denkmäler für F. L. von Sckell und R. von Werneck s. Englischer Garten.

Kleinhesselohe 1/1a. Ehem. Gastwirtschaft Kleinhesselohe, jetzt Personalwohnhaus (Freistaat Bayern). Klassizistisches Walmdachhaus, 1. Viertel 19. Jh. (auf Plan von 1808 noch nicht, doch 1826 vorhanden), zweigeschossiger, gelb gestrichener Putzbau; unweit vom Ostufer des Kleinhesseloher Sees.

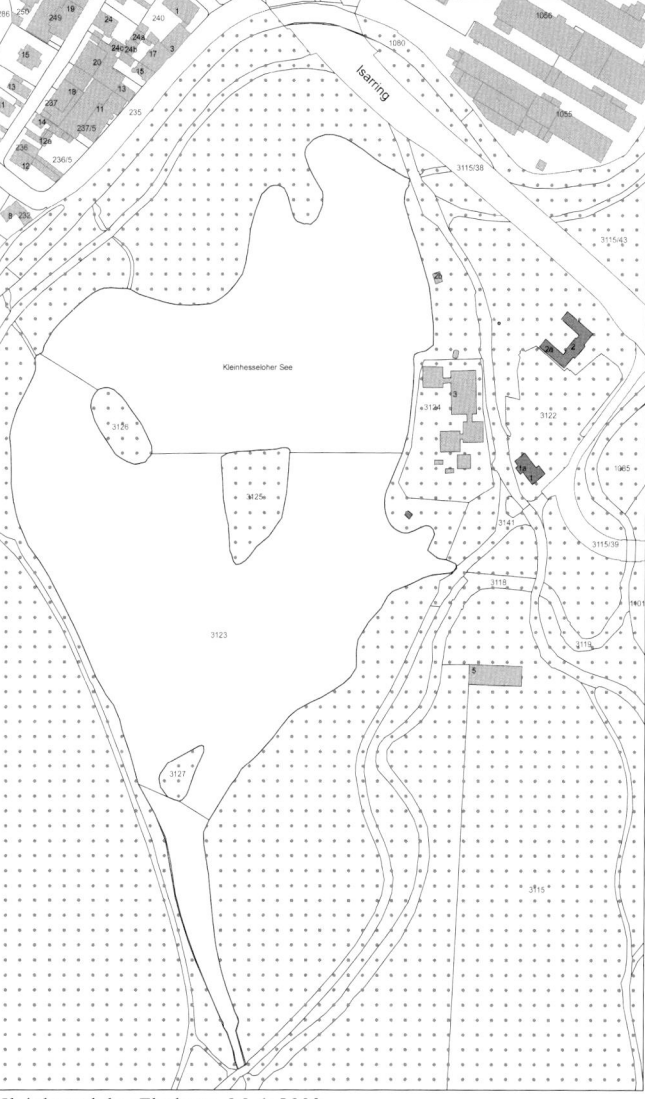

Kleinhesselohe 1/1a

Kleinhesselohe; Flurkarte, M. 1:5000

Kleinhesselohe 2/2a

Kleinhesselohe 2/2a. Gärtnerhaus/Werkstättenbau, klassizistisch, 1. Viertel 19. Jh., zweigeschossiger kubischer Zeltdachbau, gelb gestrichen, flankiert von rückseitig einen offenen Hof einschließenden (jüngeren) Nebenflügeln mit massivem Erd- und hölzernem Obergeschoss; nördlich vom heutigen Parkplatz hinter Nr. 1 und 2 gelegen.

[**Kleinhesselohe 3.** *Seehaus.* Die Gaststätte beim Bootsanlegeplatz am Nordufer des Kleinhesseloher Sees gehört seit jeher zu den Brennpunkten des Lebens im Englischen Garten. Einen Bierausschank gab es schon in der 1791 vollendeten Meierei Kleinhesselohe, mit bescheidenen Holzbauten aus Folgezeiten. Das erste Seehaus erbaute Gabriel Seidl 1882/83 als schlösschenartigen Holzbau mit zwischen toskanischen Pilastern in großflächige Fenster aufgelöstem Obergeschoss, Mansarddach und seeseitiger Freitreppe. Wegen Baufälligkeit wurde es 1935 durch das zweite Seehaus von Rudolf Esterer ersetzt, einen Massivbau mit großen Rundbogenfenstern im Obergeschoss und Walmdach; 1945–54 US-Offiziersclub, danach renoviert, 1970 als baufällig abgebrochen. Das bestehende dritte Seehaus ist eine aus vier verschieden großen Pavillons mit Steildächern gebildete asymmetrische Baugruppe aus den Jahren 1982–85 von Ludwig Wiedemann und Ernst Hürlimann.]

[**Kleinhesselohe 5.** Seestadl (Heustadl; unweit südlich von Nr. 3, jenseits vom Oberstjägermeisterbach). Verbretterter Satteldachbau auf Massivsockel. Schon auf Stadtumgebungsplan 1808 vorhanden; stark erneuert.]

Klosterhofstraße

(Vgl. Ensemble Altstadt.) Kurze, modern verbreiterte Verbindung zwischen dem gleichfalls erweiterten Oberanger im Westen und dem Unteranger, heute ohne Baudenkmäler; nur südsei-

Klosterhofstraße 4 und 6

tig noch die alte Baulinie, nordseitig Parkhaus von 1967, abgebrochen 2005, Neubau des Geschäftshaus-Komplexes Angerhof (vgl. Oberanger und St.-Jakobs-Platz/Vorspann). Früher Tegernseer Gassl bzw. Straße; heutiger Name seit 1957 nach dem vom 14. Jh. bis zur Säkularisation der Abtei Tegernsee gehörenden Klosterhof (samt Garten) an der Südseite, auf dessen Areal um 1860/63 eine homogene Neubebauung mit vier viergeschossigen Mietshäusern entstand (Bauherr war der Bierbrauer Joseph Lochner; zur Gruppe gehörte auch Unteranger 16, s. dort). In der Zeit um 1800 war auch der Name Loderer(bräu)gasse in Gebrauch (nach ehem. Lodererbräu an der Nordseite, Ecke Oberanger). – Von den ab 1860 erbauten Häusern der Südseite sind Nr. 4 und 6 in stark erneuertem Zustand noch erhalten (an Nr. 6 Nische mit kleiner Figurengruppe der Hl. Familie).

Knöbelstraße

Straße der St.-Anna-Vorstadt, die von der Kanalstraße in nördlicher Richtung dem Thomas-Wimmer-Ring folgt und in Höhe der westlich des Altstadtrings gelegenen Hildegardstraße über einem stumpfen Winkel abknickt. Von da ab verläuft sie in west-östlicher Richtung zwischen dem 1963–72 ausgebauten Ring im Westen und der Thierschstraße im Osten. Dieser west-östliche Abschnitt wurde erst 1972 der Knöbelstraße zugeschlagen, zuvor gehörte er zur Hildegardstraße (s. dort), von der er durch den Ring abgeschnitten wurde. Die Knöbelstraße leitet ihren Namen von einer bereits im 18. Jh. in München zu fassenden Familie her, die sich im frühen 19. Jh. als Stifter hervortat und einen Garten im Bereich der Straße besaß.

Knöbelstraße 2/6–14 (von rechts) ▷

Knöbelstraße; Flurkarte, M. 1:5000

Knöbelstraße 2. (Einheit mit Nr. 6, s. dort.) Die Wenngsche Einmessung von 1850 bestätigt zwischen der Hildegardstraße im Norden und der Kanalstraße im Süden eine weitgehend vorbebauungsfreie Ostseite der Knöbelgasse (der Planverfasser tituliert den Straßenverlauf auf Höhe des ehem. Hofküchengartens auch als „Knödelgasse"). Etwa in der Mitte des Straßenabschnitts befand sich ein Gärtnereigebäude mit einfachem Wohnhaus, die südliche Ecke nahm eine Bierwirtschaft ein.

Knöbelstraße 6a

Knöbelstraße 2 und 6 (von rechts)

Das beschriebene Areal wurde in einem Zug zwischen 1859 und 1861 bebaut und ist aufgegangen in der bis 1987 projektierten Wohnanlage des sog. Knöbelblocks (Nr. 2, 4, 4a, 4b, 6, 6a, 8, 8a, 10, 10a, 12, 14, 16, 18). Das spätklassizistische Anwesen Nr. 2 wurde 1859–60 gleichzeitig mit dem nördlich angebauten Haus an der Knöbelstraße 6 (s. dort) für den Lederfabrikanten F. X. Schwarzmann von Joseph Seybold errichtet. Es entstand auf vorher unbebautem Grund. Im Erdgeschoss haben sich Stichbogenfenster in der Klenzenachfolge erhalten, die ursprüngliche Ritzquaderung ist verschwunden. Die drei Obergeschosse werden von vertikalen Putzlisenen zusammengefasst, sie durchstoßen die Sohlbänke der Fenster des 2. Obergeschosses. Weiters haben sich keine Elemente des ursprünglichen spätklassizistischen De-

Knöbelstraße 2, Gedenktafel

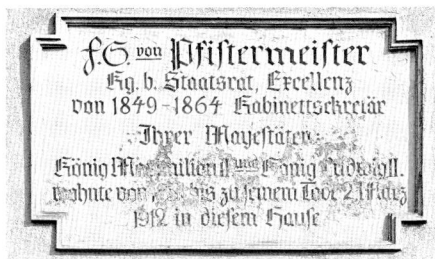

kors bewahrt. Heute ist die Fassadengestaltung weitgehend mit derjenigen von Knöbelstraße Nr. 6 vereinheitlicht. (Der Dachgeschossausbau war 1987 abgeschlossen.) Eine Gedenktafel über der Hofdurchfahrt erinnert an den bayerischen Staatsrat Franz Seraph Pfistermeister, der hier in den Jahren 1881–1912 wohnte.

Knöbelstraße 6. (Einheit mit Nr. 2, s. dort.) Das Mietshaus entstand 1859–60 auf bislang unbebautem Grund, gleichzeitig mit dem südlich angebauten Haus Nr. 2 an der Knöbelstraße (s. dort)

und wie dieses für den Lederfabrikanten Franz Xaver Schwarzmann. Als Baumeister zeichneten hier jedoch Reinhold Hirschberg und Karl Sitzinger. Die ursprünglich spätklassizistisch dekorierte Fassade ist heute weitgehend geglättet. Erhalten haben sich die Putzlisenen, die als vertikale Gliederungselemente vom Sockel des Erdgeschosses bis zur Traufe reichen und die Fenster der drei Obergeschosse gleichsam zu Gruppen rahmen. Gerade Stürze ersetzen heute die ursprünglichen Stichbogenfenster des Erdgeschosses, dessen ritzgequaderte Rustika verschwunden ist. Der Ausbau des Dachgeschosses erfolgte 1987. Rückwärtig hatte sich seit dem Ersten Weltkrieg die Konfektionsfabrik Carl Cap befunden, deren fortgesetzt umgebautes Gebäude 1963/64 einem Neubau für die Strickwarenfabrik Max Brüstle gewichen ist. Im Zuge der Herstellung des sog. Knöbelblocks (Knöbelstraße 2, 4, 4a, 4b, 6, 6a, 8, 8a, 10, 10a, 12, 14, 16, 18) wurden 1987 die Gebäude der Bekleidungsfabrik im Blockinneren abgebrochen und es entstand eine große Wohnanlage, in die auch die äußerlich weitgehend vereinheitlichten Vorderhäuser an der Knöbelstraße 2 und 6 integriert wurden.

Knöbelstraße 6a. Für den Steinmetz Heinrich Blum war das Mietshaus auf zuvor unbebautem Grund 1860 von Kuppelmayer und Ehrengut errichtet worden. In jeder Etage befanden sich gemäß Eingabeplan zwei Wohnungen mit Dunkelzonen. Die spätklassizistischen Verdachungen der Fenster sind verschwunden; einzig die einfachen Kastenrahmen sind überkommen. Und als einziges horizontales Gliederungselement hat sich das Kranzgesims über dem Erdgeschoss erhalten, das die Fenster des 1. Obergeschosses als Sohlbänke bedient und durch diese hohe Anlage dem ursprünglich ritzgequadert rustizierten Erdgeschoss eine flächige Stirn gibt. Seit 1985–86 befinden sich in der nördlichen und südlichen Achse des Anwesens Knöbelstraße 6a die Rampen von Tiefgaragenausfahrt (im Norden) und -einfahrt. Das Haus ist aufgegangen in der bis 1987 projektierten Wohnan-

Knöbelstraße 6a, Durchfahrt, Decke, Westteil

Knöbelstraße 6a, Durchfahrt, Decke, Ostteil

Knöbelstraße 6a, Durchfahrt   Knöbelstraße 6a, Treppenhaus

ßende Teilhaus Knöbelstraße 16 zählt nur drei Fensterachsen entlang der Straße. In jeder Etage ist gemäß Eingabeplan eine Wohnung untergebracht, die ursprünglich ebenfalls tiefe Dunkelzonen aufwies. Weiter nach Osten ließ Georg Roth bis knapp an den Hacklmühlbach ein nur mehr dreigeschossiges Mietshaus zu sieben Fensterachsen anschließen, in dem in jeder Etage zwei Wohnungen untergebracht sind, dies gemäß Eingabeplan. Das Haus konnte im Osten durchfenstert werden, sodass nur die westliche der beiden Wohnungen tiefe Dunkelzonen und Alkoven aufwies. Mit Ausnahme der weggeglätteten, ritzgequaderten Putzrustika hat das Haus Nr. 18 diejenigen spätklassizistischen Dekorelemente seiner Fassade bewahren können, die bei Nr. 14 und 16 im Jahre 1960 entfernt worden sind: Das hoch über den Erdgeschossfenstern angesetzte Gurtgesims, das die Fenster des 1. Obergeschosses als Sohlbänke bedient, die in der Gärtner-

lage des sog. Knöbelblocks. Der Dachgeschossausbau wurde 1987 abgeschlossen. Im Zuge der Sanierung entdeckte man in der Hausdurchfahrt eine künstlerisch hochwertige Bemalung der Tonnendecke wie auch der Seitenwände einschließlich des Treppenhauses (bez. 1883); teils figürliche, teils landschaftliche Darstellungen, eingebunden in ein bildarchitektonisches System.

Knöbelstraße 8a. Der Architekt und Ziegeleibesitzer Johann Thomas hat das Anwesen 1861 für sich selbst erbaut. Das Mietshaus ist mit seinen zwei Wohnungen je Etage (ursprünglich mit Dunkelzonen), gemäß Eingabeplan, weitgehend original erhalten. Auch die Fassade konnte ihren spätklassizistischen Dekor und damit den historischen Eindruck bewahren. Zwei seichte Seitenrisalite zu je einer Fensterachse spannen die fünf Achsen des wenig zurückgesetzten Fassadenfeldes ein. Ein schlichtes Kranzgesims trennt das Erdgeschoss mit horizontal geritzten Putzstreifen von den Obergeschossen. Die Fenster der Hauptgeschosse sind einheitlich gerade verdacht. Schlichte Stuckzier betont die Brüstungs- und Sturzfelder der Fenster des 1. Obergeschosses. 1870 war das Anwesen in den Besitz von Hofglasermeister Burmester gelangt, der einen Glasofen einbauen ließ und rückwärtig produzierte. Im Jahr 1989 ist der Ausbau des Dachgeschosses durchgeführt worden. Das Haus an der Knöbelstraße 8a ist im bis 1987 projektierten sog. Knöbelblock aufgegangen. Die z. T. stark vereinfachten Fassaden der nördlich anschließenden gleichartigen Häuser bis zum Eckhaus Nr. 14 wurden bei der Sanierung rekonstruierend instand gesetzt.

Knöbelstraße 18. Der „Titulierte Herr" Ziegeleibesitzer Georg Roth ließ die drei Häuser Nr. 14, 16 und 18 von den Baumeistern Kuppelmayer und Ehrengut in einem Zug bis 1860 aufführen. Dabei blieb Nr. 18 gemäß dem Erstzustand ein Geschoss niedriger. Das Anwesen Knöbelstraße 14 befindet sich in Ecklage, seine beiden Straßenfassaden beschreiben dem Straßenverlauf folgend einen stumpfen Winkel. Zu drei Fensterachsen erstreckt sich das Eckhaus entlang dem west-östlichen Abschnitt der Knöbelstraße. Der mittlere Hofdurchgang des mit sieben Achsen am nord-südlichen Abschnitt der Knöbelstraße stehenden Hauses Nr. 14 erschließt über das rückwärtig rechts liegende Treppenhaus gemäß Eingabeplan zwei Wohnungen je Etage, die im Sinne des Erstzustandes tiefe Dunkelzonen mit Alkoven aufwiesen. Dabei ergab sich für die von vier Fenstern belichteten hellen Eckzimmer eine ungewöhnliche fünfeckige Grundrisslinie. Das sich östlich anschlie-

Knöbelstraße 8a   Knöbelstraße 18

Nachfolge weit verbreiteten Stichbogenfenster im Erdgeschoss und etwa die geraden Verdachungen der Fenster der Hauptgeschosse. Das am Hacklmühlbach gelegene Haus Nr. 18 war 1885 in den Besitz des Färbereibesitzers August Würth gelangt, für dessen Gewerbe die Nähe zu fließendem Gewässer von entscheidender Bedeutung war.

Knöbelstraße 24. Auf zuvor unbebautem Grund, unmittelbar am östlichen Beschlacht des Hacklmühlbachs ließ sich Metzgermeister Johann Kerl 1845 das bestehende dreigeschossige Miets-

Knöbelstraße 24 und 26 (von rechts)

haus erbauen. Bis 1880 bestand die Überführung der Hildegardstraße (seit Trassierung des Mittleren Rings heißt der östliche Abschnitt der Hildegardstraße ebenfalls Knöbelstraße) über den Mühlbach nur in einem hölzernen Brückenbau, erst im genannten Jahr wurde eine massive Wölbung hergestellt. Ein erstes, schließlich 1900 abgebrochenes Rückgebäude stellte ein „Arbeitslokal" zur Anfertigung künstlicher Blumen dar, das sich Anna Sell von Maurermeister Johann Hubinger hatte errichten lassen. (Der bestehende Rückgebäude-Neubau ist baulich durchaus bemerkenswert.) Die Hofeinfahrt in der östlichen Achse führt zur halb gewendelten Podesttreppe, die rückwärtig neben der Hofdurchfahrt liegt und vor der rückwärtigen Grundlinie eingezogen bleibt. Gemäß Eingabeplan ist eine Wohnung in jeder Etage untergebracht. Die charakteristische Schlichtheit vergleichbarer Vorstadtbauten dieser Zeitstellung ist an Knöbelstraße 24 gut nachvollziehbar überliefert. Es ist von wenigen Ausstattungsdetails der Fassade auszugehen, die seit der Erbauung verloren gegangen sein

Knöbelstraße 28

können. Feine Profilierungen, mit dem Modellierholz gezogen, zeichnen die Gewände der stichbogigen Fensterrahmungen aus. Das biedermeierliche Mietshaus hat seine bauzeitliche Substanz umfänglich erhalten, dies hinsichtlich seiner Innenaufteilung, seiner Konstruktion (Dachtragwerk, Wände und Treppen), aber auch in Hinblick auf zahlreiche Ausbaudetails (außen angeschlagene Winterfenster).

Knöbelstraße 26. Für den Rosenkranzfabrikanten Benno Taut wurde 1844–45 das östliche der beiden formverwandten Mietshäuser Knöbelstraße 24 (s. dort) und 26 auf zuvor unbebautem Grund durch Baumeister J. Braun (Fa. Michael Sitz sel. Witwe) errichtet. In jeder Etage ist gemäß Eingabeplan eine Wohnung untergebracht, die tiefe Dunkelzonen aufwies. Ganz im Sinne der Gärtner-Nachfolge haben alle Fenster der Straßenfassade segmentbogige Stürze. Die ursprünglich ritzgequaderte Putzrustika des Erdgeschosses ist rau beworfen. Im Jahr 1936 wurden Wohnungsteilungen vorgenommen, 1948 erfolgte der Einbau einer Dachwohnung. Die bestehenden Fenster sind das Ergebnis moderner Auswechslung.

Knöbelstraße 27. Siehe bei Maximilianstraße 44/46.

Knöbelstraße 28. In einem Zug mit dem südlich angrenzenden Anwesen Adelgundenstraße 25 erbaute 1864–65 der Ingenieur und Maurermeister Carl Del Bondio das bestehende Eckhaus auf zuvor unbebauter Parzelle für sich selbst. Zuvor hatte sich der Eigentümer verpflichtet, einen Streifen entlang der Adelgundenstraße zugunsten ihrer folgenden Verbreiterung der Stadt zu überlassen. Der Anschluss an das südliche, formverwandte Anwesen Adelgundenstraße 25 wurde mit einer einfachen Kommunwand verwirklicht, dabei kam es im Hofwinkel zu einem Einsprung, der zusätzliche Fensterachsen ermöglichte – ein bautechnischer Kunstgriff, der in spätere Bauordnungen einfließen sollte. Die westlich neben der Durchfahrt liegende Stiege bleibt vor der hinteren Grundlinie eingezogen. Die halb gewendelte Podesttreppe erschließt gemäß Eingabeplan zwei Wohnungen mit Dunkelzonen in jeder Etage. Die Firma Carl Del Bondios hatte hier ihren Sitz, die Erbauung von Zeichnerbüros im Hof des Hauses ist für 1867 belegt. 1932 fanden Wohnungsteilungen statt. Städtebaulich markant ist der abgeschrägten Ecke ein Bodenerker vorgebaut und diesem ein vorgekragter Flacherker angesetzt, der die drei Obergeschosse übergreift und dem sechseckigen Zimmer im

Hauseckbereich angeschlossen ist. In der mittleren Achse der neunachsigen Fassade an der Knöbelstraße ist der Zugang mit einem Mittelrisalit betont, der vor der Traufe mit einem eigenen Dreiecksgiebel abschließt. Übergreifende Putzlisenen fassen die Fassadenfelder vertikal ein. Ein umlaufendes Gurtgesims setzt die Obergeschosse vom Erdgeschoss ab, die Fenster der beiden Hauptgeschosse sind je einheitlich gerade verdacht, die Sturzfelder der Fenster des 1. Obergeschosses jedoch reicher gestaltet. Weitere Gurtgesimse trennen die Geschosse. Im Sinne des Erstzustandes sind die Zahnfriese über dem 3. Obergeschoss, derjenige am Ansatz des Flacherkers und eben die Kniestockdurchfensterung erhalten. Dem historischen Erscheinungsbild der mit stattlichem spätklassizistischem Stuckdekor (am Erker Medaillon „Tag" nach Thorvaldsen) aufgewerteten Fassade tun die Fenster ohne Sprossenteilung in Erdgeschoss und 1. Obergeschoss Abbruch. (Instandsetzung der Fassade, der Fenster und des Treppenhauses 2000–01.)

Knöbelstraße 32. Zusammen mit dem Maurermeister Max Steinmetz errichtete 1873–74 der Zimmermeister Johann Ehrengut das Mietshaus für sich selbst. Der Hofdurchgang befindet sich in der östlichen Fensterachse; das rückwärtig darübergelegene Treppenhaus führt zu einer Wohnung je Etage (gemäß dem Eingabeplan mit tiefen Dunkelzonen und Alkoven). Das Haus ist weitgehend original erhalten. Bemerkenswert ist der Erhaltungszustand der Fassade, die ein Musterbuch spätklassizistischen Dekors vorstellt. Gurtgesimse trennen Erdgeschoss, 1. und 2. Obergeschoss voneinander. Dabei wird die Zone unter den Fenstern des 1. Obergeschosses als Brüstungsband instrumentiert. Am stärksten akzentuiert finden sich die Fenster des 2. Obergeschosses: Geöhrte Faschen rahmen die Fenster, vegetabilisch-/fruktualer Stuck ziert die niedrigen Brüstungszonen, schlichte Sturzfelder vermitteln zu Verdachungen in Dreiecksgiebeln mit Zahnfriesen. Auch der die Fassade

Knöbelstraße 32

unterhalb der Traufe abschließende Zahnfries hat sich erhalten. Charakteristisch für die spätklassizistische Auffassung eines Fassadendekors ist, dass die fünf Fensterachsen weiters nicht zueinander rhythmisiert, sondern gleich behandelt werden. Der Dachgeschossausbau erfolgte 1985.

Knöbelstraße 38. Mit Trassierung der Thierschstraße erhielt die heutige Knöbelstraße (damals Hildegardstraße) ihren östlichen Mündungspunkt. Auf dem somit festgelegten südwestlichen Eckgrundstück, einer zuvor unbebauten Parzelle, errichtete 1872–73 der Zimmermeister Johann Ehrengut das bestehende Eckhaus für sich selbst, zu zwei Flügeln über einem leicht spitzen Winkel, den er mittels abgeschrägter Ecke entschärfte. Die Hofdurchfahrt liegt in der westlichen Achse, der Übergang zum Treppenhaus im Hofwinkel wurde ins Gebäude gesteckt. Das Stiegenhaus wird von einer Fensterreihe über angeschrägter Grundlinie belichtet. Gemäß Eingabeplan befinden sich in jeder Etage zwei große Wohnungen. Das äußere Erscheinungsbild des Anwesens besticht durch seine Historizität: Ein strenger, klarer spätklassizistischer Dekor ist stilrein überkommen, flache Risalite, denen immer nur eine Fensterachse eingeschrieben ist, gliedern die Abwicklung, die Putzstreifenrustika des Erdgeschosses wird von der durch zwei Gesimse gebildeten Brüstungszone der Fenster des 1. Obergeschosses abgeschlossen. Ein weiteres verkröpftes Gurtgesims sitzt den Stürzen der Fenster des 2. Obergeschosses auf, 2. und 3. Obergeschoss wurden als Hauptgeschosse behandelt. Einheitlich finden sich die Fenster des 2. Obergeschosses mit Dreiecksgiebeln verdacht; hier hat sich der Zahnfries des Giebelgesimses erhalten wie auch der Zahnfries des Traufgebälks. Die abgeschrägte Ecke bildet einen entscheidenden, auch städtebaulichen Akzent. Von ornamental durchgebildeten Konsolen wird ein flacher Austritt getragen, man ständerte mit Säulen einen zweiten Balkon vor das 2. Obergeschoss auf. Die zum Unterzug vermittelnden zwei Gebälkstücke tragen die Initialen (des Erbauers?) „IC" und „E". Der gesamte Erker ist wohl eine Eisengusskonstruktion.

Knöbelstraße 38

Königinstraße (Südteil bis Schackstraße bzw. östlich bis Nr. 24)
Die Namensgebung erfolgte nach Vermutung von Rambaldi (1894) zwischen 1808 und 1812 (Dollinger 1995: 1808) analog Königstraße und Königsplatz, nachdem Bayern 1806 Königreich geworden war; der Nordteil ab Veterinärstraße hieß bis 1876 Wiesenstraße. Doch entspricht die Straße mit ihrem leicht nach Osten ausbiegenden Verlauf einer alten Wegverbindung vom Residenz- und Hofgartenbereich auf dem Rand der Niederterrasse nach Schwabing entlang der Westseite des Isarauengebietes (mit dem Hirschanger), das ab 1789 in den Englischen Garten (s. dort) einbezogen und als Parklandschaft ausgestaltet wurde. Die westlich auf der Terrasse leicht erhöht gelegenen Wiesen-

Königinstraße; Flurkarte, M. 1:5 000

gründe des Schönfelds (Flurname schon 1338 erwähnt) wurden nicht in Sckells Parkschöpfung einbezogen, sondern parzelliert, aufgrund kurfürstlicher Anordnung von 1795 verkauft und waren gemäß Vorschrift innerhalb kurzer Frist mit maßstäblich und typologisch beschränkten Einzelhäusern in den gleichformatigen Gartengrundstücken zwischen Königin- und Garten-, späterer Kaulbachstraße zu bebauen (vgl. Kaulbach- und Schönfeldstraße). Das Schönfeldviertel war die erste planmäßig angelegte Vorstadt außerhalb der ab 1791 sukzessive niedergelegten Stadtbefestigung. Schon der sog. Elevenplan des Englischen Gartens von 1793 als Vorstufe, dann u. a. der Petin-Plan des Englischen Gartens von 1798/99 und Josef Pachmayrs Stadtplan von 1802 wie später besonders anschaulich das Seitzsche Stadtmodell von 1842 ff. zeigen die Gartenparzellen zwischen Schönfeld- und Veterinärstraße mit ostseitiger Wohnhausreihe nach dem Pavillonsystem entlang dem Englischen Garten; ihr war ein schmaler, im Mittelabschnitt etwas breiterer Vorgartenstreifen (bis zum alten Weg hin), laut Vorschrift von 1795 ohne vordere Zauneinfriedung, vorgelegt. Die in den ersten Jahrzehnten bescheidenen, klassizistisch-biedermeierlichen Familienhäuser wichen in der 2. Hälfte des 19. und im frühen 20. Jh. entsprechend der Vorzugslage zunehmend aufwendigeren Typen, meist herrschaftlichen Villen in Formen des späten Historismus und der Reformstilphasen, wovon jedoch nach Zerstörung im Luftkrieg und seitdem weiteren Abbrüchen nur wenige Beispiele erhalten geblieben sind, die heute kein zusammenhän-

Blick in die Königinstraße nach Süden, rechts Nr. 17; Aufn. 1995

Ehem. Königinstraße 25, Villa Clara Ziegler; hist. Aufn.

gendes historisches Gesamtbild mehr ergeben. Schon etwa 100 m vor der Kreuzung mit der Veterinärstraße entfernte sich die Königinstraße vom Parkrand und war in der Folge zweiseitig bebaut, u. a. ostseitig mit dem seit seiner Gründung (1790) häufig veränderten Komplex der Tierarzneischule (s. Veterinärstraße 13); der ehemals locker bebaute Zwickel südlich davon ist heute wieder begrünt und dem Park angeschlossen.

Den Auftakt der westseitigen Bebauung bildet im Süden das Prinz-Carl-Palais von 1804–06, ehem. Nr. 1 (s. Franz-Josef-Strauß-Ring 5). Die Ausgangssituation vom nördlichen Hofgartentor her wurde 1888 ff. durch die axial vom Palais ostwärts ausgreifende Prinzregentenstraße und verstärkt durch die Anlage des Straßentunnels darunter 1972 unterbrochen, dafür durch Begrünung der Zusammenhang zwischen Hofgarten und Englischem Garten wiederherzustellen versucht. Gleichzeitig (1995)

wurde die 1937/38 durchgeführte Verbreiterung des Südteils der Königinstraße (bis Veterinärstraße) von 10 auf 30 m wieder rückgängig gemacht und der Englische Garten an seinem Westrand entsprechend verbreitert, der störende Verkehr somit abgeleitet bzw. reduziert.

Unter den Luftkriegsverlusten ist vor allem Nr. 25 zu erwähnen, das 1873 von Matthias Berger erbaute Wohnhaus der zu ihrer Zeit hochberühmten Hofschauspielerin Clara Ziegler (1844–1909), eine überkuppelte Neurenaissancevilla, die aufgrund des Testaments der Tragödin ab 1910 öffentlich zugänglich war als erster Sitz des Theatermuseums bis zur Zerstörung am 13. Juli 1944 (1930–44 weitere Museumsräume im Festsaalbau der Residenz; seit 1953 Deutsches Theatermuseum in den nördlichen Hofgartenarkaden). Im damals biedermeierlichen Haus Nr. 19 (früher 9) lebte der Schriftsteller Felix Dahn (1834–1912) in seinen Jugendjahren 1835–50, die er eingehend in seinen Erinnerungen geschildert hat. – Im heutigen städtebaulichen Kontext stellt das architektonisch an sich bemerkenswerte US-Generalkonsulat (s. Nr. 5) einen Solitär dar. Der typologische Zusammenhang der Häuserreihe ging durch den bedauerlichen Abbruch von Nr. 19 (s. dort) 1969 endgültig verloren.

Gegenüber der Schönfeldstraße wurde am Rand des Englischen Gartens 1996 ein Stück der *Berliner Mauer* als Denkmal zur Erinnerung an die 1989 überwundene Teilung Deutschlands und Europas aufgestellt.

Königinstraße 1. *Prinz-Carl-Palais*, jetzt Franz-Josef-Strauß-Ring 5, s. dort.

Königinstraße 5. *Amerikanisches Generalkonsulat.* Ein Gemälde von Johann Georg Dillis um 1810 zeigt die vorstädtisch locker, z. T. noch gar nicht bebaute Situation nördlich des (fragmentarisch ausgeführten) Prinz-Carl-Palais (Haller/Götz 1989, Abb. S. 104). G. Wenngs Stadtplan von 1849 (vgl. auch das Stadtmodell der Brüder Seitz) verzeichnet an der Ecke Frühling- (heute Von-der-Tann-)/Königinstraße einen dem Anwesen des Dionys Gassner, Gastgebers zum Frühlingsgarten (Frühlingstraße 15), östlich vorgelagerten Garten, dem sich nördlich bis zur Ecke Schönfeldstraße zwei freistehende villenartige Privathäuser anschließen. Im Zuge der städtebaulichen Verdichtung und Verfestigung entstand auf dem Eckgrundstück 1863 ein viergeschossiges spätklassizistisches Mietshaus des Privatiers Edmund Herzner, ab 1869 Sitz des Generalkommandos des 1. Bayer. Armeekorps und 1898 zu einem Bürogebäude des Innenministeriums (Landesamt für Wasserversorgung) umgebaut und aufgestockt. Dieser sowohl die Zeilenbebauung an Von-der-Tann- wie die (bis zur Schönfeldstraße inzwischen allerdings

Königinstraße 5, US-Generalkonsulat

geschlossene) Villenreihung an der Königinstraße als erhöhter, betonter Akzent abschließende Eckbau erhielt zugleich eine Gelenkfunktion am Übergang zur neu angelegten monumentalen Prinzregentenstraße. Westlich schloss sich – ehem. Von-der-Tann-Straße 16 – als niedrigerer Zwischenbau das Photoatelier Elvira mit der berühmten Jugendstilfassade August Endells von 1898 an, die 1937 purifiziert wurde (Ruine um 1951 abgebrochen; vgl. Von-der-Tann-Straße/Vorspann).

Auf dem im Luftkrieg verwüsteten Gelände zwischen Von-der-Tann-, Königin- und Schönfeldstraße entstand 1957–58 der Neubau für das US-Generalkonsulat, das bis dahin im 1945 beschlagnahmten Zentralministerium (s. Ludwigstraße 2) untergebracht war. Dabei wurde die zuletzt verfestigte Situation in dem städtebaulich wichtigen Eckbereich – wie in der Folge auch am Beginn der untertunnelten Prinzregentenstraße – in einer durchaus problematischen Weise wieder aufgelockert bzw. geradezu aufgelöst, insbesondere durch den Bruch mit dem bisherigen Konzept eines Wiederaufbaus in geschlossener Zeile an der Von-der-Tann-Straße – hier musste die nichtsdestoweniger störend wahrnehmbare ausgedehnte Brandmauer von Haus Nr. 14 durch ein Betongerüst und eine Pappelreihe mühsam kaschiert werden. Die ideologisch wie symbolisch motivierte Freistellung und Transparenz des Neubaus wurde freilich durch die Zeitumstände, die eine massive eiserne Einzäunung erzwangen (1985), konterkariert (in der Folge kamen noch weitere Sicherheitsmaßnahmen hinzu).

Die Baugruppe besteht aus einem kubischen Hauptgebäude, angehoben auf eine geschosshohe Betonstützenreihe, und einem erdgeschossigen Pavillonbau auf U-förmigem Grundriss. Der auf offenem Stützengeschoss bewusst isoliert platzierte dreigeschossige, prismatische, z. T. mit Naturstein verkleidete Stahlbetonskelettbau mit Flachdach ist durch eines der für München

frühen, konsequenten Beispiele einer Vorhangfassade gekennzeichnet, wie sie das renommierte amerikanische Architekturbüro Skidmore, Owings und Merrill seit dessen (freilich 18-stöckigem) Lever House in New York (1952) an seinen Bauvorhaben wiederholte (vgl. US-Konsulat in Frankfurt). Der von der Südostecke nach Norden verschobene Hauptbaukörper überlagert z. T. den – Foyer und Treppe enthaltenden – Nordflügel eines zweiten dreiflügeligen, pavillonartigen, nur eingeschossigen Flachbaukörpers, der im Süden bis an die Von-der-Tann-Straße reicht. – Nach Ablehnung des ersten Projektes von Skidmore, Owings und Merrill durch die Stadt München wie eines Entwurfes von Sep Ruf durch die Amerikaner erarbeitete letzterer schließlich die ausgeführte Kompromisslösung von 1957–58. (Sein ursprüngliches Modell hatte statt der im Westen durch ein Betonrahmengerüst mit schwarzem Betonlochstein verkleideten Brandmauerabdeckung einen zusätzlichen schmalen Kanzleitrakt vorgesehen.)

Königinstraße 8. Torbau, s. Veterinärstraße 13.

Königinstraße 11a. Dem Grundriss und den Grundlinien des Vorgängerbaus nach zu schließen kann es sich bei den für 1913–1914 überlieferten „Umbaumaßnahmen" einzig um eine massive Überbauung eines klassizistischen Vorgängerbaus handeln, zu augenfällig sind die Unterschiede. Dass der westliche Rand des Englischen Gartens schon früh geschlossen bebaut war – sogleich nach 1793/95 hob hier eine verstärkte Bautätigkeit an – belegen u. a. die amtlichen Einmessungen 1812, 1826 etc. In der Lage des heutigen Hauses Nr. 11a ist schon 1812 eine Bebauung zu erkennen, die die Wenngsche Aufnahme von 1849 ebenfalls wiedergibt (Eigentümer zu dieser Zeit: Privatier Hofrat Georg von Dessauer). Der magistralen Überlieferung gemäß muss es sich um dieses klassizistische Anwesen handeln, das nicht vor Beginn der Arbeiten am Neubau demoliert worden war, sondern in letzterem aufging. Als „Umbau" ließ sich der Rittmeister Ewald Liebrecht den bestehenden palaisartigen Bau errichten, Planung und Ausführung setzten Heilmann & Littmann um, die als für Großprojekte bewährt galten. Das für Liebrecht geschaffene Raumangebot muss als enorm angesehen werden, allzumal er hofseits, d. i. im Westen, also von der Schauseite abgewandt einen zweigeschossigen Anbau aufführen ließ, der im Süden und Norden über die Baufluchten des Hauptgebäudes hinausgriff und oberhalb des 2. Obergeschosses in seiner gesamten Fläche als Terrasse dienen sollte. Gemäß Erstzustand war das Innere für die Nutzung durch eine Familie zugeschnitten. Und konsequent im Verfolg des traditionellen Bautyps „Adelspalais" wurden die repräsentativen Verkehrswege innerhalb des Hauses von denjenigen der Dienerschaft separat eingeplant (eigenes Treppenhaus, eigene Kleinküchen). Die Bauaufgabe, einen herrschaftlichen Ansitz in fußläufiger Nähe zur Altstadt zu schaffen – die Beach-

Königinstraße 11a

Königinstraße 11a, Rückansicht von Westen

tung der Zeitstellung legt eine gewisse epigonale und beinahe anachronistische Tendenz nahe –, zeigt freilich auch die Verpflichtung zu gehobenen äußeren Bauformen, insbesondere zur Herausstellung der Hauptschauseite. Die siebenachsige Fassade zum Englischen Garten hin liegt einem dreigeschossigen Bau mit mächtigem Walmdach vor, sie wird markiert von einem dreiachsigen Portikus, der risalitartig vorgelegt wurde und mit einem Halbgeschoss sowie einem strengen Dreiecksgiebel in die Dachzone übergreift. Wie der Bautyp so wurden auch die Dekorformen aus dem Barock gewonnen, doch ernst versachlicht: Kolossale, aber überaus flache Wandvorlagen überspannen 1. und 2. Obergeschoss im Mittelzug der Fassade, nur im 1. Obergeschoss finden sich in den seitlichen Achsen die Sturzfelder der Fenster durch Verdachungen hervorgehoben, diese jedoch schlicht und schwer. 1927, also schon 14 Jahre nach seiner Erbauung kam das Anwesen in den Besitz des Allgemeinen Deutschen Automobilclubs (ADAC), der etliche Vereinfachungen vornehmen ließ. (1947 war das Bayer. Staatsministerium für Sonderaufgaben hier untergebracht.) – Aus der ehem. Dessauer-Villa stammen einige abgenommene Wandbilder romantischer Maler, u. a. W. v. Kaulbach, M. v. Schwind (heute im BLfD deponiert).

Königinstraße 17; Aufn. 1995

Königinstraße 17. Ehem. herrschaftliche Villa, jetzt *Bayer. Landesanstalt für Aufbaufinanzierung (LfA).* Auf dem seit der Entstehung der Schönfeld-Vorstadt bebauten Villengrundstück – um 1850 Eigentum des Freiherrn von Kresser – ließ der Holzhändler Georg Robl 1883–85 eine symmetrische Doppelvilla in Neurenaissanceformen mit Walmdach und Rückgebäude errichten (Entwurf Ignaz Schütt), die 1887–1902 dem kgl. Kämmerer Ludwig Freiherr von Gumppenberg-Poettmes gehörte. Das Projekt Eugen Drollingers zu einem Um- und Erweiterungsbau in deutscher Renaissance für den Arzt Dr. Ottmar Ammann, der hier eine orthopädische Heilanstalt errichten wollte, wurde aufgrund der Nachbarbeschwerden nicht genehmigt. 1907 Abbruch der bisherigen Bebauung.

Den bestehenden Bau – genehmigt am 27. Mai 1907, im Rohbau fertig 1908, bezogen März 1909 – ließen Kommerzienrat Karl

Michel (1866–1935; 1910 geadelt, seit 1913 erblicher Freiherr von Michel-Raulino), Besitzer der namhaften Bamberger Tabakfabrik Johann Peter Raulino u. Co. (Enkel einer geb. Raulino), und seine amerikanische Ehefrau Caïssa geb. Douglas aufführen, die hier bis zu ihrer Übersiedlung nach Schloss Tüßling (Lkr. Altötting) nach dem Ersten Weltkrieg mit ihrer Tochter, deren englischer Erzieherin und acht weiteren Hausangestellten einen der aufwendigsten Haushalte Münchens unterhielten (31. Mai 1909 Besuch des Prinzregenten).

Mit diesem Bau begann aufsehenerregend die Laufbahn des Münchner Architekten Franz Deininger (1878–1926), der in seinem Werk die für die Nachjugendstilphase typische neuklassizistische Formensprache bevorzugte (Mitarbeiter Baumeister Lorenz Steininger, Bauleiter Oskar Dietrich).

Der freistehende, mit seinem steilen Walmdach die Umgebung überragende kubische Bau enthielt, um eine in der Mitte gelegene, durch drei Geschosse gehende Diele mit Treppe in deren Nordteil gruppiert, im Erdgeschoss die repräsentativen Gesellschaftsräume (Vestibül mit Runddecke, gartenseitig Speisesaal samt vorgelegter Terrasse – letztere noch vorhanden –, südlich das Wohn- und das Empfangszimmer), im 1. Stock die Wohnräume der Familie (straßenseitig von Süden Arbeitszimmer, Bibliothek, Salon und Billardzimmer, gartenseitig die drei Schlafzimmer), im 2. Stock zahlreiche Gästezimmer nebst einem Salon im Osten (mit ehem. Loggia); an der Nordseite – mit der Nebentreppe in der Mitte – waren zusätzlich zwei Zwischengeschosse eingefügt, u. a. mit Silberkammer, Putzzimmer und Dienerzimmern. Im Kellergeschoss lagen nordwestlich die Küche, sonst Vorrats- und Dienerschaftsräume. Das Glasdach der Diele war mittels der Eisenkonstruktion eines Lichtschachtes mit einem großen Dachflächenfenster verbunden. Hinter dem Haus lagen ein Tennisplatz und – in der Nordwestecke – ein Nebengebäude mit Garage, Waschküchen u. a.

Die dreigeschossigen Fassaden – straßenseitig mit Sandsteinverkleidung, sonst verputzt – zeigen trotz repräsentativer neuklassizistischer Gliederung in fortschrittlicher Weise keinerlei Ornamentik mehr, ausgenommen die Rahmung des unter dem viersäuligen Unterfahrtsbalkon gelegenen rundbogigen Hauptportals mit Trophäenreliefs in Kalkstein (als Schlussstein hl. Georg).

Ab 1921 war das Palais – bis 1924 nur gemietet – Sitz des Staatsministeriums für Land- und Forstwirtschaft; das Innere wurde durch Architekt F. Deininger für die Büronutzung adaptiert und z. T. umgebaut; seit 1934 war hier die Direktion und Hauptkasse der Staatsschuldenverwaltung untergebracht.

Nach schweren Schäden im Zweiten Weltkrieg erfolgte der Wiederaufbau 1948–50 durch Architekt Theodor Menzel als Sitz der Direktion der Landespolizei bzw. des Präsidiums der Bayerischen Grenzpolizei mit zahlreichen Grundrissänderungen (meist Raumteilungen), jedoch unter Beibehaltung der Hauptdisposition um die mittlere Halle – jetzt ohne deren Treppe, die dafür in neuer, erweiterter Form an der Stelle der früheren Nebentreppe eingebaut wurde. In der Mitte des 2. Obergeschosses der in diesem Bereich beschädigten Hauptfront wurde die bisherige rundbogige Loggia durch eine dreiteilige Rechteckfenstergruppe ersetzt und darüber ein Dreiecksgiebel errichtet (zuvor ein 3. Risalit-Obergeschoss samt Walmdach mit Gaube).

Königinstraße 17, Portal

Nach Verkauf durch den Freistaat an die Landesanstalt für Aufbaufinanzierung 1988 erfolgte 1990–91 ein abermaliger Umbau nebst vor allem statisch bedingter Entkernung (Arch. Peter Lanz und Dr. Patrick Utermann), wobei auf eine dem vornehmen Gebäudecharakter angemessene und der ursprünglichen Raumdisposition angenäherte Einteilung Wert gelegt wurde, u. a. mit wie bisher zwei Sitzungssälen übereinander an der Gartenseite und mit großer, von Galerien umgebener, von oben erhellter Mittelhalle, in der unten ein neu erworbenes Ölgemälde von Leo Samberger (sign., 1922) an den Bauherrn Frhr. Karl von Michel-Raulino erinnert. Zusammen mit dem neuen Dachausbau wurde das kriegszerstörte niedrige 3. Obergeschoss des Mittelrisalits rekonstruiert und mit der Wiederholung des 1948 dem 2. Obergeschoss aufgesetzten Dreiecksgiebels abgeschlossen. Neu gestaltet wurde auch das zuvor bereits mehrfach ersetzte, erweiterte und veränderte Rückgebäude.

[**Königinstraße 19.** Abgegangenes Haus Schwann, 1911 von den Brüdern Ludwig, palaisartiger dreigeschossiger Walmdachbau in barockisierenden Formen mit Attika auf dem sehr flachen, leicht konvexen Mittelrisalit, dem ein viersäuliger Balkon vorgelegt war; ehemals eines der nobelsten Beispiele der Herrschaftsvilla der Zeit vor dem Ersten Weltkrieg. Durch den Abbruch 1969 – entgegen Gutachten des Landesamtes für Denkmalpflege, vier Jahre vor Inkrafttreten des Denkmalschutzgesetzes – zugunsten des Neubaus einer Krankenversicherung ging der bis dahin trotz Luftkriegszerstörungen noch visuell nachvollziehbare Zusammenhang der vornehmen Villenbebauung entlang des Englischen Gartens verloren.]

Königinstraße 22. In Fortsetzung der Institutsbauten der vormaligen Veterinärschule, heute Tierärztliche Fakultät der Ludwig-Maximilians-Universität, wurden in den Jahren vor 1900 auch wenige Privatbauten an der Ostseite der Königinstraße zugelassen. (Eine entsprechende Bebauung der Ostseite der Königinstraße, südlich des Verlaufs der Veterinärstraße, mit zwölf Anwesen an der Zahl, ging im Zweiten Weltkrieg unter; das Areal wurde dann dem Park zugeschlagen.) Die Parzellen der Häuser Nr. 22 und 24 (s. dort) liegen erhöht über dem Schwabinger Bach, der an dieser Stelle die kgl. Baumschule umfloss; die Königinstraße beschreibt hier einen nach Nordosten abknickenden Verlauf. Die beiden villenartigen Anwesen entstanden gleichzeitig in den Jahren 1897–98. Gestaltungsziel des Architekten Paul Liebergesell war ganz offensichtlich kein symmetrisiertes Doppelwohngebäude, sondern vielmehr eine individualisierte Baugruppe, die eine malerische Gesamtheit bilden sollte.

Königinstraße 19 (abgebrochen 1969); Aufn. um 1911

Nicht nur infolge von Kriegszerstörung vereinigen beide Anwesen eine bewegte Veränderungsgeschichte auf sich. Im Unterschied zu Haus Nr. 24 schuf Liebergesell bei Nr. 22 keine monumentalisierende zentrale Erschließung, sondern eine solche über einen nebenliegenden Eingang (südliche Achse). Gleichmäßigkeiten wurden auf Geschossentsprechungen in der Anordnung der Fensteröffnungen beschränkt, ansonsten kam es zu einem spielerischen Einsatz von Risaliten, Klötzchenfriesen oder den parkseitigen Erkern. Höhepunkt einer nur mehr architekturgeschichtliche Versatzstücke inszenierenden Gestaltung – und schließlich Gestaltungsabsicht – ist die Brüstungszone der eng gruppierten drei Fenster in der nördlichen Achse des Hauses, hier im 1. Obergeschoss: Die drei skulptierten Wappen tragen keine Bezeichnung, weder eine bildhauerisch, noch eine malerisch hergestellte, sie sind gleichsam eine „ikonografische Bosse", eine Abbildung nicht von etwas, sondern eine Abbildung einer beliebig gewordenen repräsentativen Fülle. Durch den Luftkrieg wurde das südliche Teilhaus arg in Mitleidenschaft gezogen. Der Wiederaufbau zog sich bis 1951 hin. Die Preisgabe eines gebrochenen Mansarddaches zugunsten eines beinahe vollständigen 2. Obergeschosses zog eine wohl irreversible Veränderung der Fassadenproportionen nach sich. Freilich bleibt die Rhythmisierung der Fensteröffnungen in besagtem „Pseudoobergeschoss" beachtliches Rudiment einer Würdigung der ursprünglichen Gestaltungsabsicht; doch gerade im Nebeneinander der Dachlandschaften von Nr. 22 und Nr. 24 wird klar, dass der Aufbau über ersterer ein aus der Not geborenes Provisorium sein muss.

Königinstraße 23

Königinstraße 23, Fassadendetail

Königinstraße 23. Auf dem seit klassizistischer Zeit bebauten Villengrundstück, dessen Garten ursprünglich bis zur Kaulbachstraße reichte, ließ der Privatier Julius Gritzner 1903/04 nach Plänen von Ludwig Grothe und unter Bauleitung von Architekt Edmund Zimmer ein vermietbares „Herrschaftshaus" errichten, das in jedem der drei Geschosse eine Achtzimmerwohnung samt Küche und Magdzimmer enthielt. Der Obersthofmeisterstab (Bauleitung) und Obersthofmarstallstab bestanden auf Einhaltung der Einfriedungsvorschrift von 1795 (niedrige Hecke zur Straße hin, wie noch heute).

Durch seine repräsentative Fassadengestaltung mit Stuckdekor nähert sich der villenartige, freistehende Putzbau mit rustiziertem Erdgeschoss und Kolossallisenen an den Obergeschossen dem barocken Palasttypus, allerdings – dem „malerischen" Zeitgeschmack entsprechend – mit asymmetrischer Akzentuierung durch einen prächtigen, mit konvexen säulenflankier-

Königinstraße 22 und 24 (von rechts)

ten Balkonen ausgestatteten Flachrisalit am linken Ende und einen konkav-konvex modellierten Erker in der Mitte der restlichen Fassade. Bemerkenswert sind die erhaltenen reich gestalteten Fenstertüren in der Balkonachse. Das Gebäude beherbergt heute das Präsidium der Bayerischen Bereitschaftspolizei.

Königinstraße 24. Nur wenige Privatbauten wurden an der Ostseite der Königinstraße zugelassen, u. a. das malerische, 1897–1898 von Paul Liebergesell errichtete Doppelwohngebäude Königinstraße 22 (s. dort) und 24, das als Doppelvilla erhöht oberhalb des Schwabinger Bachs, mit freiem Blick über die kgl. Baumschule und den Pflanzungen des Englischen Gartens, zu stehen kam. (Zur Erbauungszeit der Häuser war der Englische Garten bereits über 100 Jahre eröffnet, die Parklandschaft zwischen angestammt und künstlich geschaffen also nicht mehr zu unterscheiden.) Gemäß Erstzustand war auch das nördliche Teilhaus der Baugruppe wie ein Einfamilienhaus unter Verschaltung der Geschosse strukturiert. Der Plan zu diesem „herrschaftlichen Familienhaus" wurde für den Lehrer Josef Hundsberger verfasst. Der auch an der Fassade betonte ursprüngliche Zugang führte in das leicht über Straßenniveau erhöhte Erdgeschoss, hier an der

Königinstraße 27; Aufn. um 1900

nordseits angeschlossenen Garderobe vorbei auf einen Vorplatz, in dem mit jeweiligen Übergängen Speise-, Empfangs- und Musikzimmer sowie ein dem Hausherrn vorbehaltenes Büro untergebracht waren. Die Schlafräume befanden sich im 1. Obergeschoss; der hervorgehobene Raum im Oberstock war/ist sicherlich der zentrale, im parkseits pavillonartig vorgebauten Bauglied, seinerzeit als „Loggia zum Park" bezeichnet. Das Dachgeschoss beherbergte ein „Atelier", die Dienstbotenkammern sowie Speicherräume. Schon bald war es aber zur Herstellung von Abgeschlossenheiten gekommen. Der Hauseingang musste ins Treppenhaus, hier an das Zwischenpodest des Kellerabgangs verlegt werden. Die jüngst stattgefundene Modernisierung der Erdgeschoss-Wohnung brachte weitere Zusetzungen von bauzeitlich offenen Übergängen mit sich, der Bestandserhalt bleibt jedoch groß. Auch hinsichtlich Fassadengestaltung und Dachlandschaft ist das nördliche Teilhaus prächtig überliefert: Sockel, Traufgesims, Fenster- und Türgewände sowie die stilisierten Eckrustizierungen sind Steinmetzarbeiten, die die Blankziegelbauten auch hinsichtlich ihrer Handwerklichkeit hervorheben; die überdimensionierten Scheitelsteine freilich sind blank geblieben. Entsprechend dem Konzept malerisch frei gruppierter Massen und einzelner Zierelemente werden auch die Fassaden strukturiert: ausmittig ist der Straßenfront ein flacher zweiachsiger Risalit eingeschrieben, die parkseitige Fassade wird von einem zweigeschossigen Polygonalerker akzentuiert, der den Dachraum darüber als Austritt bedient. Durch den Geländeabfall nach Osten bedingt ist die Höhenentwicklung des Baukörpers auf der Parkseite um ein Geschoss erhöht. Die vor das Mansarddach gesetzten Gauben besitzen bassgeigenförmige Wangen und Abschlüsse in Dreiecksgiebeln; im Unterschied zum südlichen Teilhaus weitgehend der Entstehungszeit entsprechend (Instandsetzungsarbeiten am Dach 1990).

[**Königinstraße 25.** Siehe Königinstraße/Vorspann.]

Königinstraße 27. Sog. *Defregger-Haus.* Nach Niederlegung eines kleineren Wohngebäudes, das eingefasst von etlichen Nebengebäuden die ältere Vorbebauung auf der Parzelle bildete, ließ sich 1893–94 der Maler Franz von Defregger (1835–1921) das große Mietshaus von Georg von Hauberrisser in der Nachbarschaft seines weiter nördlich gelegenen Wohnhauses und Ateliers errichten. Gemäß Erstzustand war in den drei Geschossen je eine Wohnung beinahe herrschaftlichen Zuschnitts untergebracht; auch der Dachraum im straßenseitigen Riegel war zu Wohnräumen ausgebaut. In enger stilistischer Entsprechung zur sog. „Defregger-Villa" (auf dem Grund der heutigen Königinstraße 31) sowie zu dem hinter dieser erbauten Atelier, das heute als Wohnhaus Kaulbachstraße 26a adaptiert und noch in Ansätzen nachvollziehbar ist (s. dort), wurde das neu zu erbauende Wohnhaus durchgeplant. Beigezogener Architekt war, wie schon bei den erstgenannten Bauten, von Hauberrisser, berühmt nicht zuletzt auch wegen etlicher Großprojekte der öffentlichen Hand, für die Ausführung zeichnete die Fa. Vogt & Neuhoff verantwortlich. Die Durchbildung der Blankziegelfassaden mit Hausteingliederung (Ofenstettener Kalkstein) folgt einer Stilge-

Königinstraße 27

winnung, die eines gewissen spielerischen Zuges nicht entbehrt. Der planerisch und fotografisch gut greifbare Ursprungszustand besticht durch einen konsequenten, malerisch-asymmetrischen Einsatz von Schmuckformen, Bauteilen und den Baumassen generell. Donjonartig, mit steilem Walmdach dominiert ein an der südöstlichen Ecke vor die Grundlinie gestellter Turm stilbildend und vor allem hinsichtlich seiner Höhenentwicklung das Haus. Dessen nördliche Entsprechung bildet ein Bodenerker mit turmartiger Bekrönung (früher ein Glockendach, seit 1950 ein pyramidales), der erst ab dem 1. Obergeschoss in ein Polygon springt, jedoch – gleichsam bescheidener als der südliche Turm – in die Dachausmittlung des Hauptbaus integriert ist. Die Dachzonen des südlichen Turmes wie auch der Straßenfront waren ursprünglich von regelrechten Dachhäusern beherrscht, massiv und von Schweifgiebeln bekrönt. Ein markantes, infolge der Kriegszerstörung abgegangenes, architektonisches Motiv stellte der Balkonerker dar, ausmittig und ohne Pendant neben dem dominierenden südlichen Turm vor das 2. Obergeschoss gesetzt, unterfangen von einem Segmentbogen über zwei mächtigen Konsolen, deren Dimensionierung beinahe eine Verschattung des Fensters unterhalb des Austritts bedeutete. Und beinahe mittig zwischen die beiden seitlichen Turmelemente (als vertikale Rahmenmotive) setzte Hauberrisser einen eingeschossigen Poly-

Königinstraße 27 nach Kriegszerstörung; Aufn. 1949

gonalerker mit reich ornamentiertem, weit nach unten gezogenem Unterzug und einer ursprünglich glockendachförmigen Verkupferung darüber. Einem Zahnschnitt gleich geben stilisierte Eckrustizierungen und die Kranzgesimse der Traufen im Zusammenspiel den Fassadenflächen eine Einfassung. Das für Franz von Defregger erbaute Mietshaus stellte wohl einen der Höhepunkte „romantischer" Architekturschöpfungen in München dar. Die phantasiereich angruppierten Bauteile und Zierelemente wurden aus den verschiedenen historischen Baustilen gewonnen, wobei gerade in Hinblick auf Versatzstücke altdeutschen Ursprungs wohl Vorlieben des aus Tirol stammenden und seiner Heimat zeitlebens verbundenen Bauherrn mit ins Kalkül gezogen worden sind. Der Luftkrieg betraf Königinstraße 27 einschneidend: Das Haus verlor sein Dachtragwerk und es brannten alle Geschossdecken bis ins Erdgeschoss durch, die Turmbekrönungen erfuhren das gleiche Schicksal. Die Straßenfront bot das Bild einer Ruine. Der seitliche Balkonerker wie auch der mittige polygonale waren erheblich reduziert, die Dreier-Fenster-Gruppe oberhalb des zentralen Erkers verstürzt, der Eisensturz starrte blank aus dem Mauerwerk. Noch im September 1949 befand sich die Ruine im Zustand der letzten Kriegswochen, ohne schützendes Notdach waren die Mauerkronen vier Winter lang offen. Doch die den Bauten der Gründerzeit eignende Solidität erlaubte einen Wiederaufbau, der schließlich bis 1951 erfolgen sollte.

(Von der Hand Martin Dülfers existiert in der LBK ein 1898 datierter Plansatz zur Errichtung eines Stallgebäudes mit Remise für drei Wagen, der jedoch nicht ausgeführt wurde, auf dem Grundstück Nr. 27 an der Königinstraße. Dülfer war es auch, der ein weiteres, noch freies und ebenfalls im Besitz Franz von Defreggers befindliches Grundstück an der Kaulbachstraße, heute Nr. 26b (s. dort), also in unmittelbarer Nachbarschaft überplante, es sollte jedoch nicht zu einem Kontrakt zwischen Dülfer und Defregger kommen.)

[**Königinstraße 31.** Im Luftkrieg 1945 zerstörtes Wohnhaus des Malers Franz von Defregger, erbaut 1881–82 von Georg Hauberrisser, palazzoartig mit Dachüberstand, Backsteinfassade mit Steingliederung in Neurenaissanceformen; zugehörig dahinter das noch erhaltene Atelier, s. Kaulbachstraße 26a.]

Königinstraße 31 (kriegszerstört); Aufn. um 1900

Königinstraße 35/35a. Das München der Gründerzeit war wohl eine Stadt der Baumeister. Nicht selten lagen Grunderwerb, Antrag der Flurstücksherstellung, Bauplanung und auch -ausführung in einer Hand. Die Bebauung der Parzellen Königinstraße 35 und 35a sowie rückwärtig hiervon Kaulbachstraße 32 und 34 stellt ein verlässliches Zeugnis für dieses wirtschafts- und stadtgeschichtliche Phänomen dar. Der Baumeister Max Steinmetz erwarb den Grund der heutigen vier Häuser, als diese noch in einem großen Areal zusammenhingen. Dieses ging von der Kaulbachstraße (Obere Gartenstraße) im Westen bis zur Königinstraße im Osten durch. Es war mit einem schlichten klassizistischen Haus (wohl schon mit der ersten Bebauungswelle des Schönfelds gleich nach 1800 errichtet) an der Königinstraße und zahlreichen Nebengebäuden bebaut, beinahe die gesamte Fläche rückwärts, nach Westen hin, machte ein großer Nutzgarten aus. Steinmetz erbaute die vier Teilhäuser, wobei er jeweils zwei zu villenartigen Doppelhäusern zusammenfasste, und veräußerte diese nach ihrer Fertigstellung (1879). Vier Achsen der siebenachsigen Straßenfront schlug Steinmetz dem südlichen Teilhaus zu. Auf den vorgeschriebenen Abstandsverfolg vom Nachbargrundstück und unter strenger Beachtung der Baulinie der Königinstraße musste die südliche Grundlinie des Hauses eingeschrägt werden. Die in Neurenaissanceformen dekorierte Fassade ist gut überliefert. Durch spezifizierende Gleichsetzung von Sockel- und Fensterbankgesims erreicht der Baumeister, dass der Keller Souterrain und das Erdgeschoss Hochparterre ist. Die Brüstungszone des 1. Obergeschosses wird von einem Kordon- und Sohlbankgesims eingefasst. Kannelierte Pilaster bilden beim südlichen Teilhaus die Flanken der Fensterrahmungen im 1. Obergeschoss, hier stehen außen zwei Dreiecksgiebel und fassen zwei Segmentbogengiebel als Verdachungen der inneren

Fensterachsen ein. Beim nördlichen Teilhaus bilden halbierte Wandvorlagen die Profile der Fenster im 1. Obergeschoss, zwei je äußere Dreiecksgiebel fassen als Verdachungen einen Segmentbogengiebel ein. Bis zum Traufgesims (bei Nr. 35 ist es ein gut erhaltenes Kranzgesims mit Zahnfries) hinauf finden sich die Geschosse allesamt rustiziert: im Sockelgeschoss facettierte Quaderanschnitte, vor dem Hochparterre vor- und zurückgelegte Quaderbahnen und vor dem 1. Obergeschoss eine Putzstreifenrustika. (Die asymmetrisch zugeschnitten Teilhäuser werden in der Fassadenbildung scheinbar symmetrisch behandelt; dabei sind die symmetrisierenden Erker unterschiedlich breit und deren Durchfensterungen unterschiedlich hoch.)

Bei Nr. 35 (südliches Teilhaus) erfolgte 1906 ein hofseitiger Dachgeschossausbau durch die Fa. Gebr. Frank; Eigentümer war Benno Gimkiewicz. Bei Nr. 35a (nördliches Teilhaus) wurden 1912 für Josef Neumeyer von der Fa. Liebergesell & Lehmann massive Umbauten vorgenommen, u. a. das Anwesen nach Norden erweitert, um das Treppenhaus verlegen zu können und weitere Wohnfläche zu gewinnen. Nr. 35 erhielt neben einer Fassaderedaktion 1995 neue Fenster, Nr. 35a wurde 1997–98 umfassend saniert.

Königinstraße 51. Als Aufbau und Erweiterung eines Wohngebäudes, das wohl in die erste Erschließungsphase des Schönfelds zurückreichte, ist der Vorgängerbau des heutigen Anwesens Nr. 51 an der Königinstraße zu verorten. 1866 ließ der „Vorstadtkramer" Anton Schuster ein ursprünglich zweigeschossiges Haus erhöhen (es kam zu sechs Achsen traufseitig an der Königinstraße zu stehen) und einen nördlichen Rückflügel anbauen. Diese Bauten legte Anton Schneider 1891 für den „Sprachen- und Realienlehrer" Prof. Benz nieder und zog bis 1892 das heute bestehende Mietshaus hoch. Die betonte Mitte macht eine breite Fensterachse aus, die einem flachen Risalit eingeschrieben ist (seit der vereinfachenden Wiederherstellung nach dem Krieg endet dieser unvermittelt am Traufgesims). Eine breite, zweiflügelige, von einem Rundbogen überfangene Haustür führt über ein Zwischenpodest auf das Niveau eines Hochparterres zur doppelläufigen Podesttreppe, die hofseits vor die Grundlinie ausgestellt worden ist. Gemäß Eingabeplan liegen zwei Wohnungen in jeder Etage. Die Fassade besticht durch eine solide Gestaltung in Neurenaissanceformen: Erdgeschoss und die Hauptgeschosse des Mittelrisalits wurden rustiziert, Kordon- und Sohlbankgesims fassen das Brüstungsfeld der Fenster des 1. Obergeschosses zusammen, die Hauptgeschosse werden vom Fensterbankgesims unten und einem weiteren eingeblechten Gurtgesims oben eingefeldert. Die Fenster der Hauptgeschosse wurden überdies vertikal verklammert, indem der Baumeister die Verdachungen im Sturzfeld der Fenster im 1. Obergeschoss hoch in die Brüstungsfelder der Fenster des 2. Obergeschosses zog. Die je seitlichen Fenster im 1. Obergeschoss erhielten Segmentbogengiebel, die des 2. Obergeschosses wie auch des Fassadenmittelzugs Dreiecksgiebel; bei den Fenstern im Erdgeschoss haben sich die Stichbogenstürze erhalten. Ein Einbau einer ersten Dachwohnung ist 1933 protokolliert. Ursprünglich war der Mittelrisalit vor der Dachzone von einem geschweiften Blendgiebel überhöht, der jedoch nicht wiederhergestellt worden ist. (Der Einbau von Dachwohnungen in der heutigen Gestalt ist Ergebnis verstärkter Wohnraumgewinnung nach dem Krieg.)

Königinstraße 35/35a

Königinstraße 51

Königsplatz

Erwogen wurde die Anlage eines Rechteckplatzes als Mittel-
oder zumindest besonderer Schwerpunkt bereits vor dem im Dezember 1807 veranstalteten Wettbewerb zur Anlage der neuen
Maxvorstadt. Auf der Grundlage der 15 eingereichten Entwürfe
legte die Baukommission – großenteils Wettbewerbsteilnehmer –,
in der der Einfluss von Friedrich Ludwig von Sckell, Franz Thurn
und Karl von Fischer dominierte, 1808 den Generalplan für die
nordwestliche Stadterweiterung fest, in deren Straßennetz der
Rechteckplatz im nachfolgend ausgeführten Umriss eingebunden
ist; in seiner Mitte war ein (nicht realisiertes) Denkmal eingetragen. Der schon 1808 festgelegte Name „Königsplatz" zusammen
mit der „Königsstraße" bzw. westlich des Platzes „Kronprinzstra-
ße" genannten Hauptachse (ab 1826 „Brienner Straße", s. dort) ist
als Ausdruck der mit der 1806 erlangten Königswürde erworbenen staatlichen Souveränität analog zu baulichen Anlagen anderer Städte (vgl. zeitgleich die Königstraße in Stuttgart) zu verstehen und insbesondere der Tradition der französischen Gattung
der Place bzw. Rue Royale verpflichtet (ältestes Beispiel wohl die
Place Royale Heinrichs IV. in Paris). Den von der Ost-West-
Achse – Teil der Verbindung zwischen Residenz und Schloss
Nymphenburg – mittig durchschnittenen Platz tangieren an den
Schmalseiten parallele Nord-Süd-Straßen (östlich Arcis-, westlich Luisenstraße). Hinsichtlich der Bebauung wurde zunächst –
durchaus zeitgemäß – an eine militärische Nutzung gedacht (Garnisonskirche, Kaserne, Kadettenschule, Invalidenhaus), in der
Folge realistischer nur noch an eine Kaserne, bis die Militärbe-
hörden 1812 auf dieses Areal verzichteten (vgl. Türkenstraße 17).

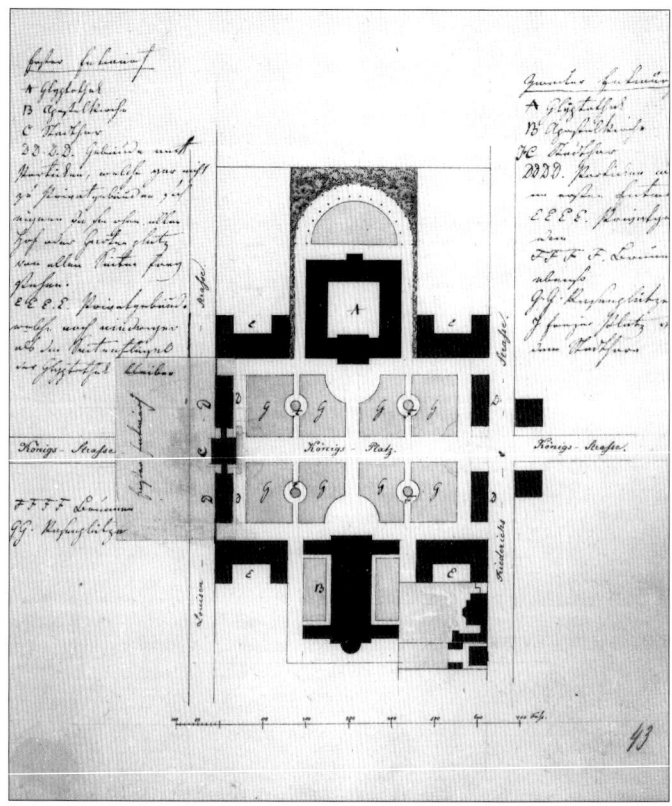

Königsplatz; Plan von Leo von Klenze, um 1820

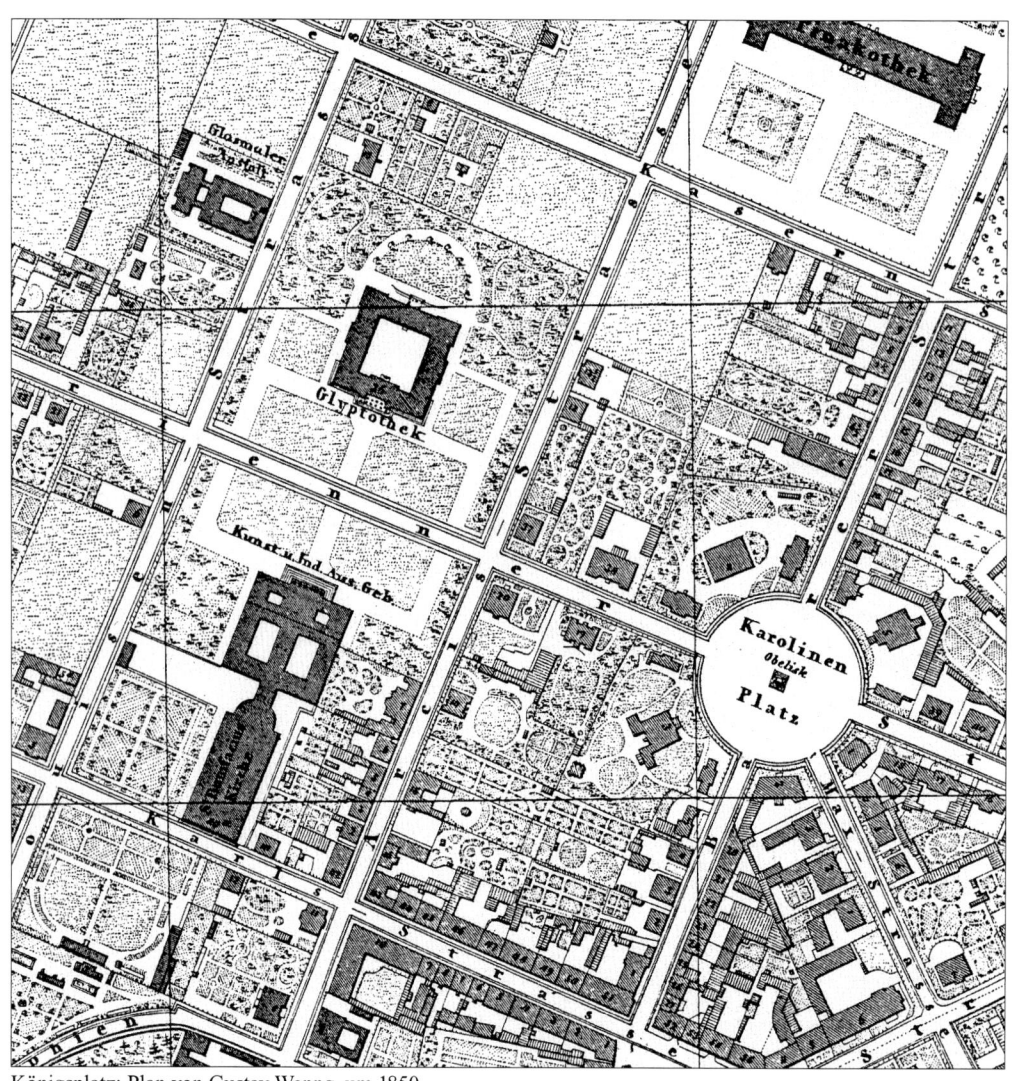

Königsplatz; Plan von Gustav Wenng, um 1850

Damit wurde auch Karl von
Fischers Projekt von 1812 zu
einem Memorialbau für die
Gefallenen an der Südseite des
Platzes hinfällig. Erstes Gebäude am Platz war seit 1810
Fischers eigenes Wohnhaus
südlich der Einmündung der
Brienner Straße, dessen nördliches Pendant erst 1832 für den
Maler Schnorr von Carolsfeld
verwirklicht wurde (Bereich
der späteren „Ehrentempel",
vgl. Arcisstraße 12 und Meiserstraße 10).
Ein neues Bebauungskonzept
von 1812 (vgl. BHStA, Plan-
Slg. 14501, gezeichnet von
Rudolf Röschenauer) sah an
den Längsseiten je drei Gebäude, ein gestrecktes in der Mitte
zwischen quadratischen Eckbauten vor, wurde jedoch in
der Folge mehrfach modifiziert, vor allem im Zusammenhang mit den konkret geplanten bzw. sukzessive realisierten Bauvorhaben. Kronprinz
Ludwig, der sich zunächst an
der Nordseite den Baugrund
für seine Sammlung antiker
Skulpturen hatte reservieren
lassen, erwarb in der Folge alle
Grundstücke und sicherte sich
somit seinen maßgebenden
Einfluss. Der auf seine Veran-

lassung von der Akademie der Künste 1814 ausgeschriebene Wettbewerb zur Errichtung dreier Gebäude für Invaliden, „zum Andenken großer Deutscher" (Walhalla-Idee) und zur Aufstellung von Bildhauerwerken erlangte nur im Vorstadium der Planung für die Glyptothek (vgl. dort) aktuelle Bedeutung. (Zur Planungsentwicklung im Einzelnen vgl. vor allem H. Lehmbruch, in Ausst. Kat. Klassizismus 1980 sowie G. Leinz, in Ausst. Kat. Glyptothek 1980.) Ein „Situations-Plan" Klenzes von 1823 (StadtAM, Städt. Grundbes. 433), der die seit 1816 im Bau befindliche Glyptothek im Norden, ihr gegenüber die zu dieser Zeit gemäß dem Gedanken einer Synthese von Antike und Christentum geplante Apostelkirche und im Westen die zukünftig vorgesehenen Propyläen darstellt, schließt das Rechteckareal westlich mit zwei freistehenden, einen Vorplatz des Tores flankierenden Häusern ab, besetzt die Eckbereiche mit einer jeweils zweiflügeligen Bebauung und löst die Platzfläche in geometrisch-kleinteilige, rhythmisierte Grünflächen auf. Damals ließ Klenze zugunsten der Wirkung seiner Glyptothek entgegen vehementer Kritik das Platzniveau zur Mitte hin leicht absenken.

Im Verlauf der erst in Jahrzehnten verwirklichten Errichtung der drei öffentlichen, allein der Initiative Ludwigs I. zu verdankenden, aus eigenen Mitteln finanzierten Monumentalbauten wurde auf weitere rahmende (in erster Linie wohl als Wohnnutzung zu denkende) Bebauung wie auf verbindende Mauern verzichtet, abgesehen von den zusammen mit dem Tor einen (eher symbolischen) Abschluss der Stadterweiterung im Westen repräsentierenden Schranken beiderseits der Propyläen (nicht erhalten). Es entstand so als Endergebnis die zwar vom früher mäßigen Durchgangsverkehr längs überquerte, ansonsten aber alltäglich städtischem Leben entrückte Architekturkomposition idealen Charakters, in der gemäß Klenzes be-

Königsplatz von Nordwesten; Luftaufnahme um 1920

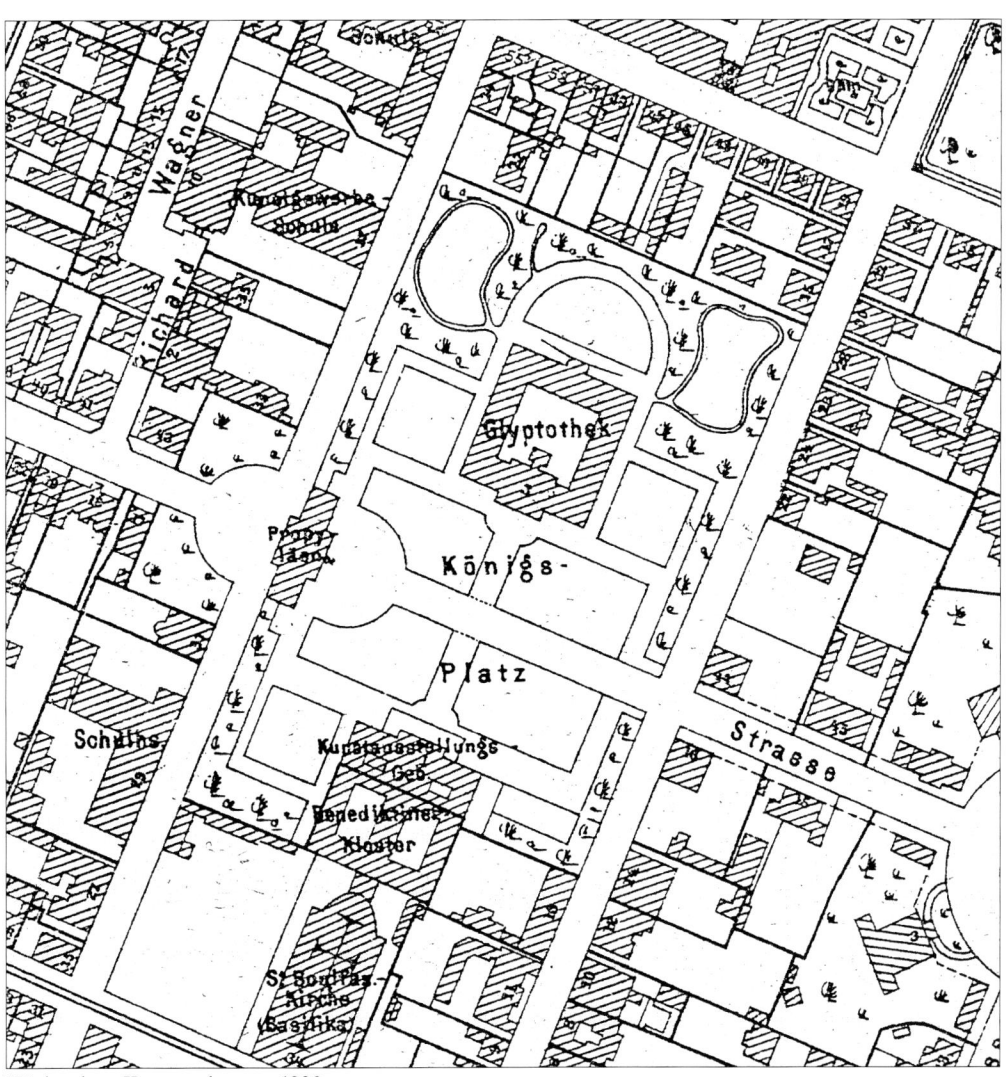

Königsplatz; Katasterplan, um 1920

Königsplatz, Ostseite mit „Ehrentempeln" und dazwischen „Braunem Haus"; Aufn. um 1935

modernen bayerischen König-reich verbindet sich an den Propyläen die Dokumentation der unter entscheidender Mit-wirkung Bayerns erfolgten Wiedererstehung des griechi-schen Staates unter der Ägide des wittelsbachischen Königs Otto.

Die schließlich unbebaut ge-bliebenen Eckbereiche zu Sei-ten der 1816–30 im ionischen Stil erbauten Glyptothek und ihres korinthischen Gegen-stücks im Süden, wo – nach Projekten zur Apostelkirche und zur Staatsbibliothek – 1838–45 das Ausstellungsge-bäude entstand, wurden in das gärtnerische Gesamtkonzept

reits 1816/17 formulierter, von Ludwig I. bereitwillig übernom-mener Idee „die drei griechischen Säulenordnungen und Bauar-ten in völliger Reinheit" verkörpert sein sollten. Der Königs-platz in seiner endgültigen Gestalt erhielt seine Prägung durch die mehrere Sinnbezüge bündelnde Gedankenwelt des zeitge-nössischen Philhellenismus – er wurde sichtbarer Ausdruck der Verehrung des als unübertroffener Höhepunkt menschlicher Kulturentwicklung begriffenen antiken Hellas, das – am reins-ten in den Ägineten verkörpert – hier eine museale Heimstätte von geradezu sakralem Charakter wie ein intendiertes Zentrum am antiken Vorbild sich orientierenden aktuellen Kunstschaf-fens erhalten sollte. Mit der im plastischen Bildprogramm der drei Gebäude propagierten Wiedergeburt einer um Ebenbürtig-keit mit der klassischen Antike bemühten Kunsttätigkeit im

einbezogen, für welches F. L. von Sckell noch kurz vor seinem Tod (1823) vier Entwurfsvarianten vorgelegt hatte (vgl. Wanet-schek 1971, S. 91 ff.). Zur Ausführung gelangte eine im Verhält-nis zu Klenzes und Sckells Entwürfen vereinfachte Begrünung mit im Endzustand vier Rasenfeldern, die jeweils vor der Mitte der drei Monumentalbauten halbrund ausgeschnitten waren (vgl. aquarellierten Situationsplan von Carl August von Sckell, um 1826); der Stadtplan von 1836 zeigt vorerst nur die Nordhälfte mitsamt dem Baumschleier im Osten zur Arcis- und im Westen (noch ohne Propyläen) zur Luisenstraße. Die das Skulpturenmu-seum umgebenden sog. Glyptotheksanlagen im – Klenze nicht genehmen – unregelmäßigen englischen Stil wurden 1825/26 unter F. L. Sckells Amtsnachfolger, seinem Neffen Carl August, ausgeführt, mit einem bereits von Klenze konzipierten Rosen-Halbrondell hinter dem Muse-um. Im Süden konnte sich die das Ausstellungsgebäude flan-kierende Begrünung im Ostteil wegen der Nachbargrundstü-cke (s. Meiserstraße 13) nur rudimentär entfalten. Erst mit dem lang verzögerten Bau der Propyläen (1848–62) erhielt der Platz seinen westlichen Abschluss. Klenzes die Voll-endung des Torbaus antizipie-rendes Ölbild der von Westen gesehenen Propyläen von 1848 (MStM) zeigt das klassizisti-sche Gesamtensemble als am-bivalente Synthese von ge-schlossener Baugruppe und axialer Transparenz – durch die Mitteldurchfahrt geht der Blick in die Ferne bis zum Obelisken auf dem Karolinen-platz.

Die nur partielle Begren-zung des Rechteck-Freirau-mes durch Bebauung forderte im Lauf der Zeit wiederholt zu in der Regel unbeauftrag-ten Spekulationen zur archi-tektonischen Schließung des vermeintlich „unvollendeten" Platzes samt entsprechenden

Königsplatz; Luftaufnahme um 1935

Nutzungsvorschlägen heraus (Projekte u. a. von Franz Reber 1876, Max von Heckel 1883, Joseph Bühlmann, nach 1890, Carl Jäger 1914/1921, Otho Orlando Kurz 1924, Hermann Sörgel 1925/29). Größe, repräsentativer Charakter und zentrale Lage des Königsplatzes luden allzeit zur – nicht immer seiner Idealität angemessenen – Nutzung durch Massenveranstaltungen vorwiegend politischer, heute meist showmusikalischer Art ein, oft in Verbindung mit temporären Festdekorationen oder technischen Installationen.

Königsplatz, Blick nach Westen; Aufn. 1980

Zu einer definitiv gemeinten gewalttätigen, Sinn und Aussage der fortan unter Verdrängung der bayerischen Staatsidee meist (wenn auch nicht offiziell) als „Königlicher Platz" bezeichneten Baugruppe verfremdenden Umprägung kam es in der Ära des Nationalsozialismus, als dessen Parteizentrale („Braunes Haus") 1930 das benachbarte Palais Brienner Straße 45 (alte Nr.; heute Rasenfläche) adaptiert worden war. Schwerpunkt des

Königsplatz, Blick nach Westen; Aufn. 1996

nach der „Machtergreifung" 1933 weiträumig expandierenden Parteiverwaltungsviertels wurde der „Königliche Platz". Dessen neuhellenische Gebäude wurden zu Kulissen eines grobschlächtig klassizisierenden Parteiforums und Aufmarschplatzes degradiert, die Umgestaltungsmaßnahmen nach Konzept von Paul Ludwig Troost (gest. Januar 1934) von dessen Witwe Gerdy und Leonhard Gall im Jahre 1935 ausgeführt. Unter Beseitigung der Rasenfelder und der östlich wie westlich begrenzenden Baumreihen erfolgte die homogene Pflasterung der gesamten, bis an die Arcis- und Luisenstraße erweiterten, über deren Fahrbahnen leicht erhöhten Platzfläche mit 22.000 quadratischen, je 1 m² großen Granitplatten (auf Betonunterlage), die Einfriedung der Eckbereiche mit niedrigen Mauern samt zum Teil vorgelegten Sitzbänken und die Aufstellung je einer Reihe monumentaler Erzkandelaber im Norden und Süden sowie zweier 33 m hoher Masten mit kupfernen Hoheitsadlern. An der Westseite, neben

den beiden die Einmündung der Brienner Straße flankierenden „Ehrentempeln" mit den Sarkophagen der beim Putschversuch 1923 an der Feldherrnhalle erschossenen Nationalsozialisten, dominierten die kubischen Massen des neuen „Führerbaus" (s. Arcisstraße 12) und des Verwaltungsbaus der NSDAP (s. Meiserstraße 10). – Der Umgestaltung vorausgegangen war am 10. Mai 1933, dem Tag der Bücherverbrennung durch die NS-Akademikerschaft, die entsprechende Münchner Aktion auf dem Königsplatz.

Unter den kargen Verhältnissen nach 1945 war an einen aufwendigen Rückbau nicht zu denken; es erfolgte eine nur partielle „Entnazifizierung" durch die von der Besatzungsmacht angeordnete Sprengung der „Ehrentempel" (1947), durch Entfernung der Kandelaber und die Wiederanpflanzung der Baumreihe im Osten (1948), um die Parteibauten etwas aus dem Blick zu verdrängen. Der im Volksmund „Plattensee" genannte, zunehmend schadhafte Granitbelag diente zeittypisch-pragmatisch dem immens wachsenden Verkehr, der ab 1958 in V-Form gegabelt um die Propyläen herumgeführt wurde, und als entstellender Großparkplatz. Wiederaufbau, Restaurierung und Fassadenreinigung der im Luftkrieg schwer geschädigten klassizistischen Bauten zogen sich jahrzehntelang hin; erst 1967 wurden die Antikensammlungen (im ehem. Ausstellungsgebäude) und 1972 die Glyptothek wiedereröffnet.

Die lange hinausgeschobene, viel diskutierte und umstrittene Neugestaltung des Königsplatzes (schließlich ohne Tiefgarage) wurde durch die beim Bau des (1980 eröffneten) U-Bahnhofs im Westen veranlassten Eingriffe und die zeittypische Wertsteigerung des Begriffes der Begrünung gefördert, ab 1978 durch eine staatlich/städtische Arbeitsgruppe der Bauverwaltungen vorbereitet und 1987/88 ausgeführt. Die neue Grundrissstruktur der Rasenflächen bedeutete einen Kompromiss zwischen dem Zustand vor 1934 und maßvolleren heutigen Verkehrsbedürfnissen

Glyptothek und „Ehrentempel" nach Kriegszerstörung; Aufn. 1947

– die Mittelfahrbahn wurde verbreitert, die nunmehr auf einer kreisrunden Verkehrsinsel stehenden Propyläen werden in erweitertem Bogen umfahren. Die in der Folgezeit gewachsene Kritik an der Beseitigung des Großdenkmals des Faschismus – der mit den Parteibauten im Westen durchaus noch übermächtig präsent ist – ist zu relativieren durch den Hinweis, dass Schadhaftigkeit und Fehlen eines beträchtlichen Teiles des symbolhaft signifikanten Plattenbelages eine ideell wohl nicht vermittel- und zumutbare, finanziell wie materiell aufwendige Rekonstruktion erfordert hätten.

Königsplatz 1. Ehem. *Kunst- und Industrie-Ausstellungsgebäude*, jetzt *Staatliche Antikensammlungen*. (Vgl. auch Ensemble Maxvorstadt II.) Georg Friedrich Zieblands neuhellenischer Bau von 1838–45 mit korinthischem Portikus über hoher Freitreppe bildet den Südflügel der dreiteiligen Baugruppe, die den Königsplatz eigentlich konstituiert. Die Südseite des Platzes blieb lange Zeit unbebaut (vgl. Stadtplan von L. Schmidtner, 1827); zeitweise lagerte hier Baumaterial für die Glyptothek gegenüber, für welche wechselnde Pendants erwogen und wieder verworfen wurden. Karl von Fischer entwarf 1812 ein Armeedenkmal für die Gefallenen der Napoleonischen Kriege mit pantheonartiger Flachkuppel, ionischem Portikus und seitlichen Peristylhöfen mit Gedenktafeln und zentralen Obelisken, ab 1816 Leo von Klenze eine Apostelkirche; eine deutlich an Fischers Projekt anknüpfende Fassadenansicht von 1819 zeigt zwischen niedrigen Flankentrakten einen mächtigen zehnsäuligen Portikus korinthischer Ordnung mit im Hintergrund aufsteigender Kuppel; den Umriss des längsgestreckten Baukörpers gibt u. a. ein Lageplan Klenzes für die Königsplatzgestaltung von 1823 an. Eine aquarellierte Ansicht (von NW) des 1827 von Friedrich Gärtner zunächst hier geplanten Staatsbibliotheks- und Archivgebäudes (BStB, Handschriftenslg. Cod. icon. 210/1, Nr. 45) zeigt einen mächtigen dreigeschossigen Vierflügelbau in quattrocentesken Formen mit Eckrisaliten und Eingangsfront im Westen zur Luisenstraße sowie getrennt nordwestlich davon am Königsplatz ein über Stufen erhöhtes Pendant zur Glyptothek mit Ädikulanischen an den Flügelbauten wie bei dieser und erhöhtem Mittelportikus von der gemäß der Konzeption Klenzes und des Königs für diese Platzseite vorgesehenen korinthischen Ordnung; die beiden heterogenen Bauteile des asymmetrischen Komplexes sollten durch niedrige,

zwei Höfe umgebende Trakte – u. a. ein Peristyl hinter dem Bau am Königsplatz – locker verbunden werden. Gärtner selbst fand diese in Varianten vorgelegte Lösung wie den Standort problematisch (s. Ludwigstraße 16). Das Kirchenbauprojekt – im Sinne einer am Königsplatz zu veranschaulichenden Synthese von Antike und Christentum – blieb weiter aktuell, nunmehr auf den hl. Bonifatius als Apostel der Deutschen konkretisiert; Georg Friedrich Ziebland (geb. 1800, Schüler von Fischer und Gärtner), 1827 vom König zum Studium frühchristlicher Basiliken nach Italien gesandt, legte 1828/29 zwei Kirchenprojekte für die Südseite des Platzes vor (zeitweise wurde auch ein Standort an der Ludwigstraße erwogen); in der Folge (ab 1835) wurde die „Basilika" vom Platz abgerückt mit Eingang im Süden an der Karlstraße aufgeführt (s. Karlstraße 34); für sie bestimmtes Baumaterial (behauene Steine für die Säulen) wurde 1834 auf dem Areal an der Königsplatz-Südseite gelagert.

Für diesen Standort konzipierte Ziebland – im Anschluss an eine Entwurfsskizze Klenzes von 1830 (SGSM, Inv. Nr. 27220) – schließlich in mehreren unvollständig überlieferten Planungsstufen (vgl. Karnapp 1979) das mit dem südlich angrenzenden Benediktinerkloster zu einem Block zusammengefasste Ausstellungsgebäude. In ihrem Gutachten vom 18. Mai 1834 kritisierte die Kunstakademie lediglich einzelne Details der inneren Disposition, die der Architekt in seinen abschließenden Entwürfen bis 1838 berücksichtigte. Die Grundsteinlegung erfolgte am 25. August 1838, an einem Geburtstag des (nicht anwesenden) Königs, der den Bau aus seiner eigenen Kabinettskasse finanzierte; erst 1848 wurde das Gebäude Staatseigentum. 1841 konnten die Dächer aufgesetzt, im Dezember 1844 die Giebelfiguren aufgestellt werden, deren Anfertigung Ludwig von Schwanthaler laut Kontrakt vom 21. Juni 1836 übernommen hatte. Mit der Eröffnung der ersten Kunstausstellung am 21. August 1845 wurde der Bau der Öffentlichkeit übergeben (mehrfach wird erst 1848 als Datum der Bauvollendung genannt).

Die Bauaufgabe eines Ausstellungsgebäudes war progressiv, wobei zeittypisch zwischen Kunst und Industrie – die noch lange im Kunstgewerbe vereint blieben – nicht unterschieden wurde. Hier sollten die alle drei Jahre stattfindenden Kunstausstellungen der Akademie wie auch die oberbayerischen Industrieausstellungen (erstmals 1834 und 1835 im 2. Stock des Odeons; Vorläufer seit 1814) ein Heim finden, doch verlor der hinter der breiten Fassade nur mäßig in die Tiefe entwickelte Bau schon bald, vor allem ab 1854 durch den vielseitig nutzbaren, kolossalen Glaspalast (s. Alter Botanischer Garten) viel von seiner Bedeutung. Ab 1869 (dem Jahr der ersten internationalen Kunstausstellung im Glaspalast) war hier das kgl. Antiquarium, die aus dem gleichnamigen Antikensaal der Residenz hervorgegangene Sammlung, bis zu ihrer Übersiedlung ins Erdgeschoss der Neuen Pinakothek 1872 unter-

Königsplatz; Flurkarte, M. 1:5000

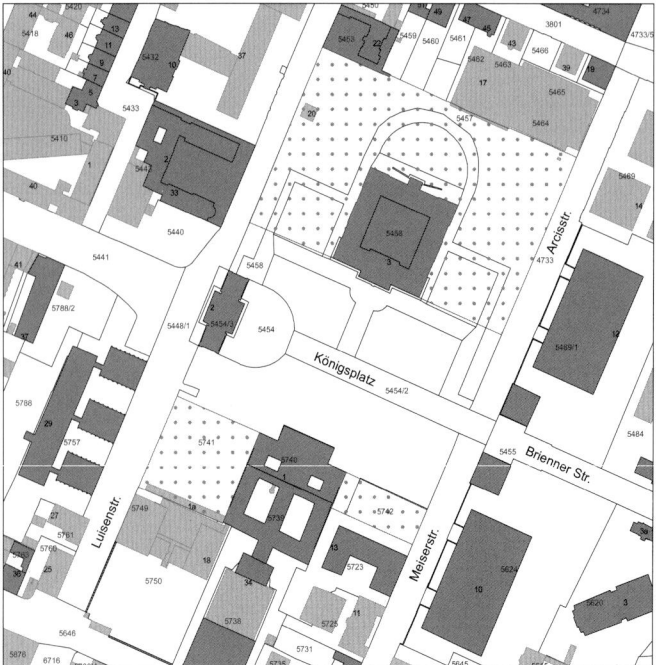

Königsplatz 1 nach Kriegsbeschädigung; Aufn. 1946

gebracht, ab 1876 fanden wieder Ausstellungen statt. 1898–1916 beherbergte das Gebäude die Galerie der 1892 gegründeten, anfangs umstrittenen Münchener „Secession" nach dem Abbruch von deren provisorischem Ausstellungsbau an der Prinzregenten-/Ecke Pilotystraße. Von 1919 bis zum Zweiten Weltkrieg war es Sitz der Neuen Staatsgalerie, in der – zeitlich an die Neue Pinakothek anschließend – die Kunst der Moderne präsentiert wurde. Am 9. Juni 1943 und im Juli 1944 brannte das Gebäude bei Luftangriffen völlig aus und verlor seine Dächer; Umfassungsmauern und Portikus blieben bestehen. Der Wiederaufbau 1963–67 durch das Landbauamt München nach Plänen von Johannes Ludwig erfolgte mit veränderter Raumeinteilung und völlig neuer innerer Gestaltung für die Zwecke der Staatlichen Antikensammlungen, die nach dem Ersten Weltkrieg durch Vereinigung der Vasensammlung Ludwigs I. (in der Alten Pinakothek) und des kgl. Antiquariums unter dem Namen „Museum für antike Kleinkunst" entstanden waren.

Königsplatz 1, Staatliche Antikensammlung

Königsplatz 1, Giebel

Portikus, Sockelzone und Gliederung wurden sorgfältig gefügt in Eichstätter Kalkstein ausgeführt, die Wandflächen der Seitenflügel verputzt. Die Außenansicht wird durch den konstitutiven Anteil am hellenisch-idealen Charakter des Königsplatzes, stilistisch durch die für dessen Südseite gewünschte korinthische Ordnung bestimmt, ferner von der Funktion des Gebäudes (Fensterlosigkeit; ursprünglich sieben Oberlichträume) und seiner Anbindung an das Kloster, an dessen Seitenwänden die Gliederung des Ausstellungsbaues fortgeführt ist. Diese Verbindung veranlasste auch – im Unterschied zur Glyptothek – die Ausbildung einer hohen Sockelzone (Souterrain) und der dem erhöhten Mittelrisalit vorgelegten dreiseitigen Freitreppe mit 22 Stufen in

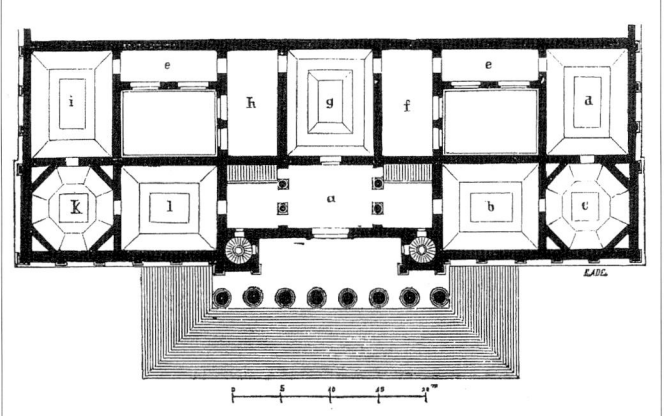

Königsplatz 1, ehem. Kunstausstellungsgebäude; Grundriss nach Reber, 1876

Untersberger Marmorkalk. Dem Risalit vorgelegt ist ein Portikus mit acht kannelierten korinthischen Säulen, dreiteiligem Gebälk und Dreiecksgiebel. Schwanthalers 1840 vollendete Giebelfigurengruppe in Schlanders-Marmor bringt im Rahmen des Königsplatzes die dem Ausstellungsgebäude zugemessene Bedeutung zum Ausdruck – den Gedanken kultureller Erneuerung und Blüte im Königreich Bayern im Anschluss an die Antike. Die in der Mitte vor dem Löwenthron stehende Bavaria hält in der Rechten den Ruhmeskranz für die Vertreter der einzelnen (von Ludwig I. aktiv geförderten) Kunstgattungen – links Architekt, Historien- und Genremaler stehend und im Zwickel Vasen- und Glasmaler, rechts der Bildhauer samt einem Gehilfen, der ein Büstendenkmal Ludwigs I. schiebt, sowie kniend Erzgießer und Münzgraveur. Der aus der Asche aufsteigende Phönix als mittlerer Giebelakroter verdeutlicht Wiedergeburt und Erneuerung, die seitlichen Löwenakrotere den vaterländischen Bezug. Das monumental – mit Verdachung auf Konsolen nach Art des Erechtheions – gerahmte Portal besaß ursprünglich von Ferdinand Miller 1845 gegossene eherne Türflügel.

Die kontrapostisch zum Portikus den Horizontalismus betonenden Seitenflügel werden durch gequaderten Rustikasockel, unkannelierte Pilaster mit Palmettenbandkapitellen und dreiteiliges Gebälk gegliedert.

Im völlig erneuerten Inneren erinnert an die Erbauungszeit – abgesehen von den großteils Ludwig I. zu verdankenden Sammlungsbeständen – eine Vitrine mit dem Inhalt der beim Wiederaufbau gefundenen Grundsteinkassette von 1838. (2000 Umbaumaßnahmen im Inneren.)

Königsplatz 2. *Propyläen.* (Vgl. Ensemble Maxvorstadt II.) Der 1848–62 von Leo von Klenze erbaute dorische Torbau an der Westseite des Platzes ist als Denkmal für Befreiung und Wiederaufbau Griechenlands unter König Otto zu verstehen. Für die Errichtung nach dem Akropoliseingang benannter „Propyläen" erwogen Ludwig I. und Klenze zeitweilig andere Standorte (Gasteig, Nordende der Ludwigstraße); verwirklicht wurden sie als letztes der drei den Königsplatz konstituierend begrenzenden Gebäude an einer Stelle, wo bereits ab 1817 ein Torbau, damals noch in Verbindung mit realer Wach- und Zoll-Kontrollfunktion, als Westabschluss der neu angelegten Maxvorstadt vorgesehen war. In wechselnden Umrissen ist das Tor auf Klenzes Planentwürfen von 1819/20, 1821 und 1823 dargestellt. Dabei war keineswegs an eine Kopie oder annähernde Nachbildung des Athener Tores gedacht, wenn auch dessen dreiflügelige Komposition in allgemeiner Form in mehrere Planungsvarianten einfloss. Adrian v. Buttlar (1999) wies auf frühere Überlegungen und Planungen Klenzes hin – 1818 die Idee zu einem Tor in Verbindung mit einem Armeedenkmal, um 1820/26 die Skizze zu einem Torbogen in der Art des westlichen Hofgartentores mit krönender Quadriga und platzseitig im rechten Winkel vortretenden Wachtlokalen in viersäuliger Prostylos-Form (funktionell eine dem Brandenburger Tor in Berlin analoge Anlage).

Die dreiflügelige Disposition lag auch noch dem ersten, nach dem erst 1846 ergangenen Planungsauftrag ausgearbeiteten Projekt zugrunde, das einen im Großen bereits der ausgeführten Komposition gleichenden sechssäuligen Mittelbau mit zwei flankierenden Querflügeln vorsah – alternativ platz- oder außenseitig dargestellten Wachhäusern. Gleichfalls 1846 entwickelte Klenze eine Variante in Gestalt eines figurenflankierten Rechtecktores samt Bildfries darüber, das von turmartig aufragenden, verjüngten Pylonen flankiert wird. Diese Pylonen wurden zusammen mit dem tempelartigen Säulen-Mitteltrakt in der Art des ersten Entwurfes im Ausführungsprojekt vereinigt, das Klenzes Ölbild der Propyläen und des Königsplatzes von Westen aus dem Jahre 1848 (MStM, Inv. Nr. P 13682; lithographiert von P. Herwegen, 1853) in idealer Vollendung vorwegnahm; lediglich die vergoldeten Rundschilde in den Metopen wurden weggelassen. (Eine Zwischenvariante hatte eine viersäulige Lösung erwogen, doch setzte sich die hexastyle Konzeption nach Art des Athener Urbildes durch.) Bereits ab 1846 begonnene Arbeiten in den Untersberger Marmorbrüchen mussten zeitweise unterbrochen werden. Durch Ludwigs Rücktritt im Frühjahr 1848 verzögerte sich die in der Folge trotzdem aus Privatmitteln des Königs finanzierte Ausführung beträchtlich; auch der Tod des Bildhauers Ludwig Schwanthaler am 14. November – immerhin unter Hinterlassung der Modelle – wirkte als Hemmnis. Durch Material- und Kostenersparnis – Marmor nur noch als Verkleidung eines in Ziegeln konstruierten Kerns – erreichte Klenze 1851 die Baugenehmigung. Von der Grundsteinlegung am 6. April 1854 berichtete der Monarch ergriffen seinem Sohn Otto nach Athen

Propyläen, Ostseite; Aufn. um 1900

(vgl. Dirrigl 1980, S. 1128). Nach achtjähriger Bauzeit wurde das Tor am 18. August 1862 feierlich der Stadt übergeben, am 30. Oktober für den Verkehr eröffnet – tragischerweise um die Zeit von König Ottos Thronverlust.

Nachdem in der inzwischen gewachsenen Stadt die Kontrollfunktion ihre Aktualität verloren hatte, gerieten die Propyläen zur Synthese aus symbolischem städtebaulichem Abschluss des Platzes wie der repräsentativen Stadterweiterung und einem Denkmalbau erhabenen Charakters mit dem Sinn, Griechenlands Befreiung und seine mit tatkräftiger Unterstützung Bayerns erfolgte nationale Wiedergeburt zu veranschaulichen. Verkehrsbedeutung hatte das die Straßenachse eher sperrende (zunehmend als Hindernis wirkende) Tor nicht – es bildete eine den Verkehr regulierende Barriere; ursprünglich war die mittlere Durchfahrt für Reiter und Stadtwagen bestimmt, die seitlichen für Fracht- und Lieferwagen (Hauff 1862, S. 69); nach F. Reber (1876) dienten das mittlere Haupttor als Durchgang und die Seitenöffnungen in den Türmen als Durchfahrten (heute Umfahrung). Infolge der bis 1934 seitlich an die Pylonen anschließenden westlichen Platzeinfriedungsmauer musste der Verkehr in jedem Fall die Propyläen passieren.

Der ausgewogen proportionierte, für sich gesehen plastische, stereometrisch gefügte Baukörper wirkt im Fernbezug innerhalb der weiträumigen Verkehrsachse und Platzfolge eher als unterteilender, schauwandartiger Prospekt. In dem geometrisch klaren Grundriss flankieren das Mittelquadrat mit der transparenten Säulenhalle die kleineren Quadrate der wandhaft geschlossenen Pylonen. Der offene Gliederbau mit den beiderseitigen sechssäuligen Giebelfronten wird von den leicht verjüngten kubischen Turmmassiven spannungsvoll gehalten. Gemäß der von Klenze wie dem Bauherrn von Beginn an auch intendierten, ein „Stylstudium" ermöglichenden Bildungsfunktion der Platzbauten sollte das Torgebäude die dorische Ordnung veranschaulichen, vom Architekten ergänzt um die in den Pylonen repräsentierte Vorstufe der „pelasgisch-achäischen Bauart" mit ägyptischen Anklängen. Gegenüber dem zunächst auf Stileinheit bestehenden König rechtfertigte Klenze mit dem Hinweis auf das Vorbild

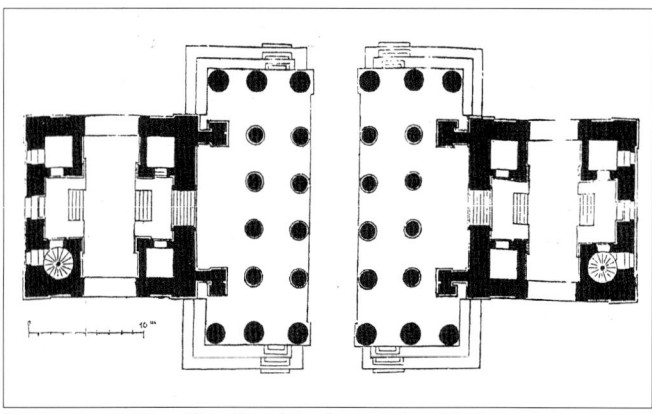

Königsplatz 2, Propyläen; Grundriss (nach Reber, 1876)

Propyläen während des Wiederaufbaus, Westseite

u. a. der athenischen Propyläen seine Ausführungslösung, die mit der dorischen Ordnung der beiden Portiken (stark verjüngte, kannelierte Säulen, mächtiger Architrav, Triglyphenfries) die Doppelreihen von je vier schlanken, höheren ionischen Säulen im Inneren beiderseits der Mitteldurchfahrt verbindet; letztere unterbricht den dreistufigen Stylobat. Die Säulenhalle wie die äußeren Portiken werden aus schematischer Starre belebend erlöst durch die von außen zur Mitte hin zunehmende Achsenweite (wie beim Athener Vorbild). Der bloßen Addition dreier Bauteile entgegen wirkt die beide Pylonen über die Flachgiebel hinweg verbindende, zurückgesetzte Attika (vor dem Hallendach) in der Höhe der die Türme gürtenden Relieffriese. Während der mit den Portiken kontrastierende geschlossene Unterbau der Pylonen in abermals dynamischem Gegensatz von den mächtigen Rechtecktoren mit akroterienbesetzter Verdachung durchbrochen wird, ist der freiragende Oberbau über dem Relieffries in (nicht verglaste) pfeilergeteilte Fensterbänder aufgelöst, ein für den späten Klassizismus charakteristisches Gestaltungselement (vgl. Schinkels Schauspielhaus). Den Abschluss bilden ein ägyptisierender Hohlkehlenfries und eine niedrige Attika mit blockhaften Eckaufsätzen in gezieltem Kontrast zu den Palmettenaktroteren der Dreiecksgiebel. Das lehrhaft-archäologische Stilkompendium wird zusätzlich noch um eine differenzierte farbige Fassung im Inneren der Zentralhalle bereichert (aus Beständigkeitsgründen nicht am Äußeren), gehörte doch Klenze zum Kreis der frühen Entdecker und Theoretiker des kontroversen Themas der antiken Polychromie. Sämtliche konstruktiven Details dieser späten Schöpfung Klenzes bezeugen seine inzwischen in Griechenland selbst gewonnenen archäologischen Kenntnisse.

Der 54 m (Mittelteil 25 m) breite Torbau mit hohen Pylonen und 22 m langer Durchfahrt wurde in weißem Untersberger Marmor errichtet, z. T. jedoch aus Ersparnisgründen unter Verwendung von Ziegelmauerwerk und Holzbalken; u. a. wurden die seitlichen Wandflächen der Pylonen mit Quaderung imitierendem Putz überzogen.

In den Figurengruppen der beiden Giebel (Untersberger Marmor), den vier Relieffriesen an den Pylonen (Laaser Marmor) und den gemalten Inschriften in deren Innerem wird die ideelle Bedeutung der Popyläen anschaulich. Das hier im Geiste des Philhellenismus beschworene befreite und wiedererstehende Griechenland selbst konnte sich in der Phase seines schwierigen Aufbaus kein vergleichbar aufwendiges Nationaldenkmal leisten (doch vgl. thematisch Carl Rahls Gemäldefries in der Vorhalle der Athener Universität mit der Ostgiebelgruppe). Auf der Grundlage von Entwürfen und kleinen Modellen, die Ludwig Schwanthaler bei seinem Tode 1848 hinterlassen hatte, wurden die Giebelgruppen bis 1862 ausgeführt, zunächst vor allem von seinem Neffen Franz Xaver Schwanthaler, der 1854 an der Cholera starb, in der Folge von anderen Mitarbeitern und Schülern der Werkstatt (Johann Leeb, Hermann Lossow, Johann Riedmüller, Ludwig Schaller, Fidelis Schönlaub; Marmorausführung nach Otten 1970 erst 1862). Für die Reliefs, zu denen nur Skizzen vorlagen, fertigte der Historienmaler Johann Georg Hiltensperger die Kartons, die dem ausführenden Bildhauer Joseph Schefzky als Grundlage dienten.

Die westliche, dem von auswärts Ankommenden zugewendete Giebelgruppe stellt nach Klenze (1861) „Hellas dar, welcher die Sieger zu Land und Meer die verlorenen Provinzen und Städte zuführen". In der Mitte steht vor einem Thron frontal die Personifikation der siegreichen Hellas mit gesenktem Schwert in der Scheide, flankiert von geflügelten Viktorien, die ihr die Trophäen der Land- und Seesiege darbringen. In der linken Giebelhälfte sind die Kämpfe zu Land in repräsentativen Einzelszenen dargestellt – ein einen getöteten Priester rächender Krieger, eine ihr Kind verteidigende Mutter; die Erdgöttin Gäa – mit archaischem Ringelschweif – füllt die Ecke. In der rechten Ecke sind die Rache eines jungen Kriegers für seine erschlagene Braut und ein

Königsplatz, Propyläen, Westseite

Propyläen, Westgiebel

Seekampf mit fliehenden türkischen Schiffen zu sehen, bei dem ein Grieche den feindlichen Schiffsführer gefangen nimmt. In der rechten Ecke taucht eine Gottheit – vielleicht eher Poseidon als der meistgenannte „Feuergott" – aus den stilisierten Wellen auf, um die feindliche Flotte in Brand zu setzen.

Die östliche platzseitige Giebelgruppe zeigt nach Klenze „den jungen König (Otto) auf dem Throne, die Huldigungen der verschiedenen Stände, Künste und Wissenschaften empfangend", nach der Definition von J. A. Pankofer (1851) in die Vertreter von Kultus und Kultur in der linken bzw. rechten Giebelhälfte geschieden – insgesamt ein den Giebeln der Glyptothek und des Ausstellungsgebäudes verwandter Grundgedanke. Dargestellt

Propyläen, Ostgiebel

ist der Wiederaufbau und das Aufblühen des befreiten Landes unter der segensreichen Regierung König Ottos, der in der Mitte thront. Zu ihm gesellen sich in der linken Giebelhälfte die Personifikationen der christlichen Kirche (ein Pope), der Dichtung (ein Kitharöde, ähnlich der berühmten Kolossalfigur Apollons in der Glyptothek und dem Apollon von Belvedere) – die höchsten Werte der christlichen wie der antiken Religion sind hier nebeneinander verkörpert; weiter links folgen die Wissenschaften – ein sitzender Philosoph, Schüler unterrichtend (als Historiographie bezeichnet), ein Archäologe, der eine Herme ausgräbt, und ein Geometer bei der Vermessung bzw. Aufteilung des Landes, einer nach der Vertreibung der türkischen Grundbesitzer für den Wiederaufbau bedeutsamen Tätigkeit. Rechts von König Otto stehen ein wehrhafter Krieger, ein Kaufmann mit Steuerruder und Attributen des Handels; ein kniender Ackerbauer präsentiert die Landesprodukte, Trauben und eine Getreidegarbe; in der Ecke folgen die für den Wiederaufbau des Landes wichtigen Baumeister und die Schiffsbauer bei ihrer Arbeit.

Die je 13,7 m langen Reliefs an den Pylonen stellen nach Klenze „Monumente der Erhebung, der Land- und Seekämpfe der Griechen dar und schließen mit dem Bürgerkriege, worin Irene (= Friede) den kämpfenden als versöhnendes Symbol den bayerischen Königsthron zeigt." In der zyklischen Abfolge ist das Relief an der Westseite des Nordturmes als erste Darstellung anzusehen, die den Schwur der Griechen vor dem Freiheitskampf zeigt, mit der Personifikation der Religion in der Mitte, die vor einem Altartisch mit dem Allerheiligsten steht. Es folgen an der Westseite des Südturmes bewegte, vielfigurige Szenen aus den Kämpfen zu Lande und an der Ostseite des gleichen Pylonen die Kämpfe zur See, mit der in der Mitte schwebenden Siegesgöttin, welche die von links angreifenden Griechen anführt und mit der Fackel die türkischen Schiffe rechts in Brand setzt. Den Abschluss des Zyklus bildet der Relieffries an der Ostseite des Nordpylonen, die Darstellung des die Griechen untereinander entzweienden, unseligen Bürgerkrieges, den die Einigung auf Otto von Wittelsbach als König beendete. Der bayerische Löwenthron mit Krone und Herrschaftsstab am äußersten linken Rande, auf den die Friedensgöttin hindeutet, weist auf das segensreiche Einwirken Bayerns auf die verworrenen griechischen Zustände hin, wie es Ludwig I. und Otto zumindest beabsichtigten, wenn auch die Griechen selbst dem fremden Einfluss – der „Bavarokratia" – in der Folge widerstrebten.

Häufig unbeachtet bleibt die höchst bedeutsame ikonographische Aussage im Inneren der Propyläen. Unterhalb von leider nur fragmentarisch erhaltenen Stuckreliefs – nach H. Reidelbach (1888) handelt es sich um die im Format kleineren Modelle der vier Relieffriese am Äußeren der Pylonen – sind hier auf die seitlichen Wandflächen der mittleren Säulenhalle griechische Inschriften gemalt, nach Klenze „32 Namen der griechischen Beförderer der Freiheit und der hervorragendsten Philhelle-

Propyläen, Westseite, Relief am südlichen Pylon

Propyläen, Ostseite, Relief am südlichen Pylon

nen". Der Inschriftenkatalog feiert neben den maßgebenden Vereinigungen der Philike Hetairia (der die Erhebung planenden und tragenden Genossenschaft der Freunde), des Heiligen Syllogos (der Synode) und des Bundes der Philhellenen, der den Freiheitskampf ideell, finanziell, militärisch und politisch unterstützte, 29 Einzelpersönlichkeiten – Politiker verschiedener Richtungen, Offiziere und Kriegshelden (einschließlich der tapferen Bouboulina), kirchliche Würdenträger wie den 1821 ermordeten Patriarchen Gregorios von Konstantinopel und den Erzbischof Germanos von Patras, der das Signal zum Aufstand gab, sowie namhafte Philhellenen wie den Genfer Bankier Gabriel Eynard, den Admiral Lord Cochrane, den Oberst Charles Fabvier und natürlich Lord Byron. (Der so wichtige bayerische Philhellene Friedrich von Thiersch fehlt.) Dass dieses Programm Vertreter gegensätzlicher politischer Parteiungen und auch Gegner der Herrschaft König Ottos umfasst, ist ein bemerkenswertes Zeugnis für die objektive Würdigung des griechischen Befreiungskampfes durch König Ludwig, der ihn übrigens bereits 1841–44 in dem (zerstörten) Freskenzyklus von Peter Hess in den Hofgartenarkaden (s. dort) hatte darstellen lassen.

Im Luftkrieg, vor allem durch Spreng- und Brandbomben am 16. Juli 1944, wurden die Propyläen zur ungedeckten Ruine; Substanzverluste entstanden besonders im Nordwestteil des Mittelbaues und des Westportikus (vgl. List 1995, Abb. 48 f.). Erst nach der Währungsreform 1948 konnte die Abstützung des Westgiebels durch Rohziegelmauerwerk und Eisen erfolgen. Sie wurde wieder entfernt im Zuge der 1951–54 durchgeführten statischen Sicherungsmaßnahmen, verbunden mit Auswechslung einzelner Säulen, Ersatz fehlender Gebälkteile in Kelheimer Kalkstein und Neueindeckung der Türme; die nunmehr ebenen (zuvor flach pyramidalen) Decken wurden im Sinne des alten Eindrucks illusionistisch bemalt. – Bei der grundlegenden Gesamtinstandsetzung 1964–66 unter Leitung von Erwin Schleich wurde das (vor allem ostseitig geschwärzte) Äußere gereinigt und nunmehr auch das Innere restauriert (Putz- und Stuckarbeiten; Rekonstruktion der nur in Resten erhaltenen Kassettendecke; Wiederherstellung der Polychromie; erfolglose Trockenlegungsversuche). 1980 erneute Trockenlegungsmaßnahmen (Bohrlochsperre; Putzsanierung). – Die Giebelfigurengruppen, deren Zustand sich seit Luftkriegsverlusten zusätzlich durch Witterungsschäden dramatisch verschlechtert hatte, wurden 1985 abgenommen und 1986/87 gereinigt und konserviert, die schlechter erhaltenen Plastiken durch Kunstharzabgüsse ersetzt und die übrigen nach Acrylharzvolltränkung zusammen mit den Abgüssen 1988 wieder in den Giebelfeldern aufgestellt, wo sich seitdem ein gemischter Bestand aus Originalen und Kopien präsentiert (die entfernten Originale sind heute im U-Bahnhof Königsplatz in Vitrinen ausgestellt).

Propyläen, Inneres

Propyläen, Inschriften

Königsplatz 3. *Glyptothek.* (Vgl. auch Ensemble Maxvorstadt II.) Die klassizistische Vierflügelanlage mit ionischem Säulenportikus, 1816–30 von Leo von Klenze, besetzt die Nordseite des Königsplatzes. Die allein der Initiative von Kronprinz, ab 1825 König Ludwig I. zu verdankende Entstehung der Glyptothek sowohl als hervorragende Sammlung antiker Plastik wie als Bauprojekt mit typengeschichtlich bedeutsamen Planungsphasen war ein Vorgang in europäischen Entwicklungsbezügen. Das Ergebnis war ein bemerkenswert frühes Hauptbeispiel eines freistehenden, von höfischen Bindungen gelösten öffentlichen Museumsgebäudes, das gleich der wenig später begonnenen Pinakothek allein einer Kunstgattung gewidmet wurde (im Unterschied etwa zum Louvre oder dem Alten Museum in Berlin). Der Entschluss, selbst Antiken zu sammeln, reifte im Kronprinzen bereits während seiner Italienreise 1804/05. Ab 1810 waren in Italien Johann Georg Dillis und vor allem Johann Martin von Wagner als Kunstagenten für ihn tätig, ab 1811 dazu Carl Haller von Hallerstein in Griechenland. Mit so spektakulären Erwerbungen wie dem „Barberinischen Faun" oder den Giebelskulpturen von Ägina wurde die Errichtung eines Sammlungsgebäudes vordringlich; Ludwig hatte sich dafür bereits die Nordseite des Königsplatzes reservieren lassen. Erste Entwürfe fertigte 1810–12 der kaiserliche Hofarchitekt Giacomo Quarenghi aus St. Petersburg; eine seiner Varianten sah eine Queranlage mit erhöhter Kuppelrotunde in der Mitte vor, eine andere das (später in die Vorplanung der Propyläen eingegangene) Motiv einer offenen Säulenvorhalle in der Mitte. Ein erster Glyptothek-Entwurf Karl von Fischers (1813), stark von Durands Rastersystematik geprägt, sah erstmals einen Vierflügelkomplex vor, kombiniert mit einem Eingangsportikus und erhöhter zentraler Kuppelrotunde. Der von der Akademie der Bildenden Künste am 4. Februar 1814 ausgeschriebene Wettbewerb für Invalidenhaus, Walhalla und „ein zur Aufstellung von Werken der Bildhauerkunst" bestimmtes Gebäude „im reinsten antiken Styl" (d. h. griechisch) brachte keine brauchbaren Ergebnisse. Haller von Hallersteins Wettbewerbsentwurf (1815) sah eine Baugruppe von utopischen Dimensionen vor, auf dem Schaubild in eine ideale Vorgebirgslandschaft eingebettet, enthielt jedoch gewisse, in die spätere Propyläenplanung eingeflossene Motive, vor allem Eckpylonen. In Karl von Fischers zweitem Projekt (1816) flankieren die zentral zwischen Portikusvorbau und rückwärtigem basilikalem Hauptsaal gelegene Kuppelrotunde von dreiflügeligen Seitentrakten umschlossene Höfe. Ebenfalls von 1816 stammt ein Projekt des Kasseler Architekten Johann Heinrich Wolff.

Die Ausführung übertrug der Kronprinz jedoch Leo von Klenze, den er 1815 in Paris zur Beteiligung am Wettbewerb aufgefordert hatte. Dem ersten sog. Pariser Vorentwurf zu einem Querbau mit rhythmischer Raumfolge und korinthischem Mittelportikus ließ Klenze noch im Dezember 1815 drei Wettbewerbs-Varianten in verschiedenen Stilen – griechisch, römisch und in italienischen Renaissanceformen – folgen. (Zur Planung im Einzelnen vgl. u. a. G. Leinz, in Ausst. Kat. Glyptothek 1980, B.-R. Schwahn 1983, Buttlar 1999 und Ausst. Kat. Klenze 2000.) In seinen über mehrere Phasen, teils noch während des Baus entwickelten Ausführungsentwurf konnte der seit Anfang Januar 1816 in München ansässige Klenze, vom Wohlwollen Kronprinz Ludwigs getragen, auch die Planungsideen der anderen Architekten, so vor allem Fischers, einfließen lassen. In der Endfassung von etwa 1817/18 verband er den ionischen Portikus seines „griechischen" Entwurfs mit den durch Ädikulanischen gegliederten Seitenflügeln des „italienischen" Projektes und gelangte zur vierflügeligen Konzeption unter Verzicht auf eine durchlässig-offene Säulenhalle zwischen Portikus und Hof – ein zeitweise vom Kronprinzen favorisiertes Motiv, das Klenze in die Propyläenplanung umzulenken verstand. – Der analog Bibliothek, Pinakothek usw.

Glyptothek; Lithographie von Carl Heinzmann (nach Klenze)

neu geprägte Name „Glyptothek" geht auf den diesbezüglich konsultierten Hofbibliothekar Johann Philipp Lichtenthaler zurück (1815).

Klenze selbst übernahm die Bauleitung; noch während der Bauarbeiten überarbeitete er seine Entwürfe im Disput mit Johann Martin von Wagner mehrfach bis September 1818. Den Grundstein legte der Bauherr und Stifter in bewusster Eile bereits am 23. April 1816, ohne die zum Teil kritische Stellungnahme einer Dreierkommission zu berücksichtigen und das Gutachten der Akademie vom Mai abzuwarten. Ende 1816 waren Fundamentierung und aufgehendes Mauerwerk bis 25 Fuß Höhe ausgeführt, 1820 die Fassade bis zur Firsthöhe des Giebels gediehen, 1823 der Außenbau insgesamt fertig, die Gerüste wurden abgenommen und der Platz nivelliert (zur Mitte abgesenkt), um diese Zeit auch das erhaltene Modell des Hauptflügels gefertigt (BStGS, Inv. B 624), die Innenausstattung sowie die Ausmalung der Räume durch Peter Cornelius und Mitarbeiter begonnen (Entwürfe seit Auftragserteilung 1818, Ausführung sukzessive bis 1830). Im Sommer 1828 waren die Exponate zum Teil aufgestellt, vor allem die damals schon bei Fackelschein besichtigten

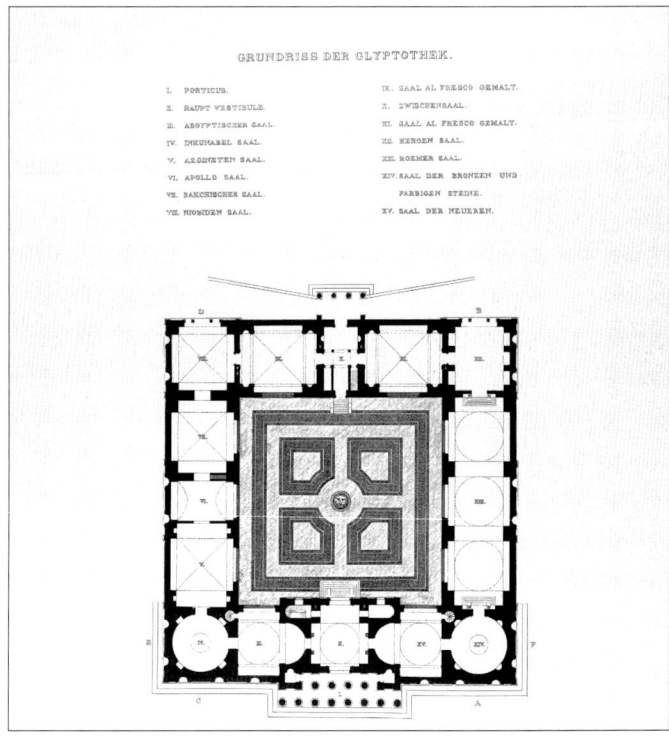
Königsplatz 3, Glyptothek; Grundriss (nach Klenze)

Königsplatz 3, Glyptothek

Ägineten. Am 5. Oktober 1830 wurden dem Bauherrn die Schlüssel übergeben, am 13. das Museum ohne Feierlichkeiten eröffnet. Damals fehlte am Äußeren noch der Skulpturenschmuck; erst 1836 wurden die Giebelfiguren aufgestellt, die Nischenfiguren der Hauptfront bis 1842, die der Seitenfronten 1857–62. Der Anteil der entwerfenden und ausführenden Bildhauer ist im Einzelnen nicht leicht zu unterscheiden; beteiligt waren Johann Martin von Wagner, Johann Nepomuk Haller (gest. 1826), Ludwig von Schwanthaler (gest. 1848), Ernst von Bandel, Johann Leeb, Ernst Mayer (gest. 1844), Ernst Rietschel und Francesco Sanguinetti; 1829 beaufsichtigte Christian Daniel Rauch die Arbeiten. Von den am Bau tätigen Steinmetzmeistern wurde vor allem Anton Ripfel gerühmt. Nach Plänen Klenzes (gest. 1864) führte Georg Dollmann 1863–65 den Anbau des Assyrischen Saales für erst kürzlich durch Ludwig I. erworbene Werke dieses Kulturkreises aus (an der Hofseite des Eingangstraktes; nach Kriegsschäden abgebrochen).

In synthetischer Auswertung der bisherigen Glyptotheksentwürfe wie in umfassender Kenntnis existierender Antikengalerien etwa in Neapel, im Vatikan (Museo Pio-Clementino), im Louvre und in englischen Herrenhäusern, wie auf der Grundlage

französischer, sämtlich Theorie gebliebener Konzeptionen für Museen bzw. museal verwendbare Komplexe (Grands Prix) realisierte Klenze seinen gemäß Durands Rasterprinzip proportionierten, quadratischen Vierflügelbau (ca. 66 x 66 m) mit einer um einen (ursprünglich kaum einsehbaren und begangenen) Hof gruppierten eingeschossigen Folge untereinander verbundener, gewölbter Räume, deren wechselnde Größe und Gestaltung mit der chronologisch-historischen Anordnung der Exponate nach „Schulen" kongruierte – ein museologisch grundlegend gewordenes didaktisches Prinzip, das sich von primär ästhetisch oder thematisch motivierten Alternativen unterschied.

Der Backsteinbau mit 1,2 m starkem Mauerwerk, dessen handwerkliche Qualität die heutige Rohansicht im Inneren deutlich macht, ist außen an der Hauptfassade mit weißen Untersberger Marmorquadern verkleidet; Seiten-, Rück- und Hoffronten sind bis auf Sockel und Gliederungsdetails aus Sparsamkeitsgründen im Steinton verputzt. Dem über zweistufigem Unterbau sich erhebenden platzseitigen Hauptflügel im Süden mittig eingesetzt ist ein stark vorgezogener, erhöhter, Vorhalle und Vestibül enthaltender Eingangstrakt mit Freitreppe und Portikus von acht unkannelierten Säulen, die innerhalb des historisch-pluralistischen Stilprogramms am Königsplatz die ionische Ordnung repräsentieren; die qualitätvollen Kapitelle orientieren sich mit dem Anthemion-Reliefband um den Säulenhals ebenso am Erechtheion wie die Portalrahmung. Eine zweite Reihe von vier Säulen zwischen Anten teilt die offene Vorhalle in der Querrichtung. Die glatten („römischen") Säulenschäfte wie der leere Fries des dreiteiligen Gebälks harmonieren mit dem flächenhaften Charakter der Seitenflügel. Im Giebelfeld wurde, nach Klenzes eigener Angabe angeregt durch die 1811 aufgefundenen Ägineten, im Wettbewerb mit diesen über die bis dahin vorherrschenden Reliefs hinaus der Schritt zur vollplastischen Skulpturengruppe aus Marmor gewagt, wobei statische und hinsichtlich der Untersicht kompositionelle Probleme zu bewältigen waren. Johann Martin von Wagners Gesamtentwurf (nach Auftrag 1818) wurde im Einzelnen von verschiedenen Bildhauern modelliert und zum Teil von anderer Hand in Marmor ausgeführt (Vollendung und Auf-

Glyptothek nach Kriegszerstörung; Aufn. nach 1945

◁ Glyptothek,
Südgiebel

stellung 1836). Pallas Athene, „welche als Schutzgottheit aller artistischen und plastischen Bestrebungen nach Pausanias von den Athenern den Beinamen Ergane, die Werkführerin, bekam" (Klenze), steht in der Mitte (nach Modell von J. N. Haller ausgeführt von J. Leeb), flankiert von den Repräsentanten der verschiedenen Künste – links (vom Beschauer) Tonbildner (von E. Mayer), Toreut (Fertiger aus verschiedenen Materialien zusammengesetzter Bildwerke; Modell von Haller, Ausführung E. Bandel), Ornamentist bei der Arbeit an einem Kapitell (Modell von L. Schwanthaler, Ausführung Fr. Sanguinetti) und Enkaust beim farbigen Fassen einer Figur (Modell Haller, Ausführung Bandel); rechts von Athene Erzgießer (von E. Mayer), Steinbildhauer (von Mayer), Holzbildhauer (von Schwanthaler) und Töpfer (Modell von E. Rietschel, Ausführung Leeb); in den Zwickeln lagern Sphinxe (von Mayer) als Hinweis auf ursprüng-

lich auch ägyptische Exponate. „Sitzende Sphinxe mit weiblichen Köpfen (...) bilden die Eckzierden (Akroterien) des Giebels, dessen oberste Spitze mit einem zur Lyraform sich gestaltenden Pflanzenornament nebst der Eule, dem Lieblingsvogel der Athene, gekrönt ist" (Klenze).

Die den Portikus flankierenden Seitenflügel, von diesem durch die rahmenden Pilaster verselbständigend abgesetzt, schließen mit dreiteiligem Gebälk, Antefixen (mit Palmetten) und dem Hauptflügel vorbehaltender Attika; die jeweils drei frei in die Wandfläche eingesetzten Ädikulen mit rundbogigen Figurennischen wurden zur Bauzeit als ungriechische Elemente kritisiert, stehen jedoch gemäß Klenzes Intention im Einklang mit den glatten Säulen und den das Innere prägenden römischen Wölbungsformen (wie auch mit den mehrheitlich römerzeitlichen Exponaten). Ädikulanischen mit Figuren zu Seiten eines

Glyptothek, Innenhof

Glyptothek, Innenhof und ehem. Assyrischer Saal nach Kriegszerstörung; Aufn. um 1945

Portikus sah Klenze auch in einer Entwurfsvariante von 1818 für eine evangelische Kirche am Odeons-/Wittelsbacherplatz vor (Ausst. Kat. Klenze 2000, Abb. S. 327; ältere Beispiele für das Motiv: Pantheon im Park von Stourhead/Wilts, Kathedrale in Wilna). Der seltene Typus der Pilasterkapitelle beruht auf „kleinasiatischem Vorbild" (jüngerer Apollotempel in Didyma; vgl. Museum in Basel von Melchior Berri, 1844 ff.). Die vorgelegten Stufen verbinden Portikus und Seitenflügel;

Glyptothek, Nordseite

die Attika ist nicht nur Auszeichnung des Haupttraktes, sondern verdeckt dessen unterschiedliche Dachform (Laternen und Eckraumkuppeln).

Die Schmalseitengliederung des Hauptflügels mit rahmenden Pilastern und hier nur zwei Ädikulanischen wiederholt sich an den ansonst schlichten Seitenfassaden in deren Mitte und am Nordende. An der weithin schmucklosen Rückseite im Norden ist dem als Zufahrt dienenden Mitteleingang eine flache Rampe und ein viersäuliger ionischer Portikus vorgelegt; die beiden Enden sind risalitähnlich durch die Serliana-Fenstergruppen (Palladiomotiv) der Ecksäle samt rahmenden Pilastern hervorgehoben (ansonsten ist der Außenbau fensterlos).

Der erst spät (an der Hauptfront bis 1841, an den Nebenseiten 1857–62) ausgeführte Zyklus von 18 marmornem Nischenfiguren verdeutlicht den geschichtlichen Bezug der Sammlung, die Entwicklung der plastischen Künste in ihren hervorragenden Vertretern und Förderern, beginnend an der Hauptfront mit den mythischen Bildnern Vulkan, Prometheus und Daedalus über den Hauptmeister der Klassik, Phidias, bis zu den großen antiken Mäzenen Perikles und Hadrian, in deren Nachfolge Ludwig I. sich verstand (von rechts: Daedalus, von Giuseppe Lazzarini; Prometheus, von Ludwig Schaller; Hadrian, modelliert von Haller, ausgeführt von Leeb; Perikles von Lazzarini/Leeb; Phidias, von Schaller; Vulkan, von Peter Schöpf). Die westliche Seitenfront ist den Bildhauern des Mittelalters und der Renaissance gewidmet (sämtlich von Arnold Hermann Lossow ausgeführt): von rechts Ghiberti, Donatello, Peter Vischer (diese drei von Friedrich Brugger modelliert), Michelangelo (von Max Widnmann), Benvenuto Cellini (von Brugger) und Giovanni da Bologna (von Widnmann). Die Figurenreihe der Ostseite schlägt die Brücke zur Gegenwart und verdeutlicht den Gedanken der erneuerten Kunstblüte auf der Grundlage des antiken Vorbilds durch eine Auswahl zeitgenossischer Künstler: von links Canova (von Widnmann), Thorvaldsen (nach dessen eigener Skizze von Lossow), Rauch (von Widnmann) sowie Tenerani, Gibson und Schwanthaler, diese drei nach Bruggers Modell ausgeführt von Lossow. (Perikles und Rauch neu nach Kriegszerstörung, sign. H. Faltermeier, 1964–1975; auch Tenerani Kriegsverlust. Vier Originalfiguren von der Ostseite sind in einem Erdgeschossgang der Staatsbibliothek aufgestellt.)

Die (ursprünglich) nur von den hoch liegenden Halbkreisfenstern auf umlaufendem Gurtgesims durchbrochenen, von einem Gebälk abgeschlossenen Hoffronten überragt in der Mitte der Südseite die Rückfassade des tempelartigen Eingangstraktes mit aufgeblendeter Gliederung aus vier toskanischen Pilastern, durch das Halbkreisfenster über dem Tor in der breiteren Mittelachse unterbrochenem Gebälk und Dreiecksgiebel. (Die im Hof freistehende ionische Rotmarmorsäule stammt aus dem einstigen Vestibül des Ausstellungsgebäudes, s. Königsplatz 1.)

INNERES (Raumnummern nach heutiger Zählung):
„Die Disposition der Säle im Inneren wurde durch die für die Aufstellung der Statuen gewählte historische Anordnung bedingt" (Brunn 1868). Die Besichtigung erfolgte im Uhrzeigersinn, ausgehend vom Ägyptischen Saal (Nr. I, heute Saal der frühgriechischen Jünglinge) links vom Vestibül und endend mit dem Saal der Neueren (XIII, heute Saal des Knaben mit der Gans) rechts von diesem, womit der historische Bogen bis zur Gegenwart gespannt und – wie am Königsplatz insgesamt – die Vorbildhaftigkeit der Antike für die aktuelle Kunst angesprochen war. Die ursprüngliche, im Hinblick auf die Würde der Kunst und nicht zuletzt auch die des fürstlichen Mäzens repräsentative Ausstattung der Säle hatte zugleich ikonographisch-didaktischen, auf die jeweils im Raum dominierenden Exponate bezogenen und diese erläuternden Charakter, doch sollte der gestalterische Aufwand keineswegs die Wirkung der Kunstwerke beeinträchtigen (im Unterschied zu dem nicht selten aufdringlichen Prunk vieler Museen im Zeitalter des Historismus). So waren die Wände als ruhiger Hintergrund für die Statuen unter Verzicht auf Gliederung in farbigem Stuckmarmor verkleidet, die Fußböden mit vielfarbigen Marmormustern belegt, die reiche, zum Teil vergoldete plastische Ausgestaltung mit Stuckornamentik und -reliefs auf die Gewölbezone samt Schildwänden konzentriert. Ausgeführt wurde dieser plastische Dekor nach Klenzes Angaben von den Bildhauern Ludwig Schwanthaler, Ernst Mayer, Hippolyt Hauttmann, Johann Baptist Stiglmaier, Georg Krauter (gest. 1833), Matthäus Krampf sowie Kern und Leins. Insgesamt entstand eines der frühesten, künstlerisch-gestalterisch wie entwicklungsgeschichtlich bedeutendsten Gesamtkonzepte eines – in diesem Fall der antiken Plastik gewidmeten – Sammlungsgebäudes, eine in sich geschlossene, jedoch kaum entwicklungsfähige Gesamtlösung, der – wäre sie

Glyptothek, ehem. Äginetensaal; Aufn. vor 1945

Glyptothek, Fresko (zerstört) von Peter Cornelius („Die Zerstörung von Troja")

nicht im Krieg zerstört worden – heute höchster, freilich konflikthaltiger Denkmalwert zugemessen würde. Die Anordnung der abwechslungsreich geformten und ausgestalteten Räume war in jedem der vier Trakte symmetrisch, mit Erschließung nach dem System der mittigen Enfilade (besonders eindrucksvoll die Folge der Rundbogendurchgänge im Westflügel). Die Räume des Eingangsflügels im Süden sowie der große Römersaal im Osten sind überkuppelt, sonst wechseln Kreuz- und Tonnengewölbe. Im Vestibül mit Flachkuppel über Pendentifs und kassettierten Quertonnen an drei Seiten sind die ionischen Portalädikulen (mit Pilasterkapitellen wie außen) sowie die lateinischen Bau- und Widmungsinschriften (in vergoldeter Antiqua) noch erhalten, die über der großen verglasten Hoftür die Stiftung der Sammlung wie des Gebäudes durch Ludwig I. feiern, über dem Eingangstor die Baudaten (Beginn 1816, Vollendung 1830) angeben; über der westlichen Saaltür die Gedenkinschrift für den Architekten Klenze, gegenüber die für Peter Cornelius, der (übers.) „auf Befehl des Königs die Räume mit Malereien schmückte". Die flach überkuppelten Räume beiderseits des Vestibüls, die bereits erwähnten Säle I und XIII, sind flach überkuppelt und zum Vestibül hin durch eine mit (in XIII rautenförmig) kassettierter Halbkuppel gewölbte Konche erweitert. Die beiden vorderen Ecksäle III – Inkunabelsaal, heute Saal des (Barberinischen) Fauns – und XII – Saal der farbigen Bildwerke, heute des Apollon (Kitharöde) – sind kreisrund mit Diagonalnischen, kassettierten Halbkuppeln und Oberlichten. Die kreuz-

gratgewölbten Säle III und V im Westflügel flankieren den mittleren, schmalen, tonnengewölbten Raum IV (Apollosaal, heute Saal der Mnesarete). Saal III, ehemals der Äginetensaal (heute Saal des Diomedes), beherbergte mit den Giebelgruppen des Aphaiatempels von Aegina den kostbarsten Besitz des Museums und war entsprechend würdevoll und mit didaktisch differenziertem Bildprogramm ausgestattet, u. a. dem Relief der Tempelfront im Schildbogen an der dem Fenster gegenüberliegenden Westwand. Die Ägineten selbst dokumentieren mit ihren seinerzeitigen Ergänzungen durch Thorvaldsen und deren rezenter Demontage beispielhaft diametrale Auffassungsvarianten. Saal IV, einst der dem Barberinischen Faun gewidmete Bacchussaal, ist heute nach Diomedes benannt. Der kreuzgratgewölbte einstige Niobidensaal Nr. VI (heute Saal des Grabreliefs mit dem Jäger) in der Nordwestecke wird – wie sein Pendant Nr. X – durch eine dreiteilige Serliana-Fenstergruppe (sog. Palladiomotiv) in der Nordwand belichtet; allein hier sind Reste der originalen Stuckdekoration an den drei Schildwänden im Süden, Osten und Norden sowie im Scheitel der Laibung des südlichen Durchgangs erhalten.

Die im Nordflügel zwischen den Eckräumen liegenden kreuzgratgewölbten Säle VII und IX (die heutigen Äginetensäle) und der mit einer Gurttonne gewölbte schmalere Raum VIII in der Mitte, das Kleine Vestibül zwischen Hof und nördlichem Portikus, nahmen als von Exponaten freie Festsäle im originalen Raumprogramm eine Sonderstellung ein – durch die 1820–30 ausgeführten Wand- und Deckengemälde von Peter Cornelius und seinen Mitarbeitern waren sie als zeitgenössische künstlerische Leistung und Aussage selbst Gegenstand der Betrachtung, einerseits noch ein letzter Nachklang höfischen Raumcharakters, in erster Linie jedoch Feier und Beschwörung der hochverehrten Antike. Das Bildprogramm im Göttersaal (Nr. VII) war der griechischen Götterwelt gewidmet, wobei die Gestalten von Herkules, Arion und Orpheus deren Bezug zum menschlichen Schicksal andeuteten. Die Gemälde in der mittleren Vorhalle Nr. VIII (heute Saal der Sphinx und Cafeteria) mit dem Prometheus- und Pandora-Mythos stellten die Verbindung zur Welt des sterblichen Menschengeschlechtes her, die stellvertretend im Trojanischen Saal (Nr. IX) durch Szenen aus dem Trojanischen Krieg, mit der (früher am häufigsten reproduzierten) Zerstörung von Troja als Höhe- und Schlusspunkt, veranschaulicht wurde. Mitarbeiter an der Ausführung waren in erster Linie Joseph Schlotthauer und Clemens Zimmermann, beteiligt waren ferner Heinrich Heß, die Brüder Carl und Gerhard Sipman, Adam Eberle, Eugen Napoleon Neureuther und Karl Wilhelm von Heideck; die rahmenden Ornamente und Reliefs stammten von Johann Nepomuk Haller, Ludwig Schwanthaler

Glyptothek, Westflügel nach Kriegszerstörung; Aufn. 1946

Glyptothek, Römersaal nach Kriegszerstörung; Aufn. 1946

und Joh. Baptist Stiglmaier. Mit der Zerstörung dieser Festsäle ging das künstlerisch wie inhaltlich bedeutsame Hauptbeispiel und Erstlingswerk der von Ludwig I. und Cornelius intendierten Erneuerung der monumentalen Wandmalerei verloren. Erhalten blieben lediglich Entwurfszeichnungen u. a. in der Staatl. Graphischen Sammlung München und vor allem die Kartons im Berliner Kupferstichkabinett.

Der nordöstliche Eckraum X, ehemals der Heroen-, heute Alexandersaal, mit Palladiofenster im Norden, ist an den Längswänden durch Wandpfeiler in je drei Nischen mit Quertonnen gegliedert und mit einer entsprechend durch Gurte geteilten Tonne gewölbt. Der tiefer gelegene, über einst von Karyatiden flankierte Stufen (heute Rampen) zu betre-

Glyptothek, Römersaal vor Kriegszerstörung

tende, 130 Fuß (fast 38 m) lange Römersaal (Nr. XI) im Ostflügel, besonders weiträumig im Hinblick auf den umfangreichen römerzeitlichen Sammlungsbestand, verkörpert mit seinen drei durch Doppelgurte getrennten Flachkuppeln auf kräftigen Wandpfeilern einen im Klassizismus verbreiteten, auch in J. N. L. Durands „Preçis des leçons" (1802, Tafel 14) dargestellten Raumtypus (vgl. den ehem. Erdgeschosssaal in Klenzes Odeon, die Madeleine in Paris). – Die formal als Pendants zu Nr. I und II bereits erwähnten Säle XII (südöstlicher Kuppelraum) und XIII (mit Konche zum Vestibül) hatten vor 1944 eine den hier präsentierten farbigen (und Bronze-)Bildwerken, die der Vorstellung von der „Weißen Antike" nicht entsprachen, und der

Plastik der „Neueren" gemäße Stuckdekoration „im Styl der Hadrianischen Zeit" bzw. des Cinquecento.

Im Luftkrieg erlitt die Glyptothek schwere Schäden durch Brand- und Sprengbomben (2./3. Oktober 1943, 12. Juli, 26. November, 16. und 17. Dezember 1944); im Römersaal (Nr. XI) wie im Ägyptischen Saal (Nr. I) stürzten die Gewölbe ein. Beim sukzessiven Wiederaufbau ab 1945 durch das Landbauamt – bis 1953 waren Rohbau und Dächer wiederhergestellt – wurden auch die Substanzlücken am Außenbau, vor allem die Fassadenachse links vom Südportikus und dessen rechtes Giebelende (unter Verzicht auf das Akroterion) wieder geschlossen, der Römersaal als Rohbau ohne Details wie Profile und Gurtkassetten rekonstruiert. Nach vieljährigen Überlegungen und mehrfachen Versuchsmustern setzte sich bei der Innenraumgestaltung statt einer Totalrekonstruktion, verschiedenen möglichen Kompromisslösungen oder einer völligen Neugestaltung das 1961 von Josef Wiedemann vorgeschlagene puristische Konzept durch, nach welchem die auch für sich allein aussagekräftige, technisch saubere Ziegelarchitektur Klenzes (mitsamt einzelnen statisch bedingten Tuffsteinblöcken) im geschlämmten Rohzustand belassen wurde, womit auch der erwünschte neutrale Hintergrund für die Exponate gewonnen war. In diesem Sinne erfolgte – nach Planungsauftrag 1964 – ab 1967 die Durchführung der Arbeiten bis zur Eröffnung am 28. April 1972. Die Fußböden erhielten einen unauffälligen Muschelkalkplattenbelag, zur Verbesserung der Lichtverhältnisse wurden die hochgelegenen Halbkreisfenster in bewusst nicht voller Breite nach unten verlängert, das Hofniveau leicht angehoben. – Nach Abgabe der neuzeitlichen Exponate an die Neue Pinakothek schon 1919 und der ägyptischen (wie assyrischen) Plastiken an das seit 1970 selbständige Staatliche Museum für Ägyptische Kunst (s. Residenz, Festsaalbau) wie nach Eröffnung der Staatlichen Antikensammlungen im Gebäude Nr. 2 gegenüber ist – in zeitgemäßer Reaktivierung der Intentionen des königlichen Bauherrn und Sammlers – der Königsplatz ausschließlich der musealen Präsenz der klassischen Antike gewidmet. In diesem Sinne ist Thorvaldsens Weißmarmorbüste des Kronprinzen Ludwig von 1821 (einst im Saal der Neueren) heute im Vestibül aufgestellt.

Glyptothek, Römersaal; Aufn. um 1963

Kreittmayrstraße; Flurkarte, M. 1:2 500

Kreittmayrstraße

Straße der Maxvorstadt, die von der Lothstraße im Nordwesten nach Südosten bis zum Ferdinand-Miller-Platz verläuft, auf die ab 1886 projektierte Pfarrkirche St. Benno zu (vgl. Ferdinand-Miller-Platz 1), und am südöstlichen Rand des Platzes mit einem leichten Knick in südöstlicher Richtung die Erzgießereistraße kreuzend bis zur Sandstraße weiterführt. Der nordwestliche Abschnitt der Kreittmayrstraße (zwischen Loth- und Erzgießereistraße) entspricht der ersten Baulinienfestlegung im Zuge der Errichtung der Bennokirche im Scheitel der in stumpfem Winkel zueinander verlaufenden Straßenabschnitte. Der Kirchenbau kann zudem als Point de vue des gesamten Straßenverlaufs angesehen werden. Die Eröffnung des südöstlichen Abschnitts der Kreittmayrstraße (zwischen Erzgießerei- und Sandstraße) erfolgte 1893. Im Jahre 1894 wurde sie schließlich nach dem bayerischen Rechtsgelehrten und Staatsmann Wiguläus Freiherr von Kreittmayr (1706–1790) benannt.

Kreittmayrstraße 18. Das weit ins Grundstück reichende tiefe Mietshaus, das 1893 von Alois Barbist für Johann Kellner auf zuvor unbebauter Parzelle erbaut worden ist, hat seinen Eingang westlich am Hofdurchgang. Dieser führt gemäß Eingabeplan über das zentral im Gebäudeblock liegende Treppenhaus zu vier Wohnungen je Etage. Östlich ist dem Gebäude ein Lichthof ausgespart, zur Belichtung des Treppenhauses und zur Vermeidung von Dunkelzonen in den angrenzenden Wohnungen. Die Fassadenzier in den Formen der Neurenaissance ist z. T. erhalten. Die verdachenden Gebälkstücke und die beiden überkommenen Dreiecksgiebel sind kupfergedeckt. Teilweise sind auch die Zahnfriese erhalten. 1897 fand eine Ladenauswechslung statt, in deren Zuge im Erdgeschoss in der zweiten westlichen Achse ein segmentbogiges Fenster mit Ladenzugang geschaffen worden ist (von Hans Kriner

Kreittmayrstraße 18

Kreittmayrstraße 19

Kreittmayrstraße 21

für den Eigentümer L. Köllmayr). Das Dachgeschoss wurde infolge des Luftkriegs total zerstört und ist 1947 mit dem Einbau zweier Dachwohnungen wiederhergestellt worden.

Kreittmayrstraße 19. Das von Joseph Noll 1896 für sich selbst, auf bis dahin unbebautem Grund errichtete Mietshaus weist einen westlich angebauten kurzen Rückflügel auf. Der Eingang führt durch die in der östlichen Achse liegenden Durchfahrt, mit aus der Bauzeit erhaltener Vertäfelung, zum rückwärtig nebenliegenden Treppenhaus, das vom Hofwinkel her belichtet wird (in das Auge der zweiläufigen Stiege mit Zwischenpodesten legte man jüngst einen Lift). Drei Wohnungen sind gemäß Eingabeplan in jedem Geschoss untergebracht. Die für die Neurenaissanceauffassung der Fassadendekoration charakteristische Zusammenfassung der beiden Hauptgeschosse durch kräftige Gurtgesimse und ebenso das profilierte Traufgesims haben sich erhalten, dagegen sind die ursprünglichen vertikalen Putzlisenen, die Zahnfriese und Fensterverdachungen glättend behandelt worden. (Nach 1995 baute man im Erdgeschoss die Läden zu Wohnungen um, wie auch das Dachgeschoss einen erweiternden Ausbau erfuhr.)

Kreittmayrstraße 21. Das Mietshaus errichtete Valentin Büchold 1908 auf bislang unbebautem Areal für sich selbst. Es besitzt einen östlich angebauten rückwärtigen Flügel. Südlich neben der Durchfahrt liegt das hinsichtlich seiner bauzeitlichen Überlieferung beachtliche Treppenhaus (eine einläufige Podesttreppe mit Zwischenpodesten und Viertelwendungen zum Übergang). Drei Wohnungen nehmen gemäß Eingabeplan jede Etage ein. Das Anwesen ist erheblich kriegszerstört, insbesondere war das Gebäude im Bereich der westlichen Fensterachse bis zum Erdgeschoss herunter betroffen. Die Zerstörungen wurden bis 1949 weitgehend aufgehoben und in diesem Zuge auch die ur-

Kreittmayrstraße 26

sprünglich reichen Stuckdekore der Fassade geglättet. Einen Eindruck von der vormaligen Pracht der in den Formen der deutschen Renaissance instrumentierten Fassade vermag das Sturzfeld über dem mittigen Hofdurchgang zu vermitteln. Das von die Eingangstüren flankierenden Pilastern mit verknappten Kapitellen getragene Stuckfeld (floral gefüllt in der Art der Nürnberger Renaissance, etwa eines Peter Flötner) zeigt mittig einen ins Rund gewundenen Blattkranz, nach rechts und links leicht erhabene Weinranken- und Beerendekore.

Kreittmayrstraße 26. Für die Witwe Franz Bücholds entstand 1897 auf eigens eingemessenem Flurstück das freistehende „Wohn- und Wirtschaftsgebäude" an der nordöstlichen Ecke Kreittmayr-/Erzgießereistraße über einem U-förmigen Grundriss mit seichtem Hof im Norden. Baumeister Alois Barbist steckte den Hauszugang (neubarock ausgestattet) mittig in die Fassade an der Kreittmayrstraße, dieser führt zum rückwärtigen Stiegenhaus, das großzügig von Norden her belichtet wird. Die doppelläufige Podesttreppe verdient hinsichtlich ihres Überlieferungsgrads Beachtung. Drei Wohnungen waren, gemäß Eingabeplan, in jeder Etage vorgesehen. Der Einbau einer Gastwirtschaft im Erdgeschoss mit neuromanischer Eingangsvorhalle und steinernem Pfeiler entspricht dem Erstzustand. Zwei mächtige, quadratisch aufragende Pavillons bilden seitliche Marken und spannen die Fassadenflächen an der Kreittmayrstraße ein. Den nördlichen Abschluss der Fassade an der Erzgießereistraße bildet ein Zwerchhaus. Das über einem zweigeschossigen Flacherker mit schmalen Seitenbelichtungen leicht in die Dachzone zurückgesetzte Dachhaus trug vormals einen Treppengiebel. Weiters modellierte man die an der Kreittmayrstraße gelegene Fassade des historisierend vielgestaltigen Baukörpers mit verschiedenen Erkerformen, wohl nach dem eklektizistischen Prinzip des „variatio delectat". (Versachlichung der Fassaden 1960.)

Kreittmayrstraße 32

Kreittmayrstraße 32. Das für Michael Reifeltshammer 1903–1904 von Leonhard Romeis in den Formen der deutschen Renaissance erbaute Mietshaus steht schmal an der Straße und greift tief ins Grundstück hinein. Der mittig in der Seitenfassade sitzende Eingang erschloss über das zentrale Treppenhaus gemäß Eingabeplan ursprünglich zwei Wohnungen je Etage. Im Flacherker in der zur Straße vordersten Fensterachse ist das große Stichbogenfenster vermauert. Ein großer geschweifter Zwerchgiebel über der Seitenfassade ist dem Luftkrieg zum Opfer gefallen.

Kreuzstraße; Flurkarte, M. 1:2500

Kreuzstraße

(Vgl. Ensemble Altstadt, Straßenbild Kreuzstraße.) Südlicher Abschnitt einer das Hackenviertel durchschneidenden Nord-Süd-Achse in Fortsetzung der Eisenmann- und Damenstiftstraße (s. jeweils dort), mit verschiedentlich wechselnden Namen (vgl. Stahleder 1992). Die Bezeichnung „Auf dem Kreuz" (seit dem mittleren 16. bis Anfang 19. Jh. üblich) bezog sich ursprünglich in erster Linie auf die markante Straßenkreuzung am Nordende der heutigen Kreuzstraße mit der Querachse Josephspital-/Brunnstraße. Die spätmittelalterliche Allerheiligenkirche an der Westseite, zugleich mit dem ehem. Friedhof der Peterspfarrei entstanden, trägt von ihrer Situation her den Beinamen „am Kreuz" (umgangssprachlich vielfach Kreuzkirche genannt). Die mittelalterliche Bezeichnung „Schmalzgasse", vom 14. bis ins frühe 19. Jh. gebräuchlich, bezog sich nach H. Stahleder (1992) ursprünglich auch auf die am Nordende östlich anschließende Brunnstraße samt Hundskugel. Auf Stadtplänen des 18. Jh. trägt den Namen „Schmalzgasse" der Südteil der heutigen Kreuzstraße (Plan von M. Paur 1729); auf denjenigen von A. v. Riedl und von G. Weißenhahn (um 1780/82) ist ihr breiterer Südteil von der Kirche ab so bezeichnet, während der kürzere, schmale Nordabschnitt mitsamt der (späteren) Damenstiftstraße den Namen „Auf dem Creutz" trägt. J. P. Stimmelmayr (1800) nennt die gesamte Straße „das Kreuz". Die beiden früher deutlich verschieden breiten Abschnitte könnten auf eine Anlage der Straße bzw. eher eine Bebauung in zwei verschiedenen Phasen hindeuten, analog einer möglicherweise ähnlichen Entwicklung an der östlich benachbarten Sendlinger Straße (s. dort), mit der die Kreuzstraße im südlichen Bereich durch lang gestreckte Parzellen (mit Vorder- und Rückgebäuden) verbunden war. Der Nordteil der Straße wurde beim Neubau des ostseitigen Eckhauses Nr. 1 verbreitert. An der Westseite, nördlich der Kirche und des einstigen Friedhofs, stand das 1480 gegründete Stadtbruderhaus (Spital und Krankenhaus), gemäß ehem. Gedenktafel (am früheren Haus Nr. 32) 1626 und 1733 renoviert und 1817 an Franz Schörg verkauft; im zugehörigen ehem. Haus Nr. 33 lebte lange Zeit bis zu seinem Tod 1859 der Bildhauer Konrad Eberhard (Werkstatt im Erdgeschoss, Wohnung im 1. Stock). (Eine Serie von Bauaufnahmen (1949/50) der Ruine des Stadtbruderhauses befindet sich im BLfD-Planarchiv.) Östlich gegenüber der Kir-

Kath. Allerheiligenkirche und Bruderhaus-Ruine; Zeichnung 1949/50

che (ehem. Nr. 2/3; heute Nr. 3, der westliche Kopf- und Eingangsbau des „Asamhof"-Komplexes von 1983) befand sich seit 1775 das Stadtwaisenhaus (im 19. Jh. mit wechselnden sozialen Funktionen). Am Südende der Ostseite, einst in peripherer Lage gegenüber der Stadtmauer, ist eine Kleinhausgruppe bis heute erhalten geblieben (Nr. 23, 25, 27 mit Herzog-Wilhelm-Straße 29 und 31). Am einstigen Haus Nr. 29 (westseitig, heute Nr. 14), vor dem Luftkrieg viergeschossiges Traufseithaus mit Putzfelderfassade des 18. Jh., war eine auf den Straßennamen (Schmalzgasse/ Kreuzgasse) Bezug nehmende Tafel mit gereimter Inschrift angebracht (Alckens 1935).

ARCHÄOLOGISCHE BEFUNDE: Größere Bodeneingriffe und Umbauten sind aus jüngerer Zeit nicht bekannt. Deshalb ist mit untertägig erhaltenen Resten von Bauwerken, unter der Straße mit verrohrten Bächen und Pflastern und unter den Gebäuden mit Resten mittelalterlicher und neuzeitlicher Vorgängerbauten, möglicherweise mit Brunnen und Latrinen, zu rechnen. Unter Kreuzstraße 5, 7a, 7b, 7c, 8, 9, 10, 11, 12, 13, 14, 15, 19, 21, 23, 25 und 27 befinden sich Teile mittelalterlicher und neuzeitlicher Bebauung. Unter Kreuzstraße 10 und 14 wurden zudem noch Reste eines aufgelassenen Friedhofs entdeckt. Bei den Grundstücken Nr. 3 und 8 wurde beim Wiederaufbau nach dem Zweiten Weltkrieg die Mauerfront zurückversetzt – bei Nr. 1 fand die Zurückversetzung schon beim Neubau 1904 statt –, sodass sich heute die Fundamente der ehemaligen Straßenfront unter dem Gehwegpflaster befinden.

Kreuzstraße 1, 4–6, 8–19, 21, 23, 25, 27. Vgl. Ensemble Altstadt, Straßenbild Kreuzstraße.

Kreuzstraße 1. *Roiger-Haus.* (Vgl. auch Ensemble Altstadt, Straßenbild Kreuzstraße sowie Straßenbildfolge Hackenstraße– Brunnstraße.) Zwei (nach Häuserbuch III 1962) zeitweise im 17. Jh. und endgültig seit 1714 in der Hand eines Besitzers vereinigte Bürgerhäuser, das Eckhaus Brunnstraße (alte Nr. 12)/Ecke Kreuzstraße und südlich daneben Kreuzstraße 1 (alte Nr.; vgl. Stimmelmayr, um 1800, Abb. Nr. 82) kamen 1904 in den Besitz des Rentners und Gutsbesitzers Friedrich Michael Roiger, der sie durch den Neubau eines Wohn- und Geschäftshauses 1904–05 ersetzen ließ. Der Architekt Max Ostenrieder, der bei seinen Altstadthäusern einen dekorativ gesteigerten, aus Elementen der spätesten Gotik und der deutschen Renaissance entwickelten, extrem malerischen Stil bevorzugte, fand für das äußerst schmale, lang gestreckte, hoflose Grundstück, das Belichtung nur von der Straßenseite ermöglichte, eine besonders originelle Lösung. Das gesamte Erdgeschoss teilte er in insgesamt 13 kleine Läden auf (zwei davon an der schmalen Nordseite), deren Reihe der in die Langseitenmitte gelegte Hauseingang samt Treppenhaus unterbricht; in den Obergeschossen je zwei Wohnungen. Die Fassaden

sind teils in Muschelkalk (Erdgeschoss, 1. Stock am Eckbauteil, Gliederungen), sonst in Rauputz ausgeführt. Die Ecke im Erdgeschoss ist mit einer dem Geist der Astwerkgotik um 1500, doch auch dem Jugendstil nahestehenden, in Kalkstein gehauenen naturalistischen Baumplastik von Anton Pruska besetzt, einer neuzeitlichen Version des Wurzel-Jesse-Themas mit stehender Muttergottes in der mit Blüten durchsetzten Baumkrone – insgesamt gleichsam eine monumentalisierte Hausfigur. Darüber steigt der die Altstadtkreuzung wirkungsvoll dominierende polygonale Turmerker auf, ursprünglich mit welscher Haube, heute über verändertem Obergeschoss mit Zwiebelkuppel. Am Erkerfuß zwei musizierende Engel als Konsolen, am Sohlgesims Inschrift (Spruch), über dem 1. Stock Wappenrelief. Der Eckbauteil ist insgesamt deutlich aufwendiger gestaltet – durchgehend mit segmentbogigen Ladenöffnungen, die schmale Nordseite mit einem loggienartigen übergiebelten Doppelfenster im

Kreuzstraße 1

Kreuzstraße 1, Baumskulptur

2. Stock, der 3. Stock mit bemalten Fensterläden, die Ostseite mit hohem (heute profillosem) Giebel. Die anschließende lange Ostfassade ist gegenüber dem Erstzustand beim Wiederaufbau nach dem Krieg zusätzlich vereinfacht worden (ursprünglich mit Blendgiebel über der Treppenhausachse und mit abwechslungsreichem Dachgeschossausbau).

Kreuzstraße 6. ARCHÄOLOGISCHE BEFUNDE: Unter dem Bürgersteig vor Haus Nr. 6 fand sich ein Schacht mit Deponierung unbekannter Zeitstellung (Fundst.-Nr.: 7835/0393). Nördlich der Allerheiligenkirche am Kreuz wurde 1985 ein Schacht aus Ziegelsteinen freigelegt (1,20 m x 1,20 m) mit einer Tiefe von 1,20 m. In etwa 1,40 m Grabungstiefe befand sich eine Kiste, in der ein Krug und ein Becher in Vasenform lagen. Die Zeitstellung dieser Funde ist unbekannt.

Kreuzstraße 10. *Kath. Allerheiligenkirche am Kreuz.* Die Anlage eines zusätzlichen neuen Friedhofs für die St. Peterspfarrei ab 1478 – geweiht am 14. August 1480 – im Hackenviertel zwischen Schmalzgasse (heute Kreuzstraße) und südwestlicher Stadtmauer (analog zum neuen Frauenfriedhof bei St. Salvator, vgl. Salvatorstraße 17) war mit dem Neubau einer kleinen Kirche verbunden, die – nach der seit F. J. Lipowsky (1814) fortgeschriebenen Tradition – am 18. Dezember 1485 (von Mayer/Westermayer 1880 berichtigt: am 28. Dezember) durch den Freisinger Bischof Sixtus von Tannberg samt drei Altären geweiht wurde. Auf sie wurde das Patrozinium der von ca. 1310 stammenden, 1486 abgetragenen Gollierkapelle am Marienplatz – Allerheiligen und St. Georg – übertragen (seit dem Pestjahr 1506 zusätzlich St. Sebastian). Die Quellenkritik Helmuth Stahleders (Chronik 1995) lässt neuerdings das genannte Weihedatum fraglich erscheinen und macht eine spätere Bauzeit als bislang angenommen wahrscheinlicher – am 18. Dezember 1485 erlaubten viel-

Kreuzstraße 10, Kath. Allerheiligenkirche am Kreuz von Westen

Allerheiligenkirche von Süden

Allerheiligenkirche von Nordosten

mehr Herzog Albrecht IV. und Bischof Sixtus die Gollierkapelle „abzubrechen und zu dem neuen Friedhof in St. Peterspfarr daselbst zu setzen und aufzurichten", was nach Stahleder eher an eine noch bevorstehende „Versetzung" als einen vollendeten Neubau denken lasse. Ein dem hl. Sixtus geweihter (Seiten-)Altar wird 1489 als bestehend erwähnt. Die zusätzliche Bezeichnung „auf dem/am Kreuz" (kurz auch Kreuzkirche) wird von der Lage südwestlich einer markanten rechtwinkligen Straßenkreuzung im Hackenviertel abgeleitet. Der Friedhof (1789 aufgelassen, danach „Bruderhausgarten") erstreckte sich – heute noch als Hofsituation erkennbar – westlich der nach Süden gerichteten Kirche; nördlich und westlich, zusammen mit ihrer Nordfassade eine noch bestehende Sackgasse umschließend, entstand um 1480 der einstige Komplex des Stadtbruderhauses, einer spitalähnlichen, 1813 aufgehobenen Institution (heute Kreuzstraße 4, 6 und 8).

Allerheiligenkirche; Aufn. um 1945

Als Baumeister des spätgotischen Rohbacksteinbaus wurde bislang der Meister der Frauenkirche, Jörg von Halsbach († 1488) angenommen, was allenfalls auf das Langhaus, vielleicht auch den Unterbau des Chorturms zutreffen könnte. In die erste Bauphase um oder kurz nach 1485 geht das mit abgetreppten Strebepfeilern besetzte Schiff, ein dreijochiger Saalbau mit Wandpfeilern, Stichkappen und (heute gratigem) Netzgewölbe zurück; die Rippen – gemäß der in der Nachfolge des Prager Domes verbreiteten Parallelfiguration – wurden in der Barockzeit beseitigt. Die beiden Seitenportale im Mitteljoch wurden 1814 zugemauert, die großen Spitzbogenfenster – außen noch mit

Allerheiligenkirche, Inneres nach Norden; Aufn. 1945

gestuften, erhaltenen Laibungen – in der Barockzeit verkleinert und oben ausgerundet.

Weitgehend ungeklärt ist bisher die Baugeschichte der Südpartie. Auszugehen ist vom Typus des Chorturms, dessen kräftige Seitenmauern außen mit dem Langhaus fluchten; doch tritt der Turm in der Stadtansicht der Schedelschen Weltchronik von 1493 noch nicht in Erscheinung. Irrtümlich wird meist der hier dargestellte Dachreiter der romanischen, geosteten St. Jakobskirche am Anger für die (gesüdete) Kreuzkirche gehalten und folglich eine Turmerhöhung im frühen 16. Jh. (meist nach 1506) angenommen; doch ist der Eindruck der Freigeschosse mitsamt den waagrecht gekappten Giebeln, den Ecklisenen und dem Motiv der geschossweise die Gesimse begleitenden filigranen Maßwerk-Bogenfriese (vgl. Frauentürme) aus Terrakotta durchaus homogen. Die südlichen Ecken der beiden unteren Freigeschosse sind mit knappen, abgetreppten Eckverstärkungen besetzt; der schlanke achteckige Spitzhelm seit 1845 (1865?) mit Kupfer gedeckt (vgl. die freilich schlichtere Doppelturmgruppe der Klosterkirche Indersdorf, um oder nach 1470). Die Dimensionen des 66 m hohen, im Hackenviertel dominierenden Turmes, in ihrer Funktion und Motivation bisher nicht ergründet, stehen nicht im Einklang mit dem sonst kleinen Gotteshaus. Als Meister des anspruchsvollen Turmbaues könnte Jörg von Halsbachs Polier und Amtsnachfolger Lukas Rottaler, städtischer Werkmeister von 1488–1508, in Frage kommen. Wohl erstmals dargestellt ist der Turm auf der Stadtansicht von N. Meldemann/H. S. Beham, 1530. Sandtners Stadtmodell von 1570 zeigt eine südlich an den Turm anschließende halbrunde Apsis mit drei großen Rundbogenfenstern wie noch bestehend – eine barockzeitliche Aktualisierung des Modells? Hingegen deutet zweifellos zuverlässig T. Volckmers Vogelschauplan von 1613 einen polygonalen Abschluss südlich des Turmes an (vgl. dem-

Allerheiligenkirche, Blick zum Chor

Allerheiligenkirche, Blick zur Empore

entsprechend G. Schneiders Umzeichnung nach dem Sandtner-Modell in Häuserbuch III 1962). Die bestehende Apsis mit Rechteckblendengliederung außen, drei großen Rundbogenfenstern und der Halbkreistonnenwölbung mit Stuckrahmen im Chorinneren wird heute meist mit einem Umbau um 1620 in Verbindung gebracht (wobei der Ersatz eines zu vermutenden gotischen Gewölbes im Turmchor durch eine Barockwölbung einigermaßen ungewöhnlich erscheint). In KDB (1902) wurde die Chorwölbung und Erweiterung 1722 datiert. Das Nordportal, das nach üblicher Angabe von 1814 stammt (damals wieder geöffnet?), ist außen von einer aufwendigen verputzten, leicht konkaven Spätbarock-Ädikula mit verkröpftem Segmentgiebel umgeben, die durch gleichzeitige Freskomalerei im Gebälkfries (mit Datum 1726), Tympanon (Widmungsinschrift an Maria als Königin aller Heiligen) und im Aufsatz (ovales Marienbild) bereichert ist. Aus der Phase der Barockisierung um 1722/26 stammt auch die (erneuerte) Orgelempore im Norden und der (beseitigte) Stuckdekor; nicht erhalten sind auch die Orgel von 1732 (bzw. 1875), die Kanzel von 1735 und der 1750 von der Priesterbruderschaft gestiftete Hochaltar mit (kriegsbeschädigt noch vorhandenem) Gemälde von Franz Joseph Winter.

Die nach Auflassung des Friedhofs für überflüssig geltende Kirche wurde zeitweise geschlossen, 1804 als Magazin profaniert und dem Baumeister Joseph Höchl zum Abriss angeboten, jedoch 1814 wieder als Schulkirche (der benachbarten Kreuzschule) instand gesetzt und neu ausgestattet. Damals entstand der heutige klassizistische Hochaltaraufbau, mit seiner gestaffelten Säulenstellung noch durch die barocke Tradition geprägt; das jetzige Altarbild – Maria erscheint dem hl. Augustinus, 1614 von Johann Rottenhammer – stammt aus der ehem. Augustinerkirche (seit 1950 Leihgabe der BStGS); der prächtige frühklassizistische Metalltabernakel von ca. 1780, mit Relief des Mannaregens an der Nischentür, wurde 1820 aus der ehem. Karmelitenkirche transfe-

riert, die ihn flankierenden anbetenden Engel und die Putten sind Meisterwerke wohl aus der Werkstatt von Johann Baptist Straub (1740er Jahre?), zugehörig die Silberbüsten der beiden hll. Johannes vor den Säulensockeln. Das barocke Abschlussgitter, bis dahin im Schiff vor den Seitenaltären (vgl. Grundriss im Stadtplan von J. Consoni, 1806), wurde 1814 unter die Empore versetzt. Nach den Veränderungen des 19. und 20. Jh. (Luftkrieg) ist die barockzeitliche Ausstattung nur schwer nachvollziehbar, von der nur einzelne Kunstwerke (nebst noch älteren Resten) erhalten sind. Die beiden heute über den modernen Seitenaltären (nach Zerstörung derer von 1625) angebrachten barocken Ölgemälde Ecce Homo (links) und Mater Dolorosa (rechts) könnten mit den nach L. Westenrieder (1782) damals über den Seitentüren aufgehängten Bildern gleichen Themas von Andreas Wolff († 1716) identisch sein. Das frühklassizistisch gerahmte Bild Maria vom Guten Rate auf dem rechten Altar ist

Allerheiligenkirche, Kruzifix, um 1520; Aufn. 1938

Allerheiligenkirche, Sakristei

eine Leihgabe aus St. Peter. Auf dem linken Altar stehen die erhalten gebliebenen Rokoko-Statuetten der hll. Isidor und Notburga. Aus barocker Zeit stammen die Ölbilder der Apostelkommunion (im Chor links) und der Beweinung Christi (Langhaus-Ostwand). Die große Kirchenfahne der Corporis-Christi-Bruderschaft (Langhaus, Ostwand) ist 1755 datiert. In der Vorhalle (ehemals am rechten Altar) ist heute die qualitätvolle Holzplastik der Pietà von 1626 (1973 neu gefasst) aufgestellt. Aus der gleichen Zeit stammt (am Chorbogen rechts) das bemerkenswerte Bronze-Epitaph des Ratsherrn Philipp Götz († 1627), Stifters des rechten Altars, von Hans Krumpper, bestehend aus einem Relief mit der Auferweckung des Lazarus und einer Inschrifttafel darunter. Bei der Kirchenrestaurierung 1936 wurde an der Langhaus-Ostwand von Kunstmaler Frank ein spätgotisches Fresko des Jüngsten Gerichtes (um oder bald nach 1500) freige-

Kath. Allerheiligenkirche am Kreuz, Hochaltar

Epitaph für A. und E. Weiss; hist. Aufn.

Epitaph für Philipp Götz († 1627)

legt und restauriert, von dem
nach Kriegsschäden jetzt nur
noch die beherrschende Gestalt Christi als Weltenrichter
sichtbar ist. Aus spätgotischer
Zeit stammt ferner – jetzt an
der Westwand – der ca. 2 m
hohe gefasste Holzkruzifixus
von etwa 1520, ein Meisterwerk aus dem Umkreis Hans
Leinbergers.

Nach schweren Luftkriegs-
schäden am 25. April 1944 und
vor allem am 7. Januar 1945
wurde die im Schiff völlig ausgebrannte Kirche 1947–49 mit
reduzierter Ausstattung wie-

Kreuzstraße 15; Aufn. 1995

Kreuzstraße 23, 25, 27 (von links); Aufn. 1995

derhergestellt. Zerstört waren u. a. Langhaus-Dachstuhl, Turmhelm, Orgelempore, Kanzel, Seitenaltäre und das barocke (aus
der Kirche St. Max der Barmherzigen Brüder stammende) Gestühl; das gemauerte Langhausgewölbe wies in der Mitte des
südlichen Joches eine große, im Nordjoch eine kleine Fehlstelle
auf. Die letzte Außenrestaurierung fand 1988 statt.

An den Chorturm schließt sich westlich die gotische, nach
Kriegsschäden wieder erneut gratgewölbte Sakristei an. Im
(neueren) Gang davor ist die zwischen zwei Strebepfeilern gewölbte Seitenportalnische mit einem schlecht erhaltenen, barock
(1733) erneuerten Fresko des zwischen Priestern thronenden hl.
Petrus (bez. 1507, rest. 1945) ausgefüllt, laut lateinischer Inschrift darunter die Grabstätte der Priesterbruderschaft der St.
Peterskirche von 1507; am Strebepfeiler rechts davon ist (wohl
seit ca. 1948) eine spätgotische Rotmarmorplatte mit gleich lau-
tender Inschrift von 1507 und Relief mehrerer einen großen
Kelch umringender Priester eingelassen.

Die beiden stattlichen Rotmarmor-Epitaphien außen beiderseits
des Nordportals wurden hier um 1814 (als Geschenke Joseph
Höchls) eingemauert: links Andreas († 1665) und Euphrosina
(† 1674) Weiss, mit (beschädigtem) Relief des Verstorbenen und
des von rechts herantretenden Todes unter dem Gekreuzigten,
rechts Blasius Weinmeister, kurf. Kriegskassier († 1649) und
Ehefrau Anna Maria († 1662), mit Reliefs der Pietà, darunter das
Schweißtuch der Veronika und (in Medaillons) die hll. Franziskus und Katharina von Siena. Die Rotmarmorplatte für Martin
Scheicher († 1631) und Frau, früher im Chor, ist jetzt in die Vermauerung des Südportals eingelassen.

Kreuzstraße 12. ARCHÄOLOGISCHE BEFUNDE: Münze der späten
römischen Kaiserzeit (Fundst.-Nr.: 7835/0116). Beim Abriss des
Hauses traf man 1832 auf eine Münze des Decentius (351–353).
Eine Sekundärfundstelle ist nicht ausgeschlossen, da sich die
Münze im Bauschutt befunden haben soll.

Kreuzstraße 15 (früher 12). Auf Sandtners Stadtmodell von
1570 dreigeschossiges traufständiges Haus. Nach Häuserbuch
III (1962) erfolgte nach 1701 ein Umbau zum Zweck ertrag-
reicher Vermietung (Besitzer Bernhard Göttler, Metzger). Auf
Stimmelmayrs Skizze (gegen 1800) ist ein zweigeschossiger Bau
mit zwei Ohrwascheln dargestellt. Der Bestandsplan von 1863
zeigt das damalige zweigeschossige, traufständige Bürgerhaus
mit Mitteldurchfahrt und hohem Dach; es wurde in diesem Jahr
von Maurermeister A. Huber im Auftrag des Metzgermeisters
Friedrich Pfeiffer doppelt aufgestockt, umgebaut und mit der
heute noch vorhandenen spätklassizistischen Fassadengliederung (Gurtgesimse, profilierte Fensterrahmungen, mit geraden
Verdachungen im 1. und 2. Stock) versehen. Im Erdgeschoss, bis
dahin mit Putzrustika, wurde 1924 je ein Laden beiderseits des
mittleren Eingangsflures eingebaut. Nach Luftkriegsschäden –

u. a. Verlust des Konsolgesimses an der Traufe – wurde das Dach
erneuert. 2005 erfolgte eine neuerliche Aufstockung um ein
4. Obergeschoss sowie ein Dachgeschoss mit Gauben. Über dem
1. Stock mittig Nische mit kleiner Hausmadonna (um 1863). –
Rückseitig schmaler, von häufig umgebauter gewerblicher Nutzung (ab 1864 Bäckerei) umgebener Hof.

[**Kreuzstraße 17.** Rückgebäude von Sendlinger Straße 46,
s. dort.]

[**Kreuzstraße 21.** Rückgebäude des Leistbräu-Anwesens, Sendlinger Straße 50/52, s. dort.]

Kreuzstraße 23 (früher Nr. 16). Das Bürgerhaus, Teil einer sonst
niedrigeren Althausgruppe, stammt im Kern wohl von etwa 1600.
Im Häuserbuch III (1962) Besitzerfolge seit 1539 aufgeführt, bis
ins frühe 19. Jh. Leinweber. Auf Sandtners Stadtmodell von 1570
noch eingeschossige Bebauung. Vermutlich identisch mit dem
höchsten in der Reihe der auf Volckmers Stadtplan von 1613 dargestellten Häuser. Auf Stimmelmayrs Skizze (gegen 1800) noch
dreigeschossig, heute – wie auch auf der Vorkriegsansicht in Häuserbuch III – viergeschossig. Der älteste vorliegende Plan (LBK)
stammt von 1812, unterschrieben vom bürgerl. Maurermeister
Franz Ignaz Kirchgrabner; dargestellt sind die Grundrisse des 1.,
2./3. und neu aufzusetzenden 4. Stocks (ausgeführt?). Unten an-
geklebt ist ein Erdgeschossgrundriss, ebenso wie die auf den Alt-
plan verteilten kleinen Klebetekturen Umbauarbeiten (vor allem
Kaminauswechslungen) im Jahre 1873 betreffend (Maurermeister M(ich.) Reifenstuel, Eigentümer Maurerpolier Johann Koll-
mer). Vermutlich war das Haus (1812?) von nur drei auf vier Geschosse aufgestockt worden, denn viergeschossig stellen es die
Umbaupläne von 1909 mitsamt dem heutigen Dachgaubenbe-
stand dar. Auf dem damals genehmigten Fassadenplan des Architekten (Carl) Evora ist die heute noch weitgehend erhaltene
schlichte Gliederung dargestellt, die dem Zeitstil von 1812 entsprechen würde; doch wurde 1909 „der alte Fassadenputz … vollständig entfernt und durch einen neuen Maurerverputz, Fassaden-
Aenderung, ersetzt", vielleicht dabei die alte schlicht klassizistische Gliederung erhalten oder in bisheriger Form erneuert. (Eigentümer war damals der Hausmeister Heinrich Lauffer.)
1931/32 Ladeneinbau (Milchgeschäft Lauffer).

Altmünchner Bürgerhaus auf schmaler Parzelle, bestehend aus
dem durch einen engen Flur entlang der rechten Kommunmauer
mit links anliegender Treppe erschlossenen Vorderhaus und
einem Rückgebäude, zugänglich durch einen Aufgang an der
rechten Hofseite. Nach Luftkriegsschäden wurden das 3. und
4. Obergeschoss des Rückgebäudes 1951 abgetragen und über
dem 2. Obergeschoss ein neuer Dachstuhl aufgesetzt. Das Bürgerhaus bildet mit Nr. 25, 27 und Herzog-Wilhelm-Straße 29, 31
eine Restgruppe kleinmaßstäblicher Altstadtrandbebauung.

[**Kreuzstraße 25** (früher Nr. 17). Das Wohnhaus stammt im Kern wohl aus dem 17. Jh. Im Häuserbuch III (1962) Besitzer seit um 1507 aufgeführt. Auf Sandtners Stadtmodell (1570) noch eingeschossig (so wohl auch noch die niedrige Bebauung auf Volckmers Stadtplan von 1613 zu interpretieren). Auf Stimmelmayrs Skizze (gegen 1800) dreigeschossig und dreiachsig wie bestehend, doch mit Eingang rechts. Nach Kriegsschäden Wiederaufbau bis 1950 (Änderungen im 1. Obergeschoss, vollständige Substanzerneuerung im 2. Obergeschoss und Dachgeschoss). Erschließung des Wohnhauses durch Flur entlang der linken Kommunmauer und Treppe rechts davon; ansonsten im Erdgeschoss Ladennutzung. Teil einer Kleinhausgruppe mit Nr. 23, 27 und Herzog-Wilhelm-Straße 29, 31.]

Kreuzstraße 27 (früher 18). Ehem. *„Zum Kreuzweber"*. Das im Kern wohl aus dem 17. Jh. stammende Bürgerhaus ist Teil einer Kleinhausgruppe mit Nr. 23, 25 und Herzog-Wilhelm-Straße 29, 31. Im Häuserbuch III (1962) sind Besitzer seit ca. 1480 aufgeführt, vom 16. bis gegen Mitte des 19. Jh. meist Leinweber, z. T. auch Bleicher; um 1820 Hausname „Zum Kreuzweber", nach Kreuzviertel, -straße und naher Kreuzkirche. Auf Sandtners Stadtmodell (1570) wie auf Volckmers Stadtplan von 1613 noch eingeschossige Bebauung, auf Stimmelmayrs Skizze gegen 1800 (Nr. 81 unten, von der mit 5 bezeichneten Dreiergruppe das rechte Haus) dreigeschossig, mit einem Ohrwaschel (Halbgiebelgaube) rechts, daher im Kern wohl im 17. Jh entstanden. Ansichten des 19. Jh. und noch die Vorkriegsdarstellung in Häuserbuch III zeigen das Haus mit zwei Ohrwascheln nach verbreiteter Altmünchner Art. Das Dach wurde nach Luftkriegsschäden ohne diese Gauben erneuert. 1888 Ladeneinbau im Erdgeschoss (Baumeister Simon Killer, für Spenglermeister August Labonté); eine damals geplante reichere Fassadengestaltung wurde wohl nicht ausgeführt. 1979 Stahlbeton-Kellerdecke, Einrichtung einer Backstube (für das Café im Nachbarhaus Herzog-Wilhelm-Straße 29, s. dort), zuvor Blumenladen. Der Eingangsflur des Bürgerhauses, ursprünglich mit inliegender Treppe, liegt am rechten Hausrand, die Treppe wurde später an dessen Ende verlegt. Der Fassadenstreifen oberhalb der Haustür ist fensterlos, die Befensterung (drei Achsen) nach links verschoben.

Küchelbäckerstraße

(Vgl. Ensemble Altstadt.) Sehr schmale südliche Seitengasse der etwas jüngeren Osthälfte des Tals (1. Drittel 14. Jh.) bis zur ehem. Stadtmauer (heute Westenriederstraße), benannt nach im 17. und 18. Jh. im Eckhaus Tal 22 (früher Nr. 66) ansässigen, auf Schmalzkücherl (-nudeln, Krapfen) spezialisierten Bäckern. Heute einziges Baudenkmal ist das südwestliche Eckhaus Westenriederstraße 31 (s. dort).

Kurfürstenstraße (Südteil von Adalbert- bis Georgenstraße)

Die erst 1915 – gleich dem Platz an ihrem Nordende und der sie nördlich fortsetzenden Belgradstraße – nach Kurfürst Max Emanuel, Eroberer von Belgrad 1688, benannte Straße hieß zuvor Türkengraben (vgl. Türkenstraße, Fürstenstraße); sie entspricht zusammen mit der westlich in knappem Abstand parallelen Nordendstraße (s. dort) den beiden Ufern eines Teilabschnittes des von Max Emanuel angelegten Kanals zwischen dem Residenzbereich und Schleißheim. Entlang bzw. über dem ab 1811 eingeebneten Kanalbett entstand in der Biedermeierzeit – lange vor der großstädtischen Mietshausbebauung in den breiteren beiderseitigen Querstraßen – an Kurfürsten- wie Nordendstraße eine offene, vorstädtische Kleinhausbebauung, von der nichts mehr erhalten ist (vgl. Katasterplan 1849, Wenngs Atlas 1851/Maxvorstadt Pl. Nr. 21 und 23, Wenngs Stadtplan 1858/59). Doch sind in der später ausgewechselten, mehrfach erneuerten Mietshausbebauung an der schmalen Kurfürstenstraße kleintei-

Kurfürstenstraße 4   Kurfürstenstraße 7

lig-vorstädtische Parzellierung und Strukturen bis heute erkennbar. Die somit bis in die Barockzeit zurückgehende Doppelachse Nordend-/Kurfürstenstraße fügt sich in ihrer Schräglage nicht in das im Umfeld endende rechtwinklige Rastersystem der klassizistischen Maxvorstadt ein. (Siehe Flurkarte S. 706)

Kurfürstenstraße 4. Anton Riehl ließ sich das Mietshaus mit nördlich angebautem Rückflügel 1892–93 von Valentin Wolff in den Formen der Neurenaissance aufführen. Die Treppe im Hofwinkel erschließt gemäß Eingabeplan drei Wohnungen je Etage. Als Besonderheit sind die Putzbänder hervorzuheben, die in Höhe der Sturzfelder im 1. und 2. Obergeschoss umlaufen. Die Rustika des Erdgeschosses und auch der Wellengiebel über dem mittigen Eingang der Straßenfront blieben erhalten. Von den modernisierten Fenstern abgesehen hat das Anwesen sein historisches Erscheinungsbild bewahrt.

Kurfürstenstraße 7. Das südlich freigestellte Mietshaus mit westlichem Rückflügel wurde in einem Zug mit dem Haus auf dem nordwestlich rückwärtig angrenzenden Grundstück Nordendstraße 12 (s. dort) errichtet. Die Planung wurde im Frühjahr 1896 von Martin Steiger betrieben, doch wechselten die Parzellen noch im Sommer des gleichen Jahres den Eigentümer. Auftraggeber des schließlich von J. Schreyer ausgeführten Baus wurde dann Georg Bertele. Hinter dem Hofwinkel eingezogen liegt das Treppenhaus (mit reich dekoriertem Zugang von der Straße her), die doppelläufige Podesttreppe gut erhalten. Zwei Wohnungen sind gemäß Eingabeplan in jeder Etage untergebracht. 1904 war durch Alois und Karl Aufleger für den Kaufmann Robert Gerstlauer ein Dachgeschossaus- und Atelieraufbau vorgenommen worden, der jedoch nach massiver Beschädigung im Luftkrieg nur mehr rudimentär wiederhergestellt worden ist. Doch hat das Gebäude seine Putzstreifenrustika im Erdgeschoss sowie seine Fensterverdachungen in neubarocker Auffassung weitgehend original behalten. Beachtlich ist der Überlieferungsgrad an verkröpften Gurtgesimsen: So legte man das obere Gurtgesims und die Sohlbankgesimse der Erdgeschossfenster zusammen, setzte sie jedoch flach verkröpft ab, und einen entsprechenden Kunstgriff wandte man auch unterhalb des Dachfußes an, hier legte man die Abschlusslinie der Fensterverdachung und das Traufgesims zusammen, wiederum abgesetzt durch Verkröpfung.

Kurfürstenstraße 19

Kurfürstenstraße 19. Südlich anschließend an das große Eckhaus Georgenstraße 37 errichtete man um 1900 Haus Nr. 19 an der Kurfürstenstraße als vergleichsweise schmalen Bau. Das Mietshaus entstand auf zuvor unbebautem Grund mit einem Riegel an der Straße, südseitig einachsig durchfenstert, und mit einem groß dimensionierten Rückbau, der voll bündig an die Brandmauer des nördlichen Nachbargebäudes angeschlossen wurde (die südliche Grundlinie des Hauses verspringt nur gering). Der Eingang von der Südseite des Rückbaus her erschließt über einen Korridor (bauzeitlich ausgestattet) eine dreiläufige Podesttreppe mit großem rechteckigen Treppenauge, die man zentral ins Gebäude steckte und durch ein Oberlicht (dieses 2001 instand gesetzt) belichtete. In jeder Etage befinden sich zwei Wohnungen. Die Fassade in den Formen des Neubarocks (1992 saniert) wird von drei eng gesetzten Fensterachsen-Paaren gekennzeichnet, wobei dem mittleren ein kantiger dreigeschossiger Erker mit Seitenbelichtungen eingeschrieben wurde. Dieser wurde mit der Trauflinie des Hauses verdacht und findet sich von einem Dachhaus (die eng gesetzten Fenster hier rundbogig geschlossen) überhöht, das von einem Rundgiebel mit Schultern abgeschlossen wird. Auch die südliche Pavillon-Seitenmauer gestaltete man mit geschweifter Vorblendung. Die Fenster des 1. Obergeschosses wurden gerade verdacht, diejenigen des 2. Obergeschosses segmentbogenförmig (mit kurzen Schultern); hervorgehoben hat man die des Erkers, hier ist es ein gebrochener Schweifbogengiebel. Beachtung verdienen auch die Brüstungszonen der Hauptgeschosse mit variierten Schabrackenformen. (Ein Ausbau des Dachgeschosses erfolgte 1999–2002.)

Lämmerstraße

Kurze Verbindung zwischen Hirten- und Marsstraße; vgl. Hirtenstraße.

Ländstraße

Kurze Verbindung von der Steinsdorfstraße (s. dort; ehem. Floßlände) zur Thierschstraße; vgl. Ländstraße 1 und Beitrag Johannes Hallinger.

Ländstraße; Flurkarte, M. 1:2 500

Ländstraße 1. 1893 bis 1895 ließ der „Wagen- und Geschirrfabrikant" Johann Häusler das Areal zwischen dem bereits bestehenden Haus Nr. 5 an der Nordseite der Ländstraße und der neu festgesetzten Ecke zur Thiersch- vormals Fabrikstraße hin in einem Zug überbauen. Das genannte Flächenkontingent war vom Magistrat zu drei Bauplätzen eingemessen worden. Die Bebauung der Nordseite der Ländstraße nach Westen hin ist als Glücksfall der Überlieferung zu betrachten. Mit ihr verbanden sich ein neues Alignement der Fabrikstraße (bei neu vorgeschriebener Breite und zulässiger Bauhöhe) sowie die Schaffung der Ländstraße in geschlossener Zeilenbauweise. Seit 1818/19 markierte den Übergang von der Fabrik- in die Ländstraße ein großer Gewerbe- und Lagerbau, der über trapezförmigem Grundriss, nach Süden zunächst offen, auf allen Seiten freigestellt war. Auch zwischen dem östlichen Flügel und der nächst anstehenden Bebauung gab es einen Durchgang, für den keine Bezeichnung greifbar ist. Diesen „Holzmagazinstadel" erbauten Maurermeister Röschenauer und Zimmermeister Peter Erlacher für den Letztgenannten (sein Wohnhaus hatte Erlacher gleich gegenüber, an der Nordseite der Fabrikstraße, in der Lage der heutigen Thierschstraße 15 und 17).

Nach Niederlegung der baufällig gewordenen Vorbebauung begannen Aushub und schließlich die Gründungsarbeiten bei Nr. 3, dies 1893; 1894 wurde die heutige Nr. 1 vom Magistrat genehmigt, und bis 1895 zogen sich die Umsetzungsarbeiten zur Bewohnbarkeit bei Thierschstraße 20 hin. Die Baufirma Karl Stöhr erbaute die drei Mietshäuser, die Bauleitung nahm Anton Schmid wahr.

Bei Ländstraße 1 führt der mittig in den Grundriss gesteckte Hauszugang zum rückwärtigen Stiegenhaus, das eigens über die hintere Grundlinie ausgebaut wurde. Gemäß Eingabeplan sind in jeder Etage zwei Wohnungen untergebracht, infolge der spezifischen Baublocktiefe mit Versorgungsräumen in den Dunkelzonen. Die insgesamt dicht und gut lesbar überlieferte Fassadendekoration kann als Neurenaissancegestaltung eingeordnet werden. Das freie Einvernehmen von Formen aus anderen Neu-Stilarten unterscheidet sie jedoch von den stilreinen Neurenaissancefassaden der 1870er und 1880er Jahre. In gängiger Weise wurden die Hauptgeschosse durch mehrfach verkröpfte Gesimse (Sohlbankgesimse) zusammengezogen, und gängig ist die Rhythmisierung der Straßenfront durch Eng- und Weitsetzung der Fensterachsen. Mit der rundbogig überfangenen Haustüre korrespondiert die Dreiergruppe rundbogiger Fenster im 3. Obergeschoss, hier ebenfalls in der Mittelachse, die von einem durchartikulierten Risalit eingefasst und betont wird. Stichbogige Fenster machen die sonstigen Öffnungen im 3. Obergeschoss aus. Und während die beiden zweigeschossigen Flacherker in den je äußeren Achsen in üblicher Weise durchgebildet sind, sticht als prominentes Motiv die Portaleinfassung heraus (hierin Ländstraße 3 vergleichbar): Ein Trumeau schneidet das Bogenfeld als Lünette ab, die aufgeglaste Supraporte dient der Hausgangbelichtung. Als späthistoristisches Amalgam ist der erhaltene Blendgiebel über dem mittigen Dachhaus anzusprechen – ein Ädikula-Motiv mit Volutenwangen und arg dynamisierten Architekturelementen, jedoch unter strengem Dreiecksgiebel.

Gerade der Concours der drei Fassaden Thierschstraße 20, Ländstraße 1 und Ländstraße 3 bietet ein Kapitel späthistoristischer Architektur und Ausstattung, augenfällig das Gestaltungsprinzip einer „variatio delectat" verwirklichend. Thierschstraße 20 vertritt die nordische Renaissance, die sich am norddeutschen und auch niederländischen Patrizierhaus orientierte und Putzgliederungen oder vorgetäuschte Hau- und Schnittsteinelemente von der Blankziegelfassade absetzte. Ländstraße 1 bedient sich des Formenrepertoires der Neurenaissance mit einer Orientierung am italienischen Palastbau, kurios freilich sind im Mittelzug der Fassade, hier bei den vier Fenstern des 1. Obergeschosses, orna-

◁ ◁ Ländstraße 1
◁   Ländstraße 3

Ländstraße 5. Das für die Brüder Ludwig und Karl Hitzlperger erbaute Wohn- und Wirtschaftsgebäude war das früheste historistische Mietshaus an der neu festgelegten Ländstraße. Mit ihm gewann die magistrale Absicht, das von Gewerbebauten geprägte Quartier Schritt für Schritt durch gehobene Wohnbauten zu ersetzen, sichtbaren Ausdruck. Das Haus wurde 1886 von Emanuel Seidl auf unbebautem Grund hochgezogen. Seine Schauseite, nach Süden ausgerichtet, gewährte den Blick über unbebaute Parzellen auf das südwestlich vorgelagerte Trambahndepot, das erst zehn Jahre später aufgehoben wurde (Fortsetzung der Liebherrstraße). Gemäß

mentierte Konsolen, die als Kapitelle fungieren. Ländstraße 3 schließlich bietet ein Mixtum aus einer Durchbildung der Fassade in Neurenaissanceauffassung und einer ornamentalen Anverwandlung in Formen des Neubarock.

Ländstraße 3. Der Wagenfabrikant Johann Häusler war Eigentümer des Areals, das die heutigen Hausnummern 1 und 3 an der Ländstraße sowie der westlich anschließenden Nr. 20 an der Thierschstraße umfasste. Bei der Bebauung (d. i. Verwertung) der ausgewiesenen Parzellen trat er selbst als Bauwerber auf. Die Firma Karl Stöhr setzte 1893–95 die Erbauung der drei großen Mietshäuser in einem Zug um (Bauleitung Anton Schmid), wobei man mit Aushub und Fundamentierung bei Nr. 3 begann. Die vom Magistrat durch die Erstellung der Bauten ins Kalkül gezogene städtebauliche und städteräumliche Veränderung war enorm, jedoch programmatisch in Hinblick auf die weiteren Entschlüsse der Stadtplanung zur Erschließung des Lehels (weiteres vgl. Ländstraße 1). Gemäß Eingabeplan sind in jeder Etage des tiefen Blocks mit kurzem westlichem Rückflügel zwei Wohnungen untergebracht, erschlossen vom rückwärtig an die Grundlinie gelegten Treppenhaus und mittigem Hausgang. Zwei flache, aber vom Sockel bis ins Traufgesims durcharartikulierte Seitenrisalite fassen den dreiachsigen Mittelzug der Fassade ein. In den Risaliten wurden je zwei eng gesetzte Fensterachsen zusammengezogen. Die seitlichen Vorsprünge sind durch Dachhäuser mit geschwungenen Wangen und Schweifgiebel-Bekrönungen überhöht. Eine Putzstreifenrustika ist vor das Erdgeschoss gelegt, in den Risaliten zusätzlich auch vor das 1. Obergeschoss, wodurch der Höhenzug der Fassade weiter verstärkt wird. Die je seitlichen Achsen erhielten vor dem 2. Obergeschoss Balkonzungen mit barock vorbauchenden Schmiedeeisen-Körben. Die Vermittlung nach oben zu den Dachhäusern leisten kolossale Pilaster mit Volutenkapitellen. Gruppierung und Rhythmisierung der Fassade wurden als gängige Anwendung von der Neurenaissance übernommen, die dekorative Anverwandlung jedoch verdankt sich dem Formenrepertoire des Neubarock. Und gerade das Nebeneinander der Fassaden Thierschstraße 20 und Ländstraße 1 und 3 ist ein sprechendes Zeugnis für die Stilpluralität des späten Historismus. Ohne Unterschied des Zwecks oder der Beachtung herkömmlicher Stillagen können nordische Renaissance, Neurenaissance italienischer Prägung und festlich gestimmter Neubarock nebeneinander bestehen.

seiner Ursprungswidmung waren Erdgeschoss und 1. Obergeschoss des Hauses der Gaststättennutzung zugeschlagen; in dieser Hinsicht stellte es einen Ersatz für das vormals unweit gelegene Gasthaus „Grünbaumwirt" dar (am Ausgang der alten Ländstraße zur Isar hin, schon früh in städtischem Besitz und im Zuge der Trassierung der Steinsdorfstraße beseitigt). Nach Infragestehen der Rentabilität baute 1910 Ludwig Deiglmayr das Erdgeschoss zur Wohnung um; Bauwerber war Konrad Frhr. von Bassus, der auch das benachbarte, 1894 erbaute Haus Ländstraße 3 besaß.

Der breite Zugang in der westlichen Achse führt zum rückwärtigen, vor der hinteren Grundlinie eingezogenen Treppenhaus. Gemäß Erstzustand waren im 2. und 3. Obergeschoss je eine Wohnung untergebracht und auch das Dachgeschoss schon zu Wohnzwecken erschlossen. Zwischen der Folge rundbogiger Fenster im Erdgeschoss und der Achsensetzung der Fenster in den Obergeschossen besteht keine lineare Entsprechung – ein Beispiel malerischer Gruppierung, die stiltypisch ist für Emanuel Seidl und stilprägend wurde für den Mietshausbau der Jahre um die bevorstehende Jahrhundertwende. Die Flächen- und Baumassenverhältnisse wurden mit einfachen Kunstgriffen ausponderiert: Die Mitte machen breite Fensteröffnungen (dreigeteilte Kreuzstockfenster) aus, westlich setzte der Architekt zwei schmalere Fensterachsen eng und zog diese durch gemeinsame Verdachung zu einem Block zusammen, eine einzelne östliche, wiederum breitere Fensterachse betonte er durch den Vorbau eines zweigeschossigen Flacherkers und ein Dachhaus mit Schweifgiebelbekrönung darüber. Die Fassadenzone der Obergeschosse ist insgesamt geschlichtet überkommen, von der einstigen „Seidlschen Pracht" künden nur mehr die Portalbekrönung mit eingeschriebenem querovalen Okulus, das Estradengitter vor dem Fenster des 3. Obergeschosses in der östlichen Fensterachse sowie der charakteristische Blendgiebel auf besagtem Dachhaus (Fassadeninstandsetzung 1997).

Ländstraße 5

Ländstraße 6

Ländstraße 6. Das Mietshaus wurde 1891–92 auf vorher unbebautem Grund in einem baulichen Umfeld errichtet, das durchgreifend von der magistralen Absicht zur Veränderung geprägt war: Die Erschließung des Lehels galt der Umwidmung von der gewerblich geprägten Vorstadt zum Wohnquartier gehobenen Zuschnitts hin. So konnte das Mietshaus in unmittelbarer Nähe zum Trambahndepot entstehen, da die Akzeptanz neuer Investoren, Spekulanten, aber auch potentieller Käufer ungebremst war, selbige von einer weiteren Aufwertung resp. Rentabilität ausgingen (das Straßenbahndepot wurde zugunsten eines Durchstichs der Liebherrstraße erst 1896 stillgelegt). Die Architekten Albin Lincke und Max Littmann organisierten das große Neurenaissance-Mietshaus weitgehend symmetrisch durch: Der mittige Hausgang (bauzeitliche zweiflügelige Tür und Portalgestaltung erhalten) führt zum rückwärtigen, vor der hinteren Grundlinie eingezogenen Stiegenhaus, das gemäß Eingabeplan in jeder Etage zwei Wohnungen erschließt, die weitgehend spiegelsymmetrisch zugeschnitten sind. Die je seitlichen, zwei eng gesetzten Fensterachsen bildeten Seitenrisalite, die bis zur Kriegszerstörung von neubarocken Dachhäusern überhöht waren. Die ursprünglich rundbogig geschlossenen Fenster des Erdgeschosses erhielten schon 1912 gerade Stützen. Nach dem Zweiten Weltkrieg beauftragte Sofie Brunner (Lichtspielinhaberin in Rosenheim) Architekt Adolph Wentzel mit der Wiederinstandsetzung von Dachtragwerk und Dachwohnung. 1946 schließlich kam es zum Aufbau eines 4. Obergeschosses als Halbgeschoss (in der bestehenden Gestalt). Darüber baute man 1980 straßenseitig Wohnräume ein, was freilich der historischen Dimensionalität (Höhenentwicklung und äußerer Kubatur generell) Abbruch tat.

Bauwerber des Ursprungsbaus war Baumeister Rudolf Schratz, der in der St.-Anna-Vorstadt zahlreiche Häuser erbaute oder erbauen ließ. Das Erdgeschoss wurde nicht erhöht, sondern ebenerdig zugänglich ausgeführt, seit 1912 liegt ihm eine Rauputz-Streifenrustika mit stilisierten Gewölbeschnitten vor. Die drei ursprünglichen Obergeschosse verklammerte man durch rustizierte Lisenen, vom Kordongesims über dem Erdgeschoss bis auf Höhe des ehemaligen Traufgesimses. Die Fenster der ehemaligen Hauptgeschosse sind profiliert gerahmt, im 1. Obergeschoss zog man die Ohrungen erheblich weiter herunter. Seitlich bildete man flache Risalite aus, in die je zwei eng gesetzte Fensterachsen eingeschrieben wurden. Im zurückgelegten Mittelzug der Fassade wurden die Fenster des 1. Obergeschosses (hierin denen der Risalite ähnlich) mit geraden Gesimsstücken über stilisierten Sturzfeldern verdacht, im 2. Obergeschoss mit geschulterten Segmentbögen über gestockten Sturzspiegeln.

Landschaftstraße

(Vgl. Ensemble Altstadt.) Benannt nach der ehem. Landschaft, den Landständen, deren Gebäude dem Bau des Neuen Rathauses (vgl. Marienplatz 8) weichen musste. Letzteres nimmt, abschnittsweise gewachsen, die gesamte Südseite der ehemals schmalen, Wein- und Dienerstraße verbindenden Landschaftstraße im ältesten Stadtkern ein. Die Nordseite wurde nach dem Zweiten Weltkrieg bis heute nicht wieder bebaut, vgl. Marienhof.

Ledererstraße

(Vgl. Ensemble Altstadt.) Benannt nach dem in diesem Bereich vom 14. bis ins 19. Jh. schwerpunktmäßig ansässigen Gewerbe (Weißgerber, Ircher; unter Einschluss der heutigen Hochbrückenstraße, s. dort); bis ins 18. Jh. meist Ircher- oder Vordere Lederergasse. Die im älteren Teil der östlichen Altstadterweiterung wohl noch des 13. Jh. gelegene, vom Schlichtingerbogen im Westen (s. Burgstraße 8) ausgehende nördliche Parallelstraße des Tals hat trotz in neuerer Zeit

Blick in die Ledererstraße nach Osten

weitgehend ausgewechselter und nach dem Luftkrieg erneuerter Bausubstanz wegen der Parzellenteilung und zurückhaltend-konservativer Gebäudetypologie noch etwas vom zeitlosen Charakter eines kleinbürgerlich-handwerklich geprägten Altstadtbereiches bewahrt. Architektonisch gewichtigste Akzente sind im Westen die einander gegenüberstehenden späthistoristischen Gebäude der Stadtsparkasse (s. Sparkassenstraße 2/4) und der „Scholastika" (s. Ledererstraße 5), in der Mitte das mit Giebel, Schmuckuhr und farbigen Putzfeldern 1962 (und 2004) historisierend überformte Geschäftshaus Nr. 4 (Nordteil des Böhmler-Passagen-Komplexes, vgl. Tal 9/11) sowie am Ostende nördlich das Polizeidienstgebäude von 1923/25 (s. Hochbrückenstraße 7). Der Nordteil der Stadtsparkasse ersetzte u. a. das 1738 wohl von Philipp Jakob Kögelsperger erbaute Bürgerhaus Ledererstraße 2 mit aufwendig stuckierter Fassade (abgebrochen 1897).

ARCHÄOLOGISCHE BEFUNDE: Größere Bodeneingriffe und Umbauten sind aus jüngerer Zeit nicht bekannt. Deshalb ist mit untertägig erhaltenen Resten von Bauwerken, unter der Straße mit verrohrten Bächen und Pflastern und unter den Gebäuden mit Resten mittelalterlicher und neuzeitlicher Vorgängerbauten, möglicherweise mit Brunnen und Latrinen, zu rechnen. Unter Ledererstraße 3 befinden sich Teile mittelalterlicher und frühneuzeitlicher Bebauung.

Ledererstraße; Flurkarte, M. 1:2500

Ledererstraße 3. *Zerwirkgewölbe*. Bis vor kurzem galt das sog. Zerwirkgewölbe zusammen mit Teilen des Alten Hofes als das älteste profane Bauwerk Münchens. Auf mittelalterlichen Ursprung weist lediglich die Bezeichnung als „Herzog Ludwigs Haus" 1589 und 1590 hin, was auf Ludwig II. den Strengen (reg. 1253–94), Bauherrn auch des benachbarten Alten Hofes (s. dort), zu beziehen ist. Für das traditionell – so auch in den Bauinschriften von 1927/37 – genannte Baujahr 1264 gibt es keinerlei Beleg. Besitzgeschichtlich (vgl. Häuserbuch I, 1958; Stahleder 1992, 1995, Stahleder 2006) war das Haus im 16. Jh. rückwärtiges Nebengebäude des u. a. vom herzogl. Falkner bewohnten Eckhauses Burgstraße 10 (s. dort). Vom Kauf durch Hofbaumeister Wendel Dietrich um 1590 bis zum Rückerwerb durch Kurfürst Karl Albrecht 1733 war das vom Vorderhaus getrennte einstige Rückgebäude ein Wohnhaus in Privatbesitz. Nach der Besitzerfamilie Schlichtinger (1639–1733) wird der westlich benachbarte Bogen über dem Beginn der Ledererstraße benannt. Das ab 1733 kurfürstliche (bzw. später staatliche), um diese Zeit baulich (völlig?) erneuerte Gebäude wurde zunächst dem nördlich benachbarten Hofbräuhaus (Braunbräuhaus, vgl. Alter Hof/Ostflügel) angeschlossen; 1808 nahm es das von der Herzog-Max-Burg (s. dort) hierher verlegte Hof-Zerwirkgewölbe auf. Hier wurde das erlegte Wild zerwirkt (zerteilt) und bearbeitet; nach Plänen des 19. Jh. diente die untere Halle dem Verkauf, die obere als Lager, das 3. Geschoss als Wohnung.

Der sich südöstlich an den Vierseitkomplex des Alten Hofes anschließende, dreiseitig freistehende Satteldachbau an der Westseite des erst im frühen 20. Jh. überwölbten Pfisterbaches ist bereits auf Sandtners Stadtmodell von 1570 dargestellt, allerdings mit anderen, eher auf Wohnnutzung hindeutenden Fensterformaten als heute, mit Flacherker im 1. Stock der Südgiebelseite und Aborterkern im Osten. Ähnlich erscheint der Bau auf Volckmers

Ledererstraße 3, ehem. Zerwirkgewölbe; Aufn. 1995

Vogelschau-Stadtplan von 1613 und auf den flüchtigen Skizzen Stimmelmayrs gegen 1800.

Die beiden übereinanderliegenden zweischiffigen und vierjochigen Hallen mit ihren Viereckpfeilern und Kreuzgratgewölben (nicht spitzbogig, ohne Scheidbogen) sind wegen der schlichten Details zwar nicht näher zu datieren, doch jedenfalls nachmittelalterlich – eher im Zusammenhang mit Bräuhauszwecken als solchen erst des Zerwirkgewölbes entstanden. Ein zumindest weitgehender Neubau kurz vor oder um 1733 ist anzunehmen; ob Teile der Umfassungswände verwendet wurden, wäre noch

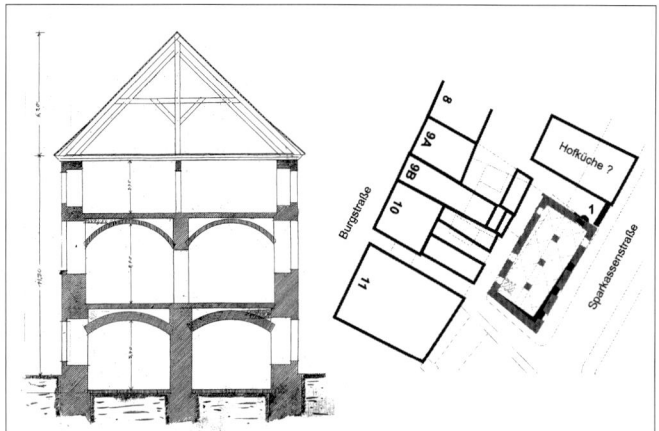

Ledererstraße 3; Querschnitt von 1918 und Grundriss

Ledererstraße 3, 1. Obergeschoss, Halle

Ledererstraße 3, Zerwirkgewölbe, Fundamente von Vorgängerbauten

Ledererstraße 3, Untergeschoss, Halle

nachzuweisen (z. B. vermauerte Fenster?). Gemäß kürzlichen Untersuchungen stehen Gewölbe und Wände in bauzeitlichem Zusammenhang; Grabungen weisen auf einen Neubau auf z. T. leicht verschobener Baulinie hin. Durch dendrochronologische Daten (Untersuchung 1991) von Dachstuhlbalken (1719?, 1725, 1726) ist das zweigeschossige Kehlbalkendach mit Hängewerkkonstruktion in etwa datiert. Wohl um diese Zeit wurde auch das niedrigere 2. Obergeschoss als flachgedeckte Halle mit Längsunterzug und Mittelstütze ausgebildet, doch noch im 18. Jh. zur zweibündig angelegten Wohnung ausgebaut, in der noch einzelne Füllungstüren, Fenster, Beschläge und eine gewundene Holzsäule zwischen zwei Fensternischen im Westen erhalten sind. Der Anbau mit zweiläufiger (1965 erneuerter) Treppe am Nordteil der Westseite stammt wohl auch aus dem 18. Jh. (auf dem Stadtplan von J. Consoni 1806 vorhanden). Im Inneren wurden im Laufe des 19. und 20. Jh. mehrfach kleinere Grundrissänderungen (Zwischenwandeinbauten) vorgenommen. Ein Aufriss der Südgiebelfront von 1867 (aus Anlass von „Adapturarbeiten für Bureaulokale der koenigl. Hofjagd-Intendanz") zeigt um die Öffnungen wohl barockzeitliche geohrte Putzrahmen, die später beseitigt wurden – vielleicht bei einer Renovierung im Zusammenhang mit der Anlage der Sparkassenstraße nach Überwölbung des Pfisterbaches. Das barockisierende Wandbild in der Mitte der Südseite (mit unzutreffender Bauinschrift) stammt

Ledererstraße 5; Vorbebauung; Radierung von 1805

Ledererstraße 5, Vereinshaus Scholastika

nach A. Alckens (1935) von H. Landgrebe und A. Klingshirn, 1927; das Wandbild an der Ostseite trägt die Signatur Heinr. Landgrebe 1937. Renovierungsmaßnahmen außen fanden 1955 und 1966 (Nagelfluhsockel) statt; Gitter des Tores zum schmalen Nordhof 1967; Schließung des (seit Jahrzehnten privaten) Wildgeschäftes 1999. In den beiden Obergeschossen wurde 1994 eine Studiobühne des Gärtnerplatztheaters eingerichtet. Um 2006 Bauarbeiten im Gange; derzeit gastronomische Nutzung.

ARCHÄOLOGISCHE BEFUNDE: Untertägige Reste spätmittelalterlicher/frühneuzeitlicher und neuzeitlicher Bebauung (Fundst.-Nr.: 7835/0356). Im Zuge der Umbaumaßnahmen 2005 fanden baubegleitende archäologische Untersuchungen statt. An mehreren Stellen konnte der zur jüngeren Ausbauphase gehörende Plattenbelag des 19. Jh. aufgedeckt werden. In drei Sondagen stieß man auf Mauerzüge aus Backsteinen mit dazugehörigen Plattenfußböden, vermutlich des 15./16. Jh. Auf diesen Mauern wurde der bestehende Bau des 17./18. Jh. errichtet.

Ledererstraße 5. *Vereinshaus Scholastika* mit Gaststätte; Einheit mit Münzstraße 2. Vorgängerbau war das seit 1368 nachweisbare, bis 1848 betriebene Türleinsbad (auch Türlbad u. ä.) an der Ostseite des einstigen Pfisterbaches, auf Sandtners Stadtmodell um 1570 ein Satteldachbau mit Südgiebel, später zum Walmdachbau aufgestockt (die auf alten Ansichten – u. a. in Baumgartner 1805 – erkennbare Form der Fensterfaschen deutet auf Umbaumaßnahmen gegen oder um 1800 hin). Das seit den 1860er Jahren als Café bzw. ab 1872 als „Restaurant Scholastika" genutzte Gebäude wurde 1890 durch den (1861 gegründeten) Akademischen Gesangsverein München erworben, zum Verbandshaus umgebaut und durch einen Saal im Norden (anstelle des Biergartens) erweitert.
Angeregt durch die Überwölbung des Pfisterbaches zur Anlage der verbreiterten Sparkassenstraße durch die Stadt kam es 1914/15 zum Neubau des Verbandshauses an der Stelle des 1914 abgebrochenen Altbaus und des östlich benachbarten, 1910 erworbenen Anwesens, eines zurückgesetzten dreigeschossigen Traufhauses. Das Verbandshaus erlitt 1944/45 erhebliche Kriegsschäden im Nordteil bis herab zum 2. Obergeschoss und

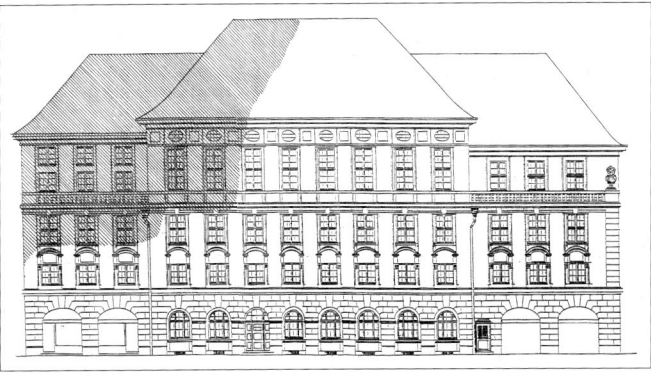

Ledererstraße 5; Aufriss mit Bereich des Luftkriegsschadens (grau)

wurde in den Folgejahren ergänzend in äußerlich alter Form wiederhergestellt. Bei der Außenrenovierung 1986 erfolgte der Anstrich im Ockerton nach Befund des originalen Zustandes (erneuert 2006).
Den 1912 unter den dem Philisterverband des AGV angehörigen Architekten ausgeschriebenen Wettbewerb gewann der Entwurf des kgl. Bauamtmanns Ludwig Ullmann vom Nürnberger Landbauamt; dieser hatte zuvor u. a. das Postamt in Roth (1904/05), das staatliche Gebäude der Landesausstellung (1906) und die Hauptpost in Nürnberg sowie 1911/13 zwei große Münchner Staatsbauten, die Orthopädische Klinik in Harlaching und die Gebäude im Neuen Botanischen Garten errichtet. Er gehörte im

Jahrzehnt vor dem Ersten Weltkrieg zu den erfolgreichsten, aufsehenerregenden Vertretern der jüngeren Architektengeneration in Bayern.

Der von der Fa. Heilmann und Littmann ausgeführte Bau entspricht stilistisch der Phase eines auf den Jugendstil folgenden, sich monumentalisierend verfestigenden Neuklassizismus, dem Städt. Verwaltungsbau Unterer Anger 3 vergleichbar, doch etwas stimmungshafter und mit barockisierendem Einschlag, in den dekorativen Details (Bauplastik und Stuckornamentik außen wie innen; von Konrad – oder Karl? – Buchner) bereits mit Art-déco-Anklängen. Der vier-(im Nordteil fünf-)geschossige Walmdachblock wird an der westlichen Langseite durch Zurücksetzen des obersten Geschosses hinter Terrassen zu Seiten des risalitartig erhöhten Mittelteiles mit den großen Saalfenstern entlastet, die schmalere Südseite mit dem Haupteingang durch einen barockisierenden Zwerchgiebel akzentuiert. Das rustizierte Erdgeschoss ist in die Arkaden der Gaststättenfenster aufgelöst, die (an sich niedrigeren) Fenster im 1. Stock werden durch barockisierende Segmentgiebel mit allegorischen Reliefs (menschliche Fertigkeiten und Wissenszweige) hervorgehoben. Die Gurtgesimse über Erdgeschoss und 2. Stock betonen die Horizontale. Den Sprenggiebel über der Portalnische mit geschnitzten Türflügeln flankiert das Wappen des Verbandes. – Gegenüber dem ursprünglichen Entwurf Ullmanns (Festschrift 1961, Abb. S. 161) mit seiner eher heimatstiligen, etwa Theodor Fischers Polizeipräsidium näherstehenden Gestaltung kommen im ausgeführten Bau (vielleicht durch Einfluss der Baufirma?) die tektonischen wie die barockisierenden Elemente stärker zur Geltung. Im Inneren dieses größten unter den (zahlenmäßig zudem reduzierten) Münchner studentischen Verbindungshäusern sind einige Stilräume erhalten geblieben, die – trotz um 1960 vorgenommener partieller Vereinfachung und Modernisierung – in dieser

Ledererstraße 5, 3. Obergeschoss, großer Saal

Ledererstraße 5, 2. Obergeschoss, Philisterzimmer

Art zur Rarität geworden sind. In der Gaststätte im Erdgeschoss wurden 1996 die schlichten Stuckrahmendecken, z. T. mit Kranzmotiv, freigelegt; nördlich ist eine vertäfelte Stube eingebaut. Im Vestibül beim Südeingang links das originale Bay window der Pförtnerloge; die Stuckdecke zeigt ein Schweifrautenmuster. Die vergleichsweise schlichte Haupttreppe mit Holzbalustergeländer ist nur im obersten Abschnitt vor den Festsälen an den Untersichten über den beiden Läufen und den Podesten kreuzgratgewölbt. Das 2. Obergeschoss enthält entlang der Westseite eine Reihe von (z. T. um 1960 gestalterisch reduzierten) Verbandszimmern, so den stark vereinfachten südwestlichen Ecksaal mit halbhoher Vertäfelung, nördlich anschließend das weitgehend erhaltene Philisterzimmer mit Vertäfelung und aus dem Vorgängerbau übernommenem Kachelofen, das Weinzimmer mit voluminösem Stuckdekor (barockisierend/Art déco) – Allegorien der Weingebietsflüsse Rhein und Mosel, Main und Donau, an der Stuckfelderdecke Fruchtkranz und Musikinstrumente – sowie das Lesezimmer mit Unterzügen und Rahmenstuck an der Decke. Im südöstlichen Eckzimmer (Sekretariat) gleichfalls Rahmenstuck. Im 3. Stock liegen die beiden großen Festräume – in der Südwestecke der Kleine Saal mit korinthischen Pilastern (originelle Kapitelle mit verschiedenen Tieren über Trauben und Zapfen); an der Decke Rahmenstuck mit Fruchtkranzmotiv. Ein Ölbild von Max Luber 1915 (sign.) stellt die Vorgängerbebauung dar. Der Große Saal (Theatersaal) im Mittelrisalit erhält sein Tageslicht durch sechs hohe Rechteckfenster an der Westseite und kleine Querovalfenster darüber, die in eine reiche, friesartige Stuckdekorzone mit Hermenkaryatiden einbezogen sind; gegenüber Arkatur zu Anräumen (u. a. Buffet), darüber zu einem Gemäldefries zusammengefasst vier große Ölbilder von Adolf Grundheber 1895 (das linke sign.) mit humorvollen Darstellungen zur Verbandsgeschichte (Porträts vieler ihm angehöriger Persönlichkeiten; vgl. im Einzelnen Festschrift 1961, S. 152 f.); nördlich die Bühne, gegenüber die vier Saaltüren und darüber die (jetzt geschlossenen) Öffnungen der Galerie mit trennenden Hermenkaryatiden; Stuckdecke mit Kassetten. Im Vorplatz über der Außenseite der Türen zu den Sälen Lünetten mit Stucktrophäen (Waffen, Musikinstrumente). – Im Keller ist noch die originale, vertäfelte Kegelbahn mit Uhr an der Südwand erhalten.

Ledererstraße 7. Bis 1810 mit Münzstraße 4 als zweitem Rückgebäude im Besitz verbundenes Bürgerhaus, auf Sandtners Stadtmodell (1570) zweigeschossig mit Giebel, zwei Dacherkern an den Ecken und Rückgebäude, das Vorderhaus fünf Fensterachsen breit mit Eingang (wie noch heute) in der zweiten Achse von links, demnach in der Substanz heute wohl noch teilweise spätmittelalterlich; noch auf Stimmelmayrs Skizze (gegen 1800) mit Giebel und dem auch bei Sandtner dargestellten Flacherker über dem Eingang, damals (bis ins späte 19. Jh.) im Besitz von Schäfflermeistern. Die Aufstockung zum dreigeschossigen Traufhaus erfolgte also erst um oder nach 1800 – in dieser Form zeigt es (mitsamt den beiden Rückgebäuden) das Seitz-Modell der Stadt von 1846/68.

Schäfflermeister Joseph Buchwieser ließ 1869 das Dach des Vorderhauses ausbauen (Maurermeister Max Fischer) und 1878 die bis dahin nur durch einfache Putzrahmen um die Fenster gegliederte Fassade in frühen, noch stark dem Spätklassizismus verhafteten Neurenaissanceformen umgestalten (Bautechniker Joseph Reiffenstuel). 1886 und 1897 erfolgten Erdgeschossumbauten zugunsten von Läden beiderseits des (im rückwärtigen Teil bis heute) kreuzgratgewölbten alten Hausflures, an dessen Ende sich links die schmale Treppe anschließt. Nach dem Zweiten Weltkrieg wurde die Fassade völlig purifiziert, 1950/51 das baufällige Rückgebäude weitgehend erneuert. 1968 Umbaumaßnahmen. (Der in Häuserbuch I erwähnte Neubau von 1899 wird durch die Bauakten nicht bestätigt.)

Ledererstraße 7 und 9 (von links); Aufn. 1995

Ledererstraße 11 (kein BDm)   Ledererstraße 10/12 (kein BDm)

[*Ledererstraße 9. Das Vorgängerhaus zeigen Sandtners Stadtmodell (1570), Stimmelmayrs Skizze (gegen 1800) und noch ein Plan von 1842 sowie das Seitzsche Stadtmodell von 1846/68 zweigeschossig mit drei Fensterachsen und nach rechts (Osten) ansteigendem mächtigem Pultdach bzw. Halbgiebel, an den sich der im Gegensinn geneigte des rechten Nachbarhauses lehnte. Seit 1629 (modernes Datum an der Fassade) war das Haus im Besitz von Seilern („Hofseiler Haus" bei Stimmelmayr), zuvor – wie das rechte Nachbarhaus noch später – von Lederern (Gerbern).

Auf der schmalen, in die Tiefe gestreckten Parzelle ließ 1877 die Seilerswitwe Maria Schwaiger durch Baumeister Ludwig Bayer den bestehenden viergeschossigen Geschäfts- und Wohnhausneubau errichten, erschlossen durch den Flur in der linken Achse und das Treppenhaus rechts vom schmalen linksseitigen Hof. Die damalige Neurenaissancefassade mit Laden im Erdgeschoss und erkerähnlich ausgebildeter, betonter Mittelachse wurde 1950 vereinfachend neugestaltet; von 1877 stammen lediglich noch die beiden holzgeschnitzten Fensterpfeiler in Form von Hermenkaryatiden in der Mittelachse des 1. und 2. Stocks. Erdgeschoss durch Ladenfront verändert.]

[*Ledererstraße 10/12. Das stattliche Eckhaus, wohl z. T. noch aus dem 15./16. Jh. und im 16. und 17. Jh. Lederern (Weißgerbern) gehörig – bis ins frühe 18. Jh. mit Nr. 14 (s. dort) als Werkstätte am Kaltenbach –, ist auf Sandtners Stadtmodell von 1570 als dreigeschossiger Bau mit hohem Nordgiebel bzw. mächtigem Satteldach dargestellt, das in drei Abschnitte mit verschiedener Firsthöhe geteilt ist (so auch auf dem Stadtplan von M. Paur 1705). Noch heute sind die beiden erhaltenen nördlichen Bauteile an der unterschiedlichen Geschosszahl (Nordteil vier, Südteil fünf) sowie verschiedenen Geschossebenen und Traufhöhen ablesbar. Die Giebelseite besitzt bei Sandtner noch zwei Flacherker im 1. Stock sowie einen mächtigen Stützpfeiler. Angeblich 1726 wurde das Haus aufgestockt, wiederum mit hohem Nordgiebel, den Stimmelmayrs Skizze (wohl im späten 18. Jh.) allerdings geschweift und abgerundet darstellt. Vor 1980 besaß die Aufzugsöffnung in der Giebelspitze noch die Holzverschlusstür des 18. Jh. (jetzt Fenster). Das Innere wurde mehrfach verändert und wies vor allem Details aus spätklassizistisch-biedermeierlicher Zeit auf; für 1854 sind größere Umbauarbeiten belegt. Statt des um 1972 beantragten Abbruchs kam es nach vieljährigen Verhandlungen schließlich 1980/81 zu einer eingreifenden

Sanierung, die einer Entkernung gleichkam. „Die an sich zu begrüßende Renovierung des Äußeren wurde nicht den denkmalpflegerischen Auffassungen gemäß durchgeführt – wärmedämmende Verkleidung, darauf Quadermalerei nach Spuren eines Befundes" (JBD 35, 1981). Reste einer reicheren Fassadenmalerei waren an der östlichen Längsseite festgestellt worden.]

Ledererstraße 11. Ob die allein in der Denkmalliste aufgeführte Kachelverkleidung der Wand im Erdgeschoss des Anwesens Ledererstraße 11 in einem Zusammenhang mit 1905 und 1911 beantragten baulichen Änderungen im Ladenbereich entstand, geht aus den Bauakten nicht hervor. Das nur als Fragment erhaltene Altmünchner Bürgerhaus, als Typus noch an dem langen, schmalen Flur rechts vom Laden erkennbar, ist auf Sandtners Stadtmodell (1570) als zweigeschossiges Halbgiebelhaus mit nach rechts geneigtem Pultdach dargestellt, das mit dem Halbgiebelhaus links (heute Nr. 9) gestalterisch eine symmetrische Einheit bildete. Stimmelmayrs Skizze (Ende 18. Jh.) zeigt das Haus um ein drittes Geschoss aufgestockt, wiederum mit Pultdach (so auch auf dem Seitzschen Stadtmodell, 1846 ff.). 1862/63 erfolgte die Aufstockung zum fünfgeschossigen Traufhaus durch Maurermeister Franz Kil; Bauherr Hufschmiedemeister Joachim Wollani. Die hofseitig gelegene Treppe wurde 1911 bis zum 1. Stock wie bestehend in den Lichthof hinausverlegt.

Ledererstraße 11, Wandkachel

Ledererstraße 11, Wandverkleidung

Das am 7. Januar 1945 schwer luftkriegsbeschädigte Haus wurde 1945–47 nur noch dreigeschossig instand gesetzt.

Das Handwerkerhaus, vom 16. bis frühen 18. Jh. im Besitz von Lederern, war rückseitig bis 1731 mit Münzstraße 3 verbunden. Das ursprünglich in der Mitte gelegene, verbliebene Rückgebäude wurde 1837 durch einen völligen Neubau ersetzt. 1888–1948 gehörte das Anwesen Käsegroßhändlern, deren erster, Georg Kleiber, 1889 eine Käseniederlage im Erdgeschoss des Rückgebäudes einbauen und zur Straße eine Neurenaissance-Ladenfront anbringen ließ (Baumeister Georg Jäger). Auch der Kauf des Anwesens durch den Käsehändler Joseph Weiss 1899 könnte Anlass zur Neugestaltung des Geschäftslokals mit der Jugendstil-Kachelverkleidung gewesen sein, die außer Ornamenten alpenländische Szenerien mit Kühen aufweist (heute italienische Lebensmittelhandlung mit Restaurant).

Ledererstraße 14. Das freistehende Walmdachhaus entstand um 1715/20 durch Umbau und Aufstockung. Ursprünglich war es eine zum westlich benachbarten Eckhaus (s. Ledererstraße 10/12) gehörige Werkstätte, dessen Besitzerin, die Witwe Maria Huber, sie um 1715 ihrer Schwester Margaretha Grasmiller schenkte; das in der Folgezeit als Wohnhaus umgebaute Anwesen war 1726–32 nochmals im Besitz mit Nr. 10/12 vereint (Häuserbuch I 1958). Auf Sandtners Stadtmodell (1570) wie noch auf dem Stadtplan von M. Paur (1705) ist ein freistehendes, zweigeschossiges Satteldachhaus dargestellt, dessen östliche Längsseite unmittelbar am Westarm des Katzen- oder Einschüttbaches stand, der 1872/73 überwölbt wurde. Stimmelmayr im späteren 18. Jh. skizziert das Haus dreigeschossig mit Walmdach („Schulmeister Stützl Haus am Ecke"); demnach müsste es erst später – wiederum mit Walmdach – aufgestockt worden sein. Deutsche Schulmeister, allerdings mit anderem Namen, nennt Häuserbuch I als Besitzer von 1755–89.

1835 wurden in dem damals bereits viergeschossigen Haus Umbaumaßnahmen vorgenommen (Maurermeister G. Fischer, im Auftrag des Schmalzhändlers J. Ulrich). Ladeneinbauten und -auswechslungen im Erdgeschoss erfolgten 1896, 1909 (Architekt Adolf Wentzel), 1919 und 1949. 1900 waren die Dachfenster baufällig; 1960 werden Baumaßnahmen erwähnt.

Der äußerlich schlichte Rechteckbau (ohne Innenhof) wird lediglich durch ein Gesims über dem Erdgeschoss und Putzrahmen um die Fenster gegliedert; deren symmetrische, rhythmisierte Anordnung an der Ostseite – mit breiteren Außenachsen – lässt wenigstens etwas von barockzeitlichem Gestaltungswillen anklingen. An der Nordostecke eine Nische (mit neuerer Marienfigur). Im verschiedentlich umgebauten Inneren liegt die abgewinkelte Treppe in der Südwestecke, das größte Zimmer jeweils in ganzer Hausbreite am Nordende.

Ledererstraße 14

Lenbachplatz

(Vgl. Ensemble Maxvorstadt I.) Bald nach dem Tod des München als „Kunststadt" nachhaltig prägenden Malers Franz von Lenbach am 6. Mai 1904 wurde ein Platz am westlichen Altstadtrand nach dem „Künstlerfürsten" benannt, und zwar der Bereich vor dem dank Lenbachs Initiative kurz zuvor entstandenen Künstlerhaus (s. Lenbachplatz 8). Der Lenbachplatz ist keine in sich geschlossene, architektonisch homogene städtebauliche Schöpfung, sondern ein unregelmäßig begrenzter, nach beiden Längsrichtungen offener Übergangsbereich (zuvor ohne eigenen Namen) zwischen dem Karlsplatz im Südwesten und dem lang gestreckten Maximiliansplatz im Nordosten, zwei in sich jeweils symmetrisch konzipierten Platzgestaltungen des frühen 19. Jh. auf dem Gelände des ehem. Stadtgrabens und der ihm in der 1. Hälfte des 17. Jh. vorgelegten Wallbefestigung (vgl. Karls- bzw. Maximiliansplatz). Somit zerfällt er in zwei durch eine schräg gerichtete Verengung geschiedene Teilbereiche – die bis 1905 zum Karlsplatz gerechnete Südwesthälfte mit dem ehem. Himbselhaus bzw. dessen Nachfolgebau, der heutigen Bayer. Börse (s. Lenbachplatz 2) als markantem nördlichem Abschluss, sowie versetzt dazu die Nordosthälfte, ehemals der Südanfang des Maximiliansplatzes und von klassizistischer Bebauung sowie im Südosten der Herzog-Max-Burg (s. Pacellistraße 1, 5) flankiert, heute an der stadtauswärtigen Nordwestseite durch die homogene, monumentale Geschäftshausgruppe des späten Historismus (s. Lenbachplatz 2–6) prägend dominiert und im Norden seit 1895 vom breit entfalteten Wittelsbacherbrunnen vor grünem Hintergrund wirkungsvoll abgeschlossen. Den südlichen Abschluss dieses Platzteils bildete, quer zum Block des Künstlerhauses, vor 1944 das neubarocke Hotel Leinfelder, der nördlichste Bestandteil der neubarocken (ursprünglich klassizistischen) Häusergruppe um das Karlstor-Rondell (vgl. Karlsplatz 7–11).

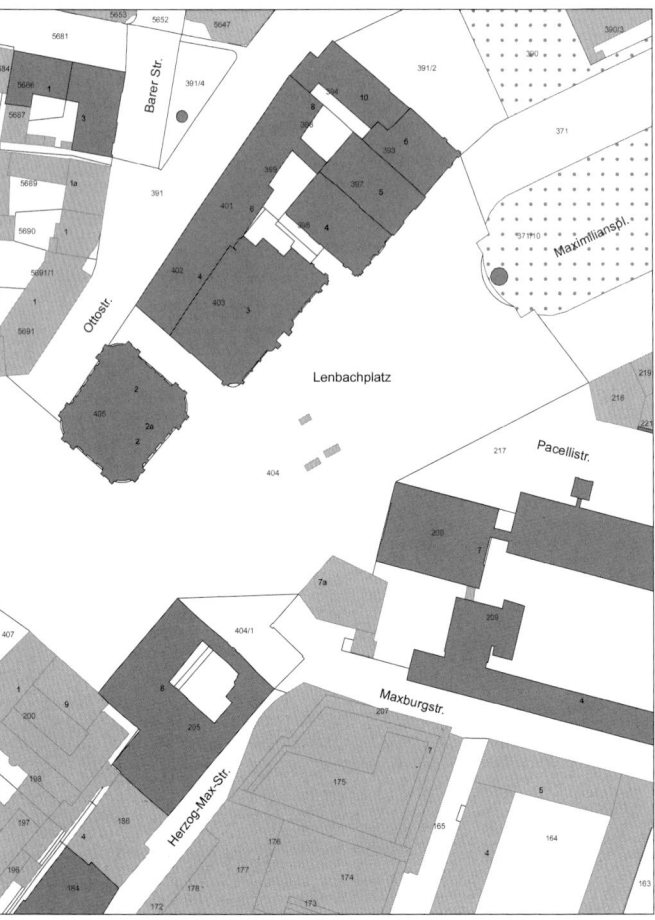

Lenbachplatz; Flurkarte, M. 1:2500

Lenbachplatz, Südostseite mit Maxburg, Synagoge, Künstlerhaus und
Hotel Leinfelder; Aufn. um 1900

Lenbachplatz, Vorgängerbebauung von Lenbachplatz 1, links ehem.
„Deutsches Haus"; Aufn. um 1925

Lenbachplatz, Ostseite mit Neubebauung anstelle des Maxburg-
Komplexes

Der nach Süden vorspringende Gebäudeblock Lenbachplatz 2
verdeckt für den Blick vom östlichen Platzteil weitgehend das
1977–81 für die Deutsche Beamtenversicherung erbaute Geschäftshaus *Lenbachplatz 1* in vorweggenommenen postmoder-
nen Formen (Stahlbetonbau mit durch Erker gegliederter Putzfassade in Ockertönen) auf schräger, durch die ehem. Fortifika-
tion bedingter Baulinie (das erste Projekt von Karl Schwanzer
mit konkaver, verglaster Fassade wurde nicht realisiert). Der
nach Erwin Schleichs Intentionen zwischen Deutscher Bank und
Justizpalast (freilich Natursteinbauten) vermittelnde Neubau
ersetzte drei Vorgängerhäuser, (von Westen) das 1879/80 von
Gabriel Seidl erbaute Eckhaus Sophienstraße 1 (mit Gaststätte;
im Luftkrieg bis auf das Erdgeschoss zerstört), das im Kern klassizistische, 1872 veränderte Wohnhaus Lenbachplatz 1 und das
gestalterisch auf das „Deutsche Haus" Bezug nehmende Eckhaus Ottostraße 1 (1881/82 von Ludwig Deiglmayr für sich selbst
erbaut). – Den westlichen Abschluss des südlichen Platzteils
bildet – gegenüber dem Künstlerhaus – das klassizistische Eingangstor zum Alten Botanischen Garten (s. dort).
Die Bebauung am unregelmäßigen, der Altstadt zugewandten
östlichen Platzrand wurde nach den Zerstörungen im Luftkrieg
völlig erneuert; in alter Form wiederaufgebaut wurde lediglich
das Künstlerhaus. Das nordseitige Eckhaus an der Pacellistraße
zeigt Anklänge an die klassizistische Vorbebauung (vgl. Pacellistraße 18), während der neue Maxburg-Komplex, mit dem Block
des Justizgebäudes und dem BMW-Pavillon zum Lenbachplatz
hin, wie im Süden an der Stelle des einstigen Hotels Leinfelder
das 1954/55 von Georg Werner und Anton Spitzer für die Victoria-Versicherung errichtete Eckhaus *(Lenbachplatz 9;* weitgehend umgestaltet 1999) gewichtige moderne Akzente setzten. –
In das zeittypisch „malerische" Bild des im späten Historismus
weitgehend umgeprägten Lenbachplatzes war bis 1938 auch die
hinter dem Künstlerhaus aufragende neuromanische Hauptsynagoge von 1887 einbezogen (vgl. Herzog-Max-Straße). Ihr vorgelagert war bis zum Neubau des Künstlerhauses (1893 ff.) noch
ein letzter Rest des Stadtgrabens mitsamt dem Brunnenhaus der
Maxburg und dem Wasserturm des Karlstor-Brunnhauses.

Lenbachplatz mit Nr. 1 und 2; Aufn. 1980

Lenbachplatz, Westseite mit Nr. 2–6

Im heutigen nördlichen Platzbereich, etwa vor der Häusergruppe Lenbachplatz 3–6 bis zum Wittelsbacherbrunnen, stand im 17. und 18. Jh., von der Bastion e der Wallbefestigung umschlossen, das *Kapuzinerkloster* samt Kirche St. Franziskus Seraphicus. Der rührig in der Volksseelsorge tätige Orden, der auch die Kanzel von St. Peter übertragen erhielt, wurde 1600 durch das Herzogshaus nach München berufen und bekam einen Bauplatz unmittelbar vor dem Stadtgraben beim Herzogstor zugewiesen, wo eine Holzbrücke (mit außenseitig vorgelegtem Turm) die Verbindung zur Herzog-Max-Burg, dem Wohnsitz des abgedankten Wilhelm V. (gest. 1626), herstellte (vgl. Stadtplan von T. Volckmer 1613). Sein Sohn Maximilian I. und dessen Gemahlin Elisabeth von Lothringen legten, nach Angabe einer beim

Ehem. Kapuzinerkloster; Kupferstich von Michael Wening, 1701

Abbruch aufgefundenen Medaille, am 3. Oktober 1601 den Grundstein zur Kirche, die bereits am 21. November 1602 vom Freisinger Weihbischof Bartholomäus Scholl geweiht wurde, deren Gewölbe jedoch erst 1605 fertig waren. Den Bau führte der Stadtmaurermeister Georg Huetter aus (Lieb 1941) nach Angaben und unter Leitung des Ordensbaumeisters und vormaligen Guardians von Trient P. Paulus (nach OA 1861: Paulus von Venedig, erster Guardian des Münchner Klosters). Der gemäß Ordensvorschrift schlichte, einschiffige Bau mit eingezogenem Rechteckchor – an den sich nordöstlich das Klostergeviert anschloss – war äußerlich durch Rechteckblenden gegliedert und besaß lediglich einen Dachreiter auf dem Chor (vgl. Ansicht von Michael Wening 1701); die Gemälde der fünf Altäre stammten von namhaften Künstlern (vgl. Westenrieder 1782). An der Südseite wurde 1678 eine Antoniuskapelle angebaut. In der sog. Gruftkapelle bzw. seit 1704 (vorübergehend?) auf dem Hochaltar befand sich das viel verehrte Gnadenbild der Hl. Familie von Peter Candid (1600), Geschenk Maximilians I. (heute in St. Anton, s. Chevalley/Weski 2004). Nachträglich – in den 1630er Jahren – wurde das Kloster durch die sog. Kapuzinerbastei einengend umfasst, sein Gartenareal empfindlich reduziert (vgl. Stadtplan von M. Merian, 1644); zum Ausgleich überließ der Kurfürst den Mönchen die nordöstlich benachbarte Bastei f zur gärtnerischen Nutzung. Im März 1803 wurde das Kloster aufgehoben und noch im gleichen Jahr samt Bastion abgetragen, die Särge zweier französischer Exilbischöfe zu den Barmherzigen Brüdern und bald danach auf den Südfriedhof transferiert. Beim Neubau des Bernheimer-Hauses (s. Lenbachplatz 3) 1888 stieß man auf Grabstätten und verbrachte die freigelegten Gebeine auf den Südfriedhof. Straßenbahnverkehr gibt es auf dem Lenbachplatz schon seit Eröffnung der ersten Pferdebahnlinie 1876.

ARCHÄOLOGISCHE BEFUNDE: Mauerfundamentfragment unbekannter Zeitstellung (Fundst.-Nr.: 7835/0258). Bei der Neugestaltung des Bürgersteigs wurden 1985 nordwestlich des BMW-Pavillons Fundamente aus Leistenziegeln beobachtet. Im anschließenden Blumenbeet wurde ein südwestlich-nordöstlich verlaufender, ca. 1 m langer Mauerabschnitt unbekannter Zeitstellung aufgedeckt. Das Mauerfundament liegt auf der Flucht der spätmittelalterlichen Befestigungsanlage und könnte mit ihr in Verbindung stehen.

Lenbachplatz (vormals; Nordseite). *Wittelsbacherbrunnen.* Hauptwerk des Bildhauers Adolf von Hildebrand. Aus Anlass der Vollendung einer Großleistung neuzeitlich-technischen Fortschritts, der vor allem dem Hygieniker Max Pettenkofer zu verdankenden, fortan vorbildhaften Hochquellen-Wasserversorgung aus dem Mangfalltal, entstand eine großformatige Brunnenanlage von künstlerisch überragender Qualität als architektonische Interpretation und modellierende Gestaltung einer ausgezeichneten städtebaulichen Situation in Verbindung mit reicher dekorativer Ausstattung, verschiedenartigen, ausgewogenen Wasserspielen und zu sinnverkündender, überhöhender Aussage verdichteter allegorisch-figürlicher Großplastik.

Voraus ging ein von der Stadt 1888 ausgeschriebener öffentlicher Wettbewerb; von den 14 zum Abgabetermin 1. April 1889 eingereichten, insgesamt nicht überzeugenden Entwürfen wurden sechs als etwa gleichwertig ausgezeichnet und ihre Verfasser, sämtlich renommierte Münchner Künstler, zu einer zweiten, engeren Konkurrenz eingeladen: Franz Drexler, Anton Hess zusammen mit Architekt Friedrich Löwel, Joseph von Kramer, Jacob Ungerer mit Leonhard Romeis, Rudolf Maison mit Emanuel Seidl sowie Wilhelm Rümann mit Friedrich Thiersch; die Lösung der beiden letzteren wurde als die „entwicklungsfähigste" bewertet. Adolf von Hildebrand, zunehmend von der Aufgabe fasziniert, begann eigene Ideen zu skizzieren, trat schließlich im März 1890 aus der Jury aus und wurde vom Magistrat zur Vorlage eines Alternativmodells aufgefordert, das er Anfang August aus Florenz nach München schickte; bei der Besichtigung am 7. Oktober fand es die Anerkennung des Magistrats. Nach Überwindung einiger Widerstände gegen den auswärtigen Künstler – der alsbald nach München übersiedelte – kam es definitiv im Juni 1891 zum Vertragsabschluss; als Kosten waren 200.000 Mark, die Fertigstellung bis September 1894 vorgesehen. Vor allem wegen der von Hildebrand durchgesetzten Ausführung der Figurengruppen in wetterfestem Marmor statt Muschelkalk stiegen die Gesamtkosten schließlich auf 250.000 Mark. Die ausgeführte Lösung entwickelte Hildebrand über meh-

Lenbachplatz, Wittelsbacherbrunnen

rere Planungsstufen hinweg (vgl. im Einzelnen Wittstock 1976, Esche-Braunfels 1993 und Hufschmidt 1995). Ein Modell im Maßstab 1:1 „in Pappe und Gyps" wurde im Juli 1891 vor der Turnhalle an der Jahnstraße aufgestellt. Kritische Bemerkungen Heinrich Wölfflins veranlassten Hildebrand zu Gestaltungsänderungen an der Brunnenwand und bei den Figurengruppen. 1891/92 fertigte er in Florenz die ein Drittel großen Modelle der beiden Gruppen. Die weiteren vorbereitenden Arbeiten erfolgten in der von der Stadt als Atelier zur Verfügung gestellten ehem. Malschule am Maffeianger (vgl. Hopfenstraße 10).

Am 27. März begannen die Fundamentierungsarbeiten nach Plänen des städt. Bauamtmanns Hartwig Eggers und des von Hildebrand als Mitarbeiter hinzugezogenen jungen Architekten Emanuel La Roche aus Basel. Eggers fungierte zusammen mit Architekt Schwab als Bauleiter von Seiten der Stadt; die Firma Zwiesler und Baumeister führte die Fundament- und Bauarbeiten aus. Zu Hildebrands Mitarbeitern am bildhauerischen Werk gehörten sein Florentiner Gehilfe Gabriele Palumbo und sein einstiger erster Schüler Erwin Kurz. Mit besonderer Sorgfalt modellierte Hildebrand 1893 die vier Gesichtsmasken am unteren Schalensockel. Die Arbeiten an den verzögert angekommenen Steinblöcken für die großen Gruppen begannen im Atelier erst Februar 1894; die Reiterfigur war Ende des Jahres vollendet, die weibliche Gruppe entstand anschließend bis April 1895. Im Mai wurden beide Gruppen an ihren Standort transportiert. In Betrieb genommen wurde der Brunnen während eines großen Festaktes am 12. Juni 1895 in Anwesenheit des Prinzregenten, der – statt des

von der Stadt vorgesehen Namens „Luitpoldbrunnen" – die allgemeinere Benennung zu Ehren des königlichen Hauses Wittelsbach gewünscht hatte. Nachträglich nahm Hildebrand, ohne Mitteilung an die Stadt, den nunmehrigen Eigentümer, Ende August 1895 einen heftig umstrittenen (bald wieder verblassten) Anstrich der ihm zu hell erscheinenden Figurengruppen vor, um sie besser in den Gesamtton zu integrieren; der engeren Zusammenbindung der Gesamtkomposition dienten auch die beiden 1897 zusätzlich eingefügten Wasserbögen im oberen Bereich der Anlage zwischen Mittelschale und seitlichen Gruppen. (Infolge des ausgebleichten, ursprünglich warm rötlich-braunen Farbtons des Enzenauer Muschelkalks der meisten Brunnenteile ist der Kontrast zu den weißen Figurengruppen heute weniger spürbar.)

Im Zweiten Weltkrieg (1944) wurde die linke der beiden Figurengruppen – der Steinschleuderer – schwerstens beschädigt und in der Folge 1951/52 von Hildebrands Schwiegersohn und einstigem Schüler, Prof. Theodor Georgii, wiederhergestellt; der über einer bewußt ablesbaren horizontalen Schnittstelle ergänzte Oberteil ist in Details der Haltung und des Gesichtsausdruckes im Sinne eigenen wie zeitentsprechenden Empfindens verändert – gemäß der Wertung von Sigrid Esche-Braunfels (1993) „eine Beeinträchtigung des Naheindrucks der Figur". Am 3. Oktober 1952 wurde der Brunnen wieder in Betrieb genommen, 1998 restauriert; ein gewisser Substanzverlust an den bildhauerischen Details aus Muschelkalk durch Verwitterung wie Abschleifung durch die Wasserspiele ist – trotz schützender Holzverschalung jeweils im Winter – nicht zu übersehen.

Wittelsbacherbrunnen; Aufn. vor 1944

Wittelsbacherbrunnen, linke Figurengruppe; Aufn. 1946

Die breit gelagerte, abgestufte Brunnenanlage markiert die zuvor amorphe Übergangssituation zwischen den als Lenbach- und Maximiliansplatz benannten Abschnitten der Ringstraßenzone an der Stelle der einstigen Wallbefestigung; auf die vormalige Kapuzinerbastion geht das Niveaugefälle am Südende der Grünanlagen von 1876/78 auf dem Maximiliansplatz (s. dort) zurück, das Hildebrand in seine zweizonige, insgesamt rund 30 m breit entfaltete Brunnenkomposition einbezogen hat. Das Ende des ursprünglich 2 m hohen (künstlich nachmodellierten) Wallfragmentes wird durch eine konvexe, zwischen zwei großflächigen, quer gelegten Becken vermittelnde, 2,3 m hohe Wand gefasst, die durch Pfeiler mit den Rand des oberen Beckens stützenden Volutenkonsolen-Paaren gegliedert wird; die acht Blendarkaden dazwischen umschließen kleine, muschellippige Halbschalen, aus denen das Wasser des oberen Beckens in das untere, mit erhöhtem Rand in den Boden vertiefte Becken überläuft. Die an Grottenarchitektur der Renaissance erinnernde Wand fassen seitlich die gleich hohen, geraden Figurenpodeste; aus rohen Öffnungen in deren derb rustizierter Front stürzen kräftige Wasserfälle über Felsformationen herunter. Die nach außen fortgesetzten, schräg geschichteten Felsstrukturen bilden den gleichsam naturhaft-ungestalteten beiderseitigen Rahmen. In der Mitte des oberen Beckens erhebt sich ein Doppelschalenbrunnen mit vier Gesichtsmasken am Sockel, die Befindlichkeiten des Wassers verkörpern – frische Brise, leblose Stille, reißende Strömung und träges Fließen. Mit dem Schalenbrunnen bilden die seitlichen, 3 m hohen Figurengruppen aus weißem Untersberger Marmor eine flache Dreieckskomposition; die linke Gruppe, ein steinblockschleudernder nackter, kräftiger Reiter auf fischgeschwänztem Ross (Seepferd), verkörpert die zerstörende Kraft des Wassers, dessen segensspendende Macht hingegen rechts die auf einem fischgeschwänzten (Wasser-)Stier seitlings sitzende, halb bekleidete Frauengestalt, die mit der Linken eine Schale darbietet, während die Rechte sich am Stierhorn festhält.

Lenbachplatz, Wittelsbacherbrunnen

Für den Blick vom Platz bzw. aus der Ferne wird der Brunnen vom Grün der Anlagenbäume hinterfangen und überragt, die in das beabsichtigte Gesamtbild einbezogen sind. Von der erhöhten Rückseite im Park aus erscheint das obere Becken als Bodenbecken, über das hinweg, teils durch die Wasserschleier des Schalenbrunnens, der Blick hinab auf die den Lenbachplatz rahmenden Gebäude fällt; Hildebrand sah für diesen rückwärtigen Bereich Ruhebänke vor.

Lenbachplatz 2, 2a, 3–6, 8. Vgl. Ensemble Maxvorstadt I.

Lenbachplatz 2/2a. *Deutsche Bank*, bis 2007 (Alte) Börse. Der monumentale freistehende, etwas verzogen-rechteckige Block nimmt in der städtebaulichen Konzeption des die ehem. Wallbefestigung ersetzenden Ringes eine gelenkartige Schlüsselstellung am Übergang vom Maximiliansplatz zum Karlsplatz bzw. zwischen deren beiden seit 1905/06 als Lenbachplatz bezeichneten Teilbereichen ein. Die südliche Stirnseite des Blockes bilde-

Lenbachplatz 2/2a; Aufn. um 1900

te im großräumigen Zusammenhang das Pendant zur (1938 abgetragenen) evang. Matthäuskirche, die den Karlsplatz südlich gegen die Sonnenstraße abschloss. Die ursprüngliche Bebauung, das sog. Himbselhaus, ein 1816–18 von Baurat Johann Ulrich Himbsel nach eigenem Entwurf errichtetes, ihm selbst gehöriges Mietobjekt mit vier herrschaftlichen Wohnungen in jedem der vier Geschosse, gehörte zu den markantesten wie umstrittensten klassizistischen Bauten Münchens wegen des betont waagrechten Abschlusses mit Fries, kräftigem Gesims und Attika in Verbindung mit einem nach innen zum Hof geneigten Pultdach, was äußerlich den Anschein eines Flachdaches erweckte. Himbsel starb am 27. April 1860 in seinem Haus, das 1896 abgebrochen wurde.

Albert Schmidt hat mit seinem neubarocken Bankneubau von 1896–98 die städtebauliche Position in zeitgemäß großstädtischem Sinn interpretiert, indem er dem an sich mittelgroßen Gebäude eine äußerst anspruchsvolle, monumentale Außengestaltung in Anlehnung an den erst kurz zuvor vollendeten Michaelertrakt der Wiener Hofburg gab. Von diesem konkav-weitgespannten Komplex übernahm er das Motiv der abgerundeten, kuppelbekrönten Ecken, die von einachsigen, mit Säulen instrumentierten Risaliten flankiert und mit einer plastisch reich ausgestatteten Attika abgeschlossen werden, und übertrug es auf die vier Ecken des völlig andersartig beschaffenen, gedrungenblockhaften Baukörpers. Die Fassaden werden durch ein dreiteiliges Gurtgesims horizontal geteilt, das Sockelgeschoss mit Stichbogenfenstern und das hohe Bankgeschoss mit verglasten Fensterflächen zwischen rustizierten toskanischen Säulen bilden den kräftig rustizierten Unterbau. Die verschieden hohen Obergeschosse fasst eine korinthische Kolossalordnung zusammen: kannelierte Halbsäulen, an den Eckkompartimenten Freisäulen, an der Nordseite Pilaster; die Rundbogenfenster im 1. Stock sind durch (heute z. T. fehlende) plastisch-dekorative Aufsätze ausgezeichnet. Über dem kraftvollen verkröpften Abschlussgebälk sind die Eckbereiche durch Balustraden und Attiken mit Reliefwappen und je zwei Liegefiguren betont. Die Eingänge sind in gekehlten Rundbogenblenden an den beiden östlichen Ecken angeordnet.

Die aufwendige Natursteinverkleidung – Burgpreppacher und z. T. Königsbacher Sandstein –, die in München als besonders anspruchsvoll zu gelten hat, ist zusammen mit der Stilwahl und dem reichen plastischen Dekor auch als Bezugnahme auf den nahen Justizpalast zu verstehen. Die allegorischen Figuren über den Eckkompartimenten stellen im Südosten Landwirtschaft und Gewerbe dar (von Heinrich Waderé), im Südwesten den Verkehr (Eisenbahn und Schiffahrt, von Thomas Dennerlein), im Nordosten Industrie und Handel sowie im Nordwesten Länder- und Völkerkunde (von F. Gehr). Die Schluss-

Lenbachplatz 2/2a, Deutsche Bank, bis 2007 Börse

steinköpfe im 1. Stock symbolisier(t)en die Erdteile. Die allegorischen Reliefs über den Eingängen stammen von H. Waderé (südöstlich Handel und Industrie, nordöstlich Fleiß und Zeit). An Eingängen und Erdgeschossfenstern sind die prachtvollen Schmiedeeisengitter erhalten geblieben.

Das um den quadratischen Lichthof mit glasgedeckter Schalterhalle gruppierte Innere wird durch querovale (modernisierte) Treppenhäuser in den beiden östlichen Ecken erschlossen. Das im Luftkrieg weitgehend zerstörte Innere wurde beim Wiederaufbau 1948/49 durch Architekt Jac Lehner für die damalige Bayerische Creditbank z. T. verändert; statt der vier geschweiften Eckkuppeln schließt seitdem ein nach außen mäßig hohes, zweigeschossig ausgebautes Dach mit Kupferdeckung den Bau horizontal ab. Weitere Umbaumaßnahmen erfolgten 1956 durch die Bauabteilung der Süddeutschen Bank (u. a. Treppenhäuser-Erneuerung) sowie 1978 durch G. H. und Claus Winkler wiederum für die Deutsche Bank. Nach Vollendung des Neubaus der Deutschen Bank am Promenadeplatz wurde der Altbau 1963 Sitz der Bayerischen Börse. 1989 wurde eine Fassadenkonservierung und -reinigung durchgeführt, 2007 erneut eine Sanierung des Außenbaus begonnen.

Lenbachplatz 3. *Bernheimer-Haus*; zugehörig Ottostraße 4/6/8. Auf dem Grundstück im Bereich der einstigen Wallbefestigung stieß man bei Bauarbeiten 1888 auf die (oder eine) Gruft des ehem. Kapuzinerklosters. Bei Anlage des Maximiliansplatzes um 1810 war hier ein Café (oder dergl.) vorgesehen, dessen Errichtung mitsamt dem Bauplatz 1816 dem Baurat Johann Ulrich Himbsel überlassen wurde. Dessen zu aufwendiges erstes Projekt in der Art einer breit entfalteten palladianischen Villa (1820) wurde nicht ausgeführt, stattdessen ein schlichterer Bau, dessen Mittelpavillon und Eckrisalite wenig später aufgestockt wurden. So steht das Café, hinter einem Wirtschaftsgarten mit konvexer platzseitiger Ausbuchtung zurückgesetzt, auf dem Stadtmodell von J. B. Seitz (1841 ff.) zwischen Himbsels mächtigem Mietshausblock links (s. Lenbachplatz 2) und der originalen dreiflügeligen Wohnhausbebauung rechts (s. Nr. 4/5/6); die Gartenfront war in großen Fensterarkaden geöffnet, rückseitig

an der Ottostraße traten die drei Risalite kräftiger vor. Das von Himbsel an den Engländer Franz Hatton verpachtete „Englische Café" wurde ein geselliger Mittelpunkt und ab 1826 Sitz des renommierten Künstlervereins „Altengland". Ab 1856 waren Johann († 1859) und Therese Huber Eigentümer; die Witwe und ihr zweiter Mann Franz Miller bauten das Haus um und verschuldeten sich beim Kauf weiterer Nachbargrundstücke, daher verkauften sie 1887 erst den Biergarten und bald auch das ohne ihn nicht mehr attraktive Café an den Kunsthändler Lehmann Bernheimer (1841–1918); dessen 1864 gegründetes Geschäft hatte seinen ersten Sitz an der Ecke der Kardinal-Faulhaber- und Salvatorstraße; 1871 erwarb er das Haus Kaufingerstraße 16 (heute Teil von Nr. 14); 1882 erhielt er den Titel kgl. Hoflieferant. Das mehrfach erweiterte Warensortiment – ursprünglich nur Seidenstoffe, Schnittwaren und Schals, in der Folge dazu Möbel und Bezüge, Gobelins, Kunstgewerbe, Antiquitäten, vornehme Gesamt-Raumausstattungen „in allen Stilarten", Gartenschmuck und -brunnen – veranlasste einen großzügigen Neubau und dessen spätere Erweiterung.

Auf dem Gartenareal vor dem Englischen Café entstand 1887–1890 (Bauausführung im Wesentlichen 1888/89, Eröffnung im Dezember 1890, Wohnungen im Frühjahr 1891 bezogen) das *Geschäfts- und Mietshaus der Firma L. Bernheimer* – seit 1909

Lenbachplatz 3, Bernheimer-Haus

als Altbau bezeichnet – nach Entwurf von Friedrich Thiersch unter im Einzelnen schwer abzugrenzender Mitarbeit von dessen Schüler Martin Dülfer, auf den vor allem die Endredaktion der Fassadengestaltung zurückgeht (von ihm signiert ist eine perspektivische Ansicht von 1891). Ein Vorprojekt Thierschs (AMTUM; Marschall 1982, Abb. 72) zeigt den die noch klassizistischen Nachbargebäude durch Höhe und Aufwand übertrumpfenden monumentalen Neubau mit Vierkantkuppel über dem Mittelrisalit und überkuppeltem Turmaufsatz über der abgerundeten linken Ecke, gewiß eine in den Proportionen wie Details noch nicht so ausgereifte Lösung wie die gemäß der von Dülfer überarbeiteten Planung in Donaukalkstein ausgeführte neubarocke Prachtfassade. Das Bernheimer-Haus setzte in mehrfacher Hinsicht neue Maßstäbe für Münchens großstädtische Entwicklung und gab insbesondere den entscheidenden Impuls zu der (schon zuvor u. a. mit dem Imperialhaus und dem Hotel Stachus begonnenen) fast vollständigen späthistoristischen Neubebauung im Umfeld von Lenbach- und Karlsplatz. Mit seiner klaren Trennung der beiden transparenten, in Skelettbauweise konstruierten Geschäftsetagen von den repräsentativ eingekleideten Wohngeschossen darüber wurde es zum Münchner Prototyp, bemerkenswert zumal durch die großflächig verglaste Eisenkonstruktion der (um 1993 rekonstruierten) Schaufensterzone. Den stattlichen, dreiseitig freistehenden Block zwischen dem im Volksmund „Bernheimer-Klamm" genannten kurzen Straßenstück links und der schmalen Hofzufahrt rechts gliedern platzseitig drei Risalite, deren linken die abgerundete, über die Flucht von Nr. 2 vorspringende Ecke mit Fernwirkung nach Süden zum Karlsplatz hin bildet. Von den drei Wohngeschossen ist das untere, horizontal gefugte sehr zurückhaltend behandelt, allerdings durch den die funktionelle Zäsur betonenden durchgehenden Balkon mit Balusterbrüstung ausgezeichnet, der auf dekorativen Gusseisenkonsolen ruht. Die beiden obersten, etwas höheren Geschosse werden durch ionische Kolossalpilaster zusammengefasst, die Seitenrisalite – mit Geschäfts-Nebeneingang in gekehlter Nische links bzw. Durchfahrtstor rechts – im oberen Bereich durch Halbsäulen; die mittlere der drei Wohnetagen ist durch das Format der Öffnungen, Einzelbalkone mit Schmiedeeisengeländern und flachgeschweifte Giebel erkennbar bevorzugt. Der dreiachsige Mittelrisalit ist zweifach vorgestaffelt; in der breiteren Mittelachse flankieren toskanische Säulenpaare mit allegorischen Liegefiguren (links Merkur = Handel, rechts weibliche Personifikation wohl der Kunst) auf dem gesprengten Giebel das hohe Rundbogenportal, entsprechend darüber ionische Säulenpaare die dreiteiligen Mit-

Bernheimer-Haus, Westtrakt an der Ottostraße von Süden

telfenster der beiden obersten Geschosse. Ein Schweifgiebel über dem Mittelfenster im 1. Wohngeschoss umschließt das von Löwen gehaltene Bayernwappen über dem Namensschild „L. Bernheimer / K. b. Hoflieferant"; eine weitere von Putten flankierte Kartusche (heute leer) ist in die Mitte des dreiteiligen verkröpften Abschlussgebälks mit Konsolgesims eingesetzt. Die Risalite sind durch Attiken mit Zieraufsätzen betont, der Mittelrisalit darüber zusätzlich durch einen großen Halbkreisgiebel mit allegorischem Relief des „Welthandels" (mit den Personifikationen der vier Erdteile) von Bildhauer Vogel (dem später am Berliner Reichstag tätigen August Vogel?). Das gewölbte schiefergedeckte Bohlendach mit Gurtbändern, Lukarnen sowie Ziergitter auf dem First wurde kürzlich rekonstruiert, desgleichen der (wohl von der Asamkirche inspirierte, doch wesentlich aufwendigere) kupferverkleidete Dachreiter mit Kuppel (Höhe 45 m über dem Boden). Gesamtumriss des Gebäudes wie Halbkreisgiebel seien (nach Thiersch 1925) mit dem Zunfthaus der Bauhandwerker von 1698 am Brüsseler Markt verwandt (das freilich parataktisch und nicht dynamisch gegliedert ist). Die äußerst anspruchsvolle Gestaltung des Mittelrisalits orientiert sich an höfischen Bauten höchsten Ranges – am Palais im Großen Garten zu Dresden und somit mittelbar an der Hoffassade des Pariser Louvre. Dem Vorbild des Bernheimer-Hauses folgten in der Umgebung der Monumentalbau des Mathäserbräu (Bayerstraße 3/5, 1891/92 von August Exter) und das Hotel Russischer Hof (Ottostraße 4, 1898/99 von Georg Meister) mit Kuppelturm über der gerundeten Ecke (beide kriegszerstört).

Lenbachplatz 3, Bernheimer-Haus, Westtrakt an der Ottostraße, linke Hälfte

Bernheimer-Haus, Altbau, Mittelrisalit

Höchst modern konzipiert waren die durch die verglaste Schaufensterwand reichlich belichteten, nicht durch Zwischenwände unterteilten, weiträumigen Verkaufsräume in Erdgeschoss, Mezzanin (und Souterrain), in welchen die (ornamental bemalten) Eisenstützen sichtbar belassen waren bis zu einem durch Kurzschluss verursachten Brand am 21. Juli 1897, der ihre Ummantelung mit Beton veranlasste. An die durch zwei parallele, nahe stehende Stützenreihen quer geteilte große Verkaufshalle, die das gesamte Erdgeschoss – mit Ausnahme der Durchfahrt am rechten Ende – einnahm, schloss sich rückseitig bis zum Englischen Café hin die Teppichhalle mit Galerie und Glasdach des Lichthofs an; an der Nahtstelle beider Hallen war die doppelarmig-geschwungene, freitragende Eisentreppe situiert, welche die Verkaufsebenen verband.

Die drei oberen Geschosse enthielten je zwei großzügige Herrschaftswohnungen, zugänglich jeweils von den Schmalseiten her durch ein eigenes gewendeltes Treppenhaus (das linke erhalten) und durch einen Mittellängsgang erschlossen; die Nebenräume wie Küche, Speisekammer, Bad, Magdkammer, Garderobe waren an den Enden rückseitig im Seitenflügel (asymmetrisch) angeordnet. Prominente Erstmieter waren im 1. Stock die fürstliche Familie Fugger-Babenhausen und im 3. Stock der Nationalökonom Prof. Lujo Brentano, während der Firmenbesitzer selbst im 2. Stock wohnte.

Das Englische Café, auf dem Vogelschau-Stadtplan von C. Seitz 1871 noch in seiner klassizistischen Form, hatte zur Zeit der Errichtung des Bernheimer-Hauses auf seinem Gartenareal bereits die (auf Fotos überlieferte) Gestalt eines viergeschossigen stattlichen Neurenaissance-Eckhauses mit repräsentativer Gliederung und großen Fensterarkaden im rustizierten Erdgeschoss. Das u. a. noch im „Baedeker" 1895 aufgeführte, bald danach geschlossene Café (damals Ottostraße 16) wurde „nach und nach vollständig für Geschäftszwecke der Firma (Bernheimer) adaptiert", die „im Hinblick auf die spätere Erweiterung die an der Ottostraße benachbarten Anwesen Nr. 14 und 13" erwarb. „Nachdem die drei Söhne Max, Ernst und Otto Bernheimer in die Firma eingetreten waren, wurde sie in eine offene Handelsgesellschaft umgewandelt. Durch das harmonische Zusammenarbeiten der vier Teilhaber entwickelte sich die Firma, deren Einrichtungen und Innendekorationen einen bedeutenden Ruf in der ganzen Welt erlangt hatten, so, dass in den vorhandenen Räumen die angesammelten Kunstschätze nicht mehr die entsprechende Aufstellung finden konnten, und man trat an die Verwirklichung der längst gefassten Idee, an Stelle der Häuser Nr. 13, 14 und 15 an der Ottostraße einen Erweiterungsbau zu errichten" (SBZ 1910).

Bernheimer-Haus, sog. Italienischer Hof; Aufn. um 1910

Sog. Italienischer Hof; Aufn. 1999

Den Auftrag für den Neubau, in den das Eckgebäude des vormaligen Englischen Cafés integriert wurde, erhielt wiederum Friedrich von Thiersch (Skizzen ab 1907, Vorprojekte und Eingabepläne 1908; Mitarbeiter Heinrich Lömpel; Bürovorstand Arch. Biedermann; Bauführer J. B. Heppner). An der Ausstattung wirkten – speziell auch mit Gedanken zur Hofgestaltung – Otto Bernheimer sowie das eigene Architekturbüro der Firma mit. Im April 1909 wurde mit dem Abbruch der Häuser Ottostraße 13/14/15 begonnen; der in Rekordzeit fertiggestellte Neubau wurde am 15. Juli 1910 in Anwesenheit des Prinzregenten Luitpold eröffnet (der durch die gemeinsame gute Bekanntschaft mit Lenbach der Familie Bernheimer verbunden und bereits nach dem Brandschaden von 1897 hilfreich gewesen und zur Wiedereröffnung erschienen war).

Der ca. 81 m lange, viergeschossige Neubau kann dank seiner Lage an der platzartigen, begrünten Gabelung der Otto- und Barer Straße als Baukörper, wenn auch in erster Linie in Schrägsicht, zur Geltung kommen. Die monumentale Wirkung ist durch Verzicht auf Naturstein gemildert, die Gliederung trotz vermeintlichem „Charakter einfacher Münchener Verputzarchitektur des 18. Jh." zeitgemäß aufwendig; die Baumasse erscheint mit den drei um ein Geschoss erhöhten Risaliten im Großen symmetrisch und dank der großen Fensterarkaden im Erdgeschoss sowie der korinthischen, kannelierten Kolossalpilaster an den Risaliten homogen; doch ist – erst bei genauerem Hinsehen wahrzunehmen – die Fensteranordnung und -gestaltung an den langen, durch Lisenen gegliederten Rücklageflügeln unterschiedlich, da der Bauteil rechts vom neuen Mittelrisalit – im Kern das bisherige Café-Eckhaus – von diesem bei ansonsten neuer Fassadengestaltung und Eckerhöhung die gekuppelten, im 3. Stock rundbogigen Fenster übernahm; der neue linke Flügel hingegen erhielt modern-großformatige, fast quadratische, drei-

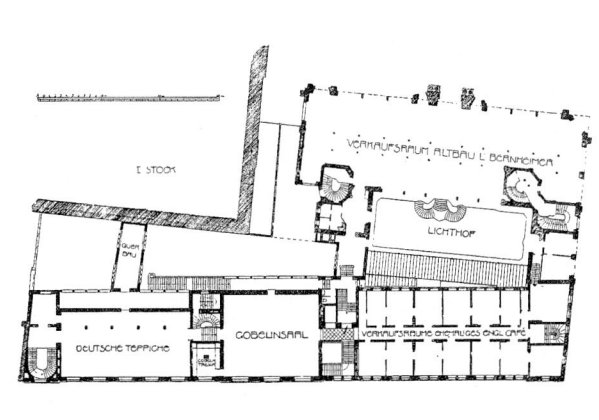

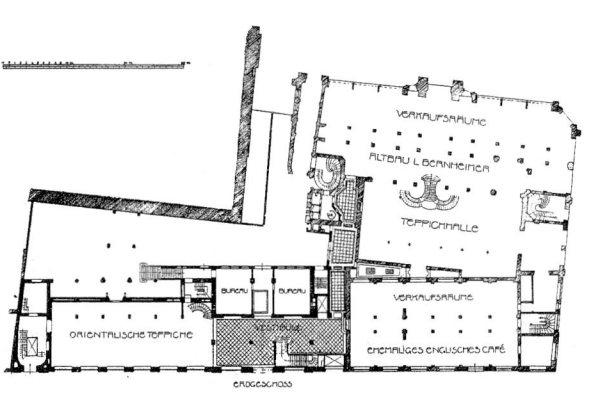

Bernheimer-Haus; Grundriss Erdgeschoss und 1. Obergeschoss, 1912

teilig-kleinversprosste Fenster. An dem breiten dreiachsigen, repräsentativen Mittelbau sind die Flächen zwischen den großen Rundbogenfenstern des durch zwei Geschosse gehenden Gobelinsaales und den Rechteck-Zwillingsfenstern des Saales im 3. Stock durch prächtige Stuckreliefs mit von Putten flankierten Fruchtkörben ausgefüllt; das Konsolgesims ist an den drei Risaliten über den Pilastern verkröpft, das aufgesetzte 4. Geschoss durch schildartig dekorierte Lisenen gegliedert. Flachbogig geschlossene Standgauben beleben die ausgebauten Dächer der Rücklagenflügel. Insgesamt erscheint das historistische Formenrepertoire dieser Spätphase im Sinne der Reformarchitektur frei abgewandelt, wobei unter den Motiven klassischer, doch verschiedener zeitlicher Provenienz letztlich die barockisierenden dominieren. Eine differenzierte dezente Farbgebung unterstützt die angestrebte dekorative Wirkung.

Bernheimer-Haus, ehem. Gobelinsaal, Decke

Bernheimer-Haus, 1. Obergeschoss, Raum südlich vom Treppenhaus

Bernheimer-Haus, ehem. Englisches Café, Blick nach Norden

Der (heute in manchen Details vereinfachte) sog. *Italienische Hof* zwischen dem Erweiterungsbau von 1909, dem Altbau und den Nachbarhäusern Lenbachplatz 4 und 5 sowie Ottostraße 6/8 wurde von Fr. Thiersch im Sinne einer historisierenden Inszenierung unter Verwendung antiquarischer Details geformt – er „erhielt nach dem Vorbild altitalienischer Architekturen eine malerische Ausgestaltung mit Loggien und einer Freitreppe (...) Es war die Absicht, die dort teils eingemauerten, teils frei aufgestellten Architekturteile, Gartendekorationsstücke, Figuren etc. zu einer besonderen Wirkung zu bringen. Zum gleichen Zwecke wurde eine Anzahl alter Marmorportale, Steinreliefs und Wappen aus der Sammlung der Firma zum Schmuck des Hofes eingebaut" (SBZ 1910). Den zwischen den Seitenfronten des Altbaus und von Nr. 4 zugänglichen, quergerichteten, trapezförmigschmalen Hofraum unterteilt zwischen dem Neubau und Nr. 5 ein Querbau mit gewölbtem, in zwei Säulenarkaden geöffnetem Erdgeschoss; das geschlossene Obergeschoss mit durch kleine Säulen geteilten Fenstergruppen trägt eine Terrasse. Dem Neubau ist eine zum Gobelinsaal im Hauptgeschoss emporführende, wandparallele Freitreppe mit anschließendem gewölbtem Säulenarkadengang vorgelegt; in den Bauteil rechts davon ist unten eine Loggia sowie darüber ein gewölbter, in Säulenarkaden geöffneter Gang eingezogen. Die Fassaden des Neubaus waren für ihre Zeit modern durch Verzicht auf durchgehende klassische Gliederungen sowie durch Materialwirkung der verputzten bzw. geschlämmten Backsteinwandflächen, in welche historisierende Natursteinteile und Sichtbetonelemente versatzstückartig eingesetzt sind. Die kahlen Rückseiten der Nachbarhäuser erhielten eine (von der Witterung bald zerstörte) Gestaltung durch illusionistische Wandmalereien in italienischem Renaissancestil, ausgeführt durch Franz Ruedorffer unter persönlicher Mitwirkung Thierschs. Besonders signifikant war die transparente, von Personen belebte Scheinloggia im 1. Stock an der Rückseite von Nr. 5 links vom Querbau.

Die 1939 enteignete jüdische Familie Bernheimer erhielt den Gebäudekomplex nach Kriegsende zurück und ließ 1946–48 den im Luftkrieg 1944 ausgebrannten Altbau am Lenbachplatz, dessen Turm eingestürzt war, mit niedrigerer, einfacher Dachzone wiederaufbauen; im Erdgeschoss entstand das „Filmtheater am Lenbachplatz" (1949, Arch. Heinz Wolf; nach Schließung später Tanzlokal „Lenbach-Palais"). Die Schau-

Bernheimer-Haus, Restaurant (ehem. Saal für Orientteppiche)

Bernheimer-Haus, Vestibül mit Treppe

Bernheimer-Haus, ehem. Gobelinsaal, Südportal mit Luitpold-Relief

fenster der Geschäfte entlang der Platzfront wurden durch partielle Vermauerung im Format reduziert. 1987 wurde die geschwärzte Natursteinfassade des Altbaus gereinigt und renoviert. Im Auftrag des Bauunternehmers Jürgen Schneider (seit 1987 Eigentümer, auch der Nachbarhäuser Nr. 4 und 5) wurde in den Folgejahren ab 1991 der Gesamtkomplex saniert und für Geschäfts-, Gaststätten- und Bürozwecke modernisiert (Arch. Alexander Freiherr von Branca; Fa. Obermayer Planen + Beraten); u. a. erhielt er eine mehrgeschossige (!), technisch wie kostenmäßig aufwendige Stahlbetonunterfangung. Die noch erhaltene historische Substanz wurde restauriert, die originale, seinerzeit progressive Gestaltung der großflächigen Schaufenster des Altbaus samt ihrer mit Gusseisendekor geschmückten, nach außen abgeschrägten Eisenstützenkonstruktion rekonstruiert, desgleichen die (für zusätzliche Nutzung ausgebaute) ursprüngliche Dachform mitsamt dem am 23./24. November 1993 aufgesetzten Mittelturm. Bald nach dem am 25. November 1993 gefeierten Richtfest und dem zeitweisen Verschwinden des zahlungsunfähigen Investors wurden die Arbeiten am 12. April 1994 eingestellt und dann in z. T. reduzierter Form von einer Tochtergesellschaft der Deutschen Bank weitergeführt. Die für 1995 vorgesehene Fertigstellung verzögerte sich somit bis 1997 (u. a. Eröffnung des Restaurants „Lenbach-Palais" im Trakt an der Ottostraße und eines Kaufhauses im wieder ungeteilten Erdgeschoss samt Souterrain des Altbaus).

Historische Raumgestaltungen sind im Altbau nur teilweise erhalten: im Kaufhaus zwei Reihen von Pfeilern, Unterzüge und Stuckprofile an der Decke; rechts davon die tonnengewölbte Durchfahrt mit Gittertor; hinter ihr wie auf der anderen Schmalseite jeweils eine Treppe mit Schmiedeisengeländer. – Die Interieurs im Neubau an der Ottostraße hingegen bilden trotz partieller Reduzierung von Gestalt- und Dekorelementen immer noch ein in diesem Umfang einzigartiges Raumensemble, das anschaulich die Geschmackskultur einstiger Münchner Geschäftslokalitäten bezeugt. In der Mitte liegt das zweischiffige Vestibül mit zwei toskanischen Rotmarmorsäulen und Kreuzgratgewölben, das rechts im Haupttreppenhaus mit Balustergeländer aus Rotmarmor und flacher Stuckdecke seine Fortsetzung findet; im Erdgeschoss ist in die Wand vor dem Restaurant ein alter italienischer Marmorkamin mit Hermenpfeilern eingefügt. Das jetzige Restaurant in der rechten (südwestlichen) Gebäudehälfte, vormals das zu Verkaufsräumen für Möbel umfunktionierte Englische Café, hat die Form einer lang gestreckten Neurenaissancehalle mit zwei parallelen, zur Mitte gerückten Reihen toskanischer Säulen und Kassettendecke; die beiden Joche beim Eingang sind durch eine Arkadenzwischenwand vom vierjochigen Hauptraum abgesondert. Links (nordöstlich) vom Vestibül enthält das Erdgeschoss einen schlichteren Saal mit Querunterzügen und netzartig strukturiertem Stuckdekor an der Flachdecke, heute Teil des Restaurants, ehemals für orientalische Teppiche bestimmt (darüber lag im 1. Stock der Verkaufsraum für die deutschen Teppiche). Höhepunkt der Raumfolge ist im 1. Stock der auch als Festsaal benutzte einstige Gobelinsaal mit straßenseitig drei großen Rundbogenfenstern und gegenüber einer „aus alten

Schnitzereien zusammengestellten" (Verbindungs-)Galerie mit Balustergeländer sowie prächtiger Kassettendecke; an der östlichen Schmalseite ist zwischen Haupteingangstür und Fenster darüber, die von einer eingelegten Marmorrahmung zusammengefasst werden, ein ovales Bronzereliefbildnis des Prinzregenten Luitpold von Heinrich Waderé eingelassen. (An den Fensterpfeilern hingen Lenbachs Bildnisse des Ehepaars Bernheimer.) Die zur Präsentation von Gobelins bestimmten Wandflächen waren dunkelgrün bespannt. Ein kleiner Nachbarraum im Norden diente als Tresor für die Wandteppiche, der über dem durch zwei Geschosse gehenden Gobelinsaal gelegene große Raum im 3. Stock „der Ausstellung und Aufbewahrung der kostbaren Schätze an alten Stickereien und Stoffen". Von den zahlreichen kleineren einstigen Verkaufsräumen in den oberen Geschossen haben einzelne noch originale Ausstattungselemente bewahrt, vor allem Stuck- oder Kassettendecken. Das im pompejanischen Stil ausgemalte Teezimmer orientierte sich am Vorbild des Hauses der Livia in Rom.

In seiner Synthese von architektonisch-künstlerischem Rahmen und (wenn auch z. T. fluktuierendem) wertvollem, vielseitigem Sammlungsgut entsprach das Gebäudeinnere (sogar noch bis zum Verkauf 1987) dem um 1900 dominierenden, die Kunstgattungen in einer scheinbar wohnlichen Gesamtinszenierung vereinenden Ausstellungskonzept damaliger Museen (vgl. BNM). Ohne Kunstwerke und Antiquitäten gleichen selbst die erhaltenen „Stilräume" einem leeren Gehäuse. (Die berühmten Gobelin- und Textilsammlungen der Familie Bernheimer wurden 1996 in London versteigert.)

Lenbachplatz 4. Aufwendiges ehem. Bankgebäude von 1901. Nach den großstädtisch-repräsentativen Neubauten des Bernheimer-Hauses (Nr. 3) und der Deutschen Bank (Nr. 2) war der klassizistische viergeschossige Walmdachblock Nr. 4/5/6 städtebaulich isoliert und abgewertet; auch der um diese Zeit geplante vorgelagerte Wittelsbacherbrunnen stellte gesteigerte Ansprüche an die Umgebung. So fertigte Albert Schmidt, der Nr. 2 erbaut hatte, 1898 auch einen großzügigen symmetrischen Gesamtentwurf für die Baugruppe Nr. 4/5/6 auf der anderen Seite des Bernheimer-Hauses, eine 13 Fensterachsen lange Platzfront mit prächtigen Eckrisaliten sowie einem dreiachsigen Mittelrisalit mit Halbsäulen und Dreiecksgiebel. Ausgeführt wurde nur der linke Eckbau mit vier Achsen zum Platz (Nr. 5 und 6 erbaute in der Folge Emanuel Seidl in fortentwickelter Formensprache). Bauherr war die 1901 eröffnete Bayerische Bank (ab 1908 Bayer.

Lenbachplatz 4, 5 und 6 (von links)

Bank für Handel und Industrie genannt; später ADCA/Allgemeine Deutsche Creditanstalt).

Die repräsentative neubarocke Fassade in fränkischem Rhätsandstein ist in den zweigeschossigen Geschäftsteil mit rustizierten dorisierenden, beiderseits am Eckrisalit gestaffelten Pilastern und den dreigeschossigen Oberteil mit Wohnungen geteilt, der mit einer korinthischen Kolossalordnung – glatte Pilaster, am Eckbau kannelierte Halbsäulen – instrumentiert ist; die Säulen tragen über dreiteiligen Gebälkstücken Segmentgiebel, die mit weiblichen allegorischen Sitzfiguren auf schreitenden Löwen bekrönt sind. Sehr reich ist auch die restliche dekorative Bauplastik, vor allem in den Brüstungsfeldern zwischen den Geschossen, so über dem 1. Wohngeschoss mit Muscheln, in den Segmentgiebeln der Fenster darüber mit kleinen Büsten. In dem sich entlang der Seitenfront zum Bauwich in die Tiefe erstreckenden ehem. Banklokal (heute Ladengeschäft) stützen Pfeiler bzw. im rückwärtigen Raumteil ionische Säulen die beiden parallelen Unterzüge; an den Säulenbereich schließt sich seitlich ein kleines Glasdach an. Im rechten Gebäudeteil, hinter dem Ädikulaportal mit Sprenggiebel und Oberlichtgitter, sind das knappe Vestibül und rechts davon das durch Arkaden mit ihm verbundene Treppenhaus mit Gittergeländer noch original erhalten, ebenso z. T. Stuckdecken in den Obergeschossen. – Nach Luftkriegsschäden – die Fassade war erhalten geblieben – erfolgte der Wiederaufbau des Daches und der Innenstruktur der beiden obersten Geschosse 1946–51 für die Bayerische Beamtenversicherung (Arch. Wilhelm Linder). Letzte Restaurierung 1997.

Lenbachplatz 5. Ehem. *Galerie Heinemann.* Das klassizistische Vorgängerhaus war der (nachträglich aufgestockte) Mittelteil des viergeschossigen Walmdachblockes Nr. 4/5/6. Der sechsgeschossige Neubau von 1903 bildet gleichsam den erhöhten, monumental gegliederten Mittelrisalit der im Gesamtumriss annähernd symmetrischen Gruppe Nr. 4/5/6. Emanuel Seidl begann bei den beiden nach seinem Entwurf ausgeführten Häusern 5 und 6 – den jüngsten der aufwendigen Platzfrontbebauung – sich vom strengen Historismus (wie ihn noch Nr. 4 verkörpert) zu lösen – die Galerie Heinemann galt den Zeitgenossen als „charakteristischer Bau für den Anfang der modernen Münchner Architektur" (Zauner 1914). In der äußerst repräsentativen, noblen Fassadengestaltung verbinden sich barockisierende Elemente, so die Erdgeschossrustika, die Segmentgiebel über den Seitenachsenfenstern im 3. und die große Mittelkartusche mit dem Künstlerwappen im 4. Stock, mit z. T. jugendstiligen Anklängen an den Neuklassizismus wie den vier Geschosse zusammenfassenden unkannelierten Kolossalpilastern mit originellen Adlerkapitellen und Architravstücken unter dem Kranzgesims, über dem das letzte Geschoss hinter einem Balkongitter zurückgesetzt ist. Der originale obere Abschluss mit vier Vasen und –

auf dem flachen, abgetreppten Mittelgiebel – der Sitzfigur einer thronenden Göttin zitiert ebenso die klassische Tradition wie die antikisierenden figürlichen Reliefs zu Seiten der Wappenkartusche. Moderner Ladengestaltung entsprachen die achsenfüllenden verglasten Öffnungen in der Erdgeschossmitte und im 1. Stock.

Die beiden unteren Geschosse nahm die 1872 von dem Bildnis- und Genremaler David Heinemann (1819–1902) gegründete und zu internationalem Ansehen entwickelte Kunsthandlung ein, die seine Söhne Hermann und Theobald und der Enkel Dr. Fritz Heinemann bis zur „Arisierung" 1937 fortführten. Sie war ein Frühbeispiel der Übertragung des Gattungsbegriffes „Galerie" von einer Gemäldesammlung auf eine Kunsthandlung, überdies architektonisch bemerkenswert als eines der charakteristischen Kunsthändlerhäuser Münchens mit von den Zeitgenossen gerühmten großzügigen, eleganten und funktionellen Interieurs, die eine Abkehr vom Prunk- und Plüschstil à la Makart bedeuteten. Den beiden übereinandergelegten großen, flexibel teilbaren Ausstellungsräumen rechts von Durchfahrt, Treppenhaus und Aufzug waren rückseitig noch ein Skulpturen- und darüber ein weiterer Oberlichtsaal angeschlossen. Beim Eingang bildete ein vergleichsweise intimes Empfangsbüro den Auftakt. Die oberen Geschosse enthielten vornehme Sechszimmerwohnungen mit je vier Räumen an der Platzfront.

Nach schweren Schäden im Zweiten Weltkrieg wurde das Gebäude mit der im Wesentlichen erhaltenen Fassade als Geschäfts- und Bürohaus wiederhergestellt, 1997 mit Ausnahme der Natursteinfassade vollständig abgebrochen und hinter ihr neu errichtet, wobei das nach 1945 stark vereinfachte oberste Geschoss wieder seinen originalen Umriss und das gewölbte Dach erhielt (auf dem First heute statt der Sitzfigur eine Kugelknaufspitze).

Lenbachplatz 6. An der Stelle eines viergeschossigen klassizistischen Wohnhauses, das mit Nr. 4 und 5 einen Walmdachblock bildete, entstand 1904–05 nach Entwurf von Emanuel Seidl das fünfgeschossige Geschäftshaus der Münchener und Aachener Mobiliar-Feuer-Versicherungs-Gesellschaft. Die Gestaltung der vornehmen Sandsteinfassade beginnt sich bereits vom Formenkanon des Historismus zu lösen – auf eine Pilastergliederung wird verzichtet mit Ausnahme derjenigen des hinter einem Gitterbalkon im letzten Geschoss leicht zurückgesetzten Eckturmes mit Zeltdach, den ursprünglich eine Feuerschale krönte. Erdgeschoss und 1. Stock mit kraftvollen rustizierten Pfeilern sind als Geschäftsbereich mit ursprünglich drei Läden (z. T. von der benachbarten Galerie Heinemann genutzt) in Korbbogenarkaden aufgelöst und von den drei oberen Wohngeschossen durch einen Fries mit dem Namen der Versicherung bzw. eine steinerne Balkonzone getrennt, die im Eckbereich stark betont hervortritt und hier ursprünglich mit vier großen Figuren besetzt war. Die Wandflächen der drei Wohngeschosse überziehen Reliefornamente, besonders verdichtet zwischen den Fenstern des 3. und 4. Stocks, den ein Konsolgesims abschließt. Die Eingangsachse am Ende der Seitenfront überragt ein Zwerchgiebel. Insgesamt sollte die nobel-zurückhaltend gegliederte harmonische Fassadengestaltung „einen guten und ruhigen Hintergrund für den Wittelsbacherbrunnen" abgeben (MB I 1912). Als Baukör-

Lenbachplatz 5 und 6 (mit Brunnen, dahinter Kuppel vom Hotel Russischer Hof); Aufn. um 1905

Lenbachplatz 6

per bildet das Eckhaus den rechten Flügel der dreiteiligen Gruppe Nr. 4/5/6.

Die drei oberen Geschosse enthielten ursprünglich je eine um eine Halle gruppierte herrschaftliche Siebenzimmerwohnung samt Nebenräumen, mit Zugang von der rückseitig gelegenen U-förmigen Treppe um den Aufzug; daneben gab es im Hof noch einen eigenen Dienerschaftsaufzug. – Nach schweren Kriegsschäden – allein die Fassade blieb im Wesentlichen erhalten – wurde das Haus als Bürogebäude der Fa. Süd-Chemie AG wiederaufgebaut. Vereinfacht wurde u. a. der Hauseingang, den ursprünglich Hermenpilaster mit weiblichen Büsten flankierten; auch die Balkontüren am Turm im 4. Stock waren früher von Hermenkaryatiden eingefasst.

Lenbachplatz 7. Sog. *Neue Maxburg*, s. Pacellistraße 1, 5.

Lenbachplatz 8. Das *Künstlerhaus* von Gabriel Seidl, ein malerischer, städtebaulich wirkungsvoller Neurenaissance-Komplex, besteht aus dem hohen, zurückgesetzten Hauptbau, einem niedrigen Vorbau mit Restaurant und dazwischen liegendem Schmuckhof. Im Unterschied zur primären Ausstellungsfunktion der Gattung „Künstlerhaus" in Wien (1865–68, erweitert 1881) und der Donaumonarchie ist das seit 1911 dem „Münchener Künstlerhaus e.V." gehörige Gebäude verschiedenartigen gesellschaftlichen Veranstaltungen der Künstlerschaft gewidmet. Der Gedanke an einen derartigen Mittelpunkt geht bis ins mittlere 19. Jh. zurück; in der Reihe unausgeführter Projekte steht ein Neurenaissance-Entwurf von Ludwig Lange (um 1860) für die Eschenanlagen am Maximiliansplatz. Zur treibenden Kraft wurde schließlich die Künstlergesellschaft „Allotria" (gegründet 1873) und deren Vorsitzender seit 1879, der „Malerfürst" Franz von Lenbach. Ein monumentaler Entwurf Gabriel Seidls von 1880 für den exponierten Standort der späteren Deutschen Bank (s. Lenbachplatz 2), in der Komposition u. a. am Augsburger Rathaus orientiert, sah bereits vier Giebel, Kreuzdach und Turm vor. Den definitiven Bauplatz erhielt Lenbach von der kgl. Zivilliste und der Stadt, er lag im Bereich des Stadtgrabens südwestlich der Herzog-Max-Burg bzw. nördlich des Hotels Leinfelder; im hier stehenden Karlstor-Brunnhaus, das ein Wasserturm mit Zeltdach überragte, hatte Lorenz Gedon 1883 das Heim der „Allotria" eingerichtet (in der Folge abgebrochen; Gabriel Seidl gestaltete 1887 ein neues Vereinsheim an der Barer Straße im

Lenbachplatz 8, links die 1938 abgebrochene Synagoge; Aufn. um 1935

Bereich der heutigen Fachhochschule, mit von einer Holztonne überwölbtem Saal). Ein Projekt Seidls von 1886 für den endgültigen Standort entsprach bereits weitgehend dem ausgeführten Bau, bei dessen Grundsteinlegung am 3. Juli 1893 Prinzregent Luitpold selbst die drei ersten Hammerschläge vornahm. Finanzierungsprobleme verzögerten die Ausführung wiederholt; als Bauzeit gab die einstige lateinische Inschrift über dem Saaleingang die Jahre 1896–99 „regnante Luitpoldo" an. Die Firma Heilmann und Littmann vollendete den Rohbau 1897, Ende Februar 1899 bezog die Münchner Künstler-Genossenschaft (Eigentümer bis 1911) ihre Büroräume. Bei der Eröffnung am 29. März 1900 war wiederum der Regent als Schirmherr und Förderer der Kunst anwesend. An dem „Gesamtkunstwerk" waren zahlreiche z. T. führende Münchner Künstler beteiligt, u. a. als Gabriel Seidls Mitarbeiter die Architekten Heinrich Kronenberger und Franz Ruedorffer, ferner neben Lenbach die Maler Otto Hupp, Max von Mann, Julius Mössel, Franz Naager und Karl Selzer sowie die Bildhauer Heinrich Düll und Georg Pezold, Ludwig Gamp, Ernst Pfeifer, Anton Pruska (der u. a. das große Künstlerwappen an der Ostfassade schuf), Josef Rauch, Jakob Ungerer, Heinrich Waderé und Edwin Weissenfels.

Bis in die Zwischenkriegszeit waren die von Seidl unter Beteiligung Lenbachs – mit zahlreichen Gemälden und Kopien nach alten Meistern von dessen Hand – im Sinne einer historisierenden Inszenierung opulent ausgestatteten Innenräume gegen Eintrittsgeld zu besichtigen. Die dem gründlich geänderten Lebensstil fremd gewordene Pracht fiel größtenteils dem Luftkrieg zum Opfer, in dem das Künstlerhaus am 14. Juli 1944 ausbrannte. Lediglich der vorgelagerte Restaurantflügel – bereits 1937/38 von Woldemar Brinckmann aufgestockt – blieb erhalten und war 1945–55 von der US-Besatzungsmacht beschlagnahmt. Das Hauptgebäude, lange Ruine, konnte erst nach der Rückgabe an den Verein ab 1955 durch Erwin Schleich wiederaufgebaut werden; das Richtfest wurde am 25. August 1961, die Eröffnung am 1. Oktober d. J. gefeiert.

Das Künstlerhaus ist im Grundriss wie in der Anordnung der Baumassen als asymmetrischer Gruppenbau gemäß den Vorstellungen des „malerischen" Städtebaus konzipiert; zusammen mit der ehemals benachbarten neuromanischen Synagoge dahinter (1884–87 von Albert Schmidt) bildete es eine ab-

Lenbachplatz 8, Künstlerhaus

wechslungsreiche, bildhafte Architekturkomposition, die als östliche Begrenzung des Lenbachplatzes zwischen dem von Gabriel Seidl barockisierten Hotel Leinfelder und der Herzog-Max-Burg eingespannt war und durch die rückseitig in der Ferne aufragenden Frauentürme bereichert wurde. Der Komplex setzt sich zusammen aus dem vom Platz abgerückten, hochragenden Hauptbaukörper – dem Saalbau – und ihm nördlich vorgelegten niedrigen, um einen Rechteckhof gruppierten Trakten. Dieser Vorbau enthält platzseitig das öffentliche Restaurant, in der Mitte des schmalen Nordflügels an der Maxburgstraße liegt das Durchfahrtstor zum Hof, der zweigeschossige Ostflügel nahm Verwaltungsräume samt Präsidentenzimmer und Sitzungssaal auf; seine östliche Außenseite fluchtet mit der des südlich anschließenden quadratischen Hauptgebäudes mit seinem von vier prächtigen Volutengiebeln begrenzten Kreuzdach, dessen Firstmitte ein quadratischer Dachreiter mit Umgang, Laterne und Schweifhaube bekrönt. Südlich setzt den Hauptbau ein gleich breiter, kurzer Annex mit geringerer Traufhöhe fort.

Stilistisch dominiert am überaus detailreichen Äußeren des Saalbaus die deutsche Renaissance in Anspielung auf die gesellschaftliche und kulturelle Sphäre altdeutsch-patrizischer Bürgerlichkeit, wobei der als Vorbild herangezogene Motivschatz nicht heimisch-altbayerisch orientiert ist, sondern an der schwäbischen, mittel- und norddeutschen Kunst des 16. und frühen 17. Jh. in ihrer Verflechtung auch mit dem niederländischen und dänischen Manierismus; H. Bößl (1966) verweist auf die sog. Weserrenaissance, speziell auch auf die Universität in Helmstedt. Als ein Hauptdetail sind die „nordisch" großen, letztlich aus gotischer Tradition stammenden Fensterformate zu nennen (vgl. Rathaus Bremen). Der hofseitig vorgelegte, übergiebelte Eingangsrisalit zitiert mit der nach Art einer reduzierten Serliana (sog. Palladiomotiv) die offene, tonnengewölbte Vorhalle begrenzenden ionischen Säulenstellung, mit der Rocaille-Kartusche im Bogenscheitel (Wahlspruch „Nobis et amicis") und den das Rundbogentor flankierenden Figuren eine „südlichere" Stillage in Vorbereitung auf den Charakter der Innenräume.

Im Sinne der angestrebten „malerischen" Stilvielfalt sind die niedrigen Trakte um den Vorhof vorwiegend am süddeutsch/österreichischen Barock orientiert, mit über den Ecken aufgesetzten, verschieden großen Pavillons; die des platzseitigen Arkadentraktes mit dem Restaurant, dem eine Terrasse vorgelegt ist, schlossen eine Dachterrasse (heute mit weitgehend verglaster Aufstockung) ein. Gestalterische Schwerpunkte sind die balkontragenden Atlanten und Karyatiden an den nördlichen Eckpavillons sowie das nördliche Durchfahrtstor mit den rustizierten Säulenpaaren der rahmenden Ädikula und der Kentaurenfigur von Jakob Ungerer über der Attika (ehem. Ausfahrt; die Einfahrt lag an der Ostseite). – Den vielgestaltig begrenzten, mit Spolien (und wechselnden modernen Plastiken) ausgestatteten Hof umgeben in der Hauptsache Arkaden und Wandspaliere; dem Osttrakt mit durch Atlantenpfeiler loggienartig gegliedertem (immer schon geschlossenem) Obergeschoss ist ein in Arkaden geöffneter, überdeckter Treppenaufgang zu einem gerundeten Eckturm vorgelegt. (In vielen Details sind die Hoffassaden verändert worden.)

Im Inneren des Saalbaus haben fast nur noch das Vestibül und z. T. die Haupttreppe ihre ur-

Künstlerhaus, Nordtor

Lenbachplatz 8, Künstlerhaus von Nordosten

Künstlerhaus, Innenhof, Südostflügel, rechts Haupteingang

sprüngliche Gestalt bewahrt; in den restlichen Räumen suchte Erwin Schleich wenigstens in reduzierter Form etwas von der einstigen Atmosphäre zurückzugewinnen. Für die Raumgestaltung grundlegend war in erster Linie das Vorbild der italienischen Renaissance, teilweise auch des Barocks, verbunden mit kostbarer Möblierung und reicher Ausstattung mit alten wie zeitgenössischen Gemälden, Plastiken, Gobelins und anderen Kunstwerken. Das fünf Joche lange Vestibül mit in üppigen Neubarockformen stuckierter Stichkappentonne auf Gurten, Pilastern und freigestellten toskanischen Kalksteinsäulen besitzt einen reich eingelegten Marmorfußboden; die erste Tür rechts mit 1896 datiertem Marmorgewände führt in das ehem. Lenbach- oder Empfangszimmer (jetzt Rosenzimmer) mit Stuckrahmen am erhaltenen Spiegelgewölbe und einem hofseitig durch Wandpfeiler abgetrennten tonnengewölbten Joch. Südlich folgt das neu gestaltete Seidlzimmer, am Ende des Vestibüls die ehem. Bibliothek, jetzt als Oskar-von-Miller-Zimmer mit Vertäfelung und Balkendecke neu ausgestattet; an der Ostseite noch eine originale verglaste Bücherschrankwand. Links liegt das Treppenhaus mit zwei Läufen im rechten Winkel, Rotmarmorstufen und Schmiedeeisengeländer; das stark vereinfachte obere Vestibül mit neuer bemalter Lünettendecke (ehemals mit Spalier- und Laubwerkmalerei von Julius Mössel und Karl Selzer) ist gegen den Treppenschacht durch eine Natursteinbrüstung mit Marmorintarsien in Neo-Quattrocentoformen abgegrenzt. An der Treppennordwand ist eine im Bronzeton gefasste Gedenktafel des Münchner Künstlerhausvereins an die Schöpfer des Hauses und prominente Mitglieder eingelassen, mit kleinen Büsten von F. Lenbach, G. Seidl, Ferd. v. Miller und Georg Proebst (sign. Rupert von Miller 1938).

Der große Festsaal im 1. Stock, im Detail stark vereinfacht, wird durch drei hohe Rechteckfenster an der Westwand belichtet; die

Künstlerhaus, Festsaal nach Norden; Aufn. um 1910

Künstlerhaus, Festsaal nach Süden; Aufn. 1997

Ost- und Nordseite säumt eine Galerie, die Stirnseite im Süden ist als eine jetzt dreiteilige Bühnenöffnung mit breitem Korbbogen als Mittelteil ausgebildet; die erneuerte flache Tonnendecke hat – einem u. a. im spätmittelalterlichen Veneto verbreiteten Typus folgend – einen mehrfach geschweiften Querschnitt. Im heutigen Bühnenbereich lag früher der repräsentative, festliche Speisesaal. Einige Vereinsräume, u. a. das Allotriazimmer, und eine Kegelbahn sind im Kellergeschoss untergebracht.

Künstlerhaus, sog. Venezianisches Zimmer

Im Restaurantflügel hat nur das im Nordpavillon gelegene sog. Venezianische Zimmer seine originale vielfarbige Gestaltung bewahrt, ein zentralisierender Raum mit abgerundeten Ecken, ionischer Halbsäulengliederung, einer Grottennische mit eingelegten Muscheln und Steinen an der Ostseite und von Julius Mössel und Karl Selzer nach Art eines Spaliers bemalter Flachwölbung. Im angrenzenden Restaurant wurde bei der durchgreifenden Gesamtinstandsetzung des Künstlerhauses 1998 der Deckenstuck freigelegt. Damals erhielten die Fassaden nach Befund einen Anstrich in Silbergrau mit gelblichen Gliederungen. Durch Josef Ruederers kritisch-satirische Erzählung „Höllischer Spuk" von 1897 (noch zur Bauzeit) ist das Künstlerhaus mit den „einladenden Semmel- und Brezelformen der Fassade" und dem „große(n) Verladungshof" in die zeitgenössische Literatur eingegangen.

Leopoldstraße 2. *Siegestor* siehe Ludwigstraße.

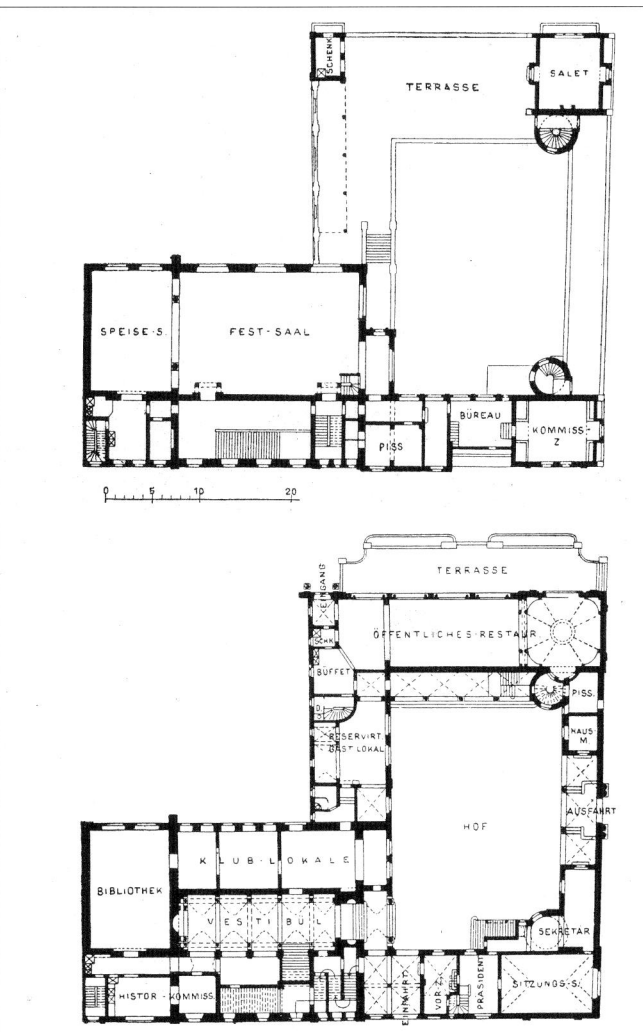

Künstlerhaus; bauzeitliche Grundrisse Erd- und Obergeschoss

Künstlerhaus, Vestibül nach Norden

Sog. Venezianisches Zimmer, Sitznische

Lerchenfeldstraße

Die 1891 nach einem bayerischen Adelsgeschlecht benannte Straße folgt, von der Prinzregentenstraße nördlich abzweigend, dem leicht gebogenen Ostrand des Englischen Gartens bis zur Kreuzung mit der Oettingenstraße; die gerade nördliche Fortsetzung (ursprünglich Eisbachstraße genannt) bis zur Karolinenstraße ist beidseitig bebaut. Seit 1963 Trambahn-Hochgleis am Rand des Englischen Gartens (bis Himmelreichstraße; Verlegung von der östlich parallelen Oettingenstraße).

Lerchenfeldstraße 11. Im Vorfeld der Genehmigungen zur Erbauung der Häuser Lerchenfeldstraße 11, 13 und 15, die allesamt vom gleichen Eigentümer (Baumeister Josef Miedanner) betrieben wurden, beschäftigte sich die Baulinienkommission des Magistrats mit der Neuanlage des zunächst als Eisbachstraße bezeichneten Straßenzugs. Als Teil des übergreifenden Planes zur Erschließung auch der nördlichen St.-Anna-Vorstadt entschied man sich zu einem weitgehend künstlichen Aufschluss des unbebauten Terrains zwischen der Oettingenstraße (vormals Bogenhauser Straße) und der Emil-Riedel-Straße (vormals Bogenhauser Fußweg) eben durch das Alignement einer zusätzlichen Erschließungstrasse zwischen den beiden. Maßgebliche Vorarbeiten waren die Einmessung und Verbreiterung eines vormaligen Fußwegs entlang einer unbeschlachteten Rücklaufmulde des Eisbachs, die schließlich Zug um Zug nach Norden gedrückt wurde. (Das stadtplanerische Vorgehen, bei der Neuanlage einer Straße ungeregelt gewachsene Vorbedingungen zu planieren, kann gerade im Zusammenhang der Erschließung des Lehels als programmatisch angesehen werden. Die Arrondierung der Bauplätze von Lerchenfeldstraße 11, 13 und 15, als auch von weiteren Anwesen im Bebauungsverlauf der Straße nach Norden, ist für die entsprechenden stadtplanerischen und folglich stadtgestalterischen Ziele des Magistrats ein sprechendes Beispiel.)

Durch die Neufestsetzung der Lerchenfeldstraße, in ihrem nördlichen Verlauf von den beiden Straßenzügen der Himmelreich- und Paradiesstraße an, war eine weitere Straßengabelung entstanden, der städtebaulich Rechnung getragen werden musste. Denn einem hinter die Straßengabelung gesetzten Anwesen (zwangsläufig mit mehr als einer Fassade) wuchs die Point-de-vue-Funktion gleich zweier Straßenläufe zu. Der genannten städtebaulichen Anforderung entsprach Baumeister Anton Wörz, der das neubarocke Mietshaus 1905–08 erbaute, mit einer prächtig ausponderierten Südfassade, der ein nach Süden auf die Straßengabel hin spitz zulaufender Garten vorgeschaltet worden ist. Und Wörz legte vor die drei Flügel des insgesamt großen Miets- und Geschäftshauses drei verschieden durchgebildete Fassaden, wodurch in malerischer Variation einer Monumentalität der gegebenen Baumassen begegnet werden konnte. Die Grundlinie der Straßenfront an der Lerchenfeldstraße ist leicht konkav gehalten und vermittelt so den Übergang der Baulinie ohne kantigen Bruch nach Norden. Der Zugang von der schmä-

Lerchenfeldstraße 11

leren, südlichen Hauptfassade her führt zum trapezförmig in den Hofwinkel eingeplanten Stiegenhaus. Die dreiläufige Podesttreppe mit Eckabsätzen erschließt gemäß Eingabeplan zwei Wohnungen je Etage. Auch im Dachgeschoss waren gemäß Erstzustand zwei Wohnungen untergebracht. Die Wohnungen der Obergeschosse nahmen jeweils einen der Gebäudeflügel ein, jeweils beiden wurden auch Räume mit Südfenster in der Hauptfassade zugeschlagen. In Anlage und Struktur sind die Fassaden gut überliefert, die Binnengestaltungen haben Schlichtungen erfahren. Die Fassade an der Oettingenstraße erhielt, gleichsam symmetrisierend, einen zweigeschossigen polygonalen Erker vor den von Gurtgesimsen zusammengespannten Hauptgeschossen und ein abgewalmtes Dachhaus als prominente Betonung des Mittelzugs der Straßenfront. Dem Stoß am Übergang von der Westfassade zur südlichen Hauptfassade ist ein Polygonalerker vorgesetzt. Die Straßenfront entlang der Lerchenfeldstraße ist schon gemäß Erstzustand die schlichteste der drei; auch die Dachzone blieb ohne weitere Hervorhebung durch Bauteile. Den Übergang dieser östlichen Schauseite zur Südfassade hin macht wiederum ein Eckerker aus. Die beiden polygonalen Eckerker mit Turmgeschossen und gebrochenen Zwiebelhauben flankieren die Hauptschauseite im Süden und bilden mit dieser den Blickfang der Achse der Oettingenstraße. Die Fassade wird von einem erhabenen Zwerchhaus beherrscht, dessen unteres Giebelgesims auf die Höhe der Erkerturmtraufen gehoben ist. Der Giebel selbst ist ein geschweifter Knickgiebel, seinem Feld ist ein stehender ovaler Okulus eingeschrieben. Der Höhenzug der Südfassade wird von geschossübergreifenden, weiters unstrukturierten Wandvorlagen begleitet und wohl befördert; zuoberst tragen kapitellartige Schabracken mit Masquerons das verkröpfte Giebelgesims.

Den drei Fassaden sind, obgleich ihre Fenster die ursprünglichen Profilierungen und auch Verdachungen eingebüßt haben, vereinheitlichende gestalterische Prinzipien gemeinsam, die eine geschlossene Abwicklung (immer noch) zu ergeben vermögen: Die Fensteröffnungen im Erdgeschoss sind einheitlich korbbogenförmig geschlossen, die Hauptgeschosse werden in je gemeinsamer Höhe von einem unteren Kordongesims und oben von einem umlaufenden Gurtgesims verklammert, die vertikale Gliederung besteht in gering vor die Wand gelegten Putzbändern, und dreiteilige Kreuzstock- sowie zweiteilige Querstockfenster bilden den rhythmischen Wechsel. Freilich sind die klassischen Elemente einer neubarock anverwandelten Fassade weggeglättet worden, doch ist der Typus eines Mietshauses dieser Stilart in Fassadendurchbildung und Gesamtanlage erkennbar geblieben.

Lerchenfeldstraße 13. Das in seinem baulichen Umfeld vergleichsweise schmale, jedoch mit erheblicher Tiefe die Parzelle einnehmende Mietswohnhaus in barockisierendem Jugendstil

Lerchenfeldstraße; Flurkarte, M. 1:2 500

Lerchenfeldstraße 15

Lerchenfeldstraße 13

entstand 1905–07, gleichzeitig mit dem südlich anschließenden, städtebaulich markanten und zugleich dominierenden Komplex Lerchenfeldstraße 11. Wie dort war auch bei Haus Nr. 13 Josef Miedanner mit eigener Baufirma der Bauwerber, planender und ausführender Architekt war Anton Wörz. Die spezifische Einmessung der Parzelle auf zuvor unbebautem Terrain bedingte, dass nicht Vorder- und Hintergebäude geschaffen wurden, sondern mangels möglichen Hofraums (Häuserabstand/Lichteinfall) ein Baublock an der Straße, mit notwendigerweise konservativ zugeschnittenen Wohnungseinteilungen. Der Hauszugang liegt in der nördlichen Achse und führt zum rückwärtigen Treppenhaus, das nicht über die hintere Grundlinie vorgelegt worden ist. Gemäß Eingabeplan liegt in jeder Etage eine Wohnung. Die straßenseitigen Erdgeschossfenster des dreigeschossigen Baus sind korbbogig geschlossen, hierin mit den südlich und nördlich angrenzenden Nachbarhäusern eine Einheit bildend. Die Haustüre hat ihre neubarock-jugendstilige Einfassung behalten. Das Kordongesims ist hoch über das Erdgeschoss gelegt und fällt mit dem Fensterbandgesims des 1. Obergeschosses in eins. Die Hauptgeschosse wurden zwischen dieser Sohlbank und dem Traufgesims in ein Fassadenfeld gelegt. Die Mitte der Fassade findet sich durch eine breite(re) Fensterachse betont. Wie bei den Häusern Nr. 11 und 15 wird die Straßenfront durch den gruppierenden Wechsel von zweiflügeligen Querstock- und dreiflügeligen Kreuzstockfenstern rhythmisiert. Die vertikale Trennung der durch Fenstergruppierung gegliederten Hauptgeschosse geschieht durch leicht erhaben angeputzte Felder und wenige erhaltene Festons. Diese und die spezifische Verdachungsform der je äußeren Fenster im 1. Obergeschoss sowie dem mittleren im 2. Obergeschoss belegen, dass die Symbiose von spätbarock zopfigen Formen mit solchen typisch jugendstiligen ein Münchner Charakteristikum, speziell im 1. Jahrzehnt nach 1900 war.

Lerchenfeldstraße 15. Die Parzelle, auf der 1905–08 der Baumeister Josef Miedanner das bestehende Mietswohnhaus nach Plänen des Architekten Anton Wörz erbauen ließ, war zuvor unbebaut. Sie bildet den nördlichen von drei Bauplätzen, die Gegenstand einer geschlossenen Arrondierung waren, mit der die Baulinienkommission des Magistrats den nördlichen Verlauf der Lerchenfeldstraße (vormals Eisbachstraße) zwischen der Paradiesstraße im Süden und der Karolinenstraße im Norden alignierte. Die entstandene Tiefe der Parzellen zwischen zwei Straßenläufen machte eine Bebauung mit vergleichsweise modernen Rückflügeln oder wenig tiefen Vordergebäuden und ebensolchen Hinterbauten nahezu unmöglich. So kam zur Erreichung möglichst umfangreicher Mietswohnfläche auch bei Haus Nr. 15 (wie schon bei Nr. 13) ein tiefer Baublock an der Straße zu stehen, der konservativ zugeschnittene Wohnungseinteilungen mit sich brachte.

Das Anwesen Lerchenfeldstraße 15 ist faszinierend dicht überliefert, sowohl in Struktur als auch in Gestaltung. Der ausmittige, zweiflügelige Hauszugang mit aufwendig dekoriertem Portalgewände führt zum rückwärtigen Treppenhaus, das hinter der westlichen Grundlinie eingezogen bleibt. Zwei Wohnungen machen gemäß Erstzustand jede Etage, auch im Dachgeschoss, aus, mit Bädern und Holzlegen in den Dunkelzonen. Beachtung verdient auch die weitgehend bauzeitlich erhaltene Fassade in barockisierendem Jugendstil und hier wohl vor allem ein vertikales Verklammerungsmotiv, das mit der althergebrachten Fassadengliederung zu konkurrieren scheint: Zwei über die anderen Gauben hinausragende Dachhäuser mit ausgeschweiften Segmentbogengiebeln geben der Abwicklung der Straßenfront ihren individuellen Rhythmus. Die die Blendgiebel tragenden Wandvorlagen werden verlaufsartig in den Geschossen darunter vorbereitet, sie überspannen die Hauptgeschosse und heben, gleichsam schwebend, unterhalb des geschossteilenden Kordongesimses an. Die kräftig durchgebildeten horizontalen Gliederungen, das untere Gurtgesims (es ist zugleich Fensterbankgesims der Fenster des 1. Obergeschosses) und das Traufgesims als oberer Abschluss bleiben aber dennoch bestehen, sie konkurrieren gewissermaßen mit dem moderneren Gestaltungsprinzip. Das rau angeputzte Erdgeschoss besitzt die schon bei den Häusern Nr. 11 und 13 eingesetzten, korbbogigen Fenster. Während der südlich äußere Fassadenabschnitt von dreigeteilten Kreuzstockfenstern eingenommen wird, finden sich im entsprechenden nördlichen Abschnitt je zwei eng gesetzte Querstockfenster. Dem Fassadendekor nach – flächig angetragene Putzfahnen werden mit spätbarock-zopfigen Elementen kombiniert – belegt auch diese Straßenfront eine spezifisch münchnerische Anverwandlung von Jugendstilformen.

Lerchenfeldstraße 16. Noch Anfang der 90er Jahre des 19. Jh. ist das Grundstück, auf dem um 1900 das bestehende Anwesen entstand, als in bescheidenem Umfang vorbebaut nachgewiesen. Ein kleines Vordergebäude ragte über die arrondierte östliche Baulinie der Eisbachstraße (später Lerchenfeldstraße) hinaus bis in die Mitte des Straßenverlaufs. Es blieb bis zu seiner Niederlegung städtebauliches Vehikel, seine Beseitigung und folgend die Beachtung der vom Magistrat festgelegten Bauflucht war Bedingung des Neubauantrags. Hinsichtlich ihrer Substanz reichen Hauptgebäude und der an der südlichen Grundstücksgrenze liegende Rückflügel in die Jahre unmittelbar vor 1900 zurück. Gerade die Dreigeschossigkeit und das schon zu seiner Entstehungszeit erschlossene Dachgeschoss kennzeichnen ein typisches Vorstadthaus des nördlichen Lehels. (Bis 1992/93 nahmen das Erdgeschoss zwei große Werkstatttore einer Autolackiererei ein, der Rückflügel war mit seinem Drempelgeschoss und quer liegender Kniestockdurchfensterung gut überliefert.) Die bestehende Erscheinungsweise der Fassade wird von den Instandsetzungen der Jahre nach 1992 gekennzeichnet. Die tief herunter gezogenen Fenster des Erdgeschosses mit geschiedenen Oberlichtern sind moderne Interpretation, deren Verdachungen – gleichsam schwebende Gesimsstücke – bleiben systematisch unvermittelt und also Kompromiss zwischen historisierendem Rückbau und dem Eingeständnis stattgehabter Veränderungen und deren Folgen für die Fassadengestalt.

Lerchenfeldstraße 16

Liebfrauenstraße

(Vgl. Ensemble Altstadt.) Das gleich den übrigen Verbindungen zum Frauenplatz ursprünglich sehr schmale (Unserer) Frauen-Gässel (so seit 1370 erwähnt), seit 1872 amtlich Liebfrauenstraße, wurde 1888 zur 17 m breiten „Domfreiheit" erweitert, um den eindrucksvollen Schrägblick von der Kaufingerstraße auf die Domtürme zu ermöglichen. Die kurze Straße flankierten stattliche Neubauten des späten Historismus, östlich die monumentale Neurenaissance-Natursteinfassade von Kaufingerstraße 24 (s. dort) von 1888–90, westlich der neubarocke Komplex des Geschäfts- und Bürohauses *„Domhof"* (Liebfrauenstraße 1/Kaufingerstraße 26), 1897/98 von Max Littmann, im Unterschied zum palastartig-symmetrischen Typus östlich gegenüber einer gewandelten Auffassung von malerischem Städtebau gemäß durch asymmetrische Staffelung des Bauköpers, hohe

Liebfrauenstraße mit Dom

Liebfrauenstraße, sog. Domhof (abgebrochen 2007); Aufn. 1996

Schweifgiebel und einen Kuppelerker über dem Osteingang geprägt; nach schweren Luftkriegsschäden 1954 als städtisches Verwaltungsgebäude in traditioneller, altstadtbezogener Haltung wiederaufgebaut, mit steinerner Barbara-Figur von Bildhauer Höhn an der Südostecke (2007 Abbruch und Neubau begonnen). An der Stelle des späteren Domhofs stehen auf dem Stadtmodell von Sandtner (1570) südöstlich ein dreigeschossiges Eckhaus mit Zinnen-Vorschussmauer und links davon ein dreigeschossiges Traufhaus, der später umgebaute und aufgestockte traditionsreiche *Gasthof zum Goldenen Adler*, in dem u. a. Mozart (1777, 1790) und Goethe (1786) logierten. Den damals viergeschossigen Gasthof mit frühklassizistischer Fassadengestaltung zeigt, zusammen mit dem im Abbruch begriffenen Eckhaus rechts daneben, eine Radierung in Baumgartners Polizeiübersicht (1805, Tafel XIX), den an der Stelle beider Häuser errichteten, bis zum Frauenplatz reichenden fünfgeschossigen Um- und Neubau des Gastwirtes Karl Albrecht von 1805 ein Stich von Ph. Audinet (Abb. bei Schattenhofer 1974, S. 384) und der Stadtplan von J. Consoni (1806). Der auf letzterem ablesbare sackgassenartige Bauwich an der Westseite des Grundstücks, eine nördliche Fortsetzung der Fürstenfelderstraße gegenüber, geht auf die Struktur des ältesten Stadtkerns zurück (Innenseite der Befestigungsanlage des 12. Jh.).

ARCHÄOLOGISCHE BEFUNDE: Größere Bodeneingriffe und Umbauten sind aus jüngerer Zeit nicht bekannt, deshalb ist mit untertägig erhaltenen Resten von mittelalterlichen und frühneuzeitlichen Bauwerken wie verrohrten Bächen und Pflastern zu rechnen.

[**Liebfrauenstraße 2**. Mietshaus, Neurenaissance, reich gegliederter Eckbau mit Natursteinfassade, 1888–90 von Ludwig Wimmer (vereinfacht), s. Kaufingerstraße 24.]

Liebherrstraße

Die 1899 nach dem Mechaniker und Uhrmacher Joseph Liebherr (1767–1814), Mitbegründer von Utzschneiders und Reichenbachs Optischem Institut, benannte Straße in der südlichen St.-Anna-Vorstadt wurde erst um diese Zeit neu angelegt und durchgebrochen (noch nicht auf Stadtplan von 1891), der Südteil zwischen Zweibrücken- und Thierschstraße im Bereich eines ehem. Trambahndepots (vgl. Gewerbeschule Liebherrstraße 13/15), die abgeknickte nördliche Fortsetzung bis zur Kanalstraße.

Liebherrstraße 1. Das 1903 an der Ecke Liebherr-/Mannhardtstraße als Spekulationsbau für den Bauunternehmer Michael Heitzer von Georg Hagn errichtete Anwesen hat gemäß Eingabeplan in jeder Etage drei Wohnungen, die von einem halbrunden Treppenhaus (konvex in den Hof ausbauchend) erschlossen werden. Das Haus war reich in barockisierendem Jugendstil dekoriert, der bis 1964 Bestand hatte. In diesem Jahr nahm man eine durchgreifende Fassadenglättung vor. Vereinfacht wurde auch der städtebaulich markante Dachaufbau durch Streckung der Giebellinie des ursprünglich geschwungenen Volutengiebels.

Liebherrstraße 2. Wie das städtebaulich markante Gebäude an der Ecke Liebherr-/Mannhardtstraße gegenüber (s. Liebherrstraße 1) wurde ein Jahr nach diesem das Anwesen Liebherrstraße 2 an der Ecke Liebherr-/Kanalstraße als Spekulationsobjekt für den Bauunternehmer Michael Heitzer erbaut, 1904 und ebenfalls von Georg Hagn. Die Treppe im Hofwinkel erschließt gemäß Eingabeplan drei Wohnungen je Etage. Zwei Flacherker mit schmalen Seitenbelichtungen gliedern die Fassade an der Liebherrstraße in den Formen der deutschen Renaissance. In der zweiten nördlichen Fensterachse ist dieser zweigeschossig, setzt über dem 2. Geschoss an, schafft vor dem 3. Obergeschoss einen segmentbogig überfangenen Austritt und bedient die Dachwoh-

Liebherrstraße; Flurkarte, M. 1.2500

nungen mit einem Balkon. Der Flacherker der zweiten südlichen Fensterachse ist dreigeschossig, setzt über dem Erdgeschoss an, bildet ebenfalls einen überdachten Austritt vor dem 3. Obergeschoss und bedient die Dachwohnung mit einem Balkon. Ursprünglich akzentuierten drei Zwerchgiebel (zwei über den Erkern an der Liebherrstraße und einer über der Fassade an der Kanalstraße) mit Kugelbekrönungen das Anwesen, die jedoch mit der Kriegszerstörung des Daches und der Dachwohnung verlustig gegangen sind. Auch war die gesamte Fassade in der Höhe aller ihrer Geschosse ursprünglich in Putz rustiziert. Der Dachgeschossausbau erfolgte 1973.

Liebherrstraße 3. Michael Heitzer, Eigentümer zahlreicher Parzellen und mehrfach belegter Bauherr in der St.-Anna-Vorstadt, ließ auch dieses, durchaus gehobene Mietshaus von Georg Hagn errichten. Es entstand 1904, im selben Jahr wie

Liebherrstraße 2 (rechts)–10

Liebherrstraße 1

Liebherrstraße 2 und ein Jahr nach dem nördlich angrenzenden Haus Liebherrstraße 1 (Bauwerber war hier ebenfalls Heitzer), der südlich angrenzenden Hacklmühle benachbart und westlich dem Hacklmühlbach vorgelagert. Der zweiflügelige Hauseingang mit Pilasterportal führt über eine Differenztreppe (das Erdgeschoss ist als Hochparterre ausgebildet) zum rückwärtigen Treppenhaus, das über die hintere Grundlinie ausgeklinkt ist. Gemäß Eingabeplan befinden sich zwei Wohnungen in jeder Etage, auch das Dachgeschoss war erschlossen. Bis in den Oktober 1943 überhöhte ein dreiachsiges Zwerchhaus mit hohem Dreiecksgiebel den Mittelzug der Fassade, doch wurden das Dachtragwerk sowie das 3. Obergeschoss infolge des Luftkriegs vollständig zerstört (im Dezember 1944 erlitt das schleunig erstellte Notdach einen weiteren Bombentreffer). Die im Zuge der Wiederherstellung der Bewohnbarkeit des Hauses vollzogenen Schlichtungen des Fassadendekors haben die stilistischen Eigenarten der Fassade reduziert. Die je äußeren Achsen machen dreiteilige Kreuzstockfenster, in Erdgeschoss, 1. und 3. Obergeschoss unter korbbogigen Stürzen aus, die Fenster der drei mittleren Achsen schmälere zweiteilige Querstockfenster. Die Mitte der Fassade wird von einem hervorgehobenen Eingangsportal im Erdgeschoss betont, hier tragen zwei Wandvorlagen Gebälkstücke und darüber die Andeutung eines Vor-

Liebherrstraße 3

dachs. An einigen Fenstern haben sich die kräftigen Profilierungen erhalten. (Der Aufbau eines Halbgeschosses oberhalb des vormaligen Traufgesimses hat die historische Proportionalität der Straßenfront nachhaltig verändert. Durch den Wegfall der Zwerchhausfassade bleibt der mit dem mittleren Erker vorbereitete Höhenzug nach oben hin unvermittelt. Arbeiten an der Fassade erfolgten 1981 sowie 2005.)

Liebherrstraße 4. Zwei Wohnungen nehmen im Gebäude mit seinem kurzen, südlich angebauten Rückflügel jede Etage ein, dies gemäß Eingabeplan. In den bestehenden Dunkelzonen sind die Bäder untergebracht. Die erste Bauanfrage hatte 1904 Adolf Wentzel (vgl. Liebherrstraße 8) eingereicht, doch gelangte das Anwesen noch im gleichen Jahr in den Besitz des Architekten

Liebherrstraße 4   ▷

Konrad Böhm, der es nach eigenen Plänen 1905–06 ausführen ließ. Der auch bei anderen Anwesen nicht seltene kurzfristige Besitzerwechsel deutet die Stellung des Bauvorhabens als ein solches mit Spekulationsabsicht an. Leicht zurückgesetzt ist das mittige Fassadenfeld zwischen zwei Seitenrisalite eingespannt, die eigene Giebelfronten ausbilden und von stilisierten Rustikastreifen vertikal betont werden. Ein Zwerchhaus akzentuiert die Fassadenmitte. Ungewöhnlich sind die straßenseitigen breiten Balkone, die vor dem 1. und 3. Obergeschoss die gesamte Fassadenbreite einnehmen. Das Nebeneinander von neugotischen Vorhangfenstern, Karniesbogenöffnungen und Neurenaissanceverdachungen deutet auf die mischstilige Phase um die Jahrhundertwende hin.

Liebherrstraße 5

Liebherrstraße 10

Liebherrstraße 8

Liebherrstraße 5. Auf dem Gelände der ehem. Hacklmühle kam das heutige Geschäftshaus 1909–10 durch Eugen Hönig und Karl Söldner zu stehen, das mit dem Eckhaus Thierschstraße 11 (s. dort) einen Komplex bildet. Die Mittelpartie (zu fünf Fensterachsen) der Fassade wird von Seitenpartien (zu je zwei Fensterachsen) eingespannt, die durch seichte Mauervorsprünge in den Obergeschossen ausgebildet werden. Das Erdgeschoss besteht aus neun in einer Flucht liegenden und gleich dimensionierten Arkaden. Entsprechend sind die neun jeweils eng gesetzten Fensterpaare des mezzaninverwandten 4. Obergeschosses formuliert. So schaffen die Rhythmisierung der Fassade einzig die von kräftigen Gesimsen (das obere mit Zahnfries) eingefassten Hauptgeschosse sowie das 3. Obergeschoss. Von architekturgeschichtlicher Signifikanz sind die zu zweigeschossigen Fensterbahnen zusammengeschlossenen fünf Achsen der mittleren Fassadenpartie. Hier ist das im Mietshausbau um die Jahrhundertwende beliebte Polygonalerkermotiv, das in den Formauffassungen des Jugendstils reich variierend eingesetzt wurde, gleichsam erstarrt und versachlichend eingesetzt.

Liebherrstraße 8. Über zwei parallel geführten Bachläufen (ehem. Fabrikbach und Hacklmühlbach gen.) kam das mit seinen gleichzeitigen Rückgebäuden tief ins Grundstück greifende und 1903 von Adolf Wentzel ausgeführte Mietshaus zu stehen. Es wurde für den Bauunternehmer August Spies erbaut. Beton-

beschlacht und -decke bilden die Koffer, in denen die Bäche geführt werden. Im Vorderhaus (ein breiter Riegel entlang der Straße mit mittig angesetztem Rückflügel) sind gemäß Eingabeplan in jeder Etage drei Wohnungen untergebracht, davon nimmt eine ganz den Rückbau ein. Das Neurenaissanceanwesen ist weitgehend original erhalten. Die kräftig durchgebildete Straßenfront besticht durch den asymmetrisch gesetzten Zwerchgiebel und den malerisch-komponierend phantasiereichen Einsatz der Erker. Reich ist auch das Portal des Hofdurchgangs gestaltet sowie die amalgamierend aus traditionellen Architekturformen gebildeten Balkon- und Verdachungsmotive in der südlichen Fensterachse.

Liebherrstraße 10. Über einem leicht spitzen Winkel mit laut Eingabeplan zwei Wohnungen je Etage wurde das Anwesen 1903 nach Plänen des Architekten Adolf Wentzel für Kaspar Lehner erbaut. Von einer Säule getragen, überfängt ein dreieckiger Baldachin den Eckzugang des Ladens, der in jeder der Neurenaissancefassaden ein großes Stichbogenfenster ausbildet. Gleichsam spielerisch findet sich die Fassadenecke über dem Erdgeschoss abgeschrägt und bereitet so eine der Facetten des Eckerkerturmes vor. Der heutige Erkerturm mit Haube ist als formal vereinfachende Reprise des Erstzustandes anzusehen (Rekonstruktion 1987–88). Infolge des Luftkriegs war das Dach vollständig ausgebrannt, der Zwerchgiebel über dem zweigeschossigen Polygonalerker in der Fassade an der Thierschstraße kulissenartig stehengeblieben.

Die Aufhebung des Nachkriegsnotdachs sowie die jetzige vereinfachende Kupferhaube über dem Eckerker mit gleichzeitigem Einbau einer Dachwohnung wurde in den Jahren 1987–88 vorgenommen. Höchst bemerkenswerter Fassadendekor um das Portal in der Fassade an der Liebherrstraße hat sich erhalten: jugendstilige Blattranken, eine Agraffe in Eulenform über dem gestauchten Bogen des Zugangs und Ornamentierungen mit Eulen auch in Höhe des 1. Obergeschosses darüber.

Liebherrstraße 8, Hausfigur

Liebherrstraße 10, Portal

Liebherrstraße 13/15, Kerschensteiner-Gewerbeschule

Liebherrstraße 13/15. *Kerschensteiner-Gewerbeschule.* Auf dem nachmaligen Schulgelände verzeichnet Wenngs Atlas 1850 (St.-Anna-Vorstadt, Pl. 8) lediglich im Norden an der Ländstraße ein damals dem Lodererverein gehöriges Haus (Fabrikstraße 15), dessen Grundfläche großenteils von der heutigen platzartigen, von der Thierschstraße überquerten Kreuzung vor der Nordwestecke der Gewerbeschule eingenommen wird. Südlich davon war 1883–1900 ein Straßenbahndepot situiert. Damit sind die städtebaulichen Vorgaben des im Übrigen von angrenzenden späthistoristischen Mietshäusern flankierten Schulkomplexes gekennzeichnet.

Die ehem. Zentralgewerbeschule trägt heute den Namen des vor allem für die Einführung des Realienunterrichtes maßgebenden Schulreformers Georg Kerschensteiner (1854–1932), der als Stadtschulrat von München (1885–1919) u. a. den Aufbau des fachlich gegliederten Berufsschulwesens organisierte. Im originalen Zustand war das vom damaligen Stadtbaurat Hans Grässel entworfene stattliche Schulgebäude in deutscher Renaissance ein Hauptbeispiel für die speziell im Münchener städtischen Bauwesen angestrebte Synthese von funktionell sehr fortschrittlicher Organisation und stimmungshaltiger, traditionelle Muster frei variierender Gestaltung, die das historisch gewachsene und sich erweiternde Stadtbild geschmackvoll und schmückend bereichern sollte. Im Unterschied zum heute dominierenden nüchternen Horizontalismus war am ursprünglichen, im Süden überdies kürzeren Eckgebäude der vertikale Impuls der im Zeitsinn malerischen, überaus abwechslungsreich ausgebildeten Dachlandschaft bestimmend für den Eindruck und die Interpretation der städtebaulichen Lage; diese Wirkung hat der Bau im heutigen Zustand fast völlig verloren. Der Altbau von 1903/05 bestand aus dem (über befenstertem Kellergeschoss) viergeschossigen westlichen Längstrakt entlang der Liebherrstraße mit mächtigem Satteldach und hohen, reich gegliederten Schweifgiebeln im Norden (sowie ursprünglich auch im Süden über dem niedrigeren Aulatrakt bis zu dessen Aufstockung 1927). Westlich schloss sich an der Ländstraße ein kurzer, zum Hof hin jedoch tiefer Querbau mit vor Atelierfenstern zurückgesetztem Terrassengeschoss in Dachhöhe und innen dem hofseitig angeordneten Haupttreppenhaus an, im Süden rückseitig ein weiterer Quertrakt (sog. Mittelbau) sowie an der Liebherrstraße in Verlängerung des Hauptflügels der ursprünglich niedrigere Aulatrakt mit den drei hohen Saalfenstern

im Hauptgeschoss. Die Fassaden waren schon ursprünglich flächenhaft-einfach, belebt nur durch die schlicht gerahmten Fenster, deren Zusammenfassung in rhythmisch angeordneten Zweier-, z. T. Dreiergruppen der inneren Raumaufteilung (vor allem in Lehrsäle) entspricht. Besondere Schwerpunkte in skulptiertem Muschelkalk betonen bis heute an der Langseite die toskanische Halbsäulen-Ädikula des Hauptportals mit großem Stadtwappen im Sprenggiebel, weiter südlich im 1. Stock der drei Fenster breite, durch Hermenkaryatiden gegliederte Erker des Rektorats und im Süden, in der rechten Außenachse des Aulatraktes, das von Pilastern und Gebälk gerahmte, durch Sinnsprüche bereicherte Portal der (früheren) Durchfahrt; unweit nördlich davon erinnert eine steinerne Inschrifttafel an die Erbauung 1903/04, unter dem Breiterker eine Kartusche an die Erweiterung 1928. In der Dachzone erhoben sich über der langen Straßenfront zwei stattliche, reich gestaltete Zwerchhäuser im Bereich über dem Haupteingang bzw. dem Rektoratserker, alternierend mit großen Standgauben; ein etwas kleinerer Zwerchgiebel überragte den Aulaflügel; überdies saß – mit dem Nordgiebel zusammen eine städtebaulich wirkungsvolle Gruppe bildend – unweit hinter ihm auf dem First ein barockisierender achteckiger Dachreiter mit Zifferblättern und metallgedeckter Zwiebelhaube. Das Kellergeschoss enthielt die Werkstätten für Holzbearbeitung (Nordflügel), Metallbearbeitung (Mitte Ostflügel) und Töpfer (am Südende), das Erdgeschoss im Nordteil das Vestibül mit Differenztreppe und anschließend die zweiläufige Haupttreppe mit Belichtung rechtsseitig vom Hof und reicher dekorativer Ausgestaltung, ansonsten im Nordflügel die Schäfflerwerkstatt und – im Eckbereich – die Hausmeisterwohnung, ferner – entlang der Liebherrstraße bzw. dem hofseitigen Gang – Sattlerwerkstatt, Holztechnologie,

Liebherrstraße 13/15, Ansicht, um 1905

Liebherrstraße 13/15, Vestibül, um 1905

Liebherrstraße 13/15, 1. Obergeschoss, Aula, Blick nach Norden

Liebherrstraße 13/15, Aula, Türen in der Nordostecke

Liebherrstraße 13/15, Aula, Prinzregentenbildnis

Metallsammlung, zwei Lehrerzimmer sowie – unter der Aula – die Tapeziererwerkstatt; im südlichen Quertrakt lag die Buchbinderwerkstatt, rechts von ihr das zweite Treppenhaus, zugänglich auch von der kreuzgratgewölbten ehem. Durchfahrt im Süden. Der Hof wurde östlich durch eine Rückwand mit vorgelegtem Brunnen abgeschlossen.

Der 1. Stock enthielt weitgehend Lehrsäle, hinter dem Breiterker Zimmer und Vorzimmer des Direktors, im südlichen Querflügel Garderobe, zwei Lehrerzimmer und östlich das Beratungszimmer; den südlichen Abschluss der Raumfolge bildet die durch zwei Geschosse gehende Aula (auch als Vortrags- und Festsaal bezeichnet), die mit ihrer noch ursprünglichen reichen Ausstattung (u. a. Vertäfelung, Prunkportal, Prinzregenten-Bildnis, 6 Gemälde einzelner Handwerke, Nordempore, Kassettendecke) zu den schönsten Repräsentationssälen Münchens um die Jahrhundertwende gehört. Das 2. und 3. Obergeschoss enthielten in erster Linie zahlreiche Lehrsäle sowie jeweils ein Lehrmittelzimmer links vom Südtreppenhaus, das Dachgeschoss drei weitläufige Ateliers sowie (im südlichen Quertrakt) den Speicher.

Umbau und Erweiterung 1927/28 erfolgten gleichfalls nach Entwurf von Hans Grässel (die Baupläne unterzeichnete der damalige Leiter des städt. Bauwesens Fritz Beblo). Der Aulatrakt wurde zur Traufhöhe des übrigen Gebäudes aufgestockt und in Analogie zu diesem mit einem gleich den beiden anderen gestalteten großen Zwerchhaus bekrönt; innen wurde somit ein Lehrsaal über der Aula und ein weiterer im Dachgeschoss gewonnen. Südlich anschließend entstand auf bisher unbebautem, reserviertem Freiraum, bis an die Kommunmauer des (einstigen) prächtigen neubarocken Mietshauses Liebherrstraße 17 reichend, ein viergeschossiger Erweiterungsbau mit gleicher Traufhöhe, gestalterisch als Fortsetzung des Altbaus mitsamt einem weiteren großen Zwerchhaus und flankierenden Gauben. Im Kellergeschoss wurde der Maschinensaal untergebracht.

Nach dem Zweiten Weltkrieg erfolgte durch den Architekten Max Wiederanders, seit 1926 Leiter der Kerschensteiner-Gewerbeschule, „1946–1952 [die] Rettung der kriegsbeschädigten Ruine und … ihr Wiederaufbau" (Ausst. Kat. Zwanziger Jahre, 1979). Die Pläne für den 1951/52 ausgeführten Dachneubau und Ausbau aus dem Jahre 1951 sind von Architekt Hans Beblo, Pullach, als Planfertiger unterzeichnet. An die Stelle der einstigen malerischen Dachaufbauten trat ein als niedrige Aufstockung wirkender Dachausbau in Form eines Fensterbandes. – Die letzte Großinstandsetzung des heutigen Berufsbildungszentrums fand in den Jahren vor und nach 1980 statt, wobei rückseitig ein großer Werkstättenanbau entstand.

Liebherrstraße 20. Das an der Liebherrstraße breit gelagerte Mietshaus wurde von Heinrich Volbehr 1903 für den Feilenhauer Franz Xaver Girisch erbaut, es hat einen nordöstlich angebauten seichten Rückflügel. Die mittig rückwärtige Treppe führt gemäß Eingabeplan zu zwei Wohnungen je Etage. Folgen zu je drei Segmentbögen zwischen angestrebten Stützen überfassen die Stichbogenfenster des Erdgeschosses. Mittig dazwischen befindet sich der Hauszu- und Hofdurchgang, von einem neugotischen Karniesbogen überfangen. Symmetrisch rhythmisieren zwei zweigeschossige Flacherker mit schmalen Seitendurchlichtungen die Neurenaissancefassade, sie setzen über dem 2. Geschoss an und reichen bis zur Traufe. Ein Dacherker mit Zeltdach überhöht den südlichen Erker, und der nördliche Flacherker bedient das Dachhaus darüber (mit originalem, von Voluten flankiertem und kugelbekröntem Ziergiebel) mit einem unüberdachten Austritt. Die Brüstungszonen des südlichen Dacherkers und nördlichen Balkons weisen wiederum neugotisches Maßwerk in Relief auf, als Hinweis auf den für Volbehr charakteristischen spätgründerzeitlichen Mischstil (vgl. Georgenstraße 121, erbaut 1901). Die Fassadenmitte nahm ursprünglich eine Stuckmadonna ein, die heute von einer kreuzförmig angelegten floralen Malerei ersetzt ist.

Liebherrstraße 20

Liebigstraße, Blick nach Osten (links Oettingenstraße 2)

Liebigstraße, Blick nach Westen

Liebigstraße

Die ursprünglich Schulstraße (vgl. Nr. 4), 1876 nach dem seit 1852 in München wirkenden Chemiker Justus von Liebig (1808–1873) benannte Straße durchschneidet das Lehel als 600 m lange, gerade Achse in östlicher Fortsetzung der Christophstraße bis zur isarparallelen Widenmayerstraße. Das Straßenbild ist durch seine noch zu beträchtlichen Teilen erhaltene Mietshausbebauung des späten 19. und frühen 20. Jh. von bemerkenswerter Geschlossenheit (vgl. Beitrag von Johannes Hallinger).

Liebigstraße 1. Der Zimmermeister und Mühlenbesitzer Michael Stitzinger erbaute das Anwesen an der Ecke Bruder-/Liebigstraße 1875 für sich selbst. Drei Wohnungen mit Dunkelzonen

Liebigstraße 1

waren gemäß Eingabeplan in jeder Etage untergebracht. Ehemals war die Fassade reich im Sinne der klassischen Neurenaissance gestaltet: Die drei mittleren Fensterachsen der Fassade an der Liebigstraße werden in einem Risalit zusammengefasst, der bis zur einschneidenden Kriegszerstörung der gesamten Dachzone 1944 von einem hohen Ziergiebel überhöht war. Ebenso war die auch als Risalit betonte mittlere Fensterachse der Fassade an der Bruderstraße gestaltet. Die originalen Fensterverdachungen sind stilisiert überkommen. Ein zweigeschossiger Polygonalerker, der zu fünf Achteln vor die abgeschrägte Ecke des Hauses gesetzt ist und von einer Säulenstütze getragen wird, übergreift die beiden Hauptgeschosse und bedient das 3. Obergeschoss mit einem kleinen, nicht überdachten Austritt. Die historische Gestalt des in städtebaulich markanter Lage befindlichen Hauses wurde 1981 durch das als Vollgeschoss ausgebildete 4. Obergeschoss stark verändert, insbesondere durch die kupferverblendeten Stirnflächen. Im gleichen Jahr war die Rustizierung des Erdgeschosses rekonstruktiv wiederholt worden.

Liebigstraße 6. Das schmal zur Straße stehende, aber tief ins Grundstück greifende Mietshaus wurde 1891–92 von Adolf Rupp für sich selbst erbaut. Eine Wohnung war gemäß Eingabeplan in jeder Etage untergebracht. Die durch die Gebäudetiefe bedingte zwangsläufige Dunkelzone wurde durch einen westlich im Anwesen berücksichtigten glasüberdachten Lichtschacht aufgehoben. Die historische Gestalt der Neurenaissancefassade ist bis zum 2. Obergeschoss nachvollziehbar geblieben. Als Akzent ist mittig ein zweigeschossiger Flacherker in die Fassade gesetzt, der im Erdgeschoss von einer mächtigen Konsolkonstruktion

Liebigstraße; Flurkarte, M. 1:5000

Liebigstraße 6

vorbereitet wird, in die das Rund des mittigen Erdgeschossfensters eingeschrieben ist. Im 1. Obergeschoss als Flacherker mit schmalen Seitendurchfensterungen ausgebildet, springt der Erker im 2. Obergeschoss ins Polygon zurück. Als Folge des Luftkriegs verbrannte im November 1944 das Dachgeschoss total. Die Wiederinstandsetzung war 1947 vollzogen. Das heutige 4. Obergeschoss, den historischen Eindruck des Gebäudes weitgehend aufhebend, wurde 1985 aufgesetzt und in diesem Zuge eine neue Dachwohnung geschaffen. Kürzlich wurden Erdgeschoss (noch mit Rundstützen und Felderdecke im Laden links) und 4. Obergeschoss abermals verändert.

Liebigstraße 7. Der Bauunternehmer Heinrich Neumann errichtete das Mietshaus 1884 für sich selbst. Eine Wohnung war gemäß Eingabeplan in jeder Etage untergebracht. Charakteristisch für die Fassadengestaltung der Münchner Vorstadthäuser in den 1880er Jahren ist die strenge Anwendung von Neurenaissanceelementen. Seitenrisalite fassen die Fassade ein und schaffen die vertikale Gliederung (über die Hauptgeschosse durch Rustikabänder hervorgehoben), kräftige Kranzgesimse betonen die Fassadenmitte und scheiden die Hauptgeschosse aus, deren Fensterachsen in ihren Sturzfeldern und Brüstungszonen jeweils verklammert sind. Hierbei sind die Fenster des 2. Obergeschosses im Mittelfeld der Fassade mit Segmentbogengiebeln verdacht, die entsprechenden der Risalite mit Dreiecksgiebeln. Die einheitlich rundbogigen Fenster des 3. Obergeschosses werden von Pilastern mit ionisierenden Kapitellen flankiert und tragen scheinbar ein aufwendig gestaltetes Gebälk, in dessen Fries die kleinformatige Kniestockdurchfensterung untergebracht ist, alternierend mit Stuckgirlanden; darüber haben sich Zahnfries und Perlstab erhalten. Insgesamt ist die Fassade des Anwesens original erhalten und ein sprechender Zeuge für die Absicht, die „Ware Wohnung" durch Verkleidung, in diesem Fall im Sinne klassischer italienischer Palastbauelemente, aufzuwerten.

Liebigstraße 8. In stumpfem Winkel ist dem 1891 von Adolf Rupp errichteten, schmal an der Straße stehenden Neurenaissance-Mietshaus ein östlicher Rückflügel angesetzt. In der sich aus diesem Grundriss ergebenden langen östlichen Kommunwand ist ein Lichthof ausgespart, den das Anwesen mit dem östlichen Nachbarhaus gemeinsam bildet. Der Lichthof hebt die zwangsläufigen Dunkelzonen in den Wohnungen auf. Auf die Kriegszerstörung des Dachstuhls und der Dachwohnung folgte eine einfache Wiederherstellung. Den Vollausbau eines 4. Obergeschosses (1970) begleiteten weitere Veränderungen der historischen Fassadengestalt wie eine Nagelfluhverblendung des Erdgeschosses und die Auswechslung der Fenster zu solchen ohne Sprossen. Die geschichtliche Zeugenschaft für den Münchner Wohnungsbau vor der Jahrhundertwende ist damit für dieses Anwesen stark reduziert worden.

Liebigstraße 8

Liebigstraße 9. Der Zimmermeister und Mühlenbesitzer Michael Stitzinger errichtete das Anwesen in der Ausführung durch Baumeister Max Steinmetz 1877 für sich selbst. Eine Wohnung ist gemäß Eingabeplan in jeder Etage untergebracht. Das Haus ist hinsichtlich seiner Binnenstruktur wie auch mit Blick auf seine Fassadendekoration in den Formen der Neurenaissance weit-

Liebigstraße 7   Liebigstraße 9

gehend original erhalten. Klar sind durch kräftige Kranzgesimse die Hauptgeschosse ausgeschieden. Glatte Pilaster mit ionisierenden Kapitellen rahmen die gerade verdachten Fenster des 1. Obergeschosses, kannelierte Pilaster mit korinthisierenden Kapitellen diejenigen des 2. Obergeschosses. In den Verdachungen der Fenster des oberen Hauptgeschosses wurde eine Rhythmisierung der Fassade dezent angedeutet: In den beiden äußeren Achsen sind Verdachungen mit Dreiecksgiebeln zu sehen, die die drei inneren Achsen mit Segmentbogengiebeln einfangen. Das Erdgeschoss ist in Putzstreifen glatt rustiziert, die Fenster des 3. Obergeschosses zeigen profilierte Kastenrahmen mit geohrten Faschen und einfache Scheitelsteine ohne Facetten. Auch das profilierte Traufgesims hat sich erhalten. 1980 fand die Erneuerung der Fenster statt.

Liebigstraße 10b/10c. Die weitgehend achsensymmetrisch angelegten Mietshäuser (Nr. 10b hat einen östlich angebauten Rückflügel, Nr. 10c einen ebensolchen westlich angebauten) erhielten gemäß Eingabepläne in jeder Etage zwei Wohnungen. Daneben weisen die Fassaden der von den Brüdern Adam und Johann Graessel 1891–92 als Spekulationsobjekte für sich selbst erbauten Neurenaissancehäuser identische Gliederungen auf (bei Nr. 10b fand 1993 eine Renovierung der Fassade statt, bei Nr. 10c im Jahr 1995). In die jeweils mittlere Fensterachse sind über dem Hofdurch- und Hauseingang Polygonalerker setzt, die das 1. Obergeschoss und die beiden Hauptgeschosse überspannen sowie das 4. Obergeschoss mit einem Balkon bedienen; zuoberst werden sie von Fenstern akzentuiert, die an das Serliana-Motiv erinnern. Diese prominente Fensterform ist weiters dekoriert durch große Blütenkreise in den Stirnflächen oberhalb der beiden geraden Gebälkstücke. Eine optische Betonung der beiden Hauptgeschosse wurde auch durch die Rustizierung des 1. Obergeschosses er-

Liebigstraße 10b/10c (von links)

Liebigstraße 12a

Liebigstraße 12

Gurtgesimse über dem 1. Obergeschoss (dieses ist zwar als Vollgeschoss ausgebildet, wird jedoch von der Fassadengliederung wie ein Mezzanin behandelt, indem es ohne Geschosstrennung zusammen mit dem Erdgeschoss formgleich rustiziert ist) und über dem 3. Obergeschoss werden die beiden Hauptgeschosse hervorgehoben. Die letzten Fensterachsen zur Straßenecke hin werden von einem Risalit aufgenommen, der die Ecksituation betont. Entsprechend städtebaulich dominant ist der abgeschrägten Ecke über dem Erdgeschoss ein Erker angesetzt, der bis zur Traufe reicht und darüber von einem Erkertürmchen mit kleiner Kupferhaube bekrönt wird. Der Erker ist bis über das 2. Oberge-

reicht. Als ein Hauptcharakteristikum der klassischen Neurenaissance ist die Engsetzung und gemeinsame Verdachung von jeweils zwei Fenstern anzusehen. Dieses Motiv ist bei den beiden Mietshäusern konsequent zur Anwendung gebracht.

Liebigstraße 12. Drei Wohnungen waren gemäß Eingabeplan in jeder Etage des Mietshauses untergebracht, eine davon ausschließlich im westlich angebauten Rückflügel. Die Fassadengliederung des 1891 von Alphons Hering in den Formen der Neurenaissance erbauten Hauses ist weitgehend original erhalten. Dominant sind zwei dreigeschossige Flacherker mit schmalen Seitendurchfensterungen in die Fassade gesetzt. Über der Rustika des Erdgeschosses werden die drei folgenden Obergeschosse zwischen Gurtgesimsen zusammengefasst. Dabei weisen die Fensterpartien des 2. Obergeschosses den reichsten Zierrat auf. Sie zeigen balustergeschmückte Brüstungszonen, werden von flachen Pilastern mit korinthisierenden Kapitellen flankiert und sind mit Dreiecksgiebeln verdacht. Die Brüstungszonen der segmentbogigen Fenster des 4. Obergeschosses zeigen fruktuale Stuckgirlanden, hierin formal den Brüstungszonen der obersten Erkerfenster verwandt. Jeweils in der Breite der Sturzfelder der Fenster des 4. Obergeschosses ist im profilierten Traufgesims ein Zahnfries ausgebildet. Mittig ist ein kleinteiliges Marienrelief gesetzt, mit Dreiecksgiebelverdachung ädikulagleich ausgebildet.

Liebigstraße 12a. Die beiden Flügel des festlich dekorierten Gebäudes, das eine formale Einheit mit Tattenbachstraße 9 (vgl. dort) bildet, stehen über einem spitzen Winkel an der westlichen Ecke Liebig-/Tattenbachstraße. Adolph Ziebland und Josef Kollmus errichteten es 1891–92 für sich selbst. Das in seiner Grundform dreieckige Treppenhaus im Hofwinkel (eine Seite konvex ausbauchend) erschloss gemäß Eingabeplan zwei Wohnungen je Etage. Dabei ergab sich für die Salons zur Straßenecke eine sechseckige Grundrisslinie. Durch kräftige

Liebigstraße 12a, Nordseite, Erker

schoss als Flacherker ausgeführt und springt vor dem 2. Haupt- und 4. Obergeschoss in ein Polygon zurück. Die Fassaden des Hauses sind somit zurückhaltend gegliedert, wurden aber reich und elegant in neubarocken Formen dekoriert. Die Fassade an der Liebigstraße akzentuiert ein dreigeschossiger Flacherker zu zwei Fensterachsen, der von einem hohen halbrunden Atelierfenster mit geschwungenem Giebel überhöht wird. Der Erker bedient die Atelierwohnung mit einem unüberdachten Austritt. Im Jahre 1996 fand eine Fensterinstandsetzung statt.

Liebigstraße 13 ▷

Liebigstraße 13. Der Zimmermeister und Mühlenbesitzer Michael Stitzinger errichtete 1874 das Mietshaus mit gemäß Eingabeplan zwei Wohnungen je Etage für sich selbst. Zwei flache Seitenrisalite, die jeweils eng gesetzte Fensterpaare einbinden (das klassische Charakteristikum neurenaissanter Fassadenrhythmisierung), spannen die drei Fensterachsen des mittleren Fassadenfeldes ein. Der Fassadendekor hat sich weitgehend original erhalten. Das Erdgeschoss ist mit geritzten Putzstreifen rustiziert, die beiden Hauptgeschosse werden von Gurtgesimsen horizontal eingefasst, die pilasterflankierten Fenster des 1. Obergeschosses sind gerade verdacht, diejenigen des 2. Obergeschosses mit Dreiecksgiebeln (in den Seitenrisaliten paarweise). Im Herbst 1944 fiel das Dachwerk einem Luftangriff zum Opfer und wurde durch ein Notdach ersetzt.

Liebigstraße 14

Liebigstraße 14. An der östlichen Ecke Liebig-/Tattenbachstraße hatte das über einem stumpfen Winkel gebaute Anwesen schon vor 1850 Bestand. Es bildete mit dem südlichen Nachbaranwesen (heute Tattenbachstraße 20, s. dort) eine Einheit. Der „Realitätenbesitzer" Josef Seebacher ließ das klassizistisch schlichte Miets- und Wirtschaftsgebäude 1895 durch Georg Guinin aufstocken, zur Straßenecke hin abwalmen (Kniestockdurchfensterungen erhalten) und das Treppenhaus verlegen. Zu dieser Zeit waren gemäß Eingabeplan in jedem Stockwerk zwei Wohnungen untergebracht. Karl Seebacher ließ schließlich 1903 die Gasträume im Erdgeschoss tiefer legen. 1927 verschwanden wenige Dekorationselemente der Fassade, die Rustika des Erdgeschosses wurde weggeglättet.

[**Liebigstraße 15/17.** Die beiden Mietshäuser wurden 1876–77 von Johann Schmid für den Privatier Heinrich Blum erbaut (unter Nr. 17 floss schräg der Gewürzmühlbach). Während das Anwesen Nr. 15 seine Fassade gleichsam als Maske teilweise original erhalten hat, jedoch das Haus selbst in den 1970er Jahren einem völligen Neubau weichen musste (dabei wurden die Fenster rekonstruktiv vergrößert und die vormaligen Kniestockdurchfensterungen aufgegeben), hat das Anwesen Nr. 17 viel von seiner Substanz bewahren können, doch seinen gesamten Fassadendekor verloren.]

Liebigstraße 16. An der westlichen Ecke Liebig-/Sternstraße ließ sich 1895 Josef Seebacher dieses Mietshaus mit gemäß Eingabeplan zwei Wohnungen je Etage von Georg Guinin errichten. Seebacher war zu dieser Zeit auch Eigentümer des westlichen Nachbaranwesens Liebigstraße 14 (erbaut um 1840, s. dort), an welchem der gleiche Architekt Umbaumaßnahmen durchführte. Das städtebaulich markante Haus Liebigstraße 16 hat seine Fassadengestaltung, in der die klassischen Gestaltungselemente der Neurenaissance zur Anwendung kamen, weitgehend original behalten. Beide Fassaden sind vertikal durch flache Seitenrisalte gegliedert (von Putzrustikastreifen betont), der nördliche an der Tattenbach- und der östliche an der Liebigstraße bilden gemeinsam einen Eckrisalit aus, der durch den schräg gesetzten Eckerker in klaren kubischen Formen mit Eckrustikastreifen betont wird. Dem Eckerker ist ein viereckiger Erkerturm mit Pyramidendach aufgesetzt. Das Erdgeschoss ist mit Raupputzstreifen rustiziert, das 1. Obergeschoss, mit entsprechenden Glattputz-

streifen, mezzaningleich behandelt. Die beiden Hauptgeschosse finden sich horizontal von Gurtgesimsen eingefasst und ebenfalls rustiziert (mit seichten geritzten Putzstreifen). Einheitlich sind die Fenster des 1. Hauptgeschosses segmentbogig verdacht, die des 2. Hauptgeschosses mit Dreiecksgiebeln. Als Abschlussakzente der beiden Fassaden sind Dachhäuser in die Dachzonen gebracht mit jeweils zwei eng gesetzten Rundbogenfenstern und dreieckigen Ziergiebeln, die mit kurzen Voluten am Dach aufstehen.

Liebigstraße 16

Liebigstraße 19 (mit Nr. 21). Für den Privatier Georg Reininger wurde das Mietshaus 1880–82 von Franz Kil in einem Zug mit dem östlich benachbarten Haus Liebigstraße 21 in den Formen der Neurenaissance erbaut. „Architekt der Fassade" war (nach MBB 1901) Gabriel Seidl. Zwei Wohnungen je Etage mit Dunkelzonen bzw. Alkoven waren gemäß Eingabeplan in jeder Etage untergebracht. Über der bis 1924 viergeschossigen Fassade ragte ursprünglich mittig ein Dachhaus mit Volutenwangen (beim Nachbaranwesen noch z. T. erhalten) auf, das der dreigeschossige Erker darunter mit einem nicht überdachten Austritt bediente. Doch erbrachte die Aufstockung 1924 eine erhebliche Veränderung der Fassadendimension, insbesondere im Hinblick auf die Nachbarbebauung. Die beiden Brüstungszonen der Fenster des Erkers nehmen von Fruchtgirlanden umrankte Stuckmedaillons z. T. mit Büstenreliefs ein. 1938 wurden die Fenster des Erdgeschosses erhöht, ebenda Fensterläden angebracht. Ein erster teilweiser Dachgeschossausbau erfolgte 1946, sodann 1951 der erweiternde.

Liebigstraße 21 (mit Nr. 19). In einem Zug mit dem westlich angrenzenden Nachbaranwesen Liebigstraße 19 (s. dort) wurde das über einem spitzen Winkel stehende Mietshaus 1880–82 von Franz Kil für den Privatier Georg Reininger an der westlichen Ecke Liebig-/Wagmüllerstraße erbaut; Fassadengestaltung von Gabriel Seidl. Zwei vom Treppenhaus im Hofwinkel erschlossene Wohnungen nahm gemäß Eingabeplan jede Etage ein. Der mit einem Viertelkreis in die Baumasse eingefügte Eckpavillon ragt mit seinem Turmkörper und ursprünglich mit einer geschweiften Kupferhaube (nach dem Krieg als Zeltdach wiederhergestellt) über die Trauflinie des Hauses hinaus und setzt so den städtebaulich entscheidenden Akzent an der Straßenkreuzung. Der Neurenaissancefassade an der Wagmüllerstraße saß

Liebigstraße 15 (kein BDm)

Liebigstraße 19

Liebigstraße 21; Ansicht; Aufn. 1901

Liebigstraße 21 (links 19)

bis zu seiner Kriegszerstörung (die Dachwohnung an der Wagmüllerstraße brannte vollends aus) ein Zwerchgiebel auf, der jedoch im Zuge der von Hans Fries 1946 durchgeführten Wiederherstellung nicht wieder ausgeführt worden ist. Ein Anbau zu
zwei Fensterachsen nördlich hiervon, entlang der Wagmüllerstraße, entstand durch Karl Stöhr 1899–1900 für den Kunsthändler und Antiquar Hugo Helbing. Die Fassade an der Liebigstraße
wird von einem dreigeschossigen Flacherker betont, der zwei
eng gesetzte Fensterachsen zusammenfassend von einem Dachhaus überhöht wird, dessen volutenförmige Wangen abgegangen
sind. Der reich mit Stuck (wie bei Nr. 19) dekorierte Erker bedient die 1968 zur heutigen Gestalt ausgebaute Dachwohnung
mit einem Balkon. Ein gleich gestaltetes Dachhaus mit Dreiecksgiebel ist über der westlichen Fensterachse zu sehen, mit an
der westlichen Wange erhalten gebliebener Volute. Über dem
konventionellen Rustikageschoss werden die Fenster in den drei
Obergeschossen zwischen breite, von parallelen Gesimsen gesäumte Brüstungszonen eingespannt; deren horizontale Tendenz
setzen die auf Gusseisenkonsolen ruhenden, prächtigen Gitterbalkone vor der eingezogen-abgerundeten Eckpartie verstärkt

Liebigstraße 22/22

fort. – In der im nördlichen Anbau von 1900 situierten Durchfahrt und im Vorplatz der Treppe Jugendstil-Stuckdekor (ornamentaler Fries), über dem Treppenansatz schlichte Buntvergla-
sung; Treppengeländer schlicht mit Gusseisenstäben der Bauzeit. Die ursprüngliche Haustür lag unter dem Erker der Südseite (s. Abb. von 1901).

Liebigstraße 20/22. Für den Fabrikanten Heinrich Witzenmann
ist das „Wohn- und Wirtschaftsgebäude" 1882/83 von W. Burger
errichtet worden. Eine Wohnung je Etage war gemäß Eingabeplan in den Obergeschossen untergebracht. In einem ebenerdigen rückwärtigen Anbau und in der westlichen Hälfte des Erdgeschosses befanden sich die Lokalitäten einer Restauration.
Der Anbau wurde entfernt, seit 1979 ist der Gastraum im Erdgeschoss des Anwesens in ein Großraumbüro verwandelt worden.
Im rückwärtigen Areal befand sich die Braustätte der St.-Anna-
Brauerei. Die Fassade des Hauses ist weitgehend original erhalten. Die beiden unteren Geschosse des viergeschossigen Anwesens sind sockelgleich behandelt. Die beiden Geschosse darüber,
als Hauptgeschosse ausgezeichnet, werden von kolossalen Pilastern übergriffen. Die profilierten Fenster der beiden Geschosse
weisen einheitlich geohrte Faschen auf, die des 3. Obergeschosses facettierte Scheitelsteine und Brüstungszonen mit Gesimsstücken, die Sohlbänke vorstellen. Unter der Traufe haben sich
auch die gekuppelten Konsolstücke und der Zahnfries erhalten.
Die Neurenaissancegestaltung des Hauses ist als ein vorzügli-
ches Beispiel dazu angetan, die Übernahme und Neuinstrumen-
tierung von Stilelementen aus dem italienischen Palastbau der
Renaissance zu belegen.

Liebigstraße 25/Oettingenstraße 1. Ehem. *Flurbereinigungsamt* und *Staatliches Vermessungsamt*, heute *Teil des Landesamtes für Vermessung und Geoinformation*. Der im Luftkrieg 1944
zerstörte Vorgängerbau, die 1905/06 vom Landbauamt München
nach Entwurf und unter der Leitung des damaligen Bauamts-
assessors German Bestelmeyer aufgeführte (unter Bauamtsassessor Carl Voit vollendete) Flurbereinigungskommission gehörte zu Beginn des 20. Jh. zu den fortschrittlichsten, den Historismus (vgl. benachbart Alexandrastraße 4) überwindenden öffentlichen Neubauten Münchens, sichtlich beeinflusst von der
Reformarchitektur eines Theodor Fischer. Der plastisch durch-
geformte viergeschossige Baukörper mit drei gerundeten Erkern

Liebigstraße 25, Landesamt für Vermessung und Geoinformation

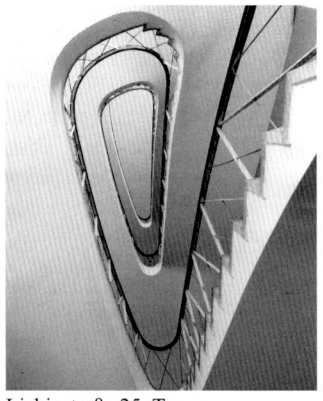

Liebigstraße 25, Treppenhaus; Aufn. 1988

Liebigstraße 25, Treppe

Josef Oberberger studiert. In Zusammenarbeit mit befreundeten Künstlern und Handwerkern führte er im München der 50er Jahre einige bedeutende Beispiele für die damals entstandene Aufgabe der ‚Kunst am Bau' aus. Im Flurbereinigungsamt gelang ihm ein kunstgeschichtlich herausragendes Werk, dessen Qualitäten sowohl in der kontrastierenden Farbigkeit als auch in der abstrakten, gleichwohl anthropomorphen Formensprache liegen. Eine Kenntnis der etwas früheren Werke von Asger Jorn oder Karel Appel darf wohl vorausgesetzt werden. In der damals aktuellen Diskussion um die ‚Westkunst' besaß dieser, durch amerikanische Gelder mitfinanzierte Gestaltungsansatz sicherlich einen programmatischen Charakter. Im östlichen Treppenhaus befindet sich ein weiteres Wandgemälde Gottsteins, allerdings in deutlich konventionellerer Ausprägung" (Walter 1999).

Anlässlich der Generalsanierung 1996–98 erfolgte die Aufstockung mit einem Terrassengeschoss und die Wiederherstellung der originalen Farbigkeit außen wie innen auf der Grundlage qualifizierter Befunduntersuchungen.

Der an die Nordostecke anschließende niedrigere, dreigeschossige Trakt an der Oettingenstraße stellt die Verbindung zum Ostflügel des Landesamtes für Vermessung und Geoinformation (Oettingenstraße 3, s. Alexandrastraße 4) her.

Liebigstraße 26. Das schmal an der Straße stehende Mietshaus errichtete Korbinian Waldbrunn 1874–75 für sich selbst. Zwei Kleinwohnungen mit je einem rückwärtigen Zimmer und einem zur Straße und der Küche in einer tiefen Dunkelzone befanden sich gemäß Eingabeplan in jeder Etage. Die Rustika des Erdgeschosses und der gemäß dem Eingabeplan reiche Neurenaissance-Stuckdekor der Fassade wurde nach dem Zweiten Weltkrieg geglättet. Im Mittelzug zwischen den beiden eng gesetzten Fensterpaaren (die Engsetzung von Fenstern und die sich daraus ergebende Rhythmisierung der Fassade kann als ein Charakteristikum für die Neurenaissance angesehen werden) ist ein Rest der vormaligen Pracht zu sehen: in Höhe des 3. Obergeschosses eine Büste in rundem Stuckmedaillon und Fruchtgirlandole darunter, in Höhe des 2. Obergeschosses ein stehender Festondekor und mittig über dem Hauseingang vor dem 1. Obergeschoss eine mit Kupfer verdachte Wandnische mit Madonnenfigur.

Liebigstraße 35. Der Baumeister Josef Schwarz errichtete im Jahr 1898 den Mietshaus-Komplex Liebigstraße 35/Oettingenstraße 2 für sich selbst anstelle eines nicht zustande gekommenen Bauvorhabens Karl Vogts, dem ersterer als Besitzer der Grundstücke nachgefolgt war. Eine Wohnung ist gemäß Eingabeplan je Etage im Anwesen untergebracht. Den Krieg überstand das Haus mit jugendstiligem Fassadendekor weitgehend unbeschadet. Doch erbrachte die 1970 durchgeführte Renovierung der Fassade massive Veränderungen, die ihr historisches Er-

gipfelte in zwei mächtigen Giebeln der Steildachzone (s. MB I 1912, S. 478). 1918–1920 erfolgte die Erweiterung nach Osten bis an die Oettingenstraße.

Der fünfgeschossige Neubau von 1953 (Liebigstraße 25) und 1954/55 (Oettingenstraße 1) nach Entwurf des Landbauamtes München orientierte sich an der zeitgenössischen, in München vor allem durch Sep Ruf vertretenen Bauweise. Der Fassadenraster mit vorkragendem Flachdach, Vordach über dem asymmetrisch links situierten Eingang und ablesbarem Treppenhaus darüber kontrastiert mit den geschlossenen, farblich abgesetzten Putzflächen im Erdgeschoss und verschieden breiten Eckbereichen. Die Errichtung des zweiflügeligen Ämtergebäudes erfolgte mit Mitteln des ERP (= European Recovery Program).

„Höhepunkt der architektonischen und künstlerischen Gestaltung ist jedoch das Haupttreppenhaus an der Westseite. Die Eingangssituation mit einem dunklen Riemchen-Mosaik vermittelt zu einer frei in den Raum geführten, geschwungenen Treppe vor einer vollständig aufgeglasten Nordwand. Die abstrakte Wandmalerei auf blauem, gespacheltem Grundton ist signiert mit ‚Gottstein-Kemper-Hövels'. Der Maler und Graphiker Karlheinz Gottstein (1920–80) hatte zwischen 1946 und 1953 an der Akademie der Bildenden Künste bei Emil Preetorius und

Liebigstraße 26   Liebigstraße 35

scheinungsbild aufhoben: Eine Nagelfluhverblendung ersetzt die Rustika des Erdgeschosses und die Fenster wurden bei einer Veränderung ihrer Formate zu solchen ohne Sprossen ausgewechselt. Es blieb der in die östliche Fensterachse gesetzte, über dem 1. Obergeschoss anhebende dreigeschossige Flacherker (mit figuralen Konsolen und an den Kanten übergreifenden Schmucklisenen). In der Dachzone darüber hat sich der mehrfach geschweifte und ursprünglich mit den um 1900 hochmodernen eckigen Voluten am Dach aufsitzende Ziergiebel des Dachhauses erhalten, dem im Sinne neubarocker Auffassung ein Bassgeigenfenster eingeschrieben ist.

Liebigstraße 41

Liebigstraße 37/39/41. Die häufige Zusammenarbeit des Bauunternehmers Josef Kalb mit Martin Dülfer legt die Mitarbeit des „Wegbereiters der deutschen Jugendstilarchitektur" insbesondere bei der Fassadengestaltung auch bei den Anwesen Liebigstraße 37/39/41 nahe, die Kalb als Spekulationsobjekte von seiner Firma 1893–95 zusammen mit Reitmorstraße 23 und 25 (s. dort) hat errichten lassen. Freilich ist eine Mitarbeit Dülfers eben bei den Häusern an Liebig- und Reitmorstraße weder

aktenkundig noch hinsichtlich formaler Bezüge zu belegen. So bleiben als sichernde Hinweise das gesellschaftliche Umfeld sowie zeitgenössische Architekturzeitschriften, die die Häuser Dülfer gewiss zu Recht zuschrieben. Das Haus Liebigstraße 37 weist einen östlich angebauten Rückflügel auf und bildet zur Belichtung der zwangsläufigen, aber zu vermeidenden Dunkelzone zusammen mit dem Anwesen Liebigstraße 39, dem der Rückflügel westlich angesetzt ist, einen Lichthof. Zwei Wohnungen, die teurere zur Straße, die billigere rückwärtig, machten gemäß Eingabeplan ursprünglich jede Etage aus. 1937 wurde eine dritte Wohnung je Etage ausgeschieden. Die jüngste Wohnungsteilung erfolgte 1982–85 in einem Zuge mit dem Dachgeschossausbau. Ebenfalls mit zwei Wohnungen je Etage, einer rückwärtigen und einer zur Straße, ist das Haus Nr. 39 ausgestattet. Schon 1896 gelangte das Anwesen in den Besitz des Franz Püttrich. Im Jahre 1979 wurden hier die Balkone erneuert, 1992 schließlich die Rustizierung des Erdgeschosses rekonstruierend wiederhergestellt. Zwei repräsentative Wohnungen je Etage nahmen das Haus Liebigstraße 41 ein. Doch erfolgte 1995 eine Änderung der Wohnungseinteilung in Erdgeschoss und 1. Obergeschoss. Der Dachgeschossausbau fand hier 1989 statt.

Die Fassadendekoration wurde im Sinne des Erstzustandes den Anwesen regelrecht aufgelegt, die einzelnen Häuser dabei verklammernd; zweiachsige Ziergiebel vor den Dachhäusern über den Fassaden an der Liebigstraße übergreifen die Anwesen, wie im Zusammenhang mit der jüngeren Veränderung an den Dekorationen darunter abgelesen werden kann. Die Ornamentik kann als jugendstilig aufgefasst werden, doch bestechen die Details durch ihre Nähe zu neubarockem Formenrepertoire und Elementen des deutschen Zopfstils. Der Kalkmörtelverputz der Wandflächen war gelb. In gestampftem gräulichem Zementbeton waren die Gesimse, Balkone und dekorativen Architekturelemente ausgeführt. Das Haus Nr. 37 hat seine Dekoration in stärkerem Umfang verloren, Nr. 39 wenig eingebüßt, ziemlich gut ist das Eckhaus Nr. 41 erhalten. Bei letzterem, in dessen Erdgeschoss ursprünglich ein Eckladen mit breiten korbbogigen Ladenfenstern auf jeder Seite untergebracht war, waren die Balkone des 2. Obergeschosses ursprünglich von Konsolen und Vasen verziert, und es befanden sich vormals Akroterien auf allen Giebeln sowie städtebaulich markant eine große neubarocke Bekrönung über der erhabenen Eckverdachung.

◁ Liebigstraße 37/39/41 (von links)

Liebigstraße 39, Detail

Liebigstraße 43 (rechts Widenmayerstraße 16)

Liebigstraße 43. An der nordöstlichen Ecke der Liebig-/Reit-morstraße wurde das Mietshaus 1924–25 von Franz Deininger für den Münchner Beamten-Wohnungsverein ausgeführt, gemäß Eingabeplan mit zwei großen Wohnungen je Etage. Rau geputz-te Rustikastreifen bedecken sowohl das Erdgeschoss als auch das 4. Obergeschoss, dessen Fenster ursprünglich von Fensterläden flankiert waren. Als städtebaulich dominante Ecklösung werden die südliche Fensterachse der Fassade an der Reitmorstraße und die westliche an der Liebigstraße der abgeschrägten Ecke, die eine Fensterachse aufgenommen hat, gestalterisch zugeschla-gen. Die Eigenständigkeit der drei Eck-Achsen als einem eige-nen Baukörper wird in den Obergeschossen durch ein seichtes Zurücksetzen der Wandfläche angedeutet, das vom Traufgesims und der Dachrinne wiederholt wird. Dieser Eindruck wird ver-stärkt durch das 3/8-Auskragen der Balkone am jeweiligen Eck-bereich der vier Obergeschosse. Pointiert wird diese Ecklösung durch das Dachhaus über der Ecke, dessen Fensterform nicht mehr dem Originalzustand entspricht. Leicht wird man der for-malen Unsicherheit dieser Mietshausgestaltung in versachlich-ten historischen Formen gewahr, die Traditionelles zwar aufge-griffen hat, dieses aber geglättet, amalgamiert oder stark ver-sachlicht zur Anwendung gebracht hat. Die Fenster des Erdge-schosses wurden 1964 ausgewechselt. Eine Fassadeninstandset-zung erfolgte 1995 in einem Zug mit der Neueindeckung des Daches.

Linprunstraße

Straßenzug der westlichen Maxvorstadt, der analog zur nördlich verlaufenden Kreittmayrstraße die Lothstraße im Westen mit der Sandstraße im Osten verbindet. Von dieser rechtwinklig ihren Ausgang nehmend, knickt die geradlinige Straße an der Kreu-zung mit der Erzgießerei fast unmerklich nach Nordwesten ab, schneidet im weiteren Verlauf die Loristraße und mündet als platzartige Erweiterung auf Höhe des ehemaligen Militärlaza-retts von 1868/74 (s. Lothstraße 11) in die Lothstraße.

Von der um 1865 projektierten Straße war 1874 zunächst der öst-liche Teil zwischen Sand- und Erzgießereistraße als „Gruben-straße" fertiggestellt, ehe in einem zweiten Bauabschnitt bis 1908/09 die fast lückenlose Bebauung des westlich anschließen-den Straßenbauabschnitts – mit Vorgärten – in einem späten Neurenaissancestil folgte (vgl. Linprunstraße 35, 36, 51, 54, 57). Fast sämtliche Anwesen wurden im Luftkrieg zerstört. Die Straße erhielt ihren Namen 1875 nach dem kurfürstlichen Rat und Mitbegründer der bayerischen Akademie der Wissenschaften Johann Georg Dominikus von Linprun (1714–87).

Linprunstraße 35. Die Südseite der Linprunstraße zwischen der Lothstraße im Westen und über die Loristraße hinweg zur Erz-gießereistraße im Osten blieb bis 1895 unbebaut. Die an der Nordseite der Linprunstraße entstandenen Mietshäuser boten rückwärts einen Ausblick auf den Neubau der St.-Benno-Kirche und nach Süden auf unbebautes Bauland. Der Bauherr und zu-gleich Bauführer des Neubaus von Haus Nr. 35 an der Linprun-straße, auf zuvor freiem Areal, war Johann Probst, der als Boden- und Bauspekulant etliche Gründe in der westlichen Maxvorstadt und auch an der Linprunstraße erworben hatte, mit eigener Bau-firma überplante, bebaute und schließlich zügig weiterveräußer-te. 1901–03 bebaute Probst auch das Grundstück des Hauses Nr. 35 an der Linprunstraße (zur Bauzeit Nr. 49) mit einem großzü-gigen Halbhaus, das an sein westlich ergänzendes Pendant ange-setzt und auf seiner Ostseite freigestellt war. Der ausmittige stra-ßenseitige Hauseingang verbindet zum zentral in die Aufteilung gelegten Treppenhaus. Dieses erschließt gemäß Eingabeplan in jeder Etage zwei Wohnungen sowie die Wohnräume des Dachge-schosses. Der Zweite Weltkrieg brachte erhebliche Zerstörungen, der folgende Wiederaufbau nachhaltige Veränderungen, nicht zu-letzt des äußeren Erscheinungsbildes des Hauses, mit sich. Bis zur Zerstörung machte die östliche randständige Fensterachse zu-

◁ Linprunstraße; Flurkarte, M. 1:2500

Linprunstraße 35

oberst ein turmartiges Dachhaus aus, das von einem Pyramidendach überhöht war, oberhalb der westlichen Achse befand sich in der Dachzone ein Dachhaus, etwas schlichter als das östliche, nur mit einem Dreiecksgiebel geschmückt. Der heutige, unvermittelte Höhenzug der Straßenfront zeigt dreieinhalb Geschosse, was seiner Zahl nach als Neuinterpretation des Wiederaufbaus zu sehen ist (bzw. als gelegene Ausschöpfung der baurechtlichen Möglichkeiten): Die Trauflinie als oberer Abschluss der Fassade war ursprünglich in Höhe der Austrittszunge vor der östlichen Achse verlaufen. Die Aufstockung brachte eine Veränderung der äußeren Kubatur wie auch der Fassadenstruktur mit sich, die vor allem die erhaltene Fassadengestaltung als historische Applikatur erkennbar werden ließ. Die Fenster der drei historischen Geschosse sind mit kräftig profilierten, geohrten Rahmungen versehen, die im Erdgeschoss erhielten gerade Stürze und stilisierte, defunktionalisierte Scheitelsteine. Die beiden Fenster im 1. Obergeschoss des Mittelzugs der Fassade werden über vorbereiteter Brüstungszone von Pilastern flankiert, die schließlich Dreiecksgiebel als Verdachungen tragen; hier haben sich ein gestufter Architrav und der Zahnfries erhalten. Die je äußeren Fensterachsen werden in den Hauptgeschossen von überspannenden Korbbögen, wiederum mit vergröberten Scheitelsteinen, betont. Aus der Bauzeit erhalten haben sich auch die fünf Balkongitter zur Straße hin, die schon damals mit ins gestalterische Kalkül gezogen worden waren sowie, gleichen Materials, die Vorgarteneinfriedung. Die Beachtung der gleichzeitigen Nebengebäude, die funktional den beiden Wohnungen der Obergeschosse zugerechnet waren, verdeutlicht die gesellschaftliche Stellung, aber auch die lebenspraktischen Umstände, die die ersten Bewohner betrafen: Der Rück-, also Südseite vorgelagert befand sich ein zugehöriges Stallgebäude mit vier Raufen und im Halbgeschoss darüber einer Burschenkammer sowie der notwendigen Heulege.

Linprunstraße 36. An der Linprunstraße standen zwischen der Loristraße im Westen und der Erzgießereistraße im Osten bis 1895 sechs Häuser resp. Teilhäuser. Die Parzellen der späteren Hausnummern 38–34 (Eckhaus) waren noch unbebaut. So kam das Haus Linprunstraße 36, errichtet 1895–1896 von Georg Mayr, auf bislang freier Fläche zum Stehen. Und es sollte beinahe 15 Jahre ohne östlichen Anschlussbau bestehen bleiben. Der Eingang an der westlichen Langseite führt zu einem vom Hofwinkel her belichteten Treppenhaus. Gemäß Eingabeplan waren im Erdgeschoss zwei, in den Obergeschossen je eine, hier bürgerlich großzügige Wohnung untergebracht (sechs Zimmer, zwei Balkone und zwei Magdkammern). Ein langer westlicher Flügel reicht tief in die Parzelle, deren vordere Baulinie hinter einem Vorgarten zu liegen kam. Die Straßenfront des Mietshauses wird von einem polygonalen Eckerker an der Gebäudekante dominiert, dessen oberster Stock als Turmgeschoss mit Zeltdach ausgebildet ist. Die Mitte der

Linprunstraße 36

Linprunstraße 49 (rechts Nr. 51);
Ansicht, um 1896

Straßenfassade wurde durch eng gesetzte Fensterachsen betont, in der Dachzone darüber von einem Dachhaus mit geschultertem Dreiecksgiebel hervorgehoben. Der malerische Neurenaissancebau war in seinem Erstzustand reich dekoriert, wurde nach dem Zweiten Weltkrieg aber erheblich geschlichtet. Erhalten blieben neben den charakteristischen Fensterrahmungen die übereck angelegten Dekorationen im Erkerturm sowie die von Löwenfratzen besetzten Scheitelsteine in den waagerechten Stürzen der Fenster im Erdgeschoss. Durch Einscheibenverglasungen wurden die Fenster des Mietshauses zu löchrigen Einschlüssen der Fassadenflächen.

[Linprunstraße 49 (alt Nr. 57). Abgegangenes eigenes Wohnhaus des Architekten Max Littmann (bis zum Bau seines Anwesens „Lindenhof" an der Höchlstraße in Bogenhausen 1903), erbaut 1895 von Fa. Heilmann und Littmann, dreiseitig freistehend, westlich an Nr. 51 (s. dort) anschließend und mit ihm als malerisch-asymmetrische Gruppe in deutscher Renaissance komponiert; der Gruppenbau wurde vom mächtigen, in einem Türmchen gipfelnden Schweifgiebel an der östlichen Schmalseite dominiert, dem der kleinere straßenseitige Zwerchgiebel von Nr. 51 in der Querrichtung sekundierte. An die Westseite von Nr. 51 schloss sich ein weiteres Wohnhaus an, sodass die alten Nrn. 57/58/59 einen Dreierblock bildeten. Auf Nr. 49 steht heute ein weiter nach Osten ausgreifender Bürohaus-Neubau.]

Linprunstraße 51. Eine Luftaufnahme (Zeppelinüberfliegung) vom Sommer 1895 zeigt die Baustelle von Haus Nr. 51 an der Linprunstraße nach gerade erfolgtem Aushub. Es entstand hier auf zuvor unbebautem Grund ein dreigeschossiges Mietshaus, das Baugeschäft Heilmann und Littmann führte bis 1896 einen Auftrag des Baumeisters Johann Probst aus. Gestaltungsmerkmale des infolge des Zweiten Weltkriegs erheblich in Mitleidenschaft gezogenen Neurenaissancebaus sind sein auf segmentbogiger Grundlinie vor die straßenseitige Front gelegter Eingangs- und Treppenhauserker. Im vergleichsweise tiefen Gebäudeblock war gemäß Erstzustand in jeder Etage eine Wohnung untergebracht. Diese kennzeichneten große Zuschnitte, sechs Zimmer mit großem Vorzimmer (vom Lichthof an der südlichen Grundstücksgrenze her belichtet) und einer später eingeglasten Loggia im südwestlichen Rückrisalit. Kriegszerstörungen führten zu einschneidenden Veränderungen, vor allem an der Fassade: Ursprünglich dominierte die Straßenfront ein Zwerchhaus mit Atelierfenster und Schweifgiebel über den drei westlichen Fensterachsen. Östlich des Treppenhauserkers reichte oberhalb der beiden Fenster im 2. Obergeschoss die Trauflinie bis auf Höhe der Traufe des westlich anschließenden Turmdachs, eines sechseckigen Glockendachs. Der malerische Charakter in der Fassadengestaltung ist in seinen Grundformen jedoch nachvollziehbar geblieben. Die Portalzone sowie der 1. Oberstock des Treppenhaus-

Linprunstraße 51

Linprunstraße 51, Eingang

turmes künden pars pro toto von der vormaligen Ausstattung; so
haben sich Abschnitte der alten Vorgarteneinfriedung erhalten,
das Austrittsgitter oberhalb des Hauseingangs wie auch das Gitter des Austritts vor den östlichen Fenstern des 2. Obergeschosses. Daneben finden sich Ausstattungsdetails der Bauzeit im
Erdgeschoss und 1. Obergeschoss gut überliefert. – Das Haus
bildete ursprünglich einen malerisch komponierten Block mit
dem links anschließenden Wohnhaus Max Littmanns, s. Nr. 49.

Linprunstraße 54. Das als Einfamilienhaus durchgeplante Anwesen entstand auf zuvor unbebautem Grund als östliches Teilhaus einer Dreiergruppe. Der Architekt Hans Osswald errichtete
es bis 1890 für sich selbst, es zählt damit zu den frühen Bauten
der zunächst nur (bis 1895) nordseits bebauten Linprunstraße.
Nach rückwärts, d. i. nach Nordosten, erlaubte die Lage beinahe
eine Generation lang, bis ca. 1910 Trassierung und Bebauung der
Gaiglstraße abgeschlossen waren, einen unverstellten Blick über
freie Parzellen zur neu erbauten St.-Benno-Kirche hin.
Der zweigeschossige Bau mit markantem Eckpavillon folgt dem
Typ nach einem villenartigen Einfamilienhaus, das unter Beachtung einer Vorgartenlinie im Osten freigestellt ist. Der Eingang erfolgt von der Seite her, betont von einem gesprengten Segmentbogengiebel, dabei wird das erhöhte Ergeschoss als Hochparterre
behandelt, die Wirtschaftsräume plante Osswald im Souterrain.
Durch die Abschrägung der südöstlichen Ecke des Pavillons erhielt dieser einen fünfeckigen Grundriss mit einer, aus der Erbauungszeit erhaltenen, charakteristischen Ausformung des steilen
Pavillondachs, dem oberhalb der abgeschrägten Ecke eine flache
Gaube mit volutenförmigen Wangen und einer Verdachung in
historisierenden Mischformen angesetzt worden ist. Ein schließlich zweigeschossiger Balkonerker ist dem Pavillon vorgelegt und
verdeutlicht nachdrücklich die Gestaltungsabsicht Osswalds, einen malerisch vielgestaltigen Bau zu schaffen, durchaus unter
Rückgriff auf mehr als einen historischen Baustil. Während des
Bauverlaufs hatte man sich entschlossen, das 1. Obergeschoss des
Bodenerkers massiv zu vermauern und zuzusetzen. Der Blank-
ziegelbau wird durch Vor- und Rücklagen, eingestellte Architek-
turglieder (vgl. Obergeschoss des Pavillons), zugeputzte Ziegellagen im Erdgeschoss oder den brandfarbenen Wechsel verschiedener Ziegel strukturiert. Auf der Eingangsseite hat sich als weitere Bauzier ein in die Außenwand eingelassenes Relief erhalten,
eine allegorische Darstellung der Architectura. (Der 1972 beabsichtigte Abbruch des Gebäudes wurde schließlich verworfen. Es
konnte ein Beispiel für eine gründerzeitliche vorstädtische Rei-
henvilla erhalten werden, wie sie für den Bereich der Maxvorstadt
zwischen Dachauer Straße und Landshuter Allee beinahe einzigartig geworden ist. In ihrem Zuschnitt und unter Beachtung der
Zeitstellung ist sie eine repräsentative Vertreterin eines internationalen Trends der Zeit vor 1900, hauptstädtische Peripherien mit
gehobenen Gruppenbauten zu erschließen.)

Linprunstraße 54

Linprunstraße 54, Relief „Architectura"

Linprunstraße 57. Der wuchtige zweiflügelige Bau kam an der
breit abgeschrägten Ecke Loth-/Linprunstraße zu stehen. Vergleichsweise spät war das 1904–06 fertiggestellte Mietshaus zustande gekommen, hatte man doch schon zwanzig Jahre vorher
die Linprunstraße trassiert, die Bebauung der Nordseite war
1895 weitgehend abgeschlossen, die an der Südseite ließ 1904
nur mehr besagtes Eckgrundstück offen. Spitzwinklig laufen
Linprun- und Lothstraße im Westen aufeinander zu, eine Tatsache, die den Erbauer eines Eckhauses grundsätzlich heraus-
fordert. Gängiges Mittel einer malerischen Entschärfung der
harten Frontseitenübergänge ist die Abschrägung der Fassaden
an der Straßenecke. Befördert durch die magistralen Vorgaben
findet sich dieser architektonische Kunstgriff bei Nr. 57 an der
Linprunstraße übersteigert: Die abzuschrägende Ecke ist als
Eingangs- und also Hauptfassade ausgebildet, hierin dem schon
über zehn Jahre vorher entstandenen Pendantbau an der nördlichen Straßenecke gegenüber entsprechend. Baumeister Heinrich Trenner errichtete das Mietshaus nach Plänen des Architekten Eduard Herbert für sich selbst. Der mittig in der Hauptfassade liegende Hauseingang, mit aufwendig gestaltetem rundbogigen Neurenaissanceportal (in den schräg geschnittenen Laibungen sind Nischen ausgebildet), führt über Zwischenstufen

Linprunstraße 57, Portal

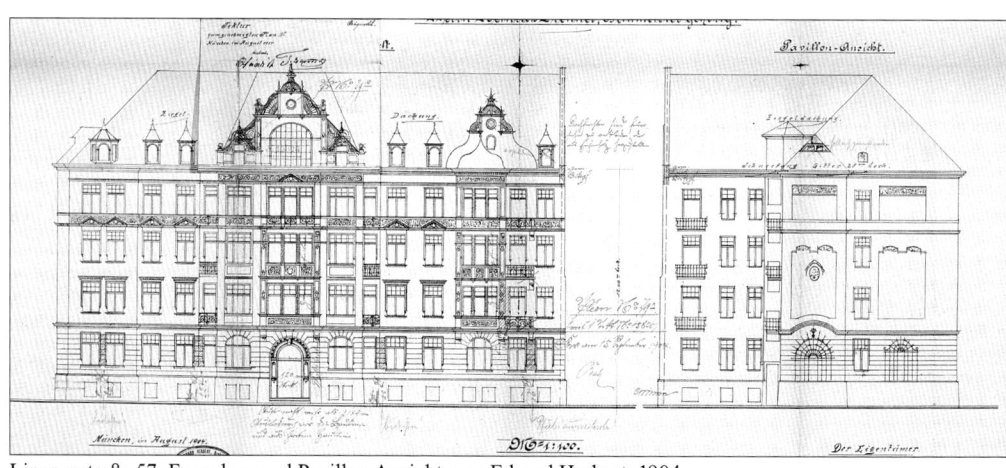

Linprunstraße 57; Fassaden- und Pavillon-Ansicht, von Eduard Herbert, 1904

zum rückwärtigen, gewölbten Stiegenhaus im Hofwinkel, belichtet von der südlichen Schmalseite her. Die doppelläufige Podesttreppe erschließt gemäß Erstzustand zwei Wohnungen je Etage, eine im Süd-, die andere im Ostflügel gelegen; letztere zur Gewährleistung der Hofdurchfahrt von Nordosten her kürzer ausgebildet. Bei einheitlich durchlaufendem Traufgesims war die Hauptfassade bis zur Kriegszerstörung der Dachzone von einem prächtigen Dachhaus mit einem breiten Blendgiebel vor hohem abgewalmtem Dach überhöht. Das Giebelfeld machte ein großes, korbbogig geschlossenes Atelierfenster aus, die Dachräume des östlichen Flügels waren als Wohnungen erschlossen. Hier war die Dachzone von Gauben geprägt, polygonale Grundformen, wie sie sich bei der nahe gelegenen Loristraße 30 (s. dort) noch erhalten haben. Infolge von Schlichtungen ging die bauzeitliche Fassadendekoration vollständig verloren, Stilcharakteristika sind am Äußeren nicht mehr vorhanden. (Die erhaltenen Balkon- und Brüstungsgitter bilden eine freilich wenig augenfällige Ausnahme.) Als kurioses Detail sind die viertelkreisförmigen Balkonzungen zu beiden Seiten der Hauptfassade anzusprechen; die Austritte wurden hinter die Fassadenlinie gelegt und die Straßenfront schürzenartig vorgeblendet. Dem Verlust an historischer Fassadenstruktur ist die Fensterauswechslung zur bestehenden Gestalt zuzuschlagen, bei der man auf den historischen Wechsel von Dreier- und Zweierteilung keine Rücksicht nahm.

Linprunstraße 57

Löwengrube

(Vgl. Ensemble Altstadt.) Der erst seit 1640 nachweisbare Name ist nicht eindeutig geklärt, nach Rambaldi (1894) und H. Stahleder (1992) besteht vielleicht ein Zusammenhang mit einem Fassadenbild Daniels in der Löwengrube (ehemals an Haus Nr. 20, heute 18). Der den Bereich um die Frauenkirche nördlich tangierende östliche Straßenabschnitt ist, zusammen mit der östlich anschließenden Schäfflerstraße und mit der Augustinerstraße als gegen Südwesten abbiegender Fortsetzung, Teil des die erste Stadtbefestigung des Hochmittelalters außenseitig umrundenden Straßenzuges. Den westlichen Abschnitt von der Abzweigung der Augustinerstraße bis zur Kreuzung mit der Ett-/Karmeliterstraße bezeichnete J. P. Stimmelmayr (gegen 1800) als „die obere Löwengrube oder die Augustinerstock Gasse" nach der entlang der Südseite vom Augustinerkloster errichteten, homogenen Miethäuserreihe, an deren Stelle heute der Nordflügel des 1910–13 erbauten Polizeipräsidiums steht (s. Ettstraße 2). Ansonsten ist von Bausubstanz aus der Zeit vor dem Zweiten Weltkrieg sehr wenig erhalten geblieben (s. Nr. 18 und Hartmannstraße 8). – Von den kriegszerstörten Gebäuden besonders zu erwähnen ist das ehem. Haus Nr. 7 (Grundstück heute im Komplex der Deutschen Bank, Promenadeplatz 15/Karmeliterstraße/Löwengrube aufgegangen),

im 18. Jh. Palais Morawitzky, dreigeschossig mit nur dreiachsiger, vornehm gegliederter Fassade, Stuckdekor (u. a. Trophäen), Allianzwappen und Dreiecksgiebel, nach K. Erdmannsdorffer (1972) um 1740 vielleicht von Johann Baptist Gunetzrhainer (im Kern wohl älter), die Miniaturversion des im mittleren 18. Jh. in München dominierenden Palasttypus (vgl. das ebenfalls formal reduzierte, in manchen Details verwandte Palais Prannerstraße 9 von ca. 1760). – Die Löwengrube ist Schauplatz der bekannten gleichnamigen Fernsehserie sowie des Hörspiels von Willy Purucker über die Geschichte der Familie Grandauer, die auch in Romanform vorliegt. (Siehe Flurkarte S. 214)

Löwengrube 7; ehem. Palais Morawitzky; Aufn. um 1945

Löwengrube 2/3. Nordflügel des Polizeipräsidiums, 1910–13 von Theodor Fischer; s. Ettstraße 2/4.

Löwengrube 8. *Gunetzrhainer- oder Ostermaierhaus* siehe Promenadeplatz 15.

Löwengrube 18. *Bankhaus H. Aufhäuser* (heute *Hauck und Aufhäuser*). Auf Sandtners Stadtmodell von 1570 bildet eine Reihe zweigeschossiger Traufhäuser (mit Ohrwascheln) die nordseitige Bebauung der Löwengrube; später mehrgeschossig (vgl. Stimmelmayrs Skizze, um 1800; Stadtmodell von Seitz, um 1850). Das rechte (östliche) Haus der nachmaligen Dreiergruppe, damals mit Haus Nr. 20, wurde 1897 vom Bankier Heinrich Aufhäuser erworben, dem Bankhaus 1921 noch die beiden links benachbarten Häuser – früher Nr. 18 und 19 – angeschlossen.

Der aus der jüdischen Gemeinde in Hainsfarth (bei Oettingen) stammende Heinrich Aufhäuser (1842–1917) eröffnete sein Bankgeschäft 1870 unweit östlich im Eckhaus Schäfflerstraße 12/Windenmacherstraße (1902 abgebrochen). Neuer Sitz der Bank war seit 1899 das durch Karl Stöhr in Neurenaissanceformen umgebaute Haus Löwengrube 20 (später 18). Nach Erwerb der beiden westlichen Nachbarhäuser wurde die Gesamtgruppe 1922/23 durch Julius Metzger umgebaut, mit weiterhin einzeln ablesbaren, doch aufeinander abgestimmten, schlicht-traditionell gestalteten Putzfassaden, der Sockel und die Pfeiler der Bogenöffnungen im Erdgeschoss in Naturstein, an den Obergeschossen des westlichen Hauses (ehemals Nr. 18) Lisenengliederung. Lediglich das östliche, damals fünfgeschossige Haus (früher Nr. 20) erhielt mit dem Prunkerker in Neurokokoformen einen repräsentativen Akzent; sein plastischer Dekor nimmt mit der Merkurbüste unter dem Schweifdach, dem Relief eines Handelsschiffes im Mittelfeld sowie den Gewerbefleiß und Wohlstand personifizierenden Kinderfiguren an den abgeschrägten Ecken auf den geschäftlichen Charakter des Hauses Bezug. – Nach schweren Luftkriegsschäden wurden die Fassaden weitgehend in der bisherigen Form wiederhergestellt, das rechte Haus jedoch um ein Geschoss reduziert, sodass der Erker heute bis an die Traufe reicht.

Löwenturm siehe Rosental 3.

Löwengrube 18

Loristraße 11

Loristraße 21, Pfarrhaus von
St. Benno

Loristraße 30

Loristraße

Straßenzug der westlichen Maxvorstadt, der, von der Nymphenburger Straße im Süden rechtwinklig abzweigend, nach kurzem Verlauf leicht nordöstlich abknickt und, nach einem kaum merklichen weiteren nordöstlichen Schwenk an der Kreuzung mit der Linprunstraße, direkt auf das Hauptportal der den Ferdinand-Miller-Platz beherrschenden Kath. Pfarrkirche St. Benno (1888/ 95) zuführt; hinter deren Chor verlässt sie den Platz in gerader Verlängerung und endet an der Dachauer Straße gegenüber dem ehemaligen Militärmagazin (1873/79, 1954 abgebrochen). Ihr Verlauf ist, mit Ausnahme der Platzsituation an der erst später errichteten St.-Benno-Kirche (1888/95), bereits 1876 nachweisbar. Eine Bebauung erfolgte in ihrem südwestlich der Bennokirche gelegenen Abschnitt im Wesentlichen in den letzten Jahren des 19. Jh. (vgl. Loristraße 11), während der nordöstliche Teil mit Ausnahme des Pfarrhauses (Loristraße 21) sowie des in seiner ursprünglichen Form erhaltenen Mietshauses Loristraße 30 (1904) erst nach dem Ersten Weltkrieg geschlossen wurde. Benannt wurde die Straße 1877 nach Johann Georg von Lori (1723–1786), einem Juristen und Staatsmann, der mit anderen 1759 die Bayerische Akademie der Wissenschaften gründete. – Von der Erstbebauung ist nach dem Luftkrieg wenig erhalten geblieben. Zerstört wurde u. a. die Villa Heilmann von 1894 in deutscher Renaissance (heute Nr. 3a). (Siehe Flurkarte S. 485)

Loristraße 11, Relief

Loristraße 11. Die der Westfassade der St.-Benno-Kirche vorgelagerte Straßenkreuzung Linprun-/Loristraße wurde von der Baulinienkommission des Münchner Magistrats forumsartig aufgeweitet, was baulich an abgeschrägten Ecken der Eckbebauungen zum Ausdruck kommen sollte. Das Mietshaus Loristraße 11 hat dieses Charakteristikum bewahrt. Auf zuvor unbebautem Grund entstand es zusam-

◁ Loristraße 21, Portal mit
Figuren der hll. Benno und
Korbinian

men mit dem südlich angrenzenden Teilhaus Nr. 9 an der Loristraße 1896–98 durch die Architekten Georg Lindner und Gottfried Schneller, wohl als Spekulationsbau für sie selbst. Der Eingang von der Loristraße her führt zum Treppenhaus im Hofwinkel, gemäß Eingabeplan erschloss dieses zwei unterschiedlich große Wohnungen je Etage. Bereits im Erstzustand war das Dachgeschoss des nördlichen Teilhauses der Bautengruppe voll wohngerecht erschlossen. Im Zuge der Wiederherstellungsmaßnahmen nach dem Zweiten Weltkrieg gab man die vorher vielgestaltige Dachlandschaft auf (u. a. war der polygonale Bodenerker an der Loristraße wie auch sein flaches Pendant an der Linprunstraße von einem Zwerchhaus mit Wellengiebel überhöht, deren Ansätze noch heute an der Verkröpfung des Traufgesimses erkennbar geblieben sind) und entschied sich für einen einheitlichen Aufbau eines Halbgeschosses unter flacherem Dach. Stattgehabte Schlichtungen haben die Stilcharakteristika der Fassaden weitgehend aufgehoben. Das über vier Meter hohe Flachrelief an der abgeschrägten Ecke zeigt neubarockes Roll- und Bandelwerk in Mixtur, im Bildfeld Maria auf der Mondsichel mit dem Kind, eine Teufelsfratze darunter sowie Putten im Feld darüber; der Rollwerkkartusche unterhalb der Teufelsfratze sind die Jahreszahl 1897 sowie ligiert die Anfangsbuchstaben der Architektennachnamen eingeschrieben. An der westlichen Schmalseite ist im 1. Stock noch ein kleiner zweiseitiger Erker mit Schweifdach erhalten.

Loristraße 21. *Kath. Pfarrhaus von St. Benno.* Heute umschlossen von den Bauten der Fachhochschule München entstand der Bau von Hans Kriner 1896–97 auf vorher unbebautem Feld für die Pfarrkirche St. Benno, die ein Jahr zuvor geweiht worden war. Für die Pfarrkirchenstiftung erbaute Kriner das südlich freigestellte Hauptgebäude an der Loristraße mit einem tiefen Rückflügel entlang der nördlichen Grundstücksgrenze. Der doppelflügelige Eingang unter einer von Säulen getragenen Arkatur führt durch das Vestibül im Hochparterre zum rückwärtigen Stiegenhaus, das als polygonaler Bodenerker über die hintere Grundlinie ausgestellt ist. Die Straßenfront wird von vier zwischen Lisenen eingetieften, die beiden Obergeschosse zusammenfassenden Feldern eingeteilt, deren oberen Abschluss Rund-

bogenfriese bilden. Eng gesetzte Doppelfenster werden im
1. Obergeschoss von geometrisierten Putzrücklagen gerahmt, die
Fensteröffnungen des 2. Obergeschosses bestehen aus halbrund
geschlossenen Doppelfenstern, die mittig von Dreiviertelsäulen
und Würfelkapitellen geteilt werden. Eine ähnliche Aufteilung
findet sich bei den Fenstern im Erdgeschoss, das durch einen
kräftigen Wasserschlag von den Hauptgeschossen abgesetzt
wird. Die südliche Schmalseite des vorderen Riegels an der Straße wurde der Hauptfassade entsprechend formal behandelt. Bemerkenswert ist die Durchbildung des Traufgesimses mit erhaltenem, darunter verlaufendem Zahnfries. Blickfang der Fassade
ist das in die Achse über dem Eingang gesetzte Dachhaus, das
ebenfalls hinsichtlich seiner Überlieferung zu beachten ist. Kriner hatte beim Bau des Hauses in neuromanischen Formen den
Stil des Kirchenneubaus in unmittelbarer Nähe zu berücksichtigen: Mit der Neuromanik – der Stil ist hier Programm – verband
sich wohl auch pastorale Orientierung. (1991–92 wurde die Erst-
fassung der Fassadenfarbigkeit in einem sandigen Ockerton, die
Gliederungen in einem mittleren Grauton, dies unter formalem
Bezug auf die Gestaltung der Kirchenfassaden von St. Benno,
durch Befund bestätigt. Die heutige Fassung ist das Ergebnis einer reicheren Farbpalette, ganz im Sinne des Jugendstils.)

Loristraße 30. Auf bislang unbebauter Parzelle ließen sich Valentin Büchold und Johann Michael Schneider 1904 von Andreas Neuschwendner das mehrgliedrige, südlich freigestellte
Mietshaus erbauen, mit leicht abknickender Baulinie wurde es an
die südliche Brandmauer des 1888 erbauten Hauses an der Dachauer Straße 147 (s. dort) herangesetzt. Die Architekten hatten
eine fünf Meter tiefe Vorgartenlinie zu beachten, die bauzeitliche
Einfriedung ist erhalten geblieben. Der Eingang von der Südseite her erschließt gemäß Eingabeplan über ein zentral im Haus
liegendes Treppenhaus vier Wohnungen je Etage und das gemäß
Erstzustand voll erschlossene Dachgeschoss (hier war in der
Frühzeit nach Fertigstellung ein Fotoatelier untergebracht). Der
Gesamtbaukörper setzt sich aus drei Kubaturen zusammen, ablesbar an den Dachausmittlungen. Die Fassade an der Loristraße,
in den Formen des Heimatstils instrumentiert, ist fünfachsig. Die
drei nördlichen Achsen sind als Trauffassade gekennzeichnet,
die beiden südlichen werden von einem Schopfwalmdach überhöht, das eine um eine Etage höhere Giebelfassade bildet. Der
linken der beiden Giebelfassadenachsen ist ein flacher kantiger
Erker mit eigener Verdachung und schmalen Seitenfenstern vorgesetzt. Das dritte Bauglied, seine Schmalseite springt klar vor
die Grundlinie der südlichen Eingangsfassade, erhielt ein gebro-
chenes Walmdach. (Infolge des Luftkrieges wurde die Dachzone
des Hauses erheblich in Mitleidenschaft gezogen, die Reparaturarbeiten zur bestehenden Gestalt zogen sich bis 1949 hin.)

Lothstraße

Die 1887 nach dem Münchner Barockmaler Johann Ulrich Loth
(† 1662) benannte Straße hieß zuvor (ab 1876/77) „Östliche La-
zarethstraße" analog zur parallelen westlichen (noch heutigen)
Lazarettstraße. Zwischen beiden erstreckte sich der lange Komplex des Militärlazaretts, dessen Nordteil noch erhalten ist
(s. Lothstraße 11). Die Lothstraße, Verbindung von der Nymphenburger Straße im Süden zur Dachauer Straße und über diese hinweg bis zur Verschneidung mit der Winzererstraße verlängert, bildet die Grenze zwischen dem seit Erbauung der ehem.
Max-II-Kaserne (1860 ff.) mächtig gewachsenen einstigen Ka-
sernenviertel auf dem Oberwiesenfeld im Westen, zu dem die
noch erhaltenen Gebäude Lothstraße 11, 17 und 29 gehören, und
dem im späten 19. Jh. bebauten, im Luftkrieg größtenteils zerstörten Mietshausviertel um St. Benno im Osten (vgl. Ferdinand-
Miller-Platz). Das militärisch genutzte Areal griff nördlich der
Dachauer Straße auch auf die Ostseite der Lothstraße über und
reichte bis fast zum Massmannplatz.

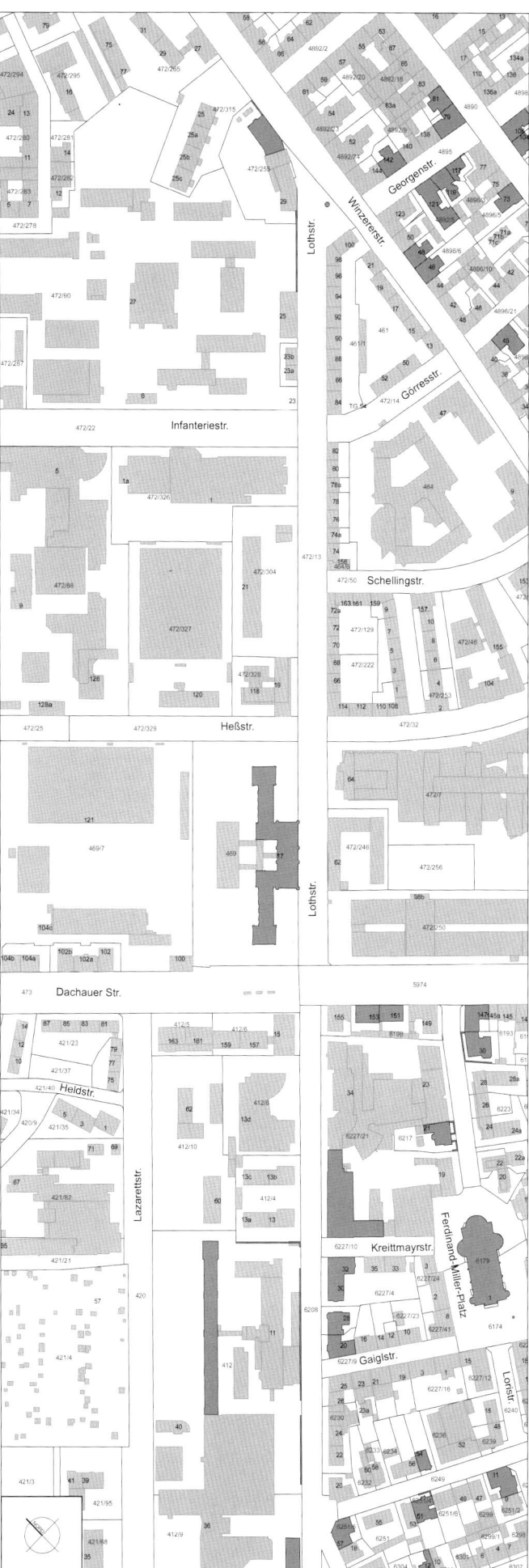

Lothstraße; Flurkarte, M. 1:5000

Lothstraße. *Kriegerdenkmal des 2. Bayerischen Infanterie-Regiments.* Das am 5. Mai 1923 enthüllte Denkmal von Hermann Broxner steht, umgeben von einer kleinen Grünfläche, östlich des ehemaligen Kasernenareals (s. Nr. 29) in der nach dem Ersten Weltkrieg Vimyplatz benannten Straßengabelung Lothstraße/Winzererstraße. Der ca. 7 m hohe Obelisk aus Muschelkalkquadern erhebt sich über drei Stufen; er trägt an der Nordseite die Widmungsinschrift „Seinen Gefallenen 1682–1918 K.B.2. Inf.Rgt.Kronprinz", westlich die Initialen des Regiments, südlich das Eiserne Kreuz in Lorbeerkranz (Relief) und östlich das bayerische Wappen.

Lothstraße 11, ehem. Militärlazarett

Lothstraße 11, Pergola

Lothstraße 11. Ehem. *Militärlazarett* (Nordostflügel), jetzt staatliches Krankenhaus (*Deutsches Herzzentrum*). Der 138 m lange, nur 11,67 m breite Altbautrakt (sog. Zenettibau) ist lediglich der Rest der 1868–74 nach Entwurf von Stadtbaurat Arnold Zenetti erbauten weitläufigen Anlage des einstigen Militärlazaretts (Gesamtlänge über 330 m); zusammen mit einem spiegelbildlichen Trakt im Südwesten flankierte er den vierflügeligen, zur Lothstraße hin weit vortretenden Ökonomiehof (mit Kapelle), dem auf der anderen Seite zur Lazarettstraße hin – axial gegenüber der großen Max-II-Kaserne von 1860/64 – der Verwaltungsbau vorgelegt war; alle Bauteile waren durch Gänge verbunden; in dem umgebenden, geometrisch gegliederten Gartenareal zwischen Loth- und Lazarettstraße waren noch weitere freistehende Nebengebäude verteilt. Baubeginn am 21. Juni 1868; vollendet 1871 (der Südwestflügel erst 1872–74 ausgeführt). Heute stehen auf dem Gelände umfangreiche Neubauten aus verschiedenen Phasen der Zeit nach dem Zweiten Weltkrieg.

Der lang gestreckte, romanisierende dreigeschossige Altbautrakt mit roter und gelber Rohbacksteinfassade, Rundbogenfenstern, Konsolgesims an der Traufe und flachgeneigtem Dach ist durch vier schmale Flachrisalite mit gekuppelten Fenstern (mit steinerner Mittelsäule) gegliedert und endet im Nordosten mit einem dreiachsigen Eckpavillon (mit gekuppelten Fenstern in der Mitte). Zwischen den Risaliten (mit Treppen und kleinen Funktionsräumen) waren die großen Krankensäle – je Geschoss vier – angeordnet (später unterteilt), verbunden durch einen Längsgang entlang der Fassade an der Seite zur Lazarettstraße (der ursprünglich durch den Ökonomietrakt und im Südwestflügel als gerade riesige Erschließungsachse fortgeführt war; im Erdgeschoss und 1. Stock gewölbt).

Aus der Bauzeit erhalten sind Teile der Rohbackstein-Einfriedungsmauer mit Lisenen- bzw. erhöhter Pfeilergliederung, u. a. abschnittweise im Osten an der Lothstraße (teils in alter Form erneuert) sowie vollständig im Süden entlang der Thorwaldsenstraße, samt Torpfeilern neben der Ecke zu letzterer und gegenüber der Einmündung der Linprunstraße in die Lothstraße. Den im äußersten Süden vor Neubauten noch erhaltenen baumbestandenen Gartenbereich schließt östlich entlang der Lothstraße eine eiserne Pergola in gotisierenden Formen ab.

Lothstraße 17. Ehem. *Zeughaus*, jetzt *Institute der Technischen Universität*. Das Zeughaus, einst ein schwerpunktmäßiger Bestandteil des nur in Resten erhaltenen, im Anschluss an die Max-II-Kaserne von 1860–64 bis in die 1930er Jahre gewachsenen und ausgebauten Kasernenviertels auf dem Oberwiesenfeld zwischen Schwabing und Neuhausen, gehört zu den bedeutenden Staatsbauten der Ära Maximilians II. Gestalterisch ein romanisierender Rohbacksteinbau mit an den englischen Schlossstil gemahnenden gotisierenden Ecktürmchen, repräsentiert es die ers-

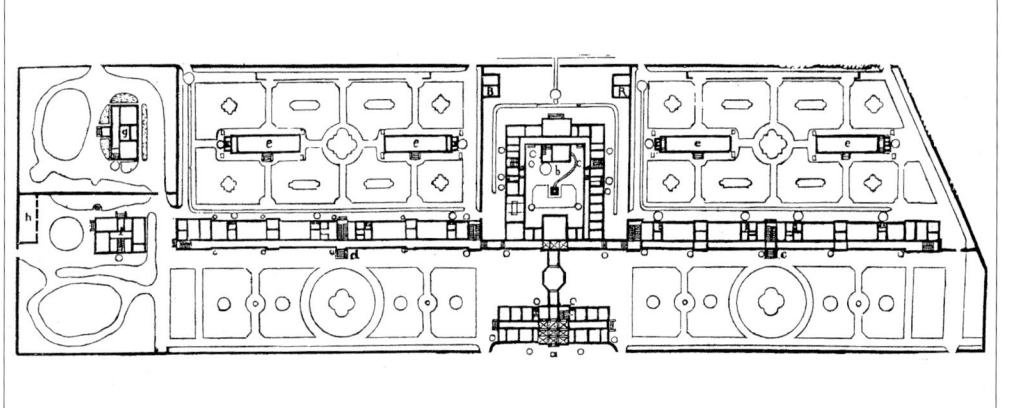

Lothstraße 11, ehem. Militärlazarett; Grundriss der ursprünglichen Gesamtanlage, oben Loth-, unten Lazarettstraße (nach Reber, 1876)

Lothstraße, Kriegerdenkmal

te Bauperiode des Kasernenviertels wie die Max-II-Kaserne selbst oder das z. T. noch erhaltene Lazarett (s. Lothstraße 11). Der Neubau wurde notwendig, da das 1807/08 errichtete bzw. adaptierte bisherige Zeughaus samt Artilleriewerkstätten 1852 geschlossen und in der Folge zugunsten der neu angelegten Maximilianstraße (s. dort) abgebrochen und zwischenzeitlich provisorisch untergebracht worden war.

Die Planung des Ingenieurhauptmanns Andreas Friedlein für den Neubau an der Ecke Dachauer-/Lothstraße wurde im kgl. Baukunstausschuss am 2. Dezember 1861 begutachtet und am 21. Januar 1862 vom König genehmigt, zum Bauleiter der Ingenieur-Oberleutnant Matthias Glaeser bestimmt. Ob der von Franz Reber (1876) als entwerfender Architekt genannte Baurat Heinrich von Hügel auf die Gestaltung Einfluss nahm, ist zumindest bisher nicht nachgewiesen. Baubeginn am 15. September 1862; der Rohbau wurde 1865 fertig, am 12. April 1866 konnte das Gebäude bezogen werden (im Herbst folgten die Ouvriers-Werkstätten).

Der 135 m lange Komplex, als symmetrische Mehrflügelanlage ausgebildet, wirkt wegen der additiven Staffelung seiner Baukörper nicht als Monumentalbau, da in der fast allein möglichen Schrägansicht nur

Lothstraße 17, ehem. Zeughaus von Südwesten; Aufn. 1981

Lothstraße 17, ehem. Zeughaus, Mitteltrakt

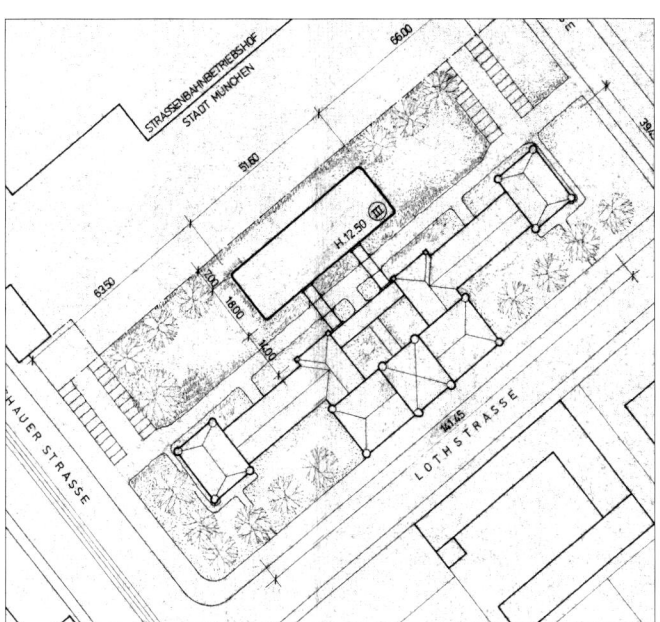

Lothstraße 17; Lageplan, 1973

der Mittelblock mit jeweils einem der hinter ihn zurückgesetzten Seitenflügel erfasst wird. Der zweigeschossige, bis an die Straße vortretende Mittelbau ist auch durch höhere Geschosse und größere Fensterformate hierarchisch betont; die vier Ecken sowie der um ein Attikageschoss mit Rundfenstern erhöhte Mittelbereich mit dem Portal ist mit polygonalen Verstärkungen besetzt, die offene Türmchen mit Zinnenkranz tragen. Zwei niedrigere Trakte an der Rückseite des Mittelbaus flankieren einen rückwärtigen Hof (an dessen äußerer Seite ursprünglich durch einen Gang verbunden); beidseitig ausgreifend schließen sich an diese rückwärtigen Trakte die zweigeschossigen Seitenflügel an, bestehend jeweils aus einem Zwischenbau und einem nach rückwärts verlängerten Eckpavillon, dessen Ecken mit rechteckigen Verstärkungen samt Zinnentürmchen besetzt sind. An der Backsteinfassade ist vor allem an der Ostseite noch die originale Zweifarbigkeit zu erkennen, mit gelb gefassten Streifen bzw. am Sockel mit Zierfeldern. Die profilierten, ornamentierten Traufgesimse sind an Mittelbau und Eckpavillons durch Konsolenfriese italienisch-mittelalterlichen Typs bereichert; auch die – in Schwerpunktbereichen gekuppelten – Rundbogenfenster wie die in Blendbögen zusammengefassten Biforien im Obergeschoss des Mittelbaus stehen in der Nachfolge der italianisierenden Gärtner-Bauten an der Ludwigstraße. Die flachgeneigten Dächer treten kaum in Erscheinung.

Der vortretende Mittelblock, unten ursprünglich mit zwei Vierstützensälen zu Seiten der Durchfahrt, oben mit einer dreiteiligen Halle, enthielt nach einer Beschreibung der Bauzeit bereits damals das Museum für Waffen und Rüstungen, also historische Zeughausbestände. Die Einrichtung des (öffentlichen) Kgl. Armee-Museums genehmigte Ludwig II. am 3. Oktober 1879, es wurde 1880 (bzw. vollständig im Folgejahr) eröffnet und 1904 in den monumentalen Neubau am Hofgarten übertragen (vgl. Franz-Josef-Strauß-Ring 1). Ansonsten diente der Komplex verschiedenartigen Verwaltungs- und Depotfunktionen. Ab 1945 war hier das Berufspädagogische Institut untergebracht. 1970 erfolgte ein Umbau für Institute der beiden Münchner Universi-

Lothstraße 28 (mit Gaiglstraße 20)

Lothstraße 17, Ansicht von Nordosten; Aufn. 1981

Lothstraße 28, Portal an der   ▷
Gaiglstraße

täten und der Fachhochschule; 1975 wurde rückseitig ein mittigsymmetrisch situierter Erweiterungsbau errichtet (Bauamt der Technischen Universität).

Lothstraße 28. Die Parzelle, auf der Georg Eder das Mietshaus Lothstraße 28 errichten ließ, war bis dahin unbebaut. Lothstraße 28 bildet mit dem südlich angrenzenden Eckhaus Gaiglstraße 20 (s. dort) eine bauliche Einheit, jedoch mit eigener Erschließung. Der mächtige Baublock, 1914 von Max Rose errichtet, kam gegenüber dem Militärlazarett (s. Lothstraße 11) zum Stehen. Der barockisierende Wohnkomplex Lothstraße 28/Gaiglstraße 20 gibt hinsichtlich seines Zuschnitts ein gut nachvollziehbar gebliebenes Zeugnis für die Bestrebungen ab, in vorstädtischer Umgebung Wohnraum für gehobene Ansprüche zu schaffen (Magdkammern und Bäder in jeder Wohneinheit). Das nördliche der beiden Teilhäuser greift mit zwei gleich großen Flügeln in

Lothstraße 29

die Parzelle aus. Die Bebauung der Parzelle geschah unter Beachtung einer fünf Meter tiefen Vorgartenlinie an der Lothstraße. Der straßenseitige Zugang führt zum Treppenhaus, das im Hofwinkel vor der rückwärtigen Grundlinie eingezogen bleibt. Gemäß Eingabeplan waren in jeder Etage zwei Wohnungen untergebracht. Das Kellergeschoss wurde als Souterrain behandelt, das Erdgeschoss als Hochparterre. Die beiden Hauptgeschosse werden von einem kräftigen Kordongesims oberhalb des Erdgeschosses und einem Gurtgesims oberhalb des 2. Obergeschosses zusammengefasst, letzteres wird von einem darunter verlaufenden Putzband begleitet. Die intrafenestrale Flächenbewältigung wurde mit schlicht eingetieften Feldern im Putz bewerkstelligt. Hervorgehoben findet sich das Eingangsportal: Kantig stilisiert, sachlich reduziert wandte man barocke Grundformen an, die Giebellinie wurde nach unten eingebaucht, um das darüberliegende, auf barocke Bassgeigenfenster anspielende Treppenhausfenster zu vermitteln. Jedem der beiden Teilhäuser setzte Rose in der Fassade an der Lothstraße einen polygonalen Bodenerker mit Seitendurchfensterungen vor, der bis zur Traufe reicht. Die entscheidende Redaktion der Fassade nach dem Zweiten Weltkrieg unternahm man 1986 hofseits, 1987 straßenseitig. 2002 erfolgten die Erneuerung des Dachstuhls, Neigung und also Erscheinungsbild der Zeit vor dem Zweiten Weltkrieg berücksichtigend, der Ausbau des Dachgeschosses sowie der Anbau eines Aufzugs.

Lothstraße 29. *Teil des ehem. Offizierskasinos des 2. Infanterieregiments,* jetzt *Bayerischer Landwirtschafts-Verlag.* Das (nach Lankes 1993) im Frühjahr 1898 vollendete Dienstgebäude des 2. Infanterieregiments „beherbergte die verschiedenen Kanzleien des Regimentsstabes und der Bataillone, eine Wache mit Arrestlokal und vor allem die neue große Offizierspeiseanstalt".

Lothstraße 30/32

Von dem ursprünglich lang gestreckten, der geknickten Baulinie am Übergang zur Winzererstraße entsprechend dreiseitig-polygonalen, konvexen Bau ist nur noch der zweigeschossige Nordflügel in Neurenaissanceformen erhalten, vom dreigeschossigen Mittelrisalit nur ein vereinfachtes Teilstück (an der Stelle des zerstörten Südflügels sechsgeschossiger Neubau). Die in historisierenden, den wehrhaften Rustikastil zitierenden Formen reich gegliederte Putzfassade des Altbaus erhebt sich über einem Sockel in Natursteinrustika. (An beide Bauteile schließen Pfeiler-Gitter-Zäune der Bauzeit an.) – Reste der zugehörigen Kasernenbauten sind Lothstraße 23a (dreigeschossiges Walmdachhaus mit barockisierender Putzgliederung, Anfang 20. Jh.), 25 (zweigeschossiges Satteldachhaus, Ende 19. Jh.) und Winzererstraße 25.

Lothstraße 30/32. Der Wohnblock setzt sich aus zwei Teilhäusern zusammen, dem südlichen Haus Nr. 30 sowie dem nördlich anschließenden zweiflügeligen Teilhaus, das mit seinem Ostflügel das Eckhaus an der Kreittmayrstraße bildet (unter Beachtung einer 5 m tiefen Vorgartenlinie entlang der Lothstraße). Baumeister Franz Deininger errichtete es 1921–23 für den Beamten-Wohnungsverein auf bis dahin unbebautem Feld, dem ehem. Militärlazarett gegenüber. Die Treppenhäuser wurden an die vordere Grundlinie gelegt, deren Zugänge mit grob bossierten Rustiken, unstrukturierten Supraporten und geraden Verdachungen betont. In Haus Nr. 30 kamen gemäß Eingabeplan zwei Wohnungen je Etage, in Haus Nr. 32 drei Wohnungen je Etage zum Einbau. Die Hauptschauseite an der Lothstraße ist strikt symmetrisierend organisiert: Je zwei Achsen wurden je außen neben den Treppenhäusern angelegt, vier innerhalb von den beiden Aufgängen. In der Dachzone oberhalb des vierachsigen Mittelzugs der Fassade fasste Deininger vier gleiche Fenster zu einem breiten Dachhaus unter einer Folge von vier Segmentbogengiebeln zusammen. Die horizontale Betonung des insgesamt wuchtigen Baus erfolgt durch zwei Gesimsbänder, die die

Hauptgeschosse einfassen, auch das gebrochene Walmdach mit aufgeschobenen Dachfuß verdinglicht Breite. Deininger verwandelt in der barockisierenden Hauptfront traditionelle Elemente einem kantigen, versachlichenden Formempfinden der 1920er Jahre an.

Lothstraße 34. *Fachhochschule München* (Altbau, ehem. *Oskar-von-Miller-Polytechnikum*). Die vom städtischen Hochbauamt nach Entwurf von Karl Meitinger 1924–26 erbaute Höhere Technische Lehranstalt (seit 1946 Oskar-von-Miller-Polytechnikum, jetzt Teil der Hochschule München) bildet einen kompakten viergeschossigen Walmdachblock an der Ecke Loth-/Kreittmayrstraße mit großzügig ausgebautem Dachgeschoss – untereinander verbundene Gauben mit steilen Dreiecksgiebeln. An beiden Straßen ist der Block durch einen um ein Geschoss niedrigeren Trakt fortgesetzt. Dem Gesamthabitus nach steht die Außengestalt noch in der Tradition des Münchner Reformschulbaus des frühen 20. Jh., doch sind die historisierenden Details weitgehend reduziert – Rundbogenfenster mit Scheitelstein im Erdgeschoss, zwei Gurtgesimse, reich versprosste großformatige Fenster, Dreiecksgiebel über den Fenstern im 2. Obergeschoss (bzw. im 1. Obergeschoss des südlichen Hallen-Seitenflügels); stärker akzentuiert ist nur das Rundbogenportal mit gelappter Verdachung. Auf dem Dachfirst sitzen zwei polygonale Lüftungstürmchen. An der Lothstraße ist dem Bau ein ziemlich niedriger Pfeiler-Gitter-Zaun vorgelegt. Im weitgehend sachlichen Inneren ist lediglich die zweischiffige Eingangshalle aufwendiger gestaltet, mit Mosaikpflaster, Rotmarmorverkleidung an Sockel, Doppelpfeilern und Doppelpilastern; links neben dem Eingang Sitznische mit wandfester Marmorbank. Im linken Schiff beginnt die zweiläufige Haupttreppe mit Holzbalustergeländer. Ornamentale Details sind art-déco-mäßig stilisiert (Stuckleiste an der Decke, Baluster). Von der Halle nordwärts erschließt ein Mittelgang mit seitlichen Blendarkaden den Längsflügel. Der Altbau enthält in der Hauptsache Zeichen- und Lehrsäle, verschiedene Laboratorien und Verwaltungsräume sowie links vom Eingang die Hausmeisterwohnung. (Im Norden schließt sich – an der Stelle eines späthistoristischen Mietshauses – ein moderner Erweiterungsbau von 1990–93 an; weitere Neubautrakte von 1957/60 im Osten reichen bis zum Ferdinand-Miller-Platz.)

Lothstraße 34, Fachhochschule München

Ludwigstraße

(Vgl. Ensemble Ludwigstraße/Odeonsplatz.) Die seit 1822 den Namen ihres Initiators, des Kronprinzen bzw. seit 1825 Königs Ludwig I. tragende Monumentalstraße, eine städtebauliche Schöpfung Klenzes, die sein Konkurrent Gärtner vollendete, entstand im Gefüge der nördlichen klassizistischen Stadterweiterung als Ersatz für die leicht gebogene Landstraße nach Schwabing (zeitweise „Fürstenstraße") sowie als Ergänzung und Korrektur der einer praktikablen Anbindung an die Altstadt entbehrenden Maxvorstadt des frühen 19. Jh. An deren Ostrand, zugleich als westliche Begrenzung der schmalen, bis zum Englischen Garten reichenden Schönfeldvorstadt (vgl. Kaulbach- und Königinstraße), konzipierte Klenze die bis heute für den Verkehr unentbehrliche Magistrale in konsequenter Fortsetzung der am Odeonsplatz sich vereinigenden Nord-Süd-Achsen der Altstadt, der Residenz- und der Theatinerstraße. Der Übergang von altstädtischer Enge in die weiträumige klassizistische Neustadt wird im Bereich des Odeonsplatzes (s. im Einzelnen dort) einfühlsam moduliert. Odeonsplatz und „eigentliche Ludwigstraße" (Rambaldi 1894) bilden eine unlösbare städtebauliche Einheit – die Feldherrnhalle im Süden und das 1250 m entfernte Siegestor im Norden gelten und wirken als beiderseitiger Abschluss und Zielpunkt des 37 m breiten Straßenraumes, der im südlichen Bereich einseitig nach Westen vor den zurückgesetzten, gleichartigen Blöcken des Odeons und des Leuchtenbergpalais im Sinne einer anliegenden Platzbildung erweitert ist. Amtlich beginnen die zur Ludwigstraße gezählten Hausnummern am Nordrand dieser Platzerweiterung bzw. ostseitig ab Galeriestraße.

Nach dem 1817 erfolgten Abbruch des Schwabinger Tores, das im Bereich der heutigen Platzfläche vor der Feldherrnhalle stand, entwickelte sich im Zusammenhang mit Planung und Bebauung des Odeonsplatzes (vgl. dort) als dessen nördliche Fort-

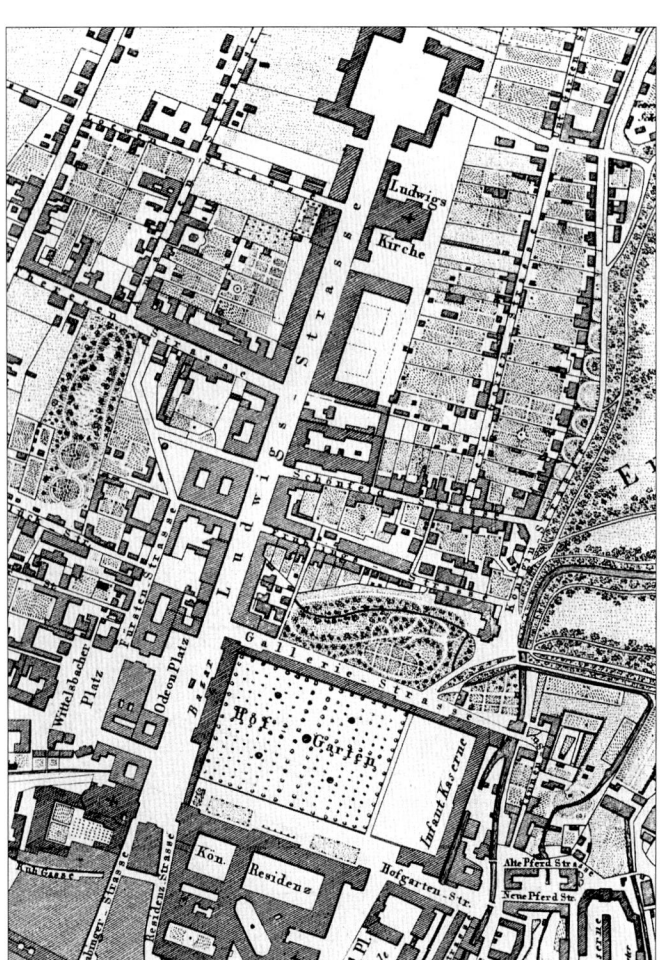

Ludwigstraße; Ausschnitt aus dem Stadtplan der Lindauerschen Buchhandlung, 1838

Blick in die Ludwigstraße nach Süden; Aquarell von Heinrich Adam, um 1830/40

Blick in die Ludwigstraße nach Norden; Lithographie von Gustav Kraus, 1842

setzung abschnittweise die Ludwigstraße, deren Erstreckung und abschließende Gestaltung zunächst noch nicht festgelegt waren.

Der amtliche Stadtplan von 1826 zeigt den von privaten, nach Klenzes Entwürfen ab 1818 (s. Ludwigstraße 1) erbauten Mietshäusern flankierten südlichen Anfangsteil zwischen Odeonsplatz und Frühlingstraße (heute Von-der-Tann-Straße; 1937 verbreitert), der Plan von 1830 bereits die Fortsetzung bis zur westseitig einmündenden Theresienstraße bzw. gegenüber zu dem von Klenze 1827–30 errichteten Kriegsministerium (s. Ludwigstraße 14), einem Ergänzungs- und Umbau eines schon zuvor bestehenden militärischen Komplexes. Einen wesentlichen Fortschritt für die ersehnte Weiterführung des Straßenprojektes bedeutete die Gewinnung des Herzogs Max in Bayern als Bauherrn eines großen Palastes an der Westseite (vgl. Nr. 13, 1828–30 von Klenze; nicht erhalten). Ein weiterer Ausgriff nach Norden erfolgte mit der 1829–44 von Friedrich Gärtner erbauten Ludwigskirche, die bereits auf dem Stadtplan von 1830 in noch isolierter Position eingetragen ist. Mit ihren flankierenden Arkadengängen und deren Abschlusspavillons (Pfarrhaus, Gärtners Wohnhaus) bildete sie eine Baugruppe, mit der ein beträchtlicher Straßenabschnitt ostseitig besetzt werden konnte.

Gärtner, dem etwas jüngeren Rivalen Klenzes, übertrug Ludwig I. nach seiner Thronbesteigung in bewusster Abkehr von der Bindung an einen einzigen favorisierten Architekten die bauliche Vollendung der Ludwigstraße, worin – neben der von Klenze (fast) dogmatisch vertretenen Orientierung an der Antike und allenfalls an der sich auf sie berufenden Renaissance – eine andere, mittelalterlich-romantische Facette in Ludwigs Vorstellungswelt ihren (durchaus zeittypischen) Ausdruck fand; überdies mochte dem König Gärtners großflächig-nüchterne, sparsamere Architektursprache als „moderner" und zur angestrebten Schließung großer Baulücken geeigneter erscheinen. Mit der absichtsvoll lang gestreckten Staatsbibliothek (1832–39, s. Nr. 16) an der Ostseite und schräg gegenüber dem fast bis zur Monotonie gedehnten Großkomplex zugunsten der Rendite des Damenstifts (1835–39, s. Nr. 23) wurden beträchtliche Distanzen architektonisch bewältigt. Mangels privater Investoren, die bislang auch nur jeweils begrenzte Parzellen übernommen hatten, siedelte Ludwig im Nordbereich der damit zusätzlich monumentalisierten Straße eine Anzahl öffentlicher Bauaufgaben an – außer der Staatsbibliothek die Universität, die Bergwerks- und Salinen-Administration (s. Nr. 27) sowie das aus Freising zum Umzug veranlasste Blindeninstitut (s. Nr. 25); überdies wurden hier mehrere an Landtagszustimmung nicht gebundene Stiftungen zu Neubauten bewogen – außer dem erwähnten Damenstift das Georgianum und das Max-Joseph-Stift, die zusammen mit der Universität (1835–40) westlich gegenüber einen großen, von der Fahrbahn der Ludwigstraße durchschnittenen, mit zwei Schalenbrunnen ausgestatteten Rechteckplatz kurz vor dem Nordende der Ludwigstraße einschließen (vgl. Geschwister-Scholl-Platz 1/Universität sowie Professor-Huber-Platz 1 und 2; auch zu den Brunnen). An der Stelle des quadratischen „Universitätsforums" oder „Forums der Wissenschaft" hatte Ludwig sich zunächst einen Rondellplatz mit zentralem Obelisk analog zur Piazza del Popolo am Nordende des römischen Corso vorgestellt, ehe er mit Signat vom 20. März 1835 der ihm von Gärtner unter Angabe mehrfacher städtebaulicher wie praktischer Gründe vorgelegten rechteckigen Konzeption zustimmte. Wenn auch wohl nicht in absichtsvollem Bezug ergab sich für die Ludwigstraße somit eine dem Pariser Platz beim Brandenburger Tor in Berlin vergleichbare Situation. Einen Rondellplatz hingegen hatte Klenze bereits 1827 in einem skizzenhaft in einen Stadtplan von 1814 eingetragenen Verlängerungsentwurf für die Ludwigstraße vorgesehen (BHStA, Planslg. 12649; Abb. u. a. in Ausst. Kat. Romantik 1987, S. 27). – Die Grundstücke für die öffentlichen Bauten am nördlichen Straßenabschnitt sowie die Straßenoberfläche hatte die Stadt München mittels Ankauf und Abbruch zahlreicher erst in den letzten Jahrzehnten errichteter Privathäuser zur Verfügung zu stellen. Die architektonisch um 1840 vollendete Prachtstraße erhielt mit den beiden Denkmalbauten Gärtners, der Feldherrnhalle im Süden (1841–1844; s. Odeonsplatz) und dem Siegestor im Norden (1843–50, s. Ludwigstraße/ohne Nr.) ihren städtebaulichen Abschluss. – Mit seinem in einen Stadtplan eingetragenen Umriss zum rechteckigen Universitätsforum (1835;

BHStA, Planslg. 12641) verband Gärtner die (bereits 1827 von Klenze vorgeschlagene) geradlinige Verlängerung der Ludwigstraße nach Norden über das künftige Siegestor hinaus als bis Schwabing fortgeführte Allee (gleichfalls unter Begradigung der bisherigen, ostseitig dieser Trasse verkrümmt verlaufenden Landstraße; heute Leopoldstraße).

In ihrer architektonischen und städtebaulichen Eigenart hat die Ludwigstraße in Europa kaum Vergleichbares; im Zeitalter der Restauration zwischen dem Sturz Napoleons und dem Revolutionsjahr 1848 sind an repräsentativen axialen Anlagen allenfalls die zwar kurze, aber unerreicht homogene, monumentale Theaterstraße in St. Petersburg und die Regent Street in London zu nennen, letztere als kommerzielles, spekulatives Privatunternehmen des Regenten George (IV.) und des Architekten John Nash in mancher Hinsicht mit der Ludwigstraße vergleichbar, die anfänglich teils durch Ankauf und Wiederverkauf der Grundstücke mit strengen Auflagen zur Bebauung gemäß dem städtebaulichen Konzept, in der Folge aber zunehmend durch Ansiedlung öffentlicher Bauaufgaben und Heranziehung von Stiftungen realisiert wurde.

Ludwigstraße nach Süden; Stahlstich von Ernst Rauch, um 1840

Ludwigstraße nach Norden; Stahlstich von A. Meermann nach C. A. Lebschée, um 1850

Ludwigstraße nach Norden; Aufn. um 1870

auch geschaffen mit dem Hofgartentor im Süden als Ostabschluss der Brienner Straße und im Mittelbereich der Straße mit der Ludwigskirche in der Sichtachse der Schellingstraße. In der Längsachse des Straßenzuges stehen sich Feldherrnhalle und Siegestor nicht exakt gegenüber, bedingt durch die Übergangssituation zum Altstadtgrundriss hin. Schräg über die Längsachse hinweg wird das Straßenbild verklammert durch die Zweiturmfassaden der im Gegensinn ausgerichteten Theatiner- und Ludwigskirche; die in Türmen und Kuppel formenreich aufgipfelnde Baumasse der barocken Theatinerkirche hat Klenze in städtebaulich wirkungsvoller Weise aus altstädtischer Enge gelöst und in seine Platz- und Straßengestaltung einbezogen. Die gleichsam objektive, das bürgerliche Alltagsleben vernachlässigende Großheit und Monumentalität der wandhaft-geschlossen gefassten Ludwigstraße wird nördlich außerhalb des Siegestores in be-

Im Gegensatz zu älteren französischen Architekturensembles (die Ludwig I. ausdrücklich nicht als Vorbilder wünschte) fand die Ludwigstraße keine unmittelbare Nachfolge; mit den um die Jahrhundertmitte begonnenen Großanlagen wie der Münchner Maximilianstraße, Hausmanns Pariser Boulevards und der Wiener Ringstraße wurde eine neue, die spezifische Urbanität der spätbürgerlichen Epoche bis zum Ersten Weltkrieg bestimmende städtebauliche Typologie begründet. Ludwigs Schöpfung erwies sich auch durch den bewussten Ausschluss von Begrünung und den Verzicht auf die allein auf den Bazar an der Ostseite des Odeonsplatzes beschränkte Sphäre von Kommerz und Gastronomie als kaum zur Wiederholung geeigneter Sonderfall. Der angestrebte Charakter einer monumentalen reinen Architekturstraße wurde erreicht durch die beiderseitige Einfassung mit einer flächigen, im Einzelnen keineswegs in symmetrischer Entsprechung angeordneten, wandhaft geschlossen wirkenden Fassadenabfolge. Symmetrische Gruppierungen ergaben sich nur in dem verbreiterten Bereich des Odeonsplatzes sowie im Norden rings um das Universitätsforum (vgl. Geschwister-Scholl-Platz, Prof.-Kurt-Huber-Platz); quer gerichtete Axialbezüge wurden

Ludwigstraße von Nordwesten; Aufn. vor 1939

Blick vom Rathausturm auf die Ludwigstraße; Aufn. um 1920

wusstem Kontrast, doch nicht
minder großzügig fortgesetzt
durch die ähnlich lang gestreckte Pappelallee der Leopoldstraße, der begradigten
einstigen Schwabinger Landstraße, die sich viel später zum
lebensvollen   „Schwabinger
Boulevard" entwickeln sollte.
– Die zur Entstehungszeit ungewöhnlichen, doch für den individuellen Blick gerade noch
erfassbaren Dimensionen dieser durch Tatkraft, Ehrgeiz und
Ruhmbedürfnis Ludwigs I.
verwirklichten baulichen Anlage werden weniger bei punk-
tuellem Verweilen, sondern vor
allem in der Längsbewegung
als hochrangiges städtebauliches Erlebnis wirksam.
Die in der nachfolgenden Ära
der spätbürgerlichen Boulevards und des einen aufwendigen Gliederungsapparat häu-
fenden Historismus bald als

Ludwigstraße nach Süden, rechts Häuserzeile 1–11

unmodern empfundene Ludwigstraße wurde in ihren städtebaulichen Absichten wie in ihrer Eigenart schon von den Zeitgenossen, speziell auch den dem Bauwillen ihres Königs überwiegend
abgeneigten Münchnern kaum verstanden. Grillparzer (1836),
der von Wien her nichts Vergleichbares kannte, zeigte sich be-
fremdet über die flächigen Fassaden mit ihren kleinen Öffnungen
(womit er freilich ein Charakteristikum der Architektur Gärtners
ansprach). Die moderne Rezeption, die der Ludwigstraße eine
gleichsam zeitlose Größe zuerkennt, setzte mit Oswald Hederers
grundlegender Monographie von 1942 ein. Die wohl treffendste
Charakterisierung fand Heinrich Kreisel (1950), der als Ludwigs

Absicht – im Unterschied zur barocken und französischen Stadtbaukunst – die „Steigerung des florentinischen Stadtplatzes zur
Straße" vermutete; platzartige Konzeption und italianisierende
Haltung werden seitdem durchgehend konstatiert (u. a. von Mar-
gret Wanetschek, 1971: „architektonisch gewandeter Straßen-
saal"). Die Ludwigstraße ist in der Tat weder Boulevard (= Ringstraße) noch Avenue (= Allee) oder belebte Promenade, sondern
am ehesten als neuartig lang gestrecktes Platzgebilde zu begrei-
fen; ihrem Schöpfer mag die moderne hauptstädtische Variante
eines Corso vorgeschwebt haben (der römische ist mit Ludwigs
persönlicher Biographie verbunden).

Neuere Spezialforschungen haben die Ludwigstraße unter verschiedenartigen Aspekten gewürdigt. Im Zusammenhang mit
seiner Interpretation des Siegestores als „Ruhmesmal der Ludwigstraße" betonte Michael Bringmann (1972) den Denkmal-
und Triumphalcharakter der gesamten städtebaulichen Anlage
zu Ehren des mäzenatischen Königs wie der bayerischen Armee
(die Ludwig I. in der Praxis freilich eher vernachlässigte). –
Christian Lankes (1993) würdigte die Ludwigstraße als „Symbol
der militärischen Macht Bayerns" unter Hinweis auf die Denkmalbauten der Feldherrnhalle (samt späterem Kriegerdenkmal),
des Siegestores wie auch des trophäengeschmückten Hofgartentores sowie weiters auf ihre Funktion als Schauplatz von Paraden

Ludwigstraße nach Norden; Aufn. 1946

Ludwigstraße nach Norden (ab Altstadtring); Aufn. um 1975/80

◁ Ludwigstraße nach Norden ab Theresienstraße (mit Highlight Business Towers in der Ferne)

Ludwig Thoma schildert in seiner satirischen Kurzgeschichte „Die Ludwigstraße" (ersch. 1905) den Rangiervorgang mit den Akkumulatorwagen und nennt die (schadhafte) Straßenoberfläche bei Regen „breiig", da eine Neupflasterung „im Hinblick auf den monumentalen Charakter der Straße" (vorerst) abgelehnt worden sei.

oder zur Ermöglichung schnellen militärischen Einsatzes bei Unruhen. – Annette Müller (1992) untersuchte den Gesichtspunkt des Wettbewerbs der Ludwigstraße mit „Unter den Linden" in Berlin. Gewiss ist großstädtischer Aufholwille zu konstatieren; vor allem aber wurde in dem rund ein Jahrhundert nach Berlin zur königlichen Residenzstadt aufgestiegenen München mit einer auch hier erforderlichen Stadterweiterung (vgl. die Maxvorstadt mit der Berliner Friedrichstadt) folgerichtig eine analoge Entwicklung nachvollzogen.

Beeinträchtigt wurde der geschlossene Eindruck der Ludwigstraße in der Zeit des Nationalsozialismus durch Verbreiterung der Von-der-Tann-Straße (1937) in Verbindung mit nur grobschlächtig dem Ensemblecharakter angepassten Neubauten (vgl. Ludwigstraße 2/Ministerialgebäude an der Stelle von vier Bauparzellen, und Nr. 13/Bankgebäude an der Stelle des abgebrochenen Herzog-Max-Palais; ferner am Nordende Nr. 28/Haus des Rechts). Weitere noch geplante, wesentlich gravierendere Eingriffe, vor allem an der Ostseite des Odeonsplatzes, gelangten nicht mehr zur Ausführung. Im Luftkrieg (1943–45) wurden fast sämtliche Gebäude in unterschiedlich schwerem Grade beschädigt oder zerstört, die meisten in den Jahren nach 1945 in alter Form (zumindest äußerlich) wiederhergestellt bzw. teilweise oder völlig rekonstruiert, dabei im südlichen Bereich um den Odeonsplatz das Problem der originalen Farbgebung gemäß den Intentionen Klenzes um 1960 (Heinrich Kreisel, Walther Bertram) und neuerdings wieder (Walter 2001) lebhaft erörtert.

Im architektonischen Gesamterscheinungsbild sind die im Lauf der Zeit jeweils erneuerte, modernisierte Oberflächengestaltung wie die Beleuchtungskörper von Bedeutung. Gesonderte Gehsteige zeigen schon Ansichten um 1840. 1901 wurde die Makadamdecke durch Asphaltierung ersetzt. Straßenbahngleise gab es auf der Strecke Ludwigstraße–Odeonsplatz–Brienner Straße bis Schillerdenkmal seit 1877, zunächst für den Pferdebahnbetrieb. Nach der Elektrifizierung 1900 fand bis 1906 im südlichen Bereich zwischen Galeriestraße und Schillerdenkmal ein umständlicher Schleppbetrieb mit vorgespannten Akkumulatoren-Loks statt, um die störenden Oberleitungen zu vermeiden. Letztere verschwanden mit dem Bau der U-Bahn ab 1968 (Eröffnung 1971, mit Bahnhöfen Odeonsplatz und Universität), der zugleich eine würdigere Oberflächengestaltung mitsamt Aufstellung von Leuchten traditionellen Typs ermöglichte.

Ludwigstraße (vormals). *Siegestor* mit Löwenquadriga; nördlicher Abschluss der Ludwigstraße. Bereits 1826 ist in einem Schreiben Ludwigs I. an den Bildhauer Johann Martin von Wagner vom künftigen Bau eines Triumphbogens die Rede; 1827 wurden die Standortprobleme eines die Ludwigstraße nördlich abschließenden Tores erörtert (Klenze schlug das Universitätsforum weiter südlich vor). Erst 1840 wurde das Projekt konkret, Friedrich von Gärtner mit der Planung eines Tores in den Ausmaßen des römischen Konstantinsbogens und Wagner mit den Gipsmodellen für die skulpturale Ausgestaltung beauftragt (Kontrakt mit ihm vom 25. Oktober 1841), die er in Rom herstellte. Nach Verzögerungen begannen die von der kgl. Civilliste finanzierten Bauarbeiten im September 1843 unter der Leitung des Baupraktikanten Franz Beyschlag; am 12. Oktober – dem Maximilianstag (Namenstag des ersten bayerischen Königs) – legte der Monarch den Grundstein. Im folgenden Frühjahr waren die Fundamente fertig, im Sommer 1846 wurden die drei Bögen geschlossen; beim Tode Gärtners (21. April 1847) war der Rohbau schon vollendet. Nach der Abdankung Ludwigs I. (20. März 1848) stockten die Arbeiten – sie wurden erst 1850 unter der Bauleitung des Gärtner-Schülers Eduard Metzger wieder aufgenommen und abgeschlossen. Die krönende Quadriga wurde erst 1852 aufgestellt, am 1. November 1852 das Tor vom Exmonarchen der Stadt München übereignet. (Zur nahe gelegenen Wache s. Ludwigstraße 29.)

Das Siegestor (an der Südseite ehemals mit Datum 1850) ist – gleich den Propyläen – Stadttor der weiträumigen Stadterweiterung, zeitgemäß nicht mehr mit fortifikatorischer oder Wache und Zoll betreffender, sondern mit städtebaulicher und symbolischer Funktion sowie mit Denkmalcharakter – in dieser Beziehung, analog Feldherrnhalle und Obelisk, „Dem bayerischen Heere" (Inschrift an der Nordseite) gewidmet, das die staatliche Existenz Bayerns in der vorangegangenen stürmischen Epoche garantiert hatte. Im engeren Sinn wird des Sieges über Napoleon in den sog. Befreiungskriegen 1813–15 und des bayerischen Anteils an ihnen gedacht – im gleichen Sinnzusammenhang war die Benennung wichtiger Straßen der Maxvorstadt nach den Schlachten bei Arcis, Bar-sur-Aube und Brienne erfolgt (vgl. – auf die ganze deutsche Nation bezogen – die Befreiungshalle bei Kelheim). Konkret war an einen möglichen Einzug der bayerischen Armee bei Rückkehr aus dem Felde gedacht – so gesche-

Siegestor von Süden; Aufn. um 1935

Siegestor von Süden; Aufn. 1944

hen 1871 schon unter der Bindung an Preußen. Die tradierte antike Gattung des Triumphbogens, hier in der aufwendigen dreibogigen Form, ist sicher auch als ideelle Auseinandersetzung mit dem ebenfalls dem Vorbild des Konstantinsbogens verpflichteten, gleich dimensionierten und proportionierten Austerlitz-Bogen Napoleons (später Arc de triomphe du Carrousel) zu verstehen, auf dessen Reliefs u. a. Napoleons Einzug im damals verbündeten München 1805 sowie Bayerns Erhebung zum Königreich 1806 dargestellt ist. Die Siege in den Befreiungskriegen bestätigten abschließend die allzeit antinapoleonisch-oppositionelle Gesinnung des seinerzeitigen Kronprinzen Ludwig. Als weiteres Vorbild eher ideell und ikonographisch (durch die Umwidmung zum Arco della Pace nach Napoleons Sturz) als gestalterisch kann der vom Kaiser begonnene Triumphbogen in Mai-

land gelten, dessen Besichtigung König Ludwig 1839 beeindruckt hatte. Bemerkenswert erscheint seine Bestimmung, in den Reliefs am Siegestor keine zeitgenössisch benennbaren Schlachten darzustellen, sondern Kampfszenen allgemein in antikischer Stilisierung zur Schonung eventueller nationaler Empfindsamkeiten und positiv als Mahnung zu nötigenfalls kämpferischem Einsatz für Bayerns Erhaltung – eine Idee, die freilich mit dem sukzessiven Verlust bayerischer Eigenständigkeit im 19. und 20. Jh. verblasste. Michael Bringmann (1972), der zutreffend, doch etwas verengend „das Siegestor als Ruhmesmal der Ludwigstraße" wie auch ihres Schöpfers interpretiert, weist zugleich auf die „Friedenswerke der Landeskultur und Gewerbe in den (acht) bayerischen Kreisen" als Themen der Tondi über den großen Kampfszenen-Reliefs hin, sodass die in der Kunstförde-

Ludwigstraße, Siegestor von Norden

Siegestor von Süden; Aufn. 1995

Siegestor, Ostseite; Aufn. 1995

rung gipfelnde Friedenspolitik Ludwigs I. sich über das „Fundament des Kämpfens" erheben sollte (vgl. die programmatisch ähnliche Aussage in den Giebelfiguren am Königsplatz).

Der sich über einer Grundfläche von 24 zu 11,9 m 20,7 m hoch erhebende Bau, im Kern eine Ziegelkonstruktion, deren Oberteil erst von E. Metzger als dreischiffige, spitzbogig gewölbte Anlage speziell zur Aufnahme der 22 Tonnen schweren Quadriga entwickelt wurde, ist äußerlich mit gelblichweißem Kalkstein aus Ebenwies an der Naab verkleidet. Auf dem verkröpften Gebälk stehen über den korinthischen Säulen – vier an jeder Längsseite – vor der hohen Attikazone Viktorien aus weißem Schlanders-Marmor (nach Wagners Modellen ausgeführt von Johann Leeb, Francesco Sanguinetti, Peter Schöpf und angeblich Landsberg = der Schwede Jakob Lundberg?). Die Zwickel über dem hohen, breiteren Mittelbogen füllen Reliefs fliegender, Feldzeichen tragender Siegesgenien (nicht von Wagner, sondern von Ludwig Schaller modelliert). In die Wandflächen über den niedrigeren Seitenbögen sind insgesamt vier, in entsprechender Höhe der Schmalseiten zwei weitere große, rechteckige Schlachtenreliefs aus Carraramarmor eingelassen, über ihnen in der Attika die erwähnten Relieftondi (die Reliefs wurden nach Wagners Entwürfen von Max Widnmann, Schöpf, Leeb, Landsberg, Friedrich Brugger und Sanguinetti ausgeführt). Die Tonnenwölbungen der drei Durchfahrten sind kassettiert.

Die Anerkennung schon der Zeitgenossen wie die Bewunderung heutiger Fachkenner gilt der unübertroffen exakten Detailausführung der Quadermauerung wie der ornamental skulptierten Details, u. a. der von Gärtner entworfenen Kapitele. Vom Konstantinsbogen unterscheidet das Siegestor eine gewisse Steigerung des Vertikalismus, u. a. durch leicht gestelzte Bögen, sowie die Übersetzung aus der spätantiken Formulierung der Details in die frühere Stillage der augusteischen Klassik.

Das Triumphbögen üblicherweise krönende Viergespann aus Bronze, hier als Bavaria auf einem von Löwen, dem bayerischen Wappentier, gezogenen Streitwagen ausgebildet, wurde bis 1852 nach Entwurfsskizzen Martin von Wagners von Johann Halbig modelliert, die Figur der Bavaria von Friedrich Brugger. Den Guss

führte die kgl. Erzgießerei unter Ferdinand von Miller d. Ä. bis 1852 abschnittweise aus (ein Löwe wurde 1851 auf der Londoner Weltausstellung gezeigt). Im Zweiten Weltkrieg wurde die Quadriga beschädigt und herabgeschleudert, nach ihrer Wiederherstellung (Rekonstruktion des Wagens und des Oberteils der Bavaria) 1972 wieder auf das Tor gehoben. Der Wagen trägt rückseitig die Signatur: Zerstört 12. Juli 1944 – Wiedererrichtet 1969–72/ Bildhauer Elmar Dietz – Bronzegießer Otto Strehle; der Wagen ist seitlich rechts bez. W. Bidlingsmaier. Die Quadriga blickt nach Norden den von auswärts in die Stadt Einziehenden entgegen.

Im Luftkrieg wurde vor allem der Oberteil des Tores bis zum verkröpften Gebälk weitgehend zerstört – besonders die Mittelachse – bzw. destabilisiert oder in Bruchstücken verstreut; Sicherungsmaßnahmen brachten eine weitere Demontage. Die Wiederherstellung 1956–58 durch die Architekten Otto Roth und Josef Wiedemann ergänzte mit erhaltenen Werkstücken die Fehlstelle nordseitig im Sinne des originalen Erscheinungsbildes, während die Südseite in ungegliedert flächenhafter, neutraler Form – zunächst als Provisorium deklariert – zum alten Umriss komplettiert, 1958 jedoch durch die von Hanns Braun verfasste und von Franz Hart typographisch gestaltete Inschrift „Dem Sieg geweiht – vom Krieg zerstört – zum Frieden mahnend" im Sinne eines Mahnmals neu interpretiert wurde.

Eine Anzahl damals nicht wieder eingebauter Fragmente, darunter die beiden Relieftondi von der Südseite, wurden 1995 in der Nieserstraße östlich des Stadtmuseums als ein Mittelding von Installation (Konzept: Gabriele Henkel) und Lapidarium im Freien aufgestellt; ein Platz im Umkreis des Siegestores wäre sinnvoller gewesen. 1995–98 wurde das Siegestor durchgreifend saniert und restauriert (in der Form von 1958).

Siegestor, Quadriga-Löwe; Aufn. nach 1944

Ludwigstraße; Flurkarte, M. 1:5000

Ludwigstraße 1–11; Aufn. 1945

Ludwigstraße 1–3, 5–11, 13–25, 27–29, 31, 33. Vgl. Ensemble Ludwigstraße/Odeonsplatz.

Ludwigstraße 1 (mit Odeonsplatz 5; vgl. Ensemble Altstadt, Bauten- und Platzgruppe Residenz/Hofgarten/Max-Joseph-Platz/ Odeonsplatz.) Ehem. *Wohnhaus Kobell*, jetzt Teil des Finanzministeriums; städtebaulich bedeutsames Eckhaus (zusammen mit Odeonsplatz 5, s. dort). Die gesamte Häuserreihe an der Westseite des Beginns der (eigentlichen) Ludwigstraße (heute Nr. 1–11) entstand im Bereich der strategisch besonders wichtigen Eckbastion h, der sog. Schwabinger Bastion, der einstigen Wallbefestigung nordwestlich des Hofgartens. Die dem Geheimen Rat und Generalsekretär im Innenministerium Franz von Kobell (1780–1850, Vater des gleichnamigen Mineralogen und Dichters) gehörigen Wallgrundstücke erwarb 1817 Kronprinz Ludwig, um ihre vorzeitige Bebauung zu verhindern; von ihm kaufte Kobell die neu geschaffenen Bauparzellen zurück und ließ sich 1817/18 durch Joseph Höchl nach Plänen Leo von Klenzes das exponierte Eckhaus Nr. 1 erbauen. Zusammen mit dem westlich anschließenden, an das Leuchtenbergpalais grenzenden Haus Odeonsplatz 5 (Bauherr: Kgl. Rat von Lamp(e)l) bildet es äußerlich – heute auch real – eine Einheit; das Doppelhaus ist zeitlich wie architektonisch der Auftakt der Wohnbebauung an der Ludwigstraße sowie städtebaulich und gestalterisch das nördliche Gegenstück zu dem erst zehn Jahre später ausgeführten Eckhaus Odeonsplatz 2 (s. dort). Mit diesem zusammen begrenzt es die Schmalseiten der einseitigen rechteckigen Platzerweiterung, die westlich vom Odeon und Leuchtenbergpalais (s. Odeonsplatz 3 und 4) abgeschlossen wird.

Typologisch wie stilistisch konzipierte Klenze mit dem (Doppel-)Eckhaus den Prototyp einer zeitgemäßen urbanen Wohnhausbebauung an der neuen Prachtstraße auf der Grundlage nicht der Antike, die keine Vorbilder aufzuweisen hatte, sondern

Ludwigstraße 1 (links), ehem. Wohnhaus Kobell

des italienischen Stadthauses der Hochrenaissance (Florenz, Rom), antikisierend – in französisch-klassizistischer Stilisierung – lediglich im formalen Detail. Zugleich setzte er die Gattung des Mietshauses durch vermehrte Geschosszahl und verringerte Geschosshöhe trotz bewusst repräsentativer Außengestaltung von den sozialhierarchisch höherstehenden Adelspalais und öffentlichen Bauten ab.

Die Stockwerke sind durch Gurtgesimse geschieden, die Ecken durch Rustika verstärkt. Auf das rustizierte Erdgeschoss mit Rundbogenfenstern auf konsolgetragenen Sohlbänken folgen zwei nahezu gleichgewichtige Hauptgeschosse, das erste nur durch Konsolen unter den geraden Verdachungen zusätzlich hervorgehoben. Der niedrigere 3. Stock weist eine pergolaähnliche Pilastergliederung auf; darüber Konsolgesims. Das zweiflügelige Eckhaus Nr. 1 – mit gewölbter Durchfahrt und Rundbogentor in der Mitte der Ostseite – schließt mit dem ebenfalls zweiflügeligen Haus Odeonsplatz 5 – ursprünglich gleichfalls mit Mitteldurchfahrt und -tor – einen (geteilten) Hof dreiseitig ein. Die Treppen wurden jeweils am Ende der Durchfahrt seitlich angeordnet.

1912 Umbau (mit Nr. 3) für die Bayerische Notenbank durch Karl Stöhr. Im Zweiten Weltkrieg blieb das Eckhaus Nr. 1 weitgehend erhalten und benutzbar, ein Luftbild vom November 1945 zeigt es mit (wohl provisorischer) Bedachung, Odeonsplatz 5 hingegen als Ruine. Beide Häuser wurden als Bestandteile des Finanzministeriums (mit Odeonsplatz 4 und Ludwigstraße 3/5) wiederhergestellt, das Tor von Nr. 5 und das ihm symmetrisch entsprechende Scheintor an der Südseite von Nr. 1 durch Fenster ersetzt.

Ludwigstraße 2. *Bayer. Staatsministerium für Ernährung, Landwirtschaft und Forsten.* Der Abbruch von vier Einzelgebäuden 1937 und ihr Ersatz durch einen einzigen Großbau bedeutete einen schwerwiegenden Eingriff in die Struktur der Ludwigstraße, der in ihrem Südteil damit die beiderseitige, vergleichsweise kleinteilige Wohnhausbebauung verloren ging – der noch weitgehend erhaltenen Reihe Nr. 1–11 an der Westseite fehlt seitdem das gegenüberliegende Pendant, die früheren Häuser mit den alten Nummern (von Süden) 31, 30, 29 und 28, die hier im Zusammenhang des Ensembles kurz zu erwähnen sind.

Das stattliche Eckhaus Nr. 31 (samt Nachbarhaus Galeriestraße 1), 1820/21 von Leo von Klenze für den Bauunternehmer und Maurermeister Rudolf Röschenauer erbaut, war als Auftakt der über die Flucht des Bazars nach Westen vorspringenden östlichen Baulinie der Ludwigstraße städtebaulich von hohem Gewicht. Klenze wollte mit diesem – zunächst für den Bauinteressenten Finanzminister Graf von Lerchenfeld konzipierten – Mietshaus „im Style der florentinischen Palläste" in demonstrativer Weise dem vom König gewünschten monumentalen Charakter der Ludwigstraße entsprechen. Die viergeschossige, in Putz rustizierte Fassade wurde nur durch flache Eckrisalite, Gurt- und Konsolgesimse gegliedert, die großen Rundbogenfenster wiesen eine maßwerkartige Sprossenteilung auf, das Erdgeschoss war mit den mezzaninartig kleinen Rechteckfenstern des 1. Stocks zusammengezogen. – Der bereits seit 1826 staatliche Bau mit vornehmen Miet- und Dienstwohnungen (im 1. Stock des Finanzministers) war seit 1865 Sitz des Finanzministeriums.

Bauherr der nördlich anschließenden, ebenfalls von Klenze entworfenen Dreiergruppe war der Schlossermeister Korbinian May(e)r; ihre Fassadengestaltung entsprach dem in der Häuserreihe Nr. 1 ff. gegenüber variierten klassizistischen, mit italienischen Renaissancedetails durchsetzten Typus. Der Plan des 1820/21 erbauten Hauses Nr. 30 war der Anlass zu der vielzitierten Auseinandersetzung Klenzes mit dem König, dem er die kaum mögliche Anwendung heroisch-monumentaler Form-

Ludwigstraße 2, Vorbebauung (ehem. Nr. 28, 29, 30, 31 von rechts); Aufn. um 1910

elemente aus Antike und Renaissance auf die Bedürfnisse des modernen bürgerlichen Wohnhausbaues verdeutlichen musste. Die ursprünglich dreigeschossige (1925 aufgestockte) Fassade, mit von einer Rustikaplatte umgebenen Rundbogentor in der Mitte, war nach Proportionierung und Gliederung eine Reduktion derjenigen des Leuchtenbergpalais im kleinen Maßstab. – Das bereits 1822 an den Innenminister Karl Friedrich Graf Thürheim verkaufte Haus war seit 1914 Staatseigentum.

Das viergeschossige Haus Nr. 29, 1825/26 von Klenze, war durch ein rundbogiges Mitteltor und bandartige, dekorierte Gurtgesimse akzentuiert. Der im 1. Stock eingebaute, 1888 von Anton Pössenbacher für die Deutsche Nationale Kunstgewerbeausstellung in München geschaffene, opulente Neubarock-Salon war eine der Inkunabeln dieser Stilrichtung (heute z. T. im Stadtmuseum).

Ludwigstraße 2, südlicher Hof

Ludwigstraße 2, Treppenhaus

Ludwigstraße 2, Bayer. Staatsministerium für Ernährung, Landwirtschaft und Forsten

sade ist im Zusammenhang mit der geplanten Osterweiterung des Odeonsplatzes (unter Abbruch des Bazars) zu verstehen; hier liegt die von einem Balkon überfangene mittlere Hauptdurchfahrt, flankiert von den Haupttreppen; die beiden seitlichen Nischen im Erdgeschoss sollten mit Wandbrunnen und Plastiken von Josef Wackerle ausgestattet werden. Das im April 1945 von der US-Militärregierung beschlagnahmte Gebäude, an dem die Kriegsschäden 1946–52 behoben wurden, diente u. a. als Sitz des amerikanischen Generalkonsulates und der „Stimme Amerikas" bis zur Freigabe 1956. Seit 1958 ist es Sitz des Bayer. Staatsministeriums für Ernährung, Landwirtschaft und Forsten, das bis dahin an zehn verschiedenen Stellen untergebracht war. 1959/60 wurden umfangreiche Adaptierungs- und Instandsetzungsarbeiten durchgeführt, 1987–90 Fassaden und Dach saniert, Eingangshalle und Haupttreppenhaus künstlerisch ausgestattet. Der repräsentative Schmuckhof, den im Erdgeschoss Natursteinarkaden umgeben, erhielt 1961 einen Schalenbrunnen aus Bronze nach Entwurf von Ernst Andreas Rauch (Guss Hans Mayr), und (westlich) 1984 eine Rotmarmor-Gedenktafel für die am 28. und 29. April 1945 hier als letzte Opfer des Nationalsozialismus zum Tod verurteilten Mitglieder der „Freiheitsaktion Bayern" und Regimegegner.

Das viergeschossige Eckhaus Nr. 28 von Klenze, mit Säulenbalkon um das Rundbogentor der Westfront und Eckrustika, gehörte ab 1875 der Preußischen Bank. An seiner Stelle entstand 1900/01 der dreigeschossige Neubau der Reichsbank von den Berliner Architekten Julius Emmerich und Max Hasak in im Vergleich zur klassizistischen Umgebung monumentalisierten Formen eines an der italienischen Renaissance orientierten Palaststils, mit die gesamte Erdgeschossfläche um die großen Rundbogenöffnungen bedeckenden Reliefs und stark ausladendem Konsolgesims. Überdies war durch die rötliche Sandsteinverkleidung ein Kontrast zu den Nachbarfassaden gegeben.

Der bestehende Bau von 1938 ff. Der Gedanke, die damals sieben bayerischen Ministerien in einem Zentralministeriumsgebäude zusammenzufassen, wurde bereits seit etwa 1927 „im Zuge der Staatsvereinfachung" erörtert, doch erst in der Zeit des „Dritten Reiches" in die Tat umgesetzt. Der Neubau, vielfach als „Landesregierung" bezeichnet, nahm die Staatskanzlei sowie Finanz- und Innenministerium auf; Baubeginn am 4. April 1938, Richtfest am 27. Januar 1939; der Innenausbau war wegen des Krieges noch nicht völlig abgeschlossen, als der Nordhof (Wirtschaftshof) 1943 durch Bomben schwer beschädigt und anschließend wiederhergestellt wurde; 1944 folgten weitere Schäden vor allem im südöstlichen Eckbereich des Südhofes (Schmuckhof), des Ost- und des Südflügels. Nicht mehr ausgeführt wurde der geplante lang gestreckte Flügelbau entlang der Von-der-Tann-Straße, die Anschlussstelle erst um 1960 gestalterisch integriert. Der Neubau im Verein mit jenem der Reichsbank gegenüber (s. Ludwigstraße 13) war nur als Anfang viel weitergehender gewalttätiger städtebaulicher Veränderungen im Umkreis gedacht, die 1937 mit der Verbreiterung der Von-der-Tann-Straße begannen. Immerhin unterschied sich – bei aller zeittypischen Monumentalisierung – die Detailgestaltung dieses von der bayerischen Staatsbauverwaltung nach Plänen von Ministerialrat Fritz Gablonsky realisierten Projektes durchaus spürbar von den zeitgleichen Parteibauten (etwa am Königsplatz), indem zumindest eine gewisse Anpassung an stilistische und gestalterische Vorgaben der Ludwigstraße angestrebt wurde. Die massige Wirkung des ca. 86 x 69 m großen, zwei ungleich große Höfe umschließenden viergeschossigen Blockes wird durch die Beschränkung der Natursteinverkleidung (Wachenzeller Dolomit) auf das Erdgeschoss und die Gliederungen der ansonsten verputzten Obergeschosse gemildert. Die bevorzugte Behandlung der als Hauptschauseite auf zurückgenommener Baulinie gedachten Südfas-

Ludwigstraße 3; Aufn. vor 1939   ▷

Ludwigstraße 3. Ehem. *Wohnhaus* des Architekten *Jean Baptiste Métivier*, jetzt Teil des Finanzministeriums. Auf dem vom kgl. Rat Franz von Kobell (s. Nr. 1) erworbenen Grundstück ließ J. B. Métivier – kurz nach seiner Ernennung zum kgl. Baurat (September 1824) – ein Wohnhaus errichten, dessen Fassade allerdings Leo von Klenze im Zusammenhang mit der gesamten Häuserreihe gestaltete; Plangenehmigung vom 15. September 1825. Klenze variierte die einzelnen Fassaden innerhalb des typologisch-stilistischen Rahmens (vgl. Nr. 1) in den Details. Haus Nr. 3, horizontal durch Gurtgesimse und abschließendes Konsolgesims gegliedert, erhielt ein rustiziertes Erdgeschoss mit Rechteckfenstern und (ursprünglich) mittlerem Rundbogentor, das von einem toskanischen Säulenbalkon mit Balusterbrüstung gerahmt wurde. Entgegen Klenzes Intention für das noble Wohngebiet enthielt das Erdgeschoss beiderseits der Durchfahrt je ein

Ludwigstraße 3

Ludwigstraße 5

Ladengeschäft mit zum Boden herab verlängerter Mittelöffnung (bis 1862). Die beiden Hauptgeschosse sind gleichwertig mit geraden Fensterverdachungen über konsolenflankierten Ornamentbändern (im 1. Stock gestreckte Girlanden, im 2. Palmetten-Lotos-Band). Die Traufe über dem niedrigen 3. Stock liegt im Sinne der erstrebten Abwechslung etwas höher als bei den Nachbarhäusern. Rechts von der Durchfahrt lag das halbrund gewendelte Treppenhaus; den Hof begrenzt nordseitig ein Nebenflügel.

1912 Umbau (s. Nr. 1). Beim Wiederaufbau des im Luftkrieg ausgebrannten Hauses für die Zwecke des Finanzministeriums (vgl. Nr. 1, 5 und Odeonsplatz 4) wurde das Tor in störender Weise aus der Mitte um eine Achse nach rechts verlegt und der Säulenbalkon ersatzlos beseitigt.

Ludwigstraße 5. Ehem. *Wohnhaus Gampenrieder*, jetzt Teil des Finanzministeriums. Nach Leo von Klenzes am 5./7. Juni 1821 genehmigten Plänen ließ der Schneidermeister („bürgerl. Kleidermacher") Joseph Gampenrieder auf von Franz von Kobell (vgl. Nr. 1 und 3) erworbenem Grund ein Wohnhaus errichten, das innerhalb der gestalterisch im Einzelnen variierten Häuserreihe (vgl. Nr. 1) durch eine stärkere Akzentuierung der klassizistischen vor den Renaissance-Merkmalen charakterisiert ist. Das Erdgeschoss und das – im Unterschied zu den anderen Häusern der Gruppe – darüber als Mezzanin eingeschobene niedrigere Geschoss sind – über einem betonten Sockel mit Kellerfenstern – zusammengezogen und durch einen breiten, antikisierenden Masken- und Rankenfries von den vergleichsweise schlichten, durch ein Gurtgesims getrennten Obergeschossen getrennt. Die Erdgeschossfenster sind durch ein Sohlbankgesims über Konsolen und Brüstungsfeldern verbunden, die Fenster im 3. Geschoss durch gerade Verdachungen ausgezeichnet; den Abschluss bildete ein dekorativ behandeltes Traufgesims (jetzt Konsolgesims). Das Rundbogentor und die Durchfahrt liegen in der Mitte, links davon rückseitig die gewendelte Treppe; den Hof begrenzt rechts ein Seitenflügel. Beim Wiederaufbau des im Inneren durch Brand zerstörten Hauses nach dem Zweiten Weltkrieg wurde der in der Mittelachse des 3. Geschosses auf kräftigen Konsolen vorkragende Balkon mit Eisengeländer leider beseitigt.

Ludwigstraße 5, ehem. Balkon

Ludwigstraße 6/8/10 (mit Schönfeldstraße 6). Sog. *Haslauer-Block.* Die äußerlich homogene, zu einem 66 m langen, palastartigen Block zusammengefasste Bebauung der Grundstücke mit den alten Hausnummern (von Norden) 25, 26 und 27 (samt der an letztere östlich anschließenden Frühlingstraße 1, jetzt Von-der-Tann-Straße) gilt als „extremstes Beispiel der Unterordnung Klenzescher Fassaden unter das Monumentalitätsdenken König Ludwigs" (Zimmermann 1984). Die Vereinheitlichung übertrifft selbst die der Gruppe Nr. 15/17/19, bei der die Dreiteilung ablesbar ist, und des einstigen Doppelhauses an der Stelle von Nr. 21. Der kompakte Baukörper bildete ein Pendant zu dem mächtigen Herzog-Max-Palais direkt gegenüber (s. Nr. 13). Stilistisch war er die monumentalste Rezeption des florentinisch-quattrocentesken Palasttypus an der Ludwigstraße, durch Zufall ein „Palazzo nonfinito" – da das niedrige Vorstadthaus Schönfeldstraße 20 (alte Nr.) nicht zu erwerben war, an der Nordseite nur eine Fensterachse breit (vgl. das Seitzsche Stadtmodell, Mitte 19. Jh.). Die Putzfassaden mit großen, maßwerkartig versprossten Rundbogenfenstern sind im hohen Erdgeschoss kräftig rustiziert, in den Obergeschossen glatt mit Rustika-Fensterrahmungen. Die kleinen Rechteckfenster im niedrigeren 3. Stock sind zwischen mächtige, gesteilte Volutenkonsolen eingefügt (vgl. Ludwigstraße 9), deren betont plastische Reihung den Gesamtblock kraftvoll abschließt (eine Vorwegnahme der in München bis heute verbreiteten Obergeschossmaskierungen). Dem König missfielen sowohl dieser Kniestock wie die vier Portale, die zur Erschließung der verschiedenen Hauseinheiten und eines Gartens nötig waren.

Leo von Klenze entwarf die Gesamtfassade im Zusammenhang mit der 1826 vom König angeordneten Verlängerung der Ludwigstraße über die Frühlingstraße hinaus im Auftrag der Stadt, welche die Grundstücke zu erwerben und zu versteigern hatte. Bauherr des 1827/28 errichteten Komplexes wurde der Bierbrauer und Wirt Georg Haslauer, der die drei Anwesen 1828 getrennt veräußerte. Den Mittelteil (Nr. 8, alt Nr. 26) erwarb der Bäckermeister Jakob Frühwein, der im Hochparterre seinen Betrieb (mit zwei Backöfen) einbaute. Seit 1876 war die Dreiergruppe in einer Hand vereinigt. 1892 kaufte der damalige Eigentümer Ludwig Danzer das angrenzende Wirtshaus an der Schönfeldstraße und ließ hier die ursprünglich intendierte Erweiterung um drei (enger gereihte) Fensterachsen ausführen;

Ludwigstraße 6/8/10, Innenhof

Ludwigstraße 6/8/10 nach Kriegsschäden; Aufn. 1946

Ludwigstraße 6/8/10; Aufn. 1985

damals wurden in die fensterlosen Kniestockintervalle Ornamente eingefügt.

Der Zweite Weltkrieg ließ nur eine Ruine übrig (die Südfassade fehlte völlig), die allerdings bei der Ortsbesichtigung am 18. April 1951 „noch einen durchaus gesunden Eindruck" machte; ein Jahr später hatte sich der Zustand so verschlechtert, dass die Entfernung der Zwischenmauern und des in der nördlichen Hälfte noch vorhandenen 2. und 3. Obergeschosses angeordnet werden musste; 1953, als ein Neubauplan von Josef Wiedemann vorlag, wurde der Rest abgebrochen.

Zur Bebauung des geräumten Areals kam es jedoch erst sukzessive in den 1960er Jahren; im Auftrag von Dr. Hermann Hartlaub konzipierte Erwin Schleich eine Geschäfts-, Büro- und Wohnnutzung mit Läden, Passagen und zwei Innenhöfen unter Rekonstruktion der Klenze-Fassaden im Hinblick auf deren Funktion im Ensemble der Ludwigstraße (Nordseite heute mit elf Fensterachsen; im Inneren vermehrte Geschosszahl). Wohl in Analogie zu Klenzes Hauptpost erhielten die Obergeschosse eine Quaderbemalung (vgl. auch Gärtners Bauten am Universitätsforum) und der Kniestock eine pompejanischrote Fassung mit Ornamenten.

Ludwigstraße 7. Ursprünglich hatte Leo von Klenze für das Wohnhaus eine dem Stil der gesamten Häuserreihe Nr. 1–11 entsprechende, antikisch durchsetzte Fassadengestaltung cinquecentesken Charakters vorgesehen (vgl. Ausst. Kat. Klassizismus 1980, Abb. 26.2), doch wurde schließlich offenbar im Hinblick auf einen größeren Variationsreichtum innerhalb der Gruppe ein Entwurf „nach einem guten toscanischen Muster" gewählt und durch Baumeister Rudolf Röschenauer ausgeführt; Bauherr war der Cafétier Friedrich Paul Schröfl (vgl. Nr. 9); Baugenehmigung vom 5. Juni 1823. Eine vergleichbar flächendeckend in

Putzrustika gestaltete (weit umfangreichere) Fassade hatte bereits 1820 das schräg gegenüberliegende ehem. Eckhaus Ludwigstraße 31 (s. Ludwigstraße 2) von Klenze und Röschenauer erhalten. Kennzeichnend für den hier rezipierten, auf die Verhältnisse eines bürgerlichen Mietshauses übertragenen, plastische Wucht zu dominierender Flächigkeit reduzierenden Palaststil sind u. a. die radial gefugten, im Scheitel zugespitzten Archivolten der Hauptgeschossfenster und des mittleren Rundbogentores, das durch einen volutenförmigen Schlussstein mit dem untersten der Gurtgesimse verbunden ist. Im Erdgeschoss – mit Rundbogenöffnungen – flankieren kleine rechteckige Ladentüren (ursprünglich Fußgängertüren?) die Einfahrt. Das allen Häusern der Gruppe gemeinsame niedrigere, hier das oberste Geschoss, hat ausnahmsweise hochformatige Rechteckfenster und schließt mit einem profilierten Traufgesims. Nach schweren Luftkriegsschäden – vor allem das Innere war brandzerstört – erfolgte der Wiederaufbau (Allianz-Versicherung, wie Nr. 9 und 11) mit Restaurierung der erhaltenen Fassade. In der (vereinfachten) Durchfahrt vier Kreuzgratgewölbe.

Ludwigstraße 8. Siehe Ludwigstraße 6/8/10.

Ludwigstraße 9. Nach Leo von Klenzes Entwurf von Baumeister Joseph Höchl für Cafétier Friedrich Paul Schröfl (vgl. Nr. 7) errichtetes Wohnhaus; Baugenehmigung vom 3. September 1818. Das mit fünf Fensterachsen schmalste Haus der Reihe 1–11 kennzeichnet eine größere Flächenhaftigkeit der Fassadengestaltung – Verzicht auf Eckrustika, das Erdgeschoss nicht völlig rustiziert, kein Gurtgesims zwischen den beiden Hauptgeschossen. Wegen der Schmalheit der Parzelle musste die Durchfahrt in die linke Außenachse gelegt werden; dem Eindruck der Asymmetrie wirkt die Auflösung des Erdgeschosses in eine rustizierte Pfeilerarkadenfolge mit Kämpfergesims entgegen, die Rundbogenfenster mit Sohlbänken umschloss; die rechte Arkade wurde gemäß genehmigtem Plan ursprünglich mit einer Scheintür mit Füllungen verkleidet, das Fenster der Mittelachse offenbar zu einer Tür (Laden, Café?) verlängert. Das Gurtgesims über dem Erdgeschoss ist besonders breit als Doppelprofil ausgebildet; die Fenster im 1. Stock sind durch gerade Verdachungen auf Konsolen ausgezeichnet. Das zu einer Art Attika reduzierte oberste Geschoss gliedern die Fenster flankierende, senkrecht stehende Voluten (vgl. Ludwigstraße 6/8/10), auf welchen das profilierte Traufgesims ruht. Rückseitig existierte ursprünglich nur ein Hofflügel rechts. Nach schweren Kriegsschäden (Brand; die klassizistische Fassade blieb erhalten) durch die Allianz-Versicherung (mit Nr. 7 und 11) wiederaufgebaut; heute Dienststellen des Staatsministeriums des Innern. In der (vereinfachten) Durchfahrt durch Tonnen verbunden Kreuzgratgewölbe. Am Seitenflügel (Hofnordseite) Balkongitter des frühen 20. Jh.

Ludwigstraße 10. Siehe Ludwigstraße 6/8/10.

Ludwigstraße 7   Ludwigstraße 9

Ludwigstraße 11, Vorbebauung (ehem. Nr. 6 und 7); Aufn. vor 1937

Ludwigstraße 11; Aufn. 1995

Ludwigstraße 11. Mit von Leo von Klenze im Rahmen der gesamten Reihe Nr. 1–11 bereits 1823 entworfener Fassade wurde das Wohnhaus erst 1829/30 von Baumeister Rudolf Röschenauer für den an der Ludwigstraße mehrfach als Bauunternehmer auftretenden Schlossermeister Korbinian Mayer ausgeführt (ursprünglich für den kgl. Oberforstrat von Schilcher geplant). Die vor dem Zweiten Weltkrieg sieben Fensterachsen breite Fassade ist innerhalb der gesamten Gruppe durch ihre rein cinquecenteske Renaissancegestaltung ohne antikisierende Elemente gekennzeichnet. Das hohe Erdgeschoss mit Bandrustika weist große Rundbogenfenster (heute Schaufenster) mit radial gefugten Archivolten auf, das mächtige Rundbogentor vor der Durchfahrt bezeichnet die ursprüngliche Mittelachse. Die Ecken der Obergeschosse sind durch Rustikaquaderung verstärkt. Die Rundbogenfenster der beiden gleichwertigen Hauptgeschosse stehen auf Gurtgesimsen und werden von aufwendigen Ädikulen mit dekorierten Zwickeln und geraden Verdachungen gerahmt (sog. Bramantefenster, vgl. Klenzes Alte Pinakothek oder das Palais Wittelsbacherplatz 4). Etwas schwächlich und lediglich additiv wirkt das letzte Geschoss mit seinen niedrigeren Rundbogenfenstern; den Abschluss bildet ein profiliertes Traufgesims.

Das im Innern kriegszerstörte Haus wurde 1956/57 von Josef Wiedemann im Auftrag der Allianz-Versicherung wiederhergestellt. Durchfahrt tonnengewölbt, rechts erneuerte Treppe. Da auf den Wiederaufbau der Ruine des nördlich benachbarten Eckhauses (alte Nr. 7), das die von Klenze konzipierte Häuserreihe am Beginn der Ludwigstraße abschloss, wegen der 1953–56 durchgeführten Straßenverbreiterung (Oskar-von-Miller-Ring) verzichtet wurde, verlängerte man das Haus Nr. 11 um zwei Fensterachsen nach Norden bis zur neuen Baulinie und setzte die Gliederung auch an der neuen Nordfassade am Ring fort. Das erweiterte Gebäude wahrte zwar den Charakter des Ensembles, ist

aber für sich gesehen wie auch als Bestandteil der Häuserreihe ungünstig proportioniert.

Das die Reihe einst im Norden abschließende palaisartige Eckhaus (alte Nr. 7; zuletzt Bayer. Landwirtschaftsbank; Ruine 1949 abgebrochen) nach Entwurf von Klenze (Baujahr – vor 1828 – nicht festgestellt; 1833 dem Melber Georg Kopp gehörig) hatte ein zu einer ungewöhnlich hohen, rustizierten Sockelzone vereinigtes Erd- und Zwischengeschoss mit Scheitelvoluten über den Stichbogen- bzw. (im Mezzanin) Rechteckfenstern sowie zwei Obergeschosse mit Eckrustika und geraden Fensterverdachungen. An der sieben Achsen breiten Ostfassade fasste ein hochragender ionischer Säulenbalkon das Rundbogentor und das Mezzaninfenster darüber zusammen. Zugehörig war ein gleich hoher Seitenflügel an der (ehem.) Frühlingstraße. Das einstige Eckgrundstück lag im Bereich der äußersten Wallgrabenspitze an der abgetragenen Schwabinger Bastion (vgl. Ludwigstraße 1 und Odeonsplatz 1, 2). – Von Februar 1918 bis 1926 gehörte das Eckhaus Nr. 7 den Brüdern Julius und Moritz Wallach (vgl. Residenzstraße 3), die es innen durch Architekt Julius Metzger zum am 8. November 1920 eröffneten „Volkskunsthaus Wallach" aufwendig umgestalten ließen; es enthielt in den unteren Geschossen die museumsartig in Stilräumen präsentierten reichen Sammlungen heimischer wie europäischer Trachten und Volkskunst, in den oberen Geschossen Verkaufsräume vor allem für bedruckte Stoffe, doch erwies sich die Zeit der Inflation und des Geschmackswandels zur Sachlichkeit als ungünstig für das Unternehmen.

Das Eckhaus Nr. 11 wurde 2008 außen renoviert und erhielt einen Dachausbau mit Gauben.

Ludwigstraße 13. Ehem. *Landeszentralbank von Bayern*, jetzt *Deutsche Bundesbank, Hauptverwaltung München*. Das bestehende Bankgebäude ersetzte den 1937 leider abgebrochenen, dabei immerhin – nach damaligen Begriffen – gut dokumentierten Vorgängerbau, das 1828–31 von Leo von Klenze erbaute *Herzog-Max-Palais*. Der mächtige Palastbau, begonnen nach der Verlobung (1827) des Herzogs Maximilian in Bayern (1808–1888) mit Ludovica (1808–1892), einer Schwester König Ludwigs I., nahm sowohl städtebaulich im Ensemble der Ludwigstraße wie auch entwicklungsgeschichtlich im Zusammenhang mit deren erstrebter Weiterführung wie auch architektonisch einschließlich der einheitlich konzipierten Gesamtausstattung im Werke Klenzes eine besondere Stellung ein – er war angemessener Ausdruck des Ranges der herzoglichen Linie des Königshauses. Als Tochter des Herzogspaares wurde hier am 24. Dezember 1837 Elisabeth, die spätere Kaiserin von Österreich und Königin von Ungarn († 1898) geboren (Bronze-Gedenktafel von 2001 mit Reliefbildnis, sign. Fromm/Guss Strehle). Spätere Besitzer waren die Herzöge Karl Theodor (Augenarzt, † 1909) und Lud-

Ehem. Ludwigstraße 7 (heute Teil von Nr. 11); Aufn. 1947

wig Wilhelm († 1968), der nach dem Ersten Weltkrieg Teile des Palais vermietete, u. a. (ab 1921) an die Deutsche Bank, und es – kurz vor seiner Flucht in die USA – am 14. Juni 1937 an die Reichsbank verkaufen musste.

Ludwigstraße 13, ehem. Landeszentralbank von Bayern

Das dreigeschossige Hauptgebäude des Palastes, der mit zwei rückwärtigen Seitenflügeln den ersten Hof begrenzte, wies an der Hauptfassade im Osten drei Risalite auf; dem breiteren, dreiachsigen in der Mitte war ein Balkon auf vier toskanischen Säulen vorgelegt. Die Gliederung, mit gerade verdachten Rundbogenfenstern vom „Bramante-Typus" im rustizierten Erdgeschoss, Fensterädikulen mit Dreiecksgiebeln in der Beletage sowie Pilastern geschoss- und achsenweise an den beiden Risalit-Obergeschossen orientierte sich an der italienischen Hochrenaissance, vor allem der römischen Cancelleria, wenn auch die Grundhaltung des symmetrischen Baukörpers mit Risaliten modern-klassisch geprägt war. An der Rückseite begrenzten die niedrigeren Nebengebäude, u. a. mit der Stallung, den Haupthof an dessen Westseite und umschlossen einen zweiten Wirtschaftshof. Die Raumfolge mit Vestibül und Durchfahrt, rechts davon situiertem Haupttreppenhaus, den herzoglichen Wohnräumen im Erdgeschoss und den festlichen Gesellschaftsräumen im 1. Stock war die repräsentativste dieser Phase in München nächst den gleichfalls von Klenze ausgestatteten Fluchten im Königs- und Festsaalbau der Residenz. Der durch zwei Geschosse gehende Tanz- oder Festsaal im Nordflügel mit Musikerbalkonen an den Schmalseiten und kraftvoll strukturierter Rautenkassettendecke zeigte Anklänge an Schinkels Konzertsaal im Berliner Schauspielhaus. Einige künstlerisch besonders wertvolle Details wurden 1937/38 ausgebaut, so die Fresken von Peter Langer aus dem Empfangssaal im Mittelrisalit (jetzt Ludwigstraße 28, s. dort), Wilhelm von Kaulbachs Wandbilder aus dem Tanzsaal (jetzt in der Musikalienabteilung der Bayerischen Staatsbibliothek), Figuren von Johann Ernst Mayer (verschollen), der Bacchusfries von Ludwig Schwanthaler (jetzt in der Eingangshalle der Landeszentralbank) sowie zahlreiche im Nachfolgebau wiederverwendete Intarsienfußböden. Den Abbruch des Palais löste die Verbreiterung der Von-der-Tann-Straße aus, der das bisherige Gebäude der Reichsbank schräg gegenüber (s. Ludwigstraße 2) zum Opfer fiel. Der erste Entwurf zum Neubau der Reichsbank-Hauptstelle – 1937 von Reichsbankbaudirektor Heinrich Wolf – zeigte, u. a. mit seinen Eckrisaliten und einem Vierpfeilerportikus am Haupteingang, gewisse Anklänge an das abgebrochene Palais; er wurde 1938 von unbekannter Hand vergröbernd – ohne Risalite – revidiert. Die im Frühjahr 1938 begonnenen Bauarbeiten wurden kriegsbedingt 1941 eingestellt, als im Wesentlichen das Erdgeschoss im Rohbau fertig war. Die am 1. Januar 1947 errichtete Landeszentralbank von Bayern übernahm den Torso und ließ den Bau 1948–51 (Richtfest 4. November 1949) nach von Prof. Carl(o) Sattler geänderten Plänen vollenden. Der ausgedehnte Vierflügelkomplex mit vom Osttrakt in den Hof hineinragender Kassenhalle ist dreigeschossig; der Osttrakt an der Ludwigstraße und – wegen des neuen, breiten Oskar-von-Miller-Rings – auch der lange Südtrakt sind um einen Kniestock mit Konsolgesims erhöht. Das rusti-

Ludwigstraße 13, ehem. Herzog-Max-Palais; Ansicht Hauptfassade und Querschnitt von Klenze

Ludwigstraße 13, ehem. Langer-Saal; Aufn. 1937 vor Abbruch

zierte Erdgeschoss (um 1940) und die Gliederungen in Naturstein, die Wandflächen verputzt. Auf den kriegsbeschädigten Eingangsportikus wurde verzichtet zugunsten eines vorgekragten Balkons mit Brüstungsgitter; an den drei Arkaden darunter wurden Schlusssteinreliefs von Josef Wackerle eingesetzt (Bauer mit Ähren, Fortuna mit Füllhorn, Handwerker mit Hammer). Hier und andernorts bereits vorhandene plastische Arbeiten von Fritz Schmoll (um 1940) wurden z. T. an andere Stellen im Bau versetzt. In Kämpferhöhe der von einem Leichtgewölbe (nach spanischer Art) überspannten Eingangshalle setzte Prof. Theodor Georgii die restaurierten Teilstücke des großenteils erhaltenen Bacchusfrieses von Ludwig Schwanthaler (1828/29; Gips) aus dem ehem. Großen Esssaal im Nordflügel des Palais ein (zwei weitere Reliefs in den beiderseitigen Geschäftsräumen).

Im 1. Stock darüber liegt hofseitig der von C. Sattler gestaltete große Sitzungssaal, mit Nischen in den abgeschrägten Ecken, Voutendecke, zwei Wandteppichen von Hermann Kaspar (1951, 1952) an den Schmalseiten und aus dem Vorgängerbau stammendem Tafelparkett mit Sternmotiv. Weitere wiederverwendete Parkettböden nach Entwurf von Klenze – stilistisch mit denjenigen im Königsbau der Residenz vergleichbar – finden sich in zahlreichen Innenräumen, u. a. im straßenseitigen Vorraum des Saales (sog. Blaue Grotte, mit Wänden in Glanzstuck), in den Vorstandsräumen, im Präsidentenzimmer, mehreren Dienstzimmern, dem kleinen Sitzungssaal im Südflügel und dem gewölbten Casino im Erdgeschoss des Westflügels.

Obwohl das 1951 vollendete Bankgebäude natürlich kein Ersatz für das historisch wie künstlerisch bedeutsame Vorgängerpalais sein kann, verdient es durchaus Achtung als Spätwerk Carl(o) Sattlers (1877–1966), des Schwiegersohnes und einstigen – von 1898–1906 – architektonischen Mitarbeiters des Bildhauers Adolf Hildebrand. Die in seinem Umkreis aufgenommene, im zeitlosen Sinn klassische, mediterran geprägte Formgesinnung vereinigt sich hier mit für die Frühphase der Wiederaufbauzeit nach 1945 typischen Gestaltungsmerkmalen.

Ludwigstraße 13, Treppenhaus; Aufn. 1937 vor Abbruch

Ludwigstraße 13, ehem. Tanz- oder Kaulbachsaal; Aufn. 1937 vor Abbruch

Ludwigstraße 14 (mit Schönfeldstraße 3). Ehem. *Kriegsministerium*, jetzt *staatl. Archivgebäude*. Neben dem Anwesen des Hof-Stück- und Glockengießers Nikolaus Regnault auf dem Schönfeld wurde „1794 an der ehem. Schwabinger Landstraße in dem ehem. Wirtschaftsgarten des Weinwirtes Kleber" (Rambaldi 1894) die kurfürstl. Stückgießerei und Stückbohrerei (Bohrhaus der Artillerie) errichtet und bereits 1807 wieder abgetragen. Unter Verwendung ihrer Fundamente entstand seit Ende 1807 der Neubau des Armee-Monturmagazins, dessen Areal 1809/10 durch Ankauf von Nachbargrund noch erweitert wurde. 1816 erfolgte nach Plänen von Joseph Keck der Umbau zum Bürogebäude des Kriegsökonomierats (später auch Kollegialgebäude genannt), nachdem den verschiedenen Militärverwaltungsbehörden in der Herzog-Max-Burg nicht mehr genügend Raum zur Verfügung stand. Der in Ost-West-Richtung lang gestreckte zweigeschossige Dreiflügelkomplex mit an der Südseite zur Schönfeldstraße offenem Ehrenhof, den ein Gitterzaun begrenzte, war nur an den Stirnseiten der Flügel und an dem um einen Stock erhöhten Mittelrisalit mit Einfahrtstor und Attika aufwendiger gestaltet; der östliche Flügel enthielt 1817–27 eine auch von den Bewohnern der Schönfeldvorstadt besuchte St.-Maximilianskapelle.

Eine Reorganisation des Armeeministeriums 1822 hatte dessen Verlegung aus beengtem Altstadtquartier (im Bereich der späteren Feldherrnhalle) in das Kollegialgebäude zur Folge, dessen Um- bzw. großenteils Neubau Leo von Klenze übertragen wurde. Das den Ehrenhof an der Schönfeldstraße mittig beherrschende Wohngebäude für den Minister (damals Nikolaus Maillot de la Treille) wurde – nach Abbruch der Vorgängerbebauung – im Juni 1823 begonnen, am 9. Mai 1825 bezogen und 1826 vollendet. Die Verlängerung der Ludwigstraße – für den Bereich westlich davon 1826 bekannt gegeben – hatte den Neubau eines ihr zugewendeten aufwendigen Westtraktes ab Frühjahr 1827 zur Folge, dessen Südteil den Vorhof an der Schönfeldstraße als linker Flügel begrenzt. Ein Westbau und Wohngebäude verbindender Arkadentrakt wurde 1829/30 fertiggestellt. Der spiegelbildliche östliche Arkadentrakt sowie der Ostflügel am Ehrenhof, für die Zeit nach 1830 vorgesehen, wurden nicht mehr nach Klenzes Plänen, sondern erst wesentlich später durch Heinrich Häring ausgeführt.

In städtebaulicher Hinsicht hat der Gesamtkomplex zwei völlig verschiedene, wirkungsvolle Schauseiten, die westliche als Bestandteil des monumentalen Ensembles der Ludwigstraße und östlich den Ehrenhof an der Nordseite der schmalen Schönfeldstraße.

Ludwigstraße 14, ehem. ▷
Kriegsministerium, jetzt Staats-
archive

Ludwigstraße 14, Relief an
Eingangsarkade; hist. Aufn.

Der *Westbau an der Ludwigstraße* (Nr. 14), insgesamt 77 m lang, besteht aus einem dominierenden dreigeschossigen, sieben Fensterachsen (39 m) langen Mittelrisalit (beidseitig vortretend) sowie zweigeschossigen, fünfachsigen Seitenflügeln. Als Baukörper mit breitem, erhöhtem Mittelteil (vgl. Florenz, Palazzo Pitti) wie als freie Variante des florentinischen Rustika-Palaststils des Quattrocento hat das Kriegsministerium Gemeinsamkeiten mit Klenzes Königsbau der Residenz, doch musste der Naturstein (Regensburger Grünsandstein) auf die Sockelzone und auf das Erdgeschoss des Mittelbaus beschränkt bleiben, das besonders repräsentativ als siebenachsige Pfeilerarkadenfolge mit Trophäenreliefs in den Bogenzwickeln (nach Klenzes Entwurf von Johann Nepomuk Eichinger) gestaltet ist. Das Erdgeschoss der Seitenflügel und sämtliche Ecklisenen sind horizontal gefugt, die Rundbogenfenster im Erdgeschoss profiliert gerahmt, die der Obergeschosse mit kräftiger Rustika eingefasst. Die breiten, reich profilierten Gurtgesimse werden an der Unterseite von antikisierenden Ornamentfriesen begleitet, den Abschluss bilden Konsolgesimse. – Die eingezogene offene Vorhalle hinter den Arkaden des Mittelbaus, kreuzgratgewölbt und seitlich von Halbrundnischen abgeschlossen, gehört zu Klenzes bemerkenswerten Inventionen. Von den inneren Strukturen ist fast nur das in der Mitte gelegene tetrastyle Vestibül erhalten, ein kreuzförmig angelegter Zentralraum mit toskanischen Kalksteinsäulen, Mittelkuppel und ungleich langen tonnengewölbten Kreuzarmen; die viertelkreisförmig ausgerundeten Eckkompartimente, durch die der Gesamtumriss sich dem Oval nähert, verschleifen die leichte Verschiebung zwischen dem Achsensystem der Ludwig- und der schräg einmündenden Schönfeldstraße. Eine zweischiffige gewölbte Halle im Nordflügel-Erdgeschoss dient heute als Ausstellungsraum.

Die zugleich kraftvolle und vornehme, verhalten monumentale Gestaltung des Klenzebaus, der formal seinen Wehrcharakter zu erkennen gibt, war ursprünglich auf die intendierte Lage inmitten von intimeren Wohnhäusern abgestimmt. Durch die Nachbarschaft von Gärtners kolossaler Staatsbibliothek wurde seine städtebauliche Wirkung bald gemindert. Die fehlenden Fensterteilungen vergröbern das heutige Erscheinungsbild. – Das ehem. Kommandanturgebäude an der Schönfeldstraße entspricht in der Gliederung seiner elf Fensterachsen breiten Fassade den zweigeschossigen Seitenflügeln des Westbaus an der Ludwigstraße mit einem zusätzlichen 3. niedrigen Geschoss von attikaartigem Charakter sowie profiliertem Traufgesims (hier ohne Konsolen).

Das Mittelportal, mit Trophäenreliefs in den Rundbogenzwickeln, wird von einem toskanischen Säulenbalkon in Naturstein (Originalsubstanz) gerahmt; dahinter liegt die tetrastyle Eingangshalle. Die den Baukörper flankierenden vierjochig-zweischiffigen Pfeilerarkadenhallen, äußerlich der Arkatur des Mittelrisalits an der Ludwigstraße gleich (jedoch ohne Trophäenreliefs), bildeten ursprünglich offene Vorhallen nebst dahinter angeordneten geschlossenen Verbindungsgängen (heute völlig offen).

Ludwigstraße 14, Ostteil Schönfeldstraße 3

Ludwigstraße 14, Vorhalle Ludwigstraße 14, Ostteil, Portal

Nach dem Ersten Weltkrieg war das ehem. Kriegsministerium in erster Linie Sitz des Generalkommandos des VII. Armeekorps (am 8./9. November 1923 im Verlauf des Hitlerputsches besetzt). Nach schwersten Luftkriegsschäden 1943/44 wurde der lange ruinöse Komplex durch das Landbauamt München sukzessive 1964–77 für die staatlichen Archive wiederaufgebaut (Bayer. Hauptstaatsarchiv, Staatsarchiv München, Geheimes Hausarchiv, Institut für Bayer. Geschichte. – Das Archiv war ab 1843 im Erdgeschoss der Staatsbibliothek, nach 1945 provisorisch im Gebäude Arcisstraße 12 untergebracht, s. diese). 1964–67 entstanden der Westbau an der Ludwigstraße mit erhaltenen Außenmauern und – als weitgehende Rekonstruktion unter Verzicht auf die beiden kurzen rückseitigen Nebenflügel – der Kommandanturbau wieder; 1970–72 folgte gemäß Klenzes Intentionen, aber abweichend vom gewachsenen Vorkriegsbestand rückseitig nach Norden verlängert, der den Ehrenhof östlich begrenzende Flügel (u. a. mit Hörsaal im Südteil); schließlich 1976/77 östlich davon an der Schönfeldstraße – an der Stelle eines ehemaligen Neurenaissance-Erweiterungsbaues – ein großes neuzeitliches Archivgebäude (u. a. Magazin). Der Ehrenhof wurde im Sinne Klenzes gestaltet und mit Pollern, Ketten und Gusseisenlaternen abgeschlossen. In seinem Ostteil steht das *Denkmal* für die Gefallenen der Deutschen Kavallerie von 1870–1945, ein Bronzepferd von Bernhard Bleeker 1960 (sign.).

Ludwigstraße 15/17. *Bayer. Landessozialgericht* (seit Umbau 1979). Die Wohnhaus-Dreiergruppe zwischen Rheinberger- und Theresienstraße stellte sich Leo von Klenze offenbar ähnlich abwechslungsreich im Rahmen der klassizistisch-renaissancistischen Typologie vor wie seine Häuserreihe Ludwigstraße 1–11; das nördliche Eckhaus Nr. 19, zunächst mit „griechischen" Gestaltungselementen vorgesehen, konnte erst einige Jahre später ausgeführt werden, und zwar als spiegelbildliches Pendant von

Ludwigstraße 15; Aufn. vor 1945

Nr. 15, sodass sich schließlich insgesamt ein symmetrisch gestalteter Block ergab, auch wenn Nr. 17 nicht eigentlich als Risalit in die Gesamtkonzeption der Gliederung integriert ist. Der Gruppe gemeinsam sind die Geschosseinteilung mitsamt profilierten Gurtgesimsen, die Rundbogenfenster, das niedrige letzte Geschoss mit Rechteckfenstern und das vorkragende Traufgesims mit flachen Konsolen. Auch die rhythmische Anordnung der großen Rundbogentore – an den beiden Eckhäusern je eines in den Außenachsen – ist insgesamt symmetrisch (z. T. Scheintüren).

Das zweiflügelige Eckhaus Nr. 15 von 1830 (um 1850 dem Geheimen Rat Dr. med. Ph. Fr. von Walther gehörig) hat ein horizontal rustiziertes Erdgeschoss, dessen Fugen wechselnd hohe Steinlagen imitieren. Mit den lisenenbegrenzten Außenachsen an der sieben Achsen breiten Hauptfront, den profiliert gerahmten Rundbogenfenstern und über deren Zwickeln eingesetzten Tondi entspricht die Fassadenbildung eher der – von Ludwig I. missgünstig betrachteten – venezianischen Variante der Renaissance-Rezeption. Die elf Achsen lange südliche Seitenfront verzichtet auf eine vertikale Binnengliederung.

Haus Nr. 17 von 1829, dem ausführenden Baumeister Joseph Höchl (und noch 1850 seiner Witwe) gehörig, hat eine gleichfalls sieben Achsen breite Fassade, jedoch ohne eigene Vertikalgliederung. Stattdessen hebt es sich aus der Gruppe durch weitgehende Rustizierung heraus – im Erdgeschoss mit Keilsteinfugen über den Fensterschlüssen und regelmäßig verteilten, erhabenen Bossenquadern; in den beiden Hauptgeschossen sind die Pfeiler zwischen den Fenstern und die abschließenden Bogenrahmungen gequadert. Über den Zwickeln sind – wie an den Nachbarhäusern – Schmucktondi eingesetzt, hier jedoch wesentlich reicher dekoriert mit zusätzlicher antikisierender Ornamentik in den Intervallen. Die Tondi im 2. Stock enthalten beschriftete Reliefbüsten von Renaissancekünstlern – von links Michelangelo, Palladio, Leonardo da Vinci, „Pittor" (der Maler schlechthin? Bärtiger Kopf, also nicht Raffael, vielleicht Tizian oder Dürer; bislang ungeklärt), Bramante und „Bartolo" (Fra Bartolommeo?), insgesamt wohl als Beschwörung der vorbildhaften Kultursphäre zu verstehen (Reihenfolge auf älteren Fotos z. T. anders). Das Mittelportal ist durch eine Scheitelvolute, die Traufe durch zusätzliche vertikale Konsolen bereichert.

Die Häuser Nr. 15 und 17, damals Sitz der Süddeutschen Bodencreditbank, erlitten im Zweiten Weltkrieg unterschiedliche Schäden; das Eckhaus blieb im Wesentlichen erhalten, Nr. 17 mitsamt rechtem Hofflügel brannte völlig aus und stürzte großenteils ein – die Fassade allein stand lange Zeit als Ruine im sonst wiederaufgebauten Straßenbild. Beim 1979 vollendeten Ausbau der Anwesen 17/19 zum Sozialgericht (Landbauamt München; Bauleitung Büro Schönitzer und Siebenhaar) wurde die noch bestehende Bausubstanz weitgehend entkernt, Treppenhaus, Aufzüge und Dachgeschoss sowie Sitzungssäle und Büroräume entstanden neu.

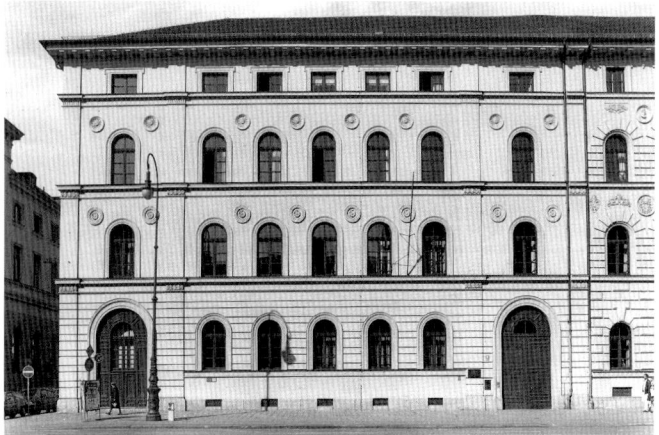

Ludwigstraße 15

Ludwigstraße 17

Ludwigstraße 16, Bayerische Staatsbibliothek; Aufn. 1975

Ludwigstraße 16. *Bayerische Staatsbibliothek.* Freistehender Großkomplex, 1832–43 von Friedrich von Gärtner. Gleich den meisten bedeutenden Kulturinstitutionen großer Residenzstädte ist auch die Bayerische Staatsbibliothek im höfischen Bereich entstanden und ihm schrittweise entwachsen. Sie geht bis auf die 1558 von Herzog Albrecht V. gegründete Hofbibliothek zurück, die zunächst über dem Antiquarium der Residenz und ab 1581 im Nordostbau des Alten Hofes (Librei, Pfisterstock) untergebracht war. Kurfürst Karl Theodor veranlasste 1778 ihre Übersiedlung – in Verbindung mit der Akademie der Wissenschaften – ins ehem. Palais Fugger (heute Theatinerstraße 11/Kardinal-Faulhaber-Straße 10) und 1783 ihre Verlegung ins ehem. Jesuitenkolleg (s. Neuhauser Straße 8), wo sie in der Folge auch öffentlich zugänglich wurde. Allerdings war dort die Unterbringung für die durch die Säkularisation noch gewaltig angewachsenen Büchermassen beengt und höchst unsachgemäß.
Bald nach seiner Thronbesteigung nahm sich Ludwig I. des Problems an; Klenze übergehend, übertrug er 1827 in Colombella endgültig Gärtner die Planung – dessen erster großer Auftrag in

München, dem bald die Ludwigskirche folgte. Ein Bedarfsplan des Bibliothekars Martin Schrettinger für einen quadratischen Komplex mit kreuzförmiger Hofbebauung lag bereits vor (Ausst. Kat. Romantik 1987, 111.1). Für die Bibliothek und das staatliche Archiv gemeinsam entwarf Gärtner noch 1827 verschiedene Alternativprojekte: ein asymmetrisches als südliches Gegenstück zur Glyptothek am Königsplatz mit rückseitig westlich angesetztem Vierflügelkomplex bis zur Luisenstraße (Ausst. Kat. Romantik 1987, 111.4 ff.) sowie einen regelmäßigen Vierflügelbau mit Eckrisaliten und der Luisenstraße zugewendeter Hauptfront (Ausst. Kat. Romantik 1987, 111.9 f.) bzw. mit Portikus gegenüber der Glyptothek (Moninger 1882, Nr. 702).
Gärtner selbst überzeugte 1828 den König von den funktionellen Nachteilen des städtebaulich beengten Standortes. Bei der neuerlichen Entwurfsarbeit für den gemeinsam ausgewählten Bauplatz an der Ostseite der Ludwigstraße, deren Verlängerung nach Norden der Monarch 1826 angeordnet hatte, musste sich der Architekt mit deren städtebaulichen Rahmenbedingungen sowie den Wünschen der Bibliotheksleitung auseinandersetzen; überdies konnte die Finanzierung (Gesamtkosten ca. 1,3 Millionen Gulden) und Realisierung dieses damals größten staatlichen Bauvorhabens in Bayern dem mehrheitlich oppositionellen Landtag nur abschnittweise abgerungen werden. In dem Monumentalprojekt kongruierten sichtlich die Bauleidenschaft des Monarchen sowie Ehrgeiz und Begeisterung des Architekten.
Am 29. Juli 1828 erteilte das Innenministerium den amtlichen Bauauftrag. Über drei Planstufen gelangte Gärtner zu einer immer strengeren, auf wenige Grundelemente der Gestaltung und Gliederung reduzierten Ausbildung des in der Folge für seine Bauten typischen, an den florentinischen Palastbau des Spätmittelalters anknüpfenden Stils, wobei er auf Detailformen klassischer Tradition wie Pilaster und – auf Drängen des Königs entgegen Gärtners anfänglicher Skepsis – auch auf Seitenrisalite verzichtete. Indem er zeitlich hinter die Antikenrezeption der Renaissance zurückgriff, gelangte er – wie ähnlich Schinkel – zu einer nachklassizistischen, nicht mehr vom Schlossbau abgeleiteten zeitgemäßen öffentlichen Zweckarchitektur, deren rationalistischen Charakter auch das dem Grund- und Aufrisssystem zugrundegelegte Rasterprinzip im Sinne Durands deutlich macht. Die – zumal für vorgründerzeitliche Verhältnisse – enorme Längenausdehnung von 520 Fuß

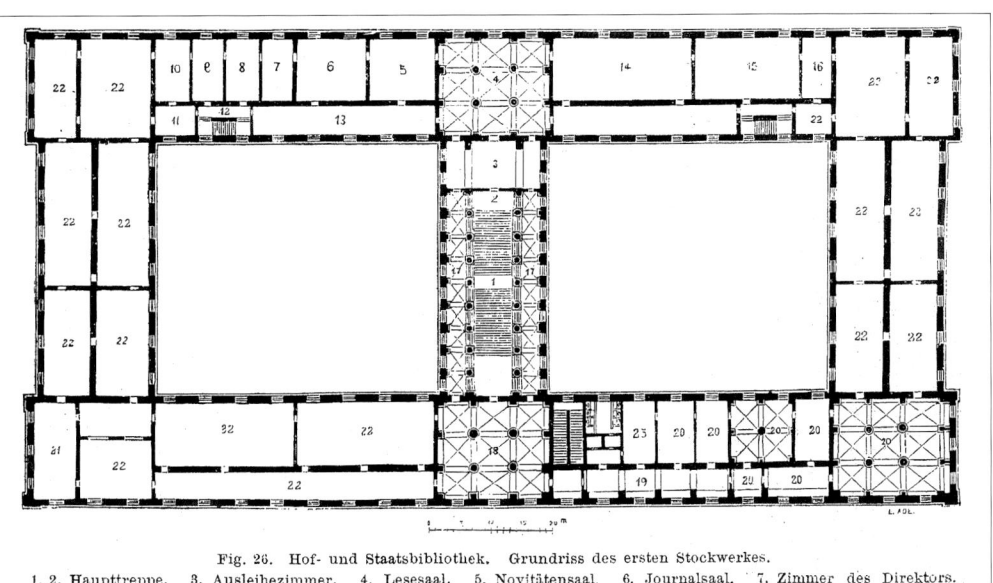

Fig. 26. Hof- und Staatsbibliothek. Grundriss des ersten Stockwerkes.
1, 2. Haupttreppe. 3. Ausleihezimmer. 4. Lesesaal. 5. Novitätensaal. 6. Journalsaal. 7. Zimmer des Direktors. 8, 9, 10. Zimmer der Bibliothekare. 11. Abtritte. 12. Diensttreppe. 13. Corridor. 14. Catalogsaal. 18. Festsaal. 20. Aelteste Druckwerke. 21. Schatzkammer. 15, 16 u. 22. Büchersäle.

Ludwigstraße 16, Staatsbibliothek; Grundriss 1. Obergeschoss (nach Reber, 1876)

(= 151,56 m) des 77 m tiefen, also aus zwei Quadratflächen zusammengesetzten, um zwei Höfe gruppierten Komplexes resultierte aus dem Wunsch des Königs nach zügigem Fortschreiten der Bebauung an der Ludwigstraße; am 15. Februar 1831 gab er Gärtners mehrfach umgearbeiteter Planung seine Genehmigung. Die Bauarbeiten konnten erst 1832 mit dem allein dem Landtag vorgelegten Westflügel an der Straße beginnen, welchen auch der dem Grundstein beigefügte Grundriss im Detail ausgearbeitet – und noch ohne die Freitreppe – zeigt (Hederer 1942, Abb. 29). Zur Zeit der Grundsteinlegung am 8. Juli 1832 durch Innenminister Fürst von Oettingen-Wallerstein – mit Klenze und Schelling unter den Honoratioren – waren die Mauern bereits über die Fundamente hinausgewachsen. Die durch Maurermeister Joseph Röschenauer ausgeführten Arbeiten überwachte als Bauführer (seit 1842 Baukondukteur) Anton Mühe. Im Dezember 1833 wurde der Dachstuhl aufgesetzt, am 4. Februar 1834 besichtigten Direktor Johann Philipp Lichtenthaler und die Bibliothekare Martin Schrettinger und Johann Andreas Schmeller den Westbau, der in diesem Jahr im Wesentlichen vollendet wurde. Bis Oktober 1837 waren auch die beiden Quertrakte im Norden und Süden fertiggestellt; der Lindauersche Stadtplan von 1838 zeigt den Bau im dreiflügeligen Zustand. Die Freitreppe, deren 1837 von Schwanthaler modellierte Figuren 1839 in Stein ausgeführt waren, dürfte um 1840/41 vollendet gewesen sein. Von 1838 bis 1842 wurde der lange Ostflügel ausgeführt, der die Höfe trennende Mitteltrakt war 1842 noch im Bau, die Prunktreppe darin wurde als letzter Teil erst 1843 vollendet. Von Mai bis Oktober 1843 dauerte die mühevolle Übertragung der Bibliotheksbestände aus der Alten Akademie ins neue Gebäude. Gleichzeitig – im Mai und Juni – bezog das Reichsarchiv die Erdgeschossräume.

In einer Zeit, da die meisten öffentlichen Bibliotheken – auch institutionell in der Entwicklung begriffen – noch meist in adaptierten und nach Bedarf erweiterten Altbauten untergebracht waren (z. B. Nationalbibliothek Paris), gab es für den selbständigen Münchner Großbau kein existierendes brauchbares Vorbild. Entwicklungsgeschichtlich steht er zwischen dem ca. 100 m langen, schlossartig-repräsentativen Erweiterungsbau (mit Säulenfront zwischen Risaliten) der Kaiserlichen Bibliothek in St. Petersburg (1828–34 von Carlo Rossi) und der Pariser Bibliothèque Ste.-Geneviève (1844–50 von Henri Labrouste), die äußerlich in ihrem radikalen Horizontalismus durchaus mit der Münchner Lösung vergleichbar ist, sie im Inneren an funktioneller Klarheit – bei freilich weit geringeren Beständen – übertrifft (Erdgeschoss Magazin, Obergeschoss insgesamt Lesesaal). Zweifellos ist über Gärtners Besuch in Berlin 1835 ein Einfluss auf Schinkels Bibliotheksprojekt aus ebendiesem Jahr festzustellen, das 1839 allerdings scheiterte; vorgesehen war ein Rechteckkomplex mit zwei Höfen, getrennt durch einen runden Mitteltrakt (u. a. mit der Haupttreppe; eine Variante quadratisch mit vier Höfen), äußerlich ein Backsteinbau mit die drei Geschosse zusammenfassenden Rundbogenblenden und dem Münchner verwandtem Konsolgesims. Gärtner hingegen eliminierte aus seinem Fassadenkonzept alle vertikalen Elemente bis auf die rustizierten Ecklisenen; den im Plan GS 714 (AMTUM) noch durch Lisenen hervorgehobenen Mittelteil mit den drei Rundbogenportalen betonte er schließlich gemäß dem Wunsch des Königs nur durch die vorgelegte Freitreppe mit zwei der Fassade parallelen Armen und von vier überlebensgroßen Sitzfiguren griechischer Weiser – von links Thukydides, Homer, Aristoteles und Hippokrates – bekrönter Steinbalustrade, die aus kleinen Säulenarkaden zusammengesetzt ist. Nach Ludwig Schwanthalers Modellen wurden die Figuren bis August 1839 von Ernst Mayer (Homer, Thukydides) und Franz Sanguinetti in Kelheimer Marmor ausgeführt (Homer nach Thieme/Becker 1922, S. 427 vom jungen Dresdner Ernst Hähnel nach Schwanthalers Skizzen modelliert). Die witterungs- und kriegsbeschädigten Original-

figuren – heute durch Kopien ersetzt – befinden sich seit 1965 im Garten der Schule in Bernau am Chiemsee.

Die 85 Fuß (= 24,8 m) hohe, 25 Achsen lange Hauptfassade teilte Gärtner – der Doppelfunktion des Gebäudes entsprechend – in das (über dem Kalksteinsockel) in „hydraulischem Putz" rustizierte Erdgeschoss für das Archiv und die mit seidig glänzenden Kleinziegelsteinen verblendeten beiden Bibliotheksgeschosse. (Die Verblendungstechnik, von Klenze bereits an der Alten Pinakothek 1826 ff. angewandt, entwickelte Gärtner an der Salinendirektion – s. Ludwigstraße 27 – zu meisterhafter Vollendung.) Die im Erdgeschoss kleineren, vergitterten, im Hauptgeschoss größeren Rundbogenfenster leiten sich mit ihrer maßwerkähnlich reduzierten Teilung von den Biforien Florentiner Palazzi (wie Medici-Ricardi oder Strozzi) ab, ebenso das aus dem Entlastungsbogen entwickelte Motiv der radial strukturierten, leicht zugespitzten Archivoltenrahmungen, die Gärtner in der ausgeführten Fassung – wie er meinte entgegen den Intentionen Ludwigs I. – als Schmuckelement einführte: „(…) die Schutzbogen über den Fenstern, welche sich durch eigens gebrannte Backsteine in rötlicher Farbe von dem helleren Backstein der Mauern aussprechen" (Eggert 1963, S. 68). Von den die Horizontale betonenden Gurtgesimsen, auf denen die Fenster stehen, ist das im 1. Stock durch ein Diamant-, das im 2. Stock durch ein Zahnschnittmotiv bereichert. Das kräftig ausladende Kranzgesims aus Rundbögen über schrägen Konsolen (vgl. Palazzo Venezia in Rom, Palazzo Vecchio in Florenz) ist eine dekorative Umbildung des Maschikuli-Motivs des italienisch-mittelalterlichen Wehrbaus (vgl. Gärtners Interpretation des Isartors und seine Festungstore in Germersheim); der zugehörige Zinnenkranz ist zur Zierform einer Akroterienreihung reduziert. Die im Wesentlichen gleich dem Straßentrakt gegliederten kürzeren Querflügel im Norden und Süden sind zwischen die hier risalitartig vortretenden Längstrakte eingespannt. Die verputzte rückseitige Ostfassade, lediglich durch Fenster und deren Entlastungsbögen gegliedert, zeigt Gärtners zweckhaften Rundbogenstil in seiner nüchternsten Form.

Ludwigstraße 16, Staatsbibliothek, Freitreppe

Ludwigstraße 16, Treppenhaus; Stahlstich von P. Herwegen nach G. Seeberger, Mitte 19. Jh.

Ludwigstraße 16, Staatsbibliothek, Treppenhaus vor Kriegsschäden

Im Inneren wurden im Gegensatz zu herkömmlichen Bibliotheken die Magazine vom Lesesaal und anderen Benützerräumen getrennt und der Schaucharakter der (bei wesentlich geringeren Bücherbeständen) sämtliche Funktionen vereinigenden Repräsentationssäle traditionellen Typs in diesem Einzelfall nicht aufgegeben, sondern auf das Prunktreppenhaus übertragen. Die kritischen Tagebuchnotizen des – freilich allzeit mürrisch gestimmten – Johann Andreas Schmeller, dessen Vorschläge vom vorgesetzten Direktor Lichtenthaler und dem König kaum beachtet wurden, berücksichtigten zu wenig den provisorischen Charakter des zunächst allein realisierten, für sich gesehen überlangen Westflügels; auch hatte er kein Verständnis für die einerseits noch aus der höfischen Tradition legitim und folgerichtig abzuleitende, andererseits dem geistigen Rang einer der reichsten Bibliotheken angemessenen Würdeform der Haupttreppe wie für den besonderen architektonischen Ehrgeiz Gärtners, der selbstbewusst versicherte, „daß sie die pompöseste ist, die wenigstens in Deutschland existiert" (Hederer 1942, S. 60) – überdies entstand sie im Wettstreit mit der typologisch gleichartigen, jedoch im Detail klassizistischen Monumentaltreppe Klenzes in der St. Petersburger Neuen Eremitage (geplant ab 1839, gebaut 1842 ff.).

An das Vestibül, eine kreuzgratgewölbte Pfeilerhalle von 3 x 3 Jochen, schließt sich das den Mitteltrakt füllende, basilikal konzipierte Treppenhaus mit einem einzigen, zwischen stuckmarmorierten Schachtwänden aufsteigenden, in der Mitte abgesetzten Lauf von über 6 m Breite und 24 m Länge an, im beidseitig belichteten Obergeschoss begleitet von die Längstrakte verbindenden Gängen hinter Arkaden mit je acht Säulen aus Hauzenberger Granit mit Kapitellen aus weißem Schlanders-Marmor. Das breite Mittelschiff überspannt eine gemauerte Stichkappentonne mit Gurten, die Seitenschiffe sind kreuzgratgewölbt. Diese Verbindungsgänge widerlegen die (nicht nur) zeitgenössische Kritik – u. a. Schmellers – an dem unpraktikablen Luxuscharakter der Treppe, deren Funktionalität hingegen Fr. Mielke (Treppen 1966, S. 271 ff.) betont (zur Zeit Ludwigs I. allerdings war die Hauptstiege der Alltagsbenutzung entzogen). In dem seit dem Wiederaufbau auf die bloße architektonische Grundform reduzierten Erscheinungsbild fehlte leider vollständig die originale reiche Dekorationsmalerei (von Friedrich

Christoph Nilson) in der Gewölbezone mitsamt den Allegorien der Wissenschaften sowie die Flachreliefbüsten von Gelehrten aller Zeiten über den Fenstern (Aufnahmen von ca. 1945 zeigen, dass der Putz von den z. T. verzogenen Gewölben größtenteils abgefallen bzw. die Mitteltonne schließlich eingestürzt war). Die meist genannte Scala dei Giganti des Dogenpalastes kann als (immerhin einläufige) Außentreppe nur höchst allgemein als „Vorbild" gelten; näher stehen Gärtners ambitionierter, letztlich eigenständiger Lösung die Schachttreppen im Palazzo Reale zu Caserta (untere Hälfte) und im Münchner Nationaltheater, Chalgrins geradläufige Senatstreppe im Palais Luxembourg in Paris (1804) und die im Erdgeschoss basilikale Treppe des Kasseler Roten Palais (1821–26 von Bromeis). Den Vorplatz am oberen Ende der Treppe schloss die (nicht erhaltene) durch Malerei reich gegliederte Stirnwand mit dem Portal zum Lesesaal und der lateinischen Bauinschrift im Bogenfeld darüber ab. Den Eingang flankierten die beiden überlebensgroßen Weißmarmorstandbilder der Bibliotheksgründer, Herzog Albrechts V. und König Ludwigs I., nach Ludwig Schwanthalers Modellen von 1844 zwei Jahre später vollendet (aufgestellt 1851); heute weiter östlich situiert, da die Treppenhalle beim Wiederaufbau um zwei Joche nach Osten erweitert wurde. 2004/05 erhielt sie einen dezent getönten Neuanstrich samt po-

Ludwigstraße 16, Treppenhaus; Aufn. 2008

Ludwigstraße 16, Staatsbibliothek nach Kriegsschaden; Aufn. um 1945

lychromer seitlicher Musterachse (mit dem Plato-Bildnis); danach erfolgte 2006/07 die intensiv mehrfarbige Fassung der gesamten Fensterwände (Konzept von Günther Menath) in Anlehnung an den originalen Zustand mit Wiederanbringung der (zuvor im Keller deponierten, beschädigten) 18 Gelehrten- und Dichter-Reliefbüsten in den Bogenfeldern. Die vom König mitbestimmte Auswahl (vgl. Reidelbach 1888, Anm. 118) ist geistesgeschichtlich aufschlussreich: südlich (von Osten) Schiller, Goethe, Johannes Müller, Linné, Corneille, Calderon, Kepler, Galilei, Shakespeare; nördlich (von Westen) Newton, Camoes, Tycho de Brahe, Copernicus, Dante, Tacitus, Virgil, Herodot, Plato. – Jeweils in der Mitte der Längstrakte angeordnet wurden die gleichartig repräsentativ ausgestalteten Säle mit Säulen, Gurten und 3 x 3 Kreuzgewölben (Stuckrippen und -profile), deren östlicher als Lesesaal diente, während der noch erhaltene westliche als sog. Versammlungs-, Fürsten-, Fest- oder Gelehrtensaal, ehemals wie heute noch zu Veranstaltungen und Ausstellungen verwendet, mit den Büsten wittelsbachischer Fürsten ausgestattet war. Ansonsten enthielt der 1. Stock im Westtrakt südlich die meist gewölbten Räume der Inkunabeln, am Nordende den Cimeliensaal (auch Schatzkammer genannt), im Ostflügel südlich den Katalogsaal, nördlich die Direktion und Verwaltung. Die übrigen Räume im 1. sowie im gesamten 2. Stock waren als Magazine mit durch je zwei Galerien mit einfachen Eisengeländern erschlossenen hölzernen Repositorien (Regalen) entlang den Wänden eingerichtet, das ganze Haus mit Luftheizung versehen.

Insgesamt brachte der innovative Großbau „eine Lösung des Beleuchtungsproblems, die bis zur Einführung des brandsicheren elektrischen Lichts als mustergültig angesehen wurde", wofür die langen Außenfronten des freistehenden Komplexes und die geräumigen Höfe maßgebend waren; in den Magazinsälen „wurden nur die Wandflächen zur Aufstellung der Bücher benutzt (…), um die Holzbalkendecken nicht zu stark zu belasten" – eine von Henri Labrouste monierte schlechte Stellplatzausnützung, die er durch Einführung der Eisenkonstruktion überwand (Seidel 1995).

Im Luftkrieg wurde das Gebäude zur Ruine; Brand- und Phosphorbomben zerstörten in der Nacht vom 9. zum 10. März 1943 vor allem den Mittelbau und vernichteten 500.000 Bände; Sprengbomben zerstörten am 3./4. Okto-

Ludwigstraße 16, Fürstensaal; Aufn. 1946

ber 1943 besonders den südlichen Querflügel; es folgten schwere Schäden durch Brandbomben am 25. April und vor allem am 7./8. Januar 1945, wobei zuletzt auch ein Loch in die Westfassade gerissen wurde, das die linke Portal- und die angrenzende Fensterachse im Erdgeschoss und 1. Stock umfasste.

Der sukzessive Wiederaufbau 1947–72 durch das Landbauamt München stellte äußerlich den originalen Zustand wieder her, Treppenhaus und Fürstensaal als reine Architektur ohne Polychromie und gemalten Dekor. 1952 war der Westflügel fertiggestellt, 1966 der im Inneren völlig neu strukturierte Ostflügel; zuletzt wurde der fast vernichtete Südbau zwischen den Längstrakten wiedererrichtet. Das Innere, in welches das Hauptstaatsarchiv nicht wieder einzog (s. Ludwigstraße 14), wurde den modernen Bibliothekserfordernissen angepasst, im Osten – an die Südhälfte des Komplexes mittig angebunden – 1958–66

Staatsbibliothek, Südseite; Aufn. 1966

Staatsbibliothek, Südseite; Aufn. 1995

Staatsbibliothek, südöstlicher Anbau

(Planung 1955 ff.) nach Entwurf von Sep Ruf, Helmut Kirsten, Hans Döllgast und Georg Werner ein Erweiterungsbau u. a.mit dem neuen großen Lesesaal angefügt, ein flachgedeckter Stahlskelettbau mit vorgehängten Glasfassaden; der in gewolltem Kontrast neben den Altbau gesetzte neue Trakt zählt zu den bemerkenswerten Leistungen der Münchner Nachkriegsarchitektur (1967 Bayer. BDA-Preis) und wurde ebenfalls in die Denkmalliste aufgenommen. 2007 Sanierung der Westfassade. Zur jüngsten Renovierung der Treppenhalle (die wohl weitergeführt wird) vgl. oben. – Im Erdgeschoss-Mittelgang der Westflügel-Südhälfte sind vier (signierte) Figuren von der Glyptothek-Ostfassade aufgestellt (vgl. Königsplatz 3).

Ludwigstraße 17. Siehe Ludwigstraße 15/17.

Ludwigstraße 18. *Universitätsbauamt,* heute Staatl. Bauamt München 2, ehem. Wohnhaus Friedrich von Gärtners. Der mit dem Pfarrhaus im Norden (s. Nr. 22) korrespondierende, pavillonartige Bau im Süden, mit der westlichen Kirchenfront durch Arkaden verbunden, ist Bestandteil von Friedrich von Gärtners Gesamtplanung der Baugruppe von St. Ludwig spätestens seit 1831; südlich anschließend bis zur Staatsbibliothek verputzte Mauer gleich derjenigen nördlich von Nr. 22.

Nach den bis heute stets zitierten Angaben von Hans Moninger (1882) schenkte die Stadt dem Architekten der Ludwigskirche Garten und Bauplatz. „Das Wohnhaus mit zugehörigem Nebengebäude war anfänglich von Maurermeister (Rudolf) Röschenauer als grösseres Mietshaus erbaut worden, ging aber noch vor seiner Vollendung in den eigenthümlichen Besitz Gärtners über, welcher dasselbe in seinem Innern, nach Massgabe des Bedarfs für sich und seine Familie umgestaltete, sowie die Hof- und Garten-Anlagen beifügte. Im Garten befindet sich eine gemauerte Kneipe, an die sich so viele freudige Erinnerungen für jene knüpfen, welche mit dem genialen und jovialen Baumeister näher zu verkehren das Glück hatten. In diesem Wohnhause waren die Localitäten des Parterre und des I. Stockes für die Benützung durch die Familie; jene des II. Stockes dagegen für die Bureaux sowie das südöstliche Eckzimmer daselbst für das Arbeitszimmer Gärtners ausersehen."

Gärtner bewohnte das Ende Mai 1839 bezogene Haus bis zu seinem Tode dahier am 21. April 1847. Nach dem Tod seiner Witwe 1852 wurde es an den kgl. Kämmerer und General Baron von Pranckh verkauft. Die Rückseite mit Atelieranbau und anschließendem niedrigem Stall- und Remisentrakt zeigt im originalen Zustand am besten eine Zeichnung Gärtners (Hederer 1960, Abb. 58).

Der dreigeschossige Walmdachbau mit Ecklisenen, straßenseitig fünf rhythmisch angeordneten, auf profilierten Gurtgesimsen stehenden Rundbogenfenstern (seitlich sechs Achsen), Freitreppe und eine Quaderung imitierenden Putzflächen wurde im Juli 1944 durch Bomben weitgehend zerstört, die Ruine später abgetragen. Erst 1960–62 erfolgte der Wiederaufbau in äußerlich alter Form (ohne rückseitigen Annex) als Sitz des Universitätsbauamtes, zunächst mit ungeteilten, seit 1989 wiederum versprossten Fenstern.

Ludwigstraße 19. Eckhaus, Gruppe mit Nr. 15/17 (s. dort). Leo von Klenze im Schreiben an Ludwig I. vom 19. März 1829 (GHA) erwähnt für das Eckgrundstück einen (nicht erhaltenen) Entwurf „in reinem griechischem Style". Da die Gischgerschen Erben jedoch den Verkauf des Bauplatzes lange – bis 1835 – verweigerten, konnte die (auf dem Stadtplan von Lebschée 1830 noch fehlende) Eckbebauung „erst sieben Jahre" nach Nr. 15/17 (von 1829/30) ausgeführt werden, und zwar gleich diesen durch Joseph Höchl († 1839, Eigentümer auch der Nachbarhäuser Theresienstraße 1a–d). Die klassizistisch-italianisierende Fassadengestaltung geht auf Leo von Klenze zurück. Die Angaben zum

Ludwigstraße 18

Ludwigstraße 19

Baujahr schwanken zwischen 1834 (wohl zu früh) und 1839 (J. Wiedenhofer, 1916, spricht vom letzten an der Ludwigstraße vollendeten Privathaus). Um 1850 gehörte das Anwesen dem Zentralimpfarzt Dr. M. Reiter.

In seiner Fassadengestaltung ist das Eckhaus spiegelbildliches Pendant zu Nr. 15 (vgl. im Einzelnen dort), die Nordfassade an der Theresienstraße allerdings nur drei Achsen breit. Als einziges von den erhaltenen Wohnhäusern an der Ludwigstraße hat es – noch heute Privatbesitz – auch seine originalen inneren Strukturen weitgehend bewahrt. Die Durchfahrt – mit 1972 nach Befund wiederhergestellter Farbgebung – wird durch Doppelpilaster und -gurte in drei Joche geteilt, die äußeren mit böhmischen Kappen; an das kreuzgratgewölbte Mitteljoch schließt sich nördlich (rechts) ein kleiner überkuppelter Vorplatz vor dem westlich davon angeordneten gewendelten Treppenhaus (mit schlichtem Eisenstabgeländer) an; im nördlichen Eckbereich des 1970 für eine Bank innen umgebauten Erdgeschosses drei Kreuzgratgewölbe. – Das westlich anschließende, gestalterisch als Seitentrakt wirkende, jedoch selbständige Haus Theresienstraße 1 mit niedrigerer Traufe, seit der Bauzeit Sitz einer Apotheke, wurde 1966 durch einen Bürohausneubau ersetzt.

Ludwigstraße 19, Detail der Durchfahrt

Ludwigstraße 20. *Kath. Pfarrkirche St. Ludwig.* Der Bau der Pfarr- und Universitätskirche St. Ludwig, die in der Gesamtschöpfung der Ludwigstraße die religiöse (geistesgeschichtlich die romantische) Komponente seiner Kulturpolitik repräsentiert, war dem König ein Anliegen, dessen Realisierung er in jahrelangen Auseinandersetzungen mit der Stadt durchsetzte, welche den Hauptanteil der Kosten zu tragen hatte; er selbst sicherte sich mit dem Beitrag von 100.000 fl. den maßgeblichen Einfluss auf die Gestaltung, die er 1828 Friedrich von Gärtner übertrug, und die Standortwahl in der Blickachse der Löwen-, heute Schellingstraße. Zur Bedingung machte er weiters die Grundsteinlegung schon am 25. August 1829 – dem Festtag seines Namenspatrons –, die Innenminister Eduard von Schenk vornahm, sowie die Freskoausmalung durch Peter Cornelius, mit dem der Magistrat am 15. Dezember 1829 den bis 1840 befristeten Vertrag schloss. Die (durch Klenze bestärkte) Oppositionstaktik der Stadt wie stets erneute Sparzwänge – so musste Gärtner Anfang 1829 die Rohbaukosten von 900.000 auf 500.000 fl. reduzieren und entsprechend umplanen – verzögerten die Ausführung (durch Maurermeister Franz Xaver Widmann, unter Leitung von Baukondukteur Anton Mühe) laufend: „die ganze Baugeschichte besteht aus retardierenden Momenten" (Eggert 1963). 1832 wurde der Vertrag mit Ludwig Schwanthaler über die Fassadenfiguren geschlossen, am 7. September 1833 der Schlussstein in die Gewölbe eingesetzt, 1835 das Dach mit gelb und blau glasierten Ziegeln eingedeckt; am 25. August 1838 fand die feierliche Kreuzenthüllung der Türme statt, nach Vollendung der Ausstattung verspätet am 8. September (statt am 25. August) 1844 die Weihe durch Erzbischof Lothar Anselm von Gebsattel (in Abwesenheit des Königs, des Innenministers und des Architekten). Die Gesamtkosten waren auf fast 1,2 Millionen Gulden gewachsen.

Ludwigstraße 20, Kath. Pfarrkirche St. Ludwig; Aufn. 1996

Die Planungsphasen Gärtners über z. T. genial-impulsiv anmutende Skizzen und verschiedene Vorstufen hinweg haben u. a. Klaus Eggert (1963), Oswald Hederer (1964) und vor allem – kritisch berichtigt – Frank Büttner (1984) dargestellt. Die zur Grundsteinlegung 1829 gefertigte Lithographie von Anton Mühe (nach Gärtner) zeigt bereits die ausgeführte Fassung, ausgenommen die beiden Türme, die – statt eines einzelnen am Chorschluss – erst im Herbst 1829 von Gärtner zu Seiten der Straßenfront angefügt und trotz Finanzierungsproblemen durchgesetzt wurden. Ein Lageplan vom 26. Juli 1832 (GHA; Ausst. Kat. St. Ludwig 1995, Nr. 48b) und ein nicht datierter Fassadenaufriss (AMTUM; Ausst. Kat. Romantik 1987, Nr. 47.8; 1829/30?) zeigen die gesamte Baugruppe der Kirche mit den beiden Fassadentürmen, den anschließenden Arkaden – mit zunächst noch vorgesehener zweigeschossiger Überbauung – und den abschließenden pavillonartigen Gebäuden Ludwigstraße 18 (in der Folge Gärtners Wohnhaus) und 22 (Pfarrhaus; s. jeweils diese).

Gärtner konnte bei der Konzeption des großen Sakralbaus – eines der fünf unter Ludwig I. in München aufgeführten – nach der durch Aufklärung und Säkularisation unterbrochenen Kontinuität kaum auf zeitgenössische Vorbilder zurückgreifen; seine höchst innovative Gesamtschöpfung, stilistisch am ehesten dem Begriff „Rundbogenstil" zuzuordnen, verarbeitet selbständig (auch mangels einheimischer romanischer Bauten) in synthetischer Weise vor allem Motive der mittelalterlichen Architektur Italiens, die in seiner Formulierung nur bedingt als romanisch oder gotisch zu bezeichnen sind und von den Zeitgenossen als moderne Variante des Byzantinischen verstanden wurden. Die Stilwahl ist auch in Opposition zum Klassizismus Klenzes (trotz dessen Hofkirche) zu verstehen sowie im Hinblick auf die Bereitstellung möglichst großer Wandflächen für die den neuen nazarenisch-romantischen Sakralstil prägende Freskomalerei und Polychromie.

Dem gegenüber ist der städtebaulich-kontrapostische wie grundrissmäßige Bezug zur barocken Theatinerkirche am Südende der Ludwigstraße ein erstaunliches Phänomen – der kreuzförmig angelegte Bau mit überkuppelten Seitenschiffsjochen am Langhaus und weit gestellten, von außen an die Fassade herangeschobenen Türmen verbindet sich mit einer barocker Formgesinnung völlig konträren, zeitgemäß unplastischen, kraftvoller Dynamik entsagenden Auffassung, der andererseits auch romanische Massigkeit und körperhafte Wucht fremd ist. Flächigkeit – innen im Sinne eines Farbträgers – und eher graphisch als plastisch wirkende Gliederungsdetails bestimmen den Eindruck. Der Außenbau ist verputzt (mit Quaderimitation); nur Westfassade und Türme in hellem Kelheimer Kalkstein. Zwischen die Türme bzw. die Anräume am Westende der Seitenschiffe – nördlich Turmtreppe, südlich Taufkapelle – ist die dreijochige, kreuzgratgewölbte, in Säulenarkaden geöffnete Vorhalle über hoher Freitreppe eingezogen. Ludwig Schwanthalers Kalksteinfiguren

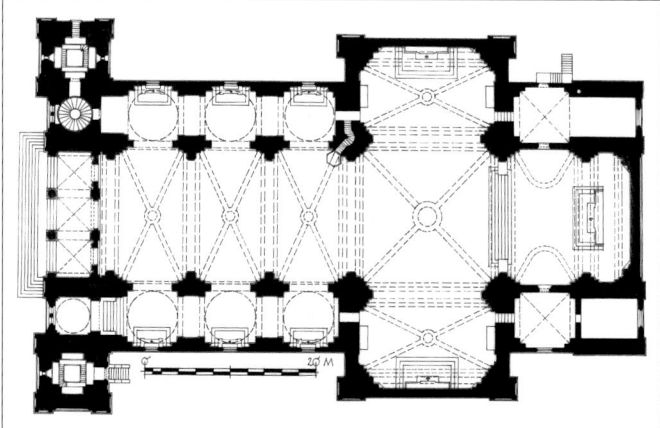

St. Ludwig; Grundriss

(1832–35) in den Rundbogennischen des Mittelgeschosses darüber – Christus und die Evangelisten, dazu Petrus und Paulus auf den Giebelschultern – offenbaren die Problematik einer zeitgenössischen religiösen Plastik, die christlichen Gehalt mit antikisierendem Gewandschema zu vereinen suchte. Gotisierende Elemente innerhalb der Stilsynthese sind die Fensterrose, die kleinteilig-ornamentalen Giebelschrägenfriese, das Fenstermaßwerk, die beiden Turmgalerien mitsamt den schräg vorgekragten Konsolen der oberen sowie die steinernen Turmhelme mit blendmaßwerkähnlichem Oberflächenrelief (Turmhöhe 71 m), ferner die strebepfeilerartigen Wandvorlagen an den Hochschiffwänden und das Strebensystem über den Seitenschiffen in der Form von Galerien aus kleinen Rundbogenarkaden.

St. Ludwig, Südseite

St. Ludwig, Ostseite

Die Obergeschosse und Giebel der Querarme und des Chorschlusses sind mit maßwerkartig eng gereihtem Stabwerk überzogen. Eine niedrige, friesartig dekorierte Attika verbirgt – konstruktiv problematisch – den Ansatz des mäßig steilen, ursprünglich farbig gemusterten Daches.

Auch im 26 m hohen Inneren (lichte Länge mit Vorhallenjoch 68 m) bestimmen gotisierende Strukturelemente in Verbindung mit dem Rhythmus der weit gespannten Rundbögen den Raumeindruck – die Kreuzrippengewölbe in den drei Langhausjochen, den Querarmen und der quadratischen Vierung. Der Chor ist mit einer Stichkappentonne und abschließend einem knappen Tonnenstreifen gewölbt, die Seitenschiffe mit je drei flachen Pendentifkuppeln. Die gestaffelten, z. T. gefasten Wandvorlagen massieren sich besonders an den Vierungspfeilern zur Wirkung reicher, aber unplastischer Bündelung, deren linearer Vertikalismus durch reiche Laubwerkkapitelle im tektonischen Sinn akzentuiert wird. Die in die flächigen Schiffswände eingeschnittenen Rundbogenarkaden sind über reliefierten Kapitellen eines byzantinischen Typs mit Reliefband-Archivolten gesäumt. Insgesamt erzielte Gärtner eine ebenso großzügige wie ruhige, in sich geschlossene, harmonisch proportionierte Raumbildung völlig neuer Art, die im Verein mit der flächendeckenden Poly-

chromie der Fresken von Cornelius und seinen Mitarbeitern und der reichen, von Gärtner entworfenen Dekorationsmalerei von Josef Schwarzmann viele Jahrzehnte vorbildhaft wirkte. Sie ist besonders in den Seitenschiffkuppeln verdichtet sowie in der durch Farb- und Lichtwirkung stimmungshaften Taufkapelle.

Das in religiös-geistiger Hinsicht wie künstlerisch ambitionierte Unternehmen der Fresko-Ausmalung nach den Entwürfen und Kartons (ab 1830) von Peter Cornelius, mit der die Gattung der christlichen Monumentalmalerei wiedererstehen sollte, wurde im Hinblick auf die langsame Arbeitsweise des Künstlers vom König auf den Querschiff- und Chorbereich reduziert; sukzessive Ausführung 1836–42, eigenhändig (1836–40) das kolossale „Jüngste Gericht" (18 x 11 m) an der Chorschlusswand (Karton von 1834/35 in Frankfurt, Städelsches Institut). Das umfassende heilsgeschichtliche Bildprogramm konzipierte Cornelius selbst (1829), der sich in Gedanken nach eigener Angabe schon längst „mit einem christlichen Epos der Malerey, mit einer gemalten comedia divina" befasste. Dargestellt sind die „drei Hauptpfeiler der christlichen Religion", die drei Personen der Trinität in Gestalt eines die Artikel des Credo illustrierenden Zyklus. Gottvater als dem Schöpfer und Erhalter der Welt ist das Chorgewölbe gewidmet. An den Wänden wird das Wirken des

St. Ludwig, Westseite; Aufn. 1979

Gottessohnes anschaulich, mit der Geburt Jesu an der nördlichen und seiner Kreuzigung an der südlichen Querhaus-Stirnwand und dem dominierenden Jüngsten Gericht an der Chorschlusswand; in den Gewölben der Vierung und der Querarme das Wirken des Heiligen Geistes in der Gemeinschaft der Heiligen, in den Aposteln und Evangelisten, Patriarchen und Propheten. – Wenn nach Vollendung des mit erhabensten Vorbildern der abendländischen Kunst wetteifernden Gerichtsfreskos der König wie die zeitgenössische Kritik eine gewisse Enttäuschung vor allem wegen mangelnder Farbintensität und Dynamik, aber auch hinsichtlich der Auffassung des Themas äußerten, so sind die um 1830 einsetzenden Änderungen des Zeitgeschmacks und in der Entwicklung der Theologie zu berücksichtigen. Erst neuerdings überwiegt eine positive Würdigung der „unzeitgemäßen Größe" (Frank Büttner) des höchst anspruchsvollen Werkes und der Aussage seiner statisch beruhigten Komposition mit dem Buchengel als Bedeutungsmittelpunkt (Eugen Bieser). Mitarbeiter und Gehilfen von Cornelius waren Karl Heinrich Hermann (der wichtigste, er führte u. a. das Schöpfungsgemälde aus) sowie Johann Conrad Dorner, Max Hailer, Ulrich Halbreiter, Franz Hellweger, Josef Kranzberger, Georg Lacher, Ludwig Moralt, Fidelis Schabet und Carl Stürmer.

Die Ausstattung – Altäre, Kanzel, Taufstein, Beichtstühle, die ursprüngliche Orgel – entwarf Gärtner selbst, ebenso die Serie der liturgischen Gefäße samt Monstranz. Die gefassten Holzfiguren auf dem Hochaltar (die hll. Ludwig und Korbinian) und auf den (z. T. reduzierten) Seitenaltären (u. a. Josef, Franz Xaver, Karl Borromäus) fertigte Fidelis Schönlaub, die ornamentalen plastischen Details wie Kapitelle und Friese nach Gärtners Entwurf der Bildhauer Johann B. Scholl.

Bei der Restaurierung des Inneren und der Fresken 1903/04 durch die Maler August Spieß und Rudolf Langendorf wurde die Raumfassung z. T. verändert und ornamental stark bereichert. Aus dieser Zeit stammt auch das romanisierende Chorgestühl. – Im Luftkrieg 1944/45 erlitt die Kirche vergleichsweise geringe Schäden, u. a. wurden zwei Gewölbe im südlichen Seitenschiff zerstört. Im Juli 1955 Herabsturz von Gewölbeputz. Bei der umfassenden Instandsetzung 1955–57 durch die Architekten Erwin Schleich und Wilhelm Gärtner wurden die gemalten Ergänzungen von 1903/04 wieder beseitigt mit Ausnahme der sechs Medaillonbildnisse frühzeitlicher hll. Bischöfe Bayerns von Gebhard Fugel über den Langhausarkaden. Hans Pfohmann restaurierte das Gerichtsfresko, Albert Hunnemann die Deckenbilder; das Geburt-Christi-Bild im Nordquerschiff musste weitgehend erneuert werden. Die Fenster erhielten durch Fa. Bockhorni ornamentale Verglasungen „im alten Charakter" (für die Raumstimmung wichtig). E. Schleich entwarf Windfang und Orgelempore sowie den Prospekt der 1960 von Rudolf von Beckerath (Hamburg) erbauten Orgel. Die Kanzel wurde aus dem Langhaus an den nordöstlichen Vierungspfeiler versetzt, in der Vierung ein neuer Volksaltar (umgeben von vier Standleuchtern aus der Bauzeit) aufgestellt (Weihe 10. November 1957) – liturgiegeschichtlich bemerkenswert früh auf Anregung von Romano Guardini, 1948–61 Universitätsprediger (Bronzegedenktafel an Langhaus-Nordpfeiler 1982 von Max Faller, der 1981 auch den Bronze-Ambo schuf); sein Grab seit 1998 in der 1952 nach Kriegsschäden wiederhergestellten südlichen Chorkapelle, gleich der Sakristei im Norden ein Raum mit Kreuzgratgewölbe und östlich anschließender Tonnenwölbung.

St. Ludwig, Inneres; Lithographie von G. Seeberger, um 1845

St. Ludwig, Blick nach Osten

St. Ludwig, Taufkapelle

Im Nordquerschiff (Ostwand) Relief mit hl. Ludwig, Votiv von Ludwig Schwanthaler für Rettung aus Seenot 1826. Im Südquerschiff (Westwand) Epitaph (Relief) für Oberst Anton Seifried, † 1854; östlich gegenüber Gedenktafel des 1849 gegründeten Kriegs-Veteranen-Korps München. Auf dem östlichen Altar im südlichen Seitenschiff bemerkenswerte gefasste Holzfigur der Muttergottes, Ende 15. Jh., schwäbisch (aus dem Kunsthandel).

Letzte Fassadenrenovierungen 1958 und 1985 ff. – Den die Kirche an drei Seiten umgebenden Hofraum begrenzt eine verputzte Mauer mit Stichbogenblenden an der Innenseite. Ihr entlang ließ der erste Stadtpfarrer Karl Stumpf 1846–49 nach Gärtners Angaben Kreuzwegstationen mit Fresken von Georg Fortner samt kapellenartigen Holzvorbauten mit Satteldächern errichten (im Luftkrieg zerstört).

In den fünf Joche langen *Pfeilerarkadengängen* (verputzt, mit Kreuzgratgewölben) beiderseits der Kirchen-Westfront wurden 1964 die *Gedenkbrunnen* für die Architekten der Ludwigstraße, laut Signatur von Franz Mikorey, enthüllt – freistehende marmorne Brunnenschalen, darüber getrennt am Gitter angebrachte Bronze-Medaillons mit Reliefbildnissen Klenzes (südlich) und Gärtners; Guss von Prießmann, Bauer & Co.

St. Ludwig, Vierungsgewölbe

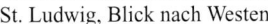

St. Ludwig, Blick nach Westen

St. Ludwig, Wandbild „Jüngstes Gericht" von Peter Cornelius im Chor

◁ Ludwigstraße 21, Ostseite;
Aufn. 1995

Ludwigstraße 21, Südseite; Aufn.
um 1940

Ludwigstraße 21 (mit Theresienstraße 4). Ehem. *Bayerische Versicherungsbank.* Bis 1910 stand auf dem städtebaulich markanten Eckgrundstück an der Theresienstraße ein 1829/30 für den Kistlermeister Scherff nach Plänen Klenzes (vielleicht von Rudolf Röschenauer) erbautes Doppelmietshaus (alte Nr. Ludwigstraße 12/13); ihm schloss sich westlich mit etwas niedrigerer Traufhöhe das klassizistische Mietshaus Theresienstraße 48 (alte Nr.) an (von Röschenauer?; alle drei Häuser gehörten um 1850 dem Handelsmann Nikolaus Scherff). Das palastartige symmetrische Doppelhaus Nr. 12/13 mit zwei Eckrisaliten an der 15 Fensterachsen langen Hauptfront zur Ludwigstraße und sechs Achsen an der südlichen Schmalseite, z. T. rhythmisch gruppierten Rundbogenfenstern bzw. im letzten, obersten Geschoss niedrigen Rechteckfenstern hatte gemäß dem ursprünglichen Entwurf Klenzes „venezianischen" Charakter mit durch Pilaster und Bandarchivolten gerahmten Fenstern. Auf ausdrücklichen Wunsch Ludwigs I. wurde die Fassade jedoch im „florentinischen" Stil mit flächendeckender Putzrustika und Gurtgesimsen ausgeführt. Der äußerlich imposante Block war an der Ludwigstraße der nördlichste nach Plänen Klenzes aufgeführte Bau und zugleich der nördliche Abschluss der Wohnhausbebauung vor der Konzeptänderung zugunsten Gärtners bzw. großformatiger öffentlicher Bauvorhaben.

Der von Heilmann und Littmann sowie (nach Megele I 1951) von Joseph Wiedenhofer errichtete *Bankneubau* von 1910/11 fügte sich mit seiner dem zeitgenössischen Neuklassizismus – mit Cinquecento-Einschlägen – zuzurechnenden Gestaltung in das Ensemble Ludwigstraße/Odeonsplatz ein und übernahm die flächendeckende Rustizierung – allerdings nur horizontal, mit Keilsteinfugen nur über den großen rundbogigen Erdgeschossfenstern – sowie die Gurtgesimsteilung vom Vorgängerbau. Auch für den Portalbalkon – ionisch-viersäulig, rheinischer Vulkantuff – gab es Beispiele an den Klenzebauten im Umfeld; über dem Portalscheitel ein Löwenkopf. Über dem Erdgeschoss ist ein mezzaninartig behandelter 1. Stock eingeschoben; hingegen wurde der 2. Stock durch hohe Fenster mit Balusterbrüstung und geraden Verdachungen (Vulkantuff) betont. Den Abschluss bildet ein Kniestock mit plastischem Girlandenfries (auf heute pompejanischrotem Grund) und Konsolgesims, durch den die Traufe zur Höhe des benachbarten Damenstiftes (Nr. 23) angehoben wurde.

Die um einen annähernd quadratischen Hof (über ehem. Oberlichtsaal im Erdgeschoss) gruppierte Vierflügelanlage wurde von Osten durch Vestibül, Eingangshalle und südlich von ihr gelegene Haupttreppe mit zwei Seiten- und weiterführendem Mittellauf erschlossen; ihr entsprach vor 1937 eine gleichartige Nordtreppe. Gleichzeitig mit der Erweiterung von 1937/38 sowie nach dem Zweiten Weltkrieg, in dem das Gebäude erhalten blieb, wurden im Altbau verschiedene Umbaumaßnahmen vorgenommen.

Dem *Erweiterungsbau* von 1937/38 mussten fünf klassizistische Mietshäuser von 1827 weichen – von Osten her mit den ursprünglichen Nrn. Theresienstraße 47, 46 und 45 (von Rudolf Röschenauer, das letztere zusammen mit Matthias Küßwetter) sowie Nr. 44 und 43 (von den Maurermeistern Burg und Martin Windwart); zuletzt vor 1937 mit den Nrn. 4, 6, 8, 10 und 12 von Westen. – Durch den zwei lang gestreckte Höfe – der östliche mit zweigeschossiger Kassenhalle – umschließenden Erweiterungsbau von Heinrich Bergthold und Carl Kiermaier wurde die Süd-

Ludwigstraße 21, Erweiterungsbau an der Theresienstraße

fassade des Bankgebäudes auf rund 150 m verlängert. Die Fassadengestaltung ist durch Weiterführung einiger Hauptelemente der Gliederung wie das Gurtgesims über dem Erdgeschoss und das Kranzgesims vereinfachend dem Altbau angepasst, entspricht zugleich auch dem reduziert klassizierenden Zeitstil der 1930er Jahre. Auf die Rustizierung nach Art des Altbaus und den Traufenfries wurde verzichtet. Die beiden Hauptgeschosse – mit geraden Fensterverdachungen – sind gleichwertig behandelt; über dem Eingang ist ein Balkon vorgekragt wie beim Nebeneingang des Altbaus. – 1997–2002 erfolgte im Auftrag der Allianz Immobilien GmbH durch die Architekturbüros Hentrich-Petschnigg u. Partner sowie K + P Koch–Drohn–Schneider–Voigt eine Generalsanierung – „Revitalisierung" – des Gesamtkomplexes (einschließlich nicht denkmalgeschützter rückseitiger Neubauten von 1957) mit weitgehender Erneuerung des Inneren, Glasüberdachung des älteren, neuklassizistischen östlichen Innenhofes sowie des völlig neu gestalteten mittleren Hofes von 1936. (Heute Sitz von The Boston Consulting Group.)

Ludwigstraße 22, Pfarrhaus von St. Ludwig

Ludwigstraße 22. Der Bau des *Pfarrhauses von St. Ludwig* als nördlicher Abschluss der Baugruppe war in Friedrich von Gärtners Gesamtkonzept seit spätestens 1831 vorgesehen und wurde zeitgleich mit der Kirche ausgeführt. Das Pfarrhaus bildet das Pendant zum heutigen Universitätsbauamt (vgl. Nr. 18). Errichtung der neuen Pfarrei St. Ludwig am 30. August 1844. – Dreigeschossiger kubischer Walmdachbau mit Natursteinsockel, Freitreppe, Ecklisenen, auf profilierten Gurtgesimsen stehenden, straßenseitig rhythmisiert angeordneten Rundbogenfenstern – die drei mittleren als enger gereihte Gruppen; seitlich fünf Achsen. Putzflächen in Quaderimitation. Inneres 1968 restauriert und z. T. umgebaut (Treppe massiv erneuert). – An der nördlich anschließenden verputzten Mauer entlang der Straße Rechteckblenden mit gestuftem Zackenfries, Abschlussgesims und Ziegelabdeckung (Pendant zur kürzeren Mauer südlich von Nr. 18, vgl. dort). Die Mauer schließt die (heute z. T. verbauten) Hofareale des Pfarrhauses und des Georgianums – s. Professor-Huber-Platz 1 – ab.

Ludwigstraße 23. Ehem. *Damenstift*, lang gestreckter Komplex von Friedrich Gärtner, 1835–39, jetzt *Bayerischer Verwaltungsgerichtshof*. Im Bestreben, die nach Norden verlängerte Ludwigstraße möglichst zügig zu bebauen, zog Ludwig I. mehrfach Stiftungsvermögen heran; u. a. veranlasste er das Damenstift zu St. Anna (s. Damenstiftstraße 1/3 und Altheimer Eck 15), die rund

Ludwigstraße 23 nach Kriegszerstörung; Aufn. 1945

130 m breite Lücke zwischen dem Doppelhaus anstelle von Ludwigstraße 21 und dem Blindeninstitut (Nr. 25) durch einen extrem lang gestreckten Neubau zu schließen. Zunächst war an eine Veräußerung des Altbaus und eine Übersiedlung der Stiftsdamen in den Neubau gedacht, der aber dann als reines Mietobjekt zur Amortisierung der Baukosten und zur Mehrung des Stiftungsvermögens ausgeführt wurde; zu dessen Entlastung wurde laut kgl. Reskript vom 22. Mai 1836 zusätzlich der kgl. Zentral-Schulbuchverlag an der Finanzierung beteiligt, der die Hälfte des Gebäudes übernahm. Ansonsten enthielt dieses 24 verschieden große Mietwohnungen (mit den Haupträumen an der Straßenseite); zeitweise waren hier auch die Büros des Genie-Corps-Commandos untergebracht.

Die Grundsteinlegung nahm am 15. Oktober 1835 der Innenminister Fürst Ludwig von Oettingen-Wallerstein vor; der Dachstuhl wurde am 12. November 1836 aufgesetzt, 1839 der Bau teilweise bezogen. Die Bauleitung wurde Eduard Riedel übertragen; den entwerfenden Architekten Friedrich von Gärtner, der zeitweise mit dem König nach Griechenland gereist war, vertrat in der Oberbauleitung der Baukondukteur Karl Klumpp.

Ludwigstraße 23, ehem. Damenstift; Aufn. 1970

Ludwigstraße 23, ehem. Damenstift, Mitteltrakt

Die aus Sparsamkeitsgründen nur durch Gurtgesimse und tre-
centeske Rustikarahmen um die maßwerkartig versprossten
Rundbogenfenster und Tore gegliederte, 33 Fensterachsen lange
straßenseitige Putzfassade wird durch drei um ein Geschoss erhöhte (nicht vortretende) Pavillons – einen breiten, neunachsigen Mittelteil und dreiachsige Eckbauten – mit kräftigen, rustizierten Ecklisenen und Konsolgesims unterteilt – sicher weniger
ein letztlich barockes Gliederungsprinzip (wie meist angenommen), sondern eine unerlässliche Rhythmisierung des überlangen Baukörpers (vgl. Klenzes Festsaalbau der Residenz oder die
herausgehobenen Mittelteile von dessen Königsbau, Bazar und
Kriegsministerium). Die zu allen Zeiten angemerkte Monotonie
dieses nüchternsten unter Gärtners Großbauten erscheint gemildert durch die 1985 wiederhergestellte Farbgebung nach Detail-
plänen aus dem Gärtner-Nachlass (AMTUM) mit Gliederungen
im grünlich-grauen Sandsteinton auf hellem Putzgrund. Als fast
sachlich-schlichte Ausprägung von Gärtners Rundbogenstil –
hier motivisch in engem Zusammenhang mit den Vorplanungen
zur Staatsbibliothek gegenüber entwickelt – wurde das Damenstift ein in der auf Sparsamkeit bedachten öffentlichen wie privaten Zweckarchitektur nicht nur Bayerns bis zur Einförmigkeit
jahrzehntelang nachwirkender Prototyp, den andererseits die
Nachfolgegeneration des aufwendigen Historismus (Reber 1876,
Reidelbach 1888) herb kritisierte.
Die additiv-kleinteilige Raumeinteilung des Inneren – „Typen-
pläne mit sehr rationeller Flächennutzung" (Hederer 1976) –
wird von drei Durchfahrten mit Rundbogentoren her erschlossen, deren mittlere zu einer dreischiffigen gewölbten Halle
erweitert ist. Insgesamt wurden fünf in sich abgeschlossene,
verschieden breite Gebäudeteile – drei davon um ein Geschoss
erhöht – mit jeweils eigenem Treppenhaus aneinander gereiht.
Als Wohnsitz des als Verweser des Innenministeriums amtieren-
den Professors Franz von Berks, der als Günstling der Lola Montez galt, wurde das Gebäude am 2. März 1848 „von einem Volks-
haufen unter großer Katzenmusik demolirt" (ein wenig verwüs-
tet; Lithographie von Gustav Kraus). Von 1870 bis zur Errichtung
eines gemeinsamen Neubaukomplexes in Schwabing 1912 war
im Damenstift das (1849 gegründete) Maximiliansgymnasium
(im Mittelbau) zugleich mit dem Kgl. Realgymnasium (im Südteil) untergebracht; der Nordteil beherbergte zeitweise die Leh-
rerbildungsanstalt. Entsprechend häufig waren Umbaumaßnahmen im Inneren. Im Hof entstand 1902 nach Plänen von Bauamtmann Adolf Schulze eine freistehende Turnhalle (nicht erhalten).
Das im Zweiten Weltkrieg schwer beschädigte Gebäude wurde
sukzessive 1945–52 durch das Landbauamt wiederhergestellt;
seit 1951 ist es Sitz des Bayerischen Verwaltungsgerichtshofes.
Bei der grundlegenden Restaurierung 1985 wurden u. a. der Fassadenputz, der Anstrich – mit Farbgebung im Sinne Gärtners –
sowie teilweise das Kupferblechdach der Zwischentrakte erneu-

ert, im Inneren verschiedene Umbaumaßnahmen durchgeführt
(nachdem das Verwaltungsgericht München 1980 ausgezogen
war) und – um 1990 – an den Mitteltrakt rückseitig ein Erweiterungsbau angeschlossen. Letzte Fassadenrenovierung 1998.
Von einer zwischen 1812 und 1825 erbauten Gruppe von vier
klassizistischen villenartigen Wohnhäusern mussten beim Bau
des Damenstiftes zwei abgebrochen werden; die beiden nördlichen blieben dicht hinter dessen Rückfront erhalten, darunter
das noch bestehende Rückgebäude von Nr. 23 (s. unten), während das südlich benachbarte palaisartige Wohnhaus des Baumeisters Rudolf Röschenauer von 1825 im Bombenkrieg zerstört
wurde mit Ausnahme des niedrigen nördlichen Nebenflügels,
der 1841 für die Druckerei des Zentral-Schulbuchverlages umgebaut worden war (zuletzt sog. Wäschereigebäude; 1989 abgebrochen).

Ludwigstraße 23/Rückgebäude. Sog. *Riedererhaus*. Das freistehende dreigeschossige klassizistische Walmdachhaus im Hof
nördlich hinter dem Damenstiftgebäude, 1823/24 von Maurermeister Franz Gießl als Gartenhaus des Schneidermeisters Andreas Riederer erbaut, ist bemerkenswert als Rest der vor der Anlage der Ludwigstraße entstandenen, typologisch schlichten Bebauung der Maxvorstadt. Der kubische Putzbau mit fünf zu fünf
Fensterachsen in rhythmisierter Anordnung – mit jeweils verbreiterten Eckachsen – zeigt die einfache Gliederung zeitgenössischer bürgerlicher Wohnhäuser ohne Repräsentationsanspruch
– lediglich ein verdoppeltes Gurtgesims, auf dem die profiliert
gerahmten Fenster des 1. Obergeschosses stehen, ansonsten
Fenstersohlbänke und Kastengesims. Das Erdgeschoss wies laut
Bauplan ursprünglich eine Putzquaderung auf, die Fenster im
1. Stock hatten gerade Verdachungen. Die Ostseite war zur Bauzeit – etwas zurückgesetzt – der alten Schwabinger Landstraße
zugewendet, der Eingang liegt im Süden, gegen Westen erstreckte sich ein langer, schmaler Garten. Durch den Neubau des Damenstifts geriet das Haus in die Hoflage.
Das heute staatliche Anwesen, seit 1913 Sitz des (1902 gegründeten) Bayerischen Landesvereins für Heimatpflege, wurde
1908 renoviert. 1975 fand eine Trockenlegung und Fassadenin-

Ludwigstraße 23/Rückgebäude, sog. Riedererhaus

standsetzung statt, wobei die Putzstruktur und die Gliederungen
analog zur allein noch weitgehend original erhaltenen Ostseite
wiederhergestellt wurden; 1990 Fassadenanstrich, 2005 Außenrestaurierung. Das Innere, mit drei tonnengewölbten Kellerräu-
men unter der Osthälfte, ist im 19. und 20. Jh. mehrfach erneuert
worden. Erschließung mittig; südlich Vestibül mit Differenzstufen, nördlich anschließend zweiläufige Treppe mit Balusterstab-
Holzgeländer.

Ludwigstraße 25. Ehem. *Blindeninstitut*, jetzt Universitätsinstitute. Signifikanter Sozialbau der Ära Ludwigs I. wurde das neue Blindeninstitut, das der König seit 1831 plante. Nach Standortüberlegungen wählte er den Bauplatz an der Ludwigstraße, um deren Vollendung zu fördern. Um Hemmnissen von verschiedener Seite zu begegnen, entschloss er sich zu einer Vorfinanzierung aus eigenen Mitteln; überdies förderte er die Anstalt in der Folge durch eine Stiftung. Trotz eines vorliegenden Klenze-Entwurfes erhielt Gärtner den Planungsauftrag, den er erstmals im April 1833 erwähnt. Am 25. August 1833 – dem Geburts- und Namenstag des Monarchen – wurde der Grundstein gelegt; die Bauarbeiten leitete Gärtners Mitarbeiter Karl Klumpp (d. J.). Im Sommer 1835 war das Gebäude vollendet, der Innenausbau erst 1837 abgeschlossen; am 31. Mai 1837 bezog das offiziell am 25. August 1836 gegründete Münchner Blindeninstitut, in dem das seit 1826 bestehende Freisinger aufging, den Neubau. „Das von König Ludwig reich dotierte Institut ist für 100 Zöglinge eingerichtet, welche in den Elementargegenständen, in der Musik, im Spinnen, Stricken, Korbflechten etc. unterrichtet werden" (G. K. Nagler).

Ludwigstraße 25, ehem. Blindeninstitut

Der 220 Fuß (rund 65 m; 15 Fensterachsen) lange Putzbau mit nördlicher Schmalseite (sechs Achsen) zur Schellingstraße hat zwei fünfachsige Risalite lediglich an der Rückseite; zwei im ersten Entwurf (Ausst. Kat. Romantik 1987, Nr. 116.1) vorgesehene straßenseitige Risalite wurden der vom König intendierten rigorosen Geschlossenheit der Baublöcke und Straßenwände geopfert, ebenso ein nach seinem Willen abgeschlagener Astragalfries (Perlstab, wohl über dem 1. Stock), sodass den massigen Block lediglich Gurtgesimse und ein Zierfries an der Traufe gliedern. Die großen Wandflächen ahmen in zarten Umrisslinien eine Quaderung nach. Die Fenster mit tiefen, profilierten Laibungen sind rundbogig, im 1. Stock durch eingestellte romanisierende Säulchen bereichert; im niedrigeren 2. Stock erhielten sie im Ausführungsentwurf Stichbogenform. An die Stelle der Seitenrisalite traten – für Gärtners Auffassung eher ungewöhnlich (doch vgl. Georgianum) – zwei appliziert wirkende romanisierende Portalädikulen aus Molassesandstein gleich dem Gebäudesockel. Die beiden Rundbogenportale mit vorgelegten Stufen – das rechte infolge einer Nutzungs- und Grundrissänderung während der Bauzeit nur blind ausgeführt – verstärken den beinahe klösterlich-sakralen Charakter der Architektur, den die nach Konrad Eberhards Modellen von Francesco Sanguinetti 1834 gefertigten Giebelfiguren betonen – entwicklungsgeschichtlich zusammen mit K. Eberhards vorausgehenden Arbeiten an der Allerheiligen-Hofkirche interessante Frühbeispiele einer neuartigen, romantisch-religiösen Plastik (wenn auch als Kunstwerke seinen früheren antikisierenden Figuren gewiss nicht vorzuziehen). Dargestellt sind am rechten, nordöstlichen Portal die hll. Ottilia und Lucia, links die hll. Benno und Rupert (in der Literatur oft als Rasso oder Raspo bezeichnet), letztere mit den porträthaften Zügen des entwerfenden Bildhauers selbst bzw. von Anton Sambuga, dem Erzieher des Kronprinzen Ludwig und einstigem Förderer von Eberhards Ausbildung und Romreise (Chr. Arnold).

Das im Zweiten Weltkrieg wenig beschädigte Gebäude beherbergte die Landesblindenanstalt bis zu ihrer Verlegung nach Nymphenburg. 1968–71 wurde es durch das Universitätsbauamt für Institute der Ludwig-Maximilians-Universität völlig entkernt und innen baulich erneuert; der zwischen die Eckrisalite eingespannte Mittelteil der Rückseite wurde als moderne Bandfassade mit vermehrter Geschosszahl neu aufgeführt. Von den bei Moninger (1882) kurz beschriebenen originalen inneren Strukturen ist somit nichts erhalten; der Bau dient heute den Instituten für romanische und italienische Philologie und für Theaterwissenschaft sowie dem Institut für Volkskunde und enthält neben Hörsälen und Bibliotheken auch ein Studiotheater. Bei der Instandsetzung der erhaltenen Fassaden um 1970 wurden auch die kriegsbeschädigten Sandsteinportale mitsamt den Figuren (bei zweien waren die Köpfe abgetrennt) restauriert.

ARCHÄOLOGISCHE BEFUNDE: Körpergrab der Hallstattzeit (Fundst.-Nr.: 7835/0136). Beim Bau des ehemaligen Blindeninstitutes stieß man 1833 auf ein Skelett mit Scherben der Hallstattzeit. Vermutlich stammen diese Funde aus einem zerstörten Grabhügel.

Ludwigstraße 25, nördliches Portal

Ludwigstraße 27. Ehem. *Bergwerks- und Salinen-Administration.* Für den Bauplatz an der Ecke der Schellingstraße lag 1831 ein Wohnhausentwurf von Klenze vor (Ausst. Kat. Romantik 1987, Nr. 133.4; Ausst. Kat. Klenze 2000, Nr. 143), der wegen finanzieller Probleme des Bauherrn nicht realisiert wurde. Das 1832 samt dem nördlich anschließenden Grundstück vom König erworbene Areal war zunächst für das Max-Joseph-Stift bestimmt (s. Professor-Huber-Platz 2), bis Friedrich von Gärtner dem König und dem zuständigen Finanzminister die Zusammenfassung der Bergwerks- und Salinenverwaltung in einem Neubau vorschlug. 1836 übertrug der König die Planung Gärtner, nach dessen Entwurf um diese Zeit auch der Neubau des Beamtenstocks der Saline in Reichenhall entstand; die Pläne genehmigte er am 28. Juli 1837; am 25. August 1838, dem Geburts- und Namenstag des Königs, legte Finanzminister Ludwig von Wirschinger den Grundstein. Mitarbeiter Gärtners bei den Planungsarbeiten und als Bauführer war der junge Friedrich Bürklein. Im September 1843 begann die Behörde, ihre neuen Amtsräume zu beziehen.

Das für die in der Nachfolge älterer amtlicher Organisationsformen 1820–23 gegründete Kgl. General-Bergwerks- und Salinen-Administration – ein für Bayern hochbedeutendes staatliches Unternehmen (seit 1927 Aktiengesellschaft BHS) – errichtete Gebäude ist als Frühbeispiel eines modernen Verwaltungssitzes typologisch bemerkenswert innovativ.

Grundlegend für Gärtners Konzeption einer unverputzten Backsteinfassade wurden Eindrücke einer Reise nach Berlin, wo ihm Schinkel 1835 seine im Entstehen begriffene Bauakademie erläutert hatte. Von Gärtners Vorprojekten zeigt das erste (von 1836; Ausst. Kat. Romantik 1987, Nr. 133.1) maßwerkartig versprosste Rundbogenfenster, die in den beiden Obergeschossen in großen Rundbogenblenden zusammengefasst sind; ein zweiter Vorentwurf steht der Staatsbibliothek nahe. Der schließlich ausgeführte Bau fügt sich mit größter Entschiedenheit in die auf plastische Vorsprünge verzichtende, homogene Flächenstruktur der Ludwigstraßenwände ein, unterscheidet sich von den Putzfassaden aber durch das Material (das allerdings auch die Obergeschosse der Staatsbibliothek kennzeichnet) und vor allem durch den kräftigen Farbton des vorherrschenden dunklen Ziegelrot, von dem sich die helleren gelben Flächen der Rechteckblenden in den Obergeschossen in harmonisch warmem Kontrast abheben.

Besonderen Wert legte Gärtner auf die technisch sorgfältige Gestaltung der homogenen, gediegenen Fassadenoberfläche. Die Fassade wurde (nach Moninger) zweischalig in zwei Phasen ausgeführt. Dem Ziegelmauerkern ist in konisch eingreifendem Verband eine sog. toskanische Verblendung aus kleinformatigen,

scharfkantigen Klinkersteinen vorgesetzt, die eine glatte, mattglänzende, scheinbar fugenlose Oberfläche ergeben. Die in das zwischen Ecklisenen eingespannte flächige Gesamtkontinuum integrierte, zart plastische Terrakottaornamentik – ab 1840 nach Modellen der Bildhauer Johann Baptist Scholl (d. J.) und Anselm Sickinger durch Bildhauer Anton Ganser in Ton geschnitten und in der Höchlschen Ziegelei gebrannt – besetzt die profilierten Gewände der tiefsitzenden Rundbogenfenster und des Rundbogenportals mit zwei Blattwerkstäben und säumenden tordierten (gedrehten) Bändern, akzentuiert das Gurtgesims über dem Erdgeschoss und schließt die Blendfelder ab; den strengen Horizontalismus des Gesamtbaues betont das Gebälk mit seinem farbigen, flächig-abstrakten Rautennetzfries und den kleinen, dicht gereihten Gesimskonsolen.

Die angesichts von Bauten Schinkels gewonnenen Anregungen, vor allem durch Sichtziegelfassade, Verblendung, Polychromie und Terrakottadekor der Bauakademie oder sehr allgemein durch das Prinzip der Blendengliederung am Leuchtturm auf Kap Arkona, hat Gärtner keineswegs nachahmend, sondern schöpferisch frei verarbeitet. Dem isolierten Baukörper der Bauakademie mit ihrer plastischen Fassadenstruktur, dem Vertikalismus der parallelen, letztlich vom Strebepfeiler abzuleitenden Lisenen, den großen, dreiteiligen Stichbogenfenstern und den knappen verbleibenden Wandflächen stellt er in seiner in den Kontext der Ludwigstraße eingebundenen Salinendirektion mit ihrem radikalen Horizontalismus, der wandhaft-flächigen Geschlossenheit und dem additiven Gliederungsprinzip der breiten, flachen Rechteckblenden ein ebenbürtiges und selbständiges süddeutsches Pendant zur Seite, das zu allen Zeiten als eines seiner Hauptwerke – vielleicht sogar sein bestes – gegolten hat. Neben die hier gründlich transformierten norddeutschen Anregungen treten die südlichen – allgemein die für Gärtners (wie Klenzes) Bauten an der Ludwigstraße kennzeichnende italianisierende Grundauffassung, dazu speziell beim Portal das Vorbild des (von Gärtner gezeichneten) Domes von Palermo; nicht zu vergessen oberitalienische Backstein- und Terrakottafassaden (deren Hauptleistung die Certosa di Pavia ist). Zu bemerken ist, dass dieser süddeutsche Initialbau einer unverputzten profanen Backsteinarchitektur nördliche wie südliche Bezüge vereint, nicht jedoch als Rückgriff auf die heimische Backsteingotik begründet oder zu verstehen ist (anders als Ohlmüllers Mariahilfkirche). Gärtners Meisterwerk wurde auch immer als Frühbeispiel einer ahistorischen Sachlichkeit begriffen, obwohl die im Entwurf vereinigten Detailformen keineswegs frei erfunden, sondern – wie damals gar nicht anders denkbar – aus Traditionen abgeleitet sind. Wie an keiner anderen Fassade der Ludwigstraße wird hier dank der Blendengliederung

Ludwigstraße 27, Fassadendetail; Aufn. um 1970

Ludwigstraße 27, ehem. Bergwerks- und Salinen-Administration

Ludwigstraße 28, ehem. Haus des Deutschen Rechts

Ludwigstraße 27, Südseite, „Wunden der Erinnerung"

das für Gärtners Architektur grundlegende Durandsche Rastersystem anschaulich.

Im Zweiten Weltkrieg – beginnend schon mit dem Luftangriff vom 9./10. März 1943 – erlitt das Gebäude schwere Schäden im Inneren und im rückwärtigen Bereich, während die beiden Straßenfassaden und der die Hoffront südlich abschließende Risalit erhalten blieben. Es wurde 1949–59 zunächst noch als Sitz der Bayer. Berg-, Hütten- und Salzwerke AG wiederhergestellt, nach 1970 jedoch erst im Nordteil und schließlich ganz der benachbarten Universität angegliedert – vor allem für die Universitätsbibliothek und Teile der Verwaltung –, was entsprechende Umbaumaßnahmen zur Folge hatte. Das Innere ist somit heute – mit Ausnahme des Eingangsflures mit vier Kreuzgratgewölben und den seitlich anschließenden gewölbten Gängen – teils erneuert, teils völliger Neubau mitsamt der modernen Hoffassade. Nicht erhalten ist die bemerkenswerte Gusseisentreppe. – Die kostbaren Straßenfronten Gärtners wurden restauriert und gereinigt, 1995/96 Sanierungen im Sockelbereich durchgeführt. Die nie ausgebesserten Bombensplitterschäden am Sockel der Südseite wurden 1995 durch Anbringung einer beschrifteten Glastafel als „Wunden der Erinnerung" ins Bewusstsein gerufen.

Die den Hof abschließende Mauer mit Einfahrt an der Schellingstraße ist durch Lisenen gegliedert und in der gleichen Art verblendet wie die Gebäudefassaden.

Ludwigstraße 28. Ehem. *Haus des Deutschen Rechts*, jetzt Teil der Universität. Den letzten kurzen Abschnitt der Ludwigstraße von den Eckpavillons der Universität und des Max-Joseph-Stiftes bis über das Siegestor hinaus säumten ursprünglich keine Gebäude, sondern verputzte, gefelderte Gartenmauern gleich denen zu Seiten des Ludwigskirchen-Komplexes, vor denen Pappelreihen (vgl. Reidelbach 1888, T. XXX) den Übergang zur Allee der Leopoldstraße vermittelten (s. Ludwigstraße 29/31/33 – Häuser der Westseite von 1877 ff. – und Siegestor).

An der Ostseite wurde der Garten des Max-Joseph-Stiftes (s. Professor-Huber-Platz 2) in der Ära des Nationalsozialismus

der neu gegründeten „Akademie für Deutsches Recht" als Baugelände zugewiesen und die Planung 1935 Oswald E. Bieber übertragen, dessen traditionsbezogener, schon vor dem Ersten Weltkrieg ausgeprägter Stil in der Zeit nach 1933 erneut Akzeptanz fand. Von dem umfangreichen geplanten Komplex, der auch das 1939 geräumte Max-Joseph-Stift einbeziehen sollte, wurde als erster Bauabschnitt 1936–39 lediglich der vor allem das Präsidium beherbergende Westflügel an der Straße ausgeführt.

Der 19 Achsen lange Bau mit Gurtgesimsen, auf denen die Rundbogenfenster stehen, und Konsolgesims ist um Einfügung in den Stil der Gärtner-Bauten an der Ludwigstraße bemüht; die zeittypische monumentale Note repräsentieren die Donaukalkstein-Gliederungen: Sockel, Gesimse, Fenstereinfassungen – im 1. Stock mit geraden Verdachungen (Bramante-Typus wie öfter im Werk Klenzes, z. B. an der Pinakothek), vor allem der sechssäulige dorisierende Balkonvorbau vor der eingezogenen, in Pfeilerarkaden geöffneten Mittelvorhalle. Ansonsten dominieren die gelblich hellen Putzflächen, die von Ecklisenen und einem Gesimsband gerahmt werden. Die unprofilierte hofseitige Lochfassade erweckte bei Franz Hart (Ausst. Kat. Bautradition 1985) südländische und postmoderne Assoziationen. Den Übergang zum turmartig vorspringenden Eckpavillon des ehem. Max-Joseph-Stiftes bildet ein zurückgesetzter zweigeschossiger Gelenkbau mit Rundbogentor und im Erdgeschoss drei Kreuzgratgewölben. Im Inneren haben repräsentativeren Charakter das in der Mitte quer gelegte Vestibül mit Kalkstein-Pilastergliederung und innen liegenden kurzen Treppenläufen zum Hochparterre sowie darüber im 1. Stock eine Halle mit mittlerer Pfeilerreihe vor dem einstigen Zimmer des Präsidenten. Im ehem. Sitzungssaal wurden 1993 vier Wandfresken von Robert Langer (um 1830) mit Themen aus der griechischen Mythologie freigelegt, die 1937/38 beim Abbruch des Herzog-Max-Palais (s. Ludwigstraße 13) durch Prof. Pfeiffer abgenommen und hierher transferiert worden waren.

Der im Bombenkrieg vor allem im Nordteil zerstörte Bau wurde von Bieber selbst 1950 in äußerlich unveränderter Form ergänzend wiederhergestellt und der Universität angegliedert (u. a. Amerika-Institut; jetzt Seminargebäude Wirtschafts-, Sozial- und Rechtswissenschaften). In der Vorhalle wurde rechts vom Eingang eine weibliche Gewandfigur aus Bronze aufgestellt, sign. Elmar Dietz 1952. Im Hofbereich entstand 1977 ein weitläufiger Erweiterungsbau. Die nördliche Grundstücksgrenze bildet bis heute – hinter der südlichen Häuserreihe der Schackstraße – die verputzte, innen durch breite Stichbogenblenden gegliederte *Gartenmauer* (um 1840) des einstigen Max-Joseph-Stiftes.

Ludwigstraße 29/31/33 (von links)

Ludwigstraße 31

Ludwigstraße 33

bescheidener Vorstadthäuser gehörten (vgl. Adalbertstraße 14). Nach G. Wenng gehörte um 1850 Nr. 18 einem Herrn Karl Niklas, Nr. 19 beherbergte (1840–71) die kgl. „Thorwache" (am nördlichen Stadtausgang, als Ersatz für die Wache am ehem. Schwabinger Tor bzw. an der Schwabinger Landstraße; zweigeschossig mit Erdgeschossarkaden). Besitzer um 1880/90 (endgültig wohl erst nach 1888) war das Baugeschäft L. Herrmann, von dem die Neubaupläne des bestehendes Mietshauses stammen (undatiert, wohl 1880; 1889; 1891 Tekturplan von August Exter). Besitzer des Neubaus wurde der praktische Arzt Dr. Albert Voltz (nach Münchener Fassaden 1974). – Zu den individuellen Gliederungselementen des südlichen Eckhauses gehören u. a. der bärtige Kopf als Schlussstein des Rundbogeneingangs, die vier toskanischen Halbsäulen des Balkonvorbaues (an Nr. 33 Pfeiler), darüber die Segmentgiebel der drei Mittelfenster, die Rechteckfens-

Ludwigstraße 29/31/33 (heute Universitäts-Institute). Der kurze nördlichste Abschnitt der Ludwigstraße zwischen der Umbauung des Universitätsplatzes und dem Siegestor war ursprünglich nicht bebaut, sondern von Gartenmauern gesäumt und mit Pappeln als Übergang zur Leopoldstraße bepflanzt; vgl. Nr. 28 gegenüber.

Mit dem Neubau der Kunstakademie ab 1874 (s. Akademiestraße 2) war auch eine Begutachtung der benachbarten Mietshausbebauung an der Akademie-, Amalien- und Türkenstraße durch Gottfried Neureuther gesetzlich vorgeschrieben, der vermutlich auch auf die fünfgeschossige Häusergruppe Ludwigstraße 29/31/33 Einfluss nahm, die trotz sukzessiver Entstehung (1877–ca. 1890), verschiedenen Bauherren und erst bei genauer Betrachtung auffallenden abweichenden Details einen weitgehend homogenen Eindruck macht, dem wohl ein (bisher nicht bekannter) Gesamtentwurf zugrunde liegen dürfte. Innerhalb der lang gestreckten symmetrischen Front an der Ludwigstraße bildet das breitere Haus Nr. 31 den um eine Nuance flächigeren Mittelteil; jedes der drei Häuser weist einen flachen, dreiachsigen Mittelrisalit auf, der an den Eckhäusern durch die Breitbalkone im 1. Stock mit Balusterbrüstungen plastisch betont ist. Gemeinsam sind der Baugruppe der italienische Renaissancestil, die Putzrustizierung bis zum kräftigen Gurtgesims über dem 3. Stock, die kräftiger rustizierten Ecken und Kanten, die „hierarchische" stockwerkweise Abstufung der Fensterumrahmungen (mit Giebelädikulen im 1., geraden Verdachungen im 2. Stock) und das durch Pilaster und gefelderte Fensterpfeiler pergolaartig erscheinende letzte Geschoss. Innerhalb dieses Grundsystems werden die Details z. T. variiert.

Ludwigstraße 29. Das Eckgrundstück zur Adalbertstraße war zuvor mit den Häusern Adalbertstraße 18 und 19 (später 2, 4) bebaut, die zu einer Reihe kurz vor und nach 1830 entstandener

ter im 1. und (statt Rundbögen) im 4. Stock sowie das ornamentlose Gebälk über dem 3. Stock. – Grundriss zweiflügelig und zweibündig; Vestibül mit Differenztreppe, Mosaikfliesenboden, vertäfeltem Sockel, Pilastergliederung und Deckenstuck; Füllungstür zum Treppenhaus erhalten, dieses zweiläufig mit Spiraleisengeländer; im Erdgeschoss zwei Wohnungen, sonst je Geschoss eine große Einheit.

Ludwigstraße 31, das mittlere Haus, entstand nach 1880–82 im Auftrag des kgl. Oberförsters a. D. Rudolf Herrmann gefertigten Plänen; Maurermeister Wilf.(?) Kleinschmidt; eine Tektur 1882 sign. von Baumeister Zwisler (?). K. Merten (1974) nennt als Besitzer Börsenagent David Federmann und Privatier Leopold Möller. 1889 ließ der damalige Eigentümer Dr. med. Albert Voltz (vgl. Nr. 29) durch Karl Stöhr ein Rückgebäude errichten. – Die neun Achsen breite Fassade hat ein vergleichsweise flächig rustiziertes Erdgeschoss (das an den Klenze-Stil erinnert), um den rundbogigen Mitteleingang lediglich eine Ädikularahmung (ursprünglich mit Dreiecksgiebel) unter Verzicht auf einen Balkon darüber, im 1. Stock – abweichend von den Eckhäusern – Rundbogenfenster mit kannelierten Ädikula-Pilastern, im 2. und 3. Stock des Mittelrisalits kannelierte korinthische Riesenpilaster, darüber einen reich (aber anders als bei Nr. 33) dekorierten Gebälkfries, im 4. Stock Rundbogenfenster gleich Nr. 33. Seit dem Zweiten Weltkrieg fehlt die das Mittelhaus der Gruppe früher betonende Dachbalustrade samt zusätzlicher Attika über dem Risalit. – Die mit fünf böhmischen Kappen gewölbte Mitteldurchfahrt ist ebenso gestalterisch vereinfacht wie das hofseitig rechts von ihr situierte Treppenhaus.

Ludwigstraße 33, das nördliche Eckhaus, ist das älteste der Gruppe, erbaut 1877/78 im Auftrag und nach selbstgefertigten Plänen des Baumeisters und Privatiers Franz Weideneder (Vorbesitzer Spenglermeister Anton Riehl; als Architekt geben Biller/Rasp 2003 Neumeyer an). Begutachtung, wenn nicht maßgebende Beeinflussung der Pläne durch Gottfried Neureuther ist anzunehmen. – Von den beiden jüngeren Häusern abweichende Details sind u. a. im Erdgeschoss die Blendarkadengliederung und die toskanische Pfeilerstellung im Eingangsbereich unter dem Balkon, die beiden Rundbogenblenden darüber und der Dekor samt Löwenkopf-Schlusssteinen über den horizontal verdachten Fenstern im 2. Stock. Plastisch reich ausgestattet ist das Rundbogenportal mit Adler im Scheitel und geflügelten Genien (mit Lorbeerzweig bzw. Füllhorn) in den Zwickeln. Das Dach, heute etwas steiler als die Dächer von Nr. 29 und 31, wurde wie diese nach Kriegsschäden erneuert. Die nördliche Seitenfassade wird gestalterisch von der des ebenfalls von F. Weideneder erbauten Hauses Akademiestraße 1 (s. dort) fortgesetzt. – Grundriss zweiflügelig und zweibündig. Im Vestibül Fliesenboden, stuckprofilgerahmte Wandfelder und Stuckdecke mit Konsolen. Im anschließenden Treppenvorplatz Wandspiegel mit reich geschnitztem Rahmen; links Podesttreppe mit dekorativem Eisenstabgeländer, die Wände ursprünglich mehrfarbig marmorartig gefasst.

Ein Modellfoto des „Hauses des Rechts" (s. Nr. 28) von etwa 1940 zeigt, dass auch diesem gegenüber an der Stelle der drei Neurenaissancehäuser ein monumentales Pendant geplant oder erwogen wurde.

Lueg ins Land; Fundament des Prinzessturms

Lueg ins Land, Fundamente der Stadtmauer (im Hintergrund das Isartor)

den archäologische Ausgrabungen statt, bei denen die nordwestlich der Zwingermauer gelegene eigentliche Stadtmauer erfasst wurde, deren Fundamentierung aus vermörtelten Tuffquadern mit darüberliegenden Ziegeln bestand. Außerdem kamen neben neuzeitlichen Bauteilen noch Holzeinbauten der Bachbettbefestigung zutage. In fast in allen Schichten lagen Kleinfunde (Eisen, Glas, Porzellan, Tierknochen, Schlacke). 1987 konnten die Fundamente des ehem. Prinzessturms dokumentiert werden.

Lueg ins Land, Blick auf das Fundament aus Nagelfluh mit aufliegenden Ziegellagen der Stadtmauer, davor die Pfostenlöcher der Bachverbauung

Lueg ins Land

(Vgl. Ensemble Altstadt.) Kurze östliche Altstadtrandgasse zwischen dem Isartor im Süden und dem teilweise noch erhaltenen Stadtmauer-Eckturm Lueg ins Land im Norden (s. Marienstraße 21), nach diesem erstmals auf dem Stadtplan von Consoni 1806 genannt; vor ihm nach Süden umgeknickte Fortsetzung der Marienstraße; zuvor (nach Stahleder 1992) Germsiedergassl, oder auch nur einfach Hinter der Mauer (oder Stadtmauer). Ostseitig niedriger, 1984 freigelegter Stadtmauerrest (s. Thomas-Wimmer-Ring 1/1a).

ARCHÄOLOGISCHE BEFUNDE: Mittelalterliche Stadtbefestigung (Fundst-Nr.: 7835/0348). Wegen des 1984 geplanten Neubaus der Stadtsparkasse erfolgte die maschinelle Freilegung der Zwingermauer bis zur Fundamentierung. Anschließend fan

Luisenstraße

(Vgl. Ensemble Maxvorstadt II; Ostseite dessen Begrenzung im Bereich Königsplatz.) 1812 benannt nach Prinzessin Ludovica Wilhelmina, auch Luise (1808–1892), Tochter König Max I. Josephs, 1828 vermählt mit Herzog Max in Bayern, Mutter der Kaiserin Elisabeth. Die zwischen dem Nordende des Bahnhofplatzes und dem Alten Nördlichen Friedhof (vgl. Arcisstraße 45) etwa 1,4 km lange Straße, eine der parallelen Nord-Süd-Achsen der im frühen 19. Jh. planmäßig angelegten Maxvorstadt, tangiert den Königsplatz westseitig an der Außenfront der Propyläen (vgl. Königsplatz 2). Erstmals auf dem Stadtplan des „Topographischen Bureaus" 1812 noch mit dem Namen Wittelsbacherstraße dargestellt, den sie seit 1808 trug (südlich des Königsplatzes Löwenstraße). Bebauung erst sehr zögerlich seit dem 2. Viertel des 19. Jh., im Südteil bis heute vielfach mit öffentlichen Gebäuden meist zu Unterrichtszwecken, daher überwiegend nicht in geschlossener Zeilenbauweise, die dann den erst im späteren 19. Jh. von

Luisenstraße 7; Aufn. Anfang 20. Jh. (links ehem. Nr. 5)

Mietshäusern eingefassten Nordteil prägte mit Ausnahme des sukzessive den gesamten Block zwischen Gabelsberger- und Theresienstraße einnehmenden Komplexes der Technischen Universität (vgl. Arcisstraße 21). Jenseits des Alten Nordfriedhofs Fortsetzung der geraden Achse durch die Isabellastraße in Schwabing. Nach schweren Luftkriegsschäden, Wiederaufbau und weiterer Veränderungen heute kein architektonisch homogenes Straßenbild mit nur vereinzelten Baudenkmälern. Unweit nördlich vom Bahnhofplatz – hier ostseitig der Geschäftshausblock Elisenhof von 1984 – wurde der Kreuzungsbereich mit der zur Hauptverkehrsachse ausgebauten Elisenstraße in amorpher Weise ausgeweitet; ostseitig kleine platzartige Rechteckfläche, mit stehendem Ring aus Stahl (12 m Durchmesser), 1996 von Mauro Staccioli. Hier westseitig stand an der Stelle des Erweiterungsbaus von 1984/89 des mit seinen Giebeln dominierenden Luisengymnasiums (s. Nr. 7) bis zum Luftkrieg das 1892 von August Exter erbaute markante Wohn- und Geschäftshaus Klöpfer (ehem. Nr. 5) in deutscher Renaissance. Die Hochschulinstitutsbauten an der Ostseite bis zur Karlstraße (vgl. Nr. 16) wurden 2005 zugunsten einer völligen Neubebauung (bis 2007) des gesamten Blocks mit Lofts und Hotel (Komplex „Lenbachgärten") vollständig abgebrochen. Die Ostseite zwischen Karlstraße und Königsplatz begrenzt der mauerumschlossene Garten der Benediktinerabtei St. Bonifaz (vgl. Karlstraße 34), kürzlich durch Neubau der Liga-Bank (Luisenstraße 18) reduziert. Der Bereich um die Brienner Straße war ursprünglich durch eine villenartige Bebauung geprägt, unter den Bauherren befanden sich auffallend viele Künstler und Intellektuelle (vgl. Nr. 22, Paul-Heyse-Wohnhaus; Nr. 31, ehemals Haus Dr. Georg Hirth; Nr. 33, Lenbachvilla und Vorgängerhäuser). Im Bereich um die Propyläen, der beiderseits der Brienner Straße aus Verkehrsgründen stark ausgeweitet wurde (ursprünglich nur kleines Halbrondell außerhalb des Tores), ist auch der U-Bahnhof Königsplatz (er-

Luisenstraße; Flurkarte, M. 1:5000

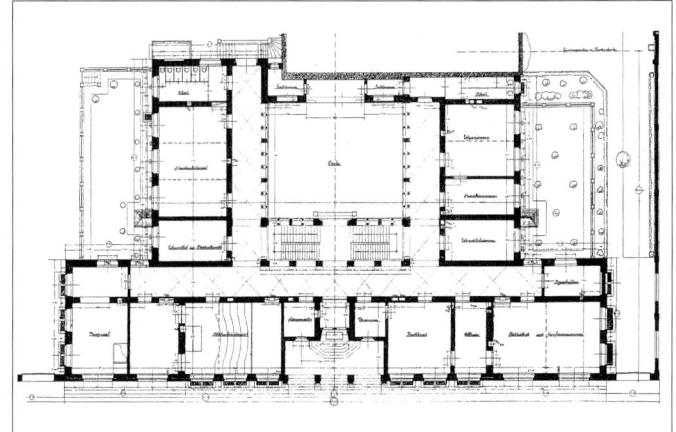

Luisenstraße 7; Grundriss Erdgeschoss, 1910

Luisenstraße 7, Städtisches Luisengymnasium

Die Eigenart von Fischers Luisenschule ist weniger mit Begriffen wie „vereinfachende Proto-Sachlichkeit" oder „Überwindung des Historismus" zu definieren, sie liegt eher in der Reduzierung einer formal überbetonten Repräsentation sowie im Verzicht auf historische Korrektheit und auf den klassischen Kanon der Säulenordnungen begründet. Fischer verbindet vielmehr frei abgewandelte Stilzitate verschiedener zeitlicher Provenienz, wobei die Spannweite von romanisierenden Formen bis zum Jugendstil reicht; die reich geschweiften Steilgiebel in Renaissanceformen mit einer fast netzartigen Blendenstruktur schließen sich süddeutschen Vorbildern des 16. Jh. an, das Mitteltürmchen variiert einen Augsburger Typus (ältestes Beispiel St. Katharina von 1516/17).

öffnet 1980) situiert, dessen lang gestrecktes Zwischengeschoss zu Ausstellungszwecken adaptiert wurde (seit 1994 Kunstbau der Städtischen Galerie).

Luisenstraße 7. Ehem. *Höhere Töchterschule*, jetzt *Städtisches Luisengymnasium* (vgl. Nr. 9); ein Hauptwerk Theodor Fischers. Auf dem Grundstück stand bis zum Abbruch im Juli/August 1900 das von Johann Ulrich Himbsel 1828/29 erbaute klassizistische Schulhaus der Maxvorstadt (ab 1850 St.-Bonifatius-Pfarrschule); Wenngs Stadtplan von 1850 zeigt den freistehenden Rechteckbau und den dahinterliegenden, regelmäßig angelegten Garten. Ab 1891 nahm das Gebäude die Gewerbeschule auf; für sie entstand 1899–1900 der Neubau Luisenstraße 9 (s. dort) hofseitig im Anschluss an die gleichzeitig ebenfalls von Th. Fischer entlang der Straße aufgeführte Höhere Töchterschule, die im Juli 1900 begonnen und am 1. Oktober 1901 eröffnet wurde. Diese erste derartige Mädchen-Bildungsanstalt Altbayerns war auf Magistratsbeschluss von 1818 vier Jahre später eröffnet worden und seitdem mehrfach in bestehende Gebäude umgezogen, zuletzt 1882 ins ehem. Palais Méjan (s. Wittelsbacherplatz 6).
Der viergeschossige Putzbau mit Muschelkalk-Partien (Erdgeschoss und Portalbereich, Stadtwappenrelief am Türmchen, Terrassenbrüstungen) besteht aus einem straßenseitigen Längstrakt und zwei rückseitigen eingerückten Querflügeln, die den transparent überdachten Lichthof (Aula) flankieren. Am drei Achsen tiefen Straßentrakt ist zwischen hoch ragende, übergiebelte Flankenteile der niedriger wirkende Mittelabschnitt mit in drei Arkaden geöffneter, gewölbter Vorhalle und mittlerem Türmchen eingespannt, das zwei Terrassen vor dem zurückgesetzten obersten Geschoss trennt. Die großen, reich versprossten Fenster sind im Erd- und Terrassengeschoss annähernd rundbogig geschlossen, die restlichen Wandflächen ansonsten nur durch niedrige Stichbogenblenden über dem 1. Stock und einen Rundbogenfries unter der Terrassenbrüstung sowie an den Schmalseiten durch große Blendfelder gegliedert. Die reiche Bauplastik am Äußeren (Schlusssteinbüsten der Vorhallenarkaden, Eingangsbereich, Postamente der Terrassenbrüstung, Stadtwappen) und in der Aula stammt von den renommierten Bildhauern Josef Rauch (Vorhalle, Haupteingang), Josef Floßmann (Statuen in der Aula), Theodor von Gosen (Figuren an Giebel und Südportal) und Georg Wrba (u. a. Kapitelle in der Aula).

Innen folgen auf die offene Vorhalle ein kleiner quadratischer Vorplatz und der quer dazu den langen Haupttrakt erschließende kreuzgratgewölbte Gang. Zwischen ihm und dem Lichthof, mit beiden verbunden, liegt das in zwei doppelläufige Arme geteilte Treppenhaus. Der annähernd quadratische Lichthof mit um 1990 erneuerter Glaseindeckung dient(e) auch als Aula und ursprünglich auch als Turnhalle, doch musste die letzte Nutzungsart wegen störenden Lärms bald aufgegeben werden. Die Aula umgeben in zwei Geschossen rhythmisch angeordnete Pfeiler- sowie doppelte und dreifache Säulenarkaden; die Säulen – im Erdgeschoss hintereinander verdoppelt und niedriger – bilden mit ihren roten und grauen Brockenmarmorschäften und individuell skulptierten Kapitellen den stärksten dekorativen Akzent im Raumbild. Gegenüber dem skulptiert gerahmten Rundbogenzugang im Osten, den steinerne Mädchenfiguren flankieren, umschließt ein hoher Bogen das Podium. Die gewölbten Quergänge an den Längsseiten waren zugleich als potentiell benutzbare Saalemporen gedacht. In die vorherrschend romanisierende Formensprache mischen sich Jugendstilelemente wie die Schweiffelder bzw. -öffnungen unter dem Deckenansatz. Nicht erhalten ist die originale differenzierte Farbgebung und ornamentale Malerei, die um 1990 zugunsten eines zurückhaltenderen neuen Konzeptes nicht wiederhergestellt wurde.

Luisenstraße 7, Städtisches Luisengymnasium, Lichthof

Der 1944 zu fast zwei Dritteln schwer kriegsbeschädigte Bau –
völlig zerstört waren das Dach, die beiden Giebel und die Südostecke – wurde bis 1950 bzw. 1973 mit wesentlichen Veränderungen und Vereinfachungen im Inneren wiederhergestellt. Die
Generalinstandsetzung von 1988–91 war auch um eine gestalterische Rehabilitierung im Sinne von Fischers originalem Konzept bemüht, ausgenommen eine neue farbige Interpretation außen wie innen nach Entwurf der Malerin Beatrix von Hagen.
An der Südseite bis zur (hier nach dem zweiten Weltkrieg stark
verbreiterten) Elisenstraße entstand 1984–87 ein großzügiger
Erweiterungsbau nach Plänen von Peter Hartl und Gerhard
Wöhr, ein viergeschossiger, östlich hinter den Haupttrakt des
Altbaus zurückgesetzter Komplex mit braunroten Backsteinfas-
saden und vorkragendem fensterlosem Obergeschoss. Somit hat
sich die städtebauliche Situation von Fischers Altbau der Luisenschule grundlegend geändert – ursprünglich stand sie in einer
Flucht zwischen mehrgeschossigen Wohnhäusern des 19. Jh. mit
etwa gleicher Traufhöhe, von ihnen nur durch Torpfeiler getrennt und das verdoppelte Steilgiebelmotiv unterschieden.

[**Luisenstraße 9.** Ehem. *Gewerbeschule*, jetzt Städt. Fachschule
für Bautechnik (Rückgebäude von Nr. 7, vgl. dort). Der bereits
am 15. Juli 1900 noch vor der Luisenschule bezogene viergeschossige Putzbau, ab 1899 nach Plänen Theodor Fischers errichtet, schließt an diese im rechten Winkel rückseitig in Fortsetzung von ihrer nordseitigen Raumflucht an. An der bewusst nach
Norden gerichteten Hauptfassade liegt in der östlichen Achse
des Gewerbeschulbereiches der Eingang mit einer gewölbten
Balkonvorhalle in Naturstein. Die Bauplastik stammt von dem
an der Schule lehrenden Bildhauer Franz Xaver Bernauer. An
der Nordwestecke des Traktes bildet ein erhöhter Treppenturm
das Gelenk zu einem (völlig erneuerten) niedrigeren, gegen Norden vortretenden hakenförmigen Bauteil. – Das in der Achse von
Eingang und Vestibül situ-
ierte zweiläufige Treppenhaus
weist ein bemerkenswertes Eisengeländer in Jugendstilformen auf; der sich gegen Westen anschließende Mittelgang
ist im Erdgeschoss kreuzgratgewölbt.]
Der nördlich benachbarte, bis
zur Karlstraße reichende Neubaukomplex des Berufsbil-
dungszentrums für das Bau-
und Malerhandwerk (Luisenstraße 9/11) entstand an der
Stelle kriegszerstörter Privathäuser abschnittsweise 1951–
58 nach Entwurf von Herbert
Landauer (Hofgebäude bis
1960).

Luisenstraße 9

[**Luisenstraße 14/16.** Abgegangenes *Zoologisches Institut
der Universität.* Auf dem Gelände des Alten Botanischen
Gartens 1931–33 von Theo
Kollmann errichtet (s. dort sowie Karlstraße 23–29). Zweiteilige Anlage aus Institutsbau
im Süden und Hörsaalbau im
Norden. Ersterer mit vier nach
oben in der Höhe reduzierten
Geschossen, profilierter Traufe und Walmdach; in der natursteinverkleideten rechteckigen

Luisenstraße 9, Treppenhaus

Luisenstraße 14/16, Hörsaalbau (abgegangen)

Portalnische vertiefte Tierreliefs von Ernst Andreas Rauch; am
Nordende rückseitig anschließender, niedriger Quertrakt. Der
Hörsaalbau bestand aus einem niedrigen, zweigeschossigen
Längstrakt an der Straße und dem dahinter aufragenden kubischen Hörsaal; am Mittelpfeiler des Naturstein-Doppelportals
(bez. 1932–1933) Eulenrelief. – Als Beispiel neusachlicher Architektur mit leicht traditionalistischer Note dem etwa gleichzeitigen Kongressbau des Deutschen Museums vergleichbar. 2005
abgebrochen zugunsten des Baukomplexes „Lenbachgärten".]

Luisenstraße 22. Ehem. Wohnhaus des Dichters Paul Heyse.
Der 1854 von Maximilian II. nach München berufene, zu Lebzeiten überaus erfolgreiche Dichter und Dramatiker Paul Heyse
(1830–1914), der 1910 als erster Deutscher den Literatur-Nobel-
preis erhielt, sah sich durch seine (zweite) Heirat und seine Beziehungen zur höheren Münchner Gesellschaft veranlasst, ein
repräsentatives eigenes Wohnhaus zu errichten. Ein erstes Projekt (1872), auch schon nach Plänen Neureuthers, an der Westseite der Luisenstraße (Nr. 7, heute 37) konnte nicht realisiert

Luisenstraße 22 (Originalzustand)

werden, stattdessen erwarb Heyse schräg gegenüber das Anwesen Nr. 13 (heute 22; nach Wenngs Stadtplan 1850 dem Hafner-
meister A. Seybold gehörig). Das hier bereits bestehende be-
scheiden-biedermeierliche Haus wurde lediglich nach Entwurf
des in München führenden Vertreters der klassischen Neurenaissance Semperscher Prägung, Gottfried Neureuther, durch das
Baugeschäft Michael Reiffenstuel ab 1872 umgebaut und erweitert, das Dach am 12. Juli 1873 aufgesetzt; Anfang 1874 war die
Villa bezugsfertig.
Der zweigeschossige, hinter einem Garten (heute eher mit Vor-
hofcharakter) zurückgesetzte Bau in der Nachbarschaft der
Glyptotheksanlagen zeigte äußerlich eine repräsentative Gliederung in Hochrenaissanceformen mit rustiziertem Erdgeschoss,
Segmentgiebeln über den hohen Fenstern der Beletage, Drei-
ecksgiebeln über den beiden Seitenrisaliten und Säulenbalkon

Luisenstraße 22; Aufn. 1996

vor dem Mitteleingang. An der nördlichen Schmalseite wurde eine weitere Fensterachse bis zur Grundstücksgrenze angefügt. Zeitgenossen und vor allem Heyses Biograph Erich Petzet schildern das noble Innere, seine Atmosphäre und das Leben im Heim des „Dichterfürsten", das privates Refugium wie gesellschaftlicher Mittelpunkt war; sie erwähnen das pompejanische Atrium beim Eingang, das vornehme Treppenhaus, das Speisezimmer im Erdgeschoss sowie im 1. Stock das Zimmer der Hausfrau, das Arbeitszimmer des Dichters, den als Festraum dienenden Musiksalon und die in den Räumen verteilten Gemälde und Plastiken. – Schon vor dem Zweiten Weltkrieg wurde u. a. der Balkonvorbau beseitigt und am Vorgarten links ein erdgeschossiger Anbau errichtet.

Der im Bombenkrieg am 17. Dezember 1944 weitgehend zerstörte Bau wurde 1945–48 in stark reduzierter Form wiederaufgebaut (für Fa. Ludwig Rosner, Lackfabrik).

Luisenstraße 29. *Städt. Kaufmännische Berufsschule*/Berufsbildungszentrum. Bis zur Zerstörung im Luftkrieg standen hier eine 1863/64 erbaute (um 1875 erweiterte, 1908 aufgestockte) Volksschule (Nr. 29) sowie nördlich davon (Nr. 31, Ecke Brienner Straße) die stattliche Villa des Verlegers (u. a. der Münchner Neuesten Nachrichten und der „Jugend") und Publizisten Dr. Georg Hirth († 1916), 1884 von Leonhard Romeis in deutscher Renaissance (deren Wiederaufnahme Hirth propagierte), ein kultureller und gesellschaftlicher Mittelpunkt im damaligen München.

1959 entstand nach einem Architekturwettbewerb, den Fred Angerer, Rudolf Hlawaczek und Gerhard Lukas für sich entschieden, der über 90 m lange, fünfgeschossige Stahlbetonskelettbau mit Flachdach, der hinter die drei straßenseitigen niedrigen Turnhallentrakte zurückgesetzt ist.

Luisenstraße 29

Luisenstraße 33 (mit Richard-Wagner-Straße 2). *Lenbachhaus*, ehem. Villa und Atelier des Malers Franz von Lenbach, jetzt Städtische Galerie (vgl. auch Ensemble Richard-Wagner-Straße). In dem städtebaulich bevorzugten, vornehmen Quartier westlich des Königsplatzes um Brienner- und Luisenstraße, das durch eine offene, durchgrünte Bebauung geprägt war, traten in der „Kunststadt" mehrfach auch sozial arrivierte Protagonisten des Kulturlebens als Bauherren auf, so etwa Graf Schack (ehem. Brienner Straße) oder Paul Heyse (s. Luisenstraße 22). Das Anwesen Luisenstraße 7 (jetzt 33) südlich der Glasmalereianstalt (s. Nr. 37) erwarb 1846 der Historienmaler Heinrich Maria Heß († 1862) von Ludwig I.; sein Sohn, der Bildhauer Anton Heß († 1909), erbaute neben dem Vaterhaus 1870 ein Atelier und östlich anschließend 1880 ein neues villenartiges Wohnhaus in deutscher Renaissance (Architekt Leonhard Romeis; 1927 abgebrochen).

Luisenstraße 33, Lenbach-Villa; Aufn. 1896

Luisenstraße 33, Lenbachhaus; Aufn. 1995

Der aus ländlich-bescheidenen Verhältnissen Nordoberbayerns stammende, inzwischen überaus erfolgreiche, 1882 geadelte Maler Franz von Lenbach (1836–1904), der sich damals mit Ausnahme der Sommermonate in Italien aufhielt und zeitweise im römischen Palazzo Borghese wohnte, beschloss seinen Sitz in Deutschlands führender Kunststadt zu nehmen und gleich anderen zu Ansehen gelangten Künstlern – nicht zuletzt dem befreundeten Richard Wagner in Bayreuth – sowie auch im Hinblick auf seine Eheschließung (1887) mit Lena Gräfin Moltke (bzw. nach der Scheidung 1896 mit Charlotte – gen. Lolo – Freiin von Hornstein, † 1941) ein repräsentatives Wohnhaus samt Atelier zu errichten. Als Bauplatz erwarb er Ende 1886 die größere Südhälfte des Heß-Anwesens, d. h. deren Garten (heute Nr. 33). Den befreundeten Architekten Gabriel von Seidl, der bis dahin überwiegend am Revival der deutschen Renaissance beteiligt war, veranlasste Lenbach zur Rezeption der ihm vertrauten italienischen Renaissance, die der in der Münchner Kulturszene und Gesellschaft fortan dominierende „Künstlerfürst" als den wahlverwandten, ihm gemäßen Ausdruck herrschaftlicher Repräsentation und kultivierter Selbstdarstellung in Anknüpfung an den frühneuzeitlichen Individualismus und in Verbindung mit der Sphäre der Künstlerfeste empfand. Die Ausführung, die 1887 bis 1891 vonstatten ging, übertrug der Künstler seinem Bruder, dem Baumeister Georg Lenbach, der bereits das nahe Schack-Palais (nach L. Gedons Entwurf) errichtet hatte.

Der heute dreiflügelige, den Garten einschließende Komplex bestand zunächst nur aus zwei freistehenden Gebäuden, dem vor allem auch für die repräsentativen Funktionen dienenden Wohnhaus im Westen, das als Kubus mit Belvedere dem Typus italienischer Gartencasinos (vgl. Villa Lante in Bagnaja bei Viterbo) entspricht, und dem längeren Ateliertrakt im Süden mit der Straße zugewendeter aufwendiger Schmalseite. Die beiden ockergelb gestrichenen Putzbauten mit Donaukalksteindetails und roten Ziegeldächern bilden im Verein mit dem kunstvoll gestalteten Garten, dessen plastischer Ausstattung, den die Zypressen ersetzenden Pappeln und der Einfriedung aus lisenengegliederten Mauern, Gittern und zwei Rundbogentoren ein höchst malerisches, vornehmes Ambiente von südländischem Charakter. Die Arbeiten an beiden Bauteilen begannen im Mai und Juni 1887, schon im November war der Ateliertrakt unter Dach, der im Juni 1888 bezogen (in den folgenden Jahren auch bewohnt) wurde und im Sommer 1889 in allen Details vollendet war. Die Arbeiten am aufwendigeren Wohnhaus zogen sich noch bis 1891 hin; 1892 bewohnte es Bismarck während seines Münchner Aufenthaltes als Gast des Malers, der sein bevorzugter Porträtist war; zum ständigen Wohnsitz der Familie wurde das Haupthaus offenbar erst nach Lenbachs zweiter Eheschließung (1896).

Das kubische *Wohngebäude* an der Westseite des Gartenhofes hat die Form einer cinquecentesken Villa suburbana mit drei

Lenbachhaus, Mittelbau; Aufn. 1995

Luisenstraße 33, Lenbachhaus; Aufn. 1995

durch Pilasterpaare (unten toskanisch, darüber ionisch) gegliederten Geschossen, deren niederes oberstes über dem dreiteiligen Gebälk mit Ziegelabdeckung abgesetzt ist; über der Mitte des flachen Zeltdaches erhebt sich ein viereckiges Belvedere. Über zweiarmiger, konkaver Freitreppe und erhöhtem Vorplatz mit Balustrade und kleinem Schalenbrunnen ist die Eingangssituation durch einen toskanischen Säulenbalkon mit Gittergeländer und Rundbogentür im 1. Stock betont. – Der Eingang ist mit einem vergoldeten Gitter verschlossen. Den Auftakt der Raumfolge bildet ein kleines quadratisches Entrée mit Stuckkassettendecke, in dessen beide Seitenwände Tonreliefs von Adolf Hildebrand eingelassen sind. Das längsrechteckige Vestibül (1994 restauriert) mit reich eingelegtem Marmorfußboden überwölbt eine Flachtonne mit Stuckfeldern; an der Stirnwand steht in einer mosaikverkleideten Nische (heute) die Bronzestatuette der Helena von Franz von Stuck; in die Längsseitenwände sind Kopien antiker Reliefs eingefügt. Die Repräsentationsräume im 1. Stock des Mittelbaus wurden nach den Kriegsschäden bis 1952 wiederhergestellt, 1996 ergänzend in Annäherung an die originale Gestaltung und Einrichtung restauriert. Über die (erneuerte) Treppe gelangt man in die Diele (heute „Steinerner Raum") mit barockisierend stuckiertem Kreuzgratgewölbe. Südlich angrenzend ein verhältnismäßig einfaches Zimmer mit Balkendecke. Höhepunkt der Raumfolge ist der gartenseitig (östlich) gelegene dreiteilige Saal mit reich geschnitzten Holzbalkendecken in Anlehnung an die italienische Renaissance. Der „Rote Raum" in der Mitte ist mit dem südlich benachbarten „Grünen Raum" durch eine breite Flachbogenöffnung mit prächtigem architektonisch-dekorativem Rahmen verbunden, mit dem „Gobelinraum" im Norden und dem Vorplatz im Westen durch Marmorportale. Der Gobelinraum, mit abgeschrägtem Fenstergewände, besitzt eine besonders detailreiche Kassettendecke; sein Westteil ist alkovenartig durch einen Korbbogen abgesondert. An der (erneuerten) Wandbespannung der Prunkräume wurde ein wesentlicher Teil des Bestandes an Lenbach-Gemälden – z. T. auch seiner Kopien nach alten Meistern – aufgehängt; ansonsten suggerieren alte und zeitgenössisch historisierende Möbel, Plastiken, Teppiche und Gobelins die originale, opulent inszenierte Atmosphäre des Künstlerheimes. – An die Stelle des im Nordwesten als polygonaler Annex vorkragenden Speisesaales trat 1902 ein größerer rechteckiger Erweiterungsbau mit dem einstigen Gobelinsaal (entspricht dem heutigen Saal 18 der Galerie). – Im 2. Stock befanden sich die Wohnräume der Familie.

Der lang gestreckte zweigeschossige *Atelierbau* an der Südseite des Gartenhofes zeigt eine asymmetrische, abwechslungsreichere Außengestaltung mit dreibogiger Loggia an der Erdgeschoss-Nordseite. Nach Osten zur Straße hin entwickelt er einen um ein niederes Geschoss erhöhten Kopfbau; dessen Erdgeschoss ist ein

gerundet-polygonaler Annex (mit Zimmer und von Norden er-
schlossenem Eingangsvestibül) vorgelegt, auf dessen Terrasse
eine dreiachsige Säulenarkaden-Loggia mit Volutengiebel steht;
zu dieser Terrasse („Vorplatz") führt von der Vorgartenmauer her
eine abgewinkelte Freitreppe mit Pfeilerpergola in der Südostecke hinan. – Im Inneren des Ateliertraktes sind heute die räumlichen Grundstrukturen erhalten, jedoch ohne die originale reiche Ausstattung. Im Erdgeschoss hatte Lenbach zunächst seine
Wohnung eingerichtet. Das Obergeschoss enthielt im Kopfbau
das große Atelier mit Rundbogentüren im Norden und Süden,
westlich davon hofseitig (über der Loggia) zwei kleinere Atelier-
räume und die in U-Form gewendelte Treppe mit (erhaltenem)
Eisengeländer; südlich daneben befand sich einst die sog. Grotte mit Brunnen, Muschelverkleidung und Oberlichtkuppel. Der
gewölbte Gang an der Südseite ist nach außen hin als Blendloggia mit Halbsäulen ausgebildet.

Wohn- und Atelierbau waren ursprünglich in der Südwestecke
nur durch eine abgeknickte, malerisch gestaltete *Ziermauer* mit
Tor, Bewuchs, Büsten und Vasen, geschweiftem Abschluss und
vorgelegten Felsbrocken verbunden. Schon vor Lenbachs Tod
(1904) kam es zu ersten Erweiterungsbauten, die seine Witwe
1911/12 durch einen großen Anbau südlich des Wohnhauses (auf
dem Grundstück Richard-Wagner-Straße 2) fortführte (vgl.
Grundriss in MB I 1912). Frau Lolo von Lenbach erwarb um diese Zeit auch die ehem. Heß-Villa (Luisenstraße 35); schließlich
stiftete sie 1924 Lenbachs Hinterlassenschaft an Gemälden,
Kunstwerken und Einrichtungsstücken größtenteils der Stadt
München, die ihrerseits die Gebäude erwarb und 1927–28 an der
Stelle der abgebrochenen Heß-Villa an der Nordseite des Gartens durch Hans Grässel und Heinrich Volbehr den *GalerieNeu-
bau* errichten ließ. Dieser lang gestreckte, zweigeschossige Flügel mit Rechteckfenstern und Spalieren im Erdgeschoss, gekuppelten Rundbogenfenstern im 1. Stock, Walmdach und mit Figuren von Hans Lindl besetzter Arkadenvorhalle an der östlichen
Schmalseite ist in zurückhaltender Art dem Gesamtcharakter des
Lenbach-Komplexes angepasst. Am 1. Mai 1929 wurde die Städtische Galerie eröffnet, die einerseits dem Andenken und Werk
Franz von Lenbachs, andererseits der Münchner Kunst vornehmlich des 19. und 20. Jh. gewidmet ist.

Der geometrisch-kleinteilig im italienischen Stil angelegte *Garten* ist reich (z. T. museal) mit Plastiken, Vasen, Brunnen und
künstlerischen Versatzstücken verschiedener zeitlicher und regionaler Provenienz ausgestattet. Auffallendstes Element ist das
vertiefte Brunnenparterre im Ostteil mit Wasserbecken und darin auf Tuffbrocken und vier Seepferden ruhendem dreischali-
gem Brunnen aus Carraramarmor. Dieser sog. *Hippokampen-
brunnen* des 16./17. Jh. stammt vermutlich aus der Gegend von
Vicenza (Bistritzki 1974). Die Brunnenfigur des Herkules-
knaben (mit Löwenfell, Keule und Flügeln; Bronze) im Garten-
parterre westlich davon ist ein Werk Ferdinand von Millers
(1890).

Nach schweren Luftkriegsschäden 1941 und 1944–45 wurde der
im Inneren zerstörte Nordflügel 1946 wiederhergestellt, der ehemalige Ateliertrakt im Süden wie die Repräsentationsräume im
Mittelbau 1952. Im Westtrakt wurden 1954 Oberlichtsäle eingerichtet und ihm 1969–72 ein Erweiterungsbau im Süden sowie
westlich an der Richard-Wagner-Straße nach Entwurf von Heinrich Volbehr und Rudolf Thönessen angefügt. Der Raumnot der
vor allem durch die Stiftungen von Gabriele Münter (1957) und
Bernhard Koehler (1965) stark gewachsenen Städtischen Galerie
konnte auch der Anschluss des 120 m langen unterirdischen
„Kunstbaues" (1994, Gestaltung Uwe Kiessler) im südlich benachbarten Bereich des U-Bahnhofes Königsplatz nur eine Teil-
entlastung bringen. – Eine umfassende Sanierung und bauliche
Teilerneuerung des Gesamtkomplexes ist für die kommenden
Jahre vorgesehen.

Lenbachhaus, Gobelinraum, Holzdecke

Lenbachhaus, 1. Obergeschoss, Gobelinraum

Lenbachhaus, 1. Obergeschoss, Roter Raum

Lenbachhaus, Erdgeschoss, Vestibül

Luisenstraße 37, ehem. Kgl. Glasmalereianstalt von Norden; Stahlstich, Mitte 19. Jh. (links Propyläen)

[**Luisenstraße 37.** *Institut für Geologie und Geographie der Universität München*, 1951–55 vom Universitätsbauamt München. Auf dem Grundstück stand ursprünglich die Kgl. Glasmalereianstalt, eine Gründung Ludwigs I., die von 1822–46 in der Fürstenfelder Straße 7 untergebracht war. 1843–46 erhielt sie nach Plänen von August Voit ihr eigenes Gebäude an der Luisenstraße, einen zweigeschossigen, lisenengegliederten Vierflügelbau zweckhaften Charakters mit gotisierenden Anklängen; auffälligster Teil war die sich westlich anschließende, innen neugotisch-kirchenähnliche große Ausstellungshalle mit je drei Betrachtergalerien an den Längsseiten. Nach Auflassung der Anstalt (1873) wurde ihr Gebäude 1875–77 durch Emil Lange als Sitz der (1864 gegründeten) Staatlichen Kunstgewerbeschule umgebaut und in angepasster Form aufgestockt. 1884 folgte eine Erweiterung. 1899–1902 wurde westlich ein stattlicher Neubau für die weibliche Abteilung angeschlossen (erhalten, s. Richard-Wagner-Straße 10). An der Stelle des im Luftkrieg zerstörten Altbaus an der Luisenstraße entstand 1951–55 das Institutsgebäude für die Universität. Es setzt sich aus einem viergeschossigen Längstrakt entlang der Straße – hinter einen Grünstreifen zurückgesetzt – und einem erhöhten, als Kopfbau weit vortretenden Quertrakt im Norden zusammen. Das jeweils oberste Geschoss ist als der Bandform angenäherte dichte Fensterfolge abgesondert – am Längsbau niedriger und durch ein Gesims abgesetzt, während am Kopfbau die Reihung größerer höherer Fensterformate bis an die Ecken reicht. Der Eingang mit Vordach (am Längstrakt) führt in ein kleines Treppenhaus mit pastell-rosafarbener Wandbemalung, verschliffenen Raumkanten und Stufen aus Flossenbürger Granit. Der durch ein helles Oberlicht belichtete Schmuckhof besitzt eine Treppe auf ovalem Grundriss mit Stufen aus Kösseiner Granit. Die Ausstattung des Schmuckhofs (Treppengeländer) und der Gänge ist bauzeitlich. Der Fußboden

ist in didaktischer Absicht mit Platten aus 26 verschiedenen Sedimenten und Marmoren belegt. Im Erdgeschoss sind entsprechend 26 verschiedene Metamorphite und Erstarrungsgesteine verlegt. Ein hinter dem Eingangsbereich rückseitig angesetzter Querflügel stellt die Verbindung zum Institutsgebäude Richard-Wagner-Straße 10 her.]

Luisenstraße 37a. Ehem. *Institut für Technische Physik der Technischen Universität*, später *Institut für Mechanik, Thermodynamik und Konstruktion im Maschinenbau*; jetzt Musiklabor der Hochschule für Musik und Theater München. Auf dem Eckgrundstück Gabelsbergerstraße (ehem. Nr. 57)/Luisenstraße stand bis zur Zerstörung im Luftkrieg die Baugewerbe- und Industrieschule (später Staatsbauschule), ein Neurenaissancebau von 1875–77 nach Entwurf von Emil Lange (1881/82 durch ein Rückgebäude und 1901 einen Trakt an der Luisenstraße erweitert).
Der dreigeschossige kubische Institutsbau von 1959 (Arch. Josef Wiedemann und Franz Hart) mit sichtbar belassenem Stahlbetonskelett, ausgefacht mit gelbem Ziegelmauerwerk und Aluminium-Glas-Elementen, und Flachdach ist im Mittelteil der östlichen Schmalseite zur Luisenstraße mit den großen Glasflächen der Eingangs- und Treppenhalle geöffnet; ihr schließt sich mittig im Obergeschoss der Hörsaal mit Sheddach-Oberlicht und in der westlichen Gebäudehälfte die vormalige große Werkhalle für Experimentalphysik an. Entlang den Längsseiten, deren Bild die dunkel gestrichenen Fensterbänder bestimmen, wurden die Laboratorien angeordnet. Das Gebäude steht frei und ist von der Gabelsbergerstraße zurückgesetzt. 2008 Außeninstandsetzung.

Luisenstraße 49. Die Vorbebauung des bestehenden Mietshauses bildeten zwei auf schmalen Parzellen 1850/65 nebeneinander errichtete klassizistische Vorstadthäuser mit höchstens drei Geschossen. Unter Beachtung der Einmessungen in die Stadtgrundkarten und der spezifischen Ausformung neurenaissanter Anverwandlung in der Fassade wurde das reich instrumentierte fünfgeschossige Wohn- und Geschäftshaus um 1895 erbaut. Die Hofdurchfahrt liegt in der südlichen Achse, der Hauszugang in der Mittelachse, dieser führt zur rückwärtigen doppelläufigen Podesttreppe. Gemäß Erstzustand befinden sich in jeder Etage zwei Wohnungen, einander weitgehend symmetrisch entsprechend. Die Gebäudetiefe ohne Rückflügel bedingt konservative Wohnungsgrundrisse, es ergaben sich trotz quer gelegter Flure Kammern in Dunkelzonen. Hofseitig sind die mittleren drei Hauptfensterachsen zu einem Risalit zusammengefasst, dem an beiden Seiten Küchenbalkone angesetzt wurden. Die Brüstungszonen der Fenster des 1. und 2. Obergeschosses werden von Bändern hergestellt, die sich aus Kordongesimsen und Sohlbankgesimsen zusammensetzen. 2. und 3. Obergeschoss werden als Hauptgeschosse behandelt, von den Sohlbankgesimsen des 2. und

Luisenstraße 37 (kein BDm)

Luisenstraße 37a

Luisenstraße 49

4. Obergeschosses eingefasst. Die Vertikalität der Fassade betonen zwei symmetrisch vor die Fassade gehängte flache Erker zu zwei eng gesetzten Fensterachsen und mit schmalen Seitenfenstern. Die dreigeschossigen Erker bedienen das 4. Obergeschoss als Austritt. Die Mitte der Fassade wird oberhalb des rundbogigen Hauseingangs von einem eng gesetzten doppelten Fensterband sowie einem Aufsatz mit geschweiftem Blendgiebel über einer stilisierten Balustrade akzentuiert. Die Rustizierung von Erdgeschoss und 1. Obergeschoss ist zwischenzeitlich abgegangen. Die Verdachungen der Fenster in den Geschossen darüber haben sich erhalten.

Luitpoldbrücke. Siehe Prinzregentenbrücke; vgl. auch Ensemble Prinzregentenstraße.

Luitpoldstraße

1827 angelegte kurze Verbindung von der Schützenstraße im Süden zur Elisenstraße im Norden, ursprünglich Sommerstraße, 1843 nach Prinz Luitpold (1821–1912), Sohn Ludwigs I. und Prinzregent seit 1886, benannt und von der im späteren 19. Jh. angelegten Prielmayerstraße (s. dort) gekreuzt. Von Altbauten erhalten sind das Warenhaus Hertie (Rückseite, vgl. Chevalley/Weski 2004, S. 91 f.) an der Westseite der Südhälfte und das Neue Justizgebäude an der Ostseite der Nordhälfte (vgl. Prielmayerstraße 5); die letzterem gegenüberliegende klassizistische Bebauung von ca. 1830 (u. a. 1867 für Hotel Schottenhamel adaptiert) wurde zugunsten des 1984 vollendeten Geschäftshauskomplexes „Elisenhof" abgebrochen; vgl. Elisenstraße/Vorspann und Prielmayerstraße/Vorspann.

Maderbräustraße

(Vgl. Ensemble Altstadt, Kern des Graggenauer Viertels). Die kurze, um 1900 beim Neubau der beiden südlichen Eckhäuser verbreiterte Verbindung zwischen Tal im Süden und Ledererstraße ist nach der ehem. Brauerei an ihrer Ostseite benannt („Mader Bräu Gässchen" auf Stadtplan von Consoni 1806; zuvor – so bei J. P. Stimmelmayr – Schergengäßl; vgl. die Darstellung der Brauerei auf dem Seitzschen Stadtmodell von 1842 ff.). Die Westseite wird völlig vom Komplex der Stadtsparkasse eingenommen (Nordteil = Nr. 3a von 1898/99, sonst modern; vgl. Sparkassenstraße 2/4). Der einstige Stadtbacharm in Gassenmitte ist zuletzt auf M. Paurs Plan von 1705 dargestellt. (Siehe Flurkarte S. 447)

Maderbräustraße 2 (vormals 5; ursprünglich Stallung, ab 1836 Rückgebäude) und **4** (ehem. Brauerei; Neubau nach Kriegszerstörung) gehörten zum Maderbräu-Anwesen Tal 7/Ostteil (als Nr. 10; vgl. Häuserbuch I 1958, S. 168). Nr. 2 ist über dem links gelegenen Hauseingang 1901 datiert; damals wurde es zusammen mit dem südlich anschließenden Eckhaus Tal 7 (Weißes Bräu-

◁ Maderbräustraße 2

haus, s. dort) von der Fa. Heilmann & Littmann neu errichtet, samt Fortsetzung der dortigen Gaststätte im Erdgeschoss mit drei großen Segmentbogenfenstern. Die zurückhaltend historisierende, viergeschossige Fassade des Mietshauses samt Gaststättenteil mit zweiachsigem, sehr flachem Mittelerker ist nur im Erdgeschoss in originaler Form im Stil der deutschen Renaissance erhalten, darüber etwas vereinfacht (früher mit kleinem Mittelzwerchhaus und Gauben); über dem Wirtshauseingang (rechte Achse) wappenartige Reliefkartusche mit Bierfass. Im Gaststättenraum, der sog. Bürgerstube, Stuckdecke und gegenüber den Fenstern abseitenartiger Annex. Im 1. Stock ursprünglich Kneipsaal mit anschließenden, den Hof flankierenden Nebenzimmern; darüber Wohnungen.

Maderbräustraße 4. In der Passage des nach Kriegszerstörung neu erbauten Hauses ist in die Nordwand ein z. T. beschädigtes *Rotmarmor-Epitaph* mit Relief eines unter dem Gekreuzigten knienden Ehepaares eingelassen; die Inschrift darunter enthält die Sterbedaten 1556 (des Mannes) und 1564 (der Frau), eine weitere Inschrift über dem Relief das Datum 1559. Das Epitaph stammt „angeblich aus der alten, früher zum Anwesen gehörigen Bräuhauskapelle" (Aktennotiz Unt. Denkmalschutzbehörde, 1987). Zur Vorbebauung vgl. Nr. 2. Eine Aufnahme von G. Pettendorfer (Bildarchiv BLfD) zeigt das noch nicht verstümmelte Relief am vormaligen Anbringungsort, offenbar hofseitig im 1. Stock, und darunter eine kleine Inschrifttafel „neu erbaut / von Jos. Lochner / im Jahre 1857" (letzte Ziffer undeutlich), wohl nach dem Brand von 1854; Joseph Lochner war Besitzer von Tal 9/10 (heute 7) samt Brauereigebäuden an der Maderbräustraße ab 1845. Gemäß Schreiben des Stadtarchivs (Dr. Helmuth Stahleder) von 1989 sind die Verstorbenen höchstwahrscheinlich der Bierbrauer Georg Päl († 1556) und seine Frau Ursula geb. Holcmiller († 1564), die allerdings keine ersichtliche Beziehung zu Tal 9/10 hatten.

Maderbräustraße 4, Rotmarmor-Epitaph ▷

Maffeistraße

Die ehemals nach einer mittelalterlichen Bürgerfamilie benannte Finger- oder Vingergasse (meist -gässel) zwischen Theatinerstraße im Osten und (späterem) Promenadeplatz im Westen, an ihrer schmalsten Stelle nur 3 m breit, erhielt im mittleren 19. Jh. nach Eröffnung der Maximilianstraße erhöhte Verkehrsbedeutung; ihre Verbreiterung auf 13 m – alternativ mit einem parallelen Durchbruch weiter nördlich in Verlängerung der Perusastraße diskutiert – wurde 1873 von den städtischen Kollegien beschlossen und bis Frühjahr 1874 durchgeführt, zugleich erfolgte die Umbenennung nach dem Großunternehmer Josef Anton Ritter von Maffei († 1870). Die Erweiterung geschah vor allem auf Kosten der vollständig abgebrochenen Bebauung an der Südseite, wo die Stadt zu diesem Zweck einige Anwesen erworben hatte; die hier 1874/77 nach Plänen von Albert Schmidt und Reinhold Hirschberg realisierte homogene, monumentale Baugruppe von viergeschossigen Neurenaissance-Geschäfts- und Wohnhäusern war als Auftakt einer Innenstadt-Interpretation international-großstädtischen Formats intendiert, die in der Folge jedoch durch die heimatlich-restrospektiven, malerischen, im Endergebnis provinzielleren Vorstellungen der Seidl-Grässel-Generation abgelöst wurde. Der Ostteil dieses lang gestreckten Komplexes, der sog. Börsenbasar (u. a. Sitz der Börse 1891–1901, mit dem Börsen-Café), wurde nach Kriegszerstörung durch das Eckhaus Theatinerstraße 3/Maffeistraße 1 von Theo Lechner, einen der ersten Nachkriegsneubauten, in traditioneller Gesinnung (später aufgestockt), und Maffeistraße 3 (Bauherr Bayerische Vereinsbank, Arch. Dr. Eberhard? Zorn) mit Passage, Café Alte Börse und Taubenmarie-Brunnen (Majolikafigur von Josef Henselmann, 1958) ersetzt. Der Westteil (Nr. 5), die 1874–1876 von R. Hirschberg erbaute Bayerische Handelsbank, musste bereits 1901–05 deren Neubau (Arch. Emil Schmidt) Platz machen, der die homogene Reihe reduzierte, aber dafür durch einen gerundeten Eckbauteil mit phantasievollem Jugendstil-Turmaufsatz ausgezeichnet war. Durch Erweiterungsbauten an der Windenmacher- und Schäfflerstraße (um 1913) entstand ein neuer Großkomplex, der durch Fusion 1921 an die Bayerische Vereinsbank überging und mit deren Stammhaus über die Maffeistraße hinweg durch den sog. Maffeibogen verbunden wurde (1923; s. Kardinal-Faulhaber-Straße 14). Dabei wich auch der bereits wieder als exzentrisch empfundene Jugendstilturm einem klassizisierend-modernen rechteckigen Eckrisalit, der – wie der gesamte kriegsbeschädigte ehem. Handelsbank-Komplex – nach 1945 in vereinfachter Form wiederaufgebaut wurde.

Auch die gesamte Nordseite der Maffeistraße, im Einzelnen begradigt, wurde nach 1874 sukzessive neu bebaut; zwischen dem Arco-Palais im Osten (s. Theatinerstraße 7/Maffeistraße 4) und der Vereinsbank im Westen (s. Kardinal-Faulhaber-Straße 14) entstanden an der Stelle alter Bürgerhäuser die Neubauten Maffeistraße 6 von 1889, Nr. 8 von 1878 und Nr. 14, 1899 von Max

Blick in die Maffeistraße nach Westen

Ostenrieder, mit seiner schmalen, gesucht altertümelnden Fassade in deutscher Renaissance ein extremer Kontrast zur Urbanität des Börsenbasars gegenüber. Nach Kriegsschäden entstand an der Stelle von Nr. 6–14 ein lang gestreckter Neubau für die Vereinsbank. In deren Auftrag wurde 1996 ein umfassendes Neubauprojekt von Ivano Gianola für den Bereich Maffeistraße 3/5, Windenmacher- und Schäfflerstraße vorgelegt und bis 2000 ausgeführt, in das der Eckrisalit südlich des Maffeibogens integriert wurde, der nun nicht mehr turmartig vorspringt. Stattdessen wurde der Vorsprung des neuen „Schäfflerhofes" (mit Arkaden im Erdgeschoss) an dessen Ostende verlegt. Die Fassaden des durch Passagen erschlossenen, um einen öffentlichen Hof gruppierten Komplexes wurden im Hinblick auf die nahe Frauenkirche mit Rohbackstein verblendet (im Mittelalter bei Profanbauten in München allerdings nicht üblich). (Siehe Flurkarte S. 1118)

Maffeistraße 4. Teil des Arco-Palais, 1910 von Georg Meister; s. Theatinerstraße 7.

Maffeistraße 5, 7, 9. Vgl. Ensemble Altstadt, Platzbild Promenadeplatz.

[**Maffeistraße 7/9.** Geschäftshaus Loden-Frey, 1949 vom Emil Freymuth. Vgl. Ensemble Altstadt, Platzbild Promenadeplatz. An der Stelle zweier kriegszerstörter Häuser (seit 1904 bzw. 1908 im Besitz des Bekleidungsfabrikanten Johann Baptist Frey) entstand 1949 ein fünfgeschossiger Neubau, der mit seinen offenen Erdgeschossarkaden in Naturstein, den barokisierenden Gliederungen in den verputzten Obergeschossen und dem steilen Walmdach für eine traditionell ausgerichtete Frühphase des Wiederaufbaus in der Altstadt charakteristisch ist. Bemerkenswert ist auch der Gestaltungsaufwand im Unterschied zur damals verbreiteten Ärmlichkeitshaltung. (Erweiterungsbau nach Süden 1958 von Max Ott, modern.)]

Maffeistraße, „Maffei-Bogen"; Zeichnung von Friedrich Thiersch

Maffeistraße 5, ehem. Bayer. Handelsbank; Aufn. um 1905

Maffeistraße 7/9 (kein BDm)

Maillingerstraße

Stichstraße und ursprünglich unregelmäßige Wegverbindung vom ehemaligen Marsfeld über die Blutenburgstraße hinweg zur Nymphenburger Straße, mit südwestlich-nordöstlichem Verlauf; in dieser Charakteristik der östlich gelegenen Pappenheimstraße entsprechend. Die Maillingerstraße ersetzte nach der Auslösung des Marsfeldes aus dem Militärärar zugunsten des „zivilen Staatsvermögens" (Lankes 1993) den westlichen Saumweg am unlieb gewordenen Exerzierfeld, das seit dem Anfang des 19. Jh. nach französischem Vorbild als Marsfeld bezeichnet worden war.

Noch zu Lebzeiten ihres Namensgebers erhielt der vormalige Marsfeldweg (im Unterschied zur Marsfeldstraße, die 1890 zur Pappenheimstraße umbenannt worden ist) im Jahr 1886 die bestehende Bezeichnung, dies als Honorierung des Infanterie-Generals Josef Maximilian Fridolin Ritter von Maillinger (1820–1901), nebenher a. o. Staatsrat und bis zum Ende seines Lebens Reichsrat. In guter Tradition benannte man die Straßen im Umgriff des Marsfelds nach verdienten, ranghohen Militärs.

Die Straße markierte bis zur Eingemeindung Neuhausens nach München im Januar 1890 einen Abschnitt der westlichen Burgfriedensgrenze. Sogleich anschließend ging der Magistrat daran, die zwischen Marsfeld, Friedenheim und Hirschgarten liegenden Neuhauser Felder zur Wohnbebauung zu überplanen. Mit den Alignements von Elvirastraße (seit 1891 so genannt) und Rupprechtstraße (1897 so benannt) schuf man die ost-westliche Erschließung von der Maillingerstraße nach Neuhausen hin.

Maillingerstraße 2. Das in spätklassizistischen Formen schlicht dekorierte Wohn- und Geschäftshaus ließ sich 1893–94 der Fuhrwerksbesitzer Johann Körber als Ersatzbau für das südliche Teilhaus eines in den späten 1860er Jahren errichteten Doppelwohngebäudes erbauen (das nördliche Teilhaus war vorher im Neubau Nymphenburger Straße 73 aufgegangen). Planfertiger und Bauführer war Baumeister Alois Bischof. Der Neubau hatte die auswinklige Parzelle, die zwischen Maillingerstraße 4 im Süden und Nymphenburger Straße 73 im Norden verblieben war, zu beachten; so erhielten die quer gelagerten Korridore – freilich nur durch Türaufglasungen belichtet – mehrere Rücksprünge, um wenigstens den so erschlossenen Räumen straßen- und hof-

Maillingerstraße, Flurkarte, M. 1:5000

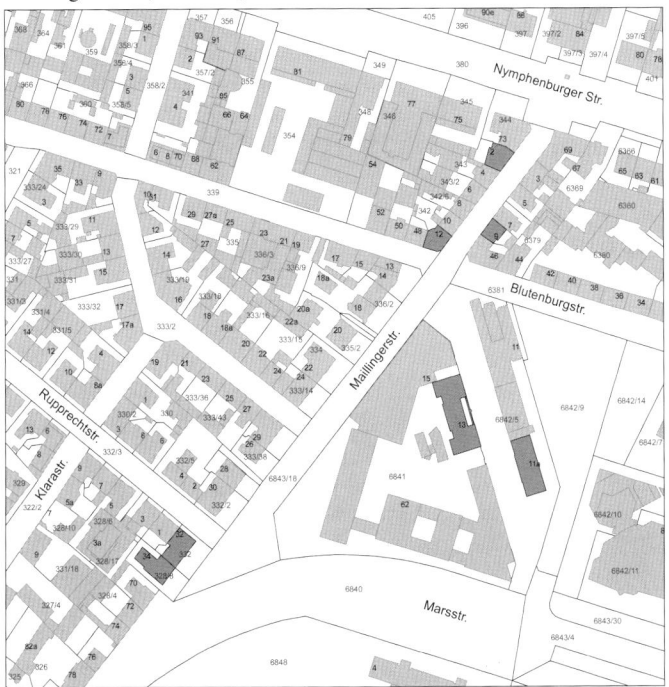

Maillingerstraße 2   Maillingerstraße 9

seits rechteckige Grundlinien verleihen zu können. Zwei Wohnungen waren bauzeitlich in jeder Etage untergebracht, erschlossen von einem rückwärtigen Stiegenhaus mit doppelläufiger Podesttreppe. Den Zugang verlegte Bischoff von der Straße her ausmittig in die Fassade, zwischen drei unterschiedlich großen Ladeneinheiten hindurch mit geknicktem Hausgang. (1913 nahm das Baugeschäft Johann Grübel geringfügige Änderungen im Grundriss des 1. Obergeschosses vor.)

In Rücksicht auf ihre Zeitstellung kennzeichnet die Fassadengestaltung konservatives Beharrungsvermögen, das zu belegen vermag, wie lange sich klassizistische Formen gerade im vorstädtischen Bauen halten konnten. Wasserschläge trennen alle Geschosse und geschossunterschiedlich erhielten die Fenster gefaste Faschen, im 1. und 3. Obergeschoss zusätzlich geohrt. Dass die Sturz-/Brüstungsfelder zwischen dem 2. und 3. Obergeschoss mit dem Kordongesims verkröpft wurden, stellt eine Besonderheit dar.

Maillingerstraße 9. Bis zu ihrer massiven Kriegszerstörung machte die Ostseite der Maillingerstraße eine formal strenge Neurenaissance-Bebauung aus. Haus Nr. 9 ist ein gut überlieferter Vertreter dieser Neo-Stilrichtung geblieben. In den 1870er Jahren auf zuvor unbebautem Areal entstanden, markiert das Wohn- und Geschäftshaus eine Stilphase des Wohnhausbaus, die sich an der nordischen Renaissance orientierte und als frühgründerzeitlich anzusprechen ist. In üblicher Weise gelangt man durch die in die südliche Achse gelegte Einfahrt zum nördlich nebenliegenden Treppenhaus, das zwei mittelgroße Wohnungen in jeder Etage erschloss. Die in der Umgebung des größten Arbeitgebers des Quartiers, der Max II.-Kaserne gefragten Wohnungszuschnitte waren so typisiert. An der Fassade wurden die in Nordeuropa stilbildende Backstein-Sichtigkeit und klassizierende Gestaltungselemente miteinander verbunden. Mittels Eng- und Weitsetzung der Fensterachsen erreichte man eine Gliederung und zugleich Rhythmisierung der Straßenfront (Einscheibenverglasungen brechen die Fassadenfläche auf). Die geschossunterschiedliche Befaschung und Verdachung der Fenster kann als typisch gelten. Erhalten haben sich Bereiche der Erdgeschoss-Rustizierung sowie die doppelflügelige Einfahrtstüre.

Maillingerstraße 11a. Ehem. Militär-Dienstgebäude. Der dreigeschossige, früher freistehende Neurenaissancetrakt zu 15 Fensterachsen, heute am rechten (südöstlichen) Ende einer lang gestreckten Verwaltungs-Neubebauung (Bezirksfinanzdirektion/Landesbesoldungsstelle; Nr. 11), gehörte zum weitläufigen, fast völlig kriegszerstörten Komplex des Kadettenkorps (s. Marsplatz) und der Kriegsschule (Blutenburgstraße 3) und entspricht gestalterisch mit Rohbacksteinfassade und reicher Sandsteingliederung dem Einheitsstil dieser Gesamtanlage, von

Maillingerstraße 11a

Maillingerstraße 12

Maillingerstraße 13, Mittelteil

der sonst nur noch Pappenheimstraße 14 (s. dort) erhalten ist. Das Gebäude wurde um 1890 nach Vorlagen von Gustav Frhr. von Schacky errichtet. Im Dienstwohngebäude befanden sich „die Wohnungen für den zweiten Kompagniechef und für 5 verheiratete Beamte und Bedienstete, sowie im Erdgeschoss für einige Unverheiratete" (Handbuch für Architektur 1900). Die Lisenen an den Gebäudeecken wie am flachen Mittelrisalit und zu Seiten der mittleren Eingangsachse sind in sprechend martialischem Habitus – ein traditioneller Topos der Festungsarchitektur – kräftig rustiziert, desgleichen die mit Diamantquadern besetzten Rahmungen der Erdgeschossfenster. Im verdoppelten Fenster über dem Eingang halbrundes Tympanonrelief mit Rautenwappen. Unter den Fenstern im 1. Stock Balusterbrüstungen. Die hellrote Backsteinverblendung durchziehen im Erdgeschoss dunkelrote, darüber gelbe Bänder. Den nach Kriegsschaden reduzierten Abschluss bildet heute ein schlichtes Satteldach ohne Kranzgesims.

Maillingerstraße 12. In stumpfem Winkel queren Maillinger- und Blutenburgstraße einander auf der Westseite der ersteren. Über entsprechenden Grundlinien entstand in den 1870er Jahren der Eckbau, zweiflügelig und mit abgeschrägter Ecke, mit drei Achsen an der Blutenburg- und vier Achsen an der Maillingerstraße. Das fünfgeschossige, Straßen- und Platzbild dominierende Wirtschafts- und Wohngebäude erhielt eine Hofdurchfahrt in der nördlichen Achse der Fassade an der Maillingerstraße. Die Nutzung des Erdgeschosses als Gastwirtschaft entspricht dem Erstzustand; charakteristisch für ein Quartier, das von Militärischem dominiert war. 1899 baute Baumeister Alois Bischoff die Räume südlich der Durchfahrt zu einem Laden aus. Bauwerber war Gastwirt Valentin Schuck. Die im westlich angrenzenden Wirtsgarten betriebene Kegelbahn wurde 1907 demoliert (protokollarisch belegt). Das Haus wurde im Zweiten Weltkrieg erheblich in Mitleidenschaft gezogen und 1946 amtlicherseits als einsturzgefährdet bezeichnet. Die Eigentümer entschieden sich für einen Wiederaufbau.

Die Fassaden des Anwesens charakterisiert eine für vorstädtische Verhältnisse gehobene Neurenaissancegestaltung. Neben dem Erdgeschoss erhielt auch das wie ein Mezzanin behandelte 1. Obergeschoss eine Rustizierung. Ein hohes Gesimsband mit kräftigem oberem Wasserschlag setzt sockelartig Erdgeschoss und 1. Obergeschoss von – als Hauptgeschosse behandelten – 2. und 3. Obergeschoss ab. Kolossale kannelierte Pilaster mit Kompositkapitellen überspannen letztere. Wandvorlagen mit ionischen Kapitellen flankieren die Fenster des 4. Obergeschosses und scheinen ein mächtig durchgebildetes Traufgebälk zu tragen, bei dem sich der Zahnfries erhalten hat. (Gut nachvollziehbar schließen Sprossenfenster die Fassadenfläche; Einbau der Fenster 1983/84. Fassadenrenovierung 2002/03.)

Maillingerstraße 13 (ehem. Baudrexelstraße 5). Die ehem. Kaserne (Mannschaftsgebäude der Fußartillerie), heute Teil des benachbarten Neubaukomplexes des Landeskriminalamtes, ist der allein noch bestehende Rest einer Erweiterung der südlich davon zwischen Arnulf-, Deroy-, Mercy- und Maillinger- (heute Mars-) Straße gelegenen weitläufigen Marsfeldkaserne (abschnittweise erbaut 1887–95, im Zweiten Weltkrieg zerstört). Nördlich von ihr entstanden Anfang des 20. Jh. weitere Kasernengebäude für das Kgl. bayer. 1. Fußartillerie-Regiment auf bisher unbebautem Areal an der Westseite der heute der Maillingerstraße zugeschlagenen ehem. Baudrexelstraße (1890–1947 Haslangstraße genannt nach dem bayerischen Generalwachtmeister Alexander Frhr. v. Haslang, † 1620).

Maillingerstraße 13

Maillingerstraße 13, Kriegerdenkmal

Das Mannschaftsgebäude mit heutiger Hausnummer 13 bildete den dominierenden Mittelteil einer vom kgl. Militärbauamtmann Sigismund Göschel entworfenen und ausgeführten dreiteiligen, asymmetrischen Baugruppe, die bereits auf der Stadtkarte von 1908/09 eingezeichnet ist. Für das ehemals links benachbarte Familienwohngebäude (mit 12 Wohnungen für verheiratete Unteroffiziere) wird die Bauzeit 1909/10 angegeben (MB I 1912). Rechts vom Mannschaftsgebäude stand früher die abwechslungsreich gestaltete, innen künstlerisch aufwendig ausgestattete Offiziersspeiseanstalt (vgl. Horn/Karl 1989, Abb. S. 105).

Das Mannschaftsgebäude, ein stattlicher viergeschossiger Putzbau, schließt straßenseitig einen flachen Vorhof ein; die Rückfassade weist einen breiten Mittel- und zwei Seitenrisalite auf, deren schräg versetzte Fenster die Lage der beiden Treppenhäuser erkennen lassen. Die Außengestaltung ist ein für München frühes, bemerkenswertes Beispiel der auf Ornamentik und traditionelle Gliederung weitgehend verzichtenden Reformarchitektur der Jahre vor dem Ersten Weltkrieg; sie vereint Merkmale des Neuklassizismus wie den flachen Mittelgiebel mit solchen des Heimatstils wie den Steilgiebeln der Mansardsatteldächer an den Seitenflügeln und zeigt bereits Anklänge an die Moderne wie dominierende Flächigkeit und große Breitrechteckfenster (heute mit z. T. veränderten Fensterkonstruktionen). Am Mittelbau sind die fünf Fensterpfeiler im 3. Obergeschoss mit steinernen Relieffiguren besetzt – die hl. Barbara, Patronin der Artillerie, „inmitten sehniger Kriegergestalten" (Huber 1911). Im Inneren wurden die großen Mannschaftsräume rückseitig angeordnet, erschlossen durch den Gang entlang der Straßenfassade, an dessen Ende die Treppen angebunden sind. – Sigismund Göschels Militärbauten – er errichtete gleichzeitig auch die ehem. Telegraphenkaserne an der Schachenmeierstraße – gehörten, vergleichbar etwa mit dem Schwabinger Krankenhaus, dem Hauptzollamt oder der Universitätserweiterung, zu den fortschrittlichsten der Stilphase „um 1905/10" in München und wurden in der zeitgenössischen Fachliteratur gewürdigt.

Die Einfriedung des Vorhofs, ursprünglich eine sehr niedrige, symbolisch mit Kugeln besetzte Mauer, wurde 1922 durch Einfügen des Kriegerdenkmals der bayerischen schweren Artillerie nach Entwurf von Karl Hocheder d. J. verändert. Zwischen zwei Löwenköpfen außen flankieren zwei lange Gedenkinschrift-

tafeln (zit. bei Alckens 1936 und 1973) einen Schild mit drei Geschützrohren, den ein Stahlhelm mit Eichenlaub bekrönt.

Maillingerstraße 32. An der südwestlichen Ecke von Maillinger- und Rupprechtstraße entstand auf eigens in den Ostrand der Neuhauser Felder eingemessener Parzelle 1897–99 das bestehende mächtige Wohn- und Wirtschaftsanwesen. (Die Bauarbeiten am südlich angrenzenden Anwesen Maillingerstraße 34 waren schon 1892 abgeschlossen.) Bauwerber war der Kaufmann Oskar Hoegler, als Planfertiger und Bauführer fungierte das „Technische Bureau" des Alois Barbist. Neben der Neuarrondierung des Bauplatzes war dem Neubau auch die Demolierung einer alten Gastwirtschaft vorausgegangen, die schon in den 1870er Jahren nachgewiesen werden kann und an der 1883 für den Gastwirt Georg Wild Anbauten vorgenommen worden waren. Die Rupprechtstraße legte die Baulinienkommission über die nördlich an den überplanten Altbau angrenzende Freifläche und schrieb vor, dass die östliche Grundlinie hinter einer tiefen Vorgartenlinie zu liegen kommen sollte.

Das große Eckhaus bildet den östlichen Anhebungsbau der Fassadenfolge entlang der Rupprechtstraße und den nördlichen der Abwicklung nach Südwesten hin. Mit sechs Fensterachsen erhebt sich der stattliche viergeschossige Bau an der Maillinger-, mit vier Achsen entlang der Rupprechtstraße. Das Treppenhaus befindet sich an der rückwärtig mittigen Einklinkung der Grundlinie, der Zugang zur halbgewendelten Podesttreppe geschieht über den Hauseingang in der westlichen Achse von der Rupprechtstraße her. Nach dem Eingabeplan projektierte Barbist zwei Wohnungen in jede Etage. Schon gemäß Erstzustand befand sich im Erdgeschoss eine Gastwirtschaft (Nutzungskontinuität im Blick auf den Vorgängerbau). Die beiden Fassaden werden von einer risalitartig ausgebildeten Ecke beherrscht, der in jeder Fassade eine breite Fensterachse eingeschrieben worden ist; überhöht von einem zweigeschossigen Kuppelturm. Dessen unteres Geschoss macht ein Oktogon aus, sein oberes beschreibt eine runde Grundlinie, es trägt eine hohe Kupferhaube, die von einem Adler bekrönt wird. Diese Komposition erfährt eine weitere malerische Bereicherung durch den zweigeschossigen, gemauerten Balkon, den der Erbauer vor dem 2. Obergeschoss an die Ecke setzte, zwei von Säulen getragene Arkaden brachte er vor der Fassade zur Maillingerstraße an, eine solche Arkade ließ er um die Ecke zur Rupprechtstraße hin umlaufen. Dieses Arrangement bildet einen markanten städtebaulichen Akzent und diente zunächst als westlicher Point de vue der Mercystraße, im Sinne der neueren Verkehrsführung der Marsstraße. Die Dachlandschaft über der Fassade an der Maillingerstraße kennzeichnet ein hohes Dachhaus, das ausmittig über der zweiten Fensterachse sitzt und vermittels seiner Kubatur die beschriebene Eckerhebung ausponderiert. In der Fassadenfläche darunter wird das Dachhaus von einem zweigeschossigen Flacherker mit schmaler Seitendurchfensterung vorbereitet; das 3. Obergeschoss bedient die Erkerdeckplatte mit einem Austritt.

Die in den Formen der deutschen Neurenaissance variationsreich instrumentierten Fassaden behalten als (vielleicht letztes) klassisches Stilmerkmal die Bändigung der Höhenentwicklung bei, die das Ausscheiden von 1. und 2. Obergeschoss als den beiden Hauptgeschossen ausmacht. Durchgehend finden sich die Fensteröffnungen im rustizierten Erdgeschoss segmentbogig oder halbkreisförmig geschlossen. Und neben die betont variierte Wahl von Fensterverdachungen und -schlüssen trat die Wahl verschiedener Fensterformen überhaupt, breite dreiteilige in der Eckkomposition, schmale zweiteilige in den Achsen dazwischen. (Die Gastraumzugänge im Erdgeschoss wurden infolge von Nutzungsänderungen in den 1970er und 1980er Jahren rückgebaut. Vordach am Hauseingang aus der Zeit vor 1974; Erneuerung der Fenster 1974; Fassadeninstandsetzung 1999.)

Maillingerstraße 32

Maillingerstraße 34 (rechts 32)

Maillingerstraße 34. 1890–92 errichtete das „Baugeschäft und technische Büro" des Georg Müller den Wohnhausneubau für Baumeister Georg Bertele. Einem breiten Riegel an der Maillingerstraße setzte Müller einen tiefen Rückflügel an, der vor der letzten Achse zusätzlich einspringt. Die vordere Grundlinie hatte eine tiefe Vorgartenlinie zu beachten, entlang der südwestlichen Grundstücksgrenze blieb das Anwesen zur Gewährleistung der Hofzufahrt freigestellt. Der Zugang erfolgt von der Seite her, ein Hausgang führt zum Treppenhaus am Hofwinkel im Nordosten. Die dreiarmige Podesttreppe (Lift im Treppenhaus-Auge nachträglich) erschließt laut Eingabeplan drei unterschiedlich zugeschnittene Wohnungen in jeder Etage. Im Ostabschnitt war gemäß Erstzustand ein Laden untergebracht, Zugang später rückgebaut. Die Fassaden des Anwesens sind erheblich geschlichtet überkommen, erhalten blieben Kordongesimse, die 1. und 2. Obergeschoss als Hauptgeschosse ausweisen. Unverkennbares Stilmerkmal für eine einstmalige Gestaltung in Formen der Neurenaissance ist die Eng- und Weitsetzung der Fensterachsen. Risalitartig wurde die Ecke vorgesetzt, doch läuft die Traufe durch. Die Rustizierung des Erdgeschosses ist verschwunden. (Im Zuge von Instandsetzungsmaßnahmen 1990–93 Herstellung des Turmgeschosses mit Pyramidendach oberhalb der Eckkomposition und des geschweiften Dachhauses oberhalb der Ostfassade. Erhalten blieb die bauzeitliche Schmiedeeiseneinfriedung.)

Mannhardtstraße; Flurkarte, M. 1:2500

Mannhardtstraße

Vergleichsweise spät, nach 1895/96 erfolgte der Durchstich von Mannhardt- und Liebherrstraße. Das vom Magistrat schon 1890 fixierte Alignement nahm dabei keine Rücksicht auf die Vorbebauung und deren hauptsächliche Widmung als Gewerbe. Vielmehr hielt man die Bauwerber dazu an, mit ihren Neubauten die Straßenräume neu zu definieren. Auch verfolgte die Stadtplanung eine neue stadträumliche Erschließung ohne Einbindung vorhandener Bachläufe, die zuvor Charakteristikum des Stadtbildes und meist gewerbliche Grundlage waren. Die Parzellengrenzen des unregelmäßigen Blocks, den die Verläufe von Liebherr-, Mannhardt- und Thierschstraße einschließen, lassen zwar bis heute die Strecken von Hacklmühl- und Fabrikbach erkennen, die Bebauung jedoch rückte den Läufen mit Überwölbungen zu Leibe. Unter Liebherrstraße 5 teilte sich der Stadthammerschmiedbach in den nach Norden ziehenden Hacklmühlbach und den nordöstlich weiter verlaufenden Fabrikbach. Die Anwesen Adelgundenstraße 1, Thierschstraße 25, 27 und 29 kamen über dem Fabrikbach zu stehen. Das Haus Mannhardtstraße 4 errichtete man hart am westlichen Beschlacht des Hacklmühlbaches, die Grundlinien des Hauses entsprechen den vom Bachlauf definierten Parzellengrenzen. Haus Nr. 5 an der Mannhardtstraße entstand, der Nr. 4 diagonal gegenüber, hart am östlichen Beschlacht des Hacklmühlbaches. Der Aufschluss vom Knick der Kanalstraße im Westen zur Adelgundenstraße im Osten, den man mit der Mannhardtstraße herstellte, wurde nicht mit schnurgeradem Alignement verfolgt, sondern über einem leichten Knick nach Süden; dabei wird die Fassadenabwicklung der südlichen Seite der Mannhardtstraße östlich von einem Eckerker abgeschlossen, der schließlich in die nach Südosten abknickende Adelgundenstraße überleitet und die Verbindung zum südlichen Platzraum vor der Lukaskirche herstellt.

Mannhardtstraße 4. Auf dem Gelände der vormaligen Hacklmühle, hier im nördlichen Abschnitt, wurde der Baugrund für das schließlich 1903 fertiggestellte Mietshaus Nr. 4 an der Mannhardtstraße eingemessen. Die östliche Grundlinie kam dabei hart am westlichen Beschlacht des Hacklmühlbaches zum Liegen. Ein (dem Bachverlauf folgender) tiefer Rückflügel wurde dem Riegel an der Straße östlich angesetzt. Michael Heitzer, Bauwerber und Baumeister in Personalunion, plante gemäß Eingabeplan in jede Etage zwei Wohnungen, wobei er denjenigen, die sich in den Rückflügel erstrecken, die straßenseitigen Fenster in der östlichen Achse zuschlug. Der Eingang erfolgt durch die Hofdurchfahrt in der westlichen Achse. Das Stiegenhaus erhielt einen eigenen Vorbau im Hofwinkel. Bis zur Kriegszerstörung der Dachzone war die Fassade von einem Zwerchhaus akzentuiert, das dreiachsig mit geradem Abschluss den Mittelzug überhöhte. Zylindrisch angerundet setzte Heitzer einen zwei-

Mannhardtstraße 4   Mannhardtstraße 5

◁ Mannhardtstraße 10

geschossigen Erker vor die östliche Achse, dessen oberen Abschluss er als Brüstung vor dem Austritt aus dem 3. Obergeschoss gestaltete. Die Öffnungen des Erdgeschosses erhielten einheitlich segmentbogige Stürze, die der Obergeschosse finden sich gerade geschlossen. Die mittleren Fensterachsen der Hauptgeschosse setzte man jeweils eng, fasste sie zu zwei Paaren und über drei Geschosse mit übergreifenden Putzeintiefungen rahmenartig zusammen; Brüstungszonen und Sturzfelder wurden so indefinit verklammert, auf Verdachungen verzichtete man insgesamt. Die historische Proportionalität der Fassade wurde durch die 1950 erfolgte Aufsetzung eines Halbgeschosses als 4. Obergeschoss nachhaltig verändert; ein Übriges trug der Ausbau des Dachgeschosses mit den straßenseitigen Gauben bei. Die Fassadengestaltung ist weitgehend bauzeitlich erhalten und als typisch münchnerisch zu betrachten: Klassische Durchbildungselemente der Neurenaissance werden spät noch beibehalten, aber wie bei frühen Beispielen von Jugendstilfassaden in die Fläche reduziert.

Mannhardtstraße 5. Nach Gewährleistung der verkehrlichen Erschließung zwischen der Kanalstraße im Westen und der Fabrik-, nachmals Thierschstraße im Osten durch Überwölbung des Hacklmühlbaches konnte der Magistrat auch die Bauplätze zu beiden Seiten der neu gewonnenen Trasse ohne Rücksicht auf den Bachlauf und die ausstehende Bebauung einmessen. Wie so häufig bei Neubauten im Lehel bestanden auch beim Anwesen Nr. 5 an der Mannhardtstraße die Vorarbeiten darin, den Bachlauf auf der Länge der gesamten Gebäudetiefe zu überwölben sowie die Vorbebauung östlich neben dem Bachsaumweg zu demolieren. Dieses rigoros erscheinende Vorgehen war die Grundlage für die Wandlung des Quartiers von einem Wohn- und Gewerbeviertel mit schlichten unregelmäßigen Bauten zu einem durchaus gehobenen reinen Wohnquartier, in Zeilenbauweise und mit geschlossenen Straßenräumen.
1901 beauftragte der Privatier Karl Klein die Fa. Karl Stöhr mit der Überplanung der Parzelle mit dem schließlich 1903 fertiggestellten Komplex: ein breiter Riegel an der Straße mit seichtem westlichem Rückflügel, hieran anschließend ein zweiflügeliges Rückgebäude, das man an die westliche und nördliche Grundstücksgrenze heranbaute und mit einem eigenen Treppenhaus in der nordwestlichen Gebäudeecke erschloss. Der so entstandene, dreiseitig verbaute Hof wurde im Osten von einer Hofmauer abgeschlossen. Das Treppenhaus des Vordergebäu-

des liegt eingezogen im Hofwinkel und wird von diesem her belichtet. Den Aufschluss zum Hauszugang in der zweiten östlichen Achse leistet ein quer ins Gebäude gelegter Korridor. Gemäß Eingabeplan befinden sich in jeder Etage zwei Wohnungen. Die bestehende Fassadengestaltung ist nicht das Ergebnis von Schlichtungen, vielmehr entschied man sich – dies ist archivalisch belegt – während des Bauverlaufs, protokollarisch im November 1902 nach Abschluss der Rohbauarbeiten, dazu, die Karl Stöhrsche Erstplanung zu vereinfachen. Der ausführende Baumeister Ernst Günther reichte eine Änderungstektur nach, deren Gestaltung dem auf heute überkommenen Zustand weitgehend entspricht. Die Fassade mit ihren zwar in neurenaissanter Manier, aber nicht symmetrisch rhythmisierten Fensterachsen erhielt als Hauptakzent einen dreigeschossigen Flacherker, in dem zwei eng gesetzte Fensterachsen zusammengefasst wurden und der vor der Dachzone von einem erkerturmartigen, polygonal verspringenden Aufbau – ursprünglich mit höherem Zeltdach – abgeschlossen wird. Kräftige Sohlbank- und Gurtgesimse spannen die Hauptgeschosse zusammen, hier wurden die je eng gesetzten Fenster zu Partien verklammert, indem man Sturz- und Brüstungsfeld zusammenschloss. Schlichte eingefasste Fensterlaibungsprofile zeichnen die Fenster der Obergeschosse einheitlich aus. Die Flächenstruktur besteht in einer vergleichsweise selten erhaltenen Kellenstrich-Rustizierung. (1996–97 kam es zu Aufbauten im Sinne einer 2. Dachgeschossebene.)

Mannhardtstraße 10. In einem Zug mit dem östlich benachbarten Mietshaus Adelgundenstraße 3 (s. dort) ließ sich 1901 der Hofturmuhrenfabrikant Eduard Hartmann auch Mannhardtstraße 10 erbauen, wie dieses durch Heilmann & Littmann. Die Fassadenabwicklung der beiden, gestalterisch als Einheit behandelten Häuser beschreibt einen charakteristischen Knick, eben am Übergang von der Mannhardt- in die Adelgundenstraße. Schon die für die Neubauten abgeräumte Vorbebauung zeichnete dieser Knick aus, die Fa. Heilmann & Littmann hatte hier die alten Baulinien zu beachten (anstelle von Adelgundenstraße 3 befand sich ein Wasserwerk, den Vorgängerbau von Mannhardtstraße 10 bildete ein abgeschlossenes kleineres Wohngebäude). Die fünf westlichen Fensterachsen der in den Formen der deutschen Renaissance ausgeführten Baugruppe stellen die Fassade von Mannhardtstraße 10 dar, der malerische Eckerker am Fassadenknick wird von den Wohnungen in Adelgundenstraße 3 aufgeschlossen. Der prächtig dekorierte, rundbogige Zugang ins Anwesen an der Mannhardtstraße 10 befindet sich ausmittig in der zweiten westlichen Achse, er führt zum rechteckigen Treppenhaus, das man an den Hofwinkel legte und durch die hier eingeklinkte Grundlinie auch belichten konnte. Gemäß Eingabeplan war die Struktur jeder Etage auf zwei Wohnungen hin ausgelegt. Das Anwesen ist hinsichtlich Aufteilung und Gestaltung aus seiner Erbauungszeit gut überliefert. Die Fassade akzentuierte man symmetrisierend mit einem dreigeschossigen Flacherker, dessen Unterzug oberhalb des Fensters im 1. Obergeschoss korbbogig hochgezogen wurde. Überhöht wird dieser Erker von einem Dachhaus, das, in die Trauflinie zurückgesetzt, ein kleeblattförmiger Blendgiebel abschließt. Der fünfgeschossige Komplex bildet straßenräumlich den südlichen Abschluss der Adelgundenstraße, gestalterischer Kniff ist die Positionierung des Zwerchgiebels über der Fassade an der Adelgundenstraße 3. Diesen setzte man ausmittig nach Osten hin, damit er die Sichtachse der Adelgundenstraße beherrschen kann. Nur so ist die asymmetrische Organisation der Fassade zu erklären, die ansonsten der Neurenaissance verpflichtet bleibt. Beachtung verdient die Rustizierung des Erdgeschosses, denn dort unterschied man ein intrafenestrales Band vom Sturzfeld, das in Rauputz weiters unstrukturiert bleibt.

Mariannenplatz von Osten mit Lukaskirche; Aufn. 1899

Mariannenplatz

Der Rechteckplatz wurde 1878 zur Zeit der städtebaulichen Neugestaltung des Isarkais nach Maria Anna (1722–1790) benannt, die sich – als Witwe des Herzogs Clemens von Bayern – erfolgreich für die Erhaltung der bayerischen Unabhängigkeit gegenüber Österreich eingesetzt hatte. Die repräsentative späthistoristische Bebauung rund um die freistehende Evang. Lukaskirche (s. Nr. 3) ist weitgehend erhalten geblieben; nach Kriegsschäden vereinfacht wurde lediglich das Eckhaus Steinsdorfstraße 8 (s. dort), abgebrochen der zur Lukaskirche gehörige stilgleiche Rohbacksteinbau des Pfarrhauses (Eckgebäude Thierschstraße 28, 1896 von Albert Schmidt), das 1967/68 durch einen Neubau von Hans Lichtblau und Ludwig Bauer ersetzt wurde, der – bei moderner Formensprache – materialmäßig Anschluss an die Kirche zitiert; über dem Haupteingang Betonrelief von K. H. Hofmann, im Gemeindesaal Fries von Helmut Distler mit Motiven des Lukas-Evangeliums. (Siehe im Einzelnen den Beitrag von Johannes Hallinger.)

Mariannenplatz 1–4. Vgl. Ensemble Platzfolge Lehel.

Mariannenplatz, Flurkarte, M. 1:2 500

Mariannenplatz 1. Bei der Planung und Positionierung des prächtigen Neurenaissance-Mietshauses hatten die Bauherren eine städtebauliche Situation vorwegzunehmen, die schließlich erst Mitte der 1890er Jahre hergestellt werden sollte. Die Freihaltung einer großen Fläche zwischen Thierschstraße und Isarkai für die Errichtung eines repräsentativen öffentlichen Gebäudes war zwar Ende der 1870er Jahre seitens des Magistrats beschlossene Sache und also planerische Direktive, die endgültige Widmung des Platzes jedoch noch nicht verbeschiedet.

Die Erbauung des Hauses vereinigt stadt- und wirtschaftsgeschichtliche Charakteristika in geradezu idealtypischer Dimension, begleitet von einer gestalterischen Umsetzung genuin historistischer Spielart: Die Fa. Osswald & Adam fungierte in Personalunion als Planerin und Bauwerberin, sogleich nach Abschluss der Rohbauarbeiten 1879 wurde das Anwesen abverkauft. Die Firma ist als rührig und viel beschäftigt anzusehen: In unmittelbarer Nähe gelegen hatte sie zwei Jahre zuvor, 1877 das monumentale Doppelhaus Thierschstraße 35/37 (s. dort) ausgeführt, das nördlich an Mariannenplatz 1 anschließende, eigens erschlossene Anwesen Thierschstraße 32 (s. dort) entstand gleichzeitig mit ersterem, ebenfalls durch besagte Firma. Aus-

Mariannenplatz 1 (rechts Nr. 2, links Thierschstraße 32)

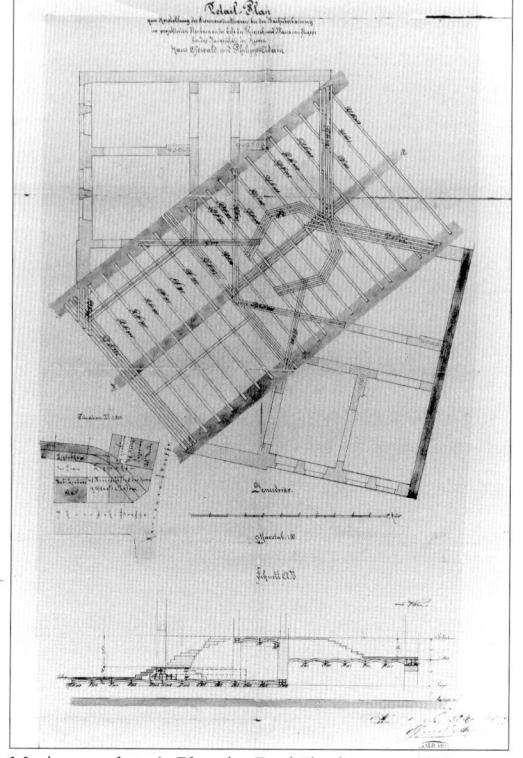

Mariannenplatz 1; Plan der Bachüberbauung, 1879

weisung und Einmessung des Bauplatzes geschahen schließlich ohne Rücksicht auf die Vorbebauung und weitere stadträumliche Gegebenheiten wie etwa den Verlauf des Fabrikbachs, dessen Überwölbung zur Herstellung der Bebaubarkeit der neu gewonnenen Parzelle Teil des Baugenehmigungsverfahrens wurde. Nach Nordosten knickte vor der Hauptfassade des Anwesens der Fabrikbach ab, zur Herstellung der Thierschstraße war er dort 1877 eingewölbt worden; bis zur Auflassung der Stadtbäche links der Isar im Frühjahr 1965 floss mittig unter Mariannenplatz 1 der Bach hindurch, wegen seiner erheblichen Breite von beinahe zehn Metern mit einer mittleren Mauerzunge zweiläufig eingeschlachtet. Noch heute dient das Bachbett unterhalb des Hauses der Wasserversorgung Münchens: Zur Beaufschlagung der Bäche im Englischen Garten schuf 1966 das Tiefbaureferat der Stadt ein neues Einlaufbauwehr nördlich an der Mariannenbrücke mit einem Wassergang zwischen der Nordseite der Lukaskirche und der nördlichen Bebauung des Mariannenplatzes. Von der Höhe des Hauses Nr. 1 an dienen der Wasserversorgung des Eisbachs die alten Verläufe des Fabrikbachs und nördlich der Maximilianstraße des Stadtmühl- und Stadtsägmühlbaches.

Als markanter Anhebungsbau der nördlich entlang der Thierschstraße und östlich entlang der Nordseite des Mariannenplatzes auffolgenden Fassaden entstand der Bau über einem leicht stumpfen Winkel, die übliche Eckabschrägung erfuhr gestalterisch eine eigene Thematisierung. Das Haus schloss westlich an das ein Jahr zuvor begonnene Nachbaranwesen Mariannenplatz 2 (s. dort) an und wurde in einem Zug mit dem nördlichen Nachbargebäude Thierschstraße 32 errichtet. Der mittig in die Hauptfassade gesteckte Zugang mit doppelflügeliger Tür führt zu einem runden Treppenhaus, das von einer Fensterachse über der eingezogenen Grundlinie des Hofwinkels belichtet wird. Gemäß Erstzustand nehmen jede Etage zwei Wohnungen ein. Schon der Eingabeplan berücksichtigte die Ladennutzung im Erdgeschoss. Vor allem bei Eckbauten, bei denen die Grundlinien der beiden Flügel in spitzem Winkel zueinander liegen, griffen die Baumeister und Architekten zu dem probaten Mittel der Eckabschrägung, um unschöne Fassadenstöße gestalterisch zu vermitteln. Bilden die Flügel einen stumpfen Winkel aus, kann mit einer Eckabschrägung sehr viel weicher und spielerischer verfahren werden. Beim Haus Mariannenplatz 1 findet sich die Eckabschrägung vom Gestaltungsmittel zum stilistischen Thema aufgeweitet, in die Abschrägung wurde die eigentliche Hauptfassade formuliert und durch eigene Akzente zu den Seitenfassaden hin vermittelt. (Die Eckabschrägung fungiert hier weniger als Verschleifung denn als Betonung.)

Über einer schweren Rustika, die man vor das Erdgeschoss legte, schrieb man jedem Fassadenfeld vier Achsen ein, gelenkartig vermittelt von zwei dreigeschossigen Erkern, die den Seitenfassaden am Übergang zur Hauptfassade vorgelegt sind, mit einer konsequenten Durchbildung bis ins Dachgesims. In den Grundzügen orientierte man sich bei der Gestaltung der Fassade am in diesen Jahren gängigen Repertoire der Neurenaissance, rhythmisierte durch Eng- und Weitsetzung der Fensterachsen und verkuppelte paarweise Achsen mit niedrigen Dreiecks- und Segmentbogengiebeln oder einfachen Gesimsstücken. Bei der Durchbildung der beiden Erker wurde dieser Formenschatz variierend erweitert: Ein Arkadenmotiv überspannt verklammernd die Fenster des 2. und 3. Obergeschosses, eineinhalbgeschossige Dreiviertelsäulen tragen einen Bogen, der kurzen Gebälkstücken aufsitzt, die Ansätze des Bogens reichen bis zur Hälfte der Fenstertüren des 3. Obergeschosses herunter. In die kolossalen Arkaden setzte man vor die Fenster des 2. Obergeschosses halbrunde Erker zu je drei Fensterbahnen; deren Deckplatten bedienen die Wohnungen darüber mit Austritten. Der Einsatz dergleichen großer Arkadenmotive findet im Münchner Mietshausbau des

Historismus wenig Vergleichbares, bei der Instrumentierung der Fassade von Mariannenplatz 1 wird hierdurch der Höhenzug betont, der jedoch durch die Einstellung gerundeter Erker gleichsam retardiert wird. So stellt die insgesamt gut überlieferte, 1981 renovierte Fassade (vgl. die Gebälkzone unterhalb der Traufe) ein beredtes Beispiel für die extraordinären Stilbildungsmöglichkeiten des reifen Historismus dar.

Mariannenplatz 2. Das vergleichsweise tief in die Parzelle reichende, von Carl Del Bondio errichtete Mietshaus (Einklinkung der Grundlinie im Nordosten) entstand 1878–79 auf zuvor unbebautem Grund im unmittelbaren Umgriff von Holzlager- und Zurichtestädeln, also Gewerbe, das nach dem Willen des Magistrats Zug um Zug zurückgedrängt wurde und nach dem steinernen Verbau des linksseitigen Isarufers zwischen Ludwigs- und Maximiliansbrücke, noch vor 1890, wie alle von der Flößerei abhängigen Handwerksbetriebe weichen musste. Nach magistralem Beschluss sollte das Anwesen Mariannenplatz 2 Teil der nördlichen Begrenzung einer Platzanlage sein, die man für die Bebauung mit einem prominenten öffentlichen Gebäude zunächst freihielt. Den Bauplatz maß man so ins Areal ein, dass die nordwestliche Ecke des Hauses hart am Beschlacht des Fabrikbachs zu lie-

Mariannenplatz 2   ▷

gen kam. Del Bondio, der unweit vom Bauort hinter der heutigen Knöbelstraße 28 sein Planungsbüro betrieb, war Bauwerber und Erbauer in Personalunion. Die Bauarbeiten nahmen ihren Fortgang gleichzeitig mit denjenigen an den westlichen Nachbargebäuden, dem monumentalen Haus Mariannenplatz 1 und auch Thierschstraße 32 (s. dort); innerhalb weniger Jahre sollte sich das Erscheinungsbild eines ganzen Stadtquartiers vollständig wandeln. Die Wohnungen des großen Neurenaissance-Hauses finden sich von einem Treppenhaus erschlossen, das man einem gestreckten Kreis einschrieb und rückwärtig westlich neben die Hofdurchfahrt (in der östlichen Achse) platzierte. Dem gewählten Grundrisstyp (ohne tief ausgreifenden Rückflügel) entsprechend galt es eine Belichtung zentraler Dunkelzonen zu leisten, was Del Bondio in günstiger Weise vom Treppenhaus her umsetzte; die Räume hinter den westlichen Achsen waren mit Alkoven aufzuschließen. Das Erscheinungsbild der 2000 renovierten Fassade wird von schon 1963 stattgehabten Glättungen bestimmt. Risalitartig wurden die vier mittleren Fensterachsen vorgelegt, oberhalb des 3. Obergeschosses ursprünglich von einer vorgeblendeten Balustrade abgeschlossen; deren Beseitigung wie das Fehlen der Brüstungszone unterhalb der Fenster des 4. Obergeschosses überhaupt verlieh letzteren einen gleichsam schwebenden Charakter innerhalb des Fassadenverbunds. Die massive Befensterung des tiefen zweigeschossigen Erkers, als dem prominenten Gestaltungselement der Fassade, stellt eine Herausforderung loggienartiger Leichtigkeit dar.

Mariannenplatz 3, Evang.-Luth. Pfarrkirche St. Lukas

Lukaskirche von Südwesten; Aufn. 1975

Mariannenplatz 3. *Evang.-Luth. Pfarrkirche St. Lukas.* Mit dem sich beschleunigenden Wachstum der erst zu Beginn des 19. Jh. entstandenen protestantischen Gemeinde Münchens erwies sich nach der Matthäuskirche von 1827–33 und der Markuskirche von 1874–77 ein dritter Kirchenbau als notwendig (dem bald weitere folgten). Die Stadt bewilligte 1882 einen Neubau auf dem Mariannenplatz unter der Bedingung, dass er im Rahmen der damals einsetzenden Bebauung des Isarkais entsprechend würdig und monumental gestaltet werden sollte. Finanzierungsprobleme und lange Vorplanungen u. a. durch die Architekten August Thiersch (kreuzförmige Anlage) und Friedrich Löwel (Hochrenaissanceprojekt), auch Überlegungen hinsichtlich alternativer Standorte verzögerten die Ausführung. Der schließlich von der Pfarrgemeinde beauftragte Architekt Albert Schmidt, einer der damals führenden Vertreter eines stilistisch korrekten, qualitätvollen Späthistorismus, legte im Mai 1889 den Entwurf zu einer fünfschiffigen frühgotischen Basilika mit stadtseitiger Zweiturmfront und mächtigem Vierungsturm vor, der als zu aufwendig und für den protestantischen Kultus wenig geeignet keine Zustimmung fand. Beim Ausführungsprojekt gelangte er dann in der Auseinandersetzung mit dem Werk des damals führenden protestantischen Kirchenbaumeisters Johannes Otzen – vor allem mit dessen programmatisch als Predigtraum konzipierter Ringkirche in Wiesbaden von 1891–94 – zur Konzeption eines Zentralbaus mit Emporen und Kuppel, dessen Zweiturmfassade nach dem Willen der städtischen Behörden städtebaulich wirkungsvoll der Isar zugewandt ist. Der Grundstein wurde am 29. Juni 1893 gelegt; im Herbst 1895 war die Kirche äußerlich fertiggestellt, am 29. November 1896 fand die Einweihung in Anwesenheit des Vorsitzenden im Ministerrat, Frhr. von Crailsheim, und des Ersten Bürgermeisters Wilhelm von Borscht statt. – Im Zweiten Weltkrieg erlitt die Lukaskirche nur geringe Schäden, vor allem an der Dacheindeckung; am 6./7. September 1943 verlor sie ihre Fensterverglasungen und die originalen Glasgemälde von Franz Xaver Zettler und Christian Burkhardt, die 1946 durch neue ersetzt wurden. Bei der (bis 1963 durchgeführten) Außeninstandsetzung wurden 1952 die Dächer

Lukaskirche; Grundriss und Schnitt, 1900

mit Kupfer (bisher Schiefer) gedeckt, die Kupferdeckung der Kuppel erneuert. Eine Innenrenovierung wurde 1966 vollendet, die Vorhallenarkaden 1969/70 geschlossen; die Steinhelme der beiden Osttürme erhielten 1988/92 eine Kupferverkleidung.

Seinen fortschrittlich konzipierten, um einen kreuzförmigen Kern mit Vierungskuppel gerundet gruppierten Baukörper kleidete Albert Schmidt paradoxerweise in mittelalterliche, vorreformatorische Stilformen, galten diese doch im 19. Jh. auch im evangelischen Kirchenbau als repräsentativster Frömmigkeitsausdruck im Unterschied zur schrittweisen Verweltlichung der neuzeitlichen Architektur (das sog. Eisenacher Regulativ von 1861 hatte darüber hinaus sogar Längsbauten im gotischen Stil empfohlen). Schmidt orientierte sich einerseits an der früher als „Übergangsstil" von der Romanik zur Gotik bezeichneten Phase spätstaufischer Architektur, wie sie etwa die Marienkirche in Gelnhausen verkörpert, andererseits an zeitgenössischen Rezeptionen dieser Stilstufe, auf die er selbst bereits – auch hinsichtlich der Verbindung von Blankziegelflächen mit Natursteingliederungen am Außenbau – an seiner Hauptsynagoge am Lenbachplatz von 1884–87 (1938 abgebrochen) zurückgegriffen hatte. Den Zentralbaugedanken fand er vorbildhaft bei Johannes Otzen – außer in Wiesbaden z. B. in der Berliner Heiligkreuzkirche (1885–88) – verwirklicht, in Verbindung mit zwei schräg gestellten Fassadentürmen signifikant bei der (kath.) Kirche Maria vom Siege in Wien-Fünfhaus (1868–75 von Friedrich von Schmidt). Zeitgenössische Synagogen kamen aufgrund ihres Raumprogramms, das Frauenemporen erforderte, z. T. zu dem protestantischen Zentralbautypus sehr ähnlichen Lösungen, so insbesondere – zudem in Stilwahl und Formdetails – die Große Synagoge in Breslau (1865–72) von Edwin Oppler (der um 1872 einen Synagogenentwurf für den Münchner Wittelsbacher Platz geliefert hatte, der später den von Schmidt ausgeführten Bau am Lenbachplatz beeinflusste).

Lukaskirche, Kuppel

Die zentralisierende Anlage ist entlang einer Längsachse entwickelt (Gesamtlänge 56 m), mit übergiebeltem Eingang im Osten und Altarraum im Westen. Die innen 41,5 m, außen 63,7 m hohe Achteckkuppel (Durchmesser 14 m) mit Tambour, Giebelkranz und Laterne erhebt sich über vermittelnde Trompen aus dem Vierungsquadrat heraus, an das sich östlich der polygonale Eingangsraum mit Emporen hinter den Pfeilern und konzentrisch vorgelegter, ursprünglich offener Arkadenvorhalle zwischen den diagonal gestellten Türmen anschließt, gegenüber im Westen der ebenfalls polygonale Altarraum, flankiert von quadratischen Kompartimenten und den dreiseitigen Schluss umziehenden, gewölbten Sakristeiräumen. In der 44 m breiten Querachse treten die quadratischen Kreuzarme (mit Seiteneingängen) außen mächtig in Erscheinung, in welche innen polygonal-konkave Emporen eingezogen sind. Letztere setzen sich in den quadratischen Jochen neben dem Altarraum fort, dessen Abschluss sie als balkonartig schmaler Umgang umgürten. Die machtvolle Steigerung von den Flachbögen, auf denen die den Raum umschließenden Emporen ruhen, über die steileren Spitzbögen der Emporenarkaden und -fenster bis zu den aus kräftigen Bündelpfeilern herauswachsenden, reich profilierten Arkaden, welche die Kuppel tragen, bestimmt den betonten Vertikalismus der Raumkonzeption, für die im Übrigen der Gegensatz von verputzten Wand- und Gewölbeflächen und Natursteinstrukturen charakteristisch ist (Vierungspfeiler aus Pappenheimer Dolomit, Rundstützen aus Abbacher Sandstein). Die Materialwertigkeit verdichtet sich in den Kalkstein- und Marmorarten der liturgischen Prinzipalstücke. Der über einer Treppe auf erhöhtem

Lukaskirche, Inneres nach Südwesten

Lukaskirche, Blick zur Empore; Aufn. 1980

◁ ◁ Lukaskirche,
Altarraum, linkes
Fenster

◁   Lukaskirche,
Kanzel

Lukaskirche,
Fußbodenmosaik   ▷

Niveau stehende Altaraufbau wiederholt mit seinem Mittelgiebel und den schräg gestellten Flankentürmen das Kompositionsprinzip der Eingangsfront. Das Altarblatt mit der Pietà nach der Kreuzabnahme trägt die Signatur „Gust. Goldberg 1896"; unter den seitlichen Baldachingehäusen stehen in Nischen die galvanoplastischen Figuren der Apostel Petrus und Paulus (ausgeführt in der Fa. WMF, Geislingen), gleich den anderen figürlichen Arbeiten am Bau von Bildhauer F. Geer (oder Gehr, in der Fa. Carl Fischers Witwe). Das neuromanische Altarkreuz mit edler silberner Christusfigur von Theodor Heiden wurde laut Inschrift 1896 von Maler Epple (†) gestiftet. In die Brüstung der auf fünf Säulen ruhenden Kanzel sind galvanoplastische Reliefs (Fa. WMF) eingelassen – von links: Jesus als Kinderfreund, Jesus bei Maria und Martha, Jesus mit dem Evangelium, Predigt Jesu auf dem See, Bekenntnis des Petrus; der hölzerne Schalldeckel hängt an einem

kunstvolle Metallgestänge. Das steinerne, durch Rundbogenarkaden gegliederte Taufbecken ruht auf einem gedrungenen Säulenschaft. Das Gestühl ist durch seine abwechslungsreich gestalteten Wangen mit den Köpfen der Evangelistensymbole und reichen Schnitzdekor bemerkenswert. Die kriegszerstörten Farbfenster im Altarraum ersetzte 1946 ein Glasgemäldezyklus nach Entwürfen von Hermann Kaspar, ausgeführt von F. X. Zettler (Mayersche Hofkunstanstalt), München. Das umfangreiche Programm schildert in Einzelszenen – je acht in jedem der drei Fenster – die Auflehnung des Menschen gegen Gott, das daraus folgernde Verhängnis und die den Weg weisende Frohbotschaft. Kunsthandwerklich bemerkenswerte Details sind die originalen Türbeschläge, besonders reich an der Innenseite des Hauptportales; dessen Tympanon in der Vorhalle – mit der Signatur F. Geer – zeigt Christus den König auf dem Löwenthron, umgeben von sechs anbetenden Engeln; beiderseits Gedenktafeln, links an den Architekten Albert Schmidt, rechts zur Erinnerung an Grundsteinlegung und Weihe. In der Vorhalle ist noch der Bodenbelag mit vielfarbigen Fliesen erhalten. Das äußere, abgestufte Hauptportal flankieren die Steinfiguren der Apostel Petrus und Paulus (an deren Festtag der Grundstein gelegt wurde). – Sehr qualitätvolle Beispiele der (bis vor kurzem zu wenig gewürdigten) Goldschmiedekunst der Jahrhundertwende sind die laut Inschriften 1896 gestifteten, frei romanisierenden Abendmahlsgefäße und Taufgeräte, Arbeiten von Theodor Heiden, München.

Erstmals mit der Lukaskirche (und nur wirklich mit ihr) erreicht Münchens protestantischer Kirchenbau durch städtebaulich wirkungsvolle Situierung und weiträumige Ausstrahlung, Monumentalität des Baukörpers mit dem anspruchsvollen Kuppelmotiv sowie durch den aufwendigen, reich differenzierten Formenapparat, der die staufische Kaiserzeit beschwört, einen Höhepunkt repräsentativer Selbstdarstellung in bewusstem Wettbewerb mit

Lukaskirche, Altar

Lukaskirche, Gestühl

dem bis dahin allein dominierenden katholischen Sakralbau – die Dreiergruppe von Kuppel und Türmen ist durchaus mit der Theatinerkirche zu vergleichen. Schon wenig später erfolgt in der neuartig-unkonventionellen Erlöserkirche Theodor Fischers eine Wendung zu kleinmaßstäblich-intimer, bewusster Verinnerlichung.

Mariannenplatz 4. Das grundrissmäßig selbständige Haus mit eigenem Eingang in der linken Achse ist äußerlich Bestandteil des herrschaftlichen Mietshausblockes Steinsdorfstraße 10 (s. im Einzelnen dort; 1893–94 von Albin Lincke und Carl Vent; Bauherr Kommerzienrat Jakob Poelt). Die in sich asymmetrisch aufgeteilte neubarocke Fassade beherrscht, leicht von der Mitte nach rechts gerückt, der von einem Segmentgiebel abgeschlossene konsolengetragene Risaliterker mit plastischem Dekor, z. T. in Haustein (u. a. Initialen M P). Im Zweiten Weltkrieg ausgebrannt, danach wiederhergestellt (Dach 1947 wohl vorerst provisorisch durch Arch. Hans Fries). Tonnengewölbtes Vestibül mit hoher Differenztreppe, anschließend zweiläufiges Treppenhaus.

Mariannenplatz 4

Mariannenstraße

Kurze Verbindung zwischen Thierschstraße – Nordwestecke des Mariannenplatzes – und Adelgundenstraße; zum Namen vgl. Mariannenplatz.

Mariannenstraße 1. Im Zuge der magistralen Festlegung des Mariannenplatzes zugunsten einer Erbauung „eines solitären Prachtbaues" oder der Freihaltung als Platzanlage legte man 1877 auch den Verlauf der Mariannenstraße fest, als weitere west-östliche Verbindung zwischen der Adelgunden- und der ab 1890 schließlich zur Thierschstraße unbenannten vormaligen Fabrikstraße. Die Baulinien an der südwestlichen Ecke Adelgunden-/Mariannenstraße waren also im September 1877 fixiert. Abverkauf und Baugesuch erfolgten zügig, 1880 sind die Häuser Mariannenstraße 1 und 3 fertig. 1881 und 1882 folgten zunächst das die Fassadenfolge östlich abschließende Anwesen Thierschstraße 31 und als letztes das Haus Mariannenstraße 5.

Das Eckgebäude Mariannenstraße 1 wird seit alters her im Erdgeschoss als Gastwirtschaft genutzt. Die Geschosse darüber dienen der Wohnnutzung, vermittels des Hauseingangs in der östlichen Achse an der Mariannenstraße über eine doppelläufige Podesttreppe erschlossen. Das Haus erlitt im Luftkrieg erheblich Schaden, sein Dachgeschoss brannte vollständig aus, die Fassade an der Eingangsseite war bis zum Erdgeschoss herunter zerstört. Die Wiederherstellung nach dem Zweiten Weltkrieg nahm man nach den Plänen des Architekten Hans Fries für eine Altmünchner Brauerei vor. Wesentliche Gestaltungselemente des Neurenaissancebaus sind erhalten geblieben oder wiederholt worden. Das heute im Erdgeschoss als Gastwirtschaft genutzte Anwesen war als Erst-Wohnbebauung anstelle eines langen Schupfens zum Stehen gekommen und belegt noch heute anschaulich den Strukturwandel des Lehels in den 1870er Jahren. (1998 nahm man eine Instandsetzung des Treppenhauses vor.)

Der Abbruch der Häuser Mariannenstraße 3 und 5, die glimpflicher als Haus Nr. 1 durch den Weltkrieg gekommen waren, wurde 1972 von der Genehmigungsbehörde hingenommen und im Oktober 1974 ausgeführt; die zu dieser Zeit noch als geschlossene Zeile vorgelegene historische Bebauung ist damit aufgebrochen worden.

Mariannenstraße 2. Der unregelmäßige Baublock zwischen der abknickenden Adelgundenstraße im Westen, der Mariannenstraße im Norden sowie der Thierschstraße im Osten war vom Magistrat 1888 aligniiert worden, im Zusammenhang des Gesuchs der Baumeister Rudolf und Ferdinand Schratz zur Erbauung der monumentalen Dreiergruppe Thierschstraße 25/27/29 (s. dort; die Fassaden, von der Künstlerkommission eifrig beraten, bilden den westlichen Abschluss des Mariannenplatzes, für den die städtischen Gremien eine entsprechend repräsentative Bauweise einforderten). Die genannten drei Mietshausbauten waren in einem Jahr, 1889, als erste Gebäude in diesem Block westlich der späteren St.-Lukaskirche entstanden; allein die Beachtung der äußeren Kubatur legt die bauzeitliche Anmutung einer Großbaustelle nahe, und darüber hinaus wird die ökonomische Spannkraft großer Baufirmen in dieser Phase der Stadtentwicklung Münchens deutlich. Auch die westlich an die Dreiergruppe Thierschstraße 25/27/29 anschließenden Parzellen befanden sich im Eigentum der Familie Schratz. In einem Zug ließ 1892–93 Ferdinand Schratz von Alois Barbist Mariannenstraße 2 sowie das westlich benachbarte Eckhaus Adelgundenstraße 6 (s. dort) planen und erbauen. Ein Hauszugang, mit hohem Scheitel rundbogig geschlossen, führt in der östlichen Achse zum rückwärtigen Treppenhaus, das ohne eigenen Ausbau mit einer doppelläufigen Stiege mit Podesten eine Wohnung je Etage erschließt (gemäß Eingabeplan). Die Gebäudetiefe bedingte einen traditionellen Grundriss mit südöstlicher Einklinkung der rückwärtigen Grundlinie und den Zwang zur Bewältigung von Dunkelzonen. Das Nebeneinander der Nordfassade des benachbarten Prachtbaus Thierschstraße 29 (s. dort) mit der Fassade von Mariannenstraße 2 verdeutlicht nicht nur hinsichtlich der erreichten absoluten Bauhöhe die Verschiedenheit der Ansprüche: Den späteren und im Blick auf die Gestaltung des Mariannenplatzes nachgeordneten Bau kennzeichnet ein Hochparterre, jedoch niedrigere Antrittshöhe als beim Nachbargebäude, sowie eine hervorhebende Instrumentierung der Fassade (Streifenrustika auch vor dem 1. Obergeschoss), jedoch gediegener als bei Thierschstraße 29, auf kolossale Gliederungselemente wurde verzichtet. Gängig rhythmisierte Barbist die Fassade durch Eng- und Weitsetzung der Achsen, verdachte im 2. Obergeschoss Fenster paarweise mit Giebelformen, die auch bei Thierschstraße 25/27/29 Verwendung fanden; die Segmentbogenfenster des 3. Obergeschosses betonte er mit Agraffenmotiven in Scheitelhöhe. Zugunsten ruhiger Flächigkeit wurde auf eine echte Durchbildung der Straßenseite verzichtet, in Abschwächung der aufgeladenen Nachbarbauten nur mehr akzentuierend neubarock anverwandelt. (Die Struktur des Erdgeschosses unterzog man 1967 und 1978 einigen Anpassungen, 1990–91 nahm man die Instandsetzung der Fassade sowie der Fenster vor.)

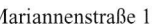

Mariannenstraße 1

Mariannenstraße 2

[**Marienhof** (sogenannter). Das völlig unhistorisch wie euphemistisch heute als Marienhof bezeichnete Gelände nördlich des Neuen Rathauses gehörte bis zu den Zerstörungen im Zweiten Weltkrieg zu den am dichtesten bebauten, von sehr schmalen Gassen durchzogenen Bereichen der Altstadt. Der größte Teil der rund 110 x 95 m großen Freifläche liegt innerhalb des ältesten Stadtkerns aus dem 12. Jh., lediglich der nördliche Randbereich gehört der Stadterweiterung aus dem späten 13. und frühen 14. Jh. an. Die älteste Stadtbefestigung durchquerte das Quartier in leichter Schrägführung von Ost nach West zwischen der ehem. Gruft- und der Schrammerstraße. Auf Sandtners Stadtmodell von 1570 ist noch ein Rest der einstigen Stadtmauer im Anschluss an die damalige Gruftkirche zu sehen. Stadtpläne von 1806/12 (Consoni, Schleich) zeigen noch zwei damals nicht überbaute Abschnitte des Stadtgrabenbaches an der Außenseite der früheren Mauer. An den beiden den „Marienhof" begrenzenden Nord-Süd-Achsen der Altstadt-Nordhälfte, der Weinstraße im Westen und der Dienerstraße im Osten, waren die Tortürme der ältesten Stadtbefestigung auch nach der Stadterweiterung noch jahrhundertelang erhalten geblieben: im Westen das Hintere Schwabinger Tor (nach Oestreich 1949; später Wilbrechts- oder Schaffelturm genannt) bis 1691 (Abbruch zugunsten des Englischen Institutes) und im Osten das Vordere Schwabinger Tor (später Muggenthaler-, Krümleins- oder Laroséeturm genannt) bis 1842. An der Südseite der den Marienhof südlich begrenzenden Landschaftsstraße standen bis zum Bau des Neuen Rathauses (1867–1909 in drei Bauabschnitten, s. Marienplatz 8) zahlreiche Einzelhäuser. Ihren Namen hat die Landschaftsstraße von dem einstigen Sitz der Landstände an der Stelle des Rathaus-Ostteiles (noch früher hieß sie Kloibergasse). Landschafts- und Gruftgasse waren seit dem 16. Jh. durch eine kurze Quergasse, die Nördliche Kloiber- oder Landschaftsgasse verbunden.

Marienhof, ehem. „Englischer Hof" an der Dienerstraße

Das z. T. schon zuvor städtische Gelände des Marienhofes wurde nach dem letzten Krieg von der Stadt vor allem unter dem Gesichtspunkt einer möglichen späteren Rathauserweiterung erworben. Um eine gerade Verkehrsverbindung zwischen Maffeistraße und Hofgraben herzustellen, wurde 1956/57 die Schrammerstraße nach Norden verschwenkt, sodass die annähernd rechteckige, platzartige Form des Marienhof-Geländes entstand, die in der Folge beim Wiederaufbau der Altstadt ausgespart blieb. Sowohl die unhistorische Freifläche wie der nach Verlegung der Schrammerstraße nicht mehr ablesbare Verlauf der ältesten Stadtbefestigung sind als gravierende Störungen im Altstadtgefüge anzusehen.

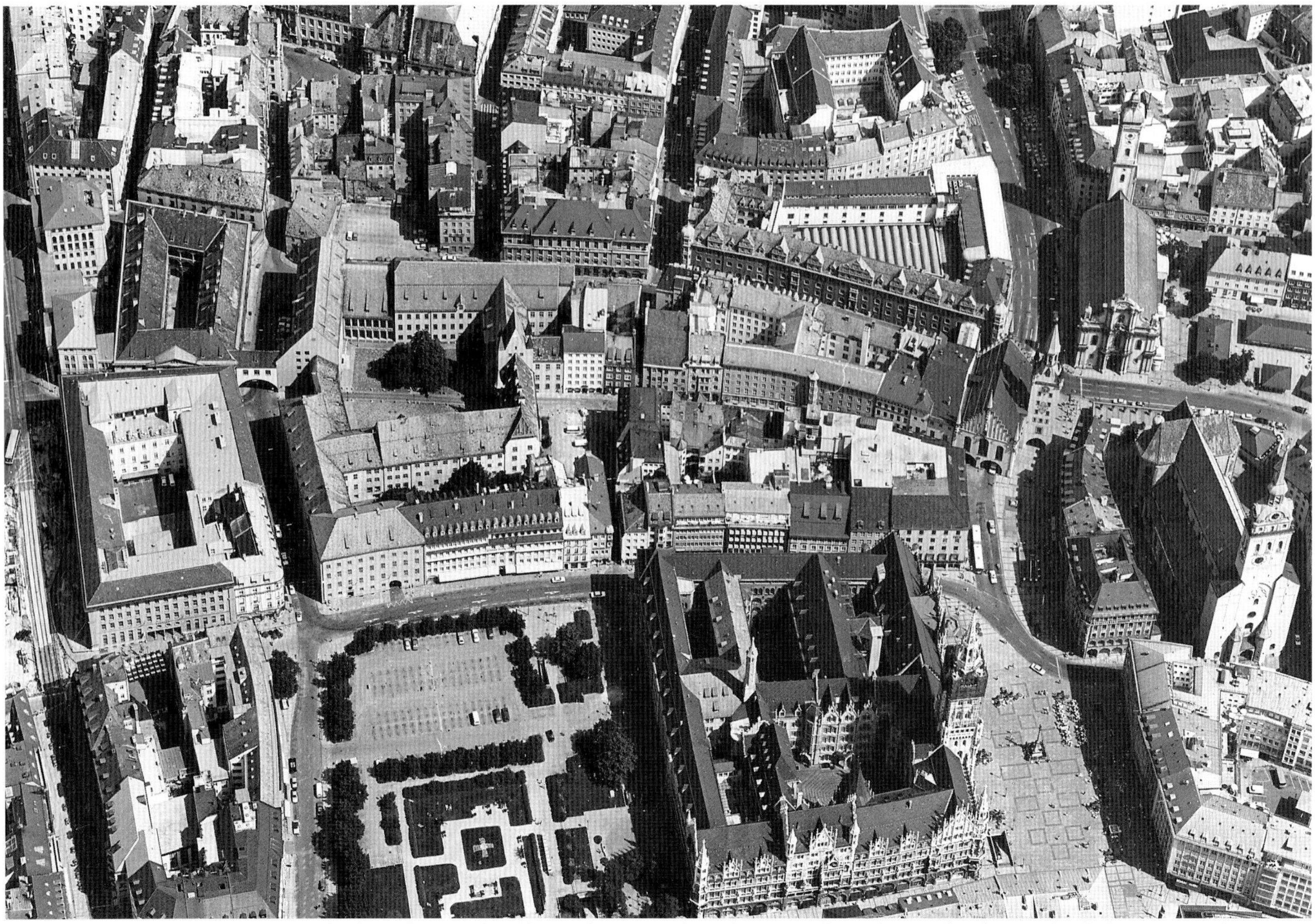

Marienhof (unten Mitte) nach Osten, darüber Dienerstraße, Alter Hof, Burg- und Sparkassenstraße, rechts Marienplatz; Luftaufnahme von 1983

Der durch die erwähnte kurze Quergasse geteilte lang gestreckte Block zwischen Landschafts- und Gruftstraße gehörte zu den historisch bedeutsamsten, vielschichtigsten Bereichen des ältesten Stadtkerns. Hier, an der Innenseite der ältesten Befestigung, befand sich seit etwa 1210 das *Judenviertel* bis zum Pogrom am 12. Oktober 1285 bzw. der Ausweisung der damals nur noch wenigen Juden aus München durch Albrecht III. um 1440. Unter Verwendung der z. T. unterirdischen Reste der Synagoge, die der Herzog 1442 seinem Leibarzt Johann Hartlieb überlassen hatte, ließ dieser die *Gruftkirche* errichten, in der zwei Vesperbilder – die große, heute in Salmdorf (Lkr. München) befindliche Pietà aus dem 14. Jh. und eine kleinere Gruppe des frühen 16. Jh. in Grafrath – viel verehrt wurden. Kirche (Ober- und Unterkirche) und Grufthaus, in der Folge „Neustift" genannt, kamen 1494 an die Benediktinerabtei Andechs, mit der zusammen sie 1803 säkularisiert wurden. Bald danach wurde die im mittleren 18. Jh. umgebaute Gruftkirche abgebrochen. Auf dem zunächst privaten Areal des ehem. Neustifts entstand um 1867 das Kgl. Amtsgericht (oder Stadtgericht; 1922 von der Stadt erworben).

Westlich anschließend, mit Hauptfront an der Weinstraße (Nr. 13), entstand ab 1690 als Stiftung des Kurfürsten Max Emanuel nach Plänen von Hofbaumeister Henrico Zuccalli der vierflügelige Barockkomplex des *Instituts der Englischen Fräulein* (Kloster und Schule, samt Kapelle im Osttrakt). Seit seiner Gründung 1627 durch Maria Ward persönlich war das Münchner Institut als Sitz der Generaloberin ein Zentrum des Ordens. Ein Stich von Michael Wening (um 1700) zeigt den einfach gegliederten, aber monumentalen Klosterbau mit prunkvollem Hauptportal im überhöhten Mittelbau an der Weinstraße. Nach der Aufhebung 1808 wurde der Komplex bis 1812 als Innenministerium (ab 1827 Sitz der *Polizeidirektion*) in klassizistischen Formen umgebaut, die Fassaden im Wesentlichen nach Plänen Karl von Fischers umgestaltet; die Bauleitung hatte bis 1810 Nikolaus Schedel von Greifenstein, dann Emanuel Joseph von Herigoyen. Die Kriegsruine wurde 1948 abgebrochen. – Im Osten grenzte an das Gerichtsgebäude von 1876, dessen spätklassizistische Fassade der des Polizeigebäudes angepasst war, der stattliche, mehrere Bürgerhäuser ersetzende *„Englische Hof"* mit Hauptfront an der Dienerstraße (Nr. 11). Seit dem Ankauf durch einen Weinwirt („Zur blauen Traube") war er eines der führenden Hotels in der Altstadt, wurde 1850 durch den Gärtner-Schüler Anton von Braunmühl um- bzw. weitgehend neu gebaut und 1899 nochmals verändert (seit 1922 städt. Verwaltungsgebäude). Die viergeschossige Hauptfront mit zwei von Treppengiebeln überragten Eckrisaliten und prächtigen Dachgauben war ein Hauptbeispiel profaner Neugotik in München und korrespondierte im Stadtbild mit dem Neuen Rathaus weiter südlich.

Marienhof, ehem. Institut der Englischen Fräulein; Kupferstich von Michael Wening, um 1700

Zu den gestalterisch bemerkenswerten Bauten im Bereich Marienhof gehörte weiters das zwischen Rathaus und Polizeidirektion gelegene, palastartig proportionierte Wohn- und Geschäftshaus *Weinstraße 14*, im 18. und frühen 19. Jh. Wohnheim für bedürftige Kinder (unter Leitung der Englischen Fräulein) bzw. Röhrl-Spauersches Mädchen-Erziehungsinstitut, 1898 umgebaut, mit wohl neubarock umgestalteter Fassade.

Die nach 1945 wieder geschlossene Bebauung der den „Marienhof" begrenzenden „Platzwände", die sichtlich nicht diesem städtebaulichen Anspruch gerecht werden und auch nicht unter diesem Gesichtspunkt gestaltet wurden, enthalten nur noch teilweise historische Substanz (s. Dienerstraße 14–18, Weinstraße 11, die Eckhäuser Residenzstraße 2 im Nordosten und Theatinerstraße 7 im Nordwesten). Vom Neuen Rathaus ist gerade die den Marienhof südlich abschließende Rückfassade nach schweren Kriegsschäden stark vereinfacht wiederhergestellt worden.

Der Kontrast zwischen der für den Augenschein geschichts- und seit Jahrzehnten auch gestaltlosen Leerfläche und ihrer reichen Geschichtlichkeit ist extrem. Kennzeichnend für das Quartier war die dichte Textur einer individuellen kleinteiligen Bebauung; dazu steht eine gesuchte künftige „Gesamtlösung" fast notwendig im Widerspruch. Die bisherigen Wettbewerbe sowie Bebauungs- und Begrünungsvorschläge erbrachten denn auch keine überzeugenden, der Altstadtstruktur angemessenen Lösungen. Im Zusammenhang mit dem zweiten S-Bahntunnel sind weitere umfassende unter- und oberirdische Umbau- und Gestaltungsmaßnahmen zu erwarten.

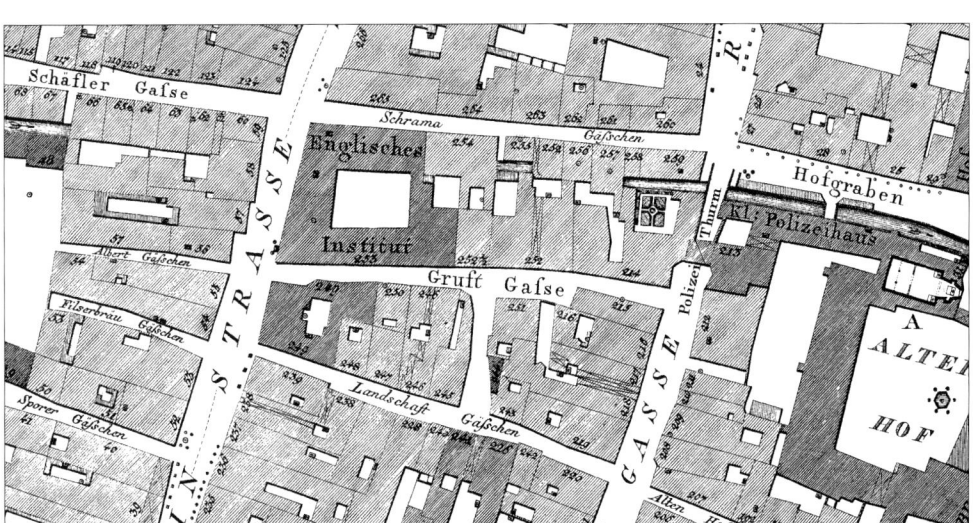

Marienhof-Bereich; Ausschnitt aus dem Stadtplan von J. Consoni, 1806 ▷

Marienhof, Blick von Südwesten; Aufn. 2008

Marienhof, Blick von Nordosten; Aufn. 2008

Marienhof; Übersichtsplan von 1989 und 2002/03 mit Kartierung der Baubefunde

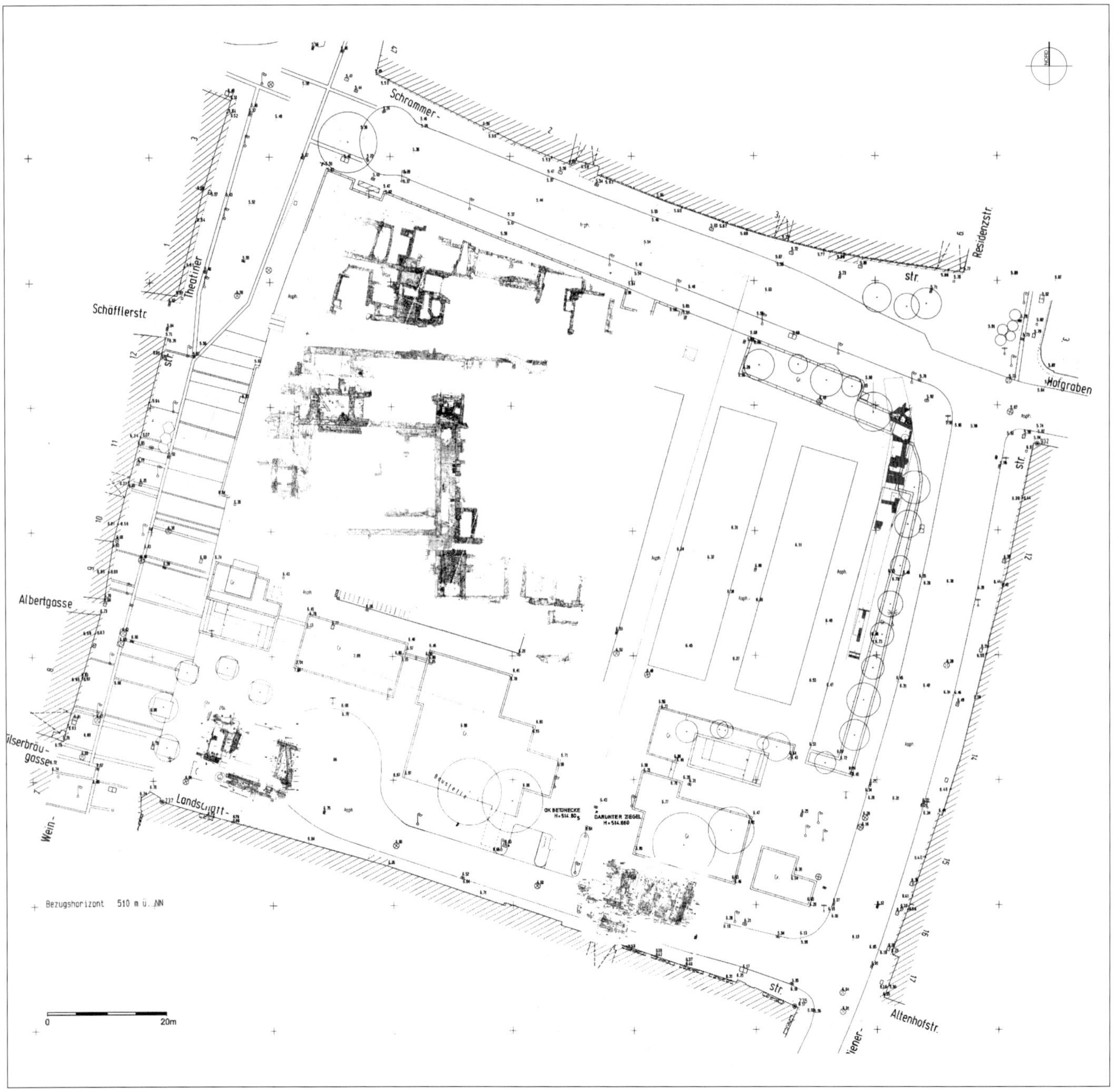

Für die archäologische Forschung ist das Gelände seit der Unterquerung durch die Nord-Süd-U-Bahn (um 1970) weitgehend unergiebig. Im Vorfeld einer beabsichtigten Tiefgaragenplanung wurden 1989 durch die Abteilung Bodendenkmalpflege des Bayerischen Landesamtes für Denkmalpflege auf einer Fläche von 60 zu 60 m im Nordwestbereich Grabungen vorgenommen, über deren Ergebnisse u. a. in JBD 43/1989 (erschienen 1994) berichtet wurde. Festgestellt wurden u. a. ein Abschnitt des Verlaufs der ältesten Stadtmauer samt Stadtgrabenbach, geringe, nicht eindeutig bestimmbare Baureste im Bereich der ehem. Synagoge bzw. Gruftkirche samt Umgebung sowie ein Komplex von Kellern vom Spätmittelalter bis zum 19. Jh. südlich der Schrammerstraße mitsamt zwei Brunnenschächten (s. Abb. S. XXXIX).]

ARCHÄOLOGISCHE BEFUNDE: Untertägige Reste spätmittelalterlicher und frühneuzeitlicher Bebauung (Fundst.-Nr.: 7835/0250, 7835/345, 7835/0346, 7835/0347). Das ursprünglich dicht bebaute Areal, zu dem auch das Institut der Englischen Fräulein gehörte, wurde im Krieg zerstört und nicht wieder überbaut. Beim U-Bahnbau wurde Teile des südlichen Bereiches teilweise total zerstört. Bei den 1989 durchgeführten bauarchäologischen Untersuchungen (s. oben) kamen verschiedene Hausfundamente, teilweise mit Brunnen, vom späten Mittelalter bis zum Zweiten Weltkrieg zum Vorschein. In Gruben und Brunnen stieß man auf eine große Anzahl von Kleinfunden, darunter Haushaltsware, Importkeramik und Glas. Im Grabungsbereich befanden sich auch Reste des ältesten Stadtgrabens. In den Profilen ließ sich das langsame Zufüllen des Stadtgrabens bis zum Bau der Kanalisation im 19. Jh. ablesen. Möglicherweise wurde die Stadtmauer gleichzeitig mit dem Graben angelegt. Die ersten Holzbefunde der ehemaligen Uferbefestigung des Stadtgrabens wurden später durch eine Stein- und Holzkonstruktion ersetzt. Ab der zweiten Hälfte des 16. Jh. erfolgte die völlige Überbauung des Baches; zunächst durch Erhöhung der Tuffsteinmauer und anschließend mit der Überwölbung des Baches mit einer Ziegeltonne. Ferner konnte der zum jüdischen Gebetshaus des 14./15. Jh. gehörende Brunnen im Bereich der ehemaligen Gruftstraße 1 lokalisiert werden. Die Synagoge wurde in den 40er Jahren des 15. Jh. zur Gruftkirche umgebaut, später als Neustiftskirche bezeichnet, und für den Neubau des königlichen Amtsgerichts abgerissen. Die Verlegung von Fernwärmeleitungen erforderte 2002 auf der Ostseite des Marienhofes baustellenbegleitende archäologische Untersuchungen, bei denen Fundamente des 12./13. Jh. freigelegt wurden. Im Vorfeld der Erweiterung des U-Bahnsteiges 2002–03 in der Südwest- und Südostecke des Marienhofes fanden abermals baubegleitende archäologische Untersuchungen statt. Dabei kamen ebenfalls Fundamente des 12./13. Jh. zutage.

Marienhof (ehem. Theatinerstraße 52), Haushaltskeramik, Ofenkacheln und Spardose des späten 14./frühen 15 Jh.

Marienhof, Keller der ehem. Bebauung an der Nordseite der Landschaftsstraße

Marienhof, Fundamente der ehem. Bebauung auf der Westseite der Dienerstraße

Marienhof, spätmittelalterlicher Fundamentrest aus Kieseln und Ziegeln nördlich der Landschaftsstraße

Marienplatz; Kupferstich von Matthäus Merian, 1644

Marienplatz

(Vgl. Ensemble Altstadt München.) Der Markt oder auch Platz schlechthin, seit dem 18. Jh. nach seiner signifikantesten Nutzung Schrannenplatz genannt, erhielt nach Verlegung des Getreidehandels in die neue Schrannenhalle an der Blumenstraße 1854 offiziell den Namen Marienplatz, primär als Standort der Mariensäule sowie aktuell zum Dank für das Ende der Cholera-Epidemie (in weiterem Sinn gewiss auch gemäß der im Jahre der Verkündigung des Dogmas von der Unbefleckten Empfängnis verbreiteten religiösen Stimmungslage). Innerhalb sowohl der leoninischen wie der seit dem mittleren 13. Jh. erweiterten Stadt war der Markt exzentrisch am Ostrand situiert, entsprechend der durch Anlehnung an die Isarterrassenkante bedingten Abflachung des ältesten Stadtovals wie auch der halbkreisförmigen Stadterweiterung; durch die keilförmig-schmale Stadterweiterung auch nach Osten durch Anlage des straßenmarktartigen Tals rückte der Markt auch geometrisch in die Mitte. Seiner Form nach bildet er eine planmäßige, einseitige Norderweiterung der bedeutungsmäßig dominierenden, die Stadt in Ost-West-Richtung durchziehenden „Salzstraße", an den beiden Schmalseiten tangiert von den ursprünglich sekundär wichtigen Nord-Süd-Verbindungen – westlich der Weinstraße (nach Norden) bzw. der Rosenstraße (nach Süden), östlich der Dienerstraße (nordwärts) bzw. vom Rindermarkt, dessen früher sehr schmaler Anfangsteil bis St. Peter, der ältesten, bis 1271 einzigen Pfarrkirche, im späteren 18. und im 19. Jh. „Schleckergässchen" genannt wurde (so auf dem Consoni-Stadtplan 1806). An das

Marienplatz und St. Peter; Stadtmodell von Jakob Sandtner, 1570

ziemlich regelmäßige Rechteck des Platz-Hauptteiles (Fläche ca. 115 x 50 m) schließt ostwärts ein durch die vorgerückte nordseitige Bebauung schmälerer, leicht schräg abgebogener Platzteil (ehemals Eier- und Kräutlmarkt) an, abgeschlossen vom Alten Rathaus und dessen Turm, dem ehem. Talburgtor der ältesten Stadtbefestigung, auch in der Folge der einzigen Verbindung zum Bereich um das Tal bis zu den Verkehrsdurchbrüchen unter dem Saalbau des Alten Rathauses (1877, 1934). Von diesem östlichen, kleineren Platzbereich zweigt nordseitig die zum Alten Hof führende Burgstraße ab (nach Vermutung von Stahleder 1995 im Zuge eines alten Fernstraßenverlaufs, der durch die Hofhaltung blockiert und auf die Trasse Dienerstraße/Residenzstraße verlagert wurde). Mit der Münchner Platzbildung am ehesten vergleichbar ist der gleichfalls als nordseitige Erweiterung der „Salzstraße" konzipierte (ursprünglich ebenfalls z. T. bebaute) Markt in Mindelheim, auch der – eher zum quadratischen Format tendierende – Marienplatz (früher Haupt-, dann Schrannenplatz) in Freising.

Der zentrale Platz vereinigte zu allen Zeiten Verkehrs- und Handelsfunktionen mit solchen des öffentlichen Lebens. Für die all-

Marienplatz, Altes Rathaus und Talburgtor; Kupferstich von Michael Wening, 1701

gemeine Versorgung am wichtigsten waren die Wochenmärkte. Der überregional bedeutende Getreidehandel, die Schranne, vorwiegend im Nordwestbereich konzentriert (vgl. Ansicht von Wening um 1700: Getreidesäcke westlich und nördlich der Mariensäule), beanspruchte zuletzt die ganze Platzfläche (vgl. Ansicht von K. F. Heinzmann, 1836); Schrannentag war der Samstag, bis 1806 auch der (zuletzt immer weniger frequentierte) Dienstag. Der besonders in der Fastenzeit wichtige Fischmarkt, an den heute noch der erneuerte Fischbrunnen (s. dort) im Nordosten erinnert, wurde 1831 auf den Viktualienmarkt verlegt (wo sich die Versorgungsmärkte seit Anfang des 19. Jh. sukzessive sammelten). Der Weinhandel, dank hohen Konsums von hoher Bedeutung bis ins 17. Jh., ist im Namen der Weinstraße noch präsent. Der Vogelmarkt war im Westen um den sog. Vogelbrunnen (vor Haus Nr. 1) konzentriert. Der schmalere Ostteil des Platzes ist auf Wenings Ansicht von 1701 als „Kreütl Marckh" bezeichnet; südlich der Ost-West-Fahrbahn dominierten die Gärtner und Kräutler, nördlich die Eier- und Geflügelhändler (Eiermarkt). Der seit 1972 auf dem Marienplatz veranstaltete Christkindlmarkt hat Vorläufer (u. a. die Nikolausdult) an anderen Standorten.

Wegen der geringen Platzfläche waren vielfältige Markt-Sonderfunktionen andernorts angesiedelt, u. a. auf dem Rindermarkt (mit dem Grundriss eines gebogenen spindelförmigen Straßenmarktes); die sonst gewöhnlich am Markt platzierten Einkehrgasthöfe samt Fuhrwerksstellplätzen flankierten in München das straßenmarktförmige Tal.

Marienplatz; Kupferstich von Michael Wening, 1701

Der Markt war zu allen Zeiten Stätte öffentlicher Veranstaltungen, Feste, Turniere (z. B. bei der Fürstenhochzeit 1568) und auch von spektakulären Hinrichtungen. Religiöse Feiern, Andachten und Umzüge nahmen seit Aufstellung der Mariensäule 1638 zu. Die Hauptwache war, bevor sie 1771 im Erdgeschoss des Eckhauses Nr. 1 (s. dort) und später (1870) im Neuen Rathaus ihr Quartier erhielt, in einer Hütte auf dem Platz-Westteil untergebracht (vgl. Ansicht von Wening um 1700).

Die mäßig große Platzfläche war ursprünglich durch freistehende Bauten weiter reduziert. 1294 zerstörten die Bürger die herzogliche Münze. Im Nordwestbereich stand das Rechtshaus (auch Ding- oder Brothaus genannt), mit den Brotbänken im Erdgeschoss, südlich davon im Bereich der ehem. Münze die nach ihrem Stifter, dem Ritter Ainwig Gollier, benannte, 1486 abgebrochene Gollierkapelle (vgl. Allerheiligenkirche am Kreuz). Ludwig der Bayer übertrug 1315 der Stadt die Zuständigkeit für alle Bauangelegenheiten am Markt; mit der Genehmigung zur Verlegung der bislang landesherrlichen Gebäude – Ding- oder Rechtshaus mit Brot- und Fleischbänken – wurde die sukzessive Freilegung der Platzfläche ermöglicht (neue Fleischbank s. Viktualienmarkt 2). Infolge der Bauordnung Kaiser Ludwigs von 1342 setzte sich allmählich der gewünschte Massivbau mit Ziegeldeckung durch. Wohl eher Platzmangel – Erweiterung der Verkehrs- und Verkaufsfläche – als Regenschutz veranlasste die Anlage von Erdgeschoss-Arkadengängen (vgl. die Ansichten von Merian und Wening), doch wurde der freie Durchgang, wie die Ansichten zeigen, mehrfach durch die z. T. vor der Baulinie ansetzenden Treppenanfänge der einläufigen

„Himmelsleitern" unterbrochen, die Arkadenöffnungen vielfach (vor allem an der Südseite) von den vorkragenden knappen Schutzdächern der Verkaufsstände und -läden überschnitten. Noch auf dem Consoni-Stadtplan von 1806 sind die in der Folge zunehmend verbauten oder beseitigten Arkadengänge in der nördlichen wie südlichen Häuserreihe komplett eingetragen. Die den Platz einfassende Bebauung, geprägt durch die für München charakteristische wechselnde Vielfalt der Dachformen, ist zumindest hinsichtlich des Äußeren, beginnend mit Sandtners Stadtmodell von 1570, mitsamt den Änderungen der jeweiligen Zeitphasen reichlich dokumentiert. Wie das Modell von 1570 verdeutlicht, war die Bebauung um den Markt bzw. überhaupt im Oval des ältesten Stadtbereichs, Wohnsitz der im Inneren Rat vertretenen Geschlechter, dichter und höher als in den Erweiterungsgebieten; die Vielgeschossigkeit weist insbesondere die Südseite als bevorzugte Lage aus.

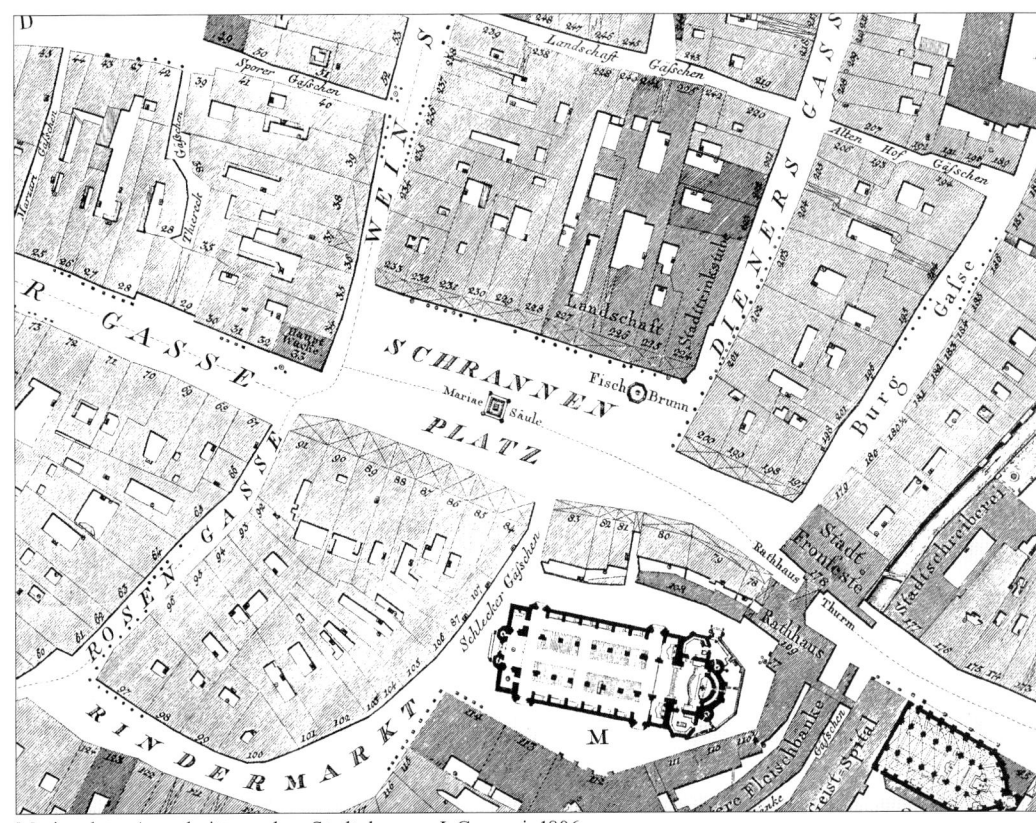

Marienplatz; Ausschnitt aus dem Stadtplan von J. Consoni, 1806

Marienplatz, Blick nach Osten; Aufn. vor 1898

Das (Alte) Rathaus (s. Marienplatz 15; größere Baumaßnahmen 1392/94 erwähnt) wurde am schmalen östlichen Ende des Marktes zu Seiten des Talburgtorturmes angesiedelt, der stattliche übergiebelte Block des bestehenden Saalbaues (1470 ff.) nordseitig, das im Luftkrieg vernichtete sog. Kleine Rathaus mit den Sitzungs- und Amtsräumen (zuletzt neugotisch überformt) südlich. Die gesamte nördliche Häuserreihe zwischen Wein- und Dienerstraße – ursprünglich elf im Lauf der Zeit z. T. vereinigte Parzellen, mit als „lichte Bögen" bezeichneten Arkaden (Sonnenseite) – wurde 1867–74 (Osthälfte) und 1899–1908 (Westhälfte) durch den seitdem einseitig den Platz dominierenden neugotischen Monumentalbau des Neuen Rathauses ersetzt; s. – auch zur Vorbebauung – Marienplatz 8. Das ehemalige Haus Nr. 5 (das dritte von Westen in der Nordreihe, etwa im Bereich des heutigen Rathausturmes) war der Gasthof zur Goldenen Krone, (nach ungewisser Überlieferung) 1632 Quartier des Schwedenkönigs Gustav Adolf. Weiter im Osten stand vom 16. Jh. bis 1864 das Ständehaus; das angrenzende östliche Eckhaus (ehem. Nr. 10) war die Ratstrinkstube.

Der den schmaleren Ostteil des Platzes vor dem Alten Rathaus nördlich begrenzende Block zwischen Diener- und Burgstraße bestand ursprünglich aus vier bzw. fünf Anwesen mit Erdgeschosslauben (Nr. 11, 12, Doppelhaus 13, 14), war somit gestalterisch in sich differenziert und wurde beidseitig (schon auf dem Stadtmodell 1570) von zwiebelhaubenbekrönten Eckturmerkern begrenzt; deren westlicher gehörte zu dem stattlichen, burgartigen Eckhaus Nr. 11, an das sich nördlich an der Dienerstraße ein sechsgeschossiger, erhöhter Bauteil vom Typus mittelalterlicher Geschlechtertürme anschloss. Dieses im Platzbild stark hervortretende Eckgebäude, 1861 von Max Kuppelmayr für den Kaufmann Adam Herdy gotisierend überarbeitet, wurde 1912/13 mitsamt Nr. 12 durch einen Neubau ersetzt. Bereits 1908 hatte Karl Stöhr – vorerst nur für Nr. 11 – im Auftrag des Fabrikanten Ferdinand Schaitler jun. ein Wohn- und Geschäftshaus geplant, zu dem Gabriel Seidl 1909 die Fassadengestaltung entwarf. Der erst

Marienplatz, ehem. Onophrius-Haus (sog. „Finstere Bögen"); Zeichnung 19. Jh.

1912/13 von Heilmann & Littmann unter Begutachtung von G. Seidl ausgeführte Neubau bezog sich großenteils auf dessen Vorentwurf von 1908; das wesentliche Züge der historischen Vorbebauung wie den polygonalen Eckerker mit Turmzwiebel oder den turmartig erhöhten Nordteil aufnehmende markante Eckgebäude enthielt über dem vornehmen, am 1. Oktober 1912 eröffneten „Café Rathaus" Büroetagen. Das 1954 an der Stelle der zerstörten Häuser Nr. 11/12, 13 und 14 unter Zurücknahme der Baulinie neu erbaute Kaufhaus Ludwig Beck (Arch. Georg Henneberger; heute Nr. 11, mit 2007 umgestalteten Fußgängerarkaden) lässt als massiger, einheitlicher Block mit (nachträglich noch erhöhtem) Walmdach trotz altmünchnerisch gemeintem Fassadenschmuck von Max Lacher das benachbarte Alte Rathaus etwas kleinmaßstäblich erscheinen. Dem Kaufhaus-Neubau Beck einverleibt wurden auch die auf das ehem. Doppelhaus mit dem Café Rathaus östlich folgenden, ebenfalls kriegszerstörten Anwesen mit der alten Nr. 13 (auf Sandtners Stadtmodell 1570 zwei viergeschossige Traufhäuser mit Ohrwascheln und gemeinsamem mächtigem Dach; zuletzt fünfgeschossig mit sieben Achsen breiter, reich stuckierter Fassade, seit 1859 Café Perzel) und das schmale fünfgeschossige Eckhaus Nr. 14 an der Burgstraße mit nur zwei Fensterachsen zum Platz (1570 mit Kuppelerker an der Ecke als Pendant von dem an Nr. 11), mit Café Greif.

Die südseitige Bebauung – mit den „Finsteren Bögen" (Schattenseite) im Erdgeschoss – war wie die gegenüberliegende zweigeteilt, vom schmalen Nordende des Rindermarktes (zugleich Zugang zur Peterskirche) unterbrochen. Die Häuserreihe am unteren Markt, zwischen dieser Zäsur und dem (Alten) Rathaus im Osten, war, da rückseitig (im Süden) vom Petersplatz begrenzt, von geringer Tiefe, d. h. ohne die dem Normaltypus entsprechende Möglichkeit zur Entwicklung von Rückgebäuden. Nach den Tuchläden im Erdgeschoss wurde die Reihe „Unter den Wat-

Marienplatz, Blick von der Frauenkirche; Aufn. 1930

Marienplatz, Ostseite; Aufn. 1945

Marienplatz, Ostseite; Aufn. 1975

mangern" (und ähnlich) genannt; im letzten Zustand (vor dem Luftkrieg) von Osten, im Anschluss an das 1892 von Hans Grässel neugotisch überformte Alte Rathaus (Nordfassade von Petersplatz 3, mit Wandbild des Ritters Ainwich Gollier): Nr. 16 (Gollierhaus) zuletzt Sitz des Stadtarchivs, neugotisch 1890 von Karl Hocheder; Nr. 17 (Onuphriushaus) Neubau 1889–91 von Gabriel Seidl in deutscher Renaissance; Nr. 18 Neubau 1896/97 von Max Ostenrieder als eigenes Wohn- und Geschäftshaus in exzentrischen, malerisch-gotisierenden Formen, die rechte Achse als (weiterhin begehbare) Überbauung eines alten Durchgangs (sog. Pfaffengässchen) zum Petersplatz. Die Gruppe Nr. 19/20/21, mit besonders vielgestaltiger Dachlandschaft (vgl. Sandtner-Stadtmodell 1570 und noch Baumgartner 1805, T. XXX), wurde in der Biedermeierzeit schlicht fünfgeschossig-traufständig erneuert; das Eckhaus Nr. 21 (s. dort) von 1911 ist allein von der gesamten Südseite noch erhalten.

Marienplatz nach Kriegsschäden; Aufn. um 1946

Die Bürgerhausreihe zwischen Rindermarkt und Rosenstraße, ursprünglich acht Parzellen, war, wie schon das Stadtmodell von 1570 anschaulich macht, bis ins 18. Jh. die mit durchschnittlich vier Obergeschossen stattlichste in der Altstadt, gestalterisch meist in Barock und Frühklassizismus überformt und zuletzt – unter Verbreiterung der einmündenden Straßen – von Neurenaissance-Eckhäusern mit Kuppelturmerkern gerahmt. Die Baulinie war etwas hinter die der (leicht gebogenen) östlichen Gruppe Nr. 16–21 zurückgesetzt, sprang aber deutlich über die Südseite an der Kaufingerstraße vor, sodass das Platzbild an seiner Südwestecke geschlossener wirkte im Vergleich mit der heutigen, ausgeweiteten Situation mit dem Kaufhof als Blickfang. Die Ecken des einstigen Hauses Nr. 29 und des noch bestehenden Baus Nr. 1 lagen – überdies noch in Nord-Süd-Richtung gleich fluchtend – ziemlich nahe beieinander, die Einmündung der Kaufingerstraße war stark eingeengt. – Zustand vor dem Luftkrieg, von Osten: Nr. 22 Neurenaissance-Eckhaus von 1898 (Abbruch 1955), mit Eckturmerker gleich dem (breiteren) Vorgängerbau, einem Pultdachhaus (Halbgiebel zum Platz) mit gotischen Arkaden. – Nr. 23 und 24 in frühklassizistischer Redaktion, beide mit zurückgesetztem Dachgeschoss (ähnlich dem auf dem Warschauer Ring vorherrschenden Haustyp). – Nr. 25 (auf Stadtmodell 1570 mit Pultdach, das mit dem von Nr. 26 einen gemeinsamen Giebel bildete) mit Neurenaissance-Fassadengestaltung von Albert Schmidt, 1874. – Nr. 26 (Gaststätte zum Ewigen Licht, nach der Tradition Geburtsstätte der Weißwurst 1857) reich stuckierte Rokokofassade, Umbau 1881 durch Lorenz Gedon, 1901 Umbau (Hotel Peterhof) durch Heilmann & Littmann unter Einbeziehung (Erweiterungsbau) von Nr. 27, das eine angepasste Neurokokofassade mit Schweifgiebel erhielt (Vorgängerbau frühklassizistisch gegliedert). – Nr. 28 Barockfassade des 18. Jh. mit Schweifgiebel. – Nr. 29 (auf Stadtmodell 1570 mit Nr. 27 zusammen platzseitig mit nach innen geneigtem Pultdach) platzseitig auf eine Achse verschmälerter, daher grundrisslich origineller Geschäfts- und Wohnhaus-Neubau, Neurenaissance, mit Eckturmerker, 1891 von Dietrich und Voigt.
Platz-Westseite s. Marienplatz 1 (mit Hauptwache von 1771 bis 1864) und 2.
Durch die Standortwahl des Neuen Rathauses und die Citybildung im Umfeld blieb der Marienplatz der zunehmend verkehrsüberlastete Stadtmittelpunkt bis heute, von Straßenbahngleisen in Ost-West-Richtung überquert von 1888 bis 1968, in Nord-Süd-Richtung (Weinstraße–Rindermarkt) von 1905/07 bis zur Einstellung 1934 (tagsüber) bzw. 1944 (Gleisabbau 1951/52). Den Luftkrieg überstanden die Baumasse des Neuen Rathauses (mit schweren Teilschäden) und die Umfassungsmauern des Saalbaues des Alten Rathauses (die Turmruine wurde noch 1944 abgetragen), ferner im Westen teilweise das dann wiederhergestellte Eckhaus Nr. 1 sowie an der Südseite die benachbarten

Marienplatz, Südseite zwischen Rindermarkt und Rosenstraße

Marienplatz, Westseite

Eckhäuser zu Seiten des Rindermarktes Nr. 21 (bis heute) und 22, das in der Folge abgebrochen wurde wie auch die in voller Höhe erhaltene Ruine des „Peterhofs" (Nr. 26/27). Die sehr verschiedenartigen Wiederaufbauvorschläge und -konzepte der ersten Nachkriegsjahre, die z. T. große Platzerweiterungen und den Abbruch des Alten Rathauses vorsahen, teilweise im Zusammenhang mit dem (im Ergebnis mit Enttäuschung aufgenommenen) städtebaulichen Ideenwettbewerb von 1948/49 entstanden (vgl. BM, Jg. 46/1949), hatten in der damaligen Notzeit kaum Realisierungschancen. Nach der Schutträumung auf dem Südareal zwischen Rindermarkt und Rosenstraße, wo im Herbst 1949 die spektakuläre „Ramadama"-Aktion stattfand, wurde die gesamte Baulinie von Nr. 22 bis (ehemals) Nr. 29 1951 aus Verkehrsgründen um 9 m zurückgenommen, zugleich Rindermarkt und Rosental abermals verbreitert, sodass sich die Zahl der Anwesen dazwischen von acht im Wiederaufbau auf vier – noch dazu ungleich breite – verringerte und der Turm von St. Peter stärker ins Blickfeld rückte, aber auch die später mit dem Kauf-

hof-Neubau besetzte Ecke Kaufingerstraße/Rosenstraße. Im Osten bildet seit dem Verlust des Kleinen Alten Rathauses die Fassade der Heiliggeistkirche einen attraktiven optischen Hintergrund-Abschluss. Gesamtumriss und Binnenstrukturen wurden auch im Nordosten beim Neubau des Kaufhauses Beck (auf zuvor vier Parzellen) verändert.

Dem historischen Platzcharakter (vor den Neubauten des Historismus) am Nächsten kam der Innenstadt-Wiederaufbauplan Karl Meitingers von 1945/46. Der sukzessive individuelle Wiederaufbau (oder besser Neubau) der Privatanwesen am Platz in den 1950er Jahren erfolgte weder gemäß einem rekonstruierenden Gesamtkonzept (wie etwa in Warschau, Danzig oder Breslau) noch frei historisierend-homogen wie in Freiburg oder am Prinzipalmarkt in Münster, aber auch ohne eine überzeugende moderne Alternative zu setzen, und wurde somit in seinem Endergebnis dem Anspruch der prominenten Situation kaum gerecht. Angesichts des insgesamt zu konstatierenden Gestaltwertverlustes erwies sich die seinerzeit gewalttätige Situierung des Neuen Rathauses als nachträglicher Glücksfall. Wie erwünscht, zitierte Fassadendekor malerischer Art an einzelnen Neubauten Altmünchner Baugewohnheiten (Beck-Haus, Nr. 18, im Westen Nr. 1, 2 und das benachbarte Donisl-Haus Weinstraße 1, bis zum Umbau 1997 auch das unproportionierte breite Eckhaus Nr. 22). An den Altmünchner Haustypus mit seitlicher Halbgaube (Ohrwaschel) schloss sich lediglich Nr. 16, das westlichste Haus der Südseite an (noch vor dem Wiederaufbau des Rathausturmes dicht davor). Die sonst neutrale Fassade von Nr. 17 (1950 von Hansjakob Lill) hält mit dem Mosaikbild des hl. Onuphrius die hausgeschichtliche Tradition wach.

Seit 1972 ist der Marienplatz Kreuzungspunkt von S- und U-Bahn und Teil der Altstadt-Fußgängerzone. Die oberirdische Verkehrsberuhigung ermöglichte die (damals umstrittene) Wiedererrichtung des Alten Rathausturmes (1971–74). Technische Vorteile beim Bau der S-Bahn waren mit maßgebend für den Abbruch des ehem. Kaufhauses Roman Mayr an der empfindlich aufgeweiteten Südwestecke (1911/12 von Heilmann & Littmann; Kaufingerstraße 1/Ecke Rosenstraße) zugunsten des umstrittenen „Kaufhof"-Neubaus von 1969–72, dessen von Josef Wiedemann verbessernd redigierte, an sich durchaus qualitätvolle Fassadengestaltung sich nicht an den vorgegebenen Eckdaten der umgebenden Nachkriegsbauten bzw. -wiederherstellungen orientierte. (Der Hamburger „Kaufhof" von 1968 im Ensemble der Mönckebergstraße benutzte die Umfassungsmauern des Klöpperhauses von 1912/13, wie dort verlangt.) Die 1951 festgesetzte Zurücknahme der südlichen Baulinie am Platz aus Verkehrsgründen war nunmehr überflüssig geworden und erwies sich gerade in der Freistellung des neuen „Kaufhofs" als städtebaulich nachteilig.

Marienplatz; Flurkarte, M. 1:2 500

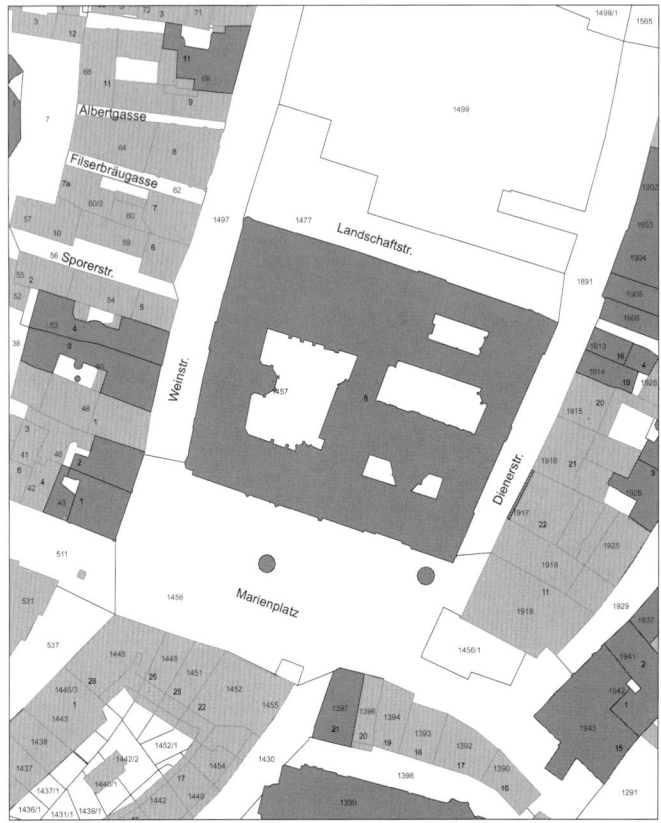

ARCHÄOLOGISCHE BEFUNDE: Größere Bodeneingriffe und Umbauten sind aus jüngerer Zeit nicht bekannt. Deshalb ist mit untertägig erhaltenen Resten von Bauwerken, unter der Straße mit verrohrten Bächen und Pflastern und unter den Gebäuden mit Resten von Vorgängerbauten, möglicherweise mit Brunnen und Latrinen, zu rechnen.
Unter Marienplatz 1, 2, und 21 befinden sich Teile mittelalterlicher und frühneuzeitlicher Bebauung.

Marienplatz. *Mariensäule.* In der Genealogie der in der Neuzeit unter christlichem Vorzeichen wiederbelebten Gattung des antiken Säulenmonuments nimmt die Münchner Mariensäule eine Schlüsselstellung ein. Nach dem Vorläufer von 1487 in Udine steht die von Papst Paul V. 1617 bei Sta. Maria Maggiore in Rom auf eine antike Säule gestellte Bronzefigur der Immaculata am Ausgangspunkt einer Entwicklung, die über die Münchner Säule zu deren typologischer Nachbildung in Wien (1646, erneuert 1667) und Prag (1652, gestürzt 1918) – beide gleichfalls mit den sog. Heldenputti – zu einer überaus weiten Verbreitung vorwiegend in den habsburgischen Ländern führte, häufig in Verbindung mit Heiligenfiguren am Unterbau, wobei das Spektrum der religiösen Denkmäler noch durch die Gattungen der Dreifaltigkeitssäule (Wien 1679) und der Heiligensäule (z. B. mit der hl. Anna in Innsbruck 1703/06) bereichert wurde. Ein weiteres Schwerpunktgebiet stellte Andalusien mit der Gattung des sog. „Triunfo" der Immaculata dar (Granada 1631). In Bayern blieb die Nachfolge der Mariensäule in der Barockzeit zahlenmäßig wie gestalterisch relativ bescheiden (z. B. Freising 1674, Weilheim 1698, Kelheim 1700). Neben ihrem eigentlichen und zeitlosen religiösen Gehalt hatte die Münchner Mariensäule auch eine geschichtliche, politische und gegenreformatorisch-konfessionelle Bedeutung. Als geistiges Wahrzeichen und als Ausgangspunkt der Entfernungszählung an den ins Land ausstrahlenden Straßen gab sie schließlich 1854 auch Münchens zentralem, ältestem Platz seinen heutigen Namen.

Die 2,17 m hohe, vergoldete Bronzefigur (Hohlguss, feuer-, seit 1984 ölvergoldet) der gekrönten, auf der Mondsichel stehenden Muttergottes mit dem Jesuskind auf dem linken Arm und dem Szepter in der rechten Hand ist älter als die tragende Säule. Die Figur, eines der Meisterwerke von Hubert Gerhard, entstand bereits 1593 im Zusammenhang mit dem von Herzog Wilhelm V. für sich selbst geplanten, nie vollendeten Grabdenkmal in der Michaelskirche (s. dort). Ab 1606 war die Madonna auf dem Hochaltar der Frauenkirche aufgestellt (dort auf einer Radierung von 1613 erkennbar), von wo sie dessen Neugestaltung 1620 verdrängte.
Die Mariensäule entstand als öffentliches Votivdenkmal des Landesherrn – Kurfürst Maximilian I. hatte ihre Errichtung während der Besetzung der bayerischen Hauptstädte München und Landshut durch die Schweden 1632 gelobt. Im Mai 1635, nach seiner durch die Pest verzögerten Rückkehr aus Braunau, begann die Projektierung; am 12. Dezember 1637 unterrichtete der Kurfürst den Münchner Rat von seinem Vorhaben und begründete es mit der unbezweifelbaren Fürbitte der Himmelskönigin und Muttergottes, die als Patronin und Beschützerin das Land und die Stadt „von Brand und anderm feindlichen Verderben behütet und errettet" habe. Am 7. November 1638 weihte der Freisinger Bischof Veit Adam von Gebeck das Denkmal; im nächsten Jahr ließ der Kurfürst die umgebende Balustereinfriedung aus rotem Schlehdorfer Marmor anfertigen. Ebenfalls 1639 begann der kurfürstl. Stück- (Geschütz-) und Glockengießer Bernhard Ernst mit dem Guss der vier Heldenputti, die 1641 aufgestellt wurden. Der mit keinem bestimmten Künstlernamen zu verbindende Gesamtentwurf steht auf jeden Fall im Zusammenhang mit dem Hofbauwesen.
Das Gesamtmonument ist 13,75 m, der Säulenschaft allein 4,85 m hoch; das Material der architektonischen Teile roter (ursprünglich oberbayerischer) Marmor; Figuren, Dekor und das korinthische Kapitell sind in Bronze gegossen. Die glatte Säule mit Entasis steht – vermittelt durch Fruchtgirlanden und Engels-

Marienplatz, Mariensäule; Stich von J. B. Kilian, Mitte 17. Jh.

Mariensäule; Aufn. um 1930

köpfe aus Bronze – auf einem schlanken, hohen Postament mit Inschriftfeldern und den Bronzewappen des Kurfürstenpaares (Bayern, Österreich), dieses wiederum auf einem breiten Unterbau von 3,60 m Seitenlänge, auf dessen Ecken in kämpferisch bewegter Haltung die vier rund 1,60 m hohen, gerüsteten Puttenfiguren stehen, Hauptschöpfungen der süddeutschen Frühbarockplastik nach Entwurf eines bisher nicht ermittelten Meisters unter dem Einfluss von Georg Petel († 1634) – in letzter Zeit werden Hans Reichle oder Petels Werkstattnachfolger Ferdinand Murmann in Erwägung gezogen. Programmatisch bedeutsam im Sinne einer lateinischen Ode von Jakob Balde (1638) bekämpfen die Engel die feindlichen Mächte Hunger, Krieg, Pest und Häresie, personifiziert (vgl. 90. Psalm, Vers 13) in den Untieren Drache, Löwe, Basilisk und Schlange. Der Bezug ist ebenso menschlich-allgemein wie konkret im Hinblick auf Bayerns Situation im Dreißigjährigen Krieg zu verstehen, wobei in der Bekämpfung der Ketzerei die führende Rolle des Kurfürstentums in der Gegenreformation zum Ausdruck kommt – bis 1773 wurde alljährlich in der sog. Prager Prozession Maximilians Sieg auf dem Weißen Berg (1620) gefeiert. Auf den vier Ecken der umgebenden Balustrade von 5,40 m Seitenlänge stehen Postamente mit kunstvollen Bronzelaternen, ursprünglich bekrönt mit Sonne, Mond, Spiegel und Stern. Stiftung wie religiöse Symbolik des Denkmals werden durch vergoldete (mehrfach veränderte) Inschriften an Postament, Unterbau und Balustrade verdeutlicht, die auch auf die wiederholten Restaurierungen hinweisen.

Im Zweiten Weltkrieg waren die Figuren geborgen und wurden 1945 (Neuweihe am 8. November durch Kardinal Faulhaber) wiederaufgestellt. Wegen des Baues der U- und S-Bahn wurde die Mariensäule 1967 abgetragen, wobei der großenteils schon früher erneuerte Säulenschaft zerbrach und in der Folge durch eine Kopie in Adneter Marmor ersetzt wurde, in dem auch schadhafte Teile des Unterbaus ausgewechselt werden mussten. Kardinal Döpfner weihte am 8. Dezember 1970 die auf leicht verschobenem Standort wieder aufgerichtete Säule. Die seit 1991 in den Werkstätten des Bayerischen Landesamts für Denkmalpflege restaurierten Heldenputti wurden 1994–98 sukzessive durch Abgüsse ersetzt (Originale jetzt im Stadtmuseum; originaler Säulenschaft in Anbetungskapelle Altötting).

Marienplatz. *Fischbrunnen.* Der nordöstliche Platzbereich war seit jeher Standort des in alter Zeit wichtigsten unter den Münchner Brunnen, des mehrfach erneuerten Marktbrunnens. Ein solcher wird erstmals 1318 erwähnt, 1343 schlechthin als Fons civium (Bürger- oder Stadtbrunnen), seit dem 17. Jh. als Fischbrunnen bezeichnet (ein älterer Fischbrunnen war im Westbereich des Platzes gelegen). Neben dem ursprünglichen Pump- und Ziehbrunnen entstand um 1467/71 zusätzlich ein Laufbrunnen,

Mariensäule, Marienfigur von Hubert Gerhard

der 1511/12 als Wappnerbrunnen mit einer steinernen Fahnenträgerfigur im Achteckbecken erneuert wurde (M. Wenings Marktansicht von ca. 1700 zeigt beide Brunnen nebeneinander). An die Stelle des Fahnenträgers trat 1775 ein dekorativer Pfeiler mit Vase, 1866 schließlich der aufwendige Fischbrunnen von Konrad Knoll, der den Altmünchner Brauch des Metzgersprungs thematisierte und am 7. Januar 1944 dem Luftkrieg zum Opfer fiel. Am *neuen Fischbrunnen* Josef Henselmanns von 1954, mit Reliefs am Muschelkalk-Becken, wurden drei erhaltene Bronze-Sitzfiguren Knolls von 1862–66 rings um den gedrungenen Rundpfeiler gruppiert, den ein Bronze-Karpfen (gegossen von Hans Mayr) bekrönt. (Weitere erhaltene Statuetten von Knoll jetzt am Karlstor, s. dort.)

Mariensäule, Putto mit Basilisk

Mariensäule, Unterbau und Balustrade

Mariensäule, Löwenputto

Marienplatz 1 (mit vormals Kaufingerstraße 2, s. dort). Sogenanntes *Greifen-* oder *Thomass-Eck*. Jetzt zugehörig das nördlich anschließende Haus Marienplatz 2 (vgl. dort). Das Eckhaus in städtebaulich zentraler Position übergreift drei mittelalterliche Parzellen. Sandtners Stadtmodell von 1570 zeigt die spätgotische Bebauung mit einem Eckhaus (früher nach Besitzerfamilien Rieger- oder Greifeneck genannt, auch Vogelmarktsecke nach einer Marktfunktion vor dem Haus) mit Erkertürmchen an der Ecke und gegen Norden ansteigendem Pultdach; zugehörig ist ein ursprünglich sicher selbständiger, gleich hoher Bauteil westlich anschließend an der Kaufingerstraße. Nördlich schließt sich ein viergeschossiges Haus mit zweiachsigem Flacherker und größtenteils durch eine Vorschussmauer verdecktem Pultdach-Halbgiebel an. Die platzseitigen Erdgeschossarkaden hießen bzw. dienten als Obere Kornschranne; das Haus war durch Jahrhunderte im Besitz von Kornmessern, aber auch Wohnsitz von Schwertfegern. Die gotische Bebauung, im Einzelnen zeitgemäß fortgeschrieben, zeigen u. a. die Marktansichten von M. Merian (um 1640) und M. Wening (um 1700) sowie noch die Skizze J. P. Stimmelmayrs (im Zustand vor 1769), der das Hauszeichen eines beim Türmchen aufgehängten Schwertes erwähnt.

Die Stadt München erwarb 1769 den Eckbauteil und ließ ihn bis 1771 durch François Cuvilliés d. J. zur Unterbringung der Hauptwache neu- oder umbauen; wie dessen Stichwerk, die sog. Architecture bavaroise, und mehrere Ansichten bezeugen, umfasste der Neubau auch das nördlich anschließende Haus, das jedoch – nach Häuserbuch II – nicht der Stadt gehörte (die angeblich erst 1851 das Erdgeschoss für das Wachlokal pachtete). Über dem rustizierten Erdgeschoss mit der Hauptwache kragte auf Konsolen ein Schutzdach vor, an der Platzseite mittig besetzt mit dem kurfürstlichen Wappen zwischen Trophäen; an der Hausecke – hier schräg gestellt – wie an den Fassadenenden standen Schilderhäuschen. Der Entwurf von Cuvilliés d. J., der zu den kennzeichnenden Leistungen am Übergang vom Rokoko zum Klassizismus zu rechnen ist, wurde offenbar im Wesentlichen auch ausgeführt, wie eine Ansicht von L. Huber um 1830 (Erdmannsdorffer 1972, T. 59 a) und eine Aufnahme von ca. 1865 (Bauer/Graf 1996, S. 86) erkennen lassen, während die Platzansichten von Angelo Quaglio (1805) und Gustav Kraus (1825) in kleineren Details abweichen.

Nach Verlegung der Hauptwache ins Neue Rathaus kaufte der Juwelier Karl Thomass 1865 das Doppelanwesen und das Nachbarhaus Nr. 2, ließ beide gemeinsam 1870 um zwei Geschosse aufstocken und unter einem sehr flachen kupferblechgedeckten Mansarddach zusammenfassen (vgl. Kaufingerstraße 2). Das Eckhaus, dessen Erdgeschoss zu Ladenzwecken umgebaut wurde, erhielt zugleich eine z. T. in Neurenaissanceformen veränderte Gliederung und eine reiche Sgraffitobemalung (mit der Inschrift „Greifen-Eck") von Emil von Lange und August Spieß.

Marienplatz 2   Marienplatz 1

Marienplatz 1, Stuckdekor

Im Luftkrieg brannten die drei oberen Geschosse aus, auch darunter entstanden Schäden. Beim Wiederaufbau 1950 wurden die Sgraffiti und Teile der Gliederung, u. a. die Rustikafugen an den Ecklisenen, beseitigt, im Erdgeschoss Fußgängerarkaden mit Rechtecköffnungen eingebaut.

Angesichts mehrfacher Umgestaltungen ist schwer feststellbar, welche Details des Wohn- und Geschäftshauses noch auf den Bau von 1769–71 zurückgehen – auf jeden Fall die geraden Fensterverdachungen im 1. Stock mit Trophäen- und Girlanden-Stuckdekor zwischen mit Widderköpfen besetzten Volutenkonsolen und die beiden prachtvollen – heute isolierten – Trophäengehänge zu Seiten des Fensters im 2. Stock der breiteren Mittelachse an der Kaufingerstraße (Südseite).

Marienplatz 2. (Vgl. Marienplatz 1.) Der ehem. Gasthof zum Goldenen Lamm entstand wohl aus zwei (im 16. Jh. vereinigten) Häusern, was heute noch die verschiedenen Fensterachsenbreiten der beiden Fassadenhälften nahelegen. Auf Sandtners Stadtmodell (1570) wie auf den Marktansichten von Merian (um 1640) und Wening (um 1700) ist das Haus mit Erdgeschossarkaden und gezinnter Vorschussmauer vor dem Grabendach dargestellt. Die Fassade wurde später verschiedentlich umgestaltet, u. a. in schlichten klassizistischen Formen etwa um 1800. Die (bei Nr. 1 erwähnte) Aufnahme von 1865 zeigt eine etwa um 1830 entstandene Fassadenredaktion mit Friesen unter den Sohlbänken der drei Obergeschosse. Mit Nr. 1 zusammen wurde das Haus um 1870 im Auftrag von Karl Thomass, der es 1865 erwarb, doppelt aufgestockt. Die Stadt, Eigentümerin seit 1930/32, ließ es nach den Luftkriegsschäden von 1944 im Jahre 1951 wiederaufbauen (Inschrift), mit Fußgängerarkaden und reicher Fassadenmalerei in Wiederaufnahme einer verbreiteten Altmünchner Gestaltungsweise (u. a. Darstellung der Hauptwache).

Marienplatz, Fischbrunnen

Marienplatz 8. *Neues Rathaus.* Der in drei Abschnitten 1867–1908 nach Entwurf von Georg v. Hauberrisser verwirklichte monumentale Rathausneubau, der in schlechthin zentraler Altstadtlage den gesamten Block zwischen der Marienplatz-Nordseite und der Landschaftsstraße, mit Schmalseiten an der Weinstraße (westlich) und der Dienerstraße (östlich), mit ursprünglich rund 25 (im Besitz zum Teil verbundenen) alten Bürgerhausparzellen in Anspruch nahm, bedeutete flächenmäßig den größten Eingriff in das Innenstadtgefüge seit den Baumaßnahmen Wilhelms V. im späteren 16. Jh., dem Jesuitenkollegium (mit St. Michael) und der Herzog-Max-Burg. Der sechs verschieden große Höfe umgreifende neugotische Komplex von 9159 m² Gesamtfläche (davon 7115 m² überbaut), mit 98,5 m langer Platzfront im Süden, 111 m langer Nordfront und ca. 85 m langen Schmalseiten entsprach infolge lagebedingter kleiner Unregelmäßigkeiten und scheinbaren wie tatsächlichen Wachstums, dessen Ablesbarkeit durch unterschiedliche Stilnuancen noch verstärkt wurde, dem zeitgenössisch vorherrschenden Ideal einer bildhaft-malerischen, asymmetrischen, abwechslungsreichen und stimmungshaften Architektur historischen Charakters. Im Unterschied etwa zur eher abweisend-distanzierten Monumentalität des in ein neues Stadtquartier mit Grünflächen eingebetteten, rigoros symmetrischen, gleichfalls neugotischen Wiener Rathauses (1872–1882 von Friedrich von Schmidt) ist der kleinere Münchner Neubau dank geradezu beengter Altstadt-Mittellage und ringsum einbezogenen Läden mit dem bürgerlichen Alltagsleben verwachsen und – nicht zuletzt zusätzlich durch sein Glockenspiel – wahrhaft volkstümlich geworden.

Die im Einzelnen seit der Spätgotik laufend veränderte, in diesem Kernbereich besonders stattliche Bürgerhausbebauung ist vergleichsweise gut dokumentiert, flächendeckend vor allem durch Sandtners Stadtmodell von 1570, Volckmers Stadtplan von 1613 und Stimmelmayrs Abwicklungen (Ende 18. Jh.), für die Markt-Nordseite durch zahlreiche sie betreffende Platzansichten, u. a. von M. Merian (um 1640), J. B. Kilian (Mariensäule, um 1660), M. Wening (um 1700) und S. Prout (um 1830), Ereignisbilder (z. B. Turnier 1586, Fürstenhochzeit 1613, Weihe der Mariensäule 1638) und zuletzt Fotoaufnahmen des mittleren 19. Jh. Die 1867 abgebrochene Osthälfte der Marienplatz-Nordzeile umfasste fünf mittelalterliche Parzellen, die seit der 2. Hälfte des 16. Jh. sukzessive von den Landständen Oberbayerns erworben worden waren; das dritte und vierte Haus von Osten, bereits bei Sandtner (1570) ein großes gotisches Doppelhaus mit mächtigem Steildach, wurde 1554 bzw. 1595 von den Ständen erworben und ist bei Merian und Wening mit reicher manieristischer Fassadenmalerei dargestellt; 1733 wurde das

Marienplatz 8, Vorbebauung mit Landschaftsgebäude; Aquarell von C. A. Lebschée, 1866

Marienplatz 8, Neues Rathaus; Aufn. um 1900

Landschaftsgebäude zusammen mit dem hinzuerworbenen östlichen Nachbarhaus durch Johann Georg Ettenhofer äußerlich in reichen Spätbarockformen umgestaltet, die am besten eine Ansicht von L. Huber/C. A. Lebschée (um 1860/66) zeigt. 1771 kam das barock fassadierte westliche Nachbarhaus hinzu, 1807 das östliche, im Kern gotische Eckhaus, die ehem. Ratstrinkstube (seit 1428) mit Pultdach, Eckturmerker und im Rokoko umgestalteter Fassade. Der z. T. nördlich bis zur Landschaftsstraße reichende, seit 1808 staatliche Komplex war Sitz der Regierung von Oberbayern bis zur Vollendung ihres neuen Gebäudes Maximilianstraße 39 (s. dort) 1864. – Westlich schloss sich bis zum Abbruch 1899 das 1835 um- oder neu erbaute Pschorranwesen (Doppelhaus) mit einer markanten klassizistischen Rustikafassade an. Unter den restlichen, von der Stadt sukzessive 1875–96 erworbenen Bürgerhäusern des Blockes treten auf Sandtners Modell besonders die Eckhäuser im Südwesten (Wurmeck, im Mittelalter der Familie Schönecker gehörig, zuletzt fünfgeschossig mit wohl frühklassizistischer Fassadengestaltung) und das sog. Kloibereck im Nordwesten (ehem. Weinstraße 15) mit damals mächtigem nordseitigem Treppengiebel hervor (im 15. Jh. der Familie Kleuber gehörig, 1899 abgebrochen).

Zwar legte Eduard Metzger 1865 unaufgefordert eine Entwurfsskizze für einen gotisierenden Rathausneubau an der Südseite der neuen Maximilianstraße vor, doch beschlossen in eben diesem Jahr die beiden Gemeindekollegien den Erwerb des leer stehenden Landschaftsgebäudes und somit den Neubau in der Nachbarschaft des Alten Rathauses. Am 7. November 1865 erfolgte die Ausschreibung eines Wettbewerbs. Der anhaltende, vehemente Stilstreit – ob Neurenaissance (Entwürfe u. a. von Stadtbaurat Arnold Zenetti sowie von Ludwig und Emil Lange) oder neugotisch – wurde durch die massive Einflussnahme des im Gemeindebevollmächtigten-Kollegium dominierenden Erzgießers Ferdinand von Miller zugunsten des mittelalterlichen Stils entschieden, der ambivalent als Ausdruck nationaler Eigenart sowie bürgerlichen Selbstbewusstseins in Anknüpfung an die Blütezeit der flandrischen Kommunen und der deutschen Reichsstädte (so von dem Historiker Joh. Nep. Sepp) oder aber von kritischen Liberalen wie Friedrich Pecht als reaktionärer „Pfaffenstil" gedeutet werden konnte. Statt des nicht erteilten 1. Preises wurden mehrere Ankäufe getätigt, u. a. des neugotischen Entwurfes von dem jungen, bei Friedrich von Schmidt geschulten Georg Hauberrisser (1841–1922) aus Graz, der nach Vorlage eines neuen Projektes Anfang Dezember 1866 den Auftrag erhielt. Anfang Mai 1867 wurden seine Ausführungspläne genehmigt, am 25. August der Grundstein gelegt und der Bau in der Folge unter der Aufsicht von Stadtbaurat Zenetti und des Stadtbauamtes bis Frühjahr 1873 im Wesentlichen fertiggestellt. An beteiligten Maurermeistern nennt die

Festschrift von 1883 Friedrich Fischer, Josef und Hanno Bürkl, Ludwig Deiglmayr und Josef Hönig, weiters die Zimmermeister Max Veltin, Michael Reifenstuel sen. und Georg Leib jun. Im Frühjahr 1870 legte Hauberrisser einen geänderten Plan vor, der für die Hauptfront eine beträchtliche Steigerung des architektonischen und bauplastischen Aufwandes vorsah; auf ihn gehen u. a. die Mittelloggia mit den Wimpergen, der Prunkgiebel und im 3. Stock die spitzbogigen Doppelfenster zurück. Am 3. August 1870 bezog die Hauptwache (früher Marienplatz 1, s. dort) ihre neuen Räume im Erdgeschoss westlich des Haupteingangs (bis zu ihrer Auflösung 1906). 1874 zog die Verwaltung ein, wurde am 1. August der Ratskeller eröffnet und fand am 7. September die erste Magistratssitzung statt; doch dauerten die besonders aufwendigen Ausstattungsarbeiten in den Sitzungssälen von 1871 bis 1880 (erste Magistratssitzung hier am 4. Januar 1881).

Neues Rathaus nach Kriegsschäden; Aufn. um 1945

Marienplatz 8, Neues Rathaus; Aufn. um 1920

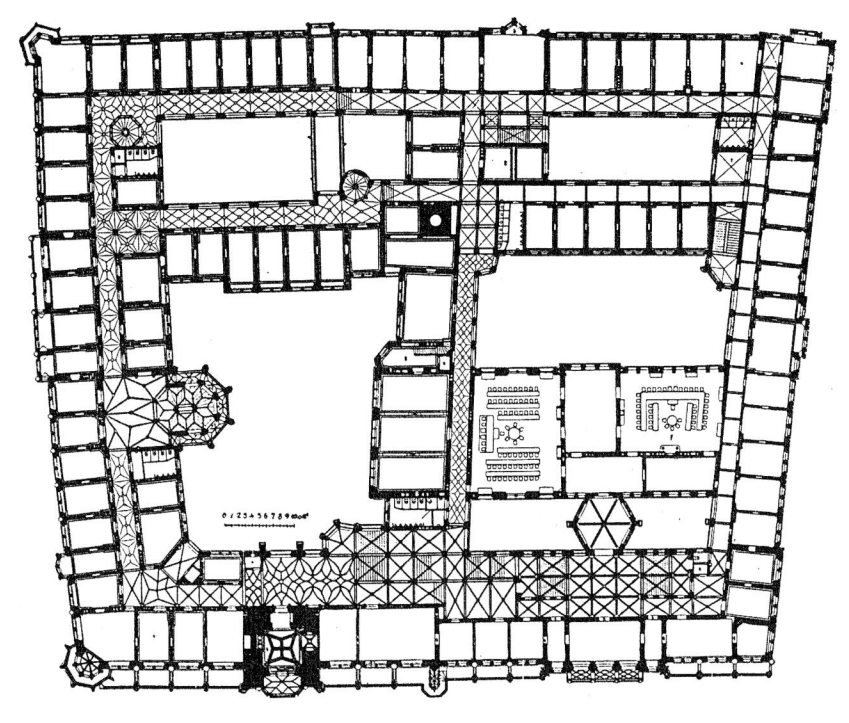

Neues Rathaus; Grundriss 2. Obergeschoss, 1912

Der zunächst als in sich geschlossene Anlage angesehene, jedoch von vornherein viel zu klein bemessene erste Bauabschnitt ist um einen schmalen Doppelhof im Süden beiderseits des sechseckigen Zwischenbaus vor den Sitzungssälen und einen großen Nordhof gruppiert. Der Erweiterungsbau nach Norden bis an die Landschaftsstraße auf vier alten Parzellen konnte erst erfolgen, nachdem das nordöstliche Eckhaus an der Dienerstraße 1887 erworben wurde; dessen westliches Nachbarhaus war schon 1875 gekauft worden, das westlich anschließende Doppelanwesen gehörte seit 1798 zum Landschaftsgebäude und wurde 1891 abgebrochen. Der einen weiteren schmalen Hof bildende zweite Bauabschnitt im Nordosten wurde 1889 begonnen und 1892 bezogen.

Der dritte Bauabschnitt, der die gesamte Westhälfte des Blocks ausfüllt, entstand 1899–1908/09 abermals nach Plänen von Hauberrisser, den bei der Ausführung Anton Bader unterstützte; erste Diensträume wurden schon 1902 bezogen. Der Turm in der Mitte des neuen Südtraktes erhielt aufgrund einer Stiftung des Konsuls Karl Rosipal von 1904 ein Glockenspiel mit beweglichen Figuren, das 1908 in Betrieb genommen wurde; der Spitze wurde 1905 das kupfergetriebene „Münchner Kindl" von Bildhauer Anton Schmid aufgesetzt. In diesem Jahr waren auch die Ratskeller-Erweiterung nach Westen, die Fassadenausgestaltung und Innenausstattung sowie im Nordflügel Kassenhalle (Erdgeschoss) und Bibliothek (3. Stock) vollendet, restliche Arbeiten zogen sich bis zur Jahreswende 1908/09 hin.

Den Zweiten Weltkrieg konnte die immense Baumasse überstehen, doch entstanden 1942–45 schwere Schäden in der gesamten Dachzone, welche abbrannte, an den Fassaden, vor allem an deren plastischer Gliederung und Ausstattung, sowie an dem zu beträchtlichen Teilen zerstörten Nordtrakt an der Landschaftsstraße. Im Zuge des 1946 begonnenen, erst ab 1948 voll einsetzenden Wiederaufbaus unter der Leitung von Hermann Leitenstorfer und Karl Delisle wur-

◁ Marienplatz 8, Neues Rathaus, Westteil

Neues Rathaus, Osthälfte

den u. a. 1950–52 nach Leitenstorfers Entwurf die Fehlstellen im mittleren und oberen Bereich des Nordflügels in geänderter Form (mit Putzfassade) geschlossen, der Ostflügel 1953 instand gesetzt und die Dachzone des Südtraktes durch einen kaum auffallenden Ausbau hinter den Zinnen ausgebaut (statt der ehemaligen Lukarnen). Der Zinnenkranz im Südosten wurde in Backstein erneuert, auf die Turmspitze an der Südostecke damals noch verzichtet, die erst 2005 wieder aufgesetzt wurde. Während einer zweiten Restaurierungsphase 1975–1983 wurde vor allem der durch den Luftkrieg reduzierte plastische Schmuck der Platzfront rekonstruierend erneuert, u. a. der dreiteilige Prunkerker am Giebelrisalit mitsamt seinen Figuren (Bildhauer Rudo Göschel); die ergänzend wiederhergestellte Bronze-Reiterfigur des Prinzregenten Luitpold (von Ferdinand von Miller) wurde 1977 wieder aufgestellt. Um 2002 wurde auch der Ziergitteraufsatz des Dachfirstes rekonstruiert. 2007 Restaurierungsmaßnahmen an Turm und Glockenspiel. 1982 wurde die schadhafte Spitze des Rathausturmhelms ausgewechselt.

Die beiden Bauabschnitte von 1867 ff. und 1899 ff. zeigen deutliche Unterschiede hinsichtlich des verwendeten Materials, der städtebaulichen Konzeption, der dem Zeitempfinden verpflichteten Interpretation der Neugotik wie der künstlerischen Entwicklung des Architekten. Die ältere, eher an der Früh- und Hochgotik orientierte Osthälfte ist nicht nur aus Sparsamkeitsgründen architektonisch karger, strenger und trockener, nur nach oben hin zunehmend reicher gegliedert und aufgelöst, zudem in Blankziegelmauerwerk mit Gliederungen aus Neckartenslinger Sandstein aufgeführt; die Neben- und speziell die Hoffassaden wirken vergleichsweise

Neues Rathaus, sog. „Lindwurmeck" im Südwesten, Fassadenaufriss um 1900 (Ausschnitt)

Neues Rathaus, Ostflügel von Norden; Aufn. 1995

Neues Rathaus, Prunkhof nach Westen   ▷
mit Treppenturm; Aufn. 1997

Neues Rathaus, Westtrakt von Norden; Aufn. 1997

nüchtern in der Art norddeutscher Neo-Backsteingotik. Ein Hauptkennzeichen ist die im Grunde nachmittelalterlich-klassischer Tradition verpflichtete Symmetrie der Platzfront im Süden mit dem übergiebelten mittleren Prunkrisalit.

Der eine Generation jüngere Westteil ist durch die zeitgemäße Tendenz zur Asymmetrie, zu malerisch-inszenatorischer Wirkung, zu aufs Höchste gesteigertem späthistorischem Detailreichtum und Materialaufwand gekennzeichnet. Die Fassaden – hier völlig in Naturstein – sind mit oberbayerischem Tuff verkleidet, die Gliederungen aus Kelheimer Kalkstein gehauen. Die ältere Osthälfte der Hauptfront wurde durch zusätzliche reichere Instrumentierung und Fortsetzen des vorgelegten Arkadenganges samt Strebewerk darüber angleichend mit dem Neubau verbunden, doch so, dass insgesamt der intendierte Eindruck des Gewachsenseins und der Asymmetrie – mit Turm und Giebelrisalit als unterschiedlichen Dominanten beider Hälften – gewahrt blieb. Die zu höchster Pracht verdichtete Fülle architektonischer wie plastischer Details etwa im Bereich der Südwestecke und an der aus der engen Weinstraße bis zu sechs Geschossen aufsteigenden, in der allein anschaulichen Verkürzung phantastisch wirkenden Westfassade offenbart im freien Umgang mit dem nunmehr vorwiegend spätgotischen Formenrepertoire die Virtuosität von Hauberrissers Spätstil (der im pluralistischen Zeitspektrum nicht unbedingt als verspätet gelten muss, sondern durchaus mit spätromantischen Partituren etwa von R. Strauss, Mahler oder auch Regers Variationen über historische Themen vergleichbar ist). Eine neue Unbefangenheit wird im Einbeziehen auch anderer Stillagen deutlich (im Westflügel z. T. Decken mit Rahmenstuck; neubarocke Bibliothek).

Der steinerne, 85 m hohe, mittelalterliche belgische Vorbilder (Brügge, Brüssel, auch Kathedralturm Antwerpen) und den Abschluss desjenigen der Bozener Pfarrkirche frei variierende

Turm mit abschnittsweiser Verjüngung, Umgängen, polygonalen Ecktürmchen, achteckigem Oberteil und durchbrochenem Spitzhelm bereicherte Münchens Silhouette um ein neues werksteinfiligranes Element. Die Turm-Vorderfront ist in drei Balkon-Loggien aufgelöst, darüber in Dachhöhe der Glockenspielerker mit beweglichen, kupfergetriebenen Figurengruppen auf zwei Hauptebenen eingelassen – unten Schäfflertanz, darüber Ritterturnier auf dem Marienplatz 1568 anlässlich der Vermählung Wilhelms V. mit Renata von Lothringen. Durchfahrten unter dem Turm und von der Weinstraße stellen die Verbindung her zum großen, von viergeschossigen Natursteinfassaden (Muschelkalk, Tuff) umschlossenen Prunkhof des Westbaues, mit (1975 wiederhergestellter) Pflasterung in Form eines gotischen Labyrinths, hochragendem Bibliotheksrisalit im Norden (früher mit zwei Giebeln) und prächtigem polygonalem Treppenturm im

Neues Rathaus, großer Osthof; Aufn. 1999

Neues Rathaus, Nordosthof; Aufn. 1999

Westen mit offenem, spiraligem Außenaufgang und innenliegender Spindel. Ein inmitten des Gesamtkomplexes situierter, als Spitzturm geformter Lüftungskamin ist als Akzent im Stadtbild wirksam.

Die figürliche Ausstattung der Fassaden des ersten Bauabschnitts war noch vergleichsweise sparsam, mit den vier Allegorien der Bürgertugenden Gewerbefleiß, Häuslichkeit, Bürgermut und Mildtätigkeit von Anton Heß (1869) an den Pfeilern des Prunkbalkons am Giebelrisalit als Schwerpunkt (Rekonstruktionen von Rudo Göschel 1972); dazu im Giebel das Stadtwappen, an der Südostecke der hl. Georg (von Syrius Eberle). Überaus differenziert ist hingegen das plastische Programm der Bauphase ab 1898 (vollständig im Einzelnen bei Biller/Rasp 2003 und Huber 2005). Ein über die gesamte Südfassade verteilter, auch auf den Altbau übergreifender Steinfigurenzyklus von 43 Herrschern Bayerns seit der Mitte des 12. Jh. ist als Selbstdarstellung Münchens in seiner Rolle als Haupt- und Residenzstadt zu verstehen. Unter den Namen der 40 beteiligten Künstler sind – neben vielen heute kaum noch bekannten – fast alle namhaften Münchner Bildhauer der Zeit zu finden. Die Standbilder der wichtigsten mittelalterlichen Fürsten sind am Turmgeschoss über dem Glockenspiel vereint, vorn an zentraler Stelle Heinrich der Löwe als Stadtgründer, ferner u. a. Otto I. von Wittelsbach, Kaiser Ludwig der Bayer und dessen Bruder Rudolf. Die Kurfürsten des 17. und 18. Jh. sind in der rechten Fassadenhälfte konzentriert, die Könige des 19. Jh. im dritten Geschoss des Turmunterbaus. Dem zur Bauzeit lebenden Prinzregenten Luitpold ist ein Bronzestandbild unter einem Baldachin an der Nahtstelle von Alt- und Neubau gewidmet (1905 von Ferdinand von Miller, nach Kriegsschaden 1977 von Claus Nageler ergänzt). – Das Figurenprogramm an der Westseite zur Weinstraße umfasst außer dem Stadtpatron St. Benno (am Südende) im Wesentlichen Allegorien der Geschäftsbereiche des Magistrats (nordwestlicher Erkerturm, 2. Stock: Schule, Hygiene, Baukunst, Armenpflege), der bürgerlichen Tätigkeiten (Mittelteil, 2. Stock: Kunst, Wissenschaft, Nährstand, Kunstgewerbe, Handel) sowie der acht Regierungsbezirke Bayerns (Seitenteile, 1. Stock); an der Südostecke wird der historische Name „Lindwurmeck" durch eine Reliefgruppe gegen einen Bronzedrachen kämpfender Bürger veranschaulicht, am „Kloibereck" im Nordwesten ein „Mann der Holz kliebt" (spaltet) in einem den Namen (nach Stahleder 1992 unzutreffend) erklärenden Relief dargestellt. – Der große Wendeltreppenturm im Prunkhof ist als „Treppe der Menschenalter" mit die Lebensphasen verkörpernden Steinfiguren samt zugeordneten Tieren und Sprüchen (mit humorvollem Einschlag) reich ausgestattet; am nördlichen Hofrisalit fünf kupfergetriebene Monumentalfiguren (Monachia zwischen Religion und Gesetz, Geschichte und Parlament). Dazu kommt vor allem am Neubauteil eine Fülle von Wasserspeiern, Konsolfiguren, Gro-

teskdarstellungen, Wappenschilden u. dgl. – An der Nordwand im südöstlichen Altbauhof ist eine Gedenktafel von 1881 an den Rathaus-Architekten Georg Hauberrisser eingelassen.

Die *Innenräume* des weitläufigen Komplexes haben vor allem in den allgemein zugänglichen Bereichen des Verkehrs (Durchfahrten, Treppen, Gänge), der Sitzungssäle, der Sondernutzungen (ehem. Kassenhalle, Bibliothek) und der Gastronomie weitgehend ihren opulent inszenierten späthistoristischen Charakter behalten, während die Amtsräume meist erneuert wurden.

Der Ratskeller nimmt das gesamte Tiefgeschoss unter dem Südflügel ein; Hauptbestandteil ist eine lang gestreckte, in der älteren Osthälfte zwei-, im Westteil dreischiffige Halle mit Achteckpfeilern, Segmentbogengurten und flachen Kreuzgratgewölben. Im (ursprünglich 1874 von Ferdinand Wagner mit „humoristischen" Szenen in der Art der Schwind-Nachfolge ausgemalten) Westteil ist (an der Südwand) ein prächtiger grüner Kachelofen erhalten. Im äußersten Westen schließt sich, auf etwas tieferem Niveau, die dreischiffige Halle der „Arche" mit Rundpfeilern, reichen Netz- und Sterngewölben, figürlichen Konsolen, Schlusssteinen und gotisierender Vertäfelung an; an den Wänden und nachtblauen Gewölbefeldern gemalte humoristische Szenen mit Spruchbändern, das Wandbild an der Westseite (wie andere auch) bez. Heinrich Schlitt 1905. Nördlich malerischer Treppenaufgang (mit Wandgemälde) zum Prunkhof. Dem Ratskeller sind weitere Nebenräume verschiedener Größe angeschlossen, u. a. (im Neubau gegen Norden) der „Sumpf" mit drei Rundstützen, bemerkenswerten figürlichen Gewölbekonsolen und neuer Deckenmalerei („gemalt 1950 Max Lacher, wiederhergestellt 1975"); daneben Stube „Alt-München". Gestaltung und Einrichtung des Ratskellers wurden um 1950, 1975 und zuletzt (wieder stärker historisierend) 1997 verändert. – Im Erdgeschoss südöstlich ist die Ratstrinkstube situiert.

Neues Rathaus, östlicher Bauteil, Treppe und Halle im 3. OG

Neues Rathaus, Durchfahrt im östlichen Bauteil

Neues Rathaus, Ratskeller, sog. Arche; Aufn. 1997

Neues Rathaus, östlicher Bauteil, Treppenhalle im 3. Obergeschoss; Aufn. 1997

Neues Rathaus, Kleiner Sitzungssaal nach Westen; Aufn. 1997

Neues Rathaus, Kleiner Sitzungssaal nach Osten; Aufn. 1994

Den Altbau durchquert von Nord nach Süd mittig ein gewölbtes Durchfahrtssystem, im Südtrakt als Haupteingangsbereich zur dreischiffigen Halle zwischen den doppelläufigen Treppenhäusern erweitert (Wandbilder der Repräsentanten von acht Ständen von Rudolf Seitz, 1868); in den beiden Geschossen darüber liegen entsprechende Vestibüle von 3 zu 3 Jochen, im 3. Stock eine weite, besonders repräsentative Halle. Die prächtigen Natursteindetails des Treppen- und Hallensystems im Altbau orientieren sich stilistisch an Früh- und Hochgotik (Rundpfeiler aus Halleiner Rotmarmor, Laubkapitelle, Kreuzrippengewölbe). Zwischen diesem südlichen Hallenbereich und dem Quertrakt mit den Sitzungssälen zwischen dem kleinen und großen Osthof durchquert den ersteren ein sechseckiger, verbindender Gelenkbau, im Erdgeschoss – als Teil der Durchfahrt – mit prächtigem Sterngewölbe, im 1. Stock mit neuem Denkmal für die Opfer von Krieg und Verfolgung, im 2. Stock (vor den Sälen) mit

Vorzimmer, Garderobe der Sitzungssäle

Sterngewölbe und moderner Farbverglasung von Franz X. Zettler, im 3. Stock mit geschnitzter Decke und auf die Geschichte der USA bezüglichen Glasgemälden (gestiftet 1912, wiederhergestellt 1997). Die Gruppe der Sitzungssäle (vollendet 1880) im 2. Stock beginnt mit einem vertäfelten Eingangsraum (ehem. Botenzimmer) mit Schnitzdecke und (nordseitig) großem geschnitztem Garderobenschrank mit Uhr. Östlich davon Empfangszimmer (ehem. Vorzimmer des Magistrats) mit reicher Schnitzdecke. Am besten erhalten – eine der Hauptleistungen späthistoristischer Raumkunst – ist der nördlich davon gelegene Kleine Sitzungssaal (ehem. des Magistrats) mit Fenstern im Norden und umlaufender Vertäfelung; westlich Galerie mit Gitterbrüstung von Kunstschlosser Anton Deschl, darunter Standuhr; an der Ostwand großes historisch-allegorisches Fresko „Münchens Aufblüh'n unter Ludwig dem Ersten in Kunst und Wissenschaft" von Wilhelm Lindenschmitt d. J. 1888 (bez.). Südlich Prunkkamin aus Kalkstein von Bildhauer Joseph von Kramer (Kaminbock von A. Deschl). Die überaus prächtige Spiegeldecke mit hängenden Schlusssteinen ist in Eichenholz geschnitzt. Bemerkenswert ist die originale Möblierung, gleich Decke und Vertäfelung eine Arbeit von Kunsttischler Johann Krauß und Bildhauer Wilhelm Kielhorn; chorstuhlartige Ledersitze mit allegorischer Kerbschnitzerei an der Rückwand nach Entwurf von August Spieß; großer Bronze-

lüster (24-armig mit 114 Flammen) von der Augsburger Fa. L. A. Riedinger nach Modell von Adolf Halbreiter. – Westlich daneben das Ausschusszimmer (ehem. Vorzimmer der Gemeindebevollmächtigten) mit dreilappiger Holztonne und Geweihlüster. – Der Große Sitzungssaal (ehem. der Gemeindebevollmächtigten) im Westen, mit je drei Maßwerkfenstern an den Schmalseiten im Norden und Süden sowie östlich (rückseitig) einer Empore – mit Gitter von Anton Deschl – hinter einer Spitzbogenarkatur, wurde 1952 gestalterisch stark vereinfacht (Kassettendecke statt prächtiger Schnitzdecke mit hängenden Schlusssteinen); an der westlichen Stirnseite hing bis zur Bergung im Oktober 1943 das kolossale, 15 m breite Ölgemälde von Karl von Piloty (1879), eine figurenreiche Darstellung der „Geschichte Münchens bis zum 19. Jh. in den hervorragenden Personen desselben", das – nach Probeaufhängung 1952 – abermals entfernt und durch ei-

Neues Rathaus, östliches Vorzimmer der Sitzungssäle, Decke

Neues Rathaus, Vorplatz der Sitzungssäle; Aufn. 1997

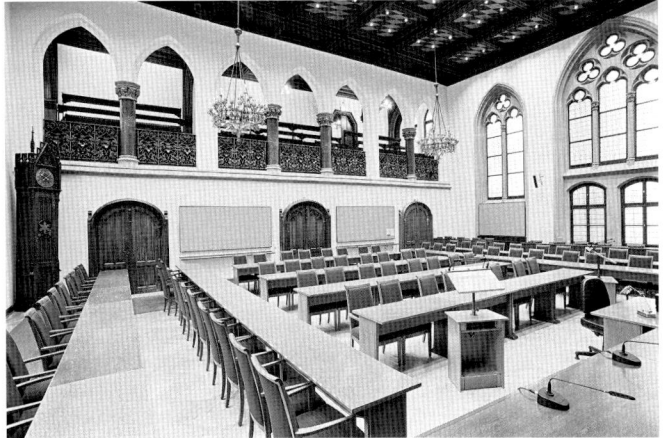

Neues Rathaus, Großer Sitzungssaal nach Osten

Neues Rathaus, Großer Sitzungssaal nach Westen

nen Landschaftsgobelin mit der Signatur Isaac Desroche 1724 (Leihgabe) ersetzt wurde; 2004 wurde das restaurierte Piloty-Gemälde in etwas höherer Position wieder angebracht. Von der Originalausstattung stammen die vier Bronzelüster von Christian Hörner.

Im jüngeren westlichen Bauteil schließt sich das aufwendig gestaltete System der Treppen, Gänge und Hallen im Südflügel an das im Altbau an, doch stilistisch am spätgotischen Formenrepertoire des 15. und frühen 16. Jh. orientiert – es dominieren Stern- und Netzgewölbe, in der prächtigen Halle des 3. Stocks kurvige, sich überschneidende Schlingrippen. Die von der Durchfahrt unter dem Turm ostwärts ansteigende Treppe verbindet sich mit ihrer Fortsetzung im Altbau zu einer ungewöhnlich lang gestreckten, einläufigen, von mehreren Podesten unterbrochenen Anlage. Die zahlreichen Glasgemälde (von Karl de Bouché) in diesen Verkehrsräumen – meist Stiftungen von Bürgern und Korporationen – wurden 1987 ff. rekonstruiert. – Zwei Räume unter dem Turm haben ihre originale Gestalt bewahrt: Nr. 200, das sog. Hauberrisser-Zimmer im 2. Stock hinter der Loggia, mit Sterngewölbe, neugotischer Vertäfelung, Wandschränken und Mobiliar, und darüber Nr. 300 mit geschnitzter Vertäfelung und (östlich) Neurenaissancetür. – Im Westflügel

Neues Rathaus, Ausschusszimmer; Aufn. 1997

zeichnen sich durch besonderen Aufwand an Steinmetzarbeiten die weiträumige netzgewölbte Durchfahrt und südlich von ihr die große, turmartig in den Prunkhof (s. oben) vortretende Wendeltreppe aus, vor der sich die – hier mittig gelegenen – Längsgänge jeweils zu einer netzgewölbten Halle erweitern.

◁ Neues Rathaus, Großer Sitzungssaal; Aufn. 1883

Westflügel, oberer Abschluss der Spindeltreppe; Aufn. 1997

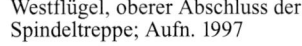

An der Nordseite des Prunkhofes liegen im Erdgeschoss die ehem. Kassenhalle (jetzt Ausstellungsraum) und im 3. Stock – an den hohen Fenstern erkennbar – die Bibliothek. Die Kassenhalle ist eine fünfschiffige Anlage – den großen Mittelraum mit verglaster Tonnenwölbung umziehen schmale, gewölbte Säulengänge und breitere, flachgedeckte Außenschiffe; das Ostportal ist skulptiert. – Ihre Ausstattung bewahrt hat die unweit östlich im Erdgeschoss gelegene „Grütznerstube" mit zwei kreuzgratgewölbten Kompartimenten und reicher (signierter) Vertäfelung der Schreinerwerkstatt Friedrich Neumann, München; das Rotmarmor-Lavabo ist bez. 1908. – Die Bibliothek (Ratsbibliothek, jetzt Lesesaal der Juristischen Bibliothek der Stadtbibliothek) ist das bemerkenswerte Spätbeispiel eines repräsentativ ausgestatteten Bücher-Schauraumes, mit vier hohen Südfenstern zum Prunkhof; die drei anderen Wände sind völlig mit z. T. vergoldeten Eichenholz-Schränken (im Erdgeschoss, verglast) und -Regalen verkleidet; die beiden vorkragenden Galerien haben prächtige Schmiedeeisengeländer, gleich den eisernen Wendeltreppen in den beiden inneren Ecken von der Hofkunstschlosserei Bussmann; an den Fensterpfeilern dekorative eiserne Beleuchtungskörper mit Blattranken (Hofkunstschlosserei Kirsch, 1985 rekonstruiert). Das Deckenbild von Waldemar Kolmsperger und die Glasgemälde von F. X. Zettler wurden im Krieg zerstört. – Typologisches Vorbild war die kurfürstl. Bibliothek im Mannheimer Schloss, die ebenso zwei Galerien mit Eisengeländern aufwies wie die (erhaltene) neubarocke Stiftsbibliothek in Tepl von ca. 1905.

Obwohl zahlreiche weitere Innenraumgestaltungen nicht mehr erhalten sind, stellt das späthistoristische „Gesamtkunstwerk" des Neuen Rathauses als angemessene Selbstdarstellung der Bürgerschaft an zentraler Stelle den gewichtigsten Gebäude-Großkomplex in der Altstadt nächst der Residenz dar und ist längst zu einem – zudem höchst volkstümlichen – Wahrzeichen Münchens geworden.

Neues Rathaus, Bibliothek; Aufn. 1997

Neues Rathaus, Hauberrisser-Zimmer im 2. Obergeschoss; Aufn. 1997

Neues Rathaus, westlicher Bauteil, große Treppenhalle im 3. Obergeschoss; Aufn. 1997

Neues Rathaus, Westflügel, Halle vor der Spindeltreppe; Aufn. 1997

Neues Rathaus, Grütznerstube im Erdgeschoss; Aufn. 1997

ARCHÄOLOGISCHE BEFUNDE: Untertägige Spuren mittelalterlicher Besiedlung unter dem Neuen Rathaus (Fundst.-Nr.: 7835/0252, 7835/0359, 7835/0358, 7835/0360, 7835/0361). Bei Reparaturarbeiten am Fundament im Juli 1974 konnte hochmittelalterliche Keramik geborgen werden. Die Fundstelle liegt im Keller unter der westlichen Toreinfahrt des Rathaus-Haupteinganges unmittelbar an der Hofseite an der westlichen Torwange. Bei Umbauarbeiten im November 1974 im Ratskeller stießen Bauarbeiter auf Verfärbungen und Keramikreste. Im Profil der Baugrube zeichnete sich ein senkrechter, durch einen mittigen Pfosten gestützter Schacht ab, aus dem zahlreiche Scherben, Glasstücke, Knochen und Holzreste geborgen werden konnten. In diesen Schacht mündete ein abschüssig verlaufendes Gräbchen. Schacht und Gräbchen waren in den anstehenden festen, graugelben Flinz eingetieft. Die Sohle des Schachtes wurde 0,35 m unter dem Planum erreicht. Die Einfüllung bestand aus fundreichem, humos-schmierigem Material, durch dessen feuchte Beschaffenheit sich auch organische Stoffe gut erhalten haben. Die Anlage ist vermutlich als Abfalldeponie und Kloake zu interpretieren. 1975 erfolgte die Notbergung einer Grube unter dem nordöstlichen Teil des neugotischen Rathauses, unmittelbar südlich der Landschaftsstraße. Aus dem oberen Teil der Grubenverfüllung stammt Keramik des 12./13. Jh. Im Zuge des Baus eines Stuhllagers für den Ratskeller entdeckten 1991 Bauarbeiter einen Schacht, der im oberen Teil mit Bauschutt, weiter unten stellenweise mit großen Mengen an Keramik- und Glasresten sowie organischem Material verfüllt war. Die aufgedeckte Grube wies die Maße 2,3 x 2,5 m auf. Vermutlich handelt es sich um einen aufgelassenen Brunnen. Zu den Funden zählen überwiegend einheimische Keramik der näheren Umgebung, zusätzlich zwei Importexemplare mit Trichterhals aus Siegburger Steinzeug, weiterhin Münzen, darunter ein Pfennig aus der Zeit Herzog Wilhelms V. und ein Halbbatzen aus der 2. Hälfte des 16. Jahrhunderts. Die Qualität der einzelnen Stücke und die Zusammensetzung des Fundgutes deuten nicht auf einen gewöhnlichen Haushalt hin, sondern lassen eher an eine Gastwirtschaft denken. Die Fundstelle lag in einem Bereich, in dem im 16. Jh. das Landschaftshaus stand.

Marienplatz 15. *Altes Rathaus.* Das Alte Rathaus in seinem gegenwärtigen Bestand, mit dem Saalbau samt nördlichem Annex und dem rekonstruierten Turm im Süden, ist in Substanz und Baumasse ein nach weitgehender Kriegszerstörung wiederhergestelltes Fragment, gleichwohl in dieser Form städtebaulich signifikant und ein stadtgeschichtlich höchst bedeutsames Baudenkmal. Nicht mehr existent ist der südlich zwischen Peters- und Heiliggeistkirche eingeschobene, unregelmäßig gewachsene Flügelbau, das sog. Kleine Rathaus mit den Sitzungs- und Verwaltungsräumen (zuletzt u. a. Standesamt und Stadtarchiv); eine wichtige funktionelle Ergänzung bildete auch im Osten die durch einen Brückenübergang angeschlossene Stadtschreiberei (ab 1595; s. Sparkassenstraße 2/4). Erstmals werden 1286 Räte der Stadt erwähnt, denen in der Folgezeit von den Landesherren beträchtliche – u. a. in der Handfeste Herzog Rudolfs I. von 1294 festgeschriebene – Rechte gewährt wurden. An die Seite des ursprünglichen Zwölferkollegiums, des nachmaligen Inneren Rates, trat der ab 1318 nachweisbare Äußere Rat mit 24 Mitgliedern. Ab ca. 1310 ist ein eigenes Rathaus erwähnt, offenbar bereits am östlichen Schmalende des Marktplatzes (an der Stelle des heutigen Saalbaues) im Bereich der um diese Zeit im Zusammenhang mit der Stadterweiterung ihre Wehrfunktion verlierenden ältesten Stadtmauer gelegen. In den wachsenden Komplex wurde das alte Osttor der Stadt – Unteres oder Talburgtor genannt – als künftiger Ratsturm einbezogen, wobei dessen Verkehrsfunktion zwischen der Kernstadt und dem sich im Osten anschließenden Stadtteil um das Tal erhalten blieb.

Altes Rathaus von Osten; Aufn. um 1900

Altes Rathaus von Westen; Aufn. um 1900

Altes Rathaus nach Kriegsschäden; Aufn. 1946

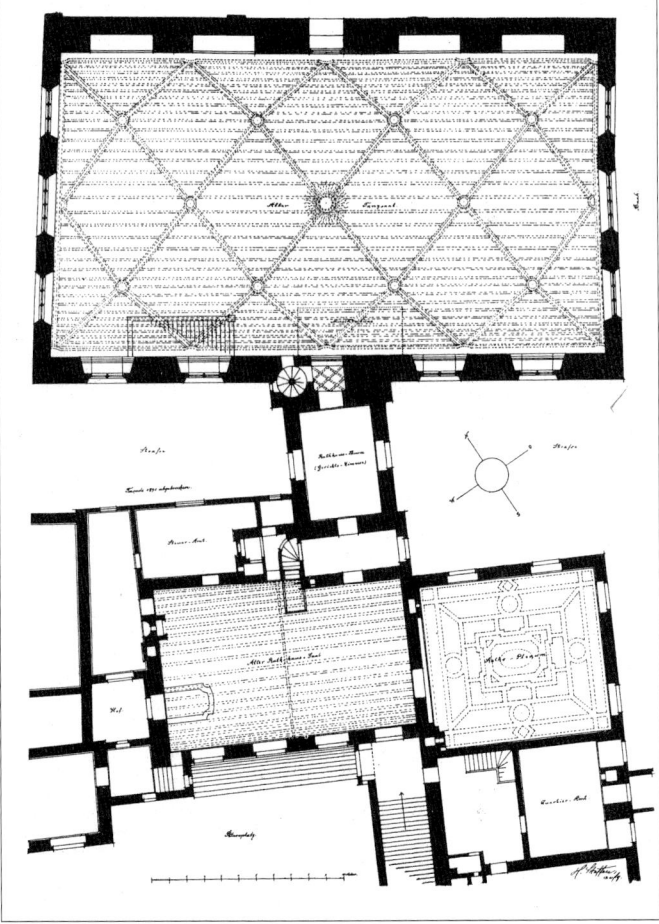

Marienplatz 15, Altes Rathaus; Grundriss, um 1900 (unten der zerstörte Südteil)

Altes Rathaus von Osten; Aufn. 1995

Altes Rathaus von Westen; Aufn. 1975

Altes Rathaus; Querschnitt samt Anbau an der Burgstraße, 1881

1392–94 wurde der Turm im Rahmen weitgehender Baumaßnahmen am Rathaus umgestaltet; in dieser Phase erfolgte u. a. der Einbau eines großen Saales, zugleich setzte die Erweiterung nach Süden in den Bereich des Petersbergls ein, wo das sog. Kleine Rathaus entstand, mit der an der Südseite des Turmes im Obergeschoss gelegenen Großen (nach 1470 Kleinen) Ratsstube, die mit einer Holztonne gewölbt war. Nach einem Unwetterschaden 1460 wurde der Turm instand gesetzt und erhielt den Spitzhelm samt Laterne und vier Ecktürmchen, wie ihn die Stadtansicht in der Schedelschen Weltchronik von 1493 zeigt.

An der Stelle des bisherigen Altbaues (nebst Saal) nördlich des Turmes und eines nördlich anschließenden, 1461 erworbenen Bürgerhauses entstand ab 1470 der stark vergrößerte neue Saalbau, meist Tanzhaus genannt, unter der Leitung des städt. Maurermeisters Jörg von Halsbach oder auch von Polling (der gleichzeitig die neue Frauenkirche errichtete), ausgeführt durch den städt. Untermaurermeister Peter Manhart. Typologisches Vorbild dürfte das wenig ältere Augsburger Tanzhaus auf dem Weinmarkt gewesen sein. Der Nordteil des Erdgeschosses, die Fronfeste oder Schergenstube samt der Wohnung des Gefängniswärters, war bereits Ende 1471 fertig, das südlich anschließende Brothaus (mit acht Brotläden) 1473; der Saal im Obergeschoss, 1472 im Bau, erhielt 1473 seine Fenstermaßwerke durch den Steinmetz Hans Haldner und 1475 den Dachstuhl von Meister Heinrich von Straubing (vgl. Frauenkirche), der im Folgejahr gedeckt wurde, womit der Neubau beschränkt benutzbar war. Ulrich Fuetrer bemalte 1476/77 die Fassaden.

Die Ausstattung des 31 x 17 m großen Saales erfolgte 1476–80; er erhielt 1476/77 durch den Kistler Hans Wenger die Tannenholzverschalung der mächtigen Segmenttonnenwölbung mit dem aufgelegten Rautennetz aus Zierrippen nebst begleitendem reichem Schnitzdekor. Die Tonne ermöglichte eine stützenfreie Überdeckung des Raumes bei gleichzeitiger Steigerung von dessen Höhe bis zu 10,5 m. Bereits C. F. Wiebeking zählte die Bohlenkonstruktion in seiner „Bürgerlichen Baukunde" von 1826 „zu den besten ihrer Art" und veröffentlichte deren Schnitte im zugehörigen Atlas.

◁ Altes Rathaus, Saal nach
Westen; Aufn. 1997

Künstlerisch wie ikonographisch höchst bemerkenswert ist die plastische – heraldische wie figürliche – Auszierung der Decken- und Frieszone. Erasmus Grasser wurde 1477 für die 13 Wappenschilde sowie Sonne und Mond an der Decke, 1480 für die Statuetten der Moriskentänzer bezahlt, Ulrich Fuetrer 1478 für die Fassung des Wappenfrieses, der die Längswände abschließt. Das vielschichtige heraldische Programm, als Synthese eines wittelsbachischen Stammbaums und einer differenzierten Darstellung des Römischen Reiches angelegt, mit dem Kaiserwappen Ludwigs des Bayern als zentralem Schlussstein, ist sowohl Ausdruck der dynastischen und politischen Ambitionen Herzog Albrechts IV. wie demonstrativer Hinweis auf den Kaiser, der seine Residenzstadt reichlich mit Privilegien ausstattete. Zugleich macht der Zyklus die vielseitige Funktion dieses einzigen großen Festraumes im spätmittelalterlichen München deutlich, der von der Bürgerschaft wie vom Hof – auch gemeinsam – und bis ins 17. Jh. hinein sogar von den Landständen benützt wurde, ehe der Bau des Georgssaales in der Neuveste (um 1560) und der aufkommende Frühabsolutismus die Symbiose beendeten. Die hölzernen Wappenschilde an den Rippenkreuzungen sind auf das Herrscherhaus und seine Verwandtschaft bezogen, dazu kommen Stadt- und Landeswappen sowie Sonne und Mond. Der Wappenfries der Längswände veranschaulicht einerseits das Reich mit Kaiser, Kurfürsten und seinen gemäß dem sog. Quaternionensystem des Peter von Andlau (1460) jeweils durch vier ausgewählte Vertreter symbolisierten Ständen – von den Herzögen bis hinab zu den Bauern – als tragenden Säulen (vgl. dasselbe Schema im Rathaussaal zu Überlingen, 1490/94), andererseits im Sinne des universalistischen Reichsgedankens und Vorranganspruches die Wappen der verschiedenen europäischen Königreiche und auch exotischer Mächte.

Den Fries unterbrechen am Fußpunkt der Diagonalrippen Rundbogenblenden, vor denen auf Konsolen die eine Hauptfunktion des Tanzhauses veranschaulichenden gefassten Lindenholzfiguren der Moriskentänzer Erasmus Grassers stehen (ursprünglich 16, davon 10 erhalten, jetzt Kopien von 1957; Originale – gleich den Wappen der Wölbung – jetzt im Stadtmuseum), in ihrer weltlichen Thematik, unkonventionellen Drastik und raumausgreifenden Gestik Hauptwerke der deutschen spätgotischen Bildschnitzerkunst (vgl. thematisch die Moriskenreliefs am Innsbrucker Goldenen Dachl, um 1500).

Tageslicht erhält der Saal durch je drei (im Format mehrfach veränderte) große Fenster an den Schmalseiten, deren Maßwerk 1608 beseitigt wurde. Zugänglich war er bis 1877 vom Platz her durch eine neben der Westhälfte der Südwand aufsteigende Treppe, die den Saalboden durchbrach; der Mitte der Nordwand

Altes Rathaus, Saal, Detail der Decke an der
Nordseite mit Moriskentänzer

Altes Rathaus, Saal, Decke, Nordwestecke

war ein Pfeiferstuhl (Musikempore) vorgelegt; beides ist auf der Saalansicht von Nikolaus Solis (Radierung) aus Anlass der großen Fürstenhochzeit 1568 sichtbar.

Wie die Einrichtung des Saales mehrfach wechselte, so wurde auch das Rathaus-Äußere laufend dem Zeitgeschmack angepasst, vor allem 1624–26 frühbarock umgestaltet und mit Architekturmalerei von Thomas Zehetmair d. J. versehen, 1778/79 dann in Formen des Louis XVI redigiert und durch Augustin Demmel bemalt. 1861–64 erfolgte eine durchgreifende Regotisierung bzw. neugotische Interpretation durch Stadtbaurat Arnold Zenetti, die in stark reduzierter Form bis heute den Eindruck bestimmt. 1877 wurden Fahrbahn und Gehweg im Erdgeschoss durchgebrochen, dabei der alte Saalaufgang beseitigt; dafür entstand nordseitig an der Stelle eines abgebrochenen Bürgerhauses (ehemals Burgstraße 18, Gasthof zum schwäbischen Donisl) 1878–81 ein neugotischer Erweiterungsbau von Friedrich Löwel mit neuem Treppenhaus und Vestibül, der in außen und innen 1934/35 vereinfachter Form (mit plastischem Dekor von Joseph Wackerle im Inneren) noch existiert. Der große Saal wurde 1883–89 und 1934/35 restauriert, das Kleine Rathaus äußerlich 1890–92 durch Hans Grässel in malerisch-gotisierenden Formen umgestaltet. Es fiel dem Luftkrieg 1943–45, vor allem dem Angriff am 17. Dezember 1944, völlig zum Opfer, während vom am 24./25. April 1944 ausgebrannten Saalbau die Außenwände und die 1934 nochmals erweiterten Durchfahrten, vom Turm nur ein Fragment, im Wesentlichen die Nordhälfte, übrig blieben. Wiederaufgebaut wurde 1952–57 durch das Stadtbauamt in Zusammenarbeit mit Hans Döllgast lediglich der Saalbau, wobei die hölzerne Tonnenwölbung des Saales vorerst nur in ihrer vereinfachten Grundform rekonstruiert wurde. Der zunächst dem Verkehr geopferte, städtebaulich eine Schlüsselposition markierende Turm entstand von neuem 1971–74 nach Plänen von Erwin Schleich (Ausführung Fa. Rank), der eine Wiederannäherung an die originale spätgotische Form vor allem hinsichtlich des mehrfach (so um 1560, 1671 und 1861/64) veränderten Turmhelmes erstrebte (Inneres seit 1983 als Spielzeugmuseum genutzt). Turm und Saalbaufassaden erhielten 1974/75 eine neue dekorative Bemalung von Günter Grassmann. Während am Ostgiebel die Zinkfigur Heinrichs des Löwen von Konrad Knoll (1863) erhalten blieb, musste die Bronzefigur Kaiser Ludwigs am Westgiebel 1960 von Hans Osel neu geschaffen werden; in der Durchfahrt wurde 1954 ein Mahnmal für die nicht zurückgekehrten Kriegsgefangenen von Franz Mikorey enthüllt, vor der Südseite 1974 die Bronzefigur der Julia von Nereo Costantini (Geschenk der Sparkasse der Partnerstadt Verona) aufgestellt.

Mit der ergänzenden Rekonstruktion des (in Resten erhaltenen) reichen Schnitzdekors an der Saaldecke 1982–86 durch die Bildhauerwerkstätte Ernst Streck nebst Wiederanbringung von Kopien der (seit 1940 im Stadtmuseum geborgenen) Wappenschilder Erasmus Grassers wurde das Erscheinungsbild des zu den bedeutendsten Profanräumen der Spätgotik zählenden Festsaales zurückgewonnen. – Durch die Jahrhunderte war der Rathaussaal die Stätte bedeutender Feste und Empfänge (u. a. bei Besuchen Kaiser Maximilians I. 1500 und 1510 sowie Karls V. 1530), Theateraufführungen, politischer, kultureller und gesellschaftlicher Ereignisse; aus neuerer Zeit ist das Treffen der NSDAP-Führung am Abend des 9. November 1938 zu erwähnen, von dem die Initiative zur sog. Reichspogromnacht ausging. – 1999 wurde das Äußere renoviert.

ARCHÄOLOGISCHE BEFUNDE: Ergrabene Teile früherer Bebauung wurden mit der Fundst.-Nr. 7835/0193 bezeichnet. Bodeneingriffe und Umbauten sind aus jüngerer Zeit nicht bekannt, deshalb ist mit untertägig erhaltenen Resten von mittelalterlichen und frühneuzeitlichen Vorgängerbauten, möglicherweise auch mit Brunnen und Latrinen, zu rechnen.

Marienplatz 21. Von der bis zum Zweiten Weltkrieg existierenden Bebauung an der Südseite des Marienplatzes ist nur noch ein einziges Haus – der Entstehungszeit nach das jüngste – erhalten, in städtebaulich bedeutsamer Position an der Ecke zum Rindermarkt, dessen kurzer nördlicher Anfangsabschnitt, ehemals Schleckergasse genannt, vor 1910 wesentlich enger und unmittelbar auf die nördliche Schmalseite des Turmes von St. Peter ausgerichtet war; zudem trat das Eckhaus dank der mit ihm einsetzenden vorspringenden Bauflucht der Gruppe westlich des Rindermarktes seit jeher (heute noch verstärkt) im Platzbild hervor.

Marienplatz 21 ▷

Das auf Sandtners Stadtmodell (um 1570) dargestellte drei- bis viergeschossige Eckhaus mit zwei Flacherkern und Giebel zur Platzseite im Norden ist sichtlich durch einen Anbau – laut Häuserbuch IV durch Einbeziehung eines kleinen Nebenhauses – asymmetrisch gegen Westen erweitert; in dieser Form zeigen es noch die Platzansichten von J. Stephan um 1760, F. W. Bollinger 1805 und D. Quaglio 1812. In klassizistisch-biedermeierlicher Zeit erfolgte ein Um- oder eher Neubau – fünfgeschossig mit Arkaden im rustizierten Erdgeschoss und Fensterläden in den nur durch ein Gurtgesims unter dem 3. Stock gegliederten Obergeschossen –, abgebildet u. a. auf Platzansichten von Gustav Kraus (1825) und C. F. Heinzmann 1836.

Das nach dem Weinhändler August d'Orville (Besitzer seit 1855) benannte Haus wurde 1910 von der Firma Hage und Poelt (Bekleidungsgeschäft, zuvor Kaufingerstraße/Ecke Rosenstraße) erworben und abgebrochen. Unter Verbreiterung des Rindermarktes, der nun zwei Straßenbahngleise aufnehmen konnte, entstand 1911 der von einer Künstlerkommission begutachtete, heute noch bestehende Geschäftshausneubau nach Plänen von Georg Meister unter künstlerischer Mitwirkung von Oswald Eduard Bieber, mit zwei verschieden großen Läden (der kleinere südlich) und Schaufensterarkaden im natursteinverkleideten Erdgeschoss und großen Rundbogenfenstern im zugeordneten 1. Stock sowie Rechteckfenstern in den reduziert barockisierend, dem Heimatstil nahestehend gegliederten Obergeschossen mit Büronutzung. Die abgeschrägte Ecke am Marienplatz besetzt über dem ehem. Geschäftseingang ein Natursteinerker mit reicher Bauplastik; das abschließende Balkongitter bez. HP 1911. Der Grundriss gruppiert sich um einen kleinen Lichthof an der Ostseite; zwischen ihm und dem Hauseingang an der Südseite zum Petersplatz, die durch eine Terrasse über den Arkaden malerisch-intimen Charakter erhielt (heute moderner Anbau), wurde das Treppenhaus angeordnet. – Durch moderne Einscheibenfenster ist der künstlerische Charakter störend verändert. Heute Filiale der Deutschen Bank. Letzte Fassadenrenovierung 2005.

Blick in die Marienstraße von Westen; Aufn. 1996

Marienstraße

(Vgl. Ensemble Altstadt.) Der erstmals 1818 erwähnte Name ist wohl von der Zugehörigkeit zur Liebfrauenpfarrei abzuleiten; vgl. „Tal Mariä", die einstige Nordseite des Tals. Zu älteren Benennungen – Umschreibungen wie „hinter der Mauer" und ähnlich – vgl. H. Stahleder (1992). Die parallel zum Tal die Hochbrückenstraße mit der Gasse Lueg ins Land verbindende Straße entlang der Innenseite der Stadtmauer (in diesem Abschnitt aus dem 1. Drittel des 14. Jh.) war ursprünglich nur südseitig mit vergleichsweise niedrigen Wohnhäusern bebaut (vgl. Sandtners Stadtmodell, 1570). Stimmelmayrs Skizze aus dem späteren 18. Jh. zeigt bereits einige Anbauten an die Stadtmauer und noch Wenngs Atlas von 1850 die doppelte Stadtmauer samt vorgelegtem Stadtgrabenbach im Bereich zwischen Einschütt (vgl. Hochbrückenstraße) und der ursprünglich schlicht klassizistischen Häusergruppe mit den heutigen Nummern Marienstraße 17/19/21 sowie westlich von ihr eine Reihe schmaler, an die Mauer innenseitig angebauter Kleinhäuser; vgl. Stadtmodell von Seitz, Mitte 19. Jh. – beide Mauern mit Türmen bewehrt. Die nordseitige Situation änderte sich grundlegend mit dem Bau der Herrnschule 1881/82 (vgl. Herrnstraße 21) und der östlich von deren Schulhof gelegenen, im Luftkrieg zerstörten Höheren Handelsschule (1889/90 von Friedrich Löwel, ehemals Herrnstraße 19, durch Neubau auf verändertem Grundriss ersetzt). In

Marienstraße; Flurkarte, M. 1:2 500

die südliche Stützmauer des erhöhten Hofes der Herrnschule ist – gegenüber der Einmündung der Pflugstraße – eine Inschrifttafel des späteren 19. Jh. eingelassen („Dies Haus steht auf dem Grunde eines Theiles der zu Anfang des 14. Jahrhunderts angelegten Stadtbefestigung"), nach A. Alckens (1936) am damaligen Haus Herrnstraße 19, das östlich an die Handelsschule grenzte, angebracht (wohl südseitig am Rückgebäude). – Weiter östlich stammt das viergeschossige Mietshaus Marienstraße 19 noch aus dem frühen 19. Jh., doch ist die Fassade vereinfacht.

Marienstraße 2. Der Bäckermeister Anton Karl hatte 1876 das schon 1463 nachgewiesene Anwesen Marienstraße 14 erworben. Für die 2. Hälfte des 16. Jh. ist es als mehrgestaltiger Bautenkomplex belegt, wie er für die Graggenau als dem angestammten Handwerkerviertel typisch war (auch der Hof hatte seine feuergefährlichen Gewerke wie Malzmühle und Dörrhaus am Weißen Bräuhaus an den östlichen Rand der Stadt gelegt). Ein zweigeschossiger Bau mit flach geneigtem Satteldach stand an der Ecke Marienstraße/Einschütte (später Hochbrückenstraße), dem sich östlich ein kleiner, mauerbewehrter Hof anschloss. Auch der östlich auffolgende Hausstock, mit mehrgeschossigem Dachraum war dem Komplex zugehörig. Zu einem späteren, bis dahin unbekannten Zeitpunkt (vor 1806) wurde der Hofraum überbaut. Bis zur Niederlegung der Stadtmauer im Bereich der heutigen Herrnschule bildete Marienstraße 2 das letzte Wohnhaus vor den Befestigungsanlagen. 1877 ließ Bäckermeister Karl zunächst Umbauten an dem von ihm erworbenen Altbau vorneh-

Marienstraße 2

men (Protokoll LBK), bis er vier Jahre später einen Neubau auf dem unregelmäßig trapezförmigen Grundstück in Auftrag gab. Michael Reifenstuel erbaute 1881–82 das bestehende fünfgeschossige Wohn- und Geschäftshaus als Neurenaissance-Eckbau. Durchaus ungewöhnlich legte er das Treppenhaus an die Baulinie der Straßenfront zur Marienstraße, an der rückwärtigen Baulinie zum südlichen Nachbaranwesen Hochbrückenstraße 12 klinkte er einen seichten Lichthof ein, zur Verbesserung der Lichtsituation in den zwangsläufigen Dunkelzonen. Gemäß Eingabeplan waren/ sind im Erdgeschoss seit Entstehung des Gebäudes sechs bis acht kleine Läden untergebracht, in den Geschossen darüber zwei je unterschiedlich große Wohnungen. Grundlegende Anforderung bei der Gestaltung der Fassaden war die Entschärfung der Ecksituation, hier laufen die Grundlinien der Straßenfronten spitzwinklig aufeinander zu. Die Lösung besteht, gewissermaßen klassisch, in einer Abschrägung der Ecke. Zusätzlich wurden die Fensterachsen an der Ecke risalitartig zusammengefasst. Ein Risalit betont die mittig in die Fassade an der Marienstraße gesetzte Eingangsachse, ein Seitenrisalit schließt diese Straßenfront östlich ab. Die Neurenaissance-Auffassung der Fassadendurchbildung ist dicht und beinahe lehrbuchhaft überliefert (Renovierung der Putzflächen und Ersetzung der Fenster 1994/im 3. Obergeschoss 2001): Die Konsolfriese oberhalb des Erdgeschosses und am Traufgebälk haben sich erhalten, die Varianz der Verdachungen kann als stilreine Anwendung bezeichnet werden.

Marienstraße 10. Der Grund des Anwesens Marienstraße 10 bildete seit der Zeit um 1570 bis zu einer Erbteilung 1943 die Rückseite des Hauses Tal 29. Dabei entsprach die Parzelle in ihrer Breitenerstreckung entlang der Marienstraße den drei Anwesen Tal 27, 28 und 29 zusammen (das Stadtmodell referiert den Grund als unbebaut). Bezeichnenderweise befand sich das Anwesen Tal 29/Marienstraße 10 seit seiner ersten katastergestützten Erwähnung 300 Jahre lang lückenlos im Eigentum von Bierbrauern. 1856–57 ließ der „Bierbrauereibesitzer" Josef Hagn von Maurermeister Bürkl sen. auf ein bestehendes, erdgeschossiges Lagergebäude ein schlichtes Wohngeschoss aufsetzen, der Bau zählte zehn Fensterachsen und stand traufseitig zur Marienstraße. Die auswinklig aufweitende Hofdurchfahrt liegt in der östlichen Achse, der Hauszugang führt zum Stiegenhaus mit halb gewendelter Podesttreppe, das Bürkl ohne eigenen Ausbau an den Hofwinkel legte, den das breite Vordergebäude mit dem kurzen westlichen Rückflügel bildet. Zwei unterschiedlich große Wohnungen sind gemäß Eingabeplan in jeder Etage untergebracht. 1875 ließ der „Kunstmüllerssohn" Karl Friedrich Eckert von Baumeister Gottfried Volk zwei Geschosse auf den bestehenden Bau aufsetzen und Dachwohnungen herstellen. Dabei kam es zu Umsteckungen der vorgegebenen Wohnungsgrundrisse (das vorherige Verhältnis der Abgeschlossenheiten von 6:5 Zimmern veränderte man zu einem von 7:4). 1876 wechselte das Anwesen den Besitzer durch Tausch. Im Zuge der Aufstockung 1875 änderte man die stichbogig geschlossenen Fenster zu solchen mit geraden Stürzen. Die Fassade des Anwesens ist schlicht. Die Durchbrüche der Erdgeschosszone wurden vielfach geändert, die ursprüngliche Rustizierung nach dem Zweiten Weltkrieg beseitigt, wie man auch das vormals aufwendiger artikulierte Traufgesims vereinfacht wiederherstellte.

Marienstraße 17. ARCHÄOLOGISCHE BEFUNDE: Mittelalterlicher Stadtgraben (Fundst.-Nr.: 7835/0260). Beim Hausabriss 1983 wurde ein Abschnitt des mittelalterlichen Stadtgrabens im Profil beobachtet.

Marienstraße 18. Das Anwesen Marienstraße 18 kennzeichnet ein kurioses Nebeneinander von vereinheitlichender Fassade und unregelmäßigem Grundriss, der sogar in der Münchner Altstadt keinen Vergleich kennt. Baumeister Heinrich Zachmann war Eigentümer der beiden Häuser Lueg ins Land 3 und Marienstraße 18 (vormals 2). Lueg ins Land 3 erwarb er aus der Hand des Zimmermeisters Josef Baudrexel, Marienstraße 18 aus dem Stadtsäckel. Zachmann ließ von E. Dresslers Büro zwei Neubauten planen und nach Abräumung der Parzellen schließlich 1897–1903 von seiner eigenen Baufirma ausführen. Zur Herstellung der vom Magistrat gewünschten Straßenbreite, der Marienstraße wie auch des Straßenverlaufs von Lueg ins Land, schrieb die Baulinienkommission eine Rücksetzung der Grundlinien vor. Die spezifische Grundrissform des den beiden Anwesen gemeinsamen Hinterhofes ergab sich aus den Vorschriften der Münchner Bauordnung hinsichtlich Abstandsflächen und Fensterabständen. Der Hauszugang in der dritten östlichen Achse führt über ein Zwischenpodest ins Stiegenhaus mit seiner doppelläufigen Podesttreppe, die von einer der Ausklinkungen am Hofwinkel her belichtet wird. Gemäß Eingabeplan sind im Erdgeschoss Läden sowie zwei Wohnungen unterschiedlicher Größe in jedem Obergeschoss untergebracht; die gegebene Parzellenform zwang zu einer variantenreichen Führung der Verkehrswege innerhalb der Wohnbereiche. Bei der Fassadengestaltung setzte man die Stilcharakteristika der Neurenaissance vergleichsweise zurückhaltend um. Die Engsetzung der je äußeren Fensterachsen stellt ein solches Gestaltungselement dar.

Marienstraße 10 Marienstraße 18

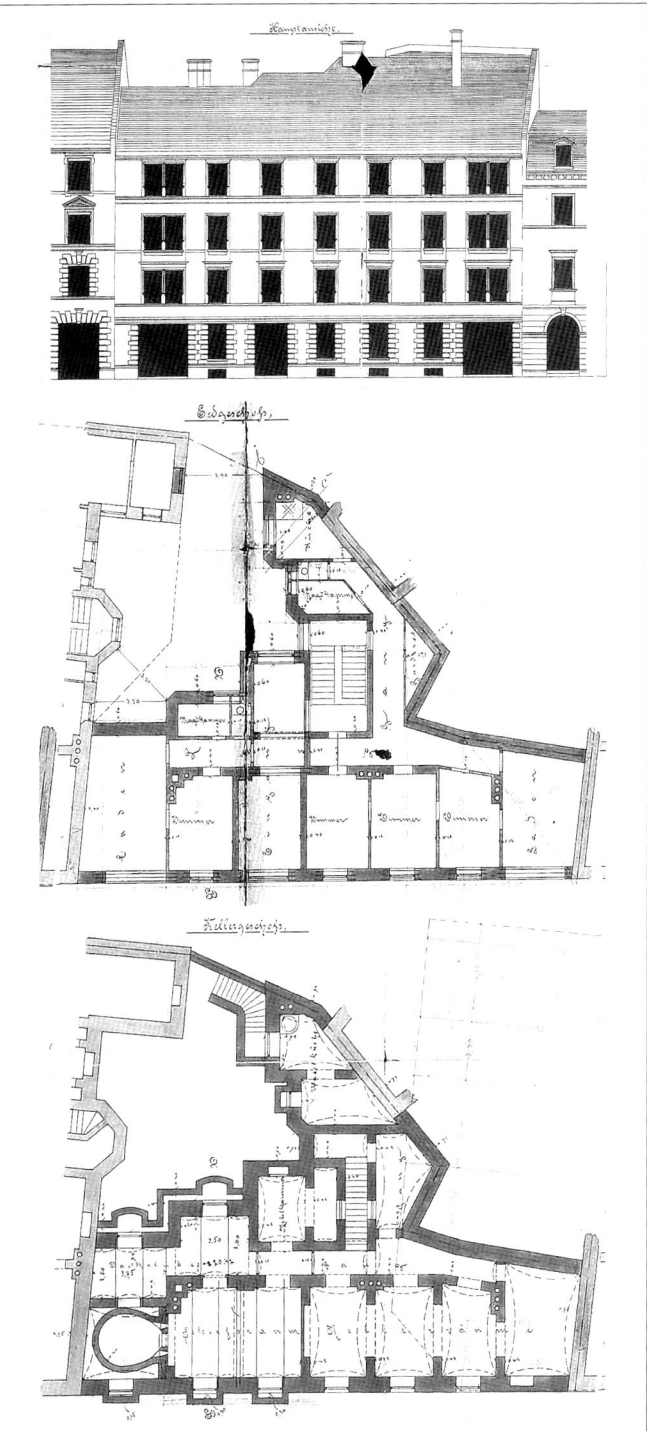

Marienstraße 18; Grundrisse Keller- und Erdgeschoss sowie Ansicht von 1897

Marienstraße 21. *Vindeliker-Haus.* Das im Bereich der ehem. Stadtbefestigung gelegene, baugeschichtlich vielschichtige Anwesen ist insbesondere durch die Einbeziehung der Nordwand eines Stadtmauerturmes von hohem Interesse. Die vor Haus Nr. 21 (früher 24) in rechtem Winkel zusammenstoßenden Straßen Lueg ins Land (vgl. dort) und Marienstraße entsprechen mit ihrer altstadtaußenseitigen Baulinie dem Verlauf der Nordhälfte der Mauer um die etwa keilförmige östliche Stadterweiterung, die mit dem 1337 eröffneten Isartor abgeschlossen wurde. Unweit nördlich von diesem wurde um 1330/40 die Nordostecke der Mauer mit dem quadratischen Luger(turm) oder Lueg ins Land besetzt, der seinen Namen wohl von seiner Ausblickfunktion (nach Stahleder 1992 kommt auch ein Personenname in Frage) erhielt. Auf der Stadtansicht in Schedels Weltchronik von 1493, Sandtners Stadtmodell wie den späteren Ansichten (u. a. Vogelschaupläne von T. Volckmer 1613 und M. Paur 1705) ist der über 20 m hohe Bau mit einem Steildach und seitlichen Ausguckgalerien dargestellt, auf J. P. Stimmelmayrs Skizze (um 1800) mit einem flacheren Zeltdach des 18. Jh. Im Spätmittelalter diente der Turm überdies als Gefängnis. Im Zuge der im späteren 15. Jh. errichteten niedrigeren äußeren Stadtmauer wurde ihm nordöstlich ein zweiter, zylindrischer Geschützturm vorgelegt, dessen 1987 ergrabene Reste sichtbar belassen wurden (vgl. Thomas-Wimmer-Ring 1/1a und Lueg ins Land).

Die Ostseite der Gasse Lueg ins Land (s. dort) war in Fortsetzung des sich nördlich an das Isartor anschließenden Torschreiberhauses bereits zu Beginn des 19. Jh. bebaut (vgl. Consoni-Stadtplan 1806). Am Nordende der Reihe entstand um 1815 das im Luftkrieg 1944 beschädigte Haus Lueg ins Land 5 an der Stelle des Lugerturmes und eines südlich benachbarten Kleinhauses, dessen Besitzer, der Geschmeidemacher Sigmund Miller, den Stadtturm 1807 auf Abbruch erworben hatte. Beim Neubau seines Hauses blieb jedoch die Nordwand des Turmes stehen, an die sich nordseitig um 1820 das Nachbarhaus Marienstraße 21 (alt 24) anschloss. Beim Abbruch des kriegsbeschädigten Hauses Lueg ins Land 5 im Jahre 1970 wurde die Innenseite der Turmnordwand freigelegt, die nunmehr den Ostteil der Außenfront von Marienstraße 21 bildet, und in ihrer historischen Bedeutung erkannt.

Das Traufseithaus Marienstraße 21 entstand um 1820 als östlicher Abschluss einer Dreiergruppe schlicht klassizistischer, viergeschossiger Mietshäuser, deren Areal genau einem Abschnitt der abgebrochenen doppelten Stadtmauer entspricht (Marienstraße 17, 19 und 21, früher 22, 23, 24; Nr. 19 mit vereinfachter Fassade noch erhalten). Bauherr von Nr. 21, der „Gastwirtschaft zum Elephanten", war der Bierwirt Leopold Hackspiel (Häuserbuch I; auf dem Katasterplan von 1814 wurde der Neubau nachträglich in Rot eingetragen; erstmals auf Stadtplan von 1826). Die Grundfläche von Nr. 21 war (vor späteren rückseitigen Erweiterungen) trapezförmig, von der Südseite waren an der Marienstraße nur drei Fensterachsen links (westlich) sichtbar, rechts schloss sich die (nach 1970 freigelegte) Nordwand des Luginsland-Turmes als Kommunmauer des im rechten Winkel angrenzenden Hauses Lueg ins Land 5 an. Von der Nordostecke des ansonsten abgebrochenen Rechteckturmes griff das überbaute Grundstück von Nr. 21 schräg nach Nordosten aus mit den Rundturm der äußeren Stadtmauer tangierender Spitze. Das Seitzsche Stadtmodell des mittleren 19. Jh. zeigt die schräge östliche Schmalseite des Hauses fensterlos und mit Giebel (sowie auch noch den Rundturm mit Kegeldach). Die längere Nordfassade zum ehem. Stadtgraben umfasste sieben Fensterachsen. Der Grundriss war zweibündig mit erschließendem Mittelgang, Hauseingang wie bestehend am linken (westlichen) Rand und rückseitig in der Nordwestecke anschließender Treppe; die bevorzugten Wohnräume waren entlang der längeren Nordseite angeordnet. Die Gaststätte lag im Erdgeschoss rechts vom Eingangsflur und wurde mehrfach umgebaut: 1851 Erweiterung des Gastzimmers für den Wirt Kilian Biller durch Maurermeister Max Kuppelmayr und Zimmermeister Peter Erlacher; 1862 Veränderungen im Gastzimmer für Wirt Xaver Polz durch Maurermeister Heuberger; 1881 (erster Teil) bzw. 1888/89 rückwärtiger Flügelanbau im Nordosten (zur Herrenstraße) für Charcutier Johann Georg Winkler durch Baumeister Reifenstuel (Erweiterungsneubau mit Atelier im Norden); 1908 Umbau des Wirtschaftslokales durch Baugeschäft Georg Weber für Raimund Winklers Erben, mit neuem großem Breitfenster rechts vom Hauseingang.

Seine jetzige Gestaltung und Struktur erhielt das als *Vindeliker-Haus* bekannte Anwesen, nachdem es 1922 von der Studentenverbindung Vindelicia erworben und für deren Wohnheim- und Geselligkeitszwecke adaptiert worden war: u. a. 1927 verschiedene Umbaumaßnahmen, Saalbau im Hof von Architekt Wilhelm Kahrs; 1950 Wiederaufbau des Dachgeschosses; 1977 Umbaumaßnahmen. Im Erdgeschoss wurde aus dem Gastzimmer das Bierstüberl; im hofseitigen Nordostflügel liegt der Kneipraum, in den Obergeschossen vor allem Studentenwohnräume. Die historisierende Fassadenmalerei der 1920er Jahre (restauriert 1975) im 1. Stock zeigt die Stadtmauer mit dem einstigen Luginsland-Turm, darüber das Vindeliker-Wappen. Die steinerne Gedenktafel an den Turm stammt aus der 2. Hälfte des 19. Jh. Die rechte (östliche) Fassadenhälfte (Backstein, neu verputzt) ist identisch mit der freigelegten ehem. Innenseite der mittelalterlichen Turmnordwand, heute in drei Geschossen je zwei Fensterachsen breit, mit einer erhaltenen Schießscharte im 1. Stock rechts. Das ursprüngliche Obergeschoss fehlt, stattdessen zurückgesetzte Aufstockung.

Marienstraße 21, Vindeliker-Haus

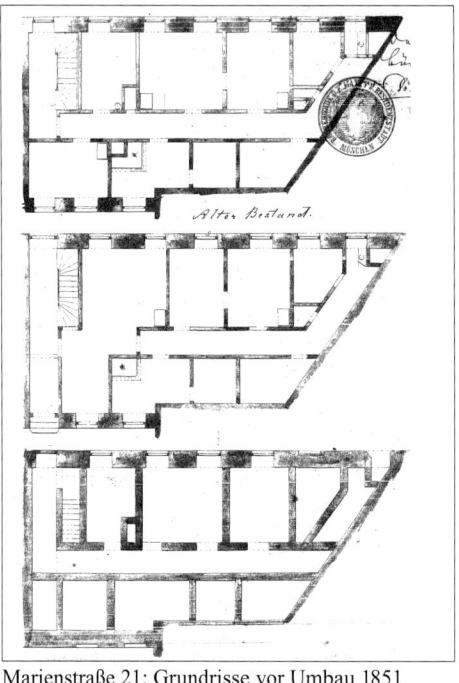

Marienstraße 21; Grundrisse vor Umbau 1851

Marsplatz

An den Campus Martius im alten
Rom und das Pariser Champ de Mars
anknüpfend, erhielt auch in München
das seit dem 18. Jh. zu militärischen
Übungen (der Infanterie und Kavallerie) und Paraden genützte Gelände
auf der Neuhauser Heide nordwestlich der Stadt im Zeitalter der Antikenrezeption und des Bündnisses mit
Frankreich den Namen „Marsfeld",
der erstmals 1804 im Zusammenhang
mit dessen Vermessung und der Anlage eines Grenzgrabens erscheint (vgl.
Lankes 1993). Auf dem Katasterplan
von 1808 ist dieser „Exerzirplatz/Auf
die Neuhauser Heide" im Bereich
westlich der von Sandgruben und
Bierkellern genutzten Terrasse (etwa
der heutigen Sand- und Herbststraße)
zwischen der (späteren) Arnulfstraße
im Süden und der Nymphenburger
Straße im Norden eingetragen, dazu
eine gerade Zufahrtsstraße von der
Dachauer Straße her, in der Folge
(erstmals 1814) Marsstraße genannt.
Im Zuge der Aufteilung und Bebauung des Marsfeldes seit ca. 1885 wurde als städtebauliches Zentrum des
vor allem durch die Neubauten der
Militärbildungsanstalten geprägten
Viertels in westlicher Fortsetzung der
Marsstraße der lang gestreckte Mars-

Marsplatz, Nordseite, ehem. Kadettenkorps-Gebäude; Postkarte, um 1900

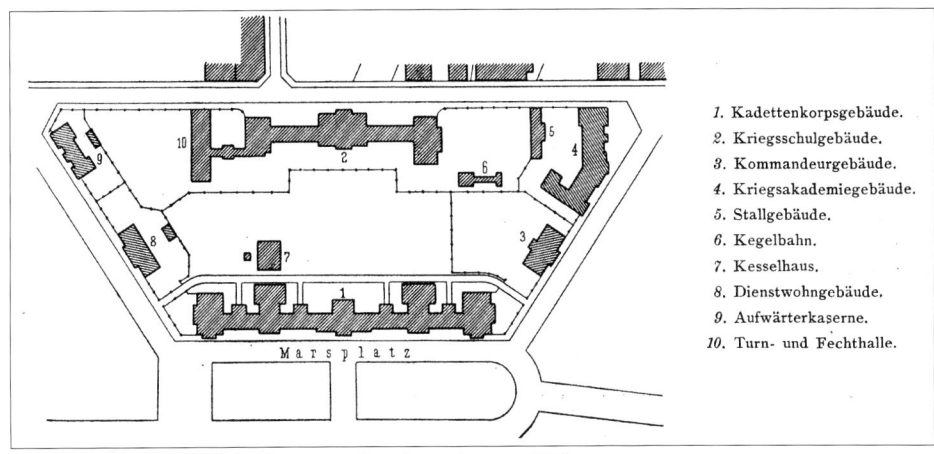

1. Kadettenkorpsgebäude.
2. Kriegsschulgebäude.
3. Kommandeurgebäude.
4. Kriegsakademiegebäude.
5. Stallgebäude.
6. Kegelbahn.
7. Kesselhaus.
8. Dienstwohngebäude.
9. Aufwärterkaserne.
10. Turn- und Fechthalle.

Marsplatz, ehem. Militär-Bildungsanstalten; Lageplan von 1888

platz mit einer mittleren Grünfläche angelegt, die 1894 und
1903/04 mit Ahornbäumen bepflanzt wurde. Mit dem ursprünglich halbrunden östlichen Abschluss zitierte der Marsplatz die
Form des antiken Stadions (vgl. Luftbild bei Bauer/Graf 1986,
S. 113). Nordseitig begrenzte ihn bis zum Luftkrieg der 223 m
lange Neurenaissancekomplex des Kadettenkorps (1888–90 von
Gustav Frhr. von Schacky; zuvor Elisenstraße 1a, s. dort); nördlich parallel an der Blutenburgstraße stand die 142 m lange
Kriegsschule (1891–94 von Schacky; erhaltene Nebengebäude

s. Maillingerstraße 11a und Pappenheimstraße 14). Nicht mehr
erhalten sind auch die weitläufigen Komplexe der beiden sog.
Marsfeldkasernen des späten 19. Jh. westlich des Platzes zwischen Blutenburg-, Maillinger- und Arnulfstraße (hier geboge-
ner Nachkriegs-Durchbruch der fortgesetzten Marsstraße). Südlich des Marsplatzes entstanden mehrere Schulgebäude: das
Wittelsbacher-Gymnasium (Nr. 1, s. u.), eine Volks- und zwei
Gewerbeschulen (s. Deroystraße 1, Pranckhstraße 2); im Südosten der Zirkus Krone (s. Marsstraße 43).

Marsplatz; Flurkarte, M. 1:2500 ▷

Marsplatz, Senefelder-Denkmal

Marsplatz. *Senefelder-Denkmal.* Alois Senefelder, am 6. November 1771 in Prag geboren, erfand 1796/98 in München die Lithographie, gründete 1806 eine eigene Steindruckerei und war 1809–27 kgl. Inspektor der Lithographie in der Vermessungskommission; 1818 gab er sein „Vollständiges Lehrbuch der Steindruckerey" heraus. Das von dem Maler Peter Herwegen entworfene Denkmal, enthüllt am 6. November 1877, stand bis zur Umgestaltung des Sendlinger-Tor-Platzes

Wittelsbacher-Gymnasium von Nordosten; Aufn. 1995

Marsplatz 1, Wittelsbacher-Gymnasium von Nordwesten; Aufn. 1995

1955 dort in der Grünfläche nördlich des (abgebrochenen) Rondell-Eckhauses Nr. 5, in dem Senefelder zuletzt gewohnt hatte und am 28. Februar 1834 verstorben war (Abb. des Denkmals in der ursprünglichen Form bei Alckens 1936). Die auf den Marsplatz, wo die Akademie für das graphische Gewerbe (s. Pranckhstraße 2) ihren Sitz hat, allein transferierte Büste (Höhe 0,85 m), nach Modell von Julius Zumbusch (dem jüngeren Bruder des bekannteren Kaspar) gegossen von Christian Hörner, steht heute auf einem schmucklosen, schlanken, sich verjüngenden Steinsockel von 1958 in der Platzmitte. (Abb. S. 571)

Marsplatz 1. *Wittelsbacher-Gymnasium.* Der durch das Landbauamt München 1906–07 nach Entwurf und unter der Leitung von Bauamtsassessor Carl Voit errichtete Staatsbau entspricht stilistisch der posthistoristisch-fortschrittlichen Reformarchitektur des Münchner städtischen Schulhausbaus, der vor allem durch Theodor Fischer seine weithin vorbildhafte Prägung erfahren hatte. Der Baukörper sucht auf dem weitläufigen Areal kompakte Monumentalität zu vermeiden und bildet mit drei in Hufeisenform rechtwinklig angeordneten dreigeschossigen Trakten eine durch Risalite, einspringende Ecken, Schweifgiebel, Terrassenbrüstungen und z. T. gerundete Annexe und Erker abwechslungsreich gegliederte Gruppe gemäß dem nach malerischer und lockerer Fügung strebenden Zeitgeschmack. Das Schwergewicht bildet der kürzere, dem Platz zugewendete Nordflügel mit hoch übergiebeltem, von einem kupfergedeckten Uhrtürmchen überragten Mittelblock, neben dem rechts (westlich) im einspringenden Eckbereich der Haupteingang samt vorgelegter Freitreppe situiert ist. Den längeren Westtrakt an der Pranckhstraße begrenzen zwei überwalmte Risalite, deren linker (nördlicher) im Erdgeschoss die Hausmeisterwohnung aufnahm. Der einstige Südflügel an der Tillystraße enthielt vor allem die zugleich als Aula dienende Turnhalle, die 1934 erneuert und – nach Zerstörung im Luftkrieg – 1958 durch einen modernen Neubau ersetzt wurde. Ansonsten wurden die Kriegsschäden bis 1949 behoben, bei der Renovierung 1963/64 das Innere modernisiert.

Oberhalb des Betonsockels sind die weithin flächigen Fassaden mit rauem Kalkmörtel verputzt, nur sparsam durch Blendfelder und Bogenfriese gegliedert, das Portal in Muschelkalk, auf der Brüstung Steinfigur der Pallas Athene (mit vergoldetem Palladium) von Georg Albertshofer. Die früher kleinteilig versprossten Fenster wurden vergröbernd erneuert. An das dreischiffige Vestibül mit Rundpfeilern und massiven Kreuzgratgewölben aus Backstein schließt sich die jeweils dreiarmige Haupttreppe (ehemals mit Granitstufen und mit gemauerter Diagonalgitterbrüstung „nach Tiroler Motiven") an. Im gleichfalls gewölbten Vestibül im 1. Stock Marmorgedenktafel für die Gefallenen von 1914–18 mit Reliefdekor. Am Ostende des Nordflügels offene Vorhalle mit Ziergittern; an der Hof-Westseite Einfriedung in Ju-

Wittelsbacher-Gymnasium, Hof, Nordwestecke; Aufn. 1995

gendstilformen mit Pfeilern und Holzgitter. Nicht erhalten ist die Einfriedung des schmalen Grünstreifens an der Nordwestecke und Westseite. An die einstige Turnhalle schloss sich – südlich des weiträumigen Hofes – ein botanischer Garten an.

In seiner Autobiographie „Kirschen der Freiheit" (1952) berichtet Alfred Andersch (1914–80) auch von seiner Schulzeit am Wittelsbacher-Gymnasium.

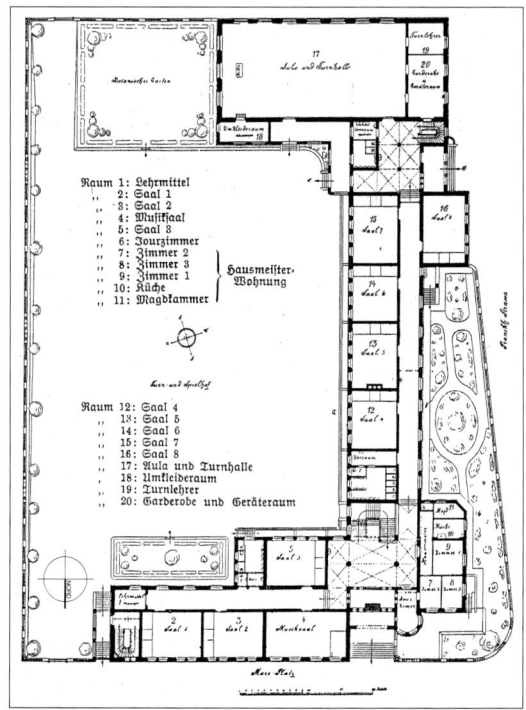

Wittelsbacher-Gymnasium; Grundriss Erdgeschoss, 1912

Marsstraße

Die einstige Zufahrtsstraße von der Stadt westwärts zum 1804 erstmals als Marsfeld bezeichneten Exerzierplatz (vgl. Marsplatz) ist schon auf J. Pachmayrs Stadtplan von 1802/03 als von der Dachauer Straße abzweigender Verkehrsweg mit teilweise lockerer vorstädtischer Bebauung am Anfang sowie im Westen im Bereich der Terrasse eingetragen, wo 1802 ein Bierkellergebäude entstand; westlich daneben wurde 1851 durch Baumeister Deiglmayr die hierher verlegte Spatenbrauerei errichtet (auf Wenngs Stadtplan von 1852 „Neue Gross Brauerei von Gabr. Sedlmayr" d. J.), die später laufend umgebaut, beiderseits der Straße und nordwärts bis an die Karlstraße erweitert und nach sehr schweren Luftkriegsschäden baulich erneuert wurde (heute Marsstraße 46/48); im Stadtbild dominierender Bauteil ist das Silohochhaus

Marsstraße; Flurkarte, M. 1:5000

von 1959. Der Name Marsstraße erscheint erstmals auf dem Stadtplan von 1814. In westlicher Verlängerung wurde im späten 19. Jh. bei Aufteilung und Verbauung des Marsfeldes der Marsplatz (s. dort) angelegt. Im Zuge des Ausbaus der Marsstraße zur modernen Hauptverkehrsachse wurde in östlicher Verlängerung eine Verbindung über die Dachauer Straße hinweg zur Elisenstraße hergestellt; im Westen wurde die Marsstraße jenseits des Marsplatzes unter Benützung der bisherigen Mercystraße und des Südteils der Maillingerstraße im Bogen bis zur Arnulfstraße verlängert. Von der späthistorischen Mietshausbebauung vor allem im Ostteil hat fast nichts den Luftkrieg überdauert.

Marsstraße 26. (Vgl. Seidlstraße 18.) Die nördliche Fortsetzung der 1910 in Seidlstraße umbenannten einstigen Hasenstraße durchschnitt den ehemaligen Garten der Familie Seidl (vgl. Seidlstraße 7/8/11 und 18; das Gartenhaus stand etwa im Bereich von bzw. vor dem heutigen Gebäude Seidlstraße 22).

Im Südteil des Gartens erbaute Gabriel Seidl einige Jahre nach dem Tod seines Vaters Anton Seidl, des Begründers der Großbäckerei, 1879/80 ein viergeschossiges Wohnhaus für sich und andere Familienmitglieder (nebst weiteren Mietwohnungen ehemals Marsstraße 28, kriegszerstört). Die aus zwei versetzten, nur mit ihren Eckbereichen aneinanderstoßenden Blöcken gebildete, städtebaulich markante Baugruppe schloss an der Ecke Mars-/

Marsstraße 26; Aufn. um 1900

Marsstraße 26; Aufn. 1995

Marsstraße 26 (unten) mit Seidlstraße 18; Grundrisse Erdgeschoss und 1. Obergeschoss, um 1899

Seidlstraße eine einspringende Ecke (mit an der Marsstraße fortgesetztem Vorgarten) ein; es handelte sich neben dem gleichzeitigen Gasthof „Deutsches Haus" (ehem. Sophienstraße 1a) um G. Seidls ersten ausgeführten Bau und zugleich um ein Frühbeispiel der sog. deutschen Renaissance. Der rechte, nach Süden zur Marsstraße vorgeschobene Flügel hatte ein steiles Satteldach mit geschweiften Giebeln im Süden und rückseitig, der linke Trakt ein Walmdach mit Zwerchhaus zur (späteren) Seidlstraße (Abb. bei Bößl 1966).

Östlich benachbart (Marsstraße 26/24, früher 13/12) stand ein klassizistisches dreigeschossiges Doppelhaus (nach Wenngs Atlas 1849 Eigentum des Sprachlehrers L. Pillet). Während Nr. 24 – zuletzt mit vereinfachter Fassade – erst um 1990 abgebrochen wurde, errichtete Gabriel Seidl 1899 auf dem schmalen, nach Norden lang gestreckten Grundstück von Nr. 26 einen Erweiterungsbau des der Familie gehörigen Eckhauskomplexes Nr. 28, bestehend aus einem viergeschossigen Vorderhaus mit Mietwohnungen, einem rückseitig (ehemals im Hofbereich) sich anschließenden Atelier (s. Seidlstraße 18) und einem dieses fortsetzenden Bürotrakt (zerstört; heute Neubau Seidlstraße 20). Seit der Zerstörung der Eckhausgruppe Nr. 28 (1944) steht Nr. 26 mit seiner freigelegten westlichen Brandgiebelwand mitsamt dem nördlich anschließenden ehem. Atelierflügel städtebaulich nicht integriert an der Ostseite der – an dieser Seite zudem um 1970 stark verbreiterten – Seidlstraße und war aufgrund eines Bebauungsplanes von 1969 lange vom Abbruch bedroht. Wohnhaus wie Atelier blieben schließlich im Rahmen eines größeren Neubaukomplexes von Bürogebäuden (Bauherr Fa. Anton Seidl, Großbäckerei) erhalten und wurden 1990 durch die Architekten Horst Weber und Martin Drill saniert, restauriert und für Büronutzung adaptiert. Die westliche Kommunwand wurde durch rhythmisch angeordnete Fenster und eine spalierähnliche feuerverzinkte Stahlkonstruktion mit gleichzeitiger Funktion der Rückverankerung gestalterisch verbessert.

Die Fassade – ehemals hinter einem Vorgarten mit Torpfeilern und Eisenzaun – erhielt durch Gabriel Seidl im Sinne der zeitgenössischen Barock-Rezeption eine anmutige, dekorativ reiche Gestaltung im Anschluss an den heimischen Stil des mittleren 18. Jh. (ehemals in deutlichem Unterschied zu Nr. 28). Die dominante Vertikalwirkung verstärken die rustizierten Putzlisenen, welche die drei gleich breiten Doppelachsen einfassen. Barockisierender, meist vegetabilischer Stuckdekor füllt die Brüstungsfelder zwischen den Doppelfenstern, am standerkerartigen flachen Mittelrisalit gruppiert um Baumeister-Emblem und Datum 1899 (über dem 1. Obergeschoss) und ovales Immaculata-Relief (über dem 2. Obergeschoss) bzw. an den beiderseitigen Rücklagen um Blumenkörbe (unten) und -vasen (oben). In der ausgebauten Dachzone setzt ein Zwerchhaus mit Balkongitter und Volutengiebel (bekrönt von erneuerter Vase) den Mittelrisalit fort. Im Erdgeschoss drei (Blend-)Arkaden, die rechte mit rabitzgewölbter Eingangsnische. Das anschließende Vestibül 1990 beim Lifteinbau verändert (Verschiebung der Differenzstufen nach rückwärts); am Ende zweiläufiges Treppenhaus mit Eisengeländer. In jedem Geschoss ursprünglich eine Wohnung; im schmaleren rückseitigen Flügel (schmucklose Hoffassade, heute zur Seidlstraße freistehend) früher Küchen samt Magdkammern (heute verändert); das Dach herabgewalmt zum niedrigen anschließenden Ateliertrakt (s. Seidlstraße 18).

Marsstraße 43. *Zirkus Krone.* Das Stammhaus des renommierten Zirkus, den Carl Krone (1870–1943) und seine Frau Ida geb. Ahlers (1876–1957), beide aus traditionsreichen Artistenfamilien, 1904 gegründet hatten, entstand im politisch unruhigen Jahr 1919. Die Bauaufgabe des standfesten Winterquartiers, das im Sommer für andere Veranstaltungen vermietbar ist, war seit jeher (Frühbeispiele seit Mitte des 19. Jh.) auf wenige Metropolen beschränkt. Auf zunächst im April 1919 vom Militär- bzw. Finanzärar nur gepachtetem (1922 erworbenem) Grund auf dem Marsfeld errichtete nach vom Februar 1919 datierten Plänen von Josef Ruprecht die „Münchner Holzbau GmbH" ein am 24. April „stets widerruflich" und in der Folge mehrfach erneut genehmigtes „provisorisches Zirkusgebäude". Nach Baubeginn im März wurde die Rohbauvollendung am 23. April angezeigt, die eines Erweiterungsbaus am 13. Juli (Eröffnung bereits am 10. Mai). Ein Erweiterungs-Tekturplan vom August beinhaltete u. a. eine monumentalisierte neuklassische Eingangsfront im Norden sowie einen Anbau mit Bühne und Sattelraum im Süden. (Die genannte Holzbaufirma fertigte nach dem „System Ruprecht" Holzhäuser, Villen, Baracken sowie Lager-, Fest- und Ausstellungshallen.) Die Bauleitung hatte Zimmermeister Josef Sikora inne, die Statik stammte von Dipl.-Ing. Richard Thumb. Nach Einbauten im Februar/März 1920 (Arch. Friedrich Haindl) wurde der Bau von der Firma am 30. April 1920 übergeben. Die polygonale Holzbinderkonstruktion mit herausragender Lichtlaterne über der zentralen kreisrunden Manege von 13 m Durchmesser und mit neuklassischem Eingangsvorbau im Norden fasste 3420 Personen (davon 360 Logenplätze). Diese in der Folge auch vielfältig zu kulturellen und politischen Großveranstaltungen genutzte größte Versammlungshalle Münchens, in der u. a. mehrfach NSDAP-Großkundgebungen stattfanden (so der erste „Reichsparteitag" 1923), wurde (vgl. Gedenktafel von 1965 im Foyer) am 17. Dezember 1944 durch Bomben zerstört und nach provisorischem Wiederaufbau im Auftrag von Ida Krone bereits am 23. Dezember 1945 wieder eröffnet. Der große Rotundenbau (ausgenommen die vorhandenen Nebenräume) wurde 1962 durch einen im Wesentlichen wieder hölzernen Neubau von Architekt Ludwig Galitz ersetzt; der 16 m hohe, von 24 vorgefertigten Holzleimbindern getragene Kuppelbau von 50 m Durchmesser gilt als „der einzige feste Zirkusbau im deutschsprachigen Raum" (Architekturführer 1994). Denkmaleigenschaft besitzt die von der Erstbebauung stammende, die Zirkusrotunde umgebende Blockrandbebauung, bestehend aus den schmalen, niedrigen, dreiflügeligen Stallungsbauten und der Krone-Villa in der Nordostecke des Rechteckareals (das 1923 zunächst provisorisch eingefriedet worden war). Ge-

Marsstraße 26, Fassadendetail; Aufn. 1995

nehmigungsverfahren und Bauausführung der Gesamtanlage wie der Villa verliefen äußerst komplex und kontrovers mit mehrfachen Planungsvarianten, z. T. erst nachträglichen Tekturen, wechselnden Architekten und mehrfachen Baueinstellungen, sodass der Nachvollzug schwierig ist.

Die *Villa* (genehmigt am 7. Juli 1926, Rohbauanzeige vom 30. Juli/9. August, nach langem Baueinstand im September erst 1928 vollendet; Wohnungsbewilligung vom 11. Januar 1929), ein kubischer Wohnbau herrschaftlichen Charakters mit sehr flachem Walmdach und weitem Überstand, repräsentiert einen um 1920 verbreiteten Typus (stilistisch vergleichbar dem Bankpalais Brienner Straße 16). Die von Lorenz Mesch signierten frühesten Eingabepläne vom April 1926 legten den Grundriss der drei um eine Diele mit Treppe und Oberlicht gruppierten Wohngeschosse fest, mit Säulenbalkon und gewölbtem Vestibül im Norden, halbrund vor die Mitte der Ostseite tretendem Abschluss der Diele und Wintergarten-Exedra am rechten Ende der Südseite; die Fassadengestaltung steht in der Nachfolge etwa der Stuck-Villa. Fassadentekturen vom 2. Juli 1926, auf denen als Planfertiger „i. V. Dipl. Ing. H. Kugler" (?) unterzeichnete, zeigen „modernere", eher dem Art déco zuzurechnende Formen mit z. T. vertikal in Rundbogenblenden zusammengefassten Fenstern (vgl. die einfachere Villa Plinganserstraße 142 von R. Steidle). In der Folge tritt, offenbar nach offener Kritik der städtischen Baubehörden (Fritz Beblo) an mangelnder künstlerischer Qualität, das Architekturbüro Steidle und Sepp samt Bauleiter Otto Ass'n in den Vordergrund, doch liegen keine Tekturpläne für die, wiederum stärker klassizisierende, ausgeführte Fassade vor, in der vielleicht Gestaltungselemente von Lorenz Mesch und dem namhaften Architekten Richard Steidle (als Überarbeiter?) eine Synthese eingegangen sind. An der Ausführung wirkte überdies der Baumeister Christian Staudter maßgebend mit.

Der kubische, auf vertikale Instrumentation verzichtende Putzbau mit hohem Sockelgeschoss (u. a. Hausmeisterwohnung) wird lediglich durch profilierte Gurtgesimse in Fenstersohlhöhe und durch Fensterrahmungen gegliedert; den repräsentativen Charakter betont der dreiachsige dorische Säulenbalkon aus Natur- und Kunststein im Norden mit vasenbesetzter Balustrade; die Fensteranordnung der Nordseite ist rhythmisiert, die drei Balkontüren sind durch gerade Verdachungen auf Volutenkonsolen hervorgehoben, das niedrigere 3. Geschoss durch Felder zwischen den Öffnungen zu einer Art umlaufender Attika zusammengefasst und durch in die Mehrzahl der Felder eingefügte antikisierende Reliefs mit Rennwagengespannen und Reiterszenen bereichert. Dekorativ gestaltet sind auch die beiden Schnitztüren sowie die Balkon- und Terrassengitter.

Marsstraße 43, Zirkus Krone, Stallungen von Süden (kein BDm)

Die *Bronzefigur* des Clowns Charlie Rivel (1896–1983), 1983 vor der Nordwestecke der Villa aufgestellt, gestiftet von den Bayerischen Raiffeisenbanken, ist von Bildhauer Kurt Moser signiert; Guss von Strehle, Neuötting.

Die *Stallungen* sollten ursprünglich das gesamte Areal vierseitig umschließen, so auf einem ersten Projekt der Firma Heilmann und Littmann von Juni/Juli 1924 wie auch nach den Plänen des mit der Ausführung beauftragten Baugeschäftes Hans Bachl von August/September 1924; doch wurden zunächst nur die Trakte im Osten (Elefantenstallungen) und Süden (Raubtiere) aufgeführt, dann der Westtrakt für Exoten (Südteil) und Pferdestallungen (Rohbauvollendung am 28. Juli 1925 angezeigt); letztere wurden 1927–29 nach Plänen der Architekten und Bauunternehmer (Walter) Elias und Petz vom März 1926 durch einen erhöhten neuklassizistischen Anbau nach Norden verlängert, der über zusätzlichen Pferdestallungen Personalwohnungen enthielt (Marsstraße 43a); die schmale nördliche Stirnseite ist unter Bezugnahme auf die parallele Krone-Villa durch eine Portalrahmung mit dorischen Säulen (Beton) und ein Relief mit zwei Pferden ausgezeichnet. Im Übrigen sind die Stallungen, die im Luftkrieg u. a. ihre Dächer verloren hatten, außenseitig nur durch Lisenen und Fensterbänder gegliedert, die Südwest- und Südostecke durch erhöhte Pavillons akzentuiert; der Osttrakt wurde zugunsten des Villenbaus wiederum etwas verkürzt.

Nie ausgeführt (bzw. nach Angabe Carl Krones vorerst zurückgestellt) wurde das Projekt einer repräsentativen neuklassizistischen Gesamtgestaltung der Nordseite des Komplexes mit monumentalem tempelartigem Portikus in der Mitte; dazu existiert ein von Lorenz Mesch signiertes Schaubild mit Stempel vom 10. April 1926 und Tektur zur Villa (Stadtarchiv).

Marsstraße 43, Villa Krone von Norden

Marsstraße 43, Villa Krone von Südosten

Vor Marsstraße 46, Burgfriedenssäule

Vor **Marsstraße 46**. *Burgfriedenssäule*. Von den wahrscheinlich 25 steinernen, im Zeitraum von 1460–1728 errichteten Grenzsteinen, die den Münchner Burgfrieden – das schon 1294 urkundlich nachgewiesene städtische Gebiet außerhalb der Mauern – kennzeichneten, sind fünf noch erhalten. Erstmals für 1460/61 ist die Aufstellung von sechs Grenzsäulen überliefert. Die 2,3 m hohe, stark verwitterte Burgfriedenssäule aus Tuffstein an der Marsstraße wurde von K. Winschiers (1990) als Nr. 5 identifiziert und ins mittlere 17. Jh. datiert; mit ihrem abgefasten Schaft repräsentiert sie einen spätgotischen Typus, der bei dieser Gattung von Grenzmalen möglicherweise auch später beibehalten und nachgebildet wurde. Der Oberteil zeigt in der Rechteckblende der Vorderseite den Mönch des Stadtwappens, rückseitig das Rautenwappen, an der rechten Schmalseite die Zahl 52 (für die Säule Nr. 5 ist die Jahreszahl 1652 durch Beschreibungen von 1725/28 überliefert). Die ursprüngliche Form des zugespitzten oberen Abschlusses ist wegen Verwitterung nicht mehr zu definieren.

Der ursprüngliche Standort – 45 m südwestlich des heutigen – kam 1853 an den Bierbrauer Gabriel Sedlmayr (Spatenbrauerei), der die Säule in der Folge in seinen Garten nördlich der Marsstraße versetzen ließ. Bei Bauarbeiten nach dem Zweiten Weltkrieg wurde sie neben dem Zugang zum Verwaltungsgebäude der Bauerei – nach Restaurierung und Überarbeitung – neu aufgestellt.

Marstallplatz; Flurkarte, M. 1:2500

Marstallplatz (mit Alfons-Goppel-Straße, s. dort)

Vgl. Ensemble Altstadt, Bauten- und Platzgruppe Residenz/Hofgarten/Max-Joseph-Platz/Odeonsplatz. – Der um die 2. Jahrtausendwende sukzessive in Um- und Neugestaltung begriffene Platzbereich lag ursprünglich im Vorfeld der spätmittelalterlichen (zweiten, erweiterten) Stadtbefestigung, deren Nordostecke die landesherrliche Neuveste bildete (s. Residenz/Residenzstraße 1). Östlich von der Wasserburg, in welche die Herzöge allmählich (bis ins mittlere 16. Jh.) ihre Hofhaltung vom Alten Hof her verlagerten, wurde bereits 1409 ein herzoglicher „Baumgarten auf dem Bach" – in dem von Bachläufen durchzogenen Vorgelände – erwähnt. 1466/67 gestatteten die Herzöge Sigmund und Albrecht IV. der Stadt, die (in längerer Bauzeit) als Verstärkung errichtete zweite, äußere Ringmauer auch um die Neuveste herumzuführen, östlich von dieser allerdings in einigem Abstand unter Einbeziehung des Gartens, d. h. an der Westseite der heutigen Marstallstraße. Die Stadtansichten des 16. und 17. Jh. zeigen diese mit mehreren Türmen bewehrte äußere Mauer, die im rechten Winkel den vor allem unter Wilhelm IV. (1508–50) aufwendig neu gestalteten, in zeitgenössi-

Herzogl. Lustgarten; Ausschnitt aus dem Stadtplan von Tobias Volckmer, 1613 (rechts unten ehem. Kosttor, links Leerfläche der Residenz, in Umbau)

schen Berichten hochgelobten *Lustgarten* östlich und nördlich umgreift. Tobias Volckmers Vogelschau-Stadtplan von 1613 zeigt den westlich vom Stadt-, hier Burggraben begrenzten, in flachem Bogen vom Pfisterbach durchflossenen, reich mit Lusthäusern, Pavillons, Brunnen, Laubengängen und Zierelementen ausgestatteten Garten in seinem letzten Zustand kurz vor der Verlegung und Neuanlage des Hofgartens (s. dort) unter Maximilian I. an die Nordseite der gleichzeitig stark nach Westen erweiterten Residenz und der angesichts der Krisensituation im Vorfeld des Dreißigjährigen Krieges durch den Herzog veranlassten Demolierung des bisherigen Lustgartens (1614–17); auf dessen Gelände wurde 1616–24 der weitläufige, aus mehreren Gebäuden bestehende Komplex des herzoglichen *Zeughauses* (als Ersatz für das bisherige am Salvatorplatz, s. dort) errichtet; Bauleiter (auch Entwerfer?) des Großprojektes war der Hofbaumeister Heinrich Schön d. Ä. Die Bauten (nachträglich – doch ohne Nordteil – in das Sandtnersche Stadtmodell von 1570 eingesetzt) gruppierten sich dreiseitig um einen nach Westen offenen Rechteckhof, der statt der bisher hölzernen 1614 durch eine etwas nach Norden versetzte massive Brücke mit der Neuveste verbunden wurde. Dieser regelmäßig-platzartige, jedoch nicht öffentliche Hof, gleich den geometrischen Strukturen des Hofgartens nördlich davon eine den städtebaulichen Auffassungen

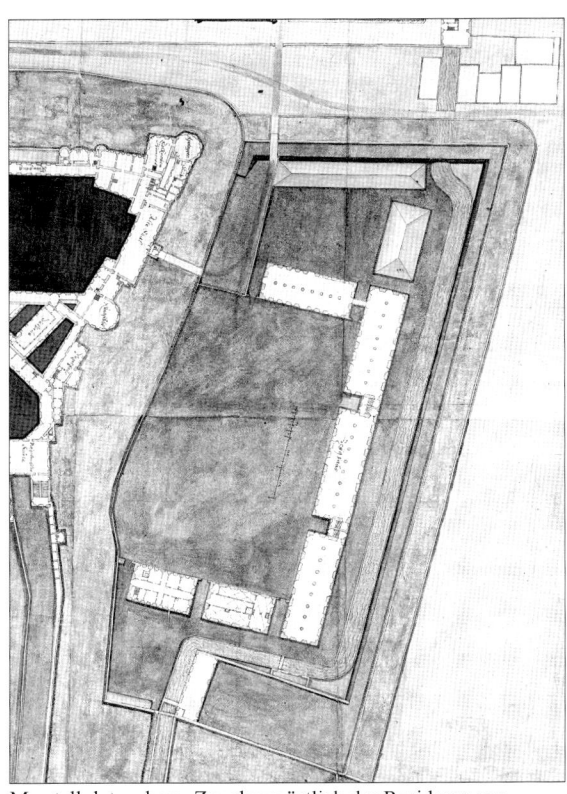

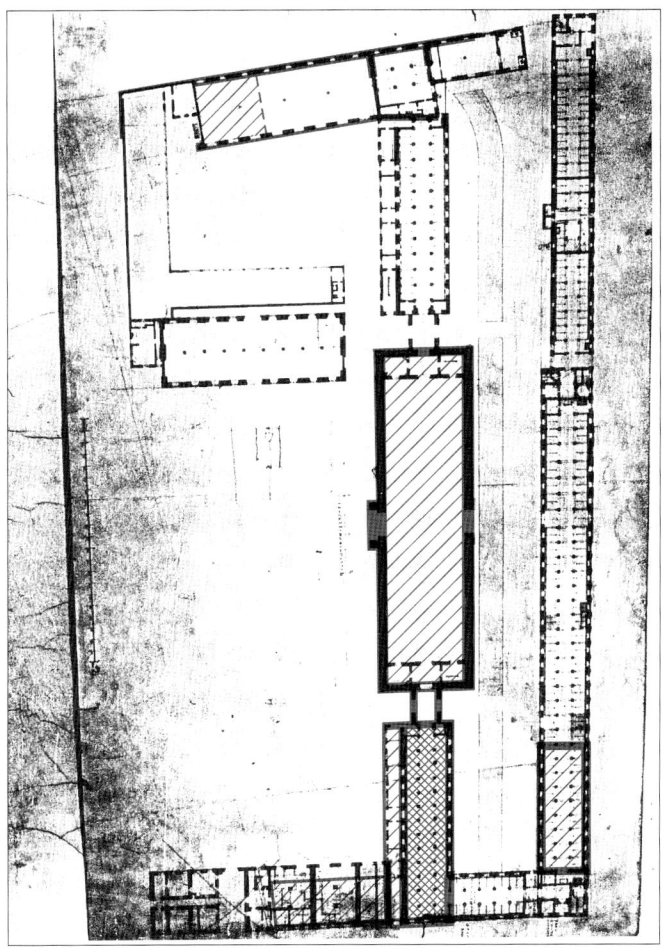

Marstallplatz, ehem. Zeughaus östlich der Residenz; sog.
Tambacher Plan, um 1630/50 (Ausschnitt)

Marstallplatz, ehem. Hofmarstallbauten; 1993 noch vorhandene Bauteile: ▷

▬▬ hohe Umfassungsmauern	⬚⬚ erhaltene Innenräume	
── niedrige Reste von Umfassungsmauern	▨ nach 1945 wiederaufgebaute bzw. neu überdachte Gebäude	

Marstallplatz und Umgebung; Situationsplan um 1875

Marstallplatz, Westseite nach Süden (mit Hoftheatern); Gemälde von Domenico Quaglio, um 1826

der Renaissancezeit entsprechende Konzeption, begründete die erst in der jüngsten Zeit z. T. veränderte und reduzierte Grundform des nachmaligen Marstallplatzes. Der Bachlauf wurde hinter die Zeughausbauten verlegt, überdies das gesamte Zeughausareal wie auch der neue Hofgarten in die ganz München umschließende neue Wallbefestigung Maximilians I. (1619 ff.) einbezogen. Im Lauf des 17. und 18. Jh. nahm der verschiedentlich umgenutzte, veränderte und ergänzte Zeughauskomplex z. T. auch Remisen und Stallungen des Hofes sowie Kasernen auf. Im Südwesten erhob sich 1753–56 das Residenztheater (s. Max-Joseph-Platz 1) mit seiner allein einigermaßen repräsentativen Bühnenhausfront, während nördlich davon der Altbaubestand der Neuveste – zumal nach dem Großbrand von 1750 – vernachlässigt blieb und Neubauprojekte von Cuvilliés (1764–67) und später Verschaffelt (1799) für den Ostteil der Residenz nicht realisiert wurden.

König Max I. Joseph verfügte 1807 ein umfassendes Revirement von Gebäudenutzungen, u. a. die Verlegung der Münze in den alten Marstall aus dem 16. Jh. (s. Hofgraben 4), die Zusammenfassung sämtlicher Hofmarstall-, Remisen- und Reitschul-Einrichtungen auf dem bisherigen Zeughausareal sowie die Verlegung des Zeughauses in den südlich benachbarten Bereich zwischen Salpeter- und Falkenturmstraße (von wo es 1852 durch die neu angelegte Maximilianstraße verdrängt wurde). An der Stelle einer Reihe von Zeughausbauten des 17. Jh. an der Ostseite des in der Folge (so auf Stadtplan von 1838) „Marstallplatz" genannten Rechteckhofes entstanden ab 1808 im Norden und Süden Neubauten Andreas Gärtners für die *Hofstallungen* (s. Marstallplatz 5, 6) sowie in der Mitte 1819–22 Klenzes neue, monumentale *Hofreitschule* (s. Nr. 4; Ersatz für das ehem. Reit- und Turnierhaus westlich vom Hofgarten, s. Odeonsplatz 6–18). Gesamtkonzepte A. Gärtners wie Klenzes für eine symmetri-

Marstallplatz nach Nordosten mit Hofreitschule und Reicher Remise; Aufn. um 1910/15

sche, vollständige Neubebauung des ehem. Zeughausareals konnten nicht realisiert werden; nördlich und südlich vom Rechteckhof blieben Teile des alten Zeughauskomplexes, so vor allem die sog. Reiche Remise im Norden, bestehen und wurden lediglich mehr oder weniger umgestaltet oder adaptiert. Der Westseite des Platzes gab Klenze durch die Allerheiligen-Hofkirche (1826–37; s. u.) und den Festsaalbau der Residenz (1832–42, an der Stelle der Restteile der Neuveste) eine monumentale architektonische Fassung. Die Platzfläche beiderseits der Maximilian- und Hofgartenstraße verbindenden Fahrbahn erhielt um 1871 durch Hofgarteninspektor Carl Effner d. J. eine gärtnerische Gestaltung.

Durch den Luftkrieg 1943–45 wurden sämtliche den Platz umschließende Gebäude zu Ruinen. Einzelne Marstall-Restteile im Süden (s. Marstallplatz 5/6) und im äußersten Norden konnten

Marstallplatz, Westseite (li. Magazintrakt im Bau); Aufn. 1959

Marstallplatz, Westseite mit Magazinbau und Festsaalbau; Aufn. 2005

überdacht und (z. T. notdürftig) wieder benutzbar gemacht werden. Im Gesamtzusammenhang des bis etwa 1960 weitgehend abgeschlossenen Wiederaufbaus der Kernstadt blieb jedoch der Marstallplatz jahrzehntelang eine vernachlässigte, unbewältigte Problemzone. An der Westseite wurde 1948–51 das Residenztheater – innen neu, außen mit Anbauten – und 1958–63 das Nationaltheater (s. Max-Joseph-Platz 2) wiederaufgebaut, letzteres aber durch einen lang gestreckten *Magazintrakt* in klassizisierenden Formen nach Norden erweitert, der die Freifläche des Platzes erheblich reduzierte, an die bisher freie Bühnenseite des Residenztheaters angefügt wurde und sich vor die Ruine der Allerheiligen-Hofkirche schob, die – lange aufgegeben – erst um 1970 ein Notdach erhielt und ab 1986 (innen im Rohbau) wiederhergestellt wurde. Der nördliche Abschlusspavillon des Magazintraktes (heute Alfons-Goppel-Straße 7) umschließt mit den

Ostteilen des 1957–59 äußerlich in alter Form wiederaufgebauten Festsaalbaus (ehem. Nr. 8, heute Alfons-Goppel-Straße 11; s. dort) einen kleinen Rechteckplatz, eine Art abgesonderter Piazzetta nordwestlich des größeren (Rest-)Platzes; diese für sich gesehen durchaus gefällige städtebauliche Neuanlage erhielt 1961 einen zentrierenden Akzent durch den *Kronprinz-Rupprecht-Brunnen* von Bernhard Bleeker, einen Doppelschalenbrunnen mit allegorischer Frauenfigur (Guss von Hans Mayr). Im Osten wurde 1969/70 die Hofreitschule leider nur äußerlich in originaler Form wiederaufgebaut (s. Nr. 4), ihr Vorplatz bis 2000 als Parkplatz genutzt, den

Marstallplatz nach Nordwesten mit Hofkirche und Festsaalbau der Residenz; Aufn. Ende 19. Jh.

westlich ein Grünstreifen mit dem dorthin transferierten Felsenbrunnen von 1790 (s. u.) von der Fahrbahn trennte.

Im Vorfeld der Neubebauung erst im Norden wie dann auch im Süden des Platzes wurden 1994–2001 gezielte (nicht flächendeckende) Teilgrabungen unter Leitung des Bayerischen Landesamts für Denkmalpflege durchgeführt, mit bemerkenswerten Erkenntnissen und Materialfunden als Ergebnis (s. u.). U. a. wurde auf dem Nordgelände ein Zentralbau mit Brunnenanlage teilweise freigelegt, der jedoch nicht mit dem auf Volckmers Plan von 1613 weiter südlich dargestellten polygonalen Pavillon identisch ist, vielmehr eher mit Baubeschreibungen in Berichten von 1530 (Besuch Kaiser Karls V.) übereinzustimmen scheint. Alle bisherigen Überlegungen, ob der für Wilhelm IV. 1528–40 sukzessive ausgeführte Historienbilderzyklus mit Albrecht Altdorfers „Alexanderschlacht" als Höhepunkt ganz oder teilweise in einem der Lustgarten-Pavillons untergebracht war, gelangten zu keinem eindeutigen Ergebnis.

Auf dem Nordgelände zwischen der rechteckigen Platzfläche und dem Hofgarten verschwanden die letzten Reste des alten Zeughaus- bzw. Marstall-Komplexes (zum Altbestand auf dem Gesamtgelände Nord und Süd im Jahre 1993 vgl. Habel 1993, S. 59 ff.) zugunsten des 1996–99 realisierten Neubaus für die Zentralverwaltung der *Max-Planck-Gesellschaft* (Marstallplatz 1–3/Hofgartenstraße 8); der dreiflügelige, nach Süden hin zur Platzmitte offene Komplex von den Architekten Graf, Popp und Streib, die beim Wettbewerb den ersten Preis gewonnen hatten, wurde nach vielfacher Kritik hinsichtlich der (verglasten) Fassadengestaltung während der Ausführung überarbeitet. Städtebaulich höchst problematisch ist allerdings vor allem die von der benachbarten Hofreitschule Klenzes übernommene, gleichmäßig

weitergeführte Traufhöhe; der monumentale klassizistische Baublock, als Dominante zwischen flankierenden niedrigeren Flügelbauten konzipiert, hat seine plastische Wirkung als dreidimensionaler Baukörper verloren.

2001 erfolgte der Abbruch des restlichen Baubestandes auf dem Südgelände zwischen der rechteckigen Platzfläche und der Maximilianstraße; u. a. verschwand der den Platz südlich begrenzende, bis in die Zeughauszeit zurückgehende, nach 1945 allerdings nahezu vollständig neu als nie verputzter Rohziegelbau wiederaufgebaute Querflügel (ehem. Marstallplatz 6). Die

Marstallplatz; topographische Karte, 2005

Marstallplatz nach Nordosten; Aufn. 2005

Marstallplatz nach Südosten mit „Maximilianhöfe", rechts Probengebäude; Aufn. 2005

neue Südbegrenzung der Platzfläche bildet jetzt das freistehende
Probengebäude der Staatsoper; östlich davon – südlich der Hofreitschule – steht heute der quadratische Vierflügelbau der östlich bis zur Marstallstraße reichenden „Maximilianhöfe" (s. Maximilianstraße 13/15/15a), in dessen Westtrakt die erhaltene dreischiffige gewölbte Säulenhalle im Erdgeschoss des bisherigen
Gebäudes Marstallplatz 5 (s. dort) einbezogen wurde. (Zum Gesamtprojekt „Maximilianhöfe" gehört südlich der Salpeterstraße
der Block Maximilianstraße 11 (ehem.11/13/15), s. dort.)

ARCHÄOLOGISCHE BEFUNDE: Gartenanlage der frühen Neuzeit
(Fundst.-Nr.: 7835/0172, 7835/0331, 7835/0332, 7835/0357,
7835/0416). Im Vorfeld der Bebauung des seit Kriegsende als
Parkplatz genutzten Areals fanden 1994–95 und 2000–01 Grabungen statt. Neben Überresten der Vorkriegsbebauung ist vor
allem die Gartenanlage der Renaissance und des Barock zu nennen. Dazu gehören die Reste des Pavillons Herzog Wilhelms IV.
(1508–1550), in dem Bruchstücke eines Prachtofens mit polychromen Kacheln und figürlichen Szenen geborgen wurden. Außerdem stieß man auf eine kreuzförmige Anlage mit vier um ein
mittleres Wasserbecken angeordneten Beckenarmen. Zusätzlich
konnte der im Lustgarten vermutete „Galeriebau" der Münchner
Residenz lokalisiert werden. Weiter nach Süden glückte die Auf-
deckung eines achteckigen Baus, dessen östliche Hälfte durch
eine Kalkgrube gestört war. Vermutlich handelt es sich dabei um
das im frühen 17. Jh. erwähnte „Sommerhaus". In der Umgebung des Gebäudes befanden sich Ziegelfundamente ehemaliger
Wasserleitungen. Unter den Funden fallen zahlreiche Kanonen-
kugeln aus Stein auf, die mit der ehemaligen dort überlieferten
Kugelmühle in Verbindung stehen. Bereits 1963 waren in der
Nähe hohle Tonkugeln gemeldet worden, die als Wurfgranaten
dienten.

Marstallplatz (Westseite, hinter Alfons-Goppel-Str. Nr. 7; zur
Residenz gehörig – s. Residenzstraße 1 –, aber mit Haupteingang
im Osten am Platz). Ehem. *Kath. Allerheiligen-Hofkirche*, jetzt
profaniert. Voraussetzungen für diesen ersten Münchner Kir-
chenneubau seit Jahrzehnten waren Ludwigs I. kulturpolitisches
Programm einer Aussöhnung von Staat und Kirche, die roman-
tischem Geist entsprechende Wiedereinbeziehung des Religiösen in die gesellschaftliche Synthese wie die Absicht, im Rahmen der Residenzerweiterungen auch eine neue Hofkirche von
größeren Ausmaßen als die aus dem frühen 17. Jh. stammende
zu errichten; zu diesem Gedanken gesellte sich unter dem mystischen Eindruck einer Weihnachtsmette in der Cappella Palati-
na zu Palermo (wohl 1823) das spontane Verlangen nach einem
ähnlich stimmungshaften, vielfarbig mosaizierten Raum. Gleich
nach seiner Thronbesteigung dachte der König Ende 1825 in
Verbindung mit dem Königsbau an eine „neue Kapelle mit Mo-
saikwänden". Leo von Klenze als überzeugter Klassizist konnte
nur mit jahrelang stets erneuter Mühe den auf Mittelalterroman-
tik gerichteten Wünschen des Bauherrn eine Konzeption zumindest im byzantinischen Stil als gleichsam christlich fortentwickelter Antike abringen. In Venedig studierte er im Frühjahr
1826 San Marco als byzantinischen, auch hinsichtlich der für den
Hof benötigten Emporen zu empfehlenden „Prototyp"; im August 1826 sandte er dem König die erste Serie von Entwürfen,
die der Rivale Gärtner als Gutachter im Akademieausschuss vernichtend kritisierte. Statt des zu teuren venezianischen Mosai-
zisten Liborio Salandri akzeptierte der Monarch schließlich die
Freskoausmalung auf Goldgrund durch den von Klenze vorge-
schlagenen Heinrich Heß, der in der Folge allerdings die ohnehin eingeengten klassischen Intentionen des Architekten grundlegend konterkarieren sollte. (Ludwig kannte den Maler schon
von Rom und früheren Aufträgen her.)

Am Allerheiligenfest, dem 1. November 1826, erfolgte die
Grundsteinlegung durch Hofbischof Ignaz von Streber und den
König, der wenig später ein Modell zur Beurteilung des Bauvorhabens forderte. Im Juni 1827, als lediglich der Grundriss der
Kirche festgelegt war, begannen die schwierigen Fundamentierungsarbeiten; der Bauplatz, ein Gartengrundstück im Bereich
des ehemaligen Ostgrabens der Neuveste, machte einen Pfahlrost notwendig. Klenze, der die Westausrichtung der Kirche und
somit die Errichtung einer für die Allgemeinheit zugänglichen
Ostfassade durchgesetzt hatte, suchte den König vergeblich für
eine Schaufront in Frührenaissanceformen zu gewinnen (Entwurf von 1827); 1828 entwickelte er widerstrebend die ausge-

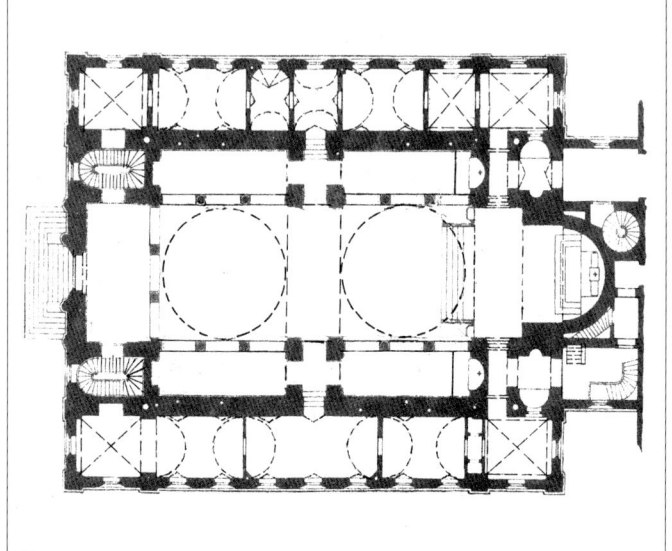

Marstallplatz, ehem. Kath. Allerheiligen-Hofkirche; Grundriss, 19. Jh.
(ergänzt)

Allerheiligen-Hofkirche; Aufn. 1986

Allerheiligen-Hofkirche; Aufn. 2005

führte romanisierende Lösung wie insgesamt das endgültige Ausführungsprojekt. Nach der langwierigen Fundamentierung konnten erst im Herbst 1828 die Maurer-, im April 1829 die Steinmetzarbeiten beginnen, am 14. Oktober 1829 das Richtfest stattfinden und nach dem Verputz des Inneren 1830/31 Heß mit der Ausmalung beginnen. Unter der Leitung der Hofbauintendanz – Anton Lang, Ferdinand Jodl, Simon Meyer – führte Joseph Höchl die Maurerarbeiten aus, der Steinmetz Anton Kipfl die Fassade mit Dekor von Bildhauer Anselm Sickinger und figürlicher Plastik von Konrad Eberhard; für den Pfahlrost und die meisten Zimmermannsarbeiten war Franz Xaver Gampenrieder verantwortlich. Das relativ flach geneigte Dach wurde mit Eisen-, 1841 mit Kupferblech gedeckt. Technisch bemerkenswert war der Anschluss an die Warmluftheizung des Königsbaus. 1836 war die Kirche großenteils vollendet und wurde rückseitig durch einen Zwischenbau samt eisernem Glockenstuhl mit dem Charlottentrakt der Residenz verbunden. Am 29. Oktober 1837, dem Sonntag vor Allerheiligen, vollzog Erzbischof Lothar Anselm von Gebsattel die Weihe. Die geistliche Betreuung des neuen Gotteshauses erfolgte im Wesentlichen durch den Klerus der Theatiner-Hofkirche, deren Stiftspropst zugleich Direktor der Allerheiligen-Hofkirche war (wie auch der renommierte Chor, die „Hofkapelle", in beiden Kirchen wirkte).

1885 und laufend später waren statische Sicherungsarbeiten vor allem im Fundamentbereich nötig. Der Luftangriff vom 25. April 1944 machte die Kirche zur Ruine, von der 1956 weitere einsturzgefährdete Teile samt den Resten der Gewölbe abgebrochen wurden. Das Gesamtkonzept zum Wiederaufbau der Residenz sah die völlige Beseitigung der in ihrem Wert unterschätzten Hofkirche vor. Einem nördlichen Erweiterungsbau des Neuen Residenztheaters

wurde 1956–58 der seitenschiffartige linke Annextrakt der bis dahin dreiseitig freistehenden Kirche geopfert und die Fassade demgemäß linksseitig amputiert; der Neubau des vorgelagerten langen Magazinflügels für das Nationaltheater (1959–63) entzog die Kirche dem Blick vom Marstallplatz her und verdrängte sie in eine beengte Hofsituation. Den Abbruchantrag vom 4. Dezember 1964 ließ Finanzminister Dr. Pöhner nicht vollziehen. Nach Protesten vor allem von Kunstsachverständigen und Kulturpolitikern stimmte der Landtag 1967/68 der Sicherung der Ruine zu, die daraufhin 1970 ein von Prof. Hans Döllgast konzipiertes Notdach erhielt, und beschloss 1986 den Wiederaufbau in originaler Form als um die Fehlstellen, vor allem die Gewölbe ergänzter Ziegelrohbau. Durch den Gewölbeeinbau von 1988/89 wurde die eindrucksvolle Grundstruktur von Klenzes Raumkonzeption wieder erlebbar (Inneres bis 1995, Fassade 1993/94 restauriert). 2001–03 wurde die ehem. Hofkirche durch das Architekturbüro Josef Guggenbichler und Gabriele Netzer als multi-

Allerheiligen-Hofkirche, Blick nach Westen

Hofkirche, Vermählung des Kronprinzen Maximilian 1842; Lithographie von Gustav Kraus

funktioneller Kulturveranstaltungsraum ausgestaltet und somit wieder allgemein zugänglich. Die Emporen erhielten transparente Brüstungen und Fußböden (Lichtdecken), im Kellergeschoss wurden Garderoben und Toiletten untergebracht und die interessante originale Warmluftheizung hinter Glas anschaulich gemacht.

Der aus königlichen Privatmitteln finanzierte Bau ist funktionsgemäß maßstäblich relativ intim; angegeben werden (so von Forster, Haltrich) 42,3 m Gesamtlänge, 30 m Breite (mit Annexen) und 23,36 m (First-)Höhe (bis zum Gewölbe 16 m).

Die Hofkirche entstand in einem lange vernachlässigten Bereich an der Ostseite der Residenz, in dem bereits Cuvilliés und Verschaffelt in ihren Erweiterungsprojekten Kapellen vorgesehen hatten. Die Eingangsfront im Osten fluchtete mit der ursprünglichen Rückseite des Residenztheaters und dem Apothekenstock nebst nördlich anschließendem Nebenflügel von Klenzes (etwas jüngerem) Festsaalbau. Die erst sekundär in die Planung aufgenommene Fassade aus Kelheimer Grünsandsteinquadern ist als eigenständige, tafelartige Schaufront konzipiert, die der stilistisch andersartigen Kirche vorangestellt ist. Der Gesamtumriss ist scheinbasilikal – die niedrigen Außenachsen sind begleitenden Nebenraum-Annexen vorgeblendet (deren linker heute fehlt); der eigentlichen Kirche entspricht der mit einem relativ flachen Giebel und kraftvollem Rundbogenfries abgeschlossene, durch frei endende Vorlagen dreiachsige, zweigeschossige Mittelteil mit Rundbogenöffnungen und Maßwerkrosette. Die für die Entstehungszeit neuartige Paraphrase italienisch-mittelalterlicher Kirchenfronten verbindet romanische Motive wie von S. Michele in Pavia (wo Friedrich I. Barbarossa, Begründer der wittelsbachischen Herrschaft über Bayern 1180, zum König von Italien gekrönt wurde) und S. Zeno in Verona mit Anklängen an venezianisch-gotische Bauten wie Madonna dell'Orto (Bezüge zur letztgenannten wies schon Erdmannsdorffs Kanalfront des Gotischen Hauses in Wörlitz 1773 auf). Die archaische Kraft des Urbildes in Pavia, die blühende Plastizität und naive Dekorationslust der Vorbilder setzte Klenze naturgemäß in

◁ Allerheiligen-Hofkirche, nach Kriegsschäden; Aufn. um 1946

eine spätzeitlich domestizierte, eher flächenhaft-zarte, trotz mittelalterlicher Details letztlich klassizistische Redaktion um. Der Klassizismus verrät sich nicht zuletzt durch das akroterienartige Motiv der die Giebelschrägen begleitenden Zieraufsätze. Die tabernakelartigen Fialentürmchen (mit gotischem Maßwerkabschluss der Öffnungen) an den Ecken bzw. jeweils über den Lisenen, welche die Endachsen der Seitenfronten begrenzen, sind ein in Oberitalien, zumal Venedig gebräuchliches Motiv (auch am Dom zu Monza, Bayern historisch durch Königin Theodolinde verbunden). Weit verbreitet ist in Italien auch das Rundbogenportal mit profiliertem Gewände und übergreifendem Giebel, so z. B. am Baptisterium in Siena, womit auch die toskanische Komponente der Fassadenkomposition angesprochen ist (vgl. übergiebelte Rundbögen, Fensterrose und Fialentürmchen an den Domen in Siena und Orvieto). Vielfach flankieren den Giebel über dem Portalbogen noch Figuren, an der Hofkirche die Apostel Petrus und Paulus, zusammen mit dem Tympanonrelief des Erlösers zwischen Maria und Johannes dem Evangelisten Arbeiten des nachklassischen, „nazarenischen" Bildhauers Konrad Eberhard und somit Inkunabeln einer für die Zeit neuartigen religiösen Plastik – als solche bereits 1829 in Schorns Kunstblatt gewürdigt (und erst in jüngster Zeit wieder beachtet). Die neo-mittelalterliche, von Klenze mit innerem Vorbehalt, doch sichtlicher Sorgfalt konzipierte, in Wert und Eigenart bis in die jüngste Vergangenheit unverstandene Hofkirchenfassade – nach Hans Karlinger (1933) Klenzes einziger missglückter Außenbau – wurde geradezu ein viele Jahrzehnte lang wirksamer Prototyp vorwiegend kleinerer, turmloser neuromanischer Kirchenfronten (die dann z. T. wirklich die der Hofkirche angelastete künstlerische Schwäche und Blässe spüren lassen).

Der Innenraum präsentiert sich heute als um die fehlenden Partien, vor allem die Gewölbezone ergänzter Ziegelrohbau mit nur minimalen Resten originaler farbiger Oberfläche. Eindrucksvoll ist der Gegensatz des dominierenden originalen Backsteinmauerwerks und der von Klenze aus statischen Gründen partiell verwendeten Natursteinquader – u. a. horizontaler Schichtenwechsel an den Pfeilern; steinerne Nebenapsiden – und der Unterschied zwischen dem alten, gesäuberten Backstein und dem glatten der Neuergänzungen, vor allem im Gewölbebereich. Die Säulen aus rötlichem Marmor haben ihre Kapitellplastik eingebüßt. Das Langhaus bilden zwei quadratische Joche mit flachen Pendentifkuppeln, die zwischen in beiden Geschossen von Öffnungen durchbrochene Pfeilermassive eingespannt sind. Die zungenwandartig den Raum unterteilenden Pfeiler sind untereinander über das Schiff hinweg wie in Längsrichtung über den Abseiten durch Halbkreistonnen verbunden; die Seitenräume durch Emporen auf Dreiergruppen von Säulenarkaden horizontal geteilt. Der über fünf Stufen erhöhte, eingezogene Altarraum besteht aus einem knappen Tonnenjoch und Apsis mit Viertelkugelwölbung. Die Rezeption des von Konstantinopel (z. B. Hagia Irene) über San Marco vermittelten byzantinischen Schemas ist durchaus auch im Zusammenhang mit klassizistischen, antikisierend instrumentierten Raumlösungen vor allem französischer Provenienz zu verstehen (vgl. die evang.-reformierte Kirche in der Wiener Dorotheergasse von 1783/84 mit zwei Kuppeln und Emporen, ehem. mit Ost-Apsis, und Schinkels klassizistische Variante zur Werderschen Kirche; Addition von Kuppeljochen zwischen Wandpfeilern in Durands Lehrbuch, in der Pariser Madeleine-Kirche wie bei Klenze selbst im Römersaal der Glyptothek oder ähnlich im Erdgeschoss-Vorsaal des Odeons). Der Typus wirkt später nach bei Einkuppelhallen mit Säulenemporen unter Quertonnen wie im Prager Nationalmuseum, im Wiener Heeres- und Münchner Armeemuseum, vor allem – unmittelbar von der Hofkirche mitsamt deren Polychromie abgeleitet – im Thronsaal von Neuschwanstein.

Allerheiligen-Hofkirche, Gewölbe des Hauptschiffes; Aufn. um 1860

Allerheiligen-Hofkirche, Blick zum Chor; Aufn. vor 1945

Wesentlicher Bestandteil des Raumbildes war die verlorene, alle Oberflächen überziehende farbige Fassung, im Erdgeschoss und in der Sockelzone der Apsis eine geometrische und ornamentale Stuckmarmor-Inkrustation, im oberen Bereich mitsamt den Gewölben al fresco mit reich entfaltetem figuralem Programm. Die Säulen waren aus farbigem Marmor, die byzantinisierenden Kapitelle vergoldet. Klenzes Intentionen entsprochen hätte, soweit seine Entwürfe erkennen lassen, eine primär an spätantiken und frühchristlichen Vorbildern orientierte Ausmalung. Eher konform mit den mystischen Vorstellungen des Königs und, wie sich durch eine breite Nachfolgewirkung erweisen sollte, höchst innovativ war der mittelalterlicher Frömmigkeit nacheifernde, im Ausdruck freilich zeitgemäß empfindsame, als romantisch-nazarenisch zu charakterisierende Freskenzyklus, den Heinrich Heß 1830–37 unter Mitarbeit von Johann und Claudius Schraudolph, Carl Koch, Johann Baptist Müller, Max Seitz, Ludwig Moralt und dem Dekorationsmaler Joseph Schwarzmann ausführte (Entwürfe und Kartons in Münchner Sammlungen und Kloster Beuron erhalten). Der König hatte auf dem an den Glanz von Mosaiken erinnernden Goldgrund bestanden und dem Maler eine möglichst hieratische, archaische Haltung nach dem Vorbild der „ältesten Basiliken" vorgeschrieben. Bahnbrechend nach jahrzehntelangem nachbarockem Purismus in der Kirchenausstattung war die den Gesamtraum umfassende intensive, stimmungsvoll wirkende, als religiös empfundene Polychromie, die von den Initiatoren beabsichtigte Wiederbelebung der sakralen Monumentalmalerei sowie das Wiederauftreten einer vielschichtig differenzierten Ikonographie, die den ganzen Raum beziehungsreich interpretierte. Konzipiert hatte das Bildprogramm der damals führende Münchner Theologe Ignaz von Döllinger. In der Vorhalle waren Künste und Wissenschaften in ihrer Beziehung zur Religion dargestellt und somit ein wesentliches Anliegen von Ludwigs Kulturpolitik angesprochen, im rückwärtigen Kuppeljoch um den im Scheitel thronenden Gottvater Szenen aus dem Alten Testament, im vorderen Joch das Neue Testament, gipfelnd in der Gemeinschaft der Heiligen in der Kuppel: hier gruppierten sich um den thronenden Christus ein Kreis von Engeln, die Zwölf Apostel und – in den Zwickeln – die Evangelisten. Im Chor waren die sieben Gaben des Hl. Geistes und die sieben Sakramente dargestellt, in der Apsis die Dreifaltigkeit in Verbindung mit der Verherrlichung Christi, darunter die thronende Maria zwischen den Apostelfürsten, Moses und Elias – insgesamt ein trinitarisches, die Glaubensinhalte universal veranschaulichendes Programm, vergleichbar dem späteren Bildzyklus in der Ludwigskirche. Erhalten sind nur Fragmente in den steinernen Seitenschiffapsiden (links Kopf des Auferstandenen, rechts thronende Maria) und von Dekorationsmalerei an der Ostwand. – Kostbar und vielfarbig war auch der nach Klenzes Entwurf in der Art der Cosmaten ausgeführte Bodenbelag, von unaufdringlicher Wirkung die Einrichtung (drei Altäre, zwei Ambonen zu Seiten der Chorstufen, Kanzel).

Die beiderseitigen, außen seitenschiffsartig wirkenden, auch statisch motivierten Annexe enthielten (gemäß Beschriftung auf Klenze-Grundriss) rechts drei Sakristeien und (östlich) einen Raum für Paramente und Kirchensilber; die linksseitige (abgebrochene) Raumfolge war für Pagen und Musikpersonal bestimmt, ein kleiner Raum östlich des Mitteleingangs zur Aufbewahrung des Sanctissimum.

Die politische Bedeutung der Hofkirche als geistlicher Gegenpol zum großen Thronsaal im Festsaalbau veranschaulicht am deutlichsten Gustav Kraus' Lithographie der Vermählung des Kronprinzen, späteren Königs Maximilian II. mit Marie von Preußen 1842, die originale, durch Polychromie und indirekten Lichteinfall bestimmte Raumwirkung am besten eine detailgetreue aquarellierte Innenansicht von bzw. nach Klenze und H. Heß (MStM, Inv. Nr. 51/402).

Marstallplatz. *Felsenbrunnen,* bez. 1790. Der 1963 auf dem Grünstreifen zwischen Fahrbahn und Platzfläche aufgestellte klassizistische Brunnen aus Tegernseer grauem Kalkstein stammt aus der Zeit des Kurfürsten Karl Theodor, der Münchens Wasserversorgung durch steinerne Pumpbrunnen – vielfach als Ersatz für ältere, z. T. hölzerne Brunnen – zu verbessern bestrebt war. Der Felsenbrunnen stand ursprünglich in der Residenzstraße vor der Fassade der Alten Residenz (vgl. Abb. in MB

Marstallplatz, Felsenbrunnen

1912, S. 185; später aus Verkehrsgründen entfernt). An der Vorderseite des aus Felsgestein und -brocken herausragenden, von Tropfsteinmotiven überwachsenen Quaders die ehedem wasserspendende Löwenkopfmaske, auf dem niedrigen Aufsatzblock – mit kuppelartigem, blattwerkbedecktem Abschluss – die Jahreszahl MDCCLXXXX.

Marstallplatz 4. *Ehem. Hofreitschule* (s. Nr. 5/6). Als letzter und einzig monumentaler, repräsentativer Bestandteil des seit 1807 vor allem durch Andreas Gärtner anstelle (z. T. unter Einbeziehung) der Gebäude des Zeughauses von 1614–23 errichteten, weitläufigen Hofmarstall-Komplexes wurde in dessen Zentrum, in der Mitte der Platz-Ostseite zwischen dem bereits bestehenden Reitstall im Norden (kriegszerstört) und dem kürzlich durch Neubauten ersetzten Schulstall im Süden (s. Nr. 5) die Hofreitschule erbaut. Von Anfang an vorgesehen – der Neubau machte den Abbruch des alten Turnierhauses möglich (s. Odeonsplatz 6–18) –, entstanden für sie nacheinander Entwurfsvarianten verschiedener Architekten, so von Andreas Gärtner (1807, 1809), Karl von Fischer (1809), Giacomo Quarenghi (1811/12) und Friedrich Gärtner (1817).

Der von Kronprinz Ludwig 1816 nach München berufene Leo von Klenze schaltete sich 1817 mit einem Idealprojekt zum Marstall mitsamt Reitschule ein, das die Gesamtanlage dreiseitig

symmetrisch um einen Rechteckplatz gruppiert, allerdings die Beseitigung bereits ausgeführter bzw. noch existierender älterer Bausubstanz bedingt hätte. Immerhin wurde Klenze – ab 1818 Hofbauintendant anstelle Andreas Gärtners – im Februar 1819 Planung und Ausführung der Hofreitschule übertragen; seine im August 1819 vorgelegten Pläne, die funktionsbedingt z. T. auf den Vorplanungen basieren, hat er in der Folge noch weiter entwickelt. (Johann Nepomuk Pertsch konnte sich mit einem Alternativprojekt nicht durchsetzen.) Die Grundsteinlegung erfolgte am 27. Mai 1820, dem 64. Geburtstag König Max I. Joseph. 1822 – das Datum ist in der Bauinschrift über dem Mitteltor genannt – war der Bau im Wesentlichen, in Details erst 1825 vollendet.

Die Luftangriffe vor allem im April und Juli 1944 ließen von der Hofreitschule nur die beschädigten Umfassungsmauern mit einer großen Fehlstelle an der Ostseite (drei Fensterachsen neben dem Südrisalit) stehen. Erst 1969/70 erfolgte der Wiederaufbau als ergänzende Wiederherstellung der äußeren Form unter Verzicht auf den originalen Innenraum, der – neu überdacht – seitdem als Kulissendepot der Staatsoper dient und teilweise als Experimentierbühne genutzt wird (Theater im Marstall). Gegenwärtig (ab 2007) sind Überlegungen und Vorplanungen hinsichtlich einer künftigen neuen Nutzung der ehem. Hofreitschule im Rahmen eines auch ihr östliches Vorplatzgelände einbeziehenden Konzertsaals bzw. Kulturzentrums im Gange.

Dem lang gestreckten, gelb gestrichenen Putzbau mit Natursteinteilen (Kalkstein, Tuffkalk) im Portalbereich gibt über einem hohen, rustizierten Sockel (wie ehemals auch innen) funktionsgemäß vor allem die durch ein Kämpfergesims verbundene Pfeilerarkadenfolge mit den großen Rundbogenfenstern das Gepräge, welche die große Halle erhellten. An den durch Rustikapilaster gegliederten Eckrisaliten und Schmalseiten erfolgte die Belichtung der Logentribünen (für Zuschauer bzw. Musik) an den Saalenden durch hohe Rechteckfenster mit Dreiecksgiebeln und niedrige, leicht querrechteckige Öffnungen darüber. Den Abschluss bilden ein Gebälk mit Triglyphenfries und eine Attika. Mit dem Freiraum – der vorgelegten, als Sommerreitschule dienenden Platzfläche und dem rückseitigen Hof mit dem als Pferdeschwemme benützbaren Pfisterbach – verbanden die Reithalle mächtige Rundbogentore in der Längsseitenmitte, das platzseitige mit einer triumphbogenartigen Rahmung durch steinerne toskanische Kolossalsäulen mit verkröpftem Gebälk, das rückseitige mit einer Ädikula aus Pilastern und Dreiecksgiebel. Wesentlicher Anteil an der künstlerisch-repräsentativen Wirkung kommt dem nach Modellen von Johann Martin Wagner ausgeführten plastischen Dekor zu – Zwickelreliefs mit Kentaurenkämpfen am Haupttor, Büsten der Dioskuren (Kastor und Pollux) über den dieses flankierenden Säulen, ferner Bronzeapplikationen: Meten (Zielsäulen im antiken Zirkus) an den Sockeln, Siegeskränze im Triglyphenfries, schließlich kupfergetriebene Medaillons mit Pferdeköpfen über den Arkadenzwickeln der Platzfront. Das originale, relativ flache Walmdach nach Konstruktionsplänen von Hofbauin-

Marstallplatz 4, ehem. Hofreitschule

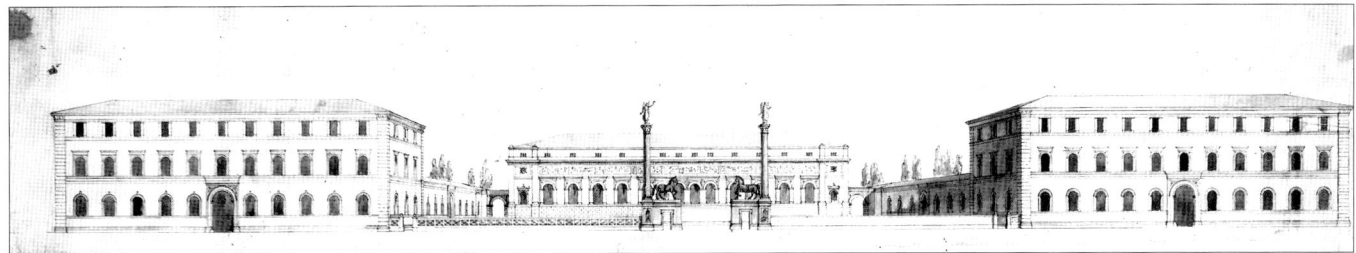

Hofmarstall-Idealprojekt von Leo von Klenze, 1817

spektor Franz Thurn war mit Gusseisenplatten gedeckt (heute Kupferblech). An den Schmalseiten stand die Reithalle durch in beiden Richtungen durchlässige Gelenkbauten in Verbindung mit den beiderseits anschließenden Stallungen; nur der südliche Zwischenbau war bis ca. 2000 in ruinösem Zustand z. T. erhalten, die außen rustizierte Westwand mitsamt dem ganzen Rundbogentor, von der Ostwand nur die seitlichen Zungenmauern.

Der Innenraum war von 1922 bis zum Zweiten Weltkrieg als Schausaal des Marstallmuseums (heute im Marstall des Schlosses Nymphenburg) adäquat genutzt und öffentlich zugänglich. Obwohl die wenn auch beschädigten Umfassungsmauern mit der Raumschale identisch waren und somit lediglich der horizontale Raumabschluss fehlte, wurde um 1970 eine den Dimensionen (ca. 87,5 x 23,2 m) wie der architektonisch-künstlerischen Wirkung nach eindrucksvollsten Raumgestaltungen Klenzes aufgegeben und damit zugleich eines der größten und bedeutendsten Beispiele der Bauaufgabe Reitschule überhaupt. An den heute in einer Art Rohzustand befindlichen Innenwänden (ausgenommen die ergänzte Partie) ist die originale Pilastergliederung großenteils in rudimentärer Form noch erhalten.

Die Hofreitschule ist eines der imponierendsten und zugleich originellsten Beispiele für Klenzes synthetischen Renaissanceklassizismus. Die funktionellen Vorgaben bewogen ihn, die genetisch auf die Seitenfronten von Albertis Tempio Malatestiano in Rimini zurückgehende monumentale Pfeilerarkadenabfolge samt Tondi mit einem vertikalisierten Triumphbogenmotiv zu durchstoßen und mit Seitenrisaliten in cinquecentesken Palastformen einzufassen. Klenzes monumentale Reithalle, neben dem Nationaltheater der zweite für die Regierungszeit Max Josephs kennzeichnende Großbau mit höchstem Repräsentationsanspruch, ist in europäischen Zusammenhängen und Vergleichsmaßstäben zu würdigen (unmittelbar mit G. Quarenghis wenig größerer „Manege" der berittenen Garde in St. Petersburg vergleichbar). Die nach dem Münchner Vorbild von Métivier um 1830 erbaute Reitschule der Fürsten von Thurn und Taxis in Regensburg lässt – bei deutlich geringeren Abmessungen – etwas vom Charakter von Klenzes Raumschöpfung nacherleben, mit deren Verlust (mit Ausnahme der Fassade) dem Gesamtkomplex der Münchner Residenz ein wesentliches Element, das zu jeder Schlossanlage gehört, verloren gegangen ist.

Ehem. Hofreitschule, Rückseite

Ehem. Hofreitschule, Inneres; Zeichnung nach Klenze, 1817

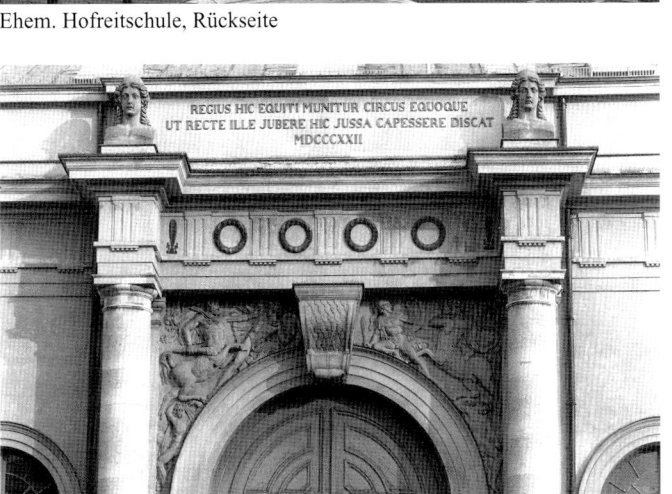

Ehem. Hofreitschule, Portalabschluss

Ehem. Hofreitschule nach Kriegszerstörung; Aufn. 1945

Marstallplatz 5, 6, ehem. Schulstall; Aufn. um 1855

Marstallplatz 5, 6, Südteil nach Osten mit ersten Kriegsschäden; Aufn. um 1943/44

[**Marstallplatz 5, 6.** Abgegangenes Schulstallgebäude, südlicher Restteil des einstigen Hofmarstallkomplexes (vgl. Nr. 4), 2001 abgebrochen; allein die gewölbte Säulenhalle (ehem. Stallung) im Erdgeschoss wurde in den Neubau Maximilianstraße 13/15/15a einbezogen, s. Maximilianstraße 11. Der den Platz südlich begrenzende Querflügel – Nr. 6 – war im Wesentlichen ein Neubau nach 1945.

Von der weitläufigen Anlage des an der Stelle des Zeughauses von 1616 ff. ab 1807 erbauten Hofmarstalls (vgl. Marstallplatz/Vorspann) waren bis zum Abbruch 2001, abgesehen vom Außenbau der Hofreitschule (s. Nr. 4), nur noch südlich von dieser Restbestandteile erhalten. Dem im Erdgeschoss den Schulstall und südlich – mit Fortsetzung im rechten Winkel nach Osten – den sog. Englischen Stall beinhaltenden Gebäude, erbaut um 1810/12 von Andreas Gärtner, entsprach nördlich der

Marstallplatz 5, Unterfangung des Schulstalls; Aufn. 2002

Reitschule spiegelbildlich der (völlig zerstörte) Reitstall, an den sich der (bis 1995 in Resten erhaltene) Krankenstall anschloss. Die schlichte, auf plastische Gliederungen und Profile verzichtende Fassadengestaltung Andreas Gärtners war einerseits Ausdruck der kriegszeitlich gebotenen Sparsamkeit, andererseits repräsentierte sie – als in München seltenes Beispiel – die um 1810 verbreitete, bewusst karge Spielart des Klassizismus, wie sie (in der Entwicklungsphase vor Klenze und Schinkel) vor allem durch Friedrich Weinbrenner in Karlsruhe vertreten wurde.

Die Westfassade wies links einen drei Fensterachsen breiten, sehr flachen Risalit auf; der Mittelteil war ursprünglich in sieben hohe Arkaden geöffnet, die jedoch schon vor dem Zweiten Weltkrieg zu Blenden vermauert und mit Fenstern versehen worden waren; auch die originalen Rundöffnungen im Obergeschoss waren damals bereits durch Rechteckfenster ersetzt. Rechts schloss sich bis zuletzt eine weitere Fensterachse an, die gemäß der ursprünglichen Planung einem Risalit hätte angehören müssen, jedoch bis zum Zweiten Weltkrieg durch den hier im rechten Winkel anschließenden Südflügel des alten Zeughauses verdeckt wurde, dessen um 1810 noch vorgesehener Abbruch in der Folge unterblieben war. Südlich reichte der Schulstallbau noch bis zur originalen südlichen Schmalseitenwand an der Salpeterstraße; der dreischiffige Querschnitt des ehem. im rechten Winkel ansetzenden Englischen Stalls war (vermauert) an der Ostwand noch abzulesen.

Im Erdgeschoss waren die einzigen historischen Innenräume des gesamten einstigen Marstallareals erhalten. Der Grundriss war zweibahnig – an der Westseite lag eine schmale Raumschicht, die in der Mitte ursprünglich einen offenen Arkadengang gebildet und im Nordrisalit die Treppe enthalten hatte (zuletzt veränderte Raumeinteilung). Den übrigen, größten Teil des Erdgeschosses nahm der dreischiffige *Schulstall* ein, durch dorische, unkannelierte Tuffkalksteinsäulen mit unprofilierten Basen in 13 Joche geteilt und mit flachen Hängekuppeln – böhmischen Kappen – gewölbt (zuletzt als Theaterwerkstätten genutzt, z. T. mit Zwischenwänden). Am Nordende des Mittelschiffes vermittelte eine apsidiale Rundung den einstigen Übergang zur Reithalle. Die Obergeschossräume, in den Jahrzehnten nach dem Zweiten Weltkrieg vom Landbauamt München – lange als Baubüro für das Nationaltheater – genützt, waren gestalterisch einfach und gingen, wie das Dach, auf eine Erneuerung nach Kriegsschäden zurück. Vom Abbruch wurde das 13 Joche umfassende Erdgeschoss des einstigen Schulstalles ausgenommen und um 2002 in das Westtrakt-Erdgeschoss des vierflügeligen nördlichen Neubaublockes der sog. Maximilianshöfe (heute Maximilianstraße 13/15/15a, s. dort) einbezogen.

Der einstige *Südflügel* (ehem. Marstallplatz 6), der sich – den Platz begrenzend – im rechten Winkel westlich an Nr. 5 anschloss, war in seiner Substanz im Wesentlichen ein verkürzter (unverputzt gebliebener) Neubau nach der Kriegszerstörung, mit platzseitig zurückgenommener Baulinie; nur an der Südseite blieb eine kleine Partie alten Mauerwerks mit Putzresten erkennbar. Der einstige, 1619 vollendete Südflügel des Zeughauses enthielt in erster Linie die Wohnung des Zeugmeisters und über der Durchfahrt eine 1708 geweihte Hl.-Kreuz-Kapelle; im 19. Jh. diente der in den Hofmarstall übernommene Trakt u. a. als Dienstwohnung des Oberststallmeisters. Im Zusammen-

Marstallplatz 5, ehem. Schulstall; Aufn. 1993

hang mit der Osterweiterung des Nationaltheaters wurde er um 1857 im Westen verkürzt und äußerlich im gotisierenden Maximilianstil umgestaltet.

Östlich parallel zum Schulstallgebäude war an der Westseite der Marstallstraße ein Fragment des einstigen *Kutscherstalles* aus dem frühen 19. Jh. erhalten geblieben, und zwar das südliche Ende der einstigen Stallung (ohne den südlich anschließenden Eckrisalit), das neun von ursprünglich 32 Jochen der lang gestreckten dreischiffigen, gewölbten Säulenhalle entsprach, deren Querschnitt an der neuen Südabmauerung ablesbar war; doch blieben hier – im Gegensatz zum Schulstall – die Innenraumstrukturen des zuletzt technischen Zwecken dienenden Restbaues nicht erhalten, sondern lediglich die beiden Längsmauern, die östliche außen mit klassizistischer Gliederung durch rustizierte Lisenen (Nordmauer und Dach neu).]

Die unweit nördlich davon (bzw. vom heutigen Neubau) hinter der Reitschule frei aufgestellte *Säulenreihe* hat nichts mit der Geschichte des Marstalls zu tun; vielmehr handelt es sich um beim Wiederaufbau des Nationaltheaters nicht wiederverwendete Säulen aus dessen Innenräumen, die hierher transferiert wurden (s. Marstallstraße/Vorspann).

Marstallstraße

(Vgl. Ensemble Altstadt.) Ihren erstmals auf dem Stadtplan von 1814 aufgeführten Namen erhielt die schmale Verbindung von der ab 1854 angelegten Maximilianstraße im Süden bis (ehemals) zum östlichen Ende der Hofgartenstraße im Norden nach dem früher an der Westseite gelegenen Komplex des kgl. Hofmarstalls (vgl. Marstallplatz, heute Alfons-Goppel-Straße); heute ist sie im Norden durch eine Umkehrschleife vor dem um 1967/70 angelegten Altstadtring mit der östlich annähernd parallelen Wurzerstraße verbunden. Ursprünglich begann die Straße südlich der Maximilianstraße vor dem 1872 abgebrochenen Kost- und Wurzertor (vgl. Am Kosttor); der westseitig vor ihrem Anfangsteil 1807–52 gelegene Komplex des Neuen kgl. Zeughauses, der zugunsten der neuen Maximilianstraße abgebrochen wurde, ist noch in Wenngs Atlas von 1849 (Graggenauer Viertel, Plan 3) wie auf dem wenig jüngeren Seitzschen Stadtmodell dargestellt. Entlang der Marstallstraße erstreckte sich der Zeughaus-Ostflügel, das um 1808 erbaute Werkstätten- oder Ouvriers-Gebäude. Nördlich davon wurde die innerhalb der Wallbefestigung des 17. Jh. gelegene spätere Marstallstraße unter Kurfürst Max Emanuel mit zwei lang gestreckten Neubauten flankiert, ostseitig dem für Kurprinz Karl Albrecht (ab 1726 Kurfürst) bestimmten Reitstallgebäude (1722–26 von Johann Baptist Gunetzrhainer) und genau gegenüber dem zugehörigen Wagenhaus (oder Remise) von 1724/25. Letzteres sowie der in seiner nördlichen Verlängerung um 1772/76 angebaute Hartschierstall entsprachen mit ihrer rückseitigen Bauflucht in etwa der vorma-

ligen zweiten, äußeren, mit Rundtürmen bewehrten Stadtmauer aus dem letzten Viertel des 15. Jh., die hier den spätmittelalterlichen ersten Hofgarten der Neuveste umfasste und um 1616 (beim Zeughaus-Neubau Maximilians I.) abgebrochen worden war. Die Wagenremise wurde 1808/09 im Rahmen des Hofmarstall-Gesamtprojektes von Andreas Gärtner durch den Neubau des sog. Kutscherstalls ersetzt, während der nördlich anschließende, bis zur Hofgartenstraße reichende Hartschierstall bis zum Zweiten Weltkrieg erhalten blieb. Von dem gleichfalls kriegszerstörten Kutscherstall wurde ein letztes Fragment, neun von ursprünglich 32 Jochen umfassend, erst um 2000 zugunsten des neuen Geschäftshauskomplexes „Maximilianhöfe" abgebrochen. Den Kutscherstall setzten im jeweils rechten Winkel weitere Stallungsflügel im Süden entlang der kürzlich ganz aufgegebenen Salpeterstraße sowie am Marstallplatz fort (vgl. dort). Der Marstall Karl Albrechts an der Ostseite der Marstallstraße wurde ab 1794 erweitert und aufgestockt („Kgl. Neubau" auf Consonis Stadtplan von 1806), 1818 zur Hofwagenremise umfunktioniert (bis ins 20. Jh. vielfach als „Post- oder Neuviertelstall" bezeichnet), der Südteil 1903/04 durch den Erweiterungsbau des Hotels Vier Jahreszeiten ersetzt (vgl. Maximilianstraße 17/19), der größere Rest – noch mit Allianzwappen Karl Albrechts von Bayern und Amalias von Österreich über dem Portal – 1944 im Luftkrieg zerstört. Heute ist die gesamte Ostseite der Straße nördlich des Hotel-Altbaus mit Nachkriegsneubauten besetzt. An der Westseite erstreckt sich, nördlich der „Maximilianhöfe", bis zur Rückseite der monumentalen Hofreitschule Klenzes (vgl. Marstallplatz 4) eine größtenteils begrünte Freifläche. Auf ihr wurde eine Reihe von acht aus dem Nationaltheater stammenden, bei dessen Wiederaufbau nicht wiederverwendeten dorischen, unkannelierten Tuffsteinsäulen aufgestellt; nur an einer von ihnen ist das Kapitell erhalten. (Siehe Flurkarte S. 605)

Marstallstraße, Säulenreihe hinter der ehem. Hofreitschule

◁ Marstallstraße, ehem. Hartschierstall, nördliche Schmalseite und Inneres; Radierung von F. Bollinger, 1805

Marstallstraße, ehem.   ▷
Kutscherstall von Südosten;
Aufn. 1993 (vor Abbruch)

◁ Maßmannstraße 2/4/6
(von rechts)

Maßmannstraße

Im sanft ansteigenden Bereich des westlichen Terrassenrandes, im spitz nach Süden zulaufenden Winkel zwischen Dachauer und Schleißheimer Straße zeigen die Stadtpläne von 1812/14 das Mustergut des Kommerzienrates Schwaiger, u. a. mit einer kleinteilig im englischen Gartenstil gegliederten Anlage, die im Vordergrund einer Stadtansicht von Friedrich Weber (Kupferstich, um 1805) dargestellt ist (Abb. in München im Wandel der Jahrhunderte 1957, S. 44; nach Wenngs Atlas 1850 damals Al. Graf v. Arco-Stepperg gehörig). Auf dem nördlich angrenzenden, zum sog. Wiesenfeld gehörigen Gelände entstand auf Anordnung Ludwigs I. in den 1830er Jahren die kgl. öffentliche Turnanstalt bzw. Landesturnschule, mit einer Turnhalle am Südrand (eingeschossig, mit Rundbogenfenstern und Seitenrisaliten; nach Megele I 1837 erbaut), weiter nördlich auf dem weiträumigen Sportareal 1899/1900 der neue Turnhallenbau von Ludwig Stempel (erweitert 1930/31; beide Hallen im Luftkrieg zerstört; vgl. Heßstraße 77). – Die Dachauer und Schleißheimer Straße verbindende, den Winkel abschneidende Maßmannstraße erhielt ihren Namen um 1890 nach dem Germanisten (Professor in München und Berlin) Hans Ferdinand Maßmann († 1874), einem Schüler Jahns und Pionier der Turnbewegung.

Der kleine, rechteckige ehem. Maßmannplatz westlich der Straße – etwa im Bereich des Hofes des heutigen Anwesens Dachauer Straße 92 – existiert nach Zerstörung der ihn umgebenden Häuser im Luftkrieg nicht mehr.

Möglicherweise im Bereich des Maßmannberges oder -bergls war der mittelalterliche jüdische Begräbnisplatz situiert, dessen Anlage auf dem Berg zwischen Moosach und dem Rennweg (Schleißheimer Straße) die Herzöge Ernst und Wilhelm 1416 gestatteten.

Maßmannstraße 2/4/6. Auf zuvor unbebautem Areal vis-à-vis der Kgl. Turnanstalt ließen die „Gröberschen Relikten" 1901–03 von Oscar Strelin die neubarocke Dreiergruppe, zunächst viergeschossig, errichten. Die Teilhäuser Nr. 2 und Nr. 6 konzipierte Strelin weitgehend spiegelsymmetrisch, fünfachsig an der Straße mit Rückflügel nach Südosten hin; während Nr. 6 einen dreigeschossigen Erker mittig in die Fassade gesetzt erhielt, zeichnet Nr. 2 ein südwestlicher polygonaler Eckerker aus. Bei Nr. 2 wie auch bei Nr. 6 legte Strelin das Treppenhaus an den Hofwinkel, bei Nr. 2 west-östlich ausgerichtet, bei Nr. 6 süd-

Maßmannstraße; Flurkarte, M. 1:2500

Maßmannstraße 4, Hausfigur

nördlich; bei Nr. 4 platzierte Strelin das Treppenhaus in die nördliche Einklinkung. Gemäß Eingabeplan brachte Strelin im nördlichen Teilhaus zwei Wohnungen je Etage, im mittleren und südlichen Teilhaus jeweils drei Wohneinheiten unter. Im Luftkrieg erlitt die Dreiergruppe erheblichen Schaden, bei Nr. 2 brannte das Dachgeschoss inklusive der geschweiften Erkerhaube vollständig aus, Nr. 4 und Nr. 6 wurden bis zum Fehlboden des 2. Obergeschosses zerstört. Mit dem Wiederaufbau erhöhte man die Bauten straßenseitig einheitlich um ein weiteres Vollgeschoss, wodurch die historische Dimensionalität nachhaltig verändert worden ist. Die ursprüngliche Höhenentwicklung des gesamten Baublocks erfuhr durch den Dachausbau 1986 eine weitere Verschleifung. Seine Fassadengestaltung erhielt der Block in den gängigen Formen des beliebten Neubarocks. Oberhalb eines plakativ gestalteten Erdgeschosses, das man mit einem kräftigen Wasserschlag abschloss, überspannen schlichte Putzlisenen die Hauptgeschosse (drei Obergeschosse). Die Fensterrahmungen bestehen einheitlich in angeputzten Faschen, vor dem 2. Obergeschoss geohrt. Die Sturzfelder der Fenster des 1. Obergeschosses verklammerte man mit den Brüstungszonen der Fenster des 2. Obergeschosses – das gängige Münchner „Vorstadtrepertoire", bei dem Barockes jugendstilig oder auch Jugendstil barock anverwandelt werden konnte. Mittig zwischen den beiden Erkern von Nr. 4, hier auf Höhe des 2. Obergeschosses, kam auf einer kräftigen Hausteinkonsole eine bewegte Maria-Immaculata-Figur unter einer kupfernen Zwiebelhaube zu stehen. (Die Restaurierung der Fassaden sowie die Instandsetzung des Inneren der zum Teil noch kriegsbeschädigten Gruppe erfolgte 1981.)

Maxburgstraße

Früher Teil der Engen Gasse; westliche Fortsetzung der Löwengrube bis zur ehem. Stadtmauer bzw. dem heutigen Lenbachplatz; seit dem späten 16. Jh. von den großen Komplexen der Herzog-Max-Burg (s. Pacellistraße 5) und des Albertinums (s. Karmeliterstraße) im Norden und des ehem. Jesuitenkollegiums (Nr. 1; vgl. Neuhauser Straße 6/8/10) im Süden eingefasst, die etwa in der Mitte bis zum Zweiten Weltkrieg durch den sog. Wilhelmsbogen verbunden waren. Heute von den lang gestreckten Trakten der beiderseitigen modernen Nachfolgebauten der kriegszerstörten Altsubstanz gesäumt. Am westlichen Ende südseitig der bis 2004 freie Platz an der Stelle der 1938 abgebrochenen Hauptsynagoge (s. Herzog-Max-Straße; jetzt Warenhaus-Erweiterungsbau) sowie das Künstlerhaus (s. Lenbachplatz 8). (Siehe Flurkarte S. 748)

ARCHÄOLOGISCHE BEFUNDE: Einzelfund der späten römischen Kaiserzeit (Fundst.-Nr.: 7835/0117). Bei Ausbesserungsarbeiten an einem Brunnenhaus am Stadtgraben stieß man 1818 in großer Tiefe auf eine Münze Constantins I. (306–337). Bei den Arbeiten kamen auch jüngere, nichtrömische Münzen zum Vorschein. Weitere Befunde s. Lenbachplatz und Herzog-Max-Straße.

Maxburgstraße 1. Restteil des ehem. Jesuitenkollegiums aus dem späten 16. Jh., östlich an den fragmentarisch (ohne Oberteil) erhaltenen Turm von St. Michael an der Ecke der Ettstraße grenzend; s. Neuhauser Straße 6 (St. Michael) und 8 (ehem. Kollegium/Alte Akademie).

Maxburgstraße 2, 4. Südliche Trakte der Nachfolgebebauung der ehem. Herzog-Max-Burg, s. Pacellistr. 1, 5.

Maxburgstraße 3. ARCHÄOLOGISCHE BEFUNDE: Siedlungsreste des späten Mittelalters und vermutlich der frühen Neuzeit (Fundst.-Nr.: 7835/0006). Bei Bauarbeiten 1994 im Innenhof des heutigen Statistischen Landesamtes konnten spätmittelalterliche Scherben und Kellerfundamente der Bebauung von ca. 1600 dokumentiert werden.

Maxburgstraße, ehem. Maxburg (links) und ehem. Jesuitenkollegium (rechts); hist. Aufn.

Maxburgstraße 1, Rest des ehem. Jesuitenkollegiums; Aufn. 1995

Maxburgstraße, ehem. Albertinum; Aufn. 1941

Maxburgstraße 2 nach Westen

Maxburgstraße 3/5 (rechts Kapellenstraße); Aufn. 1995 (kein BDm)

Maximiliansbrücke. (Vgl. auch Ensemble Maximilianstraße.) Die im Zuge der Maximilianstraße beide Isararme überspannende, leicht gegen das über dem steilen Ostufer aufragende Maximilianeum ansteigende, doppelteilige innere und äußere Maximiliansbrücke, benannt nach König Maximilian II. (reg. 1848–1864), bildet über die Praterinsel (s. dort) hinweg eine gestalterische Einheit. Die erste, 12,8 m breite Brücke, erbaut 1857–63 (Grundsteinlegung 26. September 1858) von Stadtbaurat Arnold Zenetti, mit drei Bögen (der westliche über der Floßgasse schmaler) über dem inneren und fünf Bögen über dem äußeren Flussarm, wirkte schmuckreich durch das verschiedenartige Steinmaterial und die Füllungen aus Ziegelmauerwerk sowie die plastischen Details (u. a. Balustergeländer, Löwenkopf-Schlusssteine) und die Gaslaternenkandelaber.

Die beiden Gemeindekollegien beschlossen 1901 einen auf 22 m verbreiterten Neubau, der 1903–05 nach Entwürfen von Friedrich Thiersch unter Bauleitung des Stadtbauamtes von der Firma Sager & Woerner ausgeführt wurde. Da der bauliche Zustand der *inneren Brücke* sich als stabil erwies, wurde sie lediglich auf das gewünschte Maß erweitert, die steinernen Gewölbe beidseitig in Beton verbreitert und das Äußere in Muschelkalk verkleidet; Spannweite der beiden Hauptbögen je 13 m, der Überwölbung der Floßgasse (westlich) 7,3 m; Fahrbahn 12,3 m, Gehbahnen je 4,85 m breit. – Völlig neu erbaut wurde die *äußere Brücke* mit nunmehr nur zwei eleganten, flachen Dreigelenkbögen von je 45,8 m Spannweite und 4,9 m Pfeilhöhe, ausgeführt in Muschelkalkquadern mit Stahlgelenken, aufgeständerter Fahrbahn über nicht verkleideten Stichbogenöffnungen sowie mit Uferwiderlagern in Beton. Beide Brückenteile sind, der anspruchsvollen Situation gemäß, durch reichen bauplastischen Dekor (Muschelkalk) von Ernst Pfeifer ausgezeichnet – außenseitig über Rundstäben Fratzenkonsolen als Brüstungsträger, durchbrochenes, abwechslungsreich mit pflanzlichen Motiven gestaltetes Geländer mit gliedernden Zwischenpostamenten, am südlichen Mittelpfeiler außenseitig Stadtwappen-Relief. Auf dem Pfeiler nördlich gegenüber erhebt sich, nach Süden blickend, das 5,64 m hohe antikisierende *Standbild der Pallas Athene* von Franz Drexler aus Muschelkalk (1906; thematisch auf die Bildungsanstalt Maximilianeum bezogen wie auch auf die Schutzherrin von „Isar-Athen" bzw. der Städte überhaupt). Zum repräsentativen Gesamtbild gehören auch die über beide Brückenabschnitte verteilten, insgesamt zehn Zinnbronze-Laternen (Bogenlampen) in Jugendstilformen; an Nr. 7 (westlich der Athena-Figur) kleine Johann-Nepomuk-Figur (Muschelkalk?) angebracht.

Der *Erhardt-Denkmalbrunnen,* Dr. h. c. Alois von Erhardt, Erstem Bürgermeister der Stadt 1870–88, gewidmet, nach rückseitiger Inschrift von Mitbürgern und Freunden errichtet, steht seit 1893 auf der Praterinsel an der nördlichen Fahrbahnseite zwischen den Maximiliansbrücken (bei deren baulicher Erneuerung

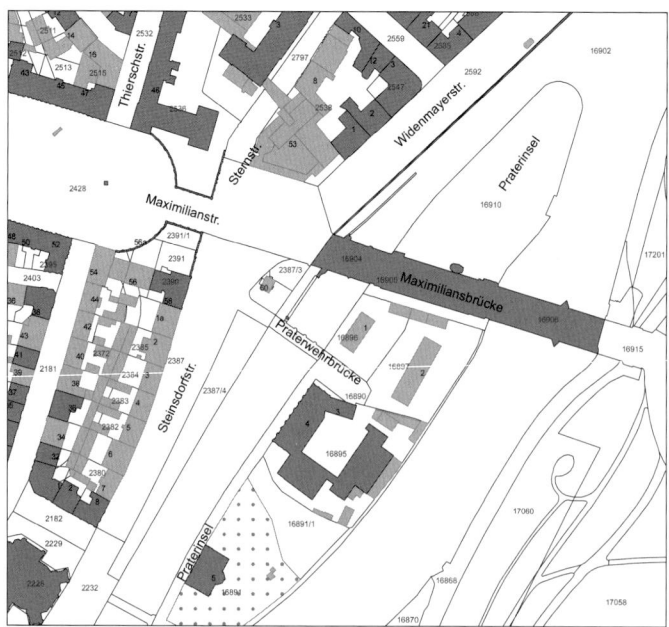

Maximiliansbrücke; Flurkarte, M. 1:5000

um 1905 wurde er wegen Niveauerhöhung vorübergehend abgetragen und wiederaufgestellt; Rückseite als Hangverkleidung tief herabgezogen). Der von Carl Hocheder d. Ä. entworfene Neurenaissance-Aufbau aus rötlichem Enzenauer Kalkstein hat die Form einer breit proportionierten, volutenflankierten toskanischen Ädikula mit reliefgeschmücktem Segmentgiebel, Muschelnische, Bronze-Tiermaske als Wasserspeier und vorgelegtem Halbrund-Wasserbecken mit gebauchter Wand; im Scheitel über einer Volutenkonsole aufgesetzt ist die 1 m hohe Bronze-

Äußere Maximiliansbrücke von Süden

Maximiliansbrücke, Standbild Pallas Athene

Innere Maximiliansbrücke von Süden

Alte Maximiliansbrücke nach Westen; Aufn. 1893/94

Bildnisbüste Erhardts. Seitlich schließen sich konkave steinerne Sitzbänke an. Die Büste ist nach älteren Angaben (Thieme/ Becker 29/1935; Alckens 1936) ein Werk von Wilhelm Rümann; nach O. J. Bistritzki (1974) von Carl Fischer signiert (den auch die moderne Inschrift rechts vom Becken nennt), gegossen in der Kgl. Erzgießerei Ferdinand von Miller (Erstguss) bzw. von Hans Mayr (Neuguss). (C. Fischer schuf die Porträtbüste auf Erhardts Grab auf dem Alten, seit 1953 Neuen Nordfriedhof.)

ARCHÄOLOGISCHE BEFUNDE: Unmittelbar oberhalb in der Isar Einzelfunde des frühen Mittelalters (Fundst.-Nr.: 7835/0163). 1878 wurden eine merowingerzeitliche Spatha und eine Franziska geborgen.

Nähe **Maximiliansbrücke.** *Steinfigur des hl. Johannes von Nepomuk*; s. Praterwehrbrücke.

Äußere Maximiliansbrücke mit Maximilianeum

Maximiliansbrücke, Erhardt-Denkmalbrunnen

Maximiliansplatz; Flurkarte, M. 1:5000

Maximiliansplatz. (Vgl. Ensemble Altstadt. Maximiliansplatz 5, 8, 10, 12–23 vgl. Maxvorstadt I. Zugehörig auch die Eschenanlage östlich von Maximiliansplatz 8 und die Anlage westlich von Maximiliansplatz 5.) Der 1808/09 nach König Maximilian I. Joseph benannte vormalige Dultplatz entstand als Nordabschnitt der die Westhälfte der Altstadt an der Stelle des Stadtgrabens und der vor ihm 1619 bis ca. 1640 angelegten Wallbefestigung etwa segmentbogenförmig umfassenden (Teil-)Ringstraße, einer höchst bemerkenswerten Konzeption klassizistischer Stadtbaukunst mit ursprünglich stilistisch und typologisch homogener Bebauung (vgl. südlich anschließend Lenbachplatz, Karlsplatz, Sonnenstraße und Sendlinger-Tor-Platz). Die städtebauliche Aufgabe im nördlichen Abschnitt zwischen Brienner Straße und Karlsplatz bestand in der Überplanung und Gestaltung des Geländestreifens zwischen der Stadtmauer im Südosten und der 1796/97 als Allee angelegten Rumfordchaussee (s. Ottostraße) an der Außenseite der Wallbefestigung, die hier mitsamt den beiden Bastionen e (einschließlich des von ihr umfassten Kapuzinerklosters, vgl. Lenbachplatz) und f (mit dem Kapuzinergarten, mit dem Kloster verbunden durch die sog. Kapuzinerpromenade entlang dem Stadtgraben) ab 1802 abgetragen wurde.

Franz Thurns Bebauungspläne von 1802/03 sahen eine geschlossene außenseitige Bebauung gegenüber Stadtmauer und Stadtgraben in Form einer Häuserzeile mit – entsprechend dem polygonalen Altstadtumriss – an den beiden Enden schräg einwärts gestellten Häuserblöcken vor, weiterhin davon durch die Fahrbahn getrennte Häuserzeilen, die südliche in der Flucht der Bebauung an der Karlsplatz-Ostseite (beiderseits des Karlstor-Halbrondells; mit Fortsetzung entlang der Sonnenstraße). Zur Entwicklung der Planung im Einzelnen (u. a. mit Projekten von Joseph Frey, Andreas Gärtner und Franz Paul Heinleth) vgl. Lehmbruch 1987a. Ausgeführt wurde zwischen 1802–05 – nur zögerlich wegen zurückhaltenden Interesses privater Bauherren – ein Konzept des Stadtoberbaudirektors Nikolaus Schedel von Greifenstein (gest. 1810) mit einer geschlossenen Häuserreihe an der Altstadtseite (anstelle der Mauer) mit je sechs Parzellen beiderseits des neuen Stadtausganges von der Prannerstraße her; den Mittelakzent der symmetrischen Gruppe gleichartiger viergeschosiger, an den äußeren Enden um ein Mezzanin erhöhter Wohnhäuser bildete das zurückgesetzte, durch einen Dreiecksgiebel bereicherte Haus Maximiliansplatz 18 (s. dort), das schräg

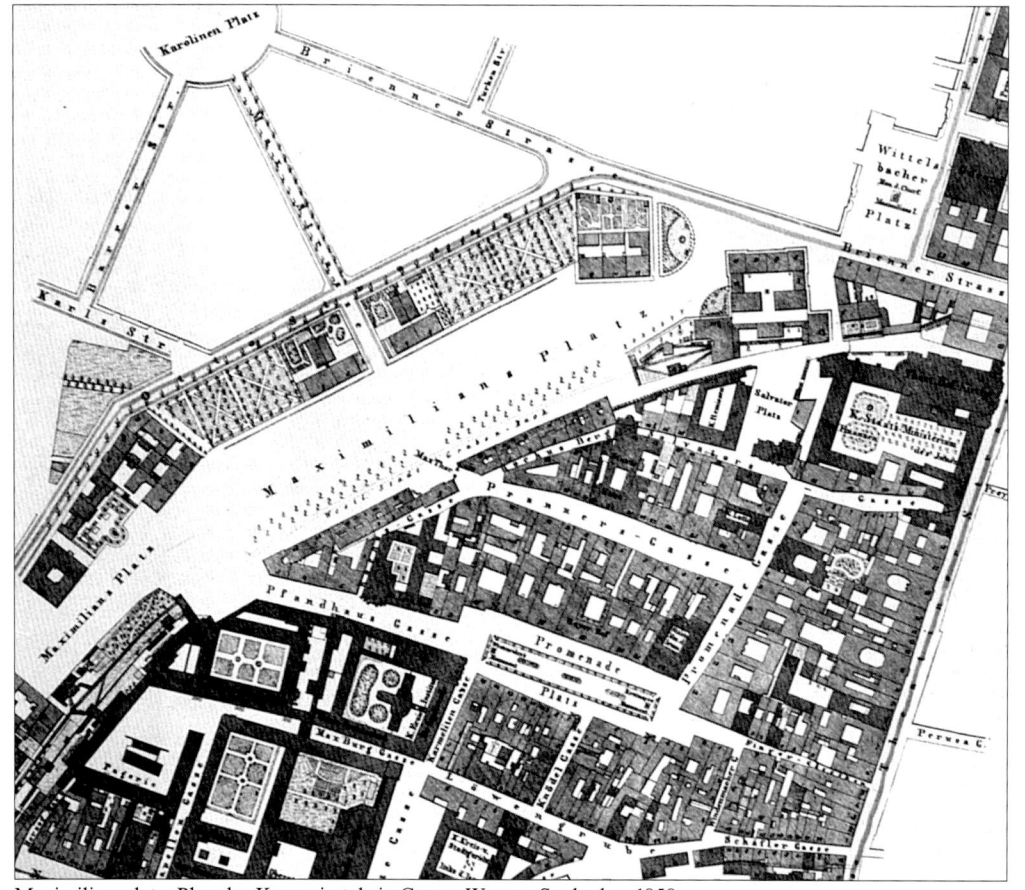

Maximiliansplatz; Luftaufnahme von Süden, 1921

Maximiliansplatz; Plan des Kreuzviertels in Gustav Wenngs Stadtatlas, 1858

vom Maxtor (links) und einer Wandbrunnenkomposition (rechts) flankiert wird und zugleich den stadtseitigen Blickpunkt für die die Verbindung zur neuen Maxvorstadt herstellenden Max-Joseph-Straße (s. dort) bildet. Mit Ausnahme der beiden äußersten Eckpavillons wiesen die Reihenhäuser bis ca. 1854 offene Erdgeschossarkaden auf. Gegenüber auf der äußeren Platzseite blieben von Franz Thurns geschlossener Konzeption, bedingt durch das (bis zu Klenzes Einwirkung gültige) Prinzip einer offenen, durchgrünten Bebauung in der Maxvorstadt, nur vier durch Grünflächen getrennte Blöcke übrig – die Doppelhäuser beiderseits der Max-Joseph-Straße (vgl. Maximiliansplatz 5 sowie 8 mit Max-Joseph-Straße 2) sowie seitlich weiter in schräg abgeknickter Situation Häusergruppen am Südende (heute Lenbachplatz 2–6, s. dort) und im Norden, der

Maximiliansplatz nach Nordosten; Lithographie von C. Lebschée, 1830

einstige sog. Braun- und Schneider-Block (bis zur Zerstörung im Luftkrieg eine Dreiergruppe klassizistischer Häuser, erbaut 1810 von Joseph Deiglmayr, an der rückseitigen Ecke zur Brienner Straße Ende des 19. Jh. bereichert um einen markanten späthistoristischen Eckbau mit Turmkuppel von Architekt Carl Del Bondio. Die Verleger Caspar Braun, gest. 1877, und Friedrich Schneider, gest. 1864, gaben hier u. a. den „Münchner Bilderbogen" und ab 1844 die „Fliegender Blätter" heraus). Optische Abschlussfunktion erfüllten die altstadtseitig quer hervortretenden Flügelbauten des sog. Luitpoldblockes im Nordosten (vgl. Brienner Straße 11) und des nachmaligen Hotels Leinfelder im Südwesten (heute Lenbachplatz 9, vgl. Karlsplatz und Lenbachplatz).

Vor der erst 1827 mit den Häusern Maximiliansplatz 22 und 23 (von J. U. Himbsel) vollendeten stadtseitigen Häuserreihe (erhalten nur Maximiliansplatz 15, 20) wurde der Stadtgrabenbach (Kapuzinerbach), den vor dem neuen Maxtor eine Brücke überquerte, erst nach 1830 abschnittweise überwölbt und durch eine Allee (vgl. Stadtplan von G. Wenng 1849) ersetzt. Die übrige weite Platzfläche, lange von den zeitgenössischen Autoren als Sand- und Kieswüste geschildert, diente seit 1816 als Exerzierplatz, in erster Linie aber 1822–71 als Standort der in der Folge in die Au verlegten volksfestartigen Jahrmärkte, der Dreikönig- und Jakobidult. Wiederholte Beschlüsse, Projekte und Vorschläge zu einer partiellen Begrünung und Alleebepflanzung – u. a. von F. L. Sckell 1819/22 – oder zu Neubauten auf der Freifläche (u. a. Kornhalle 1808, Markthalle von Klenze 1816) wurden nicht realisiert. Erst 1876–78 entstand nach Plänen von Hofgärtendirektor Carl von Effner die (städtische) Grünanlage im zeitüblichen Stadtparkstil als Synthese malerisch-naturhafter und (vor allem durch die begrenzenden Fahrbahnen bedingter) geometrischer Gestaltungselemente. Die den Park in der Mitte querende Fahrbahn der Max-Joseph-Straße wird von nachträglich (1889/

1890) angelegten Rampen- und Treppenanlagen in Rondellform mit den erhöht platzierten Denkmälern Liebigs (1883) und Pettenkofers (1909) spiegelbildlich flankiert. Am abfallenden Südende entstand 1895 als kulissenhafter Nordabschluss des (nachmals so benannten) Lenbachplatzes der Wittelsbacherbrunnen (s. Lenbachplatz). Wie weit die Niveauunterschiede im Anlagenbereich noch durch die einstige Wallbefestigung bedingt sind oder in gartenkünstlerischer Absicht modellierend verstärkt wurden, bleibt noch zu untersuchen.

Von der gesamten großzügig-homogenen Erstbebauung mit Wohnhäusern in einem Gliederungen nur sparsam einsetzenden, durch abgewalmte Steildächer als süddeutsch-regional charakterisierten Klassizismus der Phase vor Klenze ist heute (aufgestockt, verändert) nur Nr. 15 und 20. Wie auch in den anderen Teilbereichen der klassizistischen Ringstraße (vgl. Lenbach- und Karlsplatz, Sonnenstraße) erfolgte in der Zeit des späten Historismus weitgehend eine sukzessive individuelle, modern-großstädtische Neubebauung, die ihrerseits nach den schweren Luftkriegsschäden mangels Akzeptanz dieser Architekturphase weitgehend reduziert, modernisiert und eliminiert wurde. So wurde im äußersten Nordosten der Luitpoldblock (vgl. Brienner Straße 11) klassizisierend-vereinfacht wiederaufgebaut, an der äußeren Platzseite das Regina-Palast-Hotel (s. Maximiliansplatz 5) gründlich modernisiert, altstadtseitig gegenüber das aufwendige, unzerstörte Parkhotel (Nr. 21/22, 1898 und 1907/08 von Heilmann und Littmann) durch einen „zurückhaltenden" Neubau ersetzt wie ähnlich weiter nordöstlich das zerstörte, monumentale Eckhaus an der Jungfernturmstraße (Nr. 12b, 1890 von August Exter). In erster Linie aufgrund der Initiative von Erwin Schleich wiederaufgebaut wurde das lediglich ausgebrannte Künstlerhaus im Süden (vgl. Lenbachplatz 8). Von der Neubebauung der Prinzregentenzeit erhalten blieb nur der Doppelhausblock Max-Joseph-Straße 2/Maximiliansplatz 8 (s. dort), doch fiel leider in Nr. 8 das hochrangige Gesamtkunstwerk des Café-Restaurants Neue Börse der Modernisierung zum Opfer.

Die ursprünglich symmetrische Struktur der Bebauung wurde nach dem Zweiten Weltkrieg zwecks Erweiterung und Begradigung der Verkehrsflächen durch Reduzierung und Zurückverlegung des ursprünglich schräg gestellten Braun- und Schneider-Blockes an das Nordostende der Eschenanlage zwischen Maximiliansplatz und Ottostraße (gegenüber der Seitenfront von Maximiliansplatz 8) gravierend verändert (Neubau Maximiliansplatz 9, 1958/59 von Emil Freymuth). Es entstand am Übergang zur Brienner Straße der Platz der Opfer des Nationalsozialismus (s. dort), in den überdies von Norden her der neu durchgebrochene Oskar-von-Miller-Ring einmündet.

Straßenbahngleise gab es ab 1877 entlang der innerstädtischen Seite des Platzes, zuletzt (1970er Jahre) als Wendeschleife um die Nordhälfte der Anlagen.

Maximiliansplatz 12b, kriegszerstört; Aufn. 1896

Maximiliansplatz 9–11, ehem. Braun- und Schneider-Block; Aufn. 1942

Das *Schiller-Denkmal*, seit 1959 aus Verkehrsgründen an das Nordostende der Anlagen des Maximiliansplatzes versetzt (ursprünglich ca. 100 m weiter nordöstlich vor dem kriegszerstörten Braun- und Schneider-Block an der Ecke der Brienner Straße), wurde gemäß Signaturen auf der Standplatte von Max Widnmann entworfen und modelliert sowie 1863 von Ferdinand von Miller gegossen. Exkönig Ludwig I., der den Dichter enthusiastisch verehrte (und ihm auch in seiner eigenen Gedichtproduktion nacheiferte), ließ das Denkmal aus eigenen Mitteln errichten und schenkte es am Tag der Enthüllung, dem 9. Mai 1863, der Stadt München. Die 3,23 m hohe Bronzefigur steht auf einem spätklassizistisch stilisierten Granitsockel über Kalksteinstufen, der in seiner Gestaltung mit erhöht gerahmten Blenden mehreren zeitgenössischen Münchner Denkmälern – meist von Widnmann – entspricht (Promenadeplatz, ehem. Gärtnerplatz). Der Dichter ist in zeitgenössischem Gewand, doch in idealisierter Haltung dargestellt, zu der auch der durch seinen linken, vor die Brust gelegten Arm geraffte Mantel und der Lorbeerkranz in seiner herabhängenden Rechten beiträgt; der Kopf ist unvermeidbar letztlich von Danneckers Porträtbüste Schillers beeinflusst. Im Vergleich mit dem wohl qualitätvollsten aller Schiller-Denkmäler, dem von Thorvaldsen in Stuttgart (1839), wird die Entwicklung von klassisch erhabener Haltung zu verbürgerlichtem Realismus deutlich. Wesentlich enger ist der Anschluss an Haltung und Gestik der Herzogsfigur auf Thorvaldsens Leuchtenberggrab in St. Michael (s. dort), den Jörg Gamer (1972) konstatierte. – Selbst wenn man berücksichtigt, dass Widnmanns Schiller-Standbild auf Vorderansicht berechnet war, kann die Rückseite mit dem schematischen, überdies aus statischen Gründen auf Bücher gestützten Umhang nur als kläglich bezeichnet werden. Das *Effner-Denkmal* im Nordostteil der Anlagen nahe der Otto-

straße wurde laut Inschrift dem Andenken an deren Schöpfer, den Kgl. Hofgärtendirektor Carl von Effner (1831–1884, aus alter Hofgärtnerfamilie gleich dem berühmten Barockbaumeister) von der Stadt München gewidmet und am 15. Mai 1886 enthüllt. Es ist eine seit 1884 geplante Gemeinschaftsarbeit des Bildhauers Wilhelm von Rümann und des Architekten Friedrich von Thiersch (von beiden sign.). In ihm ist der seit der Antike bzw. erneut seit dem Klassizismus geläufige Typus der steinernen Ruhebank – insbesondere in der konkaven Form der Exedra (vgl. Englischer Garten) – vereinigt mit dem über ihrer Mitte vertikal aufsteigenden Büstendenkmal auf hohem Postament. Nach klassischem Vorbild sind die beiderseitigen Wangen der Sitzbank als Voluten mit Löwenklauen und Spiralranken ausgebildet. Kleine Voluten vermitteln von der Lehne zum schlanken Postament mit

Maximiliansplatz, Effner-Denkmal

der Inschrift und der am unteren Saum bekränzten, realistischen Porträtbüste (Höhe 78 cm). Material: einheitlich Carraramarmor. Nach Schäden (Riss in der Bank) 1972 abgebaut und nach Restaurierung 1974 wiederaufgestellt.

Das *Liebig-Denkmal* von Michael Wagmüller († 1880; vollendet von Wilhelm v. Rümann), an der stadtauswärts rechten (nordöstlichen) Seite der Max-Joseph-Straße leicht erhöht über einer Treppen-Rampen-Anlage von 1890 spiegelbildlich gegenüber dem Pettenkofer-Denkmal von 1909 situiert, wurde am 6. August 1883 enthüllt. Auf harmonisch proportioniertem, reich abgestuftem und profiliertem Sockel aus Kösseiner Granit thront die 2,7 m hohe Sitzfigur des Chemikers Justus von Liebig (1803–1873) aus Carraramarmor, in kontrapostisch verschränkter Haltung mit übereinandergeschlagenen Beinen, umhüllendem Talar und ernst in die Ferne blickendem Charakterkopf (nach M. Wagmüllers Porträtbüste). Wagmüller, wohl der bedeutendste Münchner Bildhauer dieser Phase, überwand den schematischen akademischen Klassizismus der Schwanthaler-Nachfolge und seines Lehrers Max Widnmann zugunsten eines neuen „malerischen", lebensvollen Realismus und einer raumgreifenden Plastizität, ohne das klassische Erbe aufzugeben. Liebigs Denkmal bezeugt, dass seit Maximilian II. in der „Kunststadt" München die führenden Wissenschaftler ebenbürtig an die Seite der gefeierten Künstler (später sogar „Künstlerfürsten") getreten sind, wobei gerade die Berufung Liebigs (1852), der auch Präsident der Akademie der Wis-

Maximiliansplatz, Schiller-Denkmal

Liebig-Denkmal, Sockelrelief „Ackerbau"

Liebig-Denkmal, Gesamtanlage

Liebig-Denkmal, Sockelrelief „Chemie"

senschaften wurde, bahnbrechend wirkte. Dem Typus des sitzend dargestellten „Geistesheroen" folgten später die Münchner Denkmäler von Gabelsberger, Ohm, Pettenkofer und Baeyer. – Meisterliche Kompositionen sind auch die in die Seitenflächen des Sockels eingelassenen figürlichen Hochreliefs aus weißem Marmor, Allegorien der Chemie und des Ackerbaus. Die konvexe vordere Schmalseite des Sockels ist durch Bronzeappliken aus der Erzgießerei Ferdinand von Millers – Girlande und Lorbeerkranz – bereichert. Alexander Heilmeyers Wertschätzung, der (1931) Wagmüllers Meisterwerk „das beste naturalistische Denkmal dieser Epoche" nennt, ist auch aus heutiger Sicht zu bestätigen. Luftkriegsschäden – u. a. war der Kopf abgetrennt – wurden behoben. Das *Pettenkofer-Denkmal*, enthüllt am 23. Mai 1909, erinnert an den bahnbrechenden Hygieniker Max von Pettenkofer (1818–

1901), dessen Anregung u. a. die Münchner Kanalisation und Quellwasserversorgung zu verdanken sind. In seiner spiegelbildlichen Situation über einer Terrassen-Rampen-Anlage von 1890 ein Pendant zum älteren Liebig-Denkmal, zeigt es im Vergleich zu diesem die fortgeschrittene, zur vereinfachenden Verblockung tendierende Stillage vor allem bei dem strenger geformten, von Paul Pfann entworfenen Sockel aus Kösseiner Granit. Die 2,45 m hohe Sitzfigur nach Entwurf des Wagmüller-Schülers Wilhelm von Rümann († 1906), ausgeführt von A. Mayer, nimmt hinsichtlich Material (Carraramarmor), Haltung und Gewandung (langer Talar) sowie realistischem Porträtkopf sichtlich Bezug auf das ebenfalls von Rümann vollendete ältere Monument gegenüber. Wie dieses zählt es – in einer Epoche der Denkmäler-Inflation – zu den qualitätvollen Beispielen.

Maximiliansplatz, Liebig-Denkmal

Maximiliansplatz, Pettenkofer-Denkmal

Maximiliansplatz, Goethe-Denkmal (kein BDm)

Maximiliansplatz, Pfalz-Gedenkstein

Der *Nornen-Brunnen*, von Huber Netzer signiert und laut Sockelinschrift „errichtet von der Matthias Pschorr Stiftung Hackerbräu 1907", stand ursprünglich auf dem Karlsplatz im Grünstreifen zwischen dem Justizpalast und der Rondell-Nordhälfte. Wegen des U- und S-Bahnbaues wurde er im November 1964 abgetragen und im Folgejahr in den Eschenanlagen neben der Industrie- und Handelskammer (Maximiliansplatz 8) in stimmungsvoller, aber weniger beachteter Abseitslage wiederaufgestellt. Maßgebend für den Aufbau des Brunnens aus dunkelgrauem Muschelkalk aus Kirchheim (bei Würzburg) ist die Dreizahl der stehenden Nornenfiguren, welche die fast halbkugelige Brunnenschale auf radial vor deren kräftigen Sockel gestellten Postamenten umringen; zwischen ihnen ergießt sich das Wasser aus drei Öffnungen unter dem Schalenrand in drei runde Bodenbecken, die – insgesamt eine Dreipassform bildend – sich knapp über die kreisrunde Standplatte erheben. Die Figuren verkörpern, durch Bekleidung und Attribute unterschieden, die nordischen Schicksalsgöttinnen Urd (Vergangenheit), Verdandi (Gegenwart) und Skuld (Zukunft), die den Lebensfaden spinnen, messen und durchschneiden. Den Unterbau schmückt ein jugendstiliger Flachrelieffries mit Seepflanzen und Korallen. Die für sich gesehen künstlerisch sehr qualitätvolle Brunnenschöpfung ist zudem entwicklungsgeschichtlich bemerkenswert durch die Reduktion der Gestaltungsmittel wie durch den weitgehenden Verzicht auf die Wiederholung historischer, d. h. vor allem barocker und klassischer Typologien zugunsten einer selbständigen, zugleich differenzierten Komposition, die überdies trotz des germanisch-mythologischen Themas auch nicht in zeitgemäß verbreiteter Weise „teutonisch"-monumental archaisiert.

Der *Pfalz-Gedenkstein* in der Eschenanlage neben der Industrie- und Handelskammer nahe der Ottostraße wurde 1924 auf dem Odeonsplatz rechts vom Hofgartentor errichtet; er galt den im

Maximiliansplatz, Nornen-Brunnen

Ersten Weltkrieg Gefallenen der bayerischen Pfalz sowie der Treue der Pfälzer zu Bayern und Reich in der Zeit der französischen Nachkriegsbesetzung. In Bernhard Bleekers plastischer Komposition aus Kösseiner Granit (aus dem Fichtelgebirge) gehen traditionell klassizierende wie moderne, kubistisch-stereometrische Elemente eine Synthese ein. Den über Standstufe und niedrigem Sockel aufragenden unteren, größeren Würfel mit Profilrand schmücken das bayerische Wappen, ein Schwert mit Spruchband und Lorbeerkränze. Darauf ruht, von vier Stahlhelmen getragen, ein kleinerer, völlig profilloser Kubus mit Inschriften. 1934 wurde das Denkmal auf den heutigen Standort übertragen.

[*Goethe-Denkmal*, 1962 von Elmar Dietz, Bronzestandbild in den Grünanlagen westlich von Maximiliansplatz 5. Errichtet als Ersatz für das im Zweiten Weltkrieg eingeschmolzene Goethe-Denkmal (1869 von Max Widnmann, im Auftrag Ludwigs II.), das auf der kleinen Grünfläche südlich von Lenbachplatz 2 stand.] – ARCHÄOLOGISCHE BEFUNDE s. Maxburgstraße.

Maximiliansplatz. *Wittelsbacherbrunnen*; s. Lenbachplatz.

Maximiliansplatz 5, 8, 10, 12–23. Vgl. Ensemble Maxvorstadt I.

[**Maximiliansplatz 5.** Ehem. Regina-Palast-Hotel, 1907/08 von Karl Stöhr; bis auf den allein original erhaltenen Säulenbalkon am Haupteingang um 1975 völlig modernisiert (Geschäftszentrum). Anstelle einer klassizistischen Wohnhausbebauung des frühen 19. Jh. entstand hier 1908 das signifikanteste Münchner Beispiel der zeitgenössischen Gattung des luxuriösen Palast-Hotels. Der freistehende quadratische Block umschloss ein 300 m² großes zentrales „Palmen-Foyer", das vom Café-Restaurant links und von dem Speisesaal samt zugehörigen Salons rechts – jeweils mit schmalen Terrassen vor den Seitenfronten – flankiert wurde. Der noch erhaltene Unterfahrtsbalkon auf vier toskani-

Maximiliansplatz 5, ehem. Regina-Palast-Hotel, Haupteingang; Aufn. 1998 (kein BDm)

schen Säulen war dem Vestibül vorgelegt. Die neubarocken Putzfassaden mit ionischen Kolossalpilastern, Mittelrisaliten an den Seitenfronten und über dem Kranzgesims abgesetztem 4. Stock mit hinter Terrassen zurückgenommenen, abgerundeten Ecken, die Mittelgiebel und die Dachzone wurden im oberen Bereich bereits 1923–26 von K. Stöhr selbst z. T. verändert und aufgestockt, nach Schließung des Hotels (1975) dann völlig neu gestaltet und mit Naturstein verkleidet; seit 1982 Mode-Ausstellungszentrum.]

Maximiliansplatz 8. „*Haus für Handel und Gewerbe*" (ehem. Börse; jetzt *Industrie- und Handelskammer*), bildet einen Block mit Max-Joseph-Straße 2 (s. dort). Die städtebauliche Situation im Zusammenhang mit der zu Beginn des 19. Jh. von Franz Thurn konzipierten symmetrischen, weiträumig-offen ausgeführten Bebauung an der stadtauswärtigen Längsseite des Maximiliansplatzes ist trotz völliger Neubebauung in der Prinzregen-

Maximiliansplatz 8, Haus für ▷
Handel und Gewerbe; Aufn. 1995

Maximiliansplatz 8, Fassadenrelief

tenzeit bis heute bewahrt geblieben. Haus Nr. 8 entstand 1808 im Auftrag des Klavierbauers Ferdinand Sailer, der zuvor um 1806 bereits das Nachbarhaus Max-Joseph-Straße 2 errichtet hatte; beide zusammen bildeten einen symmetrischen viergeschossigen Walmdachblock mit schlicht klassizistischer Fassadengestaltung, an den rückseitig (nördlich) im rechten Winkel ein ebenfalls verbundenes niedriges Nebengebäude samt vorgelegtem Garten angeschlossen war. Beide Häuser verkaufte Sailer bereits 1810; in Nr. 8 eröffnete der Gastwirt Franz Albert sen. eine Weinwirtschaft, seit den 1840er Jahren im Besitz von Thomas Achatz, nach dem das Gebäude bis 1898 als Hotel-Restaurant Zum Achatz genutzt (und innen umgestaltet) wurde.

Das alte, kaum mehr konkurrenzfähige Hotel erwarben 1898 gemeinsam die 1843 gegründete Handels- und Gewerbekammer von Oberbayern, die seit 1869 Räume in der kgl. Münze (s. Hofgraben 4) gemietet hatte, und der Handelsverein mit der seit 1830 bestehenden Börse, die (samt Börsencafé) 1881–1901 im sog. Börsenbasar (s. Maffeistraße/Vorspann) untergebracht waren. Den Wettbewerb für den gemeinsamen Neubau gewann Friedrich Thiersch, der zunächst den Gesamtblock überplanen wollte, doch konnte das Nachbaranwesen Max-Joseph-Straße 2 nicht erworben werden. Nach Abbruch des Hotels begannen die Bauarbeiten im Herbst 1899 unter der Leitung von Architekt Franz Paul Lang (Ausführung Fa. Heilmann & Littmann); das Richtfest fand am 26. Mai 1900 statt, das Café-Restaurant im Erdgeschoss eröffnete am 22. Dezember 1900, Kammer und Börse bezogen die Obergeschosse im April 1901.

Friedrich Thiersch (unterstützt durch seinen Bürochef Ludwig Heuß) gelangte über stärker barockisierende Vorentwürfe schließlich unter Verarbeitung von Eindrücken seiner Orient- und Spanienreisen zu einer nur noch frei historisierenden, mit maurischen und Jugendstilanklängen vermengten Gestaltung, die den dreiseitig freistehenden Neubau außen wie innen zu einem der stilistisch selbständigsten wie künstlerisch qualitätvollsten der Jahrhundertwende in München werden ließ, der sich als eigene Leistung zwischen den Zentren Barcelona und Wien behauptete und entsprechend beachtet wurde. Der viergeschossige Komplex – im Bereich des ausgebauten Mansarddaches z. T. um ein niedriges Vollgeschoss erhöht – umschließt mit drei Flügeln einen Lichthof; die längere Ostseite zu den Eschenanlagen ist durch den erhöhten Mittelrisalit, mit den großen Rundbogen-

fenstern des ehem. Börsensaales im 1./2. Stock, als bevorzugte Schaufront behandelt. Das in rotem und graugelbem Sandstein in horizontalen Schichten verblendete, massiv wirkende Erdgeschoss ist durch einen umlaufenden Balkon mit Schmiedeeisengeländer von den verputzten Obergeschossen mit wechselnden Fensterformaten abgesetzt. Hier im oberen Bereich wollte Thiersch nach eigener Angabe „durch angetragenes Stuckornament auf farbigen Putzgründen zwischen glatt aufstrebenden Lisenen unter Anlehnung an die einheimische Putztechnik einen frischen Kontrast zum Unterbau hervorbringen." Eine mehrfar-

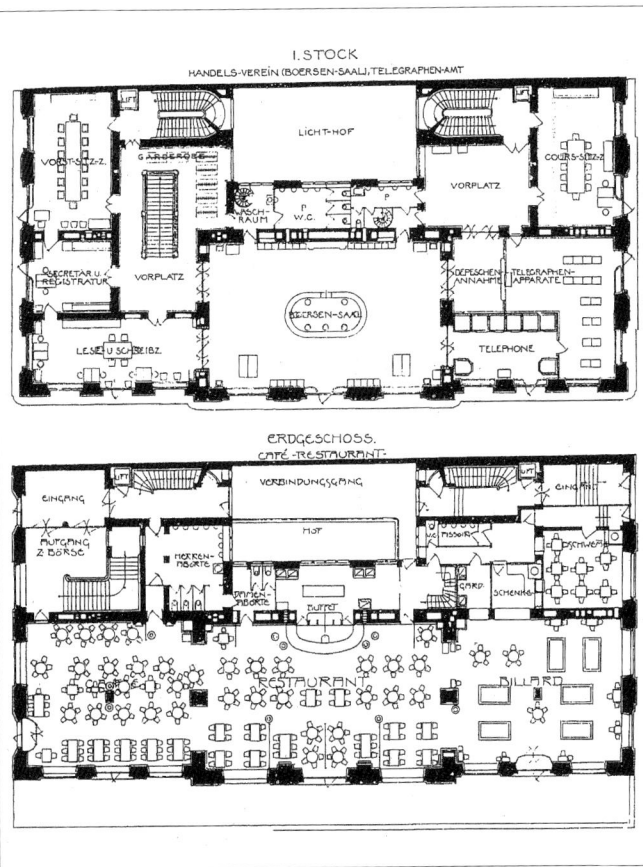

Maximiliansplatz 8; Grundrisse Erd- und 1. Obergeschoss, um 1901

Maximiliansplatz 8, ehem. Börsensaal; Aufn. 1901

Maximiliansplatz 8, ehem. Café; Aufn. 1901

durch seine Holzvertäfelung, ehemals auch Holzdecke und -galerie geprägt, ist in seinen Grundzügen erhalten geblieben, 1925 durch drei in die Wand eingelassene Gobelinbilder von Paul Ecke bereichert und 1994 in Annäherung an den originalen Charakter restauriert worden. Der 3. Stock enthielt ursprünglich die Räumlichkeiten des Kaufmännischen Vereins München, u. a. mit einem Unterrichts- und Gesellschaftssaal (über dem Börsensaal), das Dachgeschoss zwei Wohnungen (bis 1915 eine Pension). Um 1925 führte Eugen Drollinger verschiedene Umbaumaßnahmen in den oberen Geschossen durch. Im Luftkrieg erlitt das Gebäude 1944/45 mehrfach Schäden,

bige, kassettierte Hohlkehle leitet zum weit vorkragenden Traufgesims über; das Mansarddach war ursprünglich mit grün glasierten Ziegeln gedeckt. Die heutige Redaktion der polychromen Putzfassaden ist im Einzelnen sehr stark reduziert, das Dachgeschoss völlig ohne Ornamentik. Original erhalten sind vor allem die drei allegorischen Stuckreliefs über den Fenstern des ehem. Börsensaales, nach Entwurf von Thiersch ausgeführt von Bildhauer Prof. Ernst Pfeifer und den Stuckatoren Gottfried Maile und Karl Blersch: im Mittelfeld Merkur und Pallas Athene, die sich vor aufgehender Sonne die Hände reichen, links ein Merkurstab (Symbol des Handels) und rechts ein Bienenkorb (für Gewerbefleiß), jeweils flankiert von weiblichen Figurinen.

Das Erdgeschoss enthielt im Längstrakt das Café-Restaurant „Neue Börse" (bis 1954), eine dreigeteilte Raumfolge von Café (Südostecke), Restaurant in der Mitte (unter dem Börsensaal) und Billardsaal, ein „Gesamtkunstwerk" nach Thierschs Konzept, u. a. mit Möbeln der Gebrüder Thonet und Wandgemälden von Friedrich Volz, unter den leider fast sämtlich verlorenen historischen Münchner Gaststätten-Interieurs das künstlerisch qualitätvollste (nach Kriegsschäden z. T. vereinfacht, seit 1954 Automobilgeschäft, 1983 zum Servicezentrum umgestaltet).

Vergleichsweise unauffällig ist der Hauseingang an der platzseitigen Schmalseite. Erhalten geblieben sind das anschließende Vestibül mit mehrfarbig marmorverkleideten Wänden, vergoldetem Jugendstil-Deckenstuck und großem galvanoplastischem Relief – Fortuna zwischen Allegorien von Handel und Spekulation – von Ignatius Taschner (1900/01) an der Wand rechts vom Antrittslauf der Treppe, deren vergoldetes Geländer reichen floralen Dekor aufweist. Das Geländer samt Rotmarmorpfeilern umzieht auch die Treppenmündung im ansonsten veränderten, 1993 durch Ricarda Dietz neu gestalteten Foyer des 1. Stocks. Der angrenzende ehem. Börsensaal, einst eine ähnlich qualitätvolle Raumschöpfung Thierschs wie das Restaurant darunter, mit dekorativen und figürlichen Wandmalereien von Julius Mössel und reicher Schnitzdecke, wurde nach dem Krieg 1951 und nach Umzug der Börse (1963) in das Gebäude Lenbachplatz 2 (s. dort) als Kammersaal neu gestaltet, u. a. mit Relieftondo von Blasius Spreng an der Längswand, und 1993 von Ricarda Dietz z. T. verändert. Der Alte Sitzungssaal (ehem. Handelskammersaal) in der Nordostecke, vor allem

das Innere wurde weitgehend zerstört, vor allem im oberen Bereich mitsamt Dach. Vorübergehend war die Kammer 1945–50 im Haus Brienner Straße 26 untergebracht (s. dort); nach sukzessiver Wiederherstellung konnte der Altbau – seit 1935 um Max-Joseph-Straße 2 (s. dort) erweitert – am 1. April 1950 wieder bezogen werden. Im Zuge der Wiederaufbaumaßnahmen wurde die Fassade großenteils vereinfachend neu gestaltet, an die Stelle der reichen Stuckreliefs traten – den Mittelrisalit ausgenommen – ornamentale Malereien. Letzte Gesamtrestaurierung außen und innen 1993/94.

Maximiliansplatz 8, Treppenhaus, Relief „Fortuna"

Maximiliansplatz 8, Decke im Vestibül

Maximiliansplatz 8, Vestibül und Treppe

[**Maximiliansplatz 9**. Das ehem. Verlagshaus Braun & Schneider, jetzt Geschäfts- und Wohnhaus, ist ein 1959–61 von Emil Freymuth erbauter freistehender, fünfgeschossiger Gebäudeblock mit Natursteinfassaden (Verkleidung aus gelbem Jurastein, geschosstrennende Streifen aus Wachenzeller Dolomit) mit symmetrisch rhythmisierter Fensteranordnung, bronzeverkleidetem Pyramidenstumpfdach und zentralem Lichthof. Erdgeschossräume 1970 für Banknutzung umgestaltet. Das Gebäude ist sowohl als qualitätvolles Beispiel der Nachkriegsarchitektur wie städtebaulich als Nordostabschluss des Maximiliansplatzes von Bedeutung; in seiner gegenüber der Vorgängerbebauung von 1810 (zu dieser vgl. im Einzelnen Maximiliansplatz/Vorspann) verschobenen Position ist auch schon auf den hier in den Platz der Opfer des Nationalsozialismus (s. dort) einmündenden neuen Oskar-von-Miller-Ring (s. dort) Bezug genommen.]

Maximiliansplatz 9, Braun- und Schneider-Block (kein BDm)

Maximiliansplatz 12a. Sog. *Kithan-Haus*. Die flächenhaft-transparente, körperlos wirkende Fassade des repräsentativen Geschäfts- und Bürogebäudes, das 1953 nach Plänen von Georg Brenninger entstand, erhält durch den abgewinkelten Risalit am linken Ende, die durch senkrechte Stützen und vorkragende Deckplatte strukturierte, zweigeschossige Ladenzone – darüber ein umlaufender Balkon – und das am Längstrakt zurückgesetzte Terrassengeschoss mit einschwingendem Flachdach eine dezente Gliederung. Für die Wirkung maßgebend ist der harmonische Ausgleich sich durchdringender horizontaler und vertikaler Tendenzen. Mit seiner fortschrittlichen Formensprache und gestalterischen Qualität nimmt der für die „Kithan"-Grundstücks- und Handelsgesellschaft mbH errichtete vollständig verglaste, siebengeschossige Stahlbetonskelettbau in der traditionalistischen Münchner Nachkriegsarchitektur eine Ausnahmestellung ein.

[****Maximiliansplatz 15** (ehem. Nr. 16). Das stark veränderte, sechs Fensterachsen breite und ursprünglich viergeschossige Miets-, jetzt Geschäftshaus, erbaut um 1812, veranschaulicht mit den profilierten Fensterrahmungen und geraden Verdachungen an den drei noch originalen Obergeschossen den schlichten Charakter der von Nikolaus Schedel von Greifenstein 1803/04 konzipierten altstadtseitigen klassizistischen Reihenhausbebauung (vgl. Maximiliansplatz/Vorspann). Im Erdgeschoss hatten die viergeschossigen Häuser bis Mitte des 19. Jh. offene Arkaden aus Tuffstein, auf den Dächern Gaubenreihen (vgl. Ansicht des Maxtores mit Umgebung auf Lithographie von G. Kraus 1825). Genaues Baujahr und Baumeister sind bisher nicht bekannt (das vormalige linke Nachbarhaus Nr. 14/früher 15 mit sieben Fensterachsen entstand 1811, vgl. Ausst. Kat. Klassizismus 1980, S. 198 f.). Auf dem rückseitig an die ehem. Stadtmauer bzw. das an diese gelehnte Haus Rochusberg 2 grenzenden Grundstück von geringer Tiefe war nur die Aussparung eines kleinen, schmalseitig von kurzen Flügeln (links u. a. Küche, rechts teilweise vorspringendes Treppenhaus) möglich; die Haustür und der zur Treppe führende Eingangsflur lagen in der rechten äußeren Achse. Die Grundrissdisposition der Wohnungen in den Obergeschossen ist aus späteren Umbauplänen zu erschließen: platzseitig je fünf Zimmer, das mittlere jeweils zwei Fensterachsen breit, entlang dem Hof Quergang. – 1967/68 wurde das Haus im Auftrag der Süddeutschen Terraingesellschaft nach Entwurf von Leopold Ritter um zwei Geschosse – das oberste als Loggia – aufgestockt. Das Erdgeschoss ist durch moderne Ladengestaltung völlig verändert.]

Maximiliansplatz 12a

Maximiliansplatz 15 (kein BDm)

Maximiliansplatz 18. Zusammen mit dem Maxtor als neuem Stadtausgang von der Prannerstraße her entwarf Nikolaus Schedel von Greifenstein 1804 auch die angrenzenden Bauten, nämlich die Eckhäuser an den Enden der flankierenden Häuserreihen (heute Maximiliansplatz 17 und 19) und das in der Mitte zu-

Maximiliansplatz 18; Grundriss und Ansicht, 1898

Maximiliansplatz 18; Aufn. 1996

rückgesetzte Haus Nr. 18 (früher Rochusgasse 5 an der Innenseite der ehem. Stadtmauer), das – viergeschossig und im Stil gleich den Nachbarhäusern – durch einen Mittelrisalit mit Dreiecksgiebel ausgezeichnet wurde. Damit wurde sowohl die Mitte der gesamten lang gestreckten Reihenbebauung an der Innenstadtseite des Maximiliansplatzes wie die Situation in der Sichtachse der (1807 eröffneten) Max-Joseph-Straße (s. dort) akzentuiert. An die vorgezogenen Eckhäuser schloss sich in Schrägstellung einerseits das Maxtor (zur Ecke von Nr. 17), auf der anderen Seite zur Schmalseite von Nr. 19 hin die den Torpfeilern entsprechende, spiegelbildlich gestaltete Brunnenanlage an. Haus Nr. 18 (an der Stelle eines Vorgängerbaues), dem ursprünglich eine Brücke über den Stadtgraben vorgelegt war, enthielt im Mittelteil das Lokal der Torwache (mit Vordach), der Giebel demgemäß das Staatswappen. Der private Bauherr, Schlossermeister Christian Schörg, wurde für die Unterbringung der Wache und die dafür nötigen Baumaßnahmen entschädigt.

Im späten 19. und frühen 20. Jh. wurde die typologische Homogenität der schlicht klassizistischen Bebauung am Altstadtring aufgegeben zugunsten individueller, repräsentativer Neubauten von großstädtischem Format. Das für Schlossermeister Johann Schneider 1898 von Franz Rank als eines seiner Frühwerke erbaute Wohn- und Geschäftshaus Nr. 18, damals „Kaufhaus J. Schneider" genannt, fand große Beachtung und wurde in mehreren Bauzeitschriften vorgestellt. Der Neubau – ausgeführt von der Firma Liebergesell und Lehmann – war an die Grundfläche mit sehr geringer Tiefe des Vorgängerhauses gebunden und besitzt keinen Hof, erhält dafür reichlich Licht von drei Seiten. Die städtebaulich exponierte Mitte wurde wiederum durch einen Risalit betont, der durch Attika und aufwendig gestalteten Dachaufsatz mit Aussichtsgalerie und Kuppellaterne auf Fernwirkung rechnend überhöht war. Die Hauptfassade, funktionsgemäß aufgeteilt in die weitgehend verglaste, zwei Geschosse zusammenfassende Eisenkonstruktion des Geschäftsbereiches und die drei verputzten Wohngeschosse, orientierte

Maximiliansplatz 18, Relief

sich am Klassizismus des Maxtores und der Umgebung, interpretierte ihn jedoch in jugendstilmäßigen, teils von der Wiener Sezession beeinflussten, dekorativ bereicherten Formen mit verschiedenen Putzarten, Stuckornamentik, einer reich differenzierten, an altägyptische und griechische Vorbilder anknüpfenden Polychromie und preziösen Details in Galvanobronze; die Pilasterkapitelle aus vergoldetem Kupfer im Zwischengeschoss waren Fertigungen der Firma J. Schneider. Erhalten sind heute nur noch die vier 2 m hohen Kupfer-Flachreliefs (Pfauen, Sphingen) an den Zwischengeschosspfeilern und die Balkongitter am Mittelrisalit in den beiden unteren Wohngeschossen. Das im Luftkrieg schwer beschädigte oberste Geschoss samt Dachbereich wurde zunächst notdürftig instand gesetzt, beim Umbau 1952/54 (Arch. Walter Krebs) die Dachkonstruktion erneuert und die Fassade mit auf die Grundelemente reduzierter Gliederung umgestaltet, in Erinnerung an die zerstörte Attika über dem Mittelrisalit ein niedriges Zwerchgeschoss errichtet. Die dreiachsige Schmalseite belebt ein Mittelerker. An der immer schon schlichten Rückfassade ist an den im Niveau versetzten Fenstern in der linken Hälfte die Lage des Treppenhauses abzulesen.

Die Obergeschosse enthielten jeweils eine in die Breite sich erstreckende Siebenzimmerwohnung mit Mittelgang, zugänglich durch den Eingangsflur rechts vom Risalit, der zur zweiläufigen Treppe führt. Im Zusammenhang mit Umnutzungen wurden die Grundrissstrukturen später mehrfach verändert. Fassadenrenovierung 1995.

Bei **Maximiliansplatz 18.** *Maxtor.* Das als letztes der Münchner (Altstadt-)Tore errichtete, jedoch nicht mehr Befestigungszwecken dienende, auf Turm wie Durchfahrtsbogen verzichtende Tor, benannt nach Bayerns erstem König, repräsentiert einen klassizistischen, aus Pfeilern und Fußgängerdurchgängen gebildeten Typus (vgl. Straubing, Ludwigstor vor 1810), der nur noch mit Zoll- und Wachfunktion verbunden ist. Der Durchbruch der Stadtmauer am Westende der Prannerstraße sollte die Verbindung des benachbarten Altstadtbereiches mit der neuen Wohnbebauung im Vorfeld, an dem den Nordwestabschnitt der Wallbefestigung ersetzenden Maximiliansplatz herstellen; die diesen mittig im rechten Winkel schneidende, 1807 angelegte Max-Joseph-Straße (s. dort) nahm die neue Torsituation als Ausgangspunkt. Das bescheidene Tor abseits der großen Achsen war nicht für den Fernverkehr bestimmt.

Bei Maximiliansplatz 18, Maxtor mit Prannerstraße

Maximiliansplatz 19 mit ▷
Wandbrunnen

Maximiliansplatz 19; hist. Aufn.

Erste Planungen für Tor, Wachhaus und Grabenbrücke im Zusammenhang der Platzbebauung insgesamt stammen von dem
Militär-Oberbaumeister Franz Thurn (1802/03). Ausgeführt wurde – auf Kosten der Stadt – die Lösung des Stadtbaudirektors
Nikolaus Schedel von Greifenstein: Entwürfe ab Ende 1803,
Baugenehmigung durch die Regierung vom 30. Mai 1804, Vollendung 1805 (Wachlokal erstmals am 1. Juli belegt, endgültig
aufgegeben 1883). Gemäß Schedels Konzeption in der letzten
Fassung wurde das Tor in eine größere, symmetrische städtebauliche Anlage integriert, in der es eine eher dekorative als architektonisch dominierende Stellung einnimmt: Die beiden lang gestreckten viergeschossigen Häuserreihen entlang der Innenseite
des Maximiliansplatzes flankieren ein zurückspringendes,
gleich hohes, doch reicher gegliedertes Haus mit der Wache im
Erdgeschoss (s. Nr. 18); das schräg situierte Verbindungsglied
zwischen den vorderen Ecken des Mittelgebäudes und den langen Flankenbauten bilden (von außen gesehen) links die Pfeilerstellung des eigentlichen Maxtores und rechts als symmetrisches
Pendant ein Blendtor mit eingefügter Brunnennische. Das eigentliche Maxtor, dessen linke (östliche) Hälfte zusammen mit
dem angrenzenden Haus Nr. 17 im Luftkrieg zerstört und
1983/85 von Erwin Schleich rekonstruiert wurde, besteht aus
zwei die Durchfahrt flankierenden Tuffkalksteinpfeilern mit
kräftiger Bandrustika, dreiteiligem Gebälk samt Zahnschnitt-
gesims und bekrönenden, mit Tuchgehängen drapierten Vasen
sowie beiderseitigen rechteckigen Fußgängerdurchgängen, auf
deren Gebälk – angeblich erneuerte (?) – Löwen aus Molassesandstein, Arbeiten von Franz Jakob Schwanthaler, liegen. Die
einstigen Torgitter sind nicht erhalten.
Die Blendarchitektur zwischen den Häusern Nr. 18 und 19 ist
(nach Reis 1935) aus Kelheimer Kalk gefertigt, dem Augenschein nach jedoch Tuffkalk, die (klassizistisch geformte) Brun-
nenwanne in der von einem rustizierten Bogen überfangenen
Mittelnische aus rotem schwedischem Granit. Diese Brunnennische (statt eines ursprünglich auf einem älteren Entwurf vorgesehenen Gitters) ist schon auf Ansichten von ca. 1805 (mit
Gittern kombiniert) und 1847 zu erkennen; die Angabe von
O. Bistritzki (1974) – Grottenbrunnen von 1886, „Steinmetzarbeiten von Adolf Lallinger" – bezieht sich vielleicht auf eine
Erneuerung.

Maximiliansplatz 19. Das bestehende Wohn- und Geschäftshaus (heute mit Commerzbank-Filiale) steht auf der Grundfläche von drei Vorgängeranwesen – des klassizistischen Eckhauses am Maximiliansplatz und zweier 1803 erbauter kleinerer
Wohnhäuser dahinter an der Rochusstraße/ehem. Rochusgasse 3
und 4; Nr. 3 entstand (nach Häuserbuch II und Gedenktafel) auf
dem Areal des ehem. Rochuskirchleins und -friedhofs (d. h. zumindest eines Teils davon). Die Grenze zwischen vorder- und
rückseitiger Bebauung entsprach der mittelalterlichen Stadtmauer. Das viergeschossige platzseitige Eckhaus Nr. 18 mit Erdgeschossarkaden war Bestandteil der 1804 von Nikolaus Schedel
von Greifenstein entworfenen baulichen Anlage beiderseits des
Maxtors (vgl. bei Nr. 18), dessen Pendant, eine Brunnennische
zwischen Pfeilern, schräg an die Schmalseite des Neubaus von
1896 anschließt.
Die maßstäblich und dem Gestaltungsaufwand nach gesteigerte
Neubebauung errichtete Karl Stöhr 1896/97 im Auftrag des
Rechtsanwaltes und Justizrates Dr. Heinrich Frankenberger; in
der Werkliste der Baufirma Stöhr ist der Neubau zweimal, mit
Datum 1896 und 1904 aufgeführt, da die Osthälfte des rückseitigen Traktes (ehem. Rochusgasse 4) erst 1904/05 zur Ausführung kam. Wegen der beiden Vorgängerhäuser an der Rochusstraße ist die Grundfläche in der rückwärtigen Hälfte
beiderseits breiter als vorn am
Platz. Die Vorderfassade, mit
Schmalseite links (an welche
die Brunnenarchitektur stößt)
und einer weiteren Rücklagenachse links davon, ist in
Neubarockformen reich ge-
gliedert; den dekorativen Charakter bestimmen vor allem
die abwechslungsreich gestalteten Fensterumrahmungen,
die in den beiden obersten Geschossen durch Brüstungs-
felder zu vertikalen Gruppen
vereint sind. Erdgeschoss und
1. Stock – Geschäftsbereich –
sind horizontal gefugt, die

Maximiliansplatz 19, Grabplatte
des 17. Jh. (an der Rückseite)

beiden Außenachsen der Platzfront – die linke breiter mit dem Bankportal, die rechte mit dem Hauseingang – sind mit rustizierten Lisenen eingefasst und im 2. Stock durch Gitterbalkone betont, die Mitte mit einem Erker besetzt. Die Achse mit dem von einer Ädikula gerahmten Bankportal, das noch das originale prächtige Oberlichtgitter besitzt, war früher mit einem Eckturm bekrönt, der die jetzt homogene Mansarddachzone malerisch bereicherte.

Das Erdgeschoss, ursprünglich mit drei Läden, wurde 1919 von Karl Stöhr für die Mitteldeutsche Creditbank umgebaut. – Bei Behebung der Luftkriegsschäden fanden starke Veränderungen statt. Schalterraum und Kundenhalle der Bank sind heute völlig modernisiert, die Erdgeschossfassade, ursprünglich mit fünf Fenstern zwischen Bank- und Hauseingang, wurde in eine Pfeilerstellung aufgelöst (Pläne von G. H. Winkler 1947), das Dach 1949 erneuert und ausgebaut. Der Eingangsflur in der rechten Achse führt zu der nach rechts versetzten, in der breiteren rückwärtigen Gebäudehälfte situierten Treppe. Die beiden obersten Geschosse enthielten jeweils eine großzügige Wohnung (mehrfach zu Büronutzung verändert), erschlossen durch ein den kleinen querrechteckigen Lichthof in der Mitte umziehendes Gangsystem.

Die viergeschossige Rückseitenfront an der Rochusstraße (Nr. 2) ist schlicht, mit Horizontalfugen an den beiden Untergeschossen. In der linken Achse über dem Eingang (zum Treppenhaus) ist ein Grabplattenfragment des 17. Jh. mit Inschrift und kleinem Wappen angebracht und darüber eine Gedenktafel aus der 2. Hälfte des 19. Jh. eingelassen („Hier stand / das Pilgerspital und / die Kirche zum heiligen Rochus, / gestiftet und erbaut / von Herzog Wilhelm V. / im Jahre 1589 / und abgebrochen / im Jahre 1789"); vgl. Rochusstaße.

◁ Maximiliansplatz 20 (kein BDm)

[**Maximiliansplatz 20.** Die Fassade des noch von der ursprünglichen, homogenen Zeilenbebauung an der Stadtseite des Platzes stammenden, nach Luftkriegsschäden ab 1950 wiederaufgebauten und aufgestockten Mietshauses hat noch mehr als Nr. 15 (s. dort) von den originalen klassizistischen Gliederungselementen bewahrt – im Erdgeschoss das Motiv der (ursprünglich wie in der gesamten Gruppe offenen) Arkaden, im 1. und 2. Obergeschoss die geraden Fensterverdachungen, dazu in den Brüstungsfeldern unter den Fenstern des 1. Stocks späteren Rosettendekor. Nach F. Zimmermann (1984) wurde das Haus 1805 von Franz Gießl errichtet und 1856 von Johann Nepomuk Bürkel sen. umgebaut. Der rückwärtige Bauteil (ehem. Rochusstraße 2), nach Häuserbuch II (1960) 1806 entstanden, ist schmaler als die Platzfront, da hier das Nachbaranwesen Nr. 19 in das Grundstück eingreift. In der Hausmitte Lichthof (heute auf ein Minimum reduziert), rechts (südöstlich) davon das Treppenhaus.]

Maximilianstraße

(Vgl. Ensemble Maximilianstraße.) Hatte sich unter Ludwig I. (bis zu seiner Abdankung 1848), in der von den Architekten Fischer, Klenze und Gärtner dominierten Phase der planmäßigen Stadterweiterung, die Bautätigkeit vor allem auf die Maxvorstadt im Norden und Nordwesten konzentriert, erwog Kronprinz Maximilian bereits in den 1830er Jahren, seine künftige Aktivität im vernachlässigten Bereich östlich der Altstadt, in einem technische Probleme bereitenden, von Stadtbächen durchzogenen Schwemmland zu entfalten und die damals noch unregulierte Isar mitsamt ihrem östlichen Hochufer in die Stadtgestalt einzubeziehen. Seine urbanistischen Gedanken verbanden sich mit solchen über einen neuen, zeitgemäßen Baustil synthetischen Charakters und dem Projekt eines „Athenäums" auf dem jenseitigen Isarhang, das 1850 Gegenstand eines Wettbewerbs wurde, den der Berliner Oberbaurat Wilhelm Stier gewann (1852). Die Zufahrtsstraße zu der seit 1857 „Maximilianeum" genannten Bildungsanstalt wurde, ausgehend vom Max-Joseph-Platz, ab 1850 geplant. Nicht berücksichtigt wurde ein Vorschlag Matthias Bergers, seine im Bau befindliche Johanniskirche in Haidhausen zum Zielpunkt zu wählen (vgl. Ausst. Kat. Maximilian II. 1997, Nr. Z 30). Stattdessen wurde die südliche Längsseite des – in diesem Zusammenhang 1857/58 nach Osten verlängerten – Nationaltheaters maßgebend für die Baulinie an der Nordseite der neuen Straße. Gemäß der Idee Maximilians II., in der Art der Champs-Elysées Häuserfluchten und Grünanlagen zu verbinden, entwickelte Friedrich Bürklein 1851–53 in mehreren Varianten das Projekt einer Monumentalstraße mit 400 m langem, 23 m breitem innerstädtischem Westteil, dessen Charakter in der Folge Geschäfte, Cafés und Restaurants im Erdgeschoss der Wohnhäuser, vereinzelt auch Hotels bestimmten, und einem 83 m breiten, mit Gartenanlagen ausgestatteten Forum im Osten, an dem öffentliche Großbauten dominierten, flankiert von Wohnhausgruppen überwiegend ohne Geschäftslokale. Eine Doppelbrücke über die Praterinsel hinweg stellte die Verbindung zu dem als stadtbeherrschende Akropole gedachten Bildungsgebäude her. Auf Projekt 1 (AMTUM, Inv. NL Bürklein 3271a) sind Brücke und Athenäum noch nicht eingetragen (doch angenommener Zielpunkt). Ein zweiter Entwurf (SGSM, Z 47c) sieht im Osten des Forums ein Rondell als Zentrum eines Straßensternes vor, der gemäß dem endgültigen Forumsplan von 1853 (SGSM, Z 72a) zu einem Straßenkreuz (mit der nachmaligen Thierschstraße als Querachse) modifiziert wurde. Schon auf Projekt 2 war jenseits der Brücke die in der Folge ausgeführte Umfahrung des Maximilianeums mittels einer kreisförmigen Straßenrampe in den neuen Maximiliansanlagen und die Fortsetzung nach Osten durch die Äußere Maximilian-(heute Max-Planck-)Straße bis zum Max-Weber-Platz vorgesehen – insgesamt eine Achse von rund 1,5 km Länge. Ihren Namen erhielt sie offiziell durch Ministerialentschließung vom 3. November 1858. Die Herstellung des Straßenbaukörpers (1853–56 bzw. 1859 unter Leitung des städtischen Ingenieurs Arnold Zenetti) samt Bachüberbrückung übertrug Max II. der Stadt München, mit zeitlicher Priorität des „Forums" im Osten als Standort der geplanten öffentlichen Gebäude. Beim Entwurf von „Musterfassaden" durch die Architekten Bürklein, Gottgetreu, Voit, Riedel und Ziebland (1852) war u. a. der beabsichtigte Stilunterschied von der Ludwigstraße maßgebend, in deren historisch orientiertem Formenrepertoire die nach Maximilians Intentionen einzubeziehende Gotik fehlte. In dem schließlich nach Bürkleins Entwürfen realisierten Ensemble wurden – in erster Linie zu seiner Entlastung – lediglich zwei Großbauten von anderen Architekten ausgeführt (Nr. 17/19, Hotel Vier Jahreszeiten, von Gottgetreu; Nr. 42, das alte Nationalmuseum, von Riedel). Auf dem Seitzschen Stadtmodell, an dem bis 1863 ergänzend gearbeitet

Zeughaus-Komplex nach Osten (vor Durchbruch der Maximilianstraße), um 1852

wurde, ist die Bebauung des Forums bis zur Thierschstraße (mit Ausnahme von Block Nr. 43–49) mitsamt der Brücke und dem (im Bau befindlichen) Maximilianeum bereits im vollendeten Zustand dargestellt, der schmalere Westteil der Straße, wo auch Vorbebauung und Eigentumsverhältnisse schwerer zu bewältigen waren, in einem früheren Zustand ohne Neubauten, jedoch noch mit dem 1854–63 abschnittweise abgetragenen, von der neuen Straße durchbrochenen Zeughaus-Komplex und dem 1863 beseitigten Dekorationsmagazin südlich des Nationaltheaters – noch fehlen auf dem Modell die Osterweiterung des Theaters von 1857–59 und die Münzarkaden südlich gegenüber (1857–63).

Die von einem Intellektuellen auf dem Thron angestrebte Erfindung eines neuen, zeitgemäßen Baustils als Synthese heterogener historischer Vorgaben unter Einbeziehung nationaler (goti-

scher), regionaler (Holzdetails) und technischer Elemente (Gusseisen, Keramik) ist im Zusammenhang mit der das ganze Jahrhundert bewegenden Frage „In welchem Styl sollen wir bauen?" (Hübsch 1828) wie als Versuch einer modern-großstädtischem Bauen konformen gestalterischen Alternative zur in dieser Hinsicht nicht zukunftsfähigen klassizistisch-italianisierenden Ludwigstraße zu verstehen. Doch erwies sich der allgemein zwar erst im 20. Jh., gelegentlich aber schon früh – so 1869 von Gottfried Semper in seinem Vortrag „Ueber Baustile" – nach dem inspirierenden Monarchen (ohne dessen Zutun und Absicht) benannte Maximilianstil „letztlich als eine Applikation von Ornamentmotiven auf traditionelle Bauformen" (Koch 1997) – positiv formuliert verband er sich mit der Tektonik des klassischen, geometrisch strukturierten Städtebaus. Gerade die allzeit bemängelte primär dekorative Oberflächenredaktion der kubischen, in ihrer Höhe gestaffelten Baukörper entspricht einer um die Jahrhundertmitte zwischen Klassizismus und Neurenaissance europäisch verbreiteten Ästhetik, die durch die folienhaftflächig erscheinenden Straßenwände mit dem ihnen auferlegten graphisch-zarten, unplastischen Relief gekennzeichnet ist (als Beispiel sei nur die Handelsakademie in Wien von 1860/62 genannt; „romantischer Historismus" im Sinne von Renate Wagner-Rieger). Vom heutigen Standpunkt gesehen erscheint es müßig, das „Misslingen" des maximilianischen Stilexperiments zu konstatieren und fortgesetzt die vehemente zeitgenössische Kritik zu zitieren, die teils von Anhängern eines traditionellen Geschmacks (wie Ludwig I.), teils von ideologischen Gegnern der Neugotik, vor allem aber von den Vertretern der zukunftsträchtigen, plastisch-voluminösen Neurenaissance Semperscher Prägung vorgebracht wurde. (Jacob Burckhardts vernichtend gemeinte Verurteilung als „Kartonmachwerk" kennzeichnet optisch durchaus zutreffend den spezifischen Charakter.)

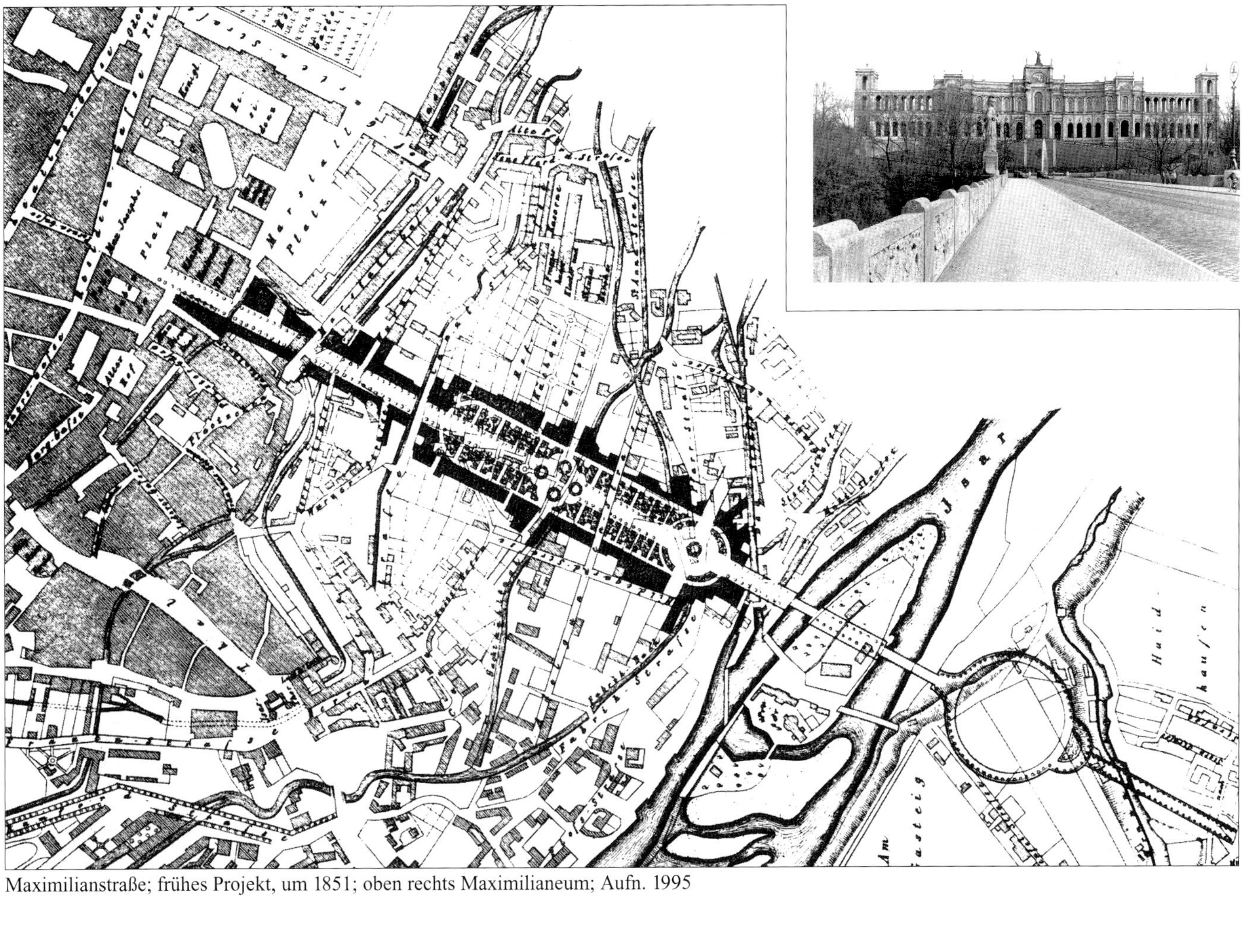

Maximilianstraße; frühes Projekt, um 1851; oben rechts Maximilianeum; Aufn. 1995

Maximilianstraße nach Westen

Maximilianstraße nach Osten

Im europäischen Maßstab steht das große städtebauliche Unternehmen der Maximilianstraße, gerade auch mit dem ihr eigenen Stil, selbständig zwischen den ab 1854 durch Baron Haussmann realisierten Pariser Boulevards und Avenuen – gleich diesen nicht zuletzt auch durch militärische Gesichtspunkte veranlasst – und der 1858/60 begonnenen, 1865 in einem ersten Teilabschnitt eröffneten Ringstraße in Wien. In der städtebaulichen Figuration Vergleichbares ist am ehesten in Turin zu finden – die ebenfalls vom zentralen Schlossplatz ausgehende, von Arkaden begleitete Via Po (1673–75 angelegt), fortgesetzt durch die forumsartige Piazza Vittorio Emanuele von 1825–30 samt Brücke und architektonischem Zielpunkt (Kuppelkirche); vgl. auch die 1864 angelegte Piazza dello Statuto am Ende der (1736 verbreiterten) Via Doria Grossa (heute Garibaldi). Das intendierte südländische Element der Arkadengänge setzte sich in München gegen den Widerstand der privaten Bauherren nicht durch und musste zu Erd- und Zwischengeschoss zusammenfassenden Blendarkaden reduziert werden. Zu dem im Westteil der Maximilianstraße verbreiteten Motiv der abgeschrägten Häuserblockecken vgl. Lyon, Rue de l'Imperatrice (jetzt Président Herriot) 1857 (und später die Erweiterungen spanischer Großstädte). Für München bedeutete die internationaler Urbanistik entsprechende Anlage der Maximilianstraße die maßstäbliche Steigerung ins Großstädtische; doch behielt in dieser noch „vorgründerzeit-

lichen" Phase das Innere der vielgeschossigen Mietshäuser im Grunde noch biedermeierlich schlichten Charakter, wie ihn nicht zuletzt die (meist modernisierten) engen, überwiegend gewendelten Treppenhäuser ohne repräsentativen Anspruch anschaulich machen. Im Übrigen wurde bei den auch unter einem gewissen Zeitdruck erstellten privaten Spekulationsbauten eine z. T. unsolide Bauweise festgestellt (was die architektonische und städtebauliche Leistung nicht schmälert).

Der schmalere westliche Straßenabschnitt erhielt – gegen ursprüngliche Bedenken der Stadt, doch auf deren Kosten – eine (gemäß wenigen alten Ansichten kleinwüchsige) Alleebepflanzung mit Platanen, die aus klimatischen Gründen bald durch Bergahorn ersetzt und in den 1890er Jahren als lichtraubendes Element beseitigt wurde. Die unter Oberleitung des Hofgärtendirektors Carl von Effner hergestellten Grünanlagen auf dem Forum wurden mit Rosskastanienreihen und Buschgruppen bepflanzt (der heutige überhöhte, die architektonischen Strukturen verdeckende Baumbestand widerspricht dem ursprünglich beabsichtigten Gesamteindruck einer von Gebäudewänden begrenzten Promenade). Das dem Forum im Osten einbeschriebene, seit 1889 auch von der Straßenbahnschleife nachvollzogene Rondell an der Kreuzung mit der Thierschstraße sollte ursprünglich durch ein 120 Fuß (ca. 40 m) hohes Monument vom Typus der Trajans-Säule markiert werden; hier wurde 1875 das Denkmal Maximi-

Maximilianstraße; ▷
Flurkarte, M. 1:5 000

◁ Maximilianstraße,
Forum nach
Osten; Aufn.
um 1890

Maximilianstraße, Blick zum Maximilianeum; Aufn. 1993

dernen, formal nicht in das Ensemble integrierten Neubau der Bayerischen Versicherungskammer ersetzt. Der das Ensemble gravierend störende, entstellende Durchbruch des Altstadtringes Nord-Ost um 1970 wurde erst nach langen Kontroversen und mehrfachen Planungsvarianten sukzessive durch eine stilgemäße, doch verkürzte Wiederbebauung im Lückenbereich zu kaschieren und gestalterisch zu verbessern versucht (vgl. südseitig Nr. 38/40, Neubau 1983–85; nordseitig Nr. 35 von 1996/97).

Das *Maximilianeum*, 1857–74 von Friedrich Bürklein, seit 1949 Sitz des Bayerischen Landtags, bildet im Osten den städtebaulich wirkungsvollen, prospekthaften Abschluss der Maximilianstraße und ihres Forums jenseits der Maximiliansbrücke: ein breit entfalteter Monumentalbau in zuletzt rundbogig abgeändertem Maximilianstil, auf hoher Terrasse am östlichen Isarhang, von kreisförmiger Quadermauer umgeben, von der durch

lians II. errichtet (dem die seit 1882 existierende West-Ost-Pferdebahnstrecke einseitig südlich auswich). Die beiderseitige Bebauung des letzten kurzen Straßenabschnittes zwischen Max-Denkmal und Isarkai wurde erst im letzten Viertel des 19. Jh. in nunmehr späthistoristischen Formen verwirklicht (vgl. Thierschstraße 46/Wilhelmsgymnasium), wie auch das den Straßenprospekt beherrschend abschließende Maximilianeum mit rundstatt spitzbogiger Fassadenredaktion (noch von Maximilian II. kurz vor dessen Tod 1864 veranlasst) fertiggestellt wurde.

Den Luftkrieg 1943–45 überstand die Bausubstanz der Maximilianstraße mit verbreiteten, unterschiedlich schweren Schäden, doch ohne große Flächenzerstörungen. Meist wurden die Schäden bereits in der frühen Nachkriegszeit durch ergänzende Wiederherstellung oder Wiederaufbau hinter den alten Fassaden behoben; mehrfach vereinfacht wurde dabei der Bereich der profilierten, ornamentierten Traufgesimse und des Dachansatzes. Zu konstatieren ist der Verlust fast sämtlicher originaler (freilich gestalterisch bescheidener) Interieurs, zuletzt 2002 auch noch in dem bis dahin besterhaltenen Haus Nr. 15 (s. Nr. 11). Die durch Totalverlust der Gruppe Nr. 11/13 entstandene Lücke östlich des Nationaltheaters wurde – im Anschluss an die Originalfassade von Nr. 15 – erst 2002/03 durch äußerliche Rekonstruktion geschlossen, am Ostende die nur teilzerstörte neubarocke Baugruppe Nr. 51/53 am Kai nach Abbruch 1970–72 durch den mo-

Maximiliansforum nach Westen

Rampen geteilten Fortsetzung der Maximilianstraße umrundet; vgl. Ensemble Maximilianstraße. Das für die gleichnamige Studienstiftung errichtete Maximilianeum ist mit seinem Bildprogramm außen wie innen – mitsamt der Gemäldegalerie historischer Persönlichkeiten und Ereignisse – Ausdruck der kulturpolitischen Bestrebungen Maximilians II. – Vgl. im Einzelnen im künftigen Band München-Ost.

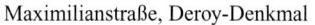
Maximilianstraße, Deroy-Denkmal

Schelling-Denkmal

Schrittstellung mit in den Raum ausgreifender Befehlsgebärde im Sinne einer aktiveren, jedoch zugleich ausgewogenen Plastizität.

Fünf Jahre später, am 28. Oktober 1861, wurde das gegenüber situierte Denkmal für *Friedrich Wilhelm von Schelling* († 1854) enthüllt. Der Philosoph hatte seit 1806 die Bayerische Akademie der Wissenschaften als Sekretär geleitet und dann als Professor in Erlangen (ab 1820), München (ab 1827) und zuletzt ab 1841 in Berlin gelehrt. Sein von Friedrich Brugger modelliertes, von Ferdinand von Miller gegossenes Standbild vom konventionellen Typus der klassizistischen Gewandstatue – mit ausgewogen kontrapostischer Haltung und wirkungsvoll drapiertem, zeitlos-

Maximilianstraße. Die vier einem einheitlichen Typ entsprechenden *Denkmäler* auf dem Forum zwischen Regierung (Nr. 39) und dem ehem. Bayerischen Nationalmuseum (Völkerkundemuseum; Nr. 42), jeweils mit zweistufigem Unterbau, leicht verjüngtem, gefastem Granitsockel sowie gegen 3 m hohem Bronzestandbild, entstanden in einem Zeitraum von 12 Jahren. Als erstes enthüllte am 8. August 1856 Prinz Luitpold das laut Inschrift auf der Rückseite vom bayerischen Heer (aus freiwilligen Beiträgen des Offizierskorps) gestiftete Denkmal für den um die Reorganisation der Infanterie verdienten, von der Truppe als „Vater" verehrten General *Bernhard Erasmus Graf von Deroy,* der während Napoleons Russlandfeldzug 1812 bei Polozk tödlich verwundet wurde. Das nach Modell von Johann Halbig durch Ferdinand von Miller gegossene Standbild in Generaluniform mit Mantel unterscheidet sich von den drei späteren Figuren durch seine kontrapostisch lebhaftere Haltung und

antikisierendem Mantel über der zeitgenössischen Kleidung – wurde gemäß Inschrift auf der Rückseite „errichtet von seinem dankbaren Schüler Maximilian II., König von Bayern".

Auch die beiden restlichen Standbilder ließ der König errichten, zunächst das am 12. Mai 1867 enthüllte Denkmal für den 1753 in Massachussetts geborenen *Sir Benjamin Thompson Graf von Rumford,* der – als Kriegsminister und Reorganisator der bayerischen Armee – gleich dem benachbarten Deroy in Generaluniform dargestellt ist. Darüber hinaus war Rumford unter Kurfürst Karl Theodor als Staatsmann, Sozialreformer, Philanthrop und Initiator des Englischen Gartens (dessen gerollten Plan er in der Linken hält) für Bayern vielseitig wirksam, überdies ein hervorragender Physiker, Naturforscher und Erfinder. Seine laut Signatur von Caspar von Zumbusch – dem späteren Schöpfer des benachbarten Maxmonuments – modellierte Figur wurde 1867 von Ferdinand von Miller gegossen.

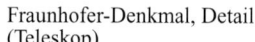
◁◁ Rumford-Denkmal
◁   Fraunhofer-Denkmal

Fraunhofer-Denkmal, Detail (Teleskop)

Maximilianstraße, Maxmonument, König Maximilian II.

Als letztes wurde ihm gegenüber am 16. Mai 1868 das von Johann Halbig modellierte, ebenfalls von Miller gegossene Standbild für *Joseph von Fraunhofer* († 1826) enthüllt, dessen Würdigung als Naturwissenschaftler und Mitbegründer der Münchner optischen Industrie dem König ein Anliegen war. Das Prisma in der linken Hand erinnert an die Entdeckung der dunklen Linien im Sonnenspektrum, das auch als Stütze dienende kleine Modell eines Linsenteleskops an das für die Zeitverhältnisse ungewöhnlich große Instrument, das Fraunhofer für die Sternwarte in Dorpat baute. Der übergeworfene, zeitlos stilisierte Mantel lässt mehr von der zeitgenössischen Kleidung sehen als bei Halbigs benachbarter Figur Schellings. Alle vier Denkmäler wurden 1998 restauriert.

Maximilianstraße. *Maxmonument*, Denkmal für König Maximilian II. Städtebaulich überaus wirkungs- und zugleich sinnvoll steht das Denkmal des dritten bayerischen Königs im Mittelpunkt seiner weiträumigen architektonischen Schöpfung, der Maximilianstraße, das Gesicht der Innenstadt zugewendet, sodass für den von dort Kommenden das Monument mit dem dahinter jenseits der Isar hoch gelegenen Maximilianeum zur bildhaften Einheit zusammenwächst. Der Standort inmitten des zum Forum erweiterten Ostteiles der Straße, die hier von der Querachse der Thierschstraße gekreuzt wird, stellt zugleich den Bezug zu den bedeutenden Stiftungsbauten des Königs her: zu dem das eineinhalb Kilometer lange Ensemble abschließenden Bildungsinstitut des Maximilianeums und zu dem das Forum südlich begrenzenden (ehemaligen) Nationalmuseum, dem heutigen Völkerkundemuseum. Zu Lebzeiten des Königs war hier eine Art Trajans-Säule vorgesehen gewesen.

Unmittelbar nach den Trauerfeiern für den 1864 erst 53-jährig verstorbenen König konstituierte sich ein Zentralkomitee für die Errichtung eines Nationaldenkmals. Aufgrund von dessen Aufruf bildeten sich acht Kreiskomitees und nicht weniger als 447 örtliche Komitees in Bayern, die insgesamt die unerwartet hohe Summe von 328.456 Gulden sammelten, wovon ein Teil zur Gründung einer nach Maximilian benannten Studienstiftung für das Kunstgewerbe verwendet werden konnte. Die Errichtung eines Herrscherdenkmals nicht durch monarchische oder staatliche Initiative war ein neues, bemerkenswertes Phänomen. Nach der schwierigen Bildung eines Denkmalausschusses wur-

den 1865 sechs namhafte Bildhauer zur Teilnahme an der Konkurrenz eingeladen: die Dresdner Hähnel und Schilling, Kreling in Nürnberg sowie Brugger, Widnmann und Zumbusch in München. Ein Gremium aus außerbayerischen Gutachtern – u. a. mit dem Wiener Architekten Theophil Hansen und dem Ästhetiker Friedrich Theodor Vischer – entschied sich für den Entwurf Zumbuschs, des jüngsten der Teilnehmer. Weitere Projekte stammten u. a. von dem Maler Eugen Napoleon Neureuther, dem Architekten August Voit, von Ernst Hähnel und von Johannes Schilling, den beiden führenden Dresdner Bildhauern (vgl. Ziegler 1972).

Der aus Westfalen stammende Caspar Zumbusch (1830–1915), Schüler und Gehilfe von Johann Halbig in München, wo er ab 1853 selbständig arbeitete, erhielt so seinen ersten Auftrag für ein Denkmal in monumentalem Ausmaß, durch dessen erfolgreiche Ausführung er sich für die Berufung an die Wiener Akademie (1872) und die Gestaltung seines größten Werkes, des Maria-Theresia-Denkmals, qualifizierte. Das durch den vielbeschäftigten Bildhauer in jahrelanger Arbeit gefertigte Modell für das Maxmonument wurde 1873 auf der Wiener Weltausstellung gezeigt, danach erfolgten der Guss der Bronzefiguren durch Ferdinand von Miller in München und im Herbst 1875 dann endlich Aufstellung und Enthüllung des allgemein als Meisterwerk gewürdigten Denkmals. Im Gegensatz zu anderen, stärker von der Architektur bestimmten Lösungsvorschlägen lässt Zumbusch das figürlich-plastische Element dominieren. Bei der Gestaltung des architektonischen Aufbaus beriet ihn der befreundete spätere Wiener Oberbaurat Heinrich Hügel. In Zumbuschs Stil verbinden sich klassische Tradition (Antike, Renaissance, Klassizismus) mit idealistischer Auffassung und Realismus im Detail. Neben dem künstlerischen Rang ist die Ikonographie des Denkmals bemerkenswert, in dem die Staatsform der konstitutionel-

Maximilianstraße, Maxmonument; Aufn. 1995

len Monarchie eine neuartige, adäquate Verkörperung gefunden hat. Entgegen dem für Monarchen fast kanonischen Typus des Reiterbildes ist Max II. stehend dargestellt, mit unbedecktem Haupt und einem als sehr porträtgetreu und lebendig erfasst gerühmten Ausdruck, im Krönungsornat samt zugehörigem Reichsschwert, auf dem seine Linke ruht. Bedeutsam ist die Geste, mit der seine Rechte die Verfassungsurkunde vor die Brust hält. War doch Maximilian ein Befürworter der liberalen Reformen von 1848 und leitete nach dem Rücktritt seines Vaters Ludwigs I. eine neue, betont konstitutionelle Ära ein, gemäß seinem vielzitierten Leitwort: „Ich will Frieden haben mit meinem Volke."

Den Frieden, den er auch außenpolitisch zu wahren bestrebt war durch die freilich gescheiterte Idee einer dritten Kraft neben den unaufhaltsam dem Entscheidungskampf zusteuernden beiden deutschen Großmächten, verkörpert demgemäß die vordere der vier allegorischen Sitzfiguren von Herrschertugenden auf dem gestuften Unterbau, die sich den hier kreuzenden Straßen zuwenden; seitlich sitzen „Freiheit und Gerechtigkeit" (Wahlspruch des Königs), rückseitig die wehrhafte Stärke mit dem Löwen. Vor den Diagonalseiten des Postamentes der 5,35 m hohen Königsfigur stehen vier Knaben mit den Wappenschildern der im Königreich vereinten Stämme der Bayern, Franken, Schwaben und Pfälzer, die Lorbeerkränze hochhalten. Für den steinernen Aufbau wurde

Maxmonument, Allegorie „Stärke"

Meißner Granit, für die drei unteren Stufen Syenit aus dem Fichtelgebirge verwendet.

Zur Zeit der Vollendung des Denkmals waren sowohl die edle, maßvolle Haltung von Zumbuschs Stil wie die volkszugewandte, vom Verstand geleitete Regierungsweise im Sinne Max II. im Begriff, von der auftrumpfenden, aufwendigeren Eigenart des wilhelminischen Reiches verdrängt zu werden. Die letzte Restaurierung wurde 1996 durchgeführt.

Maximilianstraße. *Gartenmauern.* Das Rondell um das Maxmonument begrenzen östlich samt dem anschließenden Straßenstück steinerne Gartenmauern mit Balustrade und vasenbekrönten Pfeilern (nördlich zu Thierschstraße 46, südlich zu Maximilianstraße 54 und 56 sowie zum Eckhaus Steinsdorfstraße 1 gehörig, s. dort). Für den Ostabschluss des Forums der Maximilianstraße wurden nacheinander mehrere Varianten – auch recht-

winklige und eine Bebauung mit Häusern – entwickelt. Die ab 1858 als Begrenzung des Rondells vorgesehenen Arkaden bzw. Ziermauern, die ursprünglich durch einen Torbogen über der Straße verbunden und gegen die noch ungeformte Isarlandschaft abgeschlossen werden sollten, wurden in der Planung von 1863 durch dreiseitige Garteneinfriedungen (unter Verzicht auf das Tor) ersetzt. Die Ausführung erfolgte erst 1881 nach (einem fünften, vereinfachten) Entwurf von Carl Leimbach, dem Erbauer des Wilhelmsgymnasiums.

Die aus rotem und gelbem Sandstein bestehenden Einfriedungen entsprechen in ihren Neurenaissanceformen nicht mehr dem Maximilianstil, sondern demjenigen der Gebäude, deren vorgelagerte Gärten sie zum Rondell, zur Fahrbahn und zur Kaistraße hin umschließen. Nach Kriegsschäden und langer Vernachlässigung wurden die Mauern um 1984 restauriert und Fehlstellen ergänzt; die südliche Einfriedung wurde zugunsten eines durch den Garten geführten Fußgängerweges durchbrochen. Restauriert bzw. wiederhergestellt wurden die reichen Schmiedeeisengitter der Einfahrtstore.

Maximilianstraße 6, 8, 10–18, 20–34, 36, 39, 42, 43, 46, 47, 48, 50, 52, 53, 54, 56, 58. Vgl. Ensemble Maximilianstraße.

Maximilianstraße 6, 8 (mit Falkenturmstraße 2). *Münzarkaden.* Nördlicher Erweiterungsbau der ehem. Münze (vgl. Hofgraben 4). Der primär städtebaulich motivierte Erweiterungsbau sollte die Situation am Beginn der Maximilianstraße südlich gegenüber der Längsseite des Nationaltheaters in einer dem neuen Ensemble adäquaten, anspruchsvollen Form gestalten. Auf dem damaligen Zeughausplatz zwischen Theater und kgl. Münze (s. Hofgraben 4), benannt nach dem 1808–52 genutzten Zeughauskomplex an seiner Ostseite, stand parallel zum Theater ein niedriges Kulissenmagazin, das dem Straßenbaukörper bzw. mit seinem südlichen Rand den Münzarkaden weichen musste (vgl. das Seitzsche Stadtmodell, Mitte 19. Jahrhundert). Das nach Süden leicht abfallende Areal liegt im Bereich der mittelalterlichen Stadtbefestigung (vgl. das Sandtnersche Stadtmodell, 1570).

Maximilian II., dem an der Baumaßnahme besonders gelegen war, ließ sich die Pläne und den ersten Voranschlag am 19. Juli 1857 in Bad Kissingen persönlich von Friedrich Bürklein vorlegen, der das am 9. September 1857 genehmigte Projekt in der Folge in Varianten weiterentwickelte bis zum endgültigen, am 16. Oktober 1861 genehmigten Plan, nach dem der Bau bis 1863 ausgeführt wurde. Erd- und Grundarbeiten, schon im Oktober 1857 begonnen, wurden bald wieder unterbrochen. Mit dem Funktionsbedarf der Münze war – als deren Direktorialgebäude samt Garten – lediglich ein Baukörper an der Nordwestecke des Areals zu begründen; Bürkleins „Allerhöchst sanctionirter Plan" von 1858 zeigt nur diesen einen Flügelbau mit östlich anschließendem, zunächst nur als Gartenmauer konzipiertem Arkaden-

Maximilianstraße, nördliche Rondellmauer

Maximilianstraße, Gartenmauer (an der Steinsdorfstraße)

Maximilianstraße 6/8, nördlicher Anbau der Münze; Aufn. 1995

Maximilianstraße 6 (mit Hofgraben 4), nördlicher Anbau der Münze; Aufn. 1995

gang (diese Bauteile wurden bis 1861 im Wesentlichen vollendet), sein Plan B von 1860 auch den spiegelbildlichen nordöstlichen Eckbau, für dessen Nutzung sich zwei private Interessenten fanden – Cafétier Schafroth und Buchhalter Gradinger –, die diesen Bauteil ab 1861 durch den Bauunternehmer und Steinmetz Franz Hauser errichten ließen (Richtfest Juli 1862).

Der fast 240 Fuß bayr. (ca. 70 m) lange Bau ist gestalterisch ganz auf die Schaufunktion der Nordseite an der Maximilianstraße berechnet. Gemäß der Trapezform des Areals sind die beiden Flügelbauten ungleichmäßig in die Tiefe entwickelt – der Westbau mit seitlich (westlich) nur vier Fensterachsen und um ein Geschoss niedrigerem Verbindungsglied zum Altbau der Münze hin, der größere Ostbau mit acht Achsen an der östlichen Nebenfront, an deren Südende der Hauseingang samt südlich z. T. in den Hof vorspringendem gewendeltem Treppenhaus liegt. Den beiden kubischen Pavillons gleichenden Eckbauten mit nordseitig in Arkaden zusammengefasstem Erd- und Zwischengeschoss sowie zwei (heute drei) Obergeschossen ist nördlich jeweils ein um eine Achse vorspringender dreiachsiger Mittelrisalit mit Flachgiebel und unten einbezogener Fortsetzung der verbindenden offenen Arkadengalerie vorgelegt. Der neun Joche lange, zwischen die Risalite eingespannte Mittelteil des kreuzgratgewölbten Arkadenganges sollte gemäß Bürkleins Entwürfen ursprünglich mit Figuren in den Rückwandöffnungen und bekrönenden Vasen ausgestattet werden; stattdessen wurden die Öffnungen südlich zum Münzmeistergarten hin lediglich mit Holzgittern geschlossen und die Figuren auf der abschließenden, durchbrochenen Balustrade aufgestellt. Die Pfeiler des Arkadengangs und einzelne Details wurden in Sandsteinquadern, der übrige Bau in hartgebrannten Ziegeln und Putz mit Stuck- und Terrakottadekor ausgeführt; die Wände des Arkadengangs wurden von Joseph Schwarzmann mit Dekorationsmalerei (Felderteilung) gefasst (von der heute einige freigelegte Reste sichtbar sind). Die gestalterischen Details, u. a. Dienste, Strecklisenen, Spitzbögen, Ornamente, entsprechen dem Stil von Bürkleins Bauten an der Maximilianstraße. Das Motiv der offenen Arkaden sollte zwischen Klenzes Loggia der Hauptpost (s. Residenzstraße 2) im Westen und den Privatbauten an der Maximilianstraße mit ihrer ursprünglich begehbar intendierten Arkadenfolge vermitteln. An der Bauausführung unter Bürkleins Leitung beteiligt waren u. a. Maurermeister Reinhold Hirschberg, die Steinmetzmeister J. Aufleger und Franz Hauser, Stuckator Viotti und die Terrakottafabrik Ganser.

Auffallendstes Schmuckelement – für die Stilphase bezeichnend, jedoch maßstäblich zurückhaltend und unpathetisch in der Haltung – ist der die Arkadenabfolge bekrönende allegorische Zyklus von neun auf die Münzfabrikation bezogenen, galvanisch bronzierten Zinkgussfiguren (restauriert 1986 und 1994 ff.); dargestellt sind höchstwahrscheinlich (nach Harzenetter 1994 und

Maximilianstraße 6 nach Kriegsschäden; Aufn. 1952/53

Petzet 1996; von links) künstlerische Invention, (Fach-)Wissenschaft (beide nach Modell von Johann Halbig), Prägekunst (von Friedrich Kirchmayer), Handel, Industrie (im Sinn von Gewerbefleiß; beide von Joseph Anton Groebmer), Stempelschneiderei (von Kirchmayer), Chemie (von Groebmer) und Bergbau (von Kirchmayer), dazu auf der dünnen Säule am Westende der Arkaden Clio, die Muse der Geschichte (von Groebmer), deren (auf einer Ansicht von ca. 1870 sichtbares) Pendant im Osten fehlt. Sechs Figuren wurden in der Kunstzinkgießerei München gefertigt, zwei von dem Gießer Max Kornrumpf, eine in der Gießerei Hörner; Aufstellung gegen Ende 1862.

Der private östliche Flügelbau enthielt seit 1865 das Hotel und (als Literaten- und Künstlertreffpunkt renommierte) Café Maximilian, das 1897–1925 dem Brauereibesitzer Anton Dreher in Schwechat bei Wien gehörte. Nach schweren Luftkriegsschäden 1943/44 wurde zuerst dieser Osttrakt um 1950 durch Architekt Heinz Schilling mit einem zusätzlichen niedrigen Geschoss als Geschäfts- und Bürohaus wiederaufgebaut (Bauherr Hans Keckeisens Erben), der von der Münze nicht benötigte westliche Eckbau hingegen (ursprünglich durch Notdach gesichert) durch Heinz Schilling und Elsa Schwarzer erst 1958 für den Deutschen Lyceumsclub e. V./Münchner Frauenclub, der ihn in Erbpacht übernahm (gleichfalls mit zusätzlichem Geschoss; eingeweiht am 9./10. Januar 1959; derzeit – 2007 – leerstehend). Die verbindenden Arkaden wurden südlich 1958 mit einer Reihe vermietbarer Ladengeschäfte (über Dienstgaragen zum tiefer gelegenen Hof hin) hinterbaut – ein Verlust an Transparenz, andererseits ein Gewinn an urbaner Belebtheit (Arch. Hans Günther, damaliger Besitzer das Bayer. Hauptmünzamt). Die Arkaden wurden 1984 (u. a. Freilegung der ursprünglich nicht gestrichenen Sandsteinpartien) und 1996 ff. (Steinkonservierung) zuletzt restauriert.

Maximilianstraße 10 und 12 (von rechts)

Maximilianstraße 6, 8, 10–18, 20–34. Vgl. Ensemble Altstadt.

Maximilianstraße 10. Sog. *Kielleuthner-Haus*, Eckhaus im Maximilianstil (Baugruppe mit Nr. 12/14 und 16; s. dort). Der sog. *Haylerblock* (Nr. 10–16 samt Rückgebäuden) entstand als letzter Abschnitt der privaten Bebauung an der neuen Prachtstraße auf zuvor militärischem Areal – auf der trapezförmig begrenzten Südhälfte des Zeughaus-Komplexes, dessen Hof die Maximilianstraße in West-Ost-Richtung durchschnitt. Das vom Hofmarstall (vgl. Marstallplatz) verdrängte Zeughaus war 1807 ff. in das südlich benachbarte Areal verlegt worden; als Hauptgebäude zugewiesen wurde ihm das wohl 1677 am Südrand des Stadtgrabens, eingespannt zwischen Falkenturm und Kost- oder Wurzertor, errichtete kurfürstl. Malz- oder Dörrhaus, ein zum Weißbräuhaus (vgl. Hofbräuhaus) gehöriger mächtiger Speicherbau (an der Stelle der Rückgebäude von Maximilianstraße 12/14, s. dort). Auf dem Zeughausareal südlich der Straße war zunächst ein Militärbereitschaftsgebäude mit Hauptwache (Hahn 1982, S. 84) vorgesehen gewesen; großzügige Entwürfe zu diesem Militärdienststellengebäude mitsamt Saal von Hauptmann Gabriel von Stengel (1860) sind im Kriegsarchiv (Plan-Slg. München Nr. 431) erhalten; der sich entlang der Falkenturmstraße erstreckende Komplex hätte mit zwei Risaliten an der Maximilianstraße städtebaulich eher mit der westlich benachbarten Münze (s. Nr. 6/8) als mit der geschlossenen Reihe der Wohnhausbebauung korrespondiert. Doch wurde das Areal in der Folge privatisiert. Friedrich Bürklein fertigte 1863 einen Fassadenaufriss für den gesamten künftigen Wohnhausblock (MStM, Inv. Nr. Z 1299a; Hojer 1974, Abb. 18); die Ausführung für drei verschiedene Bauherren war jedoch mit Änderungen verbunden, u. a. Verzicht auf die offenen Arkaden und die Seitenrisalite.

An der Stelle der rückwärtigen, südlichen Hälfte des heutigen Hauses Nr. 10 stand zuvor das durch eine Bauaufnahme von 1820 (Kriegsarchiv, Plan-Slg. München Nr. 431) gut dokumentierte „Falkenturmgebäude", bestehend aus dem zur mittelalterlichen Stadtbefestigung hier des frühen 14. Jh. gehörigen Falkenturm samt späteren Annexen; es diente seit dem 16. Jh. als Kriminalgefängnis (vorzugsweise für Angehörige höherer Stände) bis zur Fertigstellung der Fronfeste (s. Unterer Anger 3) 1826. Danach wurde es wegen seiner veralteten Strukturen offenbar nicht mehr intensiver genutzt, schließlich am 30. Juli 1863 mitsamt dem Zeughaus auf Abbruch versteigert und innerhalb weniger Wochen abgetragen. Eine Zeichnung von A. Lebschée (um 1865) zeigt den Turm als schadhaft verputzten Ziegelbau mit Satteldach (First in Nord-Süd-Richtung) und zwei vermauerten gotischen Zwillingsfenstern im letzten Geschoss (Westseite), dazu einen dreigeschossigen Anbau im Norden. Nach dem Namen zu schließen, diente der Turm der Falkendressur bzw. den Falk-

nern des Hofes, in erster Linie bezog sich seine Funktion jedoch sicher auf den besonderen Schutz der Stadtmauer im Bereich des linksseitig die Befestigung durchquerenden Pfisterbaches (vgl. Stadtplan von T. Volckmer, Anfang 17. Jh.; Turm mit Satteldach).

Die von Friedrich Bürklein signierten Pläne zum Neubau Nr. 10 für den Steinmetzmeister und Bauunternehmer Franz Xaver Hauser wurden am 21. Juni 1865 von der Baukommission genehmigt, nachdem die Ausführung bereits begonnen hatte; Rohbauanzeige vom 29. August 1865, Wohnungsconsens August 1866. Nach dem Ersten Weltkrieg Eigentum der Fa. Ludwig Kielleuthner (Aufschrift an der Nordfassade noch heute; das vornehme Bekleidungshaus existierte 1869–1969). Der Zweiflügelbau mit Erd-, Zwischen- und drei Obergeschossen hat abgeschrägte Ecken im Nordwesten (Maximilianstraße) und Südwesten (Falkenturmstraße); von der symmetrischen, mittig erhöhten Fassadenkomposition des Gesamtblockes Nr. 10–16 gehören die fünf westlichen Achsen zu Nr. 10. Erd- und Zwischengeschoss sind am vorderen, nördlichen Teil in Arkaden zusammengefasst, die Achsen zu Seiten der Schrägecke durch Lisenen begrenzt und nördlich im 1. Stock mit einem (1950 beseitigten) Balkon analog dem an Nr. 16 besetzt. Der Flur ist in der Mitte der Nordseite angeordnet, anschließend im Hofwinkel die kreisrunde Wendeltreppe. Im Erdgeschoss Ladennutzung, im Nordwestbereich ursprünglich Café-Restaurant Maximilian. Der rückwärtige Eckbereich auf leicht abfallendem Terrain ist durch eine eigene zweiläufig-gewendelte Treppe erschlossen. An der Falkenturmstraße schloss sich östlich noch ein niedrigeres, viergeschossiges Nebengebäude an (heute Neubau), das im Erdgeschoss und darüber gewölbte Räume, wohl Pferdestall und Heulager, enthielt. – Nach schweren Kriegsschäden Anfang 1945 erfolgte der Wiederaufbau hinter der erhaltenen Fassade.

[***Maximilianstraße 11** (ehem. Nr. 11, 13, 15). Von dem ursprünglichen Dreierblock war nach dem Luftkrieg lediglich das östliche Eckhaus Nr. 15 an der Marstallstraße erhalten geblieben. 2002/03 wurden im Rahmen des Neubau-Großprojektes „Maximilianhöfe" (Architekten Gewers, Kühn und Kühn, Berlin) die drei straßenseitigen Fassaden des Gesamtblocks in der originalen Gestaltung rekonstruiert bzw. von dem im Übrigen abgebrochenen Eckhaus mit ehem. Nr. 15 nur die Süd- und Ostfassade erhalten und in die Neubebauung einbezogen. Der Gesamtblock der drei Mietshäuser Nr. 11/13/15 eröffnete mit seiner symmetrischen Hauptfront bedeutsam die Bebauung an der Nordseite der neuen Repräsentationsachse östlich vom Nationaltheater. Der imposante Dreierblock entstand im Bereich der 1855 aufgegebenen Salpeterraffinerie des vormaligen Zeughauses – daher der Name der hofseitig verlaufenden Salpeterstraße – und eines gesondert abgegrenzten Gartenareals am Südende des einstigen Lustgartens Herzog Wilhelms IV. aus der 1. Hälfte des 16. Jh.

Maximilianstraße 11 (ehem. 11/13/15 von links); Aufn. 1943/44

Ein hier 1854 von Ludwig Foltz projektiertes neugotisches
Schauspielhaus (als Ersatz für das antiquierte Residenztheater)
kam nicht zur Ausführung. Stattdessen ließ auf dem vom Staatsärar erworbenen Grund ein Consortium von drei Bauherren die
Mietshausgruppe nach einheitlichem Entwurf Friedrich Bürkleins durch den vielbeschäftigten Baumeister Reinhold Hirschberg ausführen. Eigentümer des westlichen Eckhauses (Nr. 11)
war der Tapezierer Max Steinmetz, des um ein Geschoss höheren Mittelgebäudes Nr. 13 der Hofkupferschmiedmeister Christian Jank; das noch stehende Eckhaus Nr. 15 an der Marstallstraße entstand im Auftrag des Buchbinders Richard Schmidt-
lein. Der Fassadenplan Bürkleins, dem König Maximilian II. zunächst die Genehmigung versagt hatte, erhielt diese erst am
2. November 1858. Nach Erteilung der Baugenehmigung vom
10. November wurden während des relativ milden Winterwetters
die Bauarbeiten intensiv vorangetrieben, und zwar offenbar in
solcher Hast, dass es im Dezember zu einem Unfall durch Gerüst-
einsturz kam. Schon im Laufe des Jahres 1859 waren die Häuser
im Rohbau vollendet und unter Dach, im Frühjahr 1860 waren
sie bezugsfertig. Für die Fassadengestaltung hatte Bürklein im
Sommer 1859 den endgültigen Ausführungsplan vorgelegt. –
Die Grundrissbildung der drei Häuser folgte, unter Berücksichtigung der unregelmäßigen Grundstücksgrenzen im Westen, Osten und Norden, im Großen gesehen jeweils dem gleichen, nach
Symmetrie strebenden Prinzip, mit in die Mitte gelegtem Vestibül und anschließendem, U-förmig gewendeltem Treppenhaus;
im Erdgeschoss waren Geschäftslokale untergebracht, in den
Obergeschossen spiegelbildlich jeweils zwei Wohneinheiten. –
Der ursprünglich niedrigere Seitenflügel des Steinmetzschen
Eckhauses Nr. 11 an der Ecke Marstallplatz/Salpeterstraße wurde 1874 bis zur Traufhöhe des Hauptbaukörpers aufgestockt. In
den folgenden Jahrzehnten kam es bis 1934 zu wiederholten
kleineren Umbau- und Veränderungsmaßnahmen vor allem im
Erdgeschoss und im Bereich der Rückgebäude.
Nach weitgehender Kriegszerstörung 1944/45 kam ein Wieder-
aufbau der symmetrischen Gesamtgruppe nicht zustande (trotz

Maximilianstraße 11; Aufn. 2008 (kein BDm)

eines Projektes von 1954); die Fehlstelle im Ensemble, das sich
aus derartigen Blöcken zusammensetzt, konnte lange nicht geschlossen werden und wurde von nachkriegstypischen ebenerdigen, in der Folge mehrfach veränderten Behelfsbauten (Theater-
kasse, Restaurant Max II) ausgefüllt. Das Dreiergrundstück ging
im Hinblick auf einen Neubau mit Erweiterungsfunktionen der
Staatsoper in den Besitz des Freistaats über; nachfolgende, nicht
verwirklichte Planungen beinhalteten die Forderung der Denkmalpflege nach ergänzender Rekonstruktion der im homogenen
Ensemble unverzichtbaren originalen Fassadengestaltung von
Nr. 11 und 13; diese Schließung der städtebaulich gravierend störenden Baulücke erfolgte erst 2002/03, wobei vom Eckhaus
Nr. 15 leider nur die beiden Straßenfronten erhalten blieben.
In Erwartung von Entkernung oder Abbruch wurden an diesem
Eckhaus, abgesehen von der Wiederherstellung des kriegsbeschädigten obersten Geschosses (innen) und des Daches, nach
1945 keine umfassenden Sanierungs- oder Erneuerungsmaßnahmen vorgenommen, sodass es in seinen inneren Strukturen und
Gestaltungsdetails bis zur Entkernung 2002 das wohl besterhaltene Wohnhaus im Ensemble Maximilianstraße darstellte. Es
veranschaulichte den im Gegensatz zur differenzierten, ensem-
blebezogenen Fassadengliederung und der gegenüber bisheri-
gem Münchner Durchschnitt gesteigerten Geschosszahl merklich einfachen, biedermeierlich-anspruchslosen inneren Standard,
der noch keinen großbürgerlichen Repräsentationsanspruch
erhob. Das schmale mittige Vestibül mit Mosaiksteinboden
und baugeschichtlicher Inschrifttafel (links), die anschließende
U-förmige Treppe mit noch klassizistischem Holzstabgeländer
und Tafelparkett auf den Podesten sowie die einfachen Füllungstüren zu den beiden Wohnungen je Geschoss mitsamt ihren vergitterten Oberlichten bezeugten den ursprünglichen Charakter,
wie er ähnlich früher für alle Häuser der Maximilianstraße
typisch war. Aufwendige Details wurden in der Regel erst
nachträglich eingebracht, so in
Nr. 15 die Stuckdecken in den
drei Geschäftsräumen entlang
der Marstallstraße aus dem
späten 19. Jh., von denen die
des nördlichsten Raumes mit
ihrer Felderteilung und dem
barockisierenden Dekor zu
den wenigen erhaltenen reicheren Beispielen dieser Gattung in München gehörte. Da
sich hier bis in die 1880er
Jahre das Geschäftslokal des
Gipsformators Sebastian R.
Mark befand, war der Stuck
wohl ihm zuzuschreiben.]

Maximilianstraße 11 (ehem. 15); Aufn. 1993

Maximilianstraße 11 (ehem. 15); Aufn. während der
Entkernung 2002

Maximilianstraße 11, Treppenhaus;
Aufn. 1996 vor Abbruch

Maximilianstraße 12, 14. Teil des sog. *Haylerblocks* (Nr. 10–16) im Maximilianstil. Zur Vorbebauung (Zeughausareal) und militärischen Neubauplanung um 1860 vgl. im Einzelnen Nr. 10. – Den Wohn- und Geschäftshausneubau Nr. 12/14 nach von Friedrich Bürklein signierten, am 19. Juli 1865 genehmigten Plänen ließ der Bauunternehmer, Kaufmann und Gemeindebevollmächtigte Friedrich Hayler errichten; gemäß Rohbauanzeige vom 27. September 1865

Maximilianstraße 14, Mittelteil

war das Dach auf dem östlichen Teil (Nr. 14) aufgesetzt; Wohnungsconsens vom 10. Oktober 1866, Vollendungsanzeige für Vorder- und Rückgebäude vom 18. Februar 1867. In den Bauakten werden die Maurermeister Johann Nep. Birkl sen. und Hans Stützl (letzterer im Zusammenhang mit den feuersicheren Treppen) sowie Zimmermeister Ramfenseck (?) genannt.

Von den beiden ungleich breiten Häusern umfasst das westliche – Nr. 12 – nur drei, Nr. 14 hingegen elf Achsen der Straßenfront, darunter den um ein 4. Obergeschoss (mit Zwillingsfenstern) erhöhten fünfachsigen Mittelteil der Gesamtgruppe Nr. 10–16. Die Straßenfront ist wie bei den angrenzenden Eckhäusern Nr. 10 und 16 gegliedert (s. dort), mit Erd- und Zwischengeschoss zusammenfassenden Arkaden und Fensterverdachungen nur im höheren 1. Stock; allein Nr. 14 als Mittelteil ist durch Kolossallisenen gegliedert und hervorgehoben. Das schmale Haus Nr. 12 wird durch eine eigene gewendelte Treppe erschlossen, Nr. 14 durch einen in der Mitte gelegenen Flur und eine hofseitig anschließende Halbkreistreppe mit Gusseisenstabgeländer, in den Obergeschossen durch Mittellängsflure.

Aufsehen und Spott erregte die 1929–32 während gerichtliche Auseinandersetzung um eine ungenehmigte, als störend abgelehnte Schaufenstergestaltung für die Autofirma Horchwerk AG Zwickau nach Plan von Bruno Paul, Berlin, vom Oktober 1928. Nach Luftkriegsschäden wurde der Dachbereich instand gesetzt. Einen wesentlichen Verlust für die Gesamtgruppe bedeutete die Beseitigung des den fünf mittleren Fenstern im 1. Stock vorgelegten Steinbalkons (in den Details dem an Nr. 16 gleich) im Jahre 1961.

Als einzige Häuser an der Maximilianstraße besitzen Nr. 12/14 parallel freistehende *Rückgebäude*, die zu einem viergeschossigen Trakt mit Wohnungen in den Obergeschossen zusammengefasst sind, äußerlich schlicht spätklassizistisch mit zwei Durch-

Maximilianstraße 13/15/15a, ehem. Schulstall, jetzt Restaurant

fahrten in den gemäß den Vorderhäusern unterschiedlich breiten Einheiten (die linke Durchfahrt verbaut). Rechts von der flachtonnengewölbten Durchfahrt der längeren Einheit Nr. 14 lag ehemals ein gewölbter, 2 x 3 Joche umfassender Pferdestall (als Werkstatt verändert) mit gewölbtem Heulager darüber; links von der Durchfahrt gewendelte Treppe mit klassizistischem Holzstabgeländer sowie ehemals eine Remise. Der Dachboden erhält sein Licht durch hofseitige Vollgeschossfenster. Das nicht unterkellerte Rückgebäude steht im Bereich der einstigen Stadtmauer (= nördliche Baulinie der Falkenbergstraße) bzw. des an sie gelehnten kurfürstl. Malzhauses aus der 2. Hälfte des 17. Jh. (s. Nr. 10), doch sind weder am Bau noch in den Eingabeplänen ältere Bestandteile zu erkennen.

Maximilianstraße 13/15/15a. Ehem. *Schulstall* des Marstall-Komplexes (s. Marstallplatz 5/6). Rückseitig im Norden hinter dem langen Straßentrakt mit heutiger Nr. 11 (s. dort), der mit der historischen straßenseitigen Fassadengestaltung der ehem. Baugruppe Nr. 11/13/15 entspricht, entstand 2002/03 als Teil der sog. „Maximilianhöfe" der neue, freistehende Geschäftshausblock mit heutiger Nr. 13/15/15a, dessen Nordwestecke der ehem. Hofreitschule (s. Marstallplatz 4) benachbart ist. In das Erdgeschoss des Neubau-Westflügels einbezogen wurde am originalen Standort, doch über neuem Unterbau, der klassizistische ehem. Schulstall, erbaut um 1810 von Andreas Gärtner, eine gewölbte dreischiffige, dorisierende Säulenhalle zu 14 Jochen, heute als Restaurant genutzt, statt der originalen geschlossenen Außenwände jedoch heute durch eine offene Arkadenfolge umschlossen, der eine Glasfassade vorgeschaltet ist. (Vgl. Abb. S. 586)

Maximilianstraße 16. Eckhaus im Maximilianstil, östlicher Abschluss des sog. *Haylerblocks* (s. Nr. 10 und 12/14). Zur Vorbebauung (Zeughausareal) s. Nr. 10. Zu dem Wohn- und Geschäftshaus des Privatiers Josef Holzinger nach Plänen von Friedrich Bürklein wurde der Bauantrag am 9. Oktober 1867 eingereicht und noch Ende des Jahres der Grund ausgehoben; die Baugenehmigung ist vom 17. April 1868 datiert; der schon im Februar 1869 beantragte Consens zur Benützung der Restaurationslokalitäten wie der im Dezember erbetene Wohnungsconsens wurde erst im Frühjahr 1870 erteilt.

Das zweiflügelige Haus auf spitzwinkeligem Grundriss entspricht in seiner Gliederung dem übrigen Haylerblock, in dessen symmetrischer Nordfassadengestaltung es das Pendant zu Nr. 10 mit abgeschrägter Ecke, angrenzenden lisenenbegrenzten Achsen und nordseitigem Stein- und Gitterbalkon im Hauptgeschoss bildet. Erd- und Zwischengeschoss sind in Arkaden zusammengefasst mit Ausnahme der fünf südlichen Achsen der Seitenfront, an deren Ende die Durchfahrt und ein rechts angrenzendes zweites Treppenhaus liegen. Das Vestibül mit Hofabgang und links anliegend die gestelzt halbrunde Haupttreppe liegen im Trakt an der Maximilianstraße zwischen einem Laden rechts und dem Eckbereich, der ursprünglich im Erd- und Zwischengeschoss große Restaurationsräume (Café de l'Opéra) auf fächerförmigem, innenseitig segmentbogig schließendem Grundriss enthielt; sie wurden schräg von zwei hintereinander eingestellten Reihen von Gusseisenstützen unterteilt, die Eisenbalken und Kassettendecken trugen (1902 Umbau und Verkleinerung für Cafetier Georg Chlaupek; heute für Ladennutzung völlig verändert).

Maximilianstraße 17/19. *Hotel Vier Jahreszeiten*, 1856–58. Zwischen Marstall- und Wurzerstraße am (ab 1853 überwölbten) Kainzenmühlbach befanden sich die Tuchfabrik des Johann Nepomuk Roeckenschuss (z. T. beseitigt beim Bau des Straßenkörpers der Maximilianstraße) und an der Ostseite des Bachlaufes die zu Beginn des 18. Jh. erbaute Kosttor- oder Artilleriekaserne, die 1853/55 abgebrochen wurde. Für Roeckenschuss fertigte Ru-

Maximilianstraße 16 (mit 14/12/10)

Die ursprünglich beabsichtigte Zweiteilung ist an der mittleren Doppellisene
und den beiden Risaliten mit den ehemaligen Eingängen ablesbar; ansonsten
Gliederung durch Strecklisenen nach jeder zweiten Achse und Gurtgesimse; die
wegen der im spitzen Winkel einmündenden Marstallstraße abgeschrägte Südwestecke ist eine Achse breit, an der linken Seitenfront die mittlere der fünf Achsen betont, ebenso an der neun Achsen
breiten Ostseite. Das Erdgeschoss war
mit Terrakottaplatten verkleidet, die ursprünglichen Spitzbogenfenster sind an
der Schrägecke und anschließenden Seitenfront erhalten. Darüber folgen ein
niedriges Zwischengeschoss (Entresol,
ursprünglich mit Wohnung der Familie
Schimon) sowie drei Hauptgeschosse,
das untere davon als Beletage mit (ursprünglich maßwerkartig versprossten)
Spitzbogenfenstern; nicht erhalten sind
die dekorierten Brüstungsfelder unter den
Fenstern der drei oberen Geschosse. Den
Abschluss bildet über einem Rundbogenfries ein niedriger Kniestock, ursprünglich mit Maßwerkkassetten (heute z. T.
Fenster). Die beiden dreiachsigen Risalite
sind durch allegorische Figuren der vier
Jahreszeiten, je einen Balkon im Geschoss darüber und eine romanisierende
Blendarkaden-Loggia bereichert; der ursprüngliche, flachgiebelige Dachüberstand mit Schnitzwerk (als Zitat heimischer Bauweise) wurde nach dem Brand
von 1859 durch massive Flachgiebel mit
Zinne und bauplastischem Dekor – Halb-
figuren des Ehepaars Schimon im Begrü-
ßungsgestus, Büsten der vier alten Erdteile – ersetzt. – Die beiden rückseitigen
Flügelbauten im Westen und Osten mit
ihrer dem Hauptbau angeglichenen Gliederung sind heute stark vereinfacht; der
westliche, noch mit breitem Mittelrisalit
wie auf der Ansicht von Kurz 1858, modern aufgestockt.
Beim Umbau 1902–04 durch Heilmann
& Littmann erhielt das Erdgeschoss gro-

Maximilianstraße 17/19, Hotel Vier Jahreszeiten; Aufn. 1995

dolf Gottgetreu bereits ab Spätsommer 1854 Neubaupläne zu
einem großen Doppelmietshaus samt nördlich anschließenden
neuen Fabrik- und Verwaltungsgebäuden (genehmigt am 4. November 1854). Den Mietshauskomplex, der nach kostspieligen
Fundamentierungsarbeiten wegen des Schottergrundes erst bis
zum 1. Stock gediehen war (Walterspiel 1996), verkaufte der
Textilfabrikant im August 1857 an August Schimon (1806–66),
Inhaber eines renommierten Weinlokals in der Kaufingerstraße
(heute Nr. 13), der den Neubau nach entsprechenden Plandände-
rungen als Hotel im Maximilianstil vollenden ließ, das im Juli
1858 eröffnet wurde. Ein Brand im August 1859, der Dachstuhl
und obere Geschosse schädigte, veranlasste Änderungen und
rückseitige Anbauten. Im Wettbewerb mit dem älteren, damals
noch kleineren „Bayerischen Hof" (s. Promenadeplatz 6) wurden die „Vier Jahreszeiten" das erste Münchner Hotel, das großstädtischem Maßstab und Qualitätsbegriff entsprach, überdies
auch im internationalen Vergleich eines der frühen Beispiele
vom nachmaligen Typus des monumentalen „Palasthotels".

ße Öffnungen mit Tudorbogenschluss, die vier mittleren zwischen den Risaliten als offene Vorhalle mit der Vorfahrt, hinter

Maximilianstraße 17/19; hist. Aufn.

Maximilianstraße 17/19, rechter Risalit

Maximilianstraße 17/19, Treppenhaus

Maximilianstraße 17/19, Treppenhaus

welcher die große zentrale Halle (anstelle eines gusseisernen Teepavillons von 1858) angelegt wurde (1971 umgestaltet). Von Max Littmann neu gestaltet wurden auch der (1923 von Max Wiederanders abermals veränderte) Cherubinsaal im Westtrakt (einst ein Mittelpunkt für Feste, Kammermusik und Vorträge), weitere Säle und die American Bar. An den niedrigeren Westflügel anschließend erbauten Gabriel und Emanuel Seidl das Kaufmanns-Casino; der in den 1920er Jahren aufgestockte Westbau fiel im März und April 1944 weitgehend dem Luftkrieg zum Opfer, der auch die oberen Geschosse des Hauptgebäudes schwer beschädigte. Die Brüder Alfred und Otto Walterspiel, Eigentümer seit 1926, führten 1948/50 den Wiederaufbau durch einschließlich der Wiederherstellung des nach ihnen benannten Restaurants im südwestlichen Eckbereich. Die Kempinski AG, die das Hotel 1971 übernahm, ließ es 1971/72 moder-

nisieren, innen umbauen und nördlich erweitern sowie die (nach dem Krieg z. T. vereinfachten) Fassaden renovieren (abermals 1981/82 und 2005/07). Aufgrund reduzierter Details der Gliederungen und der Fensterteilungen hat das Erscheinungsbild viel von der für den Maximilianstil typischen filigranen Struktur eingebüßt. Von den historischen Interieurs erhalten geblieben ist das Neurenaissance-Treppenhaus im Nordostbereich des Albaus, mit jeweils drei Läufen um das von Säulenarkaden umgebene Rechteckauge (Säulenordnung von unten nach oben toskanisch, ionisch, korinthisch; Spiraleisengeländer).

Maximilianstraße 18, 20. Der nur zwei ungleich breite Eckhäuser umfassende Baublock im Maximilianstil zwischen Neuturmstraße bzw. Am Kosttor im Westen und Falckenbergstraße im Osten ist der kürzeste an der Maximilianstraße, errichtet im Auftrag des Malers und Lackierers Josef Holzinger (vgl. Nr. 43/45/47)

Maximilianstraße 18, 20 (von rechts); Aufn. 1995

nach von Reinhold Hirschberg signierten Plänen mit Sichtvermerk Friedrich Bürkleins; als Zimmermeister unterschrieb F. Ehrengut. Baugenehmigung vom 13. September 1859, Dach aufgesetzt am 21. Januar 1860, Rohbauvollendung am 25. März 1860 angezeigt. Das (mit dem Zwischengeschoss) fünfgeschossige Doppelhaus auf trapezförmigem Grundriss mit drei abgeschrägten risalitartig vorgezogenen Eckachsen steht im Ostteil (Nr. 20) über dem hier zweiarmigen Stadtgraben- und Malzmühlbach. Erdgeschoss (mit Läden) und Zwischengeschoss sind in Arkaden zusammengefasst, die spitzbogigen Zwischengeschossfenster waren ursprünglich maßwerkähnlich versprosst. Die Fassaden sind heute um die zarten dekorativen Elemente vereinfacht; verglichen mit dem Eingabeplan fehlen die Tondi in den Arkadenzwickeln, die Ornamente an den Brüstungsfeldern, über den Doppelfenstern im letzten Geschoss und am profilierten Traufgesims, ferner die Zieraufsätze der Flachgiebelverdachungen im vorletzten Geschoss.

Der flache Mittelrisalit gehört zum breiteren Haus Nr. 20, das in den Obergeschossen jeweils zwei Wohneinheiten enthielt; jedes Haus wird durch eine gewendelte Treppe erschlossen, in Nr. 18 am Flurende in der Mitte der westlichen Schmalseite, in Nr. 20 hofseitig in der Mitte situiert. In der Mitte gelegene Korridore trennen die straßenseitigen Zimmer – mit unregelmäßig fünfeckigen Salons in den Ecken – von den hofseitigen Nebenräumen. Hinsichtlich des rückseitigen Stall- und Waschhauses ergaben sich 1860 Auseinandersetzungen mit den Nachbarn, der Badbesitzerin Josepha Herzog und dem Metzgermeister Anton Hayler (Heiller).

Der Antiquitätenhändler Aaron Siegfried Drey, damals Eigentümer von Nr. 18, ließ 1885 durch Maurermeister Alois Bischoff einen eine Achse breiten, gleich hohen und stilistisch angepassten Erweiterungsbau (mit Durchfahrt) bis zum Nachbarhaus Neuturmstraße 1 (s. dort) durchführen; gleichzeitig gemeinsamer Neuanstrich der Fassaden von Nr. 18 und 20, die wohl von Friedrich Bürklein stammen. An der Rückseite von Nr. 20 erbaute 1888 August Exter (Ausführung Matthias Steinbrecher) im Auftrag der Kunsthändler Heinrich Traitteur und Heinrich Baumgartner einen gewölbten Gemälde-Ausstellungssaal. 1901 Ladenumbau in Nr. 18 durch Karl Stöhr für A. S. Drey (vgl. Max-Joseph-Straße 2). Erdgeschoss später mehrfach verändert.

Maximilianstraße 19. Siehe Maximilianstraße 17/19.

Maximilianstraße 21. Eckhausfassade im Maximilianstil (modern hinterbaut), bildet mit Nr. 23, 25 und 27 (s. dort) einen symmetrischen Block. Für den Tischlermeister Peter Riedel als Bauunternehmer fertigten 1860 Maurermeister Reinhold Hirschberg und Zimmermeister Peter Erlacher auf der Grundlage von Entwürfen Friedrich Bürkleins den Gesamtplan für die in sich symmetrische Bebauung zwischen Wurzer- und Kanalstraße (heute

Maximilianstraße 22–30a (von rechts); Aufn. 1978 ▷

Maximilianstraße 21 (rechts 23 ff.); Aufn. 1995

Herzog-Rudolf-Straße) mit einer Gruppe von vier Mietshäusern (auf ehemals privaten, meist Gartengrundstücken, die der Staat 1851 erworben hatte). Innerhalb des Blocks mit erhöhtem Mittelteil (s. Nr. 23/25) bildet das zuerst ausgeführte westliche Eckhaus Nr. 21 mit seinem turmartigen Eckrisalit das spiegelbildliche Pendant zu Nr. 27. Die Baugenehmigung für Nr. 21 wurde am 1. August 1860 erteilt, der Dachstuhl am 27. Oktober aufgesetzt; im Herbst 1861 war das Haus vollendet (Bauleitung Maurermeister Josef Heuberger), doch hatte die schnelle, unsolide Bauausführung – durchaus typisch für den spekulativen Hintergrund der Privathäuser an der neuen Straße – mehrfache Beanstandungen und korrigierende Eingriffe zur Folge. – Das Erdgeschoss enthielt ursprünglich große gewerbliche Räume; von der ehem. Durchfahrt in der äußersten rechten Achse führte rückwärts links ein Treppenlauf in Querrichtung zur halbrunden Haupttreppe im Hofwinkel; von je zwei Wohnungen in den Obergeschossen lag die größere im Eckbereich und Seitenflügel, die kleinere östlich davon zwischen Maximilianstraße und Hof. Nach schweren Schäden im Luftkrieg (1944) – ein Luftbild von Juni 1945 zeigt das Eckhaus allerdings mit vorhandenem Dach – erfolgte die Wiederherstellung mit Veränderungen im Innern und einzelnen Vereinfachungen der Fassade. Bei Abbruch und Neubau 1971–73 blieb nur die Hauptfront im Süden mitsamt dem Eckrisalit sowie der gewölbte Keller erhalten, der Seitenflügel an der Wurzerstraße ist modern gestaltet. Der zeitweilige Anstrich in rötlichem Grundton mit hellen Absetzungen wurde bei der letzten Renovierung um 2000 der gelblichen Einheitsfarbe des Gesamtblockes angeglichen, doch blieben die vergröbernd wirkenden ungeteilten Öffnungen.

Maximilianstraße 22/24. Bildet mit Nr. 26/28 und 30/30a (s. dort) eine symmetrische Gruppe, den sog. *Riemerschmid-Block.* Die äußerlich homogene Eckbebauung in Form eines Doppelmietshauses im Maximilianstil am Westende der im Auftrag des Likörfabrikanten Anton Riemerschmid († 1878) zwischen 1862 und 1871 abschnittweise errichteten lang gestreckten, symmetrisch gestalteten Zeilenbebauung mit abgeschrägten Ecken ist hinsichtlich Entstehung und Grundrissbildung dreiteilig.
Zuerst entstand der zu Haus Nr. 22 gehörige, nur viergeschossige seitliche Flügelbau an der Falckenbergstraße (ehemals Herrnstraße 13; Rohbau am 31. Juli 1862 fertig, vollendet September 1863), mit Lisenen, gestalterisch betonter Mittelachse (mit Durchfahrt zum Hof), rhythmischer Fensteranordnung und Brüstungsfelderfries unter dem 2. Stock.

Es folgte das fünfgeschossige Eckhaus Nr. 22 (genehmigt am 4. November 1863, Dach aufgesetzt am 5. April 1864, fertiggestellt April 1865), mit Strecklisenengliederung, Eisengusserker samt Balkon an der abgeschrägten Ecke (Pendant zu Nr. 30), verkröpftem Sohlbankgesims unter den höheren, repräsentativ gerahmten Fenstern der Beletage und reich profiliertem Konsolgesims. An der Nordfassade zur Maximilianstraße sind Erdgeschoss (mit Geschäften) und Zwischengeschoss (Entresol) durch spitzbogige Blendarkaden zusammengefasst, die westliche Achse mitsamt dem gesamten Eckbereich risalitartig flach vorgezogen. Der Flur liegt im Nordflügel in der dritten Achse von rechts, westlich daneben hofseitig die doppelt gewendelte Treppe mit Gusseisenstabgeländer.
Das nur drei Achsen breite Haus Nr. 24 (Baugenehmigung 20. September 1865, Rohbauvollendung 26. Mai 1866, bezogen April 1867; Arch. Friedrich Bürklein) setzt die Fassadengliederung von Nr. 22 fort. Erschlossen wurde es ursprünglich durch Mittelflur und hofseitig östlich anschließende Wendeltreppe.
An der Nordseite von Nr. 22 erinnert eine Gedenktafel an den hier am 20. Januar 1890 verstorbenen Komponisten Dr. Franz Lachner (geb. 1804), der 1836–67 die Münchner Hofoper musikalisch leitete.
Das kleine, villenartig-malerische Hofgebäude mit etwa quadratischem Grundriss geht auf ein schon um 1862 vorhandenes, später (u. a. 1956/60) mehrfach umgebautes Gartenhaus zurück.

Maximilianstraße 22/24 (von rechts); Aufn. 1995

Maximilianstraße 23/25. Erhöhter Mittelteil eines symmetrischen Häuserblocks (mit Nr. 21 und 27, s. diese). Bauherr der beiden sechsgeschossigen Mietshäuser von ungleicher Breite im Maximilianstil – Nr. 23 umfasst sechs, Nr. 25 rechts davon vier Achsen – war wie bei Nr. 21 Tischlermeister Peter Riedel. Die z. T. erhaltenen Pläne sind von Friedrich Bürklein signiert (Bauleitung Maurermeister Josef Heuberger) und wurden am 29. November 1860 genehmigt, das Dach (von Nr. 23) am 18. Mai 1861 aufgesetzt, die Rohbauvollendung am 26. Juli angezeigt. – 1878 erfolgte ein Neuanstrich in einem offenbar ziemlich dunklen bräunlichen (Terrakotta-?)Farbton.

In dem 24 Fensterachsen umfassenden Gesamtblock bilden Nr. 23/25 den zehn Achsen breiten, um ein Geschoss erhöhten Mittelrisalit mit Fassadengliederung nach demselben System wie die flankierenden Eckhäuser Nr. 21 und 27. In die jede Achse übergreifenden Blenden mit abschließendem flachbogigem Spitzbogenfries sind die auf einem Sohlbankgesims stehenden niedrigeren Fenster des letzten Geschosses einbezogen. Die Risalitwirkung wird durch die jeweils leicht vorgezogenen, etwas breiteren äußersten Achsen des Mitteltraktes unterstrichen. Die beiden Mittelachsen sind durch eine Doppelloggia mit vorgelegtem Balkon im Piano nobile und eine Rahmenform in den beiden Geschossen darüber mit einer Säule am Mittelpfeiler betont, die eine von einer Nische hinterfangene Muttergottesfigur trägt.

Nach Luftkriegsschäden (1944) wurden beide Häuser mit vereinfachtem Traufgesims und z. T. veränderten inneren Strukturen wiederhergestellt. Im Erdgeschoss – nach wie vor mit Ladennutzung – war in Nr. 23 die Durchfahrt in der äußersten linken Achse situiert, von der in der Mitte ein quer gelegter Treppenlauf zu der die Obergeschosse erschließenden U-förmigen Haupttreppe führte; sie erhielt ihr Licht von einem nördlich angrenzenden kleinen Lichthof etwa in der Mitte des rückseitig weit in den Hof vorspringenden Gebäudes. In Haus Nr. 25 lag die Durchfahrt in der äußersten Achse rechts, mit rückseitig links anliegender U-förmiger Treppe. Beide Häuser hatten ursprünglich Rückgebäude, das von Nr. 23 (erbaut 1862/63) enthielt Remise, Stall und Waschhaus, darüber eine Wohnung und auf dem Dach ein für den Landschaftsmaler Franz H. von Hofstetten aufgesetztes Photoatelier. An der Rückseite von Nr. 25 erbaute 1864/65 der prominente Litho- und Photograph sowie Kunsthändler Franz von Hanfstaengl (1804–77), der das Anwesen 1863 erwarb, sein Atelier („Glassalon"; nur ein Rest erhalten). Das in Nr. 25 bis 1995 ansässige Einrichtungsgeschäft „form im raum" vertrat in der Nachkriegszeit das fortschrittliche Design.

Maximilianstraße 26/28. Doppelhaus, an der Rückseite anschließend das *Schauspielhaus*, vgl. Falckenbergstraße.
Doppelmietshaus: Die späte Schließung der letzten Baulücke an der Südseite der Maximilianstraße konnte erst nach Auflassung eines Teilstücks der Wurzerstraße (1867) und Abbruch des vorhandenen Eckhauses Maximilian-/Wurzerstraße erfolgen. Der Neubauplan von Friedrich Bürklein erhielt am 13. Oktober 1869 die königliche Genehmigung; die Bauausführung übernahm Maurermeister Reinhold Hirschberg; der Rohbau war im Mai 1870 fertig, der Wohnungskonsens wurde am 27. April 1871 erteilt.

Die beiden Mietshäuser im Maximilianstil bilden den Mittelteil des symmetrischen *Riemerschmid-Blockes*, der die Eckhäuser Nr. 22/24 und 30/30a (s. dort) mit umfasst und nach dem Bauherrn, dem Likörfabrikanten Anton Riemerschmid († 1878) genannt wird. Die lang gestreckte Gruppe wird von den beiden um je ein niedriges Geschoss mit Dreierfenstergruppen erhöhten Flachrisaliten an den äußeren Seiten von Nr. 26 und 28 rhythmisch gegliedert, die überdies durch Loggien mit drei Stichbogenarkaden im hohen, bevorzugten 2. Obergeschoss ausgezeichnet sind. Erdgeschoss und „Entresol" sind durch spitzbogige

Maximilianstraße 23/25; Aufn. 1995

Blendarkaden zusammengefasst, das 1. Obergeschoss ohne Gliederung, die Geschosse darüber mit Strecklisenen, den Abschluss bildet ein filigran profiliertes Konsolgesims.

Die beiden im Grundriss (fast) spiegelbildlich angelegten Häuser werden etwa in der Mitte, an den beiden Enden der gemeinsamen Rücklage, von den (seit 1901 auch zum dahinter angebauten Theater führenden) Fluren erschlossen, neben denen im Risalit die zweiläufigen, U-förmigen Treppen mit Gusseisenstabgeländern liegen. Das Erdgeschoss enthält Geschäftsräume (u. a. seit 1959 Theatercafé „Die Kulisse"); in den Obergeschossen jedes Hauses (ursprünglich) zwei Wohneinheiten. Die mittlere von den sieben Fensterachsen der Rücklage ist dem Haus Nr. 26 zugeteilt; hofseitig sind beide Häuser tiefer als die zurückspringenden Nachbar-Eckbauten.

In den Wohnungen sind weitgehend noch alte Parkettböden, Kachelöfen und Stuckdecken mit antikisierenden Blattstäben erhalten, in den beiden Loggien Stuckdekor sowie farbiger Fliesenbodenbelag.

Das Doppelanwesen ging mitsamt dem Schauspielhaus 1939 von Dr. Robert Riemerschmid, einem Urenkel Antons, durch Kauf an die Stadt München über. Unter den mehrfachen Fassadenrenovierungen war vor allem die von 1972 bedeutsam, welche eine farbige Fassung nach Befund herzustellen bemüht war (der wegen früherer Putzerneuerungen freilich ungesichert erscheint).

Maximilianstraße 26/28, mit Schauspielhaus an der Rückseite; Aufn. 1995

Schauspielhaus: Das Theater entstand 1900/01 als Privatbau im Hofbereich der sog. Riemerschmid-Häuser, von der Straße nicht einsehbar, und wurde langfristig an das 1897 von Emil Drach ebenfalls als privates Unternehmen gegründete, seit 1898 von Georg Stollberg geleitete „Münchener Schauspielhaus" – zuvor in den Centralsälen (s. Neuturmstraße 1) – verpachtet, das sich vor allem der Pflege des modernen, vielfach umstrittenen Dramas widmete. Die Eröffnung fand nach kaum zehnmonatiger Bauzeit (Rohbauvollendung 25. Oktober 1900) am 19. April 1901 statt; seit 1926 ist das Haus Sitz der 1914–44 von Otto Falckenberg († 1944) geleiteten (seit 1939 städtischen) „Münchener Kammerspiele". (Vgl. Augustenstraße/Vorspann.)
Den Bauauftrag erhielt die Fa. Heilmann und Littmann – die gleichzeitig das Prinzregententheater errichtete – unter der Bedingung, die innenräumliche künstlerische Gestaltung des von ihr konstruktiv geplanten und ausgeführten Gebäudes dem Maler und Architekten Richard Riemerschmid – einem Bruder des Eigentümers (seit 1900) Dr. Carl Riemerschmid – zu überlassen. Dem „in sich geschlossenen, bis hin zum einzelnen Beleuchtungskörper oder Türgriff auch das kleinste Detail berücksichtigenden raumästhetischen Konzept Riemerschmids verdankt das Schauspielhaus seinen Rang als einzigartiges Gesamtkunstwerk des Jugendstils" (Schaul 1987), das in der zeitgenössischen Fachliteratur größte Beachtung fand.

Die dem Formenapparat traditioneller Stile völlig entsagende künstlerische Ausgestaltung ist durch den Zwang zur Sparsamkeit in materieller und technischer Beziehung bedingt, gab jedoch zugleich Riemerschmid die Gelegenheit zu ungebundener, neuartig phantasievoller formaler Erfindung. Eine Hauptrolle spielt das erlesen abgestimmte, großflächige Farbkonzept, kombiniert mit verschiedenartigen Putzen und auf Schwerpunktbereiche konzentrierten plastischen Modellierungen in Mörtelputz und Stuck vor allem in den Deckenzonen sowie gemalten, pflanzlich-ornamentalen Friesen an den Saalwänden. Von kostbarer punktueller Wirkung sind einzelne Holzelemente wie vor allem die Türen mit ihren glänzenden Beschlägen oder die abstrakt skulptierten Pfeiler – an den Logen und Garderoben mit Kupfer verkleidet, im Erdgeschoss-Vestibül kräftigere aus Kalkstein. In den stilistischen Details wird der unmittelbare Einfluss Henry van de Veldes spürbar.

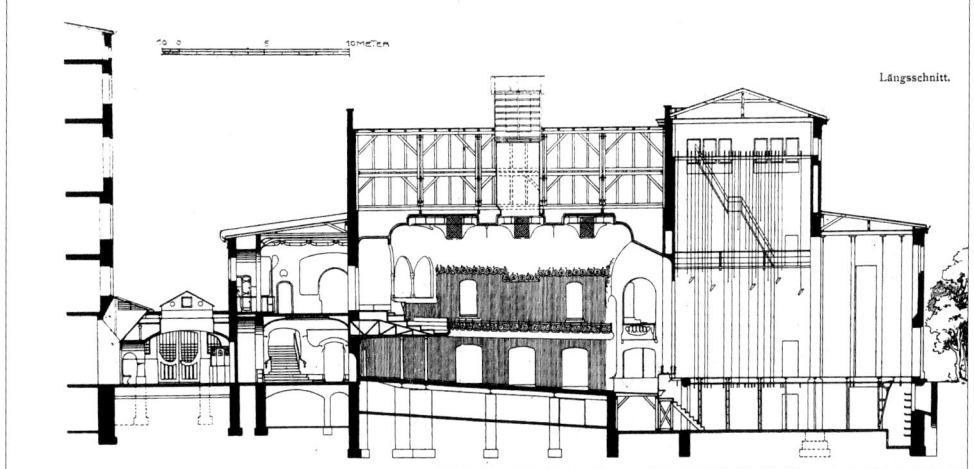

Schauspielhaus; Längsschnitt, 1901

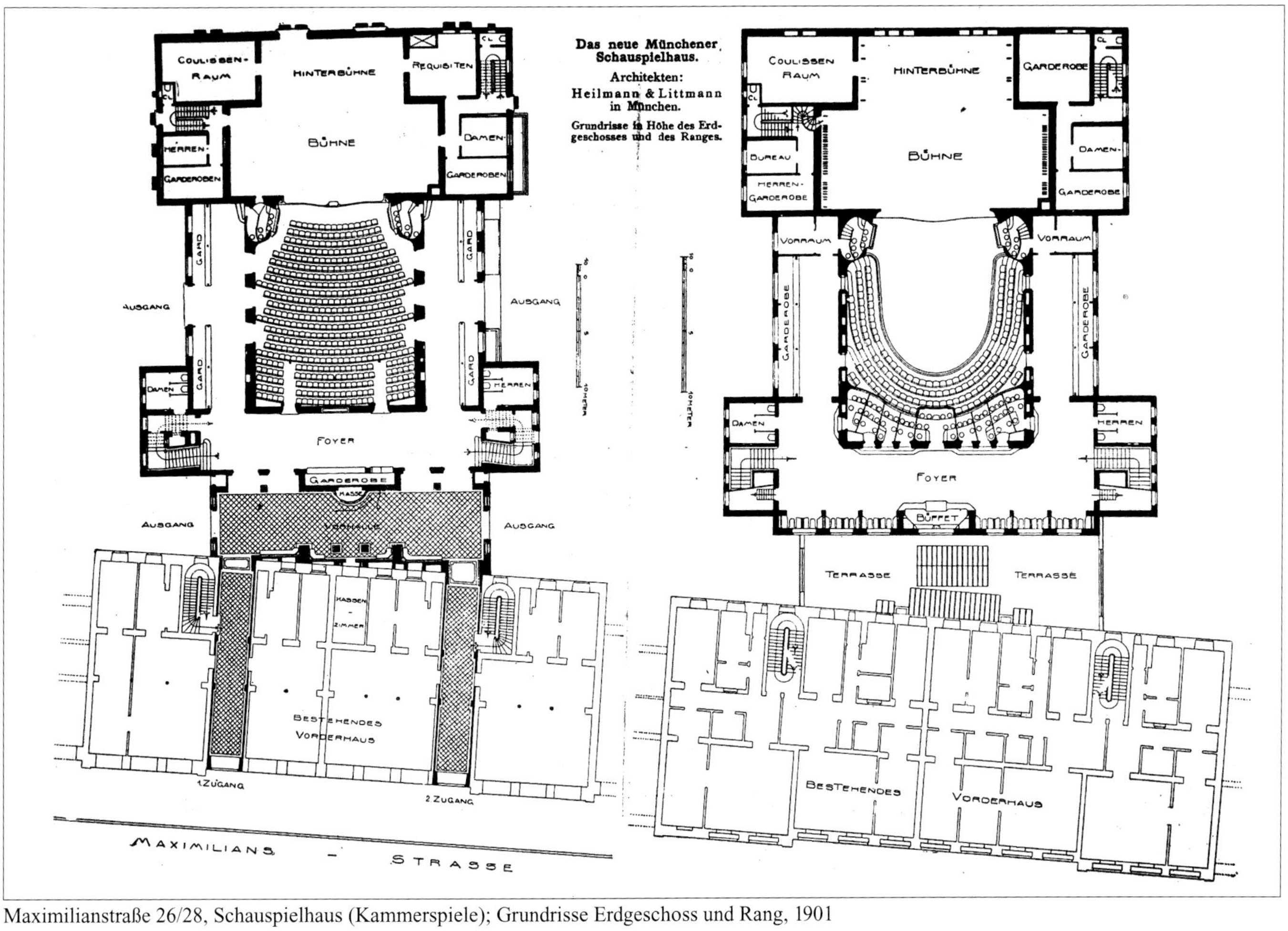

Maximilianstraße 26/28, Schauspielhaus (Kammerspiele); Grundrisse Erdgeschoss und Rang, 1901

Max Littmann konzipierte den für die Schauspielkunst optimalen, maßstäblich intimen Zuschauerraum mit 727 Sitzplätzen als rückseitig segmentbogig begrenzten, doppelt amphitheatralischen Saal mit ansteigendem Parkett und ebensolchem Balkon, der mit seiner seitlich vorgezogenen Rundung den in sich geschlossenen Raumeindruck bestimmt – eine sicht- und hörgünstige Raumform, die gleichwohl auf das herkömmliche Element der Logen nicht völlig verzichtet, diese aber auf das Proszenium und eine Folge von fünf Arkaden an der Rang-Rückseite beschränkt. Die Raumstimmung beruht auf dem roten Farbton der Wände und dem Resedagrün der über einem an textile Muster erinnernden Spiralrankenfries abgesetzten Deckenzone, in deren vertieften, netzartig-amorphen Kassettenstrukturen gleich einem Sternenhimmel die zahlreichen kleinen Tropfenleuchten hängen, welche den herkömmlichen Kronleuchter ersetzen. Die Rangbrüstung über einem abgerundeten Kammputzsockel wird

Schauspielhaus, originales Bühnenportal mit Vorhang; Aufn. um 1901

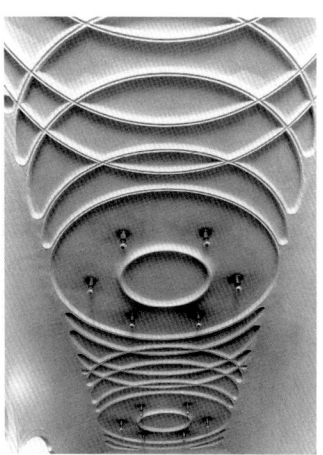

durch ein spiraliges Jugendstilgitter gebildet. Die (von der Folgegeneration nicht akzeptierte) plastische Bühnenportalumrahmung in lang geschwungenen linear-floralen Jugendstilformen wurde 1970/ 1971 mitsamt dem zugehörigen bestickten Bühnenvorhang rekonstruiert.

Der Zugang erfolgt von der Maximilianstraße durch zwei Passagen im älteren Vorderhaus. Das quer gelegte Kassenvestibül (schon im Neubau) mit skulptierten Naturstein-

Schauspielhaus, Oberer Umgang rechts, Decke

pfeilern wird durch ein längsgerundetes, vergittertes Oberlicht im Mittelteil erhellt, die seitlich anschließenden Flachdecken tragen Längsrippen und Blattwerkmalerei. Vor der Kasse erinnern moderne Bronzebüsten an den Architekten Richard Riemerschmid und die Schauspieler Otto Falckenberg, Fritz Kortner und Peter Lühr. – Im Nordflügel des Erdgeschossumgangs zwischen Vestibül und Zuschauerraum füllen Kreisstrukturen die Deckenfläche; nördlich die Eingänge zu Seiten einer Korbbogenarkade mit Garderobe, in den Seitenflügeln Pfeilerarkaden vor den Garderoben, an den Wänden luftblasenartige Ornamente, an der Decke Rahmenstuck und gemalte pflanzliche Motive. – Etwas aufwendiger die Gestaltung im Obergeschoss: im Nordflügel durch Flachbogenfolge auf kupferverkleideten Pfeilern abgesonderte schmale Abseite mit dem Büffet in der Mitte, an der Decke Rautennetzstrukturen, in den Seitenflügeln Arkaden

Schauspielhaus, Kassenhalle

Schauspielhaus, Obergeschoss, Foyer

Schauspielhaus, Erdgeschoss-Umgang rechts

Schauspielhaus, unteres Foyer

Schauspielhaus, Zuschauerraum; Aufn. 1997

vor den Garderoben, an der Decke an Wasserringe erinnernde, sich überschneidende Kreisformen von besonderem Reiz.

Der Außenbau ist gemäß der Hoflage äußerst einfach, nur durch Putzrahmen um die Öffnungen gegliedert, das Bühnenhaus mit -turm vergleichsweise knapp bemessen, zur Bauzeit jedoch mit der modernsten technischen Einrichtung ausgestattet.

Das nachfolgenden Phasen des Zeitgeschmacks mißfallende Raumkunstwerk des Jugendstils musste mehrfach Vereinfachungen und Änderungen durch Reduzierung oder Verkleidung von plastischen Details und Übertünchen der originalen Raumfassungen erleiden, vor allem 1937 und noch weitergehend 1950. Die durchgreifende, aufwendige Restaurierung von 1970–72 durch Architekt Reinhard Riemerschmid (einen Großneffen des Erbauers) im Zusammenwirken mit der Restaurierungswerkstatt des Bayer. Landesamts für Denkmalpflege unter Johannes Tau-

Foyer im OG, Pfeilerdetail

Zuschauerraum, Logensäule

Schauspielhaus, Zuschauerraum, Wandfries (Detail)

bert stellte das inzwischen wieder gewürdigte originale Erscheinungsbild so weit wie möglich wieder her. Das kostbare Raumkunstwerk stören freilich expandierende Installationen für Beleuchtung und Beschallung. 1997–2002 erfolgten erneut Renovierungs- und technische Erneuerungsmaßnahmen in Verbindung mit einem Neubau des Proben- und Betriebsgebäudes an der Falckenbergstraße (s. dort; Arch. Gustav Peichl, Wien).

Maximilianstraße 27. Den östlichen, an der Ecke der Herzog-Rudolf-, ehemals Kanalstraße gelegenen Bauplatz der von Friedrich Bürklein für den Bauunternehmer Peter Riedel geplanten symmetrischen Gruppe von vier Mietshäusern (neben Nr. 27 noch Nr. 21 als Pendant, Nr. 23 und 25; s. dort) erwarb im Frühjahr 1860 der Wagnermeister Joseph Müller vom Staatsärar (da

Maximilian- ▷
straße 27

Bereich des ehem. Hofküchengartens). Die Planung vom Herbst 1860, die im Kellerbereich das Kanalbächl (den Kainzmühlbach), nach dem die Kanalstraße benannt war, zu berücksichtigen hatte, wurde nach geforderten Änderungen erst am 24. November 1860 genehmigt, noch bis Ende 1860 die Fundamentierung ausgeführt, am 20. April 1861 das Dach aufgesetzt, der Rohbau am 26. Juni als vollendet angezeigt und der Neubau in der Folge geschossweise bis Frühjahr 1862 fertiggestellt (Bauleitung Maurermeister Roth). – 1889 Neuanstrich, 1892/93 wegen Schäden am Dekor Reparatur der Fassade. – Nach schwerer Zerstörung des Inneren im Luftkrieg (April 1944) ab 1950 Wiederaufbau hinter der erhaltenen, z. T. im Bereich des Dekors und der Traufe vereinfachten Fassade mit veränderten inneren Strukturen.

Das – einschließlich dem Zwischengeschoss über den offenbar erst während der Bauarbeiten entlang der Hauptfront eingeplanten Läden – insgesamt fünfgeschossige Eckhaus im Maximilianstil entspricht in seiner Fassadengliederung und mit dem leicht erhöhten, turmartigen, eine Achse breiten Eckrisalit samt Balkon spiegelbildlich dem westlichen Eckhaus Nr. 21. Dies galt ebenso für das Grundrissgefüge mit je zwei Wohnungen – eine davon im Seitenflügel (sechs Fensterachsen) mitsamt Eckrisalit, die bevorzugtere andere mit sechs Fenstern zur Maximilianstraße und Nebenräumen zum Hof. Die Fünfzimmerwohnung im Piano nobile des Hauptflügels hatte von 1871 bis zu seinem Tod 1920 der erfolgreiche Maler Albert von Keller gemietet. Hauseigentümer von 1874 bis 1887 war der Kunstverleger Edgar Hanfstaengl (Sohn des Franz, vgl. Nr. 25; beide wohnten nahebei im ehem. Haus Kanalstraße 23).

Maximilianstraße 29, 31 (von links); Aufn. 1995

Maximilianstraße 28, 30, 30a (von rechts); Aufn. 1995

Maximilianstraße 29, 31. Block aus zwei Eckhäusern im Maximilianstil. Den im städtebaulichen Gefüge eine Schlüsselposition einnehmenden Bauplatz zwischen Kanal-, heute Herzog-Rudolf-Straße im Westen und dem breiten Forum erwarb 1852 der Privatier (Ziegeleibesitzer) Georg Roth vom Staatsärar. Erst am 13. Juni 1862 beantragte er den Bau von zwei Wohnhäusern (zeitweilig drei, d. h. mit Hintergebäude), der am 31. Juli vom Obersthofmeisterstab und am 24. September 1862 von der städtischen Baukommission genehmigt wurde. Die Eingabepläne wie zwei kleine Fassadenentwürfe von 1862 sind von Friedrich Bürklein selbst signiert. Wie meist an der Maximilianstraße begannen die Bauarbeiten unter der Erdoberfläche bereits vor Abschluss des die Allerhöchste Genehmigung erforderden Verfahrens; auch mehrfach verlangte Änderungen verzögerten die Genehmigung der Fassadengestaltung. Bei dem zuerst realisierten östlichen Eckgebäude Nr. 31 wurde der Dachstuhl am 17. November 1862 aufgesetzt, die Rohbauvollendung am 30. Januar 1863 angezeigt und der Bau noch in demselben Jahr fertiggestellt. Haus Nr. 29 wurde, nach Aufsetzen des Dachstuhls am 12. August 1863, erst am 11. März 1864 als vollendet gemeldet; das dreistöckige Hintergebäude war am 29. März 1864 im Rohbau fertig. – Im Zweiten Weltkrieg (1944) wurde vor allem die Dachzone zerstört; der Bereich des Traufgesimses ist seitdem z. T. vereinfacht, an Nr. 29 in störender Weise reduziert.
Der Gebäudeblock Nr. 29/31 mit drei Straßenfronten umschließt zusammen mit dem rückwärtigen Nordflügel (und dem nicht zugehörigen Haus Herzog-Rudolf-Straße 2 in der Nordwestecke) einen fast quadratischen, zweigeteilten Hof. – Das zweiflügelige Haus Nr. 29, mit entlang der Hauptfront in Arkaden zusammengefasstem Laden- und Zwischengeschoss sowie drei Wohngeschossen darüber, umfasst sechs Fensterachsen an der Seitenfront und fünf an der Maximilianstraße, die gestalterisch mit zwei östlich anschließenden Achsen von Nr. 31 zusammengezo-

gen sind; innerhalb dieses sich vom erhöhten Eckpavillon von Nr. 31 absetzenden westlichen Bauteiles sind die jeweils äußersten Achsen – auch um die somit risalitähnlich flankierte Südwestecke – von Lisenen begrenzt. Eine horizontale Gliederung erfolgt durch verschieden kräftige Gurtgesimse, auf denen die Fenster stehen. Die Fenster im zweiten Hauptgeschoss sind durch dekorierte Brüstungsfelder auf mit dem Gurt verkröpften Konsolen betont, die im letzten Geschoss verdoppelt. Die Durchfahrt von Nr. 29 liegt in der äußersten rechten Achse. Vom ovalen Treppenhaus im Hofwinkel sind die ursprünglich jeweils zwei Wohneinheiten zugänglich – eine mit fünf Zimmern im Südflügel an der Maximilianstraße, eine mit sechs Zimmern (1933 geteilt) im Westflügel, an dessen Nordende eine weitere Durchfahrt mit Nebentreppe zu einer Wohneinheit situiert ist.
Haus Nr. 31 besteht – von außen gesehen – aus den beiden erwähnten, gleich Nr. 29 gestalteten westlichen Fassadenachsen, aus dem um ein Geschoss erhöhten Eckpavillon, der in den Grundzügen ähnlich wie der von Nr. 34 südlich gegenüber gegliedert ist, und einem nördlich sich im rechten Winkel anschließenden Flügel mit fünf Fensterachsen an der kurzen schmalen Westseite des Forums; dieser Fassadenabschnitt entspricht in seiner Gestaltung derjenigen der sich an der Forums-Nordseite anschließenden Häuser Nr. 33/35/37 (s. dort). Die Wandgliederung dieser Forumswand unterscheidet sich von der des Westflügels von Nr. 29/31 am engeren Straßenteil vor allem durch große Stichbogenblenden, in denen jeweils die Fensterachsen in den beiden letzten Geschossen zusammengefasst sind; demgemäß sind hier die Fenster im obersten Stock nicht verdoppelt. Der auf Fernwirkung berechnete Eckpavillon zeigt an den beiden unterschiedlich breiten Straßenseiten eine übereinstimmende monumentale Lisenengliederung in drei Achsen, deren breitere mittlere durch dreiteilige Fenstergruppen mit dekorierten Brüstungen bzw. (im 2. Hauptgeschoss) Balkon betont ist; über dem 3. Hauptgeschoss ist das Motiv der Stichbogenblenden von den Forumswänden in verändertem Rhythmus weitergeführt. Das darüber frei aufragende, niedrigere Freigeschoss ist durch schlichte Lisenenteilung und im axialen Rhythmus 2 4 2 dicht gereihte (heute ungeteilte) Rechteckfenster gekennzeichnet. Traufgesims und weiter Dachüberstand, ursprünglich reich dekoriert wie bei Nr. 34, sind heute im Detail stark vereinfacht. Der Eckpavillon besitzt als einziger Privatbau an der Straße außer Nr. 32 Terrakottalisenen gemäß dem für das Ensemble intendierten Gestaltungskonzept; bei der Fassadenrestaurierung 1977 erwies sich jedoch ihre Freilegung als technisch nicht durchführbar, so wurden sie damals in einem Terrakottaton (Mittelwert) gefasst.
Die Durchfahrt – heute Passage – liegt im Südflügel in der Achse links neben dem Eckrisalit. Im Inneren waren von der im südöstlichen Hofwinkel situierten Ovaltreppe sowie von einer

Maximilianstraße 29, 31, 33 (von links); Aufn. 1995

U-förmigen Treppe an der Rückseite des sich im rechten Winkel gegen Norden anschließenden Flügels jeweils zwei Wohneinheiten zugänglich, die durch Mittelgänge erschlossen wurden (mit den Nebenräumen zum Hof); die nördlichste, kleinste Wohnung hatte keine Fenster zum Forum. – Nach dem Zweiten Weltkrieg wurde in Nr. 31 das Eiscafé bzw. Restaurant Roma und 1958 das (nicht mehr bestehende) Theater „Die kleine Freiheit" ansässig.

Maximilianstraße 30, 30a. Doppelmietshaus, bildet mit Nr. 22/24 und 26/28 einen symmetrischen Block. Die äußerlich homogene Eckbebauung im Maximilianstil bildet den östlichen Abschluss der vom Likörfabrikanten Anton Riemerschmid nach Plänen von Friedrich Bürklein in mehreren Abschnitten errichteten, lang gestreckten Häuserzeile, in der sie das Pendant zum westlichen Eckhaus Nr. 22/24 bildet. Zuerst (1864–65) entstand das Eckhaus Nr. 30a, das in seiner Fassadengestaltung mitsamt dem Gusseisenerker an der Schrägecke Nr. 22 entspricht (s. dort); von diesem abweichend ist die hier etwas längere Seitenfront an der Stollbergstraße durch seitliche Doppelachsen rhythmisiert.
Der Fortsetzungsbau gegen Westen (Nr. 30) mit vier Fensterachsen an der Maximilianstraße und gleicher Fassadengliederung – Erdgeschoss (mit Läden) und Zwischengeschoss durch Spitzbogenarkaden zusammengefasst – wurde am 11. Juli 1866 genehmigt, war schon im Dezember im Rohbau fertig und wurde im September 1867 (die Läden erst im folgenden Frühjahr) bezogen. Die Erschließung geschieht durch den gemeinsamen Flur in der westlichsten Achse des Eckhauses und die ihn beiderseits rückwärts flankierenden, doppelt gewendelten Treppenhäuser mit Granitstufen und Gusseisenstabgeländer.

Maximilianstraße 31–58. Vgl. Ensemble Platzfolge Lehel.

Maximilianstraße 32. Block mit Nr. 34 und 36. Als erster ausgeführter Privatbau an der neuen Maximilianstraße war das für den Schriftgießereibesitzer Gustav Lorenz nach Plänen von Friedrich Bürklein durch Maurermeister Johann Nepomuk Bürkl und Zimmermeister Bleibinhaus errichtete Mietshaus in Ecksituation von exemplarischer Bedeutung, gleichsam ein Muster für die vom Architekten intendierte, in den Grundzügen einheitliche Fassadengestaltung im sog. Maximilianstil, die in der Folge freilich zunehmend einfacher wurde. Die begehbaren offenen Arkaden wurden schon in diesem Initialbau nicht realisiert, stattdessen das Erd- mit dem niedrigen ersten Obergeschoss („Entresol") – zur Bauzeit auch vielfach als Nieder- und Hochparterre bezeichnet – durch hohe spitzbogige Blendarkaden zusammengefasst. Die nur hier (und an Haus Nr. 31 gegenüber) ausgeführte Terrakottaplattenverkleidung der Lisenen und ihrer waagrechten Verbindung unter dem Traufgesims wurden bei den Nachfolgebauten durch Putz ersetzt.
Bürkleins Pläne, die auch bereits das künftige Nachbarhaus Nr. 34 vorsahen, erhielten am 21. Oktober 1854 die königliche Genehmigung und am 25. die der Baukommission, am 20. November erfolgte die Grundsteinlegung; 1856 erscheint der Bauherr erstmals im Adressbuch. Eine (die östliche) der Fensterachsen auf dem Plan der Nordfassade von 1854 gehörte zum erst 1861 aufgeführten Nachbarhaus Nr. 34. 1860 ließ Gustav Lorenz das Eckhaus durch einen etwa gleich großen Anbau ebenfalls von Bürklein an der Kanal-(heute Stollberg-)Straße nach Süden verlängern, 1871 der damalige Besitzer, der Privatier Georg Hemmeter, diesen neuen Flügel umbauen und die Einfahrt von der Nordseite in die Mitte der Seitenfront zwischen Alt- und Erweiterungsbau verlegen; rechts (südlich) neben ihr wurde das neue gewendelte Treppenhaus (heute erneuert) eingebaut.
Die gestalterisch aufwendige Musterfassade ist durch eine bis zum Boden herabgezogene Kolossallisenenordnung rhythmisch gegliedert, indem jeweils die End- bzw. Eckachse herausgehoben wird (die östliche an der Maximilianstraße gehört zu Nr. 34). Zudem sind die Obergeschosse der bevorzugten Nordfront durch Lisenen zwischen sämtlichen Fensterachsen ausgezeichnet und vertikalisiert (zugleich monotoner in der Wirkung). An den beiden gestalterisch fast identischen Bauteilen von 1854 und 1860 an der Seitenfront flankieren die lisenenbegrenzten Außenachsen jeweils drei Mittelachsen; in die Mitte zwischen den beiden Fassadenhälften ist eine breitere Achse eingesetzt, welche die Durchfahrt von 1870 enthält. Die Befensterung innerhalb der Blendarkaden im unteren Doppelgeschoss ist im Lauf der Zeit im Zusammenhang mit der Ladennutzung häufig ungestaltet worden. Die rechteckigen Fenster des 1. und die spitzbogigen des bevorzugten 2. Obergeschosses sind zu einer durch ornamentierte Brüstungsfelder getrennten Gesamtfigur zusammengezogen. Die Fenster im obersten Stock, in ihrer Form an der Maximilianstraße einmalig, sind dreiteilig mit abgetrepptem, im Mittelteil erhöhtem Sturz; die massiven, maßwerkartigen Trennpfeiler wurden 1985 leider beseitigt und sind nur noch im Südteil der Seitenfront erhalten. Die mit Büsten besetzten Zwickeltondi über ihnen und das prachtvolle, kleinteilig dekorierte Traufgesims bilden den festlichen oberen Abschluss.
Nach Kriegsschäden im oberen Bereich wurde das Dach 1948 notdürftig repariert, 1964 der Dachstuhl erneuert. Bei einer Teilrenovierung des Äußeren erhielt 1972 die Südhälfte der Seitenfront gemäß damaliger Befundinterpretation eine dezent mehrfarbige Fassung (es war dies die erste im heutigen Sinn restauratorisch sorgfältige Fassadeninstandsetzung im Bereich der Maximilianstraße). Der Eckbau wurde 1985 außen restauriert.
An der Nordseite erinnert eine Inschrifttafel in Jugendstilformen an Henrik Ibsen (1828–1906), der 1885–91 in diesem Hause wohnte. Der norwegische Dichter, der 1864 seine Heimat, wo er sich unverstanden fühlte, verlassen hatte, lebte 1875–91 in München (abwechselnd mit Rom), wo einige seiner damals umstrittenen Hauptwerke entstanden und aufgeführt wurden.

Maximilianstraße 32 (links 34)

Maximilianstraße 33

Maximilianstraße 33. Block mit Nr. 35 (s. dort). Den zuvor zum Liechtensteinschen Gartengrund (ehemals Kanalstraße 30) gehörigen Bauplatz erwarb 1851 das Staatsärar und von ihm noch in demselben Jahr der Apotheker und Magistratsrat Carl Schreyer. Wie bei Nr. 29/31 verzögerte sich der Baubeginn erheblich; der von Schreyer erstmals am 11. Juni 1862 vorgelegte Bauantrag wurde, da als Teil eines längst intendierten Konzeptes von Friedrich Bürklein, problemlos bereits am 14. Juni von der Lokalbaukommission genehmigt, an dem schon zuvor begonnenen Bau am 1. Dezember der Dachstuhl aufgesetzt, die Rohbauvollendung am 31. Dezember 1862 angezeigt und der Wohnungsconsens am 2. Oktober 1862 erteilt. 1882 erhielt die Fassade einen neuen Anstrich. – Nach dem Luftangriff vom 25. April 1944 war im Wesentlichen nur noch die Fassade (ohne Fenster und Traufgesims) erhalten; nach Abtragung der einen Schutthaufen umschließenden Ruine dahinter entstand 1954–56 ein rückseitig um ein Geschoss erhöhter moderner Neubau mit instand gesetzter historischer Schauseite.

Die fünf Achsen breite Fassade im Maximilianstil, mit der – ausgehend von der Nordwestecke des Forums – dessen nördliche Randbebauung beginnt, zeigt dieselbe Gliederung wie die links im rechten Winkel zurückgesetzt anschließende fünfachsige Rücklage von Haus Nr. 31 an der Forums-Westseite bzw. wie die östlich sich fortsetzende Forums-Nordwand an Nr. 35 (bzw. ehemals Nr. 12 und 13). Erdgeschoss (mit Läden) und Zwischenstock sind in Spitzbogenarkaden zusammengefasst, die beiden obersten Wohngeschosse, deren erstes als Piano nobile durch dekorierte Brüstungsfelder ausgezeichnet ist, sind achsenweise von Stichbogenblenden überfangen.

Maximilianstraße 34. Block mit Nr. 32 (Abb. s. S. 621), im Zusammenhang mit Nr. 36. Bauherr des Eckhauses im Maximilianstil mit erhöhtem Kopfbau war – wie schon zuvor von Nr. 32 (dessen Erweiterung nach Westen schon 1854 miteingeplant wurde) – der Schriftgießereibesitzer Gustav Lorenz, der im Erdgeschoss

ein Café eröffnete. Die Planung wurde im April/Mai 1860 genehmigt, weitere Pläne Friedrich Bürkleins zum Kopfbau stammen vom Juli 1861, im November wurde das Dach aufgesetzt, im Mai 1862 war der Rohbau fertig, im September erfolgte der Bezug.

Das städtebaulich markant situierte Gebäude am Übergang vom schmaleren Westteil der Straße zum breiten Forum – in der Baumassenfiguration Gegenstück zu Nr. 31 nördlich gegenüber – besteht aus dem erhöhten sechsgeschossigen Eckpavillon und einem um ein Geschoss niedrigeren Südflügel an der westlichen Schmalseite des Forums, der noch über dessen Südwestecke hinaus bis zum Hof weitergeführt ist. Das Gebäude umschließt mit dem ähnlich tiefen Haus Nr. 32 zusammen einen gemeinsamen kleinen Lichthof.

Die Gliederung der beiden Fronten des Eckpavillons ist identisch, mit durch terrakottaverkleidete Lisenen begrenzten Außenachsen und breiterem Mittelteil, dessen Fenster in den beiden vornehmsten Wohngeschossen – dem 4. und 5.– durch Spitzbogenarkaden auf dünnen Halbsäulen zusammengefasst werden. Darunter bildet ein verkröpftes Gurtgesims, in das die knappen Balkonaustritte bzw. dekorierten Brüstungsfelder auf Konsolen eingebunden sind, eine markante horizontale Trennungslinie, die auch am fünf Achsen breiten Südflügel weitergeführt wird, der mit seiner achsenweisen Gliederung durch Strecklisenen und dem rosettengefüllten Rundbogenfries unter der Traufe der anschließenden Südwand des Forums (s. Nr. 36) entspricht. Erdgeschoss (mit Läden) und Entresol sind am Südflügel in großen Spitzbogenblendarkaden zusammengefasst, am Eckpavillon jedoch mit einzelnen, getrennten Rechtecköffnungen ausgebildet, lediglich die Mittelachse ist hier durch den übergreifenden Spitzbogen betont, der auch die Eingangssituation kennzeichnet. Der Hauseingang liegt in der dem Eckpavillon westlich benachbarten niedrigeren Achse, die gestalterisch mit dem Haus Nr. 32 (s. dort) zusammengefasst ist. An den Details von Erd- und Zwischengeschoss wurden bereits zur Bauzeit wie auch später häufig Änderungen vorgenommen. Das herausragende oberste Pavillongeschoss ist in eine dichte Reihung von Rechteckfenstern aufgelöst; über dem Rauten-Rosetten-Fries an der Traufe kragt der Dachüberstand auf Holzkonsolen weit vor.

Die Luftkriegsschäden vom 7. Januar 1945 betrafen das Dach und das z. T. ausgebrannte oberste Geschoss mit nachfolgender Feuchtigkeitseinwirkung. Der mangelhafte Bauzustand veranlasste 1980/81 den Abbruch und Neubau hinter der sorgfältig restaurierten Fassade, deren Erhaltung auch unter dem Gesichtspunkt gefordert worden war, dass sie unter den Häusern im Ensemble in seltener Weise fast alle Baudetails – Zierstuck, geschnitzte Holzzierwerke, Fenster- und Türelemente – original bewahrt hat (Gutachten BLfD, 1977).

[**Maximilianstraße 35.** Dem um einen kreisrunden Hof gruppierten Geschäfts- und Bürohaus-Komplex der Investa-Unternehmensgruppe (Architekten Otto Schultz-Brauns und Armin Reinhart; Richtfest 19. April 1996) im spitzen Winkel zwischen Karl-Scharnagl-Ring und Herzog-Rudolf-Straße wurde südöstlich ein Annex im Maximilianstil vorgelegt, um die beim Durchbruch des Altstadtrings um 1967 entstandene Lücke in der geschlossenen Forums-Nordwand in historischer, wenngleich noch stärker als im Süden gegenüber (vgl. Nr. 38/40) verkürzter Form zu reduzieren. In Übernahme der Detailgestaltung der originalen Bebauung schließen sich rechts (östlich) an Maximilianstraße 33 (s. dort) eine weitere Rücklagenachse gleicher Art sowie eine Nachbildung des ehemals weiter östlich situierten, um ein Geschoss

Maximilianstraße 32, 34, 36 (von rechts); Aufn. 1995

Maximilianstraße 33–39; Aufn. vor 1945

Maximilianstraße (links Nr. 33), Altstadtring-Durchbruch; Aufn. 1967

Maximilianstraße 33/35; Aufn. nach 1945

Das rechts benachbarte einstige Eckhaus Nr. 13 (heute imaginär Nr. 37, im Bereich des Altstadtrings) wurde dem Bauherrn, Zimmermeister F. Ehrengut, von der Lokalbaukommission am 27. August 1862 genehmigt, das Dach auf dem (wie meist) schon vorher begonnenen Bau am 27. Dezember aufgesetzt, der Rohbau war am 31. Dezember als abgeschlossen bezeichnet. Noch vor der Vollendung im Herbst 1863 erwarb der Maler und Fotograf Holz das Anwesen und ließ ein zweigeschossiges Rückgebäude aufführen. Der Wohnungsconsens wurde nach Verzögerungen am 28. November 1863 erteilt. Der Rentner Andreas Mayer, Eigentümer ab 1863, ließ an der Nordseite einen vier Fensterachsen breiten Erweiterungsbau anbauen. – Das im Luftkrieg am 25. April 1944 weitgehend zerstörte Haus wurde 1946 abgebrochen bis auf einen an Nr. 12 anschließenden Rest der Südfassade, der noch bis zum Ringausbau stand. – Nr. 13 setzte sich zusammen aus zwei westlichen Fensterachsen in Fortsetzung des Fassadensystems von Nr. 12 bzw. (heute) Nr. 33 und 31 sowie aus dem erhöhten Eckpavillon, der gestalterisch dem nach Westen verschobenen und um einige Ornamente vereinfacht rekonstruierten Eckrisalit des heutigen Hauses Nr. 35 glich. Wegen des nur geringen Abstandes zur Regierung (Nr. 39) durften die Fenster an der fünfachsigen Ostfassade gemäß Auflage nur blind ausgeführt werden; der zum Garten der Regierung gehörige Zwischenraum, der erst später als Teil der 1888 nach dem Maler Franz Seitz († 1883) benannten schmalen Straße geöffnet wurde, war bis dahin durch eine auf den älteren Ansichten dargestellte Pfeilerloggia geschlossen, wie sie heute noch östlich zwischen Regierung und Haus Nr. 43 erhalten ist.]

erhöhten Eckrisalits an, der durch die einstige schmale Seitzstraße von der Regierung (s. Nr. 39) getrennt war. Die im Großen dreiachsig-rhythmische Gliederung der Südseite des rekonstruierten sechsgeschossigen Eckpavillons entspricht der des einstigen Hauses mit der alten Nr. 13 bzw. der noch existierenden von Nr. 31 (s. dort); die östliche Seitenfront zum Altstadtring, analog dem anvisierten Altbau durch Lisenen gegliedert, ist wie ehemals fünf Achsen breit; rückseitig im Norden tritt der Pavillon mit einer Achse vor die zurückgesetzt anschließende moderne Bürohausfassade.

Das heutige Haus Nr. 35 ist also städtebaulich motivierter Ersatz für die von Friedrich Bürklein entworfene originale längere Bebauung mit den alten Nummern 12 und 13, die wie Nr. 33 auf ehemaligem Gartengrund entstanden war. Für Haus Nr. 12 (rechts neben heute Nr. 33) erhielt der Bauherr, Hofkupferschmiedmeister Christian Jank (s. unter Nr. 11), die Baugenehmigung am 23. Juli 1862; das Dach wurde am 1. Dezember aufgesetzt, der Rohbau am 31. Dezember 1862 als abgeschlossen bezeichnet und durch Besichtigung am 26. Februar 1863 abgenommen, das am 26. September als fertig gemeldete Haus Ende des Jahres bezogen. 1882 erhielt es einen neuen Fassadenanstrich (Eigentümer war damals Hoftheatermaler Christian Jank jun.), ebenso 1926. Die nach dem Bombenangriff vom 25. April 1944 allein noch erhaltene Fassade stand noch jahrelang als abgestützte Ruine bis zum Abbruch im Zuge des Altstadtring-Durchbruchs.

Maximilianstraße 31, 33, 35 (von links); Aufn. 1998

Maximilianstraße, Forum nach Südwesten, links Nr. 38/40 (kein BDm)

Maximilianstraße 36. Das vier Fensterachsen breite Wohnhaus im Maximilianstil entstand nach Plänen von Friedrich Bürklein 1858–59 als Ostabschluss einer im Auftrag des Privatiers Johann Baptist Lebold errichteten Gruppe von insgesamt vier Mietshäusern (s. Nr. 38/40). Es schließt im rechten Winkel an Nr. 34 an. Die als Teilabschnitt einer homogenen südseitigen Forumswand konzipierte Fassadengliederung stimmt mit der am (abgebrochenen und rekonstruierten) Haus Nr. 38 und dem erhaltenen Südflügel von Nr. 34 überein: Strecklisenen, Erdgeschoss und Entresol zusammenfassende Spitzbogenblendarkaden, Gurtgesims mit dekorierten Brüstungsfeldern unter dem 4. Geschoss, Rundbogenfries mit Rosetten unter den Traufe. Der Eingangsflur liegt in der westlichen Achse neben der Ecke, links von ihm rückseitig die (erneuerte) Treppe. 1958 wurde das Dach erneuert und ausgebaut. – Im Hof zweigeschossiges Rückgebäude mit Mansardsatteldach, 1889 als Atelierhaus erbaut.

[**Maximilianstraße 38/40.** *Campari-Haus.* Nordflügel und Eckpavillon in rekonstruierender Übernahme der Gliederung der 1970 abgebrochenen originalen Bebauung; im Zusammenhang des homogenen Ensembles Maximilianstraße von Bedeutung. Den Abschnitt an der Südseite des Forums von dessen Südostecke bis zur einstigen schmalen Museumstraße (neben Nr. 42, dem Alten Nationalmuseum) füllte eine Gruppe von vier Mietshäusern (nach seit 1959 gültiger Zählung Nr. 36, 38 und 40 sowie Museumstraße 1), die der Privatier Johann Baptist Lebold 1858/59 nach Entwürfen (doch wohl nicht unter der Leitung) von Friedrich Bürklein errichten ließ. Der Bauherr selbst nahm seinen Wohnsitz in Nr. 38. – Original erhalten ist allein das östliche Haus Nr. 36 (s. dort); daran schloss sich westlich das acht Fensterachsen lange, nach demselben Fassadensystem gegliederte Haus Nr. 38 an. Haus Nr. 40 umfasste östlich eine Fensterachse in Fortsetzung dieses Gliederungssystems und anschließend einen um ein Geschoss erhöhten Risalitpavillon analog zu dem von Nr. 34 und 31 bzw. als Pendant zu dem einst nördlich genau gegenüberstehenden von Nr. 35/37 (s. dort). Da zum Museum hin ein breiterer Zwischenraum übrig blieb als gegenüber neben dem längeren Regierungsgebäude (Nr. 39), wurde hier noch das niedrigere, viergeschossige Haus Museumstraße 1 mitsamt einem turmartigen Eckrisalit und Seitenflügel eingeschoben (als symmetrische Entsprechung zu Nr. 44 östlich des Museums, s. dort). Anlässlich des Durchbruchs des Thomas-Wimmer-Ringes wurden die Häuser Nr. 38, 40 und Museumstraße 1 1970 abgebrochen, die umstrittene störende Baulücke erst 1983–85 durch den Geschäftshausneubau der Fa. Campari von Peter Lanz in

verkürzter Form wieder geschlossen. Dem Neubau war die Übernahme des Maximilianstils für die Fassaden am Forum zur Auflage gemacht worden; hier setzen sieben rekonstruierte Fensterachsen (statt früher neun) das Gliederungssystem von Nr. 36 (s. dort) gegen Westen fort; daran schließt sich die Nachbildung des (leicht nach Westen verschobenen) erhöhten Pavillons des einstigen Hauses Nr. 40 an, mit Fassadengliederung analog dem Eckbau von Nr. 34, jedoch an der (früher nicht freistehenden) Ostseite am heutigen Altstadtring um eine Fensterachse breiter. Südlich am Ring schließt sich ein modern gestalteter Flügel bis einschließlich Hildegardstraße 15 an.]

Forum, Südwestecke vor Teilabbruch; Aufn. 1959

Maximilianstraße 40 (li. Museumstraße 1) vor Abbruch; Aufn. 1967

Maximilianstraße 39, Mittelteil;
Aufn. 1995

Maximilianstraße 39. *Regierung von Oberbayern*, Monumentalbau im Maximilianstil. Der mächtige Staatsbau entstand mit seinem größeren Westteil auf dem Gelände des ehem. Hofküchengartens. Bereits der am 8. Oktober 1853 genehmigte Plan Friedrich Bürkleins für die Anlage des Forums der Maximilianstraße sah als Mittelteil von dessen nordseitiger Bebauung das lang gestreckte Regierungsgebäude vor, mit einer die St.-Anna-Straße (damals Nordteil der Adelgundenstraße) überbrückenden Durchfahrt im Ostteil und aus Symmetriegründen einem (nicht ausgeführten) Pendant im Westen. Bürkleins Fassadenplan lag 1854 vor, am 28. November 1856, dem 45. Geburtstag Maximilians II., wurde durch Innenminister Graf August von Reigersberg der Grundstein gelegt, unter Dach war der Neubau im Mai 1859; nach einer Unterbrechung der Arbeiten aus Finanzierungsgründen und wegen technischer Probleme mit der Terrakottaverkleidung – für die eigens eine Fabrik in Bogenhausen angelegt wurde – fand die formlose Übergabe am 21. Juni 1864 statt. Bis dahin war die Regierung im alten Landschaftsgebäude am Marienplatz – bald darauf Standort des Neuen Rathauses – untergebracht gewesen.

Beim Luftangriff in der Nacht vom 24. zum 25. April 1944 brannte das Gebäude völlig aus, die inneren Strukturen wurden weitgehend zerstört, die Vorderfront blieb in ihrem tektonischen Gefüge stehen, ausgenommen die maßwerkartigen Fensterteilungen und dekoratives Beiwerk. Beim Wiederaufbau 1948–53 durch das Landbauamt München (Baurat Gerhard Rothenfußer) wurde die Raumeinteilung neuen Bedürfnissen entsprechend umgestaltet, ein neues, aus der Kreisform entwickeltes Haupttreppenhaus (an der Stelle des alten) eingebaut und die Rückfassade z. T. neu aufgeführt. An der Hauptfassade wurde die Binnengliederung der großen Blendarkaden durch klar ablesbare Fensterbrüstungen und auch diese überschneidende vertikale Stäbe verändert – eine partielle (in der Gesinnung dem früheren Umbau des Postscheckamtes – s. Sonnenstraße 26 – vergleichbare) Neuinterpretation, durch die mittels Reduktion der dekorativen Elemente „eine heutigem Empfinden entsprechende, straffere Haltung des Bauwerkes erzielt" werden sollte (Ritz 1954). In diesem Sinn wurden auch die bereichernden Akroterien und Zieraufsätze über der Traufe entfernt bzw. weggelassen, die den oberen Abschluss dekorativ auflockerten. Wiederhergestellt und abermals instand gesetzt wurde die Terrakottaverkleidung der Fassade, erneut 2007/08 mit Akroterien-Rekonstruktion.

Die Regierung ist an der Maximilianstraße – abgesehen von den Sonderfällen der Münzarkaden (s. Nr. 6/8) und der Museumsloggia (Nr. 42) – der einzige Bau, an dem die ursprünglich über-

all vorgesehenen begehbaren Erdgeschossarkaden (hier mit Kreuzgratgewölben und Gurten) ausgeführt werden konnten, freilich an einem Amtsgebäude am wenigsten vom intendierten Handel und Wandel belebt. Von allen Bauten an der neuen Straße galt die Regierung seit jeher als die beste architektonische Einzelleistung; überdies ist sie die weitestgehend „gotische", freilich nicht im Sinn eines strengen Historismus, sondern als für den Mischstil der Maximilianszeit bezeichnende, spätromantisch freie Variante. Die dem mehrgeschossigen Verwaltungsbau vorgesetzte, anspruchsvolle Fassade wird in ihrer Gliederung gewöhnlich mit dem dreizonigen Aufrisssystem der klassischen Kathedralen-Mittelschiffswand aus Arkaden, Triforium und hohem Obergaden verglichen; die sakrale Assoziation ist die fast zwangsläufige Folge der Übertragung eines aufwendigen gotischen Formenrepertoires auf einen großen neuzeitlichen Profanbau (Wilhelm Stier gelangte am Mittelrisalit seines Hamburger Rathausentwurfes von 1854 zu einem ähnlichen Ergebnis). Maßgebend für die Einführung der dominanten Blendarkatur war der Wunsch des Königs, die kleinlich-additive Befensterung des Verwaltungsgroßbaues durch großformatige Teilungen zu überspielen; das schon von Zeitgenossen mehrfach kritisierte Gliederungssystem nimmt andererseits Merkmale des späteren Geschäftshausbaues mit vertikaler Zusammenfassung der Achsen (etwa bei Richardson und Sullivan) vorweg. Die Gliederung und Akzentuierung von Baumassen durch Zinnentürme (gemäß der englisch „castellated" genannten Bauweise) – in München erstmals bei Gärtners Wittelsbacher Palais – gliedert im Verein mit dem Prinzip einer wechselnd abgestuften Traufhöhe und unter-

Maximilianstraße 39, Rückseite nach Kriegsschäden; Aufn. 1946

Maximilianstraße 39, bauzeitlicher Fassadenplan

Maximilianstraße 39, Fassadendetail mit rekonstruierten Akroterien; Aufn. 2008

schiedlich langer Bauabschnitte die lang gestreckte, symmetrische Fassade rhythmisch dergestalt, dass die Gefahr einer spannungsarmen bloßen Reihung vermieden wird, andererseits aber die für diese romantische Architekturauffassung typische unplastische Flächenhaftigkeit und kleinteilig-filigrane Aufteilung im Eindruck vorherrscht. Die 175 m lange Front wird durch den dreiachsigen Mittelrisalit und ebensolche vortretende Eckpavillons und dazwischen durch die den mittleren erhöhten Hauptbaukörper begrenzenden polygonalen Türme gegliedert, die zweiseitig vor die Fassade treten; dementsprechend wird der Baukörper auch bis zu einer maximalen Traufhöhe von 32 m emporgestaffelt und seine Rückseite durch eine stärkere, zur Mitte hin vorgestaffelte Risalitbildung geprägt. Ein in halber Höhe die Hauptfassade teilendes Gurtgesims über dem triforiumartigen Zwischengeschoss unterstreicht den dominierenden Horizonta-

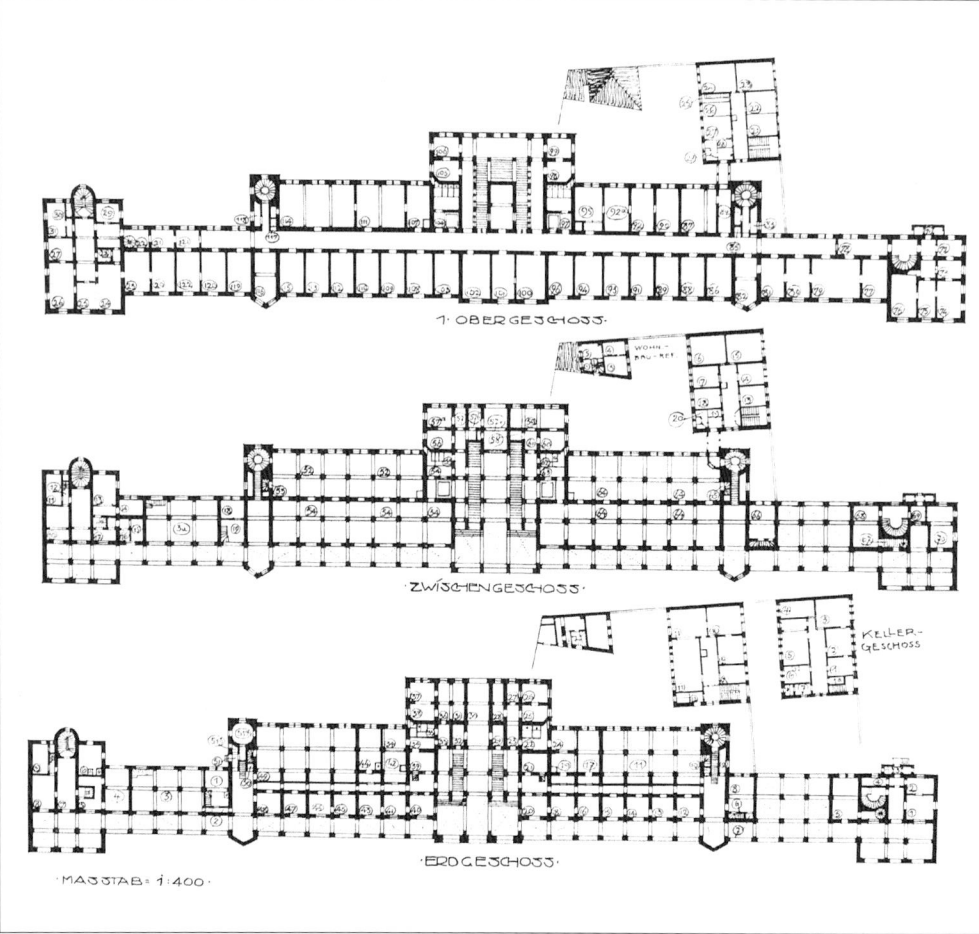

Maximilianstraße 39; Grundrisse Erd-, Zwischen- und 1. Obergeschoss (vor der Zerstörung)

Maximilianstraße 39, Detail mit rekonstruierten Akroterien; Aufn. 2008

Maximilianstraße 39, Figur „Gerechtigkeit"

lismus. An den um ein Geschoss erhöhten Bauteilen – Mittelrisalit, Eckpavillons, Türmen – kehrt unter der Traufe das Triforiumsmotiv der gereihten Kleinarkaden wieder. Nur an den keilförmig vortretenden Türmen bleiben noch Restflächen für die appliziert wirkenden Dreiergruppen von Wappenreliefs oberbayerischer Städte. Die filigrane Wirkung des Oberflächenreliefs mit Terrakottastäben, -profilen und -ornamenten verbindet sich mit der zarten Farbabstufung der gelblich-rötlich-bräunlichen, nach verschiedenen Mustern verlegten Plattenverkleidung; für diese den Erbauern wichtigen ästhetischen Reize hatten die auf dem Boden des Renaissancismus stehenden Kritiker (und ihre Nachbeter bis heute) kein Auge. Nach dem Verlust der Zieraufsätze über der Dachtraufe – die Dächer selbst treten im Ensemble völlig zurück – übernahmen allein die drei ca. 4 m hohen allegorischen Figuren der „Gerechtigkeit" über dem Mittelrisalit sowie der „Weisheit" und „Klugheit" über den Türmen die Funktion eines vertikalen Ausklangs. Die Originalplastiken von Johann Halbig (die seitlichen – nach Zauner 1914 – aus Terrakotta) wurden später durch – wohl kopierende – Neufertigungen ersetzt; von den drei bestehenden kupfergetriebenen Figuren trägt die mittlere am Sockel die Signaturen des Bildhauers Ludwig Gamp und des Kupferschmiedes Hygin Kiene samt Datum 1897.

Im Inneren ist die originale Geschosshöhe und Raumeinteilung (Grundriss bei Reber 1876) nicht erhalten; das heutige Treppenhaus ist

Maximilianstraße 42, ehem. Bayerisches Nationalmuseum, jetzt Museum für Völkerkunde; Aufn. 1995

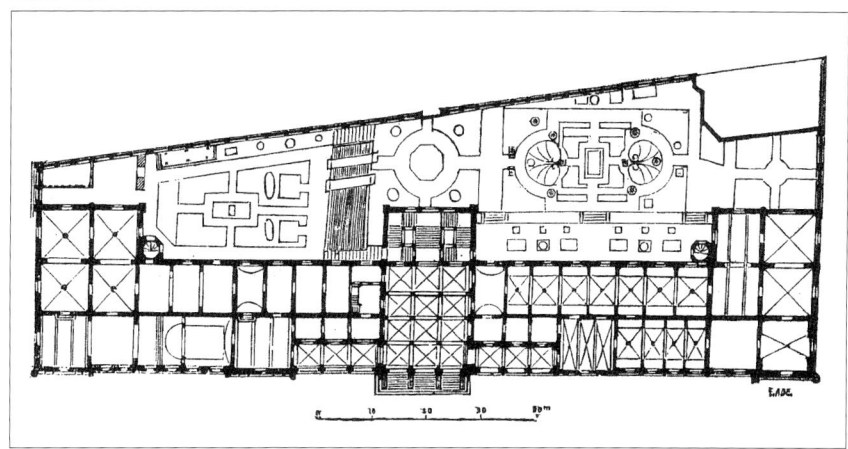

Maximilianstraße 42; Grundriss Erdgeschoss, 1876

eine bemerkenswerte Neuschöpfung der Wiederaufbauzeit. – Aus jüngerer Zeit stammen die beiden rückseitig im rechten Winkel anschließenden Erweiterungsbauten; der traditionalistische westliche von 1938/39 im Anschluss an den Eckpavillon wurde später als Teil der den neuen Karl-Scharnagl-Ring östlich begrenzenden Bebauung aufgestockt, der moderne Trakt an der Westseite der St.-Anna-Straße 1964 angebaut.

Östlich an das Gebäude schließt sich eine Pergola aus Stein als Überleitung zu Nr. 43 an.

Maximilianstraße 42. Altes *Bayerisches Nationalmuseum*, heute *Staatliches Museum für Völkerkunde*, Monumentalbau im Maximilianstil. Der Bauplatz lag größtenteils im Südbereich des einstigen Hofküchengartens und des – vom Neubau überwölbten – Hacklmühlbachs an seiner Ostseite. An der Südseite des Forums der Maximilianstraße sah Friedrich Bürkleins Bebauungs-

Maximilianstraße 39, Treppenhaus

konzept (1853 ff.) ursprünglich eine symmetrische Dreiergruppe von Staatsgebäuden vor, deren durch einen betonten Vertikalismus der Gliederung nebst weitgehender Auflösung der Flächen in gotisierende Gruppenfenster geprägte Fassadengestaltung stilistisch dem freilich insgesamt kompakten Risalitbau der Regierung gegenüber entsprach. Den als Künstlerhaus (aber auch als Börse oder Assisenhof) bezeichneten schmalen, durch Formenreichtum betonten Mittelbau sollten straßenüberwölbende Doppelarkaden und zwei große, blockhaft geschlossene Gebäude flankieren, das östliche für die Polytechnische Schule, das andere für das Taubstummeninstitut und das Maximiliansgymnasium vorgesehen. Das als erster Bauabschnitt begonnene Taubstummeninstitut war im Rohbau fertig, als Maximilian II. im Herbst 1858 die Südseite des Forums als Standort für eines seiner kulturpolitisch wichtigsten Projekte, das Bayerische Nationalmuseum, bestimmte; in den Neubau wurden Restteile des sofort wieder abgetragenen Taubstummeninstituts einbezogen.

Für die ab 1852 erwogene Gründung eines Wittelsbacher-Museums wurden 1853/54 vor allem durch den künftigen ersten Direktor Karl Maria Frhr. von Aretin († 1868) Programme ausgearbeitet, nach deren konzeptioneller Erweiterung Maximilian II. 1855 den Namen „Bayerisches Nationalmuseum" festlegte. Es wurde am 30. Juni 1855 in provisorischen Räumlichkeiten der Herzog-Max-Burg (vgl. Pacellistraße 5) eröffnet (zuvor war das Neue Schloss in Schleißheim in Aussicht genommen worden). Für die Gattung eines Museums, in dem die Darstellung der Geschichte von Staat und Dynastie sich mit der Präsentation von kunst- und kulturgeschichtlichen Beständen sowie von Fachsammlungen mit Vorbildfunktion vereinigen sollte, bezog der König aus eigener Anschauung Anregungen vom South Kensington Museum in London wie vom Musée de Cluny in Paris; dem Vorbild der Galerie historique in Versailles folgte er mit

Maximilianstraße 42 von Westen; Aufn. 1995

te aus seiner persönlichen Kabinettskasse. Rohbau und Außengestaltung waren 1863 bereits fertig; die Eröffnung fand erst am 12. Oktober 1867, drei Jahre nach Maximilians Tod, statt. – Das Nationalmuseum übersiedelte 1900 in seinen großzügigen Neubau Prinzregentenstraße 3 (s. dort); im Altbau war 1906–23 das Deutsche Museum provisorisch untergebracht; seit 1926 ist er Sitz des Staatlichen Museums für Völkerkunde. Der Ostteil des Erdgeschosses steht seit 1901 der Münchner Künstlergenossenschaft (heute dem Berufsverband bildender Künstler) zu Ausstellungszwecken zur Verfügung.

Im Luftkrieg erlitt der Bau vor allem im März und April 1944 schwerste Schäden; die Hauptfassade blieb erhalten; den südlichen, rückwärtigen Teil des Westflügels vernichtete eine Sprengbombe. Insgesamt war die Westhälfte schwerer betroffen als der Ostteil, der 2. Stock total ausgebrannt. Der erst 1949 be-

dem Gedanken eines Wandgemäldezyklus dynastischen wie landesgeschichtlichen Inhalts in den Sälen des Hauptgeschosses. Insgesamt verbanden sich in dem Museumskonzept dynastisch/patriotische, historisch-wissenschaftliche, künstlerisch-ästhetische und didaktische Gesichtspunkte – letztere sowohl hinsichtlich der Bildungs- wie der gestalterischen Vorbildfunktion. Die Neuplanung wurde nicht dem viel beschäftigten Bürklein, sondern dem kgl. Hofbauinspektor Eduard Riedel übertragen. Dessen erster Entwurf sah – bereits im Wesentlichen mit den heutigen Umrissen – einen in der Höhe mehrfach abgestuften Risalitbau in Analogie zur Regierung vor, wie diese mit zwei offenen Arkadendurchgängen, hier zu Seiten des Mittelrisalits in den Garten an der Rückseite. Der zweite Plan entsprach weitestgehend schon dem ausgeführten Bau, zu dem der König selbst am 23. Mai 1859 den Grundstein legte; die Finanzierung erfolg-

Maximilianstraße 42, östlicher Eckrisalit mit Wappen von Franken und Relief „Bildhauerei"

gonnene Wiederaufbau wurde abschnittsweise bis 1974 durchgeführt, das Völkerkundemuseum 1954 in vorerst 12 Sälen wiedereröffnet. Der zuletzt (1965–74) und zwar in rückseitig verkürzter Form von Kubizek und Pammesberger wiederhergestellte Westflügel erhielt nach Entwurf derselben Architekten 1985–87 einen südlichen Erweiterungsbau mit leicht zurückgesetzter, angepasster Fassade am neuen Altstadtring, den – analog zum Altbau – Reliefs mit ethnographischer Thematik von Hans Kastler zieren. Die Fassade wurde 1986/87 restauriert, 1992–98 eine Generalsanierung des Gebäudes durchgeführt (Landbauamt München).

Der 146 m lange Baukörper mit drei kräftigen Risaliten bzw. kurzen Flügeln nur an der Rückseite – der mittlere für das Treppenhaus – ist, ähnlich der Regierung gegenüber, in der Höhe mehrfach abgestuft. An der Straßenseite im Norden hebt sich der um ein 3. Geschoss erhöhte Mittelteil mit drei äußerst flachen, von kräftigen polygonalen Diensten begrenzten und durch Attiken abgeschlossenen Risaliten heraus; gleichartig gerahmte Risalite markieren das Ende der lang gestreckten zweigeschossigen Seitenflügel. Dem Maximilianstil wie einer überhaupt im mittleren 19. Jh. verbreiteten Ästhetik gemäß entbehrt das an sich monumental dimensionierte Gebäude jeder plastischen Wucht; auch die allein repräsentativ und im Detail höchst aufwendig gestaltete Hauptfassade erscheint nicht

Maximilianstraße 42, Mittelteil

Maximilianstraße 42, Atlant

einmal als vorgeblendete Schicht, sondern besitzt folienhaften, rein dekorativen Charakter (eine von der u. a. durch Semper geprägten, plastisch empfindenden Generation des späten Historismus nicht gewürdigte, z. T. bis heute nachwirkend unverstandene Eigenart). Als kennzeichnendes Motiv seien nur die zweidimensionalen, in die Fläche gedrückten, absichtlich (keineswegs „ungekonnt") unplastischen Maßwerkbaldachine über den – ebenfalls mehr dekorativ als voluminös wirkenden – Fassadenfiguren im 1. Stock erwähnt. Im Unterschied zu Bürkleins Fassaden im Ensemble – zumal der Regierung – entwickelte Riedel eine durchaus persönliche Variante des Maximilianstils, mit einer weniger dichten und dominanten Folge vertikaler, dünner Gliederungselemente zugunsten größerer Flächenhaftigkeit und ausgedehnterer Ornamentik. In der Synthese von gotisierenden – nicht korrekt gotischen – Elementen mit solchen des Tudorstils, die sich mitsamt der wuchernden Ornamentik ambivalent auch als maurischer oder Moghul-Einfluss deuten lassen, entspricht die Fassade einer verbreiteten europäischen Stillage „ritterlicher", kunstwissenschaftlich noch vergleichsweise naiver Romantik. In der Symmetrie und Risalitbildung des Baukörpers wie in den Attiken und plastischen, an Akroterien und Vasen erinnernden Aufsätzen ist barocke und klassische Tradition wirksam. Die vergleichsweise kleinen Erdgeschossfenster schließen flach-spitzbogig wie auch die offenen Arkaden der neun Achsen breiten, kreuzgratgewölbten Loggia im Mittelabschnitt; die drei etwas größeren Mittelbögen mit vorgelegter Freitreppe und vier Sandsteinatlanten vor den Pfeilern als Trägern des flachen Balkonvorbaus bezeichnen den Eingangsbereich. Die besonders großen, maßwerkartig versprossten Rundbogenfenster im Hauptgeschoss sind lediglich in ihrer dekorativen Rahmung kielbogig zugespitzt, die Fenster im 2. Stock des Mittelblocks hochrechteckig. Das Gesims mit profilierten Konsolen erinnert in zarter, abgewandelter Form an spätmittelalterliche italienische Gebäudeabschlüsse wehrhaften Charakters.

Widersprüchlich und unvollständig sind ältere Angaben über die Ikonographie der Fassadenplastik und deren Meister, doch haben sich zuletzt C. Harrer (1993), Biller/Rasp (2003) und B.-V. Karnapp (2006) eingehend mit dem Thema befasst. Den Mittelrisalit bekrönt eine über dem Staatswappen thronende Bavaria zwischen Löwe und Monogrammschild Max II., 1861 nach Modell von Friedrich Kirchmayer in der Kunstzinkgießerei München ausgeführt (bez.). Im Fries unter der Attika die Devise des Stifters („Meinem Volk zu Ehr und Vorbild"). In die Attiken der anderen, seitlichen Risalite sind Reliefs eingelassen, gemäß G. K. Nagler (1863) nach Modellen von Bumüller und thematisch „auf die Gründung des Museums" bezogen (oder aber Allegorien von Plastik, Architektur, Malerei und Erzgießerei; von links). Von den diese vier Attiken bekrönenden, paarweise Wappen flankierenden Liegefiguren (Zink), welche die vier Stämme Bayerns verkörperten, ist nur die Gruppe „Franken" links außen erhalten; als Bildhauer dieser Gruppen werden Heinrich Ruff, Michael Wagmüller, Georg Zell und Caspar Zumbusch genannt. Insgesamt zehn Kränze haltende Karyatiden (Zink) im 2. Stock des Mittelblocks wurden laut Nagler von Franz Walker modelliert. Insgesamt acht an den Seitenrisaliten im 1. Stock auf hohen Diensten stehende, von Baldachinen überfangene Zinkfiguren stellen, in Gestalten aus der bayerischen Geschichte personifiziert (die auch als Vertreter verschiedener Stände aufgefasst werden können), die acht Haupteigenschaften des bayerischen Volkes dar (die vier christlichen Kardinaltugenden Klugheit, Gerechtigkeit, Tapferkeit und Großmut, ferner Vaterlandsliebe, Fleiß, Frömmigkeit und Treue); sie wurden von verschiedenen Bildhauern modelliert, u. a. F. Kirchmayer, F. Walker und G. Zell. Kirchmayer führte auch, nach Zeichnungen E. Riedels (der die meisten Plastiken und Reliefs entwarf), die vier großen Sandstein-Atlanten des Balkonvorbaus aus. Von den Relief-

feldern (Portlandzement) über den Erdgeschossfenstern haben die breiteren an den vier Seitenrisaliten Allegorien von Kunstgattungen zum Thema (außen jeweils Metallkunst, dazwischen zweimal Malerei), die anderen haben emblematischen Charakter (wiederkehrend wechselnde Arrangements von Kriegsgerät, kirchlichem Gerät und Musikinstrumenten).

Im Inneren sind – heute in weiß gestrichener Rohform, ohne die einst reiche Polychromie – das Vestibül, eine Pfeilerhalle von drei zu drei Jochen mit spitzbogigen Gurten und gratigen Sterngewölben, und das südlich anschließende Treppenhaus erhalten. Die Treppenanlage mit zwischen den Geschossen jeweils breiterem Mittellauf und beiderseits drei um einen Rechteckkern gelegten Läufen ist durch Wandvorlagen und Spitzbogengurte gegliedert, mit steigenden Tonnen über den Läufen und Kreuzgratgewölben über den Podesten; die reiche Ausstattung der oberen Halle im 2. Stock ist verloren. Im Erdgeschoss sind in drei straßenseitigen Räumen am Ende des Ostflügels noch die reichen Dekorationsmalereien (von Joseph Schwarzmann?) im pompejanischen Stil an den Tonnen- und Flachkuppelgewölben erhalten; im meist kreuzgratgewölbten Westflügel, der die Mittelaltersammlungen enthielt, wurde der sieben Joche lange hofseitige Kirchensaal vom Wandpfeilertypus – Vorbild desjenigen im neuen Nationalmuseum – erst 1959 verbaut (Zwischendecken).

In sieben Sälen am östlichen Ende des 1. Stocks blieben – in beschädigtem Zustand – 38 Fresken von dem ursprünglich 143 Wandgemälde umfassenden Zyklus mit Darstellungen aus der Geschichte des Hauses Wittelsbach, Bayerns, der Pfalz, Frankens und Schwabens erhalten, mit deren Anfertigung 1858 ff. überwiegend jüngere Münchner Maler beauftragt wurden, die dadurch auch gefördert werden sollten (Kartons SGSM, Dauerleihgaben des Historischen Vereins von Oberbayern). Die erhaltenen, in den 1990er Jahren restaurierten Fresken haben Ereig-

Maximilianstraße 42, Wandbilder im 1. Obergeschoss

Maximilianstraße 42, Vestibül

nisse aus der Geschichte der Pfalz, der schwedischen Könige aus dem Hause Pfalz-Zweibrücken (17./Anfang 18. Jh.) sowie Frankens und Augsburgs zum Inhalt; sie stammen von den Künstlern (alphabetisch) Max Adamo, Hugo Barthelme, Karl Emil Doepler, Michael Echter, Georg Fortner, Wilhelm Hauschild, Otto Hiltensperger (Sohn von Georg H.), August Hövemeyer (nach Entwurf von Ludwig Thiersch), August Palme, Ferdinand Piloty, Theodor Pixis, Ferdinand Rothbart, Eduard Schwoiser, Philipp Sporrer und dem ungarischen C. Th. Piloty-Schüler Alexander (Sándor) Wagner. Trotz ausführlicher erläuternder Literatur (Carl von Spruner; Hans Reidelbach) gewannen die künstlerisch meist mittelmäßigen Fresken nicht die gewünschte Popularität und bildeten einen ständigen Konfliktfall mit den Bedürfnissen der musealen Präsentation; sie werden daher auch künftig nur in einem Raum (Saal 10) unverdeckt zu sehen sein.

Den schmalen, ursprünglich regelmäßig aufgeteilten und für Ausstellungszwecke bestimmten Garten an der Rückseite schließt eine verputzte Mauer entlang der Knöbelstraße ab.

Maximilianstraße 43, 45, 47. Symmetrischer Block im Maximilianstil. Originale Pläne und Bauakten lagen zur Bearbeitungszeit nicht vor. Friedrich-Bürklein-Biograph Alexander Klar (2002) gibt als Planungszeit 1862, als Bauzeit 1863 ff. an; Bauherr war der Privatier (Maler und Lackierer) Josef Holzinger (vgl. Nr. 18/20). Die frühere Literatur nannte im Anschluss an August Hahn (1953, 1982) eine Bauzeit „zwischen 1857 und 1859" bzw. „um 1858", die Denkmalliste bisher 1858–59. F. Reber (1876, S. 82) erwähnt die Häusergruppe „N°. 15, 16, 17 von den Baumeistern Thomas und Berger 1858–1860". Auf dem 1863 fertiggestellten Seitzschen Stadtmodell fehlt am (älteren Teil des) Forums allein noch dieser nordöstliche Dreierblock ebenso wie der östlich neben Nr. 47 im rechten Winkel ansetzende Nordast der Thierschstraße. Auf dem Stadtplan von Mey und Widmayer 1865 ist der Block schon eingetragen. In den Bauakten der Folgezeit wird bei Nr. 47 eine Einfriedung im Jahr 1867, bei Nr. 45 eine Hofeinplankung 1870 erwähnt (beide wohl kurz nach Fertigstellung der Häuser); die drei Anwesen hatten in der Folge – voneinander getrennt – wechselnde Besitzer.

Im städtebaulichen Kontext entspricht die den Bauplatz zwischen Regierung (vgl. Nr. 39) und Thierschstraße ausfüllende Gruppe mit ihren erhöhten Eckpavillons (an Nr. 43 und 47) der südlich gegenüberliegenden ·Reihe Nr. 46–52 (ohne deren niedrigeren westlichen Annex Nr. 44). Die Gliederung im Detail allerdings schließt sich eng an die Bebauung am Forum westlich der Regierung an; so sind Erd- und Zwischengeschoss in Blendarkaden zusammengefasst, die Lisenen an den Obergeschossen durch Stichbögen unter dem Traufgesims zu jeweils eine Fensterachse umfassenden Blenden verbunden; die Gestaltung der um ein Geschoss erhöhten Eckpavillons mit den in der breiteren Mittel-

Maximilianstraße 42, Saal im 1. OG, Wandbild mit Gründung des Englischen Gartens; Aufn. 1996

achse zusammengefassten Dreierfenstergruppen entspricht den Eckhäusern Nr. 31 und 35 (bzw. der verschobenen Nachbildung des letzteren). Der Eckbau Nr. 47 entwickelt entlang der Thierschstraße eine sechs Fensterachsen lange Seitenfront mit lisenenbegrenzten äußeren Achsen; der Westflügel gegenüber dem Ostende der Regierung reicht gleich weit in die Tiefe (fünf Achsen, die äußeren von Lisenen flankiert). Original erhalten sind die Traufgesimse und Dachansätze, an den Eckbauten mit über dem Zierfries vorkragenden Sparrenenden. Die Teilung des Blocks in drei Anwesen ist unregelmäßig: Nr. 43 umfasst den Westpavillon und zwei Fensterachsen der mittleren Rücklage, Nr. 45 sieben Achsen und Nr. 47 fünf weitere sowie den östlichen Eckbau. Die beiden mittleren der Erdgeschossarkaden sind breiter als die übrigen. Auch die Forumsseite der Eckpavillons ist durch jeweils eine breitere Mittelarkade akzentuiert wie durch einen Balkon im bevorzugten mittleren der Wohngeschosse ausgezeichnet, letzteres insgesamt durch größere Fensterformate und dekorative Brüstungsfelder hervorgehoben.

Haus Nr. 43 (ursprünglich Nr. 15): Erschließung mittels Durchfahrt in der ersten Rücklagenachse rechts vom Eckpavillon und das links davon in der Gebäudemitte gelegene zylindrische Treppenhaus, das von den Wohnungskorridoren rechtwinklig umzogen wird. Salon jeweils südlich in der breiten Mittelachse des Pavillons. Das romanisierende, dreigeschossige, nach Westen vorspringende Rückgebäude wurde 1893 von Architekt August Brüchle umgebaut.

Haus Nr. 45 (alt Nr. 16): Über dem schräg nach Nordwesten verlaufenden Fabrik- oder Eisbach errichtet. Straßenseitig je Wohngeschoss fünf Zimmer, zur Rückseite jenseits des Mittelganges bzw. beiderseits des gewendelten Treppenhauses die Nebenräume angeordnet. Um 1967 im zuvor unbebauten rückwärtigen Teil des Grundstücks Bau des Bürogebäudes Pfarrstraße 14.

Maximilianstraße 43, 45 (von links); Aufn. 1994

Maximilianstraße 43, 45, 47 (von links); Aufn. 1994

Haus Nr. 47 (alt Nr. 17): In den Obergeschossen je zwei Wohneinheiten, eine
davon im Eckpavillon; im Erdgeschoss
Café Victoria, eines der führenden in
München, dessen Pächter Franz Kessler
(zur Zeit des Großhändlers Josef Kohn
als Hauseigentümer) 1875 eine Musik-
tribüne einbauen ließ. Der Hauptsaal
des Cafés nahm das gesamte Erdgeschoss des Ecktraktes ein, mit vier tragenden Eisensäulen bzw. 3 x 3 kreuzgratgewölbten Jochen; westlich schloss
sich ein kleiner Nebensaal an, dahinter
wurden jenseits des Quergangs die
Treppen angeordnet. 1885 wurde
das Café-Restaurant durch Friedrich
Thiersch restauriert (Siglinde Wuille-
met, in: Wirtshäuser 1997, S. 90; nicht
bei Marschall 1982). Innenansichten
der Folgezeit lassen prächtigen Neu-
rokokodekor an Wänden und Gewölben

Maximilianstraße 44, 46, 48 (von rechts)

und die dorisierende Gestaltung der wohl dunkel marmorierten,
kannelierten Säulen erkennen. 1900 Herstellung eines Billard-
saales durch Baumeister Alois Prestele für Restaurateur Simon
Kurz. 1913 rückseitig im Garten (Eckareal zur Pfarrstraße) Anbau einer Gartenhalle (Saal, darunter zweischiffiger Keller) in
reduziert-historisierenden Formen durch die Baufirma Heilmann und Littmann für Restaurateur Bernhard Heckl. – In den
Räumen des ehem. Cafés gründete nach dem Zweiten Weltkrieg
Theaterdirektor Gerhard Metzner „unter denkbar schwierigen
Umständen" die „Kleine Komödie" (Eröffnung am 2. Februar
1946). Für die inzwischen traditionsreiche Boulevardbühne wur-
de 1996 (Genehmigung)/1997 rückseitig anschließend an der
Ecke zur Pfarrstraße der Neubau eines sechsgeschossigen
Wohnhauses mit Theater im Erdgeschoss errichtet, dem der
Vierstützenraum des ehem. Cafés im Altbau als Foyer dient.

Maximilianstraße 44, 46. Wohnhäuser im Maximilianstil,
Block mit Nr. 48/50/52. Der Privatier Johann Baptist Lebold,
Bauherr der Häusergruppe Nr. 36/38/40 (1858–59) westlich des
alten Nationalmuseums (Nr. 42), erstellte auch die Bebauung
östlich des Museums unter symmetrischer Bezugnahme innerhalb der gesamten Südwand des Forums: Das Eckhaus Nr. 44
gleicht (bis auf sekundäre Details) spiegelbildlich dem (1970 abgebrochenen) Haus Nr. 40 – beide wurden an die hoch ragenden
Pavillonbauten Nr. 38 bzw. 46 angeschlossen, um den verbleibenden Zwischenraum zum Museum zu verengen, das kürzer ist
als die ihm genau gegenüberliegende Regierung (Nr. 39). Bauherr Lebold war somit an Friedrich Bürkleins städtebauliche wie
gestalterische Vorgaben gebunden. Auf einem farbigen Grundriss des Forums (LBK, Bauakt) ist die Situation der für ihn 1856
geplanten Gruppe von vier Mietshäusern – Nr. 44 und 46 sowie
Hildegardstraße 17/19 (heute Knöbelstraße 17) – eingetragen,
noch mit der z. T. bereits ausgeführten Vorgängerbebauung des
Nationalmuseums. Dessen nachträgliche Einfügung in das
Forumskonzept mag Umplanungen auch der flankierenden
Wohnbebauung veranlasst haben. Ein Gutachten Bürkleins vom
6. September 1856 wies auf eine wohl sukzessive Verwirklichung des Leboldschen Bauvorhabens hin. Die Pläne zu den
vier Wohnhäusern, signiert von Baumeister G. (wohl Gottlieb)
Fischer und Zimmermeister Peter Erlacher, erhielten am 8. April
1857 die Genehmigung der Baukommission.
Die gesamte Gruppe ist durch einen geschossweisen Wechsel
der Fensterformate gekennzeichnet; auf das sockelartig niedrige,
schlichte Erdgeschoss folgt ein durch Brüstungsfelder und Verdachungen betontes 1. Obergeschoss; das 4. Geschoss ist durch

das Brüstungsgesims unterstrichen; die kleinen Kniestockfenster (zum Dachboden) sind in den Rundbogenfries unter der
Traufe eingefügt. Signifikant ist der Abschluss der Pavillons
(Nr. 46, 52) mit Zierfries und Dachüberstand auf Holzkonsolen.
Haus Nr. 44 ist mit Rücksicht auf die städtebauliche Wirkung des
Museums auf nur vier Geschosse reduziert, die Eckpartie jedoch
als turmähnlicher Pavillon wiederum erhöht, allerdings deutlich
niedriger als die den Hauptteil der Baugruppe rahmenden, mäch-
tig herausgehobenen Risalite von Nr. 46 und 52. Den von kräfti-
gen Lisenen eingefassten Eckturm mit relativ großen Wandflä-
chen schließt über Rundbogenfriesen eine kassettierte Attika ab;
im Verein mit den in einer Maßwerkarkade zusammengefassten
Zwillingsfenstern im 4., obersten Geschoss verleiht sie diesem
Eckbauteil Kastellcharakter (im zeitgemäßen Sinn von *castle*).
Das Eckhaus auf etwa quadratischer Grundfläche wird von der
Durchfahrt und ihr links anliegender Treppe am rechten Ende der
Seitenfront her erschlossen. Zu Nr. 44 gehören außer dem Eck-
turm (mit einer breiten, z. T. Doppelachse) an der Hauptseite im
Norden noch drei, seitlich im Westen vier Fensterachsen.
Haus Nr. 46 besteht innerhalb der Gesamtgruppe aus dem sich
links an Nr. 44 anschließenden fünfachsigen, sechsgeschossigen
Risalitpavillon sowie drei weiteren Achsen der sich an Nr. 48/
50/52 fortsetzenden homogenen fünfgeschossigen Rücklage.
Am Risalit begrenzen Lisenen die drei Mittelachsen (Salons),
mit im 4. und 5. Geschoss in Dreierarkaden zusammengefassten
Fenstern (der Balkon im 4. Geschoss 1889 durch Baumeister
Ludwig Deiglmayr hinzugefügt). Die Durchfahrt liegt in der
Achse links neben dem Risalit, die Treppe rückseitig in letzterem. In den Wohnungen trennt
jeweils der Gang die straßenseitigen Zimmer von den hofseitigen Nebenräumen, Kü-
chen u. a.
[Das genetisch und gestalterisch zur Baugruppe gehörende Eckhaus Knöbelstraße 27
(s. dort; ursprünglich Hildegardstraße 17/19), viergeschossig mit um ein Geschoss
erhöhtem Eckpavillon, hat die
Fassadengliederung im Maximilianstil bis auf einzelne Lisenen verloren; an der Schnitztür im Süden gotisierendes
Fenstergitter.

Maximilianstraße 44, Tür an der
Adelgundenstraße

Maximilianstraße 48, 50, 52 (von rechts)

Maximilianstraße 58

Maximilianstraße 48, 50, 52. Mietshausgruppe im Maximilianstil; Block mit Nr. 44/46. Die größere Westhälfte des Blockes zwischen Maximilianstraße im Norden und Knöbel-(früher Hildegard-)straße im Süden erwarb Maurermeister Reinhold Hirschberg, der hier selbst als Bauunternehmer auftrat. Die von ihm und Zimmermeister F. Ehrengut signierten Pläne vom 21. Mai 1859 tragen Friedrich Bürkleins Sichtvermerk und wurden am 25. August 1859 genehmigt. Die Fassadengestaltung des 1859–60 erstellten Blocks geht auf Bürklein zurück.

Die drei ungleich breiten Häuser umschließen rückseitig einen nach Süden offenen, von einem Pfeilerzaun begrenzten dreigeteilten Hof. Von der langen homogenen, mit Nr. 46 (s. dort) beginnenden Rücklage der Hauptfront umfassen Nr. 48 und 50 je fünf Fensterachsen, Nr. 52 die beiden letzten sowie den (dem von Nr. 46 entsprechenden) hohen sechsgeschossigen Eckrisalit mit fünf Achsen im Norden und vier im Osten zur Thierschstraße; hier schließt sich südlich bis zur Knöbelstraße noch ein fünfgeschossiger Flügel mit drei Achsen im Osten und vier im Süden an, der den Hof östlich begrenzt. Der schmälere rückwärtige Flügel von Nr. 48 an der Hof-Westseite ist nur viergeschossig. Die Fassadengliederung ist analog der von Nr. 44/46 (s. dort). Die niedrigen Stichbogeneingänge (mit geschnitzten Türflügeln) von Nr. 48 und 50 liegen nebeneinander in den jeweiligen Endachsen, das hohe geschnitzte Einfahrtstor von Nr. 52 rechts neben dem Risalit.

[**Maximilianstraße 53.** Verwaltungsgebäude der Versicherungskammer Bayern, 1970–72 von Peter Lanz. Der Komplex in städtebaulich – in mehrfacher Hinsicht – bedeutsamer Situation sowohl als Bestandteil des Ensembles Maximilianstraße wie am Südanfang der Widenmayerstraße suchte trotz den Zeitstil niveauvoll repräsentierender individueller Qualitäten keinen Bezug zu den historischen Vorgaben der Umgebung. Besonders problematisch ist die zurückgenommene Baulinie an der Widenmayerstraße, wo mit Folgeabbrüchen gerechnet wurde (der Rücksprungbereich wurde 1988 gestalterisch verbessert). – Die Vorgängerbebauung bestand aus zwei stattlichen herrschaftlichen Mietshäusern (alt Nr. 18, 19), die der Hofsägmühlbesitzer Joseph Klarer 1893–95 nach Plänen von August Brüchle hatte errichten lassen. Die aufwendig neubarock gegliederten fünfgeschossigen Eckgebäude, von denen nur das östliche teilkriegszerstört war, bildeten eine Gruppe mit dem noch erhaltenen Haus Widenmayerstraße 1 (s. dort) und somit einen gewichtigen Auftakt zur Isarkaibebauung nördlich der Maximiliansbrücke. Der schon seit 1888 geplante Neubau machte die teilweise Verlegung und die Überwölbung des Hofhammerschmiedbaches nötig

(Plan dat. 1893; Ansicht der zuvor in diesem Bereich stehenden Klarermühle s. Bauer/Valentin 1982, S. 128). – In den Anlagen südlich der Versicherungskammer Bronzegruppe „Ende der Zeit" von Alexander Fischer († 1981).]

[**Maximilianstraße 54.** Ehem. *Hotel Splendid*, davor zugehöriger Anteil der Vorgarten-Einfriedung (s. Maximilianstraße, Gartenmauern), um 1881. Das Eckhaus an der Ostseite der Thierschstraße ist, zusammen mit Nr. 56 und 58 (s. dort), Bestandteil der erst um 1880 errichteten Dreiergruppe, mit der die Bebauung an der Nordseite des Forums Maximilianstraße bis zum Isarkai hin abgeschlossen wurde. Gleich den gegenüberliegenden Gebäuden im Norden folgte die Fassadengestaltung nicht mehr den Vorgaben des Maximilianstils, sondern entsprach der zeitgemäßen Neurenaissance italienischer Prägung.

Das einstige Wohnhaus mit der früheren Nr. 20b, dessen Luftkriegsruine 1949 abgetragen wurde, war im Auftrag des Privatiers Peter Rattenhuber 1879–80 durch den Baumeister und bauleitenden Techniker Heimbach ausgeführt worden, der die Grundrisse signierte; ob der nur fragmentarisch erhaltene, in Grautönen aquarellierte Fassadenplan, dessen unterer Teil samt Unterschriften fehlt, von ihm oder einem namhafteren Architekten stammt, ist ungewiss. Das Haus auf hakenförmigem Grundriss bestand aus einem fünfgeschossigen erhöhten Ecktrakt, der zum Forum hin als kräftiger Risalit vorsprang, und einem westlich anschließenden, viergeschossigen Flügel, der auf dem 1880 überwölbten Fabrikbach stand. In diesem linken Flügel lag rechts die Durchfahrt, von der die hofseitig in der Mitte des Eckblocks situierte feuersichere Treppe zu erreichen war. Das Haus

Maximilianstraße 53; Aufn. vor Abbruch 1970

enthielt im Erdgeschoss Läden und (an der Ecke) ein Gastzimmer, in den Obergeschossen je drei Wohneinheiten, eine davon im Ostflügel. – In der Zwischenkriegszeit Iduna-Versicherung; Fassadenrenovierung 1938 (damals Park-Hotel). – Der Hotelneubau Erwin Schleichs von 1965 nach Kriegszerstörung folgt in Kubatur und Umrissen den historischen städtebaulichen Vorgaben, die kleinteilige Gliederung schließt sich, unter Verzicht auf gotisierende Elemente, im allgemeinen Charakter dem Maximilianstil an.]

[**Maximilianstraße 56.** Das einstige viergeschossige Wohnhaus (alte Nr. 20a) von 1881/82, für die Kaufleute Gebrüder Kohn nach Entwurf von Hans Oswald (Bauführer ab 1. August 1881 Johann Roth vom Baugeschäft Max von Heckel) über dem die Westhälfte schräg unterquerenden Fabrikbach errichtet, war Mittelteil der Neurenaissance-Baugruppe mit den Eckhäusern Nr. 54 und 58 (s. dort). Die Schlussbesichtigung fand am 16. November 1882 statt; der Wohnungsconsens wurde allerdings erst am 27. Mai 1884 (erneut?) dem neuen Eigentümer, Rentier Oscar Promoli erteilt, der selbst hier einzog. Die drei mittleren der fünf Fassadenachsen waren als breiter Risalit vorgezogen; erschlossen wurde das Mietshaus mittig durch ein kreuzgratgewölbtes Vestibül mit Differenzstufen und anschließendes Treppenhaus; beidseitig davon enthielt das Erdgeschoss je eine Wohneinheit, während die Obergeschosse jeweils von einer großen Sechszimmerwohnung eingenommen wurden. – Der Neubau 1958/59 von Otto Beyer nach Kriegszerstörung, äußerlich mit viergeschossiger Gliederung in Anlehnung an Renaissanceformen, weist innen eine andere Geschosseinteilung auf.] Für den Anteil an der gemeinsamen Balustraden-Einfriedung des Vorgartens wurden die bekrönenden Vasen und das schmiedeeiserne Gittertor 1883 gefertigt; letzte Instandsetzung, samt Nachbildung des Gitters, 1989.

Maximilianstraße 58 (vormals Steinsdorfstraße 1). Das für Ing. Jakob Heilmann selbst von der Fa. Heilmann & Littmann 1880–81 erbaute Neurenaissance-Eckhaus nimmt eine städtebaulich höchst prominente Position sowohl am Ostende des Forums der Maximilianstraße wie am Nordende der Steinsdorfstraße, eines wichtigen Abschnitts der geschlossenen Kaibebauung entlang der Isar, ein; sein Stellenwert ist nach Zerstörung der Nachbarhäuser im Luftkrieg noch gewachsen. Mit Maximilianstraße 54 und 56 (s. dort) bildete das Mietshaus eine Baugruppe, die als jüngste am Forum den Maximilianstil aufgab zugunsten der um 1880 vorherrschenden Neurenaissance. Die Häuser Nr. 54 und 58 entsprechen einander mit um ein Geschoss erhöhten Eckpavillons, welche die sonst viergeschossige Rücklage in diesem östlichsten Abschnitt der Forums-Südwand rahmen. Zugleich gibt der fünfgeschossige Eckpavillon von Nr. 58 den Maßstab für die südlich anschließende Kaibebauung an. Die Ostfassade am Kai ist durch einen flachen Mittelrisalit mit Balusterbalkonen in den vier Obergeschossen (ehemals auch durch Attika und kleinen Zwerchgiebel) betont, der von Voluten getragene Balkon im 2. Obergeschoss durch eine Loggia von drei toskanischen Säulen ausgezeichnet, die den Balkon darüber stützen. Der Gestaltungsaufwand der Fensterumrahmungen nimmt vom 1. zum 4. Obergeschoss hin ab – die Fenster im 1. Obergeschoss sind über Brüstungsfeldern von Ädikulen mit Pilastern und Dreiecksgiebeln umschlossen. Die Durchfahrt mit rustiziertem Rundbogentor ist an der Kaiseite links vom Mittelrisalit situiert, rechts von ihr schräg im Hofwinkel das Treppenhaus. Jedes Geschoss enthielt zwei Fünfzimmerwohnungen (heute Büros; 1982 Dachgeschossausbau). – Zum nordseitigen Vorgarten samt Sandstein-Baluster-Einfriedung und Gittertor s. Maximilianstraße, Gartenmauern.

Maximilianstraße 54/56; Aufn. um 1910

Max-Joseph-Brücke (Bogenhauser Brücke). Die nördlichste der sämtlich um die Wende zum 20. Jh. erneuerten, mit besonderer künstlerischer Sorgfalt gestalteten Isarbrücken hatte, als frühe Verbindung zwischen den nördlichen Stadtteilen und Bogenhausen, einen Vorgänger aus der Zeit des ersten bayerischen Königs, eine 1804 auf Veranlassung des Staatsministers Maximilian von Montgelas (Eigentümer des Hofmarkschlösschens samt Park in Bogenhausen) errichtete zwölfjochige Holzbrücke, die – nach Kriegsschäden von 1809 – bereits 1811/12 durch einen dreibogigen hölzernen Neubau auf gemauerten Pfeilern nach Entwurf des Wasserbauspezialisten Carl Friedrich Frhr. von Wiebeking ersetzt wurde. Wegen faulenden Materials musste sie laufend repariert, 1826 durch eine Notbrücke ersetzt werden, die 1873 einem Hochwasser zum Opfer fiel. Die 1876 im Auftrag der (bis 1891 selbständigen) Gemeinde Bogenhausen nach Entwurf von Heinrich Gerber (Megele 1951) durch die Süddeutsche Brückenbau AG München erbaute Eisenfachwerkbrücke, bei ihrer Eröffnungsfeier am 12. Oktober d. J. nach König Max I. Joseph benannt, wurde – wie kurz danach die Prinzregentenbrücke weiter südlich – durch das Hochwasser vom 12./13. September 1899 zum Einsturz gebacht.

Die bestehende steinerne Dreigelenkbogen-Brücke wurde im Auftrag der Stadt 1901–02 nach Entwurf von Theodor Fischer durch die Firma Sager & Woerner, die für den konstruktiven Anteil verantwortlich war, errichtet. Im Vergleich mit Fischers Prinzregentenbrücke ist sie weniger repräsentativ, von weitgehend sachlicher Schlichtheit, doch nicht geringerer formaler Eleganz; nur an den Brückenköpfen entfaltet sich Fischers Neigung zu erzählerisch-stimmungsvollem Dekor mit heiterer Note. Das Baumaterial sind fränkische Muschelkalkquader mit Gelenken aus Gussstahl; Widerlager und Aufständerung aus Beton. Dem Dreigelenkbogen von 64 m Spannweite und 6 m Pfeilhöhe ist die insgesamt 18 m breite Fahrbahn (Gehsteige je 3 m) aufgeständert; im Unterschied zu anderen Münchner Brücken sind die Zwickel jedoch nicht verkleidet, sondern in Form flachbogig

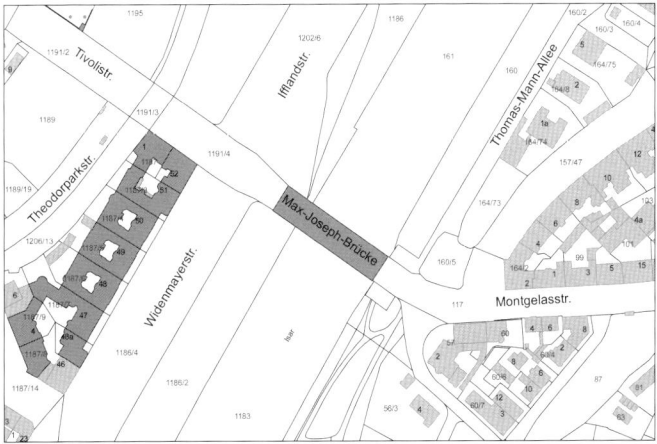

Max-Joseph-Brücke; Flurkarte, 2007, M. 1:5 000

Max-Joseph-Brücke, Aufn; 1995

schließender Flutbögen hochwasserdurchlässig. Charakteristisch ist die profillose Flächigkeit der Außenseiten im Kontrapost mit den ausgekragten Wasserspeiern und den Hohlräumen der Flutbögen. Als umso stärkerer Akzent wirkt die jeweils im Bogenscheitel applizierte kupfergetriebene Reliefkartusche mit dem Münchner Kindl von Jakob Bradl. Kräftiger gegliedert und dekoriert sind die beiden Brückenköpfe mit unten je zwei großen Rundbogendurchgängen (der äußere im Zuge des Isarufer-Fußweges); die an der eigentlichen Brücke geschlossene Steinbrüstung ist hier in Form schmaler Arkaden durchbrochen und zwischen zwei erhöhte, dreilappig schließende Pfeiler eingespannt, in der Mitte dazwischen von Sockeln mit Liegefiguren aus Muschelkalk unterbrochen. Der nach Fischers Entwürfen von verschiedenen Münchner Bildhauern ausgeführte, zum Teil abgewitterte bauplastische Dekor in Jugendstilformen, bestehend aus je einer allegorischen Liegefigur und ergänzenden attributiven

Max-Joseph-Brücke; Aufn. 1995   Max-Joseph-Brücke, Relief mit Münchner Kindl

Max-Joseph-Brücke, Geländer mit Figur „Erde"

Flachreliefs an den beiden benachbarten Pfeiler-Innenseiten, stellte allegorisch die Vier Elemente dar: Im Westen (stadtseitig) nördlich Mutter Erde (junge Frau mit Rehkitz, Napf und Garbe; von Joseph Floßmann), südlich das Wasser (verkörpert durch ein „ungleiches Paar" – bärtiger feister Mann mit Fischleib, auf dem eine kleine Nixe steht; von Heinrich Düll und Georg Pezold), im Osten nördlich das Feuer (Prometheus mit dem Adler; von Alexander Heilmeyer), südlich die Luft (junge geflügelte Frau mit vor ihr stehendem Putto, der in ein Muschelhorn bläst; von Düll und Pezold). – 1974 wurde die Brücke saniert.

Max-Joseph-Platz. (Vgl. Ensemble Altstadt, Bauten- und Platzgruppe Residenz/Hofgarten/Max-Joseph-Platz/Odeonsplatz.) Die monumentale städtebauliche Anlage des Klassizismus, als Respektabstand ermöglichender Platzraum sowohl dem Nationaltheater (Nr. 2, im Osten) wie dem Königsbau der Residenz (Nr. 3, im Norden) vorgelegt, überdies zum Ausgangspunkt der Maximilianstraße (1851 ff.) geworden, entstand innerhalb der Altstadt, deren bürgerliche, kleinteilig parzellierte Struktur gemäß dem schrägen Verlauf der tangierenden Residenzstraße die reizvoll kontrastierende Westseite des ansonsten rechtwinkligen Platzes konstituiert. Aufgrund der rücksichtslosen Gewaltsamkeit, mit der hier historisch bedeutsame Altstadtsubstanz und -strukturen beseitigt und überlagert wurden, ist der schon auf der Ansicht bei A. Baumgartner (1805) nach dem Kurfürsten bzw. ersten bayerischen König Max Joseph benannte Platz mit seinen Großbauten zu einem den neubayerischen Staat repräsentierenden hauptstädtischen Ensemble geworden. In die Platzfläche einbezogen wurde außer der Fahrbahn der Residenzstraße eine an ihrer Ostseite vorhandene, kleinere Freiraumbildung in Gestalt des der einstigen Franziskanerkirche westlich und südlich vorgelegten, durch eine Mauer abgeschlossenen (1775 aufgehobenen) Friedhofs. Die völlige Neuordnung dieses nordöstlichen Altstadtbereiches war durch Säkularisation und Abbruch dreier Klöster bedingt – des weitläufigen Franziskanerklosters im Osten, des nördlich davon zwischen ihm und der Residenz gelegenen Ridler-Frauenklosters und des an der Westseite der Residenzstraße gelegenen Pütrich-Frauenklosters. Es entstand zunächst eine amorphe, unregelmäßig-zufällig begrenzte viereckige Freifläche, wie sie der Consoni-Stadtplan von 1806 oder die erwähnte Platzansicht (Radierung) bei A. Baumgartner 1805 zeigen; die umgebende Bebauung war in keiner Weise als Platzwand konzipiert – im Norden zuvor nicht freistehende Teile der Residenz, im Osten das Residenztheater mit rechts anschließendem niedrigem Feigenhaus, südlich die leicht geknickte Nebenfront des barocken Törringpalais (s. Residenzstraße 2), westlich die Bürgerhausreihe an der Westseite der Residenzstraße mitsamt den Ersatzbauten des privatisierten Pütrichklosters.

Dem *Franziskanerkloster* wies Herzog Ludwig II. der Strenge 1282/84 als Ersatz für das von den Klarissen übernommene St. Jakob am Anger einen neuen Standort unweit nördlich seines Alten Hofes, an der Innenseite der zweiten, etwa um diese Zeit begonnenen Stadtmauer zu; den Bauplatz, auf dem sich der Tradition nach eine schon 1227 bestehende Agneskapelle befand, hatte der Stifter größtenteils von Patrizierfamilien erworben. Der dem Hof eng verbundene Konvent spielte eine zentrale ideelle Rolle in den Auseinandersetzungen zwischen Papst- und Kaisertum zur Zeit Ludwigs des Bayern; des Kaisers geistige Mitstreiter aus dem Franziskanerorden, Bonagratia von Bergamo († 1340), Michael von Cesena († 1342) und Wilhelm von Occam (Ockham, † um 1347/49) erhielten ihre Grabstätten vor dem Choraltar. Die Kirche nahm etwa das südöstliche Viertel der heutigen Platzfläche ein; der Nordteil ihres Chores lag unter der Südwestecke des Nationaltheaters. Das ausgedehnte Kloster, mit zwei gotischen Kreuzgängen nördlich dem Langhaus der Kirche und weiteren Höfen im Osten und Norden, mit einem langen

Ehem. Franziskanerkloster; Kupferstich von Michael Wening, 1701

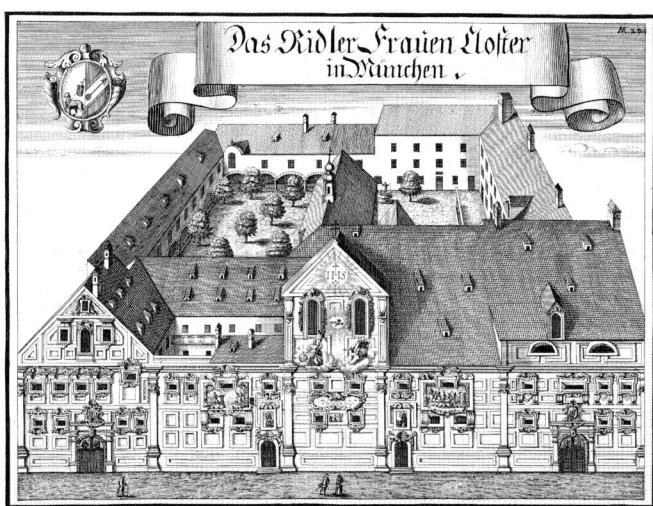

Ehem. Ridler-Frauenkloster; Kupferstich von Michael Wening, 1701

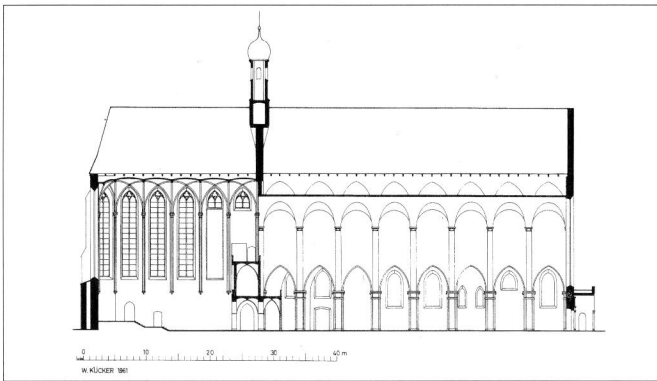

Ehem. Franziskanerkirche St. Anton; Rekonstruktion des Längsschnitts (Zustand 2. Hälfte 17. Jh.)

Trakt westlich bis an die Residenzstraße vorstoßend, entsprach mit seiner Lage der jetzigen Nordhälfte des Platzes, dem West-teil des National- und dem südwestlichen Eckbereich des Residenztheaters.

Die Franziskanerkirche St. Anton war eine ca. 75 m lange früh-gotische Basilika (wohl in Backstein) mit acht Joche umfassen-dem Langhaus, dessen Mittelschiff mit sehr hoch gelegenen Obergadenfenstern ursprünglich eine Flachdecke hatte; der (nach den Strebepfeilern zu schließen) wohl gewölbte, lang ge-streckte Chor von vier Jochen mit 5/8-Schluss wurde am 2. Mai 1297 vom Freisinger Bischof Emicho im Beisein der herzog-lichen Brüder Rudolf und Ludwig (des Bayern) geweiht. Wie stark ein Brand um 1311 und/oder der große Stadtteilbrand von 1327 die Kirche beschädigten, ist unklar; auf große Bauarbeiten im 14. Jh. weist jedenfalls die Kirchenweihe am 13. Mai 1375 durch Weihbischof Albert (einen Franziskaner) hin, desgleichen die frühe Netzfiguration der aus Abbruch-Darstellungen von 1802 bekannten Chorwölbung. Beim Umbau 1611/12 erhielt das dreischiffige Langhaus ein mächtiges, einheitliches Satteldach, sein Mittelschiff wohl damals auch eine Wölbung mit Ansatz un-terhalb der Obergadenfenster, wodurch Raumproportionen und Belichtung sich stark veränderten.

Die Kirche erhielt im Lauf der Zeit mehrere Annexe, so im Sü-den am Langhaus die kleine, rechteckige Annakapelle von 1557, neben dem Chor die rechteckige Agneskapelle (13. und 14. Jh.), entlang ihrer Außenseite die größere, dreiseitig schließende An-toniuskapelle (1. Hälfte 14. Jh., erweitert um 1600, mit kurfürst-licher Oberkapelle von 1684), und südöstlich davon die runde Kreuzkapelle, erbaut im 16. Jh. als Gruft der Grafen von Schwar-zenberg. Nördlich schloß sich an das Langhaus die gotische Alte Kreuzkapelle an sowie (im großen östlichen, sog. inneren Kreuzgang) die Magdalenenkapelle; westlich vom kleinen, sog.

äußeren Kreuzgang entstand 1656 die achteckige Kurz-Kapelle. Im Obergeschoss des Traktes zwischen den Kreuzgängen wurde das ehem. Sommerhaus aus dem 14. Jh. 1601 zur Bibliothek um-gebaut. Nördlich vom Chor und der (neuen) Sakristei bzw. öst-lich vom großen Kreuzgang lagen – getrennt durch den schma-len „Steingarten“ – Winter- und Sommerrefektorium, im Norden durch den Kapitelsaal verbunden, und im weiteren nördlichen Bereich verschiedene Wirtschafts- und Nebengebäude sowie (an der Stelle der Osthälfte des Königsbaus) der Klostergarten.

Von der in Jahrhunderten gewachsenen reichen Ausstattung von Kirche und Kloster ist manches erhalten, vieles archivalisch überliefert (vgl. W. Kücker, in OA 86/1963 und Kloos 1958). Der 1492 datierte Hochaltar von Jan Polack, an der Stelle einer älte-ren Chortafel gestiftet von Herzog Albrecht IV. und seiner Ge-mahlin Kunigunde von Österreich (1621 in ein großes Früh-barockretabel eingebaut), gelangte in das Bayerische National-museum, wo sich auch die an den 1595 verstorbenen Komponis-ten Orlando di Lasso erinnernde Rotmarmor-Reliefplatte befin-det. Erhalten ist auch das von Hans Müelich gemalte Epitaph des 1550 verstorbenen Leonhard von Eck, des Erziehers und bedeu-tenden Kanzlers Wilhelms IV. (über den Dom in das BNM bzw. die BStGS gelangt). Die von Kaiser Ludwig gestiftete Oberarm-reliquie des hl. Antonius von Padua – Anlass zum Bau der Antoniuskapelle – befindet sich heute in St. Anna im Lehel (s. dort).

Das *Ridler-Frauenkloster* (Ridler-Regelhaus „auf der Stiegen“), 1782 aufgehoben und sukzessive bis 1803 abgebrochen, bildete einen trapezförmigen Komplex im Bereich der späteren West-hälfte des Königsbaus und zur Hälfte davor, die längere Südseite dem nördlichen Klosterhof der Franziskaner, die Schauseite im Westen der Residenzstraße, die Nordseite dem Residenzgarten (späteren Königsbauhof) zugewendet. Die in der Mitte gelegene, über einige Stufen im inneren Klosterbereich (daher der Beina-me) zugängliche Kirche, 1409 zu Ehren der beiden hll. Johannes geweiht, sprang mit polygonalem Schluss weit in den größeren östlichen Klosterhof vor. Das 1295 von dem Patrizier Heinrich Ridler gestiftete Seelhaus für vor allem sich der Krankenpflege widmende Frauen, für die 1369 die Drittordensregel des hll. Franziskus eingeführt wurde, verlegte Gabriel Ridler, Enkel des Stifters, 1395 von der Vorderen Schwabingergasse (Theatiner-straße) auf ein Grundstück nordwestlich vom Franziskanerklos-ter. Diesen 1494 noch erweiterten Komplex zeigen Sandtners Stadtmodell (um 1570) und der Stadtplan T. Volckmers von 1613 sowie nach Umgestaltungen des 17. Jh. die Ansicht Michael Wenings von 1701; demnach wies die Westfassade damals – ähn-lich wie das benachbarte Pütrichkloster – überaus reiche, größ-tenteils oder völlig gemalte Gliederungen, Ornamente und z. T.

figürliche Darstellungen auf – am in der Mitte aufsteigenden Kapellengiebel die Dreifaltigkeit, weiter links Mariä Verkündigung, rechts die Kreuztragung.

Das *Pütrich-Frauenkloster* (aufgehoben 1802), dessen ältere Geschichte noch weithin ungeklärt ist, wurde der Tradition nach 1284 unter (oder durch) Herzog Ludwig II. bei einer (schon bestehenden?) Christophoruskapelle gegründet, vielleicht durch die (Landshuter?) Familie Oler, deren Rechte 1361 (?) die Münchner Patrizierfamilie Pütrich (auch Bittrich) erwarb (Bavaria Franciscana antiqua III, 1957, S. 278). Das Seelhaus mit caritativer Funktion, dessen Schwestern in der Folge die Drittordensregel des hl. Franziskus und mehrfach strengere Klausurbestimmungen annahmen, wurde nach der protegierenden Familie genannt, die ihr Eigentum erst 1484 dem Kloster überließ. Vor allem 1365 wurde es von den Pütrich mit großen Stiftungen bedacht und kurz da-

Max-Joseph-Platz (v. r. ehem. Törring-Palais, Münze und Falkenturm); Gemälde von Domenico Quaglio, 1835

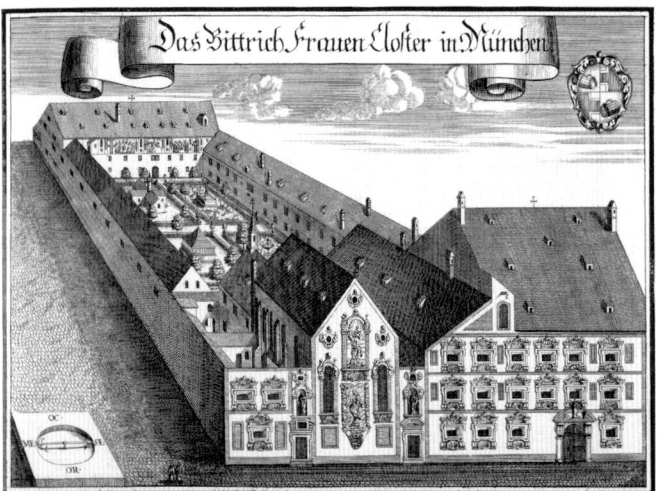

Pütrich-Frauenkloster; Kupferstich von Michael Wening, 1701

nach auf erkauftem Eckgrundstück eine einschiffige Kirche (mit der älteren Kapelle als Sakristei) errichtet, deren östliche Giebelfront auf Sandtners Stadtmodell (1570) einen Kastenerker (Altarnische?) aufweist. 1415 wurde ein Altar geweiht; einen zweiten stiftete Kunigunde, Tochter Kaiser Friedrichs III. und Gemahlin Herzog Albrechts IV., die ihre (höchst aktive) Witwenzeit (1508–1520) in dem von ihr großzügig geförderten Kloster verbrachte.

Kirche und Kloster wurden 1559 umgebaut und erhöht; weitere Umbauten fanden 1621, 1660–81 und 1734–41 statt; der Klosterbrand 1659 richtete nur begrenzten Schaden an. Der um einen lang gestreckten Gartenhof gruppierte Komplex zwischen Residenzstraße (Max-Joseph-Platz, Südwestseite) und Theatinerstraße nahm die gesamte Nordseite der (nach Klosterabbruch verbreiterten) Perusastraße ein. Die Kirche stand im Wesentlichen an der Stelle des Eckhauses Residenzstraße 11, jedoch etwas von der (ehemaligen) Ecke nach Norden gerückt, nördlich neben ihr das stattliche Pfortengebäude (heute Residenzstraße 12; 1714 wurde auch Nr. 13 – s. dort – hinzuerworben). Die Ansicht des Klosters von Michael Wening (1701) zeigt es mit reicher, barocker, der des nahen Ridlerklosters stilistisch ähnlicher Fassadenmalerei, u. a. mit der Immaculata und darüber dem eindeutig (wie auch andere Darstellungen erkennen lassen) gemalten hl. Christophorus an der Kirchgiebelfront; die häufige Angabe, die bedeutende hölzerne Christophorusgruppe von ca. 1520/25 im Dom (s. dort, Kapelle 12) sei früher hier im Freien aufgestellt gewesen, wird schon durch deren guten Erhaltungszustand fraglich. Das aufgehobene Kloster erwarb 1803 der kurfürstl. Landesdirektionsrat Ludwig Joseph von Wolf, der das Areal parzellierte und meist weiter veräußerte; die Kirche und andere Bauteile wurden angeblich erst 1806 abgebrochen; der Stadtplan von J. Consoni (1806) zeigt bereits die (zunächst größtenteils) neue Bebauung mit (viergeschossigen) Einzelwohlhäusern, die sämtlich im Zweiten Weltkrieg zerstört wurden. Das Eckhaus Residenzstraße 11 (seit 1921 dem Uhrengeschäft Andreas Huber gehörig) wurde 1949 von Oswald Eduard Bieber fünfgeschossig mit klassizisierender Fassade wiederaufgebaut. Das nördlich benachbarte Haus Residenzstraße 12, zunächst ein dreigeschossiger umgebauter Teil des ehem. Klosters mit mächtigem Steildach, wurde 1889 durch einen fünfgeschossigen Neurenaissancebau von Zwiesler und Baumeister ersetzt (Bauherr: Andreas Pütterich, Vergolder; mit Restaurant Hoftheater, 1896 durch die Spatenbrauerei erworben; 1934 Umbau zum „Spatenhaus" durch Hönig und Söldner, nach 1945 wiederhergestellt und mehrfach verändert).

Zur Häuserreihe an der Westseite des Platzes gehören weiters die Baudenkmäler Residenzstraße 13, 16 und 17 (s. dort).

Max-Joseph-Platz nach Osten, Denkmal-Enthüllung 1835; Lithographie von Gustav Kraus

Die nach Abbruch der beiden Klöster im Osten und Norden entstandene formlose Freifläche erhielt ihre städtebauliche Gestaltung erst im Lauf von Jahrzehnten durch Baumaßnahmen Max I. Josephs und Ludwigs I., denen jeweils längere Phasen von Vorprojekten verschiedener Architekten, vor allem Karl von Fischers, vorausgingen. Für diesen Standort bestimmt war höchstwahrscheinlich Lorenzo Quaglios an französische Idealplanungen (Opéra von J. E. Boullée, Konzerthaus von G. P. M. Dumont) anknüpfendes Projekt eines Theaters auf äußerlich kreisrundem Grundriss (um 1802, Ausst. Kat. Klassizismus 1980, S. 255 f.). Konkret realisiert wurde erst 1811–18 an der Ostseite Karl von Fischers Hof- und Nationaltheater (s. Nr. 2), wenn auch ohne die vorgesehenen Flügelbauten. Mit Portikus und vertikalem Aufbau dominiert das Theater im Platzbild, stärker als die beiden lang gestreckten Klenze-Bauten an den Längsseiten, der Königsbau der Residenz im Norden von 1826–35 (s. Nr. 3) und ihm gegenüber die dem zur Hauptpost umfunktionierten ehem. Törring-Palais vorgeblendete Loggienfassade von 1834–38 (s. Residenzstraße 2). In der Platzmitte wurde das 1835 enthüllte Max-Joseph-Denkmal errichtet, das mit der nach Westen blickenden Sitzfigur vor der Mittelachse des Theaters dessen dominante Wirkung fördert. Die Vorzeichnung (nicht die Lithographie) von Gustav Kraus mit der Einweihung des Denkmals deutet bereits eine dieses umgebende kreisrunde, radial gemusterte Fläche an (Ausführung in – früher helleren und dunklen – Rundkieseln). Auf frühen Ansichten (z. B. von Heinrich Adam 1839) erscheint dieses Rondell noch kleiner als später. Im Juli 1835 beschloss der Magistrat, Restgelder aus dem Denkmalsfonds zur Pflasterung zu verwenden (Hemmeter 1996, S. 50). In der Folge wurde diese Kreisfläche mit acht prächtigen, kandelaberartigen Gaslaternen umgeben (später elektrifiziert, s. unten). Die radial strukturierte Pflasterung wurde nach dem Zweiten Weltkrieg mehrfach

Max-Joseph-Platz nach Süden; ehem. Hauptpost; Aufn. 1996

Max-Joseph-Platz nach Westen

ganz oder teilerneuert, vollständig u. a. im Zusammenhang mit dem Bau der Tiefgarage unter dem Platz 1963, deren spiralförmige Ein- und Ausfahrt in der Nordwestecke vor allem im Nahsichtbereich störend wirkt. Bei den damaligen Tiefbauarbeiten wie auch bei der Erweiterung 1982 wurden Grüfte und Grundmauern des einstigen Franziskanerklosters angeschnitten (und zerstört).

In der Fußgänger-Unterführung erinnert eine Gedenktafel an den einstigen Friedhof und nennt als prominente hier Bestattete neben Wilhelm von Occam, Leonhard von Eck und Orlando di Lasso noch den Architekten Joseph Effner († 1745).

ARCHÄOLOGISCHE BEFUNDE: Mittelalterliches, im Zuge der Säkularisation abgerissenes Franziskanerkloster, neuzeitliche Grüfte und Friedhof mit Körperbestattungen unbekannter Zeitstellung (Fundst.-Nr.: 7835/0314, 7835/0166, 7835/0310, 7835/0311, 7835/0312, 7835/0313). Untertägige Spuren des Klosters wurden durch Baumaßnahmen im Bereich des Max-Joseph-Platzes größtenteils zerstört, wie auch die Grüfte und der Friedhof stark in Mitleidenschaft gezogen wurden: Bei Kanalisationsarbeiten wurden 1923 und 1934 Skelette angeschnitten, die zum einstigen Klosterfriedhof gehören könnten. Bei Kanalarbeiten beobachtete man 1957 zehn bis zwölf ost-west-orientierte Bestattungen. Bei einem der Skelette befand sich ein Bronzeanhänger, der um 1720 datiert. Im Kanalgraben stieß man außerdem auf eine Ziegelmauer, die zur Umfassungsmauer gehörte. Beim Bau einer Tiefgarage 1963–64 wurden abermals Skelette gemeldet; ferner weitere Mauerzüge und ein Brunnen aus Tuffquadern sowie eine Eimerkette. Infolge des Ausbaus der Tiefgarage 1982 fanden erneut archäologische Untersuchungen zweier Gruftreihen direkt unter Mauerresten aus Ziegelsteinen statt. Die Grüfte, die renaissancezeitliche Funde erbrachten, wurden durch Grabräuberei während der Ausgrabung teilweise zerstört.

Max-Joseph-Platz, Überreste des Franziskanerklosters

Max-Joseph-Platz, Grüfte des Franziskanerklosters

Max-Joseph-Platz (Südseite). Ehem. Hauptpost, s. Residenzstraße 2.

Max-Joseph-Platz. *Denkmal König Max I. Joseph.* Dem volkstümlichen Monarchen von quasi-bürgerlichem, landesväter-
lichem Habitus wurden schon zu Lebzeiten mehrfach Denkmäler errichtet (zuerst 1803 eine Säule mit Büste in Geisenfeld), die
ihn vor allem als Verfassungsgeber feierten, z. T. unter Verwendung des Motivs des die Verfassung symbolisierenden Würfels
(Dillingen, Thumsenreuth, Amberg). Die Verehrung des ersten
bayerischen Königs kulminierte bei seinem 25-jährigen Regie-
rungsjubiläum 1824 und im darauffolgenden Todesjahr. Ein
Denkmal auf dem neu angelegten Max-Joseph-Platz in München, für das ein (wohl durch die Proklamation der Königswürde veranlasster) Entwurf von ca. 1806 überliefert ist (Ausst.
Kat. Max Joseph 1980, Nr. 1305; doch sicher nicht von Ferdinand Kobell, † 1799), wurde wegen der Kriegsereignisse nicht
weiter verfolgt.
Münchens Magistrat beschloss am 26. März 1820, dem zweiten
Jahrestag der Verfassungsübergabe an die Landstände und dem
Namenstag des Königs, eine Denkmalkommission einzusetzen
und das Monument über Subskription zu finanzieren. Im Hinblick auf Max Josephs Nützlichkeitsdenken entwarfen Domenico Quaglio und Konrad Eberhard um 1820/22 Brunnendenk-
mäler in Verbindung mit einer geplanten neuen Wasserversorgung der Stadt. Erste Entwürfe Leo von Klenzes sahen im Sinne
des Königs ein Standbild vor und zwar axial vor der Mitte des
Nationaltheaters, wie später ausgeführt. Der Magistrat überließ
dem kunstsachverständigen Kronprinzen Ludwig am 2. Februar
1824 die künstlerische Verantwortung und legte am 16. Februar
im Rahmen der Feiern des 25. Regierungsjubiläums bereits
(symbolisch) den Grundstein; das Bildprogramm der Festdekorationen hat in der Folge die Thematik der Sockelreliefs beeinflusst. Den Intentionen Kronprinz Ludwigs entsprachen Entwürfe Martin von Wagners für ein Sitzbild des thronenden Monarchen, das Klenze in sein laufend weiterentwickeltes Projekt
übernahm. Neben Varianten mit Karyatiden an den Ecken des
Unterbaus konzipierte er auch eine mit vier sitzenden Löwen als
Trägerfiguren, umgeben von vier Kandelabern; doch gab Max
Josephs ausdrücklicher Wunsch nicht lange vor seinem Tod
nochmals Anlass zur Skizze einer Standfigur mit Segensgestus
(als Typus dem Passauer Denkmal von 1823/26 vergleichbar).
König Ludwig, der auf dem herrscherlich-autoritativen Thron-
motiv bestand und Bildhauer internationalen Formats nach
München berufen wollte, gewann den Berliner Christian Daniel
Rauch für die Übernahme des Auftrags; er erhielt den Abguss
einer Porträtbüste des verstorbenen Königs von Johann Baptist
Stiglmaier und brachte zu seinem Münchner Aufenthalt im April
und Mai 1826 ein kleines, fußhohes Gipsmodell mit, das Klenzes Lösung mit Löwen am Sockel aufgriff, darüber aber noch ein
sarkophagartiges Geschoss mit Reliefs einschob (ein 114 cm ho-

Figur König Max I. Joseph; Aufn. 1981

hes Modell von 1826 in Berlin, Skulpturensammlung). Rauchs
Kostenvoranschlag lag im Mai 1826 vor, im Juni derjenige des
Gießers J. B. Stiglmaier, der – nach einem Studienaufenthalt in
Paris – bis Oktober 1828 eine große Werkstatt samt Gießhütte
aufbaute. Auch Schinkel in Berlin – nach ihm von B. Eschen-
burg zugeschriebenen Skizzen – war an der Entstehung der
Komposition beteiligt (1828); vor allem gehen die an den So-
ckel-Längsseiten zwischen den Löwen eingefügten Tragfiguren
auf seine Anregung zurück. In den Folgejahren entstanden
Rauchs Modelle zu den plastischen Bestandteilen, so 1829 zu
den Löwen, 1831–35 zu den Reliefs, 1828/29 ein erstes lebensgroßes Modell zur Hauptfigur, das in München von Francesco
Sanguinetti und Heinrich Berger ins Großformat umgesetzt
wurde; Rauch überarbeitete es bei Münchner Aufenthalten 1829
und 1830. Als seine Mitarbeiter fungierten nachmals so berühmte Bildhauer wie Ernst Rietschel, Friedrich Drake, August
Kiss, Albert Wolff und Ludwig Schwanthaler sowie der Gipsfor-
mer Domenico Bianconi. Die im September 1830 begonnenen
Gussarbeiten erwiesen sich als schwierig und mussten nach
Misslingen teilweise wiederholt werden, so bei der 3,4 m hohen
Königsfigur (Zweitguss Ende 1833 in zwei Teilen statt nur
einem). Der Unterbau aus Hauzenberger Granit entstand 1832–
1834, der Guss der Sockelreliefs erfolgte sukzessive 1833–35.
(Die erhaltenen Fragmente des durch Luftkrieg und Lagerung
beschädigten Gussmodells aus Gips wurden 1996 im Treppenhaus des Bayerischen Landesamtes für Denkmalpflege instal-
liert; s. Hofgraben 4.) Die durch einen verklärenden Sonnen-
strahl begünstigte Enthüllungsfeier am 13. Oktober 1835, dem
10. Todestag Max Josephs, ist auf einer der eindrucksvollsten
Lithographien von Gustav Kraus festgehalten.
Zur Entstehungszeit wie bis in die Gegenwart galt das Max-
Joseph-Denkmal als künstlerisch meisterhafte Leistung und

Max-Joseph-Platz, Denkmal König Max I. Joseph, Nordseite, Relief
„Religion und Kunst"

wurde in seiner politischen Aussage als adäquate, programmatisch differenzierte Selbstdarstellung der konstitutionellen Monarchie bzw. speziell des Verfassungsstaates Bayern (im Unterschied zu den drei Großmächten der Hl. Allianz) verstanden und in jüngster Zeit mehrfach eingehend interpretiert. Der König wird als Friedensfürst und Reformer geehrt, dem das neue Bayern seine Blüte zu verdanken habe. Der thronende, doch als Landesvater charakterisierte König verbindet sich mit seinem Volke durch den traditionellen Gestus der Allocutio (Ansprache), der hier als Segnung stilisiert ist; die ruhende linke Hand hält das in einer Justitia endende Szepter. Der Krönungsornat ist durch den dominierenden antikischen Krönungsmantel zu zeitloser Wirkung idealisiert. Der allegorische Reliefzyklus der oberen Sockelzone, der zeittypische realistische Elemente mit mythologischen Personifikationen verbindet, bezieht sich auf Max Josephs Friedenswirken, das sich voll erst nach den Napoleonischen Kriegen entfalten konnte. Westlich, an der vorderen Schmalseite, ist zu Seiten der Tafel mit der Widmungsinschrift die Förderung der Wissenschaften dargestellt, vertreten durch den Optiker Joseph von Fraunhofer (links, mit seinem berühmten Fernrohr) und den Naturphilosophen Lorenz Oken. Das Relief der rechten Längsseite thematisiert die Förderung von Justiz und Landwirtschaft – links thront Justitia/Dike zwischen Herkules und Minerva, rechts steht Ceres hinter einer Pflügergruppe. Nördlich gegenüber ist die Fürsorge für Religion und Künste dargestellt: links symbolisieren zu Seiten eines Engels (des „Genius der Humanität") zwei Geistliche im Ornat – mit den Porträtzügen des Hofbischofs, Münchner Weihbischofs und Dompropstes Franz Ignaz von Streber und des Kabinettspredigers (der evangelischen Königin Karoline) und Oberkonsistorialrates Ludwig Friedrich Schmidt – die neue konfessionelle Toleranz und Parität unter dem König, der 1817 auch das Konkordat mit der katholischen Kirche schloss; in der rechten Hälfte des Reliefs vertre-

ten Chr. D. Rauch, Peter Cornelius und Leo von Klenze, jeweils bei der Arbeit dargestellt, die einzelnen Kunstgattungen. An der östlichen Schmalseite übergibt der thronende König der knienden Bavaria sowie den stehenden Repräsentanten der drei Stände – Adel, Bürgertum, Bauernstand – die Verfassungsurkunde. An dem von sichtlich zurückhaltend wirkenden Kriegstrophäen in Flachrelief umgebenen Unterbau mit den vier wachsam blickenden heraldischen Sitzlöwen an den Ecken sind allegorische Karyatiden in die Längsseitenmitten gestellt – rechts (südlich) die altgriechisch gewandete Felicitas publica, die öffentliche Wohlfahrt (mit Füllhorn), links die nach vermeintlich deutscher Art kurz gekleidete und frisierte Bavaria (mit Pflugschar).
Das Denkmal ist von einer niedrigen, quadratischen Antrittsstufenfläche umgeben; ein pyramidenartiger Unterbau von drei hohen Granitstufen leitet zu dem durch betonten Vertikalismus gekennzeichneten Aufbau des Bronzemonuments über.
Die Aufsehen erregenden Gussarbeiten galten als frühe Hauptleistung einer um diese Zeit wiederbelebten Technik und trugen zu dem in der Folge weltweiten Ansehen der 1824 gegründeten Kgl. Erzgießerei in München bei (vgl. Erzgießereistraße). Das Erscheinungsbild des heute grün patinierten Denkmals entspricht nicht dem ursprünglichen Zustand – Rauch selbst, der die Enthüllungsfeier in einem Brief schilderte, erwähnte „das goldglänzende Werk". Wachskonservierung 1993/94.

Max-Joseph-Platz. *Laternen.* Bereits Klenzes sog. Löwenträger-Entwurf von 1824 für das Max-Joseph-Denkmal sah an den vier Ecken des Stufenunterbaus vergleichsweise niedrige, wohl steinerne Kandelaber vor. Das 1845–46 nach Entwurf Friedrich von Gärtners von Anselm Sickinger modellierte, von Maffei gegossene Laternen-Rondell mit Straßenbeleuchtungsfunktion – bestehend aus acht klassizistischen Kandelabern, in Kreisform um das Denkmal gruppiert – lehnte sich formal an das Vorbild der vier antikisierenden Kandelaber vor dem von Klenze 1823–1825 wiederaufgebauten Nationaltheater an. Die (später elektrifizierten) Gusseisenkandelaber sind großteils moderne Nachgüsse (bez. BUDERUS-GUSS). Sie stehen auf antiken Altären nachempfundenen Kalksteinsockeln mit skulptiertem Dekor – Hauptmotiv Fruchtgirlanden zwischen Widderköpfen. (Platzansichten vor der Mitte des 19. Jh. zeigen zweckhaft-schlichte, noch nicht im Kreis aufgestellte Laternen. Auf dem Stadtmodell von Seitz aus den 1840er Jahren sind nur sechs Kandelaberleuchten dargestellt.) Die Laternen dienten wohl als Probekandelaber für die Gasbeleuchtung, die 1846 in Betrieb genommen wurde.

Max-Joseph-Platz, Denkmal König Max I. Joseph

Max-Joseph-Platz, ▷
Laternen

[**Max-Joseph-Platz 1.** *Residenztheater.* Da das aus dem 17. Jh. stammende, zuletzt 1724 restaurierte Alte Opernhaus am Salvatorplatz (s. dort) vielen Ansprüchen nicht mehr genügte und das 1740 von Nikolaus Stuber in den Georgssaal der Neuveste/Residenz eingebaute, 1749 von Giovanni Paolo Gaspari neu gestaltete kleine Theater 1750 abgebrannt war, ließ Kurfürst Max III. Joseph durch François Cuvilliés südöstlich des Residenz-Komplexes im Grabenbereich ein aus Feuerschutzgründen freistehendes „Neues Opera Hauß" errichten (Grundsteinlegung 9. Juli 1751, Richtfest 25. Juli 1752, Eröffnung 12. Oktober 1753, Restarbeiten bis 1755). An der Bauausführung wirkten mit Cuvilliés' junger gleichnamiger Sohn sowie sein Schüler Karl Albert von Lespilliez; die örtliche Bauleitung lag in den Händen von Leonhard Matthäus Gießl, der 1753 zum Hofmaurermeister ernannt wurde. Wegen seiner Lage nordöstlich des Franziskanerklosters (s. Max-Joseph-Platz/Vorspann) entwickelte der Neubau keine repräsentative, öffentlich einsehbare Schauseite im Westen; doch war die Bühnenhaus-Rückseite zum (späteren) Marstallplatz mit einigem Aufwand gestaltet, mit der Hinterbühne als Mittelrisalit mit großem Rundbogentor (samt nachträglich in die Ecken eingefügten Annexen dargestellt u. a. auf Domenico Quaglios Ansicht der Marstallplatz-Westseite von 1826; Neue Pinakothek). Der Zuschauerraum und Bühne unter einem Walmdach zusammenfassende Hauptbaukörper endete mit Gebälk und Attika; dieser reich profilierte Abschluss samt Attika ist heute noch teilweise ostseitig am Bühnenhaus sichtbar, wo er die nüchternen Anbauten von ca. 1950 überragt. Diesen Hauptbaukörper umgaben niedrigere Annexe mit Pultdach, an den Längsseiten mit den Betriebsräumen (nördlich zwei Säle mit Werkstätten, südlich die Künstlergarderoben und ein kleines Foyer), im Westen ein dreigeschossiger Trakt mit schlichter Lisenengliederung (vgl. Aquarell von August Jacob, um 1825, BSV), innen mit Vestibül (Gardesaal und darüber der Salon der Kurfürstenloge) sowie flankierenden Trep-

Max-Joseph-Platz 1, Residenztheater (kein BDm)

penhäusern (vgl. Grundriss und Längsschnitt, Stich nach Cuvilliés, um 1770). Dem linken Fassadendrittel unorganisch vorgelegt war ein Übergangsbau zur Residenz mit der zum Schwarzen Saal führenden Treppe. (Gestaltung des Zuschauerraumes und beteiligte Künstler s. Residenz/Altes Residenztheater).

Alte Platzansichten zeigen zwischen National- und Residenztheater einen 1823/24 von Franz Thurn erbauten Bogen mit Verbindungsgang. Das 1831 als baufällig geschlossene Residenztheater war zeitweilig vom Abbruch bedroht, so zunächst auch durch die *Wintergarten*-Projekte Maximilians II. Erste Vorentwürfe von Max von Henschel, Kassel, und August Voit sahen einen mächtigen, freilich zu kostspieligen Glas-Eisen-Hallenbau auf dem Marstallplatz östlich der Residenz vor. Ab 1849 fertigte Franz Jakob Kreuter nacheinander fünf Planvarianten westlich des Residenztheaters (anfangs auch als dessen Ersatz); die Leitung der 1851 begonnenen Baumaßnahme übertrug der König, da Kreuters Tätigkeit sich schwerpunktmäßig nach Wien verlagerte, 1852 August Voit, der auf der Grundlage von Kreuters Projekt V die Arbeiten in reduzierter Form bis 1854 vollendete (ausführende Firma Cramer-Klett, Nürnberg, mit Ing. Ludwig Werder; gärtnerische Anlage von Carl Effner d. J.). Der Wintergarten, eine der bemerkenswerten innovativen Konstruktionen der Ära Maximilians II., wurde im Anschluss an die im 1. Stock des Königsbaus der Residenz gelegenen Wohnräume über einem massiven, gewölbten, dem Residenztheater vorgelegten Erdgeschoss errichtet, dem asymmetrisch eine die platzseitige Baulücke zwischen Königsbau und Nationaltheater schließende offene Vorhalle aus fünf Pfeilerarkaden mit korinthischer Säulenstellung vorgelegt war (eine von Kreuter auch rechts vom Nationaltheater vorgesehene gleichartige Loggia unterblieb wegen des Baus der Maximilianstraße). 1851 waren die Logenverkleidungen bereits abgenommen worden, doch wurde das Theater nach Restaurierung des Zuschauerraumes durch Ludwig Foltz 1856/57 wieder eröffnet, 1896 die vom Hoftheater-Maschinisten Carl Lautenschläger erfundene erste Drehbühne eingebaut, 1897 von Heilmann und Littmann die Vestibül- und Foyerzone umgestaltet (mit Buffetraum in Neurokoko) und das Bühnenhaus durch einen Anbau um 5 m erweitert. Nach dem Ende der Monarchie wurde 1921 der private kgl. Wintergarten, der in schlechtem baulichem Zustand war, abgebrochen; seitdem verbindet, hinter die Ein-

Max-Joseph-Platz 1, Residenztheater mit ehem. Wintergarten; Aufn. um 1900

Residenztheater, ehem. Wintergarten, Inneres; Aufn. um 1900

Residenztheater, Ostseite (Bühnenteil); Aufn. 2001

gangsvorhalle zurückgesetzt, ein neuklassizistischer Fassaden-oberteil den Königsbau mit dem Nationaltheater, dessen Konsolgesims in gleicher Höhe hier fortgeführt ist. Die geschnitzten Logenhausverkleidungen wurden 1943/44 abgenommen und ausgelagert (s. Residenz/Altes Residenztheater), das Logengerüst ersatzweise dekoriert, am 18. März 1944 jedoch das Theater durch Spreng- und Brandbomben zerstört.

Unter Wiederverwendung lediglich der kräftigen Umfassungsmauern entstand ab 1948 ein moderner *Theaterneubau* nach Plänen von Karl Hocheder (d. J.) unter Leitung des Landbauamtes München; Eröffnung am 28. Januar 1951 als Sitz des Staatsschauspiels. Die destabilisierte Arkadenvorhalle wurde durch einen nüchternen Neubau mit sieben Rechtecktüren ersetzt, über dem die Glas-Eisen-Fassade des Erfrischungsraumes (mit Aussicht auf den Platz) an den einstigen Wintergarten erinnert. Das gesamte Innere des Theaters wurde 1988–91 nach Plänen von Alexander v. Branca weitgehend umgestaltet.

Das Residenztheater ist auch als theatergeschichtliche Stätte höchst bemerkenswert (u. a. 1781 Uraufführung von Mozarts „Idomeneo" und 1811 von Webers „Abu Hassan"; durch Kurfürst Karl Theodor 1795 als „Hof- und Nationaltheater" für die Allgemeinheit geöffnet; im späten 19. Jh. Zentrum der sog. Mozart-Renaissance; in den folgenden Jahrzehnten bedeutsame Schauspiel-Ur- und Erstaufführungen, vor allem von Dramen des Realismus und Naturalismus).]

Max-Joseph-Platz 2. *Nationaltheater* (vgl. auch Ensembles Altstadt und Maximilianstraße). Als monumentalster Bau der Ära des ersten bayerischen Königs, an dem nach ihm benannten und später mit seinem Denkmal ausgestatteten Platz städtebaulich dominant gelegen, wurde das Hof- und Nationaltheater – die Doppelfunktion ist kennzeichnend für die konstitutionelle Monarchie – eine Art Selbstdarstellung des neubayerischen Staates (1818 als „Denkmal der bayerischen Nation" gefeiert). Nicht

weniger bezeichnend für die damalige Situation ist der Umstand, dass es an der Stelle eines im Zuge der in Bayern besonders rigorosen Säkularisation abgetragenen Klosters (der Franziskaner, vgl. Max-Joseph-Platz) entstand. Längst war Cuvilliés' altes Residenztheater für die wachsende Hauptstadt zu klein geworden und überdies stilistisch wie heiztechnisch antiquiert, doch verzögerte sich der schon ab 1792 (zunächst westlich der Salvatorkirche oder am Promenadeplatz) vorgesehene Neubau infolge der die Kräfte des Landes auf das Äußerste anspannenden, von Kriegen erfüllten napoleonischen Ära. Nach Vorprojekten von Lorenzo Quaglio – darunter eines als Rundbau in der Nachfolge Boullées – und Peter Anton (oder Maximilian) Verschaffelt sowie ab 1802 verschiedenen Entwürfen von Karl von Fischer, Andreas Gärtner, Franz Thurn und Emanuel Joseph von Herigoyen (zur Planungsgeschichte vgl. im Einzelnen B.-P. Schaul 1980 und Ulrich 2000) wurde 1811 Fischer mit der Ausführung auf der Grundlage seines dritten, sich damals selbst noch weiterentwickelnden Projektes beauftragt (Grundsteinlegung am 26. Oktober 1811 durch Kronprinz Ludwig; Eröffnung nach kriegsbedingter Baueinstellung und Brand des gelagerten Dachstuhlholzes 1817 erst am 12. Oktober 1818).

Das bereits am 14. Januar 1823 abgebrannte Theater baute Leo von Klenze bis Ende 1824 (Eröffnung 2. Januar 1825) in fast unveränderter Form nach den Plänen Fischers († 1820) wieder auf; der vorgesehene, aber bis dahin noch nicht ausgeführte Portikus wurde erst damals errichtet. Als gewichtige Änderung ersetzte Klenze den von ihm kritisierten Walm des hochragenden Zuschauerhauses durch einen zweiten Giebel nach dem Vorbild von Schinkels Berliner Schauspielhaus (1818–21; das Doppelgiebelmotiv nahm später auch das Bolschoi-Theater in Moskau auf). Die Leitung der Innenraumgestaltung (im eigenen Werkverzeichnis „pour ma partie décorative") wurde Jean-Baptiste Métivier, die Bühnentechnik Hofmaschinist Schütz übertragen.

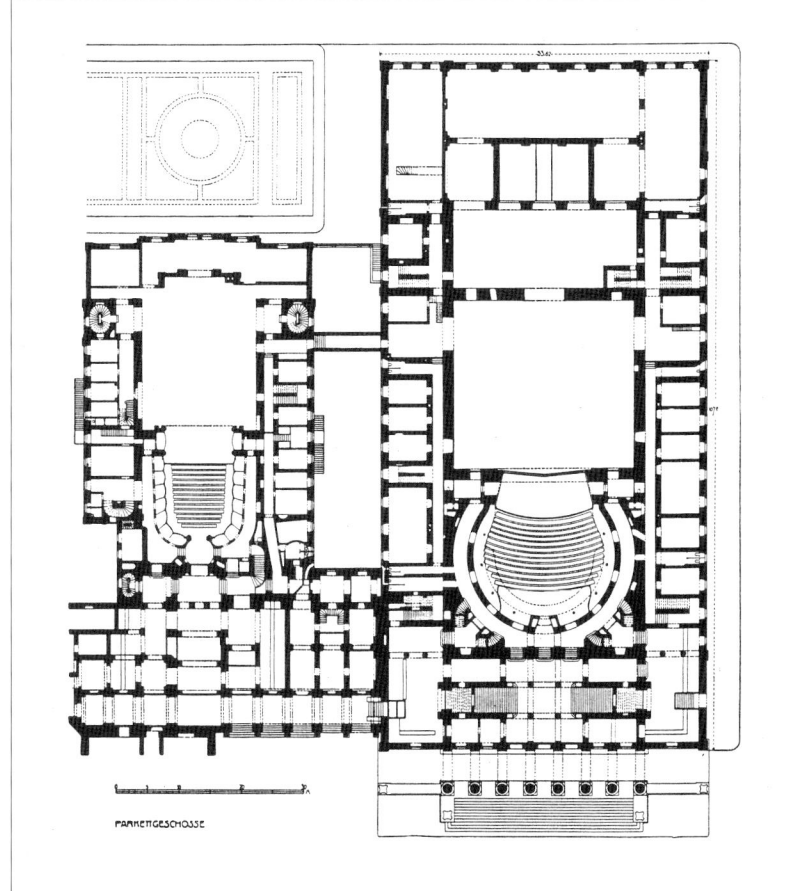

Residenztheater und Nationaltheater (rechts); Grundriss (Zustand Anfang 20. Jh.)

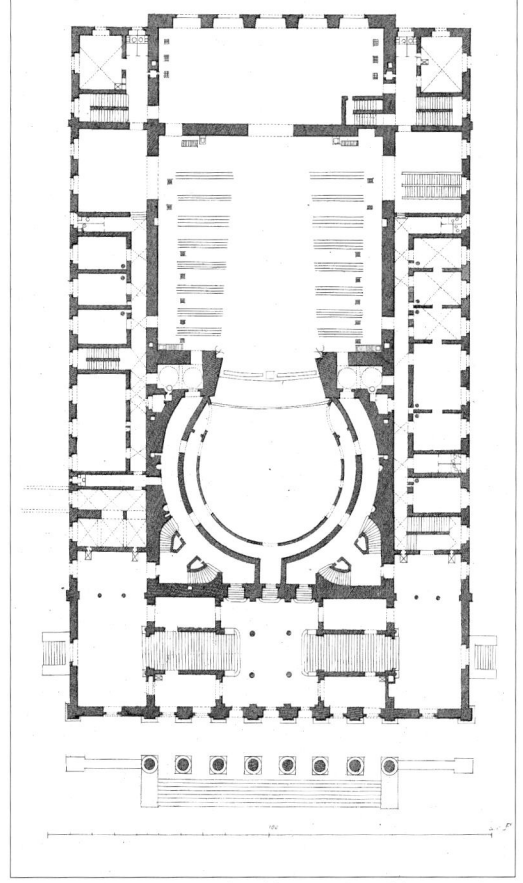

Max-Joseph-Platz 2, Nationaltheater; Grundriss, um 1840

Max-Joseph-Platz 2, Nationaltheater (rechts Maximilianstraße)

In der Gestaltung des klassizistischen basilikalen Baukörpers bzw. des Außenbaues mit zwei Hauptgeschossen, Portikus und hochragendem Zuschauer- und Bühnenhaus unter gemeinsamem Walmdach (Firsthöhe über 42 m, noch heute eine Dominante im Stadtbild) hielt sich Fischer eng an das Vorbild des (nicht erhaltenen) Kaiserlichen Theaters in St. Petersburg (erbaut 1783, nach Brand 1802–05 von Thomas de Thomon, einem Schüler von Ledoux, weitgehend neu errichtet, 1806 publiziert), wie insbesondere die Fassadenstudie von 1808 in seinem Skizzenbuch (Blatt 46) deutlich macht; das Giebelfeld des (wie in St. Petersburg noch ionischen) Portikus sollte laut Beschriftung ein allegorisches Flachrelief umschließen; der ausgeführte korinthische Portikus (mit mächtigen unkannelierten Säulenschäften aus Kalkstein) schloss sich in den Proportionen dem römischen Pantheon an. Die genannte Skizze und ihr Vorbild machen verständlich, dass der ohne die im Endprojekt vorgesehenen Flügelbauten realisierte Mittelbau funktionell wie gestalterisch für sich allein durchaus existenzfähig ist. Die monumentale Fassadenausbildung war als beherrschender Abschluss des neu geschaffenen Platzes konzipiert.

Die seitlich anschließenden Flügelbauten des Ausführungsprojektes – der linke sollte dem bestehenden Residenztheater vorgelegt werden, der rechte mit anderen Foyer- und Betriebsräumen vor allem einen großen Säulensaal für Konzerte und Bälle aufnehmen – unterblieben; stattdessen entstand 1826–28 das Odeon (s. Odeonsplatz 3).

Die breit entfaltete, mittig aufgipfelnde Baugruppe wäre typologisch mit dem Berliner Schauspielhaus und dem Warschauer Teatr Wielki (1825) vergleichbar gewesen. – Auch ohne diese Annexe, als mächtiger basilikaler Prostylosbau vom Typus der genannten Theater in St. Petersburg und Moskau und des Théâtre de la Monnaie in Brüssel (1817–19), war das Nationaltheater bis zur Eröffnung der Wiener Hofoper (1869) das weitaus größte Theater Mitteleuropas (nach Meiser 1840 fasste es 2060, „bei Überfüllung gegen 2500 Personen", nach Sitzplan von 1863 ca.

1880 Personen; heute 1800 Sitz- und 300 Stehplätze). Die für die Zeit ungewöhnlichen Dimensionen waren – abgesehen vom Repräsentationsanspruch – durch die Wünsche nach verfügbaren Logen (insgesamt 92) wie durch die angestrebte Einnahmensteigerung motiviert.

Ungewöhnlich klar und großzügig war Fischers Grundrissgliederung des ursprünglich (ohne Portikus) 85 x 53 m großen Rechteckbaus nach dem Schema ABBA in einen querrechteckigen Verkehrs- und Foyertrakt, ein etwa quadratisches Zuschauer- und ein ebensolches Bühnenhaus und eine wiederum halb so tiefe Hinterbühnenzone, das Ganze beiderseits von schmalen Längstrakten mit Neben- und Betriebsräumen begleitet.

An dem vom König 1811 als Muster gewünschten Théâtre de l'Odéon in Paris orientierte sich Fischers ausgeführter, maßstäblich enorm gesteigerter Bau allgemein hinsichtlich der Grunddisposition im Eingangsbereich mit Vestibül, beiderseitig einläufigen Treppen und Foyers im Hauptgeschoss sowie in der

Nationaltheater, Zuschauerraum mit bemaltem Vorhang (nach Guido Renis „Aurora"); Zustand Mitte 19. Jh.

Ausbildung des Zuschauerraumes, der die Gestaltung des nach einem Brand durch Chalgrin und Baraguey bis 1808 verändert wiederhergestellten Odéons verarbeitet. Fischers weniger vom italienischen (trotz Säulenproszeniums wie z. B. in der Mailänder Scala oder im Teatro San Carlo in Neapel) als vom französischem Theatertypus ausgehender Zuschauerraum war mit seinem aus dem Kreis (vgl. Grand-Théâtre in Bordeaux) und nicht aus der Hufeisen- oder Glockenform konstruierten Grundriss – die Proszeniumslogen liegen in den Kreiszwickeln und sind nicht deren Verlängerung angefügt wie vielfach üblich – und mit seinen fünf stützenlos vorkragenden Rängen eine bemerkenswert selbständige, statisch meisterhafte Leistung (vor allem auch in Anbetracht der ungewöhnlichen Dimensionen). Charakteristisch für Fischers Raumlösung sind die Anordnung der Ränge genau übereinander (ohne Rückstaffelung), die senkrechten (nicht gebauchten) Brüstungen, die niedrigen, die freie Sicht begünstigenden Logentrennwände sowie die dem untersten Rang („Balkon") vorgelegte „Galerie noble" mit Plätzen für vornehme Besucher und Fremde, die nicht Logeninhaber oder deren Gäste waren. (Die zylindrische Umfassungswand des Parketts, auf welcher der Balkon ruhte, wurde 1854 entfernt.) Die Königsloge, mit ihren Nachbarlogen das einzige vertikale Gliederungselement im Rangsystem, liegt ungewöhnlicherweise im Rang über dem Balkon – offiziell dem ersten – auf dem Niveau der Foyers, proportional günstig angesichts der enormen Höhe des Auditoriums (ca. 22 m gleich dem Durchmesser).

Im Gegensatz zu detailreicher differenzierten Raumformen wie dem Theater in Bordeaux (1783) mit die Ränge unterteilenden Säulenstellungen oder zu Reformversuchen mittels einer Synthese von Rängen, Kolonnaden und amphitheatralischen, insgesamt antikisierenden Elementen (z. B. Opéra Versailles, Theater in Besançon und in den Tuilerien, Weinbrenner-Bauten) entschloss sich Fischer zu einer angesichts des monumentalen Maßstabes elementar wirkenden Reduzierung auf die tektonischen und funktionellen Hauptbestandteile – die ungeteilten, stützenlosen, fünffach wiederholten Rangbrüstungen, in sie eingespannt die Gruppe der Repräsentationslogen im Scheitel und

schließlich die zur Bauzeit wegen ihrer Gestaltung und Proportion gerühmten, noch als Symbol- und Hoheitsform verstandenen Säulenpaare mit den Proszeniumslogen (für Mitglieder der Königsfamilie und Intendanz). Diese großzügige Einfachheit der Struktur entspricht dem von Pierre Patte in seinem „Essai sur l'architecture théatrale" (Paris 1782, Pl. I, Fig. VIII und IX) vorgestellten Schema (auf freilich ovalem Grundriss), das in Deutschland u. a. – auf Kreisgrundriss wie in München – dem Koblenzer Theater von Peter Joseph Krahe (1787, restauriert 1985) zugrunde liegt. Das Kaiserliche Theater in St. Petersburg hingegen entsprach eher der durch Einführung antikisierender Elemente mitsamt Arkaden bereicherten Raumform, scheint aber die Hauptloge flankierende Karyatiden aufgewiesen zu haben gleich dem Nationaltheater. Die auf den Bereich der Staatslogen konzentrierte figürliche Plastik wie die klassizistische Ornamentik (wohl in Stuck) ordnete Fischer der tektonischen Struktur interpretierend unter. Die Decke wurde zeitüblich nach Art eines antiken Velariums bemalt. Bautechnisch höchst innovativ war Klenzes eiserne Bogenkonstruktion (1823) über dem 15 m breiten Proszenium (Ausst. Kat. Klenze 2000, S. 358).

Bedeutsame Veränderungen erfolgten im mittleren 19. Jh., einmal bedingt durch die Einführung der Gasbeleuchtung 1853/54, die (unter Leitung Klenzes) eine neue Dekoration der Rangbrüstungen zur Folge hatte, wobei auch die Decke im spätklassizistischen Zeitstil neu bemalt und das Bühnenportal anstelle eines gerafften Vorhangmotivs mit einem flachen, akanthusrankengefüllten Segmentgiebel abgeschlossen wurde; zum anderen bedingte die Anlage der neuen Maximilianstraße entlang der südlichen Längsfassade des Theaters deren Umgestaltung samt teilweiser Erhöhung zu gleichmäßiger Traufhöhe analog den Eckrisaliten sowie eine bauliche Erweiterung nach Osten (1857–59 von Friedrich Bürklein) auf eine Gesamtlänge von 108 m (mit Portikus und Freitreppe 120 m); der Fischers Architektur angepasste Anbau diente vor allem als Ersatz eines zugunsten des Straßenbaues abgebrochenen, freistehenden Dekorationsmagazins (z. T. an der Stelle der Münzarkaden, s. Maximilianstraße 6/8). – Elektrische Beleuchtung 1885. 1924–28

Nationaltheater, ▷
Zuschauerraum;
Aufn. um 1930

Nationaltheater, Vestibül und Königssaal (kriegszerstört); Aufn. 1946

Nationaltheater nach Kriegsschäden; Aufn. um 1945

Umbau der Bühne durch Adolf Linnebach, neuer Rahmeneinbau in das Bühnenportal, Podesteinbau in die Haupttreppen.

Die Zerstörung durch Spreng- und Brandbomben am 3. Oktober 1943 ließ nur die Umfassungsmauern, Nebenräume in den Seitentrakten und die schwerbeschädigten Foyerräume im Eingangstrakt mit großen Teilen des Stuckdekors übrig; der Zustand der Ruine verschlechterte sich in der Folgezeit noch durch die Witterung. Die Notlage ließ einen Wiederaufbau vorerst nicht zu, die Staatsoper spielte bis 1963 im Prinzregententheater. Notdächer schützten die noch benützten Nebenraumfluchten und den Foyertrakt, der 1953 ein definitives Dach erhielt. Der „Verein der Freunde des Nationaltheaters e. V." hielt seit 1952 die Idee des Wiederaufbaus wach und förderte sie durch Tombolen und Spendensammlungen.

Aufgrund eines beschränkten Wettbewerbs von 1954 erhielt Gerhard Graubner, Hannover, den Auftrag zur Erstellung eines Vorprojektes, das in einer komplexen, an Kontroversen reichen Entwicklung weiterbearbeitet wurde. Für den Entschluss zu einer dem Originalzustand angenäherten Rekonstruktion wichtig wurde ein im Auftrag der Obersten Baubehörde von Ministerialrat Karl Fischer vorgelegter Entwurf von 1957. Nach Plänen Gerhard Graubners und Karl Fischers wurde schließlich 1958–1963 der Wiederaufbau durchgeführt, nachdem die Ruine gro-

ßenteils abgerissen worden war. Erhalten blieb der Foyertrakt hinter dem Portikus mit noch beträchtlichen Resten der originalen Gestaltung und des Stuckdekors der Gebrüder Sporer aus Wessobrunn. Der wiederhergestellte Foyertrakt mit dem gedrungen wirkenden, dorischen Viersäulen-Vestibül, den beiderseitigen steilen, einläufigen Weißmarmortreppen, den blau-weiß-goldenen Ionischen Sälen im Obergeschoss und dem in der Mitte gelegenen Königssaal mit korinthischer Pilastergliederung und dem herrscherlichen Rot als Grundton der Deckenmalerei ist seitdem wieder als eines der festlichsten Raumensembles des Klassizismus erlebbar. Der neue Zuschauerraum wurde, um Platz für eine Zwischenzone und erweiterte Umgänge zu gewinnen, um 13 m nach Osten verschoben. Unter Wiederaufnahme der alten Grundform wurden in ihm einige Veränderungen zur Verbesserung der Sichtverhältnisse vorgenommen (wie später

Nationaltheater, 1. Obergeschoss, Königssaal

Nationaltheater, 1. Obergeschoss, Foyerräume nach Süden

◁ 1. OG, südlicher Ionischer Saal

Erdgeschoss, Vestibül, nördl. Treppe

1. OG, Königssaal, Fischer-Büste ▷

Erdgeschoss, Vestibül nach NO

ähnlich in der Dresdner Semper-Oper), u. a. steileres Parkett, erweitertes Bühnenportal, leicht nach rückwärts zur Mitte ansteigende Rangführung, nach rückwärts erweiterte, ansteigende Rangplätze. Bei der dekorativen Gestaltung orientierte man sich so weit wie möglich an den Originalplänen Karl von Fischers – es wurde also nicht der um 1854 veränderte Zustand wiederhergestellt. Die minutiösen künstlerischen Rekonstruktionsmaßnahmen, von Hans Heid als Leiter des Planungsbüros ausgearbeitet, wurden u. a. durch die Stuckfirma Jakob Schnitzer, Augsburg, ausgeführt; die figürlichen Plastiken schufen Elmar Dietz (Karyatiden zu Seiten der Königsloge, unter Verzicht auf die früher in Händen gehaltenen Lyren) und Franz Mikorey (Genien über dem Proszenium); Deckenmalereien von Elmar Albrecht. Der Farbdreiklang weiß-rot-gold wird durch die nach klassizistischen Mustern gefertigten Beleuchtungskörper zu strahlender Wirkung gesteigert. Dem neuen Zuschauerraum gestand Michael Brix (1974) „als Nachschöpfung einen beträchtlichen Anschauungswert" zu und würdigte ihn als einen durch die besonderen Umstände bedingten Sonderfall der denkmalpflegerischen Praxis.

Max-Joseph-Platz 3, Königsbau der Residenz

Räumlich und technisch überaus großzügig ausgestattet wurde, dem Anspruch eines der führenden Opernhäuser entsprechend, der Bühnenbereich. Hier veranlasste die Begrenzung des Bauplatzes eine eigenartige Lösung mit zwei großen Seitenbühnen links von der Haupt- und Hinterbühne, die sämtlich untereinander durch ein Verschiebesystem verbunden sind. Durch Anbau eines lang gestreckten Dekorationsmagazins im Norden, das sich vor die Rückseite des Residenztheaters und die Eingangsfront der Allerheiligen-Hofkirche schiebt, wurde der Marstallplatz in problematischer Weise an seiner Westseite verkleinert.

Die beiden Giebelfelder der Eingangsfront füllten seit 1838–40 Fresken nach Entwürfen Ludwig Schwanthalers, die 1894 aus Witterungsgründen durch Glasmosaiken ersetzt werden mussten; das obere – Pegasus und die Horen (nach dem von Johann Georg Hiltensperger ausgeführten Fresko) – ist noch erhalten; der rekonstruierte Portikusgiebel umschließt eine moderne Figurengruppe von Georg Brenninger (1972) mit dem ursprünglichen Thema Apollo und die Musen. – Wiederhergestellt wurden die vier zum Portikus von 1824 gehörigen prächtigen Bronzekandelaber an der Auffahrt und den Freitreppenwangen, von denen nur Reste den Krieg überstanden hatten.

In dem am 21. November 1963 wiedereröffneten Nationaltheater, bis heute (nach dem neuen Festspielhaus in Baden-Baden) Deutschlands größtem Opernhaus, verbindet sich originale, restaurierte Substanz mit teils getreuer, teils frei historisierender Rekonstruktion sowie moderner Verkehrsführung und Technik. Die Übereinstimmung des Äußeren mit dem Inneren, die stilistische Angleichung an die kostbaren Foyerräume im Sinne einer gestalterischen Homogenität waren die denkmalpflegerischen Gesichtspunkte für den traditionsorientierten Wiederaufbau des auch in der Musikgeschichte höchst bedeutsamen Hauses, dessen Ruhm vor allem durch die hier uraufgeführten Werke Richard Wagners – Tristan, Meistersinger, Rheingold, Walküre – begründet wurde.

In den Foyers ist eine Anzahl gegossener, meist moderner Büsten mit der Münchner Operngeschichte verbundener Komponisten und Dirigenten aufgestellt; bemerkenswert im Königssaal die Büste des Erbauers Karl von Fischer, 1965 von Emil Krieger modelliert nach dem einzig überlieferten Bildnis des Architekten, einer Zeichnung von Ernst v. Bandel. Die Wände der Umgänge ziert eine umfangreiche Porträt-Galerie (überwiegend Ölgemälde) von Intendanten, Regisseuren und am Hof- und Nationaltheater tätigen Künstlern, z. T. Werke namhafter Maler des 19. und 20. Jh., insgesamt ein theatergeschichtliches Dokument hohen Ranges.

Nationaltheater, Zuschauerraum

Zuschauerraum, nördliches Proszenium

Zuschauerraum, Königsloge

Max-Joseph-Platz 3. Königsbau der Residenz, im florentinischen Palaststil des Quattrocento, 1826–35 von Leo von Klenze; s. Residenzstraße 1.

Max-Joseph-Straße (vorne Maximilianplatz); Luftaufnahme von 1921

Max-Joseph-Straße

(Vgl. Ensemble Maxvorstadt I.) Die nach Bayerns erstem König benannte Straße (bis 1859 „Maxstraße") bildete den Anfang der nordwestlichen Stadterweiterung außerhalb der Mauern, genehmigt 1807 und am 12. Oktober dieses Jahres eröffnet. Ein Lageplan der Baukommission von dem Gelände der späteren Maxvorstadt aus demselben Jahre (BStB) zeigt bereits die aufgrund der Initiative und nach Angaben des Landesdirektionsrates v. Schwaiger „neu angelegte Straße", die vom 1805 am Nordwestrand der Altstadt eröffneten Maxtor (s. Maximiliansplatz 18) her, den Maximiliansplatz und die spätere Ottostraße in deren Mitte durchschneidend, in Nordwestrichtung die Verbindung zum Fürstenweg nach Nymphenburg (der nachmaligen Brienner Straße) herstellte. In der Folge wird sie als diagonale, in den kreisrunden Karolinenplatz einmündende Achse in das ansonsten rechtwinklig konzipierte Quartier einbezogen, wenn auch zunächst verschiedene städtebauliche Entwürfe für diesen Bereich (Wettbewerb Maxvorstadt) ihre Existenz noch negierten, so z. B. Sckells rigoroser Rasterplan, der ihre Beseitigung vorsah. Den optischen Abschluss bilden einerseits in der Ferne die Frauentürme, andererseits der Obelisk. Von der auf dem Stadtmodell von Seitz dargestellten klassizistischen Erstbebauung im offenen Pavillonsystem (mit Vorgärten), die großenteils schon bis zum Ersten Weltkrieg umgestaltet oder durch historistische Neubauten ersetzt wurde, ist vollends nach den großen Zerstörungen im Luftkrieg nichts mehr erhalten. Entfernung Maxtor – Obelisk 400 m. In Richtung zur Altstadt dargestellt auf einer aquarellierten Zeichnung von Joseph Andreas Weiss, 1836 (MStM, Slg. Proebst 384). (Siehe Flurkarte S. 129)

Max-Joseph-Straße 2. Ehem. Wohn- und Geschäftshaus A. S. Drey, jetzt Industrie- und Handelskammer; vgl. Ensemble Maxvorstadt I. Bildet mit Maximiliansplatz 8 (s. dort) einen Block. In Franz Thurns Bebauungskonzept der stadtauswärtigen Längsseite des Maximiliansplatzes entsprachen einander in der Mitte beiderseits der Max-Joseph-Straße zwei viergeschossige klassizistische Doppelhausblöcke mit ausgebauten Walmdächern (vgl. das Seitzsche Stadtmodell, Mitte 19. Jh.) samt mittig in den Gärten dahinterliegenden niederen Rückgebäuden. Das Haus Max-Joseph-Straße 2 (ursprünglich Maximiliansplatz 7) erbaute 1806 der Klaviermacher Ferdinand Sailer (der um 1808 auch

noch Maximiliansplatz 8 anfügte, s. dort); es kam 1810 an Clemens Wenzeslaus Graf von der Leyen und gehörte seit den 1830er Jahren den Grafen von Rechberg-Rothenlöwen.

In der Prinzregentenzeit kam es zu einer die Gesamtgrundstücke beiderseits der Max-Joseph-Straße ausfüllenden, großstädtisch dimensionierten Neubebauung, bestehend aus dem Regina-Palast-Hotel (s. Maximiliansplatz 5) einerseits und östlich der Straße den Gebäuden Nr. 7 (heute Max-Joseph-Straße 2) und 8. Das Rechbergsche Anwesen erwarben 1910 Siegfried Drey und Adolf Stern nebst ihren Söhnen, die Inhaber der von des ersteren Vater Aaron S. Drey 1837 in Würzburg gegründeten, später international renommierten Kunsthandlung A. S. Drey (seit 1854 in München, Maximilianstraße 39/jetzt 18); sie ersetzten es durch einen von Mai 1911 bis Februar 1912 durch die Fa. Karl Stöhr ausgeführten Neubau nach Plänen Gabriel von Seidls. Der fünfgeschossige historisierende Bau grenzt mit der Rückseite an die Neue Börse (s. Maximiliansplatz 8). Die Längsfront an der Max-Joseph-Straße wird von zwei Risaliten eingefasst, dem mittigen Haupteingang ist eine den Vorgarten teilende Portalhalle mit Satteldach vorgelegt, das Erdgeschoss als Pfeilerarkadenfolge mit Schaufenstern ausgebildet. Die differenziert gestalteten Gurtgesimse, vor allem das über dem Erdgeschoss und das an Risaliten und Seitenfronten durch Konsolen bereicherte über dem 3. Stock, sind aus reliefierten Terrakottaelementen zusammengesetzt; das abgesetzte letzte Geschoss ist niedriger, an der Rücklage der Hauptfront als Loggia ausgebildet, sonst in seiner Höhenwirkung durch Terrakotta-Relieffelder zwischen den Fenstern zu fries- oder attikaähnlicher Wirkung reduziert. Antikisierende Büsten im Fries über dem Erdgeschoss und einzeln über den Fenstern im 2. Stock unterstreichen den repräsentativen Anspruch, desgleichen der zur Bauzeit auffallende Farbkontrast zwischen dem Donaukalkstein des Erdgeschosses, dem hellen Putz (Terranova) und den roten Terrakottagliederungen; letztere lieferte nach Modellen von Franz Naager die Nymphenburger Porzellanmanufaktur. Stilistisch ist der Bau durchaus modern für seine Zeit, indem weitgehend auf den klassischen Formenapparat der Renaissance verzichtet wird mit

Max-Joseph-Straße 2, Fassadendetail

Max-Joseph-Straße 2; Aufn. 1994

Max-Joseph-Straße 9, ehem. Palais Schrenck-Notzing; Aufn. 1995

Ausnahme einiger Zitate wie rustizierten Ecken, profilierten Bogen- und Fensterrahmungen und Lisenen an der Rücklage. Die Ornamentmotive der Terrakottaelemente sind im Wesentlichen aus der Antike bzw. der sich auf diese beziehenden italienischen Renaissance abgeleitet. Der zu den modernsten, gestalterisch erlesensten Konzeptionen Gabriel Seidls gehörende Sitz eines der führenden Kunst- und Antiquitätengeschäfte ist ein hervorragendes Beispiel der für die „Kunststadt" München charakteristischen Gattung des Kunsthändlerhauses der Prinzregentenzeit. Im Krieg zerstört wurde der niedrige Eisenzaun des Vorgartens an der Eingangsseite mit den sechs auf hohen Postamenten stehenden Kalksteinfiguren von Heinrich Düll und Georg Pezold.

Das „Dritte Reich" bedeutete das Ende für die Kunsthandlung in jüdischem Besitz, deren Inhaber die Bestände versteigerten und das Gebäude 1935 an die benachbarte Industrie- und Handelskammer verkauften, die hier 1938 in den Geschäftsräumen (mit noch heute erhaltener Galerie samt Eisengeländer) ihre Bibliothek einrichtete. Das Haus wurde am 12. Juli 1944 im Inneren weitgehend zerstört, ein Sprengbombenvolltreffer vernichtete die beiden obersten Geschosse des Haupttrakt-Mittelteils vollständig. Beim Wiederaufbau 1946–50 wurde die Fehlstelle in originaler Form ergänzt, das Innere weitgehend erneuert. Ursprünglich wurde das Erdgeschoss ganz von den weitläufigen vornehmen Verkaufsräumen eingenommen, geteilt durch das tonnengewölbte Vestibül mit Aufgangsstufen und das mit drei Läufen um den Aufzug gruppierte Treppenhaus, an das sich im Lichthof ein Oberlichtsaal anschloss. Die Obergeschosse enthielten weiträumige Herrschaftswohnungen.

Max-Joseph-Straße 2, 4–9. Vgl. Ensemble Maxvorstadt I.

Max-Joseph-Straße 9. Ehem. *Palais Schrenck-Notzing*, jetzt Bayerischer Bauernverband. An der Stelle einer klassizistischen Vorbebauung ließ sich der von einer Altmünchner Patrizierfamilie abstammende Dr. Albert Freiherr von Schrenck und Notzing (1862–1929), ein in der damaligen Gesellschaft ebenso erfolgreicher wie umstrittener, sensationsumwitterter Arzt und Parapsychologe, 1904–06 ein hochherrschaftliches Palais mit erlesener Ausstattung errichten, eine der vornehmsten Schöpfungen Gabriel von Seidls; Bauausführung Fa. Karl Stöhr. In seinem Essay „Okkulte Erlebnisse" (1924) schilderte Thomas Mann ironisch-reserviert eine spiritistische Sitzung (im Haus des Barons?).

Der freistehende kubische Bau gleicht sich einerseits dem das klassizistische Viertel um den Karolinenplatz prägenden villenartigen Palasttypus an, greift hingegen in seiner monumentalen, anspruchsvollen äußeren Gestaltung auf Vorbilder der römischen Hochrenaissance zurück, nämlich auf Raffaels Palazzo Vidoni-Caffarelli und besonders auf die kraftvoll gegliederte Fassade des einstigen Wohnhauses von Raffael, dessen Entwurf von Bramante stammte. Das Fassadensystem dieses nicht erhaltenen

Gebäudes wurde auf den wesentlich kürzeren, völlig anders proportionierten Münchner Bau übertragen, der somit keineswegs als bloße Kopie anzusehen ist, vielmehr als Vergegenwärtigung namhafter „klassischer" Typen in eine Reihe mit der entsprechenden Praxis anderer historischer Phasen, etwa der römischen Kaiserzeit, des britischen Palladianismus oder des friderizianischen Berlin und Potsdam zu stellen ist. Vergleichbare Motive – Doppelsäulen und zurückgesetztes Dachgeschoss – hatten bereits G. Seidls ansonsten anders proportioniertes ehem. Palais Klopfer (Brienner Straße, alte Nr. 41, erbaut 1901/02; zerstört) gekennzeichnet.

Den Anspruch unterstreicht die – in München relativ seltene – Fassadenausbildung des vorderen Gebäudeteils in Naturstein (Donaukalk). Der gequaderte Unterbau aus Keller- und Erdgeschoss ist von massiver Geschlossenheit, zu der die Plastizität der Gliederungen am Oberbau im Gegensatz steht. Das Hauptgeschoss – mit rundbogig schließenden Fenstertüren zur Straße – und das niedrigere 2. Obergeschoss werden durch toskanische Kolossalsäulenpaare bzw. (seitlich) Pilaster zusammengefasst, auf denen das von Anton Pruska gestaltete dorische Gebälk mit Metopenreliefs, Triglyphen und Konsolgesims lagert. Vor den Fenstertüren sind zwischen die Säulensockel Balusterbrüstungen eingespannt, seitlich den Ädikulatüren der Eckräume Balkone vorgelegt. Hinter der abschließenden Attikabalustrade ist das letzte Geschoss mit seinem flachen Walmdach zurückgesetzt und weitgehend dem Blick entzogen. Ansonsten sind die Seiten- und Rückfronten schlicht in Putz mit Natursteinrahmungen um die Fenster ausgebildet.

Auch im Inneren dominierten Gestaltungselemente im Stil italienischer Palazzi und Villen. Auf die Unterfahrt an der linken Seitenfront folgt eine gewölbte Vorhalle, anschließend die zentrale weiträumige Halle mit kostbarem, vielfarbig intarsiertem Steinfußboden nach antiken Vorbildern und kassettiertem Kreuz-

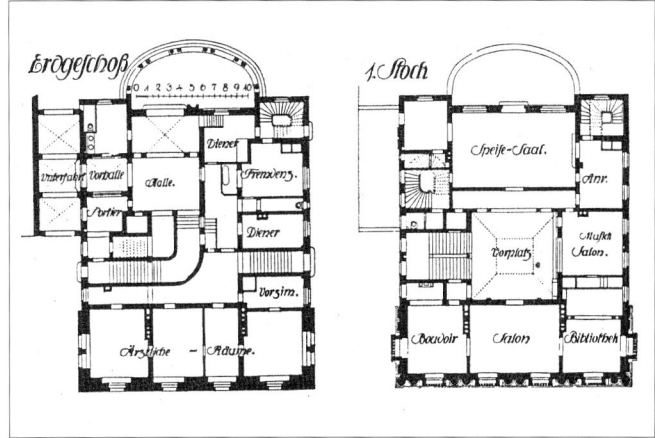

Max-Joseph-Straße 9; bauzeitliche Grundrisse Erd- und 1. Obergeschoss

gratgewölbe, von dem ein Radlüster herabhängt; gegenüber dem Eingang ein Rotmarmor-Wandbrunnen mit zwei Bronzeputti und -delphinen, dessen oberer Abschluss vermutlich fehlt; darüber ein antikisierendes Mosaik. Vor der Fensterwand stehen zwei weibliche allegorische Weißmarmorfiguren, 1853 von Franz Xaver Schwanthaler nach Entwurf seines Vaters Ludwig (sign.). Gegenüber öffnet sich eine Doppelarkade zur Rotmarmor-Treppe aus einem und dann im rechten Winkel dazu zwei Läufen mit Balustergeländer. Das Erdgeschoss enthielt straßenseitig die Räume der Arztpraxis, ansonsten vor allem Fremden- und Dienerschaftszimmer, das Hauptgeschoss um einen quadratischen Vorplatz (ehemals mit Klostergewölbe) gruppierte Repräsentations- und Gesellschaftsräume, darunter als größten den Speisesaal an der Hofseite. Erhalten sind nur der straßenseitig in der Mitte gelegene Salon (jetzt Sitzungssaal) mit zwei Fenstertüren und (1980 großenteils ergänzend rekonstruierter) neubarocker Stuckdecke und nördlich daneben in der Ecke die ehem. Bibliothek (jetzt Besprechungszimmer) mit Walnuss-Kassettendecke und geschnitzter Tür samt Türstock (zum Salon; Walnuss); in beiden Räumen sind die Fensterverkleidungen (Eiche mit Gussornamentik) sowie die gegossenen Türgriffe der Fenstertüren erhalten.

Nach schweren Schäden im Luftkrieg 1945 wurde das Palais 1950 als Sitz des Bayerischen Bauernverbandes wiederaufgebaut und adaptiert, 1980–82 unter Leitung von Architekt Hans Seidel eine umfassende Sanierung und Restaurierung durchgeführt. Damals wurde auch das Rückgebäude im Hof, das die schlichten Formen der frühen Nachkriegszeit aufwies, durch den heutigen, repräsentativer gestalteten Neubau ersetzt und auch der originale, den Vorgarten begrenzende Schmiedeeisen-Gitterzaun mit den laternenbekrönten Pfeilern der beiden Einfahrten instand gesetzt.

Max-Joseph-Straße 9, Rückgebäude

Mazaristraße

(Vgl. Ensemble Altstadt.) Die kurze Gasse (heute ohne historische Bausubstanz), die von der Nordseite der Kaufingerstraße zum Frauenplatz führt, ist auf das Brauttor, das südöstliche Seitenportal der Frauenkirche ausgerichtet – eine der sehr schmalen Gassen im hochmittelalterlichen ältesten Stadtkern, die den Frauenplatz (ursprünglich mit Friedhof um die Kirche) mit der Kaufingerstraße im Süden und der Weinstraße im Osten verbinden. Auf Consonis Stadtplan von 1806 „Marzari Gäßchen", benannt nach dem Wirt einer Gaststätte an der Ostseite (Paulus Marzari, 2. Hälfte des 17. Jh.; zu älteren Bezeichnungen vgl. Stahleder 1992).

ARCHÄOLOGISCHE BEFUNDE: Größere Bodeneingriffe und Umbauten sind aus jüngerer Zeit nicht bekannt, deshalb ist mit untertägig erhaltenen Resten von mittelalterlichen und frühneuzeitlichen Bauwerken wie verrohrten Bächen und Pflastern zu rechnen.

Meiserstraße (ehem.)

1957 nach dem evangelischen Landesbischof Hans Meiser († 1956; vgl. Meiserstr. 13) benannter Südabschnit der Arcisstraße (s. dort) bis zur Brienner Straße. 2007 mehrheitlicher Stadtratsbeschluss zur erneuten Umbenennung; jetzt Katharina-von-Bora-Straße.

[**Meiserstraße 1, 3.** Ehem. Institutsbauten der Universität, 2005 abgebrochen bis auf in Neubau integrierten Rest; s. Karlstraße 23–29.]

Meiserstraße 2–10. Vgl. Ensemble Maxvorstadt II.

Meiserstraße 2. Teil des Oberfinanzpräsidiums, 1938–42 von Franz Stadler, s. Sophienstraße 6.

Max-Joseph-Straße 9, 1. Obergeschoss, Tür

Max-Joseph-Straße 9, Vestibül, Figur von F. X. Schwanthaler

Max-Joseph-Straße 9, Blick ins Vestibül

Max-Joseph-Straße 9, Vestibül und Treppe

Max-Joseph-Straße 9, Vestibül, Fußboden

Meiserstraße 4. Finanzamt für Körperschaften (Westflügel), 1829 von Joseph Höchl; s. Karlstraße 21.

[**Meiserstraße 6/8**. Ehem. Funktionsgebäude, zu den benachbarten NS-Parteigebäuden Meiserstraße 10 und Arcisstraße 12 gehörig (s. dort, auch zur Vorbebauung), wie diese 1934 ff. errichtet, damals Dienstwohn- und Ämtergebäude (Poststelle, Amtsarzt, Hausinspektion), technische Zentrale und Fernheizwerk, unterirdisch mit den anderen Parteibauten verbunden; im Hof freistehendes Kamingebäude. Nach 1945 Nutzung zusammen mit Nr. 10 für Kulturinstitute, heute Sitz von staatlichen Finanzbehörden. – Zweiflügeliger, viergeschossiger Putzbau mit Sockel und sparsamer Gliederung in Naturstein, im Erdgeschoss Rundbogenfenster, Steildach. In der Mitte des straßenseitigen Traktes dreischiffige Durchfahrt mit Pfeilern, das Tor nach dem Serliana-Schema, darüber wappenartige Reliefs und männliche Büste als Scheitelstein. Am Nordflügel turmartig erhöhter Zwischenbau und östlich anschließend das Fernheizwerk (heute städtisch, noch in Betrieb), das die Parteibauten im Umkreis mit Wärme versorgte.]

Meiserstraße 9. Der „Königl. Secretaire u. geh. Kanzelist der Ministerial-Stiftungs und Comunal Section des Innern-Ministeriums" Egid Walk bewirtschaftete im zweiten Jahrzehnt des

Meiserstraße 6/8; Aufn. 1994 (kein BDm)

19. Jh. die Parzelle zunächst als reines Gartengrundstück, sozusagen vor der Stadt. 1814 ließ Walk von Joseph Höchl ein zweigeschossiges Sommerhäuschen erbauen (in Erdgeschoss und Obergeschoss je ein Raum, verbunden durch eine Stubentreppe). 1816 erfolgte der Anbau zweier ebenerdiger Räume, symmetrisierend nach beiden Seiten hin; Ausführender war wiederum Höchl. Im entsprechenden Bauantrag begründete man diese Erweiterung damit, dass zu wenig Raum für einen verheirateten Gärtner oder Taglöhner „und ohne diese Huth das Anwesen dem Frevel p. p. zu sehr preis gegeben wäre".

Ein Jahrzehnt später gab Walk dieses Haus auf. Die Umgebung des Gartenhauses war durch die verstärkte Ansiedelung bedeutender Familien westlich vor der Stadt und die damit verbundene Bebauung mit vornehmen Villenarchitekturen in ihrer sozialen Bedeutung gestiegen. Walk beauftragte Joseph Höchl und Zimmermeister Paul Erlacher 1825, das noch bestehende

Meiserstraße 9

Haus schließlich für ihn selbst von Grund auf neu zu errichten, als Anwesen an der Friedrichstraße 176/a, dreigeschossig, mit drei Achsen zur Straße und bereits mit der bestehenden Risalitfassade.

Höchl (gest. 1838) war an etlichen Bauten Friedrich von Gärtners ausführend beteiligt. Als selbständiger Planfertiger ist er zwischen 1805 und bis 1840 posthum für wenigstens 51 Häuser in München belegt, wovon die Mehrzahl in der ersten Maxvorstadt umgesetzt wurde. Mehrere anspruchsvolle Einfamilienhäuser hatte Höchl in der näheren Umgebung der späteren Meiserstraße 9 (zunächst Friedrichstraße 176/a, um 1850 Arcisstraße 9, ab 1880 Arcisstraße 3 und ab 1957 schließlich Meiserstraße 9) verwirklicht, potenzielle Bauherren waren auch dadurch auf ihn aufmerksam geworden. Zahlreiche herausragende Villenbauten entstanden nach Karl von Fischers Planung in der neuen Maxvorstadt und wurden anderen Architekten und Baumeistern formal zum Leitbild.

Das Anwesen Meiserstraße 9 gelangte in den Besitz des Bildhauers Ludwig Schaller (1804–1865), der im Jahr 1849 als Eigentümer ausgewiesen ist. Schaller stammte aus Wien, hatte an der dortigen Kunstakademie Bildhauerei studiert und arbeitete an der Ausgestaltung der Alten Pinakothek sowie dem Festsaalbau der Münchner Residenz mit.

Meiserstraße 3, ehem. Chemisches Institut der Ludwig-Maximilian-Universität, Aufn. 1995 (kein BDm)

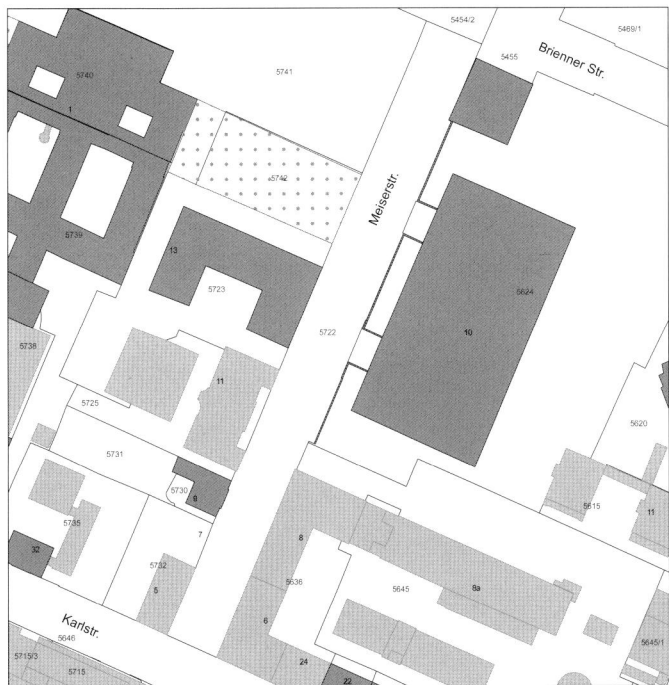

Meiserstraße; Flurkarte, M. 1:2 500

1860 gelangte das Anwesen, das sich durch die zahlreichen Neubauten in seiner unmittelbaren Umgebung nun in prominenter
Peripherie befand, in den Besitz des Ministerialrats Albert Boesgen. Boesgen beauftragte noch im gleichen Jahr Maurermeister
Arnold Hirschberg und Zimmermeister Johann Ehrengut, das
Dachtragwerk zu einem solchen mit Kniestock umzuzimmern
und so die Fassade um beinahe einen Meter zu erhöhen. Die
bestehende strenge, frühklassizistische Dreiachsigkeit lockerte
Hirschberg auf, indem er die mittlere Achse in allen drei Geschossen durch ein klassisch rhythmisiertes dreiteiliges Fenster
ersetzte, mit breiter Mitte und schmäleren seitlichen Fenstern,
verklammernd gerade verdacht. 1867 beauftragte Boesgen Baumeister Arnold Kilian Stützel und Zimmermeister Johann Ehrengut damit, den bestehenden nördlichen Rückflügel anzu-
bauen, in voller Höhe und zwei Achsen tief. Der Rückflügel
nahm im Erdgeschoss eine Remise und darüber einen als solchen
bezeichneten Gartensalon auf, gewissermaßen als repräsentatives Pendant des straßenseitigen Hauptsalons im Haupthaus.
Zusätzlich erhielt der Rückflügel im Westen, hier vor dem südlichen Fenster des 1. Obergeschosses einen Polygonalerker mit
Kupferhaube.
Eine Generation später, 1897, führte man nach der Planung
Emanuel von Seidls einen Balkon als Austritt aus dem 2. Obergeschoss im südwestlichen Hofwinkel aus (später rückgebaut).
In seiner Grundrissdisposition und seiner Massenverteilung
folgt der Bau Höchls etlichen Münchner Villenbauten des Frühklassizismus nach. Ganz im Usus seiner Zeit legte Höchl den
Bau mit zwei Treppenhäusern an: Das eine, die herrschaftliche
Haupttreppe kam zentral im beinahe quadratischen Bau zu
liegen und musste also von oben her belichtet werden, das einfachere verlegte der Baumeister an die südwestliche Ecke, ließ
es aber freilich hiner den Grundlinien eingezogen. Da der Zugang von der Garten-/Hofseite her erfolgt, lag dieses Treppenhaus als Funktionstreppe neben demselben und erlaubte einen
diskreten seitlichen Übergang in die oberen Geschosse. Die
herrschaftlich zugeschnittenen Räume lagen östlich der zentralen Haupttreppe und sind als Salons anzusprechen.
Die ursprüngliche Blockhaftigkeit wird durch strenge Gliederungselemente noch unterstrichen. Das Thema der Straßenfront
ist die Risalitfassade mit niedrigem Dreiecksgiebel. Eine Putz-
streifen-Rustika macht das Erdgeschoss aus, 1. und 2. Obergeschoss werden als Hauptgeschosse oberhalb eines einfachen
Wasserschlags ausgeschieden. Ein Konsolfries kennzeichnet das
Traufgebälk. Höchl griff ein Fassadenschema auf, das es auch
beim palastartigen Mietshausbau gab (vgl. u. a. Amalienstraße
15 u. a.), das aber gerade bei der offenen Bauweise bis in die
Mitte des Jahrhunderts Anwendung fand (vgl. u. a. Von-der-
Tann-Straße 3). Meiserstraße 9 beweist Eleganz durch Rhythmisierung.
Das Anwesen wurde im Luftkrieg über München erheblich zerstört. Die Instandsetzung des inzwischen in Staatshände gelangten Baus erfolgte 1949 nach einer Planung des Landbauamtes für
die Zollgrenzdirektion Süd. Dabei schlug man das südwestliche
Neben-Treppenhaus den Nutzflächen zu. (Eine frühe Fassadenrenovierung erfolgte 1977; eine hofseitig aufgestellte massive
sog. Büro-Baracke beseitigte man 1982/83.)

Meiserstraße 10. Ehem. Verwaltungsbau der NSDAP, jetzt
Haus der Kulturinstitute. Zu Stil und Gestalt des Verwaltungsbaues wie zum Parteiviertel allgemein vgl. Arcisstraße 12. Dem
Neubau des Verwaltungsbaues mitsamt dem südlichen der beiden „Ehrentempel" links/nördlich wie mit dem Dienstgebäude
und Fernheizwerk (heute Meiserstraße 6/8) rechts/südlich fiel
1933 die gesamte Altbebauung an der Ostseite der (damaligen)
Arcisstraße zwischen Karl- und Brienner Straße zum Opfer. Zur
klassizistischen, maßstäblich intimen, noch in Wenngs Atlas

1849 sich locker darstellenden Erstbebauung gehörten Karl von
Fischers eigenes Wohnhaus von 1810 an der Ecke Brienner
Straße 16 (bis 1933 erhalten) und südlich daneben (Arcisstraße 14) das 1811 ebenfalls von Fischer erbaute Wohnhaus des
Justizministers Frhr. Friedrich von Zentner (um 1863 abgebrochen). Innerhalb der verdichteten und erhöhten späthistoristischen Bebauung – meist Mietshäuser – waren zwei Bauwerke
von besonderer architektonischer und geschichtlicher Bedeutung. Arcisstraße 4 (im Südbereich des heutigen Gebäudes
Nr. 8), ein 1898–1900 von Friedrich Thiersch für den Hopfen-
händler Jacob Reinemann erbautes dreigeschossiges Mietshaus
mit zwei Erkern sowie Zwerchhaus am linken Rand, besaß eine
von Ernst Pfeifer exuberant stuckierte Fassade atektonischen
Charakters (wohl vom Asam-Haus inspiriert). Der Block
Nr. 12/13 weiter nördlich, 1889/90 von den renommierten Berliner Architekten Heinrich Kayser und Karl von Groszheim erbaut, bestand aus zwei völlig verschiedenartigen Häusern: Nr. 12
(rechts), ein zweigeschossiges palaisartiges Familienhaus in
deutscher Renaissance mit opulenter Innenausstattung (Bauherr
Alfred Pringsheim, Mathematikprofessor an der Münchner Universität und Kunstmaler, seit 1905 Schwiegervater von Thomas
Mann) war ein Mittelpunkt der kultivierten Gesellschaft, Nr. 14
ein im Auftrag der Bankiers Moritz und Eduard Guggenheimer
errichtetes, in der Folge von Prof. Pringsheim erworbenes dreigeschossiges Neurenaissance-Mietshaus.

Meiserstraße 10 (Vorgängerbau Nr. 12), ehem. Palais
Pringsheim; Aufn. um 1890

Meiserstraße 10, südlicher Lichthof, Treppe

Meiserstraße 10, Bibliothek, jetzt
Zentralinstitut für Kunstgeschichte

Meiserstraße 10 mit südlichem „Ehrentempel"; Aufn. um 1938

Meiserstraße 10; Aufn. 1994

Das Projekt eines eigenen Partei-Verwaltungsgebäudes südlich der Brienner Straße als symmetrisches Pendant zum „Führerbau" (s. Arcisstraße 12) wurde erst nach der „Machtergreifung" nach Plänen von Paul Ludwig Troost entwickelt, im Februar 1934 der Aushub der Baugrube begonnen; im August d. J. war bereits der Rohbau fertig; das Richtfest für beide Großbauten der Partei fand am 15. November 1935 statt, im Februar 1937 wurde der repräsentative neuklassizistische Verwaltungsbau dem Reichsschatzmeister Franz Xaver Schwarz übergeben.

Äußerlich gleicht der Verwaltungsbau dem unter Arcisstraße 12 beschriebenen und charakterisierten „Führerbau". Auch die innere Grunddisposition mit entlang den Fassaden aufgereihten Raumfluchten, die sich um den aus dem Block erhöht herausragenden Gebäudekern mit Mittelsaal und zwei Lichthöfen gruppieren, ist im Großen identisch, vergleichbar auch der – hier freilich etwas reduzierte – Repräsentationsanspruch. Die Bedürfnisse der Parteiverwaltung, vorwiegend Büronutzung, doch auch aufwendig ausgestattete Empfangs- und Arbeitszimmer der obersten Funktionäre, bestimmten die Raumaufteilung im Einzelnen. Im Anschluss an die Balkonvorhallen vermitteln in Nr. 10 lediglich gleichfalls drei Achsen breite, marmorverkleidete Eingangshallen den Zugang zu den beiden dreigeschossigen, hier von Pfeilern und Gängen umgebenen, glasüberdeckten Lichthöfen, die ebenso mit Naturstein verkleidet und mit Rotmarmor ausgelegt sind wie die ihnen innenseitig zur Gebäudemitte hin anliegenden, doppelarmigen Haupttreppenhäuser. Der zentrale quadratische, zweigeschossige Saal zwischen ihnen wurde als Bibliothek mit Eichenholztäfelung, umgebender Pfeilerstellung samt eingespannter Galerie und Oberlicht eingerichtet; der im Wesentlichen erhaltene Raum ist heute Hauptbücher- und Lesesaal des Zentralinstitutes für Kunstgeschichte.

Vor 1945 diente das Erdgeschoss in der Hauptsache der Verwaltung der Parteimitglieder-Kartei; im sich entlang der gesamten Rückseite im Osten erstreckenden, nüchternen Großraumbüro waren 82 Angestellte beschäftigt, ein kürzerer Arbeitssaal lag in der Mitte des Straßentraktes, dazwischen in der Mitte – unterhalb der Bibliothek – eine große Registratur. Karteizwecken (und als Garderobe) diente auch das obere Kellergeschoss, mit Repositur im Zentrum und weiterem Großraumbüro rückseitig unterhalb desjenigen im Erdgeschoss. Das zweite Kellergeschoss darunter enthielt Heiz- und Lüftungsanlagen und Luftschutzräume. – Im 1. Stock befand sich die Dienststelle des Reichsschatzmeisters mit dessen besonders aufwendig ausgestattetem Arbeitszimmer über der Nordvorhalle des straßenseitigen Traktes, in dem überhaupt die hierarchisch bedeutenderen Dienstzimmer lagen (u. a. Schwarz' Besprechungsraum in der Nordwestecke), während im Ostflügel Einfensterräume aneinander gereiht waren. Im 2. Stock waren die vergleichsweise einfacheren Büros des Rechtsamtes, des Mitglieds-, Reichsrechnungs- und Personalamtes untergebracht. Der Verwaltungsbau ist mit dem „Führerbau" – unter der Brienner Straße hinweg – wie mit dem Funktionsgebäude Arcisstraße 6/8 (s. dort) und ehemals auch den östlich benachbarten, zerstörten Parteibauten durch ein unterirdisches System von Gängen und Rohrleitungen verbunden. Die (im Unterschied zum ehem. „Führerbau") in Nr. 10 noch in beträchtlicher Zahl vorhandenen originalen – festen wie beweglichen – Ausstattungselemente wurden 1987 in einem Inventar dokumentiert (BLfD).

In dem nur wenig kriegsbeschädigten, Ende April 1945 von der US-Armee beschlagnahmten, in der Folge von Architekt Dieter Sattler instand gesetzten Gebäude, das im Mai 1948 dem Freistaat Bayern überantwortet wurde, war zunächst vor allem der Hauptteil des Central Collecting Point untergebracht (s. Arcisstraße 12), die Sammelstelle für in der NS-Zeit verschleppte, nunmehr nach Möglichkeit laufend zurückerstattete Kulturgüter; daneben wurde es Notunterkunft verschiedener staatlicher, auch städtischer Kulturinstitutionen, Museen und Hochschulseminare, Zufluchtsstätte u. a. der Staatsgemäldesammlungen und langzeitlicher Sitz der Staatlichen Graphischen Sammlung. Als Hauptnutzer bis heute definitiv geblieben sind das Ende November 1946 gegründete Zentralinstitut für Kunstgeschichte, das Archäologische Seminar der Universität und das (in den Lichthöfen ausstellende) Museum für Abgüsse klassischer Bildwerke; ferner haben hier ihren Sitz die Verwaltungen der Staatlichen Antikensammlungen und der Glyptothek sowie der Staatlichen Sammlung Ägyptischer Kunst und das Ägyptologische Institut der Universität.

Ehemalige „Ehrentempel", Sockel (Torso) des südlichen als Pendant zum nördlichen; erbaut 1935, gesprengt 1947, s. Arcisstraße 12.

Meiserstraße 11 ▷
(ehem. Palais Maffei); Aufn. 1994 (kein BDm)

[**Meiserstraße 11.** Ehem. *Palais Maffei*, 1892 von Albert Schmidt, stark erneuert. Auch in seiner nach den schweren Schäden des Zweiten Weltkriegs modernisierten Form mit erhaltenen, aber vereinfachten Außenmauern vermittelt der Bau noch eine historische Aussage. Der Bauherr, Hugo Ritter von Maffei (1836–1921), Reichsrat der Krone Bayern, Lokomotivfabrikant und Bankier, galt vor dem Ersten Weltkrieg als reichster Mann Bayerns. Der freistehende viergeschossige Palast mit drei von Giebeln abgeschlossenen Risaliten hat seine repräsentative neubarocke Gliederung und reiche Dekoration verloren. Nach dem Wiederaufbau war hier das seinerzeit viel genannte Landesentschädigungsamt untergebracht. 1981 von der Evang.-Luth. Landeskirche erworben (vgl. Nr. 13), anschließend adaptiert und rückseitig durch einen Neubau (u. a. Rechenzentrum; Arch. Michael Gaenßler und Theodor Hugues) erweitert. (Abb. S. 651)]

Meiserstraße 13. Evang.-Luth. Landeskirchenrat. Der an den südöstlichen Randbereich des Königsplatzes grenzende Bauplatz, östlich neben dem Konventsbau von St. Bonifaz, war schon in klassizistischer Zeit bebaut (im mittleren 19. Jh. Wohnhaus des Fürsten Ludwig von Oettingen-Wallerstein mit sich rückseitig bis zum Kloster erstreckenden Garten). Auf der nördlich anschließenden unbebauten Grünfläche, deren Baumbepflanzung das Gebäude des Landeskirchenrates dem Blick vom Königsplatz verschleiert, stand entlang der Straße ein königliches Privatgebäude, das 1826–37 an das vom philhellenisch gesinnten Ludwig I. geförderte Griechische Erziehungsinstitut – ab 1834 Lyzeum – vermietet war und später abgebrochen wurde. Den Verwaltungsneubau des Landeskirchenrats von 1928/29 konzipierte Oswald E. Bieber (Ausführung Karl Stöhr), der auch in seiner späteren Schaffenszeit nach dem Ersten Weltkrieg seine konservative Grundhaltung beibehielt, mit Rücksicht auf die klassizistisch geprägte Umgebung als auf die Grundform reduzierten dreigeschossigen, dreiflügeligen Palazzo mit der östlichen Schmalseite als Hauptfassade an der Straße, offenem Hof im Süden, dreibogiger gewölbter Loggia im Norden (Eingang zur Präsidentenwohnung) und kupfergedecktem Walmdach. Der verputzte Mauerwerksbau verzichtet – insofern eine Synthese von historischem Typus und neuer Sachlichkeit – auf jegliche Gliederung mit Ausnahme des knappen Konsolgesimses und der zitathaft applizierten Rustikarahmung in Werkstein um das rundbogige Eingangsportal mit darüberliegendem Balkon, dessen Zugang mit den flankierenden Fenstern einen der Monotonie entgegenwirkenden Akzent in der Lochfassade bildet. Die bauplastische Gestaltung der Portalädikula – mit weiblicher Büste als Schlussstein und Evangelistensymbolen im Fries – ist eine Arbeit von Josef Wackerle. (Vgl. Meiserstraße 11.)

Meiserstraße 13; Aufn. 1994

Müllerstraße

(Teil der äußeren Begrenzung des Ensembles Altstadt.) Die Müllerstraße umrundet außenseitig parallel zur Blumenstraße (s. dort) in drei ungleich langen Teilabschnitten das Südende der Altstadt zwischen der kurzen Straße Am Einlaß (s. dort) vor dem ehem. Einlaßtor im Osten und dem Sendlinger-Tor-Platz im Westen; etwa in der Mitte mündet von Norden her die kurze Angertorstraße (s. dort) vor einem weiteren ehem. Stadttor ein. Die Müllerstraße entstand als südlichstes, gebogenes Teilstück der 1796/97 auf Veranlassung des Kriegsministers Graf Rumford entlang von etwa zwei Dritteln der Wallbefestigung aus der 1. Hälfte des 17. Jh. außenseitig angelegten Ringstraße (sog. Rumfordchaussee, vgl. Otto- und Sonnenstraße, sowie Chevalley/Weski 2004, Rumfordstraße). Mit ihrer (nach Rambaldi 1894) von 1802–64 existierenden Pappelallee ist sie auf den unbeschrifteten Stadtplänen von 1802/03, 1808 und 1812 eingetragen, auf dem von 1814 erstmals mit dem Namen Müllerstraße, der (nach Rambaldi 1894 und Dollinger 1995) auf die in diesem Bereich noch bis Ende des 19. Jh. an den ehemals offenen Stadtbächen betriebenen Mühlen zurückzuführen ist. Zur Müllerstraße zählte ursprünglich – so noch auf dem Stadtplan von 1826 – die östlich anschließende Rumfordstraße bis zum Isartor, die erstmals auf dem Schmidtner-Plan von 1827 den Namen des einstigen Ministers trägt. Erster größerer, bereits vor Anlage der Chaussee vorhandener Bau war das hinter dem den östlichen, geraden Straßenabschnitt begleitenden Mühlbach gelegene Militärlazarett von 1777 (vgl. Müllerstraße 7). Unweit südwestlich, nahe der Abzweigung der als Verbindung zwischen Innenstadt und Au um 1830 trassierten Fraunhoferstraße (s. Chevalley/Weski 2004), lag vor der Vereinigung des Mahlmühl- und Westermühlbaches zum Lazarettbach bis 1871 die 1369 erstmals erwähnte Mahlmühle (etwa heutiger Bereich der Kolosseumstraße). Die einstige Angermühle unweit westlich nahe dem Angertor hatte schon 1639 der Wallbefestigung weichen müssen. Deren Bastionen a, s und r (von Westen) samt vorgelegtem Grabenbach sind an der Altstadtseite der Müllerstraße noch auf den Stadtplänen des frühen 19. Jh. zu erkennen (heute nur noch teilweise an Grundstücksgrenzen ablesbar).

Von der offenen Erstbebauung mit schlicht klassizistischen Walmdachhäusern der 1820er Jahre, die sich zunächst überwiegend auf der Altstadtseite im Bereich der aufgelassenen Wallbefestigung entwickelte, existieren Reste noch vor allem in der Osthälfte der Müllerstraße, wenn auch meist vereinfacht und verändert; am besten erhalten sind Nr. 24, 40 und das Eckhaus Am Einlaß 4, vgl. dort; das Eckhaus Nr. 38 an der Angertorstraße wurde 1995 abgebrochen. Die spätere, überwiegend geschlossene Mietshausbebauung des Historismus – im Luftkrieg zu beträchtlichen Teilen zerstört – hatte gleich dem außenseitig sich entwickelnden Glockenbachviertel im Südwesten und dem ab 1861 geometrisch angelegten Gärtnerplatzviertel im Osten bescheiden-bürgerlichen Charakter. Unter den Kriegsverlusten ist vor allem das palaisartige Neurenaissance-Mietshaus Nr. 3 (ehem. Nr. 6) des Baumeisters Michael Reifenstuel zu erwähnen, dessen selbstgefertigte Pläne Gottfried Neureuther 1867 überarbeitete. Straßenbahnverkehr – als wichtiges Teilstück der Altstadt-Südumgehung – hat die Müllerstraße seit 1878 (seit 1906 mit Abzweigung in die Fraunhoferstraße).

Müllerstraße 1. Die schon 1830 geplante, aber erst in den 1860er Jahren trassierte Corneliusstraße wurde bis 1880 zügig bebaut. Frei blieb das Areal der heutigen Miets- und Geschäftshäuser Corneliusstraße 1 und Müllerstraße 1. Nach Überwölbung des Lazarettbaches errichtete Baumeister Zwisler das bestehende Anwesen für den Privatier Josef Aichinger 1885–86. (Der Lazarettbach unterquerte das Anwesen bis zu seiner Auflassung 1968.) Die mittig in den Grundriss gesteckte Hofdurch-

Müllerstraße 1

Müllerstraße 4 (kein BDm)

fahrt fungiert als Hauseingang, östlich nebenliegend führt das leicht rückwärtig ausgebaute Treppenhaus zu einer Wohnung je Etage, dies gemäß Eingabeplan (Vermehrung der Abgeschlossenheiten nachträglich). Wegen der Bautiefe ergaben sich Dunkelzonen. Dem Frühzustand entsprechend existierte ein ateliermäßiger Ausbau des Dachraums und der westliche Abschnitt des Erdgeschosses war bereits als Laden genutzt. Die Fassade des im Zweiten Weltkrieg weitgehend unbeschadet gebliebenen Mietshauses wurde planvoll geschlichtet, ursprünglich entsprach ihr Dekor demjenigen von Rumfordstraße 2, das gleichzeitig und bei gleicher Personnage entstanden ist. Den Hauptakzent der Fassade bildet der mittig eingesetzte, zweigeschossige Neurenaissanceerker, dessen Deckplatte das 3. Obergeschoss mit einem ummauerten Austritt bedient.

[**Müllerstraße 4** (ehem. 19; mit Rückgebäude Müllerstraße 2, ehem. 29a). Das dreigeschossige Wohnhaus mit Walmdach (in der Denkmallisten-Erstfassung aufgeführt), erbaut 1828 von Joseph Höchl (nach F. Zimmermann, Wohnbau), gehört zu den Resten der schlicht klassizistischen Erstbebauung im Bereich der Müllerstraße und Am Einlaß. Das ursprünglich freistehende Haus von 7 zu 2 Achsen, lediglich durch ein Bandgesims über dem Erdgeschoss gegliedert, grenzt heute links an den wesentlich höheren Nachkriegs-Neubau von Nr. 6 (Eckhaus am Durchbruch der verlängerten Corneliusstraße). Der Grundriss ist symmetrisch, mit Mittelflur und rechts angelegter Treppe; straßen-

seitig in jeder Hälfte ein Zweifensterraum und ein schmales Eckzimmer. (Auf dem Seitzschen Stadtmodell von 1841/63 allerdings ist das Vorderhaus nur zweigeschossig mit fünf Fensterachsen dargestellt.) Zugehörig das parallel situierte, jetzt links verkürzte zweigeschossige Rückgebäude, mit Rückseite zum ehem. Stadtgrabenbach. – Im Anwesen Nr. 2/4 – in erster Linie im Rückgebäude – befand sich ein in den Stadtführern des 19. Jh. aufgeführtes Bad, samt Loh-Schwitzbad (vgl. Megele I 1951, S. 19; Giselabad). Ein späthistoristischer Neubauentwurf Jakob Heilmanns von 1890 für Badbesitzer Max Kolditz wurde nicht ausgeführt.]

[**Müllerstraße 7.** *Heizkraftwerk.* Das Grundstück ist bau- wie ereignisgeschichtlich in mehrfacher Hinsicht von Bedeutung. Stark von der späteren Müllerstraße hinter den Lazarettbach (Mühlbach) zurückgesetzt, stand hier das von Karl Albert von Lespilliez 1773 entworfene Militärlazarett (Grundsteinlegung 24. März 1774, Kapellenweihe 1778), ein gestreckter dreigeschossiger Mansarddachbau mit 19 Fensterachsen langer Hauptfassade und Dachreiter in Firstmitte; 1886/87 von Friedrich Adelung als Luitpoldgymnasium völlig umgebaut, dessen Luftkriegsruine 1947 abgebrochen wurde. 1888–94 war Albert Einstein Schüler des Gymnasiums. In dessen Hof erschossen am 30. April 1919 Soldaten der „Roten Armee" zehn als Geiseln Festgenommene.

Von 1954–56 erbaute auf diesem Gelände das Städtische Baureferat Hochbau nach Plänen von Werner Issel das Heizkraftwerk, einen von der Straße stark zurückgesetzten Komplex mit als hochhausartige Dominante aus dem Mittelbereich herausragendem, grün verglastem, die Schornsteine ummantelndem Baukörper von 52 m Gesamthöhe. – Dahinter befindet sich ein Luftschutz-Hochbunker der NS-Zeit (250 Schutzplätze, 1992 entwidmet), ein turmartig-wehrhafter Baukörper mit rustizierten Ecken. 2007 ff. Überplanung des Areals im Gange.]

Müllerstraße; Flurkarte, M. 1:5000   ▷

Müllerstraße 7, Heizkraftwerk (kein BDm)

Müllerstraße 9. Das schlicht spätklassizistische, freistehende, hinter einen Vorgarten zurückgesetzte Vorstadthaus der 1820er Jahre (erstmals auf Stadtplan von 1826; nach Wenngs Atlas 1850 „A. Geri Bettverleih Anst.") erhielt in der 2. Hälfte des 19. Jh. an der nördlichen, straßenseitigen Schmalfront eine Neurenaissancegliederung – Hauptmotiv Fensterverdachungen im 1. Obergeschoss, die mittlere als Dreiecksgiebel – sowie eine Nischenfigur der Muttergottes (Typus Mariensäule) im 2. Obergeschoss; aus dieser Zeit stammt wohl auch das Mansarddach. Jedes Geschoss enthielt eine Wohneinheit mit drei Zimmern, davon ein großes straßenseitig; an der rechten Längsseite wurden Eingang, Treppe und Küche situiert. 1892/93 wurde das Haus durch Baumeister A. Kaufhold für Kaufmann Friedrich Schultz rückseitig um eine Achse mit je einem weiteren großen Raum verlängert. Unmittelbar dahinter verlief der Lazarettbach.

Müllerstraße 10. Im nordöstlichen Vorfeld des St.-Jakob-Bollwerks (sogleich nach 1796 abgetragen, sein historischer Verlauf noch heute an den Parzellengrenzen zur Blumenstraße hin ablesbar) befand sich bis zu seiner protokollarisch greifbaren Demolierung im Jahr 1902 das Wohnhaus der Großhändlersgattin Elise Geyer. Nach der Freiräumung des Grundstücks errichteten Heilmann und Littmann bis 1904 das bestehende Wohn- und Geschäftshaus zusammen mit dem gleichartigen Mietshaus Müllerstraße 12 (s. dort) für den Großhändler und Hoflieferanten Philipp Geyer. Dem vierachsigen Riegel an der Straße ist ein westlicher Rückflügel angesetzt, dessen Grundlinie im Hofwinkel eingeklinkt ist, um weitere Belichtungsachsen zu schaffen. In seiner gesamten Tiefe ist der Rückflügel bündig an denjenigen des westlich benachbarten Hauses Nr. 12 herangerückt. Die heutige Ecklage des Anwesens entspricht nicht der entstehungszeitlichen Situation, vielmehr ist sie das Ergebnis des 1934 erfolgten stadtseitigen Durchbruchs der Corneliusstraße (vgl. Chevalley/Weski 2004, S. 137, Corneliusstraße). So findet sich die östliche Außenwand weiters nicht strukturiert und blieb erkennbar Brandmauer (vgl. die Baugeschichte Herrnstraße 30). Die Hofdurchfahrt in der östlichen Achse führt rückwärtig zum westlich angeschlossenen Treppenhaus, mit einem Hausgang, den zwei Kreuzgratgewölbe überspannen. Schon der Eingabeplan berücksichtigt im Winkel zwischen Hofdurchfahrt und Hauseingang einen Fahrradeinstellraum. Der Erstzustand sah im Erdgeschoss drei Läden sowie rückwärtig eine Wohnung vor, in den Obergeschossen jeweils zwei unterschiedlich große Wohneinheiten. Eine kleine Dachwohnung entspricht dem Erstzustand, den nördlichen Dachraum des Rückflügels ließen Anna Stark und Anna Thurmaier 1931 vom Architekten Max Rose als Atelier adaptieren. Im Erdgeschoss spannen je äußere schmale Korbbögen zwei breitere

Korbbögen ein. Die je äußeren Fensterachsen der Obergeschosse erhielten dreiteilige Fensterbahnen, die schmälere zweiteilige im Mittelzug der Fassade flankieren. Horizontal ist die Fassade durch kolossale Lisenen gegliedert und rhythmisiert. Flacherker vor den Hauptgeschossen der äußeren Achsen bedienen die Wohnungen des 3. Obergeschosses mit Austritten, zwei weitere Balkone setzte man vor die Fenstertüren des 2. Obergeschosses im Mittelzug der Fassade. Der detailreiche neubarocke Stuck blieb weitgehend erhalten, auch die schmiedeeisernen Balkonkörbe rühren von der Bauzeit her. Das mittig in die Dachzone gesetzte Dachhaus mit neubarockem Schweifgiebel (geschlichtet), dreiteilig durchfenstert mit querovalem Okulus im Giebelfeld, ist ein Pendant zum formverwandten Ausbau des westlichen Nachbaranwesens und bildet den bekrönenden Akzent der Fassade. (2005–06 Gesamtinstandsetzung des Hauses/Nutzungsänderungen.)

Müllerstraße 11. Das freistehende viergeschossige Mietshaus mit Walmdach repräsentiert – trotz Vereinfachung – noch gut den Typus der klassizistischen Erstbebauung an der Müllerstraße (Baumeister vielleicht der hier vorwiegend aktive Joseph Höchl?). Im Bauakt (LBK) wird 1824 das „neu erbaute Wohnhaus" des Steuer-Cataster-Commissions-Revisors Martin Neuner erwähnt, der damals zwei zusätzliche Nebengebäude errichten wollte – möglicherweise mit den beiden flankierend zurückgesetzten kleineren Nachbarhäusern Nr. 9 und 13 zu identifizieren (vgl. jeweils dort). 1850 gehörte Nr. 11 dem Stift. Administrator Rudolf Illing (Wenngs Atlas), um 1862 wie Nr. 13 dem Mechaniker Anton Huber.

Der Grundriss ist symmetrisch organisiert, Eingang und Treppe sind an der Rückseitenmitte situiert; jedes Geschoss enthielt ursprünglich wohl zwei (heute drei) Wohneinheiten mit Mittelgang. Die Fensteranordnung an der Straßenseite ist rhythmisiert – die äußeren der insgesamt sechs Fensterachsen sind breiter. Von der sparsamen Gliederung sind nur das Gurtgesims, auf dem die Fenster des 1. Stocks stehen, und das profilierte Traufgesims erhalten; noch um 1980 waren wenigstens an der rechten (dreiachsigen) Schmalseitenfront die geraden Verdachungen der Fenster im 1. und das Gurtgesims unter denen des 3. Stocks vorhanden, die bald danach auch noch beseitigt wurden. In den 1980er Jahren wurde das Haus mit einzelnen Grundrissänderungen saniert, das Dachgeschoss ausgebaut, im Erdgeschoss kürzlich eine Gedenktafel (mit Reliefbüste) für den oberösterreichischen Dichter Franz Stelzhamer (1802–1874) angebracht, der hier 1851/52 wohnte.

Das freistehende Rückgebäude am ehem. Lazarettbach, mit Werkstatt, Wohngeschoss und niedrigem Mansarddach, wurde (statt eines Vorgängers) 1882 von Baumeister Max Häusler für

Müllerstraße 10 und 12 (von rechts)

Müllerstraße 9 und 11 (von links); Aufn. 1995

Metalldreher Sebastian Schweyer errichtet, 1988 weitgehend umgebaut und neu eingeteilt.

Müllerstraße 12. Die Parzelle von Nr. 12 an der Müllerstraße (bei Wenng der westlich vorgelagerte Garten von Nr. 27) fand ihre nördliche Begrenzung im Verlauf des Krankenhausbächls; dieses wiederum beschrieb die Kontur des 1796 geschleiften Jakob-Bollwerks. Ein in den 1850er Jahren entstandenes bescheidenes Wohnhaus, das im Osten an den Nachbarbau (vgl. Müllerstraße 10) angesetzt war, ließ der Großhändler und Hoflieferant Philipp Geyer 1902 beseitigen. Die Firma Heilmann & Littmann errichtete zusammen mit dem gleichartigen Mietshaus Müllerstraße 10 (s. dort) bis 1903 das bestehende neubarocke Mietshaus. Dem Riegel an der Straße setzten die Architekten entlang der nordöstlichen Grundstücksgrenze einen Rückflügel an, oberhalb des Erd-/Ladengeschosses befanden sich zwei

Müllerstraße 12, Fassadendetail; Aufn. 1995

Wohnungen in jeder Etage, erschlossen vom hofseits zugänglichen Treppenhaus am Hofwinkel. Im Erdgeschoss ließ der Rentier Johann Drexler 1912–13 ein Lichtspieltheater einbauen (107 Sitzplätze). Die Fassade dominiert ein zweiachsiger flacher Erker, der vor die drei Obergeschosse gelegt wurde: vor dem 1. und 2. Obergeschoss zugefenstert, vor den Fenstern des 3. Obergeschosses loggienartig ausgebildet und von einer Doppelarkade überfangen. Überhöht wird der so hervorgehobene mittlere Fassadenzug von einem Dachhaus, dreiachsig durchfenstert, mit Segmentbogen-Blendgiebel und – ein Merkmal der ersten Jahre nach 1900 – mit geschwungenen seitlichen Wangen. Die südwestliche Seitenfassade gestaltete man der Straßenseite vergleichbar als eigenwertigen Pavillon. (Das Haus blieb im Zweiten Weltkrieg weitgehend unbeschädigt; 1977 erste Fassadenrenovierung, 1986 Einbau der bestehenden Fenster und Fenstertüren sowie erweiternder Ausbau des Dachgeschoss, die Schaffung einer Dachterrasse im gleichen Jahr bleibt wie meist gestalterisch herausgefordert, erneute Fassadeninstandsetzung 2001.)

Müllerstraße 13. Das ursprünglich freistehende, schlicht klassizistische Wohnhaus, ein dreigeschossiger Walmdachbau der 1820er Jahre, wie Nr. 9 (s. dort) stark von der Straße zurückgesetzt, ist vielleicht zusammen mit diesem mit den beiden Nebengebäuden zu identifizieren, die der Eigentümer von Nr. 11 (s. dort) 1824 errichten wollte. Der Grundriss ist dem von Nr. 9 ähnlich, mit vom langen Mittellängsgang zugänglicher Treppe rückseitig in der Südwestecke. 1850 gehörte das Anwesen dem Silberarbeiter L. Rappolt (Wenngs Atlas). Das schmale, kleine Werkstattgebäude dahinter wurde 1874 und später mehrfach erneuert.

Nicht ausgeführt wurde ein Umbauprojekt von 1875 (von Nikolaus Debold für Metalldreher Lorenz Falkner), das einer Erweiterung bis an die Straße mit Anschluss an Nr. 15 samt Aufstockung vorsah, ebenso wenig wie der Neubauplan eines großen neuklassizistischen Mietshauses (mit Nr. 15) von 1913/14 (Arch. Raimund Hager, für Metallwarenfabrikant Max Falkner). Vor dem Haus an der Straße wurde 1934 ein Verkaufskiosk aufgestellt, 1942 der gesamte Vorplatz mit dem die Situation störenden erdgeschossigen Ladenbau von Baugeschäft Adalbert Lipp überbaut.

Müllerstraße 13 und 15 (von links); Aufn. 1995

Müllerstraße 15. Das dreiseitig freistehende, schlicht klassizistische Wohnhaus der 1820er Jahre (auf Stadtplan von 1826 samt gesondertem kleinem Rückgebäude eingetragen) ist nur durch ein Gurtgesims über dem Erdgeschoss und Fenstersohlbänke gegliedert, die Grundfläche annähernd quadratisch; der Eingang und die gewendelte Treppe sind rückseitig in der Mitte situiert, jedes Geschoss in vier verschieden große Räume aufgeteilt. 1850 gehörte das Anwesen dem Tischlermeister A. Zwisler (Wenngs Atlas). Das 3. Obergeschoss samt Gurtgesims darunter wurde 1862 aufgesetzt (durch Maurermeister Heuberger und Zimmermeister Joseph Kampfersack für Tischlermeister Alois Mösmang). Das Erdgeschoss wurde erstmals 1863 für Ladenzwecke verändert und gründlicher abermals 1913 durch Einbau zweier Läden mit korbbogigen Schaufenstern (Arch. Raimund Hager), wobei die darunterliegende Kellerwölbung beseitigt wurde. An der Seitenfront ist im 1. Stock eine nazarenische Marienfigur angebracht. Ursprünglich bildete Nr. 15 mit dem typologisch gleichartigen Nachbarhaus Nr. 17 (1850 Eigentum eines Bäckermeisters) eine freistehende Gruppe, doch ist letzteres stärker modernisiert. Zu nicht ausgeführter Neubauplanung von 1913/14 vgl. Nr. 13.

[**Müllerstraße 22.** Im unmittelbaren Vorgelände des ehem. Stadtwalles ist erstmals auf dem Stadtplan von 1812 (Rickauer/ Schleich) ein kleinteilig im englischen Stil gegliederter, wohl zweigeteilter Garten verzeichnet, der möglicherweise zu zwei 1804/06 neu erbauten Häusern an der Blumenstraße gehörte (die bereits auf Stadtplänen von 1806 und 1808 vorhanden sind; nach Grobe 1970, S. 43: Bauherr Parapluiemacher Georg Waldhauser). Der (Doppel-)Garten wurde vom Stadtgrabenbach durchquert und reichte bis zur Müllerstraße mit ihrer 1802 gepflanzten

Müllerstraße 22; Aufn. 2007 vor Abbruch

Pappelallee. Auf dem Stadtplan von 1826 (Topograph. Bureau) ist die unterdessen erfolgte weitgehende Bebauung beiderseits der Müllerstraße mit freistehenden Wohnhäusern dargestellt (Grobe 1970, S. 43: Große Bauanlage … 1815–ca. 1823, Bauherr Zahlamtskassierer Franz Michael Ertl). Zu dieser klassizistischen Bebauung gehören auch Nr. 22 wie das (noch original erhaltene) Nachbarhaus Nr. 24 (s. dort) und das (aufgestockte) Haus Nr. 26, die zusammen mit Häusern auf der gegenüberliegenden Seite der Müllerstraße trotz Veränderungen im Einzelnen insgesamt noch als Rest-Baugruppe der ersten klassizistischen Stadterweiterung auf dem ehem. Festungsgelände anschaulich sind bzw. waren (Nr. 22 2007 abgebrochen).

Um 1850 gehörte Müllerstraße 22 dem Instrumentenmacher Georg Saurle (Wenngs Atlas). Das ursprünglich dreigeschossige Walmdachhaus wurde später – 1898? – aufgestockt – wieder mit Walmdach (das aufgesetzte Geschoss als solches durch ein Gesims erkennbar getrennt) und durch eine aufgeblendete Neurenaissance-Putzgliederung bereichert (von der zuletzt noch die Eckquaderung erhalten war). Das Haus – an drei Seiten von gesonderten, niedrigeren Werkstattflügeln umgeben – war bis zum Ersten Weltkrieg Sitz der renommierten „Chemiegraphischen Hofkunstanstalt Oscar Consée" (auf die u. a. viele Münchner Ansichten zurückgehen). Die Erdgeschoss-Schaufensterarkaden mitsamt dem niedrigen Anbau rechts stammten von einem Umbau, den Architekt Stefan Wollmann 1913 für Gebr. Joseph und Ludwig Haunschild durchführte.]

Müllerstraße 23. Das 1910/11 neuklassizistisch erweiterte und überformte Mietshaus entstand wohl in den 1820er Jahren (erstmals auf Stadtplan von 1826). Nach Wenngs Atlas (1850) war der damals freistehende Bau gleich dem östlichen Nachbarhaus (Ecke Fraunhoferstraße) im Besitz des Metzgermeisters Ad. Stulberger. Die klassizistische Originalgestalt des viergeschossigen Walmdachhauses mit genutetem Erdgeschoss und geraden Fensterverdachungen im 1. Stock ist durch einen nicht ausgeführten Umbauplan von 1890 überliefert (von Baumeister Joseph Lutz für Frau Ursula Stulberger; LBK), der im östlichen Bauwich eine Erweiterung mit überbauter Einfahrt vorsah. Der Um- und Anbau erfolgte erst 1910/11 durch Baumeister Johann Pausinger im Auftrag des Hauptlehrers Franz Paul Stulberger; der in den Bauakten gelegentlich auch als Bauherr genannte Architekt Paul Stulberger (vormals für Ludwig II. tätig) dürfte für den Entwurf verantwortlich bzw. mit dem Hauptlehrer identisch sein. Damals wurde das Haus in gleicher Höhe um eine Achse nach links erweitert, mit flachem Dreiseiterker im 1. und 2. Stock, die Fassade in zurückhaltend neuklassizistischen Formen überarbeitet und durch ornamentale Brüstungsfelder zwischen den Obergeschossen bereichert. Völlig umgestaltet wurde das in Raupputz rustizierte, für Ladenzwecke umgebaute Erdgeschoss; der Hauseingang (mittig im Altbestand) erhielt einen

Segmentgiebel. (Der Plan von 1890 zeigt im letzten Geschoss niedrigere Fensterformate, doch wurde 1890 keine Erhöhung bzw. Dachstuhlerneuerung beantragt.)

Der Rechteckbau mit westlicher Schmalseite an der Kolosseumstraße besitzt keinen Binnenhof, entlang der Rückseite verlief der Westermühlbach. Das originale Grundrissschema war symmetrisch mit Mitteleingangsflur zur halbgewendelten Treppe hin; jedes Geschoss enthielt in spiegelbildlicher Anordnung zwei Wohneinheiten mit Mittelgang, je drei Zimmern zur Müllerstraße und einem weiteren Zimmer in den rückwärtigen Ecken. Um 1983 wurde das Innere renoviert und z. T. verändert.

Müllerstraße 24. Das klassizistische Wohnhaus, ein freistehender dreigeschossiger Walmdachbau, ist das am wenigsten veränderte in der von der Erstbebauung erhaltenen Gruppe beiderseits der Müllerstraße (vgl. Nr. 22, 26 sowie gegenüber Nr. 9, 11, 13, 15, 23); es ist schon auf dem Stadtplan von 1826 eingetragen, nach F. Zimmermann (Wohnbau, 1984) 1829 von Joseph Höchl erbaut oder umgebaut. Nach Kontrakt von 1812 (Abschrift LBK) verkaufte Franz Michael Ertl, wirkl. Staatskassierer, Ritter des Civilverdienstordens der bayerischen Krone und Inhaber der Hofmark Leutstetten und Petersbrunn, „von meinen eigentümlichen Aengern zwischen dem Sendlinger und Einlasstor … zwey Parthien" – heute Müllerstraße 24 und 26 – an Franz Xaver Kleindienst, wirkl. Direktor der Centralhauptbuchhaltung der Finanzen, vermutlich den späteren Bauherrn. In den 1840/50er Jahren gehörten beide Häuser dem Spiritusfabrikanten M. Schramm, der die gewerblich genutzten, in der Folge wiederholt veränderten, zu einer Dreiflügelgruppe formierten Rückgebäude ausbaute, von denen nur ein kleiner Rest im Nordosten erhalten ist (s. unten). Das Hauptgebäude – heute städtisch – wurde 1991 vorbildhaft saniert, der Hofbereich gärtnerisch gestaltet.

Die Fassadengestaltung ist schlicht, an der Straßenfront mit breiteren Außenachsen, Gurtgesims über dem Erdgeschoss, Fenstersohlbänken, Fensterfaschen im dadurch dezent betonten 1. Stock sowie mit niedrigerem 2. Stock. Die Haustür (in der dritten Achse von links) mit barockisierendem Schnitzdekor stammt von oder um 1900. An der Rückseite ist die Mittelachse mit den Treppenhausfenstern leicht eingezogen. Im zweiläufigen Treppenhaus am Flurende sind noch das klassizistische Geländer mit durchbrochenen Brettbalustern und die Füllungstüren erhalten.

Müllerstraße 23

Müllerstraße 23; Grundriss 1. Obergeschoss und Ansicht (mit nicht ausgeführtem Anbau links), 1890

Müllerstraße 24; Aufn. 1995

Müllerstraße 24, Treppenhaus

Jedes Geschoss umfasst zwei Wohnungen, in den Obergeschossen mit völlig symmetrischem Grundriss. Der Dachgeschossausbau ist erneuert (heute ebenfalls mit zwei Wohnungen). – Die Rückgebäude wurden um 1990 abgetragen; erhalten blieb in der Nordostecke des Areals eine mit Flachkuppeln gewölbte Halle von 2 zu 2 Jochen mit Mittelpfeiler, wohl 1820er Jahre.

[**Müllerstraße 26.** Kubisches klassizistisches Wohnhaus, stark erneuert; vgl. Nr. 24.]

Müllerstraße 31. Im Jahr 1896 beschloss der Magistrat die Anlage der Hans-Sachs-Straße als Verbindung zwischen der Müllerstraße im Norden und der Westermühlstraße im Süden, dies als vergleichsweise inhomogene nördliche Verlängerung der Jahnstraße, deren Verlauf ab der Westermühlstraße nach Nordosten abknickt. (Die Hans-Sachs-Straße wurde in der Folge bis ins Jahr 1900 geschlossen bebaut und hat sich in beachtlicher Geschlossenheit erhalten.) Für die südwestlichen Anschlussstraßen an das Glockenbachviertel charakteristisch, ergaben sich an den Straßenkreuzungen und -gabelungen meist Stoßkanten mit stumpfen und überstumpfen oder spitzen Winkeln. Das Areal des Hauses Müllerstraße 31 war schon in den 1840er Jahren bebaut, was für die Umgebung der Ringchaussee nicht untypisch ist. Der Bauplatz lag ganz in der Nähe eines Bades über dem Westermühlbach, das schon 1812 als „Gesundheitsbad" geschätzt war, aber letztendlich im Verlauf der neuen Straße verschwand.

Das Anwesen Müllerstraße 31 erschließt seit der Zeit nach dem Zweiten Weltkrieg einen Bauabschnitt, der entstehungszeitlich dem 1897 von Hermann Berthold erbauten Haus Nr. 2 an der Hans-Sachs-Straße zugeschlagen war und wird seither nach der Müllerstraße nummeriert. (Nr. 2 gehört zu den wenigen Kriegsverlusten im Zug der Hans-Sachs-Straße.) Erhalten geblieben ist der nördliche Bauteil des prächtigen Neu-

Müllerstraße 31; Aufn. 1995

barockhauses an der Ecke Müller-/Hans-Sachs-Straße mit je einer Achse an den Straßenläufen und einer Achse mit dreigeschossigem Flacherker an der abgeschrägten Ecke. Durchaus im Sinne der seinerzeitigen neuen Sichtweise des Barock schlug man das 1. Obergeschoss dem Sockelbereich zu und rustizierte es rau und wuchtig. Darüber heben kolossale Wandvorlagen an, die am Erker glatt und mit ionischen Kapitellen besonders prächtig gestaltet worden sind. Hier hat sich auch der Konsolfries des Dachgebälks erhalten. Den entscheidenden Eckakzent bildet das Dachhaus, gleichsam Bekrönung des Erkers. Die Ruine des südlichen Bauabschnitts von Hans-Sachs-Straße 2 wich 1953 einem Wohnhausneubau (unter Berücksichtigung geringer Reste des Vorgängerbaus.) Das an den östlichen Abschnitt anschließende Anwesen Müllerstraße 31/alt ist im Kern der bereits im 19. Jh. mehrfach umgeformte Vorgängerbau, der jedoch nach dem Zweiten Weltkrieg erheblich geschlichtet wurde. Die ursprüngliche Neurenaissance-Gestaltung ist nur mehr am Rhythmus der Fensterachsen ablesbar. (Aufbau der Gauben u. a. am Eckabschnitt 1982/83; Fassadeninstandsetzung 2000; Dachsanierung 2004.)

Müllerstraße 32. Die rückwärtige Parzellengrenze der Häuser 32 und 34 an der Müllerstraße beschreibt die Verlaufslinie der 1796 (?) niedergelegten Hirnbeiß-Bastion (Betz 1960). Vor deren südöstlicher Flanke war 1813 ein breites Wohngebäude errichtet worden, als dessen Eigentümer Wenng (1850) den „magistr. Cassa-Beamt." H. Muffat nennt. Ende des Jahres 1891 ließ der Bauwerber des bestehenden Neubaus „Lehramtskandidat" Georg Kantschuster den Altbau demolieren. 1892–93 erfolgte der Neubau des östlichen Teilhauses (bez. 1892) nach den Plänen des Baumeisters J. Schretzmayr. Schon ein Jahr zuvor hatte Schretzmayr für denselben Bauherrn mit der Erbauung des westlichen Teilhauses Nr. 34 begonnen, hart an besagten Altbau heran (s. Müllerstraße 34). Schretzmayr steckte den Hauszugang, hoch in die Fassade vermittelt, mittig in den Grundriss, das nebenliegende Treppenhaus bleibt vor der Grundlinie eingezogen. In den Obergeschossen wurden gemäß Eingabeplan zwei Wohnungen je Etage untergebracht, das Erdgeschoss umfasste mit verringerter Zimmerzahl ebenfalls zwei Wohneinheiten. 1927 baute man nördlich einen Eingangstrakt zum Filmpalast „Emelka" an, die Münchner Lichtspielkunst AG betrieb die sog. Blumensäle nördlich rückwärts des Wohnanwesens gelegen und zunächst von der Blumenstraße 29 her bewirtschaftet. Die Wirkung der reich gegliederten und dekorierten Neurenaissancefassade ist bauzeitlich von einer drei Meter tiefen Vorgartenlinie abhängig gewesen. Die Fassadengestaltung ist im Gesamt der beiden Teilhäuser als variierend malerische Abwicklung aufzufassen. Der polygonale Eckerker an der Südwestecke von Nr. 34 korrespondiert mit dem kantigen Eckerker an der Südostecke von Nr. 32.

Müllerstraße 32 ▷
(links 34)

Zusätzlich betonte Schretzmayr die Eingangsachse mit
einem Polygonalerker und in
der Dachzone darüber einem
Dachhaus (kriegszerstört). Die
nordöstliche Seitenfassade erhielt einen kräftig durchgebildeten Risalit mit Eckrustizierungen. Im Krieg wurden
Dach und Dachtragwerk von
Nr. 32 in Mitleidenschaft gezogen. 1978 erfolgten die Wiederherstellung der ursprünglichen Dachneigung mit Erschließung des Dachraums zu
Wohnzwecken sowie der Wiederaufbau des Erkerturms.
2001 setzte man Fassade und
Fenster instand.

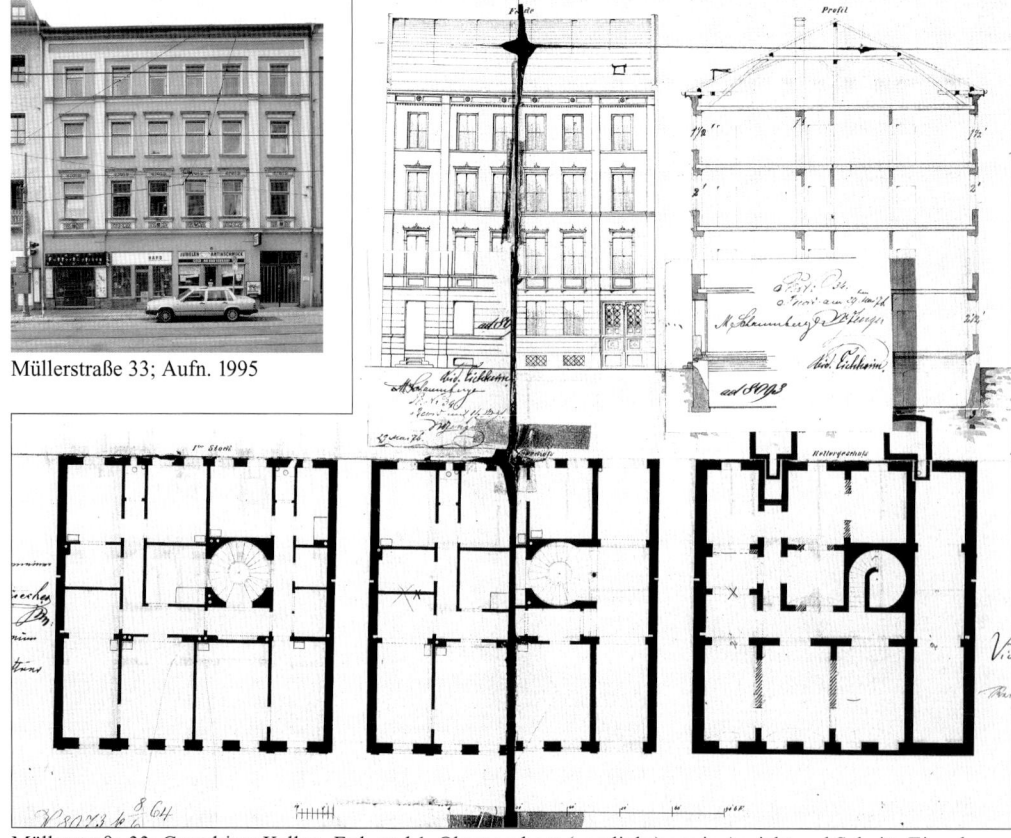

Müllerstraße 33; Aufn. 1995

Müllerstraße 33. Südwestlich
der Mündung der Angertor-
straße in die alte Ringallee
Müllerstraße gegenüber wurde
das bestehende Mietshaus
1864–65 von Maurermeister
Michael Reifenstuel aufgeführt. Bauherr war Schlossermeister Georg Sautter, Eigentümer eines kleinen Wohnanwesens, das auf dem gleichen
Grundstück an der östlichen

Müllerstraße 33; Grundrisse Keller-, Erd- und 1. Obergeschoss (von links) sowie Ansicht und Schnitt, Eingabeplan von 1864

Ecke Müller-/Holzstraße lag, südlich schloss sich diesem eine
Werkstätte an. Das Treppenhaus legte man mittig ins Gebäude,
neben die Durchfahrt in der westlichen Achse, von der her die
kreisrunde Wendeltreppe mit Treppenauge zugänglich ist. Der
Treppenhaus-Schacht ist von oben belichtet, die den Wohnungen
vorgeschalteten Podeste kamen ebenfalls mitten im Gebäude und
also in der Dunkelzone zu liegen. In jeder Etage fanden sich so
zwei unterschiedlich große Wohneinheiten erschlossen. (Dieselbe Treppenhaus-Situation hat sich im westlich anschließendem
Anwesen Müllerstraße 35 erhalten, dieses wie Nr. 33 1864–65
für Georg Sautter errichtet). Das Erdgeschoss, ursprünglich auch
Wohngeschoss, erfuhr 1879 eine erste Veränderung, in der östlichen Achse installierte man einen kleinen Laden, 1886 schließlich wurde das gesamte Erdgeschoss zur Ladennutzung adaptiert.
Über die Jahrzehnte folgten zahlreiche Ladenauswechslungen.
Die bestehende Fassadengestaltung mit vergleichsweise schlichten neurenaissanten Fensterverdachungen und geschossübergreifenden Putzlisenen rührt von den ersten Umbaumaßnahmen her.
Für den Prediger Paul Schweikher erbaute Maurermeister Peter
Barth 1895–96 ein neues Rückgebäude. Es fungierte wenigstens
im Erdgeschoss als Betsaal der Wesleyanischen Methodisten-
kirche. Aus dem Jahr 1910 existiert ein Plan, der die Funktion des
Rückgebäudes mit „israelitischer Betsaal" tituliert. Wohl um
diese Zeit erfolgte eine Umwandlung des Saals in ein Tanzinsti-
tut. Die vier großflächigen Fensteröffnungen in der Nordfassade
deuten auf entsprechende Nutzungen hin. (Erneuerung der
Dachhaut am Vorderhaus 1994–95).

Müllerstraße 34. Der Bauplatz, auf dem Nr. 34 erbaut wurde,
war hart an der 1796 (?) niedergelegten Hirnbeiß-Bastion (vgl. 32)
gelegen und bis dahin unbebaut. Baumeister J. Schretzmayr
plante für den Lehramtskandidaten Georg Kantschuster das für
vorstädtische Verhältnisse großzügige Mietshaus als das westliche Teilhaus des Blocks 32/34 (s. Müllerstraße 32). Der östlich
anschließende Abschnitt wurde ein Jahr später, 1892 begonnen,

nach Niederlegung des dortigen Altbaus. Der Eingang in der
südwestlichen Seitenfassade führt ins unmittelbar anschließende
Treppenhaus mit rechteckigem Treppenauge. Eine Wohnung
war gemäß Eingabeplan in jeder Etage vorgesehen, Wirtschaftsräume und Magdkammern kamen am Lichthof zu liegen, den

Müllerstraße 34

◁ Müllerstraße 34, Fassadendetail

Müllerstraße 39, Madonnen-Relief

me in den unbelichteten Mittelzonen wurden mittels Alkoven aufgeschlossen. Mit ersten Umsteckungen im Erdgeschoss beauftragte Ferdinand Scotzniovsky 1878 das Baugeschäft Albert Schmidt. Schon zu dieser Zeit charakterisierten die Rundbogenöffnungen des Erdgeschosses die Fassade an der Müllerstraße, später baute man die ursprünglich höhere Rundbogenöffnung der östlichen Achse an der Müllerstraße zurück und glich so ihr Scheitelniveau dem der anderen Ladenöffnungen an. Die strenge Klarheit der beinahe romanisierenden Fassadenbehandlung ist gut nachvollziehbar geblieben. Bezeichnendes Stilmerkmal bildet die Parataxe der einheitlich rundbogigen Fenster der Hauptgeschosse mit ihren dezenten Verdachungen. Mittig in die Müllerstraßen-Fassade, hier zwischen 1. und 2. Obergeschoss, mauerte man ein Muttergottes-Relief unter neuromanischem Dreipass. 1989–90 erfolgte der umfassende Ausbau des Dachraums zu Wohnzwecken, damit verbunden stehende Dachfenster in halbrund geschlossenen Gauben.

Müllerstraße 40. Das ehem. Optische Institut von 1829, ein freistehender viergeschossiger Walmdachbau von palastartigem Typus, gehört unter technik- und wirtschaftsgeschichtlichem wie unter architektonischem Aspekt zu den bedeutenden Baudenkmälern des Klassizismus in München. Ein von Baumeister Joseph Höchl unterzeichneter Lageplan von 1820 (LBK) zeigt das damals neu einzufriedende Grundstück des Stadtbauaufsehers Andreas Zenner, das sich von dessen bereits bestehendem, wohl kurz zuvor erbautem Wohnhaus an der Blumenstraße (ehem. Nr. 20, später 31) südwärts bis an die Müllerstraße erstreckte, an der mit gestricheltem Umriss eine künftig vorgesehene Bebauung angedeutet ist; hinter ihr im Garten stehen bereits die zwei Rückgebäude, westlich Stallung, östlich Remise.

Schretzmayr zur Vermeidung von Dunkelzonen an die rückwärtige Grundlinie disponiert hatte. Die Fassade besticht durch ihre dichte, ambitionierte Instrumentierung mit Neurenaissanceformen. Beachtenswert sind der Bodenerker vor der südlichen Fensterachse, der einen eigenen Erkerturm erhielt sowie die Rhythmisierung der Fassadenfläche durch eine Engsetzung der drei mittleren Fensterachsen. Letztere hob man vor den Hauptgeschossen mittels verklammernder Verdachungen hervor, darüber hinaus in der Dachzone mit einem Dachhaus. An prominenter Stelle im 1. Obergeschoss, hier im Giebelfeld oberhalb des mittleren Fensters, sind in einer Medaillon-Kartusche die Initialen des Bauherrn zu lesen, umrankt von neubarocken C-Bögen. Die historische Wirkung der Fassade hatte eine drei Meter tiefe Vorgartenlinie mit ins Kalkül gezogen. Im Luftkrieg blieb Nr. 34 weitgehend verschont. (Erste Arbeiten an der Dachhaut und den Fassaden fanden 1976–77 statt, 1998–99 erschloss man den Dachraum zu Wohnzwecken. In diesem Zuge wurden Fassade und Fenster instand gesetzt.)

Müllerstraße 39. Das zweiflügelige Eckhaus errichteten Maurermeister Max Kuppelmayr und Zimmermeister Franz Stitzinger 1844–46 für den Steinmetzmeister Franz Höllriegel. Hart an einen westlich anschließenden, älteren Bau kam das Wohnhaus auf zuvor unbebautem Areal zum Stehen, es markiert die westliche Ecke von Holz-/Müllerstraße und bildet(e) zusammen mit Nr. 37 das Anhebungsportal des Straßenzugs. Die Durchfahrt in der westlichen Achse der Fassade an der Müllerstraße führt zum Treppenhaus, das an den Hofwinkel gelegt wurde und von diesem her seine Belichtung erfährt. In jeder Etage sind gemäß Eingabeplan zwei unterschiedlich große Wohnungen untergebracht. Der frühen Zeitstellung des Grundrisses entsprechend kamen die Bäder und Holzlegen in den Dunkelzonen zu liegen, andere Räu-

Müllerstraße 40; Aufn. 1995

Müllerstraße 39; Aufn. 1995

Joseph Höchls Pläne vom 25. Mai 1829 für das „neuzuerbauende Gebäude des Herrn Zenner an der Müllerstraße für das optische Institut Utzschneider und Fraunhofer" (LBK) wurden durch Regierungs-Entschließung am 12. Juni und von der Lokalbaukommission am 17. Juni d. J. genehmigt. Das vor allem für die Herstellung astronomischen Geräts in Europa führende Unternehmen wurde 1804 als Mathematisch-mechanisches Institut von Georg von Reichenbach (bis 1812, † 1840), Joseph von Utzschneider († 1840) und Joseph Liebherr (bis 1812, † 1840) gegründet, ab 1809 war Joseph Fraunhofer († 1826) beteiligt. Als dessen Nachfolger (1839–48 zusammen mit Franz Joseph Mahler) übernahm den Betrieb der Mechaniker Georg Merz († 1867), der in Wenngs Atlas 1850 als Eigentümer genannt ist; seine Teilhaber bzw. Nachfolger waren seine Söhne Sigmund und Ludwig. Zuvor war das Unternehmen im säkularisierten

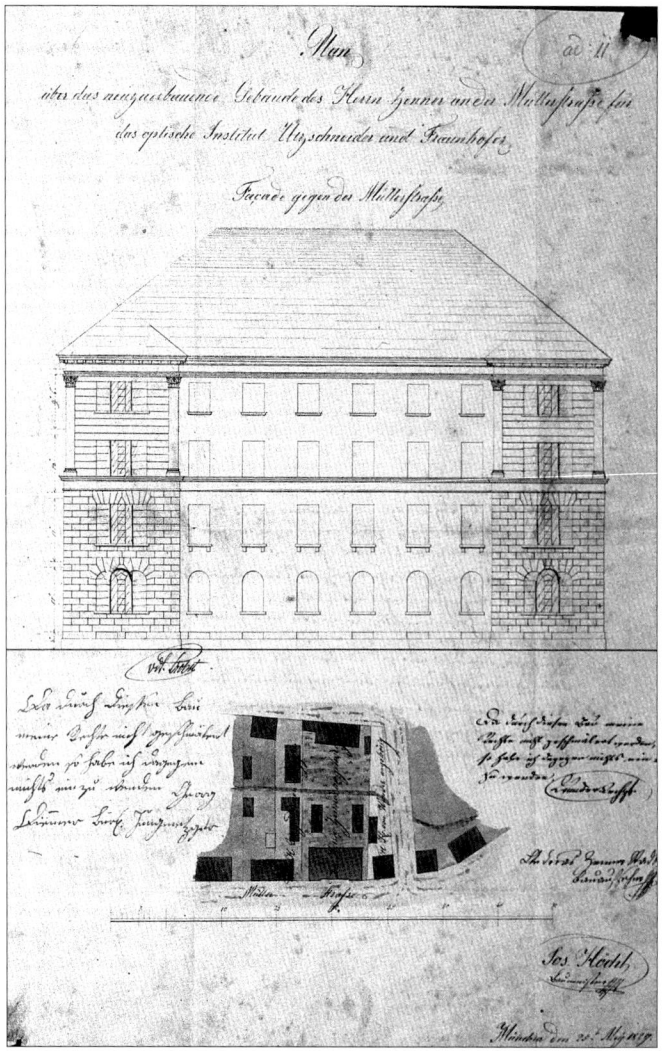

Müllerstraße 40; Lageplan und Ansicht, Eingabeplan von 1829

Kloster Benediktbeuern, ab 1819 im Utzschneiderschen Brauhaus (vgl. Brienner Straße 11/13/15) ansässig gewesen.
Am Äußeren, das sich durch einen gewissen gestalterischen Aufwand – vor allem die Seitenrisalite der Straßenfront mit Doppelfenstergruppen – von den ursprünglich bescheiden-klassizistischen Wohnhäusern im Umfeld abhob, ist offensichtlich eine funktionelle Zweiteilung ablesbar. Die beiden unteren Geschosse – das Erdgeschoss mit Rundbogenfenstern – sind durch ein Gurtgesims mit Palmettenfries von den etwas niedrigeren oberen Wohngeschossen getrennt, die Wände insgesamt durch ein Fugennetz zart, lediglich an der unteren Hälfte der Risalite

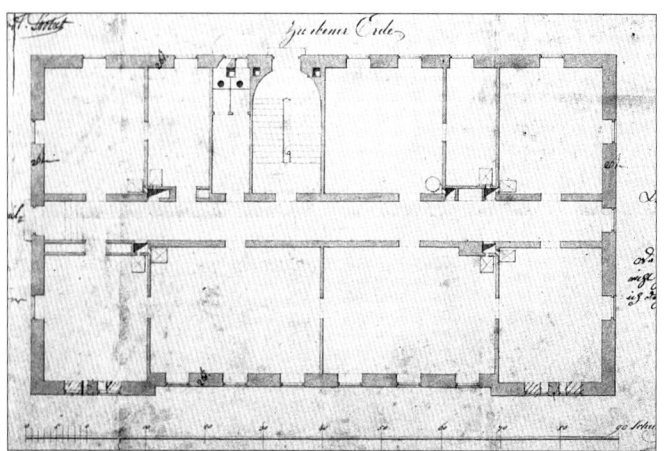

Müllerstraße 40; Grundriss Erdgeschoss, Eingabeplan von 1829

kräftiger rustiziert, die Risalitecken wie die rückwärtigen Hausecken im oberen Bereich mit korinthischen Pilastern besetzt. Eine spätere Zutat sind in der Mitte des 1. Stocks die gotisierende Muttergottesfigur und die flankierenden Büsten der bereits verstorbenen Firmeninhaber Utzschneider und Fraunhofer, letztere signiert IOH. HALBIG PROF. MÜNCHEN / FECIT 1866; wohl gleichzeitig die (nicht auf dem Fassadenriss von 1829 vorgesehenen) Voluten über den Fensterscheiteln der drei unteren Geschosse, die Fenstersohlbänke im 1. Stock und die geraden Verdachungen der Risalitfenster im 2. Stock. Das Neurenaissance-Zwerchhaus über der Fassadenmitte wurde 1871 von Michael Reifenstuel im Auftrag des Optikers Sigmund Merz aufgesetzt (ursprünglich mit Balkon), 1930/32 der niedrige Ladenanbau entlang der linken Seitenfront errichtet, um 1967 die Fassade restauriert, deren Erscheinungsbild unter Fenstern mit reduzierter Sprossenteilung leidet.
Gemäß den Grundrissen von 1829 erfolgte die Erschließung vom Eingang an der linken Schmalseite her durch einen Mittellängsgang und das rückseitig links von der Mitte situierte U-förmige, zweiläufige Treppenhaus. Das räumlich kleinteiliger disponierte 2. (und sinngemäß auch das 3.) Obergeschoss – laut Beschriftung z. T. mit dünnen Spanischen Wänden – war durch eine Trennwand inmitten des Längsganges in zwei vom Treppenhaus zugängliche Wohneinheiten geteilt, mit je einem Abtritt neben dem Treppenhaus und benachbarter Küche. Die beiden unteren, etwas höheren und großzügiger aufgeteilten Geschossebenen dienten demnach den betrieblichen Zwecken. Hauptsächlich für diese wurde in der Folge die Hofbebauung wiederholt verändert und erweitert, u. a. 1842 die Remise (rechtsseitig) durch ein zweigeschossiges Wohnhaus ersetzt. 1862 entstand im Anschluss an das linke Rückgebäude von ca. 1820 (ur-

Müllerstraße 40, 1. Obergeschoss, Plastiken

sprünglich Stallung) ein ausgedehntes Fabriklokal für Sigmund Merz, „Director und Associé des vormals Fraunhoferschen Optischen Instituts" (Maurermeister Reinhold Hirschberg, Zimmermeister F. Ehrengut), 1871 ein hölzerner Achteckpavillon in Gartenmitte. Das optische Institut existierte bis 1903. Die gesamte Hofbebauung musste danach dem Komplex der Gerberschen Druckerei weichen (vgl. Angertorstraße 2 und Blumenstraße 31).

Müllerstraße 42. Nördlich vis-à-vis der Einmündung der Westermühlstraße in die Müllerstraße wurde 1897/98 das bestehende Wohn- und Geschäftshaus erbaut. Die Müllerstraße als vom Magistrat in dieser Funktion schließlich aufgegebene Ringchaussee war zur Stadtseite hin schon in den 1820er Jahren beinahe lückenlos bebaut. So auch die Parzelle von Müllerstraße 42.

Müllerstraße 44; Aufn. 1995   Müllerstraße 42; Aufn. 2008

Nach Demolierung der Vorgängerbebauung ließ sich 1898/99, östlich freigestellt und im Anschluss an die zwei Jahre zuvor fertiggestellte Nr. 44, der Fabrikant Gustav Böhm von der Baufirma Karl Stöhr ein Wohn- und Geschäftshaus planen. Das tiefe und vergleichsweise schmale Grundstück ließ Böhm mit westlichem Seitenflügel und grundstücksbreitem Rückgebäude bebauen. Dabei stellte die rückwärtige Baugrenze das Krankenhausbächl dar, das spätestens seit 1894 nicht mehr beaufschlagt und ab 1896 vollständig eingefüllt war; die Flurstücksgrenzen blieben bis heute.
Die Stöhrschen Fassadentekturen behielt man bei, die Grundrisse plante schließlich Architekt J. W. Koehl (im offiziellen Werkverzeichnis der Fa. Karl Stöhr wird Müllerstraße 42 auch nicht genannt). Als typisches Stöhrsches Bauelement sind die östlichen, einfahrtseitigen Balkone anzusprechen, die vor eine hinter die Grundlinie eingezogene Fenstertüren-Achse gebaut worden sind. Die drei Fensterzüge der straßenseitigen Fassade werden von schlicht rustizierten Lisenen eingespannt. Die ursprüngliche Erdgeschossgestaltung ist verloren. Den Mittelzug der Fassade dominiert ein breiter zweigeschossiger Erker, der oberhalb des Erdgeschosses ansetzt und dessen Deckplatte dem 3. Obergeschoss als Austritt dient. Darüber erhebt sich ein geschlichtetes Dachhaus mit Zeltdach, in seiner polygonalen Anlage mit dem Mittelzug der Fassade von Haus Nr. 42 verwandt. 1907 schließlich kam es zur Erhöhung des Rückgebäudes durch die Gebrüder Rank, wiederum für August Böhm. Gerade im Ne-

Müllerstraße 56

beneinander mit Müllerstraße 44 wird die Spannweite der Möglichkeiten einer Fassadengestaltung deutlich, wenngleich bei Nr. 42 eine Fassadenglättung stattfand sowie nachbauzeitliche Bauteile Einsatz gefunden haben.
(Arbeiten an den Fassaden 1976 und 1982/83; Fassade, Fenster und Dachhaut 1995 instand gesetzt; 2004 Aufgabe des Bankgeschäfts im Erdgeschoss zugunsten einer Gastwirtschafts-Nutzung.)

Müllerstraße 44. Der eingesessene Münchner Goldschmied Karl Rothmüller ließ sich 1896–97 von den Architekten Paul Pfann und Günther Blumentritt das neubarocke Mietshaus erbauen, nach Demolierung eines Altbaus (um 1815/20 war hier ein schlichtes Haus entstanden, das 1850 einem Handschuhfabrikanten gehörte). Der westlich freigestellte Neubau bildete eine Einheit mit dem östlich freistehenden Haus Nr. 42 an der Müllerstraße, das jedoch durch eine 1937 im Auftrag der Bayerischen Handelsbank durchgeführte Schlichtung eingreifende Veränderungen erfahren hat. Die Architekten hatten bei einem vergleichsweise schmalen Grundstück, das sich weit nach Norden erstreckte, die Baumassen so zu verteilen, dass eine westliche Hofdurchfahrt gewährleistet blieb. Sie schlossen dem Vorderhaus, dessen Westseite sie als eigenständigen Pavillon artikulierten (der hohen Giebelfassade wurde ein großes rundbogiges Atelierfenster eingeschrieben), einen Rückflügel an. In diesem brachten sie die Wirtschaftsräume und Magdkammern unter. Am Hofwinkel schufen sie eine Einklinkung der Grundlinien zur Gewährleistung zusätzlicher Belichtungsachsen, entsprechend kam hier das Treppenhaus zu liegen, das die Etagenwohnungen (eine je Etage, gemäß Eingabeplan) erschließt. Schon im Erstzustand waren in den Räumen des Erdgeschosses Läden und Werkstätten untergebracht. Vor die mittlere Fensterachse legte man einen polygonalen Erker, der mit sphärisch verschliffenem Unterzug oberhalb eines Rundbogenfensters im Erdgeschoss anhebt und mit seinen schmalen Seitendurchfensterungen bis in die Dachzone reicht. Mit eigener Trauflinie und querovalem Okulus in den Dachraum hinein wird der Erker durch ein Zeltdach in die Dachlandschaft ausgemittelt. Die Fassadengestaltung wird von neubarockem Zierrat geleistet, er bleibt stark flächenbetont, dem Kubus aufgarniert. An die südwestliche Hausecke setzte man, zwischen 1. und 2. Obergeschoss, unter eine Kupferhaube und auf steinernen Sockel eine lebensgroße Bischofsfigur, wohl Bernward von Hildesheim, der Patron der Goldschmiede. (Eine Erneuerung der Fenster wurde 1995 umgesetzt, 2003 erneuerte man Teile der Dachhaut und vollzog Instandsetzungsarbeiten an der Fassade.)

Müllerstraße 56. Die heutige städtebauliche Situation, die den Umgriff von Müllerstraße 56 ausmacht, ist das Ergebnis der Kriegszerstörung des nordwestlich anschließenden Nachbargebäudes, dessen Wiederaufbau man zugunsten einer veränderten Verkehrsführung verwarf. Die entstandene verkehrliche Erschließungsachse verschliff den Verlauf der alten Wallstraße, ließ diese ganz im Altstadtring aufgehen. Heute befindet sich Nr. 56 in Ecklage, auf diese Funktion hin war es nicht konzipiert worden.
Das bestehende Mietshaus wurde anstelle eines in den frühen 1830er Jahren erbauten Hauses 1907–08 neu aufgeführt. Als Eigentümerin des Vorgängerbaus in der Zeit um 1850 ist die Witwe des „Baderei-Inhabers" J. B. Wechs belegt, Bauherrin des Neubaus

Müllerstraße 56, Rückseite

◁ Müllerstraße 56;
Fassadenaufriss, 1907
(sign. Carl u. Aug.
Zeh)

war Prof. Johanna Wex. Planung und Ausführung Carl und August Zeh. Mit fünf Fensterachsen kam das Gebäude an der Nordseite der Müllerstraße zu stehen, den Eingang steckte man mittig in den Grundriss, er führt zum rückwärtigen eigens halbrund ausgebauten Treppenhaus. Von diesem werden gemäß Eingabeplan in jedem Geschoss zwei Wohnungen unterschiedlichen Zuschnitts erschlossen. Auch die Berücksichtigung von Dachwohnungen ist bauzeitlich. Zeh schuf mit dieser innerhalb seines Werkes späten Jugendstilfassade ein originelles Unikum. Den in seiner Großform streng und symmetrisch gegliederten Bau gestaltete er mit geometrisierenden Putznetzen und reicher Polychromie. Die unterschiedliche Verdachung der beiden kantigen Erker bedeutet eine spielerische Variation.

Um sowohl dem gebotenen Bauunterhalt gerecht zu werden, als auch das Straßenbild aufzuwerten, nahm man 1973 erste Sicherungs- und Ergänzungsarbeiten an der seit den 1950er Jahren zusehends verkommenen Fassade vor. 1995–96 setzte man eine Fassadeninstandsetzung um, der eine Voruntersuchung auch der historischen Farbigkeit vorausging, mit dem Ziel, den bauzeitlichen Wirkzusammenhang angetragener Ornamente und Farbfelder wiederzugewinnen.

Münzstraße

(Vgl. Ensemble Altstadt.) Kurze Verbindung zwischen Sparkassenstraße im Westen und Orlandostraße/Platzl im Osten, mit (bis auf Nr. 2) nach Luftkriegsschäden erneuerter Bebauung. Der seit dem 18. Jh. übliche Name – „Münz gaßl" bei J. P. Stimmelmayr – ist abgeleitet vom einstigen Komplex der kurfürstlichen, zuletzt königlichen Münze, der sich an der gesamten Nordseite – mehrfach erweitert und umgebaut – seit Maximilian I. (ca. 1620; nach in Zweifel zu ziehender Tradition bereits seit 1573) befand bis zur Verlagerung 1809 (s. Hofgraben 4); vgl. den Stadtplan von Consoni 1806. Nach zeitweiser Nutzung als Bockkeller (ab 1831) verkaufte der Staat das Areal 1873 an den Baumeister Kilian Stützel, der hier Mietshäuser errichtete; das östliche Eckhaus – heute Platzl 1 – nahm das volkstümliche Unterhaltungslokal auf (s. Platzl/Vorspann); westlich anschließend bis zur Sparkassenstraße heute Neubau Hotel Platzl.

ARCHÄOLOGISCHE BEFUNDE: Bebauungsreste des Mittelalters und der frühen Neuzeit (Fundst.-Nr.: 7835/0261). Bei Aushubarbeiten 1987 im Zuge eines Neubaus auf dem Grundstück Sparkassenstraße 10/Münzstraße wurden mehrfach wahrscheinlich neuzeitliche Kellereinbauten angeschnitten. Bei Bohrungen für das Ausbetonieren entlang der Sparkassenstraße wurden Holzreste beobachtet, die wohl zur alten Bachbettverbauung gehörten.

Münzstraße 2 (vormals Nr. 5). Nordteil der „Scholastika", 1914–15 von Heilmann und Littmann, s. Ledererstraße 5.

Neuhauser Straße

(Vgl. Ensemble Altstadt.) Die Neuhauser Gasse, erstmals 1293 erwähnt, benannt nach dem (1890 eingemeindeten) westlichen Nachbarort Neuhausen, ist die Ost-West-Achse der in der 2. Hälfte des 13. Jh. einsetzenden westlichen Stadterweiterung; im Zuge der Salzstraße setzt sie die Kaufingerstraße vom einstigen Kaufinger Tor (um 1480 Neubau als „Schöner Turm") fort bis zum neuen Westtor der Stadt, dem Neuhauser-, ab 1791 Karlstor (s. dort). Die ca. 370 m lange Straße ist vor allem in ihrem sich zum Karlstor hin erweiternden Westteil wesentlich breiter als die Kaufingerstraße.

Im leicht nach Süden abschwenkenden Mittelbereich ist sie nordseitig vor dem ehem. Jesuitenkollegium (s. Nr. 8) platzartig erweitert. Diese schon vor dem monumentalen Kollegiumsbau bestehende Aufweitung war bis 1583 Standort der mittelalterlichen St. Nikolauskapelle (vgl. bei Nr. 8), in deren Umkreis Richard Bauer (OA 127, 2003, S. 24) einen der ältesten, wenn nicht überhaupt den frühesten präurbanen Siedlungskern Münchens vor der „Stadtgründung" durch Heinrich den Löwen annimmt, zu dem auch der Schäftlarner Klosterhof (an der Stelle von St. Michael) gehörte.

Den östlichen Anfangsteil begrenzt nordseitig die seit Ende des 13. Jh. aufgeführte (heute profanierte) Augustinerkirche (s. Nr. 2), eine gotische, mehrfach umgestaltete Basilika. Zusammen mit der westlich benachbarten, hoch ragenden südlichen Eingangsfront der (genordeten) Jesuitenkirche St. Michael aus dem späten 16. Jh. (s. Nr. 6) und dem hakenförmigen Kollegbau (s. Nr. 8), insbesondere mit dem weit vortretenden Südgiebel des die Platzbildung abschließenden Westtraktes, ergibt sich für den Blick von Westen eine Gruppenbildung monumentaler Sakralarchitektur, die durch die im Hintergrund aufsteigenden Domtürme noch bereichert wird. Diese wahrzeichenhafte Baugruppe gibt Münchens Hauptgeschäftsstraße mit ihrem fluktuierenden Allerweltsbetrieb und z. T. auch ebensolcher baulicher Belanglosigkeit ein zeitloses, gewichtiges Gepräge. Historische Konstanten bilden darüber hinaus nordseitig der barocke Bürgersaal (s. Nr. 14) und das Warenhaus Oberpollinger (s. Nr. 18) von 1904/05, ein frühes Hauptbeispiel der Gattung, sowie an der Südseite das malerisch-historisierende Doppelhaus des Augustinerbräu von 1896/97 (s. Nr. 27). Der westliche Abschluss, das um 1860 reduzierte und romantisch-gotisch redigierte Karlstor, ist zugleich die durchlässige Verbindung zum vorgelagerten Rondell des Karlsplatzes (s. dort). Die 1888–1968 verkehrende Straßenbahn wurde durch die 1972 eröffnete unterirdische S-Bahn ersetzt; die Neuhauser Straße ist seitdem – zusammen mit Kaufingerstraße, Marien- und Frauenplatz – Teil der Fußgängerzone Altstadt, deren Gestaltung (nach Wettbewerbsentwurf von Bernhard Winkler) u. a. mit asymmetrisch verteilten Kugellampen-Agglomerationen und historisch-städtebaulich deplazierten, wenn auch wohlgemeinten Baumgruppen zeitbedingt-modische Züge mit Tendenz zu etwas zu aufdringlicher Überinstrumentierung aufweist.

(Hausnummern nach früherer Zählung südseitig ab Nr. 1 fortlaufend bis Nr. 37 links vom Karlstor, von da an der Nordseite rückläufig gegen Osten von Nr. 39 ostwärts bis zur ehem. Augustinerkirche mit Nr. 53 = heute Nr. 2.)

An der Nordseite wurde – westlich der Augustinerkirche bzw. Ettstraße – die Bürgerhausbebauung weitgehend von den genannten Großbauten der Jesuiten, zu denen auch der Bürgersaal der Marianischen Kongregation gehörte, und später dem Warenhaus Oberpollinger verdrängt (vgl. Nr. 6, 8, 10, 14 und 18, auch zur Vorbebauung).

Nach Abbruch des Schönen Turmes (1807; vgl. Kaufingerstraße/Vorspann) am Ostende übernahm das trotz zurückgesetzter Baulinie noch weit vortretende Eckhaus Färbergraben 1/Kaufingerstraße, ein fünfgeschossiger Neubau von 1824, eine optisch wirksame Abschlussfunktion vor der (damals meist noch niedrigeren) südlichen Häuserreihe.

An der im Mittelbereich leicht zurückbiegenden Südseite war von den mittelalterlichen, bis ins 18. Jh. fortlaufend adaptierten Bürgerhäusern – mit Rückgebäuden zum Altheimer Eck bzw. zur Herzogspitalstraße – schon vor den Verheerungen des Zweiten Weltkriegs keines mehr erhalten, doch sind sie mit ihren nach Münchner Art abwechslungsreichen Dachformen auf Jakob Sandtners Stadtmodell von 1570 dokumentiert.

Nach dem Zweiten Weltkrieg erhielten die Neubauten vom Färbergraben ab westwärts (heute Nr. 1, 1a, 3, 3a und 5) Fußgängerarkaden, von Nr. 7 an bis zur Eisenmannstraße wurde die Bau-

Neuhauser Straße mit Karlstor; Aufn. um 1890

linie zurückverlegt. Im letzten Vorkriegszustand war das Eckhaus Nr. 1 am Färbergraben (genannt Christophseck, auf dem Stadtmodell von 1570 mit Pultdach) ein Neurenaissancebau des späten 19. Jh. (als Ersatz für einen Neubau von 1790). Das Anwesen Nr. 4 (heute Nr. 3a), ehemals Oberspatenbräu, war das Stammhaus der Spatenbrauerei (vgl. Marsstraße); zuletzt mit klassizistischer Fassade (Umbau 1840, 1861, 1923). Die ehem. Häuser Nr. 6, 7, 8 und 9 (heute Nr. 5, 7, 11, 15) bildeten eine um 1895/1900 erbaute stattliche Gruppe mit aufwendig gegliederten Neurenaissance-Giebelfassaden (Nr. 6, die *Pfälzische Bank,* 1899/1900 von Eugen Drollinger, war breiter als die anderen, mit Kuppelerker links vom Giebel). Nr. 7 war bis zur Säkularisation Haus des Klosters Rott am Inn; Neubau 1896. Von den heutigen Nachkriegsneubauten enthält Nr. 3 (von 1954) im Erdgeschoss das Tivoli-Filmtheater; Nr. 5, mit seiner Westecke aus der Flucht der folgenden Häuserreihe vortretend, wurde kürzlich weitgehend umgestaltet (Geschäftshaus „Arcade" mit Passage). – In

Neuhauser Straße; Stadtmodell von Jakob Sandtner, 1570 (später ergänzt)

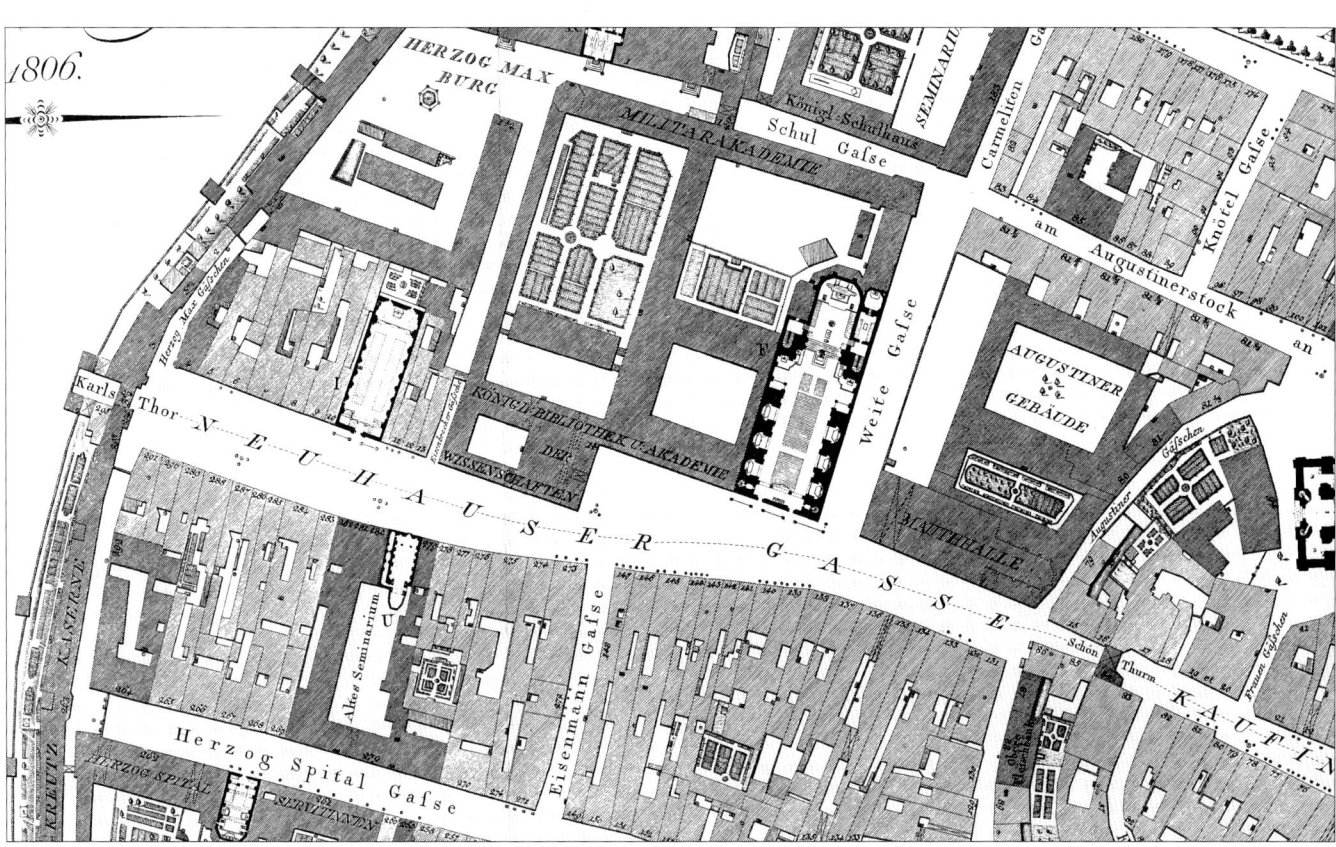

Neuhauser Straße; Stadtplan von J. Consoni, 1806 (mit ehem. Augustinerkloster, Jesuitenkolleg und Gregorianischem Seminar)

Neuhauser Straße nach Westen zum Karlstor; Aufn. um 1950

Neuhauser Straße nach Westen, vorne rechts ehem. Augustinerkirche; Aufn. um 1920/30

der westlich anschließenden, zurückgesetzten Zeile ist Nr. 17 (s. dort) durch seine kompromisslos moderne Gestaltung bemerkenswert. Es folgt bis zur Eisenmannstraße, mit Rückseite am Altheimer Eck (s. dort), der großflächige Komplex des Warenhauses „Oberpollinger am Dom" (Karstadt), erbaut 1961/62 von Rolf Schütze mit Fassadengestaltung von Franz Hart, an der Stelle von (an der Neuhauser Straße) sieben mittelalterlichen Bürgerhausparzellen. Die vier westlichen davon nahm bereits im 19. Jh. der lang gestreckte Komplex der (alten) *Pschorrbrauerei* von 1820–24 mit viergeschossiger klassizistischer Fassade ein, nachdem der Bierbrauer Joseph Pschorr 1820 mehrere Anwesen (u. a. mit älterer Brauerei) erworben hatte; nach Verlegung des Braubetriebes in die Bayerstraße (1877) erfolgte 1896 ein gründlicher Umbau durch Heilmann und Littmann zu den aufwendig gestalteten, weitläufigen „Pschorrbräu-Bierhallen" samt Nebenräumen und architektonisch „malerischem", durch Wandmalerei bereichertem Pschorr- oder Kneiphof. Das ehemals westlich benachbarte Haus mit alter Nr. 12 (das vorletzte vor der Eisenmannstraße) korrespondierte mit seiner prächtigen Giebelfassade von ca. 1900 mit der Gruppe Nr. 6–9 weiter westlich (seit 1910 gehörte es zu den Pschorr-Bierhallen).

Die lange, leicht konkave Häuserreihe zwischen Eisenmann- und Herzog-Wilhelm-Straße (beim Karlstor) umfasste ursprünglich – mit Rückgebäuden an der Herzogspitalstraße – 21 schmale Parzellen (früher Nr. 14–33 fortlaufend, heute ungerade Nrn. 23–45). Im mittleren Bereich (alt Nr. 20–24, heute Nr. 31–37) erwarben die Jesuiten ab 1628 sukzessive mehrere Anwesen zur Errichtung bzw. Erweiterung ihres 1574 von Albrecht V. gestifteten Studienseminars (oder Kosthauses) *Gregorianum* (Domus Gregoriana), eines weitläufigen, sich südwärts bis an die Herzogspitalstraße (s. dort Nr. 6, 8, 10, 12) erstreckenden, einen gro-

ßen Hof umschließenden Komplexes. An der Stelle der Osthälfte des späteren Cafés Fürstenhof von 1912 (s. Nr. 33) stand bis zum Abbruch 1807 die kleine, 1645/46 erbaute *Kirche St. Maria und Gregorius*, ein einschiffiger Bau mit eingezogenem, polygonal geschlossenem Chor im Süden und drei Altären. Ihr Grundriss ist noch auf dem Consoni-Stadtplan von 1806 eingetragen. Rechts von ihr war die Hauptdurchfahrt zum Hof situiert. An der Stelle des 1806 in das aufgehobene Karmelitenkloster verlegten Seminars, dessen Gebäude versteigert wurden, entstanden Bürgerhäuser, von denen eines (s. Nr. 37; mit Substanzrest von ca. 1725) bis vor kurzem noch erhalten war. Westlich an dieses grenzte vor dem Luftkrieg der sich über vier (ursprünglich fünf) Parzellen erstreckende viergeschossige, unter einem Mansarddach zusammengefasste Komplex des Gasthofes/Hotels *„Bamberger Hof"*, mit lang gestreckter, spätklassizistisch redigierter Fassade und den „Spatenbräu-Bierhallen"; der Gasthof

Neuhauser Straße nach Osten; Gemälde von Karl Walther, um 1953/55

Neuhauser Straße, Baugruppe mit St. Michael; Aufn. 1995

wurde 1823 in Nr. 25 und 26 eröffnet, 1869 um Nr. 27 und später 1893 um Nr. 28 erweitert; 1891/92 Umbau samt Saal. Der Nachkriegsneubau (heute Nr. 39) des Geschäftshauses („Haus am Karlstor") mit Restaurant „Spatenhof" und (ehem.) Warenhaus Kaufhalle – 1952–54 von Karl Eckstein – umfasst außer dem Areal des einstigen Bamberger Hofes auch die westlich anschließenden Grundstücke mit den früheren Nrn. 29 und 30. Nr. 30, 32 und das die Zeile abschließende Eckhaus Nr. 33 (heute Nr. 45) bildeten vor der Zerstörung eine Gruppe in deutscher Renaissance reich gegliederter Geschäftshäuser von ca. 1890/1900 mit Ziergiebeln, Nr. 45 zusätzlich mit Eckturmerker und langer Seitenfront an der Herzog-Wilhelm-Straße. Das etwas niedrigere Traufseithaus Nr. 31 in dieser Gruppe war ein Neubau von 1866.

Neuhauser Straße nach Osten; Aufn. 1975

Den westlichen Abschluss der Neuhauser Straße bildet das nach der Pulverexplosion von 1857 in reduzierter Form gotisierend neu gestaltete Karlstor (s. dort), das innenseitig von zwei um 1865 angebauten neugotischen Häusern flankiert wurde (s. Neuhauser Straße 20).

ARCHÄOLOGISCHE BEFUNDE: Größere Bodeneingriffe und Umbauten sind aus jüngerer Zeit nicht bekannt. Deshalb ist mit untertägig erhaltenen Resten von Bauwerken, unter der Straße mit verrohrten Bächen und Pflastern und unter den Gebäuden mit Resten von Vorgängerbauten, möglicherweise mit Brunnen und Latrinen, zu rechnen.
Unter Neuhauser Straße 1, 1a, 3, 3a, 19, 21, 31, 33 und 39 befinden sich Teile mittelalterlicher und neuzeitlicher Bebauung. Unter Neuhauser Straße 47 wurden Teile des Stadtbaches gefunden. Weitere Funde sind zu erwarten, da Bodeneingriffe und Umbauten aus jüngerer Zeit nicht sehr tief in den Boden reichten.
Bei den Grundstücken Nr. 7, 11, 15, 17, 19, 21, 39, 41, 43 und 45 wurde beim Wiederaufbau nach dem Zweiten Weltkrieg die Mauerfront zurückversetzt, sodass sich heute die Fundamente der ehemaligen Straßenfront unter dem Gehwegpflaster befinden.

Neuhauser Straße 2. Ehem. *Augustinerkirche St. Johannes der Täufer und Johannes der Evangelist,* jetzt *Deutsches Jagd- und Fischereimuseum,* Läden und Amtsräume des Polizeipräsidiums (s. Ettstraße 2/4, ehem. Augustinerkloster). Barockzeitliche Berichte von einer Vorgängerkapelle St. Johannes im Haberfeld im Bereich vor dem Westtor der ältesten Stadtbefestigung bleiben unklar. Konkrete Daten zur Baugeschichte der stattlichen backsteingotischen Klosterkirche sind kaum überliefert. Die vorbereitenden Verhandlungen und Bemühungen um eine Niederlassung der Augustiner-Eremiten in München, wohl auch schon der Beginn der Bauarbeiten (nach der Tradition 1291) gehen sicher in die Spätzeit Herzog Ludwigs II. des Strengen († 2. Februar 1294) zurück, auch wenn die offizielle Genehmigung der Klostergründung durch Bischof Emicho von Freising vom 31. März, die Berufung der Augustiner durch Herzog Rudolf vom 4. April 1294 datiert ist; bereits am 2. Mai d. J. wurden der Friedhof und ein Altar – vermutlich eines provisorischen Oratoriums, noch

Neuhauser Straße 2, ehem. Klosterkirche der Augustiner-Eremiten; Kupferstich von Johann Stridbeck, um 1700

nicht der Kirche – geweiht. (Vielleicht ist auch eine interimistische Benützung der Haberfeldkapelle anzunehmen.)
Der 71 m lange, auf den ersten Blick homogen wirkende Bau mit gleicher Traufhöhe von Chor und Langhaus-Hochschiff (23,4 m) und mit einheitlichem Dachfirst gehört in die Reihe der bayerischen früh- bis hochgotischen Bettelordenskirchen in enger typologischer Verflechtung mit gleichzeitigen großen Stadtpfarrkirchen. In München ist, auch im wörtlichen Sinn, von einer Konkurrenzsituation mit der ehem. Franziskanerkirche (s. Max-Joseph-Platz) auszugehen. Als wohl erster Bauteil entstand seit dem letzten Jahrzehnt des 14. Jh. der dreijochige Langchor mit 5/8-Schluss, abgetreppten Strebepfeilern und vermutlich den zeitüblichen Kreuzrippengewölben (Spuren über der Barockwölbung erhalten); Ablässe zugunsten des Baus sind für 1295 und 1297 überliefert, für 1311 die Stiftung einer Magdalenenkapelle am Chor (wohl an seiner Südseite); die Chorweihe 1341 durch den Freisinger Weihbischof Augustinus, die K. Meichelbeck (Historia Frisingensis, 1729) erwähnt, ist schwerlich anzuzweifeln, der auffällig späte Zeitpunkt nach Brigitte Herrbach (1986, S. 20) wohl durch die 1340 erfolgte Beendigung des 1324 über Ludwig den Bayern und die Stadt verhängten Interdiktes zu erklären. (Doch wird eine Kirche schon durch eine Benediktion benützbar.)

Neuhauser Straße; Flurkarte, M. 1:2 500

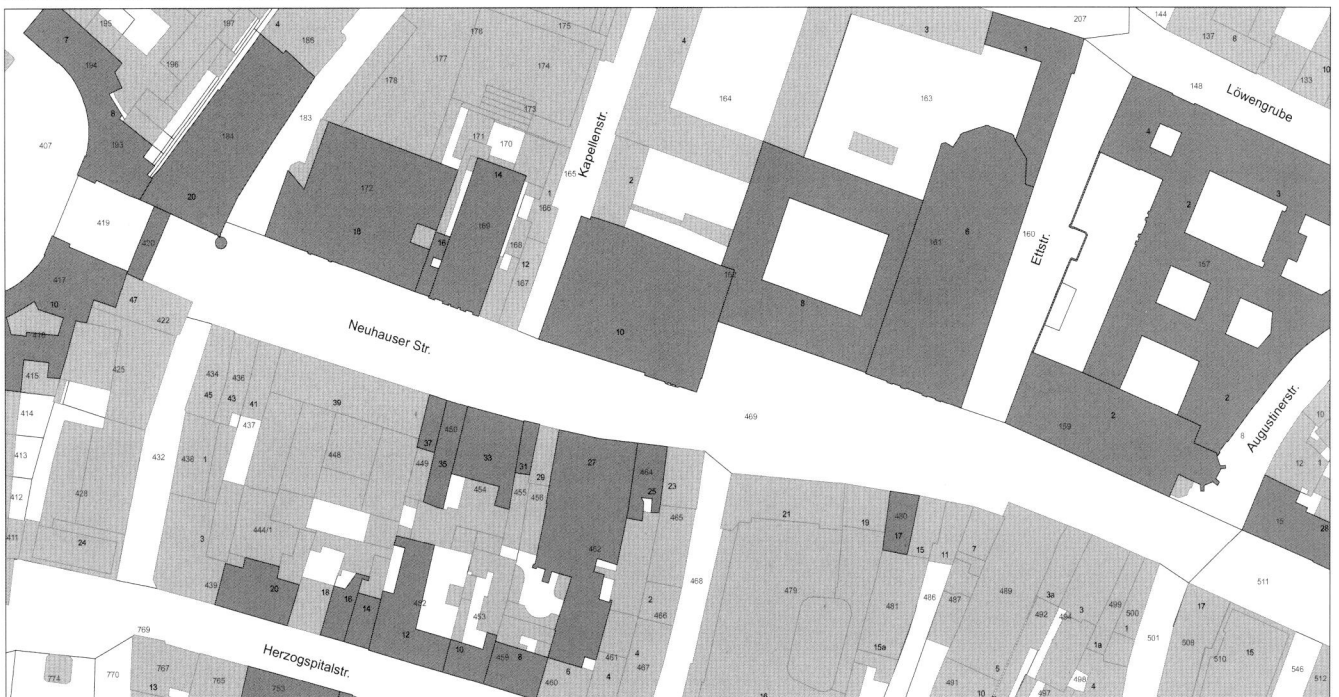

Neuhauser Straße 2, ehem. Augustinerkloster; Kupferstich von Michael Wening, um 1700

Unklar und umstritten ist die Datierung des acht Joche langen, basilikalen Langhauses, das – da Strebepfeiler fehlen – ursprünglich als flachgedeckt anzunehmen ist. Das Langhaus mag im Anschluss an den Chor entstanden sein – B. Herrbach (1986, S. 28) führt allerdings auch Gründe an, die für seine Erbauung vor dem Chor sprechen; mit seinen Viereckpfeilern (vgl. St. Jodok in Landshut) und dem basilikalen Querschnitt ist es wohl ins 14. Jh. zu datieren und im 15. Jh. nach hinsichtlich des Schadensumfanges nicht konkret fassbaren Feuersbrünsten – 1414 im Augustinerkloster, 1429 und 1434 große Stadtteilbrände – lediglich wiederaufgebaut worden, gefördert durch eine große Almosensammlung von 1437. Wörtlich zu nehmen sind die Berichte von einer Restaurierung im Jahr 1448 (Nic. Crusenius, 1623) und der Wiederweihe von acht Altären 1449 durch den Freisinger Weihbischof Petrus Ulmer. Es gibt Indizien (B. Herrbach, S. 28) für einen damals erfolgten Wiederaufbau der zerstörten Hochschiffswände in Verbindung mit der Einwölbung des Mittelschiffes (mit einem Rippennetz vorzustellen), während die Seitenschiffe wohl schon vorher gewölbt waren. (Die ältere Literatur – so auch Steffen 1909 – ging von einer Erweiterung oder gar der Erbauung des Langhauses im 15. Jh. aus, wobei immer wieder das Stichjahr 1458 genannt wurde.) Nicht hinreichend untersucht und wohl nur durch Bauforschung zu klären ist die Datierung der Sakristei (jetzt Vestibül des Jagdmuseums) im unteren Bereich des Chorschlusses, mit in der Literatur mehrfach erwähnter Mittelstütze aus Syenit

(modern in Muschelkalk erneuert) und einem achteckigen Sterngewölbe, das sich aus Dreistrahlgraten zusammensetzt – eine vor allem im 14. Jh. verbreitete Figuration, die gegen den meist vermuteten nachträglichen Einbau (nach B. Herrbach gar erst im 17. Jh.) sprechen könnte. Am (innen um 1620 überformten) Chorbogen ist nordseitig außen eine enge mittelalterliche Spindeltreppe als Aufgang zum Dachboden angebaut, die später erhöht und mit einem Zwiebeldach abgeschlossen wurde.

Das Kloster, unter dessen Prioren (von 1500–03) Luthers Freund und Gönner Dr. Johann von Staupitz zu nennen ist, geriet im Reformationszeitalter in eine Existenzkrise, nach deren Überwindung die ständige seelsorgerische Konkurrenz mit den nunmehr unmittelbar benachbarten Jesuiten von St. Michael eine zeitgemäße Erneuerung der Augustinerkirche erforderlich machte. Die fast baufällige Kirche wurde 1619/20 mit Unterstützung des (abgedankten) Herzogs Wilhelm V., seines Bruders Albrecht VI. und vor allem des regierenden Herzogs Maximilian I. unter der Leitung des Maurermeisters und Stuckators Veit Schmidt frühbarock umgestaltet – im Stil oder nach Entwurf von Hans Krumpper –, u. a. Mittelschiff und Chor mit einer Stichkappentonne neu gewölbt, Pfeilerarkaden und Fensterschlüsse ausgerundet. Trotz antikisierender Interpretation der Pfeilerarkadenzone durch Aufblendung einer korinthischen Pilasterordnung mit verkröpftem Gebälk und der Hochwand durch flachere, de-

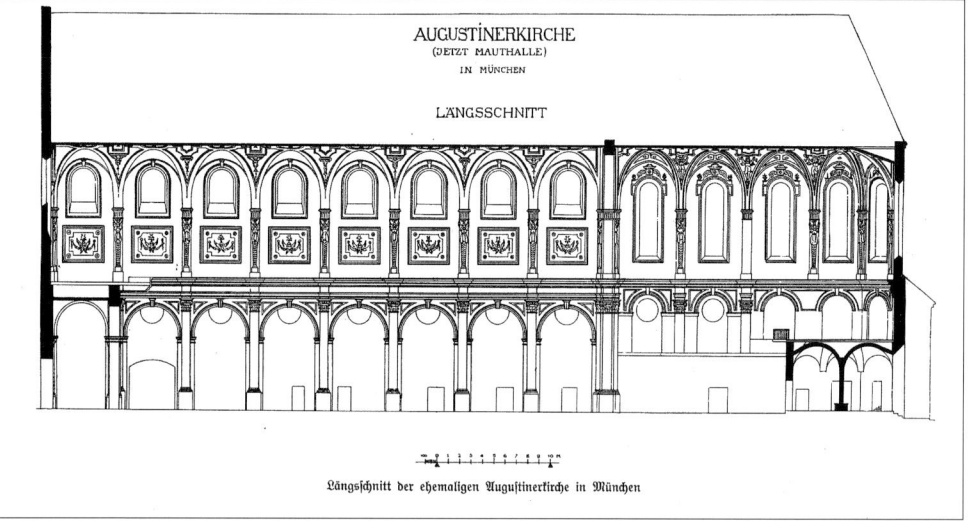

Ehem. Augustinerkirche; Längsschnitt

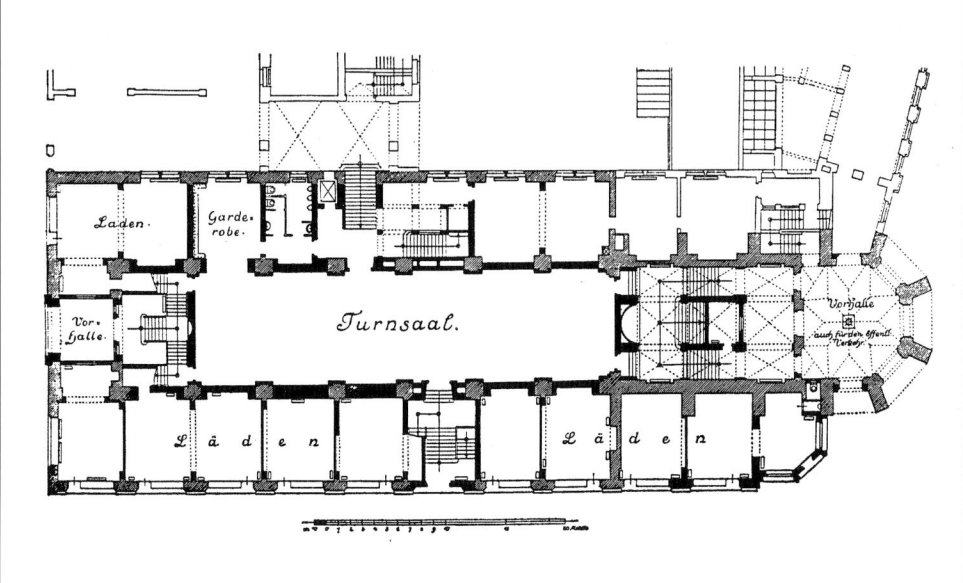

Ehem. Augustinerkirche; Grundriss Erdgeschoss nach Umbau, um 1914/15

Ehem. Augustinerkirche von Westen

Ehem. Augustinerkirche von Osten; Aufn. 1995

korative Hermenpilaster samt mit Stuckornamentik gefüllten Blendfeldern dazwischen blieb der gotische Vertikalismus der Raumproportion dominant (wie wenig später in der Peterskirche). Vom einfacheren Rahmenstuck des Langhausgewölbes ist der des Chores mit zusätzlich dichter Ornamentik unterschieden. Die reiche Einrichtung mit zwölf Altären, prächtigem Chorgestühl und um 1621 von der Landschaft gestifteter Orgel auf neuer (spätbarock mit geschwungener Brüstung erweiterter) Westempore wurde im Lauf des 17. und 18. Jh. mehrfach ergänzt oder erneuert. Berühmt war die Reihe künstlerisch hervorragender Altarbilder von namhaften Meistern, darunter das des vom Handelsherrn Sebastian Füll von Windach um 1620 gestifteten, wohl vom gleichzeitigen Candid-Hochaltar der Frauenkirche beeinflussten Hochaltars, eine fast 9 x 6 m große Kreuzigung (1535?), traditionell Jacopo Tintoretto, heute z. T. seinem Sohn Domenico zugeschrieben (Gemäldekat. Alte Pinakothek IX 1971; seit 1964 als Leihgabe in Stift Haug, Würzburg) sowie Gemälde von Peter Candid, Ulrich Loth, Johann Rottenhammer (jetzt in der Allerheiligenkirche am Kreuz, s. dort), Rubens und Carlo Saraceni, die nach 1803 meist in die Staatsgalerie gelangten. Nur das Aussehen des Seitenaltares des hl. Nikolaus von Tolentino ist durch einen Stich von 1710 überliefert (Herrbach 1986, Abb. 9). Die spätgotische Figur der sog. Hammerthaler Muttergottes vom Altar der Bäckerbruderschaft gelangte in die Heiliggeistkirche (s. dort), ein Wachschristkind von ca. 1600 in den Bürgersaal (s. dort). Die große Orgel wurde in die Theatinerkirche, die kleine in die (1809 säkularisierte) Kirche St. Max der Barmherzigen Brüder (s. Chevalley/Weski 2004) transferiert. Zwei Tafelbilder, ursprünglich zwei Seiten eines Altarflügels, heute im BNM – Kreuzigungsgruppe, Auferweckung der Drusiana durch Johannes Evangelist – sind als älteste erhaltene Beispiele der Gattung in München sowie hinsichtlich der hohen Qualität bemerkenswert (um 1400, unter böhmischem Einfluss). Das BNM besitzt ferner ein Kapellenabschlussgitter aus dem 17. Jh.

Nach der Klosteraufhebung diente die profanierte, ihrer z. T. versteigerten Ausstattung beraubte, immerhin noch in ihrer Räumlichkeit erlebbare, wenn auch durch zusätzliche Einfahrten und andere Maßnahmen entstellte Kirche (sog. Augustinerstock) ab September 1803 als Mauthalle bis zum Neubau des Hauptzollamtes an der Bayerstraße (1871–74 von Friedrich Bürklein; nicht erhalten); das ehem. Kloster war Sitz der verschiedenen Justizbehörden bis zum Bezug des neuen Justizpalastes. Gegen den erwogenen Abbruch der leerstehenden, verwahrlosten Kirche wandte sich eine in der Geschichte des Denkmalschutzgedankens bedeutsame Initiative von Künstlern und prominenten Persönlichkeiten mit Gabriel Seidl als Wortführer, der 1906 eine Denkschrift publizierte. Carl Hocheder machte Entwürfe für eine Nutzung als Kunstausstellungs- und -handelszentrum mit horizontaler und vertikaler Unterteilung. In der Wettbewerbs-Ausschreibung für das neue Polizeipräsidium war die Erhaltung der Kirche freigestellt. Der mit dem Neubau beauftragte Theodor Fischer hat sie in sein Gesamtprojekt einbezogen, jedoch 1914/15 für neue Nutzungen umgebaut. Eingreifend war vor allem die Einziehung einer Zwischendecke; die obere Hälfte des Schiffes wurde zum für verschiedene Zwecke verwendbaren „Weißen Saal", zugänglich über eine stattliche Treppenanlage im Chorbereich, die mit einem mittleren Antrittslauf und zwei seitlichen Läufen im Gegensinn in den weiten, hellen Saal emporführt. In das rechte Seitenschiff wurden Läden mit zugehörigen Obergeschossräumen eingebaut; auch Funktionen des Polizeipräsidiums erstreckten sich in die Kirche hinein, u. a. ein (viel

Ehem. Augustinerkirche, „Weißer Saal" gegen Westen nach Kriegsschäden; Aufn. um 1946

Ehem. Augustinerkirche, Inneres; Aufn. 1911

kritisierter) Turnsaal im Erdgeschoss (ehem. Langhaus-Mittelschiff) und Amtsräume unter den nördlichen Seitenschiffsgewölben. Das zuvor schlichte, einheitlich verputzte Äußere erhielt eine dekorative Putzgliederung; über dem südlichen Seitenschiff entstand vor dem ausgebauten Dach eine Terrasse mit von Vasen und Obelisken bekrönter Balustrade. Auf dem knappen Dach über den zwischen die Chorschluss-Strebepfeiler eingezogenen Nischen wurden Kalksteingruppen der vier Elemente von Ernst Pfeifer aufgestellt. Die zuvor völlig glatte Westfassade, mit bereits barock geschweiften Umrissen, wurde reicher gestaltet und erhielt eine Portalädikula (mit nicht erhaltenem Tympanongemälde von Julius Mössel). Nach Abbruch der evang. Matthäuskirche 1938 diente der Weiße Saal als Notkirche bis zu den schweren Luftkriegsschäden der Jahre 1944/45. Am schwersten betroffen war der Westteil, wo u. a. die oberen Partien der Fassade und der benachbarte Dachstuhl sowie das Gewölbe im Langhaus-Mittelschiff vernichtet wurden.

Eine erste Phase des Wiederaufbaus, vom Landbauamt München sukzessive durchgeführt, stellte vor allem das äußere Erscheinungsbild in der alten Form unter Ergänzung der Fehlstellen sowie die Ladennutzung wieder her, wobei auch das ehem. Mittelschiff unterteilt wurde. Der Dachstuhl wurde 1949 völlig neu gezimmert und in der tradierten Art mit Hohlziegeln (nach alten Bruchstücken) gedeckt (1978 instand gesetzt).

Eine zweite Phase 1962–64 unter Leitung von Erwin Schleich hing mit der Einrichtung des Weißen Saales samt Nebenraumzonen als Sitz des Deutschen Jagdmuseums zusammen, das 1966 eröffnet wurde. Dabei wurde die Langhauswölbung samt Stuckdekor rekonstruiert, der reiche Stuckdekor am Chorgewölbe gesichert und restauriert. (Das Museum war, mit der exorbitanten Geweihsammlung des Grafen Maximilian von Arco-Zinneberg († 1885) aus dem ehem. Arco-Palais – s. Wittelsbacherplatz 1 – als Kernbestand, 1938 in Nymphenburg erstmeröffnet worden; 1982 wurde ihm das Deutsche Fischereimuseum angeschlossen.) Am heutigen Außenbau sind Rohbackstein- und Putzflächen (vor allem um die barock reduzierten und verkürzten Fenster; am Seitenschiff mit Ritzdekor) unterschieden; die Frage, ob der gotische Bau unverputzt war, ist nicht abschließend geklärt, in der Barockzeit ist Verputz anzunehmen. Bemerkenswertestes gotisches Strukturelement sind die Strebepfeiler am Chor mit halblanzettförmigen Blenden an den Scitenflächen (vgl. Dom zu Regensburg) und verjüngtem, von einem Satteldach abgeschlossenem Oberteil. Sandtners Stadtmodell um 1570 zeigt einen Dachreiter auf dem First über dem Westende des Chores; in der Barockzeit saß ein achteckiges Glockentürmchen mit Zwiebelhelm über dem Chorschluss. Im südlichen Chorwinkel ist ein polygonaler Ladenpavillon eingefügt (um 1914). Am Pfeiler links vom Museumseingang eine Bronze-Inschrifttafel zur Baugeschichte, 1965 nach Entwurf von Eugen Weiß. Unweit davor stehen auf das Museum hinweisende Bronzefiguren eines Keilers, 1960 von Martin Mayer, aufgestellt 1976, und eines Wallers, 1982 von Claus Nageler, Guss von Strehle (beide sign.).

Unter der Kirche befanden sich gewölbte Grufträume, in denen außer den Augustinern auch Angehörige adeliger Familien (u. a. Freiherren Füll von Windach, Grafen Hörwarth) beigesetzt waren. H. Steffen (1909) erwähnt ihre

Ehem. Augustinerkirche, Stuckdetail an der Südwand

Ehem. Augustinerkirche ▷ (heute Jagdmuseum), Inneres nach Westen; Aufn. 2007

Vestibül; Aufn. 2007

teilweise Zuschüttung im Jahr 1803; nach einer Bemerkung vom 7.9.1961 im BLfD-Akt seien sie um 1913 durch Tieferlegung des Bodens gänzlich beseitigt worden.

Städtebaulich bildet die in Ost-West-Richtung gestreckte Augustinerkirche mit der rechtwinklig zu ihr im Westen aufragenden Baumasse von St. Michael eine höchst eindrucksvolle Gruppe, die für den Fernblick von Westen her noch durch die Frauentürme im Hintergrund bereichert wird.

ARCHÄOLOGISCHE BEFUNDE: Untertägige Teile der ehemaligen mittelalterlichen Augustinerkirche und des Klosters sowie Friedhof der Neuzeit (Fundst.-Nr.: 7835/0396, 7835/0397, 7835/0398, 7835/0399, 7835/0400). In der um 1290 errichteten Augustinerkirche wurde 1913 eine Gruft entdeckt. Bei Umbauarbeiten 1997 wurden verschiedentlich Grüfte mit Skeletten in sekundärer Lage und frühneuzeitliche Beisetzungen angeschnitten.

Ehem. Augustinerkirche (heute Jagdmuseum), Chor; Aufn. 2007

Neuhauser Straße 6. *Jesuitenkirche St. Michael* (kath. Filial-kirche), mächtiger, tonnengewölbter Saalbau mit Seitenkapellen, Emporen, dreigeschossiger Giebelfassade, Querschiff und nach Norden gerichtetem Chor, 1583–97.

BAUGESCHICHTE: Kollegium vgl. Neuhauser Straße 8/10 und Maxburgstraße 1. Die Michaelskirche ist nicht nur der monumentalste und typologisch modernste, in die Zukunft weisende Kirchenbau des 16. Jh. nördlich der Alpen, sondern – zusammen mit dem nur teilweise erhaltenen Kollegium – ein religiöses und politisches Geschichtsdenkmal höchsten Ranges. Sie bezeugt eindringlich die führende Position des Herzogtums Bayern zur Zeit der Gegenreformation während einer Schwächephase des habsburgischen Kaisertums in seinen Erblanden – eine Rolle, die militärisch offensiv im kurkölnischen Streit (1583) und im Böhmischen Krieg (1620) kulminierte. Die Konzentration katholisch-gegenreformatorischer Ideen und Energien beruhte – auf der Grundlage des im Grünwalder Vertrag 1522 zwischen Wilhelm IV. und Ludwig X. vereinbarten Verbleibs beim alten Glauben – auf dem Bündnis zwischen dem Herrscherhaus und dem Jesuitenorden, den Albrecht V. im Zusammenwirken mit dem oberdeutschen Provinzial Petrus Canisius 1549 bzw. 1556 an die Universität Ingolstadt und 1559 nach München berief, wo die Patres zunächst im Westteil des Augustinerklosters an der Ostseite der (heutigen) Ettstraße untergebracht wurden und um 1575 ein Gymnasium westlich dieser Straße (etwa im Bereich des späteren Chores von St. Michael) erhielten. Nicht so sehr dank der Initiative der Jesuiten selbst – die anderwärts damals teils ziemlich bescheiden (etwa in Landsberg, Augsburg und In-golstadt), teils konservativ-gotisierend wie in Westdeutschland (z. B. in Köln und Molsheim) bauten – als vielmehr gemäß dem Willen Herzog Wilhelms V. „des Frommen" (reg. 1579–98, † 1626), der wegen übergroßer Verschuldung zurücktreten muss-te, entstand der für die Verhältnisse im damaligen Reich unge-wöhnlich stattliche, typologisch neuartige Kirchen- und Kolleg-bau. An der Neuhauser Straße erwarb der Herzog 1577 ein Bürgerhaus als (provisorisches) Konvikt und östlich anschließend 1582 vier weitere Anwe-sen (Q, R, S, T in Häuserbuch II, 1960) einschließlich dem Eckhaus an der Ettstraße, das dem Kloster Schäft-larn gehörte und eine Michaelskapelle enthielt. Trotz sukzessiven Ankaufs weiterer Grundstücke im Westen bis zur heutigen Kapellenstraße war der Bauplatz für die zunächst geostet vor-gesehene Kirche – mit polygonal schließendem Chor zur Ettstraße, nicht ausgeschiedenem Querschiff

und dreischiffigem (Hallen-?)Langhaus – zu beschränkt, sodass die Kirche in der Folge nach Norden ausgerichtet und monumen-talisiert wurde. Der für den Norden liturgisch innovative, die Predigt und die Sicht auf den raumbeherrschenden Hochaltar be-günstigende Einheitsraum war gemäß den Intentionen des Her-zogs als Wahrzeichen des katholischen Glaubens und als neue (die Frauenkirche ablösende) Grablege der Dynastie mit (nur in Fragmenten ausgeführtem) Stiftergrab konzipiert, verbunden mit einer hoch ragenden, die Präsentation eines umfassenden Fi-gurenprogramms mit dem Titelheiligen und einer Fürstengalerie ermöglichenden Schaufront. Architektonisch ist die Michaels-kirche – wie erstmals Leopold Gmelin (1890) formulierte – ein „Regiebau", eine stark vom Willen des Herzogs wie vom Orden (und seiner Zentrale in Rom) geprägte Gemeinschaftsleistung des italienisch geschulten Flamen Friedrich Sustris, dem wohl die Grundidee zuzuschreiben ist, des ausführenden Münchner Baumeisters Wolfgang Miller und des mehrfach zu intensiver Beratung zugezogenen Augsburgers Wendel Dietrich.

Zum Kirchenbau an der Stelle der vier 1582 abgebrochenen Häuser Q–T wurde am 18. April 1583 in Anwesenheit des Her-zogs der Grundstein gelegt, im August 1586 nach Aufsetzen des Dachstuhls das Richtfest gefeiert, darunter im folgenden Jahr die mächtige Tonnenwölbung eingezogen, die 1588 ihren Stuck-dekor erhielt. Mit der Stuckierung der Seitenkapellen und der inneren Einrichtung war die Kirche 1589 vollendet, und zwar im Umfang des bestehenden Langhauses, an das sich jedoch im Norden ein relativ kurzer, stark eingezogener Chor mit Apsis und ein Turm rechts vom Vorchor anschlossen. Der Turmein-sturz am 10. Mai 1590 machte auch den Chor zur Ruine. Nach Vermauerung des Chorbogens wurde das Schiff allein mit der Weihe der sechs Kapellenaltäre am 29. September 1590 der got-tesdienstlichen Nutzung übergeben. Unter im Einzelnen schwer fassbarer Beratung durch den aus Rom gesandten Jesuitenbau-meister P. Joseph Valeriani wurde, sicher wieder nach Konzept

Einsturz des Turmes von St. Michael 1590; Stich von Peter Weinher

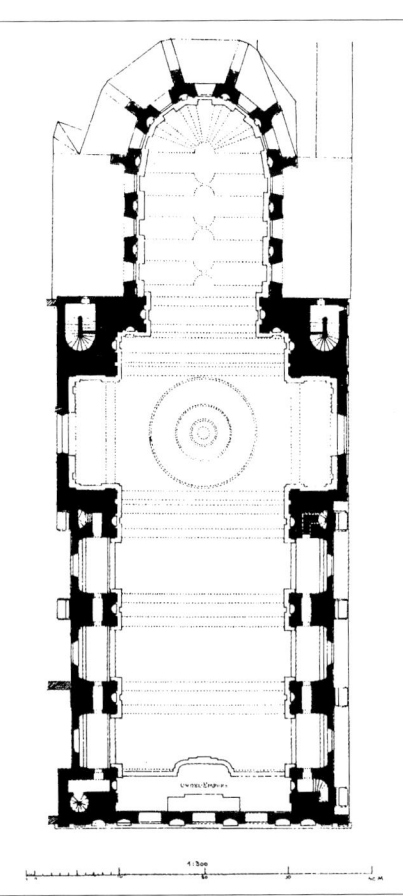

Neuhauser Straße 6, Jesuitenkirche St. Michael; Grundriss des Emporengeschosses von Leopold Gmelin, 1883

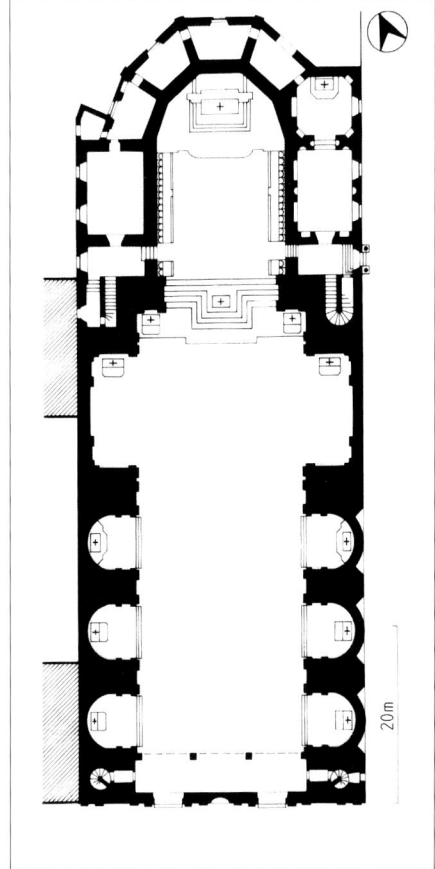

St. Michael; Grundriss 1990

St. Michael; Längsschnitt, um 1900

von Friedrich Sustris, ein stark nach Norden erweitertes, nach Ansicht Wilhelms V. der Majestät des sichtlich erzürnten Erzengels Michael würdiges Bauprojekt ausgearbeitet, welches das bestehende Querschiff, den lang gestreckten, halbrund schließenden Chor und die zweigeschossigen Flankenbauten – links Sakristei und (kriegszerstörten) Saal darüber, rechts Kreuzkapelle und Herzogsoratorium darüber – umfasste; der neue Turm entstand 1592/93 getrennt von der Kirche an der Nordostecke des Kollegs (Ecke Ettstraße/Maxburgstraße; Oberteil im Luftkrieg zerstört). Der einzige erhaltene Plan zum Erweiterungsbau (MStM, Inv.-Nr. 36/1888, vielleicht von Sustris oder Valeriani, 1591/92) sah im Bereich der Vierung mit dem Stiftergrab eine über Pendentifs ins Dachwerk hineinragende, nur mit ihrer La-

terne den First übersteigende Steilkuppel vor, auf die bei der Ausführung zugunsten einer Fortsetzung der Langhaustonne verzichtet wurde (frühes Beispiel des Konflikts zwischen Kuppel und nordischem Steildach). Einfluss auf den Bau nahmen auch der Jesuitenrektor P. Simon Hiendl und der Statiker Andreas Gundelfinger, der wohl an der Konstruktion der gewaltigen Wölbung – auch schon des Langhauses – entscheidenden Anteil hatte. Der 1593 begonnene Erweiterungsbau erhielt 1594 seine Dachstühle, 1595 Wölbungen und kupferne Dachdeckung, im folgenden Jahr Stuckdekor und Einrichtung. Nach Entfernung der Zwischenwand konnte am 6. Juli 1597 in Anwesenheit zahlreicher höchster geistlicher und weltlicher Würdenträger Weihbischof Bartholomäus Scholl die Kirche konsekrieren, wobei der junge Kardinal Philipp Wilhelm, Sohn des herzoglichen Stifterpaares, die Festpredigt hielt. Die anlässlich der Weihe erschienene, geistesgeschichtlich bemerkenswerte Festschrift „Trophaea Bavarica" wurde zum Jubiläum 1997 wieder neu herausgegeben. Schon im Juli 1596 war die Kreuzkapelle mitsamt der Jesuitengruft unter ihr geweiht worden. Das stark reduzierte Stiftergrabmal wurde 1602 auf den Chorstufen errichtet (hier bis 1819), die damals verstorbene Gattin Wilhelms V., Renata von Lothringen, als erste in der Fürstengruft unter dem Chor beigesetzt.

Zum 100. Weihejubiläum wurde die Kirche 1697/98 unter Leitung des Baumeisters und Schreiners Fr. Johannes Hörmann SJ renoviert und z. T. neu ausgestattet (neue Seitenaltäre, Kanzel, Orgel, großes Kreisfenster in der Fassade). Nach Aufhebung des Jesuitenordens 1773 wurde St. Michael Hofkirche, 1780 (bis

St. Michael und ehem. Kollegium nach Kriegszerstörung; Aufn. um 1946

St. Michael; Querschnitt Chor mit Gruft, links Sakristei, rechts Nebeneingang, um 1900

St. Michael, Inneres; Aufn. 1938

St. Michael nach Kriegszerstörung;
Aufn. 1945

gerüst durch die Fa. Dr. Brannekämper das 22–24 cm starke Tonnengewölbe (mit 45 cm starken Gurten) unter Verwendung alter Ziegel mit dem Original nachgebildeter Putzfeldergliederung, aber noch ohne Stuckdekor rekonstruiert (wobei sich gegenüber der Kassettierung des nicht ganz regelmäßigen Vorbestands kleinere Abweichungen ergaben). Hochaltar und Kanzel wurden ergänzend wiederhergestellt, im Süden 1953 nach Entwurf von Sep Ruf eine modern-kontrastierende, tiefer gelegte Orgelempore aus Stahlbeton samt darunter einen Vorraum abschließender Glaswand eingezogen (Orgel 1966 von Carl Schuster). Die Fassade wurde 1960, 1971/72 und ab 2008 renoviert.

In einer zweiten Phase der Wiederherstellung 1980–83 (Landbauamt München; Leitung Arch. Karl Meisl) wurde die unreduzierte Rückgewinnung des Raumbildes vor der Zerstörung angestrebt und der Stuckdekor an den Tonnengewölben (durch Fa. Jakob Schnitzer, Augsburg) nachgebildet sowie die Orgelempore in der originalen dreibogigen Form (mit rabitzgewölbter Untersicht) rekonstruiert; die neue Orgel – 1983 von Hubert Sandtner, Dillingen – erhielt ein Gehäuse (in heute freilich höherer Position) nach Vorbild desjenigen von 1697 nach Entwurf von Fr. Johannes Hörmann. Den Volksaltar von 1965 unter der Vierung ersetzte 1983 der jetzige auf den eigens für ihn im Mittelteil vorgezogenen Chorstufen (wo bis 1819 der Kreuzaltar samt Stiftergrabmal stand).

1804) und wieder 1826 Militärpfarr- oder Garnisonskirche, 1782 Malteser- und 1808 wieder Hofkirche (bis 1918), 1797 (teilweise), 1852–57 (durch Friedrich Bürklein), 1867 und 1896/97 (zum 300. Jubiläum) renoviert, 1907/08 die Fassade restauriert. Seit 1921 wird die Kirche wieder von den Jesuiten betreut, deren Oberdeutsche Provinz ihren Sitz in München hat.

Im Zweiten Weltkrieg erlitt St. Michael schwerste Schäden; zunächst wurde am 25. April 1944 das prächtig ausgestattete Jesuitenoratorium über der Sakristei durch Brand, am 22. November d. J. durch Sprengbomben der größte Teil des Dachstuhls, das Tonnengewölbe von Chor und Schiff, die Orgelempore samt Orgel und von der Eingangsfront der größte Teil des Giebels und das rechte Drittel des 3. Geschosses zerstört, die Wölbung der Fürstengruft durchschlagen, Hochaltarretabel und Kanzel schwer beschädigt. Erhalten blieben der Chorbogen und die Gewölbe der Querarme, der Langhauskapellen und der Emporenzone darüber.

Der Wiederaufbau unter Leitung des Landbauamtes München erfolgte 1946–53; das Richtfest für den Dachstuhl und die erneute Kirchenweihe wurden am 15. August 1948 gefeiert, das Langhaus mit Mönch-Nonnen, der Chor mit Kupfer gedeckt, der Südgiebel wieder aufgemauert und bis Herbst 1950 auf einem Lehr-

BAUBESCHREIBUNG: Dem monumentalen Innenraum vorgeschaltet ist eine flächenhaft-unplastische, steil bis zu einer Höhe von ca. 48 m aufragende, im Wesentlichen verputzte Schauseite im Süden, die in ihrer durchaus neuartigen, selbständigen, jedoch ohne eigentliche Nachfolge gebliebenen Gestaltung nicht den zweigeschossigen Typus italienischer Frühbarockfassaden – etwa des römischen Gesù – rezipiert, sondern am ehesten in den nordischen Manierismus einzuordnen ist. Die hohe Emporenzone im Inneren bedingte einen dreizonigen Fassadenaufbau mit jeweils niedrigeren Geschossen, der hohe Dachstuhl einen Steilgiebel mit zu bloßen Ornamenten verkümmerten Voluten. Kaum auffallende Volutenrudimente finden sich auch seitlich im 2. Geschoss neben den steinernen Obelisken, die den äußeren Pilastern aufgesetzt sind. Dem Vertikalismus der Gesamtfigur wirkt kontrapostisch der rigorose Horizontalismus der drei eher an Renaissancepaläste (aber auch an die tafelartige Front von S. Maria

St. Michael nach Wiederaufbau; Aufn. 1954

St. Michael, ehem. Orgelempore von 1953; Aufn. 1956

dell'Anima in Rom) erinnernden unverkröpften, dreiteiligen Rot-
marmorgebälke mit vergoldeter Widmungsinschrift entgegen, die
nur im Erdgeschoss von einer toskanischen, undynamisch rhythmisierten Pfeilerordnung getragen werden; die Obergeschosse
hingegen sind nur außen von gleichfalls toskanischen Pilastern
begrenzt und weisen ansonsten – wie der in Sockel und zwei Geschosse geteilte Giebel – eine kleinteilige Gliederung durch
Rundbogenfenster, Nischen und Rechteckblenden verschiedenen
Formats auf. (Die geringe Plastizität des Gliederungsreliefs mit
seinen knappen Profilen gemahnt an die benachbarte Kollegfas-
sade oder an Augsburger vorbarockzeitliche Bauten wie das –
jüngere – Rathaus.) Die insgesamt durch die additive Struktur
ihrer Details, deren keines über andere dominiert, als vorbarock
gekennzeichnete Fassade erhält eine schautafelartige demonstrative Funktion durch das ihrem Figurenzyklus zugrundeliegende,
von Wilhelm V. konzipierte Programm, das im Einzelnen u. a. von
P. Herbert Schade (1983) und Lothar Altmann (1976, 1987) analy-
siert worden ist. Unter dem religiösen Primat des Salvators (in der
Giebelspitze) und der monumentalen Michaelsgruppe zwischen
den beiden Portalen entfaltet sich ein (auch als später Nachfolger
mittelalterlicher Königsgalerien zu begreifender) Herrscherbild-
zyklus, in dem sich kirchen-, reichs- und landes- bzw. dynastiege-
schichtliche Aspekte unter besonderer zeitgenössisch-gegen-
reformatorischer Akzentuierung zu einer – im weitesten Sinn verstandenen – Ahnengalerie von heilsgeschichtlichem Anspruch
verbinden. Den Anfang im oberen Bereich machen als Vorgänger
in der Landesherrschaft die Agilolfinger-Herzöge Otto, Theodor,
Theodovalda und Tassilo I., unter denen Bayern christlich wurde;
es folgen (chronologisch, doch in anderer Anordnung) Karl der
Große als Erneuerer des römischen Imperiums und legendärer
Ahnherr der Wittelsbacher, die Wittelsbacher Otto – der erste
Herzog –, Kaiser Ludwig IV. der Bayer, der Pfälzer Kurfürst und

St. Michael, Fassade; Aufn. 1995

deutsche König Ruprecht, König Christoph III. von Dänemark,
die Herzöge Albrecht IV. – der Einiger Bayerns –, Albrecht V. sowie Wilhelm V. mit dem Modell der von ihm gestifteten Michaelskirche, schließlich die (mehrfach verwandten) Habsburger-
Kaiser Maximilian I., Karl V. und Ferdinand I. Die z. T. aus dem
Antiquarium übernommenen, antikisch posierenden Steinfiguren
(drei einst aus Stuck) – neuerdings versuchsweise den Bildhauern
Jordan Prechenfelder und Hans Ernhofer d.Ä. zugeschrieben –
wurden 1907/08 teils restauriert, teils in Kalkstein kopiert (fünf
beschädigte Originale im Kollegiumshof, s. dort). Die Giebel-
figur des Salvators ist eine Nachbildung (1981) des 1944 zerstörten, kupfergetriebenen Originals. Die dynamisch bewegte, mehr
als 4 m hohe Bronzegruppe des den Satan besiegenden
hl. Michael in der Marmornische zwischen den Portalen, 1588
von Martin Frey nach Modell von Hubert Gerhard gegossen, ist
sowohl künstlerisch wie technisch als zum Frühbarock überlei-
tender monumentaler Bronze-
guss eines der Hauptwerke
zeitgenössischer Plastik nördlich der Alpen. Unterhalb zwischen den Sockelkonsolen
hängt das Bronzewappen Wilhelms V. mit der Ordenskette
des Goldenen Vlieses. Die
Rotmarmor-Ädikulen der beiden Rundbogenportale sind
mit ihren kannelierten dorisierenden Pilastern und gesprengten, Rundöffnungen einschließenden Volutengiebeln die am
stärksten plastisch ausgebildeten Gliederungsdetails.

St. Michael von Nordosten mit Turm; Aufn. 1995

St. Michael, Chor von Norden;
Aufn. 1996

Die Originalfassung der Fassade ist nicht genau bekannt bzw. umstritten; die Nischen waren wohl rot; vom Putz heben sich der Muschelkalksockel sowie Portale und Gebälke in (blass)rotem Ruhpoldinger Marmor ab. Die gegenwärtige Farbgebung in zwei Grautönen mit dunkelroten Nischen (die hinter St. Michael golden) und bronzierten Figuren stammt von 1971/72. Das große Rundfenster von 1697 in der Mitte des 3. Geschosses war bereits beim Wiederaufbau zugunsten der originalen Einteilung beseitigt worden.

Die im Wesentlichen durch Blendrahmen gegliederten Seitenfronten zeigen einen Aufbau aus drei jeweils leicht zurückgesetzten Geschossen, die den Seitenkapellen, Emporen und Gewölben entsprechen; die halbrunden Abschlüsse der Kapellen sind (nur östlich) von außen sichtbar, darüber leiten Strebebögen zu den Pilastern an der Außenseite der Emporenpfeiler über; an der Hochwand treten strebepfeilerartige Verstärkungen hervor. Als hochragender Baukörper einseitig entwickelt ist lediglich das rechte (östliche) Querschiff wegen der ihm aufgesetzten, tonnengewölbten Pestkapelle mit Rundbogenfenstern und einem reich gegliederten Ziergiebel mit Aufzugsöffnung. Das heute insgesamt ziegelgedeckte Dach trug bis ins mittlere 19. Jh. über der Vierung einen Dachreiter. Den polygonalen Chorschluss umringen Strebepfeiler mit Volutenabschluss; darüber durchbrechen Rundfenster die attikaartige Hochwand (außerhalb bzw. hinter den Gewölben; am Langhaus stattdessen Kreisblenden). Der Nordwestecke des Sakisteitraktes ist ein laternenartiges Zwiebeltürmchen aufgesetzt.

Die typenbildende Bedeutung von St. Michael als „Schöpfungsbau" (Hans Jantzen) beruht vor allem auf der monumentalen Raumwirkung des Inneren (lichte Länge 78,26 m), das radikal mit unübersichtlicher Mehrschiffigkeit bricht. Das ungewöhnlich weiträumige, tonnengewölbte Langhaus (20 m breit, 28 m

hoch) wird beiderseits von drei apsidial geschlossenen, unbelichteten Seitenkapellen mit Gewölbekalotten (vgl. Rom, S. Maria dell'Anima und S. Agostino) und darüber einer mittels Durchgängen in den Pfeilermassiven verbundenen, mit Quertonnen gewölbten Emporenzone begleitet, durch die reichlich indirektes Licht einströmt. Die mächtige Tonnenwölbung des Schiffes wurde in der zweiten Bauphase über die querrechteckige Vierung und ein knappes Vorjoch am Chorbogen nach Norden verlängert; die Quertonnen der mit den Seitenkapellen bündigen Querarme schneiden die Haupttonne an, an der eine Stuckringfiguration mit radialen Reliefputti die ursprünglich vorgesehene Vierungskuppel andeutet. Der nur 12 m breite, lang gestreckte und steil proportionierte Chor erinnert an mittelalterlich-nördliche Tradition, ist aber durch die konzentrische Verengung des Triumphbogens, durch Gewölbetonne, Gliederung und Dekor sowie die Dominante des Hochaltars in das Gesamtbild eingebunden. Dem Vorjoch des Chores entspricht im Süden ein kurzes Eingangsjoch, unterteilt durch die Orgelempore auf drei Pfeilerarkaden, die den Rhythmus der rundbogigen Kapellenöffnungen weiterführen. Hauptelemente der antikisierenden Wandgliederung sind die den Pfeilermassiven vorgelegten, durch Figurennischen geschiedenen, zu Seiten der Querarme verdoppelten korinthischen Pilaster, das den Gesamtraum in Höhe der Emporenbrüstungen gürtende, freilich vielfach gebrochene und verkröpfte Gebälk sowie die vor allem die obere Raumhälfte mitsamt den Gewölben prägende, durch begleitenden und füllenden Stuckdekor interpretierte Rahmen- und Felderteilung. Die in jüngerer Zeit ausschließliche Weißfassung der Raumschale war ursprünglich wenigstens in Details modifiziert.

Die gewaltige Raumschöpfung kennzeichnet – im Unterschied zu den italienischen Prototypen von S. Andrea in Mantua bis zum Gesù und der Chiesa Nuova in Rom – die entschiedene Dominanz des Räumlichen über die gliederhafte Struktur einer korrekt antikischen Tektonik, deren kanonische Folgerichtigkeit kaum verstanden bzw. vernachlässigt wird, wie vor allem die vergleichsweise geringe Plastizität der kleinteilig verkröpften Gebälkzone mit dem schwach entwickelten Kranzgesims deutlich macht, das überdies an den Emporenbrüstungen ganz entfällt. Im Unterschied etwa zu den Coretti-Öffnungen zwischen Kapellen und unverkröpft durchlaufendem Gebälk im Gesù entwickelt St. Michael über seinem unruhig gebrochenen Hauptgebälk eine frei aufsteigende, indirekt hell belichtete Emporenzone mit von gefelderten Pilastern besetzten Pfeilerstirnen und einem zweiten, wenig betonten, kaum als Kämpfer wahrgenommenen Kranzgesims, sodass die gesamte Gewölbezone dynamisch gestaltet vom unteren Hauptgebälk aufzusteigen scheint. Ihre homogene, raumbildende Massenwirkung wird zudem durch den Verzicht auf eine unterbrechende Kuppel verstärkt und durch den konzentrisch eingeschalteten Triumphbogen unterstrichen. Durch ihn wird der stark eingezogene, durch seine großen Hochfenster direkt hell erleuchtete Langchor bildhaft gerahmt und entrückt; im Gegensatz zum Schiff ist er nicht zweischalig ausgebildet, sondern unterhalb der verkröpften Fortsetzung des Hauptgebälks von verglasten Oratorienfenstern umzogen. Während die Emporen- und Gewölbezone im Langhaus durch das der Pilasterordnung des Untergeschosses entsprechende System der Pfeilerstirnpilaster und Gewölbegurte rhythmisch markant gegliedert wird, zeigt

St. Michael, Fassadenfigur hl. Michael; hist. Aufn.

Fassadenfigur Wilhelm V. mit Modell der Kirche; Aufn. um 1907

St. Michael, Chorgewölbe; hist. Aufn.

St. Michael, Nischenfigur des hl. Andreas im Chor

ren vermittelt wie auch die Raumbildungen nach dem früher sog. Vorarlberger Schema beeinflusst (vgl. Schönenberg-kirche Ellwangen).

Den Oberflächencharakter bestimmt wesentlich die reiche, die Raumschale ziemlich gleichmäßig und kleinteilig überziehende Stuckdekoration, die – zusammen mit der gleichzeitigen und wenig jüngeren in der Residenz – als Hauptwerk der im Voralpenland und Tirol bis weit ins 17. Jh. maßgebenden „Münchner Schule" (Erwin Schalkhaußer, 1957) gilt. Wie die Architektur ist sie die Gemeinschaftsarbeit mehrerer, im Einzelnen schwer fassbarer Meister; doch ist im großen ein Unterschied zwischen dem vorwiegend geometrisch formierten Rahmenstuck der Hauptgewölbe und dem floral und figürlich reicheren, z. T. auch plastischeren und dichteren Dekor der Kapellen und Emporen zu konstatieren. Der wohl von Friedrich Sustris und/oder Wendel Dietrich entworfene Stuckdekor dürfte an den großen Tonnengewölben (hier 1980/83 nachgebildet) und Wänden (u. a. Kapitelle) von Hubert Gerhard ausgeführt worden sein (unter dessen „Lernjungen" Hans Krumpper genannt wird); weiters erwähnen die Rechnungen 1589 u. a. Georg (Jerico) und Michael Castelli (-lo; aus einer verzweigten Tessiner Künstlerfamilie), Peter Martino, Hieronymus Thoma (für die mittleren Langhauskapellen) und Heinrich Diefelder (für die jeweils äußeren Kapellen). Das Zuschreibungs-

der Chor eine achsenweise, additiv kleinteilig und zugleich vereinheitlichend wirkende Gliederung in schmale Wand- und Gewölbefelder. Die homogene kuppellose Großraumbildung wie speziell die Einführung des hohen, lichtdurchfluteten Emporenbereichs hat bis weit ins 18. Jh. hinein der Sakralarchitektur nördlich der Alpen den Typus der Wandpfeilerkirche mit Empo-

St. Michael, Blick von der Orgelempore nach Norden; Aufn. 1998

St. Michael, Blick in den Chor; Aufn. 1983

St. Michael, Blick nach Süden; Aufn. 1983

St. Michael, Hochaltar, Gemälde von Christoph Schwarz; Aufn. 1996

problem wird durch die beiden Bauphasen und den Verlust des ursprünglichen Chorteiles erschwert. (Die Marienkapelle – die nördliche am Langhaus links – erhielt 1697 prachtvollen – zusätzlichen? – Barockstuck Wessobrunner Art.) Figürliche Hauptmotive sind in der dem Erzengel Michael geweihten Kirche Engel und Engelköpfe. Einen Zyklus von die Werkzeuge des Leidens Christi haltenden Engelfiguren enthalten die Nischen in den beiden Geschossen der Langhauspfeiler; an der Front des Chorbogens stehen die vier lateinischen Kirchenväter, den Chor umringen in zwei Rängen die Nischenfiguren von Moses und David, von Petrus und Paulus sowie der übrigen Apostel und verschiedener Heiliger (u. a. Johannes des Täufers und der Ordensgründer Franziskus und Dominikus). Der gesamte Zyklus der über 2 m hohen, ursprünglich gefassten Terrakottafiguren stammt von Hubert Gerhard und seiner Werkstatt (u. a. Carlo Pallago). Das segnende Christuskind an der Eingangswand ist eine Nachbildung von 1983 (beschädigtes Original im BNM).

Von der Erstausstattung sind Hochaltar, Chorgestühl, Bestandteile des Stiftergrabes und mehrere Altarblätter erhalten. Das gemäß dem Aufstellungsort stark vertikal proportionierte hölzerne Hochaltar-Retabel, 1586–89 (um 1593 verändert?) von Wendel Dietrich (weitgehend erhalten, nach 1950 wiederhergestellt) war neuartig als raumbeherrschende Komposition, in seinem dreigeschossigen Aufbau mit jeweils niedrigeren korinthischen Säulenpaaren noch von vorbarock-additivem Charakter, doch bereits mit dominierendem, beide Obergeschosse ausfüllendem Altarbild, dem Engelsturz durch den hl. Michael, Hauptwerk des einst als „deutscher Raffael" gerühmten Christoph Schwarz (1587/88); die seitlichen Engelfiguren von Andreas Weinhart wurden z. T. (im oberen Bereich) um 1950 nachgebildet wie auch die Salvatorfigur im Auszug (der einstige Rokokotabernakel stammte aus der 1803 abgebrochenen Kapuzinerkirche). –

Das 1589 vollendete Chorgestühl aus Eichenholz, nach Wendel Dietrichs Entwurf von Schreiner Martin Ernst und Bildhauer Georg Bendl gefertigt, ist ein für deutsche Verhältnisse seltenes Beispiel einer tektonisch strengen Renaissance-Auffassung; in die durch Schnitzdekor belebte, durch Pilaster, Blendarkaden und dreiteiliges Gebälk gegliederte Rückwand sind die Chorseitentüren einbezogen; vor 1944 bildete aufgesetzter Rocailleschnitzdekor des 18. Jh. den oberen Abschluss.

Das *Stiftergrab,* großartig als Tumba mit der darauf (in der zweiten Fassung vor dem Gekreuzigten) knienden Bronzegruppe Wilhelms V. und Renatas von Lothringen im Vierungs- bzw. Vorchorbereich geplant (vgl. Re-

St. Michael, Chorgestühl; Aufn. um 1900

St. Michael, Seitenaltarbild „Mariä Verkündigung" von Peter Candid

konstruktion von Dorothea Diemer, 1980) wurde nach Entwürfen von Friedrich Sustris 1592 begonnen, von Hubert Gerhard und seiner Werkstatt ausgeführt, 1597 als unfinanzierbar aufgegeben und in reduzierter Form – in Verbindung mit dem Kreuzaltar (1602) – auf einem vorgezogenen Mittelteil der Chorstufen aufgestellt (hier bis 1819). Von den ausgeführten Bestandteilen verblieben in St. Michael: 1. Bronzegruppe des Gekreuzigten (1594) von Giovanni Bologna, Florenz (Stiftung von Großherzog Ferdinand de' Medici) und der darunter knienden, aufblickenden Maria Magdalena von Hans Reichle, auf hohem Postament mit Inschrifttafeln; 1597–1819 im Vorchor, jetzt im rechten Querschiff. – 2. Vier Bronzereliefs mit Auferstehungsszenen, für die Tumba-Seitenwände vorgesehen, drei davon jetzt am Hochaltar-Antependium (Auferstehung Christi, Vision Ezechiels, Erweckung des Lazarus), eines – die Auferweckung der Tochter des Jairus – jetzt am Volksaltar, um 1595 wohl von Hubert Gerhard. – 3. Stehender Bronze-Engel mit frei vorgestelltem Weihwasserbecken aus Marmor, Entwurf von

Kruzifix von Giovanni Bologna

F. Sustris um 1593 (Zeichnung Braunschweig, Anton-Ulrich-Museum), Ausführung von Hubert Gerhard und Werkstatt 1596; 1597 im Chor mit Blick zum Hochaltar aufgestellt, jetzt vor der Orgelempore. – 4. Vier Bronzekandelaber von Carlo Pallago nach Entwurf wohl von F. Sustris, um 1595, jetzt um den Volksaltar. – 5. Gruftplatte Wilhelms V., Bronze, mit Inschrift, um 1595 von Hans Reichle nach F. Sustris, ehemals im Chorboden, jetzt an der östlichen Querschiffwand. – Weitere Bestandteile wurden durch Maximilian I. an andere Orte verbracht: vier kniende Standartenträger (jetzt um das Kaisergrab im Dom), vier Bronzelöwen (jetzt vor den Residenzportalen), Herzog Otto von Wittelsbach (jetzt im Brunnenhof der Residenz) und die vielleicht als Hängemadonna geplante Immaculata, die seit 1638 die Mariensäule krönt (s. jeweils dort).

Maria Magdalena von Hans Reichle

Kandelaber (jetzt beim Volksaltar)

St. Michael, Bronzeengel; Aufn. 1983

Die Langhauskapellen werden von kunstvollen Schmiedeeisengittern abgeschlossen, die um 1586/88 wohl in der Werkstatt von Michael Kohlhaus entstanden. – Die drei Glasgemälde über der Orgel, St. Michael und die Wappen des herzogl. Stifterpaares Bayern/Lothringen, um 1590 von Hans Hebenstreit und seinem Sohn Georg, wurden nach ergänzender Restaurierung 1983 wieder eingesetzt.

St. Michael, Langhaus-Westseite, Marienkapelle

St. Michael, Ignatiusaltar; Aufn. 1996

St. Michael, Kanzel

Die Altäre beiderseits am Chorbogen wurden nachträglich 1624 aufgestellt; die zweisäuligen Marmorretabel umschließen Gemälde von Alessandro Scalzi gen. Paduano (hl. Ignatius, links) und Ulrich Loth (hl. Franz Xaver, rechts). Etwas jünger sind die beiden großen Rundgemälde gegenüber an der Querschiff-Südwand: östlich der hl. Aloysius, westlich die japanischen Märtyrer des Jahres 1597. Die übrigen meist zweisäuligen Altäre in Stuckmarmor, 1697 zur Jahrhundertfeier von Wilhelm Langenbuecher nach Entwürfen von Fr. Johannes Hörmann SJ neu gefertigt, übernahmen von ihren Vorgängern die künstlerisch bemerkenswerten Gemälde von 1586–90: von Peter Candid Mariä Verkündigung und Martertod der hl. Ursula (in den beiden äußeren Kapellen links), von Christoph Schwarz (vollendet von A. Scalzi) das Martyrium des hl. Andreas (Mittelkapelle links), von Scalzi das Martyrium des hl. Sebastian (Mittelkapelle rechts) und von Anton Maria Viani (Viviani, nach Skizzen von F. Sustris) das Dreifaltigkeitsbild (im rechten Querhaus), das Opfer des Neuen Bundes (unten mit knienden Zeitgenossen, u. a. Papst, Kaiser und Wilhelm V.) am Namen-Jesu-Altar im linken Querhaus sowie das Bild des Petrus-und Paulus-Altars (nördliche Kapelle rechts). Im Krieg verbrannte die büßende Magdalena nach Entwurf des Hans von Aachen (südliche Kapelle rechts; hier jetzt Marienfigur, 17. Jh.). Den Verkündigungsaltar bereicherten 1770 die Figuren der Eltern Mariens von Johann Baptist Straub. – Die heutige Kanzel (Holz, gefasst), 1697 nach Entwurf von Johannes Hörmann, um 1950 ergänzend wiederhergestellt, mit drei Rundbildern der Erzengel (auf Kupfer) am Korb, ersetzte die ursprüngliche nach Entwurf von F. Sustris.

Zu den nach der Reformation durch die bayerischen Herrscher erworbenen Reliquien gehören vor allem – neben denen des hl. Benno im Dom – diejenigen der hl. Ärzte Cosmas und Damian (Märtyrer um 303); der aus dem Dom in Bremen stammende,

1649 nach St. Michael gebrachte Eichenholzschrein von etwa 1400 ist mit vergoldeten Silberblechreliefs – 32 Arkaden mit Aposteln und Heiligen – beschlagen; die vier Längsseitentüren sind innen mit Szenen aus der Legende der hl. Ärzte bemalt. (Jetzt in der nördlichen Langhauskapelle rechts.)

Für den in der Gruft beigesetzten Stief- und Adoptivsohn Napoleons I., Eugène de Beauharnais, 1805–14 Vizekönig von Italien und danach Herzog von Leuchtenberg († 1824), ließ seine Witwe Auguste Amalie unter kunstpolitisch interessierter Teilnahme Ludwigs I., ihres Bruders, im linken Querschiff ein etwa 8 m hohes Weißmarmor-Grabdenkmal errichten, das in spannungsvollem Zusammenwirken des Bildhauers Bertel Thorvaldsen (in Rom) und des Architekten Leo von Klenze zur 1830 vollendeten abschließenden Gestalt – einem Hauptbeispiel klassizistischer Sepulkralplastik – entwickelt wurde. Die vor einer ädikulage-

St. Michael, Schrein der hll. Cosmas und Damian

St. Michael, Leuchtenberg-Grabmal; Aufn. 1965

rahmten Scheintür stehende Herzogsfigur flankieren die sitzende Muse der Geschichte Klio (links) und das stehende Genien-
paar von Leben und Tod (rechts). Diese beiden Nebenfiguren fertigte Pietro Tenerani, im Wesentlichen nach Entwürfen von
Thorvaldsen; die das Inschriftfeld am Sockel flankierenden Genienreliefs stammen von Ernst Mayer (der auch die beiden
Hauptfiguren nach Thorvaldsens Modellen ausführte). – Geschichtlich bedeutsam ist die einfache Rotmarmor-Grabplatte
mit Inschrift und darunter Wappen für Minuccio dei Minucci
(† 1604), Erzbischof von Zara, Stiftspropst von Altötting, päpstlicher Sekretär und Geh. Rat Wilhelms V. (im Boden vor dem
Andreasaltar). – An den 1921–45 in St. Michael wirkenden,
1987 seliggesprochenen Jesuitenpater Rupert Mayer erinnert
eine Eisengussbüste am Choreingang rechts (1993 von Karlheinz Oswald; vgl. Bürgersaal).

St. Michael, Fürstengruft nach Nordwesten; Aufn. 2006

Fürstengruft, Sarkophage Maximilians I. (Mitte) und seiner beiden
Gemahlinnen

Die *Fürstengruft* unter dem Chor, zugänglich über zwei Treppen
vor den Chorbogenaltären, zeitlich (nach der Frauenkirche und
vor der Theatinerkirche) die zweite der drei Wittelsbacher Grab-
legen in München, ist ein dreischiffiger, dreijochiger Raum mit
vier toskanischen Tuffkalksteinsäulen und flachen Kreuzgratgewölben auf Gurten und Wandkonsolen. Die Aufstellung der Sarkophage wurde mehrfach verändert, u. a. 1726 (von damals wohl
die Türgitter), 1805, 1926 und (nach Kriegsschäden) 1952. Die
Sarkophage sind meist entlang den Wänden im rechten Winkel
zu ihnen aufgestellt, die Zinnsärge bis zum frühen 18. Jh. meist
sehr einfach, u. a. an der Südseite das Stifterpaar Herzog Wilhelm V. († 1626) und Renata von Lothringen († 1602) sowie Kurfürst Maximilian I. († 1651) und dessen Gemahlinnen Elisabeth
Renata von Lothringen († 1635) und Maria Anna von Österreich
(† 1665); an der Ostseite Herzog Maximilian Philipp (Bruder des
Kurfürsten Ferdinand Maria, † 1705) und seine Frau Mauritia
Febronia de la Tour d'Auvergne († 1706). Aufwendiger sind die
Sarkophage der Pfälzer bzw. Pfalz-Zweibrücker Linie an der
Westseite, die Max I. Joseph 1805 nach München bringen ließ,
u. a. Elisabeth Auguste (erste Gemahlin des Kurfürsten Karl
Theodor, † 1794), Pfalzgraf Friedrich Michael († 1767, Vater
Max Josephs; prächtiger Sarkophag nach Entwurf von Nicolas
de Pigage) und Herzog Karl August von Zweibrücken († 1795,
älterer Bruder Max Josephs). Repräsentative Strenge kennzeichnet die beiden klassizistischen Sarkophage des Herzogs Eugen
von Leuchtenberg († 1824) und seiner Gemahlin Auguste Amalia von Bayern († 1851) in der Nordwestecke. Am aufwendigsten
gestaltet (von Rößler) ist der Sarkophag Ludwigs II. († 1886),
einfach hingegen der seines Bruders, König Otto von Bayern
(† 1916, Ostseite). In den Särgen der Ostseite ruhen ansonsten
Prinz Adalbert († 1875, Sohn Ludwigs I.) und seine Nachkom-
men aus der nach ihm benannten Seitenlinie des Königshauses.
Seit 1926 angeschlossen ist die östlich parallel gelegene, gang-
artig lang gestreckte ehem. Je-
suitengruft (unter der Kreuzkapelle) mit Loculi (Wand-
nischengräbern, heute des
Hauses Wittelsbach); darunter
Beinhaus.

Fürstengruft, Sarkophag König ▷
Ludwigs II.

Fürstengruft, Sarkophag des Pfalzgrafen Friedrich Michael

Fürstengruft, Leuchtenberg-Sarkophage

St. Michael, Kreuzkapelle nach Norden; Aufn. 1996

St. Michael, Kreuzkapelle, Altarraum, Kuppel

Kreuzkapelle, Altarraum

Rundbogenblenden mit Reliquienpyramiden links wird durch Stuckfelderdekor an Wänden und Stichkappentonne gegliedert; im Raumbild dominieren die Wandnischenfiguren aus Terrakotta (der Werkstatt Hubert Gerhards zugeschrieben) – links in der Mitte hl. Katharina, rechts Barbara, beiderseits vom Chorbogen Schmerzensmann (rechts) und Schmerzensmutter, auf dem Gebälk der Chorbogenpilaster Putten; an der Eingangswand in zwei Nischenschreinen versilberte Holzreliefs des mittleren 18. Jh. – Maria und Verkündigungsengel. Den achteckigen Altarraum mit schmalen Diagonalseiten umzieht – vom Schiff kaum sichtbar – unter dem achtseitigen Klostergewölbe eine zum Herzogsoratorium gehörige Galerie mit Baluster- und Sichtschutzgitterbrüstung. Das schlanke hölzerne Altarretabel mit in die Lisenen eingelassenen Reliquien umschließt ein rundbogig geschlossenes Gemälde der Kreuzigungsgruppe von Hans von Aachen und das Auszugsbild Verehrung des Namens Jesu (seitlich angesetzter Rocailledekor und Antependium rokokozeitlich). Im Schiff links Marmorepitaph für den englischen Baron Hugo Clifford von Chudleigh († 1793 auf einer Reise nach Italien). – Im (heute schlichten) ehem. herzoglichen Oratorium über der Kreuzkapelle Holztafelgemälde der Muttergottes in Strahlenkranz mit Isaias, Johannes Evangelist und Spruchbändern, Ende 15. Jh., sowie gefasster Holzkruzifixus, 18. Jh. (vom ehem. Hochaltar-Tabernakel, aus der 1803 abgebrochenen Kapuzinerkirche).

Im *Sakristei*-Vorraum links vom Chor Tonnengewölbe mit Stuckdekor; über der Tür zum Chor broncierte Holzbüste Herzog Wilhelms V., über der Tür zur Sakristei Bronzebüste Maximilians I. (heute Gipskopie; Original von ca. 1640 jetzt in der Residenz, Raum Nr. 104, s. dort); westlich zweiläufige Treppe zum oberen Vorplatz, dort Ölbild des hl. Aloysius von F. Weiss 1754 (sign.) mit Rocaillerahmen. In der tonnengewölbten Sakristei neues Schrankwerk (trotz großer Verluste nach 1773 noch bemerkenswerter Bestand an Paramenten und Kultgerät; vgl. Michael Miller, Schatzbuch von St. Michael, 2 Bde., Mskr., Anfang 17. Jh.), altes hingegen in den gewölbten Sakristeiräumen zwischen den Chor-Strebepfeilern; darüber Umgang mit Rundbogenfenstern zum Chor. Das prächtige ehem. Jesuitenoratorium – ein Rechtecksaal über der Sakristei (vgl. KDB IV, T. 161) – ist 1944 völlig ausgebrannt.

Die *Kreuzkapelle* östlich (rechts) vom Chor (1592–96), als Reliquienschatzkammer (u. a. mit Kreuzreliquiar) konzipiert, ist eine typologisch bemerkenswerte manieristische Raumbildung (vielleicht nach Entwurf von P. Joseph Valeriani) als – italienischer Renaissancetradition verpflichtete – Addition zweier durch die scharfe Zäsur eines stark eingezogenen, tonnengewölbten Chorbogenmassivs (mit Schmiedeeisengitter) getrennter Bauteile unterschieden von späteren, barockzeitlichen Raumverschmelzungstendenzen. Das längsrechteckige Schiff zu zwei Jochen mit großen Rundbogenfenstern rechts bzw. vergitterten, verglasten

◁ St. Michael, Chorumgang rechts (OG); hist. Aufn.

St. Michael, Oratorium über der Kreuzkapelle, Tafelbild Ende 15. Jh.

St. Michael, Sakristei-Vorraum, Büste Maximilians I.

Neuhauser Straße 8, ehem. Jesuitenkolleg mit St. Michael; Kupferstich von Michael Wening; um 1700

Neuhauser Straße 8. Ehem. *Jesuitenkolleg* (sog. *Alte Akademie*).

BAUGESCHICHTE: Das einstige Jesuitenkolleg, von dem außer der Michaelskirche nur Fragmente den Zweiten Weltkrieg überstanden haben, gehörte wie die nördlich benachbarte Herzog-Max-Burg und die Residenz, die beide gleichfalls im späten 16. und frühen 17. Jh. expandierten, zu den ausgedehntesten Baukomplexen der Altstadt; es nahm 34 Bürgerhausparzellen in Anspruch, nach deren Spuren auf dem Sandtnerschen Stadtmodell von 1570 (in dem das Kolleg nachträglich eingesetzt wurde) G. Steinlein 1920 und Gustav Schneider um 1960 eine Rekonstruktion der Vorbebauung versuchten. Sie umfasste südlich an der Neuhauser Straße 17 Anwesen (in Häuserbuch II, 1960, von Westen mit A–T bezeichnet), darunter im Osten und Westen dem Kloster Schäftlarn gehörende Eckhäuser, und parallel dazu im Norden eine weitere Häuserzeile an der Maxburgstraße, dazwischen Höfe und Gärten z. T. mit Rückgebäuden. Der die südliche Hauptfassade des Kollegs kennzeichnende rechtwinklige Vorsprung des Westteiles, der eine platzartige Erweiterung der Neuhauser Straße konstituiert, geht schon auf die Vorbebauung zurück – sie umgriff hier eine freistehende, erstmals 1302 erwähnte Nikolauskapelle „auf dem Haberfeld" (?) samt Mesnerhaus, Sakristei und Turm (?) im Norden, die 1588 abgebrochen wurde und deren Patrozinium die Karmelitenkirche (s. dort) übernahm (Sitzfigur des hl. Nikolaus von ca. 1490, jetzt im BNM, s. dort; Andreasaltar von 1513 im Dom, Kapelle 14, s. dort). Die Forschung vermutet nördlich davon einen das nachmalige Kollegiumsgelände durchquerenden Verkehrsweg aus der Zeit vor der Stadterweiterung in Fortsetzung der Trasse Kreuz-/Damenstifts-/Eisenmannstraße.

Für die 1559 nach München berufenen Jesuiten (vgl. St. Michael), die ursprünglich im Westbereich des Augustinerklosters östlich der (jetzigen) Ettstraße untergebracht waren, ließ Herzog Albrecht V. († 1579) westlich gegenüber, quer zur Ettstraße 1574–76 unter der Leitung von Hofbaumeister Wilhelm Egckl ein Gymnasium erbauen, nach Joseph Braun (1931) 41 × 18 m groß mit Arkadengang zum Hof im Norden und angebautem Treppenhaus an der Nordostecke; es wurde bereits um 1589/90 zugunsten des Kolleggartens bzw. des erweiterten Chorbaues der Kirche abgebrochen. 1577 erwarb Albrecht V. an der Neuhauser Straße das fünfte Haus von Osten (in Häuserbuch II: P), das ehemals dem Kistler Hans Wisreuter († um 1573; Decken im Schlosssaal Dachau und wohl des Georgssaals der Neuveste, Hochaltar im Münster Ingolstadt) gehört hatte und nun als Konvikt adaptiert wurde. 1582 erwarb Wilhelm V. (reg. 1579–97/98) die vier östlich benachbarten Anwesen (in Häuserbuch II: Q, R, S, T) als Bauplatz für die Kirche, 1584 westlich des Konvikts die Häuserreihe H, J, M, N und O, im folgenden Jahr dazu noch Haus G und 1587–1594 sukzessive die Häuser A–F bis westlich zur Kapellenstraße.

Am 10. Januar 1585 erfolgte durch den herzogl. Rat Ludwig Müller in Vertretung des Herzogs die Grundsteinlegung zum Kollegneubau, den Wolfgang Miller leitete; Pläne und Modell hatte Wendel Dietrich im Dezember eingereicht. Wie die Kirche hat auch das Kolleg als Regiebau zu gelten, an dem der Anteil (Gesamtkonzept?) von Friedrich Sustris – der vielleicht in der Spätphase nach dem Turmeinsturz (1590) noch wuchs – schwer abzuschätzen ist. Als erster Bauabschnitt entstand ab 1585 der Dreiflügelkomplex um den Hof an der Westseite der (seit 1583 im Bau befindlichen) Kirche, wobei die zunächst (1585) für das Kolleg adaptierten Häuser erst 1586 durch den straßenseitigen Südtrakt ersetzt wurden; ihm schloss sich westlich der im rechten Winkel vortretende Flügel (Schulbau) mit der hohen, fünf Fensterachsen breiten Giebelfront an, die im Stadtbild mit der Giebelfassade der Kirche korrespondiert. Ende 1590 zogen die Jesuiten aus dem Augustinerkloster in ihr neues Kolleg um.

1592 folgte der weitere Ausbau nach Norden bis zur Maxburgstraße mit einen großen Gartenhof im Nordosten (mit polygonalem Pavillon in der Mitte) einschließenden dreigeschossigen Trakten im Westen und Norden; der Nordtrakt war an seinem westlichen Ende über die Straße hinweg durch den „Wilhelmsbogen" mit der Herzog-Max-Burg verbunden, sodass Wilhelm V. von dort aus zu seinem Oratorium über der Kreuzkapelle neben St. Michael gelangen konnte. An der Nordostecke des Gesamtkomplexes entstand, an der Ecke Maxburg-/Ettstraße, der kräftige quadratische Unterbau des getrennt von der Kirche errichteten, von zwei Kollegflügeln eingeschlossenen Turmes aus – oberhalb des Tuffsteinsockels – unverputztem Backstein mit Blendengliederung, ursprünglich von einem kastenartig ausladenden, hölzernen Obergeschoss provisorisch abgeschlossen (so

Neuhauser Straße 8, ehem. Jesuitenkolleg, sog. Alte Akademie; Aufn. um 1900

Ehem. Jesuitenkolleg, Akademiehof, Loggia; Aufn. 1938

Ehem. Jesuitenkolleg, Akademiehof von Westen; Aufn. 1938

Diesem Zustand entsprechen die Darstellungen auf dem ergänzten Sandtner-Modell und M. Paurs Stadtplan von 1705 sowie die Fassadenabwicklungen bei Stimmelmayr, dessen beigefügte Legenden sich noch auf die Nutzung zur Jesuitenzeit (bis 1773) beziehen. Erst später, wohl im frühen 19. Jh., folgte der – im Einzelnen noch nicht genügend untersuchte – weitere Ausbau, durch den die Südfront des ehem. Kollegs mit gleicher Traufhöhe, Geschossteilung und Fassadengliederung westlich bis zur Kapellenstraße und an deren Ostseite weiter nordwärts (mit partiellem Rücksprung) fortgesetzt wurde (vgl. das Seitzsche Stadtmodell, Mitte 19. Jh., und die Ansicht in Häuserbuch II neben S. 168).

noch auf der Kollegansicht von Matthäus Merian 1644); das ursprüngliche Projekt mit Oktogon und dekorativer Haube samt Spitze zeigt ein Kirchenplan von 1591/92 (MStM, Inv.-Nr. 36/1888), eine spätere Gestaltungsabsicht Johann Smisseks Kollegansicht von ca. 1650 und noch diejenige von Michael Wening 1701, der Stadtplan von Matthias Paur (1705) hingegen bereits die schlichte, bis zum Zweiten Weltkrieg bestehende Lösung mit niedrigem Achteckgeschoss und Haube. Noch erhalten ist der niedrige, hofseitig in Arkaden geöffnete Osttrakt entlang der Ettstraße zwischen Turm und Kirche (ehem. Paramentenkammertrakt mit Sakristeiräumen und Schatzkammer).

Auf der älteren der beiden Kollegansichten von J. Smissek (undatiert, zwischen 1605 und 1644) umschließen einen weiteren, noch größeren Gartenhof im Norden ein zweigeschossiger Nordflügel an der Maxburgstraße (1696 aufgestockt, vgl. das ergänzte Sandtner-Modell und M. Wenings Ansicht von 1701) und ein niedriger Laubengang („porticus" auf Lageplan des mittleren 17. Jh., auch im Süden) im Westen entlang der Kapellenstraße; die Nordwestecke besetzte (noch bis 1944) ein kräftiger Achteckturm mit Zeltdach (Observatorium); im Süden an der Neuhauser Straße stehen westlich des hohen, übergiebelten Schulgebäudes noch die im Vergleich damit kleinmaßstäblichen fünf ehem. Bürgerhäuser (A–E nach Häuserbuch II), darunter das (ehemals Schäftlarner) Eckhaus an der Kapellenstraße mit polygonalem Eckturm und Zwiebeldach. Die Kollegansichten der Folgezeit zeigen die weitere bauliche Entwicklung in diesem Südwestbereich: bei M. Merian (1644) sind die Bürgerhäuser abgebrochen und durch eine Mauer mit Rundbogentor ersetzt bis auf das (wohl vereinfacht dargestellte) Eckhaus mit Zwiebelturm; der zweite Stich Smisseks (um 1650) zeigt noch (genauer) das Eckhaus mit Turm und Süderker, östlich daneben aber bereits den noch niedrigen Erweiterungsbau des Schultraktes mit Erdgeschoss und Ochsenaugen darüber sowie einem Paralleltrakt dahinter; bei M. Wening (1701) ist das Eckhaus durch einen viergeschossigen Neubau – das Jesuitenbräuhaus – mit Gliederung und Südgiebel analog den übrigen Kolleg-Südtrakten, doch mit offenbar niedrigerer Geschoss- und Traufhöhe ersetzt, der übergiebelte Schulbau nach Westen um zwei gleichartig gegliederte Achsen – nach J. P. Stimmelmayr das sog. Stöckl mit den Sakristeien der Kongregationssäle und Schulräumen – erweitert.

Zeitgenössische Vergleiche des Jesuitenkollegiums mit dem Escorial und – so auf den Stichen Smisseks – mit den Weltwundern der Antike werden begreiflich, vergegenwärtigt man sich die neuartige Monumentalität und Regularität der Anlage im ansonsten noch mittelalterlichen Stadtbild und die Tatsache, dass sie zeitlich den großen barocken Klosterbauten im süddeutschen und habsburgischen Raum vorausging.

Die repräsentativsten, sämtlich 1944 untergegangenen Innenräume waren in den südöstlichen Trakten konzentriert, u. a. das große Treppenhaus beim Haupteingang, die Bibliothek, zwei Kongregationssäle und ein Studentensaal für deren Gottesdienste (mit Flügelaltar von Christoph Schwarz). Die Bibliothek des Kollegs lag im 2. Obergeschoss des Traktes an der Nordseite des Südosthofes und bestand aus zwei verschieden langen, einseitig (von Norden) belichteten Sälen, der größere mit üppigem Deckenstuck nach Entwurf von Fr. Johannes Hörmann (1696), der kleinere mit Stuckdecke von ca. 1700, beide mit kleinformatigen Deckenbildern um 1730/40 (Joseph Ignaz Schilling zugeschrieben). – Im 2. Obergeschoss des nach Süden vorspringenden Giebelbaues lag der ca. 24 x 16 m große, 1698 durch Giovanni Antonio Viscardi umgebaute (um das Mezzanin erhöhte) Saal der Großen Lateinischen Kongregation (1597 durch Teilung der 1578 gegründeten Kongregation entstanden, vgl. Bürgersaal,

Ehem. Jesuitenkolleg, ehem. Hofbibliothek, Detail (zerstört); Aufn. vor 1944

Neuhauser Straße 14), mit reichem Deckenstuck von Johann Georg Bader und zahlreichen Decken- und Wandbildern von Joh. Andreas Wolff u. a. (im 18. und frühen 19. Jh. umgestaltet, die Kongregation 1802 an die Dreifaltigkeitskirche verlegt; danach Teil der Hofbibliothek).

Nach der Aufhebung des Jesuitenordens (1773) blieb das Gymnasium samt Lyceum (Oberstufe) noch bis zur Übersiedlung in das 1802 aufgehobene Karmelitenkloster im Hause, ansonsten diente der nun meist „Wilhelminum" genannte Komplex (wie in der Nachbarschaft die Herzog-Max-Burg und das 1802 säkularisierte Augustinerkloster) in häufigem Wechsel den verschiedensten Behörden und Institutionen als z. T. nur provisorischer Sitz bis zur Errichtung eigener Neubauten. Nach der (nicht ganz vollständigen) Aufzählung von L. Gmelin (1890) und der gleichzeitigen Gedenktafel waren hier zunächst die Polizeidirektion und kurfürstliche Ratskollegien untergebracht, ab 1783 (bis zur Aufhebung 1799 bzw. endgültig 1808) der Malteserorden, gleichfalls ab 1783 als dauerhaftester Nutzer (bis 1944) die Akademie der Wissenschaften (im 1. Stock) mitsamt ihren bedeutenden, vor allem naturwissenschaftlichen Sammlungen, ferner 1774–1843 die Hof- und Staatsbibliothek (Südostteil, 2. Stock), 1775–1826 das Kadettenkorps (im Nordflügel, dem ehem. Noviziat; auf dem Stadtplan von Consoni 1806 „Militärakademie"), 1784–1844 das Landes- bzw. Reichsarchiv (Erdgeschoss), 1784–1808 die Maler- und Bildhauerschule bzw. 1808–85 (im Erdgeschoss) die kgl. Akademie der bildenden Künste (daher in der Folge die Bezeichnung „Alte Akademie"), 1826–40 die Universität (im Nordteil), 1842–66 verschiedene Staatsministerien, 1845–68 das Landtagsarchiv, 1844–57 der Schwurgerichtshof, seit 1845 das Oberste Landesgericht, 1848–50 der Assisenhof. Damit verbunden waren häufige Um- und Ausbaumaßnahmen. Für die Hofbibliothek (zuvor im Alten Hof bzw. im bisherigen Akademiegebäude, s. Theatinerstraße 11) ließ Kurfürst Karl Theodor, der sie 1790 nach Einrichtung von drei Leseräumen öffentlich zugänglich machte, 1783/84 im 2. Stock des Südflügels neben der Kirche einen 37,5 x 11,4 m großen repräsentativen Hauptsaal (zugleich Festsaal der Akademie; an der Stelle der alten Studentenbibliothek) einbauen, mit hohen Fenstern und darüber Ochsenaugen im Süden und auf Konsolen vorkragender Galerie an drei Seiten; die Ausstattung entwarf Augustin Egell, Mannheim (Stuck an Decke und Hochwand von Franz Xaver Feichtmayr d. J., Bildhauerarbeiten von Roman Anton Boos, Thomas Stein u. a.); der frühklassizistische Raum stand durchaus noch in der Tradition barocker Hof- und Klosterbibliotheken. In den verglasten Regalwänden waren bis 1944 (ebenso wie in der ehem. Jesuitenbibliothek) Exponate der Zoologischen Sammlung untergebracht.

Hofbauintendant Andreas Gärtner führte 1808–11 im Südwestbereich Umbauten und Erweiterungen aus (Pläne schon 1806) und errichtete für die Kunstakademie einen Querbau im Westhof (bereits auf dem Consoni-Stadtplan 1806). 1808 wurde der Ostteil des Nordflügels aufgestockt. Die Akademie der Wissenschaften eröffnete 1809 ihr „Museum für Naturgeschichte" (1944 verloren die naturwissenschaftlichen Staatssammlungen ihre mehrfach veränderte Unterkunft – bis heute ohne adäquaten Ersatz). – 1841 erbaute Friedrich Gärtner den Antikensaal der Kunstakademie an der Kapellenstraße, ebenda

Neuhauser Straße 8, Hof nach Norden; Aufn. 1996

(bis zum Nordwestturm hin) 1845 Karl Klumpp d. J. ein dreigeschossiges Kanzleigebäude für die Akademie der Wissenschaften samt Sitzungssälen. Ludwig Lange stockte 1862 den Nordflügel an der Maxburgstraße auf und erweiterte 1866 den mittleren Quertrakt neben der Kirche. Der Hoftrakt Andreas Gärtners im Westen wurde im Zusammenhang einer Gesamtrenovierung der Akademie 1886–88 durch Friedrich Adelung und Hans Grässel umgebaut (Sitzungssaal vergrößert, neues Treppenhaus).

Der gesamte Komplex fiel den Luftangriffen vor allem in der Nacht vom 24. zum 25. April (u. a. der Südflügel mit der ehem. Hofbibliothek) und vom 22. November 1944 zum Opfer. Luftbilder von 1945 zeigen die meist noch stehenden Umfassungsmauern, mit großen Fehlstellen im Westen sowie im Ostbereich des Nordtraktes; fast vernichtet wurde der mittlere Quertrakt

Neuhauser Straße 8 nach Kriegszerstörung; Aufn. um 1945

westlich der Kirche. Das Areal wurde nach Abtragung des größten Teils der Ruinen neu bebaut, wobei nur Restbestandteile der alten Substanz wiederverwendet wurden. Die Neubauten gruppieren sich wie einst um fünf verschieden große, in der Begrenzung geringfügig veränderte Höfe. Im Südosten, dem einstigen Kollegiums- und Schulbereich, entstand unter Hinterbauung der zuvor abgestützten historischen Straßenfassade das Statistische Landesamt (1953–57, Landbauamt München), westlich davon der Neubau des Kaufhauses Hettlage (s. Neuhauser Straße 10), im 1951 verkauften Nordwestbereich der weitläufige Komplex der Landesbodenkreditanstalt – 1953/54 von Franz Jaud –, in der Hauptsache eine viergeschossige Vierflügelanlage mit nach Osten verlängertem Nordflügel an der Maxburgstraße, durch einen Säulenbalkon akzentuiertem Haupteingang im Westen an der Kapellenstraße und zurückhaltend historisierenden, die Erinnerung an die Vorbebauung wach haltenden Putzfassaden (vgl. Kapellenstraße).

Neuhauser Straße 8/Maxburgstraße 1/3, Hofarkaden; Aufn. 1996

Für die seit 1921 wieder St. Michael und den Bürgersaal betreuenden Jesuiten wurden Gebäudeteile im äußersten Nordosten instand gesetzt, so das westlich an den (ohne achteckigen Abschluss) wiederhergestellten Turm (s. oben) anstoßende Haus Maxburgstraße 1, das vier Fensterachsen umfassende ehem. östliche Ende des Nordtraktes, das beim Wiederaufbau, auf drei Geschosse reduziert (der höhere Dachansatz der einstigen Aufstockung am Turm noch ablesbar), stark vereinfacht und verändert wurde. (Im Turm-Erdgeschoss jetzt Sprechzimmer.) Besterhaltener Altbauteil ist der zwischen Turm und Michaelskirche eingespannte zweigeschossige Flügelbau im Nordosten an der Ettstraße; die ihr zugewendete Außenfassade, mit Rundbogenfenstern im Erdgeschoss, setzt die Blendengliederung der Kreuzkapelle fort. Hofseitig im Westen ist das Erdgeschoss in einer sechsbogigen Loggia mit toskanischen Kalksteinsäulen und Kreuzgratgewölben auf Engelskopfkonsolen geöffnet; um die Obergeschossfenster geohrte Putzrahmen. In der Loggia sind aus konservatorischen Gründen fünf originale, beschädigte Steinfiguren von der Fassade der Michaelskirche (s. dort) aufgestellt, von links die bayerischen Herzöge Theodovalda, Theodor und Otto, Kaiser Maximilian I. und König Ruprecht. In die nördliche Schmalseitenwand der Loggia ist jetzt die 1786 datierte Marmor-Gedenktafel eingelassen, mit der die Malteser dem Kurfürsten Karl Theodor für die Einführung des Ordens in Bayern vier Jahre zuvor dankten (Inschrift bei Forster 1895, S. 261 f.; früher im Chor von St. Michael links).

BAUBESCHREIBUNG: Für Münchens historisches Altstadtbild hochbedeutsam war die Erhaltung wenigstens des Hauptteils der straßenseitigen Fassade im Süden im Anschluss an die Kirche (16 Fensterachsen; modern hinterbaut mit dem Statistischen Landesamt) und des rechtwinklig dazu die platzartige Straßenerweiterung begrenzenden Flügels; seine an sich erhalten gebliebene Ostwand (sieben Achsen) wurde aus statischen Gründen abgetragen und rekonstruiert, desgleichen die fünf Achsen breite Front des Giebelrisalits im Süden, von der wenigstens die untere Partie – Erdgeschoss und Teile des 1. Stocks – noch originale Substanz sind, während die zerstörten Oberteile nachgebildet wurden. An den viergeschossigen Putzfassaden sind lediglich die drei aus toskanischen Pilastern mit Gebälk gebildeten Ädikulen um die Rundbogenportale aus Tuffkalkstein (ehemals ein weiteres Tor in der Mitte der Ostwand des Giebeltraktes). Das Erdgeschoss ist flach rustiziert, die auf Gurtgesimsen stehenden Fenster der beiden Hauptgeschosse werden von knappen Profilen gerahmt und mit flachen Dreiecksgiebeln im 1., geraden Verdachungen im 2. Stock sowie Scheitelvoluten und gebrochenen Giebeln über den Öffnungen des niedrigen letzten Geschosses bekrönt, die an der Kollegfront neben der Kirche die Form kreisrunder Okuli haben. Das knappe profilierte Traufgesims ist auch an der Sohle des in Putzfelder geteilten, von

Hofarkaden, Fassadenfigur König Ruprecht von St. Michael

Neuhauser Straße 8 und 10 (links); Aufn. 1995

Eckobelisken flankierten Südgiebels fortgeführt; der auf der Giebelspitze sitzende Dachreiter mit Rundbogenöffnungen und Vierkanthaube weist auf den ehemals darunter gelegenen Sakralraum des Kongregationssaales hin. (Das Erdgeschoss des Giebeltraktes wurde teils als Fußgängerdurchgang ausgebildet, teils dem westlich angrenzenden Kaufhaus zugeschlagen, die Obergeschosse dem Statistischen Landesamt.)

Die Schauseite des Kollegs ist nach Karl Feuchtmayrs Charakterisierung (1938) „ein monumentaler Bau von strengem Ernst, in dem in der für Sustris bezeichnenden Art italienische Architektur ins Nordische abgewandelt erscheint." Die Fassadengestaltung des Kollegs wurde – sogar mehr noch als die Putzrahmengliederung der Herzog-Max-Burg und die Architekturmalerei an der maximilianischen Residenz – für die Münchner und altbayerische Profanarchitektur entwicklungsgeschichtlich von prägender Bedeutung; das auf den Putzbau adaptierte klassische Gliederungssystem mit gleichmäßiger Reihung der knapp profilierten Details wirkt noch in dem kaum zu barocker Dynamisierung und Rhythmisierung neigenden Münchner Palastbau des 18. Jh. nach und ist selbst noch in Klenzes Palastfassaden spürbar. Auf das Motiv der Superposition der in einem gemeinsamen Rahmenfeld zusammengezogenen 2. Obergeschossfenster mit den Okuli darüber, das Elias Holl in seine Augsburger Rathausfassade übernahm, hat Erich Hubala (1980) im Zusammenhang seiner Würdigung des europäischen Ranges der Münchner Architektur um 1600 hingewiesen.

Zwei lange Inschrifttafeln von 1890 an der Südfassade beziehen sich auf „Das Wilhelminische oder Alte Akademie-Gebäude" und seine lange Bau- und Funktionsgeschichte. (Nicht erhalten ist der dem Hygieniker Max von Pettenkofer gewidmete marmorne Wandbrunnen von 1909 mit kleinem Porträtmedaillon des Gelehrten von Adolf Hildebrand.)

Die weite, moderne Eingangshalle des Statistischen Landesamtes im Südflügel hat Mosaikboden, asymmetrische Binnentreppe zur Nordgalerie, strukturierte Backsteinverkleidung an den Seitenwänden und an der Ostwand ein großes Relief von Blasius Spreng (sign.) mit weihnachtlicher Thematik. Auf dem übrigen Gelände des einstigen Kollegs dominieren Neubauten (s. Neuhauser Straße 10 und Kapellenstraße).

ARCHÄOLOGISCHE BEFUNDE: Neuzeitliche Funde (Fundst.-Nr.: 7835/0368). Beim Ausschachten des Bassins für die Zoologische Sammlung wurden 1906 neuzeitliche Keramik und Knochen geborgen.

Neuhauser Straße, Richard-Strauss-Brunnen; Aufn. 1975 (kein BDm)

[**Neuhauser Straße (vor Nr. 8).** *Richard-Strauss-Brunnen* (Salome-Brunnen), 1961/62 von Hans Wimmer. An den am 11. Juni 1864 unweit südlich im 1963 abgebrochenen (!) Haus Altheimer Eck 2 (s. Abb. S. 59) geborenen Komponisten erinnert der am 24. Juni 1962 enthüllte Brunnen in Form einer sich verjüngenden, eine Überlaufschale tragenden Bronzesäule, deren Schaft Reliefs mit Szenen aus der Oper „Salome" umziehen (Guss von Hans Mayr, München). Der Brunnen interpretiert städtebaulich wirkungsvoll die einspringende Ecksituation, in der ehemals die 1582 abgebrochene Nikolauskapelle stand. Im Bereich von deren Chor, etwa vor dem östlichen Kollegportal, wurde ein Nikolausbrunnen errichtet (ab 1605 mit Wappenlöwe von Hieronymus Damian auf Balustersäule; stattdessen 1717 Neptunfigur von Andreas Faistenberger, 1750 hl. Johann von Nepomuk von Johann Baptist Straub, 1770 Nepomuk-Brunnen von Roman Anton Boos, 1804 beseitigt). Weiter westlich unweit des Eckvorsprungs zeigen die Kolleg-Ansichten von J. Smissek (Anfang bis Mitte 17. Jh.) einen Ziehbrunnen.]

Neuhauser Straße 10. *Kaufhaus „Hettlage".* Der schlichte, fünfgeschossige Bau mit weiträumiger Erdgeschossarkade entstand 1953–55 anstelle des kriegszerstörten Westflügels der sog. Alten Akademie (vgl. Neuhauser Straße 8). Architekt Josef Wiedemann hat das Verdienst, gegen die vehement geforderte Straßenverbreiterung um 3 m seine Lösung unter Erhaltung der alten Baulinie und Rekonstruktion der verputzten Ziegelfassade des Giebelbaus durchgesetzt zu haben, was vor allem durch die eingezogenen Fußgängerarkaden möglich wurde. Der westlich anschließende Neubau ist ein Stahlbetonskelettbau mit Stahlbetondecken, durch seine von Hermann Kaspar in Mineralfarben linear bemalte Putzfassade harmonisch dem Altbau zu- und mittels der Traufenausbildung untergeordnet; das flach geneigte Dach ist mit Kupfer gedeckt.

[**Neuhauser Straße 12.** Geschäftshaus-Neubau nach 1987 erfolgtem Abbruch der beiden schmalen Vorgängerbauten mit den alten Hausnummern 49 und 50. Das bis dahin als Baudenkmal eingetragene westliche Anwesen Nr. 49 war das 1741 von Kaiserin Maria Amalie gestiftete, den Jesuiten gehörige Exerzitienhaus neben dem Bürgersaal, wohl um diese Zeit neu- oder weitgehend umgebaut und aufgestockt (auf Sandtners Stadtmodell noch zweigeschossiges Bürgerhaus. – Zu Institution und Einrichtung des Exerzitienhauses vgl. Lexikon von Bayern 1796, S. 346). Im 19. und 20. Jh. als Privatbesitz mehrfach umgebaut und verändert, die zuletzt allein noch erhaltene spätklassizistische Fassadengliederung der drei oberen Geschosse am Neubau rekonstruierend wiederholt. Vom Altbau erhalten blieben 1987 ein einachsiger Zwischenbau im Westen entlang der Bürgersaalkirche und eine in den Neubau integrierte, wohl mittelalterliche Kommunmauer an der Ostseite der linksseitigen Feuergasse.]

Neuhauser Straße 14. *Bürgersaal (kath. Bürgersaalkirche),* zweigeschossiger barocker Sakralbau. Der nicht von Anbeginn öffentliche Bürgersaal gehört typologisch zu den Kongregationssälen, die vom 16. bis 18. Jh. im Zusammenhang mit Jesuitenniederlassungen – Hochschulen, Kollegien, Gymnasien, Konvikten – erbaut bzw. eingerichtet wurden. Die marianischen Kongregationen, im Zeitalter der Gegenreformation und des Barocks gegründet und aufgeblüht, hielten ihre Gottesdienste und Versammlungen in eigens dafür bestimmten Rechtecksälen mit einem Altar an der Stirnwand ab. Mehrheitlich waren die Kongregationssäle in den Komplex der Jesuitenbauten eingebunden, meist in einem der Obergeschosse gelegen wie im Münchner Kollegium (zwei Säle übereinander), in Burghausen, Amberg, Mindelheim, Augsburg (Kleiner Goldener Saal) oder Dillingen (Goldener Saal der Universität); in einzelnen Fällen kam es zu selbständigen Bauten wie im Anschluss an die Altöttinger Magdalenenkirche (1696; Saal im Obergeschoss), in München (Bürgersaal), Ingolstadt (ehem. Bürgersaal, 1617–19, und Akadem. Kongregationssaal/heute St. Maria de Victoria, 1732–36) und Neuburg/Donau (1731/32).

Als die Kapazität der Säle im Kollegium für die drei in München entstandenen Kongregationen – die 1577 gegründete für Studenten des Gymnasiums, die Große Lateinische von 1597 für Adel, Beamte und Studierende des Lyceums sowie die 1610 gegründete Deutsche Marianische Kongregation der Herren und Bürger Mariä Verkündigung – nicht mehr ausreichte, erwog die letztgenannte ab 1693 einen eigenen Neubau, der 1709–10 zu ihrer Hundertjahrfeier verwirklicht wurde. Im Zusammenhang mit dem Baubeschluss vom 24. April 1709 wurden drei Anwesen an der Nordseite der Neuhauser Straße (auf Sandtners Stadtmodell von 1570 zweigeschossige Traufhäuser) erworben, der Grundstein im August 1709 durch den Jesuitenrektor gelegt; bereits am 15. Juli 1710 konnte die erste Versammlung im neuen Saalgebäude stattfinden, das an der Stelle zweier zuletzt dem Hofadvokaten Johann Christoph Biedermann gehörender Häuser entstanden war, während zugleich das westlich anschließende Anwesen der Grafen Lerchenfeld als zugehöriges Wohnhaus erworben wurde (s. Nr. 16). Als entwerfender Architekt gilt unbestritten Giovanni Antonio Viscardi (schon bei Lipowsky 1810); ausgeführt wurde der Bau durch seinen Polier Johann Georg Ettenhofer; als Mitarbeiter wird auch Maurermeister Matthias (?) Mann-

Neuhauser Straße 10 (kriegszerstört); Aufn. 1945

Neuhauser Straße 10; Aufn. 1997

Neuhauser Straße 14, Bürgersaal

hard genannt (Lieb 1941), ferner der Zimmermeister Kirmayr. Das östliche Nachbaranwesen (heute Nr. 12) wurde im mittleren 18. Jh. zum Bürgersaal, der erst seit dieser Zeit allgemein zugänglich ist, hinzu erworben und als Exerzitienhaus (Stiftung der Kaiserinwitwe Maria Amalie) eingerichtet. Die Deckenzone des Bürgersaals wurde wegen Baufälligkeit 1773/74 völlig neu gestaltet, der gesamte Deckenspiegel mit einem 32 x 10 m großen Fresko der Himmelfahrt Mariens von Martin Knoller ausgefüllt (vielleicht im Wettbewerb mit dem Asamfresko im Ingolstädter

Kongregationssaal), das hohe Berühmtheit erlangte, jedoch im 20. Jh. schwere Schäden aufwies. Den umgebenden Stuckdekor schuf Franz Xaver Feichtmayr. Erst mit der Konsekration zu Ehren der Heiligsten Dreifaltigkeit am 13. Mai 1778 erhielt der Bürgersaal den Status einer Kirche, in der das Allerheiligste ständig aufbewahrt wurde. Dem 1773 aufgehobenen Jesuitenorden wurde die Seelsorge 1921 wieder übertragen. Im Zweiten Weltkrieg wurde die Kirche zur Ruine, die gesamte Deckenzone samt der bemerkenswerten Dachkonstruktion am 25. April 1944 vernichtet. Nach ihrem baldigen Wiederaufbau 1945/46 – zunächst ohne Dekor – war der Bürgersaal vorübergehend einzige benützbare Kirche der Innenstadt und zeitweise sogar provisorische Kathedrale. Die zerstörte, ursprünglich von vier Engelsfiguren von Andreas Faßbindter getragene Orgelempore im Süden wurde mitsamt den Treppenaufgängen in veränderter Form wiederhergestellt, die Raumgestaltung in mehreren Etappen bis 1971 ergänzend weitergeführt.

Bemerkenswert ist die Ausbildung einer eigenen, in die Häuserreihe eingebundenen Fassade des Kongregationssaales, die durch formalen Aufwand – zweigeschossige Gliederung durch Doppelpilaster in drei Achsen, große Fenster, abschließende Balustrade mit Obelisken, Mittelgiebel (ursprünglich als Glockenstuhl) und lateinische Widmungsinschriften in den Gebälkfriesen (mit Datum 1710) – den sakralen Charakter des Baues erkennen lässt. Aufwendigstes Detail ist das Rotmarmorportal von Tertullian Miller; die Sitzfigur der Muttergottes in der Nische darüber wird Franz Ableithner zugeschrieben. Die seitlichen Obergeschossfenster wie die der Längsfronten zeigen den für Ettenhofers Kirchen typischen geschweiften Schluss (vgl. Hl. Geist, Abteikirche Fürstenfeld). Bei der Fassadenrestaurierung von 1958 wurde die originale Rot/Grau-Fassung wiederhergestellt.

Bürgersaal, Orgelempore; Stich nach M. Disel, um 1730

Bürgersaal, Inneres; Postkarte, um 1910

Bürgersaal, Inneres; Stich nach M. Disel, um 1730

Bürgersaal, Deckenbild von Hermann Kaspar; Aufn. 1971

Über um 1945 veränderte Treppen in den seitlichen Achsen erreicht man den im Obergeschoss gelegenen Kirchenraum, einen (genordeten) Rechtecksaal von 46,6 m Länge, 14,3 m Breite und 13,4 m Höhe. Seine Längswände werden durch gestaffelte korinthische Pilaster in neun Achsen gegliedert, die Stirnwand ist dreiachsig; über dem verkröpften Gebälk deckt den Raum ein Spiegelgewölbe mit Stichkappen über Okuli. Der Entwurf der originalen Innenausstattung wird dem Maler Johann Andreas Wolff zugeschrieben.

Die kriegszerstörte Decke wurde zunächst nur in ihrer Rohform wiederhergestellt; eine Nachbildung der Gestaltung von 1774 mit dem großen Fresko kam nicht in Frage. So entschied man sich 1959 für die Rekonstruktion des durch zwei Kupferstiche von Matthias Disel gut überlieferten originalen Stuckdekors Pietro Francesco Appianis von 1710 mit großem, von einer Strahlenglorie umgebenen Marienmonogramm im Mittelfeld, dem das Jesusmonogramm über dem Altar und das des hl. Josef über der Orgel entspricht (Bildhauer Max Grübl und Stuckfirma Anton Fuchs, Würzburg); die beiden zunächst nur farbig eingestimmten Gemäldefelder im Norden und Süden – ursprünglich mit Fresken von Johann Anton Gumpp – wurden erst 1971 mit modernen, frei barockisierenden Darstellungen der Himmelfahrt Mariens und der Anbetung der Könige von Hermann Kaspar ausgefüllt. Im Zusammenhang mit der Farbtonskala der neuen Fresken wurde

ein neues Konzept für die gesamte Raumfassung entwickelt, für die kein originaler Befund zu erbringen war (die erste Nachkriegsfassung war durch blasse Töne gekennzeichnet); auffallendstes Detail sind die in Spachteltechnik marmorierten, polierten Pilaster (Ausführung Fa. Richard Kunze). Erhalten blieben an den Seitenwänden der Stuck der Bauzeit von Georg Joseph Bader sowie – in den wegen der Anschlussbebauung die Fenster ersetzenden Blendfeldern der jeweils drei südlichen Achsen – die (verblassten) Fresken von J. A. Gumpp mit Szenen aus dem Marienleben (1945/46 von Hans Pfohmann restauriert und ergänzt). Erhalten blieb auch der gemalte Zyklus marianischer Embleme in den Kartuschen über den Fenstern bzw. Blenden.

Bürgersaal, Deckenfresko von Martin Knoller (zerstört); Aufn. vor 1945

Bürgersaal; Zustand nach Neueindeckung 1946

Bürgersaal, Teil der Ostwand; Aufn. 1971

Bürgersaal, Inneres; Aufn. 1972

Seit dem Wiederaufbau stark reduziert ist der Bereich des Altars vor der Mitte der Stirnwand, der u. a. seine flankierenden Säulen verlor (Neugestaltung 1948 ff. von Reinhold Grübl, Weihe 1952); wieder zwischen die originalen mittleren Wandpilaster eingefügt wurde das dank Auslagerung gerettete Relief der Verkündigung Mariens von Andreas Faistenberger (1710; Holz, versilbert und vergoldet), eine Hauptleistung der hochbarocken Münchner Plastik. Auf der Mensa stehen Gehäuse mit den vier silbergetriebenen Büsten der hll. Josef, Joachim, Johannes des Täufers und des Evangelisten, 1768 von Joseph Friedrich Canzler nach Modellen von Ignaz Günther (im Badischen Landesmuseum Karlsruhe) gefertigt. In den nördlichen Raumecken standen Figuren bereits gemäß der Ansicht von M. Disel – heute die hll. Josef

Bürgersaal, Altar, Silberbüste hl. Josef

Bürgersaal, Altar vor Kriegsschaden; Aufn. vor 1945

Bürgersaal, Altar; Aufn. 1996

Bürgersaal, Ölbild von F. J. Beich mit Ansicht der Wallfahrtskirche Ramersdorf und München im Hintergrund

und Anna von Roland Friederichsen (1947). Auf dem Schalldeckel der neuen Kanzel von Max Grübl wurde eine von der zerstörten Kanzel (früher an der Ostwand gegenüber) stammende Figurengruppe mit Engeln und Putten von Ignaz Günther (um 1770/72) in neuer Anordnung aufgestellt (die Kanzel war nach der Säkularisation aus der Kirche der Barmherzigen Brüder transferiert worden); an der Wand gegenüber ein Kruzifix ebenfalls von Max Grübl (Vater Reinholds) als Ersatz für ein zerstörtes von Johann Georg Greiff. Zur originalen Ausstattung gehören 14 in den Wandfeldern unterhalb der Fenster aufgehängte querrechteckige Ölbilder mit – historisch und topographisch interessanten – Ansichten bayerischer Marienwallfahrtsorte von Franz Joachim Beich (eines nicht von seiner Hand), um 1725/30. Das bedeutendste Kunstwerk der Kirche, Ignaz Günthers Schutzengelgruppe von 1763 – eines seiner Hauptwerke, zu dem ein aquarellierter Entwurf vorliegt (SGSM) – wurde im Auftrag der Schutzengelbruderschaft in der ehem. Karmeliterkirche geschaffen und gelangte erst nach der Säkularisation im frühen 19. Jh. in den Besitz der Marianischen Männerkongregation. Die maximal 184 cm hohe Gruppe des Engels, der einen Knaben an der Hand führt (Lindenholz, mit z. T. noch originaler polychromer Fassung), war ursprünglich wahrscheinlich eine Prozessions-Tragfigur (wie Günthers beide Figurengruppen in Weyarn); vor 1945 stand sie an der Wand gegenüber der Kanzel, danach unter der gestalterisch

Bürgersaal, Treppenaufgang, Schutzmantelmadonna

erneuerten Orgelempore, wo sie nach Restaurierung im BLfD 2004 wieder aufgestellt wurde. – Die heutige Orgel der Fa. Vleugels mit barockisierendem Gehäuse stammt von 1994. – In den Treppenaufgängen wurden zwei Schutzmantelmadonnen-Reliefs des 17. Jh. mit eingefügten ovalen Medaillonbildern (lebende und verstorbene Sodalen der Kongregation) aufgehängt.

Die *Unterkirche*, eine niedrige, (ohne Vorraum) siebenjochige Pfeilerhalle mit flachen Kreuzgratgewölben, diente der Kongregation ursprünglich als Druckerei für Heiligenbilder und religiöse Schriften sowie in der Karwoche als Heiliges Grab; erst im späten 19. Jh. wurde sie als Kirchenraum eingerichtet, zunächst mit einer Lourdesgrotte (1885). 1892–98 entstand der entlang den Wänden aufgestellte monumentale Zyklus von in Lindenholz geschnitzten, gefassten Figurengruppen des Kreuzwegs, nach Modellen und in der Werkstatt von Joseph Elsner durch Hans Sprenger ausgeführt, ein nicht nur nach Format und Umfang bemerkenswertes Beispiel späthistoristischer religiöser Plastik, gekennzeichnet durch die Verbindung von barocker und klassizistischer Tradition mit modernem Realismus. Jede der

Bürgersaal, Kanzel; Aufn. vor Kriegszerstörung

Bürgersaal, Kanzel, Schalldeckel; Aufn. 1996

Bürgersaal, Schutzengelgruppe von Ignaz Günther; Aufn. vor 1945

Gruppen ist eine Komposition aus vier Figuren und meist aus zwei oder drei Teilen zusammengesetzt; lediglich die den 14 Stationen vorangestellte Ölbergszene umfasst nur die beiden Figuren Christi und des Engels.

Vor dem Altar der Unterkirche mit Figur der thronenden Muttergottes von Franz Drexler (um 1925) befindet sich im Boden seit 1948 das von einer Rotmarmor-Inschriftplatte bedeckte Grab des 1987 seliggesprochenen Jesuitenpaters Rupert Mayer (1876–1945), der seit 1921 Präses der Kongregation war und u. a. durch seinen Widerstand gegen den Nationalsozialismus bekannt wurde. Seine Bronzebüste von Barbara von Kalckreuth (1949) steht im rechten Seitenschiff.

Aus der profanierten Augustinerkirche gelangte auf Initiative des Kronprinzen Ludwig 1817 ein viel verehrtes bekleidetes Christkind aus Wachs (Fatschenkind) von etwa 1600 in den Bürgersaal, wo es alljährlich in der Weihnachtszeit aufgestellt wird. – Alter Besitz der Kongregation ist eine wohl von Hans Krumpper um 1628 geschnitzte Marienfigur vom Typus des Gnadenbildes von Foy in Belgien.

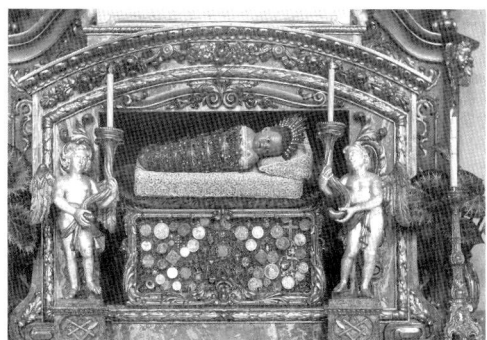
Bürgersaal, Fatschenkind; hist. Aufn.

Bürgersaal, Unterkirche, 2. Kreuzwegstation

Bürgersaal, Unterkirche, Ölberggruppe

Bürgersaal, Unterkirche; Aufn. 1996

Neuhauser Straße 16

Neuhauser Straße 17; Aufn. 1995

Neuhauser Straße 16. (Zum Bürgersaal, s. Nr. 14.) Das Anwesen, seit den 1660er Jahren im Besitz der Freiherren von Lerchenfeld, wurde 1709 von der Deutschen Marianischen Kongregation der Herren und Bürger erworben und um 1710 als Wohnhaus des östlich angrenzenden Bürgersaales ausgebaut. Es diente u. a. als Wohnung des Mesners sowie des Präses der Männerkongregation, der 1773–1921 ein Weltgeistlicher war (sonst ein Jesuitenpater). Die nur zwei Fensterachsen breite Neubarockfassade des 1892 durchgeführten Neubaus (vgl. Abb. in Häuserbuch II) wurde beim Wiederaufbau kurz nach dem Ende des Zweiten Weltkriegs in völlig schmuckloser Form verändert. Im historischen und maßstäblichen Zusammenhang mit dem Bürgersaal ist das Haus, das überdies die schmale altstädtische Parzellenstruktur veranschaulicht, immer noch von denkmalpflegerischer Bedeutung.

Neuhauser Straße 17. Ehem. *Geschäftshaus Ehrlicher*, jetzt Kaufhaus „Zweiflers". An der Stelle des 1894 umgebauten, im Luftkrieg zerstörten Vorgängerhauses entstand 1961–63 in der nur 10 m breiten Baulücke durch Sep Ruf der sechsgeschossige Stahlbetonskelettbau für das Haushaltsgeschäft Dr. Harald Ehrlicher KG mit als Schaufensterfront verglaster zweischaliger Fassade, die durch die weiß gestrichene Verblendung der Deckenrandprofile und helle vertikale Stäbe eine klare, zugleich sparsame wie graphisch zart wirkende Gliederung erfährt. Im Inneren sind die Stockwerksebenen halbgeschossig versetzt und durch dazwischengelegte Treppen bzw. Aufzug verbunden. Dachausbau mit Terrassen unter Aluminiumträger-Lamellen in Dachschrägenimitation.

Neuhauser Straße 18. *Kaufhaus Oberpollinger (Karstadt)*. Das Warenhaus entstand an der Stelle von drei 1903 abgebrochenen Vorgängerbauten, die ihrerseits in der 2. Hälfte des 19. Jh. sechs mittelalterliche Bürgerhäuser ersetzt hatten. Westlich, an der Herzog-Max-Straße, zeigt Sandtners Stadtmodell um 1570 das herzogliche Salzamts- bzw. Großzollhaus mit rundem Eckturm, Pultdach und Treppenhalbgiebel, das in der Folgezeit aufgestockt und im späten 19. Jh. durch ein fünfgeschossiges Neurenaissancehaus ebenfalls mit Eckturm ersetzt wurde. Die drei östlich anschließenden Traufhäuser mit mehreren halbgiebeligen Ohrwascheln wurden erst 1861 durch den fünfgeschossigen spätklassizistischen Neubau des Gasthofs/Hotels Oberpollinger ersetzt, dessen symmetrische schlichte Fassade nur im Mittelteil eine reichere Putzgliederung mit Balkons im 2. und Rundbogenblenden über dem 3. Obergeschoss aufwies. Stilistisch ähnlich war das östliche viergeschossige Nachbarhaus, 1797–1853 Wohnhaus des Malers Wilhelm v. Kobell, seit 1854 Sitz des damals führenden, reich ausgestatteten Café Probst. – Der mit dem Warenhaus noch heute verbundene Name Oberpollinger geht auf die Familie Pollinger zurück, Besitzer der Brauerei in einem der

Neuhauser Straße 18, Kaufhaus Oberpollinger; Aufn. um 1910/20

Kaufhaus Oberpollinger; Aufn. 1996

Vorgängerhäuser von 1584–1667 (und eines Unterpollinger genannten Anwesens an der Sendlinger Straße).

Die Häusergruppe des Hotels Oberpollinger wurde bei der Zwangsversteigerung 1903 von der Hamburger Firma M. J. Emden Söhne (in der Folge „Kaufhaus Oberpollinger GmbH") er-

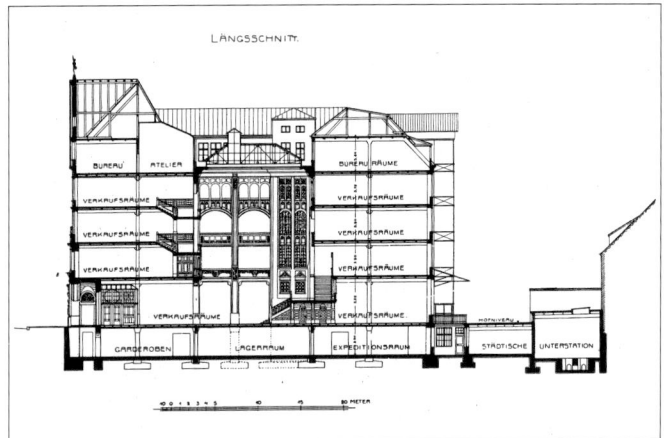

Neuhauser Straße 18; Längsschnitt, 1904

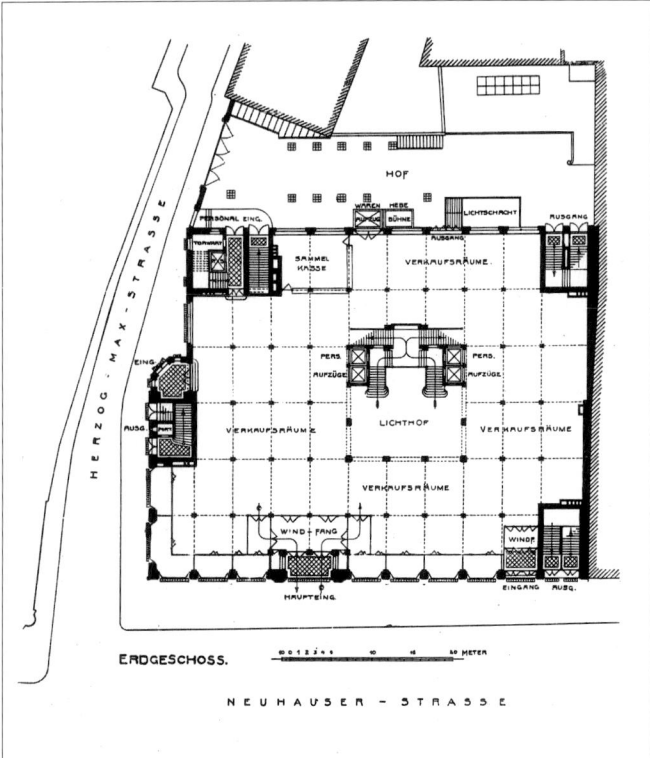

Neuhauser Straße 18; Grundriss Erdgeschoss, 1904

worben, dazu kurz danach – als Ausgleich für Bauverzicht an der zu verbreiternden Herzog-Max-Straße – auch die östlich benachbarten Anwesen mit den alten Nrn. 45 und 46. Von den Entwürfen Max Littmanns für das neue Warenhaus – in der Altstadt ein strukturell wie gestalterisch problematisches Unternehmen – erhielt erst der dritte am 2. Juni 1904 die endgültige rechtskräftige Genehmigung. Der Architekt – gleichzeitig mit der Planung des Warenhauses Tietz (Hertie) am Bahnhofplatz (s. Chevalley/ Weski 2004) befasst – hatte verschärften feuerpolizeilichen Auflagen zu genügen und die Forderungen der den Magistrat beratenden Künstlerkommission zu beachten, die „einstimmig der Meinung war, dass es nicht angängig sei, in die altertümliche Neuhauser Straße einen modernen Pfeilerbau zu setzen" und zudem die den benachbarten Bürgersaal bedrückende Höhe beanstandete. Bauherr und Architekt entschlossen sich, um keine Zeit zu verlieren, zu einer historisierenden Fassadenausbildung in abgewandelter deutscher Renaissance und Natursteinverkleidung des Pfeilerbaus (bereits im zweiten Entwurf, Juli 1903). Nach nur zehn Monaten Bauzeit wurde das Warenhaus im Februar 1905 eröffnet.

Das Gebäude (Ausführung Baugeschäft Heilmann und Littmann) wurde als Skelettkonstruktion aus feuersicher mit Beton ummantelten Eisenstützen über einem Grundrissraster errichtet, um einen (nicht erhaltenen) rechteckigen, farbglasgedeckten Lichthof zwischen anliegenden Treppen- und Aufzugssystemen gruppiert und von einem Pfeilermantel aus Eisenbeton mit großen Öffnungen umschlossen, dessen stark rhythmisierte Aufgliederung und Werksteinverkleidung dem einerseits für moderne Techniken aufgeschlossenen, andererseits stilistisch äußerst versierten Eklektiker Max Littmann sichtlich keine Mühe bereitete – das Ergebnis seiner Planung, bis heute ein populäres Wahrzeichen der Hauptgeschäftsstraße, erfreute als „künstlerisch wertvolle Lösung" selbst den Auftraggeber (Denkschrift 1905, S. 19). Littmanns Variationsfähigkeit beim gleichzeitigen

Neuhauser Straße 18, ehem. Lichthof; Aufn. 1904

Neuhauser Straße 18, ehem. Hauptportal; Aufn. 1904

Entwurf zweier Warenhäuser mit durchaus verschiedener, einprägsamer Baukörperfiguration erscheint bemerkenswert – Tietz am Bahnhofplatz charakterisierte er durch eher dem Schlossbau der deutschen Renaissance entlehnte Elemente, den altstädtischen Oberpollinger durch Zitate aus dem Bereich bürgerlicher Kaufmannsarchitektur der gleichen Epoche mit spezifisch hanseatischen Anklängen als Ausdruck geschäftlicher Seriosität und Tüchtigkeit.

Die 53 m breite, in Muschelkalk verkleidete, eigentlich fünfgeschossige Straßenfront im Süden wird über dem Erdgeschoss – ursprünglich mit Schaufensterarkaden – und dem 1. Stock – früher mit segmentbogig schließenden Doppelfenstern – in drei Steilgiebelrisalite aufgegliedert, zwischen welchen die in große Fensterflächen – dichtversprosste, leicht polygonale Bay windows – aufgelösten Obergeschosse etwas zurückgenommen sind; die Giebel maskieren das – zwischen ihnen zurückgesetzt durchgezogene – 4. Obergeschoss. Rechts wurde der Baukörper im Hinblick auf den benachbarten Bürgersaal in zugleich malerisch wirksamer Asymmetrie herabgestuft. In den ursprünglich durch ihre Bogenöffnungen gekennzeichneten beiden Untergeschossen ist nur die (einstige) Eingangsachse unter dem Mittelgiebel leicht vorgezogen und durch Bauplastik von Heinrich Düll und Georg Pezold ausgezeichnet, von der nur noch die kleinen Aufsatzfiguren über dem 1. Stock erhalten sind – links eine Meerjungfrau, rechts ein Satyrknabe mit Früchtekorb, ferner noch ein Merkurrelief am südwestlichen Eckpfeiler. Erhalten blieben auch die drei Giebelbekrönungen: in der Mitte eine weibliche Figur mit dem Wappen von Hamburg, rechts und links von Hygin Kiene in Kupfer getriebene Handelsschiffsmodelle. – Die malerisch zurückgestaffelte westliche Seitenfront ist wesentlich einfacher gestaltet, nur im Eckbereich mit Muschelkalk verkleidet, vom schopfwalmgiebeligen (einstigen) Treppenteil ab verputzt mit Steineinfassungen.

Die beiden Münchner Warenhäuser Max Littmanns gehören – nach dem für die Gattung vorbildhaften Wertheim-Komplex Alfred Messels in Berlin – zu den qualitätvollen Frühbeispielen in Deutschland. Ihre zugleich anpassungsbedingte wie repräsentative historisierende Außengestaltung ist keineswegs eine Münchner Besonderheit, sondern allenfalls auf die besonderen örtlichen Bedingungen abgestimmt – in der Folgezeit bis in die 1920er Jahre hinein präsentierten sich die meisten Warenhäuser äußerlich in einer monumentalen, vorzugsweise klassizisierenden Stilisierung.

Neuhauser Straße 20

Nach Lufkriegsschäden vor allem vom 7./8. Januar 1945 wurde das ausgebrannte Haus 1947–50 mit Veränderungen besonders im Inneren wiederaufgebaut und nach Norden hin 1953/54 durch Architekt Ernst Hanauer und nochmals 1959/60 (auf dem Grundstück des ehem. Hauses der israelitischen Kultusgemeinde) stark erweitert (Fassadengestaltung Georg Werner). Bei der letzten Neugestaltung des Altbau-Erdgeschosses wurde das entstellende Vordach von 1967 beseitigt und die Pfeilerteilung wieder sichtbar gemacht. 2004/05 Erweiterungsbau im Norden (s. Herzog-Max-Straße/Vorspann).

Neuhauser Straße 20. Ehem. Hotel (jetzt Geschäftshaus). Wenige Altstadthäuser haben in vergleichsweise kurzer Zeit so häufig ihre Gestalt gewechselt wie der Komplex an der Nordseite des Karlstores (s. dort) dicht vor der Innenseite der ehem. Stadtmauer. Das Stadtmodell Sandtners von 1570 zeigt hier noch keine Bebauung, der Stadtplan von J. Consoni 1806 hingegen ein Haus Nr. 3 in Ecklage und nördlich anschließend Nr. 3½ an der Westseite des Herzog-Max-Gäßchens. Das Eckhaus (ab 1833 Neuhauser Straße 42) gehörte in den 1830er Jahren als Salzbereiterhaus der kgl. Salinen-Administration; am 15. September 1857 – damals im Besitz des Eisenhändlers Oskar Rosenlehner –

Neuhauser Straße 20 und 18 (rechts); Aufn. um 1890

wurde es durch eine gewaltige Pulverexplosion, der auch der anschließende Torturm des Karlstores zum Opfer fiel, zerstört.

In Anpassung an das von A. Zenetti neugotisch redigierte Rest-Karlstor entstanden vor dessen Innenstadtseite zwei flankierende Eckhäuser – beide mit Cafés – in dem Maximilianstil nahe stehender reicher Neugotik, das südliche (an der Stelle des heutigen Nachkriegs-Neubaus Nr. 34 von 1955/56) mit abgeschrägter Ecke, das nördliche (heute Nr. 20) hingegen mit prächtigem polygonalem Natursteinerker an der Ecke (vgl. Ausst. Kat. Ansichten 1977, Abb. 7). Bauherr des letzteren war der Cafetier Jakob Danner, der das Grundstück 1865 erwarb (samt dem nördlich angrenzenden Herzog-Max-Straße 1*) und 1882 einen Erweiterungsbau nach Norden ausführen ließ. Das Eckhaus hatte ursprünglich noch keinen baulichen Anschluss an das (Rest-)Karlstor; nördlich des letzteren entstand 1897 die prächtig ausgestattete erdgeschossige Restauration „Kaiserhalle" des Gastwirts Joseph Hagen, der in der Folge 1901–03 auch einen formal aufwendigen neugotischen Umbau des Eckgebäudes zum Hotel „Deutscher Hof" durchführen ließ – u. a. Anfügung eines Flacherkers im Süden, Erweiterungsbau neben dem Karlstor, neues ausgebautes Steildach mit mächtigem, im Bild der Neuhauser Straße dominierendem Ostgiebel, Erhöhung des Eckerkers zum Spitzturm.

Unter dem neuen Hotelbesitzer Franz Fahrig aus Dresden entstand 1907/08 entlang der Herzog-Max-Straße nach Plänen von Heilmann und Littmann ein stattlicher Neubauflügel mit baro-

Neuhauser Straße 20, Relief am Erker der Ostseite

ckisierender, leicht konkaver Fassade, deren Länge durch zwei Flacherker und zwei Zwerchhäuser mit Volutengiebeln unterteilt wird; am linken Erker Stuckreliefs und rechts anschließend Gitterbalkone. Weiterhin bestehen blieb das renommierte Café (1914 und 1918 Stätte politischer Unruhen). – Zu Nr. 20 gehören zwei westlich an das Karlstor grenzende Fensterachsen der Rondellarchitektur Gabriel Seidls, s. Karlsplatz 8.

Neuhauser Straße 20, vermauerte neugot. Tür; Aufn. 1996

Nach weitgehender Kriegszerstörung im Juli 1944 – vor allem des Altbaus an der Ecke – erfolgte der Wiederaufbau des Hotels bis 1947/48; dabei wurde die barockisierende Fassadengestaltung des Traktes an der Herzog-Max-Straße mit den beiden Erkern und Zwerchgiebeln in den Grundzügen beibehalten, während ihr der ältere, zuvor neugotische Eckbau stilistisch angeglichen wurde – als gotisierende Relikte blieben die hier sehr stark vereinfachte Lisenengliederung des mächtigen Ostgiebels mitsamt der polychrom gefassten Muttergottesfigur, der gebündelte Tragpfeiler unter dem Erkerfuß und eine vermauerte Natursteintür neben dem Karlstor erhalten; der Erkerturm wurde barockisierend umgestaltet und mit einer Zwiebelkuppel abgeschlossen, auch der Süderker erhielt eine neue, einfache Putzgliederung. Im Erdgeschoss wurden Fußgängerarkaden eingebaut. Nach Auflösung von Café (1957) und Hotel (1960) wurde der Komplex dem östlich benachbarten Warenhaus Karstadt (s. Nr. 18) angegliedert und als „Haus des Sports" adaptiert (Brückenverbindung), 1990/91 völlig entkernt und hinter der alten Fassade neu errichtet. Dabei wurde im historischen Kellerbereich eine Bauforschung vorgenommen, die – außer gewölbten Räumen von ca. 1865 – nördlich vom (heutigen) Karlstor einen Rest der ehem. Stadtmauer und westlich anschließend drei nischenartige Wandstrukturen wohl des 16. Jh. feststellte; die beiden westlichen, gewölbten Nischen sowie die größeren Kellerräume im südöstlichen Eckbereich wurden in das neue Verkaufs-Untergeschoss integriert.

ARCHÄOLOGISCHE BEFUNDE: Untertägige Teile der mittelalterliche Befestigung (Fundst.-Nr.: 7835/0394). Wegen tiefgreifender Umbaumaßnahmen im Anwesen fand 1990 die bauhistorische Aufnahme der Kelleranlagen statt. Dabei konnten Reste der Toranlage des ehemaligen Neuhauser Tores und Teile der Stadtmauer aus dem späten 13. Jh. dokumentiert werden.

Vor **Neuhauser Straße 20.** Brunnen in Jugendstilformen, sog. *Brunnenbuberl.* Ursprünglicher Standort des am 22. September 1895 enthüllten Brunnens waren die Anlagen in der südlichen Hälfte des Karlsplatzes hinter der ehem. Wartehalle, wo er 1964

dem Platzumbau weichen musste. Die bereits 1891 von Bildhauer Mathias Gasteiger konzipierte Gruppe „Satyrherme und Knabe", sein erster und einziger bis heute anhaltender Erfolg, volkstümlich „Brunnenbuberl" genannt, „deutet humorvoll einen Generationenkonflikt an, wobei psychische Momente eine wesentliche Rolle spielen. Die Art der Darstellung geht über die damals üblichen naturalistischen Genreszenen weit hinaus" und erregte teils Begeisterung, teils Ablehnung, z. T. „wegen der offensichtlich nicht allegorisch begründeten Nacktheit des Knaben" (Ausst. Kat. Gasteiger 1985, S. 11). Die vordergründig so neckische, daher bis heute volkstümliche Gruppe ist im weiteren Zusammenhang ein Zeugnis des sinnentleerten Bezuges zur antiken Mythologie, die bereits im 19. Jh. zum bloßen Bildungsinhalt reduziert worden war und in der Folge bis zur Gegenwart – trotz eines zeitweise retardierenden Archaismus um 1910 – zunehmend aus dem allgemeinen Bewusstsein geschwunden ist. Die Bronzefigur des Knaben wurde von Johann Reismüller gegossen; Pfeiler, Faunherme und Blattwerk sind aus Enzenauer Muschelkalk, Beckenrand und Sockel aus Donaukalkstein. Gasteiger fertigte von der Gruppe noch mehrere Repliken, u. a. für den Gartenhof des Münchner Hotels Continental (Max-Joseph-Straße 5), für Erlangen und den Berliner Zoo. – Am jetzigen Standort am Beginn der Fußgängerzone wurde der Brunnen am 28. September 1971 der Öffentlichkeit übergeben, durch den architektonischen Hintergrund – den neugotischen Eckpfeiler des Hauses Neuhauser Straße 20 – freilich von der einstigen Situation in der Grünanlage unterschieden.

Neuhauser Straße 25. Die schmale, früher sehr tiefe und weitgehend überbaute Parzelle reichte vor 1853 bis zur Herzogspitalstraße (heutige Nr. 4). Das Anwesen hieß „Zum Unterkandlerbräu" nach der Brauerfamilie Kandler im 17. Jh. Sandtners Stadtmodell um 1570 zeigt ein gotisches zweigeschossiges Haus mit Zinnengiebel und Rückgebäude, Stimmelmayr (gegen 1800) ein dreigeschossiges Traufhaus mit zwei Ohrwascheln, das im 19. Jh. wohl in einfachen klassizistischen Formen erneuert wurde. Der Kaufmann Jakob Schirmer, der es 1908 erwarb, ließ 1908–1909 das heutige Vorderhaus zwischen die stehen bleibenden Kommunmauern (deren rechte 1897 beim Neubau des Nachbarhauses Nr. 27 statisch gesichert worden war) als Eisenbetonkonstruktion mit gemauerter, verputzter Fassade einfügen. Nach

Vor Neuhauser Straße 20, Brunnen, sog. Brunnenbuberl

Neuhauser Straße 25; Aufn. 1995

Neuhauser Straße 25, Erker

Entwurf von Franz Rank führte die Firma Gebr. Rank den Bau unter Leitung von Architekt Gustav Pfeiffer aus.

Das historisierende Wohn- und Geschäftshaus (bez. 1909) enthielt im Keller vor allem ein Lager, im Erdgeschoss einen großen Laden mit Galerie, im 1. und 2. Stock Geschäftsräume, im 3. und 4. Stock je eine Wohnung. Die um den Liftschacht gelegte Treppe liegt rückseitig in der Südwestecke, links davon der Lichthof. 1911 zog ein Automatenrestaurant im Erdgeschoss ein, das 1926, nach Erwerb des Hauses durch die Karlsruher Lebensversicherungsbank, zu zwei Läden umgebaut wurde. – Nach schweren Kriegsschäden seit 1943 – am 24./25. April 1944 brannte das Haus total aus – erfolgte der Wiederaufbau 1949 mit veränderter Inneneinteilung (keine Wohnungen mehr). Die kontrastreich gegliederte Fassade blieb mit Ausnahme einiger Details im Wesentlichen erhalten. Links vom Hauseingang (mit Oberlicht) fasst eine große Korbbogenöffnung Erd- und Galeriegeschoss des (völlig erneuerten) Ladens zusammen; der 1. Stock ist zwischen Gesimsen in Kleinsprossenfenster aufgelöst, die von Halbsäulen mit jugendstilig-dekorativen Basen und Kapitellen getrennt werden. Die Obergeschosse, deren letztes durch ein Konsolgesims abgesetzt und in (seitlich rundbogige) Fenstergruppen aufgelöst ist, akzentuiert ein dreiseitiger Mittelerker mit figürlichen Natursteinreliefs zwischen dem 2. und 3. Stock. Das ausgebaute Dachgeschoss erhielt immer schon durch drei große Korbbogengauben sein Licht.

Neuhauser Straße 27 (mit Herzogspitalstraße 6). *Augustiner-Bräu*, Gaststätte und ehem. Brauerei. Der historisch vielschichtige, gewachsene Komplex setzt sich in seinem gegenwärtigen Bestand aus der äußerlich gleich einem Doppelhaus gestalteten späthistoristischen Bebauung an der Neuhauser Straße, die im rückwärtigen Mittelbereich mit der ehem. Schwemme über den schmalen Hof nach Osten bzw. weiter südlich mit dem Schmuckhof nach Westen ausgreift, und den im Kern klassizistischen südlichen Bauteilen des ehem. Sudhauses (bzw. Mälzerei auf dem Plan von 1896) nebst dem Rückgebäude Herzogspitalstraße 6 zusammen.

Entlang der Südseite der Neuhauser Straße erstreckten sich ursprünglich drei Anwesen mit den alten Nummern 16, 17 und 18 – heute Nr. 27 (mit inbegriffen 29 und 31). – Das ehem. *Haus Nr. 16*, mit dem (nach Häuserbuch III 1962) schon um 1380 ein zugehöriges Brauhaus erwähnt wird, war seit 1560 Eigentum von Bierbrauern, in der Folge dann in geistlichem Besitz – erst der Paulaner in der Au (ab 1636), dann der Jesuiten (ab 1718) und zuletzt der deren Baulichkeiten übernehmenden Malteser. Vom Staat erwarben 1816 die Pächter der (1803 säkularisierten) ehem. Augustiner-Klosterbrauerei, der Bierbrauer Georg Gröbler und der Zimmermeister Johann Baptist Lankes, das Anwesen – zu-

sammen mit Herzogspitalstraße 6 (s. unten) dahinter – und installierten hier die Brauerei; 1829 erwarb diese der Bierbrauer Anton Wagner. Auf Sandtners Stadtmodell von 1570 ist Nr. 16 dreigeschossig mit Ohrwascheln, mittlerem Zwerchhaus und mächtigem Steildach. Stimmelmayrs Skizze aus der 2. Hälfte des 18. Jh. stellt es als dreigeschossiges Traufhaus mit zwei Flacherkern dar (noch im Besitz der Jesuiten).

Das ehem. *Haus Nr. 17*, auf dem Stadtmodell von 1570 mit waagrechtem Zinnenabschluss, auf Stimmelmayrs Skizze zweigeschossiges Traufhaus mit Ohrwaschel links, gehörte seit 1593 Lebzeltern, erst der Familie Tumberger, im späteren 17. und im 18. Jh. der Familie Wittenberger; doch erwähnt Stimmelmayr immer noch „das Tumberger Lebzelter Haus, wo in den sogenannten Beichtstühlen von zwey und zwey gerne Meth getrunken wird" (ein Produkt der Lebzelter). Der quadratische Garten mit seiner geometrischen, kreuzförmigen Einteilung ist auf dem Stadtplan Consonis von 1806 detailliert dargestellt (und auch noch in Wenngs Atlas von 1849 zu erkennen); er wurde als auf den Plänen „Meth-Garten" genannter Schmuckhof in den Neubau von 1896/97 sinngemäß übernommen.

Das ehem. *Haus Nr. 18*, auf dem Stadtmodell von 1570 ein zweigeschossiges Traufhaus mit Ohrwaschel links und hohem Satteldach, bei Stimmelmayr dreigeschossig mit mittlerem Flacherker, gelangte im mittleren 18. Jh. in den Besitz der Lebzelterfamilien des Nachbarhauses Nr. 17. – Der Bierbrauer Joseph Wagner († 1901), Sohn des erwähnten Anton († 1845) und von dessen 1860 verstorbener Frau Therese, erwarb 1896 zu Nr. 16 (nebst Herzogspitalstraße 6) die beiden westlichen Nachbarhäuser Neuhauser Straße 17 und 18 hinzu und ließ an ihrer Stelle den noch bestehenden Neubau aufführen. Der damalige Fassadenaufriss der drei 1896 abgebrochenen Vorgängerbauten zeigt diese im letzten Zustand viergeschossig mit verschiedener, von Osten nach Westen jeweils abnehmender Geschoss-, Trauf- und Firsthöhe, Nr. 18 mit dekorativen geschweiften Fensterumrahmungen, Nr. 16 und 17 schmucklos. (Ungewiss ist, ob die rei-

Neuhauser Straße 27, Augustiner-Bräu; Aufn. 2007

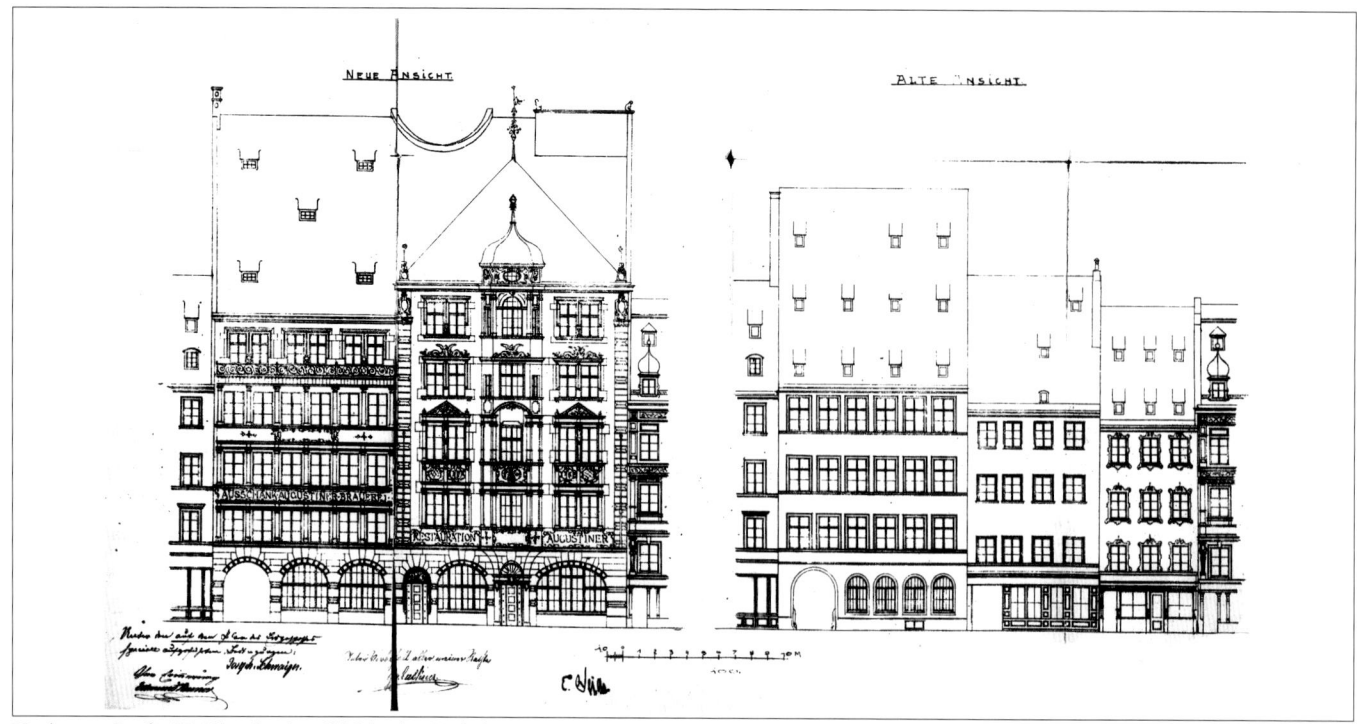

Neuhauser Straße 27; Eingabeplan 1896 (rechts Vorbebauung)

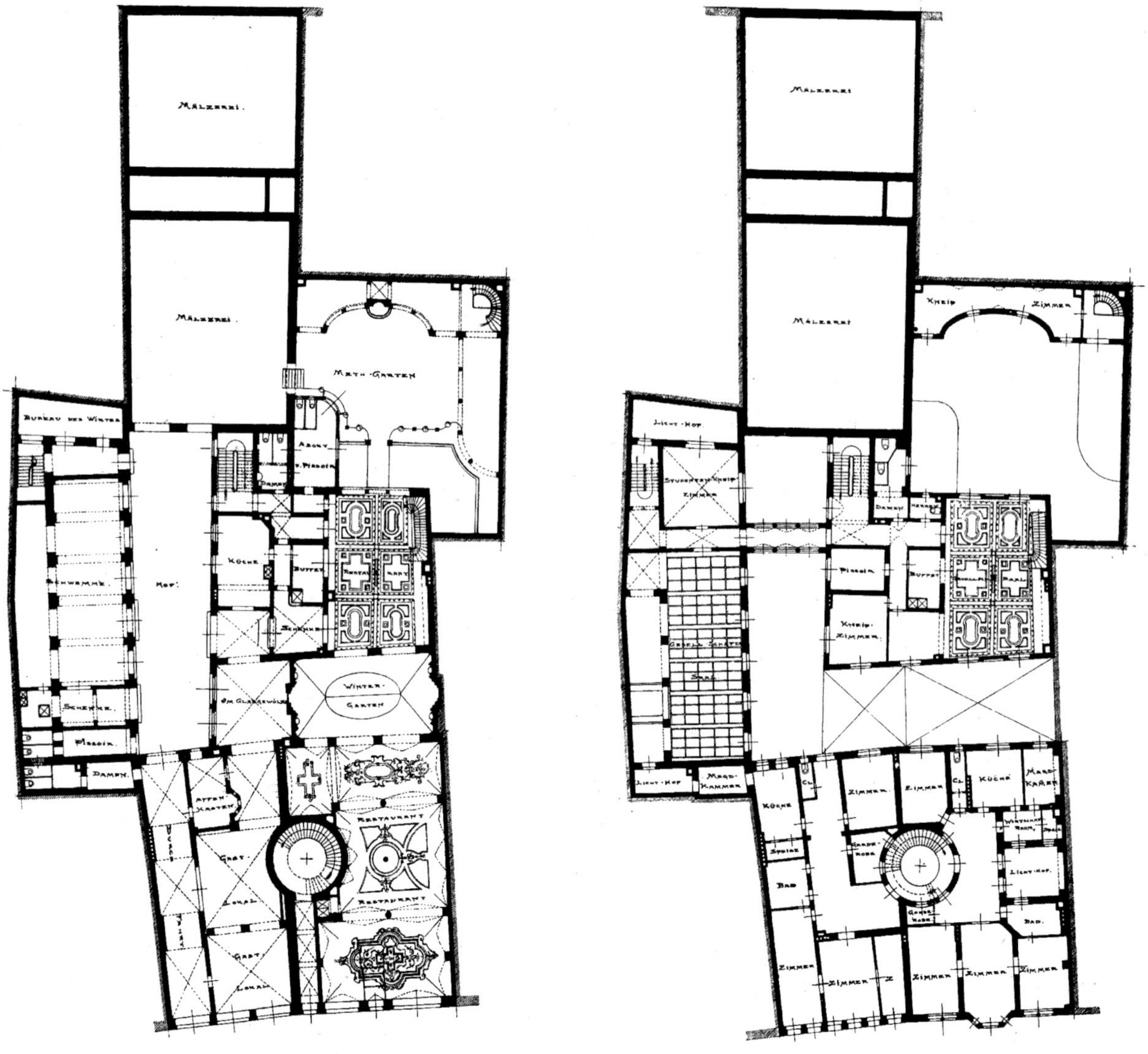

Neuhauser Straße 27; Grundrisse Erdgeschoss (links) und 1. Obergeschoss (rechts), Originalzustand

chen klassizistischen Schmuckformen auf einem von Maurermeister (Anton) Baumgartner signierten Fassadenplan für Anton
Wagner – StadtAM, LBK 6816 – ausgeführt worden waren.) Voraussetzung für den Neubau der Großgaststätte vom Typus des
sog. „Bierpalastes" nebst Wohngeschossen darüber war die 1885
erfolgte Verlegung der in der Altstadt beengten, nicht entwick-
lungsfähigen Braustätte in das Bahnhofsviertel (Landsberger
Straße 31/33, vgl. Chevalley/Weski 2004, S. 371 ff.).
Der Neubau von 1896–98. In die als „Neu- und Umbau" deklarierte große Baumaßnahme, die nach den Plänen von Emanuel
Seidl das Baugeschäft Lincke und Vent ausführte, wurde ältere
Bausubstanz in die linke (östliche) Hälfte einbezogen, deren Fassade in der Tat mit ihren sechs eng gestellten Fenstern dem Vorgängerbau entspricht, allerdings mit völlig verändertem Erdgeschoss und mit Aufstockung. Der Architekt konzipierte die Stra-
ßenansicht in reichen Neurenaissanceformen demgemäß als zwei
verschiedene Hausfassaden – der Parzellenteilung im Umfeld
und dem angestrebten malerischen Charakter entsprechend –,
deren rechte höhere Obergeschosse und somit auch eine höher
liegende Traufe aufweist sowie auch eine rhythmisierte großzü-
gigere Flächenaufteilung mit Fensterpaaren, die den dreiseitig
polygonalen Mittelerker flankieren. Dessen ursprünglicher, 1944
zerstörter Aufsatz in Form einer dekorativ behandelten Attika
samt Schweifhaube wurde 2007 in leicht abgewandelter, etwas
erhöhter Form wiederhergestellt. An der linken Fassade lässt die
geschoss- und achsenweise Gliederung durch kleine Pilaster
nebst weiterem Dekor fast keine Restflächen übrig; dem neu aufgesetzten 4. Obergeschoss ist ein Balkongitter in voller Breite
vorgelegt. Beide Gebäudehälften verbindet die gemeinsame
Erdgeschossgestaltung mit rustikagerahmten rundbogigen Öffnungen verschiedener Breite; am linken Rand liegt die Durchfahrt (vom Altbau), in der Mitte die schmale Haustür, unter dem
Erker der rechteckige Restaurant-Eingang. Die beiden unterschiedlich gestalteten Fassaden kennzeichnen durchaus auch
verschiedene Funktionen, wie auch die Friesbeschriftungen ver-
künden: links AUGUSTINER-BRAEU-AUSSCHANK (weiter
oberhalb das Datum GEGR. MDCCCIII), rechts RESTAURANT
AUGUSTINER – beide Lokalitäten ursprünglich nach alter Ge-
wohnheit auch sozial unterschieden und entsprechend mit differenziertem Aufwand ausgestattet. Der Erker trägt über dem Restaurant-Eingang das Baudatum MDCCCLXXXXVII und über
dem 1. Stock die Initialen des Bauherrn J W. Die Erschließung
der (heute meist als Büros genutzten) Wohnungen in den Obergeschossen (im rechten Bauteil mit Stuckdecken) erfolgt von der
in der Mitte gelegenen Haustür her durch einen gewölbten Flur
und das zentral situierte, kreisrunde Treppenhaus an seinem Ende, gleichsam einen Binnentreppenturm.

Das *Restaurant* in der rechten, westlichen Hälfte des Komplexes
ist eine von der Straße bis zum Gartenhof durchgehende dreiteilige Raumfolge. Der nördliche, dunkel holzvertäfelte Raumteil
ist von der Straße her durch einen Windfang zwischen hölzernen, mit Löwen besetzten Zungenwänden zugänglich. Zwei
flachbogige Arkaden mit von hölzernen Pilastern und Halbsäulen besetzten Stützen teilen die weiße, flach gewölbte Deckenzone in drei mit neubarockem Stuck ausgezierte Kompartimente;
deren mittleres ruht auf einer mit rautenförmig strukturiertem
Stuck umkleideten Säule, die ein mit Figuren besetzter schmie-
deeiserner Radleuchter von Richard Kirsch umgibt. Allegorische Gemälde von Wilhelm Volz in den Lünetten stellen Gerste,
Hopfen, Handel und Industrie dar. In die ostseitig konvex vortretende Treppenturmwand ist im Sinne historisierenden Spiels ein
kleines „romanisches" Fenster eingesetzt; weiter links Kartusche
mit Bauinschrift (I W 1897). Der südliche Raumabschintt ist um
einen Nebenraum nach Osten erweitert; an der gegenüberliegenden Westwand Porträt des Prinzregenten Luitpold im Jagdgewand von Gabriel Schachinger.

Neuhauser Straße 27, Augustiner-Bräu, Restaurant, Muschelsaal

Augustiner-Bräu, Restaurant, südlicher Bereich zum Innenhof

Augustiner-Bräu, Restaurant nach Süden

Augustiner-Bräu, Restaurant, Eingangsbereich

Augustiner-Bräu, Restaurant, Innenhof

Der querrechteckige Mittelteil des Restaurants, von den angrenzenden Raumteilen durch Doppelarkaden auf Mittelpfeilern geschieden, trug den Namen „Wintergarten" und wird heute nach der grottenartigen Verkleidung der beiden Schmalseiten im Osten und Westen meist als Muschelsaal bezeichnet. Ihn überdeckt eine kuppelartig-ovale Eisen-Glas-Konstruktion. Die historisches Grottenwerk (vgl. Grottenhofloggia der Residenz, Hofgartentempel) nachahmende Wandverkleidung aus Kieseln und Muscheln, nach E. Seidls Entwurf von der Firma Rappa und Giobbe hergestellt, umfasst an jeder Seite zwei Ädikulen mit in Nischen aufgestellten antikisierenden Büsten. An der Hochwand über Gebälken bzw. Kämpferhöhe sind Hirschköpfe angebracht. Der längsrechteckige südliche Raumteil des Restaurants weist eine abwechslungsreich gestaltete dunkle Wandvertäfelung und eine dunkle Balken-Kassettendecke auf runder, kannelierter Mittelstütze auf, an der Westseite die einem Prunkportal gleichende Rahmung des Buffets, im Süden die breite, verglaste Öffnung zum Gartenhof mit eingesetztem übergiebeltem Holzportal. In der Südwestecke führt eine geschweifte Treppe mit Balustergeländer in den 1. Stock. An der Wand rechts davon (postumes) Bildnis Ludwigs I. (Ganzfigur).

Den (unterkellerten) Gartenhof – zur Bauzeit „Meth-Garten" – begrenzen im Süden und Westen wettergeschützte Abseiten hinter Arkaden, im Westen mit Terrasse darüber, im Süden mit aufgesetztem, durch Neurokoko-Wandmalereien (Nischenfiguren, Blumenvasen) verziertem Obergeschoss, in der Mitte als flachbogige Exedra eingezogen, mit Muschelnischen-Brunnen im Scheitel. (Im Obergeschoss ehemaliges Kneipzimmer, jetzt Raum für die Schäffler.) Dem Eingang an der Nordseite sind Rustikapfeiler mit Kleinfiguren vorgelegt. Auch die unterschiedlich hoch aufragenden umgebenden Hauswände erhielten eine Gestaltung gemäß der „malerischen" Auffassung der Bauzeit.

Das „Gast-Lokal" (so auf Plan 1896; heute dem Restaurant angeschlossen) im westlichen, z. T. noch ältere Bausubstanz enthaltenden Gebäudeteil zwischen dem konvex in den Mittelteil hineinragenden Treppenhausturm und der alten, gewölbten Durchfahrt im Osten ist eine unregelmäßige zweischiffige Anlage mit Vertäfelung und flachen Kreuzgratgewölben, jedoch ohne weitere dekorative Ausstattung. Der ehemals abgesonderte sog. Affenkasten (im 3. Joch östlich) ist heute in das Lokal integriert; an ihn erinnert nur noch ein kleiner Hängeleuchter mit kletterndem Affen. Das Gastlokal ist heute in den rückseitig südwärts sich anschließenden, mehrfach veränderten Bereich des ehem. Hofes und der ehem. Schwemme an seiner Westseite erweitert. An der Nordwand eines heute kleineren Raumes – Teil der Schwemme – geschnitzte Kartusche zur Erinnerung an den einstigen „Affenkasten", Stammtisch von Künstlern der benachbarten Kunstakademie seit 1829 (dat. 1951); an der Wand gegenüber Porträtbüste wohl des Bauherrn Joseph Wagner.

Zum Restaurant gehörten vor allem geselligen oder geschlossenen Veranstaltungen bzw. Vereinigungen vorbehaltene, reich ausgestattete Räume sehr unterschiedlichen Formats im Mittelbereich des 1. Stocks (nicht zur Straße hin). Der heute sog. Hauptsaal (Weißer Saal) liegt nördlich vom Gartenhof genau über dem Restaurant-Südraum, von dem er über die dort erwähnte geschwungene Treppe zugänglich ist. Die dunkle Balken-Kassettendecke mit Messingnägeln ruht auf einer weißen toskanischen Mittelsäule (früher dunkel und rustiziert). Oberhalb der abwechslungsreich gestalteten Vertäfelung sind die weißen Wände durch barockisierende Stuckaturen (von Rappa und Giobbe nach E. Seidl) mit springenden Hirschen und Gämsen sowie Hirschköpfen belebt. Die Messinglüster fertigte L. Riedinger, Augsburg, nach E. Seidls Entwurf. Das große Stillleben-Gemälde in reicher Stuckrahmung (oberhalb des

Augustiner-Bräu, Restaurant, Saal im 1. Obergeschoss

Augustiner-Bräu, Halle im ehem. Sudhaus „Zum alten Augustiner"

Augustiner-Bräu, Schwemme (Gastlokal im Ostteil)

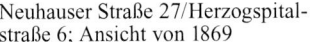

Neuhauser Straße 27/Herzogspital-straße 6; Ansicht von 1869

Neuhauser Straße 27/Herzog-spitalstraße 6

Treppenaufgangs) stammt von Carl Mayr-Graetz. Weiter rechts an der Westwand Gemälde von Max Luber (sign.), Ansicht des Augustiner-Bräus im Zustand von 1829 (später entstanden). Gegenüber in gewölbter Raumerweiterung zwei weitere Gemälde: Drei Renaissance-Musiker, bez. Jos. Correggio (†1891), und Jagdszene. Im westlich angrenzenden kleinen Raum schlichter Gewölbestuck. Nicht erhalten ist der reich ausgestattete ehem. Gesellschaftssaal (Grüner Saal) über der vormaligen Schwemme.

Im Süden schließt sich an den Ostteil des Komplexes (die ehem. Nr. 16) das aus klassizistischer Zeit (dem frühen 19. Jh.) stammende ehem. *Sudhaus* an. Die zweischiffige, dreijochige Pfeiler-halle im Erdgeschoss mit flachen Kreuzgratgewölben auf Wand-vorlagen und Gurtbögen wurde in den 1980er Jahren von Erwin Schleich als Gaststättensaal („Zum alten Augustiner") adaptiert und erhielt Wandgemälde von Hermenegild Peiker, Augsburg. Darüber im 1. Stock in neuerer Zeit ausgestalteter „Grüner Saal" mit Bühne im Norden; an ihrer Rückwand Wandteppich mit bie-dermeierlicher Biergartenszene, sign. G(isbert) Palmié. Der über dem „Meth-Garten" hoch aufragenden Westwand dieses Traktes gab E. Seidl einen reich geschweiften Giebel als Abschluss.

Das südlich davon situierte, ursprünglich durch einen sehr schmalen Hof getrennte Haus *Herzogspitalstraße 6* (alt 21), nach Häuserbuch III (1962) wohl um 1600 entstanden, war ab 1654 im Besitz der Jesuiten; Stimmelmayr (2. Hälfte 18. Jh.) stellt es zwar als zum westlich benachbarten „Seminari Stock" gehöriges, doch gestalterisch selbständiges viergeschossiges Haus mit (wie heute noch) sieben Fensterachsen dar. Das 1804 privatisierte, 1816 von den Besitzern der Augustinerbrauerei erworbene Ge-bäude wurde um diese Zeit vermutlich baulich erneuert und funktionell dem Sudhaus dahinter angeschlossen; ein Fassaden-Bestandsplan von 1869 zeigt die damals noch vorhandene klas-sizistische Gliederung des frühen 19. Jh. mitsamt der noch heu-te bestehenden (tonnengewölbten) Durchfahrt rechts. Im Zuge des Um- und Neubaus des Gesamtkomplexes entwarf Emanuel Seidl 1897 auch eine späthistoristische reiche Umgestaltung für die Fassade an der Herzogspitalstraße (die wohl so ausgeführt wurde). Bei einem weiteren Umbau 1928 durch Architekt Hans Schenk erhielt die Fassade die weitgehend noch heute vorhan-dene, zeitgemäß klassizisierende Gestaltung mit Art-déco-An-klängen, mit (entstellendem) Laden im Erdgeschoss-Mittelbe-reich (inzwischen beseitigt) und zusammengezogenen Saalfens-tern im vereinigten 2. und 3. Obergeschoss samt vorgelegtem Gitterbalkon. Die Ansicht in Häuserbuch III (Zustand 1939) zeigt auch bereits die Aufstockung über dem Konsolgesims. Bei Umbauarbeiten 1988 wurde das Erdgeschoss in seiner heutigen Form redigiert. Das Innere, vorwiegend mit gastronomischer Nutzung (in den Jahrzehnten nach dem Zweiten Weltkrieg Bar und Varieté) wurde mehrfach verändert.

Vergleichsweise geringe Luftkriegsschäden wurden bald beho-ben. Eine einfühlende Gesamtinstandsetzung des Komplexes wurde 1982–83 unter Leitung von Erwin Schleich durchgeführt. – Nach Kriegszerstörung und Veränderung der meisten ver-gleichbaren Großgaststätten ist der „Augustiner-Bräu", ein Gesamtkunstwerk namhafter Ausstattungskünstler des späten Historismus, das besterhaltene Beispiel unter den Münchner „Bierpalästen" und veranschaulicht den für die Prinzregenten-zeit charakteristischen „Versuch, Gemüt und Großstadt zu ver-binden" (Gattinger 2008).

Neuhauser Straße 31. Bis heute erhaltene schmale Altstadt-parzelle mit tiefer Bebauung; auf Sandtners Stadtmodell um 1570 zweigeschossig mit Halbgiebel und Rückgebäude; seit 1550 im Besitz von Bäckermeistern, dazwischen 1583–1601 dem Hofmaler und Architekten Friedrich Sustris gehörig, ab 1739 (nach Häuserbuch III) Teil des Gregorianischen Seminars (vgl. Nr. 33), bei Stimmelmayr (gegen 1800) dreigeschossig mit Mittelerker im 1. Stock und Ohrwaschel links, 1806 vom Bier-wirt Lorenz Pogner ersteigert, seitdem Gastwirtschaft; 1869 Neubau für Privatier Ignaz Sedlmaier, laut Bauinschrift „umge-baut A. D. 1910 von den Arch. Gebr. Rank" für das Kaufmanns-ehepaar Ernst und Käthe Schmidt als noch heute existierendes Spielwarenhaus mit alter Firmenaufschrift (Baujahr laut Rank: 1911; nach Häuserbuch III: 1912); nach Entwurf von Franz Rank ausgeführt – z. T. in Eisenbeton – durch die Baufirma Gebr. Rank.

An der schmalen, sechsgeschossigen Jugendstil-Fassade sind die beiden Ladengeschosse in einem großen, gelappt schließenden Natursteinbogen zusammengefasst, mit von spielenden Kinder-figuren flankierter Bauinschrift über dem Scheitel. An den in je drei Fenster aufgelösten Obergeschossen sind die verbleibenden Pfeilerflächen dekorativ (wohl auch polychrom) behandelt, das (aufgestockte?) letzte Geschoss weist ein durch gerundete Pfeiler geteiltes Reihenfenster über ei-nem Brüstungsfeld mit Girlan-denfries auf.

Neuhauser Straße 31; Aufn. 1995 ▷

Neuhauser Straße 31, Fassadendetail

Neuhauser Straße 33; Aufn. 1995

Neuhauser Straße 35 und 37 (von links); Aufn. 1995

Neuhauser Straße 33. Geschäftshaus, ehem. *Café Fürstenhof.* Auf der Doppelparzelle zeigt Sandtners Stadtmodell (um 1570) östlich (links) ein zweigeschossiges Giebelhaus, rechts ein dreigeschossiges Traufhaus mit Mittelerker und hohem Ohrwaschel rechts; beide mit Rückgebäuden. An der Stelle des linken Hauses, eines alten Bäckeranwesens, entstand 1645/46 die St. Maria und Gregor geweihte Kirche des Gregorianischen Seminars, einer von Herzog Albrecht V.

Neuhauser Straße 35, Fassadendetail

gegründeten, von den Jesuiten (bis 1773) geleiteten Studienanstalt (Kosthaus) für bedürftige Schüler. Stimmelmayrs Skizze (vor 1800) zeigt die (gleich dem Bürgersaal schräg gegenüber) in die Häuserzeile eingebundene frühbarocke Fassade mit (1715 erneuertem) Dachreiter über dem Giebel und rechts anschließend das gleichzeitig von den Jesuiten für das Seminar erworbene, damals sicher um- oder neugebaute Haus. (Zu dem im 17. und 18. Jh. mehrfach erweiterten großen Vierseitkomplex des Gregorianums gehörten auch die heutigen Haus-Nrn. Neuhauser Straße 31, 35, 37 und rückseitig Herzogspitalstraße 6, 8, 10, 12, s. dort.) J. Consonis Stadtplan von 1806 zeigt den Grundriss der kleinen einschiffigen, gewölbten Wandpfeilerkirche mit in den Hof vortretendem, offenbar polygonal schließendem (älterem?) Chor. Sie hatte drei Altäre, ein Hochaltarbild von Joachim Sandrart, ein Deckengemälde St. Gregor, zwei kleine Seitenkapellen (sog. Grüfte) und eine 1688 erweiterte Orgelempore, wurde 1803 profaniert und 1806 versteigert. Die ehem. Kirche und die drei westlich anschließenden Anwesen (heute Nr. 33, 35, 37), also den Nordwestteil des (1806 ins ehem. Karmelitenkloster verlegten) Studienseminars, erwarb der Tafeltücherfabrikant Josef Sommer; die 1806 abgebrochene Kirche und das westliche Nachbarhaus ließ er 1807 durch einen stattlichen fünfgeschossigen Mietshausneubau – ein Doppelhaus mit zwei Rundbogentoren – ersetzen, dessen Fassade mit lediglich geschossweise variierten Fensterumrahmungen und Brüstungsfeldern dem additiv-monotonen Charakter dieser Phase des bürgerlichen Klassizismus entsprach. Die Stulbergerhäuser – so nach der Metzgerfamilie benannt, deren Eigentum sie seit dem mittleren 19. Jh. waren – wurden 1911 abgebrochen. Der Cafetier Otto Seeländer bzw. die Grand Café Fürstenhof GmbH ließ hier durch das Baugeschäft Karl Stöhr, mit Architekt Julius Nebel als künstlerischem Leiter, von 1911–12 ein „bis ins kleinste Detail mit Geschmack durchgebildetes Monstre-Caféhaus" (Moderne Bauformen 1912) errichten (Eröffnung 16. März

1912), das späthistoristischen, nunmehr als „prunkend und protzig in ausgetretenen Stilpfaden" kritisierten Vorgängerbeispielen wie dem „Luitpold" (s. Brienner Straße 11/13/15) oder dem „Prinzregent" (ehemals Prinzregentenstraße 2/4) ein ästhetisch neues Konzept mit freilich vergleichbarem (mit dem Ersten Weltkrieg alsbald überholtem) Aufwand entgegenstellte.

Geblieben ist von der erlesenen Pracht im klassizisierenden Jugendstil lediglich die vereinfachte fünfgeschossige Fassade mit Verkleidung in Ettringer Tuffstein, dem Grundgerüst der vertikalen Gliederung und dem Gebälk, das den niedrigeren 4. Stock absondert. Das völlig veränderte Erdgeschoss war ursprünglich in vier große Fensterarkaden aufgelöst; über den Rechteckeingängen in den beiden Außenachsen flankierten Tänzerinnen-Reliefs von Georg Albertshofer die Oberlichte. Den Bay windows (um 1970 in ihrer Grundform wiederhergestellt) in den vier Mittelachsen des 1. Stocks (ehemals Teeraum) war eine Balkonbalustrade mit Vasen vorgesetzt, das noch vorhandene Gesims darüber trug ein knappes, mit Figurengruppen besetztes Kupferdach. Auch der übrige bauplastische Dekor an der Fassade wurde entfernt; auch fehlt heute die kleinteilige Versprossung der Fenster.

Im Inneren – heute als zweigeschossiges Schuhgeschäft völlig modernisiert, wenn auch in der Grundstruktur noch erkennbar – waren der Vorraum, der 50 m tiefe, von zwei Pfeilerreihen mit Logen dazwischen gesäumte Cafésaal, die in die Ecke hineinkomponierte Treppe, im Obergeschoss Teeraum, Billardsaal und Billard-Turniersaal unter Mitwirkung namhafter Künstler und Firmen (u. a. M. Ballin) opulent ausgestattet, bereits mit Anklängen an den Art-déco-Stil. Genannt seien nur das (innere) Majolikaportal von Walter Sebastian Resch mit Bauinschrift und im Cafésaal die sechs von Wilhelm Koeppen entworfenen Mosaiken mit antiken Gottheiten (im Stil vergleichbar seinen Arbeiten in der Universitäts-Aula). – Nach ersten Änderungen bereits nach dem Ersten Weltkrieg besorgte die zweite Nachkriegszeit die gründliche Demontage des (1950–51 nochmals wieder geöffneten) Cafés.

Neuhauser Straße 35. Das einstige Bäckeranwesen, auf Sandtners Stadtmodell (1570) dreigeschossig mit zwei Ohrwascheln, seit 1628 (nach Häuserbuch III) zum weitläufigen Komplex des Gregorianischen Seminars zwischen Neuhauser und Herzogspitalstraße gehörig, wurde 1806 vom Tafeltücherfabrikanten Josef Sommer ersteigert und als symmetrisches Doppelhaus zusammen mit dem erst kürzlich abgebrochenen Haus Nr. 37 (s. dort) neu- oder umgebaut, anschließend wieder an einen Bäcker verkauft. Seit 1889 gehörte es dem Großhändler Wilhelm Rothschild, von dem es der Kaufmann Anton Eberle/Seidel erwarb, der das bestehende Geschäftshaus 1911/12 errichten ließ. An der schmalen natursteinverkleideten Spätjugendstil-Fassade mit völlig modernisiertem Erdgeschoss sind die drei Geschäftsetagen mit je zwei zwischen Pfeiler mit frei abgewandelten ionischen Kapitellen eingefügten, flach dreiseitigen Bay windows vom 4. Stock mit vier Wohnungsfenstern unterschieden; den Abschluss bildet ein barockisierender Schweifgiebel.

[**Neuhauser Straße 37.** Abgegangenes Bürgerhaus vom Altmünchner Typus. Ursprünglich ein schmales, tiefes Handwerkerhaus, auf Sandtners Stadtmodell (um 1570) wie auch bei Stimmelmayr (gegen 1800) dreigeschossig mit einem Ohrwaschel rechts; 1694 vom Gregorianischen Seminar erworben, als dessen Bestandteil es noch der Consoni-Stadtplan von 1806 wiedergibt (damals Nr. 282). Dendrochronologie (bei vier Holzproben Fällungsjahr 1721), Typologie und Bestand ließen auf einen (zumindest weitgehenden) Neubau um 1725 schließen. Im Jahre 1806 ersteigerte das Haus zusammen mit dem linken Nachbarbau und anderen Teilen des Gregorianums der Tafeltücherfabrikant Joseph Sommer, der beide zu einem symmetrischen fünfgeschossigen Doppelwohnhaus mit zwei zu einem in der Mitte situierten Zwerchhaus zusammengefassten Ohrwascheln umbauen und aufstocken ließ und beide Hälften sogleich getrennt wieder veräußerte. Von diesem schlicht klassizistischen Doppelmietshaus war bis vor kurzem nur die rechte Hälfte erhalten (heute Nr. 37), die im unteren Teil noch ältere Substanz enthielt. Der sehr tief gestreckte Bau, ursprünglich erschlossen durch einen langen Flur (bzw. darüber Gänge) entlang der rechten Kommunmauer und die Treppe rechts vom kleinen Lichthof zwischen Vorder- und Rückgebäude, enthielt im vorderen Bereich vor 1855 zwei Läden: links den eines Seilers mit dahinterliegender Wohnung, rechts den des Optiker-Mechanikers Joseph Bir mit Wendeltreppe zur Wohnung im 1. Stock; 1855 erfolgte der Umbau zu einem einzigen Laden J. Birs, des damaligen Hausbesitzers. 1865 wurde die Dachwohnung ausgebaut, 1873 im 1. Stock für J. Bir ein eiserner Mittelbalkon angebracht (zuletzt nicht erhalten). Dr. Curt Wilhelm Schweiger (Fa. Nähmaschinen Schweiger), der das Anwesen 1936 erwarb, ließ 1937 einen weitgehenden Innenumbau mit Grundrissänderungen durchführen, der auch die Fassade betraf, u. a. Vergrößerung der Fenster im 1. Stock; über letzteren waren bis dahin Stuckrosetten angebracht; beseitigt wurden außerdem die Sohlbänke und/oder Konsolen der Fenster im 2. und die Brüstungsfelder unter den Fenstern des 3. Stocks. Da zuletzt auch die Fenstersprossen fehlten, erschien die Fassade allzu karg. Laden und Innenräume wurden 1953 (und später) abermals umgebaut. Abbruch 1998 hingenommen, erst um 2005 zugunsten Neubau vollzogen.]

Archäologische Befunde: Untertägige Teile der mittelalterlichen und neuzeitlichen Bebauung (Fundst-Nr.: 7835/0197). Im Zuge eines geplanten Neubaus fanden 2005 baubegleitende archäologische Untersuchungen statt. Im südlichen Bereich war die Befundlage wegen der vielen Störungen nicht besonders gut, deshalb hatten sich lediglich neuzeitliche Bauschuttverfüllungen, eine Kommunwand und Reste einer frühneuzeitlichen Mauer aus Backsteinen und eingefügten Natursteinen erhalten. Im nördlichen Bereich war die Befundlage besser. Daher konnten dort Nutzungshorizonte vom 14. bis 19. Jh. nachgewiesen werden. In den ältesten Gruben lag Keramik des 14. Jh. Außerdem stieß man auf eine spätmittelalterliche Backsteinmauer, die als Fundament einer Fachwerkkonstruktion diente, da die Punktfundamente entnommener oder verfaulter Hölzer gut erkennbar waren. Darunter befanden sich Reste eines hölzernen Pfostenbaus. An der östlichen Kommunwand haben sich spätmittelalterliche Partien erhalten. Nach Ausweis der Funde (überwiegend Ofen- und Gebrauchskeramik) diente das Haus im 17./18. Jh. zu Wohnzwecken. Für das 15./16. Jh. sprechen die Funde für Metallhandwerk auf diesem Grundstück.

Neureutherstraße

Die 1887 nach dem Architekten Gottfried (von) Neureuther (1811–1887), dem Erbauer der Polytechnischen Schule und der Kunstakademie, benannte Straße (ab 1881 kurzzeitig „Kaulbachstraße") ist – von einem Mittelabschnitt der Georgenstraße abgesehen – die nördlichste der langen Ost-West-Achsen, die noch dem – nördlich davon in der Folge aufgegebenen – streng rechtwinkligen klassizistischen Schema der Maxvorstadt entsprechen. Sie beginnt im Osten an dem dreieckigen Übergangsbereich von der Barer- zur schräg verlaufenden Nordendstraße und endet im Westen, minimal abgebogen, an der Tengstraße. Die mit den 1880er Jahren einsetzende Mietshausbebauung entwickelte sich im Wesentlichen von Osten nach Westen, wo letzte Projekte z. T. erst nach dem Ersten Weltkrieg realisiert wurden.

Neureutherstraße 14. Auf zuvor unbebautem Grund, westlich an das schon früher errichtete Anwesen Arcisstraße 51 herangerückt, entstand das Mietshaus 1895–96 nach dem Plan von Bauunternehmer Xaver Aumiller für Augustin Aumiller. Der westlich angesetzte Rückflügel (mit zweifachem Versprung der Grundlinie) formiert das Mietshaus als regelrechten Zweiflügelbau. Mit Eingang von der freigestellten Westseite her erschließt das standardmäßig an den Hofwinkel gelegte Treppenhaus drei Wohnungen in jeder Etage. Die nur leicht geschlichtet überkommene Fassade stellt eine eher ungewöhnliche Auswahl und Anordnung des üblicherweise eingesetzten Repertoires an Zierrat dar; erheblich hoch teilen kräftige Gurtgesimse die Straßenfront in zwei Zonen.

Gut überliefert findet sich das Kranzgesims des Traufgebälks. Der die Erscheinung der Fassaden durchaus prägende Fensterbestand rührt von einer Erneuerung 1979 her. Der Westflügel des Anwesens wurde durch den Luftkrieg in Mitleidenschaft gezogen, ein runder Blendbogen-Giebel, der das Dachhaus ursprünglich bekrönte, nach dem Krieg nicht wiederhergestellt.

Neureutherstraße 14

Neureutherstraße; Flurkarte, M. 1:2500

Neureutherstraße 21   Neureutherstraße 23

Neureutherstraße 21. Nach Niederlegung eines lang gestreckten Stadels, der die Parzellen der heutigen Häuser Nr. 21, 23 und 25 überspannte, ließ sich der Baumeister Franz Xaver Forg 1895–96 von Julius Voltz das bestehende Anwesen errichten, zunächst vollständig als Mietswohngebäude genutzt. Voltz disponierte den Grundriss zweiflüglig, wobei der lange Südostflügel von Nr. 21 mit dem ebenso dimensionierten Nordwestflügel von Nr. 23 einen Hinterhof bildet. Von der langen Seitenfassade her gelangt man zum Treppenhaus (zusätzlicher Seiteneingang später), das vom Hofwinkel her Seitenlicht empfängt. Drei Wohnungen sind in jeder Etage untergebracht. Der New Yorker Fabrikant Albert Domann ließ 1926 das Erdgeschoss mit einem Ladeneinbau versehen (1974 verändert). Die Fassaden des Hauses sind leicht geschlichtet überliefert, in gängiger Neurenaissance-Manier stellte man einheitlich Geschosstrennungen vermittels durchlaufender Sohlbankgesimse her, die Fenster der Obergeschosse erhielten gleiche profilierte Rahmen, im 1. Obergeschoss stilisierte Scheitelsteine und Rundgiebel-Verdachungen, im 2. Obergeschoss stilisierte Scheitelsteine und Dreiecksgiebel-Verdachungen, im 3. Obergeschoss Verdachungen durch gerade Gesimsstücke. Die intrafenestralen Fassadenflächen sind heute unbehandelt. Der Dachgeschossausbau mit Aufbrechung der straßenseitigen Dachhaut geschah 1978. (Ersetzung der historischen Fenster zu solchen mit Einscheibenverglasungen mit aufgeklebten Teilungen 1970/80.)

Neureutherstraße 22. Bauspekulation und die Nachfrage nach modern angepasstem Wohnraum gingen beim Ausbau der nördlichen Maxvorstadt Hand in Hand, die eher periphere Lage zu den zentralen Wohnbezirken Münchens nahmen die neuen Bewohner dann in Kauf. So kam es zur Bebauung vormals wenig kultivierter, meist agrarischer Nutzflächen, hier im nördlichen Vorstadtbereich mit kleineren Wohneinheiten bestückt als dies zeitgleich im prominenteren Münchner Osten der Fall war. So ließ sich der „Kunst- und Handelsgärtner" Josef Heisinger auf zuvor unbebauter Parzelle 1896 das bestehende Anwesen von Th. Sommer planen und erbauen. Mit fünf Jahren Abstand war es als erster der drei Bauten, die heute den malerischen Block Neureutherstraße 22/24/26 bilden, entstanden. Die rückwärtige Grundlinie erhielt nordwestlich eine kräftige Einklinkung zur Schaffung weiterer Belichtungsachsen, und es entstand eine bauflügelähnliche Baumassenverteilung. Der Eingang von der östlichen Seitenfassade her (bauzeitliche Eingangstüre erhalten) führt zum Treppenhaus, das vom westlichen Hof her Licht erhält; drei, auch für damalige Verhältnisse nur mittelgroße Wohnungen sind gemäß Eingabeplan in jeder Etage untergebracht. Wie häufig wurde die gewichtige Schauseite des Anwesens aufwendig gestaltet, gewissermaßen vermittelnd zog man die erste Fensterachse der Seitenfassade mit ein; weiterer Zierrat, mit Ausnahme einer stilbezeichnend reichen Gestaltung des Eingangsportals, unterließ man an der abgewandten Seite (ander-

wärts verfuhr man durchaus konsequenter und weniger sparsam, vgl. u. a. Nr. 25 schräg gegenüber). Stilistisch und substanziell findet sich die Fassadengestaltung bündig überliefert (diese verdankt sich einer behutsamen Instandsetzung 1974–75). Eine rohe Putzstreifenrustika (Schmatzputz) macht das Erdgeschoss aus. Die je äußeren Fensterachsen reichen in dreigeschossige Erker, die so einen Fassadenmittelzug flankieren. Mittig setzte man ein Dachhaus in die Dachzone, das Feld des runden Blendgiebels stuckierte man reich. Die gekonnte Stuckierung, insbesondere der Sturzfelder der Fenster der Hauptgeschosse belegt, dass vor allem in Süddeutschland die breiten Bevölkerungskreise auch über die „feindlichen" Jahrzehnte des 19. Jh. hinweg an barocken Formen festhielten; manch eine handwerklich vorzügliche Wiederaufbauleistung war nur so möglich. (Fenstererneuerung zwar mit Teilung, aber insgesamt bauwirtschaftsfunktionalistisch vereinfacht; Erneuerung der Dachhaut 1988. 2006–07 bergeraumartiger Ausbau des Dachraums durch Verlagerung der historischen statischen Bezüge, eher unorganischer Anbau eines gläsernen Außenaufzugs, damit Reduzierung des Lichteinfalls ins Treppenhaus 2007.)

Neureutherstraße 23. Die Trassierung der Neureutherstraße und also Arrondierung der Baugründe wurde in landwirtschaftlich und gärtnerisch genutzte Flächen hinein vorgenommen. Die wenigen Gebäude, die auf den Wiesen standen, waren zumeist Stadel, Schober und Remisen. Die Parzellen der heutigen Nr. 21, 23 und 25 machte ein lang gestreckter Stadelbau aus, der im Vorfeld der Fundamentierung der Neubauten niedergelegt worden war. Mit der Nr. 23 entstand 1896 ein zweiflügeliger, verhältnismäßig schlichter Mietshausbau, dessen Baumassenverteilung mit derjenigen des östlich benachbarten Anwesens korrespondiert. Bauwerber war Josef Niedermeier, Planer Philipp Sturm. Den Eingang steckte Sturm in die tief in die Parzelle reichende Seitenfassade, das Treppenhaus am Hofwinkel erschließt drei Wohnungen je Etage (die Stuckzier des Deckenspiegels im Eingangsbereich erhalten). Dachtragwerk und 3. Obergeschoss des Hauses brannten am 13.7.1944 aus, eine Wiedergewinnung des Dachraums als Wohnraum datiert ins Jahr 1953, erweiternd baute man diesen 1990 aus. Die Fassade besticht durch phantasievollen und variationsreichen Stuckdekor, die Obergeschosse übergreifende Lisenen vermitteln zu den Wangenfüßen des mittig in die Dachzone gesetzten, breiten Dachhauses, womit eine Betonung des Fassadenmittelzugs erreicht wurde. Die Erneuerung aller Fenster unter Beachtung historischer Teilung, aber mit übergroßen Oberlichten erfolgte 1979 im Zuge einer Gesamtsanierung der Fassade. (Erneuerung der Ladenzone im Erdgeschoss 1986, Innenrenovierung 1990, wieder Arbeiten an der Fassade 1992.)

Neureutherstraße 24. Als mittlerer Bau der malerischen Dreiergruppe Neureutherstraße 22/24/26 entstand das Mietshaus auf eigens arrondierter, zuvor unbebauter Parzelle. Es wurde 1901,

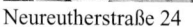

Neureutherstraße 24   Neureutherstraße 22

fünf Jahre nach Vollendung von Nr. 22 westlich an dieses herangebaut. Bauwerber war Otto Bohner, Planer Philipp Avril. Der Erbauer griff bei der Baumassenverteilung auf eine um die Jahrhundertwende weit verbreitete Grundrissdisposition zurück: Dem Riegel an der Straße wurde ein mittiger, weniger breiter Rückflügel angesetzt, die so freigestellten seitlichen Grundstücksgrenzen erlaubten die Einbringung weiterer Belichtungsachsen (Kommunlichthöfe erlaubten überdies geringere Abstandsflächen). Über die Hofdurchfahrt in der östlichen Achse gelangt man zum Treppenhaus am Hofwinkel, die einzügige Podesttreppe erhält Seitenlicht von Norden. (1975 erfolgte die Nachrüstung eines innenliegenden Personenaufzugs und gleichzeitig die Ersetzung der historischen Treppen durch solche in Beton. In diesem Zug verdoppelte man die Zahl der Abgeschlossenheiten.) Eine der Dachwohnungen – die straßenseitige – entspricht dem Frühzustand, 1930 brachte man eine weitere Wohnung im Dachraum unter, die des Hausmeisters. Die Fassade wird in ihrer Großform von einer eher jugendstilig-asymmetrisch bestimmten Disposition geprägt, zwei breite Fensterachsen machen das östliche Fassadenfeld, zwei sehr schmale Fensterachsen das westliche Fassadenfeld aus, dazwischen setzte man ausmittig einen dreiseitigen Polygonalerker in die Fassade. Dieser hebt oberhalb eines Stichbogenfensters im 1. Obergeschoss an (mit sphärisch-konkav, baldachinartig vermitteltem Unterzug), die Deckplatte des zweigeschossigen Erkers bedient den Austritt aus dem hohen Zwerchhaus, schmiedeeisern bewehrt. Die Glätte der Fassade entspricht dem Frühzustand, freilich bei leicht veränderter (1974) Putzstruktur. Die Binnengestaltung der Fassade entlehnt dem beinahe beliebigen Repertoire an Ausführungsmöglichkeiten Formen mit einer Stiltendenz der deutschen Neurenaissance, überaus deutlich am reichen Dekor des Durchfahrtsportals sowie des Zwerchhauses. (Zerstörung des Dachtragwerks des Rückflügels am 13.7.1944.)

bau sitzt mittig oberhalb der Straßenfront und bildet den Hauptakzent. Ansonsten besticht die insgesamt gut überlieferte Fassade durch eine eher schlichte Gestaltung in Neurenaissanceformen: Einheitlich rahmte man die Fenster der Obergeschosse mit geohrten Profilen, zog die Brüstungszonen der Fenster des 2. Obergeschosses auf die Rahmungen der Fenster des 1. Obergeschosses herab. Das Erdgeschoss erhielt eine Putzstreifenrustika, dessen Fenster stilisierte Scheitelsteine. Bemerkenswert ist das Fortlaufen geschosstrennender Gurtgesimse auch über die östliche Seitenfassade hinweg, hier gestaltete man auch die Fenster mittels ornamentierter Rahmungen (die weniger bedeutenden Seitenfassaden erhielten diese Behandlung nicht grundsätzlich, vgl. Nr. 22). (Behutsame Fassadenrenovierung 1982, Fenster- und Balkontürenerneuerung nach rückwärts 1986, Erneuerung der Dachhaut 1996–97.)

Neureutherstraße 26. Wiederum auf zuvor unbebauter Fläche entstand 1901–02 der westliche Bau der malerischen Dreiergruppe Neureutherstraße 22/24/26, ein Jahr nach Beginn der Arbeiten am mittleren der drei Häuser und sechs nach Abschluss der Arbeiten an Nr. 22. Wie bei Nr. 24 war Bauwerber Otto Bohner und Planer Philipp Avril. Das erheblich tiefe Gebäude erhielt einen zweifachen Rücksprung der westlichen Seitenfassade sowie eine Einklinkung der Baulinie entlang der östlichen Grundstücksgrenze, wodurch ein Binnenlichthof entstand, den Nr. 26 und Nr. 24 gemeinsam ausbilden. Der Eingang von der westlichen Seite her führt über ein hohes Zwischenpodest zum Treppenhaus, das Licht von Osten empfängt; drei Wohnungen sind gemäß Eingabeplan in jeder Etage untergebracht. Wie bei Nr. 24 macht eine gewisse Fassadenglätte den Frühzustand aus, bei freilich nachträglich veränderter Putzstruktur. Den Hauptakzent der Straßenfront bildet ein breiter, zweiachsiger und dreigeschossiger Flacherker mit schmalen Seitenfenstern, der bezeichnenderweise ausmittig angesetzt worden ist. Die Binnengestaltung des Erkers mag als spielerische Anverwandlung von Neurenaissanceformen angesehen werden. Bis zur Kriegszerstörung des Dachtragwerks am 13.7.1944 (dabei wurden auch 3. und 4. Obergeschoss zerstört, das ganze Anwesen unbewohnbar) prägte das Erscheinungsbild der Straßenfront ein hohes Dachhaus mit reich verziertem Schweifgiebel. (Fassadenrenovierung 1981, Liftanbau, Erneuerung/Ertüchtigung der Fenster und Erneuerung der Dachhaut 1993–94.)

Neureutherstraße 25

Neureutherstraße 27

Neureutherstraße 26

Neureutherstraße 25. Auf eigens arrondierter Parzelle, die bis dahin nur mit einem einfachen Stadel bebaut war, ließ sich Gustav Volkmann von Wilhelm Schmid 1897–98 das Mietshaus errichten. Die westliche Grundlinie erhielt eine Einklinkung, die zusammen mit der Einklinkung des ein Jahr früher erbauten Nachbaranwesens Nr. 27 eine Abstandsfläche erbrachte, die für weitere Durchfensterungen an beiden Anwesen genehmigungsfähig war. Der Eingang in der östlichen Seitenfassade führt zum Treppenhaus am Hofwinkel, in jeder Etage sind gemäß Eingabeplan drei mittelgroße Wohnungen untergebracht. Schon bauzeitlich war der Dachraum mit einer Atelierwohnung bestückt, ein hohes Dachhaus mit Wangen, die in stehenden Voluten auslaufen, nahm ein großflächiges, nordwärts ausgerichtetes Fenster auf (eigener Genehmigungsschritt für Georg Hausenstein, als Fotoatelier mit Dunkelkammer). Der charakteristische Dachauf-

Neureutherstraße 27. Als früheres Haus der Zweiergruppe Neureutherstraße 25/27 ließ Leonhard Walch 1896 das Anwesen nach seiner eigenen Planung erbauen. Die östliche Grundlinie erhielt eine nach rückwärts durchgreifende Einklinkung und gewährleistet so eine Kommunabstandsfläche mit dem ein Jahr später begonnenen Mietshaus Nr. 25. Notwendige, zusätzliche Belichtungsachsen konnten somit eingebracht werden und halfen, zwangsläufige Dunkelzonen zu minimieren. Der Eingang von der westlichen Seitenfassade führt zum weitgehend original erhaltenen Treppenhaus am Hofwinkel, gemäß Eingabeplan drei Wohnungen in jeder Etage werden von diesem erschlossen. Die Fassade des Anwesens ist ein spätes Beispiel für die Anverwandlung in Neurenaissanceformen: Oberhalb eines Erdgeschosses mit Putzstreifenrustika und Rundbogenfenstern mit stilisierten Scheitelsteinen scheiden zwei Gurtgesimse das 1. und 2. Oberge-

◁ Neureutherstraße 28

Neureutherstraße 29   ▷

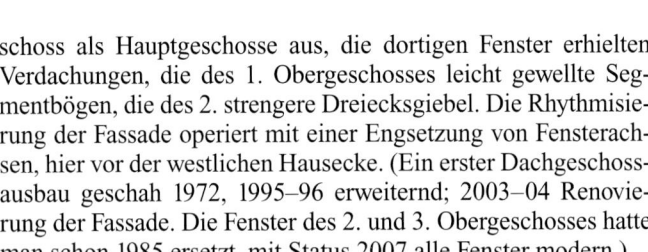

schoss als Hauptgeschosse aus, die dortigen Fenster erhielten Verdachungen, die des 1. Obergeschosses leicht gewellte Segmentbögen, die des 2. strengere Dreiecksgiebel. Die Rhythmisierung der Fassade operiert mit einer Engsetzung von Fensterachsen, hier vor der westlichen Hausecke. (Ein erster Dachgeschossausbau geschah 1972, 1995–96 erweiternd; 2003–04 Renovierung der Fassade. Die Fenster des 2. und 3. Obergeschosses hatte man schon 1985 ersetzt, mit Status 2007 alle Fenster modern.)

Neureutherstraße 28. Auf zuvor unbebautem Grund entstand 1897–98 das Mietshaus, es bildet eine baugeschichtliche Einheit mit dem Eckhaus Isabellastraße 4, an das es westlich herangerückt ist. Die Baueinheit Neureutherstraße 28 besteht in einer Art von Zweiflügelanlage: Die nördliche und westliche Grundlinie schlug man rückwärtig tief ein, um im so entstandenen Hofwinkel weitere Belichtungsachsen unterbringen und Dunkelzonen minimieren zu können. Bauwerber und Erbauer in Personalunion war bei beiden Gebäuden Georg Schindler. Der in die östliche Seitenfassade gelegte Hauszugang (beachtlicher Neurokoko-Stuck im Deckenspiegel des Eingangs) führt zum Treppenhaus am Hofwinkel. Zwei Wohnungen in jeder Etage werden von der doppelläufigen Podesttreppe, der seit 1986 nördlich ein Personenaufzug anliegt, erschlossen. Die Ladennutzung des Erdgeschosses entspricht dem Frühzustand. Im Unterschied zu Isabellastraße 4 konnte das Anwesen seine Fassadengestaltung in schlichten, aber gut überlieferten Neurenaissanceformen be-

wahren, typisch die geschossweise Variation von Fensterverdachungen. (Fassadenrenovierung 1984, Dachgeschossausbau 1985, Gauben mit aufgeglasten Wangen, die östliche Gaube überschneidet den Grat der Dachausmittlung. Instandsetzung der Fassade, der Fenster, von Treppenhaus und Kellergeschoss sowie Reparatur der Dachhaut 2005, Instandsetzung des Dachstuhls 2006, des Gartenzauns im selben Jahr.)

Neureutherstraße 29. Auf zuvor unbebauten Grund plante der Bauunternehmer Xaver Aumiller 1896 für Martin Aumiller einen mächtigen Eckbau, der südlich und östlich freisteht. Xaver Aumiller ist als einer der größeren Bauunternehmer anzusprechen, die die Erweiterung der Maxvorstadt betrieben (vgl. u. a. Neureutherstraße 14 sowie die früheren Häuser Georgenstraße 22 und 24). Noch vor Bauabschluss gelangte der Rohbau in den Besitz von Leonhard Walch, der just in diesem Jahr das östliche Nachbargebäude Nr. 27 errichtete. Walch beauftragte Josef Geissler mit einer veränderten Fassadentektur und sorgte dafür, dass seine beiden Anwesen Nr. 27 und Nr. 29 einander in der Wahl des Neurenaissance–Fassadenzierrats entsprachen. Der schmale Hauszugang erfolgt mittig von der Neureutherstraße her, liegt somit östlich des Kinos, links befindet sich ein Ladengeschäft. Rückwärtig befindet sich ohne Ausbau über die Grundlinie das Treppenhaus, die dreiarmige Podesttreppe erschließt drei Wohnungen in jedem der Obergeschosse, dies schon gemäß Eingabeplan. 1919 baute Max Kammerer für Marie

◁ Neureutherstraße 31, 33, 35, 37 (von links), mit Isabellastraße 1 (links außen)

Neureutherstraße 39

Zach „Zach's Lichtspiele" im Erdgeschoss ein und begründete damit die bis heute (Status: 2008) fortbestehende Nutzung des Erdgeschosses. Marie Zach war die Inhaberin des Lichtspieltheaters am Ostbahnhof sowie der Karin-, Isabella-, Rumford-, und Franziskaner-Lichtspiele. Infolge von Luftdruck und Splittern erlitt das Gebäude erheblich Schaden (13.7.1944), im Zuge der Wiederherstellung kam es zu einer Schlichtung der Fassade und zur Zusetzung der westlichen Fensterachse an der Neureutherstraße, wodurch eine schier unausgewogene Fensterachsen-Ponderation entstanden ist. Einen Eindruck von der ursprünglichen Fassadenpracht vermittelt die östliche Umgriffsachse der dortigen Seitenfassade.

Neureutherstraße 31/33/35/37. Die 1925–27 auf freiem Areal nach der kritischen Zeit der Währungsreform von 1923 für den Regierungsassessor Dr. Hermann von Wehner (Sohn des zentrumsnahen Kultusministers Anton von Wehner im Kabinett von Podewils) von Architekt Heinrich Hüther errichteten Häuser Isabellastraße 1 und Neureutherstraße 31/33/35/37 bilden baugeschichtlich und gestalterisch eine einheitliche Wohnanlage. Nr. 31 stellt das die Fassadenabwicklungen vermittelnde Eckhaus dar. Entsprechend hob Hüther den Fassadenstoß mit spitzbogigen Fensteröffnungen im Erdgeschoss hervor, Blankziegelfelder betonen die Ecksituation. Im Eckhaus sind die größeren Wohnungen der Anlage untergebracht, erschlossen von einem Treppenhaus, das im Unterschied zu demjenigen in Isabellastraße 1 nicht rückwärtig, sondern an die vordere Grundlinie gelegt worden ist. Neureutherstraße 33, 35 und 37 zeichnen sich durch eine verwandte Grundrissdisposition aus, die jeweils schmäleren Parzellen bedingten jedoch Wohnungszuschnitte mit weniger Wohnräumen. Äußerlich behandelte Hüther die Fassaden weitgehend gleich, schrieb die Eingänge eigenen, seichten Wandvorlagen ein, mit denen er jeweils die mittlere Achse hervorhob. Bei Nr. 33 und 35 verzichtete er im Unterschied zu Isabellastraße 1, Neureutherstraße 31 und 37 auf eine Instrumentierung durch den Wechsel von Blankziegeln und Putzflächen. Einheitlich legte er den Bauten schlichte Putzrustiken im Erdgeschoss vor, einheitlich artikulierte er die Fassadenabwicklung mit durchlaufenden, geschosstrennenden Gurtgesimsen und einheitlich erhielten die Dachgauben kielbogenförmige Verdachungen. Stilgeschichtlich lassen sich die Fassaden als Ergebnisse eines versachlichten Nachklangs des Mietshausbaus der Zeit vor dem Ersten Weltkrieg würdigen, ideenreiche Binnenformen, wie etwa die Verdachungen der Gauben, beschreiben eine expressionistische Freiheit, wie sie nicht mehr lange ausgelebt werden konnte. (1996 erfolgte die Adaptation des Spitzbodens von Nr. 31 zur zweiten Dachwohnung. Bei Nr. 33 verfuhr man ähnlich, darüber hinaus schuf man hinter dem charakteristischen Giebel oberhalb der Eingangsachse einen Austritt. Bei Nr. 35 erfolgten 2002 die Instandsetzungen von Fassade, Fenstern und Balkonen. 2004 erneuerte man die Dachhaut bei Nr. 31.)

Neureutherstraße 39. Gruppe mit Tengstraße 4 (s. dort). Das viergeschossige Mietshaus mit Gastwirtschaft entstand (wie das benachbarte Eckhaus Tengstraße 4) im Auftrag des Bauunternehmers Ludwig Amann nach Tekturplänen von Ludwig Dinglreiter vom September 1904. In der Fassadengestaltung verbinden sich Merkmale der deutschen Renaissance und des Jugendstils. Im rustizierten Erdgeschoss die Korbbogenöffnungen des Gastlokals, seines Eingangs (rechts) sowie der Haustür, die samt Vestibül (mit Stufen) und Treppenhaus an den linken Gebäuderand gelegt ist. In den Obergeschossen, mit flachem zweiachsigem Mittelerker und darüber geschweiftem Zwerchhaus vor dem Teil-Dachausbau, jeweils eine Fünfzimmerwohnung. Die Elemente der Ausstattung sind gut erhalten, zu erwähnen vor allem die Wohnungstüren mit Jugendstilsupraporten und die originalen Fenster.

Neuturmstraße

(Vgl. Ensemble Altstadt, Kern des Graggenauer Viertels.) Benannt nach dem zylindrischen nordöstlichen Eckturm der Stadtbefestigung, der im 15. oder 16. Jh. an das ältere Wurzer- oder Kosttor östlich angebaut worden war und mit diesem 1872 abgebrochen wurde (vgl. Am Kosttor/Vorspann). Die von dem damals entstandenen kleinen Platz am Kosttor südwärts entlang der Außenseite der hier bis 1879 abgebrochenen Stadtmauer nach Genehmigung von 1875 bzw. 1877 angelegte Straße war Teil einer geplanten Verbindung zwischen der Maximilianstraße im Norden und dem Tal im Süden (vgl. Hochbrückenstraße). Von der großstädtischen, späthistoristischen Neubebauung ab 1878 (auf versteigerten Grundstücken) sind nur die Häuser Nr. 1 und 3/3a an der Westseite erhalten, Nr. 5 (Ecke Am Kosttor) ist ein Nachkriegsneubau statt eines kriegsgeschädigten Neurenaissancegebäudes, Fortsetzung der Zeile Nr. 1/3/3a, erbaut als Hotel Roth mit Café-Restaurant (Arkadenfenster im Erdgeschoss) 1878/79 von Kilian Stützel für Baumeister Anton Roth (seit 1912 Kleinkunstbühne Bonbonnière). – Ostseitig heute im Südteil bis zur Hildegardstraße ein großes Parkhaus von 1963–68 (Nr. 2), nördlich der 2002 vollendete Erweiterungsbau (Probebühne) der Kammerspiele (vgl. Falckenbergstraße/Vorspann) und das stark erneuerte Wohnhaus Falckenbergstraße 7 (mit Neuturmstraße 10 als Westteil, vgl. Am Kosttor 2). (Siehe Flurkarte S. 316)

Neuturmstraße 1. Der monumentale Neurenaissance-Eckbau der ehem. „Centralsäle" – heute Hotel – entstand 1876–80 an der Stelle des Südteils der lang gestreckten Hofbräuhaus-Malzmühle; den vom Staat 1875 versteigerten Bauplatz erwarben die Baumeister und -unternehmer Anton Roth und Johann Kilian Stützel, letzterer ab Ende 1877 Alleineigentümer und zugleich Entwerfer des Neubaus, der eine ähnliche Funktion als kommerziell genutztes Mehrzweck-Gesellschaftshaus erfüllte wie das kurz zuvor realisierte (kriegszerstörte) „Kolosseum" (vgl. Chevalley/Weski 2004, S. 364). Das dreiseitig freistehende Centralsäle-Gebäude, mit seiner (ursprünglichen) Traufhöhe und stilistisch eine südliche Fortsetzung der gleichzeitig von Roth und Stützel errichteten Hofbräuhaus-Kunstmühle (s. Neuturmstr. 3/3a), entstand über einem Abschnitt des seinen Ostteil der Länge nach durchziehenden, 1967 stillgelegten Malzmühlbaches. Im Kellerbereich sind in voller Gebäudelänge (56 m) Fundamente der ehem. inneren (älteren) Stadtmauer vom späten 13. bis An-

Neuturmstraße 1 ▷

Neuturmstraße 1, Mittelrisalit

fang des 14. Jh. erhalten – über mächtigen Nagelfluhquadern aufgehendes Ziegelmauerwerk –, welche die Westwand des ehem. Bachbettes bilden.

Planung und Bauausführung waren mit laufenden Änderungen und Genehmigungsproblemen verbunden. Erste Pläne von 1876 sahen ein Wohn- und Wirtschaftsgebäude mit Gaststätte im Erdgeschoss und Wohnungen in den drei Obergeschossen vor. Genehmigt wurde 1877 ein wegen geänderter (vorverlegter) Baulinie an der neuen Neuturmstraße (s. Vorspann) grundlegend überarbeitetes Projekt. Nach Aufsetzen des Daches am 17. Juni 1878 wurde am 12. Juli der Rohbau angezeigt, am 9. Januar 1880 der Wohnungs-Consens erteilt. Doch war die Wohnnutzung inzwischen weitgehend zugunsten der „Centralsäle" reduziert worden – die definitive Innenaufteilung verdeutlichen die Tekturpläne von 1879/80. 1880 wurde ein „zweites Treppenhaus zum Saalbau" eingebaut, letzterer mit einem Maskenball am 17. Januar 1880 eröffnet.

In dem unregelmäßig-engmaschigen Bereich am östlichen Altstadtrand setzt das äußerlich anspruchsvoll gegliederte, an den Wiener Ringstraßenstil gemahnende Eckhaus einen die platzartige Situation an der Vereinigung mehrerer schmaler Straßen beherrschenden Akzent; die vorgeschobene, zugespitzte Südostecke des trapezförmigen Blocks wurde durch einen gerundeten, drei Fensterachsen umfassenden Turm betont, den ursprünglich ein achteckiges Steildach vom französischen Typ mit Belvedere-Plattform abschloss. Nicht mehr erhalten ist auch der den Gaststätteneingang am Rondell markierende viersäulige Balkon. Die beiden reich instrumentierten Straßenfronten – die fünfachsige im Süden an der Bräuhausstraße und die 14 Achsen lange östlich an der Neuturmstraße – werden durch den gesteigerten Aufwand der ursprünglich von Attiken bekrönten, mehrachsigen Mittelrisalite unterteilt; der Ostrisalit kennzeichnete die Lage des Haupteingangs sowie (in etwa) des großen Ballsaals darüber. Das kräftig horizontal rustizierte Erdgeschoss weist heute nur noch im Süden und am Eingangsrisalit Arkaden auf, sonst (durch ein Zwischengeschoss geteilte) durchgehende Rechtecköffnungen zwischen Pfeilern. Die Fenster im 1. und 2. Stock sowie im Obergeschoss der Risalite sind durch Segment- und Dreiecksgiebel bereichert, die in ihrer rhythmischen Verteilung Schwerpunkte setzen; ansonsten im 3. Stock Pilastergliederung sowie Girlandendekor über den Fenstern. Den originalen Abschluss bildete ein dreiteiliges Gebälk mit Girlanden im Fries.

Im (später mehrfach stark veränderten) Inneren nahm die Erdgeschoss-Südhälfte die von Eisensäulen unterteilte weiträumige Schwemme der Gastwirtschaft ein, über ihr lag im 1. Stock der sog. Kleine Saal (Restaurant mit Vertäfelung und Stuckdekor). Das Haupttor im Osten verband ein Eingangsflur mit reicher Wandgliederung mit dem weiträumigen Vestibül nebst nördlich anschließender repräsentativer, einläufiger Haupttreppe (Granitstufen, stuckierte Wandgliederung); sie führte zum 30 x 18 m großen Redouten- oder Ballsaal, der etwa in der Mitte der Südseite das 2. und 3. Obergeschoss einnahm, mit halbrunder Exedra in der Mitte der südlichen Schmalseite, Empore gegenüber im Norden und einer Empore auch im Westen über der hofseitigen Abseite (wohl Wandelhalle); die Wandgestaltung in Neurenaissanceformen war zweigeschossig mit dorisierenden Pilastern im unteren Bereich und korinthisierenden darüber; den Abschluss bildete über hoher Voute eine reich dekorierte Spiegel-

decke. Dieser Mehrzwecksaal, u. a. bis zur Eröffnung des Deutschen Theaters 1896 (vgl. Chevalley/Weski 2004, S. 581) Hochburg des Münchner Faschings, wurde 1897 zu Theaterzwecken adaptiert (Bühne im Süden, Garderoben in der südlich anschließenden, stützengeteilten Halle). Von 1897 bis zur Eröffnung des neuen Schauspielhauses 1901 (vgl. Maximilianstraße 26/28) hatte hier das durch seine Pflege des modernen Repertoires renommierte Ensemble seinen provisorischen Sitz. 1901 erfolgten Baumaßnahmen (u. a. Nottreppe) noch für Kilian Stützel, 1914 eine Renovierung der Innenräume durch seinen Sohn und Erben, den Architekten Ernst Stützel.

Das 1919 an einen Privatier verkaufte Anwesen ging 1920 in das Eigentum der Vertriebsgesellschaft deutscher Baumwoll-Nähfaden-Fabriken (kurz Nähfadenvertrieb) über, die es in der Folge für ihre Zwecke gründlich umbauen ließ (Lager- und Arbeitsräume, Büros, Einbau von Zwischendecken, Aufstockung um das bestehende niedrigere 4. Obergeschoss, Beseitigung des Turmhelms; vgl. den in Häuserbuch I dargestellten Zustand um 1939). Nach Luftkriegsschäden im oberen Bereich erfolgte eine Wiederherstellung mit provisorischem flachem Satteldach samt Einbau von Arbeitsräumen an der Hofseite des Dachraumes (Plan 1946 von Hermann Alker) noch im Auftrag der Nähgarnvertrieb GmbH. Um 1977 wurde das Gebäude zum „Antic Haus" adaptiert, einem großen, mehrgeschossigen Verkaufszentrum mit Antiquitätenläden, das 1981/82 durch Erwin Schleich aufwendig umgebaut wurde; u. a. erhielt der Eckturm wieder ein Kuppeldach, die bisher schlichte, dem Hofbräuhaus-Biergarten zugewendete Hofseite eine reichere Gestaltung; weiterer Dachausbau. Auch die Restaurierungswerkstätte des BLfD war zeitweise im Haus untergebracht. 1988/89 erfolgte der Umbau zum vornehmen Hotel Rafael durch das Architekturbüro Hentrich und Petschnigg; seit 2000 Hotel Mandarin Oriental. – Im Inneren waren aus der Bauzeit bis zu jüngsten Umbaumaßnahmen noch Eingangsflur, Haupttreppe und Decken mit Stuckfeldern erhalten, weitere Stuckdecken und historisierende Details sowie die geschwungene Freitreppe in der großen Südhalle im Erdgeschoss (jetzt Restaurant) stammen vom Umbau zum Antic-Haus.

Neuturmstraße 3/3a, Walzenboden

Neuturmstraße 3/3a, Transmissionen

Neuturmstraße 3/3a, Hofbräu-   ▷
haus-Kunstmühle; Aufn. 1994

Neuturmstraße 10

Neuturmstraße 3/3a. *Hofbräuhaus-Kunstmühle.* Die einzige heute noch arbeitende Mühle im Kernstadtbereich – seit 1921 Hofbräuhaus-Kunstmühle Jakob Blum, noch in gleichem Familienbesitz – ist Nachfolgebau der 1703 von Kurfürst Max Emanuel gegründeten Malzmühle des kurfürstl. Weißbräuhauses (vgl. Platzl 9). Consonis Stadtplan von 1806 und noch Wenngs Atlas von 1850 zeigen parallel zur Rückseite des Hofbräuhauses, im Bereich der (inneren) mittelalterlichen Stadtmauer, den lang gestreckten Mühlenkomplex an der Westseite des Malzmühlbaches; damals existierte auch noch die jüngere, äußere Stadtmauer (Zwingermauer) des 15. Jh. mitsamt dem vorgelegten Stadtgrabenbach, bis hier 1875/77 die Neuturmstraße angelegt wurde (s. Vorspann). Das vom Staat 1875 versteigerte Areal der abgebrochenen Mühle erwarben die Baumeister Anton Roth und Johann Kilian Stützel, welche die großstädtische Häuserreihe Nr. 1, 3/3a und 5 aufführten. Mittelteil der Reihe ist das 1878/79 erstellte Gebäude Nr. 3/3a, die neue (private) Hofbräuhaus-Kunstmühle samt ihr straßenseitig vorgelegtem Wohn- und Geschäftshaus, das (da ab 1878 vorübergehend zwei verschiedenen Eigentümern gehörig) mit durchgehender Trennwand und eigener Treppe in jeder Hälfte ausgeführt wurde (ab 1884 waren Roth und Stützel wieder Eigentümer). Der nur von der Straße her belichtete fünfgeschossige Osttrakt, mit Läden im Erdgeschoss und (ehemals) Wohnungen darüber, weist – analog zu Nr. 1 und ehemals 5 – eine reich gegliederte Fassade in dem in dieser Phase vorherrschenden, sich an der italienischen Hoch- und Spätrenaissance orientierenden Stil auf. Das Erdgeschoss mit Pfeilerteilung und das 1. Obergeschoss mit Rundbogenfenstern sind als kräftig rustizierter Sockel (Quaderung im Erdgeschoss heute nur gemalt) zusammengefasst, die Geschosse darüber durch Fensterädikulen palastartig interpretiert; über dem letzten Geschoss, das auf Fenstergiebel verzichtet, bildet ein Konsolgesims den Abschluss. Die mittlere und die jeweils äußeren Achsen unterteilen als flache Risalite die lang gestreckte, insgesamt 11 Achsen umfassende Fassade; die Risalite sind durch Balusterbalkone bereichert, die an den äußeren Achsen durch toskanische Säulen, die im 2. Obergeschoss Loggien bilden, verbunden sind. Die rechte Hälfte (Nr. 3a) wird durch Vestibül in der rechten Außenachse und Treppe links davon erschlossen (beide modernisiert); in der zweiten Achse von links durchzieht Nr. 3 die Einfahrt zur Mühle. Der rückwärts anschließende viergeschossige Mühlentrakt wendet seine schmucklose Fassade dem gassenartigen Hofbereich hinter dem Hofbräuhaus zu. In der heute noch Weizen verarbeitenden Mühle, die zu Münchens relativ seltenen Industriedenkmälern zählt, blieb die 1928 eingebaute maschinelle Einrichtung weitgehend erhalten, während die frühere Francisturbine im Keller über dem 1967 stillgelegten Mühlbach ausgebaut wurde.

[**Neuturmstraße 10/Falckenbergstraße 7.** Baugruppe mit Am Kosttor 2, s. dort; um 2005 durch Restaurierung aufgewertet.]

Nieserstraße

Auf Consonis Stadtplan (1806) Hebammen Gässchen (zwischen Rosental und Sebastiansplatz), 1906 nach dem Schauspieldirektor Joh. Bapt. Nieser († 1811) benannt. Vor der Ostseite des Stadtmuseums beim Wiederaufbau des Siegestores (s. dort) nicht verwendete Fragmente, hier 1995 nach Art einer Installation von Gabriele Henkel präsentiert. (Vgl. Sebastiansplatz/Vorspann und Nr. 3.)

Nieserstraße, Fragmente vom Siegestor; Aufn. 1995

Nordendstraße (Südteil bis Georgenstraße)

Die seit 1876 so benannte Straße am damaligen Nordende des Weichbildes beginnt an der Blütenstraße (s. dort); sie nimmt an Bedeutung und Breite von der spitzwinkligen Einmündung der Barer Straße (s. dort) zu, die von ihr als Verkehrsachse – seit 1894 mit Straßenbahn – nordwärts bis zum Kurfürstenplatz fortgesetzt wird. Sie bildet die westseitige Begrenzung des unter Kurfürst Max Emanuel angelegten, ab 1811 zugeschütteten Türkengrabens; ihr entspricht unweit östlich die parallele Kurfürstenstraße (s. dort); beide sind nicht in den rechtwinkligen klassizistischen Raster der Maxvorstadt eingebunden und wurden zur Bezugsachse des erst um 1900 angelegten und bebauten großstädtischen Mietshausviertels um den Elisabeth- und Kurfürstenplatz in Schwabing West. Im Unterschied dazu sind Nordend- und Kurfürstenstraße bis heute noch durch einen merklich vorstädtischen Charakter gekennzeichnet.

Nordendstraße 12. Nach Niederlegung einer bescheidenen Vorbebauung, die mittig zwischen den Grundstücksgrenzen an der Kurfürstenstraße (O) und der Nordendstraße (W) lag, entstanden die heutigen Häuser Kurfürstenstraße 7 und Nordendstraße 12 gleichzeitig und bei gleicher Personnage. J. Schreyer errichtete die Häuser ab 1896 für Georg Bertele. Die Baumassenverteilung nahm Schreyer in einer der Grundstückstiefe angepassten Form vor, er disponierte einen südlichen Rückflügel, in den hinein er auch den Zugang legte. Das Treppenhaus am Hofwinkel und von diesem her belichtet erschließt gemäß Erstzustand drei mittelgroße Wohnungen je Etage. Im Luftkrieg erlitt das Haus erheblichen Schaden: In der Nacht vom 9. auf den 10.3.1943 machten ein Brandbombentreffer, in dessen Folge der Dachstuhl ausbrannte, und Löschwasser das Haus vollständig unbewohnbar; am 13.7.1944 schlug eine Minenbombe in die Fahrbahn ein und beschädigte die Fassade zusätzlich. Die Wiederherstellung erfolgte reduzierend, was vor allem an der Südpartie des Hauses, hier in der verminderten Höhenentwicklung ablesbar geblieben ist. Doch konnte das Gebäude Abschnitte seiner Putzstreifenrustika im Erdgeschoss wie auch die neubarock aufgefassten Fensterverdachungen samt Sturzfelder bewahren und freilich blieb die charakteristisch variierende Eng- und Weitsetzung der Fensterachsen als das entscheidende Mittel der Rhythmisierung nachvollziehbar. (In den 1970er Jahren Ersetzung der Fenster zu solchen mit Einscheibenverglasungen; Fassadenrenovierung 1981–82.)

Nordendstraße 15; Aufn. 1995   ▷

Nordendstraße 12; Aufn. 1995

Nordendstraße 15. Auf zuvor unbebautem Grund ließ Georg Bertele, der Eigentümer zahlreicher Anwesen in der nördlichen Maxvorstadt war, durch den viel beschäftigten Architekten Georg Müller das bestehende Mietshaus 1897–98 errichten. Dem Riegel an der Straße schloss er auswinklig einen tiefen Rückflügel an. Seitengebäudeartig verbindet dieser Vorderhaus und Rückgebäude, das tief im Grundstück liegt. Die Durchfahrt in der südlichen Achse führt zum rückwärtigen Treppenhaus, das am Hofwinkel zum Liegen kam und gemäß Eingabeplan zwei Wohnungen je Etage erschließt. Ursprünglich überhöhte ein Dachhaus mit Dreiecksgiebel die Fassade, leicht ausmittig wie der darunterliegende, drei Geschosse übergreifende schmälere Erker. Dieses ging zusammen mit der großen Dachwohnung infolge eines Nahtreffers im Juli 1944 unter. Wie vielerorts ist die Fassade somit unvollständig überliefert. In guter Neurenaissance-Manier wurde auch das 1. Obergeschoss rustiziert und so formal als Sockel behandelt, die Geschosse darüber als Hauptgeschosse ausgeschieden, dabei Sturzfelder und Brüstungszonen auf Stoß verklammert. Weitere erhaltene Neurenaissancemerkmale sind die Rhythmisierung durch Eng- und Weitsetzung von Achsen, die gemeinsame Verdachung eng gesetzter Fensterachsen sowie u. a. stilisierte Scheitelsteine. (Der erwähnte Sprengbombentreffer zerstörte Seiten- und Rückgebäude fast vollständig.)

Nordendstraße; Flurkarte, M. 1:2500

Nymphenburger Straße, Ostteil; Flurkarte, M. 1:5000

Nymphenburger Straße (Ostteil)

Von der insgesamt 2,75 km langen, breiten Hauptachse, die in Fortsetzung der Brienner Straße (s. dort), am (Fragment gebliebenen) Rondell des Stiglmaierplatzes (s. dort) beginnend, den Münchner Nordwesten erschließt, wird im vorliegenden Band lediglich der in der westlichen Maxvorstadt gelegene Abschnitt bis zur einstigen Grenze des erst 1890 eingemeindeten Neuhausen behandelt. Der alte Verkehrsweg nach Neuhausen (mit Edelsitz, später Jagdschloss) und weiter in Richtung Augsburg wurde in der kurfürstlichen Zeit als höfischer „Fürstenweg" Verbindung zwischen der Residenz und dem Sommerschloss Nymphenburg, seit 1770 von einer (1907 ausgewechselten) Lindenallee gesäumt. In der 1. Hälfte des 19. Jh. war der stadtnahe Ostteil der „Chaussee von Nymphenburg" (Stadtpläne 1812, 1826) noch wenig bebaut. Einerseits entstanden hier – hinter Vorgärten – vornehme Gartenvillen, andererseits im Bereich um die Sandgruben an der Niederterrasse (vgl. Sandstraße) Kleinhäuser sozial niedrigen Standards, später auch schlichte vorstädtische Reihenhäuser. Die Niederterrasse bot sich zur Anlage von Bierkellern an; so entstand nordseitig am Straßenbeginn ab 1820 der laufend wachsende Komplex der Löwenbrauerei samt Bierkeller und Großgaststätte (vgl. Nr. 2, 4), der auch auf die Südseite (s. Nr. 5) übergriff, und (Nr. 10) westlich der Sandstraße der Arzberger Keller (Spatenbräu), in der letzten Gestalt bis zur Zerstörung im Luftkrieg ein 1881/82 von Gabriel Seidl erbauter „Bierpalast" in deutscher Renaissance mit großem Saal – eine Hochburg des Münchner Faschings und auch politischer Treffpunkt unterschiedlicher Couleur. (Auf dem Areal – heute Nr. 16 – wurde 1972–77 das vielgeschossige, weitläufige Strafjustizgebäude von Kaup, Scholz, Wortmann und dem Landbauamt München errichtet, das den axialen Blickpunkt von den Propyläen her bildet.) Auch einige Künstler und Kunstwerkstätten ließen sich hier nieder: An der Ecke der Erzgießereistraße (s. dort) stand die klassizistische Villa (ehem. Nymphenburger Straße 22) des Erzgießers Ferdinand von Miller, erbaut um 1830/32 von Leo von Klenze und Ulrich Himbsel (kriegszerstört; heute siebengeschossiges „Begra-Haus"). Die 1907 von Oswald E. Bieber östlich daneben errichtete Graphische Kunstanstalt Brend'amour, Simhart und Co. in klassizisierendem Neo-Biedermeier, nach Kriegsschäden erneuert, wurde 1995–98 durch den bestehenden Bürohauskomplex Nr. 20 von Peter Lanz ersetzt. An der Südseite der Straße (ehem. Nr. 41, s. dort) hatte sich 1872 der Allroundkünstler Lorenz Gedon († 1883) ein bereits bebautes Anwesen gekauft und ließ es 1875 nach eigenem Plan durch Georg Lenbach zur malerischen Villa nebst Atelier und Kunstwerkstätten ausbauen. Weiter westlich (Nr. 53) stand die Villa des Malers Edmund Harburger († 1906).

Nymphenburger Straße 10, ehem. Arzberger Keller (zerstört); Aufn. 1912

Ehem. Villa von Ferdinand v. Miller (vormals Nymphenburger Straße 22, zerstört); Aufn. um 1939/42

In der Zeit des späten Historismus und des Jugendstils entstanden zunehmend stattliche Mietshäuser, bis zum Zweiten Weltkrieg in heterogenem Verbund mit Villen, älteren, niedrigeren vorstädtischen Typen sowie gewerblichen Anlagen. Südseitig am Straßenbeginn (Nr. 1) stand bis zum Luftkrieg das neuklassizistische Großkino „Gloria-Palast" (1926 von Ludwig Grothe; Wohnhausum- und -neubau), daneben (Nr. 3) die spätklassizistische Villa des Hofwachsziehers Joseph Gautsch († 1933).

Nach schweren Luftkriegsschäden und Verwüstungen (auch des Baumbestandes) war die Straße lange durch Verwahrlosung geprägt (u. a. Parken und Altwagenhandel in den Vorgartenstreifen, Tankstellen, Straßenstrich). Erst im Hinblick auf die Olympischen Spiele 1972 wurde ein rehabilitierendes Gestaltungsprogramm realisiert. Nach Ersatz der Straßenbahn (Pferdebahn schon seit 1876 bis zur damaligen Stadtgrenze) durch die U-Bahn (eröffnet 1983) entwickelte sich das heutige eindrucksvolle Gesamtbild einer großstädtischen Avenue mit – ab Sandstraße sogar vier – Baumreihen und wiederhergestellten Vorgärten.

Zu Beginn des 21. Jh. erhielt der Anfangsteil der Straße, im Anschluss an die bereits früheren Neubauten um den Stiglmaierplatz (s. dort), beiderseitig durch vielgeschossige Geschäftshäuser mit Glasfassaden ein grundlegend neues Gepräge: südlich durch die Neubauten Nr. 2, Nr. 3 (südwärts bis fast zur Karlstraße sich erstreckender Komplex „Nymphe", 2002/03 von Betz Architekten) und Nr. 5 (s. dort), nördlich durch den Komplex „Nymphenburger Höfe" (s. Nr. 4) auf dem Löwenbräugelände.

Nymphenburger Straße 2. *Löwenbräukeller.* Malerischer Neurenaissance-Gruppenbau (z. T. erneuert) mit vorgelegter Terrasse im Süden; s. auch Nr. 4, [5] und Dachauer Straße 61. Der Löwenbräukeller steht städtebaulich markant situiert im Bereich des einstigen „Riesenfeldwirtes"; die an der Ecke der Nymphenburger und Dachauer Straße gelegene Bierwirtschaft – 1851 Nick. Nass gehörig – ist auf einer aquarellierten Ansicht von Josef Puschkin aus dieser Zeit als zweigeschossiges Satteldachhaus vom ländlichen Typ mit Giebel im Osten und Wirtschaftsteil im Westen dargestellt (Behringer 1991, Abb. S. 149); dieser Bau ist auf J. Pachmayrs Stadtplan von 1803 noch nicht vorhanden (kleinerer Vorgänger), erstmals auf den amtlichen Plänen von 1808 und 1812; 1862 erwarb ihn Ludwig Brey, Besitzer der Löwenbrauerei. Dessen Vater Georg († 1854) hatte bereits um 1820 (nach Behringer 1826) das westlich und nördlich angrenzende, damals zum Unterwiesenfeld gerechnete Areal erworben, das westlich von der Sandstraße begrenzt wird. Im Eckbereich Sand-/Nymphenburger Straße zeigt der Stadtplan von 1826 einen auf einer (künstlichen) Erhöhung im Bereich des (heute kaum noch erkennbaren) Terrassenhanges stehenden Sommerbierkeller samt südlich vorgelegtem Garten. Für die Pläne zu dem schlicht klassizistischen, zweigeschossigen Walmdachbau

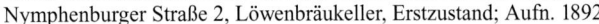

Nymphenburger Straße 2, Löwenbräukeller, Erstzustand; Aufn. 1892

Löwenbräukeller nach Umbau 1896

mit kleinen Annexen an den südlichen Ecken, signiert von Baumeister (Rudolf) Röschenauer und Zimmermeister Peter Erlacher, erhielt „Johann Georg Breu, Bier-Fabrikant zum Löwenbräuer" am 21. September 1820 die Baugenehmigung (StadtAM, LBK 6926); die Keller sind z. T. noch erhalten (s. Nr. 4). An die Nordseite anschließend ließ Georg Brey 1826/27 ein Brauhaus errichten, um das sich in den folgenden Jahrzehnten ein weitläufiger, oftmals erweiterter und umgestalteter Brauereikomplex entwickelte, dessen historische Bausubstanz im Luftkrieg weitgehend zerstört wurde. Das Stammhaus der Brauerei an der Löwengrube (nicht erhalten; ehemals Nr. 17, heute Teil von Nr. 14) wurde 1871 verkauft, der Betrieb endgültig aus der Altstadt ganz an die Nymphenburger Straße verlegt; ab 1885 expandierte die Brauerei auch an deren Südseite (Nr. 5) bis zur Marsstraße (sog. Neubau). 1872 wurde Münchens größte Brauerei eine Aktiengesellschaft. Die bekundete ihre Bedeutung im späten 19. Jh. durch den Bau – in zwei Abschnitten – eines der zeittypischen (im Luftkrieg meist zerstörten oder seitdem reduzierten) „Bierpaläste" des späten Historismus, der am Südrand des Altbaugeländes mit seinem östlich zum Stiglmaierplatz vorgeschobenen Turm wahrzeichenhaft eine zentrale Position im Stadtgefüge besetzte.

Albert Schmidts erster Entwurf zum Löwenbräukeller – genauer des zugehörigen Saal- und Restaurantgebäudes – sah einen symmetrischen Komplex mit drei durch niedrigere Flügel verbundenen Pavillons vor. Ausgeführt wurde ein malerisch-asymmetrischer Gruppenbau in den als Ausdruck bürgerlicher Gemütlichkeit und Gastlichkeit geltenden Formen der deutschen Renaissance – Bauantrag vom 19. April 1882, Rohbauvollendung 29. Mai 1883 –, der am Abend des 14. Juni 1883 mit vier Regimentskapellen und „feenhafter" elektrischer Illumination feierlich eröffnet wurde (Frühbeispiel für „elektrisches Bogenlicht"; Fa. Schuckert & Co., Nürnberg). Mit Außenanlagen konnte das Etablissement über 6000 Besucher fassen. Hauptbestandteil dieses (später mehrfach erweiterten und umgestalteten) Kern- und Erstbaues war der über den Lagerkellern (s. Nr. 4) gelegene große, 7,80 m hohe Festsaal mit von vier steinernen Rundpfeilern getragener Balkendecke auf Schmuckkonsolen, Emporen an den Schmalseiten und Dekorationsmalereien von A. Wagner. Daran schloss sich westlich die Lagerhalle für Bierfässer an; der südlichen Längsseite vorgelegt wurden eine Arkaden-Loggia mit Terrasse und ein Biergarten mit Musikpavillon für 60 Musiker. Der Ostteil bis an die Dachauer Straße enthielt im Souterrain

Löwenbräukeller, Festsaal (Erstzustand 1883)

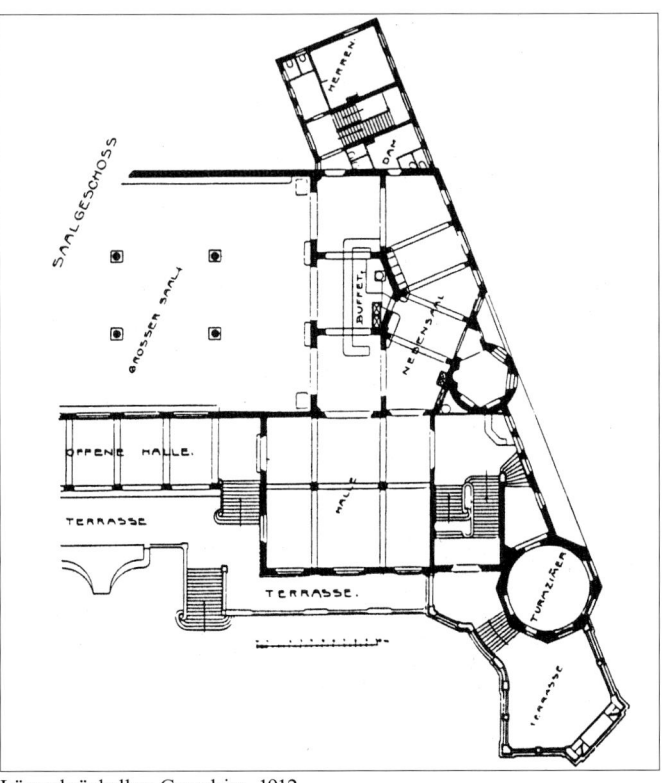

Löwenbräukeller; Grundriss, 1912

Nymphenburger Straße 2, Löwenbräukeller; Aufn.
1995

die Küche, im Erdgeschoss Bräustüberl und Restaurant, beide kreuzgewölbt, auf Saalebene weitere Gasträume und darüber die Pächterwohnung und Personalwohnräume. Vor die abgeschrägte Südostecke gestellt wurde ein Rundturm mit Spitzhelm, im Süden und Osten flankiert von reich gegliederten Zwerchgiebeln (vor Dachwohnungen), sodass eine von Schlossbauten vor allem des Manierismus inspirierte malerische Baugruppe entstand. Dem Eingang im Süden, links vom Turm, vorgelegt war eine zum Saalgeschoss führende aufwendige Freitreppenanlage mit zwei geschwungenen Armen. Der Zugang vom Platz her in den Biergarten erfolgte durch einen triumphbogenartigen Torbau. Der durchgreifende Umbau von 1893–95 nach Plänen von Friedrich Thiersch und seinem Mitarbeiter Franz Habich (Bauleitung) steigerte sowohl die Kapazität wie auch die Repräsentation außen und innen sowie die städtebaulich dominante Wirkung, wobei Thiersch die Vorgaben Albert Schmidts einfühlend weiterentwickelte; Bauantrag vom 27. September 1893; Baubeginn März 1894; Rohbau des Saales im August, des neuen Kopfbaues im Dezember 1894 fertig; Ausführung durch Baugeschäft Heilmann und Littmann. Besonders markant und heute noch trotz Vereinfachung im Stadtbild wirksam wurde der südöstliche Erweiterungsbau mit dem unten polygonalen, im Oberteil zylindrischen Eckturm mitsamt Attika und ursprünglich in farbiger Musterung ziegelgedecktem, kegelförmigem Helm. Im Wesentlichen erhalten ist die dem Turm südlich vorgelegte offene Bogenhalle der Vorfahrt aus Muschelkalk mit rustizierten toskanischen Pilastern bzw. Ecksäulen, von Balustergeländer begrenzter Terrasse darüber und Kalkstein-Liegefigur des die Brauerei symbolisierenden Löwen von Wilhelm Rümann. Den zwei Nebensäle übereinander (unten das Bräustüberl) mit je zwei Stützen enthaltenden Erweiterungsbau links (westlich) vom neuen Eckturm schloss Thiersch nach Art des Altbaus wiederum mit einem allerdings vergrößerten Prunkgiebel ab. Östlich an der Dachauer Straße wurde der ältere Rundturm von 1883 in die veränderte Baugruppe integriert (nicht erhalten) und diese zusätzlich am durch Anbau verlängerten Nordende durch einen Schweifkuppelaufsatz bereichert (ebenfalls nicht erhalten). Nichts mehr vorhanden ist von der das Erscheinungsbild wesentlich mitbestimmenden reichen Fassadenmalerei. Innen wurde der große, dreischiffige Festsaal durch Einbeziehung der bisherigen Fasshalle stark nach Westen erweitert und neu gestaltet, die östlich anschließende Raumgruppe umgebaut (u. a. Tieferlegung des mit Kreuzgewölben gedeckten Restaurants im Erdgeschoss; Verle-

gung des Treppenhauses an die Nordseite des neuen Turms; Ausbau der Südloggia zur Veranda). – 1906/07 fand ein weiterer Umbau, jetzt wiederum durch Albert Schmidt statt, u. a. Umgestaltung und Erweiterung des Festsaals durch Verlegung der Orchesternische von der West- an die lange Nordseite und Verzicht auf die vier Stützen; Ausbau der Veranda.

Nach schweren Luftkriegsschäden vor allem im Juli 1944 erfolgte um 1950 der Wiederaufbau in stark reduzierten, zeitgemäß schlichten Formen; der 1949 von Ernst Eckstein wiederhergestellte Festsaal wurde nach dem Brand von 1985 abermals neu gestaltet und 2008 weiter verändert. Der Außenbau erhielt um 1950 unter Verzicht auf die Schmuckgiebel und den alten Turm von 1883 eine einheitlich durchgezogene Traufhöhe und einfach geformte Walmdächer sowie schlichte Putzfassaden; an der Dachauer Straße wurde die Baulinie begradigt, lediglich am Nordende blieb hier im Erdgeschoss Putzquaderung erhalten. Auch der Eckturm von 1894 wurde in seiner plastischen Gliederung weitgehend reduziert und sein Spitzhelm mit Kupfer gedeckt; durch die reiche historisierende Fassadenmalerei wirkt der Turm jedoch auf neue Art dominant und allein noch repräsentativ. Die Gaststättenräume im Erdgeschoss, im traditionellen Stil dieser Gattung ausgestattet und z. T. bemalt, haben noch meist die alten gratigen Gewölbe bewahrt, der zweischiffige Hauptraum (westlich vom Eckbau) die beiden Granitsäulen; im Turm-Erdgeschoss gemauertes, rau verputztes, sternförmig wirkendes Stichkappengewölbe. Das Erdgeschoss des älteren Turmes von 1883 ist als kreisrundes „Braumeisterstüberl" noch erhalten. Links von der Vorfahrtshalle Terrassen- und Treppenanlage mit Balustergeländern; alter Bestand (von 1883) ist auch noch der Gitterzaun des Biergartens entlang der Nymphenburger Straße.

Löwenbräukeller, Ostseite an der Dachauer Straße; Aufn. 1995

Löwenbräukeller, Westflügel (Saalbau); Aufn. 1995

Nymphenburger Straße 4, abgegangenes Gerstenhaus der Löwenbrauerei; Aufn. 1912

Nymphenburger Straße 4. *Bronzelöwe*; vgl. Nr. 2, [5] und Dachauer Straße 51. Der nach Modell von Ernst Pfeifer gegossene Löwe (bez. „E. Pfeifer 1911"), symbolische Personifikation der Löwenbrauerei, im Zweiten Weltkrieg von seinem hohen Postament an der linken Seite der Südeinfahrt herabgeschleudert, wurde auf neuem, schlichtem Sockel wiederaufgestellt. Er entstand gleichzeitig mit dem über den Kellern des Sommerbierkellers von 1820 errichteten neuen Gerstenhaus, das in nach schweren Kriegsschäden stark reduzierter, veränderter Form den Vorhof an seiner Nordseite abschloss – ein markanter Eisenbetonbau nach Entwurf von Franz Rank, ausgeführt durch Baugeschäft Gebr. Rank (1910/11); der mächtige Block mit großen Bogenöffnungen im Erdgeschoss und mit vier Obergeschossen wurde ursprünglich von einem mächtigen Mansarddach mit sechs mehrgeschossigen Zwerchhäusern, Uhr in der Mitte und Dachreiter abgeschlossen (Abbruch 2007). An der rechten Seite des Vorhofes stand das (1944 zerstörte) Direktionsgebäude von 1900–02 mit bemerkenswerten Innenräumen (1913 nach Norden erweitert), von dem noch bis 2007 Reste der Fassaden (am östlichen Ende) erhalten waren. Östlich vom Gerstenhaus stand bis vor kurzem in der Flucht des Bierkeller-Saalbaues ein im Kern noch alter, auf Ansicht von 1883 vorhandener Trakt. – 2007 ff. Neubebauung (Komplex „Nymphenburger Höfe", Konzept Steidle und Partner) des Geländes zwischen Nymphenburger-, Dachauer- und Sandstraße unter Erhaltung von Dachauer Straße 61 (s. dort) und teilweise der nachfolgend angeführten Keller. *Historische Kelleranlagen:* 1. Zweischiffiger kreuzgratgewölbter Keller (an der Nordseite des Urbaues, von der Erweiterung um 1827?). – 2. Keller mit zwei parallelen Tonnengewölben (un-

Nymphenburger Straße 4, Bronzelöwe

ter dem Sommerbierkeller von 1820; 1910 mit dem neuen Gerstenhaus überbaut). – 3. Erweiterung von Nr. 2 nach Südosten, ebenfalls tonnengewölbt (nach 1820). – 4. Tonnengewölbter Keller mit Schildbögen (unter dem ehem. Ökonomiegebäude von 1839 rechts – nach Süden vorgerückt – vom Altbau von 1820). – 5. Rest einer dreischiffigen Kelleranlage (ursprünglich weiter nach Westen reichend, nachträglich abgeschnürt; unter dem ehem. zweiten Sommerbierkeller von 1831/38 nördlich des 1827 an den ersten Sommerkeller rückseitig angebauten Brauereigebäudes; später neu überbaut). – 6. Kelleranlagen (Lager- und Eiskeller), die im Zusammenhang mit dem 1883 von Albert Schmidt erbauten Löwenbräukeller (s. Nr. 2) entstanden (in Nord-Süd-Richtung fünf parallele, tonnengewölbte Räume).

Nymphenburger Straße 5, Löwenbrauerei, sog. Littmann-Bau von Westen (kein BDm)

[**Nymphenburger Straße 5.** Löwenbrauerei, sog. Neubaugelände südlich der Straße. Bis zu kürzlichem Ersatz durch ein neues Bürogebäude stand an der Straße ein viergeschossiger Walmdachbau mit mittleren Dreiecksgiebel, 1873 als Lagerkeller erbaut (Megele I 1951), nach Kriegsschäden stark erneuert, mit vereinfachter Fassade (zuletzt Vorstandsbürohaus). Noch erhalten ist der rückseitig parallel stehende bemerkenswerte Eisenbeton-Trakt (Leerfasslager, Zentralmagazin) des frühen 20. Jh., im Stil der Industriebauten der Firma Rank (doch nicht in deren Werkverzeichnis), genannt Littmannbau, also wohl von Firma Heilmann und Littmann.]

Nymphenburger Straße 19. Anstelle einer in den 1840er Jahren entstandenen, villenartigen Vorbebauung (bei Wenng 1850 Nr. 11 und im Eigentum der Grafen von Tattenbach) ließ sich die Majorsgattin Pauline Füger 1912–13 von der Firma Heilmann & Littmann das schon im Eingabeplan als „herrschaftliches Mietshaus" bezeichnete Anwesen errichten. Pavillonartig gestaltete man das Vordergebäude, dem offenen Bausystem folgend und hinter einer tiefen Vorgartenlinie. Nach rückwärts schloss man einen tiefen Rückflügel an. Gemäß Eingabeplan kamen in jeder Etage zwei Wohnungen zum Liegen (die größere nach vorne, die kleinere im Rückflügel), erschlossen von einer großzügigen Treppe, die von der östlichen Seite her zugänglich und durch eine eigene gewölbte Unterfahrt betont worden ist. Die Fassadengestaltung ist ihrer Auffassung nach jugendstilig, dem herrschaftlichen Anspruch gemäß schufen Heilmann und Littmann eine eher starre, neuklassizistische Anverwandlung. Vom Luftkrieg wurde das Anwesen betroffen, drei Treffer verzeichnet die Kriegsschadenkartei der Lokalbaukommission: Am 13.7.1944 wurde sein Rückgebäude durch eine Brandbombe zerstört, infolge eines Nahtreffers erlitt das Vordergebäude am 17.12.1944

Nymphenburger Straße 19

Luftdruckschäden und am 7.1.1945 traf das Haus eine Sprengbombe. (Erste Fassadenrenovierung 1976; Instandsetzung von Fassaden des Rückflügels, hier Fenstererneuerungen an West- und Südfassade 2002; Instandsetzung der Fassade des Vordergebäudes 2004 sowie 2005 Neugestaltung des Vorgartens.)

Nymphenburger Straße 32/34. Zimmermeister Anton Hatzl (erst später Baumeister) ließ 1900 ein bescheidenes, vorstädtisches Doppelanwesen demolieren und errichtete 1901 das bestehende, herrschaftliche Doppelmietshaus für sich selbst, dies in einem Zug mit dem Rückgebäude, das mit dem Vorderhaus durch einen östlichen Seitenflügel verbunden ist. (In den Jahren ab 1927 war im Rückgebäude die „Bajuwaren-Druck GmbH" angesiedelt.) Der Durchgang zum Hinterhaus erfolgt über eine Durchfahrt in der westlichen der mittleren beiden Achsen. Östlich parallel zur Durchfahrt steckte man den Hauszugang ein, diesem liegt östlich das Treppenhaus an, vom Hofwinkel her belichtet. Bauzeitlich sind im Vordergebäude zwei Wohnungen je Etage untergebracht. Die sechsachsige Straßenfront wurde fantasiereich unkanonisch, neubarock durchgebildet. Die beiden mittleren Fensterachsen, von einem Dreiecksgiebel überhöht, werden von viergeschossigen Polygonalerkern flankiert. Dem so artikulierten Fassaden-Mittelzug verlieh Hatzl eine verstärkte Höhentendenz durch die drei mehr als kolossalen Wandvorlagen, die die Fenster über vier Geschosse begleiten. Auf Höhe des

3. Obergeschosses stellte Hatzl vor die Fenstertüren des Mittelzugs einen gerundeten gemeinsamen Balkon (bauzeitliches Gitter erhalten), getragen von einer wuchtigen Konsole, die über den mittleren Kolossalpilaster abgeleitet wird. Rollwerkstuck hoher handwerklicher Qualität macht die Fassade in ihrer Binnengestaltung aus, v. a. am Giebelfeld des Zwerchhauses. Im Luftkrieg erlitten die Bauten zwei Treffer, am 17.12.1944 durch beide Waffengattungen sowie am 7.1.1945 durch eine weitere Sprengbombe; das Dachtragwerk war somit weitgehend zerstört, das 4. Obergeschoss abschnittsweise ausgebrannt. (Fassadenrenovierung und Erneuerung der Dacheindeckung 1987.)

Nymphenburger Straße 36. Anstelle einer spätklassizistischen Vorgängerbebauung, die der Lageplan eines 1871 errichteten Nebengebäudes referiert, ließ sich der Kaufmann Benno Kolbeck von Architekt Heinrich Stengel 1901 das viergeschossige Mietshaus mit seinem tiefen östlichen Rückflügel erbauen (gleichzeitig mit Nr. 38, aber bei anderer Bauherrnschaft). Von der Durchfahrt in der westlichen Achse her gelangt man zum Treppenhaus im Hofwinkel, erschlossen wird so gemäß Eingabeplan eine Wohnung je Etage. Den Hauptakzent der Fassade bildet ein spitzgiebeliges Zwerchhaus vor der östlichen Partie des Daches. Diesem schrieb Stengel malerisch ausmittig einen breiten Flacherker ein, der in seiner Erstreckung der Breite zweier Fensterachsen (im 2. und 3. Obergeschoss zu vier Bahnen geteilt) entspricht und über drei Geschosse ausgreift. In ebenso malerisch variantenreicher Weise gestaltete Stengel die Fensterstürze, diese gerieten formal zum Sammelsurium. Die Vorgarteneinfriedung ist weitgehend original erhalten geblieben, sie war 1902 gebaut worden, ebenfalls nach einer Planung Stengels. (Generalsanierung 1988–92, dabei u. a. Einbau eines Personenaufzugs und erweiternde Erschließung des Dachgeschosses mit zweiter Gaubenreihe zur Belichtung des Spitzbodens.)

Nymphenburger Straße 38. Anstelle einer spätklassizistischen Vorbebauung, dem östlichen Teilhaus eines zweigeschossigen Doppelhauses, erbaute 1901 Heinrich Stengel für Therese Lindner das bestehende viergeschossige Mietshaus mit seinem erheblich tiefen westlichen Rückflügel (gleichzeitig mit Nr. 36, aber bei anderer Bauherrnschaft). Das nur dreiachsige Haus wird mittels der Durchfahrt in der östlichen Achse erschlossen, der Übergang zum Treppenhaus am Hofwinkel liegt westlich an, eine Wohnung ist gemäß Eingabeplan in jeder Etage untergebracht. Den entscheidenden Akzent der Fassade bildet ein malerisch aus-

Nymphenburger Straße 36/38   ▷
(von rechts); Aufn. 1995

Nymphenburger Straße 32/34;   ▷▷
Aufn. 1995

Nymphenburger Straße 38, Tor

mittig in die Dachzone gesetztes Zwerchhaus mit hohem Blendgiebelaufsatz. Dem so artikulierten Fassadenzug schrieb Stengel mittig einen flachen Polygonalerker ein, dabei verschliff er den Erkerfuß sphärisch oberhalb der korbbogigen Öffnung im Erdgeschoss, die Deckplatte des Erkers bedient die ebenfalls korbbogige Fensteröffnung des 3. Obergeschosses mit einem Austritt. Die ursprünglich ebenso „neuartig" gestalteten Stürze wie sie bei Nr. 36 noch zu sehen sind, wurden nach dem Zweiten Weltkrieg abgenommen oder zugeputzt. Infolge des Luftkriegs erlitt das Dachtragwerk am 7.1.1945 eine Hebung, die Zerstörungen betrafen die Dachwohnung. (Fassadenrenovierung 1984, Aufstockung eines Abschnitts des Seitengebäudes 1990–91, Erweiterung des Dachgeschossausbaus und Erneuerung der Dachhaut 2006.)

Nymphenburger Straße 39; Aufn. 1995

Nymphenburger Straße 39 (vormals). Auf zuvor unbebautem Wiesengrund ließ sich der Maurermeister Georg Dürr 1873/74 die bestehende Neurenaissancevilla errichten (Pläne von Dürr selbst und Zimmermeister Michael Miller). Hinter einer tiefen Vorgartenlinie, die von der Baulinienkommission für die prominente westliche Ausfallstraße festgelegt worden war, entstand ein freistehendes herrschaftliches Einfamilienhaus, das wenigstens seinem Äußeren nach als Zeugnis dieser ersten Ausbauphase nach Westen hin gelten kann.
1887/88 ließ sich der nunmehrige Eigentümer Baumeister K. Köch nach einem Plan der Architekten Dietrich & Voigt an die Gartenfassade eine Veranda anbauen. Der Unterzug dieser Veranda wurde vollständig vermauert, er nahm Nebenräume auf. Der Grundriss des Anwesens ist insofern kurios, als das Treppenhaus an die südliche Grundlinie, also die Sonnenseite und nicht etwa an eine untergeordnete Flanke des Hauses herangerückt worden war und die vermittelnden Dielen zentral im Gebäude, mithin in den Dunkelzonen zum Liegen kamen. Die Diele des 1. Obergeschosses wurde von oben belichtet, die dafür notwenige Glaskanzel außen über dem Dachspitz – eigentlich klassisch – mittels Balustraden kaschiert.
Kompakt spannen Ecklisenen den fast quadratischen Bau ein. Weiters wurden die Fassaden des Hauses in ihrer Horizontalität homogen behandelt: Über einem niedrigen Sockel (bedingt durch das Hochparterre) erhebt sich das Erdgeschoss, das vom 1. Obergeschoss durch einen kräftigen Wasserschlag getrennt ist. Lisenen gliedern die Fassaden in jeweils drei Bahnen. Die Fenster des Erdgeschosses erhielten kassettierte Brüstungszonen und profilierte Rahmungen, die man bis auf Bodenniveau herunterzog. Die Fenster des 1. Obergeschosses erhielten ebenfalls profilierte Rahmungen und höhere Stürze mit geraden Verdachungen, die von kleinen Konsolen getragen werden; ihre Sohlbänke macht ein umlaufendes Sohlbankgesims aus. Allein der Achsenrhythmus der Fassaden und damit die Positionen der vertikal gliedernden Lisenen variieren: Die fünfachsige Hauptfas

sade des zweigeschossigen Hauses, nach Norden zur Chaussee hin ausgerichtet, gliedert eine eng gesetzte mittlere Dreiergruppe und weiter abgesetzte äußere Achsen. (Ursprünglich befand sich hier ein Korbbalkon vor den Fenstern des Obergeschosses.) Die Ostfassade ist vierachsig mit einer Folge von etwa gleich breiten Intrafenestralen (Wandflächen zwischen den Fenstern). Die Südfassade, ebenfalls vierachsig, kennzeichnen extrem eng gesetzte mittlere Achsen, die jedoch je eigene Verdachungen tragen. Bei der Westfassade schließlich variiert der Rhythmus geschossweise: Im Erdgeschoss wurden die beiden mittleren Fenster sehr eng gesetzt, ähnlich den beiden Geschossen der Südfassade, im Obergeschoss wurden die beiden überdies durch eine gemeinsame gerade Verdachung gekuppelt.

Die Villa gelangte in den Besitz der Bayernwerke AG, die 1927 Umbauten zur Herstellung eines „Direktorenwohngebäudes" vornahm. Zwischenzeitlich befand sich die Villa auf einem großen Areal zwischen der Blutenburgstraße im Süden und der Nymphenburger Straße im Norden, das sukzessive mit Verwaltungsbauten des Energieunternehmens besetzt wurde. Bevölkerungswachstum und damit verbunden der Strukturwandel Münchens ließen die einstmals periphere Lage des Grundstücks zur Residenz

Nymphenburger Straße 41; Aufn. 1995

stadt hin zu einer Fläche im Ballungsraum werden; die Nähe zum Hauptbahnhof tat dabei ihr Übriges.
Spät im Zweiten Weltkrieg, am 25.2.1945, wurde das Haus Opfer einer Brandbombe, das Dachtragwerk wurde vollends vernichtet, das Innere durch Löschwasser zerstört. Beim ab Anfang 1948 von der Bayernwerk AG betriebenen Wiederaufbau ist von einer „Brandruine" die Rede, die für Bürozwecke auszubauen sei; letztere Funktion macht den Bau bis heute aus (Status: 2008). Vor allem infolge der Kriegseinwirkungen und der Büro-Adaption 1948 kam es dazu, dass historische Ausbaudetails beinahe vollständig abgegangen sind. Allein der bauzeitliche Grundriss des Erdgeschosses ist nachvollziehbar geblieben, derjenige des 1. Obergeschosses wurde in den 1990er Jahren für die Bayernwerke AG/VIAG zugunsten eines Sitzungssaales entkernt. Die ursprünglich ausgefachten Pfeiler der Veranda stellte man im Rahmen dieser Generalsanierung frei, der Eingang freilich blieb im Süden. Die Verbindung zum Nachbaranwesen Nymphenburger Straße 37 (Haus Nr. V des Komplexes) stellt seit Mitte der 1990er Jahre ein unterirdischer Gehtunnel her. Die freistehende Villa ist heute Bestandteil des von Alexander von Branca gestalteten Komplexes Nr. 37–41, der sie an drei Seiten umschließt (s. Nr. 41).

Nymphenburger Straße 41, Atelierbauten im Hof (nicht erhalten)

Nymphenburger Straße 43, Augenklinik Herzog Carl Theodor

Nymphenburger Straße 41 (vormals). Auf einem Gartengrundstück errichtete sich der Baumeister Heinrich Lehmpuhl 1881 das ursprünglich als Mehrparteien-Mietshaus in klassischen Neurenaissanceformen konzipierte Anwesen. Es sollte freistehend und mit üppiger Vorgartenlinie zur Nymphenburger Straße hin ausgerichtet sein, jener prominenten Chaussee, die als westliche Ausfallstraße an wichtigen bayerischen Militärbauten vorbei zur Sommerresidenz der bayerischen Könige führte. (An der östlichen Grenze des auswinklig eingemessenen Grundstücks befand sich ein Ateliergebäude, das schon lange vor der Erbauung des Mietshauses und also der wertschöpferischen Maximierung des Areals Bestand hatte. Der Atelierbau [vgl. Nymphenburger Straße/Vorspann] erhielt mit der Errichtung des Mietzinsobjekts einen Stallanbau nach Süden hin, und es folgten zahlreiche An- und Umbauten, die wahrhaft bauaktenfüllend waren. Entstanden war eine malerische Bautengruppe, die ihresgleichen suchte. 1938–40 brach die Bayernwerke AG die Hintergebäude zugunsten eines neuen Verwaltungsgebäudes schließlich ab.)

Das Haus gelangte in den Besitz von Rentier Julius Scheuer, der geringfügige Umbauten im Erdgeschoss sowie an der Fassade vornehmen ließ. Die innere Struktur des Hauses war von den gehobenen Wohnansprüchen der reifen Gründerzeit geprägt: Der (später verlegte) Eingang befand sich in der Nord-/Hauptfassade und erschloss über ein kurzes Zwischenpodest das zentral ins Haus gelegte Treppenhaus, das von oben her belichtet worden ist. Eine dreiläufige Podesttreppe (gleichsinnig) führte zu zwei großzügigen Wohnungen in jeder Etage. Das Anwesen wurde zweimal Opfer von direkten Kriegseinwirkungen: Am 17.12.1944 verlor es infolge einer Brandbombe sein Dachtragwerk, am 7.1.1945 erlitt es weitere Zerstörungen. Die Balkone und auch das Traufgesims wurden nicht wiederhergestellt. Die Bayernwerke AG hatten das Haus nicht als Mietzinsobjekt, sondern als Verwaltungsgebäude übernommen. In den 1980er Jahren forcierte das Energieunternehmen die totale Entkernung, die alsbald umgesetzt wurde. Unter Beteiligung des Architekten Alexander Freiherr von Branca, der zu dieser Zeit zugleich Planer und auch Stadtheimatpfleger war, erhielt man ausschließlich die Fassaden und wenige Ausbaudetails und vollzog die Nutzungsänderung hin zum reinen Verwaltungs- und Sitzungsgebäude endgültig. Mit seiner Hauptschauseite kündet das Gebäude davon, dass die Bauherren der Gründerzeit der prominenten Ausfallstraße baulich gerecht werden wollten. Die funktionalen Änderungen, denen das Anwesen unterworfen worden ist, belegen den Strukturwandel, der die westliche Peripherie der Residenzstadt betroffen und hier die reinen Wohnfunktionen zurückgedrängt hat. (Vgl. Nr. 39.)

Nymphenburger Straße 43. *Augenklinik Herzog Carl Theodor.* Von der Straße stark, noch hinter die rückseitige Flucht der „Rosenvilla" (vgl. Nr. 45) zurückgesetztes viergeschossiges Mietshaus (ursprünglich mit Atelierfenster nordseitig im 3. Obergeschoss), 1891 von Hans Halt erbaut, 1895 durch den renommierten Augenarzt Dr. med. Carl Theodor, Herzog in Bayern (1839–1909; Bruder der Kaiserin Elisabeth von Österreich), erworben und für die Zwecke der von ihm gegründeten und geleiteten Augenklinik umgebaut, die – seit 1917 Stiftung seiner Witwe Maria Josepha geb. Infantin von Portugal, Prinzessin von Braganza (1857–1943) – bis heute besteht, mehrfach umgebaut (erstmals 1924–26 mit neuem, noch bestehenden Treppenhaus im Osten) und rückseitig sowie nach Westen erweitert. Nach Luftkriegsschäden wurde der alte Kernbestand vereinfacht wiederaufgebaut. Im Zuge der durchgreifenden Generalsanierung und Erweiterung 1988–94 (Architekturbüro Jakob Bader) wurde am Altbau 1994 die Neurenaissancegliederung mitsamt den Spitzhelmen der polygonalen Turmerker an den beiden Nordecken in alter Form wiederhergestellt. Im sonst größtenteils entkernten Inneren ist die unter Herzog Carl Theodor in der Nordwestecke des Erdgeschosses eingebaute (1912 von Hans Steiner durch Einbeziehung eines zweiten Zimmers erweiterte) *Hauskapelle* erhalten, mit kleinteiligen gratigen Rabitzgewölben und durch zwei Säulen als Altarraum abgesondertem Ostteil; westlich erkerartige Erweiterung von 1925 mit (von der Nordseite hierhin versetztem) Glasgemälde Mariä Verkündigung von 1933. Neugotischer Schnitzaltar gestiftet vom Herzogspaar (Wappen am Antependium), im Mittelschrein Relief des hl. Karl Borromäus als Helfer der Kranken, seitlich Figuren der hll. Ottilia und Josef. Gestühlswangen mit Flachschnitzerei. Westlich Fußbodenmosaik mit Christusmonogramm dat. 1893. Instandsetzung der Kapelle 1981 durch Prof. Johannes Ludwig. – Im Vestibülbereich Bronzebüste und Bildnisse des Herzogs. Straßenseitig schließt das Grundstück ein alter Pfeilergitterzaun ab.

Nymphenburger Straße 43, Hauskapelle

Nymphenburger Straße 45; Tekturplan von 1898

Nymphenburger Straße 45

Nymphenburger Straße 45. Vorgängerbau der sog. *Rosenvilla* war ein auf dem Stadtplan von 1826 eingetragenes kleineres Wohnhaus mit geometrisch angelegtem Garten an der Rückseite; nach G. Wenngs Atlas 1851 dem p(ens). Kammerdiener Jos. Heyden gehörig. Der bestehende Neurenaissancebau wurde 1883/84 von Hermann Berthold für L. H. Hauber errichtet (Fassadentektur vom 3. Januar 1884). Später Eigentum des Kommerzienrats Adolph Brouchier, der mehrfach, so 1898, 1900 und 1907 Umbaumaßnahmen durchführen ließ, u. a. Verlängerung der zentralen Diele nach Westen, Verlegung des Wintergartens von der Südost- an die Südwestecke. Heute „Villa Herzogin Carl", genannt nach Maria Josepha (gest. 1943), Witwe des Herzogs Carl Theodor in Bayern, des Gründers der benachbarten Augenklinik (vgl. Nr. 43), da später durch die Klinik genutzt und „bald nach 1917" von deren Stifterin erworben; 1934 an die Stadt verkauft (Umbaumaßnahmen 1937), 1938–98 Städt. Standesamt IV, nach Luftkriegsschäden (vor allem im Bereich der Südwestecke und des Daches) um 1947 wiederaufgebaut; jetzt wieder Eigentum der Augenklinik (Büronutzung); um 2000 saniert (Arch. Günter Wagmann), mit Dachgeschossausbau.

Im Garten freistehender, symmetrischer Walmdachbau in italienischen Spätrenaissanceformen, Erdgeschoss und Gliederungen in Pfälzer Rotsandstein, Wandflächen des Obergeschosses mit gelben Klinkern verkleidet. An der straßenseitigen Nordfassade flacher dreiachsiger Mittelrisalit, früher (nach altem Foto) zusätzlich mit viersäuligem Balkonvorbau samt vorgelegter Terrasse und mit Attika vor dem Dachansatz; im kleinen Segmentgiebel des Mittelfensters Initiale S (?). Auch an den schmäleren Seitenfronten ist die Mittelachse betont, westlich mit von Säulenädikula gerahmter Schnitztür. Rückseitig (im Bereich des ehem. Wintergartens) verglaster Anbau (um 2000). Im stark erneuerten Inneren ist die alte zweiläufige Haupttreppe mit prächtigem Schmiedeeisengeländer erhalten (mittig gegen Süden situiert).

Oberanger

(Vgl. Ensemble Altstadt.) Der Oberanger ist – neben dem überwiegend parallelen Unteranger (s. dort) – eine der beiden Längsachsen des unterhalb der Niederterrasse (auf der die Sendlinger Straße verläuft) gelegenen Angerviertels, des südöstlichen der vier Altstadtquartiere, das – unregelmäßig-vorstädtisch um die ältere Jakobskirche „am Anger" gewachsen – in die von der zweiten, äußeren Stadtbefestigung des späteren 13. Jh. umfasste Stadterweiterung einbezogen wurde. In der Mitte beider Angerstraßen stellen Sandtners Stadtmodell von 1570 wie der Volckmer-Stadtplan von 1613 offene Bachläufe dar, am Oberen Anger den breiteren Großen Angerbach (bei Volckmer mit mehreren Treibrädern), der 1876 überwölbt und 1966 aufgelassen wurde. Der Oberanger begann innenstadtseitig nahe der Nordwestecke des Angerplatzes (heute St.-Jakobs-Platz) an der Abzweigung der kurzen, zur Sendlinger Straße hinaufführenden Dultstraße. Den südlichen Abschluss bildete ein erst 1873 abgebrochener Stadtmauerturm an der heutigen Blumenstraße, der sog. Heyturm über dem Bacheinlass. Der Nordteil des Straßenraumes verbreiterte sich südwärts zur etwa in der Mitte abzweigenden, parallelen Raspstraße; von da ab war der südliche Straßenabschnitt leicht nach Osten abgebogen. Nördlich vor der Straßengabelung stand frei über dem Bach ein um 1780 erbautes Färbhaus (ehem. Nr. 43).

Von der 1570, 1613 und zuletzt im Zustand um 1939 in Häuserbuch IV dargestellten, laufend erneuerten und größtenteils im späten Historismus ersetzten Bebauung ist nach weitgehender Zerstörung im Luftkrieg und nach massiven Änderungen der Nachkriegszeit fast nichts mehr erhalten. Im Zuge des Wiederaufbaus wurde, zur Entlastung der vergleichsweise schmalen Sendlinger Straße, als Südteil einer Altstadt-Nord-Süd-Durchfahrt im Bereich des Oberen Angers und der völlig zerstörten Raspstraße eine neue, breite Verkehrsachse mit z. T. stark verschobenen Baulinien und breiten Fahrbahnen geschaffen. Die schmale Raspstraße (vom 16. Jh. bis 1904 Gänsbühel genannt)

Oberanger; Plan von Gustav Wenng, 1858

Oberanger, Vorgängerbebauung von Nr. 32 (links Schmidstraße); Aufn. um 1900

wurde völlig aufgegeben und amtlich 1957 mit dem in ihrem Bereich nach Westen verschwenkten und in den Sendlinger-Tor-Platz (s. dort) eingeführten Oberanger vereinigt. Der etwa parallele bisherige Südabschnitt des Oberangers erhielt – verkehrsberuhigt und begrünt – 1957 den (historisch belegten) Namen Roßmarkt (s. dort) und wurde 1975–78 durch den stark aus der östlichen Bauflucht vorgezogenen Neubau des Kommunalreferats (s. Roßmarkt 3) auch architektonisch abgetrennt.

Wie bei den meisten deutschen innenstädtischen Nachkriegs-Straßendurchbrüchen mit Verkehrspriorität ist es auch hier nicht gelungen, einen geschlossenen architektonischen Straßenraum mit urbaner Atmosphäre zu schaffen. Die nordwestliche Straßenwand, die teils (unter einzelnen Zurücknahmen) noch der alten Bauflucht, im Westabschnitt dem Verlauf der vormaligen Raspstraße (mit neuer Baulinie) entspricht, weist eine sukzessive erneuerte, erst in jüngster Zeit durch Um- und Neubauten sichtlich aufgewertete Bebauung auf. U. a. wurde hier 2003 der letzte, freilich auch schon vereinfachte Altbau (Nr. 34/Ecke

Oberanger 9, Nordseite; Aufn. 1995

Schmidstraße, ehemals Raspstraße 4 von 1895) durch einen Neubau ersetzt. Rechts davon Nr. 32, das 1939–41 von Franz Prettner im Heimatstil (mit zwei Giebeln und mittlerem Spitzturmerker) erbaute ehem. Bauzunfthaus, wurde nach 1945 bereits zweimal gründlich umgestaltet (zunächst 1961/62 als Sitz der Lokalbaukommission, heute Bayer. Bauindustrieverband). An der Ecke rechts davon (heute Nr. 30, ehemals 45) stand das Geburtshaus des vielseitigen Künstlers Lorenz Gedon (1844–1883).

Den unbefriedigenden Gesamteindruck verursachte in erster Linie die infolge der Straßenerweiterung aufgelöste, uneinheitliche, ungeordnet vor- und rückspringende Bebauung an der Südostseite. Hier stammt aus der Vorkriegszeit lediglich im Norden das städtebaulich markant situierte neubarocke Orag-Haus (s. Oberanger 9) mitsamt dem rückseitig anschließenden alten, typologisch völlig andersartigen Ignaz-Günther-Haus (s. St.-Jakobs-Platz 20, mit Rückgebäude Oberanger 11). Daran schließt sich westlich seit 2005/06 der Komplex des jüdischen Gemeindezentrums an; das benachbarte, allseitig ungünstig platzierte Parkhaus von 1967 wurde 2005 zugunsten einer Neubebauung abgetragen (vgl. Klosterhofstraße). Im Zusammenhang mit diesen jüngsten Baumaßnahmen ist auch eine Neugestaltung der Straßenoberfläche erfolgt mit dem Ziel einer Aufwertung der Gesamtsituation.

Die Bezeichnung Oberanger wurde im Norden auf die 1895/96 als Verbindung zur Stadtmitte durchgebrochene ehem. Südhälfte der Pettenbeckstraße (s. dort) bis nordwärts zum Rosental ausgedehnt und somit auch nominell der Anschluss an die um 1960 durchgebrochene südliche Verlängerung des Rindermarktes (s. dort) hergestellt. Diesen heute nördlichsten, leicht nach Osten versetzten Abschnitt des Oberangers schließt im Süden das dreiseitig freistehende Orag-Haus (Nr. 9) wirkungsvoll ab; die Ostseite wird vom Komplex des Stadtmuseums, mit dem gotischen Stadtzeughaus an der Südwestecke, begrenzt (vgl. St.-Jakobs-Platz 1). – Unter dem Oberanger verläuft ein Streckenabschnitt der ältesten, 1971 eröffneten U-Bahnlinie. – ARCHÄOLOGISCHE BEFUNDE s. St.-Jakobs-Platz. (Siehe Flurkarte S. 984)

Oberanger 9. *Orag-Haus* (früher Dultstraße 2a, mit Oberer Anger 1 und Unterer Anger 31). Gemäß Gedenkinschrift an der linken Seitenfassade steht das Orag-Haus an der Stelle des einstigen Gighan-Bades (auch Hahnenbad genannt, erwähnt 1369); dieses lag an der Ostseite des Großen Angerbaches am Norden de des Häuserblocks zwischen Ober- und Unteranger, auf Sandtners Stadtmodell (1570) ein Pultdachhaus mit Zinnen und kleinerem nördlichem Anbau ebenfalls mit Zinnen sowie anschließender wohl hölzerner Hütte über dem Bachlauf, letztere der der Stadt 1450 von Herzog Albrecht III. bewilligte Eichstadel. Stimmelmayrs Skizze (gegen 1800) zeigt ein viergeschossiges Gebäude und als zweigeschossigen (nordwestlichen) Annex das

Oberanger 9, Ostseite am St.-Jakobs-Platz (links Ignaz-Günther-Haus und Jüdisches Zentrum)

städtische Eichhaus („Häusl, worin die Abeiche der Fässer"), das 1871 abgebrochen wurde (heute z. T. Straßenfläche). Von dem einstigen Häuserblock ließ der Luftkrieg nur das Orag-Haus samt dem rückseitig anschließenden Ignaz-Günther-Haus (vgl. St.-Jakobs-Platz 15) übrig. Nach Abbruch der Altbebauung, die 1896 die Baugeschäftsinhaber Johann und Adam Graessel und Max Krauss erworben hatten, führten diese bis 1897 das bestehende fünfgeschossige Mietshaus, einen stattlichen Neubarockbau mit Geschäften im Erdgeschoss aus, das die städtebauliche Situation in zeitgemäß-großstädtischem Sinn wirkungsvoll interpretierte. Durch Kriegsschäden und nachfolgende Veränderungen im Umfeld ist die Bedeutung des heute zudem stilistischen Solitärs, der den optischen Südabschluss eines Straßenzuges, des Nordabschnittes des (um 1960 nach Norden verlängerten) Oberangers bildet, noch gewachsen; das Orag-Haus ist Blickfang schon vom „Alten Peter" am Rindermarkt her. Die weithin sichtbare Nordfassade ist symmetrisch gegliedert und zur Mitte hin, mit Volutengiebel am Risalit sowie mittlerem Dreiseitpolygonalerker, vorgestaffelt; den Außenachsen sind zweigeschossige Loggien vorgesetzt. An beiden Seitenfronten, mit Doppelachsen außen, ist der zweiachsige Mittelteil durch Blendloggien im 2. Stock, im Osten zusätzlich durch einen geschweiften Zwerchgiebel betont. Das Mittelfeld der östlichen Blendloggia enthält ein Bild der Vorbebauung, eines mächtigen Satteldachhauses mit Nordgiebel (vgl. das Seitzsche Stadtmodell, Mitte 19. Jh.) und kleinem Annex rechts sowie darunter die erwähnte Gedenkinschrift an das Gighan-Bad. Der Dekor an der Rauputzfassade ist sparsam-gezielt verteilt. Der Stil ist als Synthese von Elementen der deutschen Renaissance (z. B. Polygonalerker) und einem dominierenden, bodenständig-volkstümlich aufgefassten Neubarock zu definieren; gewisse Details lassen Jugendstilanklänge erkennen. Fassade 1975 instand gesetzt.
Die innere Struktur, mit kleinem Mittelhof rückseitig, ist symmetrisch und wird von der Mitte der Nordseite her erschlossen. Im Vestibül gemusterter Fliesenboden, Lisenengliederung, drei Kreuzgratgewölbe und barockisierender Stuckdekor; anschließend Podesttreppe mit Eisengeländer; je Geschoss zwei Wohneinheiten. – Der heute übliche Hausname geht auf die „Orag" Südbayerische Schneidergenossenschaft GmbH zurück, die das Gebäude 1929 erwarb (ORAG = Oberbayrische Rohstoff-Arbeits-Gemeinschaft).

Oberanger 11. Teil des Ignaz-Günther-Hauses, s. St.-Jakobs-Platz 20.

Oberanger 34/36 und Schmidstr. 2. ARCHÄOLOGISCHE BEFUNDE: Siedlungsreste des 11./12. Jh., des Spätmittelalters sowie der Neuzeit (Fundst.-Nr.: 7835/0192). Die Überbauung des Geländes erforderte 2003 archäologische Untersuchungen. Dabei kamen spätmittelalterliche und neuzeitliche Steinfundamente,

Latrinen, Gruben und Pfosten, vermutlich Reste von ehemaligen Grubenhäusern, zum Vorschein. Im südlichen Bereich der Grabungsfläche stieß man auf 30 Ofenanlagen mit z. T. birnenförmigem Grundriss mit Schürkanal, Wandungen aus verziegeltem Lehm. In den Schürkanälen und auf der Ofensohle lagen Holzkohlepakete. Allerdings fehlen eindeutige Funde aus diesen Anlagen, sodass deren Funktion offen bleiben muss. Die Begleitfunde datieren die frühesten Befunde ins 11./12. Jh. Da das Grabungsgelände außerhalb der ersten Stadtmauer liegt, deutet dies auf eine intensive Siedlungstätigkeit im Vorfeld der Stadtbefestigung hin. Ferner konnten Planierschichten mit Kleinfunden des 14. bis 20. Jh. nachgewiesen werden.

Oberanger 35/37. ARCHÄOLOGISCHE BEFUNDE: Untertägige Teile der mittelalterlichen und neuzeitlichen Bebauung (Fundst.-Nr.: 7835/0202). Nach dem Abriss des Fina-Parkhauses und vor der Neubebauung des Geländes fanden 2006 archäologische Ausgrabungen statt. Die Grabungsfläche beschränkte sich auf den nordwestlichen Bereich des Grundstückes, da auf der restlichen Fläche die Befunde beim Bau des Parkhochhauses zerstört worden waren. Es wurde die Stein- und Holzbebauung des 14. bis 19. Jh. angetroffen, wobei unter den Kommunwänden im direkten Anschluss die Holzbebauung erfasst werden konnte, d. h. die Grundstückseinteilungen haben sich seit der Erstbebauung nicht geändert.

Obermaierstraße; Flurkarte, M. 1:2 500

Obermaierstraße

Kurze Verbindung von der Thierschstraße ostwärts zur Steinsdorfstraße an der Isar, benannt 1878 nach Joseph Eucharius Freiherr von Obermaier (-mayr, 1724–1789), der sich entgegen dem Tauschplan Kurfürst Karl Theodors für die Erhaltung der Selbständigkeit Bayerns eingesetzt hatte. (Vgl. den Beitrag von Johannes Hallinger.)

Obermaierstraße 1. An ihrem ersten nördlichen Knick fand sich die Thiersch-/vormals Fabrikstraße schon vor der Mitte des 19. Jh. nach Osten hin zu den Floßländen durch eine kurze Straße aufgeschlossen. Mit Beginn des Verbaus des linksseitigen Ufers zwischen der Ludwigs- und Maximiliansbrücke 1886 verfolgte der Magistrat die geregelte Arrondierung dieses bis dahin regellos-kleinteilig bebauten Quartiers zwischen Isarufer und Fabrik-/nachmals Thierschstraße. Die fünf Bauten des Blocks Thierschstraße im Westen, Mariannenplatz im Norden, Steinsdorfstraße im Osten und Obermaierstraße im Süden entstanden gleichzeitig in nur zwei Bausommern 1893–94. Für die bauliche Entstehung des heutigen Lehels durchaus typisch planten die Ar-

Oberanger 34/36 und Schmidstraße 2, Ofenanlage des Spätmittelalters

chitekten Albin Lincke & Carl Vent die Bauten auf drei benachbarten Baugrundstücken, dies für zwei Bauherren: Der neubarocke Prachtbau Steinsdorfstraße 10 entstand zusammen mit Mariannenplatz 4 für den beamteten Juristen Jakob Poelt, der südliche Pendantbau zu Mariannenplatz 4 innerhalb des beschriebenen Blocks, Obermaierstraße 1, für den Baumeister Andreas Kaufhold. Die entstandenen Wohnungen mochten gehobenen Ansprüchen Genüge leisten: Der Eingang in der westlichen Achse führt über ein Zwischenpodest ins nebenliegende, rückwärts eigens ausgebaute Treppenhaus; gemäß Erstzustand befand sich in jeder Etage eine Wohnung. Seit der Aufstockung eines 4. Obergeschosses im Zuge der Wiederherstellung des kriegszerstörten Dachgeschosses 1949 entspricht die Traufhöhe des Miethauses der des benachbarten Anwesens Steinsdorfstraße 10, von dem es sich der ursprünglichen Vorstellung des Magistrats ge-

Obermaierstraße 1

Obermaierstraße 2

mäß von der Bauhöhe her absetzen sollte – nicht in der Zahl der Geschosse, vielmehr hinsichtlich seiner absoluten Ausbauhöhe sollte Obermaierstraße 1 Steinsdorfstraße 10 nachgeordnet sein (vgl. Bauhöhe von Thierschstraße 26). Die Fassade wurde spielerisch asymmetrisch gegliedert: Die beiden westlichen Fensterachsen setzte man eng und verkuppelte sie in den Hauptgeschossen, ausmittig wurde ein vergleichsweise wuchtiger Erker in die Fassade platziert. Dessen schwere Konsolen reichen bis zum Fußgesims herab, seiner Brüstungszone vor dem 2. Obergeschoss ist ein Putzfeld eingetieft, dem man ein Stuckrelief einschrieb: Zwei Putten halten eine Rocaille-Kartusche, auf deren gewölbten Spiegel der Stuckateur Rosenblüten antrug. Die gekonnte, offensichtlich frei modellierte Antragsstuck-Arbeit steht in der aus barocker Zeit heraufreichenden Handwerkstradition. Dabei ist es ein Münchner Charakteristikum, dass figurale Stuckarbeiten an Fassaden auch in der 1. Hälfte des 19. Jh. beauftragt wurden. (Und dass es bis in die 1920er Jahre zu keinem vollständigen Erliegen der diesbezüglichen Techniken kam, dies bildete die handwerklich-technische Voraussetzung für zahlreiche Wiederaufbau-Leistungen.) Vor dem 3. Obergeschoss springt der kantige Erker ins Polygon ein, seine Deckplatte diente der Dachwohnung als Austritt. Der vom Erker bedingte Höhenzug wurde ursprünglich von einem bekrönenden Dachhaus in die Dachzone hinein vermittelt.

Obermaierstraße 2. Ein Straßenverlauf, der in etwa der Anlage der Obermaierstraße entsprach, bestand schon im frühen 19. Jh., er schloss die Fabrik-/nachmals Thierschstraße nach Osten zu den Floßländen hin auf. Im Verlauf der Erschließungsgeschichte des Lehels ist die Erbauung des Miethauses Obermaierstraße 2 ein sehr frühes Beispiel für den von Magistrat und Kgl. Innenministerium (Bausachen) forcierten Gestaltwandel eines ganzen Quartiers. Es darf von einer regelrechten Signalwirkung ausgegangen werden, die die Errichtung des Hauses begleitete. Die Aufhebung der Ländebereiche zwischen der Ludwigsbrücke und dem Praterwehr war zwar bereits beschlossene Sache, die Erbauung der Kaimauer entlang dieses Isarabschnitts hob aber erst 1866 an und zog sich bis 1889 hin. Das Miethaus Obermaierstraße 2 befand sich gut zehn Jahre lang als „Fremdkörper" in einem baulichen Umgriff, der von regellos-kleinteiligen Strukturen geprägt war, denen man amtlicherseits mit strikten Neubauvorschriften oder schlicht durch Aufkäufe in den Stadtsäckel begegnete: zur Neuarrondierung der Bauplätze mit folgendem Abverkauf an private Bauwerber.

Im heutigen Baublock, den die Thierschstraße im Westen, die Obermaierstraße im Norden, die Steinsdorfstraße im Osten und die Ländstraße im Süden bilden, war das 1879 von Franz und Johann Kil für Schlossermeister Alois Moradelli errichtete Haus Obermaierstraße 2 das früheste; 1886 folgte Ländstraße 5, 1890–1892 die monumentale Gruppe Steinsdorfstraße 12/13/14, und erst bis 1901 wurde mit der Erbauung von Thierschstraße 22 der Block geschlossen, Obermaierstraße 2 stand also westseits über 20 Jahre frei. Der Grundriss des Hauses folgt seiner frühen Entstehungszeit entsprechend und im Vergleich zu seinen Nachbarbauten (noch) einem konservativen Schema. Die mittig rückwärtige Treppe wird über ein Zwischenpodest vom Hauseingang in der östlichen Achse her erreicht und erschließt gemäß Eingabeplan zwei Wohnungen je Etage; durch die Gebäudetiefe bedingte Dunkelzonen mussten hingenommen oder alkovenartig aufgebrochen werden. Zehn Jahre nach Fertigstellung kam es 1890 im Erdgeschoss des Hauses zu Auswechslungen, der Gastwirt Anton Ströll ließ sich eine Schankwirtschaft einbauen. Von seinem Vater Josef Ströll hatte er die an der Floßstraße 2 gelegene Traditionsgaststätte „Das Ketterl" übernommen (benannt nach Balthasar Ketterl, der ab 1696 als Wirt nachweisbar ist). Die bei allen Bevölkerungsschichten beliebte Wirtschaft war dem Magistrat bei der Festlegung und Durchführung der Kaistraße im Weg und wurde schließlich 1887–88 abgebrochen. Überdies kam es mit der Verdrängung des Ländebetriebs zu einer Veränderung der gastronomischen Anforderungen im Gebiet östlich der Fabrikstraße zur Isar hin, da die Fuhrleute als Gäste schlicht ausblieben.

Die Fassade des Anwesens instrumentierte man in klassischer Neurenaissance, sie findet sich gut überliefert. Eine schlichte Putzstreifenrustika macht das Erdgeschoss aus, kräftige Gesimse fassen die Hauptgeschosse zusammen. Die je seitlichen Fensterachsen wurden durch Risalite hervorgehoben, deren Durchbildung konsequent auch das Traufgesims mit einbezog – der hiesige Konsolfries hat sich geschlossen erhalten. Reich behandelt wurden die Risalite: Eckrustizierungen heben sie ab, die Brüstungszonen der Hauptgeschoss-Fenster erhielten Balusterreihen. Die Höhenentwicklung wurde schon 1935 auf der Straßenseite verändert, mit dem Ausbau des Dachgeschosses oberhalb der drei östlichen Achsen. 1979 zog man die Reihe stehender Dachfenster über die gesamte Fassadenbreite und schuf so den Eindruck eines halbgeschossartigen Aufbaus über einer Fassade, die sich ansonsten am Formenrepertoire der italienischen Palastarchitektur orientierte.

Odeonsplatz

(Vgl. Ensemble Ludwigstraße/Odeonsplatz; Ensemble Altstadt: Bauten- und Platzgruppe Residenz/Hofgarten/Max-Joseph-Platz/Odeonsplatz; Odeonsplatz 1–4 vgl. Ensemble Maxvorstadt II.) Mit der Stadterweiterung zu Beginn des 19. Jh. wurde die Gestaltung des Bereichs vor dem Schwabinger Tor aktuell. Erste Projekte sahen den Umbau bzw. funktionell wie stilistisch zeitgemäßen Neubau dieses nördlichen Haupttores der Altstadt mit innenseitigen Anschlussbauten zur Theatinerkirche und zur Nordwestecke der Residenz vor (Nikolaus Schedel von Greifenstein, um 1807: Pfeiler-Gitter-Tor – vergleichbar dem Maxtor – mit dreigeschossigen Flankenbauten; Andreas Gärtner, 1804/07: Triumphbogen mit zur Altstadt offenem Arkaden-Halbrondell). F. L. von Sckells Lageplan von 1815 (StadtAM, LBK 105/III) sah zwischen dem (alten) Stadttor und der den Hofgarten westlich begrenzenden Reitschule (dem Turnierhaus von 1660/61) einen rechteckigen „Reitschulplatz" vor, im nordwestlichen Eckbereich verbunden mit einem weiteren Rechteckplatz am Beginn einer nordwärts gerichteten Allee, einer Vorstufe des späteren Ludwigstraßen-Projektes; in den Reitschulplatz mündet von Westen her die (nachmalige) Brienner Straße ein, vorerst noch mit dem erhöht an ihrer Nordseite gelegenen sog. Chédeville-Schlösschen (abgebrochen erst 1826).

Die ausgeführte Gestaltung und Bebauung des Odeonsplatzes, im Zusammenhang mit der Ludwigstraße, zugleich als gelenkartige Vermittlung zwischen Altstadt und Maxvorstadt, Brienner Straße und Hofgarten sowie westlich zum Wittelsbacherplatz hin, wurde zur großen städtebaulichen Leistung Klenzes, dem 1816 innerhalb des Generalplanes zur Stadterweiterung der besonders wichtige Sektor vor dem Schwabinger Tor zugeteilt wurde. Sein erstes Projekt von 1816 (SGSM, Inv. Nr. 26654) sah den Abbruch des Stadttores (durchgeführt 1817), der Reitschule (abgetragen 1822 zugunsten des Bazars, s. Odeonsplatz 6–18) und aller Privatanwesen an der Westseite, darunter des Chédeville-Hauses, sowie die völlige Einebnung der Befestigungsgräben und -wälle vor. Die neue bauliche Anlage sollte mit einem vom Hofgartentor (erbaut 1816–18) und einem Pendant gegenüber am Anfang der Brienner Straße flankierten kleineren, rechteckigen Platzteil beginnen, den im Norden die südliche Schmalseite des nachmaligen Bazars (bzw. der hier zunächst vorgesehenen Gemäldegalerie) und ein ihm westseitig entsprechender Risalit von einem wesentlich größeren nördlichen Platzteil trennen sollten, dessen Westseite – gegenüber dem Galerie- bzw. Basargebäude – im Mittelteil zu Seiten eines Tores als halbrunde Exedra eingezogen war. Im Norden schließt sich der Anfangsteil der Ludwigstraße an. Dieses erste Projekt wurde in der Folge modifiziert (BHStA, Planslg. Nr. 12517 von 1817) und im

Odeonsplatz nach Norden (links Leuchtenberg-Palais, rechts Reitschule); Federzeichnung von Gustav Kraus, 1822

Odeonsplatz nach Süden; Lithographie von Gustav Kraus, 1825

Sinn einer städtebaulichen Vereinheitlichung vereinfacht – es entfielen die Zäsur zwischen den beiden Platzteilen (der westseitige Vorsprung), das Halbrondell im Westen sowie das Tor am Beginn der Brienner Straße.

Den Vorzustand zeigen u. a. die Stadtpläne Joseph Pachmayrs von 1802/03 und des Topographischen Bureaus von 1812 – noch mit Schwabinger Tor, Stadtgrabenbach, Reitschule und dieser vorgelegter, den Hofgartenbezirk umschließender Wallbefestigung, durch welche die Schwabinger Landstraße abgewinkelt hindurchgeführt werden musste, um dann wieder nach Norden abzubiegen (vgl. Fürstenstraße).

Entscheidend für die Großzügigkeit der städtebaulichen Neugestaltung und ihre Durchsetzung gegen vielseitige Hindernisse, u. a. hinsichtlich des Grunderwerbs, wurde die Willenskraft des Kronprinzen (vgl. Buttlar 1999). Die baulichen Fortschritte werden auf den zeitgenössischen Stadtplänen deutlich; derjenige des Topographischen Bureaus von 1820 stellt – noch mit dem bis 1827 gültigen Namen „Fürstenplatz" – das weitgehend eingeebnete, freigelegte Areal vor dem abgebrochenen Schwabinger Tor dar. Die damals noch völlig amorphe Fläche wurde in der Folge durch die rahmende Bebauung des Odeonsplatzes, des Beginns der Brienner Straße und des von ihr südseitig tangierten Wittelsbacherplatzes aufgegliedert. Von Klenzes Neubauten vorhanden waren das Leuchtenberg-Palais (s. Odeonsplatz 4; erbaut 1817–21) und das im rechten Winkel anschließende Doppelhaus Odeonsplatz 5/Ludwigstraße 1 (s. dort) von 1817/18. Auf den Stadtplänen von 1826 (Topogr. Bureau) und 1827 (Leonhard Schmidtner) erscheint die Bebauung vollendet, ausgenommen die erst 1841–44 von Gärtner an der Stelle des abgebrochenen Altstadt-Gasthofes „Bauerngirgl" auf stark zurückgenommener Baulinie errichtete Feldherrnhalle (s. Odeonsplatz o. Nr.). Seinen endgültigen Namen erhielt der Platz 1827 nach dem 1826–28 als Pendant des Leuchtenberg-Palais an der Westseite errichteten Odeon (s. Odeonsplatz 3). Unter Bezug auf dieses der Musik gewidmete Gebäude ließ Ludwig I. 1848/49 auf dem Vorplatz die Bronzestandbilder der durch Herkunft bzw. Wirken mit Bayern verbun-

Odeonsplatz nach Norden (links Chédeville-Schlösschen, rechts Reitschule und Café Tambosi); Gemälde von Domenico Quaglio, 1822

denen Komponisten Orlando di Lasso und Gluck aufstellen
(Standort in der westlichen Bauflucht der Ludwigstraße vor den
Ecken von Odeon bzw. Leuchtenberg-Palais); sie wurden 1860
auf den Promenadeplatz versetzt (s. dort), als die Stadt in Platzmitte das Reiterstandbild Ludwigs I. aufstellen ließ (s. Odeonsplatz o. Nr.; nach Klenzes ersten Intentionen Standort des nachmals auf dem Karolinenplatz errichteten Obelisken). Die rechteckige Platzerweiterung erhielt 1901/02 eine durch die Fahrbahnen zum Wittelsbacherplatz hin dreigeteilte Begrünung um das
Reiterstandbild bzw. in den Platzecken, dem Zeitgeschmack entsprechend durch Zierpflanzung und Pappeln bereichert – eine
dem originalen städtebaulichen Konzept widersprechende, später
z. T. revidierte Lösung. – Die von Fahrbahnen umschlossene,
zungenförmige südliche Binnenfläche vor der Feldherrnhalle erhielt im späten 19. Jh. eine mit zwei prunkvollen Fahnenmasten
(s. dort) geschmückte geometrische, mehrfarbige Mosaikpflaste-
rung. – Von der Straßenbahn befahren wurde der Odeonsplatz
seit 1877 (zunächst Pferdebahn, ab 1900 elektrischer Betrieb; zur
Vermeidung störender Oberleitungen bis 1906 mit vorgespannten
Akku-Loks, vgl. Ludwigstraße/Vorspann). 1971 wurde stattdessen der U-Bahn-Betrieb in Nord-Süd-Richtung aufgenommen
(Bahnhof Odeonsplatz; 1986 auch in Richtung West, 1988 nach
Osten fortgesetzt). – Durch Fußgängerzone (Theatinerstraße, seit
1975) und Schließung erst der Residenz-, dann auch der Hofgartenstraße für den Verkehr wurden die für die Platzausbildung
konstitutiven Durchgangsbezüge unterbrochen, auch ergaben
sich neue Belastungen des hochrangigen Platzbildes (u. a. Bus-
haltestellen, Taxistandplatz), dessen Randbebauung nach den unterschiedlich schweren Zerstörungen des Zweiten Weltkrieges in
originaler Form – doch mit gestalterisch angepassten Geschäften
in den Wohnhaus-Erdgeschossen – wiederhergestellt worden war
(vgl. jeweils bei den einzelnen Baudenkmälern).

Odeonsplatz nach Süden; Aufn. 1941

STÄDTEBAULICHE WÜRDIGUNG: Der Odeonsplatz, als südlicher,
innenstadtseitiger Anfang bzw. für den von Norden Kommenden
Fortsetzung und Abschluss der Ludwigstraße, bildet mit ihr zusammen einen lang gestreckten, von repräsentativer Architektur
wandhaft begrenzten Einheitsraum, den an den Schmalseiten
Feldherrnhalle und Siegestor begrenzen. Einen gewissen eigenständigen Platzcharakter besitzt lediglich der vom Straßenzug
tangierte, als dessen recht-
eckige Westerweiterung
ausgebildete Vorplatzbe-
reich der sich hierarchisch
wie gestalterisch über die
benachbarten Wohnhäu-
ser erhebenden, spiegel-
bildlichen Gebäude Ode-
onsplatz 3 (Odeon) und
4 (Leuchtenberg-Palais),
die mit ihren durch Säu-
lenbalkone bereicherten
Schmalseiten einen kur-
zen, zu Fürstenstraße und
Wittelsbacherplatz über-
leitenden Straßenab-
schnitt flankieren, der – in
der Achse des Ludwig-
Denkmals und des Bazar-
Mittelteils – westlich von
der Haupteingangsfront
des Ludwig-Ferdinand-
Palais (s. Wittelsbacher-
platz 4) abgeschlossen
wird und somit den Cha-
rakter eines von drei Pa-

lastfronten gerahmten kleinen Architekturplatzes, gleichsam einer Piazzetta neben der weiten Piazza, erhält.
So ergibt sich hier ein die große Nord-Süd-Achse überschnei-
dender Querbezug; ein weiterer entsteht weiter südlich davon
durch die Querachse Brienner Straße–Hofgartentor–Hofgartenstraße. Klenzes urbanistische Hauptleistung ist die im Detail
keineswegs streng geometrisch-symmetrische Artikulierung des
allmählichen Übergangs von der Enge der beiden im Odeonsplatz konvergierenden Altstadt-Arterien in die großzügige Weiträumigkeit der klassizistischen Neustadt. Die vielgestaltig aufragende Baumasse der barocken Theatinerkirche wird durch das
die Eckdaten des Klostertraktes wiederholende Doppelhaus
Theatinerstraße 23/Brienner Straße 1 (Moy-Palais) symmetrisch
gefasst, dadurch die westliche Baulinie für die Ludwigstraße
festgelegt und zugleich der zuvor städtebaulich äußerst einge-
zwängte monumentale Sakralbau als festliche Dominante in das
neue Architekturensemble einbezogen. Den Vorgaben gemäß ist
die Bebauung an der Platz-Ostseite leicht gestaffelt; auf den von
Klenze in seinen Festsaalbau einbezogenen Nordwestpavillon
der Residenz sowie die das Hofgartentor flankierende geschlossene Rückwand der Hofgartenarkaden folgt, nach Westen vorspringend (doch nicht so weit wie die vormalige Reitschule) der
lang gestreckte Bazar (s. Odeonsplatz 6–18), und erst mit dem

Odeonsplatz nach Süden; Luftaufnahme um 1920

nochmals vorgezogenen Eckhaus an der Nordseite der Galeriestraße (heute Ludwigstraße 2) wird die gerade östliche Bauflucht
der Ludwigstraße eröffnet. Durch diese leichten, beim Durch-
schreiten unterschwellig als Abwechslung erlebten Achsenver-
schiebungen bedingt ist auch die gegenüber dem Siegestor etwas
nach Osten verschobene Position der Feldherrnhalle. – Angesichts der gerade vollendeten baulichen Anlage um den Odeonsplatz sprach Heinrich Heine – im Unterschied zur gotisch-baro-
cken Altstadt – „von den heiteren Kunsttempeln und edlen Paläs-
ten, die in kühner Fülle hervorblühen aus dem Geiste Klenzes,
des großen Meisters" (Reisebilder/Italien, Kap. II).

Das Erscheinungsbild des Odeonsplatzes wird wesentlich durch
die Farbgebung der Putzfassaden mitbestimmt, die wiederum
eng mit derjenigen der Theatinerkirche verknüpft ist; der barocke Großbau hatte freilich vor dem Abbruch des Schwabinger
Tores keine Möglichkeit einer städtebaulichen Ausstrahlung und
erhielt seine definitive Fassadengestaltung überhaupt erst ab
1765. Klenze erstellte für die Neubauten im Umfeld ein (nicht
lückenloses) Konzept für verschiedenartige Steintöne, doch ist
noch zu seinen Lebzeiten (er starb 1864) mit Renovierungen und
Neufassungen zu rechnen, und ab etwa 1860 nahm das Platz-
ensemble einschließlich der Theatinerkirche und den Klenze-
Wohnhäusern an der Ludwigstraße den einheitlichen satten
Ockerton an, dem die Denkmalpflege um 1960 und erneut in
jüngster Zeit (vgl. Walter 2001) im Sinne einer angestrebten Au-
thentizität entgegenzuwirken bemüht war.

Dank zentraler Lage und festlicher Architekturkulisse wurde der
Odeonsplatz zum Schauplatz zahlreicher Versammlungen und
Großveranstaltungen unterschiedlichster (heute auch allzu oft
trivialer) Art, wobei in der Regel die einen schwer zu definie-
renden Symbolgehalt suggerierende Feldherrnhalle (s. dort) den
wirkungsvollen Hintergrund bildet.

Odeonsplatz nach Südwesten mit Theatinerkirche; Aufn. 1995

Odeonsplatz, Westseite, Mittelteil; Aufn. 1996

Odeonsplatz, Westseite, Mittelteil nach Kriegsschäden; Aufn. um 1946

Odeonsplatz nach Norden mit Kriegsschäden; Aufn. um 1946

Odeonsplatz; Flurkarte, M. 1:2500

Odeonsplatz. *Hofgartentor* mit beiderseits anschließenden, zum Platz hin geschlossenen Hofgartenarkaden (vgl. Hofgarten). Im Rahmen seiner 1816 übernommenen Gesamtplanung für den Bereich um den Hofgarten und den künftigen Odeonsplatz ließ Leo von Klenze einen bereits begonnenen Torbau des Hofbaubeamten Franz Thurn wieder abbrechen, um eine den gesteigerten städtebaulichen Ansprüchen genügende eigene Lösung zu konzipieren. Der neue Torbau nahm als Gelenk zwischen Hofgarten und Odeonsplatz sowie als Zielpunkt der Hofgarten- wie der Brienner Straße eine Schlüsselstellung ein und stand auch in Relation zu einem zeitweise geplanten Tor gegenüber am Beginn der Brienner Straße bzw. – im weiteren Sinn – zu dem damals schon vorgesehen Torbau an ihrem Westende (den späteren Propyläen, für die Klenze 1820/26 einen ähnlichen Bogen skizzierte). Baubeginn war im Sommer 1816; der Entwurf zum Tor (SGSM, Inv. Nr. 22066) trägt das Datum 24. Juli 1816. Die Bau-

Odeonsplatz, Hofgartentor und Arkadenrückwand; Aufn. 1995

leitung wurde Thurn übertragen. Die Planung sah auch bereits die beiderseits anschließenden Arkaden mit zum Platz hin geschlossener, durch rustizierte Lisenen gegliederter Wand vor; an ihrer Stelle erwog Klenze in den Folgejahren andere Varianten, vor allem einen Gitterabschluss, bis er 1822 zugleich mit der Planung des nachmaligen Bazars (s. Odeonsplatz 6–18) zur ersten Konzeption zurückkehrte. Das Hofgartentor wurde Klenzes erster ausgeführter Bau in München und verkörpert, wie die Glyptothek und das Leuchtenberg-Palais, seinen vornehm-heiteren Frühstil, in dem französische Schulung das antike Vorbild filtert. Das 1818 vollendete Hofgartentor, das den Typus des eintorigen römischen Triumphbogens – mit dem Titusbogen als Hauptbeispiel – der Bauaufgabe entsprechend ins Anmutig-Intime reduziert, steht in der Entwicklungsreihe klassizistischer (von niedrigen Annexen flankierter) Torbauten zwischen dem Wiener Augartentor (1775 von Isidor Canevale) und dem Auetor in Kassel (1824 von Joh. Konrad Bromeis); nächststehendes Vorbild ist der

Hofgartentor; Aufn. 1998

die Zufahrt zum Ehrenhof bildende Torbau des Hôtel de Salm (Palais de la Légion d'Honneur) in Paris (1782 ff. von Pierre Rousseau), der auch die Genienreliefs in den Bogenzwickeln aufweist, ein traditionelles antikes Motiv (Rom, Titus- und Severusbogen), das auch die beiden Pariser Triumphbögen Napoleons und das spätere Münchner Siegestor ziert (vgl. auch Projekte Karl v. Fischers für das Karlstor 1810 und Andreas Gärtners für das Schwabinger Tor 1814 sowie einen Stadttor-Entwurf von Friedrich Gilly, Berlin um 1799). Mit dem Arc de l'Etoile teilt das Hofgartentor die (es der Gattung des Quadrifrons annähernde) Begehbarkeit auch in der Querachse, hier natürlich durch die anschließenden Arkadengänge motiviert. Die Pfeilermassive zu Seiten des mit einer Kassettentonne gewölbten Bogens sind somit ausgehöhlt, innen kreuzgratgewölbt und durch seitliche Nischen räumlich erweitert. Rundbogige Nischen, in denen Klenzes Entwurf (wohl nie ausgeführte) Figuren vorsah, gliedern auch das Äußere der pilasterflankierten Pfeilermassive. Der plastische Dekor wurde 1817/18 nach den Vorgaben der Klenzepläne modelliert und in Blei gegossen; als Bildhauer ist u. a. durch die Rechnungen Franz Jakob Schwanthaler belegt (Huber 1996); die Genienreliefs wurden von Johann Baptist Stiglmaier modelliert, die Ausführung besorgte der Glockengießer Nikolaus Regnault. Über den Pfeilernischen umschließen Kränze das Königsmonogramm Max Josephs. Die vier geflügelten, Kränze haltenden Genien in den Bogenzwickeln sind aufgrund ihrer Attribute als Allegorien von Kriegswesen (Schild, Schwert, Eichenkranz), Landwirtschaft (Sichel, Früchtekranz), Kunst (Lyra, Pinsel, Hammer, Lorbeerkranz) und Wissenschaft (Fackel, Sternenkranz) zu verstehen. Die vier Ecken bekrönen Trophäen in Form römischer Rüstungen mit Helmen (ursprünglich vergoldet?). – Während der Torbogen in erster Linie dem Fahr- und Reitverkehr diente, wurden in die angrenzenden Arkadenachsen rechteckige Fußgängerdurchgänge mit Steingewänden und Dreiecksgiebeln an der Außenseite eingefügt. (Inneres der Arkaden s. Hofgarten.) – Den Zweiten Weltkrieg überstand das Tor mit nur geringen Bedachungs- und Putzschäden.

Odeonsplatz. *Feldherrnhalle.* Nach Abbruch des Schwabinger Tores (1817) und seiner Annexe – Stadtmauer, Wachhaus, Pagerie – im Zuge der städtebaulichen Neuordnung des Bereiches nördlich der Altstadt durch Leo von Klenze bildete noch bis 1840 ein in der Gabelung der Residenz- und der Theatinerstraße stehender Altbau – zuletzt Gasthaus zum Bauerngirgl – den südlichen Abschluss des Odeonsplatzes und zugleich der Ludwigstraße. Das Sandtnersche Stadtmodell von 1570 zeigt in dieser markanten Situation hinter dem Stadttor einen erst kurz zuvor aus zwei Häusern entstandenen dreigeschossigen Bau mit Mittelrisalit und polygonalen Eckerkertürmen, sicher eines der stattlichsten Bürgerhäuser dieser Zeit in München, das in der Folge zeitweise dem Maler Peter Candid gehörte. Vor 1732 wurde es von Johann Michael Fischer baulich weitgehend erneuert, damals wohl unter Beseitigung der Türme aufgestockt. In seiner letzten Gestalt zeigte es schlicht biedermeierliche Formen mit Konsolgesims und Walmdach. 1838 vom Staat erworben, wurde es 1840 samt zwei südlich anschließenden Häusern (u. a. dem Sitz des Kriegsministeriums seit 1807) zur Platzerweiterung abgebrochen; die Fassade der Theatinerkirche wurde somit freigestellt, die neue Baulinie um ca. 20 m zurückgenommen.

Ludwig I. sah für diese prominente Stelle – ganz im Sinne seiner mediterranen Stadtumgestaltung – eine offene Loggia als urbanes Kommunikationszentrum wie an italienischen Stadtplätzen vor. Dieser Grundgedanke verband sich während der Planung mit wechselnden Nutzungskonzepten und Denkmalideen. Bereits 1828 entwarf der junge Georg Friedrich Ziebland in Rom im Auftrag des Königs eine dreigeschossige Schlosswache im italianisierenden Rundbogenstil gleichzeitiger Klenzebauten an der Ludwigstraße (z. B. Nr. 14, Kriegsministerium), die eine dreibogige Loggia enthalten sollte. (Doch blieb das Lokal der Kgl. Wache bis 1918 an der nahen Ostfassade der Residenz.) In der Folge trat der Gedanke der Denkmal-Halle in den Vordergrund; bereits in den 1830er Jahren ließ der König Erz aus erbeuteten Kanonen für künftige Denkmäler der bayerischen Feldherren Tilly (1559–1632) und Wrede (1767–1838) reservieren, zu deren Standort schließlich die Loggia bestimmt wurde. Für die Halle fertigte Leo von Klenze Entwürfe in antikisch durchsetzten Renaissanceformen und der Schweizer Johann Georg Müller ein Projekt in italienischer Gotik mit zwei die Loggia flankierenden Türmen nebst die beiderseitigen Straßeneinmündungen überspannenden Bögen. Doch bevorzugte Ludwig I. schließlich – obwohl der Bauplatz im Mittelpunkt eines von Klenze gestalteten Umfeldes lag – den schon seit 1835 planenden Konkurrenten Friedrich von Gärtner. Dieser übersandte dem König am 12. Juni 1840 eine genialisch-flüchtige Skizze der in der Folge ausgeführten Konzeption, die sich an das intendierte Vorbild der Florentiner Loggia dei Lanzi (erbaut 1376–82) anschloss (BHStA, GHA NL Ludwig I. 89/2). Gärtner war – wie beim Siegestor – gegenüber den Wünschen des Königs nach angenäherten Architekturkopien wohl flexibler als Klenze und bezog in sein stilistisches Spektrum auch das Due- und Trecento mit ein. Aufschlussreich sind allerdings die – im Ausführungsriss (AMTUM, GS 1161) formulierten – Abweichungen vom Vorbild, vor allem die lagebedingte, auf Fernwirkung berechnete Erhöhung des Unterbaues, die zusätzliche (nach zeitgenössischer Auffassung eher „romanische" als gotisierende) reiche Bauplastik an Kapitellen, Bogenlaibungen und Gebälkzone mitsamt den oberen Abschluss auflockernden Trophäen. Die dem Vorbild entsprechenden Vierpassfelder in den Bogenzwickeln füllen die Wappen von Bayern (Ludwig I.) und Sachsen(-Hildburghausen; Königin Therese).

Mit den seine Monumentalstraße beiderseits abschließenden Denkmalbauten wollte Ludwig I. die staatserhaltende Funktion der bayerischen Armee und insbesondere auch den bedeutsamen Anteil Wredes an der Selbstbehauptung des Mittelstaates Bayern in den stürmischen Jahren 1812–15 betonen (vgl. Siegestor), sicher auch Bayerns Beteiligung an den sog. Befreiungskriegen demonstrieren, um das vorausgegangene enge Bündnis mit Napoleon (gegen das er als Kronprinz opponiert hatte) vergessen zu machen. Die – nicht unumstrittene – Ehrung Tillys, des Feldherrn der katholischen Liga, sollte an den Höhepunkt von Bayerns politischer Geltung zur Zeit des Kurfürsten Maximilian I. erinnern, dem Ludwig das Reiterbild auf dem Wittelsbacherplatz widmete (s. dort). In diesem Sinne erfolgte die Grundsteinlegung am 18. Juni 1841, dem Jahrestag der Schlacht bei Waterloo, und die Übergabe der im Sommer 1844 vollendeten Halle an die Öffentlichkeit mit der Enthüllung der beiden Feldherrnstandbilder am 18. Oktober 1844, dem Jahrestag der Leipziger Völkerschlacht. Den aus seinen Privatmitteln finanzierten Bau vermachte der König durch Testamentskodizill 1859 dem Staate.

Die unter der Bauleitung des Gärtner-Mitarbeiters Johann Moninger in weißem Kelheimer Kalkstein aus Oberau aufgeführte, 34,32 m breite, 22,56 m hohe und 11,9 m tiefe Halle ist mit drei Rundbogenarkaden nach Norden zum Platz hin, mit je einer seitlich nach den Straßen geöffnet und übernimmt somit – im Unterschied zu dem stärker in die Platzwand eingebunden Florentiner Vorbild – mittels ihrer räumlichen Transparenz eine städtebauliche Gelenkfunktion zwischen der engen Struktur der Altstadt und dem weiträumigen neuen Stadtteil. Das Innere überspannen drei Kreuzrippengewölbe; die auf Wunsch des Königs neutral verputzte Rückwand, die an das Preysing-Palais (s. Residenzstraße 27) grenzt, hatte Gärtner sich ursprünglich pompejanischrot oder auch mit gemalter Felderteilung vorgestellt. Zur Mittelarkade führt eine hohe Freitreppe empor. Der bauplastische

Odeonsplatz, Feldherrnhalle; Aufn. 1981

Feldherrnhalle, Tilly-Standbild   Feldherrnhalle, Kriegerdenkmal von 1892   Feldherrnhalle, Wrede-Standbild

Dekor wurde 1843 von Anselm Sickinger, Fidelis Schönlaub und Francesco Sanguinetti ausgeführt, die bekrönenden Trophäen nach Entwürfen von Ludwig Schwanthaler.

Gleich der Florentiner Loggia sollte auch die Feldherrnhalle, wie auf Gärtners Entwürfen angedeutet, eine im Lauf der Zeit wachsende skulpturale Ausstattung aufnehmen. Zunächst blieb es bei den Standbildern Johann Tzerklas von Tillys und Carl Philipp Fürst von Wredes unter den seitlichen Arkaden der Hauptfront. Die nach Ludwig Schwanthalers Modellen von Ferdinand von Miller (I.) gegossenen, etwa 3 m hohen Bronzefiguren stehen auf Granitpostamenten mit Inschriften auf Vorder- und Rückseite.

Wesentlich später erst wurde in der Mittelachse vor der Rückwand eine ca. 5 m hohe Bronzefigurengruppe als Armeedenkmal aufgestellt, laut Inschrift auf dem querrechteckigen Granitsockel von Prinzregent Luitpold 1892 dem bayerischen Heere gewidmet. Die traditionell-klassizistische Auffassung mit naturalistischen Zügen verbindende pathetische Gruppe, bestehend aus einem liegenden Löwen, einem antikischen, im Wesentlichen unbekleideten Krieger mit Rundschild, Helm und Fahne sowie der allegorischen weiblichen Gewandfigur des Friedens mit Palmzweig und Lorbeerkranz, wurde gemäß den beiderseitigen Signaturen an der Standplatte von Ferdinand von Miller (II.) sowohl modelliert als auch gegossen. Die analog zu Florenz in Gärtners Ausführungsplan vorgesehen schreitenden Löwen auf den beiden Wangen der Freitreppe wurden erst 1906 aufgestellt; die Bildwerke in weißem Südtiroler Marmor, späte Arbeiten von Wilhelm Rümann († Februar 1906), sind bemerkenswerte Beispiele einer realistisch-lebendig aufgefassten Tierplastik, an denen Max Heilmeyer „eine bestimmtere tektonische Haltung" im Sinne der neuklassizistischen Zeitströmung feststellte. (Am Sockel des östlichen Löwen rückseitig inschriftlicher Hinweis auf die Pschorr-Stiftung.) An der Hallen-Rückwand beiderseits des Armeedenkmals erinnern schlichte querrechteckige Inschrifttafeln aus Bronze (enthüllt am 25. August 1931, Entwurf von Josef Wackerle) an die bayerischen Teilnehmer und Gefallenen der Kriege von 1870/71 und 1914–18. (1924–38 waren an der Rückwand Kränze und Gedenkinschriften für die nach dem Weltkrieg dem Reich verloren gegangenen Gebiete angebracht.) Der von Anbeginn im Bewusstsein der Allgemeinheit nicht sonderlich tiefe Wurzeln fassende, von Ludwig I. intendierte politisch-ideelle Sinngehalt der Feldherrnhalle verblasste seit 1866

bzw. 1871 mit dem allmählichen Verlust bayerischer Eigenstaatlichkeit bis auf den heutigen Tag. So konnte die originale Idee in der Ära des Nationalsozialismus völlig durch das Gedenken an den sog. „Marsch zur Feldherrnhalle" am 9. November 1923 überlagert und verdrängt werden, der strategisch bedingt an der Engstelle neben der Halle vor der Einmündung der Residenzstraße in den weiten Odeonsplatz im Feuer der Landespolizei endete. An die 16 damals Erschossenen erinnerte 1933–45 ein Denkmal unter der Arkade der Ostseite. – Die exponierte Situation bei dem Alltagsverkehr enthobenem Niveau der Halle ließ sie seit jeher zur Stätte bzw. wirkungsvollen Kulisse für öffentliche Veranstaltungen der gegensätzlichsten Art werden wie Militärparaden und Platzkonzerte, Festzüge und feierliche Begräbnisse, Prozessionen und Gottesdienste, politische Kundgebungen und Demonstrationen. Aus der Zeit nach dem Zweiten Weltkrieg sei nur die stürmisch gefeierte Rede Charles de Gaulles (1962) als ein besonderer Höhepunkt genannt.

Bei Luftangriffen erlitt die Feldherrnhalle schwere Schäden (besonders am 25. April 1944 und am 7. Januar 1945), u. a. Substanzverluste an der Attika und Splittereinschläge im Westteil; die Gewölbe wurden – mit Ausnahme der Gurte – zerstört, ein schmaler Streifen der Rückwand an ihrem Westende fehlte völlig; das Wrede-Standbild wurde herabgeschleudert und sein Kopf abgetrennt. Durch die Bayerische Schlösserverwaltung

Feldherrnhalle, Löwen auf den Treppenwangen

Feldherrnhalle nach Kriegsschäden; Aufn. um 1946

Odeonsplatz. *Reiterstandbild Ludwigs I.* Gemäß der Tradition des klassischen Städtebaus war die plastische Akzentuierung eines geometrischen Platzes unerlässlich. Leo von Klenze hatte die Mitte des Odeonsplatzes ursprünglich (1816 ff.) als Standort des Obelisken vorgesehen, der nachmals auf dem Karolinenplatz (s. dort) aufgerichtet wurde. In Übereinstimmung mit dem seit 1827 amtlichen Namen des Platzes nach dem der Musik gewidmeten Neubau (s. Nr. 3) ließ Ludwig I. in der Flucht der Ludwigstraßen-Westseite vor den Ecken des Odeons und des Leuchtenberg-Palais 1848/49 die Denkmäler der bedeutendsten Repräsentanten der bayerischen Musikgeschichte, Gluck und Orlando di Lasso, aufstellen. Sie wurden 1860 auf den Promenadeplatz (s. dort) versetzt, da der Odeonsplatz im Zentrum der Stadterweiterung König Ludwigs dessen Reiterstandbild aufnehmen sollte.

wurden bis 1950 der Dachstuhl erneuert, 1956 Sicherheitsmaßnahmen durchgeführt; erst 1962 war die gründliche Gesamtrestaurierung samt Wiederherstellung der Gewölbe und Steinreinigung abgeschlossen. Die durch die Kunstgießerei Hans Mayr restaurierte Wrede-Figur wurde 1954 wiederaufgestellt.

In die Platzfläche vor der Nordostecke eingelassen wurde 1994 eine Bronze-Inschriftplatte zum Gedenken an die vier Mitglieder der Landespolizei, die beim Einsatz gegen den Putschversuch am 9. November 1923 ihr Leben ließen.

Odeonsplatz. Zwei *Fahnenstangen* auf der mit farbigem Mosaikpflaster belegten Platzfläche vor der Feldherrnhalle. Gemäß dem offiziellen Programm wurden 1888 aus Anlass des Festzuges zur (verspäteten) Centenarfeier der Geburt Ludwigs I. zwei 26 m hohe Masten für 18 m lange Flaggen aufgestellt. „Die Sockel und Spitzen der Bäume sind nach dem Entwurfe des Herrn Professor Rudolf Seitz von Herrn Erzgießer und Bildhauer Ferdi-

Odeonsplatz, Denkmalsenthüllung 1862

Odeonsplatz, Fahnenstangen

Fahnenstange, Sockel

nand v. Miller (II.) herrlich geschmückt und zwar ähnlich jenen des Markusplatzes in Venedig" (von 1505); Fotos von 1888 zeigen die Masten noch in einfacherer Form; Inschriften auf den prunkvollen Neurenaissance-Bronzesockeln erwähnen jedoch die Errichtung am 12. März 1892 zur Erinnerung an den 100. Geburtstag Ludwigs I. (westliche Stange) bzw. den 70. Geburtstag des Prinzregenten Luitpold (östliche Stange).

Odeonsplatz, Reiterstandbild Ludwigs I.; Aufn. 1996

Münchens Künstler hatten bereits 1841 erwogen, ihrem Mäzen ein Denkmal nach Thorvaldsens Modell zu errichten. 1856 ergriff der Erzgießereiinspektor Ferdinand von Miller (I) die Initiative im Hinblick auf den bevorstehenden 70. Geburtstag Ludwigs I. Der Magistrat der Stadt stellte 100.000 fl. zur Verfügung und bestimmte, von Klenze beraten (Vorentwurf vgl. Buttlar 1999, S. 186 ff.), den Standort sowie die Gestaltung nach einem hinterlassenen Entwurf Ludwig Schwanthalers von 1847 für ein Denkmal des Königs Matthias Corvinus (oder Stephan?) in Budapest, dessen Hauptmerkmal zwei das eigentliche Reiterbild flankierende Pagenfiguren waren. Die Edelknaben des Ludwigs-Denkmals tragen Inschrifttafeln mit dem Wahlspruch des Königs („Gerecht" und „Beharrlich"), der Monarch ist in Herrscherpose, im Krönungsornat mit erhobenem Szepter in der Rechten dargestellt; vor den abgeschrägten Ecken des Kalksteinsockels stehen die vier allegorischen Figuren von Religion (mit Kreuz und Bibel), Musik und Dichtung (mit Lyra), Handel und Industrie (mit Zahnrad, Amboss und Ruder) sowie Kunst (mit Hammer, Pinsel und Grundriss der Ruhmeshalle).

Odeonsplatz 1, 2; Aufn. 1995

Das Denkmal, laut rückseitiger Widmungsinschrift „errichtet aus Dankbarkeit von der Stadt München", trägt (an den rückwärtigen Sockelfiguren) die Signaturen des Bildhauers Max Widnmann (dessen Modell Ludwig I. selbst vor dem von Max Brugger bevorzugt hatte) und des Gießers der Bronzefiguren, Ferdinand von Miller. Bei der festlichen Einweihung am 25. August 1862 war der greise, abgedankte Monarch nicht anwesend. Entwicklungsgeschichtlich steht das Ludwigs-Denkmal (etwas epigonal und unentschieden) zwischen dem zu erhabener Klarheit gesteigerten klassizistischen Idealismus, wie ihn auf dem benachbarten Wittelsbacherplatz (s. dort) unübertroffen Thorvaldsens Maximilians-Denkmal verkörpert, und dem in der Folgezeit dominierenden barockisierend-naturalistischen Pathos. Die eher verunklärende, jedoch auch statisch motivierte Kompositionsidee des Reiterbildes mit Begleitfiguren wurde später vom Denkmal Karls des Großen vor Notre-Dame in Paris (1882) und vom Münchner Kaiser-Ludwig-Denkmal von 1905 (s. Chevalley/Weski 2004, S. 235) aufgegriffen; sie geht letztlich auf das Kaisermonument auf dem Markt in Magdeburg aus dem 13. Jh. zurück.

Odeonsplatz 1, 2. Erst im Jahre der Vollendung des im Nordwesten übereck anschließenden Odeons (vgl. Odeonsplatz 3) konnte – nach langem Prozess mit der vorigen Grundstücksbesitzerin Marianne Chédeville – die den rechteckig einspringenden Westteil des Odeonsplatzes südlich begrenzende Bebauung bis zum Beginn der Brienner Straße realisiert werden, nach Leo von Klenzes Entwurf ausgeführt durch den Baumeister Rudolf Röschenauer; erster Besitzer war der Schlossermeister Korbinian Mayer (vgl. Ludwigstraße 2). Plangenehmigung vom 22. April 1828; auf Stadtplan des Topograph. Bureaus von 1826 ist noch der im Sommer d. J. abgetragene Vorgängerbau im Süden eingetragen, auf dem von L. Schmidtner 1827 bereits die gesamte Neubebauung. Der Südteil des Doppelgrundstückes liegt im Bereich der ehemals flach rechteckig vorspringenden Bastion g der Wallbefestigung der 1. Hälfte des 17. Jh., die dem Schwabinger Tor nordwestlich vorgelegt war und schon im 18. Jh. gärtnerisch begrünt und zunehmend bebaut worden war; der Nordteil schneidet den ehem. Wallgraben an. Das erhöht auf der ehem. Bastion stehende schlösschenartige Wohnhaus des Direktors der kurfürstl. Gobelinmanufaktur Joseph Chédeville († 1820) ist auf

einem Ölgemälde Domenico Quaglios (s. Abb. S. 718) von 1822 dargestellt (Trost 1973, Kat. Nr. 125).

Städtebaulich wie gestalterisch ist der dreiseitig freistehende, symmetrische Block aus zwei klassizistischen Miets- und Geschäftshäusern mit abgewalmtem Dach ein Pendant zum zehn Jahre älteren Eckhaus Ludwigstraße 1 (mit Odeonsplatz 5) nördlich gegenüber (s. dort), auch bezüglich der zur durchschnittlichen Traufhöhe an der Ludwigstraße angehobenen Viergeschossigkeit, während das südlich benachbarte Eckhaus Brienner Straße 1/Theatinerstraße 23 (Moy-Palais) mit nur drei Geschossen als Gegenstück zum ehem. Theatinerkloster konzipiert ist. Das (später getrennten Besitzern gehörige) Doppelhaus schließt mit vier Flügeln einen gemeinsamen Hof ein.

Das System der Fassadengliederung – mit Gurtgesimsen, rustiziertem Erdgeschoss und Ecken, zwei fast gleichgewichtigen Hauptgeschossen, niedrigerem, pilastergegliedertem 3. Stock und Konsolgesims – gleicht dem des Pendants Ludwigstraße 1. Mit diesem gemeinsam ist der Wohnbebauung – im Unterschied zu dem von ihr flankierten Leuchtenberg-Palais und Odeon – die niedrigere Geschoss- und Traufhöhe trotz vermehrter Stockwerkszahl. Das Erdgeschoss hatte ursprünglich Rundbogenfenster mit konsolgestützten Sohlbänken (später Schaufensterarkaden).

Das *Eckhaus Nr. 1* im Süden, im mittleren 19. Jh. dem Grafen Ph. von Lerchenfeld gehörig, ging 1907 von der Maffeischen Verwaltung an Albert Bäuml, den Leiter der Nymphenburger Porzellanmanufaktur über; deren heute noch existierendes Ladengeschäft wurde 1908 von Emanuel von Seidl ausgestattet, einst namhaftes Beispiel einer völlig verlorenen, gerade in der „Kunststadt" München verbreiteten Gattung anspruchsvoller Raumgestaltungen. Nach schweren Luftkriegsschäden – völlig zerstört war vor allem die Nordhälfte des Hauses mitsamt den vier nördlichen Fensterachsen der siebenachsigen Ostfassade – erfolgte der Wiederaufbau in äußerlich unveränderter Form (Richtfest 19. Mai 1952).

Haus Nr. 2, um die Jahrhundertwende Littauerhaus genannt als Sitz der Kunsthandlung, vor deren Schaufenster Thomas Manns Erzählung „Gladius Dei" (1902) beginnt, wurde 1933 Sitz der Ausstattungsfirma Pössenbacher (zuvor Wittelsbacherplatz 6, s. dort). Nach schweren Luftkriegsschäden erfolgte der im Frühjahr 1951 abgeschlossene Wiederaufbau als Wohn- und Geschäftshaus (Arch. Theo Lechner); die 1950 von der Baufirma Brannekämper durchgeführte Sicherung der Fassade ermöglichte deren unveränderte Übernahme. Letzte Fassadenrenovierung 1991. In der (vereinfachten) Durchfahrt vier Kreuzgratgewölbe.

Odeonsplatz 3, ehem. Odeon, jetzt Bayerisches Staatsministerium des Innern; Aufn. um 1940

Odeonsplatz 3, Westseite am Wittelsbacherplatz; Aufn. 1996

Odeonsplatz 3. Ehem. *Odeon*, jetzt *Bayerisches Staatsministerium des Innern*. Mit der symmetrischen Konzeption des Odeonsplatzes war an dessen Westseite von Anfang an ein spiegelbildliches Pendant zum Leuchtenberg-Palais (Odeonsplatz 4) vorgesehen, dessen Funktion noch nicht feststand (Klenze an Kronprinz Ludwig, 7. August 1818, als Erläuterung zu einer Ansicht mit dem damals noch auf dem Platz geplanten Obelisken). Nach dem Umbau des Redoutenhauses an der Prannerstraße zum Landtag (1818) und dem Verzicht auf die Ausführung des als südlicher Seitenflügel von Fischers Nationaltheater vorgesehenen Säulensaales ließ Kronprinz (ab 1826 König) Ludwig Leo von Klenze im Sommer und Herbst 1825 die Pläne für einen „Redoutensaal" in dem längst ersehnten Pendant des Leuchtenberg-Palais ausarbeiten. Die Vorgabe der Palastfassaden erschwerte die Aufgabe beträchtlich vor allem auch hinsichtlich der Eingangsprobleme, die nachträglich störende Veränderungen bedingten.

Der Grundstein wurde am 7. Februar 1826 gelegt, noch im gleichen Jahr der Rohbau vollendet, das Jahr 1827 dem Innenausbau und der Fassadenausgestaltung gewidmet. Bereits am 7. Januar 1828 konnte der Saal mit einem Festball zum Karnevalsbeginn und am 10. März mit einem Konzert seiner Bestimmung übergeben werden.

Bereits Klenzes erste Planserie von 1825 trug die griechische Aufschrift Odeion. In dem der Antike entlehnten Namen kam, wie bei den beiden Pinakotheken, der Glyptothek und den Propyläen, Ludwigs sich an der Blütezeit der griechischen Kultur orientierender Idealismus und zugleich das Programm ihrer Wiedergeburt zum Ausdruck. Das Odeon als Frühbeispiel eines selbständigen öffentlichen Konzerthauses – Gestaltung und Ikonographie machten, trotz auch anderer Nutzungsmöglichkeiten, die Priorität der Musik deutlich – gehörte in die Reihe der ent-

wicklungsgeschichtlich und typologisch bedeutsamen Bauwerke, mit denen der König Bayerns Hauptstadt ausstattete. Erschlossen wurde das in einer städtebaulichen Schlüsselposition dreiseitig freistehende Gebäude mittels einer Querdurchfahrt zwischen Odeons- und Wittelsbacherplatz und einer Haupttreppe im Westteil. Der doppelgeschossige, von Säulen und Umgängen umzogene, 36 x 22 m große und 15 m hohe Saal lag, durch Nebenräume vom Straßenlärm abgeschirmt, in der Gebäudemitte im 1. Stock und reichte mit dem Galeriegeschoss bis in den Dachstuhl hinauf. Seine feierliche, antikisierende Formensprache mit zwei Kolonnaden übereinander und einer das Orchester aufnehmenden, mit den Büsten bedeutender Tondichter geschmückten Exedra gemahnte an erhabenste Bauaufgaben wie die griechische Tempelcella, die römische Basilika und die Apsis christlicher Kirchen. Durch das Bildprogramm der drei Deckengemälde von Cornelius-Schülern wurde der Saal zum Heiligtum Apollos und der Musen deklariert. Entsprechend apollinisch klar und hell, festlich und weihevoll war die Stimmung des Raumes. Im Odeonssaal fand im Zeitalter der musikalischen Spätklassik und Frühromantik eine zuvor nie da gewesene Wertschätzung der für geradezu heiligmäßig erachteten Tonkunst ihren adäquaten Ausdruck. An sakraler Raumwirkung vergleichbar war in dieser Epoche nur Schinkels unausgeführter Entwurf für die Berliner Singakademie in Form einer der hl. Cäcilia geweihten Kirche; formale Beziehungen bestanden zu Schinkels klassizistischem Konzertsaal im Berliner Schauspielhaus und zu Raumschemata des Architekturtheoretikers Durand.

Im Gegensatz zur Planungs- und Baugeschichte wurde die Ereignis- und Funktionsgeschichte des Odeons bisher noch nicht im Einzelnen erforscht. Bis zum Bau des Kaimsaales (der späteren Tonhalle) 1895 war es die Hauptstätte des Münchner Kon-

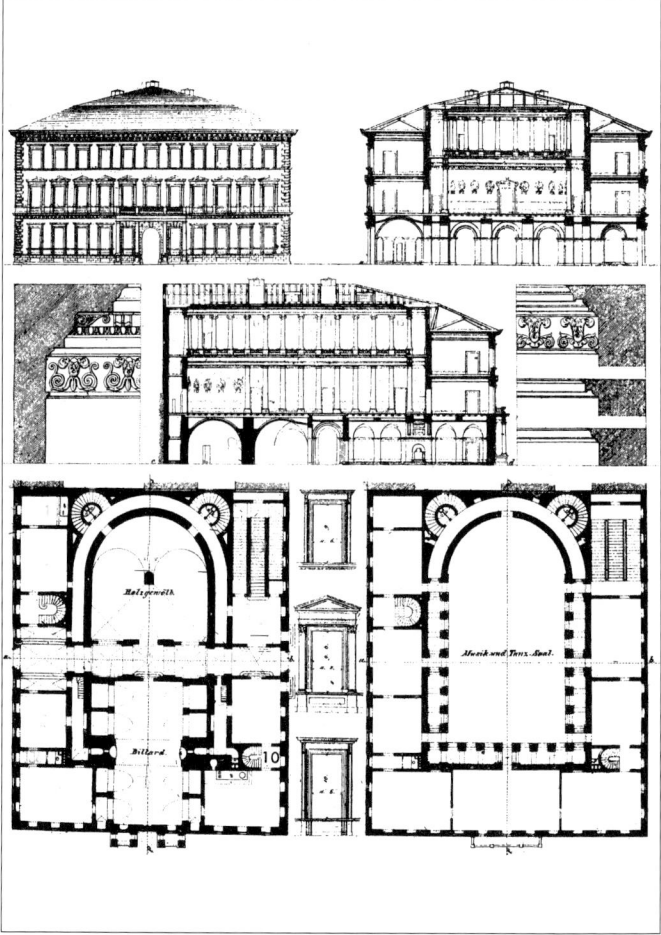

Odeonsplatz 3, ehem. Odeon; Grundrisse, Schnitte und Ansicht von Ph. Burg, 1828

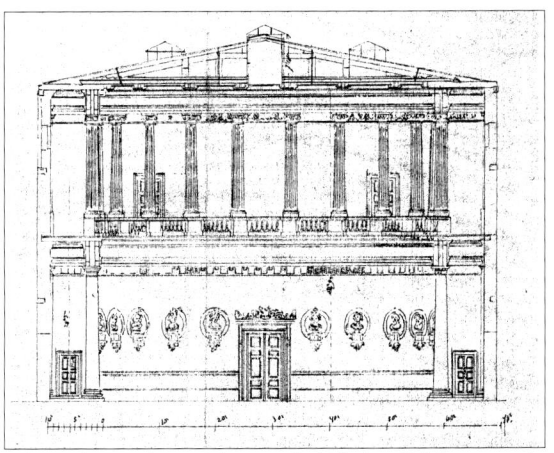

Odeonsplatz 3, ehem. Odeonssaal, Südseite; Zeichnung nach Klenze

Odeonsplatz 3, ehem. Konzertsaal; Aufn. um 1910

Odeonsplatz 3 nach Kriegszerstörung; Aufn. 1951

zertlebens – ein (nach heutigen Begriffen hinsichtlich der Besucherkapazität freilich höchstens mittelgroßes) Konzerthaus, lange ehe diese Bauaufgabe für jede Metropole obligat wurde (z. B. Musikverein Wien 1870, Gewandhaus Leipzig 1884, Concertgebouw Amsterdam 1888). Doch war die Nutzung – vor allem auch was die Nebenräume betrifft – durchaus multifunktional – im Großen Saal fanden auch Bälle, Vorträge, Feste und Feiern (z. B. die Schillerfeier 1859) statt; ein gewölbter Raum im Erdgeschoss-Nordteil diente als Speisesaal, ab 1842 bis Ende des Jahrhunderts als Englische Kirche, dann als Garderobe. Im 1. Stock umgaben den Großen Saal die „Conversationszimmer" samt einem größeren Foyersaal im Norden zum Balkon hin. Die Räume im 2. Stock nahmen 1834 und 1835 die oberbayerische Industrieausstellung auf; ab 1846 bis zur Zerstörung beherbergten sie das Kgl. Konservatorium für Musik (ab 1867 Kgl. Musikschule, die spätere Akademie der Tonkunst); der größte Raum dieser Etage (im Norden) diente als Konzert- und Prüfungssaal, der um 1850 erweitert wurde und eine Orgel erhielt (sog. Kleiner Saal).

Den auch wegen seiner Akustik gerühmten Großen Saal schilderte Gottfried Keller im „Grünen Heinrich" (1. Fassung 3. Bd., 6. Kap.) als Stätte des glanzvollen Dürer-Künstlerfestes von 1840; Paul Klee widmete ihm 1911 eine Radierung. Die wenigen überlieferten Fotos zeigen den Saal meist mit den Radlüstern von 1888 sowie mit Gestühl und zwischen die Säulen der Exedra geschickt eingefügter Orgel von 1905/06. Bald nach der letzten gründlichen Saalrestaurierung durch das Landbauamt (1940), der viele Detailaufnahmen zu verdanken sind, wurde das Odeon im Luftkrieg 1943/44 sukzessive zerstört. Erhalten blieben nur zum größten Teil die Längsfassaden im Osten und Westen, von der Nordfront nur der Säulenbalkon, während ihre übrigen Reste abgebrochen werden mussten. Der Wiederaufbau 1951/52 durch Prof. Josef Wiedemann (Ausführung Fries u. Co.) als Sitz des Bayerischen Staatsministeriums des Innern stellte das äußere Erscheinungsbild wieder her. Von der alten Struktur wurde fast nur die Querdurchfahrt übernommen; der architektonisch ansprechende Hof nimmt die Stelle des (im Norden verkürzten) ehemaligen Großen Saales ein, mit dessen (ergänzter) unterer Säulenstellung jetzt in Höhe des 1. Stocks sowie den noch erhaltenen lorbeerumrahmten Kreisnischen der einstigen Tondichterbüsten in der halbrunden Exedra. Die obere Säulenstellung ist verloren; die einstigen Saalumgänge hinter den Säulen wurden in das Gebäude als Gänge einbezogen. Den Hof akzentuiert ein Zierbrunnen von Emil Krieger; im Vestibül nördlich davon steht jetzt das zum Wittelsbacher-Zyklus im ehem. Thronsaal des Festsaalbaues der Residenz gehörige Erzstandbild Herzog Albrechts V. von Ludwig Schwanthaler; im Sitzungssaal darüber Fresken von Blasius Spreng. – Der Innenhof wurde 2007 mit einer filigranen Glas-Stahl-Konstruktion überdacht.

Odeonsplatz 3, Hof nach Süden; Aufn. 1996

Odeonsplatz 3, Hof nach Norden; Aufn. 1996

Odeonsplatz 4. Ehem. *Leuch-tenberg-Palais*, jetzt *Bayerisches Staatsministerium der Finanzen*. Der Bauherr, Eugène de Beauharnais (1781–1824), Stief- und Adoptivsohn Napoleons I., 1805–14 Vizekönig von Italien, nahm nach dem Sturz des Kaisers – da seit 1806 mit Auguste Amalia (1788–1851), einer Tochter König Max I. Josephs verheiratet und seit 1817 Herzog von Leuchtenberg und Fürst von Eichstätt – seinen Wohnsitz in München, zunächst im sog. Königlichen Palais an der Theatinerstraße (ehem. Nr. 11). Das ab 1816 von Leo von Klenze geplante eigene Stadtpalais des Herzogs wurde – zusammen mit dem anschließenden Kobell-Haus (s. Ludwigstraße 1) – der erste Neubau an der Dank der Initiative des Kronprinzen Ludwig in Angriff genommenen städtebaulichen

Odeonsplatz 4 von Südwesten; Aufn. 1995

Anlage des Odeonsplatzes und der Ludwigstraße. (Als Landresidenz erwarb der Herzog 1816 Schloss Ismaning.) Das Grundstück, ursprünglich Teil des dem Staatsrat Franz von Kobell gehörigen, 1816 durch den Kronprinzen nach langen Verhandlungen teuer erkauften Gartens, erwarb

Odeonsplatz 4, ehem. Leuchtenberg-Palais (rechts); Aufn. 1996

Odeonsplatz 4 nach Osten mit geplantem Obelisk (rechts Odeon); Lithographie von C. A. Lebschée nach Klenze, 1830 (nach älterem Entwurf)

der Herzog am 19. März 1817; am 16. Mai d. J. genehmigte die Baukommission Klenzes Pläne; der Säulenbalkon wurde auf Ludwigs Vorschlag hinzugefügt. Die Grundsteinlegung erfolgte am 11. Oktober 1817; bezogen wurde das Palais am 26. November 1821; Baukosten 771.000 fl. Anlässlich einer vorübergehenden Baueinstellung 1818 infolge protokollarischer Differenzen zwischen Kronprinz und Herzog erfahren wir von 600 am Bau beschäftigten Arbeitern. Gemäß dem Wohlstand des früheren Vizekönigs, dem der Wiener Kongress eine Entschädigung von fünf Millionen fl. gewährt hatte, war sein Palais das am reichsten eingerichtete in München (u. a. mit Möbeln von L. J. Werner in Paris; Handwerker kamen z. T. aus Paris und Mailand) und Mittelpunkt eines glänzenden, mit dem Königshof konkurrierenden Gesellschaftslebens. (Nur Klenzes Herzog-Max-Palais – s. Ludwigstraße 13 – war in der Folgezeit an Aufwand vergleichbar.) Die Raumgestaltung und -ausstattung erfolgten nach Entwürfen von Klenze und seinem Mitarbeiter Jean-Baptiste Métivier; sie wurde 1836–47 von letzterem teilweise verändert. Der über Klenzes erste Planung hinaus noch stark nach Norden erweiterte Komplex zerfiel in den dreiseitig freistehenden Vierflügelbau des Hauptgebäudes, das zusammen mit dem spiegelbildlichen Odeon (s. Odeonsplatz 3) eine städtebauliche Schlüsselstellung einnimmt, und die (nicht erhaltenen) um zwei Höfe gruppierten, niedrigeren Nebengebäude im Norden mit Westfassade an der Kardinal-Döpfner-/ehem. Fürstenstraße. Der Hauptbau, mit 13 Fensterachsen an den Längsseiten, war von der elf Achsen breiten Südfront mit dem Säulenbalkon her erschlossen. Rechts von der dreischiffigen Durchfahrt lagen die Haupttreppe und nördlich von dieser die Kapelle, im 1. Stock östlich die Wohnung des Herzogs, im Süden die der Herzogin, im Westen die Repräsentationsräume. Den zweiten Hof flankierten im 1. Stock östlich die Gemäldegalerie, westlich das Theater; die Nebengebäude enthielten vor allem Stallungen und Remisen, darüber Personal- und Wirtschaftsräume. Die auch nach 1821 weiter ausgestalteten Interieurs – eine der Hauptleistungen des Münchner Klassizismus – suchte die Forschung erst in der letzten Zeit wenigstens in den Grundzügen posthum zu rekonstruieren (G. Evers, H. Lehmbruch, I. Linnenkamp).

Nach dem Tode des Herzogs Max von Leuchtenberg (1854) verkaufte seine Witwe, die Zarentochter Marie Nikolajewna, das Palais an Prinz Luitpold von Bayern (Prinzregent 1886–1912), von dessen Sohn, König Ludwig III. († 1921), es Kronprinz Rupprecht († 1955) erbte. Die Ruine des im Bombenkrieg 1942–1944 sukzessive bis auf die Außenmauern zerstörten Palais wurde, wohl im Zusammenhang mit den Vorgängen um die in einen Sensationsprozess verwickelte Vermögensverwalterin Gräfin Wrbna-Kaunitz, nicht gesichert und abgedeckt; sie kam erst 1957 in den Besitz des Freistaates, als die durchfeuchteten Mauern nicht mehr wiederverwendbar erschienen. So erfolgte 1960 der Abbruch – mit Ausnahme des Säulenbalkons aus Kalkstein – und 1963–66 der Neubau des Bayerischen Staatsministeriums der Finanzen (Landbauamt München – Franz Simm und Hans Heid) unter Rekonstruktion der im städtebaulichen Ensemble unverzichtbaren Klenze-Fassaden, Verzicht auf die Nebengebäude im Norden (dort 1975–78 Neubau der Staatsschuldenverwaltung) und Einbeziehung der wiederaufgebauten Häuser Ludwigstraße 1, 3 und 5 (s. diese). Dem als Stahlskelettbau aufgeführten vierflügeligen Neubau wurde außen die rekonstruierte Palastfassade in Ziegeln vorgeblendet. Die Westfassade wurde um zwei Achsen nach Norden verlängert, in die Mitte der Ostseite das neue rundbogige Hauptportal in Analogie zum Odeon eingefügt. Den Hof ziert eine Bronze-Brunnenfigurengruppe (Wassergott mit Nymphe), 1968 von Ernst A. Rauch, Guss von Hans Mayr.

Vom originalen Bau sind – außer dem Säulenbalkon im Süden – nur noch ausgebaute, transferierte Reste der Ausstattung erhalten. Der Alexanderfries aus dem ehemaligen Speisesaal – ein nach Bertel Thorvaldsens Modell von 1812 gefertigter Gipsabguss – wurde im Foyer des Herkulessaals der Residenz eingebaut (s. dort). Das Epitaph für die Herzöge Eugen († 1824) und August († 1835) von Leuchtenberg, ein Marmorrelief Ludwig Schwanthalers von 1836 mit zwei trauernden weiblichen Figuren, ehemals in der Kapelle, befand sich nach dem Krieg im Hof der St. Michaelskirche, wurde aber inzwischen wieder ins Palais zurückgebracht. Einige Möbelgarnituren ließ Kronprinz Rupprecht 1952 nach Schloss Ludwigshöhe in der Pfalz bringen.

Die in der Forschung übliche Wertung der Fassade als einer Inkunabel der Neurenaissance ist – trotz der Einwände von

Odeonsplatz 4, Innenraum-Detail nach Kriegsschäden; Aufn. um 1950

I. Linnenkamp – durchaus zutreffend, wenn man sie als repräsentativ für eine ganz bestimmte Entwicklungsphase der Rezeption italienischer Hochrenaissance-Vorbilder im weiteren Zusammenhang einer Abfolge von Rückbezügen begreift, die mit Gegenbewegungen zum extremen Barock und Rokoko einsetzen, so etwa in Frankreich seit J.-A. Gabriel und im Empire oder auch im italienischen Settecento. Unter diesem Blickwinkel sind z. B. Fr. Cuvilliés' d. J. „Landschaftlicher Neubau" in München (s. Roßmarkt 15) oder Ferd. v. Hohenbergs Palais Fries/Pallavicini in Wien als regionale Frühbeispiele einer renaissancistischen Orientierung zu verstehen. Die Leuchtenberg-Fassade des französisch geschulten Klenze übersetzt die aus dem Cinquecento entlehnten Formen – vor allem des römischen Palazzo Farnese – aus der für die Urbilder bezeichnenden kraftvollen Massivität in eine spätzeitlich differenzierte Vornehmheit. Klenzes Fassade kommt im visuellen Eindruck der zeitgenössischen Darstellungsweise von Renaissancepalästen in den Publikationen von Percier und Fontaine (1798) sowie Grandjean und Famin (1815) auffallend nahe. Kennzeichnend ist die dichte Textur der Gliederung unter Reduzierung der Flächen, die Zurücknahme des plastischen Volumens, die Durchsetzung mit der Antike direkt entlehntem, vor allem ornamentalem Formengut; auch der Oberflächencharakter des Putzbaues wirkt einer schweren Monumentalität entgegen. Feinfühlig wirkt die Abstufung der Gliederung nach oben hin, besonders festlich und elegant die Gestaltung der schlanken Fensterädikulen im Hauptgeschoss, deren mit heraldisch zu verstehenden Adlern besetzte Pilasterkapitelle als demonstratives Bekenntnis des Bauherrn zu seiner napoleonischen Herkunft gelten können. Durch die Erlesenheit der Binnengliederung, größere Geschosshöhe und entsprechend höhere Lage des Traufgesimses erheben sich Leuchtenberg-Palais und Odeon in hierarchischer Betonung über die beidseitig anschließende Wohnbebauung am Beginn der Ludwigstraße und bilden zugleich einen würdevollen Abschluss des dieser westlich anliegenden Rechteckplatzes.

Der in diesem frühen Hauptbeispiel ausgebildete Klenzesche Palaststil hat nur eine geringe Nachfolge gefunden, abgesehen vom engeren Umfeld des Münchner Wohnbaues (s. z. B. Pacellistraße 4) und im Königreich wirksamen Einflüssen (z. B. Nürnberg, Haus des Bankiers v. Kalb); zu nennen sind vor allem das Palais Castell in Mannheim (Umbau 1842) und das Kronprinzenplais in Stuttgart (1844 ff. nach Vorbild des Herzog-Max-Palais, s. Ludwigstraße 13). In London gelangte Sir Charles Barry mit dem Travellers' Club (1829–32) und dem Reform Club (1837–41) zu einer vergleichbaren Stufe der Renaissance-Rezeption; die Zukunft gehörte jedoch der immer voluminöseren, zu üppigem Aufwand gesteigerten Neurenaissance Semperscher Prägung, ausgehend etwa vom Dresdner Palais Oppenheim (1845–48).

Odeonsplatz 5. Ehemals Wohnhaus, jetzt Teil des Finanzministeriums; zusammen mit Ludwigstraße 1 (s. dort). Erbaut 1817/18 im klassizistischen Stil von Joseph Höchl nach Entwurf von Leo von Klenze für den kgl. Rat von Lamp(e)l; bildet äußerlich und heute auch in der Nutzung eine Einheit mit dem östlich anschließenden Eckhaus Ludwigstraße 1.

Odeonsplatz 6/7/8/9/10/11/12/13/14/15/16/17/18. *Bazar.* Im Zusammenhang mit Klenzes städtebaulichen Planungskonzepten für den Bereich vor dem Schwabinger Tor und um den Hofgarten ab 1816 war die Erhaltung des Kurfürstlichen Turnierhauses undenkbar, das Hofbaumeister Marx Schinnagl 1660/61 an der Außenseite der westlichen Hofgartenarkaden des frühen 17. Jh. errichtet hatte. Der stattliche Mehrzweckbau, der außer zu Ritterspielen auch als Ball- und Komödienhaus, vor allem aber als (gedeckte Winter-)Reithalle diente, entsprach in seiner Situierung und Gestalt – mit stark vortretendem Mittelrisalit

Odeonsplatz 6–18, Vorbebauung (Turnierhaus und Café Tambosi); Gemälde von D. Quaglio, 1821

Odeonsplatz 6–18; Stich von L. Rohbock, 1850

Odeonsplatz 6–18; Grundriss nach Klenze

(Treppenhaus?) im Westen und mächtigem Steildach – nicht der klassizistischen Auffassung von Architektur und Städtebau; er wurde zusammen mit dem südlich anschließenden italienischen Kaffeehaus des Wirtes Giovanni Sardi, einem anmutigen zweigeschossigen Mansarddachbau von 1774 bzw. 1784/85, 1822 abgebrochen, als die neue Hofreitschule Klenzes (s. Marstallplatz 4) fertiggestellt war. Die alte Reithalle hatte zu den frühesten und stattlichsten Beispielen ihrer Gattung gezählt; den überaus lang gestreckten Saal begrenzten kräftige Wandpfeiler und auf Konsolen vorgekragte Doppelgalerien mit dünnen Holzstützen; eine weitere Galerie war, weit vorkragend, im Dachstuhl eingebaut. Die dekorativen Details waren im Wesentlichen gemalt. An den Schmalseiten „über den Thoren waren die Logen der höchsten Herrschaften" gemäß Lorenz Westenrieders Beschreibung von 1782, in der die Maße mit über 360 Schuh Länge und 80 Schuh Breite (ca. 105,1 x 23,4 m) und die Kapazität mit „bey zehen tausend Zusehern" angegeben werden (ähnlich schon bei A. W. Ertl 1687 und M. Wening 1701). Das äußerlich schlichte Turnierhaus war somit eine der typologisch wie maßstäblich bedeutendsten Raumschöpfungen des bayerischen kurfürstlichen Hofes und einer der Hauptschauplätze der hier mit größtem Aufwand gepflegten barocken Festkultur. Schon 1807 war für diese Stelle ein Erweiterungsbau des Galeriegebäudes an der Hofgartenstraße in Erwägung gezogen worden.

Nach verschiedenen Planungsvarianten Leo von Klenzes für die Ostseite des künftigen Odeonsplatzes – u. a. mit Galeriebau, mit Gitter bzw. Arkaden zwischen Kaffeehauspavillons – kam hier schließlich 1825–26 auf Initiative des Hofbankiers Simon Eichthal und des für moderne Wirtschaftsformen aufgeschlossenen Bauunternehmers und ausführenden Baumeisters Johann Ulrich Himbsel, die am 31. Mai 1825 mit dem Staat einen Vertrag schlossen, nach Plänen von Klenze ein kommerziellen und gastronomischen Zwecken gewidmeter Spekulationsbau zustande – bezeichnenderweise der einzige dieser Art in der neuen Großanlage Odeonsplatz/Ludwigstraße. Die von Anfang an „Bazar" genannte Ladenreihe war zugleich die einzige dieser Epoche in München und eines der frühesten Beispiele in Deutschland, vergleichbar etwa mit Schinkels doppelreihiger Ladenstraße an der

verlängerten Wilhelmstraße in Berlin mit Durchfahrt von der Straße Unter den Linden her (1818–21; kommerziell ein Misserfolg). In Bayern wären die Ladenreihen auf der Augsburger Barfüßerbrücke (1825/28) vergleichbar. Etwa gleichzeitig entstanden die den Antonsplatz in Dresden flankierenden Kaufhallen. Die Vorbilder sind natürlich in Paris (z. B. Palais Royal) und London zu suchen (vielfach Passagen flankierend). Hinsichtlich der zweigeschossigen Ausbildung der Ladeneinheiten gilt das von G. Forssman für Schinkel benannte Vorbild der altrömischen Tabernae ebenso für Klenzes klassizistischen Bazar. Der orientalische Gattungsname bezeichnete lediglich eine Addition von Einzelgeschäften, keine architektonische Typologie. (Stuttgart erhielt 1834/37 einen palastartigen Großen Bazar an der Königstraße.)

In den rund 144 m langen, schmalen, relativ niedrigen Bazar wurden östlich, entlang der Rückseite der Läden, die in ihrer Substanz völlig neu aufgeführten Hofgartenarkaden einbezogen. Die Ladenfronten sind dem Odeonsplatz zugewendet, in dessen Grundrissstruktur der Bazar durch seine Ausrichtung auf die von Leuchtenberg-Palais, Odeon und Ludwig-Ferdinand-Palais gebildete Baugruppe gegenüber eine sekundäre ost-westliche Symmetrieachse einbringt. Mit den Seitenwänden der rechteckigen Platzerweiterung westlich der Ludwigstraße fluchtet die innere Begrenzung der Kopfbauten des Bazars, die den die lang gestreckte Nord-Süd-Achse quer überlagernden Odeonsplatz somit an seiner Ostseite gleichsam verklammern. Diese Ost-West-Achse betont ein zugleich die Länge des Gebäudes unterteilender, breiter, um ein 3. Geschoss erhöhter Mittelrisalit, während die Eckpavillons ursprünglich – gleich den lang gestreckten Rücklagen – nur zweigeschossig waren und erst 1855 nach Plänen von Eduard Riedel in Anpassung an die Formensprache Klenzes aufgestockt wurden. In Nord-Süd-Richtung ist der Bazar zwischen dem Hofgartentor und der Ostwand der Ludwigstraße ein die Unregelmäßigkeiten des Übergangs von der Altstadt in die Stadterweiterung feinfühlig vermittelndes Element. In Angleichung an die vorgegebenen Hofgartenarkaden gestaltete Klenze sämtliche Öffnungen des Bazars rundbogig, schuf also nach dem Zeitverständnis einen römischen Bau (im Unter-

Odeonsplatz 6–18; Aufn. 1995

schied zu Schinkels griechischer Ladenstraße) mit renaissancistischen, antikisierend stilisierten Details. Hauptmittel der Gliederung sind horizontale Gesimse und die an den Risaliten rhythmisierte Fensteranordnung. Ursprünglich vorgesehene dekorative Details wurden teils nicht ausgeführt, teils nach 1945 nicht wieder angebracht (Tondi am Mittelbau).

Zur Nutzung bemerkte Klenze selbst: „Das Ganze musste in viele kleinere Häuser geteilt werden, von denen ein jedes einen doppelten Kaufladen und die nöthigen Wohnzimmer für eine kleine Familie enthalten sollte. Der erste Pavillon war zu einem Kaffeehause, der letzte für den Kunstverein bestimmt und eingerichtet." Der Südpavillon dient bis heute als Hofgartencafé (seit 1997 wieder Tambosi genannt), der Nordpavillon beherbergte über dem Restaurant 1826–66 die Ausstellungsräume des Kunstvereins bis zur Eröffnung von dessen eigenem Gebäude an der Galeriestraße. Der breite Mittelrisalit bildete eine größere Einheit mit drei untereinander verbundenen Geschäftsräumen im Erdgeschoss. Die Rücklagen enthielten jeweils fünf Normaleinheiten, bestehend aus einem Laden mit zwei Arkaden vorderseitig, einem Nebenraum und Wendeltreppe rückseitig sowie einem Obergeschoss. Die Aufzählung der Läden bei C. A. Baumann 1832 (mit Besitzernamen) verrät deren vornehmen Charakter: Galanterie- und Bijouteriewaren, Modewaren, Blumen, Literarischer Verein, Buchhandlung, Möbelmagazin, Lampen und plattierte Waren, die beiden Kaffeehäuser Tambosi (südlich) und Wenzel sowie zwei Handlungen mit auserlesenen italienischen Delikatessen. Das „Tambosi", seit 1810 (im Vorgängerbau) von Luigi Tambosi aus Trient gepachtet und 1827 erworben, 1921–65 Café Annast, lange Zeit Münchens vornehmstes Café, gesell-

Odeonsplatz 6–18, Hofgartenseite; Aufn. 1945

schaftlicher Mittelpunkt und Künstlerstammlokal, wurde im Inneren wiederholt anspruchsvoll umgestaltet, u. a. um 1840 von Franz Jakob Kreuter (pompejanische Wandgestaltung um Wandbilder namhafter Münchner Maler). 1900 erfolgte ein Umbau der beiden gastronomisch genutzten Eckpavillons (u. a. Tieferlegung des Erdgeschoss-Fußbodens).

Im Rahmen von in der nationalsozialistischen Ära geplanten gravierenden städtebaulichen Umgestaltungen war (1938 ff.) der Ersatz des Bazars durch ein in den Hofgarten zurückgesetztes Neues Odeon (Entwürfe und Modell u. a. von Ernst Haiger) vorgesehen. Nach den Zerstörungen im Luftkrieg 1944/45, den im Wesentlichen nur die Außenmauern des Bazars (bis auf große Fehlstellen an der Platzseite von Haus Nr. 10/11 und rückseitig nördlich vom Südpavillon) überdauerten, wurden die inneren Strukturen im Zuge des sukzessiven Wiederaufbaus verändert und z. T. zusammengefasst (u. a. Einbau des „Film-Casino" in Nr. 8/9/10), das äußere Bild blieb jedoch erhalten. Zuletzt – 1956 – wurde der Mittelbau (Nr. 12) durch die Nordstern-Versicherungs-AG Köln (Arch. Carl F. Raue, München-Solln) unter teilweisem Abbruch und Rekonstruktion der Platzfassade wiederaufgebaut.

Der Klenzes Hofgartenarkaden beiderseits des Hofgartentores nach Norden unter dem Bazar fortsetzende Gang mit flach gemuldeter, den Risaliten entsprechend durch Gurtbögen geteilter Decke war „nach der Zeichnung des Architekten mit Arabesken-Malereien in lebhaften heiteren Farben geschmückt, in welche 28 landschaftliche Bilder eingeschlossen sind, die eine Reihenfolge von Ansichten aus ganz Italien und Sicilien darstellen" (L. v. Klenze). Diese im Auftrag Ludwigs I. – nach einer Idee Klenzes – von Carl Rottmann 1830–33 in Kalk-Kasein-Technik ausgeführten Wandgemälde, erläutert durch darübergesetzte Zitate aus dem 3. Band der Gedichte des Königs, wurden, da öfters beschädigt, witterungs- und kriegsgefährdet, 1943 abgenommen und sind seit 1966 im Allerheiligengang der Residenz ausgestellt. Heute ist das Erscheinungsbild des Arkadengangs stark vereinfacht, nur pompejanischrote Felder gliedern die Wände, die einst dekorativ reich bemalte Deckenzone ist jetzt schmucklos.

Oettingenstraße

Die Oettingenstraße ist eine der langen Süd-Nord-Verbindungen des Lehels. Mit Ausnahme ihrer südlichen Anhebung ist sie eine historisch gewachsene Straße, die über ihren gesamten Verlauf ältere Verbindungen überlagert.

Südlich findet sich die Oettingenstraße an die Liebigstraße angeschlossen, die planerisch 1876 als Verlängerung der alten Schulgasse im Westen bis zur Isar durchtrassiert wurde, der reale Durchstich freilich sollte sich noch hinziehen. Durch die Neufestlegung der Liebigstraße wurde der alte Verlauf der Holzgartenstraße – zwischen der Tattenbachstraße im Westen und dem Hofwinkel im Osten mehrfach unregelmäßig abknickend – obsolet. Das neue Alignement bildete die planerische Vorgabe für die bis 1898 vollzogene Errichtung der Häuser Oettingenstraße 2 und 4 sowie Liebigstraße 35, also zugleich für die Vereinheitlichung der Baulinien am südöstlichen Straßenanschluss. Vom in der Trasse der Liebigstraße aufgegangenen Anschluss der Holzgartenstraße an, in etwa ab der unbebaut gebliebenen Parzelle Nr. 6 an der Oettingenstraße, entspricht die vom Magistrat ab 1895 bei allen Baugenehmigungen verfolgte Anlage der Oettingenstraße dem Verlauf der alten Bogenhauser Straße – eine Bezeichnung, die ab 1900 ungebräuchlich wurde.

Zwischen der Sternstraße im Süden, deren Verlängerung sie bis heute bildet, und dem Paradiesgarten im Norden säumte die Bogenhauser Straße den *Königl. Holzgarten* östlich.

Um dem stetig wachsenden Brennholzbedarf beizukommen, betrieb man in eigens angeworfenen Flutauen seit Ende des 16. Jh. in etwa auf dem Areal zwischen der heutigen Alexandra-, Lerchenfeld-, Oettingen- und Liebigstraße eine umfassende Holzvorhaltung; also auf einer Fläche, die dem Einhalbfachen des Hofgartens entsprach. Beinahe 300 Jahre fand sich der Holzgarten ins Weichbild der Vorstadt eingezeichnet, einige Aquarelle Joseph Puschkins sowie das Seitzsche Stadtmodell (1846–1868) können als Veranschaulichungen aufgerufen werden. Letzteres referiert die Dämme, die die einzelnen Flutabschnitte voneinander abtrennten, in die man die Blöcher – oder in Verweis auf ihre Herkunft aus dem Oberland sog. „Tölzer Prügel" – triftete. Denn bis zu seiner Ablösung durch die Eisenbahn war das gängige Transportmittel für Brenn- und auch Bauholz das Wasser. Vom Abrecher am Praterwehr transportierte man mittels schwallartiger Beaufschlagung des Triftkanals (1887 eingefüllt) die Hölzer in die Bassins des Holzgartens und bugsierte sie dort mit Hilfe eines ausgeklügelten Schleusensystems. Die Trift bedurfte einer eigenen, auch behördlichen Organisation, die Triftanlagen sowie der Holzgarten erforderten einen nicht unerheblichen Bauunterhalt, eigens untergebrachte Aufseher sollten dem Holzdiebstahl wehren. Nicht zu Unrecht wurden die Trift, aber auch die anhängenden Gewerke als eine der Erwerbsquellen nicht nur für im Lehel ansässige Tagelöhner genannt.

Mit der Durchführung der Liebigstraße hatte man den Südrand des Holzgartens beschnitten, mit der endgültigen Preisgabe der Nutzung als Holzlagerstätte, die von Stadt und Staat gleichermaßen betrieben wurde, konnten als Ausbau und Verlängerung der Winterstraße die Prinzregentenstraße durch den Holzgarten trassiert und die Anschlüsse querender Nebenstraßen festgelegt werden. Zupass kam den abwickelnden Ämtern dabei, dass beim Holzgarten ein vergleichsweise für Leheler Verhältnisse großes Flächenkontingent besitzrechtlich klar geregelt vorlag.

So waren es staatliches Betreiben und magistrale Exekution, die ein über Jahrhunderte von Bauten und Anlagen der Versorgungswirtschaft geprägtes Quartier zur ausgreifenden Prachtstraße wandelten, der letzten königlichen, die entstehen sollte. Schon 1876 war von Allerhöchster Seite verfügt worden, dass alle Bauvorhaben an der Brienner- und Königinstraße dem König vorgetragen werden mussten, 1891 erweiterte man den Betreff um die

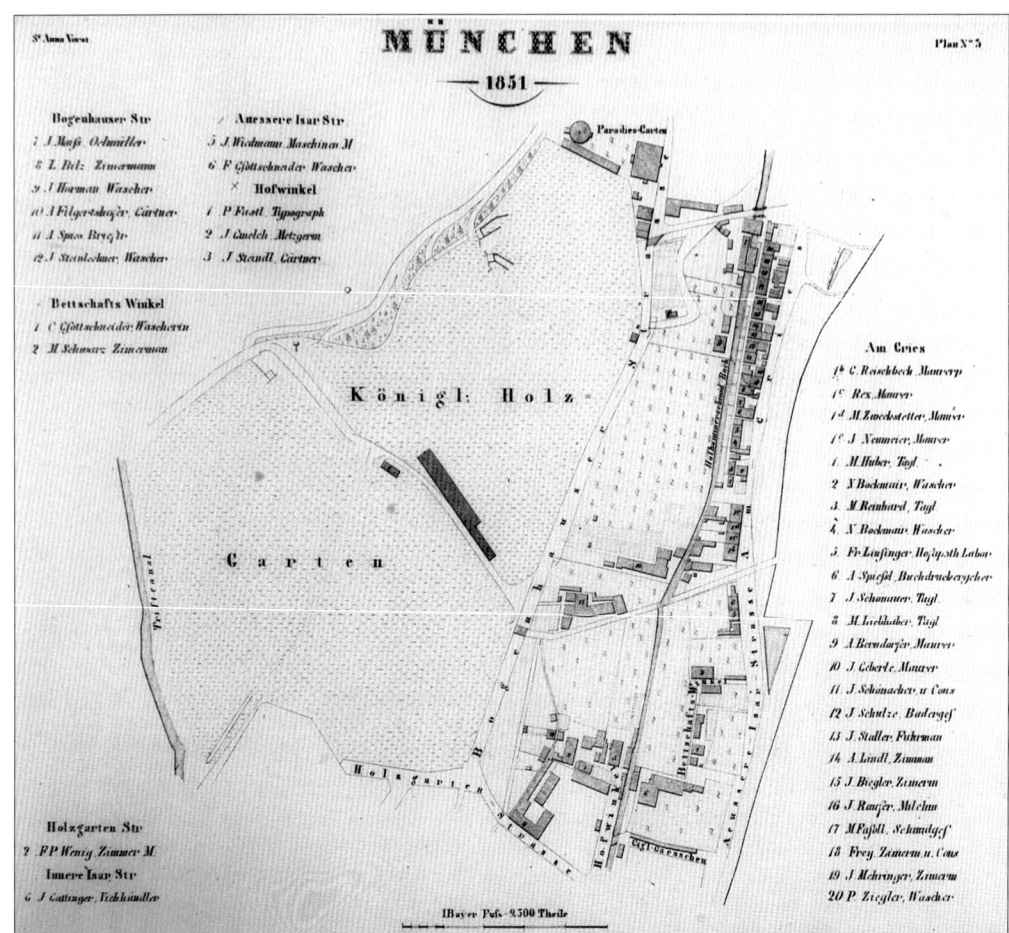

◁ Oettingenstraße (spätere), ehem. Kgl. Holzgarten; Plan von Gustav Wenng, 1851

Oettingenstraße 33a; Aufn. 1995 (s. S. 738; kein BDm)

Widenmayerstraße (s. dort) sowie die Prinzregentenstraße. Diese Einlassung wurde 1895 zum Gegenstand der Münchner Bauordnung.

Als eine Konsequenz der spezifischen Nutzung des Gebietes nördlich der Liebigstraße ist es anzusehen, dass die nach 1895 hier entstandenen Bauten meist auf unbebauten Parzellen aufgeführt werden konnten. Dies klar im Unterschied zu den angestammten Siedlungsbereichen der südlichen St.-Anna-Vorstadt; dort waren die Bauplätze zumeist erst frei zu räumen, bevor die prächtigen Mietshausbauten errichtet werden konnten, die im Gesamt schließlich zur Umwidmung einer ganzen Vorstadt führten. So konnte der Verlauf der Lerchenfeldstraße als Ersatz für einen weitgehend unregelmäßigen Saumweg auf der Westseite des Königl. Holzgartens in unbebautes Terrain „hineinprojektiert" werden, ebenso die Alignements von Himbsel- und Seeaustraße, deren Abstände und Verläufe nur zukünftige Bauvorhaben und gewünschte Bausysteme zu berücksichtigen hatten. Diese beiden Verbindungs- und Erschließungsstraßen überspannen den ehem. Holzgarten in west-östlicher Richtung und verklammern den östlichen Saum des Englischen Gartens mit der Bogenhauser- nachmals Oettingenstraße.

Die Geschichte der Bebauung an der Oettingenstraße wartet mit einigen Kuriosa auf, die vor dem Hintergrund der Stadterweiterung Münchens und des gigantischen Baubooms der Jahre um 1900 nur als individualisierende Gleichzeitigkeit des Ungleichzeitigen aufgefasst werden können. So ragte noch bis 1903 an der nordöstlichen Ecke Oettingen-/Prinzregentenstraße ein Flügel des sog. Alten Vincentinums (erbaut 1867 und 1882) in die Flucht der nördlichen Baulinie der Prinzregentenstraße. Nach Abbruch dieser Baulichkeiten, 1903 war das sog. Neue Vincentinum nach den Plänen Gabriel von Seidls weiter nördlich entstanden, blieb die Parzelle der heutigen Prinzregentenstraße 5 bis 1936 unbebaut. Bei der Erbauung von Haus Nr. 39 an der Oettingenstraße zogen die Bauwerber den Naturraum ins Kalkül und verzichteten auf die Ausschöpfung der baurechtlichen Möglichkeiten (wogegen ein Nachbar Protest einlegte). Sie zogen die „grüne Lage" östlich des Englischen Gartens in unmittelbarer Nähe zum Eisbach einer gewinnmaximierenden Bebauung vor und schufen ein herrschaftliches Landhaus klassischer Form, zum Verkehrsweg, der Oettingenstraße hin, durch ein Commun-Gebäude abgeschottet. Nördlich benachbart und gegenüber betrieben die Bauwerber eine maximale Ausschöpfung des spekulatorischen Mietzinsertrages.

Wenigstens drei Männer sind hervorzuheben, die den Ausbau der Oettingenstraße zum Zweck rentierlicher privater Investition betrieben. Deren mit entsprechender Finanzkraft gepaarter Gestaltungswille prägte die Bebauung des besprochenen Straßenlaufs über die Zerstörungen infolge des Zweiten Weltkriegs hinweg bis heute. Die südlichen Anhebungsbauten Oettingenstraße 2 und 4 sowie das gestaltgleiche Anwesen Liebigstraße 35, allesamt 1898 bewohnbar geworden, waren von einem Baumeister, Joseph Schwarz, betrieben und schließlich durchgeführt worden. Die Häuser machten Wohnungen gehobenen Zuschnitts aus, gerade bei Nr. 4 an der Oettingenstraße ist dies bis heute gut nachvollziehbar geblieben. Das Gelände des ehemaligen Paradiesgartens wird von den Bauten dominiert, die innerhalb von nur fünf Jahren der Architekt Schnetzler für den Baumeister Andreas Hainthaler errichtete. Das Doppelmietshaus Nr. 23/25 an der Oettingenstraße kam dabei auf den Flächen der alten Gastwirtschaftsgebäude zum Stehen, die 1894 abgebrochen worden waren. Hainthaler war auch Bauherr der Doppelmietshaus-Anlage gegenüber, Oettingenstraße 28/30, sowie der Nr. 23/25 nördlich auffolgenden vier Häuser 27/29 und 31/33. Als dritter Investor ist Josef Niedanner, wiederum Baumeister, anzusprechen. Für ihn entstanden zwischen 1905 und 1908 nach den Plänen des Architekten Anton Wörz die beieinanderliegenden Bauten Lerchenfeldstraße 11/13/15 und westlich von diesen Oettingen-

straße 46/48. In nur drei Bausommern waren hier die zuvor regellos locker bebauten Fluchten der Straßengabelung Bogenhauser-/Eisbachstraße mit Mietshäusern großstädtischen Zuschnitts bebaut und völlig neue Straßenräume geschaffen worden. Dem 1908 abgeschlossenen Bau Lerchenfeldstraße 11, städtebaulich markant mit zwei Straßen- und einer Platzfront über spitzwinklig eingemessenen Grundlinien, antwortet in vergleichbarer städtebaulicher Situation an der Gabelung Himmelreich-/Oettingenstraße Haus Nr. 4 am erstgenannten Verlauf – 1908–10 ebenfalls über spitzwinklig eingemessenen Grundlinien errichtet. So kam es zu einer Korrespondenz markanter Eckbauten, die das Platzbild bis heute beherrschen.

Als Verluste, die nur mittelbar auf die Auswirkungen des Zweiten Weltkriegs zurückzuführen sind, sind die beiden Anwesen Oettingenstraße 8a sowie das nördlich anschließende Eckgebäude Prinzregentenstraße 48 zu thematisieren. Die Kreuzung Oettingen-/Prinzregentenstraße markierte gemäß den Planungen Gabriel von Seidls und Theodor Fischers den östlichen Abschluss eines Forums vor dem Neuen Bayerischen Nationalmuseum. Durch an den Straßenecken, hinter der östlichen Baulinie zu erbauende Tortürme sollte der Straßenverlauf abgeschnürt und westlich ein Platzraum definiert werden. Der nördliche der beiden Tortürme blieb Projekt, der südliche entstand 1902, wurde jedoch 1938 wieder beseitigt. Planerisch und städtebaulich kam somit den Grundstücken, die das projektierte Forum umgaben, und insbesondere deren Bebauung eine große Bedeutung zu. Die Parzellen an der südöstlichen Ecke Oettingen-/Prinzregentenstraße erwarb der Baumeister Ferdinand Schratz und ließ sie von Gabriel von Seidl 1902 überbauen. Entlang der Prinzregentenstraße entstand ein breit gelagertes, palastartig durchgebildetes Mietshaus, das reich neubarock dekoriert wurde. Südlich ließ sich Schratz ein weiteres Mietshaus anschließen, das ebenfalls von Seidl plante, eine herrschaftlich zugeschnittene Wohnung befand sich in jeder Etage, die Erschließung erfolgte über ein Treppenhaus, das der Architekt einem Achteck eingeschrieben hatte. (1933 ließ der spätere Eigentümer Ministerialrat Widmann die Fassade durchgreifend glätten.) Beide Bauten, Prinzregentenstraße 48 und Oettingenstraße 8a, wurden 1972 zum Abbruch freigegeben und bis 1976 für den Gerling-Konzern überbaut.

Die Nordwestecke der Oettingen-/Prinzregentenstraße nahm bis 1937 der Hubertusbrunnen ein. Dieser, 1907 nach Entwürfen Adolf von Hildebrands vollendet, war den Umsetzungen der Prinzregentenstraße als repräsentativem „Großverkehrsweg" ein Hindernis – ähnlich dem Torturm an der südöstlichen Ecke – und wurde schließlich abgetragen (1954 am Ostende des Nymphenburger Kanals wiedererrichtet und mit den zwischenzeitlich anderwärts verbrachten Gussfiguren am neuen Aufstellungsort wieder zusammengezogen).

Als architekturgeschichtlich relevante Wiederaufbauleistung ist aus den Bauten an der Oettingenstraße das Haus Nr. 33a herauszuheben. Als Ersatz für das zuvor als Nr. 10 an der Lerchenfeldstraße gezählte Mietshaus entstand es über den gleichen charakteristischen Baulinien (westlich zum geschlossenen System erweitert) 1953–54 nach den Plänen des im München der Wiederaufbauzeit viel beschäftigten Helmut von Werz zusammen mit Alfred Arendt. Und im Blick auf die weitere Bebauung an der Oettingenstraße bleibt anzumerken, dass die 1897 eingemessene Parzelle Oettingenstraße 6 bis dato (Stand Frühjahr 2007) unbebaut geblieben ist. Auch der Erweiterungsbau des Bayerischen Nationalmuseums an der Oettingenstraße 15 entstand 1997–99 auf einem Gelände, das zuvor weitgehend und bereichsweise vollständig unbebaut war. – Der Straßenbahnverkehr, seit 1906 auf der Trasse Oettingenstraße–Emil-Riedl-Straße, wurde 1963 in die Lerchenfeldstraße und den sie fortsetzenden Nordteil der Oettingenstraße (jenseits der Kreuzung mit Himmelreich- und Paradiesstraße) verlagert.

Oettingenstraße 1. Siehe Liebigstraße 25.

Oettingenstraße 2. Mit der Genehmigung zum Bau der Anwesen Oettingenstraße 2 und Liebigstraße 35, die in einem Zug entstanden, fixierte der Magistrat die bislang unbebaute Ecke Bogenhauser Straße – ab 1900 amtlich Oettingenstraße – und Liebigstraße. Die Grundlinien der Straßenfronten des Hauses verlaufen zueinander in einem leicht spitzen Winkel, dessen Stoß der Planer durch eine abrundende Verschleifung der Ecke entschärfte. Vom bautechnischen Büro Barbist ließ der Bauherr Joseph Schwarz, selbst Baumeister, 1897–98 auch das nördlich angrenzende Anwesen Oettingenstraße 4 planen und erbauen, dieses erhielt ebenfalls 1898 die Wohnungsgenehmigung. Der in die Front zur Oettingenstraße gelegte Hauszugang führt zum rückwärtigen Treppenhaus, das man vermittels einer Einklinkung der östlichen Baulinie wie die nördlich und südlich angrenzenden Anräume belichtete. Gemäß Eingabeplan waren zwei großzügig zugeschnittene Wohnungen in jeder Etage unterge-

Oettingenstraße 4; Aufn. 1994

Oettingenstraße 2; Aufn. 1995

Oettingenstraße 4, Tür

bracht und schon der Erstzustand berücksichtigte eine Ladenteilnutzung im Erdgeschoss. Über einer schlichten Putzstreifenrustika fasste man bei jeder der beiden Straßenfronten jeweils zwei Fensterachsen zur Ecke hin mit kolossalen, vier Geschosse übergreifenden Wandvorlagen zusammen und artikulierte so einen Eckpavillon, der mit einem gebrochenen Zeltdach und bekrönendem Kupferknauf prominent betont wurde und so die Straßenkreuzung baulich akzentuiert. Den beiden Fassaden schrieb der Architekt formgleiche Flacherker über kleinen Konsolen ein, die oberhalb des 1. Obergeschosses anheben, drei Geschosse übergreifen und in der Dachzone von Dachhäusern mit geschweiften Blendgiebeln überhöht werden. Reste festlichen Stuckzierrats verweisen auf eine Fassadengestaltung in den für München typischen, barockisierend anverwandelten Jugendstilformen; 1970 hatte man eine Schlichtung der Fassaden vorgenommen.

Oettingenstraße 3. Siehe Alexandrastraße 4 (Ostflügel).

Oettingenstraße 4. Das 1897–98 durch das Büro Barbist geplante und ausgeführte Mietshaus entstand gleichzeitig mit den südlich benachbarten Anwesen Oettingenstraße 2 und Liebigstraße 35; Bauwerber war wiederum der Baumeister Joseph Schwarz. Und wie die vorgenannten Häuser entstand auch Oettingenstraße 4 auf bislang unbebautem Grund. Mit der Trassierung der Liebigstraße war die noch bis in die frühen 1890er Jahre nachvollziehbare Holzgartenstraße aufgegeben worden (vgl. Oettingenstraße/Vorspann). Der Bauplatz für Oettingenstraße 4 wurde schließlich anstelle des östlichen Abschnitts der Holzgartenstraße eingemessen, die vorhergehende Erschließung des Umgriffs also vollständig getilgt.

Der mittig straßenseitige Zugang des neubarocken Doppelerkerhauses – mit hohem Oberlicht – führt über ein Zwischenpodest zum zentral in den Grundriss gelegten Stiegenhaus. Die doppelläufige Podesttreppe mit großem rechteckigem Auge wird von einem Oberlicht erhellt und erschließt gemäß Eingabeplan zwei Wohnungen je Etage. Die Wohnungen umschließen symmetrisierend das Stiegenhaus, die Zugänge legte man an das vordere, westliche Podest. Die Grundlinien des breiten mittigen Rückflügels klinkte man an den Anschlüssen zum vorderen Riegel ein und schuf so Flächen für weitere Fensterbahnen. In die südliche Achse steckte man die Hofdurchfahrt, hier hat sich das straßen-

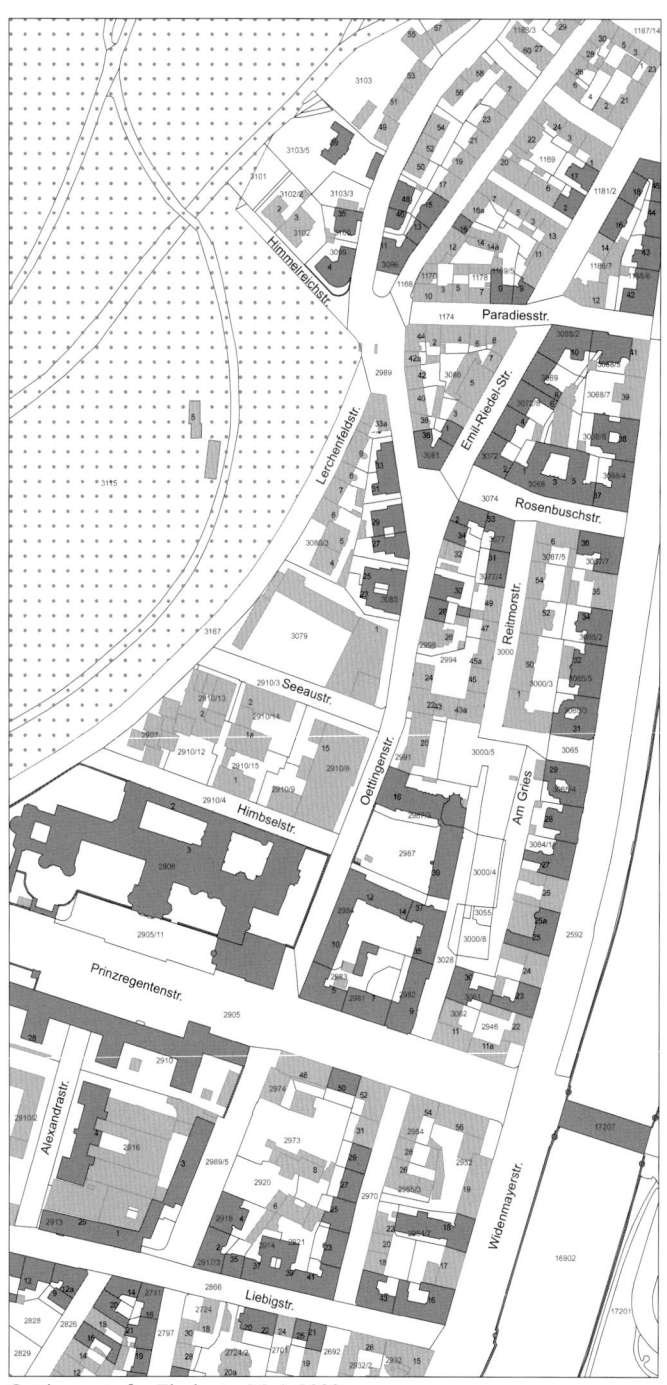

Oettingenstraße, Flurkarte, M. 1:5000

seitige Einfahrtstor erhalten, eine beachtliche neubarocke Schmiedearbeit. Gerade im Nebeneinander der unterschiedlichen Ausbauhöhen (bei gleicher Traufhöhe) von Oettingenstraße 2 und 4 wird der Anspruch deutlich, der mit der Errichtung von Oettingenstraße 4 einherging. Dem Hochparterre, das mächtigen Kellersubstruktionen aufsitzt, schließen sich nach oben hin drei Obergeschosse an; der Dachraum war schon gemäß Erstzustand teilweise zu Wohnzwecken adaptiert. Das südliche Nachbargebäude umfasst fünf Vollgeschosse, eben geringerer Ausbauhöhe als bei Oettingenstraße 4. Der gleiche Bauherr kalkulierte bei den drei gleichzeitig entstandenen, einander benachbarten Bauten unterschiedlich ambitioniert. Und entsprechend den Wohnungszuschnitten ließ Schwarz die Fassade des Mietshauses vergleichsweise erhaben instrumentieren. Schon die Durchbildung belegt ein überlegtes Ausponderieren von Flächen und Massen: Zwei zweigeschossige Erker, deren Unterzüge ins Erdgeschoss hinein verschliffen sind, wurden vor die Hauptgeschosse gesetzt und spannen die Fensterachsen des Fassadenmittelzugs ein. Dieser wurde oberhalb der Traufe in der Dachzone vermittels eines geschweiften Blendgiebels überhöht. Den einem Dachhaus vorgesetzten Blendgiebel instrumentierte man reich und in klassischer Entlehnung, dem Giebelfeld schrieb man eine aufwendige Stuckkartusche ein. Variierte Wellengiebel machen die Verdachungen der Hauptgeschossfenster aus, hier finden sich auch die Sturzfelder dekoriert. Masqueronartig verzierte Scheitelsteine erhielten die einheitlich rundbogig geschlossenen Öffnungen des rustizierten Erdgeschoss. Stilisierte Scheitelsteine sind Teil der geohrten Fensterrahmungen im 3. Obergeschoss. Bis hin zu den erhaltenen, jüngst instand gesetzten Balkonkörben der Hofseite findet sich Oettingenstraße 4 in Bestand und Gestalt beispielhaft überliefert. (Der erweiternde Ausbau des Dachgeschosses erfolgte 1987 ff. Rückwärtig fand eine Auswechslung der bauzeitlichen Fenster noch nicht statt.)

Oettingenstraße 10/12/14. Neuklassizistischer Wohnblock von 1925; s. Reitmorstraße 35/37.

Oettingenstraße 16. Vincentinum (Westflügel), s. Reitmorstraße 39.

Oettingenstraße 23/25. Die Grundstücke der heutigen Häuser Lerchenfeldstraße 5, 6, 7, 8 und 9 sowie Oettingenstraße 23, 25, 27, 29, 31, 33 und 33a (vormals Lerchenfeldstraße 10) formieren beinahe exakt den ehemaligen Paradiesgarten, der sich dem Holzgarten nördlich anschloss. (Das Gelände der heutigen Grundschule Seeaustraße 1 bildete die nördlichste Aue des Holzgartens, entlang der Flurstücksgrenzen zu Oettingenstraße 23 und Lerchenfeldstraße 5 verlief der Abschlussdamm des

Oettingenstraße 23/25; Aufn. 1995

Holzgartens.) Oberst Adrian von Riedl (gest. 1809) erhielt das als unkultivierte Öde beschriebene Gelände 1790 vom bayerischen Kurfürsten geschenkt, dies für seine Verdienste im Zusammenhang der Hochwasserfreilegung der St.-Anna-Vorstadt. Von Riedls sehr bald augenfällig gewordene Kultivierungs-Erfolge brachten dem Areal im Volksmund die überlieferte Bezeichnung ein. Nach von Riedls Tod wurden Haus und Anlagen zu einer sehr bald beliebten Bierwirtschaft mit Wirtsgarten, die sie bis zum Abbruch des Hauptgebäudes 1895 blieben; die mögliche Wertschöpfung aus Bodenpreisteuerung und Baurecht trat der Rentierlichkeit einer Bierwirtschaft mit neuen Maßstäben gegenüber.

Mit dem Paradiesgarten verbindet sich eine Episode, die bedauerlicher Weise nur mehr archivalisch greifbar ist: Nach 1850 hatte die bayerische Königin Marie Friederike, Gemahlin König Maximilians II., die Anlage für 35.000 Gulden aus ihrer Privatschatulle erworben. Nach einem kurzen Interim, 1870–72 dienten die Baulichkeiten als Lazarett, ließ die Königin den Paradiesgarten wieder als Bierwirtschaft verpachten, dies jedoch mit der bezeichnenden Bedingung, dass alles in seinem gegenwärtigen Zustand zu erhalten sei. (Die Motivation Königin Maries zu dieser Klausel mag in der biographischen Forschung ergründet werden.) Die heutigen Häuser des neubarocken Wohnblocks Nr. 23 und 25 an der Oettingenstraße kamen in etwa anstelle des in Einmessungen, wenigen Fotografien und Aquarellen überlieferten Hauptgebäudes zum Stehen. Andreas Hainthaler, wie so häufig in der Geschichte der Erschließung des Lehels Baumeister und Bauwerber in Personalunion, hatte das Areal 1895 erworben und im gleichen Jahr von Architekt Ernst Schnetzler überplanen lassen (endgültige Fertigstellung 1897). Teil des Genehmigungsverfahrens war die magistrale Festlegung der Baulinien von Lerchenfeldstraße und Bogenhauser Straße, der späteren Oettingenstraße, in diesem Abschnitt.

Das südlich freigestellte Anwesen verbindet ein Grenzlichthof mit seinem nördlichen Doppel. Der Eingang erfolgt von der Seite, von Süden her. Auch das nördliche Teilhaus ist freigestellt und der Zugang in die Seitenfassade gelegt. Die Treppenhäuser setzte man mit eigenen Fensterbahnen an den gemeinsamen Lichthof, als Verlängerung der Hausgänge hinter Zwischenpodesten. Jeweils zwei gemäß Eingabeplan unterschiedlich große Wohnungen nehmen die Geschosse der Häuser ein. Die Innenstruktur der Teilhäuser ist gemäß Erstzustand weitgehend symmetrisierend angelegt. Die spezifische Erschließung mit quer gesteckten Hausgängen brachte es mit sich, dass den je rückwärtigen Wohnräumen keine Ostfenster zur Straße hin zugeschlagen werden konnten. (Doch mag das enorme Verkehrsaufkommen auf der Oettingenstraße mit all seinen Begleiterscheinungen zu einem Wandel in der Bewertung des Wohnraums geführt haben: Die ehedem höher bewerteten straßenseitigen Wohneinheiten sind heute die stärker von Lärm und Abgasen betroffenen.) Hinsichtlich seiner äußeren Kubatur und der Gestaltung seiner Fassaden findet sich Haus Nr. 23/25 gut überliefert. Die beiden Teilhaus-Fassaden wurden gleich rhythmisiert: Die äußeren Fensterachsen mach(t)en breite, dreigeteilte Bahnen aus, die je mittleren beiden Achsen wurden eng gesetzt, ihre im Vergleich schmäleren Öffnungen erhielten zweigeteilte Querstockfenster. In den Obergeschossen wurden die Brüstungszonen und Sturzfelder durchgehend zu Fensterbahnen verklammert. Im 1. Obergeschoss verdachte man oberhalb eines stilisierten Scheitelsteins mit Dreiecksgiebeln, im 2. Obergeschoss gefolgt von Segmentbogengiebeln über stuckierten Sturzfeldern, im 3. Obergeschoss schloss man die ebenfalls in neubarocker Manier stuckierten Sturzfelder mit geraden Gesimsstücken ab und verlieh den angeputzten Faschen Ohrungen. Auch die Seitenfassaden wurden durchgestaltet, jedoch entsprechend ihrer nachgeordneten Bedeutung weniger aufwendig.

Oettingenstraße 27. Die durch einen gemeinsamen Grenzlicht-hof verbundenen Mietshäuser Oettingenstraße 27 und 29 ent-standen auf zuvor unbebauten Parzellen, die in das nördliche Areal des vormaligen Paradiesgartens eingemessen wurden. Die Bebauung dieses Geländes entlang der Oettingenstraße begann im Norden; das nördlichste Grundstück, vor dem Oettingen- und Lerchenfeldstraße in spitzem Winkel zueinander verlaufen, da-mals noch als Haus Nr. 10 am letztgenannten Straßenlauf, bilde-te den Anfang. 1894 begannen die Aushubarbeiten für die beiden Baugruppen Nr. 31/33 und 27/29, die Bebauung schritt also Zug um Zug nach Süden fort. Im folgenden Bausommer 1895 begannen schließlich die Arbeiten am einheitlichen Wohnblock Oet-tingenstraße 23/25, für den zeitgleich mit den Aushubarbeiten für die genannten Bauten weiter nördlich die alte Wirtschaft „Pa-radiesgarten" abgeräumt werden musste.

Die unregelmäßig fünfeckige Parzelle, auf der das neubarocke Mietshaus Nr. 27 1894–96 errichtet wurde, bedingte, dass zur Wahrung der gebotenen Abstandsflächen die südliche Grund-linie zwei Versprünge erhielt. Mit dem nördlichen Nachbarge-bäude verbindet Nr. 27 ein Grenzlichthof, an den Architekt Ernst Schnetzler das Stiegenhaus mit einer Schmalseite heranrückte; dieses liegt mit seiner doppelläufigen Podesttreppe somit zentral im Gebäude und ist von der südlichen Seitenfassade her über einen langen Hausgang mit Zwischenpodest zugänglich. Schon die Eingabeplanung sah im Erdgeschoss eine Laden-Teilnutzung vor, die schließlich 1897 eine Erweiterung erfuhr. Im Erdge-schoss waren/sind weiters zwei Wohnungen untergebracht, die Geschosse darüber wurden auf jeweils drei Wohnungen ausge-legt. Die Fassade wird von einem zweigeschossigen Erker mit Schweifgiebel-Bekrönung beherrscht, der auf die Sichtachse der Emil-Riedel-Straße hin ausgerichtet ist, die vor dem Wohn- und Geschäftshaus von der Oettingenstraße in spitzem Winkel nach Nordosten abzweigt. Die südliche Fensterachse (breite dreiteili-ge Kreuzstockfenster) erhebt sich über leicht abfallender Grund-linie, so die Einmessung der Baulinien; sie wurde mit kolossalen Lisenen eigens durchgebildet und der entsprechende Dachab-schnitt eigens ausgemittelt. Die kräftigen Verdachungen und die Dekorationen in den Sturzfeldern sind augenfällig formver-wandt mit den Nachbarhäusern.

Oettingenstraße 28. Die Anwesen Oettingenstraße 26, 28, 30 und 32 entstanden auf zuvor unbebautem Grund, die Bauplätze wurden in das Areal einer ehemaligen Gärtnerei eingemessen. Die Baugruppe der Häuser Nr. 28 und 30 entstand gleichzeitig, 1897–99, Bauwerber und ausführender Baumeister in Personal-union war Simon Gottschall. Noch im Rohbauzustand wechsel-ten die Häuser den Eigentümer, was für Spekulationsbauten die-ses Zuschnitts nicht ungewöhnlich war; Haus Nr. 28 kam 1899 in den Besitz des Privatiers Karl Vollmeier. Es erhebt sich als recht-eckiger Block über geschlossenen Grundlinien ohne Ausbau. Der Hauseingang in der südlichen Achse (bauzeitliche Haustüre erhalten) führt durch einen stuckierten Hausgang über ein hohes Zwischenpodest zum anschließenden Stiegenhaus, das östlich schmalseitig eine eigene Fensterachse zur Belichtung erhielt. Schon gemäß Erstzustand erschließt die doppelläufige Podest-treppe eine Wohnung je Etage. Unter Beachtung ihrer Zeitstel-lung (Fertigstellung 1899) wartet die Fassade mit einiger Moder-nität auf. Über einem hohen, mit schlichter Putzstreifenrustika versehenen Erdgeschoss (hier alle Öffnungen stichbogig ge-schlossen) wird die Straßenfront in den Obergeschossen von Formen beherrscht, die noch dem neubarocken Repertoire ent-liehen sind, jedoch flächig stilisiert wurden, wie dies anderwärts und eben später bei jugendstiligen Anverwandlungen gebräuch-lich war. Fünf kolossale, schlichte Wandvorlagen fassen die vier parataktisch gereihten Fensterachsen ein. Den Anschluss der hohen Lisenen an das Traufgesims vermitteln Fruchtschnüre, die

Oettingenstraße 27; Aufn. 1995   Oettingenstraße 29; Aufn. 1995

von Konsolen gerade herabzuhängen scheinen. Die Fenster ver-klammerte man über die Geschosse hinweg zu regelrechten Fensterbahnen vertikal – durchwegs ein Stilmittel des Neuba-rock (vgl. die Fassadenbehandlung der gegenüberliegenden, ge-ringfügig älteren Häuser Nr. 23/25 sowie 27 und 29 an der West-seite der Oettingenstraße). Die Fensterbahnen erreichte man, indem man Sturzfelder und Brüstungszonen durchartikulierte. Besonders hervorgehoben wurden die Fenster des 2. Oberge-schosses, hier erhielten die profilierten Fensterrahmen Ohrun-gen und über hohen stilisierten Scheitelsteinen verdachte man die Fenster mit Segmentbogengiebeln. Generell bilden hochgra-dig stilisierte klassische Dekorteile wie Guttae (vgl. die Sohl-bänke der Fenster des 2. Obergeschosses) und Scheitelsteine Stilmerkmale des späten Neubarock. (Die Herstellung des Dach-geschosses zur heutigen Gestalt, mit hohen stehenden Dachfens-tern, ist nicht Folge etwaiger Wiederherstellung nach dem Zwei-ten Weltkrieg. Die Häuser 26, 28 und 30 waren weitgehend ver-schont geblieben. Im näheren Umgriff war es zu einer Totalzer-störung im Bereich der heutigen Reitmorstraße 43 gekommen.)

Oettingenstraße 28 und 30 (von rechts); Aufn. 1994

Oettingenstraße 29. Das Wohn- und Geschäftshaus entstand 1894–96 nach Plänen Ernst Schnetzlers, gleichzeitig mit dem südlich angrenzenden Haus Nr. 27 an der Oettingenstraße, mit dem es ein gemeinsamer Grenzlichthof verbindet. In wenigen Bausommern, 1895–98 ließ der Baumeister und Investor Andreas Hainthaler das gesamte Areal des ehemaligen Paradiesgartens mit viergeschossigen Mietshäusern bebauen, stets zwei Hausnummern blockartig aneinander gesetzt und die Baublöcke südlich und nördlich freigestellt (Ausnahme bildete freilich der nördliche Abschlussbau Nr. 33a, vormals Lerchenfeldstraße 10, der schon wegen des Parzellenzuschnitts und der städtebaulichen Funktion gestalterisch individualisiert werden musste). „Echte", d. h. symmetrisch einander entsprechende Doppelhäuser waren jedoch nicht möglich, die auswinkligen, meist vieleckigen Parzellen brachten bei Beachtung der gebotenen Abstandsflächen vielgestaltige Versprünge der Grundlinien mit sich. Haus Nr. 29 erhielt seinen Zugang in der nördlichen Seitenfassade, das Stiegenhaus setzte man mit einer Schmalseite zwecks Belichtung an den Lichthof. Gemäß Erstzustand befand sich im Erdgeschoss ein Gastlokal und in den Obergeschossen jeweils vier Kleinwohnungen. Die heutige Erdgeschoss-Struktur ist das Ergebnis moderner Zusammenlegung, mit der auch die formale Vermittlung zwischen einem Sockel und der Fassadenfläche der Obergeschosse verloren gegangen ist.

Ein schwerer zweigeschossiger Erker mit Seitendurchfensterung wurde ausmittig vor die Hauptgeschosse gesetzt, seine Deckplatte dient dem 3. Obergeschoss als Austritt (das bauzeitliche Schmiedeeisengitter ist erhalten). Bis zu seinem Rückbau fand sich die so hervorgehobene Fensterachse zusätzlich von einem kleinen Dachhaus mit geschweiftem Blendgiebel überhöht. Ein weiteres vertikalisierendes Element ist die Verklammerung von Sturzfeldern und Brüstungszonen zu durchgehenden Fensterbahnen. Formverwandt mit den Häusern 23/25 und 27 finden sich die Fenster des 1. Obergeschosses einheitlich mit Dreiecksgiebeln verdacht, die des 2. Obergeschosses mit Segmentbogengiebeln mit breiten Schultern, den geohrten Fensterrahmungen des 3. Obergeschosses setzte man gerade Gesimsstücke auf. Alle Sturzfelder sind durchgestaltet, die weiters unstrukturierten Rücklagen bilden Raupputzfelder. Die gleichzeitig entstandenen Bauten Nr. 29 und 27 bilden zusammen mit dem einen Sommer später, 1897 vollendeten Wohnblock Nr. 23/25 eine beachtliche Häusergruppe; die gegebenen Verkehrsverhältnisse freilich beschneiden deren Wahrnehmbarkeit erheblich.

Oettingenstraße 30. Wie die südlich benachbarten Häuser Nr. 28 und 26, mit denen Nr. 30 einen Baublock bildet, entstand das Mietshaus auf zuvor unbebautem Grund. Das vom frühen 19. Jh. herauf als Gärtnerei bewirtschaftete Areal war zu Bauland umgewidmet und parzelliert worden. Der Baumeister und schließlich auch Bauwerber Simon Gottschall erwarb die Grundstücke Nr. 28 und 30 1897 und bebaute sie gleichzeitig. Noch vor der amtlichen Bestätigung der Bewohnbarkeit, wohl nach Abschluss der Rohbauarbeiten, wechselten die Häuser die Eigentümer. Nr. 30 gelangte in den Besitz von Lorenz Seidl. Im Unterschied zu Nr. 28, das vergleichsweise konservativ-blockhaft zugeschnitten wurde, gruppierte Gottschall bei Nr. 30 die Baumassen großzügig in den Bauplatz: Einem Riegel an der Straße setzte er einen tiefen Rückflügel an, den südlichen Hofwinkel verwirklichte er mit eingeklinkter Grundlinie, wodurch weitere Fensterachsen ermöglicht wurden. Den Hauszugang legte man an die freigestellte nördliche Seite, an der entlang auch die Hofzufahrt erfolgt. Das Stiegenhaus wurde so in den Grundriss gesteckt, dass es von Norden her belichtet wird; es erschließt gemäß Erstzustand eine herrschaftlich zugeschnittene Wohnung in jeder Etage. Der erweiternde Dachgeschossausbau, den 1923 Architekt August Zeh für Hugo Schott umsetzte, brachte eine Vermehrung der Abge-

schlossenheiten (nun zwei Dachwohnungen) mit sich, aber auch eine Veränderung der Dachaufbauten zur heutigen Gestalt; die ehedem gegebene gestalterische Einheitlichkeit der Straßenfront, die auch die Dachzone mit einbezog, findet sich gleichsam „beunruhigt". Und im Unterschied zur parataktisch organisierten Straßenfront des südlichen Nachbargebäudes rhythmisierte der Planer die fünfachsige Fassade von Nr. 30 als einen breiteren Mittelzug mit dreigeteilten Fensterbahnen, der von jeweils eng gesetzten, schmäleren Fensterachsen flankiert wird. Über einer hohen Erdgeschoss-Rustika heben kolossale Wandvorlagen an, die die drei Obergeschosse übergreifen und die mit an Konsolen fixierten hängenden Fruchtschnüren zum Traufgesims hin vermittelt werden. Wie bei Haus Nr. 28 finden sich die Fenster über die Obergeschosse hinweg zu vertikalen Bahnen verklammert – Sturz- und Brüstungsfelder wurden überlagert –, was die Vertikaltendenz der Fassaden weiter verstärkt. Die Dekordetails wur-

Oettingenstraße 30, Rückgebäude; Aufn. 2006

den klar aus neubarockem Formenschatz gewonnen, der aber ein hohes Maß an Stilisiertheit und flächiger Auffassung zeigt; das typisch münchnerische, zähe Beharren auf Barockizismen (auch und gerade in den Jugendstil hinein) stellt mit den Fassaden der beiden Häuser Nr. 28 und 30 an der Oettingenstraße anschauliche Beispiele vor – und seien das Thema auch nur überdimensionierte Scheitelsteine, die schließlich für jedes der straßenseitigen Fenster vorgesehen wurden.

Zu Haus Nr. 30 gehörig und über dessen Einfahrt zugänglich, befindet sich ein rückwärtiges *Ateliergebäude*, das 1900 östlich an den eingefriedeten, knappen Hofraum von Haus Nr. 28 gesetzt wurde. Erbauer des stilrein überlieferten und Vertreters eines selten gewordenen Bautyps war der Baumeister Johann Pausinger, Bauwerber vorerwähnter Lorenz Seidl. Der traufseitig nordwärts ausgerichtete, hohe erdgeschossige Bau erhielt zu beiden Seiten einer doppelflügeligen Zugangstüre und eines großen Oberlichtfensters darüber großflächige Atelierfenster. Darüber setzte man, ebenfalls ausgemittelt, einen neubarocken Schweifgiebel in die Dachzone, als Verblendung eines kleinen Dachhauses. Die gegenwärtige (2007) Nutzung scheint beinahe traditionell verpflichtet zu sein. (Hofraum-Möblierung modern.)

Oettingenstraße 31. Der sich aus den beiden Häusern Oettingenstraße 31 und 33 formierende Wohnblock gehört zu den frühen historistischen Mietshausbauten im gesamten Umgriff des Geländes sowie auf dem Areal des vormaligen Paradiesgartens im Besonderen. Die auf unbebautem Grund 1894–95 von Ernst Schnetzler errichteten Häuser waren für einige Jahre Signaturen für eine neue Zeit, die ausgehend von einer eklatanten Bodenpreissteuerung das Gesicht der St.-Anna-Vorstadt vollständig wandeln sollte: Im südlichen Lehel wurde die gesamte vorstädtische, regellos-kleinteilige Bebauung aufgehoben, nördlich der

Prinzregentenstraße verschwanden durch Bauausweisung die letzten Gärtnereien und freien Felder zwischen Englischem Garten und Isar. Der Baumeister und Investor Andreas Hainthaler hatte 1894 den Paradiesgarten mit seinem Gastlokal in der Lage der heutigen Häuser Oettingenstraße 23/25 und dem sich weit nach Norden bis zum bestehenden Straßenspitz Lerchenfeld-/Oettingenstraße erstreckenden Wirtsgarten aus dem Besitz des Bankhauses Sebastian Pichler sel. Erben erworben. Den zügig eingereichten Plänen zur Errichtung von Mietshäusern entlang der Lerchenfeld- und Oettingenstraße war die magistrale Festlegung der Parzellengrenzen und Baulinien vorausgegangen, denn diese bestimmten nicht zuletzt die Verwertbarkeit der Gründe (Beachtung der Abstandsflächen, Bausystem, Grundlinien und also Grundrisse und Größe der Wohneinheiten). Der charakteristische Zuschnitt der Parzellen, auf denen Oettingenstraße 31/33 schließlich zum Stehen kam, führte dazu, dass die Bauten nur der äußeren Erscheinung ihrer gemeinsamen Fassade nach einen einheitlichen Baublock bilden; denn die Flächen verjüngen sich nach Norden hin erheblich. Ausgehend von der südlichen Grundlinie des Hauses Nr. 31 beschreibt die rückwärtige (d. i. westliche) Grundlinie der beiden Anwesen somit mehrere Einsprünge; als Ergebnis der Beachtung gebotener Abstandsflächen.

Der Zugang in das Haus Nr. 31 erfolgte ursprünglich ausschließlich von rückwärts, unmittelbar ins Stiegenhaus, das man ohne Ausbau an die hintere Grundlinie legte. Gemäß Eingabeplan führt die doppelläufige Podesttreppe zu zwei Wohnungen in jeder Etage. Architekt Schnetzler legte den beiden Hauseinheiten eine Straßenfront vor, deren Mitte er prominent betonte, indem er die nördliche Fensterachse von Nr. 31 und die südliche von Nr. 33 risalitartig zusammenband und in der Dachzone mit einem gemeinsamen Dreiecksgiebel überhöhte. Die spezifische Durchbildung der beiden Häuserfronten schuf Anklänge an eine breit gelagerte Palastfassade, deren Höhenentwicklung vermittels einer Rustizierung des 1. Obergeschosses retardiert wurde (letzterer Kunstgriff in der Fassadengestaltung, durchaus Stilmerkmal von Neurenaissance und Neubarock, prägt auch die gleichzeitigen Bauten in der südlichen St.-Anna-Vorstadt, etwa der Länd- und Obermaierstraße). Es ist nicht das Ergebnis planvoller Schlichtung, das dazu führte, dass die beiden Teilhäuser bauzeitliche Fassadenzier in unterschiedlichem Erhaltungsgrad besitzen, sondern der Zerstörung im Zweiten Weltkrieg; Haus Nr. 31 wurde erheblich in Mitleidenschaft gezogen. Die Wiederherstellung der Dachzone, der Fassade in den Obergeschossen sowie des bis zu seiner Teilzerstörung aufwendiger, mit Seitenaufbauten gestalteten Giebels war im Oktober 1945 Gegenstand einer eigenen Bauplanung.

Oettingenstraße 33. Das nördliche Teilhaus des Baublocks, den dieses mit der Nr. 31 bildet, entstand 1894–95 wie jenes auf bis dahin unbebautem Grundstück (vgl. die städtebauliche Typisierung und Verortung bei Oettingenstraße 31). Der Charakteristik der magistral beachteten Parzellengrenzen entsprechend macht das Mietshaus Nr. 33 an der Oettingenstraße eine geringere Grundfläche aus als es die gebotenen Abstandsflächen bei Nr. 31

Oettingenstraße 31 und 33 (von links); Aufn. 1995

zuließen. Das Haus wurde im Norden freigestellt, sein Zugang befindet sich westlich rückwärtig, er führt unmittelbar ins Treppenhaus ohne eigenen Ausbau. Die doppelläufige Podesttreppe erschließt in jeder Etage zwei Wohnungen sowie eine im Dachraum, dies gemäß Erstzustand.

Der unter Beachtung seiner Rückfassaden bezeichnend uneinheitliche Baublock fand/findet sich straßenseitig prominent im Neubarock gestaltet und vereinheitlichend durchgebildet. Architekt Ernst Schnetzler verlieh den Ostfassaden der beiden Mietshäuser ein gemeinsames Gepräge, indem er sie mir einer palastartigen Abwicklung überspannte: ruhige Fassadenmittelzüge werden von risalitartigen Seiten mit jeweils breiteren Fensterbahnen flankiert, die Mitte von einem Risalit hervorgehoben, dem die nördliche Achse von Nr. 31 und die südliche von Nr. 33 zugeschlagen wurden und der zudem von einem somit beiden Anwesen gemeinsamen Dreiecksgiebel überhöht wird (Giebel nach 1945 geschlichtet). Ein weiterer Kunstgriff, der nicht zuletzt auch die Ambitionen des Erbauers verdeutlichen mag, ist die Rustizierung eben auch des 1. Obergeschosses; ein erhobenes, kräftig durchgebildetes Kordongesims schließt oberhalb desselben die aus der Fassadenfläche zweier Geschosse gebildete „Schein-Sockelzone" ab und stellt so ein in architekturgeschichtlicher Verpflichtung machtvolles Schwergewicht dar. An der Fassade von Nr. 33 erhaltene Gestaltungsdetails in Putz und Stuck verdeutlichen dies: Es kamen kolossale Pilaster mit ionischen Kapitellen, im nördlichen „Seitenrisalit" ein gesprengter Dreiecksgiebel, bei den obersten Fenstern des Mittelrisalits Wellengiebel-Verdachungen mit reich dekorierten Sturzfeldern zum Einsatz, dem Giebelfeld darüber schrieb man eine Stuckkartusche ein. Weit im Norden des seinerzeitigen Erschließungsgebietes St.-Anna-Vorstadt setzten hier Baumeister Hainthaler als Investor und Architekt Schnetzler als Planer Formen des Neubarock mit einer Prätention um, die weiter südlich, beim Ausbau der Thierschstraße und ihren Verbindungen zum Isarkai hin quartierprägend wurde.

[**Oettingenstraße 33a.** Den Vorgängerbau von Oettingenstraße 33a bildete bis zu dessen Kriegszerstörung das über spitzwinkligen Grundlinien nach Norden ausgerichtete Mietshaus Lerchenfeldstraße 10. Schon dieses zeichnete die Besonderheit aus, insgesamt drei Fassaden – straßen- wie platzseits – auszumachen.

Von der Häuserfolge, die an der Oettingenstraße auf dem Areal des ehemaligen Paradiesgartens zu stehen gekommen war, erlitt einzig Nr. 31 (s. dort) eine Teilzerstörung durch Luftangriffe. Die westlich dieser Bautenreihe befindlichen Häuser an der Lerchenfeldstraße, Nr. 10, 9 und 8, waren total zerstört und wurden in den frühen 1950er Jahren als Neubauten wiedererrichtet. Städtebaulich kam dabei dem Mietshaus, das die Zeile entlang der Lerchenfeldstraße im Norden abzuschließen hatte, eine hohe Bedeutung zu; hatte es im Osten doch den Übergang zu intakter historischer Bausubstanz an der Oettingenstraße zu beachten (freilich operierte man beim Wiederaufbau bisweilen auch mit gestalterischen Brüchen) und spielt das Haus doch eine entscheidende Rolle als südlicher Vermittlungsbau einer wohl ungewöhnlichen Platzsituation. Hier, am östlichsten Ausläufer des Hirschangers vermittelt eine unregelmäßige Straßen-/Platzsituation sechs Straßenmündungen, etliche erhalten gebliebene historistische Miets- und Gastwirtschaftsbauten prägen das Platzbild, so jedenfalls Himmelreichstraße 4 und Lerchenfeldstraße 11; vor allem mit diesen befindet sich Oettigenstraße 33a in Korrespondenz (s. Abb. S. 732).

Die Bauwerber Alfons und Lotte Fritz beauftragten die Architekten Helmut von Werz und Alfred Arendt, die den Bau planten und 1953–54 ausführten. Gleichzeitig mit Oettingenstraße 33a entstand nach von Werz Planungsbeteiligung in der südlichen St.-Anna-Vorstadt die Volksschule an der St.-Anna-Straße 22 (s. dort); hier wie dort ist als Stilmerkmal die Auswinkligkeit zu elaborieren, wie mit dem Abschlussbau Lerchenfeld-/Oettingenstraße hatte von Werz auch beim Schulbau Bezug zu nehmen auf ältere Bauten und Bauabschnitte. Die Fassadenflächen der Obergeschosse sind in ihrer Gesamtheit von dem strengen Erdgeschosssockel abgesetzt. Die Fassade an der Lerchenfeldstraße modellierten die beiden Architekten, indem sie zwei und drei Achsen zu Mauerscheiben zusammenfassten und auswinklig über die Grundlinie des Erdgeschosses auffächerten. Die knapp elf Meter breite platzseitige Fassade artikulierten sie beinahe historisch verpflichtet: Ein breiter Erker wurde der Platzfront mittig eingeschrieben. Das Flugdach verleiht dem mächtigen Baukörper einen klaren, aber auch leichten Abschluss.]

Oettingenstraße 34. Wie die südlich auffolgenden Anwesen (vgl. die bestehenden Nr. 28 und 30) entstand auch das Mietshaus Nr. 34 an der Oettingenstraße 1897–98 auf bis dahin unbebautem Grund. Die Parzellen der heutigen Häuser Nr. 26, 28, 30, 32 und 34 an der Oettingenstraße, Nr. 2 an der Rosenbuschstraße sowie Nr. 45a, 47, 49, 51 und 53 an der Reitmor-, vormals Mühlstraße waren in das Areal einer Gärtnerei eingemessen worden. Als Bauwerber und zugleich Ausführender tritt Baumeister August Gruhn auf, die Planung lag in den Händen des beim Ausbau des Lehels vergleichsweise wenig beschäftigten Paul Liebergesell. 1898 zeichnet schließlich Friedrich Frey (mit der Berufsbezeichnung „Prokurist") als Eigentümer. (Die Familie Frey ist vom frühen 19. Jh. herauf Eigentümerin zahlreicher Gründe und Liegenschaften in der nördlichen St.-Anna-Vorstadt.)

Über annähernd quadratischem Grundriss erhebt sich das Anwesen mit drei Obergeschossen und schon gemäß Erstzustand straßenseitig einer Dachwohnung (Adaption des Spitzbodens zum 2. Dachgeschoss später). Der Eingang in der südlichen Achse führt über

Oettingenstraße 34; Aufn. 1996

ein Zwischenpodest zum anschließenden rückwärtigen Stiegenhaus, das leicht über die östliche Grundlinie ausgebaut wurde. Gemäß Eingabeplan befindet sich in jedem Geschoss eine Wohnung (Parzellenzuschnitt und gebotene Zeilenbauweise bedingten, dass Dunkelzonen alkovenartig aufgehoben bzw. Nebenräume vom Treppenhaus her belichtet werden mussten). Als kurios ist zu erwähnen, dass die Ostfenster, also rückwärtigen Öffnungen der Anwesen Nr. 28, 30, 32 und 34 nach ihrer Fertigstellung zehn Jahre lang freien Blick zur Isar hinüber erlaubten, die Bebauung der nördlichen Reitmor- sowie der Widenmayerstraße in diesem Abschnitt erfolgte erst nach 1908.

Die Fassade des Hauses, dicht aus der Bauzeit überliefert, ist als späthistoristisches Extrem einer Stilkombination anzusprechen; in dem Versuch, formale Reprisen der deutschen Renaissance zu dynamisieren und jugendstilig anzuverwandeln, stellt die Straßenfront in München wohl einen Solitär dar. Oberhalb einer Rauputzstreifenrustika (alle Öffnungen des Erdgeschosses stichbogig geschlossen) wurden Gurt- und Fensterbankgesims mit einem Blütenband verklammert. Ein ähnlicher Zusammenschluss findet sich oberhalb des 2. Obergeschosses, hier wurde das Sohlbankgesims je seitlich und an den Übergängen zum mittigen Flacherker zusätzlich verkröpft. Ein weiteres, gestalterisch dominantes horizontales Band bildete man mit dem Fries des Kranzgesimses oberhalb des 3. Obergeschosses aus: Hohe Blendbögen vermitteln zum Dachgesims, am Sturz der Stichbogenfenster entsprechend segmentbogig beschnitten. Besagtes Blendarkaden-Motiv, allzumal als Friesornament, kann aus dem Formenschatz der Neurenaissance, des Neubarocks, aber auch des Jugendstils nur mittelbar hergeleitet werden, es ist als frei fantasierend gewonnenes Motiv anzusprechen. Diese Tendenz prägt die Fassade insgesamt. Zu typisieren ist die Straßenfront als Zwerchhausfassade mit dreigeschossigem Flacherker, der der dreiachsigen Front mittig eingeschrieben ist. Doch beschreibt die spezifische Form des Blendgiebels eine geschweifte und mehrfach geknickte Linie, der Frontgiebel ist somit späthistoristisches Amalgam, wie es bei Seitenhausfassaden im Villenbau der späten Gründerzeit oder an Vorschussgiebel-Fassaden von Bürgerhäusern zu finden ist. Desgleichen gilt für die Binnengestaltung des dreigeschossigen Erkers: Kolossale Wandvorlagen übergreifen paarweise ausgebildet die Hauptgeschosse; doch statt rudimentär architektonisch formuliert sie Liebergesell als stehende Girlanden. Vor dem 3. Obergeschoss macht den Erker prima vista ein klassisches Architekturmotiv aus, zwei Pfeiler vorstellende Wandvorlagen tragen ein kräftiges Gebälk. Doch die konservative Strenge gleichsam persiflierend kassettierte man die Frieszone und setzte den Feldern stuckierte Blüten ein. Nicht nur in seiner unmittelbaren Umgebung, im Mietshausbau des Münchner Historismus insgesamt stellt die Fassadengestaltung von Oettingenstraße 34 ein Extrem dar. Die sich selbst stets neu orientierenden Stilarten des Späthistorismus fanden hier eine überfreie Umsetzung, gerade in ihrer Kombination artikulieren sie ein Bild ihrer Möglichkeiten.

Oettingenstraße 35. Die heutigen Flurstücke von Himmelreichstraße 2, 3, 4 und Oettingenstraße 35 wurden ab 1908 in den bis dahin zum Diana-Bad gerechneten Grund eingemessen. Der Betrieb einer privaten Badeanstalt ist hier ab 1828 nachweislich, er kam jedoch in den 1890er Jahren zum Erliegen; schon 1898 wird das Diana-Bad nicht mehr amtlich aufgeführt, einzig die Ortsbezeichnung überdauerte noch einige Zeit.

Die Bauarbeiten an dem Haus an der Himmelreichstraße 4, mit dem die Straßengabelung Himmelreich-/Oettingenstraße markant besetzt worden war, waren im Sommer 1910 abgeschlossen. Im Jahr darauf beauftragte derselbe Bauherr, Richard von Allweyer, wiederum die Architektenbrüder Alois und Gustav Ludwig, das nördlich angrenzende, freie Grundstück mit einem

Mietshaus zu bebauen. Es entstand 1911–13 ein freigestelltes, in seiner Baumassenverteilung durchaus ungewöhnliches Wohnhaus mit großzügigen, repräsentativ zugeschnittenen Etagenwohnungen. Dabei symmetrisierten die Gebrüder Ludwig die Kubaturen nicht traditionell mit durchgestalteter Straßenfront, sondern villenartig mit Ausrichtung nach Süden. Die Treppe wurde in einem eigenen Pavillon untergebracht, den man bis an die östliche Grundstücksgrenze heranbaute und straßenseitig als eigene Fassade durchartikulierte. Bei der Gestaltung der Fassaden behandelte man Souterrain und Hochparterre als hohen Sockel, mit stilisierter Rustika, 1. und 2. Obergeschoss als Hauptgeschosse; letztere eingespannt von einem unteren Gurtgesims und einem oberen Kranzgesims, das weit auslädt und wie ein Konsolgesims gestaltet ist. Hochgradig stilisierte, kolossale Lisenen wurden den Hauptgeschossen vorgelegt. Die Hauptfassade, nach Süden ausgerichtet, gliedert sich in zwei gerundete Bodenerker zu Seiten eines Fassadenmittelzugs, deren Deckplatten vor dem 3. Obergeschoss Attiken tragen und die Wohnräume dahinter verandenähnlich erweitern. Das Motiv einer gerundeten Attika, die als Brüstung dient, begegnete bereits beim benachbarten Himmelreichstraße 4. In den Hauptgeschossen ließen die Gebrüder Ludwig den westlichen der Bodenerker ohne Fenster, gestalteten die Austrittsräume loggienartig.

Das Haus Oettingenstraße 35 ist ein (weitgehend stilrein überkommenes) Beispiel für die villenartige Anverwandlung der Bauaufgabe „Mietshaus". (Vereinfachend haben sich die Gestaltung des südwärts gerichteten Dachhauses sowie der Dachgeschossausbau nach Westen ausgewirkt). Wesentliche Stilmerkmale des Neuklassizismus haben bei der Durchbildung der Fassaden eine Anwendung erlebt: Klassische Architekturelemente wurden bildhaft vergröbert oder ins Extrem stilisiert, Giebelformen etwa bis zur Entpflichtung von jeder klassischen Herleitung amalgamiert. In architekturgeschichtlicher Hinsicht markiert Oettingenstraße 35 ein Ende des spätgründerzeitlich-historistischen Mietshauses und setzt früh ein Formenrepertoire um, wie es durchaus auch nach dem Ersten Weltkrieg noch Anwendung finden sollte.

Oettingenstraße 36. An der städtebaulich charakteristischen Gabelung Bogenhauser Straße (nachmals Oettingenstraße) und der heutigen Emil-Riedel-Straße (davor Fußweg am Riedldamm) verlegte der Magistrat die Baulinie deutlich nach Norden und definierte so einen Straßenplatz, der dem zu erbauenden Haus südlich vorgelagert sein sollte. Der festgelegte Bauplatz erhielt so die Form eines unregelmäßigen Trapezes, das Bauprojekt hatte aus Gründen hofseitiger Belichtung mit zwei Flügeln

und jedenfalls drei Fronten, eben zwei Straßen- und eine Platzfassade zu kalkulieren. In der Beachtung dieser bausystematischen Konsequenzen für Bauprojekte an sich gabelnden Straßenläufen steht Oettingenstraße 36 im nördlichen Lehel nicht allein; vgl. auch: Oettingenstraße 33a, Himmelreichstraße 4 und Lerchenfeldstraße 11. Kurios singulär steht Oettingenstraße 36 jedoch, nicht nur innerhalb dieser Bauten, auch im Vergleich mit zahllosen anderen, was die Erschließung der Wohneinheiten anbetrifft.

1898–99 erbaute Baumeister Fritz Fick auf dem zuvor zu räumenden Grundstück den bestehenden Mietshausbau für den „Restaurateur" Jakob Bürkel. Die Fassadentekturen stammen von Architekt Carl Evora, sie wurden 1900 umgesetzt. Schon gemäß Erstzustand ging das Erdgeschoss vollständig in einer Nutzung als Gastwirtschaft mit Bierstube, „Caffe-Restaurant" und einem Nebenzimmer im Flügel an der Oettingenstraße auf. Der Zugang zu den Wohnungen in den Obergeschossen (je drei Einheiten) über das unregelmäßig sechseckige Treppenhaus konnte zunächst nur hofseits erfolgen, hier vermittels eines Hofdurchgangs in der nördlichen Achse des Westflügels. 1903 entschloss sich Bürkel schließlich, die Zugänglichkeit des Treppenhauses umzugestalten. Unter Beibehaltung des ebenerdigen Hofzugangs als Hintereingang steckte man ein mehrfach gewendetes Etagenpodest in den Flügel an der Oettingenstraße. Nach den Plänen des bautechnischen Büros Rosa Barbist gab man das am Hofdurchgang liegende Nebenzimmer auf, brach eine zusätzliche Haustüre in die Tragmauer und erschloss das Treppenhaus in der bestehenden Gestalt auf Höhe des 1. Obergeschosses. Die Verkehrswege zur Wohnungserschließung waren so nachträglich von den Versorgungswegen der Gastwirtschaft getrennt worden. Weitere Umbaumaßnahmen im Erdgeschoss erfolgten 1905, das Anwesen war inzwischen in das Eigentum der Spatenbrauerei (nom. Kommerzienrat Gabriel Sedlmayr) übergegangen. Architekt Georg Meister steckte Zwischenwände im Flügel an der Emil-Riedel-Straße so um, dass dort ein eigener Zugang mit abgeschlossenen Anräumen geschaffen werden konnte.

Die Gestaltung der Fassaden belegt das lang währende Festhalten an neubarocken Binnenformen, die man eher applikativ einsetzte, als dass man die Stilrichtung in der Großform zur Durchbildung umsetzte. Ein gleichsam modern-reduziertes Element stellen die Verdachungen der Fenster des 1. und 3. Obergeschosses dar: Segmentbogig geformte Gesimsstücke bilden die schwebenden Abschlüsse der Sturzfelder. Die Fenster des 2. Obergeschosses wurden seriell dreiecksgiebelförmig verdacht, wie generell die Fassadenbehandlung auf eine Parataxe gleichförmiger

Oettingenstraße 35; Aufn. 1995

Oettingenstraße 36, Westseite; Aufn. 2006

Oettingenstraße 36; Aufn. 1994

Zierelemente abgestellt ist. Die Akzentuierungen bestehen in den Fassaden an den Straßen in einer Partie eng gesetzter Fensterachsen, die jeweils als eine Fassadenbahn behandelt und in der Dachzone von einem zweistufigen Schweifgiebel überhöht werden. Ein formverwandter Blendgiebel machte gemäß Ursprungszustand auch das Dachhaus der Südfassade aus, bildete also die Formdominante der Platzfassade, abschnittsweise Point de vue der Oettingenstraße (wegen des aktuell, 2007, gegebenen Einbahnstraßenverkehrs südwärts ist dies nur bedingt nachvollziehbar). Zur Vermehrung des Wohnraumangebots wurde in den 1930er Jahren die Dachzone der platzseitigen Fassade einschneidend geändert. Nachträglich schloss man die Fassade zwischen den beiden Eckerker-Türmchen vollflächig zu einem weiteren Vollgeschoss, was sich auf Höhenentwicklung und Massenverteilung deutlich auswirkte. (Von Kriegszerstörungen blieb das Anwesen weitgehend verschont.)

Oettingenstraße 39, Torhaus; Aufn. 1995

Oettingenstraße 39; Aufn. 1995

Oettingenstraße 39. Kurt von Kleefeld, Präsident der Fürstlich-Hohenlohe-Öhringischen Kammer, war Bauherr des beinahe in allen Festlegungen aus dem Bausystem heraustretenden neuklassizistischen Landhauses. Von Kleefeld war es, der 1923 in politisch turbulenter Zeit zunächst diplomatisch Kontakte zwischen seinem Schwager, dem Reichskanzler Gustav Stresemann, und dem bayerischen Kronprinzen Rupprecht hergestellt hatte.
Die Architekten Oscar Delisle und Bernhard Ingwersen planten das hölzerne Wohnhaus mit Schopfwalmen 1924, die Baufirma Georg Meister setzte es bis 1925 um. (Das Architektenduo Delisle & Ingwersen tat sich wenig später, 1928–30, in einem neusachlich umgesetzten Münchner Großprojekt hervor, der Siedlung Neu-Ramersdorf.)
Für seine Münchenaufenthalte wählte von Kleefeld eine Lage peripher zur Innenstadt und im Blick auf die naturräumlichen Gege-

benheiten, östlich am Englischen Garten und unmittelbar am Eisbach gelegen, vergleichsweise idyllisch. Der Kammerpräsident ignorierte die mögliche Baustaffel, wogegen Nachbarn Protest einlegten, rückte das Wohnhaus tief ins Grundstück, sodass es offen gestellt wurde. Zur Straße hin ließ er den Grund durch ein gleichzeitiges Torhaus abschotten. Gemäß Erstzustand traditionell strukturiert erhielt das Landhaus eine östliche Auffahrt, weit vorgestellte Pfeilerpaare tragen das Vordach am Hauseingang, der durch seine Position am östlichen Zwerchhaus repräsentativ hervorgehoben ist. 1931 kam es zu kleineren Umbauten für die Rechtsanwaltsgattin Elisabeth Winterstein; seither ist verschiedentlich vom „Haus Winterstein" die Rede. Entscheidende Um- und Anbauten nahm man 1973 nach den Plänen des Architekten Graf Waldburg-Wolfegg (Diessen/Romenthal) vor: Unter teilweiser Ersetzung der nördlichen Anräume wurde hier ein eigener Flügelbau geschaffen, den man deutlich nach Westen vor die Gartenfassade zog. (Ein auswinklig angeschlossenes Stallgebäude, im ersten Eingabeplan mit „Ziegen und Geflügel" bezeichnet, gab man für diese Erweiterung auf.) Auch den südlichen Wintergartenanbau erweiterte man und adaptierte ihn zum vollwertigen Wohnraum. Nicht zuletzt mit einer westlich an den so entstandenen Südflügel angesetzten, überdachten Terrasse stellte Graf Waldburg-Wolfegg die streng symmetrische Baumassenverteilung (wieder) her, die ein entscheidendes Charakteristikum vergleichbarer Landhausbauten bildet. Formal und funktionell eine Reprise des klassischen Commun-Baus ist das östlich vor das Hauptgebäude, direkt an der Straße befindliche Torhaus; äußerlich wie das Wohngebäude behandelt (2006 modernisiert). Zwei symmetrisierende Pavillons flankieren die überdachte Durchfahrt, gewährleisten Abgeschlossenheit und ein prominentes Entree zugleich.
Unter Beachtung des Naturraums der unmittelbaren Umgebung schuf Kurt von Kleefeld einen regelrechten Kontrapunkt zur gewinnmaximierenden Bodenverwertung im nördlichen Lehel. Delisle & Ingwersen setzten einen Stil um, der als international gelten kann, seit dem frühen 20. Jh. in den großstädtischen Peripherien der Vereinigten Staaten (Neuengland) ebenso Anwendung fand wie in den gehobenen Vorstädten Europas.

Oettingenstraße 46. Auf Höhe der Himmelreich- und Paradiesstraße, die in unregelmäßigem Verlauf die West-Ost-Verbindung zwischen dem Englischen Garten und der Isar bzw. bis zu seiner Einstellung dem Kupferhammer gewährleisteten, gabelt sich die östliche Saumstraße des Parks, ursprünglich in die Bogenhauser/spätere Oettingenstraße und die Eisbach-/spätere Emil-Riedel-Straße. Diese Verlaufscharakteristik ist seit dem Ende des 18. Jh. feststellbar, die regelrecht-unregelmäßige Ausbildung eines Straßenplatzes unmittelbar nördlich des Paradiesgartens, südöstlich des Diana-Bades schon Mitte des 19. Jh. erfolgt. Zur Herstellung der Emil-Riedel-Straße beschloss der Magistrat die Verödung einer Rücklaufmulde des Eisbachs und hielt schließlich die Notwendigkeit beider Straßenläufe, die da unregelmäßig parallel nach Norden liefen, im planerischen Auge.
Die Grundstücke der heutigen Häuser Lerchenfeldstraße 11, 13 und 15 sowie Oettingenstraße 46 und 48 bildeten bis 1904 ein Areal. Anton Niedanner, Bauwerber und Baumeister in einer Person, ließ dieses zu fünf Bauplätzen parzellieren, die schließlich in einem Zug von 1905 bis 1908 nach den Plänen des Architekten Anton Wörz bebaut wurden. Dabei entstanden die Häuser Lerchenfeldstraße 13 und 15 und auch Oettingenstraße 48 auf unbebautem Areal, für den mächtigen Dreifassadenbau Lerchenfeldstraße 11 wurde ein zweigeschossiges Wohngebäude abgeräumt, für den Bau von Oettingenstraße 46 ein kleineres Nebengebäude.
Zusammen mit Oettingenstraße 48 beschreibt die westliche, straßenseitige Grundlinie des Hauses einen konvexen Verlauf, der sich aus der zwingenden Beachtung der leicht nach Osten schwingenden Straßentrasse ergab.

Oettingenstraße 48; Aufn. 1994   Oettingenstraße 46; Aufn. 1994

Das südlich freigestellte Mietshaus in barockisierendem Jugendstil hob Architekt Wörz prominent hervor, indem er die Fensterachsen zur südwestlichen Gebäudeecke hin pavillonartig zusammenfasste, vor der Dachzone als Turm ausbaute und diesen mit einem traditionellen Glockendach abschloss.

Dabei stellt Oettingenstraße 46 ein vergleichsweise kleines Mietshaus dar, die Straßenfront machen drei Fensterachsen aus. Gemäß Eingabeplan befindet sich in jeder Etage eine Wohneinheit, erschlossen vom rückwärtigen Treppenhaus, das einen eigenen Pavillonausbau erhielt. Die halbgewendelte Podesttreppe wird über den Hausgang in der nördlichen Achse erreicht. Schon gemäß Erstzustand waren die straßenseitigen Abschnitte des Dachraums als Dachwohnung erschlossen.

(Die Bauten Oettingenstraße 46 und 48 überdauerten den Zweiten Weltkrieg weitgehend unbeschadet, von Luftdruckschäden abgesehen. Totalzerstörungen in nächster Nähe waren die Vorgängerbauten von Oettingenstraße 50/52/54 und Lerchenfeldstraße 10.)

Oettingenstraße 48. Die Grundstücke des Dreifassadenbaus Lerchenfeldstraße 11 und der nördlich anschließenden Häuser Lerchenfeldstraße 13 und 15 (mit 11 zur Zeile geschlossen) und Oettingenstraße 46 und 48 (freigestellt) bildeten bis 1904 ein städtebaulich untergeordnetes Areal. Etwa in der Lage des Westflügels von Lerchenfeldstraße 11 befand sich ein bescheidenes Wohngebäude, dem zur Oettingenstraße hin ein langes Nebengebäude vorgelagert war. Diese Baulichkeiten räumte man zusammen mit einem größeren Schuppen anstelle der späteren Oettingenstraße 46 1905 ab. Im Vorfeld der Baugenehmigung hatte der Magistrat das beschriebene Areal in fünf Bauplätze parzelliert. Diese überplante Architekt Anton Wörz mit Mietshausbauten in den Formen barockisierenden Jugendstils, Bauherr und Baumeister zugleich war Anton Niedanner. Die fünf Bauten waren 1908 bezugsfertig. Innerhalb weniger Jahre sollte sich das Gesicht des nördlichen Lehels, hier am nordöstlichen Rand des Hirschangers vollständig wandeln; vom dünn besiedelten, von Wassermulden und kleinen Bachläufen geprägten, kleinteilig-regellos bebauten Quartier zu einem Wohngebiet, das hinsichtlich der neu geschaffenen Bau- und Wohnformen durchaus gehobenen Ansprüchen genügte. Boden- und Bauspekulation trieben diesen Prozess voran.

Haus Nr. 48 an der Oettingenstraße entstand zusammen mit Nr. 46 über einer leicht konvexen westlichen Grundlinie, die vorschwingenden Straßenfronten folgen dem Verlauf der Straße. Während Wörz Nr. 46 ausmittig vermittels eines Pavillons an der Südwestecke akzentuierte, wählte er bei Nr. 48 Bauglieder zu Symmetrisierung und Betonung der Mitte. Der mittleren der fünf Fensterachsen setzte er einen Flacherker zu zwei Geschossen mit gebrochenen Kanten vor, dessen Unterzug er mit dem

rundbogigen Schluss der Hauseingangstüre darunter sphärisch verschliff. Das Motiv des Rundbogens wird vom oberen Erkerfenster wiederholt und erscheint erneut prominent im breiten Dachhaus. Dieses macht eine späthistoristisch freie Variation des Palladio-Motivs aus: Ein mittlerer, breiter Bogen wird von zwei schmäleren, geraden Schulterstücken flankiert – freilich sind die durchfensterten Flächen vergleichsweise klein und die verbleibenden Wandflächen unverhältnismäßig groß, sodass nur mehr von einer Anspielung auf ein klassisches Motiv die Rede sein kann.

Während die Fassade in ihrem Dekor reduziert überliefert ist, findet sich die Struktur des Mietshauses bauzeitlich verpflichtet. Das Treppenhaus (eine halbgewendelte Podesttreppe im rückwärtig eigens ausgebauten Stiegenhauspavillon) erschließt in jeder Etage zwei Wohnungen. Quer gelagerte Flure unterbinden Dunkelzonen, Hofbalkone bilden eine Erweiterung des Wirtschaftsraums. Die Schlichtung des ursprünglich reicheren Fassadendekors ist keine Folge von Kriegszerstörungen, sondern geradezu zeittypisch für die 1930er Jahre, da der Geschmack zu mehr Sachlichkeit hindrängte. (Vom Luftkrieg wurde das Anwesen indirekt durch Luftdruck betroffen, weil das nördliche Nachbargebäude vollständig zerstört wurde.)

Blick in die Orlandostraße von Süden; Aufn. 1995

Orlandostraße

(Vgl. Ensemble Altstadt, Kern des Graggenauer Viertels.) Die kurze Verbindung vom südlichen Schmalende des etwa dreieckigen Platzl (s. dort) zur Ledererstraße, seit 1873/74 nach dem Komponisten Orlando di Lasso (vgl. Platzl 4, sein ehem. Wohnhaus) benannt, hieß zuvor Seeriedergasse oder -gäßchen nach einer Branntweinerfamilie, der von Mitte des 17. bis Mitte des 18. Jh. das südöstliche Eckhaus an der Ledererstraße (Vorgänger von Orlandostraße 2) gehörte. 1870 erwarb die Stadt die Anwesen an der Ostseite zwecks Straßenverbreiterung von kaum 4 auf ca. 8 m und verkaufte die Bauplätze sogleich wieder, auf denen um 1872 die homogene spätklassizistische Mietshausgruppe Nr. 2/4/6 (s. dort) samt ehemals Nr. 8 (heute Neubau nach Luftkriegsschaden) entstand. Ältestes bestehendes Bürgerhaus ist im Südwesten an der Ledererstraße das Eckhaus Orlandostraße 1 (s. dort). Das Eckhaus Nr. 3 an der Münzstraße ist ein sich etwas altstädtisch gebärdender Nachkriegsbau an der Stelle des zerstörten Neurenaissance-Wohn- und Geschäftshauses von 1902 mit kuppelgekröntem Eckturmerker. Zusammen mit dem Platzl wurde die Orlandostraße um 2000 als Fußgängerbereich ausgestaltet.

Orlandostraße 1

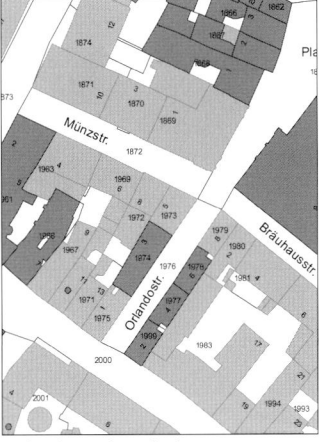

Orlandostraße; Flurkarte,
M. 1:2500

[**Orlandostraße 1.** Viergeschossiges Mietshaus, Eckbau mit niederem Mansarddach, Typus des (späten?) 18. Jh. Das Eckhaus steht an der Stelle des Südteils eines lang gestreckten, auf Sandtners Stadtmodell von 1570 zweigeschossigen Pultdachhauses (Nordteil s. Orlandostraße 3). Stimmelmayrs flüchtige Skizzen wohl aus dem späteren 18. Jh. zeigen das Haus widersprüchlich zwei- bzw. dreigeschossig, mit sog. Ohrwaschel an der südlichen Schmalseite („das Wein-Hofscheffler Hauseck"). Der bestehende Bau, dessen wenige Gestaltmerkmale – profiliertes Gurtgesims über dem Erdgeschoss, ebensolches knappes Traufgesims, gerundet abgefaste Ecke – auf das 18. Jh. hinweisen, könnte also gegen dessen Ende entstanden sein. (Erdgeschoss durch Laden verändert.) Am Nordende schmale, nach Altmünchner Art an den Laufenden gewendelte Treppe, am unteren Lauf noch mit originell durchbrochenem Holzgeländer (wohl Ende 18. Jh.).]

Orlandostraße 2/4/6. Die Ostseite der seit alters her sogenannten Seeriedergasse wurde nach 1871 einheitlich mit einer Folge von vier gleichförmigen Neurenaissance-Neubauten bebaut. (Die Vorbebauung, ab 1833 Ledererstraße 18, bestand in einem sehr schmalen Anwesen, das bis ins frühe 16. Jh. zurückreichte und ab 1648 bis ins mittlere 19. Jh. im Eigentum der Branntweiner Seerieder/Kleiber/Schmid gewesen ist.) Die Privatiers Emmeran Huber und Christoph Kurzwart ließen von Baumeister J. Thomas die vier Häuser erbauen. Nr. 2 wie auch Nr. 6 erhiel-

ten den Zugang in die nördliche Achse gesteckt, Nr. 4 und Nr. 8 in die südliche. Die Eingänge führen auf einen Lichthof zu, hier kam es zum verstellten Übergang zum Treppenhaus, das rückwärtig ohne Ausbau bleibt. In jedem der Obergeschosse ist gemäß Eingabeplan eine Wohnung untergebracht. Die Fassaden der drei erhaltenen Häuser Nr. 2, 4, 6 (im Luftkrieg wurde Nr. 8 erheblich zerstört und schließlich 1964 abgebrochen, die anderen Häuser der Folge blieben ohne direkten Treffer) wurden einheitlich in Neurenaissanceformen gestaltet, an allen drei Bauten haben sich die geraden Verdachungen der Fenster, das Kranzgesims des Traufgebälks sowie die durchlaufenden Gurtgesimse erhalten. (Nr. 2: Fassadenrenovierung 1977, wiederum Instandsetzung der Fassade und Erneuerung der Fenster 1996, Einrichtung einer Außenverkaufsanlage 2006; Nr. 4: Fassadenrenovierung und Erneuerung aller Obergeschossfenster straßenseitig 1998; Nr. 6: Ausstellmarkise 1977, Ausbau des Dachgeschosses wie bei Nr. 2 und 4 1992, Fassadenrenovierung, Fensterertüchtigung und teilweise -erneuerung sowie Erneuerung der Dachhaut 1993–94, 1997 Arbeiten an der Schaufensteranlage.)

Orlandostraße 3. Nach Teilung des lang gestreckten Hauses Ledererstraße 19 (s. Orlandostraße 1) entstand 1810 exakt auf der Parzelle des heutigen Hauses ein Neubau für die Witwe Maria Anna Salcher. Dieser Bau bestand bis 1913. In diesem Jahr beauftragte der Kaufmann Adam Hüllweber den Architekten Franz Deininger mit der Erbauung dieses, in der Graggenau ungewöhnlich avantgardistischen Wohn- und Geschäftshauses. Rückwärtig erhielt der breite Riegel eine rechteckige Ausklinkung, mittig stellte man das Treppenhaus in diese, halbrund über die rückwärtige Grundlinie ausgebaut. Zwei Wohnungen, mittelgroßen Zuschnitts, sind in jeder Etage untergebracht, der Zugang zum Treppenhaus erfolgt heute von der südlichen Achse her, ursprünglich leicht ausmittig, aber mit direktem Anschluss. Zur Intensivierung der Ladennutzung im Erdgeschoss hatte man sich dazu entschlossen. Die Fassade des Hauses besticht durch ein fantasiereiches und kurioses Nebeneinander historisierender, sachlicher und heimatstiliger Elemente. Die Hohlkehle über dem Erdgeschoss, die gedrechselten Holzelemente der Fenster im 1. Stock und die z. T. farbige Gestaltung des obersten Geschosses mitsamt Fensterläden gemahnen an die Bauweise alpenländisch-tiroler Städte. Es hat sich eine Planungsvariante erhalten, die statt der kleinen seitlichen Zwerchhäuser mit Rundgiebeln in durchaus historisierender Weise die alten Münchner Ohrwaschel als Akzente der Dachlandschaft ins gestalterische Kalkül gezogen hatte. (Arbeiten an der Fassade 1997, durchgreifende Veränderung der Strukturen im Erdgeschoss 1999–2000, erneut Anpassungen der Fassade und Erneuerung der Dachhaut 2002; schließlich Maximierung der Erdgeschoss-Bewirtschaftung 2006.)

Orlandostraße 2/4/6 (von rechts); Aufn. 1995

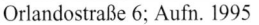

Orlandostraße 6; Aufn. 1995

Orlandostraße 3

Oskar-von-Miller-Ring

Das erste, nordwestliche Teilstück des 1946 von Stadtbaurat Karl Meitinger konzipierten Altstadtringes wurde 1953–56 realisiert und 1955 nach Oskar von Miller (1855–1934), dem Gründer des Deutschen Museums, benannt. Die gebogene, am verbreiterten, in den Ring eingefädelten Beginn der Gabelsbergerstraße abgewinkelte Verbindung von der verbreiterten westlichen Verlängerung der Von-der-Tann-Straße (s. dort) zum Nordende des Maximiliansplatzes (s. dort), dessen Einmündung in die Brienner Straße gleichzeitig zum Platz der Opfer des Nationalsozialismus erweitert wurde, war zur Verkehrsentlastung der südlichen Ludwigstraße samt Odeonsplatz und des schmalen Ostteils der Brienner Straße vordringlich. Dieser erste große Durchbruch im Kernbereich erfolgte in einem weitestgehend kriegszerstörten Gebiet mit kleinteilig-unregelmäßigen Grundrissstrukturen am Südostrand des im frühen 19. Jh. angelegten weiträumigen Straßenrasters der Maxvorstadt, deren Schema hier nicht konsequent weitergeführt werden konnte. So endete die Amalienstraße im Süden abrupt an der engen ehem. Glückstraße, und die Gabelsbergerstraße mündete ohne Fortsetzung nach Osten in den hier (ohnehin verzögert fertiggestellten) Anfangsteil der Amalienstraße. Den kleinteiligen Vorstadtbereich vor der ehemaligen Nordwestecke der Wallbefestigung zeigt z. B. der Stadtplan von Pachmayr (1802) mit lockerer Bebauung und Gärten; vgl. Fürstenstraße bzw. Kardinal-Döpfner-Straße. Nach der großzügigen Gestaltung des Bereiches Ludwigstraße/Odeonsplatz/Wittelsbacherplatz durch Klenze bildete das engmaschig-unregelmäßige Quartier um die (frühere) Finken-, Glück- und Jägerstraße ein unorganisch wirkendes Übergangsgebiet zwischen hier nicht miteinander verbundenen großmaßstäblichen Strukturen.

Abbrüche von nach dem Krieg noch erhaltener Altbausubstanz wurden nur an dem nach Norden abgeknickten Westteil der einstigen Jägerstraße nötig. Städtebaulich problematisch waren die Anschlüsse an den beiden Enden – im Nordosten durch Verzicht auf das nördliche Eckhaus der Klenzeschen Wohnhausgruppe Ludwigstraße 1 ff. (dafür Erweiterung von Nr. 11 nach Norden, s. dort) wie auch am südwestlichen Ende, wo die vornehme neuklassizistische Ladenarkadenzeile zwischen Brienner Straße 14 und 16 (s. jeweils dort) beseitigt und damit der Zusammenhang der klassizistischen Straßenkonzeption störend durchbrochen wurde. Die zeitgemäß primär durch Verkehrstauglichkeit be-

Oskar-von-Miller-Ring 20, Siemens Forum (kein BDm)

stimmte neue Ringanlage suchten die Neubauten der Folgezeit architektonisch zu fassen, doch wurde die Situation durch die Rampen des die Ludwigstraße unterquerenden Altstadtringtunnels von 1967–72 weiter verunklärt; städtebauliche Studien zur Verdichtung der Randbebauung wurden nicht umgesetzt. Zur neuen Randbebauung gehören Nr. 1 (Bayer. Brauerbund), vorspringend an die Nordostecke von Brienner Straße 16 angebaut (s. dort), und nördlich anschließend der weitläufige Landesbank-Komplex (s. Brienner Straße 20), gegenüber im Osten die Norderweiterung von Brienner Straße 14 und das Siemens-Verwaltungsgebäude (s. Oskar-von-Miller-Ring 18; Baudenkmal); das nordöstlich benachbarte Siemens Forum (1997/99 von Richard Meyer) besetzte, die straßenräumliche Situation im Ringbogen mit seinem gegliederten Baukörper interpretierend, die letzte, lange störende Baulücke. Das die nördliche, von der Amalienstraße unterbrochene Bürohauszeile westlich abschließende, im rechten Winkel nach Süden vorgezogene Haus Gabelsbergerstraße 4 (Bayer. Raiffeisen-Zentralbank, 1978–81 von Alexander v. Branca) wirkt als Blickpunkt für den südlichen Ringabschnitt und verdeckt zum Teil die durch die Zerstörungen freigelegte Längsseite der neugotischen Markuskirche (s. Gabelsbergerstraße 6), deren nunmehr freigestellter, die Osthälfte des Ringes abschließender Turm modern umgebaut und erhöht wurde. Unter den Nachkriegsbauten ist das für eine Versicherung 1956 von Josef Wiedemann erbaute Haus Nr. 38 zu erwähnen, mit Relieffries von Robert Lippl an der steinverkleideten Lochfassade.

Oskar-von-Miller-Ring 18 (mit Jägerstraße 8). Verwaltungsgebäude der *Siemens AG*. Der vierflügelige Stahlskelettbau an der Stelle zerstörter Privathäuser in städtebaulicher Ecklage zwischen Jägerstraße südlich, Glückstraße im Norden und mit Westfront zum durchgebrochenen Oskar-von-Miller-Ring gehört mit seinem auffallenden Hängedach zu den gestalterisch bemerkenswerten Beispielen der Bürohausarchitektur aus der Wiederaufbauzeit – 1954–56 von Eduard von der Lippe und Hans Maurer über quadratischem Grundriss um einen Innenhof errichtet. Das auf zwei Seiten in Arkadengängen hinter Stützen geöffnete Erdgeschoss nahm Ausstellungs- und Vortragsräume auf. Die Decken der vier Obergeschosse (Großraumbüros) sind zwischen vor die Fensterflucht gestellte Stahlbetonpfeiler sichtbar eingespannt. Die konkave Form des zurückgesetzten, Casino und Konferenzräume enthaltenden Dachgeschosses ist durch die Einbeziehung der Aufzugstürme in den Ecken bedingt. Die Fassadenflächen wurden in Sichtbeton und weißer Glasmosaikverkleidung gestaltet. – Wie der Altbau für die Fünfziger Jahre, so ist der nördlich benachbarte Neubau des Siemens Forum – 1997–99 nach Entwurf von Richard Meyer & Partners, New York – ein für den Zeitstil repräsentatives, durch die Interpretation der Lage an der Ringstraßenbiegung städtebaulich markantes Beispiel.

Oskar-von-Miller-Ring; Flurkarte, M. 1:2500

Oskar-von-Miller-Ring 18

Ottostraße

(Vgl. Ensemble Maxvorstadt I.) Nach geltender Auffassung trägt die Straße in der nordwestlichen klassizistischen Stadterweiterung den Namen des Königs Otto von Griechenland (reg. 1832–1862, † 1867), der als zweiter Sohn des Kronprinzen Ludwig (I.) 1815 geboren wurde. Doch heißt bereits auf dem Stadtumgebungsplan von 1812 der Westteil (bis zur Max-Joseph-Straße) Ottostraße, der Ostteil Marienstraße; auf dem Stadtplan von 1814 sind beide Teile als Ottostraße bezeichnet. Nach H. Dollinger (1995) erfolgte die Benennung um 1880, doch erscheint der Name auf sämtlichen Stadtplänen seit 1812.

Mit ihrem flachwinkeligen Knick am Beginn der Arcostraße – hier steht im begrünten Dreieckzwickel seit 1890 das Gabelsberger-Denkmal (s. S. 746) – entstand die Ottostraße als Teilstück der die Wallbefestigung der 1. Hälfte des 17. Jh. außen umziehenden sog. Rumfordchaussee, die Graf Rumford, der Minister Karl Theodors, zusammen mit Stadtbaumeister Nikolaus Schedel von Greifenstein 1796 anlegen und als Allee bepflanzen ließ (vgl. Sonnen-, Müller- und Rumfordstraße). Mit dem östlichen Anfangsteil der Brienner Straße (s. dort) zusammen bildete die nachmalige Ottostraße den dreiseitig-polygonalen Nordwestabschnitt der Rumfordchaussee, der das Vorfeld des Karlstores (nachmals Karlsplatz-Nordende/Lenbachplatz) mit dem des Schwabinger Tores (später Odeonsplatz) verband. Der vorgesehene Anschluss der Barer- und der Karlstraße konnte erst nach Abbruch des ehem. Arco-Palais 1860 hergestellt werden (vgl. Arcostraße). In der Mitte wurde die Ottostraße seit 1807 von der Max-Joseph-Straße (s. dort) gekreuzt, der Verbindung vom neuen Maxtor (vgl. bei Maximiliansplatz 18) zum Karolinenplatz. Stadtseitig, parallel zur Ottostraße, wurde um diese Zeit

im Zuge der Abtragung der Befestigung der Maximiliansplatz (s. dort) angelegt, von der Ottostraße getrennt durch die am südwestlichen und nordöstlichen Ende sowie in der Mitte beiderseits der Max-Joseph-Straße symmetrisch platzierten Häuserblöcke bzw. mit ihr verbunden durch die zwischen den letzteren eingefügten Grünflächen. Die der Vorstadt zugewendete Außenseite der Ottostraße erhielt sukzessive eine zusammenhängende Bebauung (östlich der Max-Joseph-Straße im Pavillonsystem), die in nachklassizistischer Zeit großenteils erneuert wurde. Vor den Zerstörungen im Zweiten Weltkrieg bildeten hier die beiden stattlichen, die Max-Joseph-Straße flankierenden spät- bzw. (umgebaut) neuklassizistischen Blöcke Nr. 13 (alt Nr. 6, ab 1832 Gasthof König von Griechenland, umgebaut 1865 und als Hotel Continental 1892 von Otto Lasne) und Nr. 15 (alt Nr. 7; Marienstift, 1879, 4. Obergeschoss 1902) eine städtebauliche Dominante; die lang gestreckten Südfassaden an der Ottostraße wurden jeweils durch zwei Risalite mit Dreiecksgiebeln unterteilt.

Östlich von Nr. 13 blieb – heute ein isoliertes Baudenkmal – das im Kern noch klassizistische Haus Nr. 17 erhalten (s. dort). Im Krieg zerstört wurde das Nachbarhaus Nr. 19 (alt Nr. 9), das 1843–46 von Franz Jakob Kreuter erbaute Palais Schönborn (Bauherr Reichsrat Erwein Graf v. Schönborn-Wiesentheid), ein von Einfahrtstoren mit Terrassen flankierter dreigeschossiger Walmdachbau (im Kern von 1810), bemerkenswert durch seine polychrome backsteinverblendete Fassade und die sorgfältig disponierte, erlesene Innenraumgestaltung samt Kunstgalerie. Städtebaulich wichtig ist die östlich benachbarte Ecksituation (vgl. Brienner Straße 19). Westlich im trapezförmigen Zwickel von Otto-, Karl-, Barer- und Arcostraße entstand der im Luftkrieg zerstörte sog. Kunstblock (erstmals auf Stadtplan von 1865; heute Geschäftshauskomplex, 1983/84 von Grüner, Schnell und Bierler).

Die Mehrzahl der Gebäude wurde in der Zeit des späten Historismus im großstädtischen Sinne monumentalisierend erneuert bzw. ausgewechselt, vgl. Ottostraße 4/6 mit Lenbachplatz 3 (Bernheimerblock), Karlstraße 6 (vormals hier Ottostraße 4, Hotel Russischer Hof mit Kuppeldominante an der Ecke), Maximiliansplatz 5 (ehem. Regina-Palast-Hotel), den Block Maximiliansplatz 7/8 (Handelskammer, Neue Börse, s. dort) sowie ehemals im Nordosten den ehem. Braun- und Schneider-Block, der im Zuge der verkehrsbedingten städtebaulichen Veränderungen im Bereich des Platzes der Opfer des Nationalsozialismus durch einen stark reduzierten, zurückgenommenen Neubau ersetzt wurde (vgl. Brienner Straße/Vorspann, Maximiliansplatz/Vorspann und Nr. 9). Die Ottostraße mit ihrer weitgehend mehrfach erneuerten Bebauung ist heute verkehrsreiches Teilstück der Altstadt-Umfahrung. (Siehe Flurkarte S. 591)

Ottostraße 9 (heute 19), ehem. Palais Schönborn (zerstört); Aufn. um 1890

Ottostraße nach Nordosten mit Hotel „Russischer Hof"; Aufn. um 1919

Ottostraße, Denkmal für Franz Xaver Gabelsberger

Ottostraße. *Denkmal für Franz Xaver Gabelsberger.* Anlass der Errichtung war der 100. Geburtstag des 1789 in München geborenen und 1849 ebenda gestorbenen Begründers der neuzeitlichen Stenographie. (Sein Sterbehaus, Gabelsbergerstraße 25/Ecke Barer Straße, wurde 1935 abgebrochen.) Das verspätet am 10. August 1890 enthüllte Denkmal steht etwas abseits und beschattet in der kleinen Grünfläche im spitzen Winkel von Barer- und Ottostraße südlich des sog. Kunstblocks. Als Sitzfigur in zeitgenössischem Gewand auf Sockel (aus Redwitzit) mit konvexen Schmalseiten folgt es dem Typus des Liebig-Denkmals (s. Maximiliansplatz). Die 2,27 m hohe Bronzefigur nach Modell des Akademieprofessors Syrius Eberle wurde in der Kgl. Erzgießerei Ferdinand von Miller gegossen (Signaturen). Eberle fertigte auch die Gabelsberger-Büste in der Ruhmeshalle.

Ottostraße 3. Jetzt Barer Straße 3, s. dort.

[**Ottostraße 4/6/8** (vormals 14/15/16). Rückwärtiger Trakt (Erweiterungsbau, sog. Neubau) des Bernheimer-Hauses (s. Lenbachplatz 3); stuckierte Neubarockfassade, 1909–10 von Friedrich von Thiersch; mit Innenräumen (u. a. Gobelinsaal). Siehe im Einzelnen Lenbachplatz 3.]

Ottostraße 4–10. Siehe Ensemble Maxvorstadt I.

Ottostraße 10. *Bayerische Notarkasse,* repräsentatives Verwaltungs-, Geschäfts- und Wohngebäude, dreiteiliger, sechs- bis achtgeschossiger Baukomplex in städtebaulich wichtiger Ecklage, Hauptblock hervorgehoben durch Balkone und auf zarten Stützen vorkragendes Flachdach, Stahlbetonskelettbau mit Werksteinverkleidung in Marchinger Kalkstein, nach Plänen von Emil Freymuth, Fassadenrelief von L. R. Lippl, bez. 1951.
Der nach Luftkriegsschaden errichtete Neubau zeichnet sich durch eine in der Wiederaufbauzeit seltene großstädtische Haltung und eine durch ausgewogen vertikale wie horizontale Staffelung bewirkte Interpretation der Ecksituation aus. (Die hier zwischen den stattlichen Neubauten vom Anfang des 20. Jh. erhalten gebliebene klassizistische Vorgängerbebauung bestand aus zwei 1824 von Franz X. Widmann errichteten Wohnhäusern, einem viergeschossigen mit abgeschrägter Ecke und einem östlich anschließenden mit drei Geschossen.)

Ottostraße 4/6/8; Aufn. 1997

Ottostraße 10

Ottostraße 17 (früher Nr. 8). Den freistehenden kubischen Zeltdachbau (vgl. Stadtmodell von Seitz, Mitte 19. Jh.), ursprünglich dreigeschossig samt Kniestock, ließ der Hofsticker Heinrich Vogel 1812–13 nach Plänen von Karl Klumpp d. Ä. errichten. Auf dem Eingabeplan (LBK), von Maurermeister (Franz) Gießl und Zimmermeister Peter Erlacher unterzeichnet, ist der Erdgeschossgrundriss und darüber die in Grautönen angelegte Hauptfassadenansicht dargestellt, letztere separat signiert „Klumpp inv(enit) 1812". Die noble, ehemals klassizistische Straßenfront wies ein rustiziertes Erdgeschoss mit Mitteleingang (zum Salon) über drei Stufen auf; an den beiden von Eckrustika eingefassten Obergeschossen waren nur die Fenster im 1. Stock durch Faszienrahmung mit geraden Verdachungen ausgezeichnet, die hohe Gebälkzone mit Querrechtecköffnungen zwischen Architrav und Konsolgesims als Kniestock ausgebildet. Der auch bei späteren Umbauten weitgehend erhaltene Grundriss weist stra-

Ottostraße 17

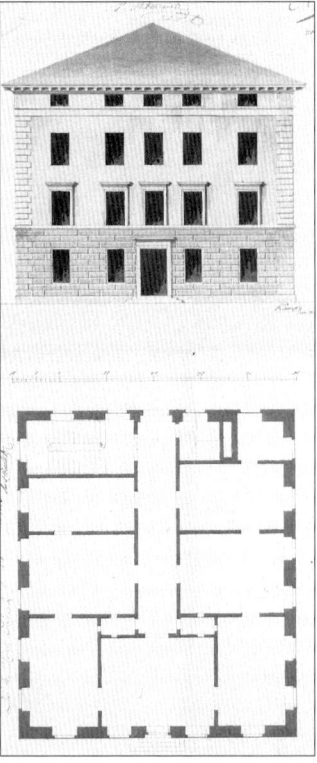

Ottostraße 17; Grundriss ▷
und Ansicht, Eingabeplan nach
1813

ßenseitig drei Zimmer mit jeweils einem drei Achsen breiten Salon in der Mitte auf, dahinter beiderseits des zur Rückseite (mit Erdgeschosstür) führenden Mittelflurs jeweils zwei weitere Räume sowie in der linken rückseitigen Ecke die zweiläufige Treppe. Rückseitig schloss sich ein kleiner, geometrisch strukturierter Garten an.
Der Umbau 1889/90 durch Nikolaus Debold erfolgte im Auftrag des renommierten Augenarztes und Klinikdirektors Univ.-Prof. Dr. August von Rothmund (1830–1906), der das Anwesen 1889 schon während des Genehmigungsverfahrens erwarb und nachfolgend die Wohnung im 1. Stock bezog. Das Haus wurde um ein Vollgeschoss sowie abermals einen – allerdings sehr niedrigen – Kniestock erhöht, rückseitig durch einen Anbau erweitert und erhielt eine repräsentative Fassadengestaltung in Neurenaissanceformen, wobei durch korinthische Kolossalpilaster straßenseitig ein Mittelrisalit angedeutet wurde; die Fenster im Piano nobile erhielten Dreiecksgiebel; das neue abgesetzte Obergeschoss erinnert mit seiner schlichten Pilastergliederung an italienische Stadthäuser der Renaissance. – Das in der Folge für Bürozwecke genutzte, innen und im rückwärtigen Bereich mehrfach veränderte Gebäude erhielt 1982 rückseitig einen Anbau (Kassenhalle der Deutschen Apotheker- und Ärztebank).

Pacellistraße

(Vgl. Ensemble Altstadt, Platzbild Promenade-platz.) Westliche Fortsetzung des Promenade-platzes zur ehem. Stadtmauer hin, die hier erst 1823 gegen Westen zum (späteren) Lenbach-platz hin geöffnet wurde. Früher Westteil der Kreuzgasse (vgl. Promenadeplatz), 1806–1951 Pfandhausstraße nach dem städt. Pfand- und Leihhaus im ehem. Karmeliterinnenkloster (s. Rochusstraße 6/7). Die mittelalterliche bei-derseitige Bürgerhausbebauung im 16.–18. Jh. meist durch landesfürstliche und kirchliche Neubauten ersetzt; südlich Herzog-Max-Burg (s. Pacellistraße 1, 5, Ende 16. Jh., Neubebau-

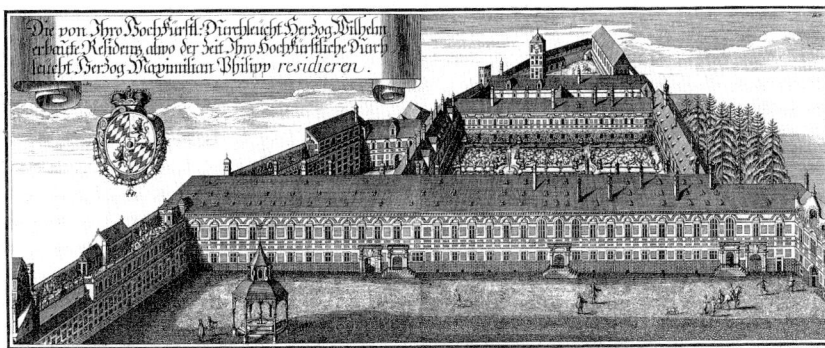

Herzog Wilhelmsche Residenz, Maxburg von Süden; Kupferstich von Michael Wening, 1701

ung 1954 ff.) und Karmelitenkirche mit Kloster (s. Karmeliter-straße 1); nördlich Ballhaus der Maxburg (s. Pacellistraße 16), Rochusspital (s. Rochusstraße; heute Neurenaissance-Eckhaus Pacellistraße 14, s. dort) sowie Dreifaltigkeitskirche und Karme-literinnenkloster (s. Pacellistraße 12 und Rochusstraße 6/7; statt Südflügel des Klosters – heute Pacellistraße 8/10 – Neubau des Kunstgewerbehauses 1877/78, neu 1950/51). Westlicher Blick-punkt das Bernheimer-Haus (s. Lenbachplatz 3). – Seit 1951 Pa-cellistraße nach Eugenio P./Papst Pius XII. (1917–25 Nuntius in München).

Pacellistraße 1, 5 (mit Karmeliterstraße 1/Lenbachplatz 7/Max-burgstraße 2, 4). Gelände der ehem. *Herzog-Max-Burg*, einer weitläufigen landesfürstlichen Residenzanlage aus dem späten 16. Jh. Die einstige Maxburg wie das ihr südlich benachbarte Jesuitenkollegium (s. Neuhauser Straße 8) bildeten nächst der Residenz die flächenmäßig ausgedehntesten baulichen Komple-xe innerhalb der Münchner Altstadt, die zahlreiche mittelalter-liche Bürgerhausparzellen überdeckten. Sandtners Stadtmodell von 1570 zeigt noch die ursprüngliche Bebauung. Herzog Wil-helm V. (reg. 1579–98, † 1626) erwarb sukzessive zwischen 1579 und 1615 insgesamt 54 Häuser im westlichen Bereich des Kreuzviertels und erbaute hier nach 1590 (Grundsteinlegung 1593; Weihe der Hofkapelle 1597) seine neue Stadtresidenz – die sog. Wilhelminische Veste – in bewusster Nachbarschaft zum gleichfalls von ihm geförderten Jesuitenkollegium, das durch einen Bogen über die (heutige) Maxburgstraße angebun-den war. Nach F. Reber (1876) veranlasste auch ein Residenz-brand 1578 (Alter Hof) den Herzog zum Neubau seines Wohn-sitzes, der in einer für den Geist der Gegenreformationszeit be-zeichnenden engen Verbindung mit dem geistlichen Komplex um St. Michael steht (in Anlehnung an den Escorial). Als Baumeister werden von der Forschung in erster Linie Wendel Dietrich und – vor allem für die Fassadengestaltung – Friedrich Sustris in Erwägung gezogen. Wilhelm V. mit dem Beinamen „der Fromme" bewohnte das Gebäude auch nach seiner Abdan-

kung (1598) und teilte es nach 1611 mit seinem jüngeren Sohn Albrecht VI. († 1666); wahrscheinlich lebte hier zeitweise auch Maximilian I. während seines Residenzneubaus. Später resi-dierten hier u. a. Herzog Maximilian Philipp († 1705, Bruder des Kurfürsten Ferdinand Maria und Onkel Max Emanuels), auf den höchstwahrscheinlich die seitdem übliche Bezeichnung Herzog-Max-Burg zurückgeht, und Herzog Clemens Franz († 1770; vgl. Prielmayerstraße 7).

Hauptbestandteil war der lang gestreckte Südtrakt entlang der (heutigen) Maxburgstraße, u. a. mit der Kapelle, östlich des Wil-helmsbogens (zum Jesuitenkolleg) fortgesetzt durch einen Drei-flügelbau, der auf T. Volckmers Stadtplan von 1613 als Herzog Wilhelms Behausung bezeichnet ist, während der Westteil Her-zog Albrecht (VI.) zugewiesen war; die Gesamtanlage nennt Volckmer „Herzog Maximilians [I., vgl. oben] Residenz und Hofhaltung". Nach Norden schloss sich ein von Nebentrakten umgebener rechteckiger Garten an, der im 17. Jh. nach Abbruch des Westflügels erweitert wurde. Der heute noch stehende Turm im Nordwesten wurde im 17. Jh. in einen zweiten parallelen Nordtrakt (an der Südseite der heutigen Pacellistraße) eingebun-den; nördlich davon entstand unter Albrecht VI. das Ballhaus (s. Pacellistraße 16). Die Gesamtanlage wurde seit etwa 1600 mehrfach erweitert und umgestaltet; im Osten entstand nach dem Tod Wilhelms V. das Karmelitenkloster (s. Karmeliter-straße 2); im Südwesten schloss sich, immer wieder verändert, ein unregelmäßiger Komplex von Wirtschaftsgebäuden an, gruppiert um einen Hof etwa im Bereich der 1938 abgebroche-nen Hauptsynagoge von 1884–87 (s. Herzog-Max-Straße) und des modernen nördlichen Erweiterungsbaues des Warenhauses Oberpollinger (s. Neuhauser Straße 18). Die schräge westliche Begrenzung des Gesamtareals war durch die mittelalterliche Stadtmauer vorgegeben, die hier durch einen eigenen Ausgang, das Herzogstor (bei Volckmer „Herzogn Stat Thor") unterbro-chen wurde (vor dem ein Brückenübergang zum Kapuzinerklos-ter auf der vorgelagerten Bastion führte).

Pacellistraße; Zustand um 1820

Pacellistraße 1, 5, ehem. Herzog-Max-Burg von Westen; Aufn. um 1855/60

Wichtige Dokumentationen der Maxburg sind u. a. die Stadtpläne von T. Volckmer (1613), M. Merian (1644) und J. Consoni (1806), die Beschreibung von Philipp Hainhofer (1611), der Lageplan des Hofgärtners Cassian Klein (1663), die Vogelschauansicht samt Text von M. Wening (1701) sowie die Skizzen von J. P. Stimmelmayr (gegen 1800).

Die Funktion als Nebenresidenz, die nichtregierenden Mitgliedern des Herrscherhauses und Witwen als Wohnsitz zugewiesen wurde, wich seit der 2. Hälfte des 18. Jh. zunehmend der Unterbringung staatlicher Behörden und Institutionen in häufigem Wechsel, vielfach befristet bis zur Errichtung eigener Gebäude – in dieser Hinsicht bildeten die Nachbarkomplexe Maxburg/ ehem. Karmelitenkloster/ehem. Jesuitenkolleg und ehem. Augustinerkloster einen ausgedehnten, als Nutzungsreservoire verwendbaren Sonderbereich der Altstadt. Unter anderem war die Maxburg zeitweiliger Sitz der Salinendirektion (vgl. Ludwigstraße 27), des von König Maximilian II. gegründeten Bayerischen Nationalmuseums (1855–67; 1858 nicht ausgeführtes Umbauprojekt von Eduard Riedel; vgl. Maximilianstraße 42), der Kriegsakademie und anderer militärischer Anstalten, für die im späten 19. Jh. Neubauten auf dem Marsfeld entstanden, der Staatsschuldentilgungskommission und des Wirtschaftsministeriums. Den Auftakt zu weitergehenden Umbauten machte 1866 ff. der an der Stelle der Stadtmauer und des damals abgebrochenen Stadttores am Lenbachplatz neu erbaute dreigeschossige Nordwesttrakt in Neurenaissanceformen, den zwei um ein Geschoss erhöhte Kopfbauten flankierten – der nördliche (mit rundbogiger Toreinfahrt) schräg gestellt als Überleitung zum Nordflügel an der Pacellistraße. Die Fassadengestaltung mit Putzfeldern, die in drei Farbtönen abgesetzt waren, und als äußerst knappem plastischem Element lediglich Segmentgiebeln über den Fenstern im 1. Stock war den älteren Trakten angeglichen. Das an der Maxburg gegen 1600 entwickelte Fassadengliederungssystem mittels reich differenzierter Putzfelderung wurde für die Münchner und süddeutsche verputzte Backsteinarchitektur der gesamten Barockzeit vorbildhaft (in dieser Hinsicht ähnlich bedeutsam wie das Jesuitenkollegium, s. Neuhauser Straße 8). Franz Reber (1876) konstatierte vom damaligen Standpunkt aus noch eine „Schüchternheit in der Anwendung der classischen Details"; tatsächlich erfolgte hier deren Anpassung an regionale Voraussetzungen. In der Folgezeit wurde der alte Nord-

Pacellistraße 1, 5, ehem. Maxburg von Südosten; Aufn. um 1940

flügel des 17. Jh. an der Pacellistraße, in den der etwas ältere Turm asymmetrisch eingebunden war, nach Westen bis zum neuen schräg gestellten Eckbau fortgesetzt (1872/73) und später insgesamt aufgestockt (wohl um 1890), sodass er gestalterisch dem Trakt von 1866 ff. am Lenbachplatz glich.

Im Luftkrieg wurde der Gesamtkomplex vor allem am 24./25. April 1944 weitgehend zerstört, die in großen Partien noch erhaltenen Fassaden in den Folgejahren abgetragen mit Ausnahme des Turmes (s. Pacellistraße 5). 1952 schrieb die Oberste Baubehörde einen Wettbewerb zur völligen Neubebauung aus, die 1954–57 gemäß Gesamtkonzept ausgeführt wurde.

Pacellistraße 1, 5. Sog. *Neue Maxburg*, Verwaltungszentrum der Justizbehörden zwischen Lenbachplatz, Pacelli- und Maxburgstraße sowie Erzbischöfliches Ordinariat (Finanzkammer) als östlich bis zur Karmeliterstraße anschließende Baugruppe; mit Lenbachplatz 7, Maxburgstraße 4. Der Gesamtkomplex freiste-

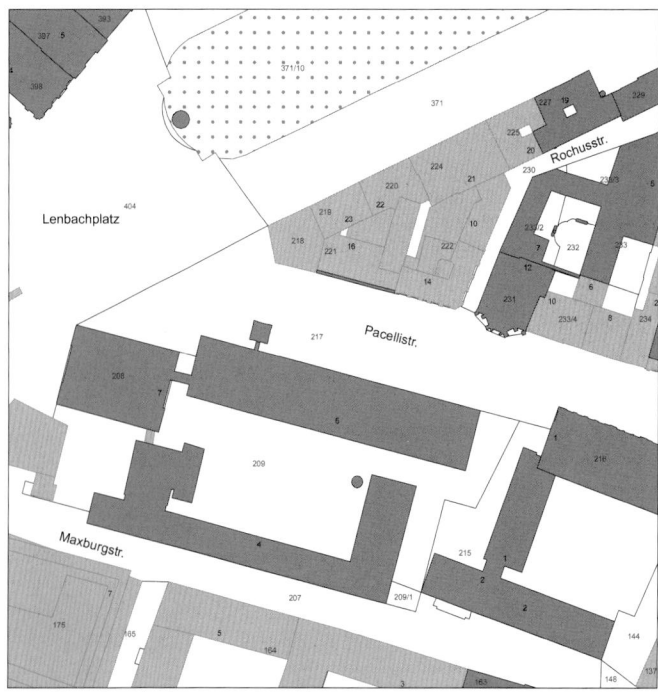

Pacellistraße; Flurkarte, M. 1:2 500

Pacellistraße 1, 5, ehem. Maxburg; Aufn. 1950

Pacellistraße 1, 5/Lenbachplatz 7 (rechts), Neue Maxburg; Aufn. 1977

Neue Maxburg, Hof nach Südosten (Maxburgstraße 4); Aufn. 1996

hender kubischer Flachdachbauten in offener Anordnung entstand 1954–57 nach Entwurf von Theo Pabst und Sep Ruf auf dem Gelände der großenteils kriegszerstörten Herzog-Max-Burg.

Mit dem *Pacelliblock* im Norden (Pacellistraße 5), dem neungeschossigen Haupttrakt mit offenem Galeriegeschoss, ist sowohl der erhaltene Renaissance-*Turm der ehem. Herzog-Max-Burg* durch verglaste Brücken verbunden wie auch der durch seine dominante Stellung als Kopfbau ausgewiesene siebengeschossige *Lenbachblock* im Westen (Lenbachplatz 7; glasüberdeckter Lichthof über Atriumhalle mit Laubengängen). Südlich daneben liegt der erdgeschossige, verglaste BMW-Ausstellungspavillon, von einem fünfeckigen Grundriss aufgehend. Der viergeschossige *Maxburgblock* im Süden, mit vorkragendem Flachdach, schließt den als Grün- und Zieranlage gestalteten *Innenhof* ab.

Pacellistraße 1, Westseite (rechts Maxburgstraße 2), Erzbischöfliches Ordinariat

Die Fassaden der Stahlbetonskelettbauten sind mit Jurakalkstein verkleidet. In den verglasten Erdgeschossbereichen sind Passagen, Läden und Cafés angesiedelt. Die Fassadengestaltung des Maxburgblocks (Mosaiken) stammt von Blasius Spreng und Wilhelm Braun, eine Sandsteinplastik an der Westfassade von Karl Knappe. Der *Mosesbrunnen* im Innenhof, eine Bronzefigur auf einem Findling, wurde 1954 von Josef Henselmann gefertigt. Im östlichen Teil des Maxburggeländes befinden sich Teile des *Erzbischöflichen Ordinariats* (Maxburgstraße 2, Pacellistraße 1), in das die 1955–57 durch Sep Ruf umgebaute ehem. *Karmelitenkirche* (s. Karmeliterstraße 1) einbezogen wurde.

Die in der Nachkriegs-Wiederaufbauphase umstrittene großflächige Lösung, die in der Altstadt in bisher unbekanntem Umfang „moderne" Materialien, Konstruktionsmethoden und Gestaltungen einschließlich dem Element des Flachdaches (dem München bis heute reserviert gegenübersteht) zur Anschauung

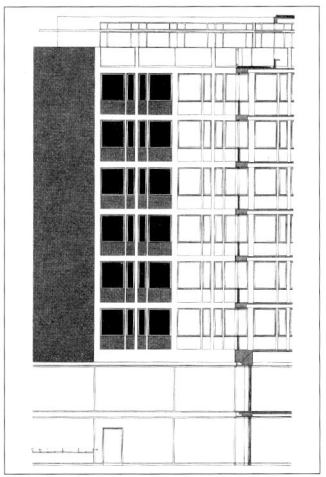

Neue Maxburg; Fassadendetails von T. Pabst und S. Ruf, 1955

Pacellistraße 1, 5, Mosesbrunnen

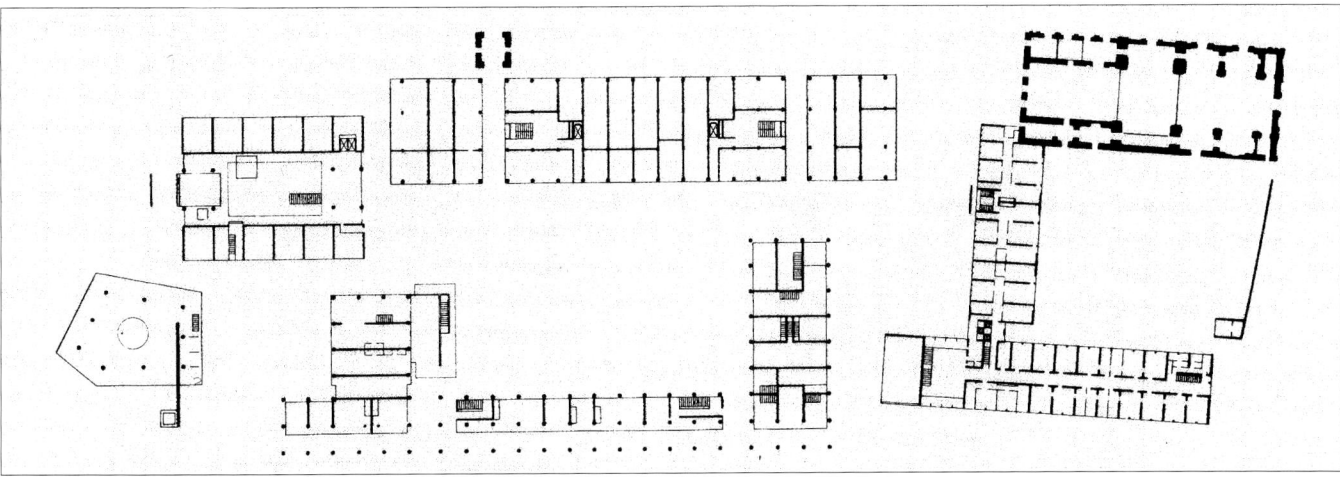

Pacellistraße 1, 5; Grundriss Erdgeschoss (rechts oben Karmeliterkirche)

brachte, ist entwicklungsgeschichtlich wie wegen des städtebaulich großzügigen, homogenen Gesamtkonzeptes bemerkenswert. Anzumerken ist die nicht geglückte Einbindung der an der Nordostecke stark isoliert verbliebenen ehem. Karmelitenkirche.

Nach Uli Walter (1998) war die neue Maxburg „beispielhaft für einen programmatischen Ansatz innerhalb der deutschen Nachkriegsarchitektur" und schloss sich bei zeitgemäßer Gestaltung städtebaulich an die um weiträumige Höfe gruppierte Vorgängeranlage an, wobei Fahrverkehr und Fußgängerbereiche getrennt und eine große Tiefgarage – damals noch selten – eingebaut wurde. „Die Durchblicke zwischen den Höfen, die Höhenstaffelung der Bauköper und die Inszenierung von Blickachsen gehören bundesweit zu den besten Beispielen der Fünfziger-Jahre-Architektur" (U. Walter). Als Bauherr fungierte zunächst (bis Oktober 1956) die Bauunternehmung Fries u. Co., welche die Arbeiten zusammen mit den Firmen Heilmann und Littmann, Sager und Woerner, Leonhard Moll und Karl Stöhr ausführte. Bemerkenswert ist die Ausstattung mit Werken zeitgenössischer bildender Künstler.

Der *Lenbachblock* im Westen (Lenbachplatz 7; u. a. Amtsgericht) ist auch hinsichtlich seiner inneren Strukturen beachtlich – sein „künstlerischer Kernbereich (ist) ein mehrgeschossiger Lichthof mit umlaufenden Galerien und verglaster Stirnseite. Das Treppenhaus auf elliptischem Grundriss ist in den Lichthof integriert" (U. Walter). Vom großen Sitzungssaal an der Westseite geht der Blick hinüber zum alten Justizpalast.

Bauschäden, die u. a. aus dem erst während der Ausführungsarbeiten gefassten Entschluss, die gesamte Justizverwaltung hier unterzubringen, resultierten, machten Sanierungsarbeiten (vor allem an der Fassadenverkleidung) bereits 1959 und eine Generalinstandsetzung 1963/64 nötig.

Pacellistraße 1, 5, ehem. Maxburg, Turm- und Fassadenansicht, 1865

Pacellistraße 1, 5, Maxburg-Turm; Aufn. 1997

Pacellistraße 1, 5, Maxburg-Turm, Wappenrelief

Pacellistraße 1, 5. *Turm* der in den 1590er Jahren erbauten *Herzog-Max-Burg*. Der sechsgeschossige Turm – bis 1944 mit mäßig geneigtem Zeltdach – steht auf den Vogelschau-Stadtplänen von T. Volckmer (1613) und (davon abhängig) von W. Hollar und M. Merian an der Nordwestecke des Maxburg-Komplexes unweit der Stadtmauer. Auf dem Maxburg-Grundriss von C. Klein (1663, „Hoher Thurm") und der Ansicht von M. Wening

(1701) ist er asymmetrisch bereits in einen zweiten, dem älteren parallelen äußeren Nordflügel an der späteren Pfandhaus-(Pacelli-)Straße einbezogen. Ein Fassadenplan von 1865 zeigt den Turm mit von Rustika gerahmtem Rundbogentor eingebunden in die damals noch zweigeschossige Nordfassade, deren Putzgliederung – mit Brüstungsfeldern über dem Erdgeschoss, Segmentbogenverdachung über dem Fenster des 1. Stocks und knappem Konsolgesims – über die Vorderseite des Turmes hinweggeführt ist, während die vier nach oben hin jeweils niedrigeren Freigeschosse nur eine schlichte Gesimsteilung aufweisen. Wenig später, um 1871, erhielten auch sie eine Putzfelder-Gliederung in der Art der Maxburgfassaden. Wohl um 1890 wurde das Fenster im 1. Stock durch das noch vorhandene große Staatswappenrelief von Thomas Dennerlein (sign.) ersetzt. Das letzte Geschoss trug immer schon Zifferblätter.

Nach Abtragung der kriegszerstörten Maxburg blieb allein der Turm erhalten; er wurde 1953–55 restauriert, in denkmalhaft isolierter Freistellung aus der Bebauung gelöst und mit dem stark nach Süden zurückgesetzten mächtigen Hauptbaukörper der „Neuen Maxburg" (s. Pacellistraße 1, 5) durch ein transparentes Verbindungsglied mit Stockwerksübergängen verbunden. An den freiliegenden, bisher eingebundenen Fassadenpartien wurde die Putzgliederung sinngemäß ergänzt. Im offenen Erdgeschoss Kreuzgratgewölbe.

„Die Maxburg ist ein hervorragendes Beispiel dafür, wie gut ein moderner Bau mit einem bedeutenden Baudenkmal der Vergangenheit harmonieren kann" (Nikolaus Pevsner, Lexikon der Weltarchitektur 1987).

Pacellistraße 12. Kath. *Dreifaltigkeitskirche*, Zentralbau mit repräsentativer Fassade und Kuppel. Während des für Bayern unglücklich verlaufenden Spanischen Erbfolgekrieges veranlasste eine Vision der Mystikerin (und späteren Karmeliterin) Maria Anna Lindmayr (1657–1726, Tochter eines Kammerdieners des Herzogs Maximilian Philipp) die bayerischen Landstände und die Münchner Bürgerschaft, am 17. Juli 1704 zur Abwendung der Kriegsgefahr von der Stadt den Bau einer Kirche zu Ehren der Heiligsten Dreifaltigkeit zu geloben. Planung und Ausführung des Projektes erfolgten unter der österreichischen Administration des bis 1714 besetzten Landes. Die lange Standortsuche – erwogen wurden Bauplätze an der Hotter-, Ett- und Schäfflerstraße, Ecke Sendlinger und Dultstraße, am Promenadeplatz, Ersatz oder Umbau der Heiliggeistkirche, Umbau von St. Lorenz im Alten Hof – verzögerte die Erfüllung des Gelübdes; 1711 schließlich wurde die Realisierung mit der Neugründung eines Klosters der unbeschuhten Karmeliterinnen verbunden und als Bauplatz ein zeitweise zum Kloster Altomünster gehöriges, 1711 von M. A. Lindmayr erworbenes Haus gekauft und abgebrochen (auf Sandtners Stadtmodell 1570 ein stattlicher Giebelbau, links durch Tor und Bauwich – die heutige Rochusgasse – mit einem zugehörigen kleinen Pultdachhaus verbunden; im frühen 17. Jh. zeitweise im Besitz des Baumeisters Hans Krumpper).

Der beauftragte Architekt Giovanni Antonio Viscardi fertigte 1711/12 Pläne und Modell (mit und ohne Kuppel); Ausführung durch Maurermeister Johann Georg Ettenhofer und Zimmermeister Georg Kiening. Nach Viscardis Tod (1713) übernahm Enrico Zuccalli die Bauaufsicht. Den Grundstein legte Abt Plazidus Seitz von Ettal am 21. Oktober 1711, im September 1712 war bereits der Dachstuhl fertig, mit Ausnahme der erst 1714 nach Zuschüssen durch die kaiserl. Administration vereinfacht, d. h. außen polygonal mit Zeltdach statt zweiter Schale ausgeführten Kuppel. 1714 wurde auch der Glockenturm errichtet und am 6. Oktober die Kirche benediziert, 1715 der Raum durch Johann Georg Bader stuckiert und durch Cosmas Damian Asam mit Fresken ausgemalt. Nach Erstellung der Altäre (1716–18) erfolgte am 29. Mai 1718 die Weihe durch den Freisinger Fürst-

Pacellistraße 12, Dreifaltigkeitskirche

bischof Franz Eckher von Kapfing; einzelne weitere Ausstattungsarbeiten zogen sich bis 1728 hin. 1731 wurde die Kirche den Karmeliterinnen übereignet, nach der Klosteraufhebung 1802 der Congregatio Maior Latina. Die als einzige der Münchner Altstadt im Zweiten Weltkrieg kaum beschädigte Kirche wurde 1952 außen, 1958 innen und zuletzt umfassend 1983–85 restauriert, die Hauptfassade abermals 1999/2000.

Viscardis Spätwerk nimmt typologisch wie künstlerisch in der Entwicklungsgeschichte des barocken Zentralbaus in Bayern einen hervorragenden Platz ein; der Architekt greift „eigene früher formulierte Baugedanken (Freystadt) wieder auf und entwickelt sie unter dem Einfluss des römischen Hochbarock und Enrico

Pacellistraße 12, Kath. Dreifaltigkeitskirche

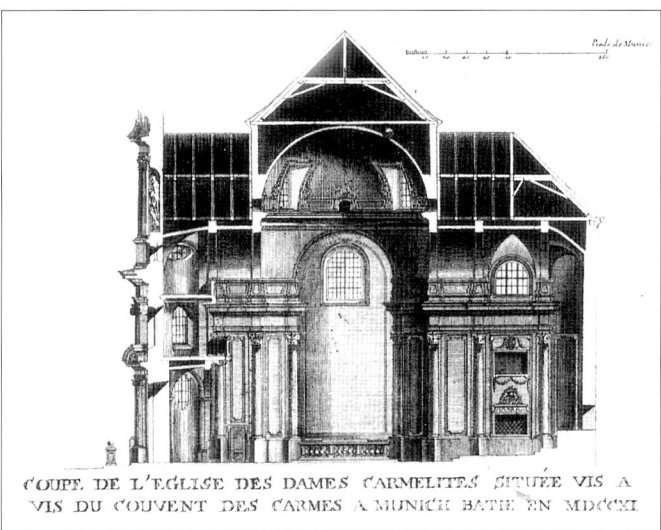

COUPE DE L'EGLISE DES DAMES CARMELITES SITUÉE VIS A VIS DU COUVENT DES CARMES A MUNICH BATIE EN MDCCXI

Dreifaltigkeitskirche; Längsschnitt von F. Cuvilliés d. J., 1772

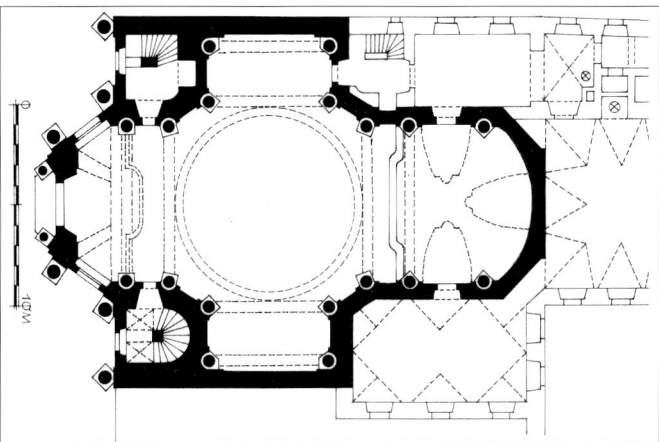

Dreifaltigkeitskirche; Grundriss

Zuccallis weiter" (Ramisch 1986). Der nach Norden gerichtete, maßstäblich intime Bau von 23,5 m lichter Länge zeichnet sich durch eine originelle, aufwendig gestaltete und reich instrumentierte Schaufront aus, deren guvarineske Zusammenhänge Erich Hubala (1972) aufgezeigt hat (vgl. Fassadenprojekt für S. Filippo Neri, Turin). Vor allem in Hinblick auf ihre in der einst schmalen Pfandhausgasse kaum frontale, in erster Linie von der Seite mögliche Einsehbarkeit konzipierte Viscardi eine ungewöhnlich plastische, raumgreifende Fassadenkomposition, die den borromineesken konkav-konvexen Typus in eckig gebrochener Form abwandelt und kraftvoll dramatisiert. Die Stirnseite in Putz mit einzelnen Tuffkalkstein-Gliederungen ist gemäß dem italienisch-barocken Normalschema zweigeschossig mit breiterem, hoch ragendem, von Voluten flankiertem Mittelteil; die drei mittleren der fünf Achsen treten in polygonaler Brechung weit vor, die vorgesetzte Säulenordnung – unten ionisch, darüber korinthisch – ist schräg gestellt einschließlich (ein für Viscardi typisches Motiv) ihrer Sockel, sogar bei den frontalen Außensäulen. Die zweigeschossige Mittelachse wirkt in kontrapostischer Weise konkav durch die begrenzende schräg einwärtsgestellte Pilasterordnung und die gleichartige ionische Säulenstellung der rotmarmornen Portalrahmung samt Giebelstücken. Die reich verkröpfte mittlere Gebälkzone samt obeliskenbesetzter Attika bzw. (in den Außenachsen) Balustrade wie der entsprechend seitlich verkröpfte, gestaffelte Segmentgiebelabschluss wirken als Verdichtung repräsentativer Pracht, würdig der Stifter, der drei Landstände, welche die große Kartuscheninschrift im Zentrum (mit Chronogramm 1714) nennt; im Obergeschoss darüber Figur des hl. Michael mit Dreifaltigkeitssymbol, 1726 nach Modell von Joseph Fichtl ausgeführt von dem Tölzer Kupferschmied Adam Hämmerl. Original erhalten sind die Türflügel mit reichen ornamentalen Beschlägen. An der zuvor schon traditionell gelb gestrichenen Hauptfront wurde 2000 der originale Kalkputz freigelegt und nach Erstbefund gebrochen weiß mit Gliederungen in lichtem Ocker gefasst.

Dreifaltigkeitskirche, Inneres; Aufn. 1996

Dreifaltigkeitskirche, Blick nach Süden; Aufn. 1996

Der vorwiegend in (originalen) Rottönen marmorierte Hochaltar von 1716 füllt als leicht konkav-konvexe viersäulige Komposition mit Volutenauszug den Chorschluss; Entwurf wohl von Johann Andreas Wolff († 1716), der das nach seinem Tod von Johann Degler vollendete Hochaltarbild (Stiftung des Kurfürsten Max Emanuel) nach den Angaben von Maria Anna Lindmayr schuf: unterhalb der Dreifaltigkeit Maria als Beschützerin Münchens vor dem drohenden Strafgericht; Altarfiguren (Engel) von Joseph Fichtl; Metalltabernakel um 1780, mit Relief des Emmausmahles von Johann Baptist Straub (um 1760) in der Aussetzungsnische. Beiderseits vom Altar stehen Johann Georg Greiff zugeschriebene Engel (um 1730/40). J. A. Wolff entwarf wohl auch die Kanzel (links; um 1717) und die beiden Seitenaltäre an den Stirnseiten der Querarme, stattliche Aufbauten mit je zwei gewundenen Säulen und großen, halbrund geschlossenen Gemälden – links (westlich) hl. Josef von Joseph Ruffini (1718), die flankierenden Figuren Johannes d. T. und Petrus von Andreas Faistenberger; rechts hl. Theresia von Avila, der die Dreifaltigkeit erscheint, 1718 von Johann Degler, zwischen den Figuren des im Karmeliterorden (wegen seiner Himmelfahrt

Im Inneren vom längsgestreckt asymmetrischen Kreuzkuppelschema dominiert die über abgeschrägten Eckpfeilermassiven und Pendentifs sich erhebende, in den Diagonalen von Fenstern durchbrochene Halbkugelkuppel, deren starke Einbindung ins Raumbild durch Verzicht auf den Tambour für den bayerischen Sakralbau in der Folgezeit maßgebend wurde. (Die gemauerte Kuppelschale wird von dem umgebenden, außen sichtbaren Achtecktambour mit Zeltdach überfangen.) Von den vier tonnengewölbten Kreuzarmen sind die der Längsachse kürzer ausgebildet, jedoch wird die Längsrichtung durch die dreiseitig polygonale Vorhalle im Süden samt darüberliegender Doppelempore und durch den tiefen, flachbogig schließenden Altarraum mit Stichkappenwölbung stärker betont. Analog der Schaufront ist auch der Innenraum durch alle Ecken besetzende, hier halb in Wandvertiefungen eingelassene Säulen – korinthisch und kanneliert – in repräsentativer Weise instrumentiert, wiederum auf den charakteristischen übereck gestellten Sockeln. Das dreiteilige Gebälk und die Attika sind entsprechend verkröpft. Die Raumfassung – weiß mit blassen ockergelben, rosa und silbergrauen Tönen – entspricht dem Befund (von 1983). Der die Restflächen füllende reiche Stuckdekor von J. G. Bader umspielt die bewegt gerahmten Bildfelder.

In den Deckenbildern, einem frühen Hauptwerk Cosmas Damian Asams (1714/15), demonstrierte der aus Italien heimgekehrte Künstler im großen Maßstab seine dort erworbenen Kenntnisse. Vor allem das vielfigurige Kuppelfresko mit dem „Münchner Heiligenhimmel" wurde für analoge Vierungspositionen zum zukunftsträchtigen Schema; die Darstellung – die Dreifaltigkeit und Maria in der Glorie, konzentrisch umringt von den drei göttlichen Tugenden und Gruppen von Engeln, Aposteln und den Heiligen der in München ansässigen Orden – greift mit dem Höllensturz durch den hl. Michael über den Kuppelrand hinaus; links vom Kreuz Christi ein Fassadenplan der Dreifaltigkeitskirche. (Fresko-Entwurf in Wettenhausen, vgl. Paula 1989.) In den Pendentifs die vier Evangelisten; im Altarraum die drei Männer bei Abraham (Genesis Kap. 18), in den Querarmen Taufe und Verklärung Christi; ansonsten in zahlreichen kleineren Feldern, Kartuschen und Emblem-Medaillons (mit Inschriften) ein überaus komplexes, subtiles, auf die Dreifaltigkeit bezogenes Bildprogramm, das wohl ein gelehrter Karmeliter konzipierte.

Dreifaltigkeitskirche, Hochaltarbild

Dreifaltigkeitskirche, rechter Seitenaltar

Dreifaltigkeitskirche, Hochaltar, Tabernakel

Dreifaltigkeitskirche, Kuppel

Dreifaltigkeitskirche, Altarraum

vom Berg Karmel) hochverehrten Propheten Elias und des hl. Johannes vom Kreuz, von Franz Ableitner. – Das benachbarte Epitaph des Kriegsratspräsidenten Gaudentius Graf von Rechberg (†1735) und seiner Gattin Maria Adelais von Törring-Seefeld (†1746), sprechend von Trophäen flankiert, ist ein Werk Johann Baptist Straubs. – Gegenüber der Kanzel Kruzifix und Mater Dolorosa, nach früherer Annahme 1742 wohl von Nikolaus Ableitner, von Wilhelm Zohner (1993) der Werkstatt von Bartholomäus Steinle um 1610/15 zugeschrieben. – Am Nordwestpfeiler seit 1802 das Muttergottes-Gnadenbild (Mater propitia) der Congregatio Maior Latina, 1606 (Köpfe um 1860 von Joseph Knabl erneuert), Ornat im späten 18. Jh. von Kurfürst Karl Theodor gestiftet. – Aus dem mittleren 18. Jh. stammen die Figuren der hll. Antonius und Jakobus d. Ä. an den Südpfeilern und der Orgelprospekt an der oberen Emporenbrüstung (Orgel neu 1985). Das reiche Schmiedeeisengitter der Vorhalle ist wegen seiner farbigen Fassung nach Befund bemerkenswert. In die Vorhallenwand eingelassen sind zwei Gedenktafeln mit an das Stiftungsgelöbnis zum Kirchenbau aus dem Jahre 1704 erinnerndem Text (östlich lateinisch, westlich deutsch). – 1945 zugrunde gegangen ist die einst vielverehrte Wachs-Pietà von Alessandro Abondio (1635/40, nach dem Gemälde von Willem Key in der Alten Pinakothek).

Dreifaltigkeitskirche, Gitter der Vorhalle

In der Südwestecke Abgang zur Gruft, einem sich in Nord-Süd-Richtung erstreckenden Raum mit drei Kreuzgratgewölben. Die Gebeine der in weiteren Grüften unter der Sakristei und dem ehem. Chor beigesetzten Karmeliterinnen, darunter die der Maria Anna Josepha a Jesu Lindmayr, wurden 1803 in ein anonymes Massengrab auf dem Südfriedhof überführt.

Um den Altarraum, baulich mit dem ehem. Kloster verbunden (s. Rochusstraße 6/7), gruppieren sich östlich der rechteckige ehem. Einkleideraum und nördlich (im Chorscheitel) der quadratische ehem. Schwesternchor, beide mit Stichkappengewölben, sowie westlich die kleiner dimensionierte Sakristei; in ihr u. a. ein Aufsatzschrank mit Standkreuz, ein Wandbrunnen aus Marmor, eine eingebaute Standuhr und ein Prozessionskreuz. In den Kloster-Westflügel eingebunden ist der Unterbau des schlanken, quadratischen Turmes, der mit einem gefasten Glockengeschoss und flachem Nachkriegs-Zeltdach – angeblich von Hans Döllgast (?) – endet (vor 1945 Kuppelhaube mit Laterne).

Dreifaltigkeitskirche, Sakristeischrank

Dreifaltigkeitskirche, Gruft nach Norden

Pacellistraße 14 (links 16); Aufn. 1995

Pacellistraße 16; Aufn. 1996

[**Pacellistraße 14** (früher 5). Auf Ansicht von 1895 (s. Duvig-
neau 1994) noch dreigeschossig mit schlicht klassizistischer Fassade. Bald danach viergeschossiger Neubau eines Wohn- und
Geschäftshauses in deutscher Renaissance mit abgeschrägter
Ecke, großen Schaufenstern in Erdgeschoss und 1. Stock, sowie
mit Mittelerker und hohem Prunkgiebel darüber an der Südseite
(beide nach dem Zweiten Weltkrieg beseitigt). Ab 1907 zum damaligen Park-Hotel (Maximiliansplatz 21/22) gehörig und umgebaut. 1965 Umbau für Commerzbank durch Anton Spitzer
(zugleich mit Abbruch und Neubau des ehem. Hotel-Vordergе-
bäudes am Maximiliansplatz). Die klassizisierende Nachkriegs-
Fassadenredaktion, stark am Nachbarhaus Nr. 16 orientiert, erfolgte auch im Hinblick auf gestalterische Zurückhaltung in der
Nachbarschaft der Dreifaltigkeitskirche.]

Pacellistraße 16. In dem etwa dreieckigen Zwickel an der Ostseite der Stadtmauer existierte (gemäß Besitzerfolge in Häuserbuch II) offenbar eine bürgerliche (sicher bescheidene) Bebauung, die jedoch auf Sandtners Stadtmodell nicht dargestellt und
auf dem Stadtplan von Volckmer (1613) nicht nachvollziehbar
ist. 1599 kaufte Herzog Wilhelm V. das Grundstück. Nördlich
der von ihm erbauten sog. Herzog-Max-Burg zeigen in dem erwähnten Zwickelbereich der Grundriss der „Albertinischen Residenz" von C. Klein (1663), Michael Wenings Ansicht der Maxburg (1701) und noch der Stadtplan von J. Consoni (1806) den
durch einen Bogen über die (heutige) Pacellistraße hinweg mit
dem Nordtrakt der Maxburg verbundenen, sich nordwärts erstreckenden Rechteckbau des *Ballhauses* (für Ballspiele; nicht zu
verwechseln mit dem Ballhaus der Residenz am heutigen Salvatorplatz). Es entstand zur Zeit Herzog Albrechts VI. (1584–1666),
eines jüngeren Sohnes Wilhelms V. und Bruders Maximilians I.),
der seit ca. 1611 seinen Wohnsitz in der Maxburg hatte. Bogen
und Ballhaus (bzw. dessen Dach) erscheinen auf einer Zeichnung von G. M. Quaglio um 1805 (Ausst. Kat. München und
Oberbayern 1971, Nr. 131) und einer Skizze von Stimmelmayr.
An den Abbruch im Jahre 1820 erinnert eine im späteren 19. Jh.
angebrachte Gedenktafel; doch scheint er sich in Wirklichkeit
noch verzögert zu haben. Mehrfach ist 1824/25 vom Projekt eines Konzert- und Ballsaales nebst Kaufhaus die Rede, das zur
Vorgeschichte des in der Folge am Odeonsplatz errichteten Odeons und Bazars gehört (vgl. Habel 1967; Sterzinger 1999).
Schließlich ersteigerte der kgl. Baurat Johann Ulrich Himbsel
am 13. Mai 1826 den Grund und erbaute auf ihm ein vornehmes
klassizistisches Mietswohnhaus palastartiger Gestaltung, dessen
Fassade unmittelbar den Stil der Klenze-Bauten um den Odeonsplatz reflektiert (vgl. Leuchtenberg-Palais, Odeonsplatz 4): rundbogiges Mitteltor mit Bossenrahmung, dicht gereihte Fenster mit
geraden Verdachungen auf Volutenkonsolen, in der Beletage zu
Dreiecksgiebeln erweitert, 3. Stock über Gurtgesims abgesetzt

und schlichter, darüber Konsolgesims. Der Neubau stand im Zu-
sammenhang mit der klassizistischen Bebauung am Maximiliansplatz; Himbsel als Bauherr und Architekt – mit Baumeister
Joseph Höchl – errichtete 1827 auch das westlich angrenzende
Eckhaus (ehem. Pacellistraße 3) und die beiden Nachbarhäuser
Maximiliansplatz 22/23 – heute Nachkriegsbauten.
Das Bankhaus Merck (in der Folge Merck, Finck u. Co.), Eigentümer seit 1872, ließ das im Luftkrieg am 7. Januar 1945 zerstörte Gebäude 1949–52 durch Ernst Sagebiel, Kurt Lehn und Josef
Rackl hinter der allein erhaltenen, restaurierten Straßenfront neu
erbauen; vom rechts anschließenden Hofflügel sind lediglich die
Außenmauern original. Der städtebaulich markant situierte,
westlich benachbarte Erweiterungsbau der Bank, das Eckhaus
Pacellistraße [3]/Maximiliansplatz, entstand in neuklassisch gestimmten, an den zerstörten Vorgänger erinnernden Formen
1957–59 (Arch. E. Sagebiel und J. Rackl); ihm schließen sich
Maximiliansplatz 22/23 an.

Papa-Schmid-Straße

(Vgl. Ensemble Altstadt.) Auf durch den Luftkrieg verwüstetem
Areal 1950 als kurze nordwestliche Verlängerung der Fraunhoferstraße (vgl. Chevalley/Weski 2004, S. 201) von der Müller-
zur Blumenstraße durchgebrochen (vgl. Eckhaus Blumenstraße
29), den Bereich der ehem. Wallbefestigung samt Graben über-
querend; nach Josef Leonhard Schmid (1822–1912, volkstümlich
„Papa Schmid"), dem Gründer (1858) des Marionettentheaters,
benannt, das seinen endgültigen Sitz 1900 an der Blumenstraße
32 (s. dort) erhielt. Der Durchbruch ermöglichte einen neuen
Schrägblick von Süden auf das städtische Hochhaus (vgl. Blumenstraße 28b).

Pappenheimstraße; Flurkarte, M. 1:2 500

Pappenheimstraße

Die schräg geführt die Nymphenburger Straße mit dem Ostende des Marsplatzes (s. dort) verbindende Straße wurde 1890 nach dem bekannten Heerführer im Dreißigjährigen Krieg, Gottfried Heinrich Graf von Pappenheim, benannt (tödlich verwundet in der Schlacht von Lützen 1632). Der nördliche Abschnitt zwischen Nymphenburger und Blutenburg- bzw. Karlstraße ist auf Stadtplänen seit 1849 als Marsfeldstraße eingetragen und wurde doppelseitig mit Mietshäusern bebaut, westseitig auf 1873 vorgerückter Baulinie (statt Vorgärten). Der Südteil entstand erst im Zusammenhang mit der militärischen Bebauung des Marsfeldes (vgl Pappenheimstraße 14).

Pappenheimstraße 3. Bis ins Jahr 1890 zählte man die Bebauung auf der heutigen Parzelle von Pappenheimstraße 3 als Nr. 1 an der Marsfeldstraße, also jene vor allem vom Militär genutzte Verbindung zwischen der Nymphenburger Straße im Norden und dem südlich gelegenen Marsfeld (d. i. Exerzierfeld). Hier erbaute sich der Zimmermeister Joseph Rottmüller 1844 ein zweigeschossiges Wohngebäude, unterkellert und mit Walmdach. Dieses Anwesen gelangte in den Besitz des Maurers Joseph Kohlmüller (s. a. bei Wenng), der sich 1848 nach einer Planung von J. Deiglmayr eine Dachwohnung einbaute. 1868 ließ der Gänsehändler Friedrich Sollner rückwärtig einen zweigeschossigen Gänsestall erbauen.

Pappenheimstraße 3

1899 schließlich gelangte das Haus in den Besitz des Baumeisters Hermann Seifert, der es abbrechen und formal mit dem südlich benachbarten Haus Nr. 2 zusammen bauen ließ. Letzteres hatte Seifert schon sechs Jahre zuvor erworben, den Altbestand demolieren und einen Neubau erstellen lassen. Gleichzeitig mit der Neuerrichtung des ehemaligen Hauses Nr. 1 wurde der erst sechs Jahre alte Bau Nr. 2 um ein weiteres Obergeschoss aufgestockt. Seifert legte die Treppenhäuser zusammen – neben die Durchfahrt – und brachte, so der Eingabeplan, in jedem Geschoss zwei Wohnungen unter. Schon gemäß Erstzustand wird das Erdgeschoss mit Läden bewirtschaftet.

Die Straßenseite des erheblich kriegszerstörten Hauses (am 17.12.1944 und am 7.1.1945 Brandbombentreffer, in deren Folge das gesamte Dachtragwerk zerstört worden ist) macht eine Doppelerker-Zwerchhausfassade aus, in einer Kombination von nordisch und italienisch aufgefassten Neurenaissanceformen. Das Erdgeschoss erhielt schon gemäß Frühzustand eine schlichte Streifenrustika, die Geschosse darüber stehen in Blankziegeln, strukturiert mit Putzstreifen und weiterem Putzdekor. Vor dem 1. Obergeschoss bilden der durchlaufende Wasserschlag und das Kaffgesims darüber (vor den Sohlbänken der Fenster verkröpft) eine Brüstungszone aus, die auch von den Erkerfüßen aufgenommen wird. Die Fenster von 1., 2. und 3. Obergeschoss erhielten geohrte Rahmungen, glatt angeputzt. Die Fenster des 1. Obergeschosses verdachte man mit geraden Gesimsstücken, die des 2. Obergeschosses mit Dreiecksgiebeln mit Muschelapplikationen im Giebelfeld. Die Fenster des 3. Obergeschosses erhielten wiederum gerade Verdachungen. Die stilbildenden Erker setzte Seifert symmetrisierend, drei Geschosse hoch vor die zweite und fünfte Achse, bildete sie als Polygonalerker kräftig durch. Bis zu seiner Kriegszerstörung zeichnete den so zentralisierten Mittelzug der Fassade ein bekrönender Schweifgiebel aus; der Wiederaufbau des Hauses brachte eine vereinfachende Form mit sich. Das Anwesen ist ein später Vertreter der in Norddeutschland und vor allem den Niederlanden beliebten Spielart der Neurenaissance, die Backstein und Haustein bzw. die günstigere Variante Putzelemente nebeneinander einsetzte; auch die Wahl eines hohen Zwerchhauses weist das Mietshaus in diese stilistische Richtung. (Gesamtinstandsetzung mit Fassadenrenovierung, Fenstererneuerung, Rekonstruktion der Erdgeschoss-Rustika und Ausbau des Dachgeschosses 1984/85; Arbeiten an der Fassade 2001.)

Pappenheimstraße 6. Die Wenngsche Einmessung von 1851 referiert ein schlichtes Vorstadthaus, das hinter einer tiefen Vorgartenfläche mit zahlreichen gleichartigen Häusern die Westseite der alten Marsfeldstraße säumte. Baumeister Syrus Süss legte für Charlotte Reichherzer die auch gewerbsmäßig genutzte Vorbebauung nieder und errichtete 1888–89 einen Neubau in der bestehenden Breite mit vier Geschossen. Die Neufestsetzung der Baulinie an der Westseite der späteren Pappenheimstraße erbrachte neue Möglichkeiten der Ausschöpfung. (Die Erhöhung um ein weiteres Geschoss nahm 1899 Lorenz Ranzinger für Privatier Franz Merkl vor.) Die (noch) mögliche Bautiefe bedingte Dunkelzonen, denen man mit räumlichen Aufschlüssen zu begegnen suchte. Durchfahrt und Hauseingang kamen in der nördlichen Achse zum Liegen, die mittig rückwärtige Treppe führt gemäß Eingabeplan zu zwei Wohnungen in jeder Etage. Die Dekoration der Fassade erfolgte beinahe üblich in Neurenaissanceformen, die Rhythmisierung der Fassade geschah mittels Eng- und Weitsetzung der Achsen, dabei verdachte man die eng gesetzten Achsen, wenigstens vor den Hauptgeschossen verkuppelt. Das Rückgebäude wurde durch einen Brandbombentreffer am 9./10.3.1943 vollständig zerstört, ein weiterer Treffer am 12.7.1944 machte das Anwesen vollständig unbewohnbar. (Fenstererneuerung 1991, Erneuerung von Fußböden/Mosaik im Erdgeschoss 1995.)

Pappenheimstraße 8. Nach Neufestsetzung der Baulinie für die Westseite der alten Marsfeldstraße erwuchsen den hiesigen Liegenschaftsbesitzern neue Möglichkeiten der Verwertung. So ließ 1884 Heinrich Hauser, von Beruf Milchmann, das bestehende Anwesen von Maurermeister Kaspar Gustapfel erbauen; in der bestehenden Breite, aber zunächst nur viergeschossig. (Die bestehende Fünfgeschossigkeit stellte 1897 Bautechniker Hans Moser wiederum für Heinrich Hauser her.) Die Hofdurchfahrt legte Gustapfel in die südliche Achse; zwei Kleinwohnungen, hiervon eine gemäß Erstzustand ohne Küche, kamen in jeder Etage zu liegen. Im Erdgeschoss, mit eigenem Zugang gleich neben der Durchfahrt, befand sich ein kleines Lokal. Die Fassade des Hauses besticht durch eine gedrängte Fülle von Gestaltungselementen aus dem neurenaissanten Formenrepertoire. Selbst bei dieser kleinen, gerade zehn Meter breiten Fassade achtete Gustapfel auf die stiltypische Rhythmisierung der Fensterach-

Pappenheimstraße 8; Aufn. 2007

Pappenheimstraße 6

sen, und beachtlich ist, dass trotz der einschneidenden Kriegszerstörungen filigrane Details erhalten geblieben sind. So die
Sturzfelder der Fenster des 3. Obergeschosses mit ihrer Mu-
schel-Binnenstruktur oder etwa die kannelierten Pilaster der
Fensterprofile im 2. Obergeschoss. Ein Brandschaden vernichtete am 13.7.1944 Dachstuhl und die Wohnungen des 4. Obergeschosses völlig, das Lokal im Erdgeschoss war weiter benutzbar.
Eine Sprengbombe betraf das Haus so schwer, dass es nach dem
7.1.1945 nicht mehr bewohnt wurde. (Instandsetzung der Fassade, der Fenster und des Treppenhauses, Erneuerung der Dachhaut sowie Modernisierung und Dachgeschossausbau, Einbau
eines Aufzuges 2000–01.)

Pappenheimstraße 10. Neue Möglichkeiten der Wertschöpfung
aus der Vorhaltung von Wohnraum in der Maxvorstadt ermöglichte für die Hausbesitzer an der alten Marsfeldstraße die Neufestsetzung deren westlicher Baulinie 1873. War die Erstbebauung noch tief im Grundstück hinter großen Vorgärten, rückte
man mit den Neubauten ganz an die projektierte Linie. Wie sein
nördliches Nachbarhaus entstand auch Nr. 10 1884, ebenfalls
nach Plan des Bautechnikers Syrus Süss durch den Maurermeister Kaspar Gustapfel, hier für den Gastwirt Andreas Strommer.
Der schmale Bau (knapp zehn Meter breit) hatte zunächst drei
Obergeschosse, die Aufstockung um ein viertes erfolgte 1899 für
den Malermeister Christian Heimerdinger durch Baumeister Josef Kössler. Die seitliche Durchfahrt in der nördlichen Achse
führt zum rückwärtig nebenliegenden Treppenhaus. Gemäß Eingabeplan sind in jeder Etage zwei Kleinwohnungen, hiervon eine ohne Küche, untergebracht, auf jedem Geschoss existierte nur
ein Abtritt. Die Fassade mit ihren vier Achsen wird von einer
beinahe unrhythmischen Organisation ihrer Oberfläche gekennzeichnet. Dabei erhielt sie eine Garnitur in reifen Neurenaissanceformen. Die Fassadenschicht stufte Gustapfel ab, indem er
die nördliche Fensterachse einem eigens instrumentierten Risalit einschrieb. Als Pendant des vorspringenden Bauteils setzte er
die beiden südlichen Achsen eng und verdachte sie verkuppelt.
Am 4.10.1944 Volltreffer im alten Rückgebäude, Rückfassade
des Vorderhauses erheblich in Mitleidenschaft gezogen; am
12.7.1944 Brandschaden, 4. Obergeschoss und Dachstuhl abgebrannt. Am 7.1.1945 wurde das Haus infolge eines Sprengscha-
dens vollständig unbewohnbar. (Erneuerung der Ladenfront
1983, Fenstererneuerung 1987, Fassadenrenovierung 1991, Modernisierung und erweiternder Dachgeschossausbau 1998, erneut Instandsetzung der Fassade, der Fenster und des Treppenhauses, Erneuerung der Dachhaut 2000.)

Pappenheimstraße 11. Auf zuvor unbebautem Grund entstand
1883 das bestehende schmale Wohn- und Geschäftshaus für Matthias Steininger nach Plan von Bautechniker Kaspar Gustapfel

Pappenheimstraße 10   Pappenheimstraße 11

(Andreas Strommer ist hier als Bauleiter aktenkundig). Das Haus
entstand als nördliche Verlängerung des ein Jahr vorher vollendeten Eckhauses Pappenheimstraße 13. Zunächst zählte das Haus
drei Obergeschosse, die Stockwerksaufsetzung zur heutigen Höhe geschah 1897 nach Plan von Rathard Vogel. Durchfahrt und
Hauseingang liegen in der nördlichen Achse, das rückwärts ohne
Ausbau gebliebene Treppenhaus führt zu zwei kleinen Wohnungen in jedem Obergeschoss, davon eine ohne Küche; in jeder Etage existierte gemäß Eingabeplan nur ein WC. Die teilweise Ladennutzung des Erdgeschosses ist bauzeitlich. Die Fassade des
Hauses besticht durch soliden Neurenaissancedekor, die formalen Entsprechungen mit etlichen anderen Häusern in der Pappenheimstraße sind dabei faszinierend. In der Großform erhielt die
Fassade eine übliche Rhythmisierung durch Eng- und Weitsetzung der Fensterachsen. Beachtlich der Erhaltungsgrad des Zier-
rats (vgl. u. a. die Kanneluren der Pilaster wie bei Nr. 8 und 10 gegenüber). Im Luftkrieg brannte das Haus am 7.1.1945 infolge einer Brandbombe vollständig aus. (Fassadenrenovierung 1977,
Fensterrenovierung 1986, wiederum Fenstererneuerung 1987.)

Pappenheimstraße 12 (mit Blutenburgstraße 2). An der neu
festgelegten Ecke Blutenburg-/Pappenheimstraße (vormals Ecke
„Aeussere-Karls"-/Marsfeldstraße) ließ sich der Gastwirt Andreas Strommer das bestehende Haus gleichzeitig und zusammen mit dessen westlichem Flügel Blutenburgstraße 2 von Syrus
Süss planen und erbauen. Pappenheimstraße 12 entstand auf bis
dahin unbebauter Gartenfläche. Die beiden Flügel bilden einen
stumpfen Winkel aus, bezeichnenderweise entschärfte man die
Stoßlinie der Fassaden nicht vermittels einer Abschrägung. Das
Haus war zunächst viergeschossig. 1889 durchbrach man die
Kommunmauer zur Blutenburgstraße 2 hin, um die Gasträume
der Wirtschaft im Erdgeschoss zu erwei-
tern. 1898 ließ Strommer von Bautechniker
Hans Moser ein weiteres Obergeschoss aufsetzen. Der Zugang zu Pappenheimstraße
12 liegt leicht ausmittig in der Ostfassade,
er führt zum Treppenhaus am Hofwinkel.
Gemäß Eingabeplan teilte man die Obergeschosse zu jeweils drei Wohneinheiten
ein. Die Fassade des im Luftkrieg weitgehend unversehrt gebliebenen Eckhauses ist
ein Zeugnis reifer Neurenaissancegestaltung. Die Fensterachsen vor dem Fassadenstoß wurden risalitartig zusammengefasst,
sie finden sich durch rustizierte Putzlisenen hervorgehoben. (Fenstererneuerung
und Fassadenanstrich 1977, Modernisierung und Dachgeschossausbau mit Gauben
1995, Umbau der Gaststätte 2002.)

Pappenheimstraße 12/Ecke Blutenburgstraße   Pappenheimstraße 13

Pappenheimstraße 13. Für Matthias Steininger plante Bautechniker Kaspar Gustapfel den bestehenden zweiflügeligen Bau über einem stumpfen Winkel, dabei mit nur zwei Achsen an der Pappenheimstraße und sechs platzwirksamen Achsen nach Südwesten. Eine bescheidene Vorbebauung, die schon in der ersten Ausbauphase der Äußeren Karlstraße (seit den frühen 1820er Jahren) nachweisbar ist, ließ Steininger abräumen. Den Eingang legte man seitlich an die südöstliche Außenwand, er führt zum rückwärtigen Treppenhaus. Zwei Wohnungen sind gemäß Eingabeplan in jeder Etage untergebracht. Die in ihren Großformen, aber auch hinsichtlich des zum Einsatz gebrachten Neurenaissancedekors streng gleichförmig behandelte Fassade hat durch die Schnittsteinverkleidung im Erdgeschoss entscheidende Anteile ihrer historischen Erscheinung eingebüßt.

Pappenheimstraße 14, ehem. Kriegsakademie; Aufn. 1995

Eine erste Struktur verändernde Ladenauswechslung geschah 1889 durch Baumeister Simon Killer für den damaligen Realitätenbesitzer Johann Roth. Das Anwesen erlitt beim Luftangriff am 17.12.1944 erhebliche Zerstörungen, der Dachstuhl sowie die nördliche Kommunmauer wurden durch eine Sprengbombe am 7.1.1945 schwer beschädigt. (Fassadenrenovierung 1977, Erneuerung der Dachhaut 1996.)

Pappenheimstraße 14. Ehem. *Kriegsakademie.* Von den ausgedehnten Neubauten der Militärbildungsanstalten auf dem Marsfeld wurden als erste 1890 zwei freistehende Gebäude im Ostteil an der Pappenheimstraße vollendet, und zwar das heutige Haus Nr. 14 (alt Nr. 9) sowie links davon – in demselben Stil – das kleinere, im Luftkrieg zerstörte Kommandeurgebäude, auch Sitz der Inspektion der Militärbildungsanstalten (ehem. Nr. 8). Letzteres gehörte zum ebenfalls kriegszerstörten Monumentalbau des westlich benachbarten Kadettenkorps an der Nordseite des Marsplatzes (s. dort).

Das Gebäude mit der heutigen Nr. 14, erbaut ab 1889 von Gustav Freiherr von Schacky, nahm nach der Fertigstellung im Herbst 1890 die Artillerie- und Ingenieurschule sowie die (zuvor seit 1867 in der Herzog-Max-Burg untergebrachte) Kriegsakademie auf; es gehörte zur westlich benachbarten, 142 m langen, gestalterisch gleichartigen Kriegsschule (ehem. Blutenburgstraße 3, 1891–94 von Gustav Frhr. von Schacky; Schauplatz des Prozesses nach dem niedergeschlagenen Hitler-Putsch vom November 1923).

Der dreigeschossige Block besteht aus zwei Flügeln, deren kürzerer linker flach zurückgewinkelt ist; der längere Haupttrakt dominiert die Westseite der platzartigen Kreuzung der Pappenheimstraße mit der Ost-West-Achse Karl- bzw. Blutenburgstraße; von Süden mündet überdies die Spatenstraße ein. Die Fassaden in italienischer Renaissance sind, analog dem einstigen Hauptgebäude, über rustiziertem Granitsockel mit hellrotem, z. T. dunkelrot und gelb gebändertem Backstein verblendet, mit Gliederungen in Sandstein, das flache Mansarddach ursprünglich schiefergedeckt. Die Gliederung der Baumasse erfolgt durch von Eckrustika eingefasste Seitenrisalite, von denen die aneinanderstoßenden der beiden Trakte zu einem gemeinsamen, stumpfwinkeligen Pavillon mit nochmals vortretender, schräg gestellt vermittelnder Mittelachse zusammengezogen sind. Die Fenster im Erdgeschoss sind mit Rustikaquadern martialisch gerahmt, die der Obergeschosse meist von Ädikulen mit alternierenden Segment- und Dreiecksgiebeln, nur in den unbetonten Bereichen der Rücklagen im 2. Stock mit geraden Verdachungen. Die Eingangsachse in der Mitte des Hauptflügels ist durch das rundbogige toskanische Säulenportal mit Trophäenreliefs in

den Zwickeln sowie Zwillingsfenstern darüber betont, letztere kehren sonst nur noch an der Gelenkachse zwischen beiden Flügeln wieder. Die den repräsentativen Eindruck unterstreichende Attikabalustrade ist über den Risalit- wie Rücklagenmitten durch stehende Fenstergauben mit Segmentgiebeln bereichert.

Das Erdgeschoss enthielt amphitheatralische Hörsäle für Physik, die Ingenieurschule, der 1. Stock Hörsäle und Sammlungen von Waffen, Modellen u. a., der 2. Stock die Kriegsakademie (vier Hörsäle), chemisches Laboratorium und Bibliothek.

Der Umbau zum Städtischen Krankenhaus erfolgte 1949 durch Stadtbaurat Hermann Leitenstorfer und Karl Delisle (u. a. Treppenhaus-Annex an der südlichen Schmalseite). Heute durch Telekom genutzt im Anschluss an deren Neubauten auf dem ehem. Kriegsschul- und Kadettenkorps-Areal.

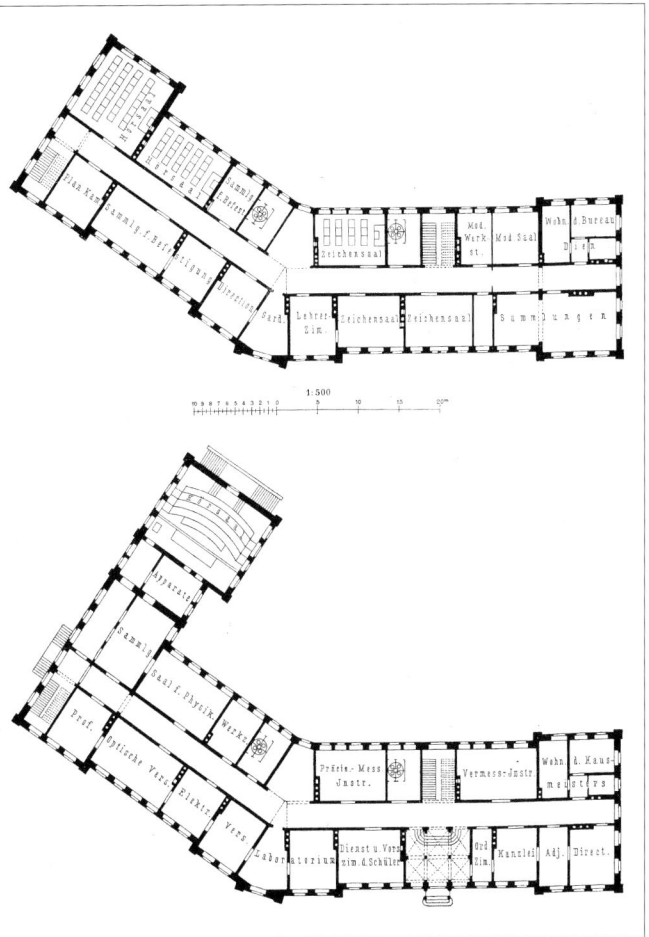

Pappenheimstraße 14, ehem. Kriegsakademie; Grundrisse Erd- und 1. Obergeschoss, 1888

Paradiesstraße

Die Emil-Riedel-Straße überquerende Verbindung zwischen der Widenmayerstraße (Isarkai) im Osten und dem platzartigen Kreuzungsbereich Oettingen-/Lerchenfeldstraße im Westen. Benannt 1898 nach der (nach Megele I 1951) 1828 schon erwähnten, 1894 abgebrochenen Ausflugsgastwirtschaft „Paradiesgarten" am Ostrand des Hirschangers (Englischer Garten) bzw. am Nordende des ehem. Kgl. Holzgartens (an der Westseite der Bogenhauser-, jetzigen Oettingenstraße). Vgl. den Beitrag von Johannes Hallinger. (Siehe Flurkarte S. 734)

Paradiesstraße 2. ARCHÄOLOGISCHE BEFUNDE: Einzelfund der mittleren römischen Kaiserzeit (Fundst.-Nr.: 7835/0112). Im Vorgarten des Anwesens wurde 1952 eine Silbermünze des Trebonianus Gallus (251–253) gefunden. In der Literatur wird ohne Begründung ein sekundärer Fundort vermutet. Die Fundlage im ehemaligen Hochwasserbett der Isar lässt aber auch an einen Opferfund denken.

Paradiesstraße 9. Nach Niederlegung der in den frühen 1860er Jahren entstandenen schlichten Vorbebauung (protokollarisch greifbar) im Frühjahr 1901 ließ sich der Metzgermeister Xaver Großberger bis 1902 von Baumeister Nicolaus Raimer den bestehenden Bau errichten. Die Durchfahrt wurde in die östliche Achse gelegt, auf halber Höhe klinkte man den langen Übergang zum Treppenhaus ein, das man vom Hofflügel abgerückt vor die westliche Grenzmauer legte. Gemäß Eingabeplan erhielt jedes Obergeschoss vier Wohneinheiten, freilich unterschiedlich groß und eine ohne Herdstelle. 1908 fanden erste Umsteckungen im Ladengeschoss statt. Die Gestaltung der fünfachsigen und mit variierten Fensterbreiten rhythmisierten Fassade geschah durch schlichte Neurenaissanceformen. Mittig setzte Raimer einen dreigeschossigen Flacherker in die Fassade, mit eigener Einziegelung unterhalb der Traufe des Hauses, in die Dachzone brachte der Baumeister ein zweiachsig durchfenstertes Dachhaus mit Volutenwangen und einem strengen Dreiecksgiebel, dem er einen halbrunden Okulus einschrieb. Im Luftkrieg blieb das Haus verschont. (Fassadenrenovierung 1979, Erneuerung der Dachhaut 12/1993, Ausbesserungen an der Fassade 1994, Fassadenrenovierung und Fenstererneuerungen 2000).

Paradiesstraße 9; Aufn. 1995

Paradiesstraße, Münze des Trebonianus Gallus

Paradiesstraße 10. Bildet Einheit mit Emil-Riedel-Straße 2/4/6/8, s. dort.

Perusastraße

(Vgl. Ensemble Altstadt.) Kurze Verbindung von der Residenzstraße bzw. seit Anfang des 19. Jh. von der Südwestecke des Max-Joseph-Platzes nach Westen zur Theatinerstraße, nach Anlage der Maximilianstraße seit Mitte des 19. Jh. in östlicher Verlängerung von vermehrter Verkehrsbedeutung; die Straßenbahn – seit 1897 – muss allerdings bis heute an der Theatinerstraße in einem Doppelknick zur Maffeistraße weitergeleitet werden. Die Nordseite besetzte bis zur Aufhebung (1802) der Komplex des Pütrichklosters (samt Gartenmauer im Mittelabschnitt; vgl. Max-Joseph-Platz/Vorspann), danach eine Reihe viergeschossiger klassizistischer Bürgerhäuser von ca. 1803 auf leicht zurückgenommener Baulinie, die sämtlich im Luftkrieg zerstört wurden. Die südseitige Baulinie wurde um 1910 beim Neubau der Häuser Nr. 5 und des Eckhauses Residenzstraße 10 (vgl. jeweils dort) sowie in starker Abrundung bei der westlich anschließenden Eckbebauung zur Theatinerstraße nach dem Zweiten Weltkrieg zurückgenommen. – Die früher nur schmale, Klein Gässl (1450), Nonnengässl (1554) und anders (vgl. Stahleder 1992) benannte Ost-West-Verbindung trägt ihren heutigen Namen (spätestens) seit etwa 1780 nach der gräflichen Familie von Perusa (de la Pérouse, savoyardischen Ursprungs), der 1711–70 das (1697 umgebaute) Eckhaus Theatinerstraße 45 gehörte (vgl. Theatinerstraße/Vorspann). (Siehe Flurkarte S. 922)

Perusastraße 5. Anstelle eines zuletzt viergeschossigen, schlichten Nebentraktes von Residenzstraße 10 (s. dort) 1910 gleichzeitig mit dessen Neuerbauung in angepasster Form entstanden. Der Grundstücksteil wurde damals Residenzstraße 9 zugeschlagen, dem sich an der südlichen Längsseite von Nr. 10 in die Tiefe erstreckenden Franziskanerbräuhaus. Dessen Vordergebäude an der Residenzstraße war bis zur Zerstörung im

◁ Paradiesstraße 10 (links) mit Emil-Riedel-Straße 2/4/6/8

Perusastraße 5; Aufn. 1995   ▷

Luftkrieg ein viergeschossiges Traufhaus mit mächtigem Satteldach, die Fassade zuletzt frühklassizistisch wohl vom Ende des 18. Jh. (Erdgeschoss verändert). Die alte Braustätte – nach H. Stahleder seit 1363 bestehend – übernahm im 18. Jh. den Namen der Brauerei des nahen Franziskanerklosters; seit ihrer Verlegung auf den Lilienberg 1841 blieb bis heute die gleichnamige Gaststätte erhalten.

Der nördliche Erweiterungsbau an der Perusastraße, 1910 von Heilmann und Littmann im Auftrag der Löwenbräu AG als Wohn- und Geschäftshaus mit den „Fuchsenstuben" des *Restaurants zum Franziskaner* erbaut, ist in seiner neuklassizistischen, muschelkalkverkleideten Fassadengestaltung weitgehend dem Eckhaus Residenzstraße 10 angeglichen, nur durch einige Details als selbständige Einheit kenntlich gemacht – vor allem durch kleinteiligere Gliederungselemente wie die einen Gitterbalkon tragenden Konsolen vor dem 1. Stock, die Kolossallisenen darüber sowie die Balusterbrüstungen sämtlicher Fenster im 3. Stock. Das ursprüngliche Mansardsatteldach mit geschweiftem Zwerchhaus zwischen großen Gauben wurde beim Wiederaufbau des Bürohauses mit Gaststätte 1947–50 (Arch. Ernst Eckstein) durch ein gestalterisch angepasstes Vollgeschoss ersetzt. An der Stelle des Altbaues der Gaststätte zum Franziskaner an der Residenzstraße 9 stand noch lange eine erdgeschossige Behelfsbebauung der Nachkriegszeit (um 2001 Neubau mit klassizisierender Natursteinfassade). – Die gestalterisch homogene Baugruppe Residenzstraße 10/Perusastraße 5 wurde bis zur Kriegszerstörung fortgesetzt durch das westliche Nachbarhaus Perusastraße 4, wohl von 1912.

Pestalozzistraße (Nordteil)

Die dem Lauf des Glockenbaches folgende, 1897 nach dem Schweizer Pädagogen Johann Heinrich Pestalozzi benannte Straße (zuvor „Am Glockenbach"; s. Chevalley/Weski 2004, S. 491) wurde erst 1896/97 um einen kurzen Abschnitt zwischen Müller- und Blumenstraße nach Nordosten verlängert, der neben der Nordwestflanke der ehem. Bastion a der Wallbefestigung der 1. Hälfte des 17. Jh. durchgebrochen wurde. Auf der nach dem stadtseitig benachbarten Stadtmauerturm benannten „Haiturm-" oder auch „Ferdinands-Bastion" entstand 1748 nach Plan des Festungsbaumeisters Maximilian de Groth ein Gartenhaus für Bürgermeister Joseph Anton von Schönberg, nach einem späteren Besitzer – Zacharias Leopold – im Volksmund „Leopoldischlössl" genannt. Der anmutige zweigeschossige Rokokobau, ein Rundbau mit zwei angesetzten Schrägflügeln gemäß der Zuspitzung der Bastion, wurde in der älteren Literatur (vor Dischinger 1997) Johann Michael Fischer zugeschrieben und um 1900 zugunsten des Mietshauses Pestalozzistraße 1 abgebrochen. Gemäß Wenngs Atlas 1850 gehörte das Anwesen damals dem Bierwirt M. Oesterreicher. Nach Luftkriegsschäden wurde dieser Straßenabschnitt völlig neu bebaut.

Pestalozzistraße, „Leopoldischlössl" (abgebrochen); Aufn. vor 1900

Petersplatz

(Vgl. Ensemble Altstadt.) Den Petersplatz bildet der gassenartige Freiraum, der auf drei Seiten Münchens älteste, sich auf der Niederterrasse – dem sog. Petersbergl – erhebende Pfarrkirche umgibt; bis 1788/89 wurde er als Friedhof genutzt und noch bis ins frühe 19. Jh. war der Name „St. Peters Freithof" gebräuchlich. Die Westseite vor dem Turmmassiv der Kirche tangiert der Rindermarkt (s. dort; in diesem Abschnitt ursprünglich Schleckergässchen genannt). Von der den Platz im Bereich des wohl ältesten Münchner Siedlungskerns umschließenden Bebauung stammen – nach den umfassenden Veränderungen im 19. Jh. und nach dem Luftkrieg – die ältesten erhaltenen Bestandteile (an der Südseite) aus dem späten 18. und dem frühen 19. Jh.; trotzdem sind die historischen städtebaulichen Strukturen noch erlebbar geblieben (obwohl nach 1945 zeitweilig die Einbeziehung in den stark erweiterten Marienplatz, ja selbst der Abbruch der Kirchenruine erwogen wurde).

Den schmalen Nordteil des Platzes, im 16. Jh. Sämergasse genannt (vgl. Stahleder 1992, S. 274), begrenzt gegenüber der Kirchenlängsfront die Rückseite des Häuserblocks Marienplatz 16–21, heute Nachkriegsneubauten mit Ausnahme des Eckhauses Nr. 21 (s. dort) von 1911 am westlichen Ende. Diese sechs Anwesen umfassende Häusergruppe wurde in der Mitte von einem Durchgang (Pfaffengässchen) zwischen Markt und Petersfriedhof unterbrochen; vor der Rückseite der drei östlichen Häuser (Marienplatz 16, 17, 18) stand bis zum Zweiten Weltkrieg eine schmale, dreigeschossige Walmdachhäuserzeile, bestehend aus dem längeren Mesnerhaus von St. Peter (ehemals Petersplatz 2, zuletzt mit klassizistischer Fassade) und in östlicher Verlängerung Nr. 3, dem ehem. Stadtkämmerei- und Archivgebäude von 1520/21 (aufgestockt 1708). Neben seiner östlichen Schmalseite führte ein Durchgang, das Stadtknechtsgassl, zum Marktplatz

Petersplatz mit St. Peter von Osten; Stadtmodell von Jakob Sandtner, 1570

hinunter. Heute bildet etwas weiter östlich eine wesentlich breitere Treppe neben dem Nachkriegsneubau Marienplatz 16 den Abschluss der Nordzeile.

Die Nordostecke des Platzes wurde bis zum Zweiten Weltkrieg vom völlig zerstörten Kleinen Rathaus umschlossen (vgl. Marienplatz 15); der an den wiederaufgebauten Saalbau und den rekonstruierten Rathausturm südlich angeschlossene, malerisch wirkende Komplex wies zuletzt eine neugotische Gestaltung von 1865 (Arnold Zenetti) bzw. (Südteil) von 1880/81 (Hartwig Eggers) auf. Die architektonische Neufassung des Südteils (Standesamt) erfolgte im Zusammenhang mit der grundlegenden städtebaulichen und architektonischen Veränderung des östlichen Platzabschlusses zum tiefer gelegenen Viktualienmarkt hin. Bis 1880 schloss sich südlich an das Rathaus eine lang gestreckte Bebauung auf der Niederterrasse an, bestehend aus dem ehem. Anwesen Petersplatz 5 mit verschiedenen Funktionen der Stadtverwaltung, aus der ehem. Wieskapelle (s. unten) und dem Doppelhaus Nr. 6 (Stadttürmerwohnung) und 7 (Petersschulhaus); Nr. 6 und 7 enthielten im hangseitigen Untergeschoss Fleischgewölbe, die funktionell zu der östlich unterhalb parallel vorgelegten Fleischbank gehörten (vgl. Viktualienmarkt 7–15). Die beiden parallelen Gebäudezeilen oben auf der Hangkante und unterhalb davon wurden 1880 abgebrochen; in ihrem Bereich entstand – unter Erweiterung der Fläche des Petersplatzes – die neugotische Metzgerzeile (s. Viktualienmarkt 2; 1880/81 von Hartwig Eggers), eine Ladenreihe mit darüberliegender Terrasse für den Blumenmarkt. Durch Verzicht auf die obere Bebauungszeile wurde eine wirkungsvolle Sichtverbindung zwischen Petersbergl und Viktualienmarkt geschaffen, der hoch gelegene Dreikonchenchor der Peterskirche dominant freigestellt; umgekehrt ergab sich ein attraktiver Blick von der Terrasse hinab auf den Markt und die 1885/88 der Heiliggeistkirche vorgeschaltete prachtvolle Neubarockfassade.

Die 1880 abgebrochene *Wieskapelle St. Salvator*, erstmals 1318/19 erwähnt (Stahleder 1992), im Oktober 1803 von der Pfarrei St. Peter an die Stadt verkauft und danach als Registratur genutzt, gilt traditionell (bis heute) als vielleicht ältestes Bauwerk Münchens (oder dessen Nachfolgebau), Vorgängerin von St. Peter, romanischer Bau des 12. oder 13. Jh. (gemäß ehem. Gedenktafel an der Sakristei gegenüber erbaut angeblich um 1280).

Petersplatz, NO-Ecke, ehem. Standesamt; Aufn. 1899

Ein Rathausgrundriss von 1800 (MStM) zeigt sie als bescheidenen Rechteckbau mit platzseitig drei Fenstern und Eingang am südlichen Ende sowie mit die Ostseite begleitendem schmalem Annex; das hangseitige, nur von Osten zugängliche Untergeschoss enthielt drei kleine Fleischgewölbe, eine sich dem Unterbau der Nachbargebäude Nr. 6/7 anschließende Nutzung. Somit handelte es sich gewiss nicht um Bausubstanz aus dem Hochmittelalter; mehrfach wird das 14. Jh. als Bauzeit angenommen, von E. Geiß (1867) das 16. Jh. Eine Innenansicht von 1880 (Aquarell von C. Steinicken; Abb. bei Schattenhofer 1972, S. 133) zeigt den vierjochigen Raum gegen Süden mit (uneinheitlichen) Wandvorlagen, wohl gotischem, im 18. Jh. mit Stuck und vier Deckengemälden neu gestaltetem Stichkappengewölbe, zweigeschossiger Abseite im Osten und zu kleinen Rechteckfenstern reduzierten Öffnungen in der platzseitigen Wand. Über dem Eingang ist auf J. P. Stimmelmayrs Ansichtsskizze (um 1800) ein barockzeitlicher Glockenstuhl zu erkennen („Thurm und zween Glocken"), der wohl um 1803 wieder beseitigt wurde (vgl. auch die Ansicht in Stridbecks „Theatrum" um 1700, Bl. 5: „St. Peters Capell"). Die äußerlich unansehnliche Kapelle mit Satteldach ist bereits auf Sandtners Stadtmodell von 1570 als niedriger Satteldachbau dargestellt, eingespannt zwischen die beiderseitigen höheren Nachbarhäuser. Geschichte, Gestalt und kirchliche Nutzung der in der Literatur bis heute höchst widersprüchlich beurteilten, zu Spekulationen Anlass gebenden Kapelle wären grundlegend neu zu untersuchen. Der angebliche Vorgängerbau von St. Peter wird verschiedentlich auch an anderer Stelle vermutet, so schon im späteren 18. Jh. von J. P. Stimmelmayr: „soll die erste Kirch oder Kapelle der Stadt seyn, wenn es nicht etwa die (…) St. Nicolaus Kapelle war" (an der Petersplatz-Südseite, s. unten).

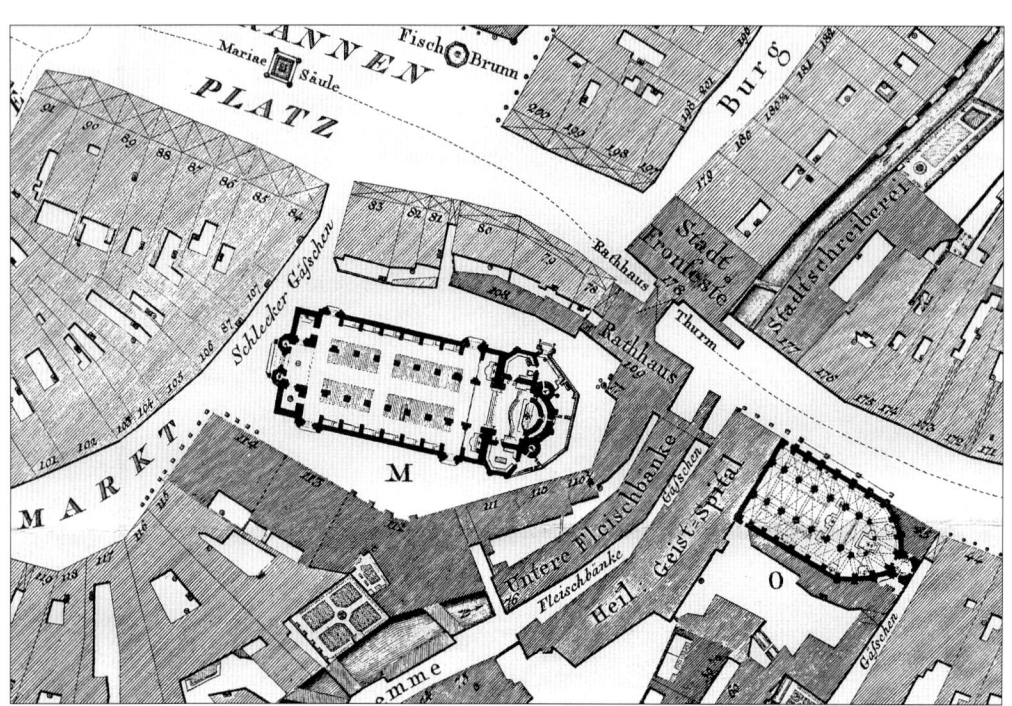

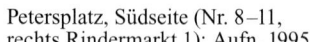

◁ Petersplatz und Umgebung, rechts Heiliggeistkirche; Plan von J. Consoni, 1806

Petersplatz, Südseite (Nr. 8–11, rechts Rindermarkt 1); Aufn. 1995

Im südöstlichen Eckbereich des Petersfriedhofs bzw. -platzes führte unter dem südlichen Gebäuderand der 1880 abgebrochenen Petersschule (ehem. Nr. 7) ein Durchfahrtstor hinunter zum Bezirk des Heiliggeistspitals. Heute bildet die Verbindung zum Viktualienmarkt hinunter die steile Gasse zwischen der Metzgerzeilenterrasse im Norden und dem hoch ragenden Eckhaus Petersplatz 8 (s. dort) im Süden. Dieses nahm 1806/07 die Stelle des ehem. Dechanthofes (Pfarrhauses) von St. Peter ein, der (nach Geiß 1868) wegen jeweils baufälligen Zustands 1447 und weitgehend 1788 neu erbaut worden war – auf Sandtners Stadtmodell (1570) und noch auf Stimmelmayrs Skizze (gegen 1800) als platzseitig zweigeschossiger Bau mit lisenengegliederten gotischen Zinnengiebeln vorder- wie rückseitig dargestellt. Die gesamte südseitige Bebauung des Platzes, dessen Fläche hier dank flach geknickter Baulinie leicht erweitert ist, war im Besitz der Pfarrei St. Peter, welche die Anwesen mit Ausnahme des westlichen Eckhauses (vgl. Rindermarkt 1, heutiges Pfarrhaus) zu Beginn des 19. Jh. auf staatlichen Druck an private Bauherrn verkaufte. An den einstigen Dechanthof grenzte flachwinkelig im Westen ein weiterer gotischer Bau (an der Stelle des heutigen Hauses Nr. 9, s. dort), die St. Nikolauskapelle, auf dem Stadtmodell von 1570 wie noch auf Stimmelmayrs Skizze (gegen 1800) ein stattlicher Pultdachbau mit polygonalem Treppenturm an der

Petersplatz, Nordseite (ehem. Nr. 2, Mesnerhaus); Aufn. um 1945

Petersplatz; Flurkarte, M. 1:2500

Nordostecke neben dem Dechanthof sowie mit Strebepfeilern an der nach Westen ansteigenden Halbgiebelfront (1807 verkauft). Die klassizistischen Mietshäuser Nr. 10 und 11 (s. dort) entstanden 1807 an der Stelle zweier baufälliger, der Pfarrei gehöriger Wohnhäuser, die zusammen als der sog. Altbau bezeichnet wurden, auf Sandtners Modell viergeschossige Traufstandhäuser mit Ohrwascheln. Das im Besitz der Pfarrei verbliebene Eckhaus Rindermarkt 1 (s. dort) wurde 1788 durch den Neubau des heutigen Pfarrhofes ersetzt.

ARCHÄOLOGISCHE BEFUNDE: Mittelalterliche Bebauungsreste und mittelalterliche und frühneuzeitliche Körpergräber (Fundst.-Nr.: 7835/0173, 7835/0174, 7835/0335, 7835/0336, 7835/0337). Während der Ausschachtungsarbeiten für die Verlegung der neuen Fernheizungsleitung fanden 1954 Befundbeobachtungen und Profildokumentationen statt. In dem um die Apsis herum verlaufenden Leitungsgraben kamen mehrere Mauerzüge zum Vorschein, die von einer mindestens zweiphasigen Bebauung nördlich und östlich der Kirche stammen. Für die meisten Mauerzüge liegt nur ein terminus ante quem durch den Brand von 1327 vor. Diese Brandschicht ließ sich in den vier quer zum Leitungsgraben angelegten Profilen nachweisen. Zwei Mauerzüge aus Tuffsteinen im östlichen Baugrabenbereich stammen aus der Bauzeit der ersten Basilika (2. Hälfte 12. Jh.) und stehen im Zusammenhang mit einem am Nordrand des Petersplatzes gelegenen Gebäude, das später als städtisches Archiv genutzt wurde. Funde aus der direkten Umgebung datieren ebenfalls in das 12. Jh. Beim Verlegen von Wasserrohren kamen 1967 Knochen zum Vorschein, die wohl auf Beisetzungen des spätmittelalterlich/frühneuzeitlichen Friedhofs um die Peterskirche zurückgehen. Auch die 1974 entdeckten Knochen könnten zu dem Bestattungsplatz gehören. Im Zusammenhang mit dem Abbruch der Bauten östlich der Peterskirche (Metzgerzeile) konnte 1978–79 das Westprofil der Baugrube dokumentiert werden. Dort befand sich eine parallel zur Metzgerzeile verlaufende zweischalige Ziegelmauer mit Füllmauerwerk. Weiterhin wurde erneut die Brandschicht erfasst, die durch eine Münze aus der 1. Hälfte des 14. Jh. datiert und folglich mit dem schriftlich überlieferten großen Stadtbrand von 1327 in Verbindung gebracht werden kann. Die Brandschicht zog sich anscheinend über den gesamten Petersberg hinweg. – Bodeneingriffe und Umbauten sind aus jüngerer Zeit nicht bekannt, deshalb ist mit untertägig erhaltenen Resten von Vorgängerbauten, möglicherweise auch mit Brunnen und Latrinen zu rechnen. Unter Petersplatz 1, 8, 9, 10 und 11 befinden sich Teile mittelalterlicher und neuzeitlicher Bebauung.

Petersplatz 1. Kath. Pfarrkirche *St. Peter*, gotische Basilika (13.–15. Jh.) auf romanischer Grundlage, Westturmanlage („Alter Peter") mit Turmhelm von 1607 ff. (1951 rekonstruiert); freistehend in Platzmitte. Münchens älteste Pfarrkirche, in ihrer Terrassensituation auf dem „Petersbergl" eine Keimzelle der Stadtentwicklung, ist hinsichtlich ihrer Ursprünge Objekt kontroverser Thesen sowohl in der historischen Forschung – Entstehungszeit, vermutete Bezüge zu einem Kloster, etwa Tegernsee oder Schäftlarn – wie in der Interpretation der (älteren) baugeschichtlichen Phasen. Fehlende bzw. (seit dem 13. Jh.) spärliche mittelalterliche Schriftquellen leisten seit jeher der Spekulation Vorschub, überdies sind sie schwer mit Grabungsfunden und Substanz zu synchronisieren. Die 1952/53 auf Initiative von Prof. Friedrich Krauss (TH München) von Erwin Schleich mit Hilfe von Studenten durchgeführten Grabungen und Untersuchungen (fortgeführt 1954 im sog. Alten Raum und bis 1955 am Bau) waren die gründlichsten, die in einer der kriegszerstörten Münchner Kirchen vorgenommen wurden; ihre Publikation 1957 (als Dissertation von E. Schleich) erregte bezüglich der Datierung der acht festgestellten mittelalterlichen Bauphasen bis heute anhaltenden Widerspruch. Umstritten ist vor allem die Da-

◁◁ Petersplatz 1, Kath. Pfarrkirche St. Peter von Süd-
westen; Aufn. 1995

◁   St. Peter von Osten;
Aufn. 1996

St. Peter, Südseite; Aufn. 1996

tierung des Erstbaues in das 11. Jh., also die Zeit vor der Erster-
wähnung und „Gründung" Münchens (1158). Der ergrabene
Gründungsbau – eine dreischiffige Pfeilerbasilika (Länge
39,5 m) mit zwei Westtürmen und Mittelapsis – in der Folgezeit
drei Apsiden nach alpenländischem Schema – lag im Bereich
des heutigen Mittel- und südlichen Seitenschiffs. Schleich wies
mehrere Um- und Anbauten dieser romanischen Kirche nach
(u. a. „Reiche Kapelle" statt der nördlichen Apsis). Um 1167/70
wird mit Dekan Heribord von München erstmals ein Geistlicher
genannt, während eine erst seit dem 18. Jh. überlieferte angebliche Grundsteinlegung im Jahre 1181 und Weihe 1190 fragwürdig erscheint. Erstmals 1225/26 wird die Peterskirche namentlich erwähnt und wiederum 1271 als Mutterkirche (matrix eccle-
sia) anlässlich der Abtrennung der Liebfrauen- und der Heilig-
geistspital-Pfarrei. – Der von E. Schleich gar in die Römerzeit
datierte „Alte Raum" unter dem östlichen Ende des heutigen
nördlichen Seitenschiffes – ein tonnengewölbter Rechteckraum
– könnte als Keller einer der Kirchenerweiterung gewichenen
Nachbarbebauung zu erklären sein; das Bruchstein- und Quader-
mauerwerk stammt aus wohl nicht nur einer Phase, die Ziegel-
wölbung wird am jüngsten sein.
Zahlreiche bischöfliche Ablassverleihungen 1278–94 (und noch
1298/99) gelten als Indizien für einen groß angelegten Neubau,
der vielleicht den Kernbestand des noch bestehenden Langhau-

ses und Westturmmassiv-Unterbaus bildet. Dekan Konrad Wil-
brecht stiftete 1274 die noch existierende (später veränderte) Katharinenkapelle unter dem Nordturm. Am 17. Mai 1294 weihte
Bischof Emicho von Freising die Kirche samt Hochaltar und den
beiden Altären der Nebenchorkapellen. Der frühgotische Neubau (die 7. Bauphase nach E. Schleich) war eine kreuzgewölbte
(oder flachgedeckte?) Pfeilerbasilika mit Zweiturmfront im
Westen, sieben Langhausjochen, Lettnerwand und dreijochigem,
fünfseitig schließendem Chor, den kürzere Nebenchöre mit ei-
genartig polygonal ausladendem, kapellenartigem Schluss flankierten. 1318/19 wird erstmals die (bis 1901 bestehende Feuer-
und Sicherheits-)Wache auf dem Turm erwähnt.
Nicht eindeutig abzuschätzen ist das Ausmaß der Schäden durch
den großen Stadtteilbrand vom 13. Februar 1327, der Chor und
Kirche (wohl das Langschiff) zerstörte bzw. verheerte („destru-
ens chorum et ecclesiam" bzw. „hat verhört Chor und kyrchen").
Sporadische Nachrichten – u. a. päpstlicher Ablass 1329, Altar-
weihen ab 1346, genehmigte Almosensammlungen 1352 und
1356 – und schließlich die erneute Weihe 1365 durch den Freisinger Bischof Paul von Harrach deuten auf anhaltende, in der
Folge noch fortgesetzte Wiederaufbauarbeiten hin. Abweichend
von E. Schleichs Periodisierung wird in der Forschung z. T. 1327
die Brandzerstörung der romanischen mit erst danach erfolgen-
dem Neubau der gotischen Kirche angenommen. Im Chor wur-

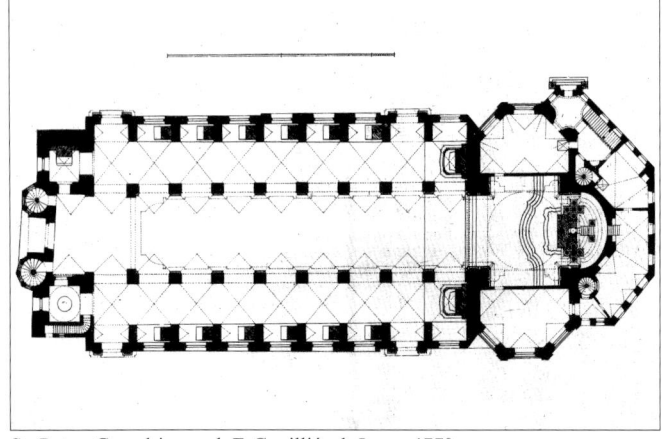

St. Peter; Grundriss nach F. Cuvilliés d. J., um 1770

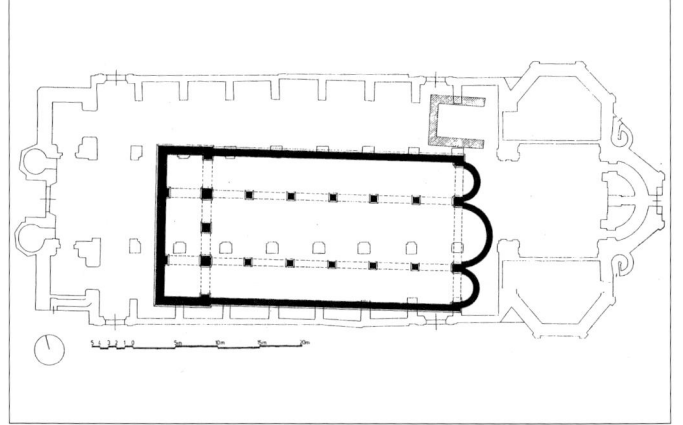

St. Peter; Grundriss, romanischer Bau (schwarz), heutiger Bau (Umriss),
sog. Alter Raum (schraffiert), nach E. Schleich/W. Haas, 1980

St. Peter, Schrenckaltar

seres Herren (mit dem Sakramentshaus). – Schleichs Ergebnisse und Folgerungen wie die von ihnen abweichenden Thesen bedürften neuerdings einer Überprüfung; allein eine stilkritische Analyse sowie Bauuntersuchungen mit heutigen Methoden etwa am gesamten Westturmmassiv, an den Pfeilern sowie den Kapellenzwischen- und -außenwänden wären der Klärung der Probleme dienlich. Ein interessantes Detail sind die auf Sandtners Stadtmodell (1570) dargestellten vier Strebebögen über dem nördlichen Seitenschiff.

Zahlreich sind die Nachrichten über Kapellen- und Altarstiftungen von Münchner Patrizierfamilien, künstlerisch bemerkenswert die erhaltenen Reste der spätgotischen Ausstattung. Das als hochgotisch zu bezeichnende Kreuzrippengewölbe samt laubwerkbesetztem Scheibenschlussstein in der Katharinenkapelle (nördliche Turmkapelle) könnte mit deren für 1410–16 überlieferter Ausgestaltung zeitgleich sein. – Der typologisch seltene Martins- oder Schrenckaltar in der Familienkapelle der Schrenck (Nordseite) ist ein – 1841 unter einem Barockaltar entdecktes, von Josef Entres restauriertes und wohl nach Farbresten gefasstes – Sandsteinretabel mit zweizonigem Relief: unten Kreuzigungsgruppe mit den hll. Martin, Petrus und Ulrich, darüber Jüngstes Gericht und die zwölf Apostel, im Wimperg Christus als Weltenrichter mit Maria und Johannes d. T., seitlich die Wappen Ridler/Schrenck; das verschieden datierte Werk leitet formal von der Auffassung des 14. Jh. zum internationalen Weichen Stil um 1400 über. – In derselben Kapelle wird derzeit das kleine, 1477 datierte, gemalte Triptychon des Dreikönigsaltars aus der ehem. Hauskapelle der Familie Pötschner (s. Rindermarkt 8) aufbewahrt. – Von dem um 1490/95 (1517?) gemeinsam von dem Maler Jan Polack und dem Bildschnitzer Erasmus Grasser geschaffenen mächtigen Hochaltar (der um 1630 abgetragen wurde) gelangte die Mehrzahl der Flügelgemälde (auf

den 1376 durch Meister Peter von Straubing die Chortafel (Retabel) auf den Hochaltar gesetzt, 1377 ein Glasgemälde durch Meister Conrad von Augsburg gen. Judmann gefertigt und 1378/79 vier Gewölbe eingezogen, die Figuren (?) der zwölf Apostel, Mariens und der Drei Könige angebracht sowie der Raum weiß (statt bisher blau) gestrichen. Nach Schleichs Vermutung dürften die Langhausgewölbe den Brand von 1327 überstanden haben, während in der Phase danach die Kapellen zwischen den Strebepfeilern der Seitenschiffe und somit neue Außenwände entstanden. Auch der im Luftkrieg zerstörte, konstruktiv bemerkenswerte Langhaus-Dachstuhl ging wohl in diese Zeit zurück. Unstrittig ist die Gestaltung der Westfront 1377–1386: Abtragung des Oberteils der beiden Seitentürme und schräge Abdeckung der Stümpfe, dafür Erhöhung des Mittelteils dazwischen zu dem noch bestehenden hohen, mächtigen Block mit Blendengliederung und ursprünglich auf ihm nebeneinandersitzenden schindelgedeckten Spitzhelmen mit (1425 neu) vergoldeten Knöpfen; diese originelle Turmlösung – dargestellt in Schedels Weltchronik 1493 und auf Sandtners Stadtmodell 1570 – hatte bis 1607 Bestand. 1371 und 1378 wird erstmals eine Turmuhr mit Schlagwerk erwähnt. Im Zusammenhang mit einer 1384 von Lorenz von Polen oder Polling (Lesart ungeklärt) gefertigten Orgel nahm Schleich den Bau einer Westempore und der beiden Treppentürme an der Westfront an. Stilistisch sind die Hausteindetails dieser Wendeltreppen, die dreilappigen Maßwerkbögen ihrer innenseitigen Zugänge wie die wohl zur Empore gehörigen, beim Wiederaufbau partiell freigelegten, reich profilierten Bündelungen an den beiden Langhaus-Westpfeilern allerdings eher der spätesten Gotik (um 1500) zuzuweisen. Nicht näher datierbar ist nach E. Schleich – außer den (vielleicht sukzessive entstandenen, nicht in einer Linie fluchtenden) Kapellen – die einst am Chorscheitel angebaute sechseckige Kapelle Un-

St. Peter, gotische Treppe zur Empore

St. Peter, gotische Elemente am Südwestpfeiler

St. Peter, sog. Alter Raum nach Westen

St. Peter, Pötschner-Triptychon

St. Peter, „Thronender Petrus" vom ehem. Hochaltar

Holz) ins Bayerische bzw. Germanische Nationalmuseum; in St. Peter (an den Chorwänden) verblieben bis heute sechs Tafeln mit Szenen aus dem Leben des hl. Petrus; auf den spätbarocken Hochaltar wurde Grassers Sitzfigur des thronenden Kirchenpatrons übernommen. – In der letzten südlichen Kapelle ein Votivbild von Jan Polack (Werkstatt) aus dem Pestjahr 1517.

Zu den Hauptwerken Erasmus Grassers wie der bayerischen Sepulkralplastik gehört das 1482 datierte und signierte Rotmarmor-Epitaph des Dekans Dr. Ulrich Aresinger († 1485) an der Westwand, ein zweigeteiltes Relief in flacher Rundbogennische mit Netzgewölbe; in der unteren Hälfte der kniende Verstorbene mit Wappen, darüber sitzend die hll. Petrus und Katharina, im Scheitel Engel mit Laute. – Das südlich benachbarte, ebenfalls zweizonig komponierte Rotmarmor-Epitaph des Ehepaares Balthasar und Anna Pötschner – der Stifter des erwähnten Flügelaltärchens – mit Relief der beiden knienden Verstorbenen und darüber der Szene der Gregorsmesse in dreilappig geschlossenem Rahmen, ist eine 1505 datierte

St. Peter, hl. Petrus am Hochaltar, Detail; hist. Aufnahme

St. Peter, Pest-Votivbild von 1517

◁◁ St. Peter, Aresinger-Epitaph von 1482

◁ St. Peter, Pötschner-Epitaph von 1505

St. Peter, Rosenbusch-Epitaph († 1488)

Arbeit E. Grassers oder seiner Werkstatt. (Unterhalb der Empore vermauerte Gruft der Familie Barth.) – Das Epitaph für Bartholomäus Rosenbusch (im Südschiff) wäre, wenn um die Zeit seines Todes (1488) entstanden, ein außerordentlich frühes Beispiel einer (noch ungelenken) Renaissance-Rezeption (Stichbogenarkade mit Halbfigur des Schmerzensmannes, links unten klein der Verstorbene mit Wappen).

Ihr heutiges Erscheinungsbild erhielt die Kirche etappenweise im Lauf des 17. und 18. Jh. Den Zustand vor diesen barockzeitlichen Umgestaltungen – mit damals 23 Altären und Lettner – veranschaulicht eine Grundrisszeichnung von Isaak Pader (um 1625/30). Ein Blitzschlag am 26. Juni 1607 gab den Anlass zur Neugestaltung des Turm-Oberteils (bis 1621): an die Stelle des gotischen Spitzhelmpaares trat – querrechteckig gleich dem Unterbau – ein Geschoss für die Türmerwohnung mitsamt Umgang und eine kupfergedeckte kuppelartige Haube mit Zifferblättern an den vier Seiten, offener Laterne und obeliskartig schlanker Spitze, wodurch der „Alte Peter" seine unverwechselbare, wahrzeichenhafte Form bekam. Als Urheber des Entwurfs wird meist Heinrich Schön d. Ä. vermutet (Lieb 1941; Knopp 1970); vielleicht könnte man auch Hans Krumpper oder Hans Reifenstuel in die Überlegungen einbeziehen. Hans Krumpper entwarf 1620 das Taufbecken in der südlichen Turmkapelle (Rotmarmor mit Engelsköpfen in Bronze; Deckel Mitte 18. Jh. von Joseph Prötzner).

Unter Kurfürst Maximilian I. entstand 1630–36 nach Entwurf von Isaak Pader an der Stelle der drei gotischen Chöre ein neuer Dreikonchenbau, vollendet ab 1635 von Hans Heiß (Wölbung, Dachstuhl), wobei das Langhaus, wohl 1640/41 durch Heinrich Schön d. J., um zwei Joche nach Osten hin (durch Umbau) verlängert wurde. Der frühbarocke zentralisierende Chorbau – mit dank tieferen Querarmen betonter Querachse (im Erdgeschoss durch Altarraumseitenwände unterteilt) – ist als Reflex der Dreikonchenanlage des Salzburger Domes, in weiterem Sinn auch von St. Peter in Rom zu verstehen. Der zitierte Typus, der äußeren Gestaltung nach eine plastisch wirkende, erhöhte Baugruppe in Rohbackstein mit polygonalen Armen, strebepfeilerartig verstärkten Ecken und in die Winkel eingestellten, kuppelgedeckten Treppentürmen, stellt eine dem damals noch spätgotisch geprägten Stadtbild angepasste selbständige Lösung dar. Den zugehörigen Hochaltar von 1642–44 (nicht erhalten) entwarfen Heinrich Schön d. J. und Marx Schinnagl. Der sukzessive, durch den Krieg unterbrochene Umbau des Langhauses wurde erst 1653/54 durch Hans Heiß zu Ende geführt. In dieser Phase entstanden die Seitenschiffportale und die Emporen über den Seitenschiffen (vgl. Freisinger Dom) unter Beseitigung des gotischen Strebebogensystems (s. Sandtner-Modell). Der Raum erhielt neue Wölbungen (?), eine frühbarocke Stuckdekoration, neue Seitenaltäre, Kapellengitter, Orgelempore (1644) und Orgel (1647). Die gesamte frühbarocke Überformung von St. Peter erfolgte unter den gleichen geistlichen, geistigen, politischen und künstlerischen Voraussetzungen wie die der Frauen- und der Augustinerkirche sowie auch des Freisinger Doms.

Bereits 1661 setzten die Planungen zu einem neuen Hochaltar (von Caspar Amort) ein, denen zahlreiche weitere Projekte folgten, u. a. 1725–29 von Cosmas Damian Asam. Ausgeführt wurde jedoch 1730–34 der von Kurfürst Karl Albrecht und Hofbaumeister Effner begünstigte Entwurf von Nikolaus Gottfried Stuber. Dies bildete den Auftakt zur abschnittsweisen völligen Umgestaltung des Raumes unter den (verwandten) Dekanen Dr. Anton Cajetan von Unertl (zugleich Propst von Habach, † 1753) und Dr. Joseph Ignaz von Unertl (Propst von St. Wolfgang, † 1759), beginnend mit dem Chorteil, der 1730 durch Ignaz Anton Gunetzrhainer neu gewölbt wurde und Stuckdekor von Johann Baptist Zimmermann sowie Fresken von N. G. Stuber erhielt. Stubers den Raum bis heute prägend beherrschender

St. Peter, Chor mit Hochaltar; Aufn. 1996

St. Peter, Hochaltar, Detail

St. Peter, Vierungskuppel; Aufn. 1996

Hochaltar ist durch seine für süddeutsche Verhältnisse strenge, über die dekorative Komponente dominierende Tektonik gekennzeichnet – eine Synthese von Triumphbogen und (Halb-)Tempietto von italienisch-klassischer Haltung (vgl. etwa den Hochaltar der Wiener Franziskanerkirche von Andrea Pozzo oder den der Gesuati und anderer Kirchen Venedigs); nächstes Analogon mit gleichfalls vorgestaffelter Säulenstellung, Kalotte, Papstkathedra und pyramidaler Figurengruppe ist der Hochaltar zu Ehren des hl. Papstes Stephan in Sto. Stefano dei Cavalieri in Pisa, vollendet 1709. Hier wie in München wird eine das Vorbild von Berninis römischer Cathedra Petri variierende Komposition in ein vielsäuliges, nischenförmiges Retabel eingefügt. Stubers freistehender, stark transparenter und vertikalisierter Altaraufbau mit acht Rotmarmorsäulen, vergoldeter Kalotte sowie reicher dekorativer und plastischer Ausstattung fügt sich als effekt-

St. Peter, Blick nach Osten; Aufn. um 1935

St. Peter, nördliches Seitenschiff; Aufn. 2006

St. Peter, Blick nach Westen; Aufn. 2006

St. Peter, Blick nach Osten; Aufn. 1996

volles Schaustück dem durchlichteten Chorschluss ein. Auf der im Mittelpunkt stehenden Cathedra thront die übernommene spätgotische Petrusfigur Erasmus Grassers, flankiert von Egid Quirin Asams gleichfalls hölzernen, gefassten Figuren der vier Abend- und Morgenland repräsentierenden Kirchenlehrer Ambrosius, Augustinus, Athanasius und Johannes Chrysostomus (wie an der Cathedra Petri, nach Altmann 1995; nach Festpredigt vom 29. Juni 1734 die abendländischen Kirchenväter Augustinus, Hieronymus, Ambrosius und Gregor, doch ist unter den Figuren weder ein Papst noch ein Kardinal); die übrigen Plastiken stammen von Johann Georg Greiff; Tabernakel von Joh. Friedrich Canzler, 1785 z. T. verändert; die ihn flankierenden anbetenden Engel 1804 von Franz Jakob Schwanthaler. Die Komposition gipfelt in einer Glorie mit der Heiliggeisttaube. (Vorprojekte zum Hochaltar vgl. Altmann 1995 und Dietrich 2006.)

1753–56 erhielt auch das Langhaus seine den Eindruck bis heute bestimmende gestalterische Redaktion in Rokokoformen, und zwar durch Ignaz Anton Gunetzrhainer im Zusammenwirken mit dem Stuckator und Freskenmaler Johann Baptist Zimmermann, der 1753 auch Stubers Chorkuppelgemälde weitgehend neu schuf. Von seinen Fresken sind nur sechs Hochwandbilder im Westteil des Mittelschiffs – Szenen aus dem Leben des hl. Petrus – original erhalten. Gunetzrhainer suchte dem gotischen Steilraum des Mittelschiffs durch eine hohe, verkröpfte Gebälkzone über den Arkaden und eine doppelgeschossige Pilasterordnung zeitgemäß harmonische Proportionen zu geben. Die Hochwandachsen füllen hohe Rundbogenblenden, welche die Emporenfenster und den petrinischen Freskenzyklus darüber zusammenfassen; durch Rundfenster unter den Stichkappen erhält das Schiff ein gedämpftes Licht im Kontrast zur symbolhaften Helligkeit des Chores. – Zur Neuausstattung der Rokokophase gehören u. a. das virtuos geschnitzte Chorgestühl von Joachim

Dietrich an der Chornordseite, der Dreisitz gegenüber von Ignaz Günther (1767), die Kanzel wie die Apostelfiguren an den Mittelschiffpfeilern von Joseph Prötzner (Paulus und Andreas bereits um 1710 von Andreas Faistenberger) und die Kreuzwegbilder von Heinrich Karth (1776) sowie die beiden Bruderschaftsaltäre Ignaz Günthers am Ostende der Seitenschiffe: südlich der Mariahilfaltar von 1756 mit Gnadenbild von Carl Loth (1653, Kopie nach Lucas Cranach) in Strahlenglorie, nördlich der Corpus-Christi-Altar von 1755–58 mit Altarblatt (Abendmahl) von Ulrich Loth (um 1644). Von I. Günther – einem Pfarrangehörigen – stammen auch der Eligiusaltar in der nördlichen Turmkapelle (um 1765/70; Mittelfigur älter) und die Rotmarmor-Epitaphien für den Stadtkommandanten Johann Egid de Courcelles von Wachsenstein († 1755, Obelisk mit Porträtmedaillon und Trophäen; Westwand) und den Dekan Joseph Ignaz von Unertl

St. Peter, Epitaph für J. E. de Courcelles († 1755)

St. Peter, Epitaph für J. J. v. Unertl († 1759)

St. Peter, Chorgestühl

St. Peter, Mariahilfaltar im südlichen Seitenschiff

St. Peter, Eligius-Altar in nördlicher Turmkapelle

St. Peter, Pfeilerfigur Johannes Evang.

St. Peter, Dreisitz

(† 1759, links vom Mariahilfaltar). Des letzteren Gegenstück im Norden für Dekan Dr. Anton Ignaz Hertl († 1768) entwarf Johann Baptist Straub, das Epitaph für Carl Wilhelm Stanislaus Reichsgraf von Daun († 1792) in der nördlichen Turmkapelle Roman Anton Boos. An den Besuch von Papst Pius VI. 1782 erinnert eine Gedenktafel mit Porträtmedaillon links vom Corpus-Christi-Altar. – Die große Anzahl von Epitaphien und Grabplatten des 15.–18. Jh. im Inneren wie besonders an den äußeren Längswänden ist weniger von künstlerischer, doch von hoher stadtgeschichtlicher und genealogischer Bedeutung. (Der Friedhof um die Kirche wurde 1788 aufgehoben.) Gestalterisch am aufwendigsten sind außen an der Nordseite das Epitaph für Georg Ligsalz († 1586, Rotmarmor-Ädikula mit Dreifaltigkeitsrelief und darunter Ehepaar mit Wappen), im Süden die Rotmarmor-Epitaphien der Familie Schowinger (1632, mit breitformati-

St. Peter; Aufn. um 1945

St. Peter nach Kriegszerstörung; Aufn. um 1945

gem Ölbergrelief) und für Johann Baptist Ruffin († 1749, geschweift mit Kruzifixrelief). Im Mittelbereich der Südwand Freilegungen gotischer Bausubstanz (Gewände?) sowie ein kleines Ölbergrelief des 14. Jh. Innen (in einer Südkapelle) ist noch das Bronze-Epitaph für Wilhelm und Maria Katharina von Lasso (1613, Relief Beweinung Christi, vielleicht von Hans Krumpper) besonders zu erwähnen. St. Peter gehörte zu den im Luftkrieg am schwersten zerstörten Kirchen: erste Schäden am 18. März 1944; am 24./25. April 1944 Brandschäden im Schiff, Turmspitze abgestürzt; 16. Juli 1944 Brandbomben; am 17. Dezember 1944 Chor und Hochaltar durch Sprengbomben schwer beschädigt; am 7. Januar 1945 Kirche großenteils ausgebrannt; am 25. Februar 1945 Gewölbe durch Sprengbomben zerstört, im Langhaus-Ostteil große Fehlstelle. – Nach Sicherungsmaßnahmen ab 1946 (u. a. Turm-Notdach) konnte am 26. Oktober 1949 das Richtfest am wieder überdachten Chor gefeiert werden; an der Langhausruine hingegen waren bereits Sprenglöcher angebracht worden. Der in der frühen Nachkriegsphase in seiner Zielsetzung ungewöhnliche, die rekonstruierte völlige Rückgewinnung des alten Zustandes anstrebende „Wiederaufbau gegen den Zeitgeist" (Kindelbacher 1995), 1950–54 im Wesentlichen verwirklicht und im Bereich von Dekor und Ausstattung etappenweise bis heute fortgesetzt, wurde von Stadtpfarrer Max Zistl (ab 1950, † 1983) und den Architekten Rudolf Esterer und Erwin Schleich initiiert sowie durch Bürgerspenden gefördert („Wiederaufbauverein Alter Peter"). Ausführung durch Baufirma Theo Brannekämper, unter Leitung der Architekten Georg Berlinger, Prof. Esterer und Dr. Schleich. Richtfest am Langhaus 31. März 1951, am Turm 18. August 1951, Turmhelm im Ok-

St. Peter, Epitaph für G. Ligsalz († 1568); hist. Aufn.

tober vollendet; Langhaus im Sommer 1952 und Chor im Sommer 1953 gewölbt. Mit der Hochaltarweihe am 27. Juni 1954 waren die Hauptarbeiten abgeschlossen. Unter Einbeziehung der Reste wurden Hochaltar und Corpus-Christi-Altar rekonstruiert, der Mariahilfaltar ergänzend restauriert, die meist geborgene bewegliche Ausstattung allmählich zurückgebracht. Die den Chorschluss umgürtende Sakristei wurde – ohne das Obergeschoss von 1840 und das Kurfürstenportal von 1731 im Norden – wiedererbaut. Die Gewölbe erhielten zunächst nur eine schlichte Gliederung durch Stuckprofile und -felder; nur in der Chorkuppel samt den Gurtbogen wurde der Stuckdekor (durch Wilhelm Maile) wiederhergestellt, die Fläche zunächst gewölkartig bemalt. Karl Manninger rekonstruierte die zerstörte Mehrzahl der Wandbilder mit der Petruslegende an den Hochschiffswänden, später (1985) auch Zimmermanns Fresko „Petrus als patronus

St. Peter, „Mariä Verkündigung" von J. G. Greiff

St. Peter, „Josef und Joachim" von J. Sandrart

St. Peter, Südseite außen, Ölberg-Relief, 14. Jh.

St. Peter, Schowinger-Epitaph, 1632

urbis et orbis" in der Chorkuppel und (1988/89) die Deckenbilder am Ostende der Seitenschiffe. 1998–2000 wurden Stuckdekor und Deckenfresken im Langhaus rekonstruiert (u. a. Nachbildung des großen Hauptbildes im Mittelschiff – Kreuzigung des hl. Petrus – durch Hermenegild Peiker; auch Stuck im Mittelschiff jetzt als gemalte Imitation).

St. Peter gilt – trotz Verlusten – immer noch als die am reichsten ausgestattete Kirche Münchens, mit einer Fülle vor allem in den Seitenkapellen konzentrierter historischer Objekte. Unter den hier – nicht immer am originalen Platz – wiederangebrachten Altarretabeln des 17. und 18. Jh. befinden sich solche von Marx Schinnagl, Johann Baptist Straub und Ignaz Günther, mit Gemälden u. a. von Ulrich Loth, Carl Loth, Niklas Prugger, Joachim Sandrart, Johann de Pay, Johann Heinrich Schönfeld (Nachfolge), Franz Degle und Johann Baptist Zimmermann sowie plastischen Arbeiten u. a. von Balthasar Ableithner und J. B. Straub. Die versilberte Figurengruppe Mariä Verkündigung vor dem östlichsten Fenster im Südschiff wird Johann Georg Greiff zugeschrieben (2. Viertel 18. Jh.), das Gegenstück im Norden – ein kreuztragender Christus mit Maria – ist etwas älter. In der nördlichen Turmkapelle Ölberggruppe mit Christusfigur (sign.), 1795 von Franz Jakob Schwanthaler, die Jünger von Joseph Otto Entres 1846. Die Orgel von Carl Schuster und Sohn (1957) verwendete den wiederhergestellten klassizistischen Prospekt von 1806/09; neues Instrument 2003 von Johannes Klais Orgelbau, Bonn (op. 1823). – Zum bemerkenswerten Geläute gehören eine kleine Glocke des 14. Jh. und die „Zwölferin" wohl von 1382. – Der reichhaltige Kirchenschatz umfasst über 250 Goldschmiedearbeiten vor allem der Barockzeit und Textilien vom 16. bis 19. Jh. (1998 Neueinrichtung der Schatzkammer im Sakristei-Untergeschoss).

Maße: Gesamtlänge 82 m, lichte Länge 71 m, Mittelschiffbreite 10 m, -höhe 22,5 m; Turmhöhe 91 m.

ARCHÄOLOGISCHE BEFUNDE: Reste mittelalterlicher und neuzeitlicher Vorgängerbebauung in der bestehenden Kirche St. Peter (Fundst.-Nr.: 7835/0338). Archäologische Untersuchungen wurden im Rahmen des Wiederaufbaus 1952/53 durchgeführt. Dabei konnten vermutlich acht Bauphasen festgestellt werden, von denen vier größere die Gestalt der Kirche wesentlich veränderten. Als früheste Bebauung konnte ein überwölbter Raum im Seitenschiff, der sogenannte „Alte Raum" herausgearbeitet werden, der in die Mitte des 12. Jh. anzusetzen ist. Noch im 12. Jh. erfolgte die Errichtung der ersten Basilika, die bald erweitert wurde. Dieser Bau fiel 1180–1200 einer Brandkatastrophe zum Opfer. Ein erster großer Umbau fand nach dem Brand statt, ein weiterer um 1220/30. In der 2. Hälfte des 13. Jh. wurde die gesamte romanische Kirche abgebrochen und mit dem heute noch bestehenden gotischen Bau begonnen.

Petersplatz 8, 9, 10, [11]. Die gesamte der Pfarrei gehörige, als baufällig bezeichnete südseitige Bebauung am Petersplatz wurde gemäß kgl. Entschließung 1806 an private Bauherren versteigert; Pfarrhaus ist seitdem das im Südwesten gelegene Eckhaus Rindermarkt 1 (s. dort). Die neu erbaute klassizistische Häuserzeile (einschließlich Pfarrhof) ist bis heute – teilweise verändert – im Wesentlichen erhalten, eine der selten gewordenen zusammenhängenden Altstadthäusergruppen.

Petersplatz 8 (mit Viktualienmarkt 4). Das ehem. *Café Neumayr*, ein stattlicher klassizistischer Mietshausbau mit Café, in dessen Baumasse spätmittelalterliche Bestandteile der Vorbebauung aufgingen, prägt als hoch ragender Eckbau neben St. Peter die Hanglage über dem Viktualienmarkt. Der einstige Dechanthof, baulich erneuert, nachdem der gelehrte Dechant Dr. Rudolf Volkart 1447 seine Bibliothek der Stadt gestiftet hatte, ist auf Sandtners Stadtmodell von 1570 als spätgotischer

Petersplatz 8 mit Umfeld, Blick von Hl. Geist; Aufn. 2000

Petersplatz 8; Aufn. 1994

zweigeschossiger Satteldachbau mit reich gegliederten Zinnengiebeln dargestellt, an den sich platzseitig (ehem. Friedhof) links der zur Petersschule gehörende, nach Art eines niedrigen Zinnenturms ausgestaltete Durchgang hinab zum (heutigen) Viktualienmarkt und rechts (westlich) der Turm der Nikolauskapelle (vgl. Petersplatz 9) anschließen. Der Satteldachbau, samt rückseitig entlang dem Rossschwemmbach westlich angebautem Flügel, ist auch auf M. Paurs Vogelschau-Stadtplan von 1705 zu erkennen. J. P. Stimmelmayrs Skizze aus dem späteren 18. Jh. zeigt noch den gotischen Giebelbau. J. M. Forster (1895) erwähnt den Neubau des wiederum ruinös gewordenen Dechanthofes im Jahre 1788 (vielleicht auf Rindermarkt 1 zu beziehen). Consonis Stadtplan von 1806 zeigt eine geschlossene, die Gesamtfläche der heutigen Grundstücke Petersplatz 8 und 9 ausfüllende Bebauung mitsamt südwestlich angrenzendem, geometrisch angelegtem kleinem Garten am Schwemmbach.

Das Eckgrundstück (heute Nr. 8) mit dem bisherigen Dechanthof erwarb laut Versteigerungsprotokoll vom 17. Dezember 1806 der bürgerliche Kaffeeschenk Joseph Heitmayr mit der Verbindlichkeit, das in diesem Gebäude befindliche kleine Schlachthaus der Ochsenmetzger für ewige Zeiten in seinem damaligen Zustand zu erhalten sowie den angrenzenden Torbogen neben der Petersschule abzutragen. Der Abbruch des Dechanthofes begann Ende Mai 1807. Die Neubaupläne von 1807 (LBK; Grundrisse von Kellergeschoss, Erdgeschoss und 1. Stock), signiert von Hofmaurermeister Joseph Deiglmayr und Hofzimmermeister Heilmayr, zeigen zumindest im dargestellten Bereich die großenteils wiederverwendeten alten Umfassungsmauern sowie in der Osthälfte des Kellergeschosses (zur abschüssigen Verbindung zwischen Petersplatz und späterem Markt) auch einige Zwischenwände; hier ist in der Südostecke (neben dem Schwemmbach) auch die genannte „Fleischbank" eingetragen. Die Grundrissbildung war in dem kompakten, massigen Baukörper mit vier, hangseitig fünf Obergeschossen schwierig; es gab nur einen kleinen, unregelmäßigen Randhof im Zwickel zum Nachbarhaus Nr. 9, mit dem er überdies zweigeteilt wurde. Das durchgehend kreuzgrat-, z. T. tonnengewölbte Kellergeschoss oder Souterrain wurde später für die von der abschüssigen Ostseite her zugängliche Ladennutzung wiederholt außen wie innen umgestaltet. Eine mittige Überbrückung des Baches im Süden (Tekturklappe) ist auf den Stadtplänen der Folgezeit nur vereinzelt erkennbar (ausgeführt?). Ein gewölbter Kellerraum mit Mittelstütze (platzseitig neben der Treppe) diente später (um 1900) als Weinstube. Im Erdgeschoss ist am oberen, westlichen Ende der Front zum Petersplatz über einer kleinen Freitreppe erhöht der Hauseingang situiert, neben ihm im Zwickel zum Nachbarhaus Nr. 9 bzw. zum Hof die unregelmäßig gewendelte Treppe mit noch erhaltenem klassizistischem Holzbalustergeländer. Links vom Mittellängsflur lag, mit Fenstern zur Bachseite, das Café, durch Doppelsäulenstellung in der Mitte quer geteilt, auf der anderen Gangseite wohl die Wohnung des Hauseigentümers. Kompliziert war die Erschließung der jeweils zwei Wohnungseinheiten in den Obergeschossen. Sie erfolgte vom Treppenhaus her durch zwei parallele Längsgänge nebeneinander, deren rechter im Seitenflügel abgewinkelt war. – Zur Frage des „Zum Haarpuder-Waberl" genannten Cafés – hier oder im Nachbarhaus – vgl. Nr. 9.

Bis auf die mehrfach veränderten Ladenöffnungen im Souterrain sind die originalen Putzfassaden noch erhalten, deren flächige, sparsame Gliederung durch Gesimse über Erdgeschoss und 2. Obergeschoss, Putzfelder, vertiefte Fensterrahmungen sowie mit kleinen Sohlbankkonsolen im 2. Obergeschoss in etwa der in Wien als Plattenstil bezeichneten Phase des Klassizismus entspricht. Das Erdgeschoss ist durch zarte Fugen waagrecht rustiziert; die beiden niedrigeren obersten Geschosse weisen kleinere Fensterformate auf, das Traufgesims unter dem mächtigen Walmdach ist nur knapp ausgebildet.

Der südliche Erweiterungsbau Viktualienmarkt 4 (früher Nr. 14) entstand 1883/84 im trapezförmigen Zwickel zur jüngsten westlichen Nachbarbebauung (vgl. Viktualienmarkt/Vorspann und Nr. 8). Der entwerfende Architekt des (heute durch Neubau ersetzten) prächtigen Neurenaissance-Nachbarhauses Viktualienmarkt 6 von 1881, Carl Wilhelm Warmbach, errichtete auch – unter Überwölbung des Rossschwemmbaches – den dem Haus Petersplatz 8 zur Marktseite hin vorgelegten, vergleichsweise niedrigen Ergänzungsbau; Bauherr war der Altmetzgermeister Ludwig Neumayr (Besitzer seit 1875), in dessen Familie das nach ihr benannte Café Generationen lang erblich war (heute noch Inschrift „Café Neumayr" an der Fassade; zuvor seit 1834 Café Marx). Der Erweiterungsbau (Baugenehmigung vom 24. Oktober 1883)

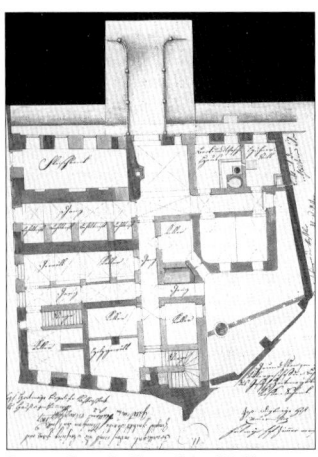

Petersplatz 8, Treppenhaus

Petersplatz 8; Grundriss Kellergeschoss, Eingabeplan 1807

umfasste ein Laden-Erdgeschoss (Generationen lang Textilgeschäft Eder) und darüber den lang gestreckten Gastraum des dadurch großzügig erweiterten Cafés samt balustradenbegrenzter Dachterrasse. Ladenzone wie Café wurden durch je zwei Gusseisenstützen unterteilt. Die den westlichen Nachbarhäusern entsprechende reiche Neurenaissance-Fassadengestaltung, ursprünglich mit Stichbogenfenstern im Obergeschoss vorgesehen, wurde möglicherweise in einfacherer Form ausgeführt. Modernisierende Umbaumaßnahmen erfolgten mehrfach in der Zwischenkriegszeit und später; die z. T. vereinfachte Gestaltung der Marktflügelfassade ist bereits auf dem 1922 datierten Fragment einer Planpause (LBK) dargestellt. Die Ladenfront wurde in jüngster Zeit abermals gründlich modernisiert.

Das traditionsreiche, volkstümliche Café Neumayr erlebte nicht mehr die Zeit der Nostalgie, in der es wiederum geschätzt worden wäre. Nach seiner Schließung (1969) erfolgte 1973 der Umbau zum (damaligen) Restaurant Hirtenstuben (Arch. Walter Hettich).

Petersplatz 9. Auf dem westlich an den Dechanthof von St. Peter (vgl. Nr. 8) grenzenden Grundstück stand die mittelalterliche (1319 erwähnte) Nikolauskapelle, später Kongregationssaal der (1606/09 errichteten) Corpus-Christi-Bruderschaft, in dem seit 1723/24 Messe gelesen werden durfte. Auf Sandtners Stadtmodell von 1570 ist ein Bau vom spätgotischen Typus mit Strebepfeilern im Norden und an der freistehenden Ostseite, nach Westen ansteigendem hohem Pultdach und polygonalem Turm an der Nordostecke dargestellt. In dieser Form skizzierte noch J. P. Stimmelmayr im späteren 18. Jh. „die St. Nicolaus Kapelle mit einem hochspitzigen Thurm, woran die Platten von verschiedenen Farben glassiert" [sind].

Bei der Versteigerung 1807 erwarb das Handwerk der bürgerlichen Kistler (zu den Namen vgl. Häuserbuch IV 1966) den schon als Möbellager benutzten Bruderschaftssaal samt kleinem Hofraum. Bei dem hier 1807 von Stadtmaurermeister Joseph Höchl und Stadtzimmermeister Franz Mayr aufgeführten Neubau – als Bauherr wird allerdings ein Weinhändler Frank genannt – wurden im unteren Bereich die rechteckigen Umfassungswände des Vorgängerbaus wiederverwendet; von letzterem übernommen wurde überhaupt die als „Magazin des Handwerks der Schreinermeister" bezeichnete zweischiffige Halle mit zwei Pfeilern und Stichkappengewölben im sehr hohen Erdgeschoss (Pläne LBK). Noch in KDB 1902 (S. 1180) wird die ehem. Kapelle in Plänen und Text dargestellt. Die Erdgeschossfassade zeigt der in gelblichen Tönen aquarellierte Fassadenriss Höchls waagrecht rustiziert mit zwei durchgehenden Öffnungen in den beiden Mittelachsen und zweigeschossiger Ausbildung der Außenachsen. Dem Rechteckgrundriss angefügt ist östlich eine zum Nachbarhaus Nr. 8 (s. dort) mit seiner flach abgewinkelten Baulinie vermittelnde zwickelförmige Erweiterung, in die das gewendelte Treppenhaus und Aborte platziert wurden; rückseitig schließt sich hier der kleine, an den von Nr. 8 grenzende Hof an. Die drei oberen Geschosse mit Woh-

Petersplatz 9, ehem. Nikolauskapelle; Grundriss und Schnitt

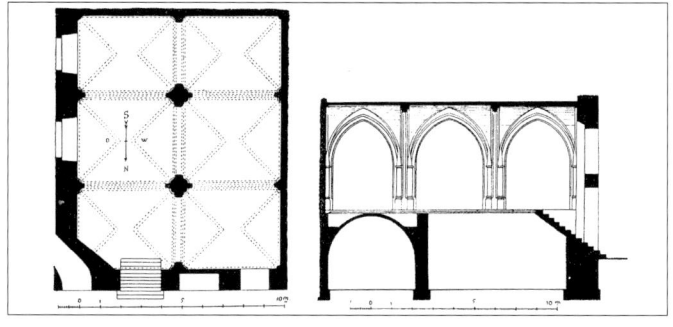

Petersplatz 9; Aufn. 1995

Petersplatz 10; Aufn. 1995

Petersplatz 9; Fassadenansicht, Eingabeplan 1807

Petersplatz 10; Fassadenansicht, Eingabeplan 1807

Petersplatz 9, Fassadendetail

schengeschoss umfassenden Möbelhandlung, die auch an der Fassade deutlich von den Wohnungsgeschossen darüber abgesetzt ist. Auch in diesen oberen Geschossen wurden Grundrissänderungen und Auswechselungen vorgenommen. Völlig neu in deutscher Renaissance gestaltet wurde die Fassade, mit vom Baudatum (A. D. 1898) flankiertem Marienrelief im Mittelbereich und zusätzlichem Dachausbau mit geschweiftem Zwerchhaus. Die Fensterformate in den äußeren Achsen wurden verbreitert. – 1982 wurde das Innere modernisiert.

Der „Zum Haarpuder-Waberl" genannte Kaffeeausschank (1. Hälfte 19. Jh.) befand sich nach Recherchen von H. Stahleder (1992) in Haus Nr. 9, nach anderen Angaben (u. a. Bauer 1982) im Nachbarhaus Nr. 8.

Petersplatz 10. Gruppe mit dem vereinfachten Haus Nr. 11. Westlich von der Nikolauskapelle (vgl. Nr. 9) sind auf Sandtners Stadtmodell von 1570 weitere im Pfarrbesitz von St. Peter befindliche mehrgeschossige Traufseithäuser von gleicher Höhe und mit Ohrwascheln dargestellt, die den heutigen Haus-Nrn. 10, 11 und dem Eckhaus Rindermarkt 1 (s. dort, heutiger Pfarrhof) entsprechen. Ähnlich skizziert noch J. P. Stimmelmayr die Situation im späten 18. Jh. Das Doppelhaus Nr. 10/11, der sog. Altbau oder Alte Bau, wurde als baufällig befunden (Stahleder 2005, 14.8.1806) und in seine beiden Abteilungen getrennt 1807 an zwei private Bauherren verkauft, die durch verschiedene Baumeister typenmäßig zwar ähnliche, doch bezüglich der Fassadengestaltung leicht variierte Neubauten erstellten. Das Anwesen Nr. 10 erwarb 1807 der kgl. Hofchirurg Dr. Franz Wilhelm. Die am 16. März 1807 genehmigten Pläne (ein Blatt mit vier Geschossgrundrissen, ein in gelblich grauem Ton aquarellierter Fassadenriss) sind unterzeichnet von Hofmaurermeister Josef Deiglmayr und Hofzimmermeister Heilmayr (Maurermeister Franz Gießl unterschrieb als Nachbar wegen Nr. 11).

Das Wohn- und Geschäftshaus auf Rechteckgrundriss mit kleinem „Höfel" an der Rückseite, östlich und im unteren Bereich auch westlich an ältere (oder fremde) Kommunwände angebaut, wurde in der linken östlichen Achse durch einen langen Flur mit Treppenhaus am Ende erschlossen. Im (modern veränderten) Erdgeschoss sah der Bauplan rechts einen „Kauf- oder Handwerksladen" mit links benachbartem „ordinär Wohnzimmer" vor, nebst zu derselben Mieteinheit gehörigen rückwärtigen Räumen. Die Wohnungen in den Obergeschossen wiesen platzseitig je zwei Zimmer und im Osten (oberhalb des Hausflurs) ein „Cabinet" auf, hofseitig ein weiteres Zimmer, dazwischen einen kurzen Längsgang und dunkle Nebenräume (Küche, Speise, Holzlege). Der Fassadenplan zeigt die originale klassizistische Erdgeschossgestaltung mit Stichbogenfenstern bzw. beiderseitigen -türen und Putzrustika. Die ausgeführte, bestehende Obergeschossgliederung weicht in Details vom Plan ab; das ovale Relief mit der sitzenden Muttergottes ist später nicht ganz organisch eingesetzt worden. Bauliche Änderungen sind vermerkt für 1837, 1853 (im Bereich hinter den beiden Läden), 1882 für Corsettfabrikant Carl Wahl (Fassadenänderung, vor allem Stufen betr.); vgl. Ansicht von Lambert und Stahl (um 1900, mit Neurenaissance-Ladenstock).

Petersplatz 10, Fassadendetail; nach Lambert u. Stahl, um 1900

nungen wurden jeweils quer durch einen Mittelgang vom Treppenhaus her erschlossen; zur Platzseite mit vier Fenstern waren zwei Zimmer situiert, rückseitig war nur ein weiteres Zimmer mit Fenster möglich, der Restbereich im Südwesten war Dunkelzone.

Ein weitgehender Umbau des heutigen Wohn- und Geschäftshauses erfolgte 1898 nach Entwurf von Ludwig Grothe durch das Baugeschäft Ludwig Herrmann im Auftrag des Möbelhändlers Josef Werner. Dabei wurde der untere Bereich mit der bisherigen Halle (vormals Kapelle) in Eisenkonstruktion mit Zwischendecke ausgewechselt für die Nutzung der Erd- und Zwi-

[**Petersplatz 11.** Vgl. Petersplatz 10. Die westliche Abteilung des zuvor der Peterspfarrei gehörenden sog. Altbaus erwarb 1807 Maurermeister Franz Gießel (so seine Signatur), der sie sogleich an den Früchtehändler Aloys Paulier weitergab und für ihn den Neubau eines Wohn- und Geschäftshauses aufführte, der – mit kleineren Varianten der klassizistischen Fassadengestaltung und der im Großen gesehen ähnlichen Grundrissbildung – mit dem gleichzeitig erbauten Haus Nr. 10 eine Gruppe bildete. Die Darstellung auf dem Plan von 1807 (LBK) beschränkt sich auf eine Achse der viergeschossigen Fassade und einen Teil-Schnitt. Das Erdgeschoss war horizontal rustiziert, mit Keilsteinfugen über den Fenstern, die Sohlbänke der Fenster im 1. und 2. Stock ruhten auf kleinen Konsolen. Westlich wurde das Haus an die Kommunmauer von „St. Peters Neubau" (vgl. Rindermarkt 1) angebaut. Die Erschließung erfolgte durch Haustür, Flur und anschließende Treppe in der äußeren linken Achse. Die Erdgeschossfassade wurde 1857 verändert. Von 1873 bis zum Umzug in den Neubau Frauenplatz 2 (1897/99) war hier die Münchener Industriebank ansässig, für die das Erdgeschoss 1880 durch Baumeister Ludwig Schramm ausgewechselt wurde (platzseitig Kassenhalle); 1890 weitere Auswechslungen im Erdgeschoss und 1. Stock (Baumeister Nikolaus Debold). 1905 Ladenauswechslung für den Blumenfabrikanten Ludwig Kaussler. In den Jahrzehnten nach 1945 mehrfach Ladenumbauten, Veränderungen und starke Vereinfachung der jetzt glatten Fassade, die eine an das klassizistische Gliederungsschema erinnernde gemalte Felderteilung erhielt (kürzlich leider durch einen monochromen Anstrich ersetzt).]

Pettenbeckstraße

(Vgl. Ensemble Altstadt.) Da der Bereich um den heute St.-Jakobs-Platz genannten Anger und den Oberen sowie Unteren Anger bis zum einstigen Angertor keinen unmittelbaren Verkehrsanschluss zur hochmittelalterlichen Kernstadt hatte, wurde 1895/96 der Durchbruch einer Verbindung zwischen dem Rindermarkt im Norden – in Verlängerung der Rosenstraße – bis zur Gabelung von Oberem und Unterem Anger im Süden beschlossen. Die weitgehend von stattlichen neuen Wohn- und Geschäftshäusern gesäumte Straße wurde 1899 nach Maria Pettenbeck (1573–1619), der Gemahlin Herzog Ferdinands benannt, dessen Palastanlage sich unweit östlich vom Rindermarkt zum Rosental erstreckt hatte. Der Nordteil der Straße wird westlich vom Ruffini-Block Gabriel Seidls begrenzt (s. Rindermarkt 10), die Ostseite ist heute unbebaute Grünfläche mit dem Rindermarktbrunnen von 1964 (vgl. Rindermarkt/Vorspann). Die einstige Südhälfte der Pettenbeckstraße, am Südende der Ostseite vom spätgotischen ehem. Stadtzeughaus begrenzt (s. St.-Jakobs-Platz 1/Stadtmuseum) und mit dem Oraghaus von 1896/97 als geplant-wirkungsvollem südlichem Abschluss (s. Oberanger 9), ist heute Bestandteil der verbreiterten Verkehrsachse des Oberangers, zu dem sie offiziell gerechnet wird. Infolge dieses Straßenausbaus und seiner Fortsetzung als Durchbruch zum Rindermarkt ist die einstige Pettenbeckstraße mit ihrer zweizeiligen Bebauung aus den Jahren um 1900 als geschlossene städtebauliche Anlage heute nicht mehr existent. Sie stellte den größten realisierten unter den zahlreichen in der Zeit von 1871–1914 weit umfassender geplanten, aber nicht ausgeführten Straßendurchbrüchen in der Altstadt dar (vgl. Walter 1987). Die kriegszerstörte Bebauung vor 1939 ist in Häuserbuch IV (1966) dargestellt; zum zuletzt entstandenen Geschäftshaus Nr. 5 an der Ostseite (1909/10 von Ludwig v. Weckbecker; Fassade im Sinn der Stilreform, mit drei Erkern und Giebeln; heute hier Erweiterungstrakt des Stadtmuseums) vgl. MB I 1912, S. 350.

ARCHÄOLOGISCHE BEFUNDE: Größere Bodeneingriffe und Umbauten sind aus jüngerer Zeit nicht bekannt, deshalb ist mit untertägig erhaltenen Resten von mittelalterlichen und frühneuzeitlichen Bauwerken wie verrohrten Bächen und Pflastern zu rechnen.

Blick in die Pfarrstraße (links) und Thierschstraße (rechts), in der Mitte Pfarrstraße 7; Aufn. 1995

Pfarrstraße; Flurkarte, M. 1:2500

Pfarrstraße

Benannt nach dem einstigen Pfarrhaus der 1808 gegründeten Pfarrei St. Anna (s. Nr. 1), unter diesem Namen auf Stadtplänen seit 1848, zuvor „Große Badstraße". Kurze Verbindung von der St.-Anna-Straße bzw. dem westlichen Beginn der Gewürzmühlstraße südostwärts zur Thierschstraße, zu der hin sie 1877 nach deren Neuanlage am Südende abgebogen wurde. Zum Neubau Nr. 16 an der Südostecke vgl. Maximilianstraße 47. Siehe hierzu im Einzelnen den Beitrag von Johannes Hallinger.

[**Pfarrstraße 1.** Wenige Jahre nach der Säkularisation war südöstlich der ehemaligen Kloster- und nunmehrigen Pfarrkirche St. Anna ein Pfarrhaus erbaut worden, welches schon kurz nach 1810 greifbar ist. Es stand namengebend bis 1959 als Haus Nr. 1 an der Pfarrstraße, giebelständig und leicht von der Straßenlinie abgerückt, sein Pfründegarten schloss sich nördlich an und bildete die Ecke Pfarr-/Gewürzmühlstraße, vormals Große Bad/Kleine Badstraße aus. Den Luftkrieg hatte das Vorstadthaus unbeschadet überstanden. Zum Zeitpunkt seines Abbruchs zeichnete sein Dach noch die alte Mönch-Nonne-Deckung aus.]

Pfarrstraße 2. Auf zuvor unbebautem Grund ließ sich 1827 der Kistlermeister Johann Baptist Hemmer die beiden zusammenhängenden und formgleichen Häuser Pfarrstraße 2 und St.-Anna-Straße 5 von Maurermeister Xaver Widmann und Zimmermeis-

Pfarrstraße 2

ter Karl Stitzinger errichten. Das nördliche der beiden Häuser hatte zwei in stumpfem Winkel zueinander liegende Flügel erhalten, deren nördlicher (fünfachsiger) die dort platzwirksame südliche Begrenzung einer Kreuzung mehrerer Straßen darstellte (im Luftkrieg total zerstört und schließlich ersetzt). Das südliche Haus dieser Anlage stellt Pfarrstraße 2 dar, das von den Auswirkungen des Zweiten Weltkriegs weitgehend verschont und bis heute ein selten gewordenes Zeugnis für die biedermeierzeitliche Vorstadtbebauung des Lehels geblieben ist (vgl. etwa Robert-Koch-Straße 11). Als klassischer Siebenachser steht es an der Pfarrstraße und verrät sein Alter schon durch die äußere Dimensionalität, das Nebeneinander mit seinen nördlichen und südlichen Nachbarn muss freilich ernüchtern. Der mittig ins Haus, quer zum First des traufseitigen Baus gesteckte Zugang führt zum rückwärtigen Treppenhaus, das mit einer halbgewendelten Podesttreppe vor der hinteren Grundlinie eingezogen bleibt. Zwei Wohnungen kamen in jeder Etage zum Liegen, wobei die geringe Bautiefe Dunkelzonen nicht entstehen ließ. Die Fassade des Hauses, mit einheitlicher Rauputz-Oberfläche, erhielt im Erdgeschoss eine einfache Streifenrustika, zu den Obergeschossen hin eine Parallelführung von Gurt und Sohlbankgesims vor der Brüstungszone der Fenster des 1. Obergeschosses; hier zeichnen die Fenster schlichte Profilrahmen aus, im 2. Obergeschoss eingezogene profilierte Laibungen. Die Formate der Fenster in Erdgeschoss und 2. Obergeschoss entsprechen einander, sie sind weniger hoch als die des 1. Obergeschosses. (Ertüchtigung der Fenster 1993.)

Pfarrstraße 3. Auf zuvor unbebautem Grund wurde 1903–05 ein „Museum für Arbeiterwohlfahrtseinrichtungen" unter einem Dach mit dem Straßen- und Flussbauamt errichtet. Planfertiger

war das Kgl. Landbauamt, hier in Person von Adolf Schulze. Es entstand ein zehnachsiges Gebäude an der Straße, in dessen rückwärtigem, großem Flügel das Arbeitermuseum untergebracht worden ist. Im Vordergrund der Institution stand die Aufklärung bezüglich der Arbeitssicherheit und der Arbeitsstätten-Schutzrichtlinien. Es wurde ein eigener Hörsaal angebaut, und 1915 entstand ein Erweiterungsbau nach Nordosten, der noch besteht. In den 1960er Jahren war hier das Bayerische Staatsministerium für Arbeit und soziale Fürsorge untergebracht. Die Fassade des Gebäudes ist eine reine Putzfassade: Das Erdgeschoss erhielt große Rundbogenfenster und eine Putzrustika, gestreift und geschmatzt, die Obergeschossfenster wurden gerahmt und mit geohrten Profilen versehen, dabei die Hauptgeschosse in neubarocker Manier verklammert. Zwei große Dachhäuser setzte Schulze in die Dachlandschaft, zweiregistrig und mit gebrochenem Wellengiebel. Pfarrstraße 3 steht für einen Staatsbau, bei dem bewusst auf neubarocke Formen zurückgegriffen worden ist. Bis in die ersten Jahre des 20. Jh. entstanden etliche Bauten nach den Plänen beamteter Bauleute, die schlossartig-residenziell anverwandelt worden sind, man dabei aber den Zierrat in Putz ausführte (vgl. das ehem. Forstamt sowie das ehem. Kreisarchiv in der Himbselstraße, das Landbauamt in der Seeaustraße oder das Baumagazin des Landbauamtes Emil-Riedel-Straße 16). (Fassadeninstandsetzung 1976.)

Pfarrstraße 7. Baumeister Johann Nepomuk Bürkel erbaute das bestehende mehrgliedrige Anwesen 1877–79 für sich selbst. Das Gelände der Kgl. Brunnenmacherei war als Ausgleichsfläche zur Verfügung gestellt und schließlich parzelliert worden, um den Anschluss der alten Pfarrstraße an die neue Fabrik-/späterhin Thierschstraße herzustellen. Der Umgriff um diesen Straßenaufschluss erlebte just gegen 1880 eine städtebauliche Wandlung, die größer nicht zu denken ist. Der Straßenmündung östlich gegenüber war der Neubau des Wilhelmsgymnasiums entstanden, diesem östlich vorgelagert die herrschaftlich anmutende Kgl. Brandversicherungskammer. Den späteren Thierschplatz machten bis in die späten 1880er Jahre noch kleine Vorstadtbauten aus. Der Regierung war an einem repräsentativen Umfeld für die Kgl. Vorzeige-Lehranstalt gerade am Übergang von der Maximilianstraße nach Norden gelegen. Entsprechend entstand das Eckhaus über kuriosem Grundriss (vgl. auch St.-Anna-Straße 14) als reiner Wohnbau in strengen, spätklassizistischen Formen, und obwohl fünf Achsen an der Thierschstraße und vier Achsen an der abgewandten Seite zum Liegen kamen, schloss man das Anwesen von der Pfarrstraße her auf. Der Flügel an diesem Straßenlauf erhielt einen Knick, wodurch die vierachsige Front am Straßenübergang prominent vorgestellt worden ist. Das Treppenhaus mit seiner doppelläufigen Podesttreppe wurde in die nördliche Achse ganz an die vordere Grundlinie gelegt, die Wohnungsvorplätze wurden dem schrägen Übergang entsprechend auswinklig eingeschnitten. Der Ausbau des Mansarddaches, immer schon fassadenwirksam, aber heute erheblich hoch, tat dabei sein Übriges. (Fenstererneuerung 1979, Dachgeschoss-Ausbauplanungen 1980–89, Fassadeninstandsetzung und Erneuerung der Hauseingangstüre 2006.)

Pfarrstraße 7, 16. Vgl. Ensemble Platzfolge Lehel.

Pfarrstraße 3; Grundriss Erdgeschoss, 1912   Pfarrstraße 3; Aufn. 1994

Pfarrstraße 12

Pfarrstraße 10

Pfarrstraße 10. Anstelle der alten Gastwirtschaft „Benni am Bach", die sich als schmales Anwesen (bei Wenng 1850 Haus Nr. 2) zwischen Saumweg am Fabrikbach und Pfarrstraße dem Pfarrhaus gegenüber befand und dem sich nach Süden hin ein langes Wirtschaftsgrundstück anschloss, wurden die bestehenden Wohnhäuser Pfarrstraße 8, 10 und 12 erbaut. Die Parzellen dieser Neubauten waren absichtsvoll auswinklig eingemessen worden, um der Straße einen Schwung nach Osten auf das Wilhelmsgymnasium hin zu verleihen. Nr. 10 erhielt einen kurzen südlichen Rückflügel, eine ausmittig eingesteckte Durchfahrt, der nördlich das Treppenhaus anliegt, dieses ohne Ausbau über die rückwärtige Grundlinie. Der Bau erfolgte 1879–81, Bauherr war der Privatier Josef Holzinger, Planfertiger und Ausführender Maurermeister K. Hock. In jeder Etage kamen gemäß Eingabeplan zwei mittelgroße Wohnungen zum Liegen. Dabei bedingte die Bautiefe Dunkelzonen, denen Hock für die Räume im Südabschnitt mit einem Lichthof an der dortigen Grundstücksgrenze begegnete. Das Anwesen wurde straßenseitig in frühen Neurenaissanceformen gestaltet, die dem späten Klassizismus verpflichtet sind. Über einer Erdgeschoss-Rustika spannen zwei von rustizierten Lisenen gebildete Seitenpartien drei mittlere Fensterachsen ein. Ein kräftig durchgebildetes Gurtgesims setzt das 3. Obergeschoss klar ab und weist 1. und 2. Obergeschoss als Hauptgeschosse aus, die Fenster des 2. Obergeschosses sind rundbogig geschlossen. (Fassadenrenovierung 1993–94.)

Pfarrstraße 12. Die rückwärtige Grundstücksgrenze von Nr. 12 bildet, wie auch bei Nr. 10, der alte Verlauf des Fabrikbachs. Bei der Neuarrondierung der Grundstücke 1878 hatte man auch den alten Saumpfad den Parzellen zugeschlagen. Man maß die Grundstücke auswinklig ein, um der Pfarrstraße einen Schwung nach Osten auf das Wilhelmsgymnasium hin zu geben. Das Haus Nr. 12 entstand 1880–81, Bauwerber war Schreinermeister Anton Riederer, der jedoch noch während der Rohbauphase an den Schreinermeister Johann Atzbeck weiter verkaufte, Planfertiger und Ausführender der beim Ausbau des Lehels ungeheuer viel beschäftigte Baumeister Heinrich Thommen. In diesem klassischen, aber rhythmisierten Siebenachser kam die Durchfahrt mittig zum Liegen. Eine gerade einläufige Treppe liegt dieser Durchfahrt südlich auf halber Höhe an, sie führt ins Treppenhaus über der Einfahrt. In jeder Etage sind, wie auch bei Nr. 10, zwei

mittelgroße Wohnungen untergebracht, dies gemäß Eingabeplan. Die Fassade weist in Disposition und Großform in die Richtung einer Neurenaissance, die (noch) ganz dem Spätklassizimus verpflichtet ist. 1. und 2. Obergeschoss wurden als Hauptgeschosse ausgeschieden, dabei die unteren Fenster schlicht, die oberen aufwendiger verdacht. Hier erhielt das mittlere Fenster einen Dreiecksgiebel, die je äußeren drei eine segmentbogenförmige Verdachung mit stuckierten Sturzfeldern. Die Fenster des 3. Obergeschosses schloss man rundbogig, gewissermaßen in Variation zum ein Jahr früheren Haus Nr. 10, das diese Fensterform im 2. Obergeschoss aufweist. Beachtlich ist der erhaltene Konsolfries unterhalb der Traufe. Die Nagelfluhverkleidung vor dem Erdgeschoss ersetzte später die ursprüngliche Rustizierung. (Innensanierung 1975–76.)

Blick in die Pfisterstraße nach Westen; Aufn. 1995

Blick in die Pfisterstraße nach Osten; Aufn. 1999

Pfisterstraße

(Vgl. Ensemble Altstadt.) Östliche Fortsetzung des Hofgrabens, Verbindung von der Nordostecke des Alten Hofes zum Platzl. Benannt nach der ehem. Hofpfisterei (s. Nr. 4), doch als Pfistergasse u. ä. erst in neuerer Zeit (Stadtplan von G. M. Weißenhofer, um 1782), zuvor Bei oder Auf der Pfister u. ä. Heute eine der wenigen Altstadtstraßen mit weitgehend historischer Bebau-

Pfisterstraße mit Platzl und Am Kosttor; Flurkarte, M. 1:2500

Pfisterstraße 3

Pfisterstraße 4; Aufn. 1943

ung, südseitig mit alten Bürgerhäusern, nordseitig mit der aufwendig späthistoristischen, malerisch-stimmungsvollen Baugruppe Nr. 7/9/11 von 1894 ff. in städtebaulichem Zusammenhang mit der stil- und zeitgleichen Neubebauung des Platzl (s. dort), verbunden mit einer Straßenverbreiterung mittels neuer, zurückgesetzter Baulinie.

ARCHÄOLOGISCHE BEFUNDE: Größere Bodeneingriffe und Umbauten sind aus jüngerer Zeit nicht bekannt, deshalb ist mit untertägig erhaltenen Resten von mittelalterlichen und frühneuzeitlichen Bauwerken wie verrohrten Bächen und Pflastern zu rechnen.

Pfisterstraße 3 (vormals 1). Ehem. *Scheidhaus der Münzanstalt*; jetzt zum Bayerischen Landesamt für Denkmalpflege gehörig (s. Hofgraben 4). Wohl an der Stelle des am rechten (östlichen) Ufer des Pfisterbaches stehenden, im mittleren 16. Jh. dem Gerber Kaspar Seemüller gehörenden Nebengebäudes (Stahleder 1992) entstand nach Erwerb durch den herzoglichen

Pfisterstraße 4, Hofpfisterei; Nordansicht, Anfang 19. Jh.

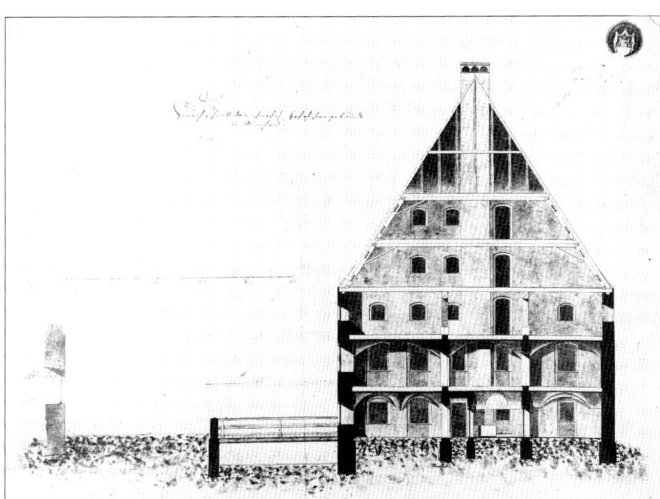

Pfisterstraße 4, Hofpfisterei; Schnitt W–O, Anfang 19. Jh.

Hof ein dem Hofmarstall-Neubau westlich des Bachs funktionell angeschlossener Heustadel mit Krüppelwalmdach, dargestellt – samt rückseitig angefügtem zweitem Bauteil mit Pultdach – auf Jakob Sandtners Stadtmodell von 1570 wie auf Tobias Volckmers Stadtplan von 1613. Den Erdgeschoss-Grundriss der schmalen, trapezförmig gegen Norden verengten Bebauung zeigt eine Bestandsaufnahme von 1807 (Petzet 1989, Abb. 10); der rückwärtige Gebäudeteil enthielt demnach eine kreuzgratgewölbte zweischiffige Halle. Nach jahrelang verzögerter Räumung des noch benötigten Heulagers konnte erst 1813 der klassizistische Umbau (weitgehend Neubau) zum Scheidgebäude der Kgl. Münze erfolgen, gleich dieser durch Maurermeister Joseph Deiglmayr ausgeführt, mit dem Hauptgebäude ähnlicher (seit 1951/52 völlig analoger) Fassadengestaltung (unter Verzicht auf das Konsolgesims), vermutlich unter Bauleitung von Franz Thurn nach Plänen der Hofbauintendanz (Andreas Gärtner, F. Thurn), innen mit fast völlig neuer Raumaufteilung in vier Geschossen (Erd- und Zwischengeschoss ehemals gewölbt). Um die Eingangstür im Westen geohrte Natursteinrahmung, über der Innenseite Gewölbeansatz-Rest. Ansonsten Inneres 1951/52 nach schweren Luftkriegsschäden völlig modernisiert; mit dem Hauptgebäude seit 1921 durch einen Brückenübergang verbunden. Siehe auch Pfisterstraße 5.

Pfisterstraße 4 (vormals 10). Ehem. *Hofpfisterei und -mühle*, jetzt Restaurant Pfistermühle. An der Ecke der Pfisterstraße und des (erst später so genannten) Pfisterbaches (vgl. Sparkassenstraße/Vorspann), östlich gegenüber dem Komplex des Alten Hofes, stehen auf Sandtners Stadtmodell von 1570 noch zwei bescheidene zweigeschossige Bürgerhäuser, das westliche an der Ecke mit Satteldach, östlich daneben ein breiteres Haus mit gegen das vorspringende Nachbarhaus (heute Pfisterstraße 6) ansteigendem Pultdach. Das den Wasserlauf nutzenden Gerbern, zuletzt Sebastian Langöttl, gehörende Doppelanwesen kaufte am 15. Oktober 1578 Herzog Albrecht V. (gest. 24. Oktober 1579) als Bauplatz für die neue Hofpfisterei und Hofmühle. Beide der Versorgung der Hofhaltung dienende Funktionen waren bis dahin westlich gegenüber an der Nordostecke des Alten Hofes ansässig, fielen aber mitsamt der Harnischkammer am 25. Juli 1578 einem Brand zum Opfer (an ihrer Stelle ließ Wilhelm V. 1579–81 die neue Hofkammer errichten, vgl. Alter Hof/Pfisterstock). Hofpfisterei (von lat. pistor = Bäcker) und Hofmühle wurden auf das östlich des Baches gelegene bisherige Langöttl-Grundstück verlegt; als Bauzeit ist 1578/79 nachgewiesen (Stahleder 1992, S. 244); jedoch muss die Erwähnung der „neu erpauten Pfister" vom 3. Mai 1579 noch keinen Abschluss sämtlicher Arbeiten bedeuten.

J. Consonis Stadtplan von 1806 zeigt die „Hofpfisterei" mitsamt dem ehemals an die Nordwestecke anschließenden klei-

Pfisterstraße 4 von Westen; Aufn. 1986

Pfisterstraße 4; Aufn. 1996

nen Annex (von 1804/05) über dem Bachlauf sowie in letzterem vier Wasserräder neben der Südwestecke; der Komplex umschließt außerdem noch einen schmalen Hof an der Ostseite, der nördlich durch ein Tor (stichbogig, später mit geradem Sturz, jetzt wieder Stichbogen) mit der Pfisterstraße verbunden ist. Die den Hof ehemals südlich wie östlich begrenzenden niedrigen Nebengebäude sind auch auf dem Seitzschen Stadtmodell von 1846 ff. östlich von dem durch das mächtige Schopfwalmdach gekennzeichneten Hauptbaukörper dargestellt. Der erwähnte kleine nordwestliche Annexbau über dem Bach (zweigeschossig mit gegen Westen abgewalmtem Dach) enthielt, wie historische Fotos zeigen, bis 1918 die Verkaufsstelle der „Königlichen Hofpfisterei", in der Folge der „Hofpfisterei und Kunstmühle Ludwig Stocker" (Pächter); südlich schloss sich die hölzerne Radhütte über den Mühlrädern an (wohl erst aus dem 19. Jh., 1927 verschmälert). Die (nach Hallinger 1999) ursprünglich fünf, ab 1856 drei Wasserräder arbeiteten auch für das südlich anschließende, 1856/57 im Auftrag Maximilians II. im Nordwestbereich des einstigen Münzgebäudeareals erbaute Kgl. Brunnhaus samt Wasserturm (um 1894 stillgelegt; Luftkriegsruine 1971 zusammen mit Resten der Hofpfisterei – ehem. Stallung – abgebrochen; Neubau Hotel Platzl, Sparkassenstraße 10–12/Münzstraße 3, 1988 eröffnet, in einem der – kaum mehr existenten – Altstadt angepassten Stil).

Von dem im Luftkrieg schwer zerstörten Hauptgebäude blieb im Wesentlichen nur der einstige Wohnteil im Norden an der Pfisterstraße – das zum Teil gewölbte Erdgeschoss, das 1. und Teile des 2. Stockwerks – erhalten; das stark verkürzte Fragment wurde bis 1948, mit Verkaufsstelle der Hofpfisterei L. Stocker im Erdgeschoss, wiederhergestellt und erhielt hinter dem mit Schopfwalm (oder Krüppel-, Halbwalm) schließenden Giebel

ein steil zur zurückgesetzten neuen Traufe abfallendes, in seinen Proportionen fast grotesk wirkendes Notdach. Der aus Staatsbesitz 1959 an die Platzl Inselkammer KG (Brauerei Aying) übergegangene historische Restbau wurde 1987/88 im Zusammenhang mit dem südlich anschließenden Neubau des Hotel Platzl restauriert, um ca. 5 m nach Süden verlängert und erhielt ein neues (ausgebautes) Dach, auch im Süden wieder mit Schopfwalm (wie auf dem Seitz-Modell). Erdgeschoss und 1. Stock wurden als Restaurant Pfistermühle eingerichtet.

Die Giebelfront im Norden hatte gemäß Fotos aus dem späten 19. Jh. gemalte (?) Rahmungen um die Öffnungen; die Fenster im 2. Obergeschoss – auch seitlich – und im Giebel waren stichbogig geschlossen (Gewerbe- und Speicherräume); die Fensteranordnung wurde beim Wiederaufbau nach 1945 zum Teil im Sinne der Regelmäßigkeit verändert – zuvor gab es in der Achse links von der Giebelmitte im 2. Stock und in den beiden Giebelgeschossen große Speicheröffnungen; der Giebel, bis heute mit dekorativem Kaminkopf schließend, hatte an der Sohle ein geputztes Bandgesims in Fortsetzung desjenigen an der Traufe. An der Westseite steigt aus dem denkmalhaft bewahrten, heute trockenen Bachbettrest ein Flacherker bis zum 1. Stock auf.

Der Grundriss des Erdgeschosses ist dreiteilig, mit den Raumgrenzen angepassten gratigen, meist Kreuzgewölben im Mittel- und Ostteil, so im schmalen, drei Joche langen Eingangsflur und der anschließenden mittleren Halle, von der eine gewendelte Steintreppe in den 1. Stock führt. Gewölbt sind auch zwei Zimmer rechts (westlich) vom Flur sowie ein Raum in der Nordostecke, der durch eine Rotmarmorsäule in der Mitte und ein sternförmiges Gratgewölbe ausgezeichnet ist. Weitgehend alt sind noch die Balkendeckenkonstruktionen über Erd- und 1. Obergeschoss.

Pfisterstraße 4, Erdgeschoss, Halle; Aufn. 2007

Pfisterstraße 4, Erdgeschoss, Raum in Nordostecke; Aufn. 2007

Pfisterstraße 6 mit 4; Aufn. 1888

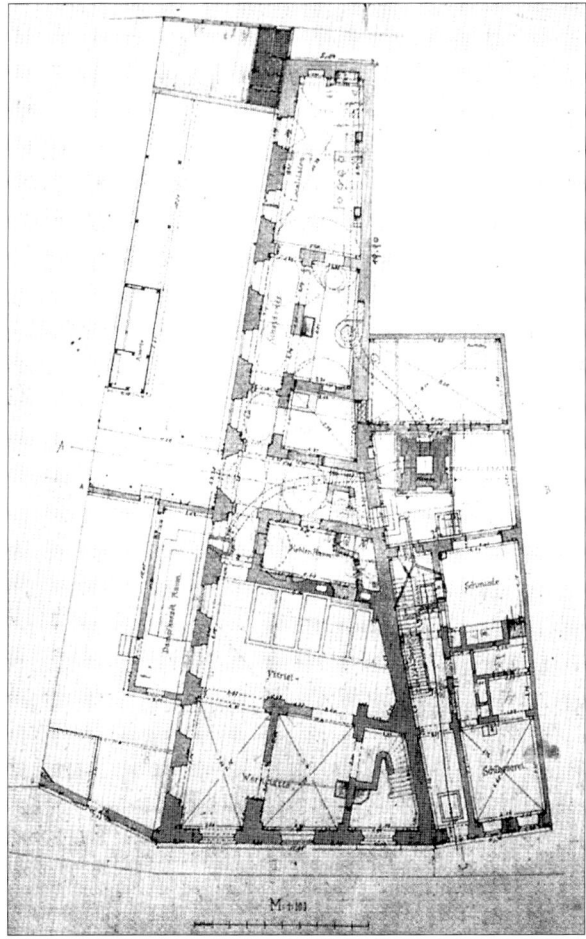

Pfisterstraße 3, 5; Grundriss Erdgeschoss, 1877

Freiherr von Mettingh – neuer Grundstückseigentümer – nach vom 3. November 1837 datiertem, am 4. Februar 1838 von der Lokalbaukommission genehmigtem Plan errichten, der von Maurermeister Mathias Küßwetter und Zimmermeister Franz Erlacher unterzeichnet ist (Petzet 1996, Abb. 48). Die nur drei Achsen breite Fassade entspricht klassizistischer Tradition: im Erdgeschoss Bandrustika mit Keilsteinfugen über dem Eingang (mit Füllungstür) und den Fenstern (mit Läden), darüber doppeltes Gurtgesims; Fenster mit profilierten Laibungen und Faschen, im 1. Stock mit geraden Verdachungen; das niedrigere 3. Obergeschoss von Gurtgesims und profilierter Traufe eingeschlossen. Innen ist die biedermeierlich-bescheidene Grundrissstruktur weitgehend erhalten geblieben: im Erdgeschoss Flur mit Treppenlauf zum 1. Stock, von da ab anschließend zweiläufige Treppe mit Holzgeländer aus dünnen Balusterstäben; in jedem Geschoss Mittelflur, straßenseitig ein großes Wohnzimmer mit rückwärtig anschließendem (Schlaf-)Alkoven. Nach Anschluss an die Kgl. Münze im Jahr 1846 waren im Erdgeschoss vorn Schlosserei und dahinter Schmiede (mit noch erhaltener Esse) untergebracht, darüber Münzarbeiterwohnungen. Der Hof (ehemals mit kleinem Magazin von 1847 und hohem Kamin von 1866) wurde 1957 mit einer glasüberdachten Werkstatt überbaut.

Pfisterstraße 6 (vormals 9). Altmünchner Bürgerhaus. Auf Sandtners Stadtmodell von 1570 ein zweigeschossiges Traufhaus, wie heute noch auf neben der westlichen Nachbarbebauung (Nr. 4) vorspringender Baulinie, von dem vielleicht noch Substanz des 16. Jh. im unteren Bereich der Umfassungsmauern vorhanden ist (1986 im Erdgeschoss unter dem Treppenpodest eine zugesetzte Lichtnische festgestellt). Das Gebäude wurde wohl barockzeitlich und im 19. Jh. verändert. Auf Skizze von J. P.

Pfisterstraße 5; Aufn. 1995   Pfisterstraße 6; Aufn. 1995

Pfisterstraße 5, Treppenhaus

Pfisterstraße 5 (vormals 2 bzw. 3); jetzt zum Bayerischen Landesamt für Denkmalpflege gehörig (s. Hofgraben 4 und Pfisterstraße 3). Auf J. Sandtners Stadtmodell von 1570 zweigeschossiges Bürgerhaus mit nach links (Westen) ansteigendem Pultdach, bis 1810 Lederern gehörig, bis 1844 mit Rückgebäude Falkenturmstraße 1 (heute 6) verbunden. Das bestehende viergeschossige Wohnhaus ließ der kgl. Kämmerer und Forstmeister Karl

Stimmelmayr (gegen 1800) dreigeschossig mit drei Zwerchhäusern (die seitlichen als Ohrwaschel). Im letzten Zustand vor dem Zweiten Weltkrieg (Ansicht in Häuserbuch I) dreigeschossig mit spätklassizistischen (?) Fensterumrahmungen, Konsolgesims und drei sehr großen Dachgauben. Nach schweren Luftkriegsschäden Wiederaufbau 1954 (Arch. Alfred Schindler, Rosenheim) mit Aufstockung, neuen Stahlbetondecken, schlichter Putzfassade und nach Westen abgewalmtem Dach. 1986 vom Bauherrn der rückseitig anschließenden Anwesen Platzl 2 und 3 (s. dort) erworben und 1987/88 zusammen mit diesen saniert und umgebaut sowie dem die ganze Gruppe verbindenden Hof- und Passagensystem (sog. Platzlgassen) mittels Durchgang zwischen den neu gestalteten Geschäften angeschlossen. – In der Reihe der Besitzer ist der Hofmaler Kaspar Amort d. Ä. (gest. 1675) zu erwähnen (vgl. Platzl 3).

Pfisterstraße 7 (vormals 2). Auf Sandtners Stadtmodell 1570 ein dreigeschossiges Giebelhaus; mit Giebel auch auf T. Volckmers Stadtplan von 1613. Auf der Skizze J. P. Stimmelmayrs aus dem späteren 18. Jh. ein offenbar in der Barockzeit erneuertes viergeschossiges Traufhaus mit Mitteleingang. Stets mit dem Rückgebäude Falkenturmstraße 8 verbunden (s. dort). – Das 1894 im Auftrag des Realitätenbesitzers Johann Kraus von Ernst Dressler neu erbaute viergeschossige, hakenförmige Vorderhaus mit Gastwirtschaft, linksseitigem Hofflügel und Mansarddach hat eine durch profilierte Gurtgesimse gegliederte Neurenaissancefassade mit vier großen Rundbogenöffnungen im Erdgeschoss und (neu ausgemalter) Wappenkartusche über dem 1. Stock. Heute mittig „Adlerpassage" zur Falkenturmstraße (verbunden mit dem Passagensystem von Pfisterstraße 9/11), entstanden im Rahmen der Gesamtinstandsetzung (mit Falkenturmstraße 8) 1978–82.

Pfisterstraße 7; Aufn. 1995   Pfisterstraße 8; Aufn. 1995

Pfisterstraße 8. Auf Sandtners Stadtmodell (1570) ein zweigeschossiges Traufhaus mit Breiterker im 1. Stock links, bei gleicher Trauf- und Firsthöhe mit dem Nachbarhaus rechts (heute Nr. 6). Auf Stimmelmayrs Skizze (wohl späteres 18. Jh.) erscheinen beide Bürgerhäuser gestalterisch als eine dreigeschossige Einheit mit einer Mittel- und seitlichen Halbgiebelgauben. Die Fassade von Nr. 8 hatte bis zum Zweiten Weltkrieg eine frühklassizistische Putzgliederung in der Art des späten 18. Jh. (die 1924 beseitigten Putzfelder über dem Erdgeschoss stammten vielleicht noch aus der Barockzeit); Besitzerwechsel 1795 und 1796 könnte Anlass zu Umbaumaßnahmen gewesen sein. Diese einfache Gliederung durch flache Fenster- und Felderrahmungen ist auf einem Eingabeplan von 1924 (aus Anlass des Ladenumbaus im Erdgeschoss) sowie auf der Ansicht von 1939 in Häuserbuch I dargestellt; von ihr ist nur noch die Putzrahmung der kleinen Nische (darin Marienfigürchen, Typus 19. Jh.) mit Guttae (Tropfen) an der Unterseite erhalten. Die Aufstockung nach dem Zweiten Weltkrieg – die im Rahmen eines vereinfachten Wiederaufbaus unternommen wurde – trat an die Stelle eines zurückgesetzten Dachgeschosses und einer Halbgiebelgaube rechts.

Pfisterstraße 9 (vormals 4). Gruppe mit Nr. 11. Zur Vorbebauung und Baugeschichte vgl. Nr. 11, mit welchem Nr. 9 – ein Wohn- und Geschäftshaus, 1895/96 von Hans Grässel und Karl Stöhr in deutscher Renaissance errichtet – einen (bei der Gesamtrestaurierung 1997/98 glasüberdeckten) gemeinsamen Innenhof einschließt. Beiderseits des Treppenhauses (mit Spiraleisengeländer) in der Mitte des Verbindungsflügels ist je eine Wohnung angeordnet. Im Erdgeschoss drei verschieden große Bogenöffnungen – ehemals zwei Läden zu Seiten des Vestibüls (jetzt Boettner's Restaurant, z. T. mit von Theatinerstraße 8

Pfisterstraße 9 und 11 (von links); Aufn. 2008

transferierter Ausstattung des frühen 20. Jh.); im Scheitel der kräftig in Putz rustizierten Arkadenrahmen antikisierende Büsten. In den drei Obergeschossen Doppel-Rechteckfenster mit Rustikarahmung und geraden Verdachungen; am Zwerchhaus gekuppeltes Rundbogenfenster und Volutengiebel; im 2. Stock Nischen mit Sitzfiguren der hl. Maria und (stark ergänzt) des hl. Josef.

Pfisterstraße 10 (vormals 7). Bürgerhaus. Das meist Handwerkern verschiedener Profession, von 1749 bis ins frühe 19. Jh. Branntweinern, danach vielfach Kaufleuten, gehörende Haus ist in der bestehenden Form mit dem drei Achsen breiten, dreigeschossigen Flacherker (auf Kragsteinkonsolen) bereits auf J. Sandtners Stadtmodell von 1570 dargestellt, allerdings mit Giebel und Aufzugsöffnung. Auf J. P. Stimmelmayrs Skizze (gegen 1800) schließt die Fassade mit Traufe über dem Erker, also ohne Giebel und das heutige 4. Obergeschoss. Letzteres ist jedoch gemäß der eingehenden Bauuntersuchung von 1986–89 „sehr früh anzusetzen: sicherlich noch zum Ende des 16. Jahrhunderts". Der nur vier Fensterachsen breite Bau mit nach rückwärts ansteigendem, mäßig geneigtem Pultdach hat auf annähernd quadratischem Grundriss eine fast turmartig schlanke Form und erhält, da dreiseitig umbaut und ohne Hof, sein Licht nur von der Straßenseite im Norden. Die Eingangsachse rechts vom Erker ist schmaler. Die innere Erschließung erfolgte ursprünglich durch eine geradläufige „Himmelsleiter", später durch eine (1988 in Beton gefestigte) Spindeltreppe mit Ziegelsetzstufen in der Südwestecke. Das einsturzgefährdete Haus wurde 1988/89 statisch gesichert und ansonsten stark eingreifend saniert, u. a. vollständig unterkellert, die Decke über dem Erdgeschoss ausgewechselt, die Schwarzküche im 4. Oberschoss (nach Teileinsturz) beseitigt. Vgl. im Einzelnen den Untersuchungsbericht der Bauforschung (Auszüge in JBD 43/1989); demnach „im Kern 13./14. Jh., Fragmente eines ersten Baues in der östlichen Kommunwand in ältester Münchner Ziegelbauweise, Erd- und Obergeschoss, vermutlich traufständig [nach Mader 1988 dreigeschossig]. Neubau inschriftlich 1539 datiert auf der Brüstung des zweiten Obergeschosses des Kastenerkers, zusammen mit dem bayerischen Löwen und zwei Wappen (eines davon wittelsbachisch) auf der ersten Fassungsschicht. Nach dem eindeutigen Baubefund nicht giebelständig, sondern mit Pultdach (…). Im von Anfang an ausgebauten Dach originale Schwarzküche, bislang älteste nachgewiesene in München, die bei der Aufstockung erhalten" geblieben war (16. Jh.). Die Fassade erhielt im 18. Jh. „nach der siebten Fassung neue, etwas kleinere Fenster (…), umrahmt von geputzten, geohrten Faschen", in der Folge noch eine größere Zahl monochromer Anstriche. Innen waren die ursprünglichen Holzbohlenwände

Pfisterstraße 11, Stuckdecke im 1. Obergeschoss; Aufn. 1996

Pfisterstraße 10; Aufn. 1952

Pfisterstraße 10; Aufn. 1995

später (mit einer Ausnahme) durch gemauerte Ziegelwände ersetzt worden. Erdgeschoss (mit Laden) verändert. Die beiden großen querrechteckigen Fenster im 4. Obergeschoss hatten vor 1988 Doppel-Kreuzstockteilung.

Unter den Besitzern nennt Häuserbuch I (1958) 1539 (also im Baujahr) Hans und Barbara Wagner sowie ab 1574 (kurzzeitig) den Bildhauer und Maurer Hans Aernhofer (d. J., gest. 1621), der vor allem für den Münchner Hof tätig war.

Pfisterstraße östlich von Nr. 10 (vormals 6). Eckhaus, jetzt Teil von Platzl 3, s. dort.

Pfisterstraße 11 (vormals 5); Gruppe mit Nr. 9. Als Vorgängerbebauung der Doppelhausgruppe Nr. 9/11 zeigt Sandtners Stadtmodell von 1570 westlich ein schmales dreigeschossiges Traufhaus, östlich anschließend ein dreigeschossiges Pultdachhaus, mit dem die ehemals vorspringende Baulinie einsetzte (Halbgiebel noch bei Stimmelmayr im späteren 18. Jh. – „das vorragende Platzl Brandweiner Haus"), und östlich zwei zweigeschossige (später aufgestockte) Traufhäuser, dazu eine kleinteilige rückwärtige Hofumbauung.

Die beiden bestehenden, einen gemeinsamen querrechteckigen Hof annähernd spiegelbildlich umschließenden Mietshäuser Nr. 9 und 11 mit Geschäften im Erdgeschoss entstanden auf zurückgesetzter (schon 1878 geplanter, erst in den 1890er Jahren amtlicher) Baulinie, laut Bauinschrift über dem Portal von Nr. 11 im Jahr 1895 (erste Entwürfe von Karl Stöhr 1894); Porträtmedaillons ein Geschoss höher darüber zeigen den Bauherrn, den Kaufmann Georg Barmbichler († 1916) und seine Frau Maria geb. Fritz. Barmbichler, der anschließend das östliche Nachbarhaus Platzl 4 (s. dort) errichten ließ, hatte die Altbauten zuvor sukzessive erworben. Die Bauarbeiten führte Karl Stöhr nach von Hans Grässel überarbeitetem Entwurf vor allem

der Fassaden aus. Die Baumaßnahme war Teil der Neugestaltung des Bereiches Platzl/Pfisterstraße im Geist der deutschen Renaissance.

Im Sinne der angestrebten malerischen Vielfalt ist Haus Nr. 11 – auch als Überleitung zur Nachbardominante Platzl 4 – um ein 4. Obergeschoss erhöht und die gleich Nr. 9 in einem mittleren Zwerchhaus mit Schweifgiebel gipfelnde Fassade individuell gestaltet – mit drei abgeflachten rustizierten Arkaden (Läden, Mitteleinfahrt) im Erdgeschoss und zwei dreigeschossigen seitlichen Flacherkern, Konsolgesimsen und reichem plastischem Dekor (Muschelkalk, Zementputz) in den Fensterbrüstungsbereichen. Die Reliefs an den Erkern unten stellen die Vorbebauung nach dem Sandtner-Modell (um 1570) sowie 1895 dar, oben Handelsschiff und Pferdetransportwagen (Gipsmodelle der beiden letzteren in der Durchfahrt). Der gemeinsame Hof von Nr. 9 und 11 mit jeweils zwei Wohneinheiten trennenden Treppenhausrisaliten in den Schmalseitenmitten erhielt bei der letzten (zugleich mit Platzl 4 für die Messerschmitt Stiftung durchgeführten) Gesamtrestaurierung 1997/98 eine Galerie im 1. Stock und eine Glasüberdachung im Zusammenhang mit einem öffentlichen Passagensystem. Westlich im 1. Stock ovales Wandbild der Marienkrönung durch die Hl. Dreifaltigkeit, 1795 (1896 von der alten Fassade transferiert). Im Inneren ist – vor allem im 1. Stock – für Münchner Verhältnisse selten gewordener, reicher Deckenstuck erhalten.

Pflugstraße

(Vgl. Ensemble Altstadt.) Schmale, kurze Querverbindung vom Tal nordwärts bis zur Marienstraße, nach H. Stahleder (1992) benannt nach einem im letzten Viertel des 16. Jh. ostseitig ansässigen Bäckermeister namens Simon Pflug. Vgl. Tal 41 (Eckhaus).

Platz der Opfer des Nationalsozialismus

Den Namen erhielt 1946 der platzartige Bereich an der Abzweigung des Maximiliansplatzes von der Brienner Straße, der durch nach den Luftkriegszerstörungen zum Teil geänderte Baulinien – Verschiebung des Braun- und Schneider-Blocks – erweitert wurde (vgl. Maximiliansplatz/Vorspann und Nr. 9). In der Folge wurde der Platz durch Einführung des neu angelegten Oskar-von-Miller-Rings von Norden zum Verkehrskreuz. Für die Platzbenennung maßgebend war die Lage in der unmittelbaren Nähe des einstigen Wittelsbacher Palais, eines Zentrums der NS-Gewaltherrschaft (vgl. Brienner Straße 20). An die Stelle eines ersten, provisorischen Gedenksteins (Findling, 1965 von Karl Oppenrieder) wurde 1985 das von Bildhauer Andreas Sobeck geschaffene, 5,8 m hohe Denkmal errichtet, ein Granitpfeiler, der einen kerkerartigen, durchbrochenen Bronzegusswürfel mit einer ewigen Flamme im Inneren trägt.

Platzl

(Vgl. Ensemble Altstadt, Kern des Graggenauer Viertels.) Für die etwa dreieckige platzartige Erweiterung der Orlandostraße (bis 1874 Seeriedergasse) an deren Nordende, von dem gegen Westen die Pfisterstraße und nordöstlich eine kurze, gassenartige Verbindung zum ehem. Graggenauer- oder Kosttor (vgl. Am Kosttor) abzweigt, wurde erst im 18. Jh. der Name Platzl üblich („Auf dem Platzl" auf dem Stadtplan von Matthias Paur 1729; Plätzl bei Westenrieder 1782 und auf Consonis Stadtplan 1806; auch Plätzchen, Am Platzl u. ä.); zuvor Graggenau wie auf den Stadtplänen von T. Volckmer 1613, Wenzel Hollar nach 1623 und J. Stridbeck d. J. 1697 – ein alter, in der Folge auf das ganze nordöstliche Stadtviertel ausgedehnter Flurname. Der im Stadterweiterungsgebiet des späten 13./frühen 14. Jh. gelegene kleine Platz erlangte eine gewisse Mittelpunktsfunktion durch die an der Ecke zur Münzstraße ansässige Münze (s. unten Nr. 1) und das seit dem frühen 17. Jh. sich entlang der ganzen Ostseite erstreckende Hofbräuhaus (ursprünglich Weißes Bräuhaus, s. Nr. 9). Die Verlegung des Brauereibetriebes im späten 19. Jh. und der anspruchsvolle Neubau des Hofbräuhauses nurmehr als Gastwirtschaft (1896/97 durch Max Littmann) brachte eine – auch touristische – Belebung und Aufwertung des Bereiches mit sich und hatte die Errichtung weiterer Gaststätten sowie mehrerer studentischer Corpshäuser zur Folge (zu denen auch Münzstraße 8 zu rechnen ist). Eine geringfügige Erweiterung durch Begradigung und partielle Zurücksetzung der Baulinie, von der Stadtplanung seit 1878 vorgesehen, wurde 1893 bzw. nochmals revidiert 1897 endgültig festgelegt. Als Aufwertung wie adäquate Interpretation des Altstadtbildes begriffen wurde die weitgehende späthistoristische Neubebauung in gesteigertem Maßstab und Aufwand, im Hinblick auf die gastronomisch-bürgerlich-studentische Atmosphäre einheitlich im als malerisch und gemütlich geltenden Stil der deutschen Renaissance durch namhafte Münchner Architekten nach einem koordinierten Konzept. Für die Reihe der nördlich an das Hofbräuhaus anschließenden Corpshäuser hatte die Vorbesitzerin des Grundes, die kgl. Hofbräuhausverwaltung, ein von Heilmann und Littmann entworfenes Gesamtfassadenkonzept vorgeschrieben (s. Platzl 5, 6 und 7); Platzl 8, das ehem. Corpshaus Rheno-Palatia, 1898/99 von Hans Grässel erbaut, mit weitläufigem, im Südtiroler Stil ausgestattetem Weinrestaurant „Tyroler Torggel-Stube" im Erdgeschoss (einst berühmter Künstler- und Literaten-Stammtisch), wurde nach Luftkriegsschäden trotz noch erhaltener, reich (zum Teil in Naturstein) gegliederter Fassade 1972 durch einen schlichten Neubau ersetzt (im Erdgeschoss wieder „Torggelstuben", Obergeschosse dem Hofbräuhaus angeschlossen). Der Neubau Platzl 4 (s. dort), 1899 von Max Littmann, mit dem

Platzl 1, ehem. Volksbühne; Aufn. 1889

Platzl, Ostseite (mit Nr. 8, zerstört); Aufn. 1901

Platzl, Westseite mit Nrn. 1–3 (von links); Aufn. 1996

Platzl nach Norden, in der Mitte Nr. 4; Aufn. 1995

Café-Restaurant Orlando, gab dem Platz im Norden eine hochgiebelige Dominante; stilistisch schlossen sich die Häuser an der Nordseite der Pfisterstraße (Nr. 7, 9, 11, s. dort) dem Platzl-Ensemble an, ebenso an der Westseite Platzl 1a (s. dort), 1896/97 von Max Ostenrieder, dem Vertreter eines geradezu exzentrischen altdeutschen Stils. Hingegen blieben die nördlich benachbarten, äußerlich vergleichsweise bescheidenen Altmünchner Bürgerhäuser Platzl 2, 3 und das heute zu Nr. 3 gehörige Eckhaus an der Pfisterstraße bis heute erhalten, wenn auch bei radikaler Sanierung um 1988 historisierend inszeniert und durch Einkaufspassagen („Platzlgassen") erschlossen (mit dem Ersatz dieser vor der neu festgelegten Baulinie stehenden Baugruppe war in den 1890er Jahren sicher gerechnet worden). – Platzl und Orlandostraße, seit 1965 Fußgängerzone, erhielten um 2000 eine altartige Steinpflasterung.

Historisch bedeutsam ist im Südwesten das Eckanwesen *Platzl 1* (vormals Münzgasse 9), ehemals zur Münze gehörig (vgl. Münzstraße), 1831–73 als Bockkeller benutzt, dann verkauft; der Grunderwerber, Baumeister Kilian Stützel, errichtete 1874/75 ein viergeschossiges Mietshaus mit Restaurant, äußerlich symmetrisch in italienischen Renaissanceformen mit zwei Seitenrisaliten an der Ostfassade. Das 1888 zum großen Einheitssaal umgebaute, von Architekt August Exter aufwendig ausgestattete Restaurant „Platzl" war als Sitz der 1906 gegründeten gleichnamigen Bauernbühne, an der Generationen bekannter Volksschauspieler, -sänger und Musiker auftraten, bis Ende des 20. Jh. ein Begriff. Die Fassade wurde 1930 von Architekt Mayer-Lauinger vereinfachend neu gestaltet, nach Kriegsschäden über dem allein erhaltenen, 1953 durch Architekt Roth und Baufirma Karl Stöhr umgebauten Erdgeschoss 1955/56 der Neubau des Hotels Platzl aufgeführt (Arch. Ludwig Riegg; vgl. auch Pfisterstraße 4). An die Stelle der Volksbühne trat 1995 das nur kurzlebige Varieté-Lokal „Platzl's Theaterie" (1997 ff. „Planet Hollywood", seither Wechsel). (Siehe Flurkarte S. 774)

Platzl 1a. Wohn- und Geschäftshaus Kaut. Auf Sandtners Stadtmodell um 1570 zweigeschossig mit Schopfwalm, in einer Baulinie mit den drei nördlichen Nachbarhäusern, mit dem zurückspringenden südlichen Nachbaranwesen durch einen Torbogen verbunden; bei Stimmelmayr (um 1800) ein viergeschossiges Traufhaus (Hofschäffler-Wohnung, mit südlich anschließender Hütte); nach Häuserbuch I seit altersher mit Weißgerbergerechtigkeit, seit 1660 im Besitz von Hofschäfflern des Weißbier-Bräuhauses, seit 1841 der Weißgerberfamilie Kaut.
Der fünfgeschossige Neubau von 1896/97 (im Auftrag der Weißgerberswitwe Magdalena Kaut), auf die Baulinie des südlichen Nachbarhauses zurückgenommen, gehört zu der Gruppe von Bürgerhäusern Max Ostenrieders in der Altstadt, die in aufwendigen Formen eines Mischstils aus später Gotik und deutscher Renaissance eine altertümliche Stimmung ins Stadtbild zu bringen suchten, zugleich ist es ein Teil der in diesem Geiste vor allem durch Hans Grässel und Max Littmann realisierten Neubebauung des Bereiches Platzl/Pfisterstraße. Auf der schmalen Altparzelle ist der Neubau dreiseitig um den Lichthof herumgelegt, mit in diesen dreiseitig vortretendem Treppenhaus an der Nordseite (rechts), das die jeweils beiden Wohneinheiten – eine größere (samt Magdkammer

Platzl 1a

und Bad) im Vorderhaus und eine kleinere im Rückgebäude – trennt. Im Erdgeschoss scheidet der enge Eingangsflur einen kleineren Laden links von einem großen rechts; Durchgang zum Hof links (über Bachverbauung).
Die vierachsige Schauseite, verputzt und mit Muschelkalkgliederungen, ist im Erdgeschoss mit Strebepfeilern zwischen den flachbogigen Schaufenstern bzw. dem Mitteleingang besetzt. Im 1. Stock breite, dreiflügelige Stichbogenfenster; in den beiden folgenden Stockwerken vor beiden Mittelachsen ein reich gestalteter gotisierender Flacherker mit polychrom gefasster neugotischer Muttergottesfigur im unteren und einer zweibogigen Loggia im oberen Geschoss; in deren Brüstung zweierlei Maßwerkfüllungen, in den Bogenzwickeln Wappenschilde. Über dem Erker gestufte Dreierfenstergruppe sowie Zwerchgiebel mit Gottvaterbüste und kleinen Fialen.

Im Hause hatte der Denkmalpfleger und Kunstsammler Joseph Blatner (1895–1987) lange Zeit seine letzte Wohnung; seine kunst- und kulturgeschichtlich bedeutende Sammlung stiftete er 1985 dem Diözesanmuseum in Freising. – 2000 größere Umbaumaßnahmen: Gaststätte im Erdgeschoss; Büros. 2002 Fassadenrenovierung.

Platzl 2. Ehem. *Platzl-Bäckerei* (zusammen mit Nr. 3, s. dort). Das aus drei Gebäudeteilen auf schmaler Parzelle bestehende, jeweiligen Bedürfnissen baulich angepasste Anwesen (mit Zinswohnungen) war seit 1583 im Besitz von Bäckermeistern (bei J. P. Stimmelmayr im späten 18. Jh. „das Platzl Bäcker Haus"; zuletzt 1878 bis 1984 Familie Karl). Der hier als Mieter 1732–50 wohnhafte Baumeister Leonhard Matthäus Gießl baute es zusammen mit Philipp Jakob Kögelsperger 1732 für Bäckermeister Kaspar Kriener um (Feldbaum 1996); Häuserbuch I (1958) erwähnt Umbau 1904. Die umstrittene, mit starken Verlusten historischer Substanz verbundene Sanierung 1987/88 erschloss die Baugruppe einschließlich Platzl 3 (samt dem Eckhaus mit der ehem. Nr. Pfisterstraße 6) und Pfisterstraße 8 unter Einbeziehung der (zuvor vernachlässigten) Höfe und der alten Hausflure durch ein System von Ladenpassagen mit historisierender Gestaltung und Ausstattung (zum Teil mit transferierten historischen Bestandteilen), genannt „Platzlgassen". Die gesamte Baugruppe, mit ihrer bis ins Mittelalter zurückgehenden Substanz bis dahin in Münchens Altstadt ein fast einzigartiger Restbestand, war 1984–88 Gegenstand einer eingehenden baugeschichtlichen Untersuchung und Dokumentation.
Das *Vorderhaus*, über die links (südlich) davon zurückgenommene Baulinie vortretend, ist mit vier Geschossen und Ohrwaschel links schon auf dem Stadtmodell von 1570 dargestellt, zusätzlich mit dem nicht erhaltenen dreigeschossigen Flacherker in der Mittelachse, den noch Stimmelmayrs Ansicht (gegen 1800)

Platzl 2; Aufn. 1986

Platzl 2; Aufn. 1995

Platzl 2, Hof nach Westen; Aufn. 1986 vor Umbau

zeigt und dessen Ansatz die Bauuntersuchung nachwies, zusammen mit dem Rest einer älteren, von seiner linken Flanke überschnittenen gotischen Fensterlaibung. Das im 16. Jh. mit Restbestand aus dem 13. oder 14. Jh. erbaute Vorderhaus besaß bis 1987 noch den originalen Dachstuhl des 16. Jh. (Dendrodatum um 1565) mit Hängewerk in spätgotischer Tradition, von dem Teile erhalten blieben, sowie eine bemerkenswerte Ausstat-

Platzl 3; Aufn. 2008

tung (weitgehend originale Innenwände zum Teil mit Bemalung und Vertäfelung). An der Fassade wurde Quadermalerei nachgewiesen; die jetzige Dekorationsmalerei um die geputzten Fensterfaschen greift auf eine Ansicht aus dem 19. Jh. zurück (?).

Das etwas jüngere *Mittelgebäude* aus dem frühen oder mittleren 17. Jh. ist an der Südseite des ersten Hofes mit dem Vorderhaus durch einen Trakt mit vorgelegten Holzlauben verbunden, die

um 1987 völlig erneuert wurden ebenso wie weitgehend die bis dahin erhaltenen inneren Strukturen (mit Schwarzküche im 2. Obergeschoss) und das Dach. Bemerkenswert in Vorder- wie Mittelhaus waren die Grundrisse der jeweils um die kleine, lichtlose Küche gruppierten Wohneinheiten und deren soziale Differenzierung vom Vorderbereich zum bescheideneren rückwärtigen.

Das viergeschossige *Rückgebäude* – jenseits eines schmalen zweiten Hofes –, ein homogener Neubau aus der 1. Hälfte des 18. Jh., wurde bei der Sanierung völlig entkernt. Schon zuvor war das Erdgeschoss als Bäckereiwerkstatt verändert worden, während Treppe und Obergeschosse noch weitgehend den Typus eines bescheidenen barockzeitlichen Zinshauses veranschaulichten.

Platzl 3. Altmünchner Bürgerhaus. Wie bei Platzl 2 ist auch auf der schmalen Parzelle Nr. 3 die Bebauung dreiteilig. Das *Vorderhaus* hat gemäß Bauforschung von 1984 ff. (vgl. Nr. 2) bis zum 3. Geschoss noch mittelalterliche Umfassungsmauern (13./ 14. Jh.; Inneres im 19. Jh. völlig neu ausgebaut), übereinstimmend mit der Darstellung auf Sandtners Stadtmodell von 1570 als dreigeschossiges Traufhaus mit mittlerem Flacherker und zweigeschossiger Aufzugsgaube (Ohrwaschel) rechts; letztere wie der Ansatz des einstigen Erkers wurden an der Fassade 1984 ff. nachgewiesen, dazu das Ziegelgewände eines gotischen spitzbogigen Biforiums (Doppelfensters) im 1. Stock rechts. Stimmelmayrs Ansicht aus dem späteren 18. Jh. („des Karnernach-Schleißheim Haus") zeigt das Haus viergeschossig, schon ohne Erker. Nach Untersuchung von 1984 allerdings stammen die beiden obersten Geschosse von einer barockzeitlichen Aufstockung (gegen oder um 1700), deren innere Strukturen (Wohneinheiten vornehmen Charakters) noch weitgehend erhalten waren.

Platzl 3; Aufn. 1986   Platzl 3; Aufn. 1986

Platzl 2 und 3, Rückgebäude von Westen; Aufn. 1986

Das dreigeschossige jüngere *Mittelgebäude* (wohl 17. Jh.) umschließt in Hakenform den kleinen ersten Hof, im unregelmäßig umgrenzten Trakt rechts (nördlich) von ihm sind die gewendelte Treppe und (an der Nordseite) die Schwarzküchen situiert.

Das gesonderte zweigeschossige *Rückgebäude* (wohl 17. Jh.) mit nach rückwärts ansteigendem Pultdach umfasst im Erdgeschoss eine ehem. Stallung mit zwei Kreuzgratgewölben.

Platzl 2 und 3 (oben Pfisterstraße 10/ehem. 7); Grundriss Obergeschoss, 1988

Platzl 3, Hof vor Umbau; Aufn. 1986

Die ehemals durch Mauern geschiedenen, schlichten (zuletzt verwahrlosten) Höfe von Platzl 2 und 3 wurden 1987 vereinigt und als historisierende Schmuckhöfe ausgestaltet, die durch Ladenpassagen (die ehem. schmalen Hausflure) untereinander sowie mit Platzl und Pfisterstraße (durch deren Haus mit heutiger Nr. 6) verbunden sind. Gleichzeitig wurde die gesamte Baugruppe eingreifend unter starken Substanzverlusten saniert (Arch. Wolfgang Brückner, Georg Gussmann).

Unter den Besitzern von Nr. 3 ist der Hofmaler Kaspar Amort(h) d. Ä. (gest. 1675) zu nennen, der es 1669 (zusammen mit Pfisterstraße 6, vormals 9) erwarb; sein Schwiegersohn, der Hofmaler Daniel Münckh, verkaufte es 1685 (Häuserbuch I 1958). Ab 1727 gehörte es kurzzeitig dem Maurermeister Philipp Kögelsperger (gest. 1730), Vater des bekannteren Philipp Jakob Kögelsperger (vgl. Platzl 2).

Zugehöriges Eckhaus: Das seit der radikalen Sanierung 1987/88 zu Platzl 3 gehörige, zuvor allzeit selbständige Eckhaus mit der ehem. Hausnummer Pfisterstraße 6 ist auf Sandtners Stadtmodell von 1570 dreigeschossig mit gegen das südliche Nachbarhaus ansteigendem Pultdach, platzseitigem Halbgiebel und schräg gestelltem Eckerker im 2. Stock dargestellt – Beispiel eines hoflosen Pultdachhauses in Ecklage (vgl. Hotterstraße 18). Ein gründlicher Um- oder weitgehender Neubau mit doppelter Aufstockung in möglicherweise zwei Phasen erfolgte in der Barockzeit; die Bauuntersuchung 1984 ff. stellte am 1. bis 3. Obergeschoss Malereireste von Eckquaderung und Fensterfaschen wohl des 17. Jh. sowie die Ansätze dreigeschossiger Erker an beiden Fronten (östlich in der mittleren, nördlich in der linken Achse) fest; möglicherweise jünger ist das 4. Obergeschoss, das samt barock geschweiftem Ostgiebel (Umrisse 1984 nachgewiesen) und den Erkern auf Stimmelmayrs Ansichten aus dem späteren 18. Jh. dargestellt ist. Die heutige spätklassizistische Fassadengliederung mit Gurtgesimsen, Brüstungsfeldern, geraden Fensterverdachungen, geraden Giebelschultern und Firstzinne stammt von 1877 (Bauherr: Weinhändler Joseph Mengin, Eigentümer 1877–79). Das Innere wurde im 19. und 20. Jh. fast vollständig entkernt und erneuert. – Nach Stimmelmayr „das Trabanten oder Kramer Eckhaus" (Häuserbuch I 1958: Besitzer ab 1762 Johann Veit Wörler, kurfürstl. Trabant). Hausbesitzer ab 1695 war der Hofmaurermeister Philipp Zwerger (gest. 1702, vielfach Mitarbeiter von Enrico Zuccalli; vielleicht Umbau zu seiner Zeit?).

Platzl 4, 4a (mit Falkenturmstraße 12). Sog. *Orlando-Haus,* Eckbau in deutscher Renaissance (mit Rückgebäude Falkenturmstraße 12). Die Vorgängerbebauung bestand aus drei Bürgerhäusern an der Nordseite des Platzls; auf Sandtners Stadtmodell von 1570 ist das westliche ein dreigeschossiges Traufhaus mit Flacherker, das mittlere zweigeschossig mit Grabendach und gezinnter Vorschussmauer, das Eckhaus im Osten zweigeschossig mit Zinnenhalbgiebel und zur Seite geneigtem Pultdach. Das westliche der drei Anwesen erwarb der Komponist und Hofkapellmeister Orlando di Lasso († 1594) 1567 mit einem Zuschuss Herzog Albrechts V.; 1581 wurde er auch Besitzer des Eckhauses. Stimmelmayrs Skizze (um 1780) zeigt letzteres aufgestockt, jedoch wieder mit Pultdach; zuletzt hatte es eine schlichte Gliederung etwa des mittleren 19. Jh. Unter den Eigentümern des westlichen Hauses sind der Hofmaler Peter Candid († 1628) und der Hofmaurermeister Philipp Zwerger († 1702) hervorzuheben; auf Stimmelmayrs Darstellung ist es bereits fünfgeschossig, das Nachbarhaus rechts noch dreigeschossig, von ihm „das Platzl Bräuer Haus" genannt (alte Brauerei und Wirtschaft); nach der Vereinigung beider Häuser im Besitz 1787 wurde es aufgestockt und die Doppelhausfront schlicht frühklassizistisch gestaltet. 1872–75 gehörte es der dubiosen Spekulantin Adele Spitzeder († 1895), die hier eine „Volksküche" eröffnete. Beim Abbruch 1897 wurde die gassenartige Verbindung zwischen Platzl und Am Kosttor verbreitert.

Platzl 4, 4a, Orlando-Haus; Aquarell von J. Puschkin, um 1860

Platzl 4, 4a, Orlando-Haus; Aufn. 1995

Das bestehende fünfgeschossige Mietshaus mit Restaurant (ursprünglich Wiener Café) „Orlando di Lasso" entstand 1898/99 im Auftrag des Kaufmannsehepaares Georg und Maria Barmbichler (vgl. Pfisterstraße 9/11) nach Plänen von Max Littmann (Ausführung Fa. Heilmann und Littmann). Mit seinem den Vorplatz beherrschenden übergiebelten Südrisalit von betontem Vertikalismus – nördlicher Blickpunkt der Orlandostraße – folgt das Äußere keineswegs Altmünchner Vorbildern, sondern dem etwa durch das Braunschweiger Gewandhaus oder das Nürnberger Pellerhaus repräsentierten altdeutsch-patrizischen Typus (vgl. das Viktoriahaus in Dresden von 1891/92). Süddeutsch sind die ausgedehnteren Putzflächen um die etwa an Augsburgs Blütezeit anklingenden Gliederungsdetails. Die rustikagerahmten Erdgeschossarkaden bilden eine offene Vorhalle an dem mit einem steinernen Breiterker besetzten Südrisalit.

Dessen kleinteilig reich gegliederter dreigeschossiger Voluten-giebel bildet mit dem nur zweigeschossigen Quergiebel an der Ostseite eine malerische Gruppe. Städtebaulich steht das Haus innerhalb des um diese Zeit neu bebauten Platzl in einem kon-trapostischen Bezug zu Littmanns Hofbräuhaus im gleichen Stil schräg gegenüber, das ebenfalls mit versetzten Giebelstellungen komponiert ist, an dem jedoch im Ganzen die Horizontale do-miniert.

1945 Dachstuhl beschädigt. 1995 Erwerb durch die Messer-schmitt Stiftung. Die 1945–52 von der Besatzungsmacht be-schlagnahmte, 1998 zusammen mit dem gesamten, weiträumige Wohneinheiten enthaltenden Haus (Dachausbau) restaurierte Gaststätte besteht aus einer zweischiffigen, dreijochigen Pfeiler-halle mit böhmischen Kappen und neubarockem Stuckdekor so-wie einem rückwärts anschließenden, schmaleren (veränderten) Oberlichtraum. (2007 Gaststätten-Neueinrichtung.) Links schma-ler Eingangsflur mit Kreuzgratgewölben, über dem Durchgang zur Treppe Reliefbüsten von Orlando di Lasso und (rückseitig) des Bauherren-Ehepaares; im Auge der Treppe (mit spiraligem Eisengeländer) der 1911 eingebaute Aufzug (1998 in alter Form erneuert).

Die Putzfassade des rückwärtigen, viergeschossigen Gebäude-teils im Norden (Falkenturmstraße 12, s. dort), mit eigenem Ein-gang und Breitgaube, ist schlichter gegliedert, mit kräftigen Rus-tikarahmungen um die Öffnungen.

Platzl 5; Aufn. 1995

Platzl 4, 4a, Orlando-Haus, Gaststätte nach Süden; Aufn. 2008

Platzl 5. Ehem. *Corpshaus Bavaria.* Das städtebaulich promi-nente Eckhaus nimmt (nicht deckungsgleich) die Stelle eines auf Sandtners Stadtmodell von 1570 dargestellten zweigeschossigen Satteldachhauses (mit Ost-West-First) südlich gegenüber dem Graggenauer oder Kosttor ein, das bis 1872 in der Mitte des heu-tigen Platzes Am Kosttor (s. dort) stand. Um 1568 gehörte das Haus (nach Häuserbuch I 1958) der Witwe Magdalena Aesslin-ger, die es sicherlich von ihrem Mann, dem wohl 1567 verstorbe-nen Hofbildhauer Hans Aesslinger übernommen hatte. J. P. Stim-melmayr im späteren 18. Jh. skizziert ein dreigeschossiges Satteldachhaus, „Kühloch" genannt (Gastwirtschaft Küh(l)loch noch im 1. Viertel des 19. Jh.). Das Seitzsche Stadtmodell des mittleren 19. Jh. zeigt das Haus dreigeschossig mit nach den drei freien Seiten abgewalmtem Dach; die Ostseite wurde von der schmalen Zufahrtsgasse zur Rückseite des Hofbräuhauses zwi-schen diesem und der Malzmühle im Osten begrenzt (auf Con-soni-Stadtplan 1806 „Bey der Malzmühle").

Auf dem 1890 aus Staatsbesitz erworbenen Grund errichtete das Baugeschäft Heilmann und Littmann 1899/1900 nach Entwurf von Max Littmann das Corpshaus Bavaria (heute Rheno-Pala-tenheim). Das die Ecksituation durch betonten Vertikalismus in-terpretierende Eckhaus auf stumpfwinkligem Grundriss bildet

den nördlichen Abschluss der Corpshäuser (vgl. Platzl 6, 7, 8), die zusammen mit dem Hofbräuhaus (Nr. 9) im Süden eine ein-heitlich geplante städtebauliche Gruppe im Stil der sog. deut-schen Renaissance bilden. Der überkuppelte Polygonalerker an der abgeschrägten Ecke vermittelt als Gelenk zwischen den bei-den unterschiedlich gestalteten Fassaden. An beiden bildet die aufgeblendete geschossweise Putzgliederung mit Lisenen und Brüstungsgesimsen eine zusammenhängende Großform, die frei, ohne untere und seitliche Anbindung in die Grundfläche eingesetzt ist. Die dem Platz Am Kosttor zugewendete Nord-seite ist durch einen steinernen zweigeschossigen Loggienerker in der Mitte ausgezeichnet und endet in einem dreizonig geglie-derten Schweifgiebel. An der westlichen, an der zum Platzl füh-renden (und zu diesem gerechneten) Verbindungsgasse ist das letzte Geschoss attikaartig abgesetzt und mit zwei kleineren Zwerchgiebeln abgeschlossen. Im Erdgeschoss große, rustika-gerahmte Segmentbogenarkaden – Schaufenster bzw. nordseitig links Durchfahrt zur die Hofbereiche erschließenden, vom Eck-haus überbauten ehem. Gasse „Bei der Malzmühle". Den Haus-eingang in der Mitte der Westseite rahmt eine steinerne Ädikula mit Verbindungszirkel im Giebel. An der Nordseite im 1. Stock (alte) Gedenktafel an Graggenauertor und Neuturm, die 1872 ab-gebrochen wurden.

Platzl 6. Studentenwohnheim, ehem. *Corpshaus Makaria.* Ent-stehungsgeschichtlich und typologisch ist das Studentenwohn-heim in deutscher Renaissance mit reicher Hauseingliederung mit dem rechts benachbarten Corpshaus Frankonia (s. Platzl 7) verbunden und vergleichbar, von dessen ähnlich schmaler, gleichfalls dreiachsiger Fassade durch die individuelle Binnen-gliederung ablesbar unterschieden, welche die beiden Oberge-schosse in gestalterisch dichter, Flächen fast ausschließender Textur zusammenfasst. Es wurde 1898–99 von Adolf Ziebland errichtet. Im 1. Obergeschoss Pilastergliederung nach Frühre-naissance-Art (mit vertieften Feldern) und große Rundbogen-fenster mit maßwerkartiger Teilung, im 2. Obergeschoss Recht-eckfenster in Blendarkatur mit Säulen bzw. außen Pfeilern sowie Maßwerkbrüstung. In Blendnische gezwängtes Portal mit skulp-tierter Bekrönung (zwei Putten mit Verbindungszirkel). In der Dachzone drei große Lukarnen mit spitzen Zeltdächern. Ein-

Platzl 6 und 7 (von links); Aufn. 1995

gangsflur und Treppe liegen in der rechten Achse, links davon im Erdgeschoss das ehem. Gesellschafts-Lokal, jetzt Restaurant Münchner Kindl-Stube. Obergeschosse heute durch das Bayer. Staatsballett genutzt (vgl. Platzl 7).

Platzl 7. Ehem. *Corpshaus Frankonia*, jetzt *Staatsballett*. Auf Sandtners Stadtmodell von 1570 ein dreigeschossiges Trauf-haus mit Flacherker im 1. Stock und Ohrwaschel rechts; in der Folge gleich den Nachbarhäusern zum Komplex des kurfürstl. Weißen Bräuhauses gehörig und im Zusammenhang mit dem Neubau des Hofbräuhauses (vgl. Nr. 9) 1898 vom Staatsärar verkauft. 1899 entstand hier auf schmaler, in die Tiefe gestreck-ter Parzelle das neue Corpshaus Frankonia nach Entwurf von Max Littmann in deutscher Renaissance mit reicher Hausteingliederung (Ausführung Baugeschäft Heilmann und Littmann). Der ursprüngliche Gesamtentwurf für die nördlich an das Hofbräuhaus anschließende, mit diesem als Gruppe konzipierte Reihe von Corpshäusern hatte eine mit Platzl 6 gemeinsame Fassade mit Mittelerker und Zwerchhaus vorgesehen; die nach der Teilung ausgeführte, nur dreiachsige Front, weitgehend in Kirchheimer Muschelkalk mit verputzten Restflächen, fiel im Vergleich mit dem Gesamtkonzept sichtlich moderner, unkon-ventioneller aus; in den Obergeschossen weitgehend in ein Stüt-zenskelett aufgelöst, wirkt sie trotz historisierender Details ori-ginell und spannungsreich und hob sich von der flächigeren

Platzl 7, Erdgeschoss, ehem. Kneipzimmer nach Westen; Aufn. 2007

Platzl 7, 2. Obergeschoss, ehem. Festsaal nach Westen; Aufn. 2007

Platzl 7; Grundrisse Erd-, 1. und 2. Obergeschoss (von links), 1912

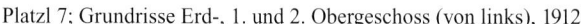

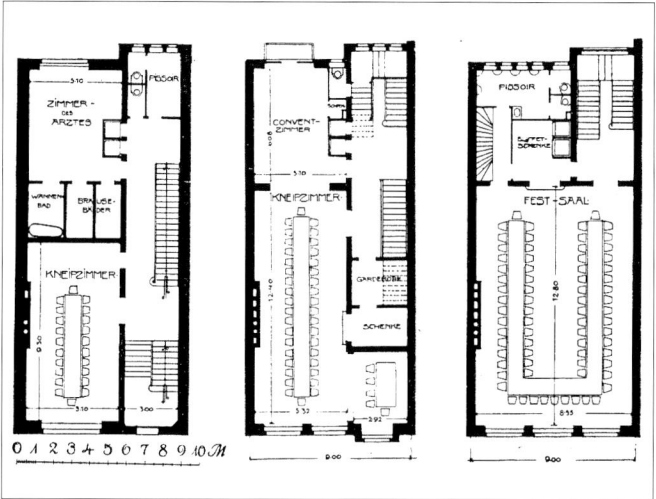

einstigen Nachbarfront von Nr. 8 deutlich ab; andererseits ist sie von der gleich schmalen Fassade von Nr. 6 mit ihrer ähnlich dichten Gliederungsstruktur individuell unterschieden. Indivi-duell ist auch der obere Abschluss der Fassade durch eine mit Vasen besetzte Balustrade, während die reich geschwungenen Brandgiebel Kennzeichen der Gesamtbaugruppe sind. Die Ein-gangsachse rechts ist durch den gesprengten Portalgiebel und den Flacherker darüber mit Frankenwappen an der Brüstung hervorgehoben. Flur und Treppe liegen am rechten Rand, links davon im Erdgeschoss das (Philister-)Kneipzimmer mit einem einzigen großen Rundbogenfenster, Wandvertäfelung und Stichkappenwölbung, dahinter (ehemals) die Bibliothek. Nicht mehr erhalten sind im 1. Stock das große Kneipzimmer mit vor-derseitiger Erweiterung zum Erker hin und das hofseitig an-schließende Conventzimmer. Noch erhalten ist im 2. Stock der ehem. Festsaal mit hohen Fenstern platzseitig und reicher Stuckornamentik an den Wänden. Das Kellergeschoss nahm Hausmeisterwohnung, noch vorhandene Kegelbahn und rück-seitig den Fechtsaal mit Oberlicht auf. Das seit 1939 staatliche Gebäude, innen stark erneuert, ist heute – zusammen mit dem nördlichen Nachbarhaus Nr. 6 (s. dort) – Sitz des Bayerischen Staatsballetts.

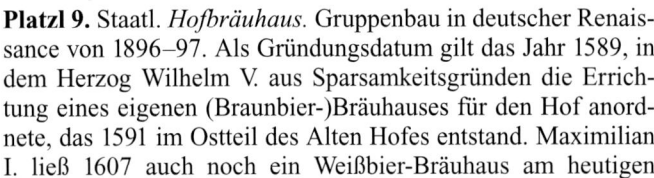

Platzl 9, Hofbräuhaus alt (oben), Neubau (Mitte) und neue Platzl-Ostseite; Zeichnung von G. Heine, 1897

Platzl 9, Festsaal; Zustand 1903

Platzl 9, Erdgeschoss, Schwemme; Zustand 1903

Platzl 9. Staatl. *Hofbräuhaus.* Gruppenbau in deutscher Renaissance von 1896–97. Als Gründungsdatum gilt das Jahr 1589, in dem Herzog Wilhelm V. aus Sparsamkeitsgründen die Errichtung eines eigenen (Braunbier-)Bräuhauses für den Hof anordnete, das 1591 im Ostteil des Alten Hofes entstand. Maximilian I. ließ 1607 auch noch ein Weißbier-Bräuhaus am heutigen Standort an der Ostseite des Platzl erbauen, das vor allem im 17. Jh. dem Hof großen Gewinn einbrachte, aber von 1801 bis zur Aufhebung 1873 verpachtet wurde.

Sandtners Stadtmodell von 1570 zeigt zwischen Platzl und Stadtmauer noch eine kleinteilige Bebauung mit sieben Bürgerhäusern, von denen zwei bereits seit 1586 in herzoglichem Besitz

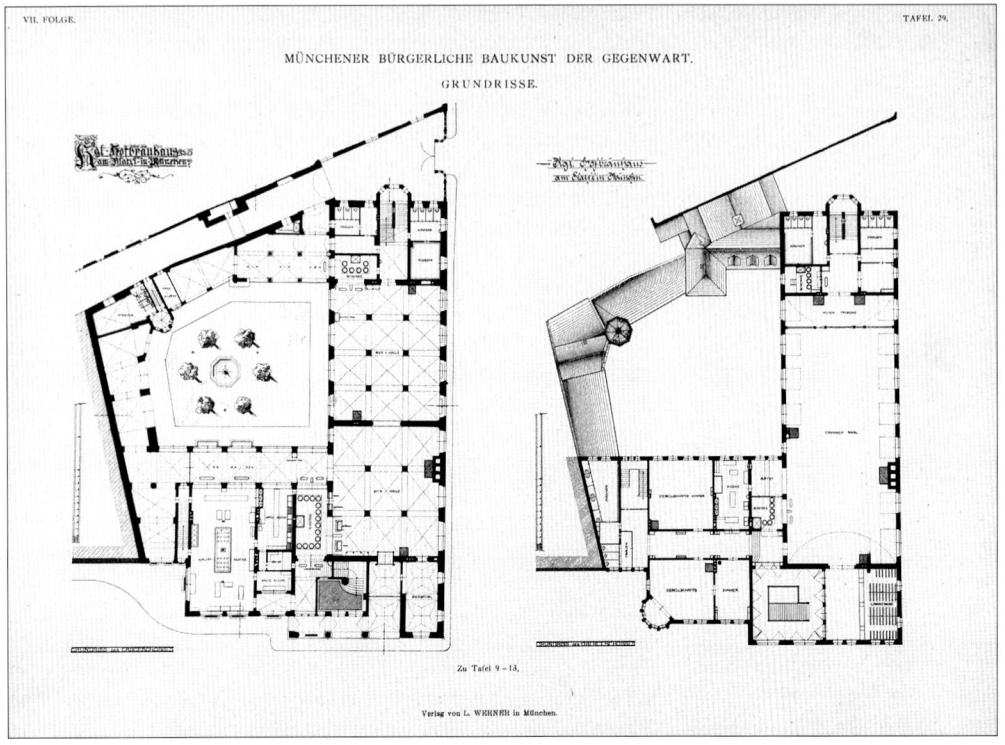

◁ Platzl 9; Grundriss Erdgeschoss (links) und 2. Obergeschoss, 1903

Platzl 9, Brunnen im Hof

waren, T. Volckmers Stadtplan von 1613
hingegen einen Komplex mit drei parallelen Satteldächern, der im Laufe des 17. Jh.
nordwärts bis zum Kosttor und 1730 nochmals erweitert wurde. Die im 19. Jh. dominierende Braunbierbrauerei wurde im
Südteil des Weißen Bräuhauses untergebracht, mit Sudhaus an der Ecke
Platzl/Bräuhausgasse; die nötigen Umbaumaßnahmen führte 1807–13 das kgl.
Landbauamt unter Baumeister Matthias
Reßler aus. Ein hier stattfindender öffentlicher Ausschank in einer Bräuknechts-
stube erregte zwar den Unmut der Münchner Wirte, wurde aber unter Ludwig I.
1828 und 1830 durch zusätzliche Gast-
stuben erweitert. Von Friedrich Gärtner
1830–42 in vier Varianten ausgearbeitete
Entwürfe für den Neubau eines westlich
benachbarten Bockkellers in gotisierenden Formen mit mehreren Gasträumen
und einer Bierhalle kamen nicht zur Ausführung. Trotz mehrfacher Umbauten

Platzl 9, Hofbräuhaus; Aufn. 1996

blieb das inzwischen zu Ruhm und Popularität gelangte Hofbräuhaus bis Ende des 19. Jh. höchst einfach und bescheiden;
auch die mangelhafte Hygiene wurde kritisiert. Eine zentrale
Rolle spielte seit 1873 der Ausschank in dem schmalen, sich
neben dem langen Südflügel nach Osten erstreckenden Hof, den
zahlreiche alte Ansichten zeigen; ihn begrenzte rechts ein (1888
erneuerter) hölzerner Arkadengang als Schlechtwetterschutz;
links (nördlich) lagen die verschiedenen Gasträume. Die sukzessive Verlegung des Brauereibetriebs zwischen 1882 und 1896 in
den Hofbräukellerbereich an der Inneren Wiener Straße ermöglichte auf dem altstädtischen Stammgelände den weitgehenden
Neubau eines allein dem Ausschank und der Bewirtung dienenden, zeitgemäß aufwendig gestalteten Gebäudes (1896–97), das
mit den „Bierpalästen" anderer Münchner Brauereien wetteifern
konnte und deren bis heute weltweit bekanntestes Beispiel geworden ist. Max Littmann, sein Mitarbeiter Erich Goebel und als
Vertreter der Obersten Baubehörde Oberbaurat Georg Maxon
schufen im Rahmen der einheitlich konzipierten Neubebauung
des Platzl eine Meisterleistung hinsichtlich der Interpretation
einer städtebaulichen Situation wie auch der in reichen Formen
der sog. deutschen Renaissance (des 16. und frühen 17. Jh.) entwickelten malerisch-asymmetrischen Komposition im Geiste
stimmungshafter, volkstümlicher Gemütlichkeit. (Ausführung
der Bauarbeiten: Fa. Heilmann und Littmann.)
Mit dem zweimaligen (zuvor nur einmaligen) Vorsprung der
Hauptfassade am Platzl und der entsprechenden Staffelung des

Baukörpers samt dekorativer Ausbildung seiner parallelen Giebel, die bis von der Maximilianstraße her wahrnehmbar sind,
und dem besonders wirksamen polygonalen Eckerker entfaltet
der an sich nur mäßig große, altstädtisch eng situierte Komplex
eine beeindruckende, abwechslungsreiche Ausstrahlung.
Die Anlage gruppiert sich um einen unregelmäßig-vieleckigen
Hof mit Biergarten; der hakenförmige dreigeschossige Hauptbaukörper besteht aus dem z. T. übernommenen alten Südflügel
entlang der Bräuhausstraße samt Kellern und dem in der Außenansicht dominierenden neuen, malerischen Westtrakt am Platzl,
an dem teilweise Naturstein verwendet ist – Muschelkalk für
Erdgeschossarkaden, Balkon und gotisierenden Erkerfuß, Sa-
vonnièrekalkstein für den prächtigen polygonalen Eckerker. In
der offenen, gewölbten Vorhalle erinnert eine steinerne Inschrifttafel der Bauzeit an die Geschichte des Hauses. Im Erdgeschoss des Südflügels setzt sich die sog. Schwemme – die zweiteilige Bierhalle – aus dem vom Altbau stammenden und adaptierten höheren Sudhaus im Westen und dem niedrigeren einstigen Maschinenhaus zusammen, beides dreischiffige Pfeilerhal-
len mit Kreuzgratgewölben; in der Südwestecke neben dem Eingang liegt ein Nebenraum (ursprünglich „Bierstübl") mit zwei
gratigen Sterngewölben, im neuen Westflügel am Platzl das
Haupttreppenhaus, die Küche und am Nordende die unregelmäßige, gewölbte Durchfahrt zum Hof mit erstaunlich „altertüm-
lich" wirkender Gestaltung. Das fast quadratische Treppenhaus
mit einem kurzen Antrittslauf und zwei zu Seiten des mittleren

Platzl 9, Hof nach Nordosten

Platzl 9, Hof nach Süden

Auges parallelen Läufen zeigt an die Spätgotik anklingende Natursteindetails, u. a. einen 1897 bez. Rundpfeiler aus Muschelkalk als Hauptstütze, Maßwerkgeländer, gewölbte Untersichten und Podeste, Arkaden- und Balkonmotive sowie eine Voutendecke mit Stichkappen. Im 1. Stock lagen nördlich und südlich der Treppe „Gesellschaftszimmer", das nördliche jetzt mit der früheren hofseitigen Wirtswohnung zu einem weiträumigen Restaurant („Trinkstube") vereinigt. Der 2. Stock enthält im Westflügel weitere Gesellschaftszimmer und im Südflügel den Großen Saal (42 x 17,5 m; Höhe 9,5 m) mit in Beton konstruierter Segmentbogentonne.

Die ursprünglich formal wie ikonographisch im historisierenden Sinne reich ausgestatteten Innenräume präsentieren sich nach schweren Kriegsschäden (ab April 1944) in einer auf die Grundformen reduzierten, stark vereinfachten Redaktion. Nach dem Wiederaufbau durch das Landbauamt München 1949/50 beschädigte ein Brand am 7. Oktober 1951 nochmals den Saal, der bis 1958 in der heutigen Form wiederhergestellt wurde. Ehemals waren seine Wand- und Deckenflächen von Ferdinand Wagner ausgemalt (Bildprogramm s. Walter 1992, S. 235; heute schlichte Holztonne).

Im Zuge von Umbaumaßnahmen 1963–65 (Arch. Walter von Breunig mit Werner Steiner) wurden u. a. die Terrasse an der Südseite des Hofes nebst Erweiterung der Schwemme darunter und einer Freitreppe hinzugefügt und die heutigen Gewölbemalereien in der Schwemme von Hermann Kaspar geschaffen (ursprünglich Rankenmalerei mit Wappen).

Den malerisch gestalteten, als Biergarten mit Kastanien bepflanzten Hof umschließen im rechten Winkel der Westflügel mit Mittelgiebel und der Saaltrakt im Süden, an den anderen Seiten eine polygonale Arkadenhallen-Architektur, untergliedert u. a. durch einen Treppenturm (bez. 1897) im Nordwesten mit anschließendem Turmzimmer und der Hausmeisterwohnung; am Südende Pavillon mit dem (nicht erhaltenen) Spiel- oder Kartensaal im 1. Stock. In der Mitte ein Laufbrunnen mit achteckigem Kasten und gotisierend gewundenem Muschelkalkpfeiler, auf dem ein das bayerische Wappen haltender Löwe sitzt, von Bildhauer Simon Korn (um 1900).

Im Hofbräuhaus als einem Brennpunkt des geselligen Lebens verkehrten zu jeder Zeit prominente Persönlichkeiten (z. B. Besuch Bismarcks 1892; Lenin in seiner Münchner Zeit), es war auch der Schauplatz der verschiedensten gesellschaftlichen Veranstaltungen und politischen Versammlungen. Am 13. April 1919 erfolgte hier die Ausrufung der (kurzlebigen) Räterepublik. Am 24. Februar 1921 wurde hier das Grundsatzprogramm der (späteren) NSDAP verkündet, woran 1933–45 eine Gedenktafel im Saal erinnerte, der nach 1920 die Stätte erbitterter Saalschlachten wurde (u. a. am 4. November 1921, sog. „Feuertaufe der SA").

Platzl 9, Hofbräuhaus, Treppenhaus

Prälat-Miller-Weg 1, Heiliggeistkirche und Fleischhalle (ehem. Weiberbau des Spitals); Gemälde von F. Perlberg, 1885

Prälat-Miller-Weg 1 (früher Tal 77). *Kath. Pfarrkirche Heiliggeist* (ehem. Spitalkirche). (Siehe Flurkarte S. 292)
Die mittelalterliche Geschichte des ehem. Heiliggeistspitals und seiner Kirche – zumal die Baugeschichte – ist trotz zahlreicher Nachrichten und (vielfach unsicherer und widersprüchlicher) späterer Überlieferungen weithin ungeklärt. Da an der mehrfach überformten Kirche weder vor noch nach den gravierenden Luftkriegsschäden eingehende Untersuchungen der Bausubstanz und Grabungen stattfanden und auch beim Wiederaufbau unterblieben, können verschiedene grundlegende Probleme nie mehr geklärt werden – Pfeiler wie Gewölbezone sind völlig rekonstruiert.

BAUGESCHICHTE UND BAUBESCHREIBUNG: Das Spital entstand in prominenter Situation vor dem Osttor des ältesten Stadtberings am Beginn des Tal genannten Straßenzuges, eines Teilabschnitts des für München existentiellen Ost-West-Verkehrsweges. Als Gründungsjahr hat (gemäß zwei Chroniken der 1420er Jahre) höchstwahrscheinlich 1208 zu gelten (traditionell wird häufig 1204 genannt) – Herzog Ludwig I. soll zusammen mit (oder bei einer schon bestehenden) St. Katharinenkapelle (die urkundlich ab 1268 erscheint) ein Pilgerhaus gestiftet haben.
Um die Mitte des 13. Jh. zeichnet sich eine zweite wichtige, doch im Einzelnen unklare Entwicklungsphase ab, der Tradition gemäß als Spitalgründung 1251 durch Herzog Otto II. († 1253) in Ergänzung oder als Umwandlung des Pilgerhauses St. Katharina und/oder als ein erster Kirchenbau (angeblich 1253–57, geweiht 1258 oder 1268), der jedoch z. T. mit der einstigen Katharinenkapelle im (1885 abgebrochenen) Spitalgebäude gleichgesetzt wird. Aus päpstlichen Schutzbriefen von 1250 und 1262 ist jedenfalls auf Bauarbeiten an Spital und Kirche zu schließen. – 1271 (zugleich mit der Errichtung der Liebfrauenpfarrei) erhielt das Heiliggeistspital durch Bischof Konrad I. von Freising eigene Pfarrrechte (bis 1811), verbunden mit eigenem Friedhof (samt einer Kapelle St. Paul). Ob mehrfache Ablassbriefe und Almosensammlungen des späteren 13. und frühen 14. Jh. (auch) mit Baumaßnahmen in Verbindung standen, ist ungewiß, ebenso der Zeitraum – Anfang wie Ende – der Betreuung des Spitals durch den sich der Krankenpflege widmenden, nach der Regel des hl. Augustinus lebenden Orden der Brüder vom Hl. Geist (gegründet im späteren 12. Jh. in Montpellier), die möglicherweise als papsttreu zur Zeit der Auseinandersetzungen Kaiser Ludwigs mit der Kurie München verließen. In der Folge stand das Spital unter der Leitung von jeweils zwei magistratischen Hochmeistern (des inneren und äußeren Rates).
Ob der große Stadtteilbrand vom 13. Februar 1327 den meist vermuteten Baubeginn einer neuen – an diesem Platze ersten? (Kernbestand schon der heutigen?) – Kirche veranlasste, ist nicht bekannt; nimmt man, wie im Folgenden, das späte 14. Jh. als Hauptbauzeit an, wäre für 1327 ff. nur eine begrenzte, im We-

Heiliggeistkirche von Nordosten; Aufn. 2005

sentlichen instand setzende Maßnahme denkbar, es sei denn, der Neubau hätte sich bis Ende des Jahrhunderts hingezogen. Den Wohltätern des brandverwüsteten Hospitals wurde jedenfalls 1329 ein päpstlicher Ablass gewährt.

Gemäß P. Hermann Sack, Verfasser des Barfüßer-Stifterbuches von 1424, hat 1392 Gabriel Ridler, Hochmeister (procurator) des Spitals, den Kirchenbau und die Krankenstube in zehn Jahren vollendet, den Bau demnach um 1382 begonnen (die Nachricht

Heiliggeistkirche; Längsschnitt nach F. Cuvilliés d. J., 1772

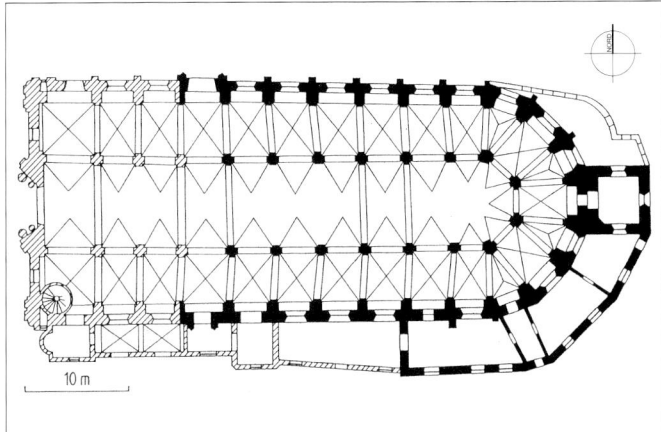

Heiliggeistkirche; berichtigter Grundriss

Prälat-Miller-Weg 1, Kath. Pfarrkirche Heiliggeist; Aufn. 1990

wird irrtümlich oft auf die ehem. Franziskanerkirche bezogen; vgl. jedoch Vogel 1956 und Stahleder 1995a, S. 182). Die Zahl der 1397 erwähnten Altäre weist auf die bereits bestehende große Kirche hin. Ein erneuter Großbrand am 22. April 1418 verwüstete auch das Spital in unbekanntem Ausmaß und gab teilweise Anlass, den Kirchenbau ins 15. Jh. zu datieren, wofür z. B. Michael Hartig (1928) auch typologische Gründe gemäß damaligen Kenntnissen geltend machte; doch überwiegen heute die Indizien für das 14. Jh.

Der aus dem (reduziert) überlieferten Bestand und alten Stadtansichten – vor allem in der Schedel-Weltchronik von 1493 und aus Sandtners Stadtmodell von 1570, auch noch dem Paur-Stadtplan von 1705 – mühsam zu erschließende gotische Kirchenbau muss als Staffelhalle (mit erhöhtem Mittelschiff ohne Lichtgaden) mit Chorumgang und Einsatzkapellen von der vollen Höhe der Seitenschiffe und des Umgangs einen entwicklungsgeschichtlich im deutschen Süden äußerst innovativen Typus verkörpert haben (vgl. Einsatzkapellen am Dom in Eichstätt). Kennzeichnend für den Baukörper war das Seitenschiffe und Kapellen zusammenfassende Pultdach und die darüber als friesartig schmaler Streifen, wohl in Blenden gegliederte Hochschiffswand mit dem gesonderten steilen Satteldach. Der Holzschnitt von 1493 zeigt außer dem schematisierten Chorschluss links – an der Südseite – den stattlichen mittelalterlichen Turm mit viereckigem (vielleicht älterem?) Unter- und achteckigem Oberteil samt Spitze, der 1552 aus statischen Gründen abgetragen wurde und bereits auf Sandtners Stadtmodell von 1570 nicht mehr vorhanden ist. Gewisse Indizien (1999) könnten auf einen Turm – nicht im Mauerverband – südlich am (heutigen) neunten Joch von Westen, über dem Westende der Sakristei hinweisen. Bei der Putzerneuerung 1999/2000 konnten am – zu ungewisser Zeit geschlämmten – Backsteinmauerwerk die Umrisse der gotischen Spitzbogenfenster mit ca. 1,4 m über dem der Barockfenster liegendem Scheitel festgestellt werden, im Schräggewände des (vor 1885) westlichsten Fensters der Südseite überdies Sandsteinmaterial mit alten Fassungsresten. An der Nordseite waren 2000 besonders deutlich die barockzeitlichen Vormauerungen an Wand und Fensterlaibungen zu erkennen; als höchst interessant erwies sich in der 7. (oder 4. alten) Achse von Westen die Freilegung von reichem gotischem Blendmaßwerk mit Fialenfragmenten neben und unter dem Fenstersohlbereich, vermutlich Resten einer ein hier in der (ursprünglichen) Mitte der Südseite situiertes Portal rahmenden und bekrönenden Blendarchitektur. (Auf einen einstigen Seiteneingang auch im Süden weist das Vorzeichen auf dem Stadtplan von T. Volckmer 1613 hin, während das Sandtner-Stadtmodell von 1570 hier eine Tür am westlichen Ende aufweist.) Überhaupt wurden 2000 an der Nordseite partiell verwendeter Sandstein sowie Fassungsreste in größerem Umfang festgestellt als im Süden, alle Befunde dokumentiert und wieder zugedeckt. Insgesamt lassen die Befunde auf eine bislang unbekannte und nicht vermutete hohe künstlerische Qualität der spätgotischen Heiliggeistkirche und ihrer differenziert gestalteten Details schließen.

Für das Geläute wurde im 17. Jh. im Westen ein Dachreiter aufgesetzt (noch auf M. Paurs Stadtplan 1705 zu sehen). Westlich schloss sich an die Kirche bis 1885 im rechten Winkel, weit nach Süden ausgreifend, der sog. Weiberbau des Spitals an. – Unter Pfarrer Michael Hermann (1633–69) fanden mehrere Veränderungen im Sinne des Frühbarock statt – Fensterumformung, weiße Raumfassung, Orgelempore, Portal zur Straße im Norden, neue Sakristei, 1635 und abermals 1661 (nach Entwurf von Marx Schinnagl) neuer Hochaltar. – Der 1710 zunächst geplante Abbruch bzw. dann gemäß Projekt von G. A. Viscardi beschlossene Umbau von Hl. Geist im Zusammenhang mit dem Gelübde der Stände (1704) zur Errichtung der Dreifaltigkeitskirche (s. dort) ist unterblieben.

Der seit langem schlechte Bauzustand veranlasste schließlich unter Pfarrer Dr. Joseph Pirchinger den *durchgreifenden Umbau* in den Jahren 1724–30 durch Stadtbaumeister Johann Georg Ettenhofer (Kostenvoranschlag vom 17. März 1723) und Stadtzimmermeister Paulus Sonnleithner (die sich gegen den Entwurf von Johann Mayr d. J. und Hofzimmermeister Ludwig Krafft durchsetzten). Ettenhofer, dem einstigen Polier Viscardis, gelang erkennbar in dessen Nachfolge im Zusammenwirken mit den für die dekorative Gestaltung verantwortlichen Brüdern Asam die völlige Umwandlung des vorgegebenen gotischen Bestandes zur spätbarocken Pfeilerhalle, die sich mit der prächtigen Ausstattung zu einem homogenen Gesamtbild rundet. Die einstige gemeinsame Signatur von 1727 am Hauptdeckenbild, die den „Maller" Cosmas Damian Asam und den „Pildhauer" Aegidius Quirin nannte, bezeugte deren entscheidenden Anteil am Raumkunstwerk. Nach Egid Quirin Asams Entwürfen führte Matthias Schmidtgartner den Stuckdekor aus. C. D. Asam schuf die – durch rhythmisiert angeordnete Gurte geschiedenen – Fresken im Hauptschiff: im Altarraum die Sieben Gaben des Hl. Geistes, im Joch westlich davon den Hl. Geist verehrende Engel, als Hauptbild im Langhaus die Gründung des Münchner Spitals durch Herzog Otto II., über dem einstigen Orgeljoch David; die medaillonartigen Bilder an den Umgangs- und Seitenschiffgewölben führte Nikolaus Gottfried Stuber aus (biblische Gestalten und Heilige, die Werke der Barmherzigkeit vollbrachten; im Chorumgangsscheitel Jesu Missionsauftrag an seine Jünger).

Durch den Umbau von 1724 ff. wurde die Bausubstanz in ähnlicher Weise weitgehend reduziert wie nochmals durch den Zweiten Weltkrieg – im Wesentlichen blieben nur die Umfassungsmauern und vermutlich die Pfeiler erhalten. Der 40 m lange gotische Bau mit (bis 1885 nur) sechs Jochen, fünfseitig schließendem Altarraum, außen neunseitig begrenztem Umgang und den umgürtenden Einsatzkapellen erhielt völlig neue ziegelgemauerte Gewölbe – von den baufälligen alten mit unbekann-

Heiliggeistkirche von Südwesten nach Kriegsschäden; Aufn. 1945

Heiliggeistkirche, Inneres; Aufn. 1945

ter Figuration drohten bereits 1678 Rippen (vielleicht aus Sandstein, wie einmal erwähnt) herabzufallen (der Grundriss Valerian Funcks von 1772 zeigt – abweichend vom damaligen Bestand – vielleicht gemäß älterer Tradition Kreuzgewölbe). Die Seitenschiffe der bisherigen Staffelhalle wurden der vollen Höhe des Mittelschiffes (16,5 m) angeglichen, die Umfassungswände demgemäß um 6 Schuh (1,75 m) erhöht (gemäß Befund von 1999 ca. 2 m), desgleichen die (baulich nie untersuchten) quadratischen Pfeiler von wegen der korinthischen Pilastervorlagen kreuzförmigem Querschnitt (unbekannt, ob damals ummantelt, nach Biller/Rasp 1997 ursprünglich vielleicht achteckig; sogar eine völlige Auswechslung, die im Gutachten von 1729 erwogen wurde, ist nicht auszuschließen; auf den Ruinenaufnahmen um 1945 erscheinen die Fragmente eher homogen). Das barockzeitliche Mittelschiffsgewölbe zeigen Ruinenfotos als Stichkappentonne von halbrundem (also nachgotischem) Querschnitt, die erhöhten Seitenschiffe erhielten Kreuzgratgewölbe mit Gurten, die flachen Kapellen den Gurten ähnliche gestalzte Quertonnen, der Chorumgang Kreuzgrat- im Wechsel mit Dreistrahlgewölben, vermutlich als in die Höhe transponierte Wiederholung der gotischen Gewölbefiguration, die demnach auf einen bemerkenswerten Typus des 14. Jh. schließen ließe (vgl. die Umgangschöre der Zisterzienserkirchen in Sedletz und Zwettl sowie der Oberen Pfarrkirche in Bamberg, die Hallenchöre von St. Sebald in Nürnberg und der – im 19. Jh. als Vorbild angenommenen – Nikolaikirche in Berlin). Die ursprünglich spitzbogigen Fenster wurden mit geschweiften Abschlüssen in der Art Viscardis verändert (verkleinert) und (größtenteils im darüber aufgestockten Bereich) leicht hochovale, oben und unten eingezogene Okuli (Ochsenaugen) eingefügt. Tektonisch wirksamstes Element im barock umgeformten Raum ist die mächtige dreiteilige Gebälkzone sowohl an den Freipfeilern wie als um die Wandpfeiler – ebenfalls mit Pilastervorlagen – verkröpfte und an den Außenwänden weitergeführte energische Zusammenfassung. 1727 wurden auch die „Chorseitenwände" (Altarraumschranken?) entfernt. – Am Außenbau wirken die ohnehin schmächtigen gotischen Strebepfeiler – nur an der Nordseite (wegen Anbauten im Süden?) und am Chor – wegen der Mauererhöhung vergleichsweise niedrig. Im (einstigen) Westjoch wurden Seitenportale angebracht, erhalten ist im Norden die umrahmende Rotmarmorädikula von Steinmetz Antonio Matteo (1727; Türblatt neubarock). Der Umbau bedingte auch die Errichtung eines völlig neuen Dachwerks (nicht erhalten). Endlich erhielt die Kirche 1729/30 wieder einen *Turm* – den mit 72 m Höhe stattlichsten der Barockzeit in München, den Ettenhofer im Chorscheitel ansetzte, quadratisch mit Blendengliederung, der Oberteil mit schmalen, schräg gestellten Eckpilastern und leicht geschweiftem Gebälk, als Abschluss eine kupfergedeckte Vierkanthaube von bewegtem Umriss mit Laterne. Widersprüchlich ist das Weihedatum überliefert – gemäß einer ehem. Inschrift an der Wand unter der Orgelempore wurde die Kirche am 15. (oder 22.?) Juli 1731 durch den Freisinger Fürstbischof Johann Theodor von Bayern konsekriert (Mayer/Westermayer 1880, S. 428; die öfter genannten Daten 1725, 1727 oder 1729 könnten sich auf eine Benediktion beziehen). Großenteils noch erhalten ist die spätbarocke Neuausstattung (s. unten). – Nach M. Hartig (1928) wurde 1754 der Dachstuhl repariert und 1755 „die Kirche im Geschmack des Rokoko etwas überarbeitet".

Die Spitalpfarrei wurde 1811 aufgehoben und St. Peter unterstellt, 1844 hingegen die neue, den Bereich südlich des Tals und die Isarvorstadt umfassende Stadtpfarrei Hl. Geist errichtet. Die Gebäude des 1823 in das ehem. Elisabethinerinnenkloster (s. Chevalley/Weski 2004, Mathildenstraße 10) verlegten Spitals wurden danach abgebrochen (s. Viktualienmarkt), zuletzt 1885 das der Kirche westlich vorgelegte stattliche Pfründnerinnen-

Heiliggeistkirche, Blick zum Chor; Aufn. 1949

Heiliggeistkirche, Blick zum Chor; Aufn. 1959

haus („Weiberbau"), ein zweigeschossiger Satteldachtrakt mit großer gotischer, zweischiffiger Gewölbehalle im Erdgeschoss, die nach 1823 als Lagerhaus (Depot, Fruchthalle) und seit 1870 als Fleischbank gedient hatte.

Somit konnte ab 1885 (Weihe am 17. Oktober 1886) die längst notwendige *Verlängerung der Kirche* um drei Joche nach Westen erfolgen, gestalterisch in völliger Angleichung an den barockisierten Altbestand, mit Stuck von Georg Biehl und Deckenbildern (1888) von Ludwig Glötzle; zugleich erhielt die Kirche erstmals eine repräsentative neubarocke Westfassade in städtebaulich bedeutsamer Situation. Den gesamten vom städt. Bauamtmann Friedrich Löwel entworfenen und geleiteten Erweiterungsbau, ein bemerkenswert frühes Beispiel sakralen Neubarocks (als Alternativen waren auch Regotisierung und ein Neubau an anderer Stelle erörtert worden), führte Maurermeister Alois Bischoff aus. Auf der nach Westen verlegten Empore wur-

Heiliggeistkirche, Blick zur Empore; Aufn. 1996

Heiliggeistkirche, Blick zum Chor; Aufn. 1996

de die neue Orgel (1885 von Franz Borgias Maerz) mit erweitertem Prospekt von 1734 aufgestellt (nicht erhalten), ebenso das 1734 von Ferdinand Dürr gefertigte reiche Abschlussgitter unter die Empore versetzt. Die Außenwand der Wendeltreppe zur Empore erhielt prächtigen Stuck von G. Biehl. Eine nicht kopierende, sondern bemerkenswert selbständige Schöpfung ist die neue, in der mittleren von drei Achsen dreigeschossige *Westfassade* mit hohem Volutengiebel; ihre aufwendige Gliederung ist eine freie Komposition im Geiste Viscardis und Ettenhofers mit Motiven von deren Fassaden der Dreifaltigkeitskirche, des Bürgersaals und der Abteikirche Fürstenfeld. Dominierendes Element sind die den Mittelteil begrenzenden schräg gestellten Pilaster- und Säulenvorlagen, übereinander in den kanonischen Ordnungen toskanisch, ionisch und korinthisch; den seitlichen Abschluss bilden entsprechende Doppelpilaster mit Laternenaufsatz. Das Rotmarmorportal stammt von der Firma Zwisler und Baumeister (Steinmetz Ignaz Lallinger), das große Stuckrelief über dem Mittelgeschoss mit Stadt- und Landeswappen und Tiara von Karl Fischer, die Nischenfigur der Muttergottes darüber von Hofkupferschmied Heinrich Seitz nach Modell von Anton Heß, das Heiliggeistrelief im Giebel von der Stuckfirma Rappa u. Co. An der Südseite der Kirche wurde die schon 1879 umgebaute Sakristei (südlich vom Chor) gegen Westen durch eine Paramentenkammer und (am fünften Joch von Westen) die Taufkapelle mit Schweifkuppeldach verlängert. Anschließend wurde 1888 die gesamte Kirche restauriert. – Bei einer neuerlichen Restaurierung 1907/08 durch Architekt Richard Berndl wurde sie entfeuchtet (Mauersäge) und erhielt im Süden als weiteren Anbau eine Portalvorhalle mit Kuppeldach analog der Taufkapelle von 1885.

Brandbomben zerstörten am 24./25. April 1944 den gesamten Dachstuhl sowie Gewölbe und Pfeiler der östlichen Joche; Turm und Sakristei brannten aus. Infolge von Trümmerdruck, Nässe und Bombenerschütterungen stürzten im Juni und Dezember 1944 weitere Gewölbe und Pfeiler ein, durch Angriff am 6. Januar 1945 die Restgewölbe über dem Orgeljoch und nach Kriegsende am 18. Februar 1946 diejenigen über dem Hochaltar und Umgang. Erhalten blieben somit lediglich die Umfassungswände und der Turm (ohne Helm). – Der im Sommer 1946 begonnene *Wiederaufbau* in mehreren Etappen gelangte aufgrund der Initiative von Prälat Konrad Miller († 1991), Stadtpfarrer von 1947 bis 1988, zu einer nahezu vollständigen Rekonstruktion des Vor-

Heiliggeistkirche, Hauptdeckenbild von C. D. Asam; Aufn. 1914

kriegszustandes (vgl. St. Peter). Bis Ende 1948 wurden die Pfeiler aus Trümmermaterial wiedererrichtet (Fa. Brannekämper, auch weiterhin) und ein neuer Dachstuhl (Richtfest 14. November 1948) aufgesetzt und gedeckt. Nach Fensterverglasung war die Kirche 1949 wieder benützbar. 1950/51 entstanden als glatt verputzte Holzkonstruktion die Gewölbe wieder, ebenso die Westempore samt neuer Orgel; Westfassade und Turm wurden instand gesetzt. 1952–60 folgte die Ausstattung mit den erhaltenen, restaurierten Einrichtungsstücken, 1957/58 die Rekonstruktion des Turmhelms. Unter Leitung von Erwin Schleich wurden bis zur 700-Jahr-Feier 1971 die architektonischen Gliederungen und der Stuckdekor rekonstruiert (Hans Ladner, Anton Gogl, im Mittelschiff Josef Schnitzer); Karl Manninger fertigte zunächst die Kopie des Asamschen Hauptdeckenbildes. Am Äußeren wurde der raue Nachkriegsputz geglättet und mit Architekturmalerei in der Art wie vor 1885 und nach 1907 versehen. Bis 1975 wurden die übrigen Deckenbilder Asams im Hauptschiff nachgebildet, 1991 auch noch die beiden Neubarockbilder Glötzles in den Westjochen (Leo XIII., hl. Cäcilia).

AUSSTATTUNG: Der Grundriss von Valerian Funck (1772) verzeichnet elf Altäre. Nach der Säkularisation kamen Einrichtungsstücke und Kunstwerke aus anderen Kirchen hinzu. Der Kreuzaltar vor dem Altarraum wurde 1844 entfernt, 1909 versetzte man auch die beiden Altäre vor den ihn flankierenden Pfeilern an andere Stellen. Von der mehrfach veränderten und innerhalb des Raumes versetzten, durch den Luftkrieg reduzierten Einrichtung wurde der erhaltene Restbestand ergänzend restauriert und z. T. an ande-

Heiliggeistkirche, Nordschiff nach Osten; Aufn. 1996

Heiliggeistkirche, Südschiff nach Westen; Aufn. vor 1944

rem Ort wiederaufgestellt. Dem Krieg zum Opfer fielen u. a. die wohl von E. Qu. Asam stammende Kanzel (neu 1953/57 von Georg Chorherr, Holz ungefasst mit Skulpturen), die Orgel (neu 1977 von Ludwig Eisenbarth mit barockisierendem Gehäuse von Erwin Schleich) und das Gestühl. Charakteristisch für das Raumbild war (bzw. ist) die Stellung der Nebenaltäre an den Außenwänden der Einsatzkapellen.

Von dem nach Entwurf von Nikolaus Gottfried Stuber (gestochen von Joseph Kaltner, in Cuvilliés' d. J. „Architecture bavaroise") 1728–30 aus Tegernseer Marmor in Rottönen durch Steinmetz Antonio Matteo ausgeführten, raumbeherrschenden Hochaltaretabel überdauerten der Unterbau, die linke der flankierenden, vorgestaffelten Pfeiler- und Säulenstellungen samt Gebälk sowie die mobilen Teile den Krieg. Der mächtige Aufbau wurde abschnittsweise durch Max Grübl und Jakob Heinlein rekonstruiert, das vom Vorgängeraltar übernommene, beschädigte Gemälde der Herabkunft des Hl. Geistes von Johann Ulrich Loth (1644?) 1971 von Franz Söker restauriert. Johann Georg Greiff schuf die gefassten Holzfiguren – die knienden Anbetungsengel beiderseits des (neubarocken) Tabernakels von 1901, die großen Standfiguren der Erzengel Raphael und Gabriel sowie die Auszugsgruppe der Dreifaltigkeit samt umgebenden Engeln. – Zwei gleichzeitige, wiederhergestellte Marmor-Altarretabel von A. Matteo stehen heute im südlichen Chorumgang – seit 1991 mit Gemälde der Immaculata von Johann Andreas Wolff (1712) – und im südlichen Seitenschiff, jetzt als Josefsaltar mit gefasster Holzfigur dieses Heiligen (2. Viertel 18. Jh.) und Gemälde der vierzehn Nothelfer, einem Hauptwerk Johann Heinrich Schönfelds (um 1666/67). – An der Hochaltar-Rückseite heute ein kleines Altarretabel des 18. Jh. (ohne Stipes) mit Johann-Nepomuk-Gemälde sowie mit vier versilberten Reliefbüsten von Johann Michael Roth (Mitte 18. Jh.). – Weitere Seitenaltäre sind Neuge-

staltungen unter Verwendung alter Bestandteile. Auf dem Marienaltar im nördlichen Seitenschiff umschließt ein Glasschrein die ca. 1 m hohe, neu gefasste Holzfigur der sog. Hammerthaler Muttergottes aus dem mittleren 15. Jh., die nach der Überlieferung aus dem Kloster Tegernsee stammt (von einer Wirtsfrau im 17. Jh. der Augustinerkirche geschenkt, seit 1802 in Hl. Geist; vgl. Tal 11). Von dem aus der 1802 abgebrochenen Dreifaltigkeitskapelle des Spitalfriedhofs transferierten Altar des späteren 17. Jh. blieb die zentrale gefasste Holzfigurengruppe der Krönung Mariens durch die Dreifaltigkeit erhalten (Nordschiff). Auf reduziertem Altar (mit Reliquiaren) im nördlichen Chorumgang kleines Herz-Jesu-Bild von Josef Hauber (Ende 18. Jh.). – Auf dem neubarocken Rotmarmor-Taufstein im südlichen Chorumgang (1888 von Ignaz Lallinger und Johann Marggraff) moderner Holzdeckel mit Schnitzfiguren von Reinhold Grübl.

In altarlosen Langhauskapellen bilden stuckprofilgerahmte Leinwandbilder von Peter Jacob Horemans (um 1730), Personifikationen der Sieben Gaben des Hl. Geistes „in Gestalt anmuthiger Frauenzimmer" (Westenrieder 1782), eine Art Fries unterhalb der Fenstersohlen (ein zerstörtes Bild kopiert). Etwas größer ist das in die Westwand eingelassene Ölbild von Joseph Ignaz Schilling (um 1730) mit sechs christlichen Tugenden als Wirkung des Hl. Geistes (Pendant zerstört). Im Chorumgangs-

Heiliggeistkirche, Westempore, Südteil mit Gitter (1734); Aufn. 1996

◁ Heiliggeistkirche, Hochaltar; Aufn. 1996

Krönung Mariens   ▷

Sog. Hammerthaler Muttergottes; hist. Aufn.

Heiliggeistkirche, Kruzifix in der Kreuzkapelle

Grabplatte für Maria Pettenbeck († 1619)

Grabmal Herzog Ferdinands († 1608)

scheitel statt eines Fensters eine Johann Chris-
toph Storer zugeschrie-
bene Kreuzigungsgruppe
(um 1662), das Bild des
einstigen Kreuzaltares.
Die Kreuzwegstationen
an den Pfeilern haben
reich geschnitzte Roko-
korahmen. (Weitere Ge-
mälde deponiert.)
Der geschnitzte Kruzi-
fixus in der Kreuzkapelle
ist eine Arbeit des frühen
16. Jh. Neubarocke Plas-
tiken des frühen 20. Jh.
sind die Pietà von Johann
Huber in der Südvorhalle
und die Judas-Thaddäus-
Büste von Mattes unter
der Empore.

Aus der 1808 abgebrochenen Sebastianskapelle im Rosental
(heute Nr. 5; s. dort, mit Abb. von Kapelle und Grabmal) neben
dem Wohnsitz Herzog Ferdinands von Bayern (1550–1608, Sohn
Albrechts V., Bruder Wilhelms V.) stammen vier in die Westwand eingelassene Bron-
zeplatten vom einstigen
Epitaph des Herzogs und
seiner Gemahlin Maria
Pettenbeck († 1619), die
ursprünglich in eine dreiachsige architektonische
Komposition eingebun-
den waren (überliefert
durch eine Skizze von
Hans Krumpper; vgl.
Feulner 1922, Abb. 7).
Den Mittelteil bildete die
halbrund geschlossene
Nischenverkleidung mit
der etwa lebensgroßen
Hochrelieffigur des Her-
zogs von H. Krumpper,
wohl nach 1608, ein
Hauptbeispiel der dama-
ligen Münchner Erzplas-
tik; darüber bayerisches
Löwenwappen. Die Ni-
sche flankierten die bei-

Epitaph für Brigitta Mänhartin († 1576)

den mit Emblemata gerahmten Tafeln mit langen lateinischen
Antiqua-Inschriften zum Gedenken der beiden Verstorbenen,
jeweils mit deren Wappen darüber. (Zugehörig eine deponierte
Gruftplatte von 1589.) – An der Rückseite des Hochaltars eingelassen ist heute das Rotmarmor-Epitaph für den Pfarrer und
Freisinger Domherrn Dr. Clemens Franz Ignaz von Vacchieri
(† 1716), mit Wappen; links davon im Chorumgang das Rotmarmor-Epitaph für Brigitta Mänhartin († 1576), mit Reliefdar-
stellung der Vision der hl. Brigitta.

Zum Kirchengerät gehört eine bemerkenswerte, 1714 gestiftete
Monstranz mit Silberrelief der Herabkunft des Hl. Geistes und
Emailmedaillons mit den Sieben Gaben des Hl. Geistes (Münch-
ner Arbeit, 1721 sowie von Ignaz Franzowitz 1785 renoviert; vgl.
Ausst. Kat. Eucharistia 1960, Nr. 238).

Die mehrfarbige Raumfassung der Rekonstruktionsphase lehnte
sich an diejenige von 1907/08 an (die eine helle, z. T. marmorar-
tige von 1885 ff. abgelöst hatte); die letzte Restaurierung 1989
war auf der Grundlage von Befunden bestrebt, sich möglichst
der Fassung der Asamzeit anzunähern. – Die letzte Außenrestaurierung 1999/2000 mit Ersatz des Nachkriegsputzes und einfar-
big hellbraunem Anstrich verzichtete auf die für die Zeit vor
1885 belegte und seit 1907/08 wieder existente gemalte Wandgliederung und farbige Differenzierung (vorwiegend in Grün-
tönen).

Prälat-Zistl-Straße; Flurkarte, M. 1:2500

Prälat-Zistl-Straße

Nach Max Zistl († 1983), langjährigem Stadtpfarrer von St. Peter, wurde 1984 die westliche Fahrbahn des altstadtseitigen
Nordendes der Blumenstraße umbenannt, das ehem. Taschen-
turmgässchen entlang der Innenseite der Stadtmauer zwischen
dem Schiffer- oder Einlaßtor (vgl. Haus Nr. 4) und dem Sebastiansplatz, die gegenüber von Haus Nr. 8 (s. dort) mit dem zin-
nengekrönten Taschenturm bewehrt war. Die kleinteilige Bürgerhausbebauung der Westseite bildet in freilich weit weniger
geschlossener Weise eine Fortsetzung des Sebastiansblockes
(s. Sebastiansplatz 3–8); die Häuser Nr. 2 (Ecke Rosental) und
10 sind Neubauten von 1965. An der Ostseite entstand im Bereich der einstigen Stadtbefestigung 1851–53 die eiserne
Schrannenhalle (s. Viktualienmarkt 15). (Bei deren kürzlicher
partieller Wiedererrichtung wurde der hier 1934 bzw. wieder
1979 aufgestellte Fischerbuberl-Brunnen von Ignatius Taschner
auf den Wiener Platz versetzt.)

Prälat-Zistl-Straße 2–14 (von rechts); Zustand vor 1939

ARCHÄOLOGISCHE BEFUNDE: Prälat-Zistl-Straße/Blumenstraße. Vermutlich Reste der mittelalterlichen Zwingermauer, außerdem Befunde und Funde aus dem 17., 18. und 19. Jh. (Fundst.-Nr.: 7835/0184, 7835/0343). Im Zuge der Wiedererrichtung der Schrannenhalle mit Einbau einer Tiefgarage fanden 2000 und 2003 archäologische Untersuchungen statt. Diese schlossen mehrere Schnitte und Kernbohrungen zur bautechnischen Sondierung des Untergrunds ein. Erfasst wurden ein Graben, ein vermörteltes Tuffsteinfundament, das zur mittelalterlichen Zwingermauer gehörte, und der Holzverbau der barocken Befestigung aus waagerechten Hölzern und Pfählen, deren innerer Graben im Geländestreifen zwischen der mittelalterlichen Befestigung und den barocken Bastionen die gesamte Stadt umgab. Die zweite Phase des Stadtbachverbaues bestand nach dendrochronologischer Untersuchung aus 1637 gefällten Lärchen. Zusätzlich wurde eine Kulturschicht aus der 2. Hälfte des 17. Jh. und des 18. Jh. angetroffen. Im Zusammenhang mit städtebaulichen Erschließungsmaßnahmen außerhalb des alten Mauergürtels im 19. Jh. sind Steinzeugscherben und der Stadtbachverlauf in ziegelüberwölbtem Kanal sowie hölzerner Gründung und Punktfundamenten aus Backstein zu sehen. Letztere zeigen, dass der Stadtbachkanal gleichzeitig mit der Errichtung der Schrannenhalle 1853 entstand.

Prälat-Zistl-Straße 3 (nördlicher Kopfbau der Schrannenhalle). Jetzt Viktualienmarkt 15, vgl. dort.

Prälat-Zistl-Straße 4. Mietshaus von 1873/74. Besitzerfolge seit 1521 bekannt. Auf Sandtners Stadtmodell (1570) zweigeschossiges Traufhaus mit gegen die rückseitige Nachbarbebauung (= Rosental 9 bzw. nach Consoni-Stadtplan von 1806 das umgreifende Eckhaus Blumenstraße 2) ansteigendem Pultdach. Dieselbe Situation – vielleicht aufgestockt – zeigen Stimmelmayrs Skizze (gegen oder um 1800), das Seitzsche Stadtmodell (Mitte 19. Jh.) und eine Ansicht von C. A. Lebschée (1852). Den bestehenden Bau (ohne Hof) mit Ladengeschoss, drei Wohngeschossen und Kniestock ließ der Kaufmann Anton Schlumprecht 1873 durch Hanno Bürkel errichten, mit im Unterschied zum etwa gleichzeitigen Nachbarhaus Nr. 6 konservativ-spätklassizistischer Fassadengestaltung; die linke Achse, mit leicht schräg verlaufender Baulinie, wurde 1874 angefügt (frühere Haus-Nr. 6a). Die sparsamen Gliederungselemente, in erster Linie waagrechte Fensterverdachungen und Konsolen an der Traufe, wurden 1933 bei einer puristischen Renovierung (Bauherr: Gebr. Schiffmacher oHG) restlos beseitigt. Geblieben ist die rhythmisierte Fensteranordnung mit breiteren Außenachsen (Doppelfenster) am Ursprungsbau, dem sich die (rückseitig tiefere) Ereiterung von 1874 links anschließt. Durch sie ist auch die kreisrunde Wendeltreppe (rückseitig im älteren Bauteil) zugänglich. Die steinerne Inschrifttafel im 1. Stock (2. Hälfte 19. Jh.) erinnert an das erstmals 1319 erwähnte, 1824 abgebrochene Schiffer- oder Innere Einlaßtor unweit östlich gegenüber (vgl. Stadtmodell von J. Sandtner 1570, Stadtplan von T. Volckmer 1613, Aquarell von C. A. Lebschée 1866) sowie an das Eindringen der Herzöge Ernst und Wilhelm in die Stadt 1403 während der bürgerkriegsartigen Auseinandersetzungen mit der Partei Herzog Ludwigs VII. des Bärtigen von Ingolstadt.

ARCHÄOLOGISCHE BEFUNDE: Unter dem Bürgersteig vor Haus-Nr. 4 untertägige Teile eines neuzeitlichen Tores (Fundst.-Nr.: 7835/0403). Bei Kanalisationsarbeiten wurde 2000 das Fundament des ehemaligen Einlaßtores (1582–1826) angeschnitten.

Prälat-Zistl-Straße 6. Miets- und Geschäftshaus. Auf Sandtners Stadtmodell (1570) Gartenmauer mit Tor und rechts (nördlich) ein schmales Pultdachhaus (Rückgebäude von Rosental 9); später im Garten links Errichtung eines schmalen Giebelhauses – vgl. Stadtplan von J. Consoni (1806), Skizze von Stimmelmayr (gegen oder um 1800), Ansicht von C. A. Lebschée (1852) und Stadtmodell von Seitz (Mitte 19. Jh.). Im 18. und frühen 19. Jh. Weinwirtschaft.
1874/75 ließ der Kaufmann Philipp Held das bestehende fünfgeschossige Wohn- und Geschäftshaus mit reich dekorierter Neurenaissancefassade, Mittelerker und drei ursprünglich ebenfalls

◁ Prälat-Zistl-Straße 6; Aufn. 1994

Prälat-Zistl-Straße 4; Aufn. 1994

verzierten Dachgauben von bewegtem Umriss errichten (Pläne Dezember 1873 von Hanno Bürkel; Mitwirkung von Arch. Mayrhofer erwähnt; Statik der eisernen Säulen und Tragbalken von Fa. Kustermann). Die Grundrisseinteilung vermittelt zwischen der Vorderfront und den zu ihr schrägen, parallelen Kommunwänden; Treppenhaus in der rückseitigen Ecke links, rechts davon der Hof. 1899 Umbau von Wirtschaftsräumen und Laden, mit Glasdach im Hof (Arch. Heinrich Volbehr, für Kaufmann Johannes Bürklin). 1911 wurden Erdgeschoss und 1. Stock im Auftrag von J. Bürklin umgebaut und im Mittelbereich zwischen den Außenachsen als große Schaufensterfläche geöffnet; bei einem weiteren Umbau für denselben Bauherrn 1921 durch Gebr. Rank wurde die Fassade insgesamt unter Beseitigung der dekorativen Details im neuklassizistischen Sinn umgestaltet. Dieser Phase gehören auch die Balkongitter im 2. Obergeschoss zu Seiten des Erkers an, während die Ädikularahmungen beiderseits im Erdgeschoss noch auf die originale Planung von 1874 zurückgehen. 1931 Fassadenreparatur (Fa. Rank).

[Prälat-Zistl-Straße 8. Neubau mit Nachbildung der Fassade des 1979 abgebrochenen Altmünchner Bürgerhauses mit zwei Ohrwascheln; neugotische Marienfigur und Gedenktafel an den ehem. Taschenturm (19. Jh.). Besitzerfolge seit 1469 bekannt; seit 1843 Bäckermeister. Auf Sandtners Stadtmodell zweigeschossiges Traufhaus mit Ohrwaschel rechts; auf Stimmelmayrs vielleicht ungenauer Skizze (gegen oder um 1800) wohl das vierte Haus von links (viergeschossig, ohne Ohrwascheln); vgl. Darstellung auf dem Seitzschen Stadtmodell der Mitte des 19. Jh. und von C. A. Lebschée 1852. Das wegen schlechten Bauzustandes und „unhygienischer Wohnbedingungen" abgebrochene Altmünchner Bürgerhaus – Beispiel mangelnder Akzeptanz dieser weitgehend verschwundenen Gattung – stammte vermutlich aus dem 17./18. Jh.; Details wie das Holzstabgeländer der links vom Hof angeordneten Treppe und die Wohnungstüren mit Oberlichtgittern bezeugten eine innere Erneuerung in klassizistisch-biedermeierlicher Zeit; der Neurenaissance-Ladenstock von 1888 wurde wiederverwendet (bzw. nachgebildet). Das 1874 umgebaute Rückgebäude war 1962 wiederaufgebaut worden. Vom Altbau übernommen wurden die neugotische Steinguss-Figur der hl. Maria mit gefalteten Händen (wohl 3. Viertel 19. Jh.; Abguss des geborgenen Originals) auf Engelskonsole sowie die darunter angebrachte Gedenktafel an den ehemals unweit östlich stehenden Taschenturm der Stadtmauer, der als Gefängnis diente und 1822 abgebrochen wurde.]

[Prälat-Zistl-Straße 12. Fünfgeschossiges Mietshaus, wohl spätklassizistisch (19. Jh.), Fassade vereinfacht. Eigentümer seit 1520 bekannt. Auf Sandtners Stadtmodell (1570) dreigeschossiges Traufhaus mit Aufzugsgaube in der Mitte und bereits fünf Fensterachsen. Auf M. Paurs Stadtplan (1705) wohl viergeschossig (Erdgeschoss von Stadtmauer verdeckt anzunehmen?), fünfgeschossig auf dem Stadtmodell von Seitz (Mitte 19. Jh.). Im Vorderbereich zwei gewölbte Kellerräume. Zweiläufige Treppe (am Ende des links situierten Eingangsflures) mit spätklassizistisch-biedermeierlichem Holzstabgeländer. Nach Brandschaden Dach 1890 erneuert, bald darauf der Keller erweitert. Die auf Ansichten von etwa 1900 in spätklassizistischer Art schlicht gegliederte Fassade wurde schon vor dem Zweiten Weltkrieg vereinfacht, der Luftkriegsschaden (Verlust des Mansarddaches) bald behoben.]

Prälat-Zistl-Straße 14. Vorbarockes Altmünchner Bürgerhaus. Einst hinter der Stadtmauer gelegen; auf Sandtners Stadtmodell (1570) noch ein zweigeschossiges Traufhaus mit zwei Eingängen und vier Fensterachsen; auf dem Stadtplan von M. Paur (1705) offenbar dreigeschossig und traufständig. Zur heutigen Höhe mit vier Geschossen samt Giebel im 18. Jh. aufgestockt, da so auf Stimmelmayrs Skizze (gegen oder um 1800) und auf dem Stadtmodell von Seitz (Mitte 19. Jh.) dargestellt. Besitzerfolge seit ca. 1630 bekannt (im 17. Jh. mehrfach Bierbrauer, von 1777 bis 1847 Milchmänner). 1847 Umbaumaßnahmen im Erdgeschoss und 1. Stock durch Maurermeister Matthias Küßwetter für Fruchthändler Georg Gaimann: „Handlungs-Laden" statt Viehstall für die Melkkühe des Milchmannes. Fassade 1901 überarbeitet (Putzrahmen um den Giebel, Giebelohren mit Rinnenkesseln). 1976 renoviert.
Die gesamte Grundstücksfläche ist ohne Hof überbaut. Die schmale, bis zum 2. Obergeschoss einläufige Treppe („Himmelsleiter") entlang der rechten (nördlichen) Kommunwand lässt noch den Typ des vorbarockzeitlichen Bürgerhauses erkennen; Treppenanfang hochklappbar, um den Zugang zum dahintergelegenen Abstellraum zu ermöglichen. Erdgeschoss sonst zu Ladenzwecken verändert. Wohnungsgrundrisse darüber zweibahnig, mit straßenseitig je zwei Zimmern zu je drei bzw. (nördlich) einem Fenster, die Fassadenaufteilung entsprechend rhythmisiert. Im Dachraum Aufzugs-Seilwinde von 1829. Der Rückfassade wurden zu Sebastiansplatz 7 (s. dort) gehörige hölzerne Hoflauben vorgelegt, was mehrfach nachbarrechtliche Lichtprobleme zur Folge hatte.

Prälat-Zistl-Straße 12 und 14 (von rechts); Aufn. 1994

[**Prälat-Zistl-Straße 20.** *Wandbrunnen* an der Hofseite des Neubaus von 1980 (Alten- und Servicezentrum). Tegernseer Marmor, Nische mit vorgekragtem Halbrundbecken auf Konsole, seitlich Sitzbänke; neuklassizistisch (Neo-Louis-XVI), aus dem kriegszerstörten ehem. Verkehrsministerium von 1905–10 stammend (s. Hopfenstraße 10); in der Nische moderne Bronze-Eule als Wasserspeier.]

Pranckhstraße

Im Zuge der Bebauung des Marsfeldes (vgl. Marsplatz) angelegte, 1890 nach dem bayerischen General und Kriegsminister Sigmund Freiherr von Pranckh (1821–1888) benannte kurze Verbindung vom Marsplatz im Norden zur Tillystraße im Süden, flankiert vom Gewerbeschulkomplex westlich (vgl. Pranckhstraße 2 und Deroystraße 1) und dem Wittelsbachergymnasium östlich (vgl. Marsplatz 1).

Pranckhstraße 2. Städt. *Berufliches Schulzentrum Alois Senefelder*, Altbau (= Südflügel an der Tillystraße); (Komplex mit Deroystraße 1, s. dort); vgl. Marsplatz (Senefelder-Denkmal). Auf dem westlichen der beiden Straßengevierte südlich des neu angelegten Marsplatzes entstanden nach einer Volksschule zwei städtische Gewerbeschulen – als erste entlang dem Südrand an der Tillystraße, mit Eingang an der zur Pranckhstraße gerichteten östlichen Schmalseite, die Lehrsäle, Werkstätten und Ateliers für Schlosser, Mechaniker, Spengler, Installateure, Metallgießer, Schreiner, Buchdrucker, Buchbinder und Fotografen enthaltende Fachschule. Das vom städtischen Baurat Robert Rehlen entworfene, 1904–1906 errichtete barockisierende Gebäude war gestalterisch noch stärker dem Historismus verpflichtet als dessen jüngerer Nachbarbau Deroystraße 1. Der durch Längsgang mittig erschlossene, grundrissmäßig an sich einfache Rechteckbau, nur am Westende straßenseitig durch den Saaltrakt verbreitert, war ursprünglich viergeschossig. Dem Baukörper gaben Steildächer, reiche Schweifgiebel über der schmalen Ostseite wie quer dazu über dem Saalrisalit, ein prächtiger polygonaler Erker mit Zwiebeldach an der Südostecke und die dekorative Portalzone das vom Zeitgeschmack angestrebte malerisch-asymmetrische Erscheinungsbild. Eingangsbereich und Erker in Muschelkalk wurden unter Leitung des damaligen Fachlehrers Georg Wrba von der städt. Bildhauerschule ausgeführt.

Pranckhstraße 2, Südseite, Saalrisalit; Aufn. 1995

Pranckhstraße 2, Städt. Berufliches Schulzentrum Alois Senefelder, Altbau; Aufn. 1995

Nach schweren Luftkriegsschäden erfolgte 1949–52 der stark veränderte Wiederaufbau durch Hermann Leitenstorfer und Heinrich Volbehr als Akademie für das Graphische Gewerbe. An die Stelle des malerisch-plastischen oberen Abschlusses trat, abgesetzt durch ein Gesims, die einheitliche Aufstockung um ein 5. Geschoss mit dichter Fensterreihung. Der Erker entfiel; die Fassadengliederung wurde vereinfacht und blieb nur im Südwesten an der Straßenfront des Saalrisalits erhalten; hier ist an den zusammengezogenen Fenstern des 1. und 2. Stocks mit ihren Steinrahmungen und Muschelgiebeln die Situation des großen Lehrsaales von außen ablesbar. Westlich schließt ein moderner Zwischenbau die Lücke zu Deroystraße 1. Im Norden entstanden an der Stelle der einstigen Volksschule am Marsplatz (1889/90 von Friedrich Löwel) in den 1950er Jahren gesonderte Erweiterungsbauten.

Prannerstraße

(Vgl. Ensemble Altstadt, Straßenbild Kardinal-Faulhaber-Straße.) Die etwa 200 m lange Ost-West-Verbindung im Nordteil des Kreuzviertels zweigt im rechten Winkel von der Kardinal-Faulhaber-Straße ab und endete im Westen an der die ehem. Stadtmauer innenseitig begleitenden schmalen Gassenfolge Rochusberg (nördlich) bzw. Rochusstraße (südlich). Die durch das am Westende 1804 eröffnete Maxtor (vgl. Maximiliansplatz 18) hergestellte Verbindung von der Altstadt in die neue Maxvorstadt blieb verkehrsmäßig

Prannerstraße, ehem. Hiltlhaus (zerstört); Aufn. 1938

von geringer Bedeutung. Die schmalen Parzellen reichten nordseitig bis zur Rochus- und Salvatorstraße, im Süden bis an den Promenadeplatz. Der Name ist nach Stahleder 2002 (wie schon von Rambaldi 1894 vermutet) von der im 14. Jh. hier ansässigen Familie Prandan abgeleitet und wurde in der Folge sehr unterschiedlich gedeutet, geschrieben und auch auf das Umfeld angewendet; schon seit dem 15. Jh. wurde die „hintere Prannersgasse", die heutige Prannerstraße, von der mittleren und vorderen (heute Kardinal-Faulhaber-Straße und Promenadeplatz) unterschieden, zeitweise auch die heutige Salvatorstraße einbezogen. L. Westenrieder (1782) erwähnt „die lange Prangersgasse, wo der Brunnen vom Matheo", wohl Steinmetz Antonio Matteo, stand (wohl vor dem Nordtrakt des heutigen Hotels Bayerischer Hof). In der Barockzeit erhielt die Straße – wie das umliegende Kreuzviertel – als bevorzugter Wohnsitz des Adels ein neues Gepräge; vgl. die noch erhaltenen Palais(fassaden) Prannerstraße 2, 7 und 9. An die Palastfront Nr. 2 schloss sich

links bis zur Zerstörung im Luftkrieg das Hiltlhaus an, mit den beiden die Obergeschosse trennenden figürlichen Relieffriesen von Franz Jakob Schwanthaler eines der bemerkenswertesten Bürgerhäuser des Klassizismus, benannt nach dem Möbelhändler Georg Hiltl, Hauseigentümer 1807–10 (alte Nr. 24; Ruine 1946 beseitigt).

Bedeutung und Belebung der Prannerstraße wuchsen mit der Eröffnung des Redoutenhauses an der Nordseite und dessen späterer Umwandlung zum Ständehaus bzw. (seit 1848) Sitz des Landtages. Das für Münchens Gesellschafts- und Kulturleben im 18. Jh. höchst wichtige Redoutenhaus (auf einem Teilbereich des heutigen Bürohauskomplexes Prannerstraße 8) entstand 1718 als vom Hof protegierte Privatunternehmung zweier kurfürstlicher Räte durch Umbau zweier Häuser und gehörte ab 1759 großenteils, ab 1779 völlig dem Hofmusikintendanten Joseph Anton Reichsgraf von Seeau, von dessen Erben es 1808 der bayerische

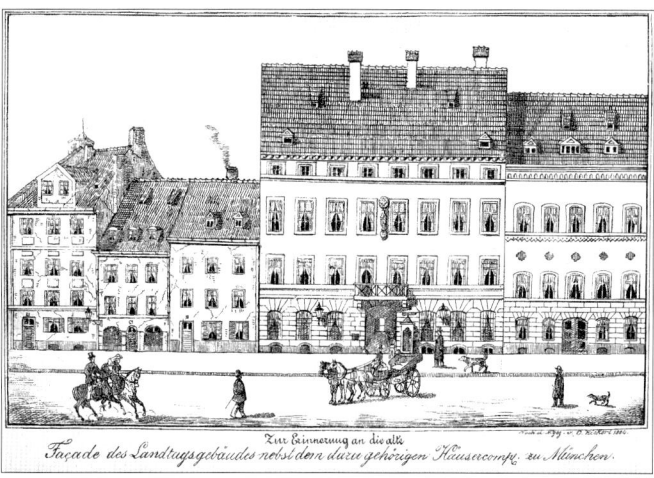

Prannerstraße, Nordseite mit altem Landtag; Zeichnung von O. Pickert, 1884

Staat (die Hofmusikintendanz) erwarb. Wichtigster Raum des viele gesellschaftliche Funktionen vereinenden Gebäudes war der rückseitig im Obergeschoss des Nordteils gelegene Große Redoutensaal mit Bühne und von ionischen Säulenpaaren getragenen seitlichen Galerien (vgl. Ölbild von Joseph Stephan, 1765,

Prannerstraße nach Osten mit ehem. Landtag; Aufn. um 1893

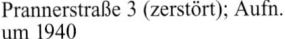

Prannerstraße 3 (zerstört); Aufn. um 1940

Blick in die Prannerstraße nach Westen; Aufn. 2008

Prannerstraße 1; Aufn. 1995

mit Darstellung eines abendlichen Maskenfestes; BSV). Nach dem Übergang an den Staat erfolgte ein weitgehender Umbau durch Andreas Gärtner (Pläne datiert 1809). Nach Inkrafttreten der bayerischen Verfassung 1818 wurde der Komplex von Klenze als Ständehaus adaptiert; im zum Sitzungssaal umgestalteten ehem. Redoutensaal eröffnete Max I. Joseph am 4. Februar 1819 die Ständeversammlung des Königreiches Bayern (vgl. Lithographie von Domenico Quaglio). Die erste Kammer (der Reichsräte) erhielt ihr Quartier im Vordergebäude, die zweite (der Abgeordneten) trat im großen Saal zusammen. 1821/22 wurden die beiderseitigen Nachbarhäuser, 1866/67 westlich zwei weitere hinzuerworben. Auf dem gesamten Areal, das im Norden bis an die Salvatorstraße reichte, entstand 1884/85 der weitläufige Neubau des Landtages nach Plänen von Oberbaurat Max Siebert (ab 1885 Leiter der Obersten Baubehörde); die lang gestreckte Südfassade

an der Prannerstraße im Stil der deutschen Renaissance wurde durch drei Risalite mit hohen Schmuckgiebeln gegliedert, doch entsprach die Enge des traditionellen Standortes im Grunde nicht mehr der gewachsenen Bedeutung der Institution. 1892/93 wurde im Norden ein über einen Brückengang angebundener Erweiterungsbau (Jungfernturmstraße 1) angefügt. Das Gebäude – in der NS-Zeit ab 1934 Sitz der Gauleitung – wurde 1944 im Luftkrieg zerstört; auf dem Areal entstand 1952/53 ein großer Bürohaus-Neubau, das Carl-Friedrich-von-Siemens-Haus.

Eines der in die Landtagserweiterung 1866 einbezogenen Bürgerhäuser (alt Nr. 17, das dritte westlich vom Redoutenhaus) hatte namhafte am Hof tätige Künstler als Vorbesitzer: ab 1636 gehörte es dem Stuckator Wilhelm Fistulator (Pfeifer; danach seinem Sohn Ferdinand), 1737–60 dem Hofkistler Wenzeslaus Miroffsky. Der Strukturwandel im Kreuzviertel vom Adelsquartier zum bevorzugten Sitz der Banken berührte auch die Prannerstraße. An der Nordostecke entstand 1893–94 der neubarocke Monumentalbau der (ehem.) Bayer. Staatsbank (vgl. Kardinal-Faulhaber-Straße 1), die nach dem Zweiten Weltkrieg auch die Fassadenruine des benachbarten Barockpalais Prannerstraße 2 (s. dort) neu hinterbaute. Gegenüber an der Südseite dominiert seit 1921 die lange, vielgeschossige, nach Kriegsschäden neu redigierte rückwärtige Fassade des Hotels Bayerischer Hof (vgl. Promenadeplatz 6); dieses wurde nach Osten um das Grundstück Prannerstraße 3 des kriegszerstörten Hauses der Grafen Lamberg mit prächtiger klassizistischer Fassade von gegen oder um 1800 erweitert. Dem Hotel hatte bereits Nr. 5, das 1827 von J. B. Métivier umgebaute und 1844 von Franz Jakob Kreuter innen veränderte Haus des Grafen Tascher de la Pagerie (früher der Grafen Taufkirchen) weichen müssen. Zu mehrfachen Überlegungen im 19. Jh., die Prannerstraße mittels verlängernden Durchbrüchen (vor allem im Osten) in größere Verkehrszusammenhänge einzubinden, vgl. Walter 1987. – Die heutige, aus den drei letzten Jahrhunderten stammende Bebauung beiderseits der Prannerstraße ist nach Parzellenbreite, Traufhöhe, Typologie und Fassadengestaltung höchst unterschiedlich, doch lässt der lückenhafte Bestand an Baudenkmälern den Altstadtcharakter noch erkennen. (Siehe Flurkarte S. 841)

Prannerstraße, Eröffnung des Landtages am 4.2.1819; Lithographie von D. Quaglio

Prannerstraße, Landtagssaal (zerstört); Aufn. nach 1885

Prannerstraße 1. Das sehr schmale, viergeschossige Haus mit reichem Stuckdekor in Jugendstilformen an der Fassade und Laden im Erdgeschoss entstand 1899 als Rückgebäude des Komplexes Promenadeplatz 2/Kardinal-Faulhaber-Straße 14a (s. dort; Staatsministerium, ehem. Palais Montgelas; jetzt Geschäfts- und Büronutzung); mit diesem ist der schmale, sich entlang einem kleinen ostseitigen Hof nach rückwärts erstreckende Bau im Süden verbunden. Nach Häuserbuch II (1960) ursprünglich ein Stadel, bis 1640 als Rückgebäude zum Haus Promenadeplatz 2 A, einem der Vorgänger-Anwesen des Montgelas-Palais

Blick in die Prannerstraße nach Osten

gehörig, mit letzterem 1898/99 wieder im Besitz vereinigt und umgebaut. Auf Sandtners Stadtmodell von 1570 zweigeschossiges Traufhaus mit flachem Mittelerker und Ohrwaschel rechts; auf Stimmelmayrs Skizze (gegen 1800) viergeschossiges Traufhaus mit Einfahrt links, „des Kaisers Carls VII. Kammerdieners Löw Haus" (nach Häuserbuch 1730–72 Besitzer der kurfürstl. Kammerdiener und Schatzmeister Johann Adam Leb). – Fassade 2006 renoviert.

Prannerstraße 1, 2. Vgl. Ensemble Altstadt, Straßenbild Kardinal-Faulhaber-Straße.

Prannerstraße 2. Ehem. *Palais Neuhaus-Preysing* (nur Fassade original); jetzt Teil der Hypo-Vereinsbank (s. Kardinal-Faulhaber-Straße 1). Sandtners Stadtmodell (um 1570) zeigt offenbar zwei zweigeschossige Traufhäuser mit Gartenhof rückseitig bis zur Salvatorstraße. Um 1636 fand ein Neubau statt (Häuserbuch II). Seit 1680 in Adelsbesitz, zunächst der Grafen von Rheinstein-Tattenbach, ab 1703 der Freiherren von Neuhaus, ab 1760 von Perfall und 1797–1898 der Grafen von Preysing-Moos. 1898 von der Kgl. bayerischen Bank (Bayer. Staatsbank, später Hypo-Vereinsbank) erworben.

Prannerstraße 2, ehem. Palais Neuhaus-Preysing; Aufn. 1995

Wie beim jüngeren Palais Gise gegenüber (s. Nr. 9) hat der Umstand, dass keine Archivalien zur Baugeschichte erhalten sind, zu sehr abweichenden Zuschreibungen und Datierungen geführt. Die (nach Karl Trautmann, zit. in Voelcker 1923) in der Selbstbiographie Joseph Kaltners (1777 ff. Kupferstecher für Cuvilliés' d. J. „Architecture bavaroise") überlieferte Autorschaft François Cuvilliés' d. Ä. wurde von der Forschung nicht akzeptiert. Trautmann selbst (1895) rechnete die Paläste (Neuhaus-) Preysing und Gise „zur Cuvilliésgruppe" (im Unterschied zur Effner-Gruppe).
Eindeutig ist die Abhängigkeit von Cuvilliés' Palais Holnstein (s. Kardinal-Faulhaber-Straße 7, erbaut 1733–37) in der architektonischen Konzeption der prächtig stuckierten, streng gegliederten Fassade: neun Achsen (gleichsam der Normaltypus des Münchner Adelspalais), Erdgeschoss und niedriges Zwischengeschoss, zwei Obergeschosse, dreiachsiger Mittelrisalit mit Dreiecksgiebel und Wappen darin. Auch mit dem nicht erhaltenen Palais Piosasque de Non von Cuvilliés (Theatinerstraße) bestehen Gemeinsamkeiten. Der Verzicht auf eine stärkere tektonische Gliederung – abgesehen von den breiten Lisenen, die den Risalit einfassen – ist jedoch nicht als qualitätsmindernd anzusehen, sondern im Verein mit dem Balkonvorbau auf toskanischen Säulenpaaren als Weiterentwicklung zu kühler, straffer Eleganz mit klassizistischer Note zu werten, wobei dem reichen, zarten Stuckdekor in dem durch Johann Baptist Zimmermann geprägten Stil eine gesteigerte Bedeutung zukommt. In der Ornamentik fällt vor allem die Dominanz der Trophäen auf, die in die vegetabilischen Gehänge oder stehenden Motive an den Lisenen eingebunden sind und auch die Segmentbogenverdachungen im Hauptgeschoss des Risalits – zu Seiten der mittleren Madonnenfigur – bekrönen. Die kriegerischen Embleme entsprechen – entgegen der Erwartung – nicht den Ämtern des mutmaßlichen Bauherrn Johann Franz Maria Freiherr von Neuhaus (1687–1752) – er war unter Kurfürst Karl Albrecht u. a. Pfleger von Friedberg, Hofmusikintendant und ab 1745 Präsident des Hofrates. Autor des Baues, den Gabriele Dischinger (1984) um 1735/40 datiert, war nach ihrer Vermutung „ein von Cuvilliés beeinflusster ortsansässiger Bau- oder Maurermeister, wie z. B. Philipp Jakob Kögelsperger". Andere Forscher setzen die Bauzeit später an, wobei die Kriegsjahre 1742–45 kaum in Betracht kommen, allenfalls eine auch schon erwogene Bauunterbrechung verursacht haben könnten. Fr. Wolf (1967) wies auf das Tuchgirlandenmotiv unter den Fenstern des obersten Geschosses hin, das nicht vor 1755 zu datieren sei; in der Tat kehrt es im Residenztheater wie auch am Palais Gise wieder, mit dem viele Gemeinsamkeiten in der Gesamtauffassung wie im Dekorstil bestehen. Wolfgang Braunfels (1986) nahm eine spätere Entstehungszeit „erst 1748/50" und den Cuvilliés-Schüler Karl Albrecht von Lespilliez (geb. 1723) als vermutlichen Autor an,

Prannerstraße 2, 1. Obergeschoss, Fassadendetail

Prannerstraße 2 nach Kriegszerstörung; Aufn. um 1945

dessen eigenständige Tätigkeit freilich wohl erst nach seiner Bildungsreise nach Frankreich und Italien (1754/55) voll einsetzt; doch war er bereits seit 1748 Hofbauamtsakcessist und 1751/52 Cuvilliés' Mitarbeiter beim Bau des Residenztheaters. Zuletzt bekräftige Frank Purrmann (1997) wiederum die Zuschreibung an Cuvilliés d. Ä. (um 1750), was mit der Annahme von Jutta Thinesse-Demel (1980) übereinstimmt.

Unter den Grafen Preysing (ab 1797) wurde deren Wappen im Giebel eingebracht und eine verkröpfte (später wieder entfernte) Attika aufgesetzt, die auf einer Lithographie von Gustav Kraus (Auffahrt zur Ständeversammlung 1827; Pressler 1977, Nr. 352) zu sehen ist. Bei der Restaurierung 1925 erhielt die Fassade nach Befund (?) einen ziegelroten Anstrich mit weißen Fensterumrahmungen.

Der um zwei Höfe weit in die Tiefe entwickelte Komplex, der auch eine Hauskapelle enthielt, wurde im Luftkrieg 1944 mit Ausnahme der Fassade zerstört, die 1952 gesichert und 1954 in einen Erweiterungsplan der Bayer. Staatsbank von Sep Ruf einbezogen wurde. 1956–58 führte dann Erwin Schleich den Bankneubau hinter der alten, zugleich restaurierten Rokokofassade aus, die wegen der erhöhten Trauflinie wiederum die Attika erhielt. Im Vorderbereich des Erdgeschosses wurden Ausstellungsräume in einer dem Charakter des Baudenkmals zurückhaltend angepassten Gestaltung eingebaut. Im Hof Schalenbrunnen von Franz Mikorey, in Bronze gegossen von Hans Mayr (1960).

Prannerstraße 5. *Spiegelsaal* des Hotels Bayerischer Hof; s. Promenadeplatz 6.

Prannerstraße 7. Ehem. *Palais Seinsheim*, jetzt Bayerischer Städteverband. Die komplexe Baugeschichte wäre durch Quellen- oder Bauforschung weiter zu klären. Das frühere Doppelanwesen (alt Nr. 8 und 9) entstand aus Rückgebäuden (Nebengebäuden, laut Häuserbuch II aus Stadeln), die zu Vordergebäuden am Promenadeplatz (heute Nr. 8, bis zum Zweiten Weltkrieg das frühbarocke sog. Palais Maffei) gehörten. Sandtners Stadtmodell (1570) zeigt eine mehrteilige zweigeschossige Bebauung, traufständig mit sog. Ohrwascheln. Aus ihr entwickelte sich östlich das breitere sog. Palais Seinsheim (alt Nr. 8) und westlich ein schmaleres Wohnhaus (ehem. Nr. 9). Beide zusammen wurden – nach Häuserbuch II – kurz nach ihrem Umbau 1764 von den Grafen Seinsheim (Eigentümern des späteren Maffei-Palais seit 1726) an Karl Reichsgraf von Ruepp verkauft. Von dessen Schwester erwarb es 1768 Joseph Franz Reichsgraf von Seinsheim (1707–87), der verschiedene höchste Ämter am kurbayerischen Hof unter Max III. Joseph (u. a. Kriegsminister) und Karl Theodor bekleidete (sein jüngerer Bruder Adam Friedrich war Fürstbischof von Würzburg und Bamberg). Die Fassadengestaltung des dreigeschossigen Palais anlässlich des Um- oder Neubaus, meist um 1764 datiert, dürfte gemäß der bereits zum Frühklassizismus überleitenden Formensprache, die dem Stil von François de Cuvilliés d. J. oder Karl Albrecht von Lespilliez nahe steht, erst der Phase um 1770 angehören, also im Zusammenhang mit dem Hauserwerb durch Graf Seinsheim 1768 stehen. Stimmelmayr im späteren 18. Jh. skizziert bereits das dreigeschossige, acht Fensterachsen breite Palais, mit noch kleinen Erdgeschossfenstern, und westlich anschließend ein ebenfalls dreigeschossiges, nur vier Achsen breites Haus mit zwei Torbögen. Unter dem neuen Eigentümer Franz Freiherr von Maderni erfolgte 1809 ein Umbau durch Joseph Höchl, wohl auch die Aufstockung des westlichen Hauses, das vor dem Zweiten Weltkrieg eine viergeschossige klassizistische Fassade hatte und sich mit geringeren Stockwerkshöhen und höherem Steildach vom eigentlichen Palais unterschied.

Die Stadt München kaufte das Doppelanwesen 1924 als Sitz des Bayerischen Städtebundes. Im Zweiten Weltkrieg wurde das Haus mit der alten Nr. 9 zerstört; das Palais Nr. 8 erlitt Schäden nur im daran angrenzenden westlichen Bereich, die schon um 1945 behoben wurden (Arch. Mathias Küchel). Der Bayerische Städteverband als neuer Besitzer ließ 1949 durch Architekt Herbert Landauer Nr. 9 zwischen alten Kommunmauern völlig

Prannerstraße 7, ehem. Palais Seinsheim; Aufn. 1995

Prannerstraße 9, ehem. Palais Arco/Gise; Aufn. 1995

neu erbauen, und zwar mit dem Palais Nr. 8 entsprechenden Geschosshöhen unter Verlängerung von dessen Fassadengliederungssystem um vier Fensterachsen nach Westen; seitdem bezeichnet das Portal nicht mehr die Gebäudemitte.

Neu erbaut wurden damals auch die beiden seitlichen Hofflügel (statt älterer Substanz), der östliche mit zwei (zuvor nicht) vorgekragten Obergeschossen, die eine historisierende Putzgliederung erhielten. 1982 erfolgte eine Gesamtsanierung, verbunden mit inneren Veränderungen.

Die Fassade kennzeichnet, unter Verzicht auf übergeordnete Gliederungen, die dichte Reihung gleichartiger Fensterrahmungen mit Betonung des Piano nobile durch Stuckgirlanden und Dreiecksgiebel. Das Erdgeschoss wurde (schon vor dem Zweiten Weltkrieg) in angepasster Form durch neubarocke Schaufensterarkaden verändert, deren gerade Verdachungen noch von den ursprünglichen Fenstern stammen. Das Stichbogentor von der Breite zweier Fensterachsen rahmen rustizierte Pfeiler; darüber zu Seiten der Scheitelvolute schräg gestellte Rocaillekartuschen (mit neuerem Monogramm bzw. Merkurstab).

Unterhalb der fünf östlichen Achsen des alten Palais (ehem. Nr. 8) befinden sich gewölbte Keller. Rechts von der Durchfahrt Vorplatz mit zwei Kreuzgratgewölben vor der südlich anschließenden, ebenfalls überwölbten (stark erneuerten) Treppe in annähernd quadratischem Schacht um Rechteckkern.

◁ Prannerstraße 9, Fassadendetail; Aufn. 1995

Prannerstraße 9. Ehem. *Palais Arco* bzw. *Gise*. Das bis dahin zum Anwesen Promenadeplatz 10 gehörige Rückgebäude – einen zum Wohnhaus umgebauten ehem. Stadel – verkaufte Johann Joseph Graf von Taufkirchen 1731 an Gräfin Maria Theresia von Arco (Häuserbuch II). Um 1760 kam es zu einem Um- oder Neubau, von dem heute nur die repräsentative Fassade – mit Allianzwappen Arco/Taufkirchen – erhalten ist. Den heute meist gebräuchlichen Namen erhielt das einstige „Arcohaus" nach August Freiherr von Gise (auch Giese), unter Ludwig I. von 1832 bis 1846 Minister des Äußeren und des kgl. Hauses, der das Anwesen 1837 kaufte († 1860); es blieb bis 1906 im Besitz seiner Nachkommenschaft. Seit 1936 Süddeutsche Holzwirtschaftsbank AG, die nach weitgehender Kriegszerstörung des Inneren (1944) den Wiederaufbau im Jahre 1949 durchführen ließ (Arch. Hans Uecker); da er an die erhalten gebliebene reich stuckierte Fassade gebunden war, wurde die alte Geschossteilung und z. T. die Grundrissstruktur übernommen. Die derzeitige Farbgebung – rote Gliederungen auf weißem Grund – beruht auf Befund bei der Fassadenrenovierung von 1966.

Der Entwurf des Palais – jedenfalls in der Nachfolge von François de Cuvilliés d. Ä. – wird allgemein dem Hofbaumeister Karl Albrecht von Lespilliez zugeschrieben – u. a. im Einzelnen begründet von Jutta Thinesse-Demel (1980) als dessen um 1760 zu datierendes architektonisches Erstlingswerk (die Datierung

Prannerstraße 9 nach Kriegszerstörung; Aufn. um 1944

schwankte früher zwischen 1750 und 1765). Das fast obligate Normalschema des neun Achsen breiten Münchner Adelspalastes ist hier auf sieben Achsen reduziert unter Verzicht auf Portalsäulen; den Mittelrisalit ersetzt eine nicht streng tektonisch, vielmehr betont dekorativ gestaltete breitere Mittelachse mit von Rustikapfeilern gerahmtem Rundbogentor, dem üblichen Gitterbalkon – hier auf Doppelkonsolen ruhend – und flankierenden, dekorbehängten Pilastern im Hauptgeschoss, die in die Wandfläche des letzten Geschosses hineinragende Trophäenreliefs tragen. Die beiden niedrigen Untergeschosse sind zur ornamentlosen Sockelzone zusammengefasst. Der reiche Stuckdekor, der das Piano nobile mit seinen hohen Stichbogenfenstern hervorhebt, steht formal in der Münchner Tradition der Fassadengestaltungen von Cuvilliés, im weiteren Sinne letztlich des von Johann Baptist Zimmermann geprägten Dekorationssystems, dem z. B. auch das Lerchenfeld-Palais verpflichtet ist. Mit der Cuvilliés(?)-Fassade Prannerstraße 2 (s. dort) gemeinsame Motive sind vor allem die Stichbogenverdachungen sowie die stuckierten Tuchgehänge unter den Fenstersohlen im letzten Geschoss (vgl. auch die oberste Rangbrüstung im Cuvilliéstheater). Im Zentrum der Raumgestaltung steht das Rundbogenfenster im Hauptgeschoss mit dem fortgeführten Kämpfergesims – eine Art verkürztes „Palladiomotiv" –, dem Schmiedeeisen-Balkongitter und dem bekrönenden Prunkwappen; am Traufgesims darüber kleine Figur wohl der Altöttinger Muttergottes. (Eine ähnlich betonte, von Trophäen flankierte Mittelachse zeigte das zerstörte, nur drei Achsen breite Palais Morawitzky, Löwengrube 7.) Die untektonische Lösung wird der „Stilkrise" (Lieb 1988) am Ende des Rokoko angelastet, ist jedoch keineswegs als qualitätsmindernd zu werten.

Prannerstraße 10. Die Straßen Rochusberg und Hintere Prandasgasse/später Prannerstraße laufen im Westen spitz aufeinander zu. Dies ist seit alters so, da der Straßenverlauf Rochusberg dem Bering der Stadtmauer folgend eine Krümmung beschreibt, die Hintere Prandasgasse jedoch zu den größeren Straßenkreuzen der Altstadt in etwa parallel verläuft; so weiten sich die Grundstücke zwischen den genannten Straßenläufen nach Osten hin sichelförmig auf. Das auf den Katastereinträgen und dem Stadtmodell basierende Münchner Häuserbuch referiert bis ca. 1600 zwei Häuser auf dem Areal des heutigen Hauses Prannerstraße 10. Das westliche wird erstmals 1496, das östliche 1508 genannt. Ab 1579 befanden sich beide Häuser im Besitz Herzog Ferdinands von Bayern. Die spätmittelalterlichen Bauten wurden schließlich 1897 abgeräumt, nachdem diese in den Besitz der Elektrizitäts-Aktiengesellschaft Nürnberg, nachmals Siemens-Schuckertwerke GmbH gelangt waren. Die Firma ließ von einem Nürnberger Architekten, H. Schmitz, den Neubau hochziehen, in einer durchaus als typisch anzusprechenden Nürnberger Neurenaissance, die sich einer Formensprache bediente, die man als Dürer-zeitlich ansah. Der Bau war 1899 abgeschlossen. Die bauzeitliche Erschließung des Hauses wurde im Zuge der in jüngerer Zeit vollzogenen Veränderungen (Auskernung) aufgehoben. Geblieben sind die Fassaden des spätgründerzeitlichen Baus: Einheitlich finden sich die Erdgeschossöffnungen rundbogig geschlossen, 1. und 2. Obergeschoss werden als Hauptgeschosse behandelt. Einfache Wasserschläge setzen diese beiden Geschosse ab. Hier wurden die Fenster zur Prannerstraße hinaus im 1. Obergeschoss dreipassförmig und im 2. Obergeschoss in

Prannerstraße 10; Aufn. 1995   Prannerstraße 10; Aufn. 2008 mit
                                  rekonstruierter Dachzone

der Form von Kielbögen verdacht. Als Hauptakzente sind die beiden kräftig durchgebildeten Flacherker sowie an der westlichen Gebäudeecke der dreigeschossige Polygonalerker anzusprechen, mit seinen stilbildenden Maßwerkfeldern in den Brüstungszonen. Die Dachzone mit Giebel und Erkerhauben entspricht – nach rekonstruierendem Umbau – wieder dem Zustand der Eingabeplanung. Die Fassade zur Rochusstraße hin hielt man der städtebaulichen Stellung entsprechend schlicht.

Im Luftkrieg wurde der Bau nur leicht beschädigt, dies im Unterschied zum Areal weiter östlich (ehem. Landtagsgebäude), das vollständig zerstört worden ist. Bis 1999 befanden sich im Haus Prannerstraße 10 die umfangreichen Unterlagen zur Geschichte des Hauses Siemens, die nunmehr im neuen Siemens-Forum am Oskar-von-Miller-Ring 20 aufbewahrt werden.

[**Prannerstraße 11.** Palaisartig proportioniertes Geschäftshaus (viergeschossig, 13 Fensterachsen) von Stellenwert im Straßenbild, nach Kriegsschäden für die Deutsche Verkehrs-Kredit-Bank A. G. wieder instand gesetzt von Hermann Staudter (Pläne 1947, zur vereinfachten, im klassizisierenden Sinn neu gestalteten Fassade mit flachem Dreiecksgiebel am Mittelrisalit 1949). Entstanden durch Zusammenfassen von Rückbebauung eines Adelshauses am Promenadeplatz (v. Hörwarth, um 1800 Graf Lerchenfeld; heute Teil von Nr. 12, s. dort) bzw. wohl auch eines zweiten Hauses; schon auf Skizze von J. P. Stimmelmayr (gegen oder um 1800) viergeschossig mit drei Rundbogentoren und dreiachsigem Mittelrisalit; auf Stadtplan von J. Consoni 1806 dreistöckig mit geometrischem Garten rückseitig und schmalem Seitenflügel an dessen Westseite. Durchgreifender Umbau (die Planung bezieht sich ausdrücklich auf Zusammenfassung zweier Häuser) 1884 von Felix Swoboda für die Handelsfirma H. und J. Gutmann, äußerlich in Neurenaissanceformen mit besonders reicher Gliederung am Mittelrisalit. Um 1910 Umbau durch

Georg Krämer für den Christlichen Verein junger Männer, mit Mittelgiebel in Form etwa eines gleichschenkligen Dreiecks (steiler als heute; vgl. Ansicht in Häuserbuch II).]

Prannerstraße 13 (früher 12). Das schmale, viergeschossige Wohnhaus ließ 1850 die Buchdruckereibesitzerswitwe Anna Wild an der Stelle eines bis dahin Pacellistraße 9 (alte Nr.; heute Teil von Promenadeplatz 12, s. dort) gehörenden Stadels errichten, wohl durch Baumeister Reinhold Hirschberg, der 1856 das rückseitige niedrige Ökonomiegebäude erhöhte. (Originalplan nur fragmentarisch erhalten, ohne Unterschriften; LBK.) Das straßenseitig nur drei, rückseitig zwei Fensterachsen breite Haus von beträchtlicher Tiefenerstreckung wurde zwischen die älteren beiderseitigen Kommunmauern hineingestellt, ursprünglich mit kleinem Lichthof in der Mitte und Erschließung durch einen Gang entlang der linken Seitenwand, der im Erdgeschoss dem Antrittslauf der Treppe rechts auswich. Hinter einem zweiten, sehr kleinen Hof war das Ökonomiegebäude situiert. Die straßenseitige Fassade mit Stichbogenfenstern ist biedermeierlich-schlicht. – Nach schweren Luftkriegsschäden erfolgte der Wiederaufbau 1950–53 erst nach Plänen von Ewald Friedel für Elise Wächtler bzw. ab 1952 durch Eugen Hele für Kunsthändler Egon Weller; mindestens das 2. und 3. Obergeschoss samt Dach wurden völlig neu (hinter alter Fassade) errichtet; 1975 Dachgeschossausbau mit rückseitiger Loggia; 1994 Renovierung.

[**Prannerstraße 15** (früher 13). Geschäftshaus-Neubau, 1980–1984 von DT-Plan (Arch. Wolf Braun), künstlerische Oberleitung Hentrich und Petschnigg, mit zurückhaltend der Nachbarschaft eingefügter Fassade (acht Fensterachsen, vier Geschosse, das letzte niedriger), auf äußerst unregelmäßig begrenztem, in die Tiefe ausgreifendem Grundstück (rückseitiger Trakt hinter Nr. 11 geschoben). – Der 1979 abgebrochene Vorgängerbau (Ansicht in Häuserbuch II; dort auch Text der ehem. baugeschichtlichen Gedenktafel) war 1888 durch Baumeister K. Hock für Schlossermeister Christian Schörg umgebaut und aufgestockt worden, samt hohem Zwerchgiebel am reich in Neurenaissanceformen gegliederten Mittelrisalit (zuvor dreigeschossig mit Zwerchhaus über Risalit, Erdgeschossfassade genutet, mit barocker Gliederung, vor allem Fensterverdachungen im 1. Stock.]

Prannerstraße 11 (kein BDm)   Prannerstraße 13 und 15 (von links)

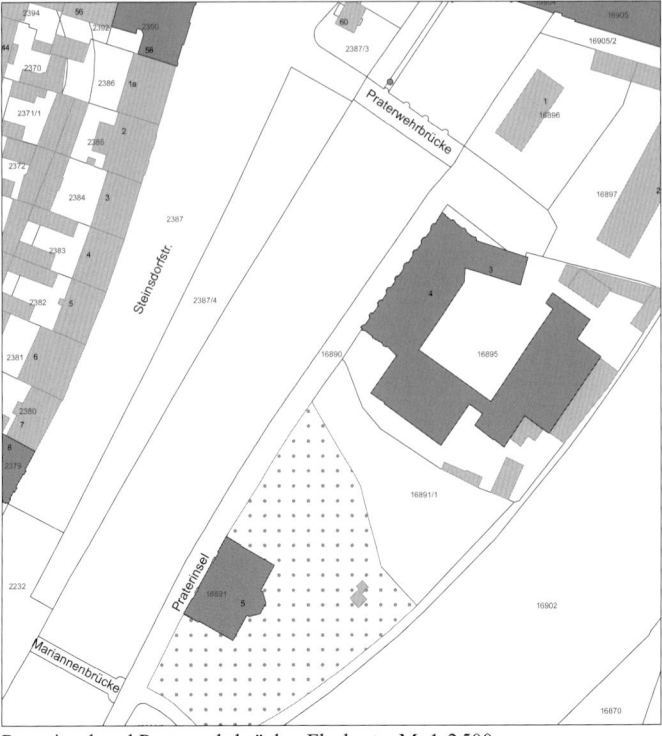

Praterinsel und Praterwehrbrücke; Flurkarte, M. 1:2500

Praterinsel

Innerhalb der Abfolge von Inseln und ihr Format wechselnden Kiesbänken im kernstädtischen Bereich der bis Ende des 19. Jh. unregulierten Isar bildete die länglich-schmale, leicht erhöhte Fläche der Nordinsel eine Konstante. Der Stadtplan von 1812 zeigt sie – ohne Namen – durch zwei Abrecher (Wehre) mit den jenseitigen Ufern verbunden (den Ostarm des Flusses überquerte bis zur Jahrhundertmitte ein Quellwassersteg von den Brunnhäusern am östlichen Steilhang her) und mit Grünanlagen bedeckt, deren dichter bepflanzter Südteil ein Gebäude umgibt – den hölzernen Ursprungsbau des Vergnügungsetablissements „Prater", begründet von dem Wirt Anton Gruber, der diesen Teil der Insel 1810 erworben hatte (s. Praterinsel 3/4, 1867–1988 Likörfabrik Riemerschmid). Nördlich von diesem Komplex verzeichnet Wenngs Atlas von 1851 das kleine Gebäude der Kgl. Bauinspektion I (damals Am Abrecher 3); heute stehen in diesem Inselbereich die beiden zweigeschossigen, barockisierenden Walmdachhäuser Praterinsel 2 (Bayer. Wasserwirtschaftsamt) und 1 (zugehörig) aus der Zeit nach dem Zweiten Weltkrieg. Nördlich davon überquert auf Aufschüttungen die Maximilianstraße bzw. die zweiteilige *Maximiliansbrücke* (s. dort) von 1857–63 (erneuert 1903–05) die Insel; an der Nordseite der Fahrbahn wurde 1893 der Gedenkbrunnen für Bürgermeister Alois Erhardt aufgestellt (s. Maximiliansbrücke), nahe der Insel-Nordspitze in demselben Jahr das Schwind-Denkmal (Büste jetzt im Schulhof Zentnerstraße 2, s. dort). Durch Verlandung eines Querverbindungsarmes zwischen Großer und Kleiner Isar wurde die Praterinsel im Süden um die ehemals abgesonderte Feuerwerksinsel vergrößert, auf der 1887/88 die Gaststätte „Isarlust" entstand (heute Deutscher Alpenverein mit Museum; s. Praterinsel 5). Die Südspitze der Insel ist mit dem Nordende der Kohlen- oder Museumsinsel seit dem späten 15. Jh. durch einen *Wehrsteg* verbunden (ehemals „Äußerer Abrecher"; erneuert im 17. Jh., um 1815, 1884/05 und zuletzt 1966), mit dem Westufer durch die *Mariannenbrücke* von 1887/88 (aus Holz; 1928/29 in Beton erneuert) und mit den Maximiliansanlagen auf dem steilen Ostufer durch den *Kabelsteg* (s. dort) von 1898 in eleganten Jugendstilformen. Den Vorplatz zwischen Praterinsel 1/2 und 3/4 verbindet mit der Steins-

„Prater"; Lithographie von C. A. Lebschée, 1830

dorfstraße am Westufer die *Praterwehrbrücke* (s. dort) von 1966 (in Nachfolge eines seit 1587 bestehenden Abrechers, der 1815 durch Karl Friedrich von Wiebeking als steinerne Stauwehrbrücke erneuert worden war; mit Nepomukfigur von 1857, s. S. 805).

Friedrich Thierschs Entwurf von 1904/05 für ein *Konzerthaus* auf dem Areal Praterinsel 1/2 und 3/4 entstand ohne Auftraggeber als Überlegungen zu Bauaufgabe und städtebaulicher Situation fördernder Vorschlag im Zusammenhang mit seinem Neubau der Maximiliansbrücke. Gleichfalls nicht realisiert wurde ein in der NS-Ära geplantes *„Haus der Deutschen Arbeit"* (Wettbewerb 1934).

[**Praterinsel 3/4** (vormals Praterinsel 3 bzw. 4). Ehem. *Likörfabrik Anton Riemerschmid*, vierseitige Werksanlage. Auf von ihm 1810 erworbenem Inselgrundstück eröffnete der Gastwirt Anton Gruber zunächst in einem Holzgebäude einen Wirtschaftsbetrieb als Kern des nach Wiener Vorbild „Prater" genannten Vergnügungslokals; 1813 fügte er Tanzrotunde, Schaukel und Karussell hinzu; auch Kegelbahn und Kasperltheater, Musik und Feuerwerk unterhielten die Gäste. 1817 wurde das Hauptgebäude als Massivbau erneuert, 1834 an den runden

Praterinsel mit Steinsdorfstraße entlang der Isar; Luftaufnahme von 1913

Tanzpavillon ein rechteckiger Saal angebaut (auf den Stadtplänen der Folgezeit und dem Stadtmodell von Seitz zu erkennen). Gottfried Keller erwähnt die Gartenwirtschaft im „Grünen Heinrich" (2. Fassung). Die Bauarbeiten im Zusammenhang mit Maximilianstraße und Maximiliansbrücke dürften den Gastbetrieb beeinträchtigt haben und veranlassten den Gruberwirt 1866 zur Aufgabe. Auf dem 1867 versteigerten Gelände ließ Anton Riemerschmid 1867–70 nach Plänen von Baumeister Reinhold Hirschberg seine Likörfabrik errichten; von der Praterwirtschaft blieb lediglich der schräg stehende Hauptbau von 1817 an der Nordseite des Hofes erhalten, während die übrigen Baulichkeiten mitsamt dem Tanzsaal bis 1868 abgetragen wurden. Anton Riemerschmid (1802–1878), seit 1835 Teilhaber, bald

Praterinsel 4, West- und Südseite (links Nr. 1); Aufn. 1995

danach Alleininhaber der Firma Tipp und Vigl, Kgl. bayr. privilegierte Weingeist-, Spiritus-, Likör- und Essigfabrik, hatte 1835 das Anwesen Herrnstraße 14 erworben. Von dem der Familie Riemerschmid gehörenden Areal, dem gesamten Block zwischen Maximilian-, Falckenberg-, Hildegard- und Stollbergstraße, wurde der nach Anlage der Maximilianstraße beengte Fabrikbetrieb 1869 auf die Praterinsel verlagert, wo er über ein Jahrhundert ansässig blieb. Wegen fehlender Erweiterungsmöglichkeiten wurde er nach Erding verlegt und der Baukomplex 1988 zunächst an zwei holländische Immobiliengesellschaften verkauft; heute dient er Bürozwecken und Künstlerateliers (Aktionsforum Praterinsel).

EINZELGEBÄUDE (Hausnummerierung gemäß Fabrikplan vor 1988):

Praterinsel 3/4, Hof nach Süden; Aufn. 1996

Praterinsel 3/4 (von links); Aufn. 1996

Der schräg stehende *Nordflügel* (ehemals *Haus 5* genannt) ist ältester noch bestehender Bauteil, im Kern das einstige, 1817 massiv ausgeführte Hauptgebäude der Praterwirtschaft, ursprünglich ein zweigeschossiges Walmdachhaus mit fünf Fensterachsen (flankiert von nicht erhaltenen, ungleich langen, niedrigen Nebenflügeln; vgl. Seitz-Stadtmodell), 1871 von Reinhold Hirschberg um drei Achsen nach Osten verlängert, 1922 von dem renommierten (der Fabrikantenfamilie angehörenden) Architekten Richard Riemerschmid aufgestockt, innen umgestaltet und durch einen schmalen Zwickelbau mit Treppenhaus mit dem Westtrakt (Haus 1, s. unten) verbunden. Trotz Veränderungen hat der rau verputzte Walmdachbau im Ganzen noch biedermeierlich-schlichten Charakter bewahrt; im Erdgeschoss Rundbogenfenster mit Gittern, Gurtgesimse; an der Südostecke Gedenktafel mit Inschrift: Anton Gruber, Gründer des Praters im Jahr 1810. – Innen waren im 2. Obergeschoss zwei (nach Werksverlegung ausgebaute) Büroraumausstattungen mit Vertäfelungen, Wandschränken, Holzdecken und Möbeln nach Entwurf von Richard Riemerschmid, ausgeführt 1922 durch die Deutschen Werkstätten, bemerkenswert; aus dieser Zeit stammt auch die gewendelte Holztreppe im Zwischenbau mit Steinsäulen und dekorativem Flacheisengeländer.

Der *Westflügel* (*Haus Nr. 1*), repräsentativer, städtebaulich wirkungsvoll an der Isar gelegener Hauptflügel der ehemaligen Riemerschmidfabrik, wurde 1867/68 von R. Hirschberg als Fabrikations- und Arbeiterwohngebäude in spätklassizistischen Formen errichtet. Dreigeschossiger Putzbau mit reicher Lisenengliederung, im Erdgeschoss Rundbogenfenster umschließende Rundbogenblenden, darüber verkröpftes doppeltes Gurtgesims, im 1. Stock gerade Fensterverdachungen; über dem Kniestock flach geneigtes, nach 1945 erneuertes Walmdach. Hofseitig in der Mitte zweigeschossiger Eingangsvorbau mit Dachterrasse. Innen im Kellergeschoss dreischiffige Halle mit gemauerten Achteckpfeilern und böhmischen Kappen, im Erdgeschoss dreischiffige Halle mit Holzsäulen (Eisenkern?) und flachen Kreuzgratgewölben (ehem. Füllhallen, zum Teil mit späteren Einbauten). In der Mitte der Westseite Eingang und gewendelte Holztreppe mit Eisenstabgeländer. Im 1. Stock am Nordende (ehemals) um 1922 durch Richard Riemerschmid ausgestatteter Konferenzsaal mit Kreuzgratgewölben, Pilastergliederung, Stuckdekor sowie westlich anschlie-

Praterinsel 3/4, Ostflügel; Aufn. 1996

Praterinsel 5, Deutscher Alpenverein; Aufn. 1995

Praterinsel 5, „Isarlust"; Aufn. um 1890

ßendem tonnengewölbtem Trinkstüberl; südlich von diesem Flur mit drei Kreuzgratgewölben. Der 2. Stock, mit sozialgeschichtlich interessanter Disposition, enthielt ursprünglich Arbeiterwohnungen: Mittelgang mit Füllungstüren (und Oberlichten) zu den beiderseitigen schmucklosen Zimmern. Der Kniestock ist in den (erneuerten) Dachraum einbezogen. (Hofseitig Annexe aus jüngster Zeit.)

Südbau (Haus 2), 1870 von R. Hirschberg als Essigfabrik errichtet, dreigeschossiger schlichter Putzbau mit flachem Walmdach, im Erdgeschoss Rundbogenfenster, darüber Gurtgesims. Hofseitig Vordach auf Gusseisenstützen, wohl 1899 hinzugefügt. In den Obergeschossen innerhalb der massiven Umfassungsmauern Konstruktion aus Holzstützen, Eisenträgern und Holzbalkendecken. (Moderner Dachausbau in Form eines niedrigen, verglasten Kniestocks; südseitig neuer Anbau.)

Ostbau (Haus 3) 1868 von R. Hirschberg als Fabrikations- und Lagergebäude errichtet, zweigeschossiger Putzbau gegenüber dem Haupthaus Nr. 1, in der Längserstreckung auf dieses bezogen. Im Erdgeschoss große Rundbogentore; an beiden Enden flache, um ein Geschoss erhöhte Risalite mit flach geneigten Satteldächern. Über der Mitte kleiner Glockenstuhl aufgesetzt; darunter (im Erdgeschoss) altes Uhrwerk und Zifferblatt. An der Nordwestecke in neuerer Zeit angebauter, die Symmetrie störender Anbau mit Treppenhaus; neuere Zutaten sind auch die Dachaufbauten des Mittelteiles und die einen Vorsprung an der Rückseite flankierenden Anbauten von 1899. – Inneres stark verändert und erneuert, nur stellenweise alte Raumgestaltungen noch feststellbar: im Südteil des Erdgeschosses tonnengewölbte ehem. Brennerei, im Nordteil eine dreischiffige, zum Teil verbaute Säulenhalle mit böhmischen Kappen (gleiche Form wie die Halle im Erdgeschoss des Westbaus); übrige Erdgeschossräume verändert, mit Flachdecken. Im 1. Obergeschoss am Nordende Raum (zuletzt Druckerei) mit zwei Unterzügen (Holzbalken) auf gefasten und verzierten Holzstützen.

Im Hause von Robert Riemerschmid auf der Praterinsel traf sich in den Jahren der Weimarer Republik ein die Zeitprobleme aufgeschlossen erörternder Kreis von Prominenten aus Politik, Wirtschaft und Kultur (Ausst. Kat. Zwanziger Jahre 1979).]

Praterinsel 5. *Deutscher Alpenverein* mit *Alpinem Museum,* im Kern neubarockes Café Isarlust. Am innenstadtseitigen Ufer der um diese Zeit regulierten, mit Kaimauern eingefassten Isar (s. Steinsdorfstraße) wurde 1887/88 der späthistoristische, nur temporäre Komplex der „Deutsch-Nationalen Kunstgewerbe-Ausstellung 1888" errichtet. Dauerhaft erhalten blieb nur das zugehörige, auf der zuvor selbständigen, im Zuge der Flussregulierung mit der Praterinsel verbundenen Feuerwerksinsel erbaute „Weinrestaurant und Wiener Café" – in der Folge als vornehmes Garten-Café-Restaurant „Isarlust" verpachtet. (Die Verbindung

mit dem Westufer stellte die gleichzeitig errichtete Mariannenbrücke her.) Das von dem städt. Bauamtmann Friedrich Löwel entworfene, von einem Garten (mit ehemals stilkonformer Einfriedung) umgebene Café hatte die Form eines neubarocken, malerisch-vielgestaltigen, doch symmetrischen Schlösschens mit reich gegliederter, in einer zentralen Schweifkuppel gipfelnder Dachzone. Östlich war eine Gästeterrasse mit geschweiftem Umriss und zwei schräg gestellten Freitreppen an den Ecken vorgelagert. Die Innenräume waren repräsentativ in Neurokokoformen ausgestattet und stuckiert. Ostseitig vorgelegt waren zu Seiten des polygonalen Eingangsrisalits die sog. Arkaden – Veranden mit (erst später?) verglasten toskanischen Kolonnaden (1926 modern aufgestockt).

Das Gebäude samt Garten wurde von der Stadt 1908 dem „Deutschen und Österreichischen Alpenverein zu eigentumsgleicher Benutzung für die Errichtung des Alpinen Museums überlassen" (MB I 1912), das Museum 1911 eröffnet (Restbestände nach Kriegsverlusten und Verlagerung in Innsbruck).

Nach Zerstörung im Luftkrieg, vor allem am 17. Dezember 1944, erfolgte der Wiederaufbau als Sitz des Deutschen Alpenvereins 1948–52 durch Architekt Wolfgang Rothenbücher in stark veränderter, modern vereinfachter Form, doch geben gewisse vom Altbestand übernommene Elemente dem Bau äußerlich einen gleichsam neuklassizistischen Habitus – Nagelfluhsockel, erhöhter, durchgehender Mittelteil, westlich als Flachrisalit mit Dreiecksgiebel, östlich polygonal vortretend; westseitige Eckrisalite, Gurtgesims. Gartenseitig im 2. Stock liegt der Sitzungssaal. 1996 erneute Eröffnung des Alpinen Museums.

Praterwehrbrücke. *Steinfigur des hl. Johannes von Nepomuk.* Die am Nordende eines den Westarm der Isar von der ehem. Floßgasse trennenden Strompfeilers stehende Figur des Fluss- und Brückenpatrons wurde gemäß der in die Vorderseite des leicht verjüngten Sockels eingelassenen Inschrifttafel „Gewidmet / von den / bürgerl. Floßmeistern / Xaver Heiß / Johann Heiß / Jos. Thadeus Heiß / 1857". Die dem traditionellen Typus des Heiligen im Priestergewand entsprechende, doch in unbarocker Weise ruhig aufrecht stehende Kalksteinfigur hält in der erhobenen Rechten ein (schlicht erneuertes) Kreuz (Brücke s. S. 803).

Praterwehrbrücke, Johann-Nepomuk-Figur (mit Maximiliansbrücke)

Prielmayerstraße

In Wenngs Atlas 1849 (Maxvorstadt Pl. 1) ist ein „Prillmeier Gässchen" als schmale Sackgasse am Südrand des Kadetten-corps-Gartens eingetragen, die den Zugang zu einem seit 1827 zu letzterem gehörigen Schlösschen bildete (vgl. Prielmayerstra-ße 7/Elisenstraße 1a, Justizpalast/Vorbebauung). Das 1885 abge-brochene Schlösschen, erbaut durch den Staatsminister Korbi-nian von Prielmayer (1643–1707), war später im Besitz des kgl. Appellationsgerichtsrates Franz Xaver Frhr. von Prielmayer (1767–1824). Hauptverbindung zwischen dem Karlsplatz (Sta-chus) vor dem Karlstor und dem 1849 eröffneten Bahnhof war – seit jeher als Anfangsteil der nordwestlichen Ausfallstraße, der Dachauer Straße – damals noch die Schützenstraße (vgl. Cheval-ley/Weski 2004, S. 577). Schon auf dem Stadtplan von 1865 ist nördlich parallel von ihr (noch ohne Namen) eine zusätzliche neue Achse eingezeichnet, die in der Folge Bahnhofstraße, nach Abbruch des Schlösschens jedoch, um die Tradition zu bewah-ren, 1886 Prielmayerstraße genannt wurde. Älter ist die ihren Westteil kreuzende, 1827 angelegte Luitpoldstraße (s. dort). Die Südseite hatte, zwischen dem Warenhaus Hertie im Westen (s. Chevalley/Weski 2004, S. 91 f.) und dem Hotel Königshof im Osten (vgl. Karlsplatz 10), bis zum Zweiten Weltkrieg eine ho-mogene Bebauung mit späthistoristischen Mietshäusern, die besser mit den nördlich gegenüberliegenden beiden Justizpalä-ten (vgl. Prielmayerstraße 5 und 7) harmonierte als der heutige lang gestreckte Hertie-Erweiterungsbau von 1970/71, der südlich bis zur Schützenstraße reicht (Fassadengestaltung Fred Ange-rer). Nördlich gegenüber dem Hertie-Altbau ersetzte der 1984 vollendete Büro- und Geschäftshausblock „Elisenhof" (Arch. Herbert Kochta) die spätklassizistische Mietshausbebauung im Osten entlang der Luitpold- und im Norden an der Elisenstraße wie auch den stattlichen Neurenaissancebau der Eisenbahndi-rektion im Westen (ehem. Prielmayerstraße 1/Ecke Bahnhof-platz, erbaut 1874 für die damalige Ostbahngesellschaft). Das östlich angrenzende Eckhaus Prielmayerstraße 3/Ecke Luitpold-straße war 1870 als Wohnhaus für den Bierbrauer Joseph Sedlmayer erbaut worden.

Prielmayerstraße; Flurkarte, M. 1:5000

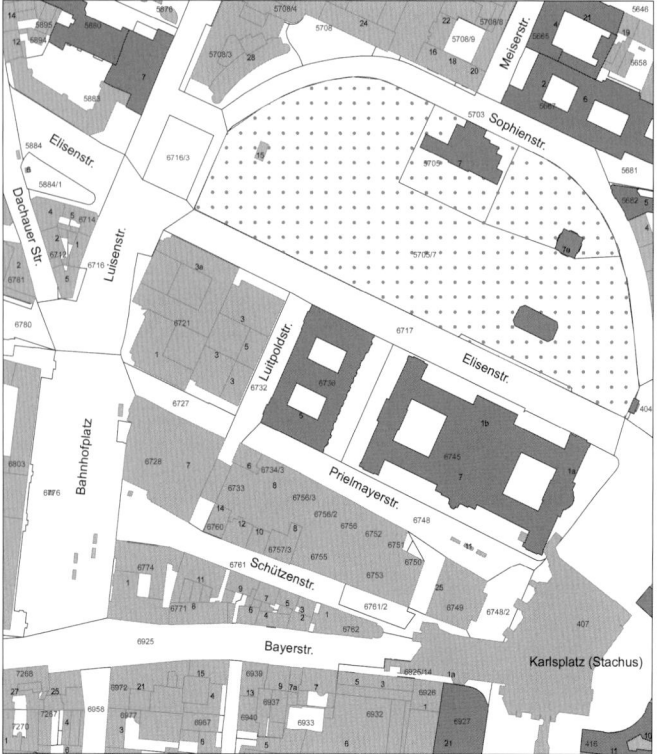

Prielmayerstraße 5, Neues Justizgebäude von Westen (vor Bau des Elisen-hofs); Aufn. 1975

Prielmayerstraße 5. *Neues Justizgebäude*, heute Bayer. Verfas-sungsgerichtshof und Oberlandesgericht. Für zukünftige mög-liche Erweiterungen erwarb das Justizministerium die westlich des 1897 vollendeten Justizpalastes gelegene, vorwiegend klas-sizistische Mietshausbebauung des 19. Jh. östlich der Luitpold-straße und ließ sie 1902 abbrechen. Der schon bald notwendig gewordene Ergänzungsbau wurde (nach Erdaushub schon Ende 1902) 1903 – wie der Altbau nach Plänen von Friedrich von Thiersch – im Rohbau durch die Fa. Karl Stöhr ausgeführt, der Dachstuhl im Oktober aufgesetzt; die Türme waren im Mai 1904 im Rohbau fertig, die Fassadenbemalung erfolgte von Juli bis Oktober, im Herbst begannen Innenausstattung und Einrichtung; die Übergabe fand am 1. April 1905 statt. Vorstand des Bau-büros war Bauamtsassessor Karl Voit, Bauführer Johann Hepp-ner; Gesamtbaukosten 1.860.000 Mark.

Von den Zeitgenossen heftig diskutiertes Hauptmerkmal ist der extreme stilistische (spätgotische bis Renaissanceformen) und materialmäßige (Rohbackstein) Kontrast zum östlich benachbar-ten neubarocken Justizpalast, für den sich Thiersch unter mehr-fachen Gesichtspunkten entschied – rein vordergründig wegen der geringen bewilligten Mittel, sodann um die Wirkung des all-seitig symmetrischen, in sich vollkommenen Altbaues nicht durch eine Fortsetzung zu relativieren, weiters um im Sinne des malerischen Städtebaus ein stilistisch abwechslungsreiches, gleichsam gewachsenes Stadtbild zu suggerieren, und nicht zu-letzt aus Gründen des um die Jahrhundertwende einsetzenden Stilwandels etwa im Geiste Theodor Fischers – H. K. Marschall (1977) weist auf unkonventionelle Backsteinbauten hin wie M. Nyrops Rathaus in Kopenhagen oder die Börse in Amsterdam von H. P. Berlage. Bemerkenswert erscheinen die in der architek-tonischen Gesamtkonzeption vereinigten unterschiedlichen Gra-de eines reduzierten Historisierens – die auf Fernwirkung be-rechneten, aus der umgebenden Dachlandschaft herausragenden Türme (50 m hoch) und Giebel sind durch eine reich differen-zierte historistische Gliede-rung gekennzeichnet (vgl. in der Nachbarschaft die Giebel von Th. Fischers Schule Lui-senstraße 7), der Baukörper darunter ist (die einstige Be-malung und das Südportal aus-genommen) wandhaft ge-schlossen und detailarm, der die Höfe trennende Registra-turtrakt gar ein zweckhafter Skelettbau „in Eisenfachwerk mit Blechverkleidung" (Fest-schrift 1908), die ursprünglich

Prielmayerstraße 5, Südportal

Prielmayerstraße 5 von Südosten

körnige Nagelfluhe) in romanisierenden Formen von J.
Floßmann mit zwei Säulen,
auf denen kniende allegorische Figuren („Recht" und
„Gnade") das Oberlicht flankieren (an den Säulensockeln
bis 1985 zuletzt stark verwitterte Bärenmasken). Wesentlich einfacher gestaltet ist der
Nordeingang, der aus zwei
Rundbogentoren mit abgestuftem Gewände besteht. Kunsthandwerklich bemerkenswert
sind die Schmiedeeisengitter
der Erdgeschossfenster. Von
der das Erscheinungsbild einst

Prielmayerstraße 5, Registraturtrakt; Aufn. 2004

durch Bemalung im konstruktiven Sinne interpretiert war. Der
vierflügelige, viergeschossige Baukörper (86 x 48 m) mit seinen
modern-großformatigen, dreiteiligen Stichbogenfenstern verzichtet bis auf die Turmrisalite in den Schmalseitenmitten, wo
die Treppenhäuser angeordnet sind, und die Flacherker an den
übergiebelten Enden der Längsseiten auf plastische Detailglie-
derungen mit Ausnahme des Gurtgesimses über dem Erdgeschoss und der profilierten Traufe. Hingegen sind die vier Giebel und die obersten Turmgeschosse samt deren Satteldachgie-
beln in Formen der Neugotik vielfältig abgetreppt und gezinnt
sowie mit reichem Blendmaßwerk besetzt, jeder Turm zudem
durch eine Rolandfigur von Josef Floßmann und Uhren bereichert; dass die Freigeschosse keine Nutzung beinhalten, bezeugt
ihre rein architektonische Funktion und städtebauliche Signalwirkung. Allein der Haupteingang in einer Rundbogennische der
Südseite besitzt eine reich skulptierte Natursteinrahmung (fein-

wesentlich prägenden, von Thiersch selbst entworfenen reichen
Fassadenmalerei in lebhaften Farbtönen – Grundfläche weiß, im
Erdgeschoss schwarz – sind heute nur noch stellenweise sehr
schwache Spuren zu erkennen. Thiersch wollte mit ihr an eine
süddeutsche Tradition des 15. und 16. Jh. anknüpfen und nannte
als ein anregendes Vorbild – auch für die Treppengiebel – das
Hohe Schloss in Füssen, während er sich bei der verfugten Mau-
erwerksverblendung aus handgeschlagenen Ziegeln im Format
15 x 15 x 30 cm auf die altbayerische Backsteingotik bezog,
ebenso bei dem Nagelfluhsockel (vgl. Frauenkirche). Auch die
Hoffassaden waren, wenn auch einfacher, dekorativ bemalt.
Auch bei der bewusst einfachen, auf historische Gliederungen
verzichtenden Gestaltung der lediglich verputzten Innenräume
wird eine völlige Neuorientierung Thierschs – vor allem am Vorbild der sich vom Historismus lösenden Reformarchitektur
Theodor Fischers – deutlich. Hauptelement der Gestaltung sind

Prielmayerstraße 5, Südseite; Fassadenansicht (farbig)
von 1905

Prielmayerstraße 5, Nordtrakt von Westen; Aufn. 1995

die gemauerten Gratgewölbe der – in den Längsflügeln hofseitig angeordneten – Gänge und der beiden stützenlos um einen Viereckschacht gelegten Treppenhäuser mit verputzten, von kleinen vergitterten Öffnungen durchbrochenen Geländerbrüstungen. Das wichtigere Südtreppenhaus beginnt mit einem kurzen Lauf bereits in der vorgelegten netzgratgewölbten Eingangshalle und führt dann jenseits des Erdgeschoss-Querflurs weiter über zwei Zwischenpodeste im Gegensinn zum Flur im 1. Stock, womit dem Repräsentationsanspruch Genüge getan ist; von da ab, oberhalb des Vestibüls situiert, entspricht es dem schlichteren Typus des nördlichen Treppenhauses bis hinauf zum abschließenden Netzgratgewölbe. Ein weiteres Tor in der Mitte der Ostseite nebst Treppe bis zum 1. Stock dient der Verbindung mit dem Alten Justizpalast. – Bemerkenswerte Innenraumdetails sind u. a. die eiserne Pförtnerloge an der nördlichen Einfahrt, die Wandbrunnen in den Gängen, ehemals auch die (übertünchten bzw. abgedeckten) Jugendstilmalereien von August Brandes über den Zimmertüren (außenseitig); im Besprechungszimmer ganzfiguriges Bildnis (Öl) des Justizministers Leopold Freiherr von Leonrod, 1897 von Anton Seitz (sign.; ursprünglich in der Bibliothek des Alten Justizpalastes).

Partielle Luftkriegsschäden – vor allem am östlichen Längstrakt und im nordwestlichen Eckbereich – wurden im Sinne der Wiederherstellung des originalen Erscheinungsbildes (u. a. Rekonstruktion des Nordwestgiebels) behoben (Landbauamt München). Bei der Außenrestaurierung 1985 wurde auf die Wiederherstellung der einstigen Fassadenbemalung verzichtet.

Den gassenartigen Raum zwischen Justizpalast und Neuem Justizgebäude schließen beiderseits z. T. gebogene Tuffquadermauern mit wenig erhöhten Pfeilern und Gittertoren als Einfahrt sowie stichbogigen Fußgängerdurchgängen ebenfalls mit Gittertüren ab.

Prielmayerstraße 5, Nordtreppe und Pförtnerloge

Prielmayerstraße 5, Südtreppenhaus

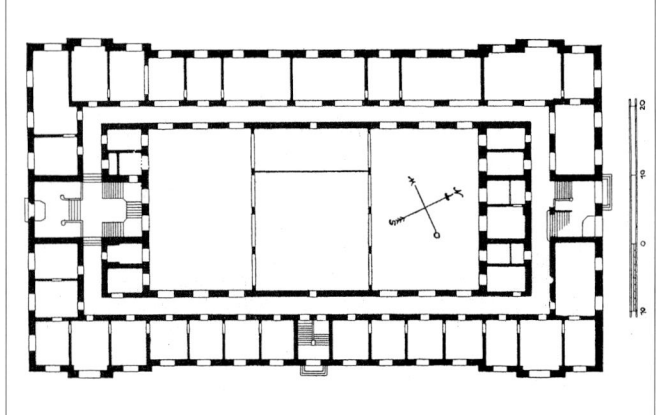

Prielmayerstraße 5; Grundriss Erdgeschoss, 1926

Prielmayerstraße 7 (mit Elisenstraße 1a, 1b). *Justizpalast*; mit Elisenstraße 1a. Ein neubarocker Monumentalbau mit anspruchsvoller Gliederung und Glas-Eisen-Kuppel, 1891–97 von Friedrich von Thiersch.

BAUGESCHICHTE: Außerhalb der Stadtmauern verzeichnet Volckmers Stadtplan von 1613 im Bereich des späteren Justizpalastes einen Krautacker sowie an dessen Westseite den Stachelschützengarten (vgl. Schützenstraße), den (nach Rambaldi 1894) Herzog Clemens 1741 – vgl. hingegen unten – zur Erweiterung seines Gartenanwesens erwarb. Bis ins späte 19. Jh. war vor dem Karlstor an der Westseite von der die barockzeitliche Wallbefestigung ersetzenden ringstraßenartigen Platzfolge ein bedeutsamer Rest vorklassizistischer Bebauung erhalten geblieben – das Gartenschloss des Herzogs Clemens, zuletzt in umgebauter Form Sitz des Kadettenkorps. Geschichte und Gestalt dieses vielleicht bedeutendsten Beispiels der fast völlig untergegangenen Gattung der als Sommersitz dienenden adeligen Gartenpalais in der Vorstadt sind noch nicht in allen Details erforscht. Nicht eindeutig geklärt ist die Bauzeit – 1740/41 nach G. K. Nagler (1863) und Norbert Lieb (1941, 1982; vermutungsweise Zuschreibung an Johann Michael Fischer); vielleicht damals Erstanlage durch den Vorbesitzer Unertl (seit 1724). Nach Karl Trautmann (1896) und Anna Bauer (1995), die den Herzoggarten bislang am gründlichsten behandelten, ließ Herzog Clemens Franz von Bayern († 1770, Neffe des Kurfürsten Karl Albrecht), wohnhaft in der nahen Maxburg, auf einem 1752 von dem Landschaftskanzler Johann Benno von Unertl gegen sein bisheriges Gartenanwesen vor dem Schwabinger Tor eingetauschten Grundstück vor dem Neuhauser (später Karls-)Tor ein Gartenschlösschen aufführen, das sukzessive ausgebaut und verändert wurde, so nachweislich 1757–59 von Johann Michael Fischer (u. a. Aufstockung), der als Hofbaumeister des Herzogs wohl für die Gesamtanlage verantwortlich war; durch zusätzlichen Grunderwerb wurde sie noch erweitert. Rund 125 m langer Hauptbestandteil des niedrigen zweigeschossigen Komplexes, der sich entlang der Südseite eines später Elisenstraße genannten Weges westwärts erstreckte, war ein Achteckpavillon (Rechteck mit abgeschrägten Ecken), der durch schmale Galerien mit Flügelbauten verbunden war, deren östlicher das Unertlsche Gartenhaus einschloss. Die Fassaden des durch Risalite gegliederten Mansarddachkomplexes mit Schauseite zum Garten

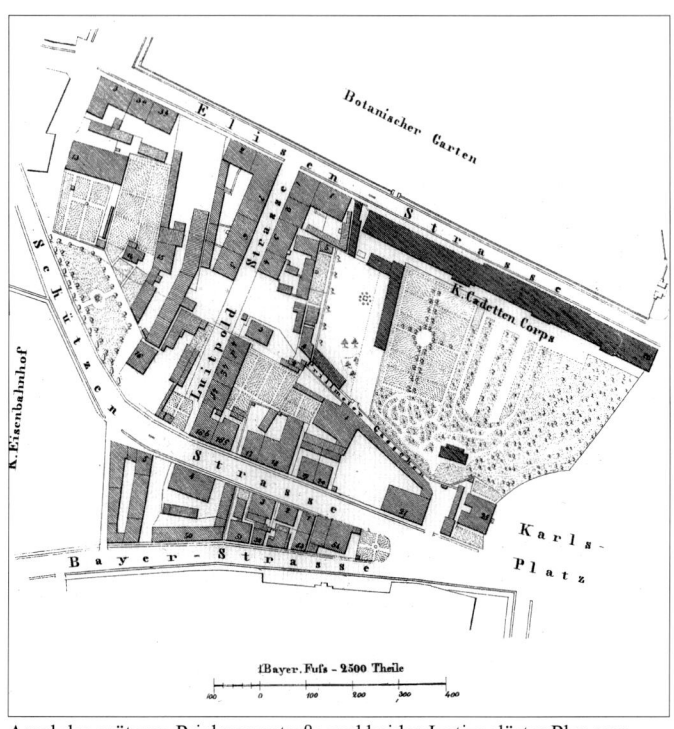

Areal der späteren Prielmayerstraße und beider Justizpaläste; Plan von Gustav Wenng, 1848

im Süden wurden durch ornamentale Freskomalerei von Ambrosius Hörmannstorffer belebt (am östlichen Kopfbau 1896 freigelegt und dokumentiert). Nach dem Tod Fischers (1766) bzw. des Herzogs (1770) vollendete Franz Anton Kirchgrabner die Anlage, vor allem durch Bau eines sie nach Westen verlängernden Flügels samt Theater und Orangerie (Gesamtlänge nunmehr rund 200 m). Von der Witwe des Herzogs, Maria Anna geb. Prinzessin von Sulzbach († 1790) – politisch bedeutsam durch ihre Aktivitäten zugunsten der Erhaltung Bayerns gegen österreichische Erbansprüche – gelangte das zeitweise die Hofgartenintendanz beherbergende Areal als Sekundogenitur-Fideikomiss schließlich an Prinz Carl. Dessen Bruder Ludwig I. verfügte 1826 die (bereits 1809 erwogene) Nutzung durch das zuvor im Jesuitenkolleg untergebrachte Kadettenkorps, was mehrfache Umbauten (u. a. 1834), Fassadenbegradigungen sowie Erwerb und Adaptierung westlich angrenzender Anwesen zur Folge hatte, so 1827 des Prielmayerschlösschens samt Garten und 1852 des forthin sogenannten Junkerhauses an der Luitpoldstraße (vgl. im Einzelnen Lankes 1993). Nach Max Emanuels Kanzler Korbinian von Prielmair (-mayer, 1643–1707), dem Erbauer des erwähnten Schlösschens, und dessen Nachfahren wurde 1886 die neu durchgebrochene Straße an der Südseite des Justizpalastes benannt (s. diese). Den eher additiv aus in sich jeweils regelmäßigen Abschnitten gebildeten, im Süden und Osten im englischen Stil gestalteten Herzoggarten zeigen die Stadtpläne des 19. Jh. in seinen großen Strukturen. – Im ehem. Clemensschlössl hatte ab 1804 Hofgartenintendant Friedrich Ludwig v. Sckell († 1823) seinen Amtssitz nebst Wohnung.

Durch die 1885 von Ludwig II. genehmigten, 1888–90 ausgeführten Neubauten der Militärbildungsanstalten auf dem Marsfeld (im Luftkrieg zerstört; Rest Pappenheimstraße 14) wurde das Herzogsgartenareal verfügbar und – nach einigen Standorterörterungen – zum Sitz der zuvor im säkularisierten Augustinerkloster (vgl. Ettstraße 2/4) ungenügend untergebrachten Justizbehörden bestimmt. Ein monumentaler Neubau sollte Justizministerium, Oberlandesgericht, Oberstaatsanwaltschaft, die Landgerichte München I und II nebst Staatsanwaltschaften und Schwurgericht sowie das Amtsgericht aufnehmen (einzelne Funktionen wurden schon 1908 in den ergänzenden Neubau Prielmayerstraße 5 übertragen, s. dort). Die Staatsbaubeamten Lan-

Prielmayerstraße 7, Justizpalast von Südosten; Aufn. um 1925

Prielmayerstraße 7; Grundriss Erdgeschoss (1926) und Querschnitt Nord-Süd (1897)

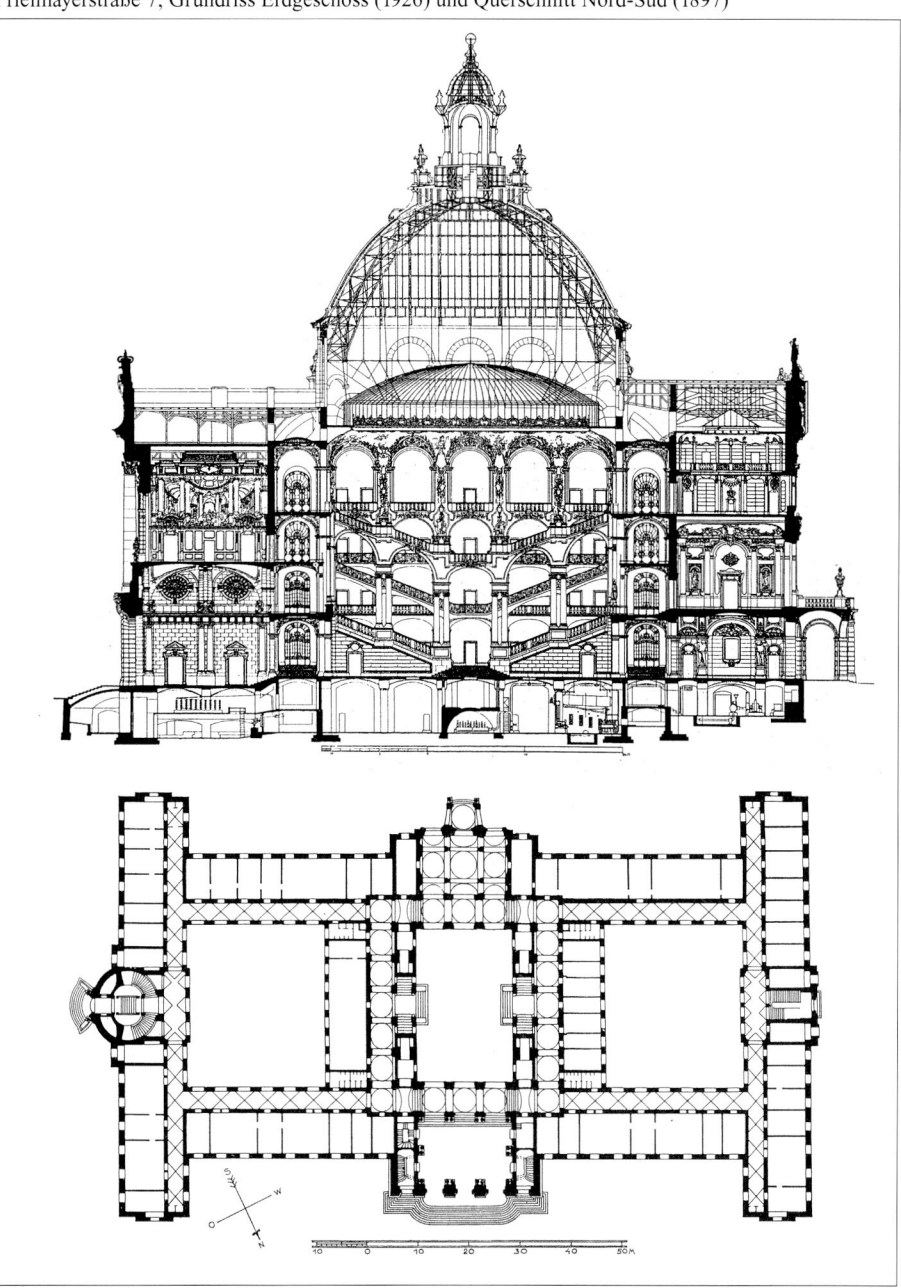

genfass und Wintergerst erstellten ein allgemeines Vorprojekt.
Den Planungsauftrag erhielt jedoch am 16. Februar 1887 Prof.
Friedrich Thiersch, nicht zuletzt, um ihn zur Ablehnung eines
Rufes nach Berlin zu bewegen. Nach Ausarbeitung von zwei
Vorprojekten und zwei Bauentwürfen (1887–90), veranlasst u. a.
durch die geforderte Kostenreduzierung von über 9 Millionen
Mark (1. Entwurf) auf ca. 5,5 Millionen, verbunden mit entsprechender Verringerung des Bauvolumens und gestalterischen
Aufwandes sowie zugleich mit dem Übergang von der zeitüblich
vorherrschenden Neurenaissance zu einem süddeutsch geprägten Neubarock, erhielt Thiersch am 19. Mai 1890 die Ausführung mitsamt der Oberleitung übertragen. Nach Abbruch des
Kadettenkorps 1890/91, von dem vorderhand nur der vor der
neuen Baulinie stehende Ostpavillon als Sitz des Baubüros stehen blieb, konnte 1891 der Rohbau (Grundaushub, Grundmauern und Sockel) beginnen, der 1892–93 fertiggestellt wurde.
1894 erfolgte die Aufrichtung und Verkleidung der Dachstühle;
auf dem bis Jahresende fertigen Eisengerippe der Mittelkuppel
fand am 22. Dezember 1894 die Hebebaumfeier statt; die abschließende Laterne wurde im Winter 1895 errichtet. Die Fassa-
denarbeiten wurden bis Sommer 1896, der innere Ausbau bis
1897 fortgeführt, am 10. Mai 1897 das Gebäude schließlich
durch Prinzregent Luitpold feierlich eingeweiht (Restarbeiten
und Endabrechnung 1898).

GESAMTWÜRDIGUNG: Der Münchner Justizpalast entstand – ablesbar an seiner Typologie – in bewusstem Wettbewerb mit dem
Reichstag in Berlin und dem Reichsgericht in Leipzig, an deren
Entwurfskonkurrenzen Thiersch sich mit Aufsehen erregenden
Projekten beteiligt hatte (1. Preis in Berlin). Der städtebaulich
zentral situierte, trotz der üblicherweise auferlegten Sparsamkeit
aufwendige, höchst repräsentative Monumentalbau ist, bezeugt
auch durch die Hinwendung zu dem als heimisch geltenden Ba-

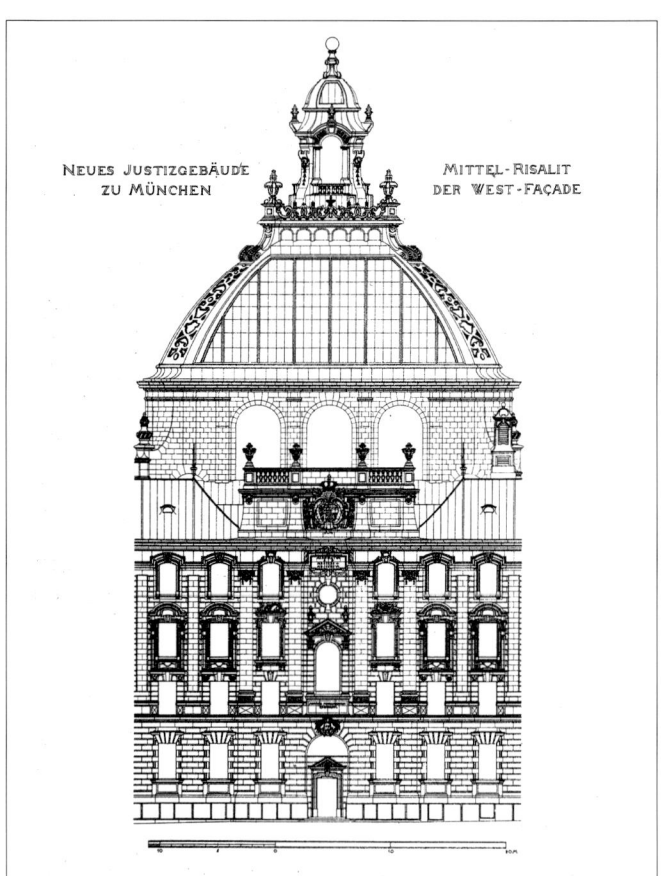

Justizpalast, Westseite, Mittelrisalit, Originalzustand; Aufriss 1897

▽ Justizpalast, Nordseite, Mittelrisalit; Aufn. 1995

Justizpalast von Nordosten; Aufn. 1995

rockstil, als demonstrative Selbstdarstellung des im Kaiserreich um Bewahrung der Eigenständigkeit bemühten konstitutionellen Königreiches Bayern zu verstehen und in dieser Hinsicht mit nachfolgenden Großbauten der Prinzregentenzeit wie National-museum, Armeemuseum und Verkehrsministerium einer Gruppe zuzuordnen. Die Stilwahl, die durchaus im Einklang des Zeitge-schmacks und der positiven Würdigung der Barockkunst durch die Forschung (u. a. Paul Schumann, Cornelius Gurlitt und Hein-rich Wölfflin) stand, wurde von der zeitgenössischen Kritik als (nicht unproblematische) Hinwendung zum „Malerischen" auf-gefasst, worin man zugleich etwas charakteristisch „Münchneri-sches" zu erkennen glaubte (wie es eindeutiger bei Gabriel Seidls benachbartem Karlstor-Rondell anschaulich wurde, s. dort). Thiersch selbst bezeichnete den Stil in herkömmlicher Weise noch als „Spätrenaissance" und begründete die Wahl durch „die größere Freiheit der Ausdrucksmittel und größere Beweglichkeit der Formen", wovon er ausgiebigen Gebrauch

machte. Das Ergebnis war ein zugleich im Detail höchst diffe-renziertes wie als Ganzes alle Kunstgattungen harmonisch ein-bindendes Gesamtkunstwerk, das als die wohl qualitätvollste Großleistung des Neubarock überhaupt gelten kann. Maßgeblich für die besondere Qualität war die Gesamtregie, mit der Thiersch den Stab seiner Mitarbeiter und der von ihm selbst ausgewählten Künstler souverän dirigierte, sowie das persönliche Engage-ment, mit dem er sämtliche Details selbst entwarf und überwach-te bis hin zur eigenhändigen Mitwirkung etwa an der Ausfüh-rung der (einstigen) Wand- und Deckenmalereien.
Nach eigener Angabe unternahm Thiersch Vergleichsbesichti-gungen zu den großen Justizgebäuden in Leipzig, Wien, Berlin, Brüssel und Paris und studierte die Barockschlösser in Würzburg, Bamberg, Ludwigsburg, Stuttgart und Brühl sowie die Wiener Barockbauten. Gerade der österreichischen Architektur entlehn-te Motive wie die vom Wiener Schwarzenbergpalais inspirierte Attika über dem konvexen Ostrisalit, die stützenden Atlanten im

Justizpalast, Westseite; Aufn. 1995

Justizpalast, Südseite; Aufn. 1995

Justizpalast, Nordseite; Aufn. 1995

◁ Justizpalast, Südseite, Mittelrisalit; Aufn.
1995

Justizpalast, Nordseite, Seitenrisalit

Südvestibül in der Art des Oberen Belvedere, des Stadtpalastes des Prinzen Eugen und des Palais Trautson sowie die den – zugleich an Pommersfelden gemahnenden – zentralen Lichthof begrenzenden Treppenhäuser ähnlich St. Florian treten im Gesamtbild auffällig hervor. Die großstädtischen Dimensionen, die funktionelle Grundrissbildung und die zeitgenössische technische Konstruktion wie besonders signifikant die Glas-Eisen-Kuppel über dem Lichthof, der in seiner Weiträumigkeit neuzeitlich-öffentlichen Verkehrsanforderungen entspricht, kennzeichnen den kolossalen Staatsbau trotz historisierender Formensprache als ein Werk innovativer Gegenwartsarchitektur. Der vierundsechzigjährige Theodor Fischer, der eine Generation später (1926) der Schöpfung seines einstigen Lehrers den einführenden Text zu einer Bildmonographie widmete, würdigte unter völlig geänderten Verhältnissen die damaligen Begriffen schon fremd gewordene Leistung mit Kategorien wie Naivität, Begeisterung, Phantasie und Freude des Gestaltens, womit zweifellos Charakteristika einer in dieser Art nach dem Späthistorismus nicht mehr realisierbaren Opulenz und Synthese angesprochen sind.
Als seine wichtigsten architektonischen Mitarbeiter nennt Thiersch selbst Franz Habich (Bürochef), Jakob Egg aus Lindau und Emil Löhnes aus Nürnberg sowie Bauamtsassessor Karl Frhr. von Harsdorf; von den zahleichen weiteren Angehörigen des Baubüros gewann mancher in der Folge selbst einen Namen im Münchner Bauwesen wie z. B. Wilhelm Spannagl, Heinrich Volbehr, Paul Böhmer und Max Langheinrich. Die Maurerarbeiten sowie die Hoffassaden (in Putz und Stuck) führte die Firma Bondio und Halter aus, die Hausteinverkleidung nebst Steinmetzarbeiten größtenteils die Firmen C. A. Lang in Kelheim (Donaukalksteinbruch) und Philipp Holzmann & Cie., Frankfurt, die Betondecken und -gewölbe J. Odorico, Frankfurt. Im Bildhaueratelier unter der Leitung von Ernst Pfeifer waren die meisten renommierten Münchner Plastiker tätig (s. unten; vgl. im Einzelnen Denkschrift 1897, S. 105 ff.). Nicht erhalten ist der ursprünglich bedeutende Anteil der Wand-, Decken- und Dekorationsmalerei an der Ausstattung; neben Friedrich Thiersch selbst waren an ihr so namhafte Künstler beteiligt wie sein Onkel Ludwig Thiersch, Waldemar Kolmsperger, Angelo Jank und

Julius Mössel. Die tragende Konstruktion des Glasdaches und der Eisenkuppel über der Mittelhalle führte die Maschinenbau-AG Nürnberg (Filiale Mainz-Gustavsburg) aus, die Heizungs- und Lüftungsanlage David Grove, Berlin; das Projekt der elektrischen Beleuchtung arbeitete Ing. Oskar von Miller aus.

BAUBESCHREIBUNG UND AUSSTATTUNG: In seiner in derselben Epoche des Historismus weitgehend überformten Umgebung (bis 1944) bildete der Justizpalast keinen Solitär, sondern eine Dominante mit das Stadtbild prägendem Wahrzeichencharakter. Im Unterschied zu den meisten vergleichbaren Großbauten der Zeit ist er nicht als streng symmetrischer, in sich geschlossener, letztlich beliebig verschiebbarer Baukörper konzipiert, sondern entsprechend der vorgegebenen Situation auf Mehransichtigkeit berechnet. Jede der vier in sich symmetrischen Schauseiten ist demgemäß anders behandelt. Zwei Ansichten sind dabei von besonderem Gewicht – diejenige übereck von Südosten, vom Karlstor-Rondell her, die am häufigsten wahrgenommene und daher von Thiersch auch in einem Schaubild (1896) dargestellte Situation (in ihrer Wirkung eher unterschwellig verstärkt durch leichten Geländeabfall gegen Osten), sowie die besonders repräsentativ ausgestattete Nordseite, die er in Erwartung der Bedeutungssteigerung des Bereiches um den Alten Botanischen Garten als künftige Hauptfassade samt Freitreppe monumentalisierte. Der rund 138 x 81 m große, viergeschossige Komplex umschließt außer der überkuppelten Zentralhalle zwei annähernd quadratische Höfe (27 x 30,5 m); die kürzeren Trakte im Osten und Westen treten weit vor die Längsfronten und bilden so deren begrenzende, festlich gegliederte und plastisch bekrönte Seitenrisalite. Jede der vier Fronten ist überdies durch einen situationsbezogen individuell gegliederten, überhöhten Mittelrisalit mit plastisch bekrönter Attikazone kraftvoll akzentuiert und unterteilt, dessen derb rustiziertes Erdgeschoss in die gleich behandelten Rücklagen – mit Fensterrahmungen nach Art des Palazzo Thiene in Vicenza oder von Giulio Romanos Haus in Mantua – eingebunden ist, während die Obergeschosse durch eine korinthische Kolossalordnung hervorgehoben sind – auf besonders monumentale Weise im Norden durch sechs unkannelierte Freisäulen mit dreiteiligem Gebälk,

Attikabalustrade, großem Staatswappen (nach Modell von Ernst Pfeifer, ausgeführt – gleich der Ornamentik – vom Atelier Carl Fischer) und krönenden Figuren (Verkörperungen von „Milderung" und „Beweis" von Ludwig Gamp, sowie „Rechtsmacht" und „Rechtsstärke" von Otto Lang); Zwickelfiguren über den Saalfenstern von Johann Nepomuk Hauttmann, Fritz Christ und Matthias Gasteiger. Den der Stadtmitte zugewandten, besonders dekorativ ausgestatteten östlichen Risalit mit dreiachsigem konkavem Mittelteil gliedern Kolossalpilaster; den Abschluss bildet eine weithin wirkungsvolle, Wiener Vorbildern folgende Attika, auf deren Balustrade sich bewegte Figuren erheben („Wahrheit" und „Forschung" von Thomas Dennerlein, „Selbsterkenntnis" und „Friedfertigkeit" von Edwin Weissenfels, „Schreibkunst" und „Redekunst" von Johann Christian Hirt); über dem Portal weibliche Sitzfiguren von Heinrich Waderé.

Der südliche Mittelrisalit mit dem meistbenutzten Zugang ist mit einem die Vorfahrtsrampe überdeckenden rustizierten, mit zwei Prunkvasen besetzten Pfeilerbalkon ausgestattet, die Obergeschosse sind als Tempelfrontzitat mit Kolossalpilastern und Dreiecksgiebel ausgebildet, der das prächtige Staatswappen umschließt; die ihn krönende Figurengruppe der „Justitia" zwischen „Unschuld" und „Laster" schuf Balthasar Schmitt, die Attikafiguren „Kronos" und „Rechtshilfe" (links) Wilhelm Rümann, „Merkur" und „Rechtsschutz" (rechts) Jakob Ungerer. Die weiblichen Sitzfigurenpaare über den Saalfenstern im 1. Stock stammen von den Bildhauern Hubert Netzer, Friedrich Kühn und Anton Kaindl. – Vergleichsweise am einfachsten gegliedert, da an einer schmalen Gasse bzw. gegenüber dem Neuen Justizgebäude (s. Prielmayerstraße 5) gelegen, ist der Mittelrisalit im Westen mit vier (ehem. ionischen) Kolossalpilastern; seine kriegszerstörte Attika mit Staatswappen und vasenbesetzter Balustrade wurde nicht wiederhergestellt. – Die nur eine Fensterachse breiten, aber durch vorgestaffelten Mittelteil mit ionischen Halbsäulen ver-

stärkten Seitenrisalite der Längsfronten tragen außer den erwähnten Obelisken über den Eckpilastern zusätzlich je zwei Figurenpaare auf der Balustrade dazwischen – südwestlich „Freispruch" und „Strafe" von Julius Zumbusch (Bruder des bekannteren Caspar Z.), südöstlich „Hinterlist" und „Frömmigkeit" von Rudolf Maison, nordöstlich „Anklage" und „Verteidigung" von Anton Hess sowie nordwestlich „freier Wille" und „freies Recht" von Franz Xaver Bernauer; Hermenkaryatiden der Fenstergewände von Ernst Pfeifer.

Justizpalast, Osthof mit Kuppel

Die sichtlich sparsam behandelten Rücklagen werden vertikal durch „lisenenartige, vertiefte Streifen" (Denkschrift) gegliedert; barocken süddeutschen Vorbildern entspricht das – im Grunde unkanonische und unitalienische, aber Höhe und Volumen sparende – Einschneiden der Fenster des 1. Stocks in die Brüstungssockelzone über dem Gurt sowie der Stichbogenfenster des obersten Geschosses in das somit stark reduzierte dreiteilige Gebälk.

Justizpalast, Kuppelhalle, Dachraum; Aufn. 2004

Stets gewürdigt wurde die ausgewogene Proportionierung und harmonische Gliederung der Baumasse sowie die sorgfältige Gestaltung sämtlicher Details dank Thierschs persönlichem Engagement. Für den Gesamteindruck von wesentlicher Bedeutung ist die mit ihrer Laterne zu 66,5 m Höhe aufsteigende transparente Vierkantkuppel, die den Gesamtkomplex zusammenfasst und den gewollten Bezug zum Berliner Reichstag deutlich macht. Genetische Vorstufe (auch für den Monumentalbautypus mit Zentralhalle, Seitenhöfen und Risalitgliederung überhaupt) ist die von Hermann Schwarzmann (einem geborenen Münchner) erbaute Memorial Hall der Weltausstellung in Philadelphia 1876 (vgl. Maass 1971). Im ersten Entwurf hatte Thiersch noch eine höhere Kuppel in der Art des Leipziger Reichsgerichtes vorgesehen. Der massive rechteckige Tambour wurde im Ausführungsprojekt wesentlich niedriger; durch seine großen Rundbogenfenster wie durch die verglaste Kuppelfläche erhält die transparente innere Lichthofkuppel darunter indirektes Oberlicht. Außer als Lichtquelle besitzt die mächtige Außenkuppel also in erster Linie architektonischstädtebauliche Funktion.

Der Backstein erhielt außen eine Verkleidung mit als haltbar bewährtem Kelheimer Donaukalkstein; Sockel aus Granit von Rinchnach im Bayer. Wald. Die in Holz konstruierten Dächer wurden mit Kupfer gedeckt. Zwischendecken in Eisenbeton; Korridorwölbungen in Kiesbeton, um die Zentralhalle in Backstein; Hallenwölbung (Voute unter der Glaskuppel) in Rabitz. Die 29,5 x 25 m große (nur zur Wartung zugängliche) Halle zwischen der flachen Lichthofkuppel und der über dem Rechtecktambour (Ziegel, Beton) steil aufsteigenden Außenkuppel gehört zu den eindrucksvollen Raumbildungen mit historischer Glas-Eisen-Konstruktion; die vier mächtigen Gratbinder, welche die Laterne im Scheitel tragen, ruhen auf massiven, abgeschrägten Eckpfeilern mit Trompen.

Justizpalast, Ostseite, Mitte mit Portal

Justizpalast, Lichthof; Aufn. 1926

Justizpalast, Lichthof, Treppenhaus; Aufn. um 1900

Weitere Treppenhäuser sind in den Schmalseiten-Mittelrisaliten angeordnet, bemerkenswert das aus dem Queroval entwickelte im Osten (vgl. Schloss Bruchsal sowie – nur halboval – das ehem. Törringpalais/Residenzstraße 2), eine höchst kunstvoll konstruierte Podesttreppe mit jeweils einem Mittellauf und vom Zwischenpodest ausgehenden konkaven Seitenarmen, gestützt von marmorierten Pfeilern und Säulen, begleitet von prächtigen Schmiedeeisengeländern; dem Krieg zum Opfer gefallen ist das Deckenbild von Waldemar Kolmsperger samt umgebendem Stuckdekor. Einfacher angelegt ist die zweiläufige Westtreppe. Freilich hat Thiersch die Anregungen von barocken Treppenanlagen den Bedürf-

Das Innere des neuzeitlichen Amtsgebäudes mit seiner Vielzahl von verschieden großen Büroräumen (ca. 330) und Sitzungssälen wird durch ein großzügiges System von Korridoren, Treppen, Vestibülen und Hallen erschlossen; die (ehemals prächtigen) Repräsentationsräume sind schwerpunktmäßig eingefügt. Für die langen, hofseitig situierten Gänge mit Kreuzgewölben und Stuckdekor gab es Vorbilder allenfalls in barocken Klosteranlagen; die etwas breiteren Gänge rings um den Zentralbereich des Lichthofs samt anliegenden Haupttreppen sind im Erdgeschoss, 1. und 3. Stock mit (ursprünglich reich dekorierten) Flachkuppeln gewölbt; im Erdgeschoss sind sie nördlich und südlich durch Bogenstellungen mit den drei Joche breiten Vestibülen in den Mittelrisaliten verbunden. Das dreischiffige, mit früher reich stuckierten Kuppeln gewölbte Südvestibül wirkt durch die vor die vier Pfeilerstützen gestellten Sandstein-Atlanten von Hugo Kaufmann und Hermann Hahn (je zwei von einem der Künstler signiert) nach Wiener Art (s. oben) besonders repräsentativ, die höhere Eingangshalle im Norden mit ihren gekuppelten toskanischen Säulenstellungen und Gewölbegurten monumentaler und strenger. Durch sieben Differenzstufen – in Fortsetzung des Anstiegs von der Freitreppe her – und die zweigeschossige, offene Arkatur des querenden Hauptkorridors steht das Nordvestibül in Verbindung mit der großen Zentralhalle (unten ca. 28 x 19 m, ohne Treppen) von der Form eines rechteckigen, viergeschossigen Arkadenhofes mit verglaster Ovalkuppel. Den Längsseiten im Osten und Westen vorgelegt sind die jeweils zwei vom Mittelantritt her auseinanderstrebenden Arme der Haupttreppen mit drei offenen, steigenden Arkadenstellungen übereinander (vgl. Stift St. Florian bei Linz); darüber im obersten Geschoss weitet sich die Halle, über der eine (früher prächtig stuckierte) Voute mit Stichkappen zum Kuppelfuß überleitet. Trotz Verlust des Dekors ist der Raumeindruck dank der Kostbarkeit der verwendeten Materialien, u. a. mehrfarbiger Marmorarten vor allem an den beiden unteren Geschossen der Treppen bzw. an den die beiden Mittelgeschosse der Schmalseiten des Raumes zusammenfassenden ionischen Säulenpaaren, noch äußerst repräsentativ. Nicht erhalten sind die plastischen Aufsätze der oberen Treppengeländer (12 Kindergruppen von Syrius Eberle). Noch steht hingegen in der Mitte des 1. Stocks der Südseite die 2,44 m hohe Bronzefigur des Prinzregenten Luitpold im Ornat des Hubertusritterordens, nach Wilhelm Rümanns Modell gegossen von Ferdinand von Miller.

nissen eines vielgeschossigen Amtsgebäudes angepasst.

Durch den Luftkrieg und die zur Vereinfachung geneigte Wiederaufbauphase verloren leider die höchst aufwendig im Stil süddeutsch/österreichischer Schlösser und Klöster ausgestatteten Repräsentationsräume ihre originale Gestalt. Über dem Vestibül im südlichen Mittelrisalit liegt der Repräsentationssaal (17 x 11 m), ehemals mit polychromer Stuckmarmorgliederung und -verkleidung, Wandspiegeln, Stuckdekor und freskierter Voutendecke eine der glanzvollsten Raumschöpfungen des Neurokoko (in mancher Hinsicht vom Marmorsaal in Bruchsal inspiriert), nach dem Krieg als Konferenzsaal von Prof. Lippl – Autor auch des Stuckreliefs – neu gestaltet. Ebenfalls erneuert wurde die darüberliegende Bibliothek (mit vorkragender Galerie), früher in der Art barocker Klosterbibliotheken mit prächtiger, geschnitzter Regalwandverkleidung, Galerie und dem neuzeitlichen Element einer Oberlichtdecke. Der Schwurgerichtssaal (19 x 12 m) über dem Nordvestibül, einst mit Marmorportalen und hölzerner, kassettierter Voutendecke, war durch Wandfresken oberhalb einer hohen Vertäfelung ausgezeichnet, an deren Ausführung (wie im Repräsentationssaal) Thiersch selbst mitgewirkt hatte; 1998 als Fest- und Mehrzwecksaal abermals neu gestaltet und saniert. Im zeitgemäß würdigen Sinn durch reichere Ausstattung hervorgehoben waren auch der Sitzungssaal des Justizministeriums sowie die Arbeitszimmer des Ministers und des Präsidenten des Oberlandesgerichtes. Nur elf

Justizpalast, Osttreppenhaus; Aufn. 2004

Justizpalast, 1. Obergeschoss, Eisen-Glas-Tür

Justizpalast, 3. Obergeschoss, Nord-Zimmer, Deckenbild von 1897, Detail

Vorstandszimmer erhielten Holzkassettendecken. Eine von ihnen ist im nordöstlichen Eckraum des 3. Stocks noch erhalten, mit eingelassenem Ölbild, einer vielfigurigen Allegorie der thronenden Justitia, 1897 von Ludwig Thiersch (sign.); ebenda noch einige Einrichtungsstücke der Bauzeit. Dekorativer Deckenstuck und z. T. alte Einrichtung ist noch in den beiden Sitzungssälen Nr. 212 und 219 im Ostflügel vorhanden. Im Besprechungszimmer (Nr. 366) eine Decke mit Felderstuck, ferner ein Porträt des Prinzregenten Luitpold, 1895/96 von Hubert von Herkomer (Leihgabe der BStGS) und eine Bildnisreihe der bayerischen Justizminister. In den Eckbereichen des Gebäudes sind mehrfach, wie zur Bauzeit üblich, Wandbrunnen angebracht. Im Flur des 3. Stocks (Nordostbereich) wurden in Wandnischen Gipsmodelle einzelner Attikafiguren aufgestellt.

Außer den vier Nutzungsebenen enthält der Justizpalast noch ein niedrigeres Tiefgeschoss mit Dienstwohnungen für die Hausverwaltung, Maschinenräumen für Heizung und Beleuchtung sowie Registraturen und Kantine. Als justizgeschichtliches Detail beachtenswert ist die längst unbenutzte Gefangenentreppe am Ostrand des nördlichen Mittelrisalits, eine Eisenkonstruktion mit hölzernem Trittstufenbelag, durch die einst die Gefangenen gesondert vom Hausverkehr aus dem Tiefgeschoss zu den Gerichtsverfahren gebracht werden konnten.

Trotz schwerer Luftkriegsschäden, so vor allem durch Sprengbomben am 4. Oktober 1944 im Bereich der Südwestecke, in der Treppenhalle samt Kuppel und der Bibliothek, blieb der massige Baukörper bestehen. Für die größte Fehlstelle an der Südwestecke – hier war die linke Hälfte des Risalits bis zur halben Höhe des Erdgeschosses weggerissen – entwarf Hans Döllgast 1946 eine provisorische schlichte Schließung nur des Mauerkerns noch ohne äußere Steinverkleidung (vgl. Alte Pinakothek), doch wurde das Gebäude 1945–63 sukzessive äußerlich in der alten Form ergänzend wiederhergestellt und im Inneren modernisierend ausgebaut (Landbauamt München). 1954 war die um den Stuckdekor reduzierte Wiederherstellung des zentralen Lichthofs samt neuer Farbgestaltung abgeschlossen. 1962 wurde auf der instand gesetzten, um einige dekorative Details vereinfachten Außenkuppel die erneuerte Kupferlaterne aufgesetzt. Eine abermalige Instandsetzung der Innenräume endete 1982 mit der Restaurierung des Lichthofs (Stuckmarmorarbeiten an den Wänden, Ausbesserung des Marmorfußbodens, Reinigung der Glaskuppel). Es folgte 1983–87 die Konservierung und Reinigung der gesamten Außenfassaden und Wiederaufstellung der z. T. abgebauten Figuren auf dem mittleren Ostrisalit.

Im Justizpalast – bis zum Auszug der Strafgerichte 1977 wiederholt Stätte von Sensationsprozessen – fand in der NS-Zeit u. a. 1937 das Verfahren gegen Pater Rupert Mayer statt und verurteilte der „Volksgerichtshof" am 22. Februar und 19. April 1943 die Mitglieder des Widerstandskreises „Weiße Rose" zum Tode.

Prinz-Ludwig-Straße

Gleich der Richard-Wagner-Straße (s. dort) ist die 1897 nach Prinz Ludwig, dem späteren König Ludwig III. († 1821), benannte Straße – er wohnte im östlich benachbarten Wittelsbacher Palais – eine nachträgliche Einfügung im Inneren eines der großen Geviere der orthogonal strukturierten klassizistischen Maxvorstadt. Sie verbindet die Barer Straße im Westen mit der Türkenstraße im Osten, angelegt großenteils auf dem vormaligen Gelände des Landwirtschaftlichen Vereins (ehem. „Huter-Schweig", Stadtplan 1812), dessen schräg gestelltes Gebäude westlich der Türkenstraße hinter einem ovalen Gartenrondell situiert war (vgl. Wenngs Stadtpläne 1849/50 und 1880). Die Mietshausbebauung des späten Historismus wurde im Luftkrieg fast völlig zerstört; abgetragen wurde auch die Ruine der 1896 von M. Dülfer erbauten Tonhalle (ursprünglich Kaimsäle) an der Südostecke (Türkenstraße 5, s. dort). (Siehe Flurkarte S. 246)

Prinz-Ludwig-Straße 7. Auf den Gründen, die schon im 1. Jahrzehnt des 19. Jh. als Wirtschaftsflächen der sogenannten „Huter Schweig" greifbar sind, die Wenng als zum Landwirtschaftsverein gehörig referiert, entstand 1896–98 nach Plan des Architekten Josef Schreyer ein fünfgeschossiges prächtiges Neubarock-Mietshaus für den Schlossermeister Ignaz Bauriedl. Gemäß Eingabeplan hatte Schreyer eine Baumassenverteilung über zwei Flügeln vorgenommen, er setzte dem Riegel an der Straße einen südlichen Rückflügel an, den Hofwinkel klinkte er ein, die Durchfahrt legte er mittig ins Vorderhaus. Nach Osten hin schließt der beinahe quadratische Treppenhausschacht an. Durchaus modern legte Schreyer das Treppenhaus in den Bau und belichtete es von oben. Gemäß Erstzustand befanden sich im 1., 2. und 3. Obergeschoss jeweils eine sehr große Wohnung zzgl. eines repräsentativen Salons. Das 4. Obergeschoss machte zwei Wohneinheiten aus. Schon 1912, der Bayerische Landwirtschaftsrat hatte das Anwesen bald nach seiner Fertigstellung erworben, ließ jener das Haus in ein Privathotel für Gesandte und Abgeordnete umbauen. 1928 schließlich errichtete man einen Anbau und eröffnete eine Klinik, für die sich nach ihrem ersten Chefarzt die Bezeichnung „Riefler-Klinik" einbürgerte (Eröffnung 11/1928). Ein Jahr später erbaute man das Leichenhaus. 1952 erwog man den Abbruch, die Planung für einen Neubau im Stil der 1950er Jahre lag bereits vor. Schließlich entschied man sich für eine Aufstockung, die sich straßenseitig klar von dem historischen Fassadenbestand absetzt. Die alte Fassade zeichnet sich durch eine

Prinz-Ludwig-Straße 7 und 9 (von links); Aufn. 1995 ▷

neubarocke und reich, auch figural dekorierte Fassade aus, vor die seitlichen Achsen setzte man polygonale Erker, die oberhalb des 1. Obergeschosses ansetzen, und deren Deckplatten die Wohnungen des 4. Obergeschosses mit Austritten bedienen, hier haben sich die neubarocken, gebauchten Schmiedeeisengitter erhalten. In der Grundform den Erkern folgend, setzte man in den gleichen Achsen vor die Fenster des 1. Obergeschosses Balkone. Die Unterzüge der Erker darüber fungieren so baldachingleich als Deckel. Hier bildete man Karyatiden in Stuckarbeit aus, die eine Beteiligung versierter Kunsthandwerker nahe legen. Im Luftkrieg blieb das Haus ohne direkten Treffer, Nr. 5 in unmittelbarer Nachbarschaft wurde total zerstört. (Seit 1992 Planlegungen zur Umnutzung der Klinik in ein Bürohaus, seit 1995 unter Beteiligung von Allmann Sattler Wappner Architekten GmbH, Status: 2007.)

Prinz-Ludwig-Straße 9. Auf zuvor unbebautem Grund, der über die Zeit des gesamten 19. Jh. hinweg landwirtschaftlich genutzt war, zunächst zum Huterschen Gut gehörte und schließlich in den Besitz des Bayerischen Landwirtschaftsvereins kam, ließ sich Baumeister Th. Hartlsberger von dem Architekten Hans Weber 1896–99 das bestehende Anwesen planen. Gemäß Eingabeplan gelangte man auf halber Höhe der Durchfahrt in der östlichen Achse über einen quer im Haus liegenden Korridor zum Treppenhaus am Hofwinkel, von diesem her belichtet. Großzügige Wohnungen schnitt Weber, jeweils eine in jeder Etage, in die Geschosse. Dabei kalkulierte er unter Beachtung der gewählten Baumassenverteilung Versorgungsräume und Bedientenkammern in den südwestlichen Rückflügel. Dem Frühzustand nach war das südlich anschließende Grundstück parkähnlich gestaltet, vor dem Hofwinkel, südlich am Riegel an der Straße ließ Hartlsberger eine in der Eingabeplanung als Wandelhalle bezeichnete Arkadenfolge erbauen. Die Fassade zeichnet sich durch einen seitlichen Risalit aus, in den hinein man zwei Fensterachsen eng setzte und den man mit einem geknickten Rundbogengiebel überhöhte. Dieses Motiv mag als verbreitete, von österreichischen barocken Vorbildern abgeleitete Sonderform des Neubarock angesehen werden (vgl. die Fassade der ehem. Forstlichen Versuchsanstalt in der Amalienstraße 52, erbaut 1898 von Adolf Schulze). In traditioneller Neubarock-Manier wurden Erdgeschoss und 1. Obergeschoss sockelgleich einheitlich rustiziert (aber eben durchfenstert). Die drei Obergeschosse darüber werden als Hauptgeschosse herausgehoben. Stuckarbeiten brachte man pointiert und filigran ein. Erhalten geblieben ist das Austrittsgitter in Neubarockformen vor der eng gesetzten Fensterachse im 3. Obergeschoss des Risalits. Dem Giebelfeld war ursprünglich ein querovaler Okulus eingeschrieben. Im Luftkrieg blieb das Haus ohne direkten Treffer, Nr. 5 in mittelbarer Nähe wurde total zerstört. (Fassadenrenovierung 1975, Erneuerung der Hauseingangstüre 1984.)

Prinz-Ludwig-Straße 9; Aufn. 1995

Prinz-Ludwig-Straße 7, Fassadendetail

Prinzregentenbrücke, Vorgängerbau, nach H. Rettig, 1890

Prinzregentenbrücke von Westen mit Friedensengel; Aufn. 1995

Prinzregentenbrücke *(Luitpoldbrücke).* Unweit nördlich der bestehenden steinernen Dreigelenkbogenbrücke (1900–01 von Theodor Fischer) situiert war in zwei Entwurfsvarianten Gottfried Sempers von 1866 der Isarübergang im Zuge der Auffahrtsstraße zum projektierten Richard-Wagner-Festspielhaus – eine 123 m lange Steinbrücke mit drei flachen Korbbögen, figurenbesetztem Geländer und von Brüstungen eingefassten Vorhöfen, die gestalterisch auf die (erste) Maximiliansbrücke von Arnold Zenetti (1857–63) Bezug nahm. – In der Folgezeit wurde ein Brückenbau in Fortsetzung der Liebigstraße unweit südlich erwogen.

Die nur kurzlebige *erste Prinzregentenbrücke* im Zuge der gleichnamigen Prachtstraße ließ Prinzregent Luitpold 1889–91 auf eigene Kosten durch Oberbaudirektor Max Ritter von Siebert von der Kgl. Obersten Baubehörde unter Mitarbeit von Oberbaurat Heinrich Gerber errichten und schenkte das von ihm an sei-

Prinzregentenbrücke, Figur „Schwaben"

Prinzregentenbrücke nach Westen; Aufn. 2006

nem 70. Geburtstag, dem 12. März 1891 dem Verkehr übergebe-
ne Bauwerk der Stadt. Es handelte sich um eine einbogige Eisen-
konstruktion der Firma Maschinenbau AG Nürnberg (vormals
Klett und Co.) mit Widerlagern aus rotem Sandstein an den
Enden, auf denen sich rustizierte Obelisken mit Kronen auf der
Spitze erhoben. An der künstlerischen Gestaltung wirkte Fried-
rich von Thiersch mit. Eine Hochwasserkatastrophe brachte die
Brücke am 14. September 1899 zum Einsturz.

Die neue, von August 1900 bis Ende September 1901 errichtete,
noch *bestehende Brücke* galt seit jeher als die ästhetisch wohl
vollendetste der um die Jahrhundertwende in München aufgeführten. Gleich ihrer Vorgängerin wurde sie vom Prinzregenten
gestiftet und der Stadt geschenkt. Den Auftrag zu ihrer künstlerischen Gestaltung erhielt Theodor Fischer, der zuvor bereits an
der Konzeption des Friedensdenkmals der östlich anschließenden Luitpoldterrasse (wie an dem Forum weiter im Westen) mitgewirkt hatte, sodass hier eine homogene, städtebauliche Gesamtlösung entstand, die überdies in die gleichzeitige hochwas-
sersichere Neubefestigung der Isarufer eingebunden ist. Die
technische Konstruktion und Ausführung übernahm Firma
Sager und Woerner, die Oberbauleitung in diesem speziellen Fall
wieder die Kgl. Oberste Baubehörde. Bauplastischer Dekor
stammt von Ernst Pfeifer.

Das vornehme Erscheinungsbild wird wesentlich durch das hell-
graue Naturstein-Material wie den reichen bauplastischen Dekor
geprägt. Ein einziger flach geschwungener, „massiver, aus Muschelkalk hergestellter Dreigelenkbogen mit Stahlgelenken
überspannt mit 1/10 Pfeilhöhe und 63 m Stützweite die Isar"
(MB I 1912). Die 9 m breite Fahrbahn (samt je 4,10 m breiten
Fußwegen) aus Stampfbeton – 1962 in Spannbeton technisch
zeitgemäß erneuert – wurde auf Ziegelpfeilern aufgeständert,
die Zwickel sind mit Muschelkalkplatten verkleidet, in welche
Lorbeerkränze mit dem Luitpold-Monogramm eingefügt sind.
Den Bogenscheitel besetzt südlich das Königswappen in Kupfer
getrieben, nördlich ein Brustbild des Brückenheiligen Johannes
von Nepomuk. Das kraftvoll geformte, von breiten, geschlossenen Postamenten in regelmäßigem Rhythmus unterbrochene Balustergeländer aus Muschelkalk, außenseitig über Konsolen vorgekragt, setzt sich als vasenbekrönte Einfriedung der beiderseitigen Vorhöfe an den Brückenköpfen fort; letztere werden flankiert von in die Brüstung eingefügten höheren Breitsockeln mit
den allegorischen Muschelkalk-Liegefiguren der vier Stammes-
gebiete Bayerns: an der Westseite links (nördlich) Bayern (Jäger
mit Bogen und erlegter Gams, von Hermann Hahn), rechts Pfalz
(junge Frau mit Früchtekorb und Trauben, ursprünglich von August Drumm, nach Kriegszerstörung Ersatzfigur 1954 von Joseph Wackerle), an der Ostseite südlich Franken (Fischer mit
Netz, von Balthasar Schmitt), nördlich Schwaben (Mädchen mit
Wappenschild, von Erwin Kurz). (Siehe Flurkarte S. 820)

Prinzregentenstraße

(Vgl. Ensemble Prinzregentenstraße.) Die jüngste der vier monumentalen Prachtstraßen aus Bayerns Königszeit war zwar durchaus noch von monarchischer Repräsentation und entsprechend
gestalterischem Aufwand geprägt, verdankte ihre Entstehung jedoch dem in der Ära des späten Konstitutionalismus gewachsenen Selbstbewusstsein der Kommune, die nunmehr die Füh-
rungsrolle in einer großzügigen, traditionell einer Haupt- und
Residenzstadt angemessenen urbanistischen Entwicklung übernommen hatte. In dem städtebaulich noch ungeordneten Innen-
stadt-Randbereich zwischen St.-Anna-Vorstadt und Englischem
Garten hatte bereits Gottfried Semper 1866/67 die Anlage einer
Auffahrtsachse zu dem für Ludwig II. geplanten Richard-Wagner-Festspielhaus (unmittelbar nördlich des späteren Friedensengels) in zwei von den Ostecken des Hofgartens ausgehenden

Prinzregentenstraße, Blick nach Osten; Aufn. 1910

Prinzregentenstraße, Blick nach Westen; Aufn. vor 1935

Lagevarianten vorgesehen. Mit beiden erwogenen Trassen über-
schnitt sich das eine Generation später parallel zur Maximilianstraße realisierte, weiter nördlich vom Prinz-Carl-Palais
(s. Franz-Josef-Strauß-Ring 5) als westlichem Point de vue ausgehende Straßenprojekt, mit dem die Stadt 1890 den Namen des
Prinzregenten verband, zumal dieser höchstpersönlich die am
Ostende des inneren Straßenabschnitts die Isar überquerende
neue Luitpold- oder Prinzregentenbrücke (s. dort) auf eigene
Kosten erbauen ließ und den zur anschließenden Durchquerung
der Maximiliansanlagen nötigen Grund abtrat.

Die Anlage der „inneren Prinzregentenstraße" bis zur um
die gleiche Zeit regulierten, durch neue Kais gefassten Isar
(s. Widenmayerstraße) wurde dadurch erleichtert, dass ihre
östliche Hälfte weitgehend den Kgl. Holzgarten durchquerte,
ein zur Lagerung der auf dem Fluss und den begleitenden Stadt-

bächen herangetrifteten Brennmaterialien für den Hof dienendes, nach Übergang zum Eisenbahntransport immer weniger benötigtes Areal (vgl. Oettingenstraße/Vorspann); durch dessen Abtretung gewann der Staat beträchtlichen Einfluss auf die Gestaltung und Bebauung des Projektes. Der Straßenbeginn im Westen schob sich zwischen die Nordostecke der den Hofgartenbereich umgreifenden ehem. Wallbefestigung und den Englischen Garten, dessen südliche Begrenzung die nunmehr aufgelassene schmale, vorstädtische, kaum bebaute Winterstraße gebildet hatte.

Die vom Magistrat schon seit Anfang der 1880er Jahre beabsichtigte städtebauliche Aufwertung dieses Bereiches, zunächst nur den Ausbau der Winterstraße betreffend, in der Folge aber über den Holzgarten bis zur Isar ausgreifend, zeitigte Varianten entsprechender Baulinienpläne des Stadtbauamtes, die eine gerade, ca. 1 km lange Allee in Verbindung mit einem in wechselnder Situierung erwogenen Forum konzipierten – letzteres durchaus in der Tradition der älteren Münchner Prachtstraßen; neuartig war, hierin über die Maximilianstraße hinausgehend, die dominante Begrünung, die monumentale Wirkung der Baumreihen, im Westteil zusätzlich die Öffnung zum Englischen Garten an der Nordseite. Ein von Oettl signierter Situationsplan, „nach dem Entwurf der Local-Bau-Commission gezeichnet am 26.IV.1888" (wie die folgenden Pläne StadtAM, LBK 181) sieht einen kleinen, beidseitig halbrund schließenden Platz etwa in Straßenmitte an der Südostecke des Englischen Gartens vor, ein von Baurat Arnold Zenetti signierter Plan des Stadtbauamtes vom 29. Juni 1888 ein halbrund ansetzendes, im

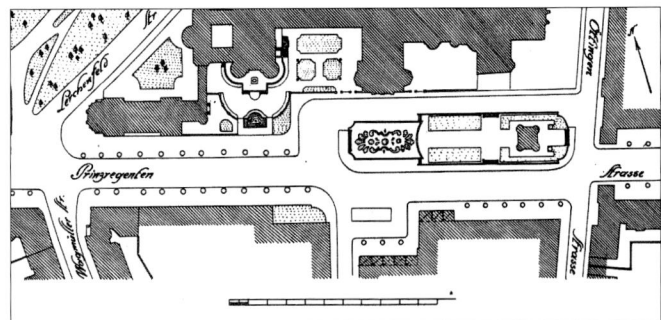

Forum Prinzregentenstraße; Originalzustand bzw. -planung, um 1896

Osten zur Isar offenes, sich vor dem Brückenkopf noch verbreiterndes Forum. Der von Zenetti unterzeichnete „Alignement-Plan" vom April 1889 schiebt das beiderseits halbrund schließende Forum in den Ostteil der Straße noch vor deren Ende ein, also schon im Bereich der späteren Realisierung. Gemeinsam ist allen Varianten der kleine halbkreisförmige Auftakt vor dem Prinz-Carl-Palais im Westen. – Die endgültige Lösung für die Gestaltung des Forums entstand im Zusammenhang mit Gabriel Seidls Bau des neuen Nationalmuseums (s. Nr. 3) an dessen Nordseite (Plan zu „Baulinienänderung" von 1896, unterzeichnet von Theodor Fischer, seit 1893 Leiter des Stadterweiterungsbüros). Dem asymmetrisch konzipierten Museumskomplex wurde eine die Symmetrieachse des Straßenzuges tangierende Gartenterrasse (später mit Brunnentempel und Prinzregentendenkmal) vorgelegt und die Fahrbahn entsprechend nach rechts verschwenkt; dem betonten Mittelbau des Museums gegenüber war an der Einmündung der Alexandrastraße eine kleine platzartige Erweiterung vorgesehen; im Osten sollten zwei den künftigen Eckhäusern vorgesetzte turmartige Annexe den von da an wieder verengten Straßenraum optisch einfassen (nur der südliche wurde realisiert, doch um 1938 beseitigt). Im Zuge des Straßenausbaus entstanden 1890 die Überbrückungen des Schwabinger und des Eisbaches, im Osten 1889–91 die Prinzregenten- oder Luitpoldbrücke (s. dort), die nach Zerstörung durch Hochwasser 1900/01 durch den noch bestehenden eleganten Neubau Theodor Fischers ersetzt wurde. Am Osthang jenseits der Isar wurde 1896–99 als beherrschender Blickfang das Säulenmonument des Friedensengels errichtet (s. S. 820 und geplanten Band München-Ost), umgeben von der schon 1891 vollendeten „Luitpoldterrasse", einem in den bereits unter Maximilian II. angelegten Landschaftspark eingebetteten Rampen- und Freitreppensystem. (Zu Planung und Bebauung der äußeren Prinzregentenstraße ab 1894 s. S. 22 f. – Ensemble Prinzregentenstraße links und rechts der Isar – und geplanten Band München-Ost.)

Kennzeichnend für die Spätphase der konstitutionellen Monarchie wurde das städtebauliche Gesamtkunstwerk der Prinzregentenstraße als eine Gemeinschaftsleistung von städtischer Initiative und Planung, staatlicher Repräsentation und privatem Unternehmertum. Neben den politischen Denkmälern des Friedensengels und für den Prinzregenten gab vor allem der weit gedehnte Gruppenbau des Bayerischen Nationalmuseums als eine Art staatlicher Selbstdarstellung der neuen Prachtachse ihr Gepräge; daneben setzte politisch bedeutungsvoll der vom Deutschen Kaiser veranlasste Doppelbau von preußischer Gesandtschaft und Schack-Galerie (s. Nr. 7/9) einen gewichtigen Akzent. Im Übrigen wurde die mit Linden bepflanzte Parkavenue ab 1892 mit herrschaftlich-vornehmen, in der Regel auf vier Geschosse beschränkten Mietshäusern privater Bauunternehmer bebaut, im Westteil einzeilig gegenüber dem Englischen Garten. Den Anfang machte 1893 das die Südhälfte des kleinen Halbrondells vor dem Prinz-Carl-Palais besetzende Doppelanwesen Nr. 2/4 nach Plänen der Wiener Architekten Viktor Siedek und

Prinzregentenstraße 2/4, Café Prinzregent (zerstört); Aufn. nach 1893

Café Prinzregent; Aufn. um 1900

Tilčner, mit dem exuberant neubarock ausgestatteten Café Prinz-regent im Erdgeschoss (Deckenbilder von Ferdinand Wagner); der konkave, von gerundeten Kuppelrisaliten flankierte Mittel-teil reflektierte den um diese Zeit fertiggestellten Michaelertrakt der Wiener Hofburg. Der Eigentümer von 2/4, der zuvor für Lud-wig II. tätige Hofbaurat Franz von Brandl, stellte das benach-barte Eckgrundstück Nr. 6 an der Pilotystraße der 1892 gegrün-deten Künstlervereinigung „Secession" zur Verfügung, die hier – bis zur Errichtung eines Mietshauses 1898 – ihr provisorisches Ausstellungsgebäude nach Plänen von Paul Pfann errichten konnte. Die östlich benachbarte Doppelhausgruppe (jenseits der Pilotystraße) Nr. 8/10 von Paul Pfann und Günter Blumentritt (1896/97) gipfelte in zwei hohen, barockisierend geschweiften Zwerchgiebeln. Unter den folgenden Mietshäusern der Südseite waren zwei von Emanuel Seidl entworfene – Nr. 12 mit statt-lichem Kuppelturm über der abgerundeten Ecke (1892) und das völlig verändert erhaltene Eckhaus Nr. 26 (s. dort). Durch ihren dekorativen Reichtum fiel die Neurokokofassade von Nr. 16 (1894/95 von Paul Dietze) auf. Von Gabriel Seidl entworfen oder zumindest mitwirkend beeinflusst wurden die Häuser Nr. 18 (jetzt 24, s. dort; mit Änderungen erhalten), das 1902 erbaute, 1937/38 um den vorgesetzten, das Forum östlich abschließenden Turm reduzierte, 1972 vollends abgebrochene Eckhaus Nr. 48 (hier Neubau Gerling-Konzern), das noch erhaltene Haus Nr. 50 (s. dort) sowie das kriegszerstörte Eckhaus am Kai Nr. 11a von 1902 (s. unten).

Die Bebauung des Forums an seiner Südseite sowie an der Nord-ostecke (s. Nr. 5) wurde vor dem Ersten Weltkrieg nicht mehr

Prinzregentenstraße 48 (abgebrochen); Aufn. um 1970

realisiert und kam erst um 1937 unter völlig veränderten Voraus-setzungen zustande, wobei das städtebauliche Konzept unter Be-seitigung der asymmetrisch platzierten Gartenterrasse mitsamt Adolf von Hildebrands Hubertusbrunnen von 1905/07 neu inter-pretiert wurde (die gerade Durchführung der Fahrbahn wäre frei-lich in der Nachkriegsära wohl als verkehrsbedingt unvermeid-bar nachgeholt worden). Immerhin erhielt das Forum seine for-mal retrospektive Neugestaltung durch einen altrenommierten Architekten von traditionalistischer Gesinnung, German Bestel-meyer (s. Nr. 28), während das den Straßen-Westteil vom Engli-schen Garten abtrennende „Haus der Deutschen Kunst" von Paul Ludwig Troost (1933–37; s. Nr. 1), ein Prototyp der NS-Archi-tektur, die städtebaulichen Strukturen in diesem Bereich und den stilistischen Rahmen noch radikaler sprengte. Der Bombenkrieg, dem fast sämtliche Wohnbauten zum Opfer fielen, Ersatzbauten vorwiegend mit Büronutzung, eingreifende Verkehrsmaßnah-men wie die einschneidende Tunnelrampe (1972) vor dem Prinz-Carl-Palais und die Einmündung des Altstadtringes, schließlich die Auflösung der den Straßenanfang flankierenden kompakten

Prinzregentenstraße nach Osten (ab Tunnelausfahrt); Aufn. 1993

Prinzregentenstraße nach Westen mit Tunnel; Aufn. 1974

Bebauung durch Zurücksetzung des niedrigen Nordtraktes der Obersten Baubehörde (1966–69) im Süden wie durch den nicht eingebundenen Solitär des US-Generalkonsulates (s. Königin-straße 5) nördlich vom Palais haben das originale Erscheinungs-bild ausgelöscht. Nichts erinnert mehr anschaulich an die einsti-ge, durch Thomas Mann in die Literatur eingegangene Eleganz der Straße, an welcher der Dichter Gustav Aschenbach wohnte („Tod in Venedig") und das Ehepaar Institoris eine Achtzimmer-wohnung gegenüber dem Englischen Garten bezog („Doktor Faustus", Kap. 32).

Wie am Beginn im Westen war auch im Osten vor der Brücke ein kleines Halbrondell vorgesehen, an dessen Stelle dann recht-winklig einspringende Ecken ausgeführt wurden, doch wurde das südliche Eckgrundstück am Kai (Nr. 56/Widenmayerstraße 19) erst nach dem Zweiten Weltkrieg bebaut (bez. 1957; Bauherr Farbwerke Hoechst). Nördlich gegenüber entstand als Ersatz der zerstörten Eckbebauung (Mietshaus, 1902 von Gabriel Seidl) 1954 im Auftrag der Firma Gerling und der Bauunternehmung Fries & Co. das sechs- bis siebengeschossige zweiteilige Wohn-haus Nr. 11a/Widenmayerstraße 22 nach Entwurf von Josef Wie-demann (Ausführung Firma Fries) aus zwei versetzten, verschie-den hohen Baukörpern, die eine „negative" Ecke von „raumbil-dender Wirkung" am Übergang zur Kaibebauung einschließen (Bode 1992, S. 74 ff.). – In der Fachliteratur beachtet wurde von der Nachkriegsarchitektur an der Prinzregentenstraße u. a. die Gebäudegruppe Nr. 20/22 (Zweit-Nachkriegsbebauung) der Fir-ma Wacker Chemie, 1992–96 von Otto Steidle und Partner, die sich – über dem wieder geöffneten Eisbach – entlang der Bruder-bis zur Galeriestraße und im Hofbereich fortsetzt. – Vor dem (einstigen) Sitz des Deutschen Automobil-Schutzes (Nr. 14, Ecke Seitzstraße) steht die Bronzefigur des hl. Christophorus von Josef Henselmann (1970).

Prinzregentenstraße. *Brücke über den Eisbach,* östlich von Nr. 1. Unter dem erhöhten Straßenkörper strömt nordseitig der bis dahin überwölbte, wasserreiche Eisbach in den Englischen Garten hinein; der ihn überspannende Bogen bildet mit dem architektonisch-dekorativ gestalteten Kalksteingeländer eine einhüftige Brücke. Die von vergitterten Querovalöffnungen durchbrochene Brüstung in neubarocker Formensprache, bez. 1890, gliedern schmale Postamente mit Kugelaufsätzen und breitere mit Dreiecksgiebeln; die Anfänger sind mit Obelisken besetzt. (Westlich des Hauses der Kunst existierte früher eine gleichartige Brücke über den Schwabinger Bach; kürzlich erneuert.) Die beiden mit der Anlage der Prinzregentenstraße entstandenen Stadtbachbrücken waren frühe Arbeiten des seit 1890 im Hochbauamt der Stadt tätigen Hans Grässel (Voglmaier 1994).

Prinzregentenstraße, Brücke über den Eisbach; Aufn. 1995

Prinzregentenstraße, Luitpoldterrasse mit Friedensengel; Aufn. 1995

Prinzregentenstraße. *Prinzregentenbrücke.* Siehe Prinzregentenbrücke.

Prinzregentenstraße. *Luitpoldterrasse* als Abschluss des Westteils der Straße jenseits der Brücke, 1891 vollendet nach Entwurf von Jakob Möhl. Monumentale, barockisierende Treppenanlage mit Laternen, Fontänen und Fontänenbecken. Beiderseits des

Gartenparterres umschließende Straßenrampen. *Friedensdenkmal* oberhalb der Luitpoldterrasse: Über Karyatidenhalle Säule mit Bronzeengel, 1896–99 von Heinrich Düll, Georg Pezold und Max Heilmaier.
Nähere Angaben sowie Äußere Prinzregentenstraße s. S. 22 f. – Ensemble Prinzregentenstraße links und rechts der Isar – und geplanten Band München-Ost.

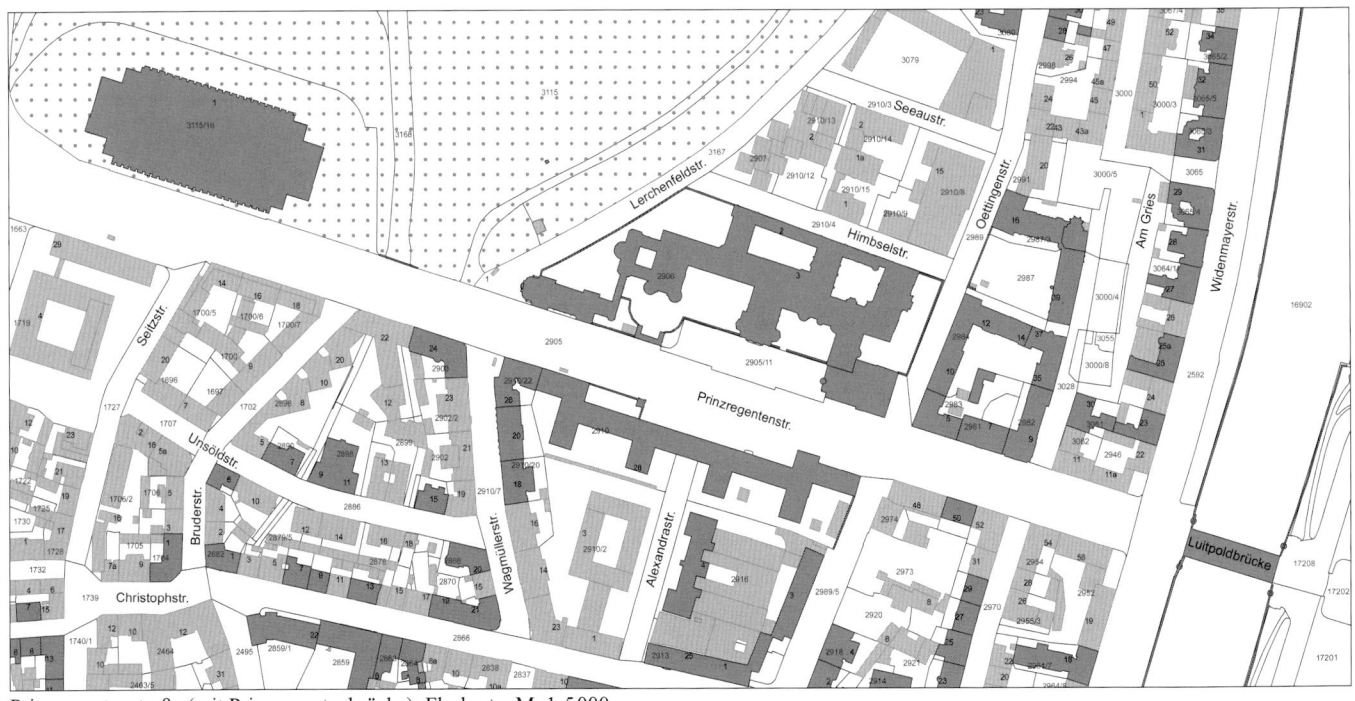

Prinzregentenstraße (mit Prinzregentenbrücke); Flurkarte, M. 1:5000

Prinzregentenstraße 1. *Haus der Kunst.* Der monumentale neuklassizistische Ausstellungsbau aus den Jahren 1933–37 stammt von Paul Ludwig Troost. Voraussetzung ist der durch den Brand des Glaspalastes am 6. Juni 1931 eingetretene Verlust des für die „Kunststadt" unverzichtbaren großen Ausstellungszentrums mit nachfolgenden Neubauplanungen auf dem bisherigen Standort im Alten Botanischen Garten (vgl. dort), von denen ein Projekt Adolf Abels die größten Chancen auf Verwirklichung hatte. Ein Projekt von Paul Ludwig Troost (Ende 1932) nahm bereits wesentliche Merkmale des Neubaus vorweg, den er nach der „Machtergreifung" als „Haus der Deutschen Kunst" gemäß Hitlers Bestimmung am südlichen Ende des Englischen Gartens aufführte, der damit weitgehend von der Prinzregentenstraße abgeschnitten wurde (nicht aber vom Hofgarten, da diese von F. L. Sckell intendierte Verbindung eigentlich nie verwirklicht worden war. Das Projekt eines ähnlich gearteten „Hauses der Architektur" südlich gegenüber, 1938 ff., hätte die Konzeption der späthistoristischen Repräsentationsachse noch stärker verändert). Die Grundsteinlegung nahm Hitler am 15. Oktober 1933 vor. Nach Troosts Tod am 21. Januar 1934 vollendeten sein Büroleiter Leonhard Gall und seine Witwe Gerdy Troost den Bau, den Adolf Hitler am 18. Juli 1937 mit einer programmatischen Rede zusammen mit der ersten „Großen Deutschen Kunstausstellung" (in der Nachfolge der Glaspalast-Ausstellungen) eröffnete, in enger Verbindung mit dem damals alljährlich gefeierten „Tag der Deutschen Kunst" und einem Festzug.

Das im Luftkrieg kaum beschädigte Gebäude stand 1945–48 unter Vermögensverwaltung der Kontrollratsbehörde und diente 1945–55 u. a. als Officers Club der US-Armee, teilweise ab 1946 auch wieder verschiedenen Ausstellungszwecken. Im Westflügel des seit 1948 staatlichen Gebäudes waren seitdem provisorisch Bestände der Bayerischen Staatsgemäldesammlungen ausgestellt (zunächst bis 1958 der Alten Pinakothek, dann der

Prinzregentenstraße 1, Haus der Kunst; Aufn. 2006

Neuen Pinakothek und Neuen Staatsgalerie, 1989–2001 der Staatsgalerie moderner Kunst; seitdem Nutzung durch das Staatsschauspiel). Der Ostflügel und seit 1955 auch der Mittelbereich stehen Wechselausstellungen zur Verfügung. Das durch Einbauten verschiedentlich veränderte Haus der Kunst wurde 1991–94 grundlegend saniert.

Der (ohne Terrassen) rund 155 x 70 m große, durch einen dominierenden Horizontalismus geprägte Monumentalbau hat Außenfronten ganz in Kelheimer Kalkstein (über Nagelfluhsockel) und ist dreibahnig angelegt. Der längere, breitere Hauptbaukörper, den in der Mitte die dreischiffige, durch zwei Geschosse gehende ehem. „Ehrenhalle" durchquert, enthält im Ost- und Westflügel je einen großen Oberlicht-Mittelsaal, den kleinere Ausstellungssäle von rhythmisch wechselndem Format umgeben. Die schmalen, kürzeren Fassadentrakte im Norden und Süden, denen jeweils eine lang gestreckte Säulenhalle mit Endpfeilern vorgelegt ist, enthalten u. a. Verwaltungsräume (südlich) und Restaurant (nördlich) mit weiteren Ausstellungsräumen darüber. Eine umlaufende hohe Attika entzieht die Flachdachzone mit parallelen Oberlichten dem Blick. Die große Freitreppe vor der Südkolonnade in deren fast vollständiger Länge wurde 1971 im Zusammenhang mit der Untertunnelung des Prinz-Carl-Palais ohne zwingende Not beseitigt und durch eine knappe, entgegen klassischem Kanon zwischen den Säulen mündende Treppe lediglich von der Breite der Mittelhalle (fünf Achsen) ersetzt. Zusammen mit einem neu gepflanzten „Baumschleier" und wechselnden Ausstellungswerbungen in der Frieszone wurde somit der originären Monumentalität absichtsvoll entgegengewirkt. Die kubisch-flachgestaffelten, akroterenhaften Eckaufsätze trugen über der Säulenhalle ursprünglich zeitweise noch Feuerschalen. Die ausgedehnten Wandflächen im Inneren sollten dem Wunsch der NS-Ära nach großformatiger Malerei Nachdruck verleihen, ermöglichen andererseits heute variable Ausstellungs- und Interpretationsmöglichkeiten.

Die im Spätwerk P. L. Troosts ausgeprägte Formensprache wurde maßgeblich für den Stil des „Dritten Reiches" zumindest bei offiziellen repräsentativeren Bauaufgaben; sie ist jedoch nicht als eigene, spezifische Stilschöpfung zu verstehen, sondern eher in der Elongation des in den Jahren vor dem Ersten Weltkrieg verbreiteten Neuklassizismus, der damals freilich auch zu höchst eleganter Verfeinerung fähig gewesen war und zu dem hin Troost in seiner frühen Phase teilweise tendierte. Mit der radikalen, vergröberten Vereinfachung in der Massenkomposition und Detailausbildung seiner letzten Bauten gelangte er zu Ergebnissen, wie sie vergleichbar fast zwangsläufig die Tendenz zu formaler Reduzierung des klassischen Formenkanons kennzeichnen, sei sie etwa durch gebotene Schlichtheit veranlasst (Frühbeispiel: Herrenhaus Ashland-Belle Hélène bei Geismar, Louisiana, 1841), durch totalitäre Ideologien wie in Italien (Hauptpost Palermo,

◁ Prinzregentenstraße 1, Haus der Kunst; Aufn. um 1937

Haus der Kunst, Rückseite; Aufn. 1996

1928–35) oder im ehem. Ostblock (Kultur-
palast Tirana), oder durch das Streben nach
moderner Versachlichung des Klassizismus
(Pentagon in Washington, Bauten Pariser
Weltausstellung 1937; Atatürk-Mausoleum
in Ankara). Die genannten Beispiele sind
durch monotone Stützenreihen z. T. mit Freitreppen charakterisiert. Im konkreten Fall des
Hauses der Kunst wird der vereinfachende,
monumentalisierende Rückgriff auf den Prototyp von Schinkels Altem Museum in Berlin
deutlich. Neben Troosts gleichzeitigen Parteibauten am Königsplatz ist es „in seiner
formalen Härte, schmucklosen Monumentalität, der handwerklich-materiellen Solidität,
der gleichförmigen Reihung von Bauglie-
dern und seiner Bedeutung im politischen
Leben ein programmatisches Beispiel für die
Selbstdarstellung des Hitlerregimes in der
Architektur" (Dehio 1996). Dieser aufdring-

Prinzregentenstraße 3, Bayerisches Nationalmuseum; hist. Aufn.

liche, Überwältigung anstrebende Charakter des Bauwerks ist
bei der kürzlichen Wiederherstellung der großen Mittelhalle in
weitgehend dem Originalzustand entsprechender Form erneut
anschaulich geworden (durch Vorhänge abgemildert). Originale
Ausstattungsdetails sind noch im Café (im nordöstlichen Gebäudeteil) erhalten.

Prinzregentenstraße 3. *Bayerisches Nationalmuseum*, reich
gegliederter, malerischer Gruppenbau des Münchner Späthistorismus, 1894–1900 von Gabriel von Seidl, mit künstlerisch ausgebildeten Gartenmauern und -zäunen an allen Seiten. Rückgebäude = Himbselstraße 2.

BAUGESCHICHTE: Da der 1867 eröffnete Altbau des Nationalmuseums (s. Maximilianstraße 42) um 1890 allgemein als zu beengt und nicht erweiterungs-
fähig, als sanierungsbedürftig
und sicherheitstechnisch ver-
altet beurteilt wurde, ergriff
Kultusminister Ludwig Au-
gust von Müller (gest. 1895)
die Initiative zu einem Neubau
an der Nordseite des Forums
der neuen Prinzregentenstraße
auf dem bereits staatlichen
Areal des ehem. Kgl. Holzgartens (Holzlagerplatz für den
Hof) – ein Standort, an dem
trotz verschiedentlich erwoge-
ner Alternativen (so am Ostende der Straße auf dem
Hochufer der Isar, an der
Holzgarten-Nordseite, an der
Theresienwiese, auf dem
Marsfeld oder bei der Türken-
kaserne) festgehalten wurde.
Um das Verfahren zu vereinfachen und zu beschleunigen,
sollte die Planung zunächst
im Staatsbauwesen erfolgen;
doch wurde die „General-
skizze" des Oberbaurats Karl
Bernatz von der Obersten
Baubehörde 1893 in der nach
Franz Lenbachs energischem
Einsatz für einen öffentlichen
Wettbewerb gebildeten Baukommission als räumlich und
architektonisch unzureichend
verworfen und daraufhin das
Baugelände über die bis dahin
vorgesehene nördliche Fortsetzung der Alexandrastraße

Prinzregentenstraße 1, Haus der Kunst, Café; Aufn. 2007

Haus der Kunst, Hauptsaal; Aufn.
2007

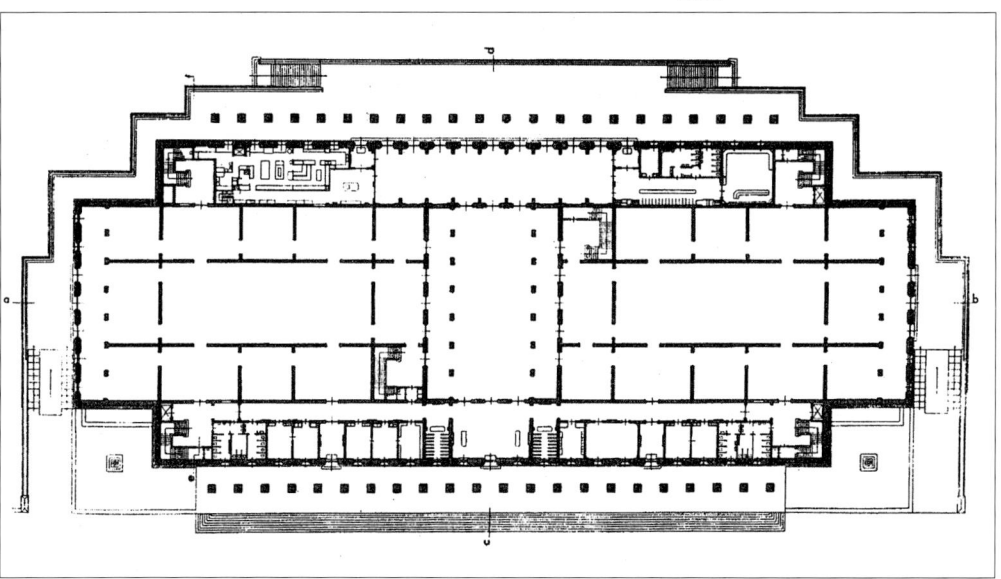

Haus der Kunst, Grundriss Erdgeschoss, um 1937

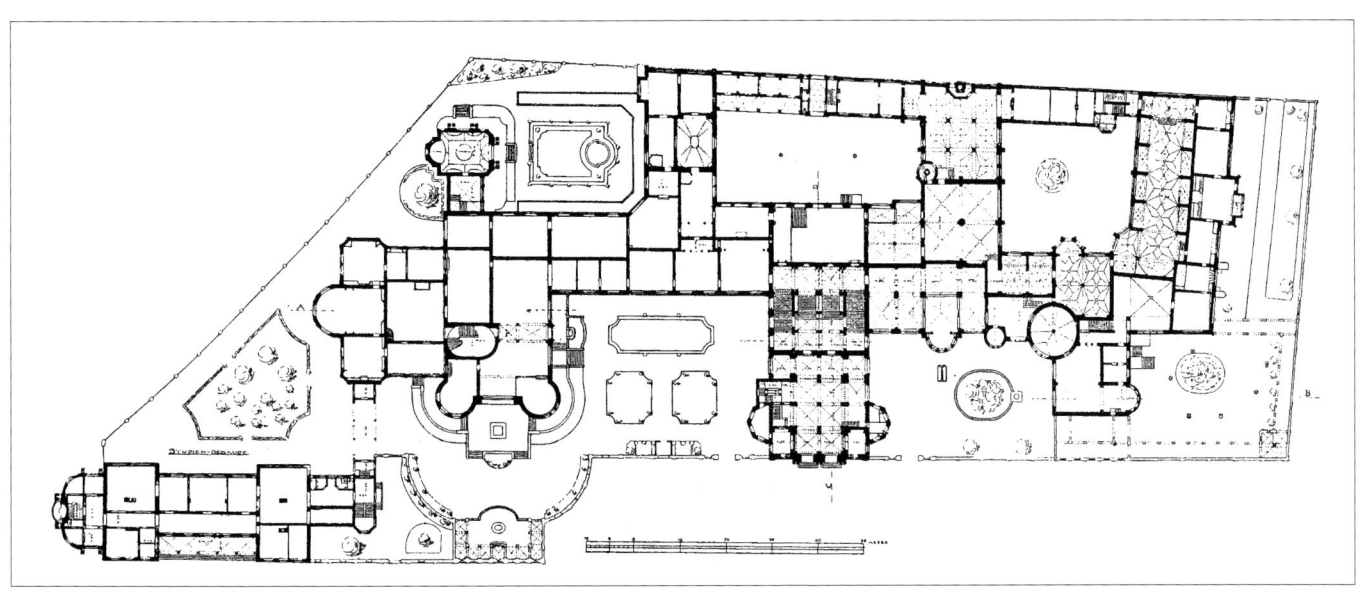

Bayerisches Nationalmuseum; Aufn. 2005

nach Westen hin erweitert. Im April 1893 erhielten die Architekten Georg Hauberrisser, Leonhard Romeis und Gabriel Seidl, Mitglieder der (engeren Fach-)Kommission, vom Kultusministerium den Auftrag zu Neubauentwürfen, die vereinbarungsgemäß im September vorlagen. Die Kommission entschied am 14. Oktober zugunsten des Seidl-Projekts, das der Prinzregent am 18. Oktober 1893 genehmigte. Aufgrund gewisser Einwendungen überarbeitete Seidl seine Pläne bis zum Vertragsabschluss am 23. Oktober 1894. Am 17. November 1894 erfolgte die Grundsteinlegung in Anwesenheit des Prinzregenten. Unter Gabriel Seidl als kgl. Specialkommissär – unterstützt von seinem Bürochef, Architekt Heinrich Kronenber-

ger – waren die Oberbauräte Karl Bernatz und (nach dessen Tod) Ludwig Stempel als technische Referenten der Obersten Baubehörde zuständig, für die örtliche Bauleitung Bauamtsassessor Wilhelm Maxon; die Bauarbeiten überwachten Bauführer Schallmaier und Architekt Martin Baur. Im Sommer 1896 war der Rohbau mitsamt dem eisernen Dachstuhl fertig, im Frühjahr 1897 das Dach gedeckt, bis 30. Oktober das Baugerüst am Äußeren abgebaut, im Folgejahr wurde der Komplex sukzessive bezogen und eingerichtet; am 30. Dezember 1899 übergab G. Seidl das Gebäude dem Landbauamt; nach weiteren Restarbeiten eröffnete Prinzregent Luitpold den Neubau am 29. September 1900.

Bayerisches Nationalmuseum, Grundriss Erdgeschoss, 1912

G. Seidls Konzeption eines asymmetrischen, im städtebaulichen Kontext von wechselnden Standpunkten unterschiedlich wirkenden Gruppenbaues bedingte eine Baulinienänderung im Bereich des vorgelegten, ursprünglich symmetrisch-längsoval konzipierten Forums, vor allem durch Anlage einer in die mittlere Längsachse der Straße hinein nach Süden verschobenen Gartenterrasse mit Prinzregentendenkmal (s. dort) und später hinzugefügtem Hubertusbrunnentempel. Das neue Forumskonzept entstand 1895 im Zusammenwirken Seidls mit dem verantwortlichen Stadtplaner Theodor Fischer und dem Bildhauer Adolf Hildebrand.

Schon seit 1903 von G. Seidl ausgearbeitete Erweiterungspläne für einen neuen Nordflügel entlang der Himbselstraße wurden 1906/07 ausgeführt. Nicht verwirklicht wurde ein um 1930 geplanter Erweiterungsbau an der gegenüberliegenden Südseite des Forums, wo stattdessen 1937/38 das Luftgaukommando entstand (vgl. Prinzregentenstraße 28). Im Rahmen der gleichzeitigen Gesamt-Neugestaltung des Forums durch German Bestelmeyer erhielt das Nationalmuseum eine Erweiterung durch das den Vorplatz – nördlich der damals mittig durchgeführten Fahrbahn – im Osten (mit Rückseite zur Oettingenstraße) abschließende Neue Studiengebäude samt westlich vorgelegter, über einem Luftschutzkeller erhöhter Terrasse.

Im Luftkrieg wurde der ausgedehnte Komplex erstmals am 6./7. September 1943 im Bereich des Westflügels und in der Folge noch mehrfach schwer beschädigt, der Werkstattflügel im Norden (am 12. Juli 1944) und die Neurokoko-Kapelle an der Nordseite des Westtraktes (am 7./8. Januar 1945) vollständig zerstört. Eine große Fehlstelle hatte auch der Turmbau an seiner Westseite.

Im Laufe des sukzessiven Wiederaufbaus, der schon 1945 mit ersten Reparaturen und Sicherungsarbeiten begann (Baufirma Johann Weber, Arch. Otto Roth), konnte – nach verschiedenen Einzelausstellungen – am 28. April 1949 eine erste Raumfolge im Erdgeschoss des Ostflügels wiedereröffnet werden. Es folgten u. a. der Ersatzneubau für den zerstörten Werkstättentrakt im Norden (zwischen den beiden Giebeln) 1950/51 nach Plänen von Gerhard Rothenfusser/Landbauamt München, die Wiederherstellung des Westflügels bis 1956 und weitere Baumaßnahmen bis ca. 1960. Die durch Pläne des Landbauamtes seit 1972 vorbereitete Generalsanierung wurde ab 1977 in mehreren Bauabschnitten durchgeführt, der erste 1980, der zweite 1986, der dritte zu Beginn des 21. Jh. abgeschlossen. 1997–2000 entstand ein moderner Neubau für die Werkstätten und Restaurierungs-Ateliers nördlich der Himbselstraße/Ecke Oettingenstraße.

BAUGESCHREIBUNG UND AUSSTATTUNG: Der im internationalen Vergleich zu seiner Zeit denkbar großzügige Neubau des Bayerischen Nationalmuseums, zusammen mit anderen Großkomplexen der Prinzregentenzeit wie Justizpalast, Armeemuseum und Verkehrsministerium demonstrative Selbstdarstellung bayerischer Eigenstaatlichkeit im Kaiserreich, geriet zum Hauptbeispiel eines neuartigen Museumstyps, der sich grundlegend von dem bis dahin üblichen palastartig-symmetrischen, nunmehr als steril und akademisch empfundenen Schema abhob (dem das Projekt von Bernatz und – von rückseitigen Annexen abgesehen – auch das zunächst für die Situation an der Hofgarten-Nordseite gedachte von Romeis noch entsprochen hatten). Die Hinwendung zum asymmetrischen Agglomerationsbau, der stilistisch heterogene, den verschiedenen Entstehungsepochen des Ausstellungsgutes konforme Bauteile zu einer malerisch komponierten, harmonischen Gesamtgruppe vereinigt, entspricht sowohl zeitgenössischen Tendenzen im Städtebau, der sich vom geometrischen Schematismus löste, wie auch einer neuartigen museologischen Konzeption, die mittels der zuhöchst verfeinerten Inszenierungskunst der letzten Phase des Historismus eine reich differenzierte Gesamtsynthese von äußerer wie innerer architektonischer Gestalt und dem nach Stilepochen chronologisch präsentierten Museumsinhalt erstrebte. Vorbildhaft wirkte sicherlich auch das aus mittelalterlichem Kern durch Annexe mehrfach erweiterte und gewachsene Germanische Nationalmuseum in Nürnberg, vor allem aber der Neubau des Schweizerischen Landesmuseums in Zürich von Gustav Gull (1892–98); gleichzeitig war das Bernische Historische Museum im Entstehen (1892–96). Dem Münchner Vorbild folgten später u. a. das Märkische Museum in Berlin (1901–07) und G. Seidls Historisches Museum in Speyer (1909/10). Charakteristisch für das Bayerische Nationalmuseum wurde – wie schon im Altbau – die Verbindung von Landes- und Dynastiegeschichte, was im Falle des bis dahin allzeit monar-

◁ Bayerisches National-
museum, Westtrakt mit
Gartenhalle von Süden;
Aufn. 1995

chisch geprägten Bayern eine sinnvolle und brauchbare sinnen-
fällig-anschauliche Chronologie für die Sammlungsbestände ergab, welcher die jeweilige stilistische Ausformung der Räume
bzw. Gebäudeteile entsprechen sollte. In das original historische
und historisierende Elemente unlösbar verbindende Gesamtkunstwerk wurden von historischen Gebäuden stammende Bestandteile außen wie innen in großer Zahl integriert, wie z. B. die
Fensterrose von Ebrach (im Nordosthof) oder die Kassettendecke
aus Schloss Dachau (ehemals in Saal 22), ganze transferierte Interieurs von der Gotik bis zum Klassizismus, von bäuerlicher,
bürgerlicher wie herrschaftlicher Herkunft, ferner auch Teil-
Nachbildungen zur Bauzeit abgebrochener Baudenkmäler, die
nach damaligem Verständnis auf diese Art zumindest dokumentiert und anschaulich überliefert werden sollten (z. B. Paulanerkirche München, Raum 25). Freiplastiken, Bildstöcke u. dgl.
(z. B. Hubert Gerhards Brunnenfigurengruppe aus dem Kirchheimer Schlosshof, ehemals im „Renaissance-Garten", jetzt in
Saal 19) wurden in das historisierende Ambiente der Gärten und
Höfe eingefügt (Gartengestaltung von Franz Lorch unter Beratung von Hofgarten-Oberinspektor Max Kolb).

Gabriel Seidl, wie kaum einer bewandert in der Vielfalt des historischen Formenrepertoires und gewandt in dessen Anwendung, gelang mit dem Nationalmuseum eine stimmungsvoll-
atmosphärische Gesamtredaktion der höchst komplexen Bauaufgabe, seine vielleicht beste künstlerische Leistung überhaupt,
die zugleich in besonderer Weise die Eigenart des Münchner
Kulturkreises um die Jahrhundertwende repräsentiert. Bei der
mit den Exponaten innigst verwobenen Raumgestaltung arbeitete er – außer mit den Museumsdirektoren Wilhelm Heinrich
Riehl (gest. 1897) und Hugo Graf – engstens mit dem vielseitigen Maler, Dekorateur, Innenarchitekten und Museums-Ehren-
konservator Rudolf Seitz (1852–1910) zusammen. (Zu den außen
wie innen zahlreich beschäftigten Bildhauern und Malern vgl.
Festschrift 1902 und MB I 1912.) Das von den Zeitgenossen in
seiner Qualität meist anerkannte Gesamtkunstwerk bevorzugte
freilich die ästhetisch-gestalterischen Aspekte vor den wissen-
schaftlichen. Ein in sich so geschlossenes, bis ins Detail ausge-
feiltes Konzept barg natürlich – den zunächst durch den großen
Erfolg noch einigermaßen verdeckten – Keim zu Konflikten im
Falle von notwendigen Änderungen, Bestandszuwächsen und
vor allem den laufenden Wandlungen museologischer Auffassungen in sich, der bis in die Gegenwart fortwirkt und zu stets erneuter Stellungnahme und Auseinandersetzung mit der architektonischen Vorgabe zwingt, die für sich selbst schon Denkmalwert besitzt und als historisches Dokument hohen Ranges zu gelten hat. Durch die Luftkriegsschäden wurde die Problematik zusätzlich kompliziert, wenn auch im Umfang reduziert. Der lange
verkannte Wert und die besondere Eigenart dieser architektonischen Schöpfung wurden erst um 1970 von Hans-Wolfram Lübbeke und Georg Himmelheber eingehend gewürdigt.

Am Außenbau dominieren ohne doktrinäre Festlegung auf
eine oder mehrere historische
Stillagen im allgemeinen Formen der als bewusster, im Kaiserreich aktueller Ausdruck
nationaler Eigenart verstandenen „Deutschen Renaissance",
gemäß der Epochenfolge der
kulturhistorischen Ausstellung
im Ostteil stellenweise mit
mittelalterlichen Anklängen
vermischt, am Mittelbau und
im Westteil mit Elementen des
heimischen süddeutschen Barock. Die in ihrer weitesten

BNM, Nordseite (Himbselstraße 2);
Aufn. 1995

Bayerisches Nationalmuseum, Gartenhalle mit Narzissbrunnen; Aufn.
2007

Ausdehnung sich über mehr als 250 m erstreckende, locker gefügte und zugleich zu harmonischer Einheit verbundene Gesamtgruppe erinnert einerseits an eine in verschiedenen Abschnitten gewachsene Schlossanlage, bisweilen – wie in den
Höfen – auch an ein Kloster, ist aber mit ihrem beherrschenden
Mitteltrakt und den freilich unterschiedlich geformten Seitenrisaliten auch als moderner öffentlicher Repräsentationsbau aus
der Spätphase der weitgehend von Bürgertum und Verwaltung
bestimmten konstitutionellen Monarchie kenntlich, überdies kein
monumentaler Solitärbau, sondern Bestandteil des von Seiten
der Stadt initiierten Gesamtensembles der Prinzregentenstraße
und auf das optische Erlebnis des sich auf dieser Straße bewegenden Beschauers berechnet. Für Gabriel Seidl wie für die
maßgeblich von ihm geprägte Münchner Architektur um 1900
kennzeichnend ist der starke dekorative Charakter, inbegriffen
die reiche Bauplastik mit teilweise gar nicht mehr konkreter iko-
nographischer Aussage und Bedeutung (z. B. antikisierende
Büsten, Figuren, Fabelwesen, Vasen u. dgl.); die Nähe der un-
verbindlich-spielerischen, kaum verdeckt unernsten Sphäre der
Münchner Künstlerfeste und der Gesellschaft „Allotria" ist spürbar (vgl. Seidls Künstlerhaus).

Der Komplex umschließt – seit der rückseitigen Norderweiterung von 1907 – einen kleinen (im Westen) und zwei große geschlossene sowie mehrere gärtnerisch gestaltete offene Höfe, die
straßenseitig als Ruhebereiche und Freiluft-Ausstellungsflächen
durch gegliederte Mauern mit plastischem Dekor, im Westen zur
Lerchenfeldstraße hin durch einen Eisenzaun abgeschlossen
sind. Vom lang gestreckten, zweigeschossigen Hauptbaukörper
mit Satteldach treten zum Forum hin der Mittelbau und zwei
seitliche Kopfbauten stark vor, deren rechter, mit rundbogigen
Biforien im Obergeschoss, nach seiner Verlängerung von 1937
in annähernd alter Form, doch unter Verzicht auf die reiche, hell-
farbige Bemalung (Tugenden und Laster von Julius Diez) und
die vorgelegte Arkadenterrasse heute relativ einfach wirkt, während Mitteltrakt und westlicher Kopfbau betont vielgestaltig
sind. Der mittig situierte, reich durch rustizierte Lisenen gegliederte Eingangsbau mit dem doppelten Rundbogenportal gipfelt
in einer übergiebelten Loggia und dem dahinter zurückgesetzten,
ca. 50 m hohen massiven Viereckturm mit kupfergedecktem ko-
nischem Spitzhelm und Laterne (im Wettbewerbsentwurf war
noch kein Turm vorgesehen); den Vorbau flankieren polygonale
Kuppeltürme, keineswegs mit Treppen, sondern den benachbarten Betriebsräumen zugeordnet. Die Stirnfront ist durch Bronze-
bildwerke von Anton Pruska (Guss Ferdinand von Miller) ausgezeichnet – über der triumphbogenartigen Portalrahmung beiderseits auf Löwen reitende Genien, meist (so von Zauner 1914 und
Lübbeke 1970) als Allegorien von „Krieg" und „Frieden" gedeutet (von A. Pruska nach Skizzen von Rudolf Seitz modelliert), in
der Mittelnische des Hauptgeschosses überlebensgroßes Stand-

Bayerisches Nationalmuseum, altes Studiengebäude von Südwesten; Aufn. 2007

bild Maximilians II. mit dem Modell des alten Nationalmuseums; die Inschrifttafel darüber wiederholt seine schon dem Altbau gewidmete Devise „Meinem Volk zu Ehr und Vorbild". Der breite Volutengiebel der oberen Loggia enthält eine große, leer gebliebene Inschrifttafel, der segmentbogige Abschluss das von Löwen flankierte bayerische Wappen (Steinrelief). Auf der den blockhaften Baukörper abschließenden Balustrade steinerne Trophäen. Das letzte oberste Turmgeschoss zieren große Zifferblätter (südlich Sonnenuhr), darüber kleine Zwerchgiebel mit Schlagwerk, auf der südlichen Giebelspitze vergoldeter Hahn.

Die Hauptfassade des westlich anschließenden, nach schweren Kriegsschäden in alter Form wiederaufgebauten Längstraktes gleicht einem achsenweise regelmäßig gegliederten Renaissancepalast, der westlich davon vortretende, erhöhte Kopfbau einem malerischen, mit vier runden (rückseitig nur in der Dachzone verselbständigten) Ecktürmen besetzten, durch niedrigere Annexe erweiterten Burgschloss etwa des 16. Jh. (Nischenfigur „Minerva" von Edwin Weissenfels 1897). Der vorgelegte „Renaissancegarten" ist, das Forum westlich begrenzend, bis an die Straße vorgezogen, wo – dem Zweiturmmassiv axial gegenüber – eine nach innen offene, dreiflügelige kreuzgratgewölbte Arkadenloggia situiert ist; ihre im Grottenstil gestaltete straßenseitige Außenwand ist durch Blendarkaden und Nischen mit Vasen sowie Hermenpfeilern mit antikisierenden Büsten gegliedert (Plastiken von Josef Rauch), die mittlere Eingangsachse durch einen dekorativ bereicherten Dreiecksgiebel betont, auch das Metalldach ornamental behandelt. In gleicher Flucht an der Straße steht westlich davon als am weitesten auswärtsgeschobener Bauteil des Komplexes das nur durch einen zurückgesetzten Seitentrakt mit Eckturm und rückwärtigem Übergang auf drei Arkaden mit dem Hauptbau verbundene *(alte) Studiengebäude*, dem straßenseitig eine zwischen die Eckrisalite eingespannte

Bayerisches Nationalmuseum, neuer Studienbau im Südosten; Aufn. 1996

Säulenarkaden-Vorhalle mit von Vasen (von Ernst Pfeifer) und Figuren (von Hermann Hahn) besetzter Balustrade vorgelegt ist. Bemerkenswert sind die prächtigen Fensterkorbgitter. An die westliche Schmalseite des barockisierenden Studiengebäudes ist – als städtebauliches Gelenk und optisch wirkungsvoller Auftakt des Gesamtkomplexes für den von Westen Kommenden – ein konvex gerundeter Anbau im Stil (überwiegend des späten) 18. Jh. angeschlossen, mit von ionischen Säulenpaaren flankiertem Nischenbrunnen („Fischfraubrunnen"), vasenbesetzter Dachbalustrade und hinter die Terrasse zurückgesetztem Obergeschoss, dessen Segmentgiebel ein steinerner Triton mit Füllhorn von Jakob Ungerer krönt. Die im Grottenstil mit Flusskieseln mosaikartig ausgekleidete Nische umschließt über einem Bodenbecken einen Zweischalenbrunnen aus Donaukalkstein (nach Entwurf von Jakob Rauch, vollendet April 1900), dessen Schaft auf Fischen reitende kindliche Fabelwesen umringen; die

Bayerisches Nationalmuseum, Nischenbrunnen am Westende; Aufn. 1995

Bekrönung bildet eine weibliche Halbfigur mit Fischen in den Händen. Die gesamte konvexe Brunnenfassade, stilchronologisch der spätestorientierte Bauteil, gehört zu den elegantesten, dekorativsten Inventionen und historisierenden Architekturkompositionen der Jahrhundertwende in München.

Das alte Studiengebäude, ursprünglich für Sonderausstellungen bestimmt, nahm (bis 2002) im Erdgeschoss die 1925 neu gegründete Abteilung für modernes Kunsthandwerk und Kunstgewerbe auf, die in der Folge schrittweise verselbständigte „Neue Sammlung (Staatliches Museum für angewandte Kunst)". Das Obergeschoss, ursprünglich Dienstwohnung des Generaldirektors und -konservators, wurde Sitz des 1908 nach Lösung dieser Personalunion verselbständigten Bayerischen Landesamtes für Denkmalpflege (bis 1975; heute Museumsdirektion und -verwaltung; im Erdgeschoss ist die Sammlung Bollert ausgestellt).

An den eckturmbesetzten westlichen Kopfbau des Hauptgebäudes schließt sich westlich noch ein um einen kleinen Rechteckhof dreiseitig gruppierter, nur eingeschossiger Trakt in Barockformen an, der als malerische Abstaffelung zum Englischen Garten hin wirkt und mit dem halbrunden Vorsprung endet, der mit großen Rundbogenfenstern Raum 37, den ehem. „Prunksaal" der Barockabteilung belichtet. Die dem Turmtrakt nördlich angebundene „Kapelle" (ehemals Raum 32, innen im Wessobrunner Stil des 17. Jh. stuckiert) wurde im Luftkrieg vernichtet.

Die Nordfassade entlang der Himbselstraße in einfacheren Neurenaissanceformen wird durch den Erweiterungsbau von 1907 gebildet, in dessen Erscheinungsbild die beiden hohen Schweifgiebel der den großen Mittelhof flankierenden Quertrakte dominieren (der östliche mit quadratischem Türmchen). An der Südseite dieses (Nutz-)Hofes ragt, durch ein achteckiges Türmchen bereichert, der 1896 bez. Schweifgiebel des im Hauptturm gipfelnden Mitteltraktes auf. Das korbbogige Einfahrtstor zum Nordosthof rahmt eine rustizierte Ädikula. Die Ostseite zur Oettingenstraße ist stark hinter mauerumfriedete Gärten zurückgesetzt und durch einen rechteckigen, überkuppelten Bodenerker (Raum 12) unterteilt, die Gartenmauer mit Figuren besetzt.

Im Südosten wurde die Situation 1937 bei der Neugestaltung des Forums unter Beseitigung des Gartenparterres samt Hubertusbrunnen grundlegend verändert (s. unten bei Reiterstandbild des Prinzregenten sowie Prinzregentenstraße/Vorspann und Nr. 28). Das im rechten Winkel zur Ost-West-Erstreckung des Hauptgebäudes zwischen Forum und Oettingenstraße situierte *(neue) Studiengebäude* German Bestelmeyers von 1937/38 ist in seinen renaissancistischen Formen dem Altbau angepasst, ein zweigeschossiger verputzter Walmdachbau mit Kalksteingliederungen, rustizierten Ecken und einbezogener kreuzgratgewölbter Vorhalle, die sich mit drei Säulenarkaden zur westlich vorgelegten neuen Terrasse (über einem Luftschutzkeller) öffnet; an deren Stufenaufgang erhielt das Reiterstandbild von 1913 seinen neuen Standort. Die Verbindung zum 1937 verlängerten Ostrisalit des Altbaus stellt ein niedriger Zwischenbau mit Terrasse her. (Im Erdgeschoss des Studiengebäudes Vortragssaal mit südlichem Foyer. Der Neubau war samt angrenzenden Räumen 1939–45 dem NS-Generalbaurat Hermann Giesler zur Benutzung überlassen.)

Maßgebend für die innere Disposition war – wie schon im alten Nationalmuseum – die Zweiteilung in die in chronologischer Abfolge zu besichtigende kulturhistorische Sammlung im Erdgeschoss und die kunstgewerblichen Fachsammlungen im Obergeschoss; kennzeichnend für die Grundrissbildung ist der Verzicht auf Korridore zugunsten stilistisch und gestalterisch beim (vorgeschriebenen) Rundgang wechselnder Raumwirkungen. Auch die Säle der Fachsammlungen (welchen zur Bauzeit noch aktuelle Vorbildfunktion zugemessen wurde) waren in jeweils historisierender Ausstattung auf die Exponatgruppen bezogen, so z. B. der Jagdsaal (mit Jagdwaffen und -geräten) in der Art eines frühbarocken Jagdschlosses oder die Porzellansäle im Sinne der Entstehungs- und Blütezeit dieses Genres in spätbarocken bis Rokokoformen ausgekleidet. Heute präsentieren sich sämtliche Räume in der schwer kriegsgeschädigten Westhälfte des Erdgeschosses und im gesamten Obergeschoss in schmuckloser Einfachheit. Der im Außenbild dominierende Turmtrakt in der Mitte enthält Eingangshalle und Haupttreppenhaus sowie Verwaltung und Betriebsräume. Über der Nordhälfte der Eingangshalle liegt die (erhaltene) zweischiffige Bibliothek mit zwei Mittelpfeilern, schlicht barockisierendem Stuck an den Kreuzgratgewölben und mit Eisenbrüstungen an der doppelten Galerie. Im großenteils gewölbten Keller- oder Untergeschoss ist seit jeher die Volkskunde-Abteilung mit der Folge der alten Bauernstuben untergebracht, im Ostteil (ursprünglich im Dachgeschoss) die umfangreiche Krippensammlung.

INNENRÄUME (soweit noch mit erhaltenen Gestaltungselementen des späten Historismus; nach heutiger Zählung):
Vorhalle (Vestibül) und Haupttreppenhaus weiträumig in neubarocken Formen mit weißer Raumfassung. Die *Vorhalle*, vierschiffig mit kräftigen, von Doppellisenen besetzten Pfeilern, hat an den Kreuzgratgewölben Stuckdekor mit ornamental gerahmten Fel-

dern im Stil des späten 17. Jh. „nach Motiven aus dem ehem. Kloster Benediktbeuern". Das linke Seitenschiff wird weitgehend von der zu den Verwaltungsräumen führenden Treppe eingenommen. An einem der Mittelpfeiler Bronzegedenktafel für Gabriel von Seidl mit seiner Reliefbüste im Profil, bez. A H 1914 (Adolf Hildebrand). Im Norden zwei Portale mit mehrfarbiger, vor allem roter Marmorrahmung; gleichartig die von der Treppenhalle dahinter beiderseits in die kulturhistorischen Sammlungen führenden Eingangstore. In der Vorhalle beiderseits vom Doppelportal große vergoldete Bronzebüsten Maximilians II. und des Prinzregenten Luitpold, von Wilhelm von Rümann (sign.), gegossen von Ferdinand von Miller (ehemals im Treppenhaus). Im Treppenhaus-Vorraum hinter den beiden Eingängen Bronzegedenktafel für das Ehepaar Karl und Luise von Faber (1902, mit deren Reliefbildnis), die 300.000 Mark für das Museum stifteten. Das *Treppenhaus*, mit mittlerem Lauf zum Erdgeschoss (in Hochparterrelage), mit zwei seitlichen Armen und anschließend mittlerem Lauf zum Obergeschoss, hat an seinen Gewölben – über den Podesten wie an den Untersichten – flächenfüllenden Stuckdekor von im Vergleich zum Vestibül gesteigerter Pracht; die Spiegeldecke der oberen Halle nach Kriegsschäden vereinfacht, mit Stuckprofilen.

Erdgeschoss (Räume mit Resten originaler Gestaltung nur im Ostflügel, beginnend rechts von der Treppenhalle):
Raum 1: (ursprünglich der Frühgeschichte und Römerzeit, später dem Früh- und Hochmittelalter gewidmet; vereinfacht): Pfeilerhalle mit Kreuzgratgewölben; im Süden Apsis, innenseitig mit dorisierenden Säulen und Kalotte. – *Raum 2:* mit Tonnengewölbe, vereinfacht. – *Raum 3:* kreisrund mit (vereinfachter) Mittelsäule, an der Ringtonne radiale Wulstrippen. – *Raum 4:* (ehemals „Wessobrunner-", jetzt „Bamberger Saal"): romanisierende Balkendecke; nördlich kapellenartiger Annex mit Kreuzgratgewölbe und durch Säulenarkaden gegliederter gewölbter Apsis. – *Raum 7:* vereinfacht, mit zwei Kreuzgratgewölben. – *Raum 8:* im Hauptteil Kreuzrippengewölbe. – *Räume 9–13:* mit spätmittelalterlichen eingebauten Holzdecken verschiedener Art. – *Raum 15: Kirchensaal.* Der eindrucksvollste unter den original erhaltenen Stilräumen, für die kirchliche Kunst der Spätgotik bestimmt, wurde „nach Motiven des Domkreuzgangs in Augsburg" gestaltet. Sechsjochiger Wandpfeilersaal mit seitlichen „Kapellen" und Sternrippengewölben in spätgotischen Formen; an den Pfeilerstirnen Figurenkonsolen und -baldachine; Maßwerkfenster; im Süden flache, dreiseitige Apsis. (Einfa-

Bayerisches Nationalmuseum, Vestibül; Aufn. 2007

Bayerisches Nationalmuseum, Treppenhalle Erdgeschoss

chere Schauräume mit Wandpfeilern und Kreuzrippengewölben, darunter einen „Kirchensaal", hatte es schon in der Mittelalterabteilung des Alten Nationalmuseums gegeben, von wo einige Gliederungsdetails übernommen wurden.) – *Raum 16* („Riemenschneider-Kapelle", jetzt R.-Saal): in spätgotischen Formen, mit mittlerem Rundpfeiler und reichem Netzrippengewölbe; nordseitig zum Hof Apsis. – *Raum 17:* zwei netzrippengewölbte Kompartimente in spätgotischen Formen. – *Raum 18* (Große Waffenhalle): um einige Stufen vertieft, „eine vergrößerte Nachbildung des ehem. Dollinger-Saales in Regensburg, dem auch die figürlichen Reliefabgüsse an den Wänden entnommen sind"; quadratische Halle in frühgotischen Formen mit achteckigem Mittelpfeiler und vier Kreuzrippengewölben. – *Raum 19* (im nördlichen Anbau von 1907): große dreischiffige Halle in spätgotischen Formen, 3 x 3 Joche, mit Rundpfeilern und Sternrippengewölben. (Hier ist derzeit Hubert Gerhards großer Brunnen aus Kirchheim aufgestellt.) – *Raum 21:* in Frührenaissanceformen mit zwei Rundpfeilern, sechs kuppeligen Gewölben und ornamentierten Terrakottagurten (nach Motiven des Memminger Rathauses, Türpilaster nach Vorbild in der Freisinger Bischofsresidenz). – *Raum 23:* mit Renaissance-Kassettendecke von Lorenz Gedon unter Verwendung einer Decke aus dem 2. Viertel des 16. Jh. aus der Gegend von Mantua; italienischer Kamin aus der 1. Hälfte des 16. Jh., von G. Seidl eingebaut und ergänzt. – *Raum 25:* Sog. Paulaner-Kapelle, länglich-oktogonal mit Klostergewölbe, Stuckdekor in Abformung desjenigen im Chor der 1902 abgebrochenen Paulanerkirche in der Münchner Vorstadt Au von 1621–23 (Baumeister und Stuckator Hans Krumpper).

Alle übrigen Erdgeschossräume wurden nach vor allem in der westlichen Gebäudehälfte gravierenden Luftkriegsschäden in sachlich-moderner, neutraler Form wiederhergestellt, zum Teil mit eingebauten historischen Ausstattungselementen, Decken und Gesamtraumgestaltungen; ursprünglich wiesen sie eine den Exponatgruppen stilkonforme Gestaltung in Renaissance-, Barock-, Rokoko- und klassizistischen Formen auf bis hin zum neubarocken einstigen „Saal Ludwigs II." (heute Nr. 47).

Museumsgut aus Münchner historisch-topographischen Zusammenhängen (Auswahl):
Aus dem sakralen Bereich:
Ehem. Augustinerkirche (s. Neuhauser Straße 2): Zwei Altarflügel, Kreuzigung, Auferweckung der Drusiana durch Johannes

Bayerisches Nationalmuseum, Große Waffenhalle

Evang., um 1380/90, Hauptwerke früher Tafelmalerei in Altbayern. – Ehem. Kirche der Barmherzigen Brüder (s. Chevalley/Weski 2004, S. 700 f.): Holzfiguren Joachim und Anna, um 1765/72 von Ignaz Günther (Inv.-Nr. 55/168–169). – Ehem. Franziskanerkirche (vgl. Max-Joseph-Platz/Vorspann): Hochaltarretabel. 1492 von Jan Polack, Stiftung Herzog Albrechts IV. und seiner Frau Kunigunde von Österreich, Mitteltafel Kreuzigung (rückseitig Abendmahl), Innen- und Außenflügel mit Passionsszenen; Rotmarmor-Epitaph für Orlando di Lasso, gest. 1594. – Dom zu Unserer Lieben Frau (s. Frauenplatz 1): Maria und Johannes Evang. von einer Kreuzigungsgruppe, lebensgroße Holzfiguren, um 1500/10 (Inv.-Nr. MA 1639, 1640); zwei Schnitzwappen Kurfürst Maximilians I. und der Elisabeth von Lothringen vom ehem. Hochaltar von 1620; zwei Holzreliefs vom ehem. Chorgestühl, Heimsuchung und Marientod, 1774 von Ignaz Günther. – Alte St. Georgskirche in Milbertshofen: kleiner Holzkruzifixus, um 1100/20 (vielleicht schwäbisch). – St. Jakob am Anger (s. Unterer Anger 1): thronende Muttergottes, Sandstein, um 1330, gilt als Stiftung Kaiser Ludwigs IV.; Flügelaltärchen mit Kalvarienbergrelief, um 1490 von Erasmus Grasser (Inv.-Nr. MA 1965; wahrscheinlich aus dem Klarissenkloster). – St. Martin in Untermenzing: Flügelaltar, um 1500. – Ehem. Kapelle St. Nikolaus im Haberfeld (vgl. Neuhauser Straße 8): Sitzfigur des hl. Nikolaus, Holz (später vergoldet), um 1490 (Inv.-Nr. 22/90). – Ehem. Kirche St. Nikolaus in Schwabing: Pfingst-

◁ Bayerisches Nationalmuseum, Kirchensaal

Bayerisches Nationalmuseum, Portal des ehem. Palais Tattenbach

fest, Holzrelief, um 1490/1500
(Inv.-Nr. MA 1792). – Ehem.
Paulanerkirche in der Au: Abformung der Stuckdekors (s.
oben Raum 25). – St. Peter (s.
Petersplatz 1): vier gemalte
Flügel vom ehem. Hochaltar
(Ölberg, Geißelung des hl.
Paulus, Sturz des Simon Ma-
gus, Predigt des hl. Paulus),
um 1490 von Jan Polack, Leih-
gaben der Kirchenstiftung St.
Peter seit 1857. – Salvatorkirche (s. Salvatorstaße 17):
Gedenksäule, gestiftet 1480
von Herzog Albrecht IV., Rotmarmor, sechseckiges Ober-

Bayerisches Nationalmuseum,
Paulanerkapelle

teil mit Reliefs, sowie vier Lichtsäulen des 16. Jh., sämtlich vom
ehem. Friedhof. – St. Wolfgang in Pipping: Maria und Johannes
von einer Kreuzigung, gefasste Holzfiguren, um 1480, von Erasmus Grasser. – Alter Südfriedhof: allegorische Marmorbüste
(„Der Glaube") vom Familiengrab des Bildhauers Johann Baptist Straub, 1777 von Franz Xaver Messerschmidt. – Marmorbüste (Selbstbildnis des Bildhauers Roman Anton Boos von dessen
Grabmal, um 1785 (vgl. Chevalley/Weski 2004, S. 616).

Aus der Münchner Residenz und anderen Wittelsbacher Schlös-
sern (Alter Hof, Nymphenburg, Schleißheim, Grünwald) stammen zahlreiche Plastiken, Kleinplastiken, Gemälde, Porträts,
Wandteppiche (zum Teil Zyklen), Möbel, Kleinmöbel, Kabi-
netts- und Münzschränke, Goldschmiedearbeiten, Uhren, Sca-
gliolaplatten, Waffen, Musikinstrumente u. a. kunstgewerbliche
Objekte, manches bis auf die Kunstkammer des 16. Jh. zurück-
gehend; darunter:
Wandbild aus dem Alten Hof, Fresko, um 1465, mit 14 Ahnen
des Herzogshauses (zurück bis zu den Karolingern), darunter
Wappenfries und Inschriftsockel (jetzt Raum 14). – Zwei Hunde-
figuren, Bronze, Werkstatt Hubert Gerhards, um 1600, ursprünglich im südlichen Garten der Residenz im Zusammenhang mit
dem Sockel der „Tellus Bavarica" (s. Hofgartentempel), dort auf
Aquarell von 1611 dargestellt. – Vier Bronzefiguren, Allegorien
der Jahreszeiten, um 1611 von Hans Krumpper, ursprünglich auf
einem Brunnen im Grottenhof der Residenz. – Doppelporträt
(Ganzfiguren) Kurfürst Maximilian I. und Kurprinz Ferdinand
Maria, um 1674 (von Niklas Prugger?) für die Galerie der Kurfürstin Henriette Adelaide in der Residenz gemalt. – Kassettendecke mit reichem vergoldetem Schnitzdekor und eingelassenen
Ölgemälden, aus dem Appartement der Kurfürstin Henriette
Adelaide („Päpstliche Zimmer") in der Residenz (eingebaut in
Saal 32). – Münchner Stadtmodelle (Holz), um 1570 von Jakob
Sandtner (für die Kunstkammer Albrechts V.; Durchmesser
ca. 2 m) und von Johann Baptist Seitz (1841–63; Durchmesser
ca. 5 m), beide von höchstem Quellenwert für die Münchner historische Topographie.

Aus Adelspalais und Bürgerhäusern:
Hausmadonna, Terrakotta-Statuette, um 1595, Hubert Gerhard
zugeschrieben (s. Promenadeplatz 15, dort Bronze-Nachguss);
Leihgabe der Deutschen Bank. – Rotmarmorportal mit reich geschnitzter Tür, um 1740/49, vom 1898 abgebrochenen Schimon-
haus Kaufingerstraße 15 (heute 13). – Hausmadonnen (Holzreliefs) von den Wohnhäusern der Bildhauer Johann Baptist Straub
(s. Hackenstraße 10), dat. 1759, und Ignaz Günther (s. St.-Jakobs-
Platz 15), um 1761. – Minerva, Lindenholzfigur von Ignaz
Günther, 1768, aus dem Treppenhaus des ehem. Palais La Rosée
(vgl. Dienerstraße 12). – Vom ehem. Palais Tattenbach (1908/10
abgebrochen; s. Theatinerstraße 7): Marmorportal (jetzt im

Treppenhaus/Zwischenpodest), um 1770, mit geschnitzten Türflügeln von Johann Michael Pössenbacher; Kabinett (heute
Raum 41), um 1772/79, mit Holzschnitzereien von Pössenbacher
und eine Weinlaube imitierenden Malereien auf Seidentaft-
bespannung von Joseph Zächenberger. – Neun überlebensgroße
Holzfiguren von Allegorien und antiken Gottheiten, um 1772
von Johann Baptist Straub für Vestibül und Treppenhaus des
ehem. Palais Törring gefertigt (vgl. Residenzstraße 2). – Sog.
Schwanthaler-Saal (Raum 70): Vertäfelung und Schnitzereien
von Franz Jakob Schwanthaler, um 1806 im Kgl. Palais (nachmals Palais Cotta), Theatinerstraße 11 (s. dort) eingebaut, das
1896 abgebrochen wurde; von dort stammt auch ein schmiede-
eisernes Treppengeländer.
Narzissbrunnen, 1896 von Hubert Netzer, im „Renaissancegarten" vor dem Museums-Westflügel; in von dreiflügeliger Arka-
denhalle eingefasstem Bodenbecken leicht erhöhte Überlaufschale, darin auf schmalerem Oberteil die schräg sitzende Bronzefigur des mythischen Jünglings Narziss, der sein Bildnis im
Wasserspiegel betrachtet. – Der nicht für das Museum geschaffene Brunnen wurde vom Staatsministerium 1897 auf der
VII. Internationalen Kunstausstellung im Glaspalast erworben
und entgegen anfänglicher Skepsis G. Seidls gegenüber dem
nicht historischen Objekt 1898 als Bestandteil einer eindrucksvollen gartenkünstlerischen Komposition aufgestellt.

Vor **Prinzregentenstraße 3.** *Reiterstandbild* des Prinzregenten
Luitpold. Das geradezu obligatorische Denkmal für den Regenten des Königreiches (seit 1886) an der nach ihm benannten neu-
en Prachtstraße war – zusammen mit dem Hubertusbrunnen –
von Beginn an Bestandteil der seit 1895 von dem Bildhauer
Adolf Hildebrand konzipierten Gartenterrasse inmitten des
Forums vor dem Bayerischen Nationalmuseum. Der 1904–07
ausgeführte Brunnentempel wurde 1909 am schmalen östlichen

Vor Prinzregentenstraße 3, Reiterstandbild des Prinzregenten Luitpold

Ende der Gartenanlage aufgestellt; Standort des axial vor ihm platzierten Reiterbildes war die Abstufung zwischen der erhöhten Osthälfte und dem niedrigeren Westteil des von Balustraden eingefassten Ziergartens. Die achtungsvolle Verehrung des Prinzregenten, der als Repräsentant einer prosperierenden Friedenszeit galt, kam anlässlich seines 80. Geburtstages am 12. März 1901, seiner Regierungsjubiläen 1906 und 1911 wie nochmals verstärkt nach seinem Tod am 12. Dezember 1912 zum Ausdruck. Ihm waren bereits mehrfach Denkmäler gewidmet worden, als der Magistrat der Haupt- und Residenzstadt symbolhaft am 80. Geburtstag Luitpolds den Grundstein zu seinem Denkmal legte, dessen Enthüllung am 28. September 1913 zu einer Art Gedenkfeier für den Verstorbenen wurde und den Abschluss der Arbeiten am Gartenforum bildete.

Hildebrands erstes, lebensgroßes Modell des Reiterbildes war 1904 fertig; um diese Zeit erläuterte er in einem aufschlussreichen Schreiben an Bürgermeister von Borscht seine künstlerische Auffassung im Rahmen der gesamten Zieranlage einschließlich Brunnentempel und rechtfertigte die ungewohnte Schmucklosigkeit des Denkmalsockels. An der Modellierung des Pferdes waren seine Schüler Theodor Georgii und Hermann Bleeker beteiligt. Den Erstguss – ausgeführt 1908 in der Kgl. Erzgießerei Ferdinand von Miller – ließ Hildebrand als fehlerhaft (in gewissen Proportionsdetails?) wieder einschmelzen und auf eigene Kosten einen abermaligen Guss der 3,35 m hohen Bronzefigur nach abgeändertem Modell herstellen (Frühjahr 1909).

Der seit Antike und Renaissance tradierten Gattung des herrscherlichen Reiterdenkmals vermochte Hildebrand, im Unterschied zu zeitgenössisch verbreitetem „wilhelminischem" Pathos und formaler Überladung, einen vergleichsweise zurückhaltenden, realistisch schlichten Charakter mit individuellem Ausdruck zu verleihen, der auf persönlicher Bekanntschaft beruhte; bereits 1895 hatte er die Zustimmung des Regenten für das Denkmalprojekt und zu Sitzungen erlangt; eine lebendig-ausdrucksvolle Bildnisbüste (1903/04, Gips, Neue Pinakothek) wurde – neben einem Bronzereliefporträt – zur Vorstufe des Denkmals. Für dessen Wirkung bedeutsam wurde die auf sekundäre plastische Darstellungen oder Symbole wie auf dekoratives Beiwerk verzichtende, seinerzeit ungewohnte Einfachheit des an den Schmalenden gerundeten Sockels aus Untersberger Marmorkalk, der sich ursprünglich wegen gebotener Fernwirkung über einem (1937 in ähnlicher Form erneuerten) profillosen Unterbau aus Beton erhob.

Auf im Passgang ruhig schreitendem Ross sitzt aufrecht und rüstig der alte Regent, den Oberkörper und das unbedeckte, vollbärtige Haupt leicht nach links zur Straße hingewendet, im Jagdgewand mitsamt dem Mantel des Hubertusritterordens, der eine weitgehend zeitlose Stilisierung ermöglichte; indes die Linke locker den Zügel lenkt, ist die Rechte wie grüßend und segnend leicht angehoben ausgestreckt. Das Gewand wie ehemals der Hubertusbrunnen im Hintergrund sind Anspielungen auf Luitpolds besondere Neigung zur Sphäre der Jagd und seine auf Naturverbundenheit beruhende persönliche Natürlichkeit und schlichte Würde. Alle glücklich übereinstimmenden Faktoren im Verein mit Hildebrands Klassik erstrebender Kunstauffassung trugen dazu bei, dass dieses späte Beispiel eines Herrscher-Reiterstandbildes zu einem der qualitätvollsten, zeitlos gültigen geworden ist.

Im Zuge der Gesamt-Neugestaltung des Forums der Prinzregentenstraße gemäß German Bestelmeyers Konzeption von 1937 wurde A. Hildebrands Gartenterrasse mitsamt dem Hubertusbrunnen beseitigt und durch eine Kleinsteinpflasterung ersetzt (bis 2005 Parkplatz). Am Ort – wenn auch weiter nach Osten verschoben – blieb lediglich das Reiterstandbild, das eine asymmetrische Position am vorderen Rand einer dem neuen Studienbau des Nationalmuseums vorgelegten Terrasse erhielt, flankiert

vom Freitreppenaufgang links und der Brüstungsmauer mit (hier geschlossener) Balustrade rechts. Dank seiner künstlerischen Qualität kann sich das Denkmal – wenngleich entgegen Hildebrands Intentionen – auch als Solitär behaupten. Die zeitweise wohl aus Sicherheitsgründen abgebaute Reiterfigur wurde im September 1947 anlässlich einer Ausstellung zum 100. Geburtstag Adolf von Hildebrands wieder auf ihren Sockel gehoben und 1990 restauriert. (Der lange magazinierte Hubertusbrunnen wurde 1954 am Ostende des Nymphenburger Kanals wiedererrichtet; s. künftigen Band München-Nordwest). Die allzu „steinern" wirkende, als Parkplatz gebrauchte Platzfläche vor dem Museum wurde 2005 durch eine moderne gärtnerische Gestaltung aufgewertet.

Prinzregentenstraße 5. Das neuklassizistische Eckhaus wurde um 1937 von Eduard Müller erbaut. Das Eckgrundstück gehörte zur Zeit der Anlage der Prinzregentenstraße noch dem in der Folge weiter nördlich neu erbauten Vincentinum (s. Reitmorstraße 39), dessen Altbau samt Marienkapelle – nach Megele I (1951) erbaut 1859/60, erweitert 1869 und 1882, abgebrochen 1903 – noch auf einem Vogelschaubild der Isarbrücken von 1903 (Ausst. Kat. Friedensengel, 1999, Kat. Nr. 249) dargestellt ist. Im Zusammenhang mit den gemäß Gabriel von Seidls Vorstellungen konzipierten Plänen für die (bis zum Ersten Weltkrieg nicht mehr ganz realisierte) Bebauung um das Forum der Prinzregentenstraße sollte letzteres im Osten von zwei Neubarockhäusern mit die Straße flankierenden, vortretenden Ecktürmen abgeschlossen werden; ausgeführt wurde nur Haus Nr. 48 im Süden. Das nördliche Eckgrundstück erhielt seine Bebauung erst im Rahmen der Forums-Neugestaltung im Sinne German Bestelmeyers, die auf die beiden Ecktürme verzichtete (der südliche wurde um 1937 abgebrochen); Eduard Müller fertigte 1936 die Pläne zu einem Wohn- und Geschäftshausneubau (Büros) für

Prinzregentenstraße 5; Aufn. 1996

Konsul Albert Heilmann, die 1937 genehmigt wurden (Ausführung Fa. Heilmann und Littmann).

Der viergeschossige Putzbau ist nur zurückhaltend durch die profilierten Rahmungen der kleinteiligen Sprossenfenster und das Traufgesims gegliedert; durch das rustizierte Erdgeschoss samt Rundbogentor und Gurtgesims ist das Eckhaus dem östlich angrenzenden Palais Nr. 7 (s. dort) angepasst und untergeordnet, dem es auch in den Jahrzehnten nach dem Zweiten Weltkrieg nutzungsmäßig angeschlossen war (Staatskanzlei); heute Landesamt für Vermessung und Geoinformation. – Im zweibündig angelegten Inneren von zweckhaftem Charakter zeigt allein das Vestibül aufwendigere Gestaltungselemente der Bauzeit (Kunststein-Differenztreppe zum Hochparterre, steinplattenverkleidete Wände, Relief); das zweiläufige Treppenhaus liegt im Hofwinkel zwischen den beiden Flügeln.

Prinzregentenstraße 7 (rechts 9); Aufn. 1996

Prinzregentenstraße 7, 1. Obergeschoss, Decke im Süd-westraum

Prinzregentenstraße 7. Ehem. *Preußische Gesandtschaft* bzw. (später) *Bayerische Staatskanzlei*; mit Nr. 9 (Schack-Galerie) verbunden (s. dort). Bauherr des Doppelkomplexes aus Preußischer Gesandtschaft (Nr. 7) und Schack-Galerie war der Deutsche Kaiser und König von Preußen Wilhelm II. Der Gedanke eines beide Funktionen verbindenden Neubaus geht auf den Ge-

sandten Friedrich Graf von Pourtalès zurück, der – selbst auch Kunstsammler – auch die Verlegung der dem Kaiser von Graf Schack vermachten Galerie von ihrem alten Sitz an der Brienner Straße in einen großzügigen Neubau vorschlug und den ihm seit langem bekannten Bildhauer und Architekten Adolf von Hildebrand zu Entwürfen veranlasste (1903–05), denen zunächst auch Wilhelm II. zustimmte. Nach der Versetzung des Gesandten gelangten sie offenbar über den Berliner Hofbaumeister Ernst von Ihne an Max Littmann in München, der bei seiner Planung – die angeblich (nach Carl Sattler) der junge finnische Architekt Scherstöm in der Baufirma Heilmann und Littmann ausarbeitete – sichtlich Vorgaben des Hildebrandschen Projektes verwendete. Der projektierte palastartige Bau wurde 1907–09 von Max Littmann verwirklicht.

Palais- und Galerieräume sollten – schon nach Pourtalès' Idee – bei festlichen Anlässen eine repräsentative Einheit bilden können. Äußerlich sind beide Bauteile durch das Material (Putzflächen; Erdgeschoss und Gliederungen grünlichgelber Zeiler Mainsandstein) und die horizontalen Strukturen des bandrustizierten Erdgeschosses samt Gurtgesims sowie des abschließenden dreiteiligen Gebälks samt Attika verbunden; ansonsten sind die verschiedenen Funktionen klar ablesbar. Das Palais mit seinen stärker barockisierenden Details – dominant die dreiteiligen Fenster der breiteren Mittelachse samt Balkon und die geschweiften Fensterverdachungen im Hauptgeschoss – erweckt mit dem kraftvollen Horizontalismus von Konsolgesims und vasenbekrönter Attika Assoziationen zur Berlin-Potsdamer Palastarchitektur des 18. Jh. Die Vertikalstruktur durch Lisenen und die zusammengezogenen Naturstein-Fensterbahnen findet ihre monumentalisierte Fortsetzung rechts im Galerieportikus. – Hofseite mit Putzgliederung, im 1. Stock links (vor dem ehem. Speisesaal) dreibogige Loggia mit toskanischen Säulenpaaren.

In der mittig situierten Durchfahrt mit drei Kreuzgratgewölben flankieren je zwei toskanische Säulenpaare die seitlichen Eingänge. Rechts enthielt das Erdgeschoss Kanzleiräume, links südlich des Vestibüls zur Straße hin zwei Fremdenzimmer. Das Vestibül mit Differenzstufen und drei Gewölben auf Gurten führt zur nordseitigen Haupttreppe, die dreiläufig um das rechteckige, von Graumarmorwänden umschlossene Treppenauge gelegt in die lichte Halle im 1. Stock

Prinzregentenstraße 7, Treppenhalle 1. Stock

Prinzregentenstraße 7, Treppenhalle Erdgeschoss

Prinzregentenstraße 7, Durchfahrt

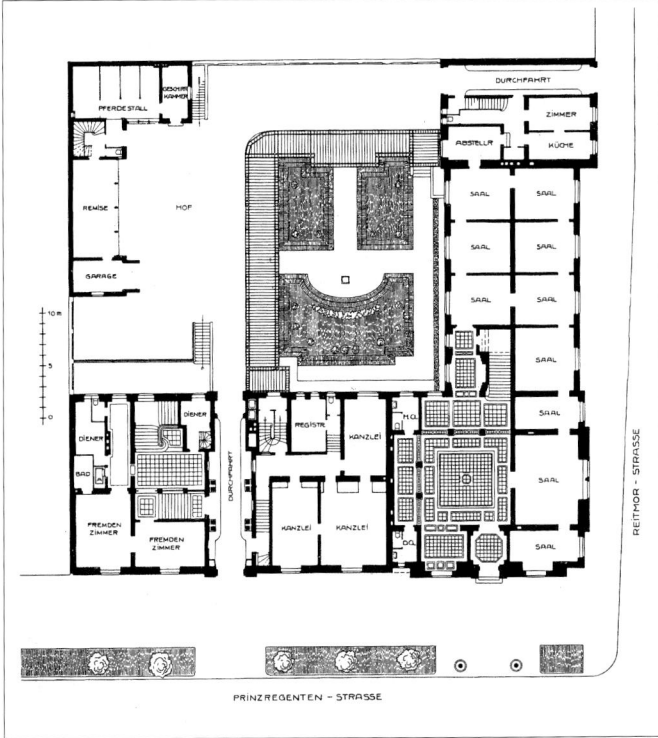

Prinzregentenstraße 7/9; Grundriss Erdgeschoss, 1909

führt; Weißmarmorstufen, neuklassizistisches Messinggeländer. Halle mit Stichkappenvoute und vereinfachter Stuckleistengliederung, ornamentaler Stuck (Akanthusrankenfelder) nur noch über den drei Türen der Südseite. Die Repräsentationsräume im 1. Stock haben nur noch Reste der originalen wandfesten Ausstattung bewahrt – profilierte Hohlkehlen; halbrund schließender Trumeauspiegel im südöstlichen ehem. Musiksalon (früher mit zartem Stuckdekor im Stil der schottischen Brüder Adam); im südwestlichen Eckzimmer hölzerne Kassettendecke. Vereinfacht auch das Speisezimmer im Nordosten (zur hofseitigen Loggia). Den Hof schließt links ein zweiflügeliges Rückgebäude ab, westlich zweigeschossiger längerer Trakt mit Remise und Garage im Erdgeschoss, zwei Giebelrisaliten und Satteldach, nördlich eingeschossiger Trakt mit Stall, Mansarddach und Gauben. Die östliche Hälfte des Hofes mit Baumbestand war ehemals als geometrischer Garten gestaltet.

In der Ära von 1933–45 war das Palais Amtssitz des „Reichsstatthalters" von Bayern, Franz Xaver Ritter von Epp; nach dem Zweiten Weltkrieg diente es als Ministerpräsidium und Bayerische Staatskanzlei bis zur Übersiedlung ins Prinz-Carl-Palais (1980) bzw. in die neue Staatskanzlei (1993; vgl. Franz-Josef-Strauß-Ring 1); heute u. a. Bayerische Elite Akademie, Polnisches sowie Tschechisches Kulturinstitut.

Prinzregentenstraße 9, Schack-Galerie; Aufn. 1995

Prinzregentenstraße 7, Hofseite

Prinzregentenstraße 9, Hofseite

Prinzregentenstraße 9. *Schack-Galerie*, mit Nr. 7 verbunden (s. dort). Der aus Mecklenburg stammende Adolf Friedrich Freiherr, seit 1876 Graf von Schack (1815–1894), eine vielseitige, u. a. als Schriftsteller, Bühnenautor und Übersetzer tätige Persönlichkeit, errang anhaltenden Ruhm vor allem als mäzenatisch fördernder Sammler zeitgenössischer deutscher Kunst. Seine wachsende Galerie war seit 1862 in einem eigenen Gartengebäude seines Hauses an der Brienner Straße 19 (heute 41) untergebracht, das 1871–74 von Lorenz Gedon zu einem frühen Hauptbeispiel der deutschen Renaissance umgebaut und erweitert wurde (im Luftkrieg zerstört). Wie bereits 1874 vorgesehen, ging die Galerie nach dem Tode Schacks 1894 in den Besitz Kaiser Wilhelms II. über, der ihren Verbleib in München verfügte und das Schack-Palais von den Erben erwarb (1894/95 Umbau durch Emanuel von Seidl). 1907–09 ließ der Kaiser zusammen mit dem preußischen Gesandtschaftspalais Nr. 7 die – in seiner Gegenwart am 18. September 1909 eingeweihte – Galerie an der Prinzregentenstraße nach Plänen von Max Littmann errichten, der manche Grundzüge der Disposition von Vorentwürfen Adolf Hildebrands (1903/05) übernahm (vgl. Nr. 7), so die allgemeine Form der östlichen Seitenfront mit den beiden leicht erhöhten Endrisaliten, während die nur drei Achsen breite Eingangsfront an der Prinzregentenstraße, bei Hildebrand mit eingezogener Arkadenvorhalle und darüber Lisenen nebst Blendarkaden, von Littmann mit rustiziertem, geschlossenem Erdgeschoss und da

rüber hoher ionischer Säulenloggia samt dreiteiligem Gebälk, das adlerflankierte Kaisermonogramm umschließendem Dreiecksgiebel und (ehemals) zwei weiblichen allegorischen Figuren auf der Attika ausgebildet wurde. Im Gebälkfries ließ Wilhelm II. die zweizeilige Widmungsinschrift anbringen. Wie am Palais sind auch am Straßentrakt der Galerie Sandsteingliederungen und Putzflächen verbunden; die Seitenfront des Kopfbaus, zusätzlich mit flachem, durch Pilasterpaare gegliedertem Mittel

Prinzregentenstraße 9, Vestibül und Treppe

risalit (Lenbachsaal), wird durch die um die Ecke fortgesetzte Attika mit Vasenbekrönung gleich Nr. 7 abgeschlossen. Der anschließende dreigeschossige Längstrakt an der Reitmorstraße wie der ihn nördlich begrenzende Walmdach-Risalit weisen eine zurückhaltende Putzgliederung auf. Stilistisch überwiegen an der Galerie – im Unterschied zum barockisierenden Palais – an den Frühklassizismus des späten 18. Jh. anklingende Formen. Insgesamt eignet der harmonisch ausgewogenen, nicht auftrumpfend-monumentalisierenden Baugruppe der Charakter eklektisch-kühler, erlesener Vornehmheit, in der Littmanns nationales Renommee als Architekt begründet lag. – Vor dem Eingang zur Galerie standen zwei mit preußischen Adlern bekrönte mächtige Fahnenmasten.

Nach partiellen Kriegsschäden wurde die Galerie mit z. T. vereinfachten Innenräumen 1950 wiedereröffnet, heute mit einheitlich weißem Anstrich. Eingangshalle mit Stichkappen-Hohlkehle

Prinzregentenstraße 24; Aufn. 1901

Prinzregentenstraße 9, Gedenktafel im Vestibül

nach italienischer Renaissance-Art; an zwei Seiten ionische (jetzt toskanische) Rotmarmor-Säulenstellungen vor Anräumen; an der Westwand (statt ehem. Nische mit Schack-Büste von Franz Seeboeck 1894) jetzt die hierhin versetzte Bronze-Gedenktafel der Stadt mit dem Urkundentext vom 25. April 1894, gemäß welchem Wilhelm II. das Verbleiben der ihm vermachten Gemäldesammlung in München festlegte, laut Signatur nach Entwurf Theodor Fischers von Anton Pruska modelliert und von Ferdinand von Miller gegossen; gegenüber oberhalb der Tür Wappen des Kaisers. Vor der Rotmarmortreppe Korbbogentonne. Die in beiden Geschossen zweizeilig angeordneten Galerieräume schlicht mit profilierten Hohlkehlen. Im größeren Feuerbachsaal (1. Stock, Nordende) Stuckfelderdecke (früher bemalt) mit zwei Oberlichten. Repräsentativ ausgestattet war früher der Lenbach-, heute Schacksaal im Süden (hinter der Loggia; einst mit Kassettendecke, drei Oberlichten sowie Dekorationsmalerei von Julius Mössel).

[**Prinzregentenstraße 11a.** Siehe Prinzregentenstraße/Vorspann und Widenmayerstraße (Ensemble; Vorspann).]

Prinzregentenstraße 24. Stattliches neubarockes Eckhaus. Nach MBB IV (1901) 1896 von Gabriel Seidl erbaut, doch weder in dem (unvollständigen) Werkverzeichnis von H. Bößl (1966) noch in dem seines Bruders Emanuel Seidl von J. W. Kunstmann (1993) aufgeführt; in der Fassadengestaltung der Auffassung des letzteren zumindest nahestehend. Gemäß Bauakt der LBK (Stadtarchiv) als herrschaftliches Mietshaus im Auftrag des Bankagenturinhabers Ludwig Heinen durch die Bauunternehmer und Architekten (E.) Müller und (Josef) Kollmus (s. Liebigstraße 12a) errichtet (Bauführer Johann Schelle), die sämtliche Baueingabepläne (und Tekturen) unterzeichneten – die ersten vom Januar 1897 mit noch nicht so elegant wie später gegliederter Neubarockfassade, die von Schweifgiebel-Zwerchhäusern und einem Zwiebelkuppelturm an der abgeschrägten Ecke überragt werden sollte. Fundamentierung ab März 1897, Dachstuhl am 26. Juli errichtet, Rohbauanzeige vom 23. Oktober 1897. Wegen der prominenten Lage waren die Allerhöchste Genehmigung und verschiedene Stellungnahmen erforderlich, u. a. die von Gabriel Seidl (datiert 12. März 1897) im Namen der „Spezialkommission für den Neubau des Bayerischen

Nationalmuseums" schräg gegenüber; er regte eine „weniger schwer wirkende Dachlösung" an und kritisierte die lichtlosen langen Gänge in den Wohnungen. Beides wurde in den folgenden Tekturplänen (von April und August 1897) berücksichtigt, welche die ausgeführte Fassadengestaltung mit pilastergegliederten Risaliten, Dreiecksgiebeln und Attika sowie ein erhöhtes Mansarddach über dem Mittelteil des Nordflügels an der Prinzregentenstraße vorsahen; das Treppenhaus wurde aus der Hofecke in den Nordflügel verlegt und von die Gänge nunmehr zumindest partiell erhellenden seitlichen Abzweigungen mit je einem Fenster zum Hof flankiert. Die Allerhöchste Genehmigung (durch das Innenministerium) vom 12. Juni 1897 forderte die teilweise Verwendung von Naturstein (Sockel) und im übrigen „Putz von Hausteinimitationen", weiters die Ausführung der Bauplastik durch „genügend befähigte Bildhauer". Der Giebel

Prinzregentenstraße 24; Aufn. 1995 ▷

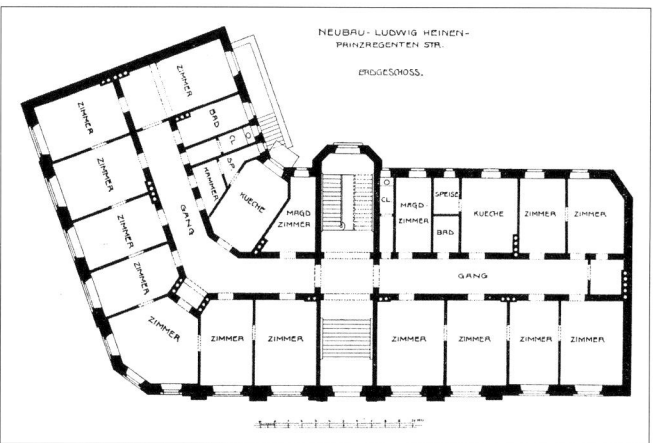

Prinzregentenstraße 24; Grundriss Erdgeschoss, 1901

(wohl der im Norden) wurde im April 1898 errichtet; seine nicht planmäßige Ausführung war, ebenso wie die Hausmeisterwohnung im Souterrain, länger mit den Behörden strittig. – Ab 1935 vom Luftkreiskommando V genutzt; nach dem Zweiten Weltkrieg Amtsgebäude des Freistaates Bayern mit wechselnder Nutzung (Bayer. Landesstelle für Gewässerkunde; später Baubüros; heute Zentrum für Bildungsforschung); innen völlig modernisiert, das Äußere durch Beseitigung der Attika samt Figuren, der beiden Giebel und des Mansarddaches zugunsten eines uniformen, dicht befensterten Schwedendaches schwer beeinträchtigt. Viergeschossig auf stumpfwinkeligem Grundriss mit abgeschrägter Ecke und zwei ungleich langen Flügeln, die Fassaden beider weitgehend als Flachrisalite ausgebildet, der nordseitige fünfachsig mit die Obergeschosse zusammenfassenden korinthischen Pilastern in den drei mittleren Achsen nochmals leicht vorgezogen und früher von Dreiecksgiebel mit Stuckdekor abgeschlossen; der dreiachsige östliche Seitenrisalit einfacher mit Lisenen und ehemals Dreiecksgiebel. Erdgeschoss über Granitsockel in Putz rustiziert mit Rundbogenblenden und -öffnungen. Nicht erhalten die Gitterbalkone im 2. Obergeschoss und die gesamte bewegte, plastisch ausgestattete Dachzone (Reduzierung und Aufstockung); von der Bauplastik existieren nur noch die männlichen, weiblichen und Löwenmasken über den Fenstern im 2. Obergeschoss. Innen tonnengewölbtes Vestibül, dahinter Treppenhaus, beiderseits ursprünglich je eine weiträumige Wohnung mit Mittellängsgang, die östliche mit unregelmäßig sechseckigem Ecksalon.

Prinzregentenstraße 26; Aufn. 1995

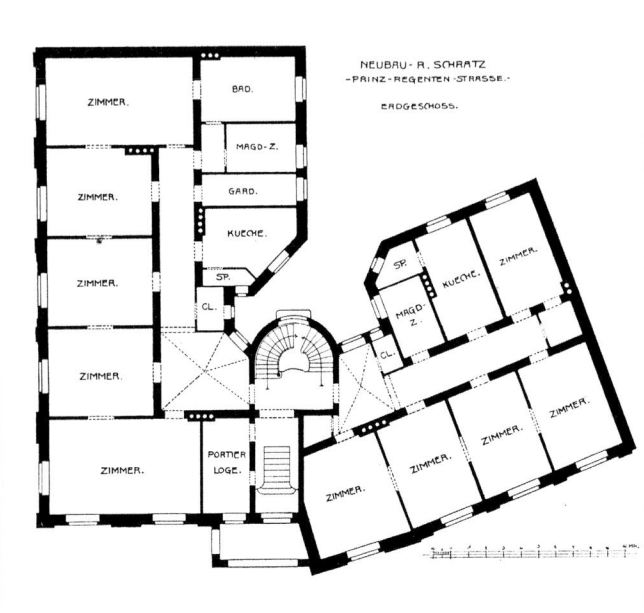

Prinzregentenstraße 26; Grundriss Erdgeschoss, 1901

Prinzregentenstraße 26; Aufn. um 1900

Prinzregentenstraße 26. Eckhaus, seit 1940 verbunden mit Nr. 28 (s. dort). Ursprünglich ein herrschaftliches Mietshaus in Neubarockformen von 1898 (Bauherr R. Schratz). Emanuel von Seidl interpretierte die städtebaulich prominente Situation (gegenüber dem Südostende des Englischen Gartens) durch zwei die einspringende Ecke flankierende, versetzte Trakte mit jeweils einer Wohneinheit je Etage, die durch den Eingang – ursprünglich mit Bogenvorhalle – das kreuzgratgewölbte Vestibül mit Differenzstufen und das in den Hofwinkel gerundet vortretende, U-förmige Treppenhaus verbunden sind. Die Straßenfassaden wiesen eine repräsentative neubarocke Putzgliederung mit Lisenen und reicher Stuckornamentik auf; der Nordblock wurde an der Prinzregentenstraße mit einem drei Achsen breiten Mittelgiebel abgeschlossen (beseitigt), der mit Figuren und Vasen besetzt war; die vortretende Nordostecke des Südblocks an der Wagmüllerstraße wurde durch einen Turmaufsatz akzentuiert. Die Mansarddachzone wirkte plastisch-voluminöser als das heutige abgewalmte Dach. Innen sind in Erdgeschoss, 1. und 2. Obergeschoss teilweise noch die originalen Hohlkehlendecken mit neubarockem Stuckdekor (geometrische Figurationen, Bandelwerk, Muscheln, Masken) erhalten.

In der NS-Zeit wurde das Haus dem östlich anschließenden Neubau des Luftkreiskommandos (s. Nr. 28) zugeteilt und mit ihm 1940 durch Mauerdurchbrüche verbunden. Nach dem Krieg ging das Gebäude an den Freistaat Bayern über. 1953 (Pläne des Landbauamtes München von 1952) erfolgte eine gründliche Vereinfachung der Fassaden (Ausführung Fa. Schelle & Söhne), die gestalterisch dem nunmehrigen Bayerischen Wirtschaftsministerium (Nr. 28) angepasst wurden. 1985 innere Umbaumaßnahmen für das Bayer. Oberbergamt und Bergbauamt München.

Prinzregentenstraße 28. Das ehem. *Luftgaukommando*, jetzt *Wirtschaftsministerium*, gestaltet von German Bestelmeyer in monumentalisierend-historisierendem Stil, stammt aus den Jahren 1937/38. Bei der Anlage des Forums der Prinzregentenstraße war für die Südseite gegenüber dem Bayerischen Nationalmuseum, den Abschnitt zwischen Wagmüller- und Oettingenstraße, eine „malerische" Baulinie mit mehreren Vor- und Rücksprüngen festgelegt worden, mit einer kleinen asymmetrischen Erweiterung an der Einmündung der Alexandrastraße gegenüber dem Museumsturm. Ausgeführt wurde lediglich das Eckhaus an der Wagmüllerstraße (s. Prinzregentenstraße 26). Projekte für ein öffentliches Gebäude – so für eine neue Musikakademie samt Konzertsaal vom Typ des (vergrößerten) Odeons (um 1924) und für ein Zentralministerium (1927) – wurden nicht realisiert.

In der Ära des Nationalsozialismus wurde dann – im Zusammenhang mit der Umgestaltung des Forums unter begradigter Durchführung der Prinzregentenstraße – in kürzester Bauzeit das 225 m

Prinzregentenstraße 28, Wirtschaftsministerium nach Osten

Prinzregentenstraße 28, Westteil mit Brunnen

lange Gebäude des Luftgaukommandos VII aufgeführt (Richtfest 12. Mai 1937). Den Wettbewerb hatte 1937 German Bestelmeyer gewonnen, dem die Ausführung in Zusammenarbeit mit dem Luftwaffenbauamt übertragen wurde. Er war bemüht, dem städtebaulichen Gedanken des Forums durch den Neubau in Verbindung mit dem Studiengebäude des Nationalmuseums gegenüber in veränderter Form Ausdruck zu geben und den Platz durch den Tempietto mit dem Pinienzapfenbrunnen – sichtlich als Ersatz für den entfernten Hubertusbrunnen Adolf Hildebrands – wiederum zu akzentuieren. Das lang gestreckte, meist dreigeschossige, zweibündig angelegte Verwaltungsgebäude für das Militärflugwesen Südbayerns hat einen kammförmigen Grundriss mit vier kurzen, rückseitig angesetzten Querflügeln. An den von der Straße zurückgesetzten Haupttrakt schließen sich im Westen und Osten vorspringende Seitenflügel in der normalen Bauflucht an der Prinzregentenstraße an; als östliche Vorplatzbegrenzung fängt ein fünfgeschossiger, hochragender Quertrakt mit Walmdach und Erdgeschossarkaden den dominanten Längsrichtungsimpuls auf; östlich schließt sich noch der um eine Achse zurückgenommene viergeschossige Saaltrakt an. Dem hohen Quertrakt antwortet kontrapostisch im westlichen Vorplatzwinkel ein durch eine rhythmisch gefelderte Gartenmauer mit vergitterten Öffnungen abgeschrankter Bereich, an dessen Ecke der Brunnentempel situiert ist. Den überlangen Haupttrakt akzentuieren die rundbogige, gewölbte Durchfahrt der Alexandrastraße und der mittig im Fassadenabschnitt östlich davon eingefügte rundbogige Haupteingang, den barockisierend gestaffelte, schräg auswärtsgestellte Bossenpfeiler flankieren; auf ihnen sitzen steinerne Adler als Symbole der Luftwaffe. Die Balkontür über dem Portal ist von einer Ädikula mit behelmter Büste umrahmt. Den militärischen Charakter kennzeichnen die Helme in den gebrochenen Giebeln des obersten Geschosses am hohen Quertrakt. Ansonsten ver-

Prinzregentenstraße 28, ehem. Luftgaukommando (li. ehem. Turm von Nr. 48); Aufn. 1938

band Bestelmeyer an diesem seinem Spätwerk seinen gewohnten, in den klassischen Traditionen wurzelnden Stil mit Elementen der offiziellen Formensprache des nationalsozialistischen Bauens; die Monumentalisierung wird vor allem in der mit den Putzflächen kombinierten Natursteingliederung spürbar: rustiziertes Erdgeschoss, Gurt- und Konsolgesims, profilierte Fensterrahmungen, im höheren 1. Stock mit gerader Verdachung.

Das Innere hat – vom Haupttreppenhaus mit Eisengeländer abgesehen – weitgehend schlichten, zweckbetonten Charakter. Signifikantester Innenraum ist der durch zwei Geschosse gehende Festsaal (1983 restauriert) mit eingelegtem Steinplattenboden, hohen stichbogigen Fensternischen an den Längswänden, Rotmarmorädikulen mit Sprenggiebeln um die Türen sowie kräftig strukturierter Balkendecke. – Das darüberliegende ehem. Casino, mit Holzvertäfelung und Kassettendecke, sowie Verkache-

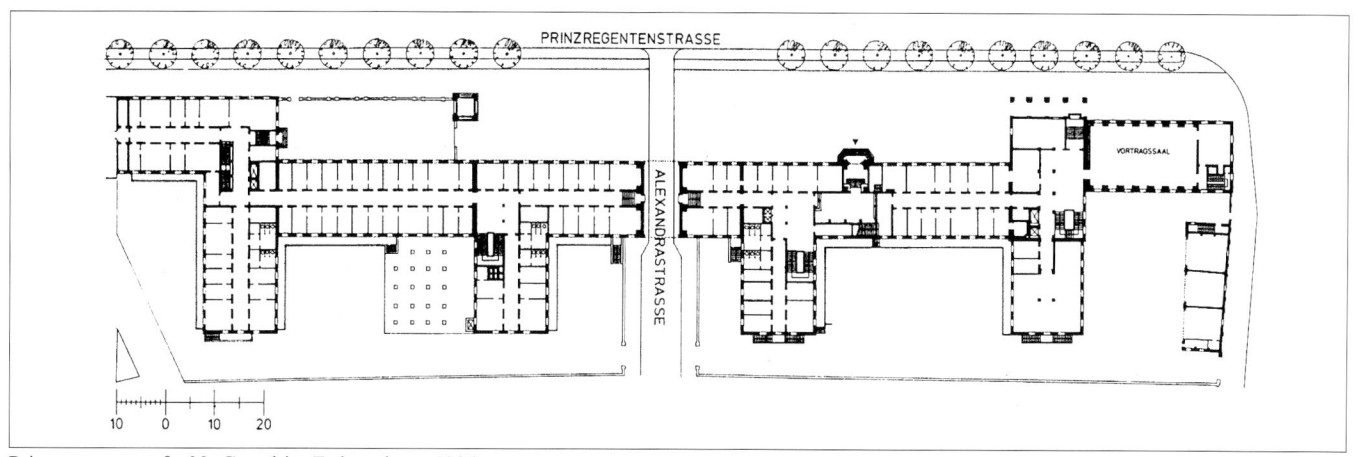

Prinzregentenstraße 28; Grundriss Erdgeschoss, 1984

Prinzregentenstraße 28, Einfahrt an der Oettingenstraße

Prinzregentenstraße 38, Ostflügel

◁ Prinzregentenstraße 28, Pinienzapfenbrunnen

von Bautechniker Hans Ulrich, andere Pläne von Bautechniker Franz Maier. Für die Fassadengestaltung war Zustimmung des Prinzregenten (erteilt 8. Februar 1899) sowie Gabriel Seidls als Spezialkommissär für den Neubau des Nationalmuseums nötig (2. November 1898, 15. Juli 1899). Definitiver Plan genehmigt am 29. August 1899. Gemäß Bauakt (Mitteilung an LBK vom 6. Juni 1899) hatte G. Seidl „gegenüber dem mit Herstellung der Façade betrauten Architekten Greiff mehreres bemängelt", worauf dieser den Entwurf „verbesserte". Statt einer ersten Variante mit Kolossallisenen und Dreiecksgiebel gelange eine stark abweichende, in Details nochmals veränderte Tektur zur Ausführung. Auch der Grundriss änderte sich in Details gegenüber der Erstplanung.

Baubeginn im Frühjahr 1899, Rohbauanzeige vom 28. Juni, Rohbaubesichtigung am 23. August d. J.; Bauleitung Michael Eckert. Die Fertigstellung zog sich hin – Schlussbesichtigung und Wohnungsconsens erst 1902; Eigentümer war damals der Realitätenbesitzer Heinrich Hoech, von dem der Neubau noch in demselben Jahr an Rechtsanwalt Dr. Schwörer überging. Der nächste Besitzer, Schreinermeister bzw. Fabrikant Wilhelm Schröder, selbst wohnhaft im 2. Stock, ließ 1903–07 kleine Änderungen ausführen (1907 Einbau einer Hausmeisterwohnung im Dach). Im 3. Stock wohnte 1908–18 der Dramatiker und Dichter Frank Wedekind in seinem letzten Lebensjahrzehnt; Gedenktafel 1954 angebracht.

Herrschaftliches Mietshaus mit hängekuppelig gewölbten Kellern, rechts Vestibül mit Differenzstufen, anschließend zweiläufige Treppe; Grundriss zweibündig, je Geschoss eine Großwohnung mit Mittellängsflur und vier Zimmern straßenseitig (zweifenstriger Salon in der zweiten und dritten Achse von rechts, die jeweils äußersten Zimmer mit Flacherkern), zwei weitere Zimmer, Küche und Nebenräume rückseitig.

Die Putzfassade ist gekennzeichnet durch die keine größeren Flächen aussparende dichte Textur von Gliederung, Ornamentik und Bauplastik. Am Erdgeschoss und den mit ihren dreiseitigen Flacherkern risalitartig betonten Außenachsen raue Streifenrustika, die mittlere Rücklage über dem prächtigen Gitterbalkon des 1. Stocks durch ionische Kolossalpilaster gegliedert, das oberste Geschoss über der plastisch aufwendig gestalteten Frieszone (in welche die Balkonbrüstungen über den Seitenerkern einbezogen sind) abgesondert, ursprünglich von durchbrochener Attika mit allegorischen Figuren und Adlern von Sebastian Osterrieder bekrönt.

Nach dem Zweiten Weltkrieg wurden die Wohnungen sukzessive in Büros umgewandelt und entsprechend adaptiert; seit 1960/70 komplette Gewerbenutzung. Fassade 1952 und 1992 renoviert, 2001 Dachsanierung.

[**Prinzregentenstraße 56.** Siehe Prinzregentenstraße/Vorspann und Widenmayerstraße (Ensemble; Vorspann).]

lung nach Delfter Art über der Estrade, besitzt ein geschnitztes Galeriegeländer mit Jagdszenen, bez. A. Lang (Oberammergau).
Der 1938 vollendete *Brunnentempel* von Bestelmeyer in Zusammenarbeit mit dem Bildhauer Joseph Wackerle ist – im Gegensatz zum zeittypisch abgewandelten Traditionalismus des Gebäudes – ein unreduziert neubarockes, im Detail feinfühlig differenziertes Gehäuse aus Donaukalkstein, in vier – an den beiden Straßenseiten mit Ziergittern geschlossenen – Arkaden mit Kämpfergesimsen und ausdrucksvoll-bewegten Büstenschlusssteinen geöffnet. Die Ecken werden von toskanischen Pilastern mit verkröpften Gebälkstücken flankiert; den Abschluss bildet ein kupfergedecktes Kuppeldach mit Zieraufsatz. Innen ist die Kuppel mit einem Mosaik nach Entwurf von Hermann Kaspar verkleidet. Im Bodenbecken steht der Pinienzapfen- oder Zirbelnussbrunnen (Bronzeguss von Burgau, Neusäß bei Augsburg), eine Schale mit vier kleinen, unterhalb des 1,5 m hohen Pinienzapfens knienden Tritonen und Najaden.
Eine Quadermauer gleich der am Forum schließt auch den Hof an der Ostseite zur Oettingenstraße ab; an ihrem südlichen Ende flankieren die Einfahrt zwei mächtige Kalksteinpfeiler mit antikisierenden Trophäen darauf.
Seit Dezember 1946 ist das Gebäude Sitz des Bayerischen Staatsministeriums für Wirtschaft, Verkehr und Technologie, außerdem des Bayerischen Bergamtes; der Ostteil wurde bis 1976 von der US-Armee als Warenhaus genutzt. Am 5. Juni 1946 fand hier die einzige gesamtdeutsche Konferenz der Ministerpräsidenten statt. Ein Bombenschaden am Westteil wurde 1947 behoben.

Prinzregentenstraße 50. Mietwohn-, jetzt Bürohaus mit vornehm barockisierender Fassade. Heute isoliert zwischen Neubauten, reduziert um die abschließende Attika mit Figuren und das früher steilere Dach. Ursprünglich flankiert von dem etwas älteren Neurenaissancehaus Nr. 52 (Ecke Reitmorstraße) und dem markanten Eckgebäude Nr. 48 von Gabriel Seidl (vgl. Prinzregentenstraße/Vorspann). Planung als Mietwohnhaus ab 1898 im Auftrag des Dampfziegeleibesitzers Vinzenz Ulrich durch Architekt Kastulus Binderberger, erste Grundrisse sign.

Prinzregentenstraße 50;   ▷
Aufn. 1996
Prinzregentenstraße 50; Tekturplan 1899

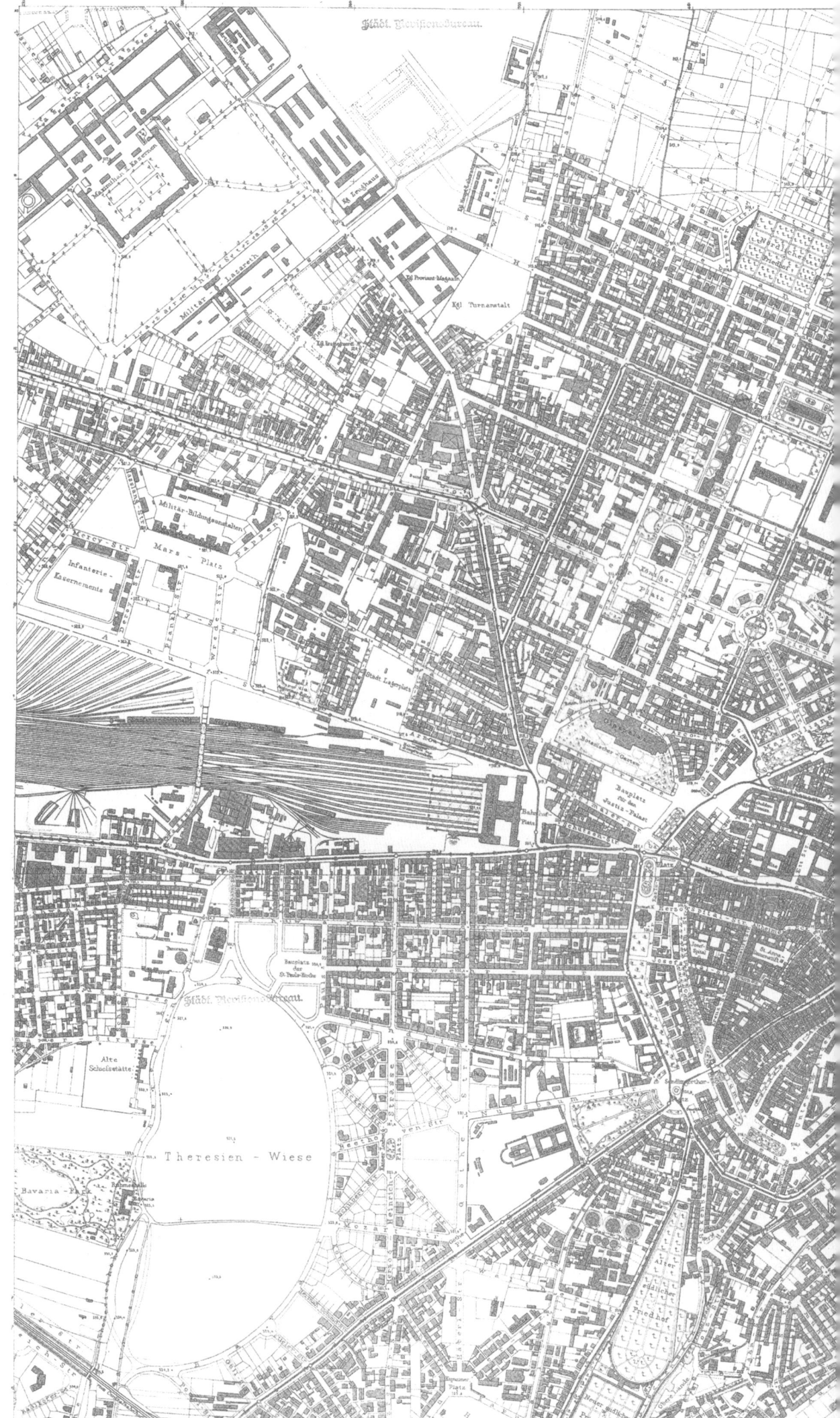